RAMAN

English - Kurdish

Dictionary

فـەرهەنـگـی رامـان

ئـیـنـگـلـیـزی - کـوردی

Enquiries and orders to:
بۆ زانیاری زیاتر یا کڕینی ئەم فەرهەنگە، تکایە
ئیمەیل ئاڕاستەی ئەم ناونیشانەی خوارەوە بکەن:
ferheng@btopenworld.com

ISBN 1-904018-83-1
Pen Press Publishers

Printed and bound in the UK

Usage: **بـەکارهێـنـان:**

(n); noun: وشەکـە نـاوە

(v); verb: وشەکـە کـردارە

book (n, v): noun and verb: وشەکـە هەردوو دۆخـی نـاو و کـرداری هەیـە.

(adj); adjective: وشەکـە ئـاوەڵـنـاوە

(adv); adverb: وشەکـە ئـاوەڵـکـردارە

began (p begin); began is past of begin:

began دۆخـی رابـوردووی *begin*ە

rung (pp ring); *rung* is past participle of *ring*:

rung دۆخـی رابـوردووی تـەواوی *ring*ە

laid (p & pp of lay): *laid* is past and past participle of *lay:* *laid* دۆخـی رابـوردوو و هەروەها رابـوردووی تـەواوی *lay*ە

feet (pl foot); feet is the plural of foot: *feet* کـۆی *foot*ە

lass (o lad); lass is the opposite of lad:

lass پـێـچـەوانـەی *lad*ە

[US]; United State English: وشەیـەکـی ئـیـنـگـلـیـزیـی ئـەمریـکـی یـە

duplex (~); (continued): (تـەواوکـەری) واتـای هەمـان وشـەی پـێـشووە

ounce (also oz); *oz* شێـوەیـەکـی تـری وشـەی *ounce*ە

centiped(e); *centiped* and *centipede* have the same meaning: *centiped* و *centiped* هاوواتـان

وشە لـێـکـدراوەکـان بـەم شێـوەی خوارەوە دەخوێـنـدرێـنـەوە؛

look

good –s = *good* looks

look

- *out* = look *out*

cheer

-*s* = cheers

وشەی ئـیـنـگـلـیـزی زۆرن کـەوا دوو واتـا (یـا پـتـر) بـدەن، هەوڵـدراوە واتـا زیـاتـر بـەکـارهاتـووەکـان پـێـش ئـەوانـی کـە بـدرێـن.

و\یا؛ کورتکراوەیە بەواتای؛ (وە) / (یان).
(خاڵ (.))؛ مان بە دوو شێوە بەکارهێناوە؛ یان دوو واتای بەتەواوی جیاڵەیەک جودا دەکاتەوە وەیا دۆخی ناو و کرداری هەمان وشە لێک جیادەکاتەوە.
(هەڵوێستە (،))؛ مان بۆ جیاکردنەوەی دوو وشە (یا پتر)ی لێک نزیک (یا هاوواتا) بەکارهێناوە.
(؛)؛ بۆ درێژەدان بە واتای وشەی پێشی بەکار دێ، وەک لە تیپ؛ یێکی لەشکر. شاخ؛ ی کەڵەکێوی.
شێت (دەکا. دەبێ)؛ مان بە مەبەستی کورتکردنەوە بەم دوو واتایە داناوە؛ شێت دەکا. شێت دەبێ.
دادەهێنێ (ن؛ ئامێرێک. شێوازێک). وشە(کان)ی پاش ن؛ و نێوان دووکەوانەکە نموونەی واتا کەن، نەوەک داهێنانی (پرچ، قژ).
گرانە (پ؛ هەرزانە)؛ وشەی پاش پ؛ و ناو دوو کەوانەکە پێچەوانەی واتاکەیە، بۆ روونکردنەوە و تێکەڵ نەکردنی لەگەڵ قورس ە.
برگەیەکی وەک سەر (قەپاغ)؛ دەکرێ بە دوو جۆر بخوێنرێتەوە ؛ ١) سەر، ٢) سەر قەپاغ.
مەلە(وان(ی))؛ واتاکانی مەلە، مەلەوان، و مەلەوانی دەداتەوە.
هەڵدێر{ر}؛هەردێر بە زاراوەی هەرێمی هەولێر، هتد
هەرەپاس{ڵ}؛ هەڵەپاس بە زاراوەی هەرێمی سلێمانی و کەرکووک، هتد.
گاڵەگاڵ{ر-ر}؛ گارەگار بە زاراوەی هەرێمی هەولێر، هتد
جارجارۆکە{ڵ-ڵ}؛ جاڵجاڵۆکە بە زاراوەی هەرێمی سلێمانی و کەرکووک، هتد.
هەرتریزێنە{ڵ-}؛ رێی یەکەم دەگرێتەوە، واتە؛ هەڵتریزێنە.
دەڕفێنێ، دەفڕێنێ (هە!)؛ بەکارهێنانی دەفڕێنێ لەبری دەڕفێنێ دەشێ هەڵەبێ.
[کس]؛ کرمانجی‌ی سەروو.
پاز؛ بەروارێکی پاش زایین ی عیسا (ی پەیامبەر) ە.
پێز؛ بەروارێکی پێش زایین ی عیسا (ی پەیامبەر) ە.
کم؛ کیلۆمەتر؛ ١٠٠٠ مەتر.
کگم؛ کیلۆگرام؛ ١٠٠٠ گرام.

***** A *****

a (1) یەکەم پیتی ئەلفبێ ی ئینگلیزی یە. یەکەم پیتی بزوێنە

a (2) یەک (یێک). کەم (یێک). بۆ ئاماژە کردنی تاکە کەسی یا شتی نەناسراو بەکار دێ

a (3) (پێشگر، پێشکۆ)یە بە واتای (بێ، بەبێ. نە، نا)

a.d. کورتکراوەیە بە واتای؛

= Anno Domini *ساڵی زایینی*

a.m. کورتکراوەیە بە واتای؛

= ante meridiem *پێش نیوەرانی، پێش نیوەڕۆ*

a/c ژمارەی تۆمار. کورتکراوەیە بۆ؛

= account current *) بەردەوامی، ڕێرەوی)ی تۆمار*

aback بەرەو پاش

taken - *سەری سورما، واقی ورما*

abacus دەزگایەکی ژمێریاری کۆنە

abandon بەجێی دەهێڵێ. وازی لێ دەهێنێ، دەستی لێ هەڵدەگرێ

abandoned (adj) بەجێهێشتراو، بەجێهێڵراو. وازی لێهێنراو، دەست لێ هەڵگیراو

abandoned (p abandon) بەجێی (هێشت، هێلا). وازی لێ‌هێنا، دەستی لێ هەڵگرت

abandonment بەجێ‌هێشتن. واز لێ هێنان. دەست لێ هەڵگرتن

abase ریسوا دەکا، دەیشکێنێ، لە نرخی کەم دەکاتەوە

abash شەرمەزاری دەکا، ئابڕووی دەبا. سەری لێ دەشێوێنێ

abate (لاواز، کەم، گچکە) (دەکا، دەبێ) تەوە

abatement (لاواز، کەم، گچکە) (بوون. کردن) ەوە

abbacy (نیشتەجێ، شوێنی سەرۆکاتی)ی دێرێک

abbess گەورەی قەشەکانی دێرێک (بۆ مێینە)

abbey دێر، کەنیسە

abbot گەورەی قەشەکانی دێرێک (بۆ نێرینە)

abbreviate کورت دەکات(وتە، نووسین)

abbreviation کورت کردنەوە

abdicate بێ بەری دەبێ، وازدێنێ

abdication بێ بەری بوون، وازهێنان لە تاج

abdomen سک، زگ، هەناو

abdominal (هی، تایبەتە بە) سک، هەناو. هی ناوەوە یە، ناوهەناوی یە

abduct دەڕفێنێ

abduction ڕفاندن

abed پاڵکەوتوو، لەناوجێ

aberrance لادان لە ڕاستی

aberrant لادەر(لە ڕاستی). شێواو

aberration لەڕێ (ی ڕاست) لادان، تاریکی. شێوان، تێکچوون

abet هان دەدا (بۆ کار، کردەوە، هتدیی خەراپ)

abettor لەڕێ لادەر، شێوێنەر، هاندەر (بۆ خەراپە)

abeyance لەکارخستن، راگرتن، هەڵپەساردن؛ یێکی کاتی

abhor رقی لێ دەبێتەوە، بە کینەوە تێی دەڕوانێ. (قێز، بێز)ی لێ (دەکا. دەبێتەوە)

abhorrence رق، کینە. قێز، بێز

abide (بەڵێن، یاسا، هتد) دەپارێزێ. بە پێی (یاسا، رێوشوێن، داب، نەریت، شت) یێک کار دەکا. بەردەوام دەبێ، دەمێنێ، لە (لا، تەک)ی دەبێ

abiding (بەڵێن، یاسا، هتد) پارێزە. ملکەچە. بەردەوامە، ئامادەیە

ability توانا

abject ریسوا. (بێز، قێز) لێکراو

abjure هەڵدەگەڕێتەوە؛ لە (سوێند، بەڵێن، هتد) یێک. پەشیمان دەبێتەوە

ablaze گرگرتوو، سوتاو

set - *گری تێ بەردا، سوتاندی*

able (1) بەتوانا

- bodied *تەندروستە، لەشساغە*

able (2) (پاشگر، پاشکۆ)یە دوای کردار دەکەوێ و ئاوەڵناو پێک دەهێنێ بە واتای (بە، (بە)توانا یە، دەکرێ، پێی دەکرێ، دەبێ، هتد)

ablution (دەزنوێژ؛ دەستنوێژ) هەڵگرتن. خۆپاکردنەوە بە خۆشتن و بۆ نیازێکی ئایینی

ably بەتوانایی، بەلێهاتوویی

abnegate وازدەهێنێ. بڕوای نامێنێ؛ کفردەکا بە (ئایین، بیر، فەلسەفە)یێک. سەرپێچی دەکا

abnegation بێبڕوایی؛ کفرکردن بە (ئایین، بیر، فەلسەفە)یێک. سەرپێچی کردن

abnormal نائاسایی

aboard لەسەر، لەناو(فڕۆکە، ئۆتۆمبیل، پاپۆڕ، هتد)

abode ژینگە، ماڵ، شوێنی نیشتەجێ (بوون). (بەڵێن، یاسا، هتد)ی پاراست. بە پێی (یاسا، رێوشوێن، داب، نەریت، هتد) یێک کاری کرد. بەردەوام بوو، ما، ما(یە)وە

abolish بەتاڵ دەکا، هەڵدەوەشێنێتەوە

abolition بەتاڵ کردن، هەڵوەشاندنەوە

abominable (بێز، قێز) لێکراو، ناخۆش، نەویستراو، نەخوازراو

abominate (رک، قین)ی لێ یە، پێی ناخۆشە

aboriginal هاوولاتیی (رەسەن، کۆنینە)ی ولاتێک؛ پێش دێرینە، هاتنی داگیرکەران

aborigines (هاوولاتیان، نەتەوە)ی (رەسەن، دێرینە، کۆنینە)ی ولاتێک

abortion لەباربردن

abortive لەباربەر(ە)

abound زۆر دەهێنێ، زۆر (دەر) دەدا، هەڵدەقولێ؛ ن؛ ئاو دەدا، شیر دەدا، میوە دەدا، هتد

about لەبارەی. نزیکەی، لەدەوروبەری. خەریکە، وەختە، لەبەرەبەری

above لەسەر، سەرەوە

- board *بەئاشکرایی. بەراشکاویی*

- mentioned *باسکراو لەسەرەوە، ئەوی سەرەوە*

abrade مەورەدیلێدەدا، کارتێغیلێدەدا

abrasion مەورەدلێدان، کارتێغلێداه. خوران، تەنکبوون

abreast بەتەنیشتیەوە، شانبەشانی

abridge کورتدەکاتەوە

abroad لە دەرەوە(یولات)، دەرەوەی ولات

abrogate بەتاڵدەکا، هەڵدەوەشێنێ تەوە

abrupt کتوپڕ

abscess دومەڵێکی گەورە، برین

abscission بڕین، لێکردنەوە. لابردن

abscond دیارنامێنێ، وندەبێ. هەڵدێ

absence نەبوون. نادیاربوون

absent نییە. نادیارە

- minded *بیرکول، هەڵە*

absolute تەواو، بێگەرد. بێ (کێشە، چەندوچوون، بگرەوبەرد)

absolutely بەبێ (کێشە، بگرەوبەردە). بەتەواوی، بە بێگەردی

absolution لە (گوناح، تاوان) خۆشبوون، لێخۆشبوون

absolve ئازادی دەکا لە (بەرپرسیاری، گلەیی). لێی خۆشدەبێ

absorb هەڵدەمژێ. (بەخۆوە) هەڵدەگرێ

absorbed هەڵمژراو، هەڵگیراو

absorbent ئاوهەڵگر؛ شتێکی ئاو (هەڵگر، هەڵمژ)

absorption هەڵمژین. هەڵگرتن

abstain خۆدەگرێ لە (دەنگدان، جگەرەخواردن، خواردنەوە، هتد) ، دەنگنادا؛ لە هەڵبژاردن، هتد

abstemious (سادە، ساکار) ژیاو. کەمخۆر و کەمخۆرەوە

abstinence خۆگرتن لە (دەنگدان، جگەرەخواردن، خواردنەوە، هتد)، دەنگنەدان؛ لە هەڵبژاردن، هتد

abstinent خۆگرتوو لە (دەنگدان، جگەرەخواردن، خواردنەوە، هتد)، دەنگنەداو؛ لە هەڵبژاردن، هتد

abstract پوختە، کورتە. پوختدەکات

abstruse (بابەت، زانیاری)یێکی (قورس، گران، قوول)

absurd پوچەڵ، بێواتا

absurdity پوچەڵی

abundance زۆری، زیادی لە پێویستی. هەبوون، سامان، دەوڵەمەندی

abundant زۆری هەیە، زۆر (دەر) دەدا. بە؛ ن؛ بە ئاوە، بە شیرە، بە میوە یە، هتد

abuse خەراپ بەکاردێنێ. خەراپ

هەڵسوکەوت دەکات

abusive کردەوەی خەراپ. هەڵسوکەوتی خەراپ

abut دەڕوانێتە سەر؛ نزیکیەتی. لەقەراخ یەتی

abutment پاڵپشت ی پرد، هتد

abyss بێبن، زۆر (قوول، قۆل). (داخ، پەژارە)ی زۆر (گران، قوول)

AC کورتکراوەیە بۆ؛ *تەزووی (کارەبایی) (وەرچەرخاو، گۆڕاو)؛ دوو ئاڕاستەیی*

acacia جۆرە دارێکی بە بنێشتە{ی}

academia (ناوەند، خەڵکان، جیهان)ی (لیکۆڵینەوە، مامۆستایی)

academic زانینکار. پەیوەستە بە زانین

academy کۆڕی زانیاری، زانینگە

acanthus جۆرە (رووەکێکی دڕکاوییە، دڕکێکە)؛ لە شێوەی (کەنگر، قنگر)

accede دەچێتە سەر تەخت؛ ی پاشایی، هتد. دەبێتە پاشا، سەرۆک، هتد. رازی دەبێ، دێتەڕا، وەردەگرێ

accelerate تیژ دەبێ؛ خێرایی سەردەکا. تەوژمی هەڵدەستێ

acceleration تیژبوون؛ سەرکردن (ی خێرایی). تەوژم

accelerator خێراییاوەر. پەیدەری بەنزین (ی ئۆتۆمبیل، هتد)

accent زاراوە، شێوەی ئاخاوتن

accept (پەسند، پەسەند) دەکا

acceptability پەسەند(کراو)ی

acceptable (پەسند، پەسەند) کراو

acceptance پەسند کردن

accepted (p&pp accept) پەسندیکرد. پەسندکراو

access چوونەژۆر، دەروازە. گەیشتن. نزیکبوونەوە

accessible دەتوانی بیگەیێ

accession گەیشتن

accessories بەرجەستەیی‌یەکان، کەلوپەلی لاوەکی و یەدەکیی ئامێران

accessory لاوەکی. هاریکار

accident رووداو، نسکۆ. هەڵکەوت. پێشهاتی چاوەڕواننەکراو

by - *بەڕووداو. بە هەڵە، بێ (مەبەست، نیاز). بەهەڵکەوت*

accidental بەهەڵکەوت. خۆڕووداو

acclaim شاباشی دەکا، پێیدا هەڵدەڵێ، چەپڵەی بۆ لێدەدا. بەخێرهاتنی دەکا. شاباش، چەپڵە. بەخێرهێنان

acclamation چەپڵەلێدان. بەخێرهێنان

acclimatise (رادەهێنێ. رادێ) بە (ئاووهەوا، کار، پیشە، هتد)

acclivity هەوراز (پ؛ نشێو)

accommodate جێی‌دەکا.

دەحەوێنێ(تەوە)

accommodation جێگا، خانوبەرە

accompaniment یاوەریکردن، لەگەڵبوون

accompany یاوەری دەکا، لەگەڵی (دەبێ، دەڕوا، دێت، هتد). هاوئاهەنگی دەکا (ئاواز)

accomplice بەشداری تاوان، هاریکاری تاوان

accomplish تەواودەکا، وەدەستدێنێ

accomplished تەواوبووە، وەدەستهاتوو(ە)

accord پێکهاتن، تەبایی

of one - *بەتێکڕایی، بەگشتی دەنگ*

accordance تەبایی

according to بە پێیی، دەقە لە گەڵ

accordingly بەو پێیە، بە دەقاودەقی

accordion ئامێرێکی (ئاواز، مۆسیقا)یە

accost نزیکدەبێتەوە لە، دەستدەکا بە دواندنی، دەیدوێنێ

account تۆمارگە. تۆمار. راپۆرت. هۆدیاردەکا، هۆی دیاردەکا، هۆداردەکا

- no. *ژمارەی تۆمار*

a/c *ژمارەی تۆمار*

of no - *کەم بایەخ، ناگرنگ*

on - *لە سەر تۆمار(ی)*

on - of *بە هۆی، لەبەر*

take into - *رەچاو دەکا، هەڵی دەسەنگێنێ*

دیاردەکا، هۆداردەکا

to give an - *راپۆرت پێشکەش کردن، تۆماردان*

to keep -s *تۆمار راگرتن (بە نووسین، لە پەرتووک دا)*

accountable بەرپرسیار، بەرپرسیارە

accountancy تۆمارگەری، ژمێریاری

accountant تۆمارگەر، ژمێریار

accoutre دادەپۆشێ. پشتگیریی دەکا (بە کەل و پەلی سەربازی)

accredit (1) لێی دەگێڕێتەوە، لەزمانی ئەوەوە دەیلێ، بۆ ئەو دەگەڕێتەوە. پێی رادەسپێرێ، رایدەسپێرێ

accredit (2) رەوایی دەداتێ، دەیسەلمێنێ

accredited پەسەندکراو. (پێ) رەوابینراو، سەلمێنراو

accretion کەڵەکەبوون. گەشەکردن. ئاوسان، پەنمان

accruals دەرهاتی (دراو، دارایی)؛ کەوا کاتی دانی هاتبێ

accrue (دراو، دارایی) (گەشە، زیاد) دەکا؛ برەو پەیدا دەکا. کۆدەبێتەوە، کەڵەکەدەبێ

accumulate کۆدەکاتەوە، کەڵەکەدەکات. کۆدەبێتەوە، گردەبێتەوە

accumulation کۆکردنەوە، کەڵەکەکردن. کۆبوونەوە، گردبوونەوە

accumulator گردکەرەوە، کۆمەڵکەرەوە
accuracy راستی، دروستی، وردی
accurate راست(ە)، دروست(ە)
accursed نەفرەتلێکراو
accusant (گلەیی، سەرزەنشت) کەر؛ ی کەسێکی دی. تاوانبارکەر؛ ی کەسێکی دی لە دادگا
accusation (گلەیی، سەرزەنشت)(کردن). تاوانبارکردن
accuse تاوانباری دەکا. (گلەیی، سەرزەنشت)ی دەکا
accused (p&pp accuse) تاوانبارکراو. تاوانباریکرد
accustom to رادێ(بە، لەگەڵ). رادەهێنێ
accustomed راهاتوو(ە)
ace پاڵەوان. ئاس؛ لە گەمەی پۆکەر
acerbity ترشی (تام). رووگرژی
acetic ترشە. سرکەییە
acetify دەترشێنێ. سرکەدەکا. ترشی دەکا
acetous ترشە(ڵۆکە). سرکەییە
ache ئێش، ئازار(ی ئەندامی لەش)
achieve وەدەستدێنێ، بەدەستدەخا
achievement دەسکەوت، دەستکەوت
aching ئێشدار، بەئازار
achromatic بێڕەنگ، نەڕەنگین
acid ترشەڵۆک، ترش
- content *ڕێژەی ترشی*
hydrocyanic - *(شلە، ترشەڵۆک) ێکی زۆر (ژەهراوی، کوشندە) یە؛ بۆنێکی میوەیی هەیە*
acidity ترشی (کیمیا)
acidulate دەیترشێنێ، مەزەداری دەکا
acidulous (مەیلەو، کەمێک) ترشە، مەزەدارە
acknowledge پێدەزانێ. پێدادەنێ
acknowledgement پێزانین
acme ترۆپک، سەر، ئەوپەڕ. ئەوپەڕی (دروستی، چاکی، وەدەستهێنان)
acne (قینچکاوی، قنچکاوی) سوور بوونی پێست
acolyte خزمەتچی دێڕ
aconite روەکێکی ژەهراوییە
acorn بەڕو(بەری)
acoustic بیستەنی، پەیوەستە بە بیستن
acquaint دەناسێنێ بە
acquaintance زانین، ناسین. ناسیاو، خزم. ناسراو
acquiesce دەسەلمێنێ، رازیدەبێ
acquiescence سەلمین، سەلمان(دن)، رەزایی
acquiescent سەلمێن(ەر)، سەلماندوو
acquire وەدەستدەخا، بەماڵدەکا
acquired وەدەستخراو، بەماڵکراو
acquisition وەدەستخستن،

بـەماڵبـوون

acquisitive وەدەستخـەر، بـەماڵکـەر

acquit بـێبـەریـی دەکا، بـێتـاوانـیـی رادەگـەیـەنـێ. ئـەرکـێک (تـەواو دەکا، بـەجێ دەگـەیـەنـێ)

acquittal بـەردان (لـە زیـنـدان). بـەربـوون (لـە زیـنـدان)

acre فـەدان، پـێوانـەیـەکـی ئـینـگلـیـزیـیـە بـۆ رووبـەری زەوی، دەکاتـە ٤٠٤٨.٦ م دووجا

acrid (تـام، بـۆ)ی زۆر (تـیـژ، تـونـد)؛ زمانـبـڕ، کـەسکوون

acrimonious (سروشت، ڕەوشت) تـووڕەو تـونـد و تـاڵ، قـسەڕەق، رووگـرژ

acrimony (سروشت، ڕەوشت) تـونـد و تـاڵـی، قـسەڕەقـی، رووگـرژی

acrobat پـاڵـەوانـی خـەنـدان؛ خـەنـدەهێـن؛ بـە (جـمـوجـۆڵ، ئـارایـش، جلـوبـەرگ)ە سـەیـر و سـەمـەرەکـانـی

acronym وشـەیـەکـی پـێکـهـاتـوو لـە پـیـتـە سـەرەتـاکـانـی چـەنـد وشـەیـەکـی دی؛ ن؛ نـاتـۆ، ئـۆپـێـک، یـوئـێـن، هـتـد

across لـەوبـەر. بـەپـانـایـی

come - *تـووشـی بـوو*

go - *دەپـەڕێـتـەوە*

act کـردەوە. یـاسا، بـڕیـار. بـەشـێـک نـوانـدن(شانـۆ)، بـڕگـەیـەکـی شانـۆیـی

- for *نـوێـنـەری دەکا*

- of god *قـەزا و قـەدەر*

- up to *بـەوپـێـیـە کـاری‌کـرد*

- upon *کـاری تـێکـرد، کـاری لـێکـرد*

بـڕگـەیـەکـی شانـۆیـی

acting کـارگـێڕ (ی کـاتـی)، جـێگـر. نـوانـدن

action کـار. کـردەوە

active (کـارا، چـالاک، بـەکـار، کـاریـگـەر)(ە)

- member *ئـەنـدام(ی کـارا، چـالاک)*

activity چـالاکـی، کـاریـگـەری

actor شانـۆگـەر (ی نـێـر)، ئـاکـتـەر

actress شانـۆگـەر (ی مـێ)

actual راسـتـەقـیـنـە. هـی ئـێـسـتـا

actually لـەڕاسـتـیـدا

actuary (هەڵـسەنـگـێـن، ژمـێـریـار) ؛ بـە تـایـبـەتـی لـە بـوارەکـانـی (مـسۆگـەری، دابـیـن) (کـردن)ی (ژیـان، دارایـی)

actuate بـەکـاردەکا. بـەگـەڕدەخا، هـان‌دەدا

acumen بـلـیـمـەتـی، وریـایـی

acuminate تـیـژ، نـووک تـیـژ. تـیـژ دەکا

acute زیـرەک، بـیـرتـیـژ

- angle *گـۆشـەی تـیـژ (<٠ ەوە تـا <٩٠ پـلـە)*

AD کـورتـکـراوەیـە بـە واتـای؛

adage پـەنـد(ی پـێـشـیـنـیـان). بـنـەمـا

adagio پـشوو، هەڵـوێـسـتـە؛ ی کـورت لـە ئـاواز؛ مـۆسـیـقـا

Adam and Eve ئـادەم و

حەوا

adamant ئەڵماس؛ بەردێکی زۆر ڕەقە

adapt دەگونجێ

adaptability توانایگونجان. خۆگونجاندن

adaptation گونجاندن

add کۆدەکا. دەخاتەسەر

addendum پاشکۆ(ی ڕاپۆرت)، لکاو

adder مار؛ جۆرێکە لە بەریتانیا هەیە

addict گرفتدەخوا(بە جگەرە، هتد). گرفتار، خوگر(بە)

addition کۆکردن (ماتماتیک). خستنەسەر

in - *هەروەها، سەرباریئەوە(ش)*

additional سەربار. زێدە

additive شتێکی زیادە کە بە (خواردن، ڕەنگ، هتد) وەرکرابێ

addle سەر دەشێوێنێ، سەر دەسورمێنێ. دەشێوێنێ، دەشلەژێنێ

-ed egg *هێلکەی (پیس(کردوو)، بۆگەن)*

address جێنیشان؛ ناونیشان. ئاراستە دەکا. ووتار دەدا (بە کۆمەڵ یک) دەدوێ (بۆ کۆمەڵ یک)

addressee جێنیشانوان؛ ناونیشاندار؛ خاوەن جێنیشان (ەکە). ئاراستەکراو

adduce باسی یەکی دی دەگێرێتەوە. لە سەرچاوە(یەک) وەردەگرێ

adducent باس گێڕەوە. وەرگر؛ لە سەرچاوە(یەک)

adept هونەری زۆرە، وریایە، بلیمەتە

adequate لەبارە، گونجاوە

adhere دەچەسپێ، دەلکێ

- to *(پابەند، پەیوەست) دەبێ بە*

adherent چەسپاو، لکاو. پەیوەست(ە)

adhesion چەسپین، لکان

adhesive چەسپ. چەسپێنەر

adieu خواحافیز ! بە دوعا !

adipose چەورە، بە بەزە. بەز

adjacency نزیکی(لە)، هاوسێی(یشت)

adjacent to نزیکە(لە)، هاوسێیە(بۆشت)

adjective ئاوەڵناو

adjoin پێوەدەنووسێ، پێوەدەلکێ. نزیکدەبێ

adjourn دوادەخا. دەگۆڕێ

adjournment دواخستن. گۆڕین(ی شوێن یا کات)

adjudge بڕیار دەدا (دادوەری)

adjudicate دادوەری دەکا. بڕیار دەدا

adjudication بڕیار؛ ی دادگا، دادوەری

adjunct (ئامراز، پیت)ی (پەیوەندی، لکاندن، یارمەتیدەر) (ڕێزمان). ناسەرکی، لاوەکی، پەیوەند

adjunction پێوە لکاندن (ڕێزمان)، گەیاندن

adjuration سوێنددان؛ لە دادگا. سوێند خواردن

adjure سوێند دەدا (لە دادگا). سوێند دەخوا

adjust (هەموار، هاوئاهەنگ)ی دەکا. (ڕێکیدەخا، ڕاستیدەکا)(تەوە)

adjustment (هەموار، هاوئاهەنگ)کردن. (ڕێک، ڕاست)(کردنەوە)

adjutant هاریکار، یارمەتیدەر؛ بەتایبەتی لە پلەکانی لەشکری

- bird جۆرە حاجیلەقلەق ێکی زۆر زلی هیندستانە

adjuvant دەرمانێکی یارمەتیدەر. یارمەتی

admeasurement بەراوردکردن. پێوانەکردن. بەشکردن

administer بەڕێوە دەبا

administration بەڕێوەبردن. بەڕێوەبەریی

administrative بەڕێوەبراو(کار، شوێن)

administrator بەڕێوەبەر، کارمەند

admirable دڵگیر، جوان

admiral میر(ی‌دەریا)، سەرفەرمانداری یەکانی پاپۆری جەنگی

admiralship سەرکردایەتی هێزی دەریایی

admiralty بنکەی سەرفەرمانداری یەکانی پاپۆری جەنگی

admiration دڵگرتن. پەسندکردن

admire دڵی‌دەیگریٚ. پەسندی‌دەکا

admirer دڵدار. شەیدا

admissible سەلمێنراو

admission سەلماندن (لۆ هاتنەژۆریٚ)

admit دەسەلمێنیٚ. دەهێڵیٚ

- into *هێنا ناو، وەرگرت لە*

- to *وەرگرت لە، هێنا ناو*

admittance سەلماندن. هێلانەژوور

no - *قەدەغەیە.* چوونە *ژوور قەدەغەیە*

admix تێکەڵیان دەکا؛ شتێکی کەم لەگەڵ یەکی زۆرتر. شتێکی زیادە و لاوەکی

admonish (هوشیار، ئاگادار)ی دەکاتەوە؛ لە هەڵەیەک. سەرزەنشتی دەکا

admonition (هوشیار، ئاگادار) کردنەوە؛ لە هەڵە. سەرزەنشت کردن

ado بیٚ‌قرە. بیٚ‌غەڵبە

adolescence هەرزەکاری. تەمەنی هەرزەکاری. لاوی

adolescent میردمنداڵ. هەرزەکار. لاو

adopt بەخۆوەدەگریٚ

adoption بەخۆوەگرتن

adoptive بەخۆوەگر، هەڵبژێر

adorable شایانی خولیابوونە، زۆر (خۆش)ویستراو(ە). شایانی پەرستنە

adoration خولیابوون، خۆشەویستی؛ ی بەرادەی پەرستن. پەرستن

adore خولیای دەبیٚ، زۆر خۆشی دەویٚ؛ تارادەی پەرستن.

دەیپەرستێ

adorn دەڕازێنێتەوە، ئارایش دەکا

adornment ڕازاندنەوە، ئارایشکردن. خشڵ، یاقووت، هتد

adrift ڕامالّیو، ڕاماردرای، ئاوبردوو، سەرئاو(کەوتوو)

adroit بەهونەرە، بلیمەتە

adroitly هونەرمەندانە، بلیمەتانە

adsorb پێوەی دەنووسێ؛ شلە یا گاز بە شتێکی ڕەقەوە

adsorption پێوەنووسان؛ ی شلە یا گاز بە شتێکی ڕەقەوە

adulation خۆتێهەڵسوین، مەرایی‌کردن، قوزکێشی(کردن)

adulator خۆتێهەڵسوو، مەرایی‌کەر، ماستاوچی

adult خۆناس. گەورە (کەسی سەرووی ١٧ ساڵ)

adulterate دەیگۆڕێ، تێکی دەدا. (نرخی) دەشکێنێ، لە نرخی کەم دەکاتەوە

adulterated گۆڕاوە، تێکدراوە. (نرخی) شکێنراوە

adulteration گۆڕین، تێکدان. (نرخی) شکاندن

adulterer زیناکار (بۆ نێر و مێ)

adultery زینا (کردن) (بۆ نێر و مێ)

adumbrate کەمێک ڕوونی دەکاتەوە، (بەکورتی، بە شێوەیەکی تەماوی) باسی دەکا، تیشکێکی کەم دەخاتە سەری

advance پێشدەکەوێ. بەرەو پێش دەڕوا. بەرەوپێش دەبا. پێشکەوتن. بەرەو پێش چوون. بەرەو پێش بردن

- guard *بەرلەشکر، پێشەنگی سوپا*

in - *پێشوەخت، لەپێشەوە*

on the - *بەرەوسەر(ەوە)*

advanced پێشکەوتوو. پێشوەڕۆ

advancement پێشخستن. بەرەوپێشچوون. بەرەوپێشبردن

advancing سەرکەوتوو. پێشکەوتوو. بەرەوپێشچوو

advantage سوود

advantageous سوودبەخش(ە)

advent پەیدابوون، گەیشتن.(پێش)هاتن

adventitious پێشهاتی چاوەڕواننەکراو، لەخۆرا. خۆرووداو

adventure (هەوڵ، گەشت، گوزەر، هتد)ی بە مەترسی (و، یا) ئەنجام نادیار

adventurous کەسێکی هەڵەپاس؛ کە کاری مەترسیدار (و، یا) ئەنجام نادیار دەکا

adverb ئاوەڵکردار (ڕێزمان)

adversary دژبوون. بەرامبەر، بەرهەڵست

adverse نەویستراو. دژ، بەرامبەر، بەرهەڵست

adversity بەلا. بەسەرهات

advert (1) کورتکراوەیە بۆ؛

= advertisement *ڕاگەیاندن، ئاگاداری، بانگەواز*

advert (2) سەرنجی ڕادەکێشێ

advertence وریایـی، سەرنـجدان، هۆشیـاری

advertent وریـا، بـەسەرنـج، هۆشیـار

advertise بـانـگـەوازدەکا. رادەگـەیـەنـێ. بـلاودەکاتـەوە

advertisement بـانـگـەواز. راگـەیـانـدن. ئـاگاداری

advertising بـانـگـەوازکـردن. بـلاوکـردنـەوە (ی ئـاگاداری)

advice ئـامۆژگـاری، رێـنـمایـی

advise رێـنـمایـیدەکا. ئـامۆژگاری دەکا

advisedly بـە (ژیـری، تـێـڕوانـیـن، لـێکۆلـێـنـەوە، شوورا)(ەوە)

adviser ئـامۆژگـار، ئـامۆژگاریـکـەر

advocacy لـێـدوان. پـاراسـتـن

advocate پـارێـزەر. دەپـارێـزێ

advocation پـاراسـتـن

adz = adze

adze جدووم، تـەوشوو، تـەوشی

aerate (بـا، فـوو)ی تـێـدەکا

aerial شەپـۆلـێـار؛ ئـەلـیـار، ئـەیـریـال

- railway *هێـلـی شەمەنـدەفـەری هەلـواسراو*

aerie هێـلانـە؛ ی بـاز و ئـەو بـابـەتـە بـالـدارانـە

aerify دەیـداتـە بـەر (بـا، هەوا)

aero (پـێـشگـر، پـێـشکـۆ)یە بـە واتـای؛ ئـاسمانـی، هەوایـی

aerobatics فـڕۆکـەوازی؛ مـەشقـکـردنـی فـڕۆکـە(لـۆ سەیـر(ان) و خـۆشی)

aerodrome فـڕۆکـەخانـە

aerolite بـەردی گـردار؛ ی لـە ئـاسمانـەوە هاتـوو

aeronaut فـڕۆکـەوان

aeronautic تـایـبـەتـە بـە فـڕۆکـەوانـی

aeronautics هونـەری فـڕۆکـەوانـی

aeroplane فـڕۆکـە

aerostat بـالـۆنـی بـار یا نـەفـەر هەلـگـر

aestivation هاویـنـەهەواری، هاویـنـەهەوارکـردن

afar لـەدوورەوە، لـەدوور

affability رووخۆشی، دۆسـتـانـەیـی. رەوشتـداری

affable رووخۆش، دۆسـتـانـە. رەوشتـدار(ە)

affair کـاروبـار، مـەسەلـە. کـێشە. پـەیـوەنـدی نـاشەرعی پـیـاو(ی بـەژن) بـە ئـافـرەت(ێـکـیدی) یـان بـە پـێـچەوانـەوە

affect کـاردەکا(لـە)

affectation سۆز. خـۆش ویـسـتـن

affected کـارتـێـکـراو

affecting کـارتـێـکـەر

affection سۆز، ئـەویـن

affectionate ئـەویـنـدار، بـەسۆز

affiance مـارەدەکا، داخوازی. خـواسـتـن

affidavit سوێـنـدخواردنـی بـەبـەلـگـە (ینـووسیـن)

affiliate (پـەیـوەنـدی، بـەشداری) ی دەکا، پـێـوەی دەلـکـێـنـێ

affiliation (پەیوەندی، بەشداری)ی کردن، پێوەلکان(دن) ، ئەندامەتی(کردن)

affinity پەیوەندی(داری)، لێک نزیکی، وێکچوون. هەستی خزمایەتی

affirm راستی ی(شتێک) دەسەلمێنێ؛ پشتراستی دەکاتەوە. (رادەگەیەنێ، بەلێن دەدا) کە راستە؛ لەجیاتیی سوێند خواردن (یاسا)

affirmation سەلماندنی راستیی؛ پشتراست کردنەوە (ی شتێک). (راگەیاندن، بەلێندان) بە راستیی (شتێک)

affirmative سەلمێنەری راستی یە؛ پشتراست کەرەوە یە. ئەرێ گۆ یە، بەئەرێ یە، بەرێ یە

affix (1) پێوەی (دەلکێنێ، دەنووسێنێ). (پێشکۆ یا پاشکۆ) بۆ (وشە، نووسین) زیاد دەکا

affix (2) زیادە. پێشکۆ یا پاشکۆ (رێزمان)

afflict (غەمگین، خەمبار) دەکا. (ئەشکەنجە، ئازار) دەدا. تووشی بەلای دەکا

afflicted غەمگین، خەمبار. دەردەدار بە (شتێک)

affliction ئەشکەنجە، ئازار. غەمگینی، خەمباری. دەردەداری. بەلا

afflictive (ئەشکەنجە، ئازار) دەر. (غەمگین، خەمبار)کەر. بە بەلا یە

affluence (دەولەمەند، دارا) یی. بەتوانایی

affluent دەولەمەند، دارا. بەتوانا

afflux هەلقولین، دەرپەرین (بەرەو...)

afford دەتوانێ. لەتوانایدا هەیە

affranchise (کالای بازرگانی) ئازاد دەکا؛ هەلومەرجی ناهێلێ

affray شەر، بشێوی؛ لە شوێنێکی گشتی

affright ترس، تۆقین. دەترسێنێ، دەتۆقێنێ

affront سەرزەنشت؛ ی (بەرەورروو، ئاشکرا). (بەرەورروو، بەئاشکرا) سەرزەنشتی دەکا، پێشی پێدەگرێ؛ بە قسە

affusion (ئاو، شلە) (رووکردن، تێکردن). (شت) (پێوەکردن، توورهەلدان)

afire سوتاو، (گڕ، ئاگر) گرتوو

aflame گڕگرتوو، بلێسەدار

afloat سەرئاوکەوتوو

afoot بەپێیان، پیادە. دەروا بەرێوە(کاروبار)

aforementioned ئاماژە بۆکراو، باس کراو (لەپێش دا)، ئەوەی لە سەرەوە باسکرا

aforenamed ناوبراو، باسکراو

aforesaid (لەپێشەوە) باسکراو

afraid ترساو

afresh لەنوێوە، جارێکی دیش. دیسان

after لەپاش. پاشتر. پاشووتر

- *ages* *لە دوا رۆژدا، لە*

داهاتوودا
- all لەگەڵ ئەوەش. سەرباری ئەوەش
afternoon دوای نیوەڕۆ. پاشنیوران
afterthought (لەپاشان) (بەبیرهاتوو. کراو)
afterwards لەپاشان، لەدوایی. پاشان
again دیسان، جارەکی دیش
against دژ. بەرامبەر
agape دەم (بەش، کراوە، والا) یە
agate جۆرە (بەلوور؛ کوارتز) یکی زۆر رەقە
age تەمەن
come of - گەورە دەبی، پێدەگات
-s ago لەمێژە، دەمێکە
aged پیرە، بەتەمەنە
agency ئاژانس
agenda کارنامە. کاتنامە
agent دەلال{ر-ر}. نوێنەر. کرێگرتە
agglomerate تۆپەڵدەکا. تۆپەڵە، گرمۆتە{ڵ}
agglomeration تۆپەڵکردن. تۆپەڵ
agglutinate پێوەدەنووسێنێ، پێوەدەلکێنێ
aggrandise (هێز، وزە)ی زیاد دەکا. (گەورە، زل، مەزن)ی (دەکا یا دەردەخا)
aggravate ئاستەنگدەکا، خەراپ دەکا
aggravation ئاستەنگی، خەراپە
aggress دەست بەشەڕ دەکا، شەڕ هەڵدەگیرسێنێ
aggression شەڕخوازی، دژایەتی
aggressive شەڕخواز، دژوار
aggrieved مافخوراو. بەلەنگاز
aghast داماو، بێچارەماو. سەرسوڕماو
agile بزۆزە. نەرم، شلک. چالاکە
agio نرخی گۆڕینەوەی دراوێک بە یەکی دی. دراو گۆڕینەوە. شوێنی پارە گۆڕینەوە
agitate دەیشلەژێنێ، دەیشێوێنێ. هەستی دەبزوێنێ
agitation (شلەژان، شێوان) (دان) هەست (بزووتن. بزواندن)
agitator شلەژێن. هەستبزوێن
AGM کورتکراوەیە بەواتای؛ *کۆبونەوەی گشتیی سالانە*
agnail (توێژ، تۆشک، تفر، پارچە)ی پێستی (هەڵدراو، هەڵوەریو) لە دەوروبەری (نینۆک، نوخان)انە
agnate لەپشتڕا، لەباوکەوە؛ خزمی باوکە
ago لەمەوبەر، بەرلە، پێش
ages - لەمێژە، دەمێکە، ماوەیەکی زۆر لەمەوپێش
long - لەمێژە، دەمێکە
agog تامەزرۆ یە، بەپەرۆشە (بۆ(ی)). (چاوەڕوان، چاوەڕێ) یەتی، ئارەزووی لێیە
agonise ئازاردەدا

agony ئازاری لە رادە بەدەر
- aunt *(پلکەخەمە، پورەخەمە وەک لە مامەخەمە)*
agrarian تایبەتە بە زەویوزار و کشتوکاڵ. کەسێکی هەواداری زەوی (سەرلەنوێ) دابەشکردنەوە
agree رازیدەبێ، پێکدێ، دێتەرا(ێ)
agreeable جێی رەزامەندییە، لەتەبایی هاتوو
agreement پێکهاتن، تەبایی، رازیبوون
agricultural کشتوکاڵی
agriculture کشتوکاڵ، شینایی
agronomy زانستی کشتوکاڵ
aground لەسەر (زەوی، ئاو) (گیردەبێ، دەمێنێتەوە). دەچەقێ
ague لەرزوتا؛ ی مەلاریا
ahead لەپێشە. بۆ پێشەوە. لەپێش
aid یارمەتی، کومەک. یارمەتی دەدا، کومەکیدەکا
aide هاریکار، یارمەتیدەر
- de camp *ئەفسەری (یارمەتیدەر، جێگر)ی یەکی لەخۆی بالاتر*
aids نەخۆشیی ڤایرۆسیی کوشندەی هەرەسهێنانی بەرگریی سروشتیی لەش بۆ تووشبوونی نەخۆشی؛
= acquired immune deficiency syndrome =
ئەیدز

ail نەخۆشدەکەوێ
ailment نەخۆشی
aim ئامانج، مەبەست. ئامانج دیاریدەکا. (نیشانە، سێرە) دەگرێ
aimless بێئامانج. بێمەبەست. بێ نیشانەگرتن
air با؛ هەوا
- conditioning *فێنککردنەوە، باوەشێن*
- force *هێزیئاسمانی*
- lines *هێڵی ئاسمانی*
- mail *گواستنەوەی ئاسمانی*
- ways *هێڵی ئاسمانی*
aircraft فرۆکە، دەزگای باڵەفڕ
airily بەخۆشییەوە، بەخۆشحاڵییەوە
airiness رووخۆشی، خۆشحاڵی
airing خۆ فێنک کردنەوە، باوەشێن کردن
airplane فرۆکە
airport فڕگە، فرۆکەخانە، باڵەفڕخانە
airship پاپۆڕی ئاسمانی، بالۆن
aisle ریزێک، بەشێک، خانەیەک
ajar کراوە، والا؛ دەم فراوان. بەشبۆوە؛ دەوبەش، لێکبۆوە
akin to خزم. هاوتا، وەکوئەو
al (also -ial) (پاشگر، پاشکۆ) یە بۆ (لکاندن، پەیوەست کردن) ی وشەیەک بە یەکی دیکەوە بەکار دێ

alabaster بـەردی مـەرمـەڕ
alacrity لـەشسووكـی
alarm وشیـار دەكا. تـرس. وشیـاری
- bell *زەنـگـی ئـاگـایـی، زەنـگـی مـەتـرسی*
- clock *كـاژێـری خـەبـەردار(زەنـگـوڵـدار)*
alas ! بـەڵام، بـەداخـەوە، حـەیـفـێ !
albescent میـلـەوسپـی، سپـیـبـاو. سپـیـكـراو
albino پـێست و پـرچ سپـی
album وێـنـەدان
albumen زەردێـنـەی هێـلـكـە
alchemist كـیـمـیـاكار، كـیـمـیـاناس
alcohol ئـەلـكـوهول(كـیـمـیـا). بـادە، خـواردنـەوەی كـحوولـی
alcove پـشووگـە، سێـبـەر
alder جۆرە درەخـتـێـكـە
alderman كـوێـخـا، ریـشسپـی
ale بـیـرە، ئـاوی جۆ
aleatory خۆوبـەخت، خۆوشەنـس
alembic گـۆزە، جـەڕە
alert وریـا. وشیـاری. مـەتـرسی
alga قـەوزە (ی ئـاو)
algebra جـەبـر (ی مـاتـمـاتـیـك). زانـستـی جـەبـر
algerine خـەڵـكـی مـەغریـب، جـەزائـیـر، یـا تـونـس
alias نـازنـاو. نـاوی نـهێـنـی، نـاوی خـوازراو
alibi سەلـمـانـدنـی نـەبـوون؛ ی كـەسێـك لـە شوێـنـی رووداو(یـتاوان)
alien بـێگـانـە، نـامـۆ
alienate دووریدەخاتـەوە، دەیـنـێـرێـتـە دوورگـە، نـامـۆ ی دەكا
alight پـێـیـە(ئـاگـر)، گـەشە. دێـتـەخـواری، لادەدا(لـە)
alignment ریـزكـردن، خشتـكـردن. ریـزبـوون، خشتـی
alike وەكـیـەك، وەكـویـەك، لـەیـەكـچوو
aliment خـواردن. پـیـتـاك
alimentary خـواردەمـەنـی
- canal *دەم، قـوڕگ، گـەدە، ریـخـەڵـۆكـەكان و قـوون*
alimony (پـارە، نـەفـەقـە)ی ژنـی تـەڵاق{ر} دراو (یـا بـەجیـا ژیـاو)
aliquant (دا)بـەشی نـاتـەواو؛ ژمـارەیـەكـی بـەتـەواوی (دا) بـەشنـەكراو؛ لـەبـەری دەمیـنـێـتـەوە
aliquot (دا)بـەشی تـەواو؛ ژمـارەیـەكـی بـەتـەواوی (دا) بـەشكـراو؛ بـێ لـەبـەر مـانـەوە
alive زیـنـدوو، زیـنـدووە. بـەزیـنـدوویـی
- with *پـڕە(لـە)، پـڕیـەتـی(لـە)، جمـەی دێ*
alkalescent (كـەمێـك، تـۆزێـك) (قـەلـی، تـفـت)ە
alkali قـەلـی، (خوێ، تـفـت)ی قـەلـی
all گـشت، هەمـوو، هەمـی، هەمـووان
- clear *ئـاسوودەبـۆوە، هێـچـنـەمـا(مـەتـرسی)، هیـچـلـەگـۆڕێ نـیـیـە(نـەمـا)*
- over *تـەواو، هێـچـنـەمـا*

هەمووان
- year *بە درێژایی ساڵ*
- year round *ساڵ دوانزەی مانگ*
-in *بەهەمووییەوە، تێکرا(ی)*
allay (ترس، گومان، هتد) (کەم دەکا، بچووک دەکا، وەلا دەنێ)
allegation بوختان
allege بوختان دەکا
allegiance دڵسۆزی
allegoric هێمایی، رەمزی، سیمبوڵی
allegory هێما، رەمز، سیمبوڵ
alleluia ! هەلیلوویە !، لە خوا بەزیادبێ، سوپاس(گوزاری) بۆ یەزدان
allergy (نەیاری، ناسکی) (لەش، پێست، هتد) بەرامبەر هەندێ شت(ان)
alleviate (ئازار، نەخۆشی، هتد)ی (سووک، کەم)دەکا
alley کۆلان، رێڕەو
alliance هاوپەیمانی
allied هاوپەیمان، هاوبەڵێن
alligate دەبەستێتەوە(بە)، بەنددەکا(بە)
alligator جۆرە (نەهەنگ؛ تیمساح)ێکی ئەمریکاییە
allocate تەرخاندەکا
allocation تەرخانکردن
-s *زێدەکرێ، لەبری*
allocution وتار؛ هاندان. وتارخوێندنەوە
allot (دا)بەش دەکا، بڕ دەکا، دادەنێ، دیاری دەکا
allotment بەش، بڕ، پشک
allow مۆڵەتی دەداتێ. دەهێڵێ، لێدەگەڕێ. وەلادەنێ؛ وەک یەدەک
allowable مۆڵەتدراو. لێبووراو، لێگەڕاو. وەلانراو
allowance مۆڵەت پێدران. هێلان، لێگەڕان. وەلانان؛ بۆ یەدەک. (پارە، شت) بۆ تەرخانکران
alloy تێکەڵ. تێکەڵدەکا. دەشێوێنێ
allude (بەکورتی، ناراستەوخۆ) (هێمای پێدەکا، ناوی دەبا، باسی دەکا)
allure سرنج رادەکێشێ. دڵگیری
allusion (هێما پێکردن، باسکردن)ێکی (کورت، ناراستەوخۆ)
alluvial (هی، تایبەتە بە) لم؛ ی روباران، هتد
alluvion (لم، قوم)ی دەریا
alluvium لمی دەریا
ally هاوپەیمان، دۆست. (هاوپەیمانی، دۆستایەتی)ی دەکا
almanac رۆژمێر، رۆژ ژمێر
almighty خودا
almond جۆرە درەختێکە
almost نزێکەی. خەریکە
alms خێر. سکات، زەکات
- house *تەکیە. خانەی پیران*
aloes جۆرە رووەکێکە
aloft لەسەرەوە. بۆسەرەوە. بەئاسمانەوە. بە فڕین(ەوە)

alone بـەتـەنـیـا، بـەتـەنـها. بـەتـەنـیـایـی. بـەتـاقـی تـەنـێ

along بـەدرێـژایـی. بـە تـەنـیـشت

- with لـەگـەڵ

come - ! وەرە، بـێ. بـابـڕۆیـن

aloof لـەدوورەوە، لـەدووری. بـە جودا لـە

alot گـەلـێـک، گـەلـەک، زۆر، فـرە

aloud بـە دەنـگـی بـەرز. بـە ئـاشکـرا

alphabetic ئـەلـفـبـێ یـیـە

already پـێشتـر، پـێش ئـێستـا، پـێش کـاتـی خۆی

also هەرووەها، هەروا

altar (سەکۆ؛ مـیـحراب)ی مـزگـەوت. (تـەختـە، مـێـز، سەکۆ)ی (قـوربـانـی، نـەزرکـردن)

alter دەیـگـۆڕێ. (خۆی) دەگـۆڕێ

alteration گـۆڕیـن. پـیـنـەکـردن. گـۆڕان

altercate بـەشەڕدێ. دەمـەقـالـێ دەکـا(ت)، شەڕە جوێـن دەکـەن

alternate دەگـۆڕێ(ن). دوابـەدوای یـەکـتـر دێـن. دەسووڕێ

alternative شوێـنـگـر، (لـە)بـریـی، جـێـگـر

alternatively یـان. لـە جیـاتـیـان، لـەجیـاتـی ئـەوە

although ئـەگـەرچـی، لـەگـەڵئـەوەی، بـاوەکـوو

altitude بـەرزی، بـلـنـدی. بـەرزایـی

alto بـەرز، بـلـنـد

altogether بـەتـێـکـڕایـی، بـەیـەکـەوە، پـێـکـەوە. هەمـوو(یـان)

altruism خۆنـەویـسـتـی، خۆشەویـسـتـیـی خەڵـک

alum بـەردی شەب؛ دوانـە سولـفـەیـتـی ئـەلـەمـنـیـۆم و پـۆتـاسیـۆم

alveolate کـونـکـون(ە)، خانـەخانـە(یـە)

alvine تـایـبـەتـە بـە (ریـخـەڵـۆک، نـاو)هەنـاو)

always هەمـیـشە، هەمـوودەم، هەمـوودەمـێ

am (1) (from be) (ئـە)مـن؛ ئـەوەم. کـرداری یـارمـەتـی دەرە؛ بـۆ کـەسی یـەکـەم (بـدویـن)ی تـاکـی ئـێستـایـی. ئـامـرازی پـرسیـارە لـە (ئـێستـا، داهاتـوو)ی خۆ؛ ئـایـا (مـن...)؟

am (2) کـورتـکـراوەیـە بـە واتـای؛

= ante meridiem پـێش نـیـوڕانـی، پـێش نـیـوەڕۆ

amadou شتـێـکـی ئـیـسفـەنـجی یـە لـە نـەشتـەرگـەری و بـۆ ئـاگـرکـردنـەو بـە بـەردەچەرخ بـەکـار دێ

amalgam تـێـکـەڵـەیـەک، لـێـکـدراوێـک

amalgamate تـێـکـەڵـدەکـا، لـێـکـدەدا. یـەک(دەخا، دەبـن)

amaranthine هەمـیـشە سەوز

amass کـۆدەکـاتـەوە، کـۆمـەڵـدەکـا، لـەسەریـەکـیدادەنـێ

amateur هەوادار (پ؛ پـیـشەگـەر) ی (کـار، شت)ێـک

amativeness ئـارەزووکـردنـی (دڵـداری، خۆشەویـسـتـی)

amatory پـەیـوەنـدە بـە

خۆشەویستی جووتبوون(ەوە)

amaze دەحەپەسێنێ، واقی وڕ دەمێنێ

amazing سەیرە، سەرسوڕهێنەرە

amazon ئافرەتی جەنگاوەر. ئافرەتی (مەزن، بەهێز)

ambassador باڵیۆز، شالیار، سەفیر

amber رەنگی عەمبەر؛ مەیلەو زەرد یا نارنجی

ambergris عەمبەربۆ؛ بۆنی عەمبەر

ambidexter راستەوانە و چەپەوانەیە؛ هەردوو دەستی وەکوویەک بەکاردەهێنێ

ambidexterity (هەردوو دەست راست و چەپ) وەکوویەک بەکارهێنان

ambient هی (هەوای) دەوروبەر

ambiguity شێلوویی، ناڕوونی

ambiguous شێلوو(ە)، ناڕوون(ە)

ambition ئاوات، خۆزگە

ambivalence (پێکەوەبوون، هاوشانی)ی (دوو، هتد) (هەست، بیر)ی دژبەیەکتر

amble (هێدی، لەسەرەخۆ) دەڕوا

ambulance ئۆتۆمبیلی فریاگوزاری (گواستنەوەی نەخۆش

ambulation گەڕان، سووڕان. رۆیشتن

ambuscade کەمین. کەمین دادەنێ. جێ کەمین

ambush بۆسە، کەمین. بۆسەی بۆ دادەنێتەوە، دەیخاتە کەمین (ەوە)

ameliorate (باش، چاک، خاس) (دەبێ. دەکا)(تەوە)

amen بڕوام (وایە، هێنا)، ئامین. شوکر(انە) (ی خوا). بەڵێ وایە !

amenable راهاتوو، ملکەچ، گوێڕایەڵ؛ بە ئاسانی بەڕێوە دەچێ. وەلامدەرەوەیە

amend (راست، دروست)ی دەکاتەوە. (کەمێک) دەیگۆڕێ؛ بۆ چاکتر

amendment (راست، دروست) کردنەوە. (کەمێک) گۆڕین؛ بۆ چاکتر

amends قەرەبووکردنەوە، راستکردنەوە، تۆڵە

amenity (شت، شوێن، خزمەتگوزاری)ی (بەکەلک، سوودبەخش)

amerce سزا(ی) دەدا؛ بە پارە

amethyst جۆرە (بەرد، یاقووت) یکی شینە

Amharic ئەمهەری، زمانی سەرەکی لە ولاتی ئەسیوبیا؛ حەبەشە

amiable رووخۆشە، دۆستانەیە

amicable پەیوەندیی دۆستانە

amid لە ناوەندی. لە نێوان

amidst لە (ناوەند. نێوان)

amiss بە هەڵە، بێ (مەبەست، نیاز). بە رووداو

amity دۆستایەتی. دۆستی

ammonia ئەمۆنیا؛ گازە(کیمیا)

ammunition فیشەک، گوللە تۆپ، تەقەمەنی. زانیاریی (بەکەلک، بەکارهێنراو) لە دەمەتەقێ یەک دا

amnesia نەخۆشی فەرامۆشی، لەیادچوون

amnesty لێبووردنی گشتی. لەبیرکردن. لێدەبووریّ

among لە ناو، لەنێوان

amongst لەناو، لەنێوان

amoral لە نەرێت بەدەر(ە)، بێ (رەوشتی؛ ئەخلاقی)یە

amorous شەیدا؛ عاشق. شەیدایانە؛ عاشقانە

amorphous شێوە نارێک؛ شێوەیەکی ئەندازیاریی نییە. نابەلووری(یە)

amortise (کەمکەمە) قەرز دەداتەوە؛ بە چەند برێک

amount بڕ، چەند

amp کورتکراوەیە بە دوو واتای؛

= ampere *ئەمپێر؛ یەکەی پێوانی تەزووی کارەبا(یی)*

= amplifier *بڵندگۆ، (دەنگ، شەپۆڵ) گەورەکەرەوە*

ampersand (&)(&) پیتێکی چاپە بە واتای (و، وە)

amphibia (n) گیانلەبەرە وشکاوی یەکان؛ ن؛ بۆق، کیسەڵ، هتد

amphibian (adj) وشکاوی (یە)؛ وشکئاوی (یە)؛ ن؛ بۆق، کیسەڵ، هتد

amphibious گیانلەبەرێک کە لە وشکانی و ئاودا (بژی، چالاک بێ). هێزێکی لەشکری کە ڕاهێنرابێ بۆ چالاکی لە ناو وشکانی و ئاو دا

amphitheatre شانۆی بە سەکۆی خڕ و پلەدار و (بان نەدراو، سەر دانەپۆشراو)

ample فرەیە، زۆرە. زۆری هەیە، بە خێروبێر ە. فراوان ە. گەورە، زل، مەزن. زێدە (یە) لە پێویست

amplification گەورەکردن. تێرکردن

amplifier بڵندگۆ؛ (دەنگ، شەپۆڵ) گەورەکەرەوە

amplitude ئەوپەڕی (بڵندی، بەرزی)ی شەپۆڵ یێک

amply بە (فرەیی، زۆری. فراوانی. مەزنی)

ampoule کەپسوولی (کوتان، دەرزی، شرینقە)

amputate (پەل، ئەندامێک(ی لەش)) دەبڕێ، لێدەکاتەوە

amulet رووپۆش

amuse خۆشحاڵدەکا، شاددەکا

amusing سەیرە، سەمەرەیە. شادیهێنە

amusive بە سەیر و سەمەرەیە؛ سەیروسەمەرەی هەیە

an (1) یەک، بۆ ئاماژەکردنی تاکە (کەس، شت)ی نەناسراو بەکار دێ

an (2) (پێشگر، پێشگ ۆ)یە بە واتای (بێ، بەبێ. نە، نا)

anabolism خۆساز کردنەوەی لەش؛ شانە دروستکردنەوە

anaemia نەخۆشی کەمی خوێن. کەم خوێنی

anaesthesia بەنج

anaesthetic بـەنـجکـەرە، دەرمـانـی بـێـهۆشکـەر(ە)

anagram (واتـای) وشە (گـۆڕیـن، وەرگـێـڕان)؛ جیـنـاس

anal (هی، تـایـبـەتـە بـە، لـە) (قـوون، قـنـگ، کـۆم)ەوە

analectic تـایـبـەتـە بـە هەڵـبـژاردەی وێـژەیـی(ە) یا لـێـی پـێـکـهاتـووە

analeptic دەرمـانـی (بـەهێـزکـەر. هۆشیـارکـەرەوە)

analgesia بـێ (ئـێـش، ژان، ئـازار)ی. هەست نـەکـردن بـە (ئـێـش، ژان، ئـازار)

analogous to لـەودەچێ، وەکـو ئـەوە

analogy پـێـکـچوون، وێـکـچوون. بـەراورد، وێـچوانـدن

analyse شیـدەکـاتـەوە، تـاوتـوێ دەکا

analysis شیـکـردنـەوە، تـاوتـوێ کـردن

analytic(al) بـەشیـکـردنـەوە یـە

anarchist ئـاشوبـخـواز، گـێـرەشێـوێـن

anarchy ئـاشوب، گـێـرەشێـوێـنـی

anathema نـەفـرەت

anatomic پـەیـوەسـتـە بـە زانـسـتـی لـەشنـاسـی

anatomise تـەماشای دەکـا، لـێـی وردەبـێـتـەوە

anatomy زانـسـتـی لـەشنـاسـی؛ بـە تـەماشاکـردن و لـێـوردبـونـەوەی خـودی ئـەنـدامـەکـانـی لـەش

ancestor بـاپـیـر، پـێـشیـن

ancestry بـاوبـاپـیـران، پـێـشیـنـان، پـێـشیـنـیـان، ئـەژداد

anchor قـولاب؛ ی بـە دیـواردا هەڵـگـەڕان، کـەشتـی لـەئـاودا (راگـرتـن، چەقـانـدن). کـەشتـی (رادەگـرێ، دەچەقـێـنـێ)

anchorage بـەنـدەر، شوێـنـی پـشووی (کـەشتـی، پـاپـۆڕ(ان)). کـەشتـی (راگـرتـن، چەقـانـدن)

anchoret دەروێـش، خـۆتـەرخـانـکـردوو بـۆ (خـوا، ئـایـیـن)

anchorite دەروێـش، خـۆتـەرخـانـکـردوو بـۆ (خـوا، ئـایـیـن، هتـد)

anchorman هاوئـاهەنـگـیـکـەر؛ بـەتـایـبـەتـی لـە ئـێـزگـە و راگـەیـانـدنـدا

anchovy جـۆرە ماسی یـەکـی بـچووکـی لـە بـابـەتـی سەردیـن ە

ancient دێـریـن، دێـرزەمـان(ی). کـۆن. کـۆنـبـوو، بـەسەرچوو

and ئـامـرازێـکـی پـەیـوەنـدیـیـە؛ و، وە

andiron دوو ئـاسنـی (بـەیـەک تـەریـبـی ئـەمدیـو و ئـەودیـوی ئـاگـردان(ن)؛ (وەکـوو، لـەجـێـی) سێـکـووچکـە بـەکـاردێ

anecdote کـورت و پـوخـت؛ بـەتـایـبـەتـی هی (چیـرۆک، مـەسەلـە)یـەکـی راسـتـەقـیـنـە

anemia [US] = anaemia

anemometer دەزگـایـەکـە بـۆ پـێـوانـی هێـز یا خـێـرایـی بـا

anemone جـۆرە گـوڵـێـکـە

anesthesia [US] = anaesthesia

anew سەرلـەنـوێ، لـەنـوێـوە. جارەکـی دیـش

angel فریشته، پەری، حۆری
anger تووڕەدەکا. تووڕەیی
angina (pectoris) سینگە خنکە، سینگ تەنگی
angle گۆشە. قولابی راو(ە ماسی) . راودەکا
angling راوەماسی، ماسیگرتن؛ بە قولاب
Anglo- (پێشگر، پێشکو)یە بەواتای؛ ئینگلیزیو..... ئینگلیز....، ئینگلتەرە....
Anglophile ئینگلیزدۆست، هەوادار بە (ئینگلیز، ئینگلتەرە)
Anglophobe دژەئینگلیز، ناحەز(کردوو) بە ئینگلیز
angry تووڕە، پەست
anguish دەرد، پەژارە، مەینەتی
angular گۆشەیی، گۆشەدار. تییژ
anhydrous ئاویی نییە. بێئاوە، وشکە
anile ناڕاستە، بێجێیە
anility ناڕاستی، بێجێی، قسەی (پرو)پیریێژن(ان)
animadvert (سەرزەنشت، لۆمە) یدەکا
animal ئاژەڵ. ڕەفتار ئاژەڵ
animalcule ولاغۆکە، کەرۆکە (نەوەک جاشک)
animate زیندوو، بە گیان، بزۆز. دەبزوێنێ، گیانی دەخاتە بەر
-d pictures *وێنە بزۆزەکان، وێنەجولاوەکان*
animation بزواندن، جوولاندن، گیان بە بەر دا کردن
animator جوولێنەر، بزوێنەر، گیان بە بەر دا کردوو
animosity رق، رک، قینە
animus رقدار، بە(ڕک، قینە)
anion ئەتۆم (یا کۆمەڵە ئەتۆم) یێک کەوا (لانی کەم) یەک ئەلیکترۆنی وەر گرتبێ
anise جۆرە رووەکێکی بۆندارە
aniseed تۆیەکی بۆندارە؛ بۆ چێژدان لە چێشت دەکرێ
ankle گۆزینگ؛ جومگەی نێوان پێ و لاق
anklet خرخاڵ{ر}
ankylosis نەخۆشیی جومگە رەقبوون
annals (بەسەرهات، رووداو) ەکان؛ ی (سالانە، ساڵ بە ساڵ)
anneal(s) (ئاسن، شووشە) بتەو دەکا؛ بە گەرم و پاشان سارد کردنەوە
annealing بتەوکردنی (ئاسن، شووشە)؛ بە گەرم و پاشان سارد کردنەوە
annex پاشکۆ. پێوەی دەلکێنێ، بە دواوەی دەنووسێنێ
annihilate لەناودەبا، تەفروتونادەکا
anniversary ساڵەڕۆژ
diamond - *ساڵەڕۆژی ئەڵماسی*
golden - *پەنجامین ساڵەڕۆژ*
silver - *بیست و پێنجەمین ساڵەڕۆژ*

Anno Domini (also AD) سالـی زایینـی
annotate پـەراوێز دەكا، لـە دامێنـی دەنـووسێ
annotation پـەراوێز، دامێـن
announce ئـاشكرادەكا، دەردەخا
annoy هەراس دەكا، هەراسان دەكا، بـێزاری دەكا
annual سالانـە. سالنـامـە
annuitant خاوەن مووچەی سالانـە، مووچەخۆری سالانـە
annuity مووچەی سالانـە
annul بـەتاڵدەكا، هەڵدەوەشێنێتەوە
annular خڕ، ئـەلـقـەیـی
annulet ئـەلـقۆكـە
annuloid ئـەلـقـەدار. ئـەلـقـەیـی
annulose ئـەلـقـەیـی
annum تـینـوو، تێـنـی
per - *لـەسالێكدا*
annunciation مـزگـینـی، راگـەیـانـدنێكی خۆش
anode ئـەلـیـكـترۆنـدەر، ئـەلـیـكـترۆنـبـەخش
anodyne (ئـێش، ئـازار)ی لـەش (دامـركێـن، هێدیـكـەرەوە)
anoint چەوردەكا، دەشێلێ
anomalism نـائـاسایـیـبـوون، چەوتـی، نـارێكـی، لادان
anomalous نـائـاسایـی(ە)، چەوت، نـارێـك
anomaly (نـائـاسایـیـبـوون، چەوتـی، نـارێكـی) لـە شتێكدا
anon بـەم زووانـە! بـاشە! هەر ئێستا!
anonymity نـەنـاسراوی، شاراوەیـی، نـەزانـراوی
anonymous نـەنـاسراو، شاراوە، نـەزانـراو
anorexia نـەمانـی ئـارەزووی خواردن. مانـگـرتـن لـە خواردن
another یـەكـی‌دی، یـەك(ێـك)ی‌كـە، (هی، یـەك(ێـك)ی)تـر
answer وەرام، وەلام. وەرام دەدا (تـەوە)
to - for *بـەرپـرسیارە لـە*
answerable بـەرپـرسیار، وەرامدەرەوە
ant (1) مێـروو، مێـروولـە
ant (2) (پێشگر، پێشكۆ)یـە بـەواتـای (دژ، دژە)
antagonism بـەربـەرەكانێ، دژایـەتـی
antagonist نـەیار، دژ
Antarctic تـەوەرچەقـی خواروو(ی زەمـیـن)
ante (1) پـێش، لـەپـێش، پـێشوو
ante (2) (پێشگر، پێشكۆ)یـە بـەواتـای (دژ، دژە)
antecede پـێشی‌دەكـەوێ، لـەپـێشی‌دێ
antecedent پـێشوو، لـەپـێشدا. پـێشهات
antechamber ژووری پـێشەوە، ژووری پـێشوازی
antedate بـەرواری پـێش كاتـی لـێ دەدا
antediluvian پـێش لافـاو، لـەپـێش لافـاو
antelope بـزنـەكـیـوی{ێ}
antemeridian (a.m.) پـێش (

نـيـورانـیَ، نـیـوەڕۆ)

antenatal پـێش مـنالّـبـوون، بـەر لـە زگدانـان، پـەیـوەنـده بـە (سکداری، ئـاووسی، زگـبـوون) ەوه

antenna (هەرکام لـە دوو) قـۆچی مـێش و مـەگـەزان. شەپـۆلـّـیـار، ئـەنـتـێنـە، ئـەیـریـال

antenuptial (هی، تـایـبـەتـە بـە قـۆنـاغی) پـێش شووکـردن (یا ژن هێـنـان)(ە)

anterior پـێشوو، لـەپـێـش. هی پـێـشەوه

anteroom ژووری پـێشوازی

anthem سروود؛ ی نـیـشتـیـمانـی، هـتـد

anthology (کـۆمـەڵ، کـۆکـراوە)ی کـاری ویـژەیـی

anthrax گـەرای بـەکـتـیـریـا یـەکـە؛ لـە جـەنـگـی بـایـۆلـۆجی بـەکـار دێ

anthropoid لـە شـێـوەی مـرۆڤ، مـرۆڤ ئـاسا، لـەسـەر پـێ

anthropology زانـسـتـی لـێـکـۆڵـیـنـەوه لـە کـۆمـەڵـگـا(کـان)ی مـرۆڤ(ایـەتـی) و نـەریـت(ەکـان)ی

anti (پـێشگر، پـێـشکـۆ)یـە بـەواتـای (دژ، دژه. پـێـش)

- aircraft *فـڕۆکـەشکـێـن، دژئـاسمانـی، دژەنـەیـاره*

antibiotic دژەمـیـکـرۆب

antic (رەوشت، کـردەوە)ی (گـێـلانـە، عەنـتـیـکـە، سەیـر)

anticipate پـێشبـیـنـی دەکـا

anticipation پـێـشبـیـنـی(کـردن)

in - *پـێـشوەخت*

anticlerical دژ بـە ئـایـنـداری

anticonstitutional

بـەرهەڵـستـکـاری یـا دژه بـە دەسـتـوور

antidote دژه ژەهر، دژه نـەخـۆشی

antinomy (بـەربـەرەکـانـێ، پـێـکـنـەگـەیـشتـن، یـەکـنـەبـوون)ی دوو (بـیـر و بـاوڕ، بـۆچـوون، ئـەنـجام، هـتـد)

antipathy دژبـوون، نـەیـاری

antipodes ئـەودیـوی گـۆی زەمـیـن. دیـوی بـەرامبـەر(مـان). ئـەوسەری تـیـرەیـەک

antiquarian هی (شت، پـەڕتـووک)ی (کـۆن، نـادیـاب، دەگـمـەن). کـەسێـک کـە مامـەڵـە بـە (شت، پـەڕتـووک)ی (کـۆن، نـایـاب) ەوه دەکـا(ت)

antiquary (قـوتـابـی، لـێـکـۆڵـەرەوه، کـۆکـەرەوە)ی (شت، پـەڕتـووک)ی (کـۆن، نـایـاب، دەگـمـەن)

antiquated بـاوی نـەمـاوه، کـۆن(بـوو)ە، بـەسەرچـووه

antique شتـومـەکـی (کـۆن، نـایـاب، دەگـمـەن)

antiquity کـۆنـیـنـە

antiseptic پـاک کـەرەوە؛ دژه (پـیـس، گـەن) بـوون. (بـەکـتـیـریـا، مـیـکـرۆب) کـوژ. پـالاوتـە، پـالـێـوراو، پـاک

antisocial (دژ بـە، دوور لـە) نـەریـتـی (بـاوی) کـۆمـەلایـەتـی. کـەسێـکـی دووره پـەرێـز لـە خـەڵـک

antithesis دژ بـە یـەکـبـوون، جـیـاوازی

antitoxin دەرمـانـی دژه ژەهراوی بـوون

antitype هێـمـاپـێـکـراو، بـاسکـراو

antler شاخ، قۆچ؛ ی کەڵەکێوی

anus قوون، قنگ، کۆم، دەرچەی پاشەڵی (ئاژەڵ، مرۆڤ)

anvil سندان؛ ی ئاسنگەر

anxiety پەرۆشی، ئارەزوومەندیی چاوەڕوانکراو

anxious بە پەرۆشە، ئارەزوومەندە

any هەر(کەس، شت)

anybody هەرکەس، هەرکەسێ(ک)

anyhow هەرچۆن(ێ(ک(بێ(ت))))

anything هەرشت(ێ(ک(بێ(ت))))

anyway بەهەرحاڵ، بەهەرحاڵێک. بەهەرجۆرێک

anywise بەهەرحاڵ(ێک). بەهەرجۆرێک

aorta شادەماری خوێنبەر؛ لە دڵ ەوە

apace بەگورجی

apart دابڕاو؛ لەیەک(تر)، جودا، لەبارێەک ترازاو

- from *جگە لە، بێجگە لە*

apartment بەشەخانوو، لەتەخانوو

apathetic خاو. بێهەست. (بێ، کەم) ئارەزوو، گوێنەدەر

apathy خاوی. بێهەستی. (بێ، کەم) ئارەزوویی، گوێنەدان

ape مەیموون

aperient زگچوێنە، رەوانە؛ (زگ، گەدە) دەچوێنێ. دەرمانی زگ (رەوانکەر، چوێن)

aperture چاوە، کون، دەرچە

apex سەر، ترۆپک، ئەوپەڕ

aphonic (adj) بێدەنگە، دەنگدار نییە

aphony (n) دەنگ نەمان، بێدەنگ بوون، کربوون

aphorism پەند. پێناسە

aphrodisiac بە(هێز، پێز)کەری ئارەزووی جووتبوون

apiary (قەتارەی، سەبەتەی، شارە) مێشەنگین

apical (هی، لە) (لووتکە، ترۆپک)(ە). لووتکەیی

apiece هەر یەکەو پارچەک، هەر یەکەو بە جیا، هەر یەکێ

apocryphal گومانلێکراو. درۆزن

apogee ئەوپەڕ. دوورترین ماوەی نێوان مانگ (یا خۆر) و زەمین

apologetic بە پارانەوەیە. (بەهانە، بیانوو) هێنەرەوەیە

apologise داوای لێبووردن دەکا

apologue پەندە چیرۆک

apology (داوای) (لێبووردن، بەخشین)

apoplexy نەخۆشیی (مردن، ئیفلیجی)ی کتوپڕ؛ بە هۆی (پچڕان، گیران)ی دەماری مێشک

apostasy هەڵگەڕانەوە؛ لە (ئایین، بیروباوڕ، هتد)

apostate هەڵگەڕاوە؛ لە ئایینی یا بڕوای

apostle هەنارده، پەیامبەر، نوێنەر. پێشەوا

apostolic تایبەتە بە (هەنارده، پەیامبەر، نوێنەر) ان

apostrophe نیشانەی جیاکردنەوە ('). پیتێکی چاپە

(')

apothecary دەرمان فرۆش. وردەوالەفرۆش، هووردەوارەفرۆش

apotheosis بە خوا کردنی شتێک. ئەوپەڕی پەرستن

appal(l) زەندەق دەبا، دەترسێنێ

apparatus دەزگا، ئامراز، ئالەت

apparel پۆشش. پۆشاک

apparent وادیارە، وادێتە بەر چاو. ئاشکرایە

apparition دێوەزمە. خەون. پەیابوون، دەرکەوتن

appeal داوای دادگایی کردنەوە. هاوار، بانگ. داوای دادگایی کردنەوە دەکات

appear دەردەکەوێ. دێتەپێش

appearance ڕوالەت، دەرکەوتن. شێوە و پۆشتەیی

appease کپ دەکا. بێدەنگ دەکا. لەبەری (ن؛ زۆردارێک) دادەهێنێ تا (ڕازی، بێدەنگ، کڕ) بێ

appellant داواکەری دادوەری کردنەوە

appellation نازناو؛ لەقەب

appellee

append پێوە دەلکێنێ(بە دواوەی). پێوە دەخا

appendage پەراوێز، دامێن. پاشکۆ

appendicitis ژانی ڕیخەرۆکە کۆرە، ئاوسانی ڕیخەلۆکە کوێرە

appendix پاشکۆ. کلک. ڕیخەلۆکە کوێرە

appertain تایبەتە بە، پەیوەست دەبێ بە

appetence هەوەس، مەیل، حەز، ئارەزوو. ئاوات

appetite (نەوس، ئارەزوو، تامەزروی)ی سروشتی بۆ (خواردن، پەڕین، هتد). حەز، مەیل

appetizer تام و خوێ، نموونە، چەندێکی کەم لە خواردن؛ بۆ تام و بۆ کردنی (خواردن (ەوە) ، جگەرە، هتد)

applaud ستایشی دەکات. ئافەرینی دەکا، چەپڵەی بۆ لێدەدا

applause ستایشکردن. ئافەرینکردن، چەپڵە

apple سێو، سێڤ

appliance کەل و پەل

applicable لەکارهاتوو. بەکارهاتوو. گونجاو

applicant داواکار

application داوا، داوا خستنە ڕوو، داواکردن (ی کار، یارمەتی، هتد). بەکارهێنان. وەکارخستن

apply داوا دەکا، داوا دەخاتە ڕوو (لە شێوەی فۆرم پڕکردنەوە و نووسین بە زۆری). بەکاردەهێنێ

appoint دادەمەزرێنێ

appointment دامەزراندن

apportion دابەش دەکا، بەشدەکا بە ڕێژە

apposite گونجاو، (باش، جوان) دەربڕاو، ڕاست، دروست

apposition کەڵەکەبوون.
زێدەبوون

appraisal نرخاندن، نرخ
دانان

appraise دەنرخێنێ، نرخ
دادەنێ

appreciate پێی دەزانێ،
بەباشی دەزانێ

appreciation پێ زانین، باش
هەڵسەنگاندن

apprehend دەستگیری دەکا،
زاڵدەبێ بە سەری دا. دەترسێ

apprehension دەستگیرکردن،
زاڵبوون. تێگەیشتن، ئاگاداری.
مەترسی

apprentice لاو، گەنج. لە ژێر
مەشق

apprise ئاگاداری دەکا(تەوە)،
پێی رادەگەیەنێ

approach نزیکی، نزیکبوونەوە.
بۆچوون. نزیک دەبێتەوە لە،
دەگاتە لای. بۆی دەچێ

approbation رەزامەندی

appropriate جێیخۆیەتی،
بەرێوجێ

appropriately بەرێوجێ، بە
شێوەیەکی گونجاو

appropriator خاوەن

approval رەزامەندی،
باشی

on - *بە مەرجی خاسیی(باشیی)*

approve رازایدەبێ بە، رازی
دەبێ لەسەر، بە باشی دەزانێ

approximate نزیک دەبێ لە،
خۆیدەدا لە

approximately نزیکەی، لە
دەوروبەری

approximation نزیک
کردنەوە

appurtenance لاوەکی،
پەراوێز

APR کورتکراوەیە
بەواتای؛
رێژەی لەسەدای (قازانجی)
سالانە

apricot (درەخت و بەر)ی قەیسی
(میوە)

April ئەپریل، گولان، مانگی
چارەمی ساڵی زایینی

- fool *درۆی (یەکی)*
ئەپریل

apron فۆتە، پۆشش

apropos بەجێیە، جێی
خۆیەتی

apt گونجاو، زیرەک، زوو (
فێربوو، راهاتوو). مەیل دارە،
ئامادەیە بۆ

aptitude (لێزانی، شارەزایی)
ەکی سروشتی لە شتێک.
ئامادەیی، توانین. شایستەیی

aptly بەتوانایی، بەپێی (
گونجان، پێویست). وەکو
پێویست

aptness (لێزانی، شارەزایی)
ەکی سروشتی لە شتێک.
ئامادەیی، توانین. شایستەیی،
گونجاوی

aquafortis ترشەلۆکی نەتریک.
ئاوی زیو (کیمیا)

aquarium (گۆل، پیشانگا)ی
گیانلەبەرە ئاوییەکان

aquatic ئاوی، گیانلەبەری
ئاوی

aqueduct (ئاوەرۆ، جۆگە(لاو))ی
دەسکرد؛ بۆ کشتوکاڵ

aqueous شلە، دۆخی شلە (کیمیا)

. ئـاودار

aquiline خوار، کـەچ، گـێـڕ، چەماوە

arabesque عارەبـی. نـەخش یا شیـرازەیـەکـی عارەبـی

Arabic عارەبـی، زمـانـیعارەبـان، (سەربـە، لـەمـەڕ) عارەب

arable بـە پیتـە، بـۆ چانـدن دەبـێ (دەست دەدا)، زەوی کشتـوکالـّی یـە

arachnid گیانـلـەبـەر ێکی سەربـە خێـزانـی (جالـّجالـّۆکـە، دووپـشک، هتـد) ە

arachnoid وەکـوو جالـّجالـّۆکـە (یـە)، لـە (شارە) جالـّجالـّۆکـە دەچێ

arbiter دادوەر، نـاوەنـجیـکـەر

arbitrage دادوەری، نـاوەنـجیـگـەری، تـەرازووکـردن

arbitrariness (هەڕەمـەکـی، خۆڕایـی) (بـوون. کارکـردن)

arbitrary هەڕەمـەکـی، خۆڕایـی

arbitrate (لایـەنـێکـی سێـیـەم، دادوەر) بـریـار دەدا

arbitration (لابـەلاکـردن، دادوەری)ی کـێـشەیـەک بـەڕێگـەی لایـەنـێکـی سێـیـەمـەوە

arbitrator کـەسێـکـی (لابـەلاکـەرەوە، دادوەریـکـەر)ی کـێـشە(ان)

arbor تـەشی (ی خوری، هتـد ڕێـستـن)

arboreal (هی، تـایـبـەتـە بـە) دارودرەخت. لـەنـاو دارودرەخت ژیـاو

arboriculture دار و روەک چێـنـی، دار و روەک نـاسی

arbour بـاخچەی بـە داروبـار و سێـبـەر

arbour (1) تـەوەر؛ ی سووڕان(ەوە، دنـەوە)

arbour (2) بـاخچەی بـە داروبـار و سێـبـەر

arc کـەوان(یتـیـر). بـەشێـکـی بـازنـە(ماتـماتـیـک)

arcade پاساژ؛ شوێـنـێـکـی بـانـگـیـراو و روونـاک

arcane نـهێـنـی(یـەکان)

arch تـاق. خواردەکا، گـێـڕدەکا. دەچەمـێ، لاردەبـێ

arch(i) (پـێـشگـر، پـێـشکـۆ)یـە بـە واتـای (مـەزن، گـەورە، سەرۆک، بـە شکـۆ)

- enemy *دوژمـنـی هەرە گـەورە. شەیـتـان؛ ئـیـبـلـیـس*

archaeology شوێـنـەوارنـاسی (زانـست)

archaic چۆل و کـۆن و پـشتـگـوێـخراو

archbishop مـەزنـی قـەشان (قـەشەکان)

archdeacon قـەشە

archer جەنـگـاوەر (ی هەلـّگـری تـیـروکـەوان)، تـیـرهاوێـژ

archetype نـموونـەی رەسەن. پـێـوەر

architect نـەخشە داڕێـژەری خانـووبـەرە، ئـەنـدازیـاری نـەخشان

architecture نـەخشەی خانـووبـەرە. نـەخش و شیـرازەی خانـووبـەرە. خانـووبـەرە. داڕشتـن. داڕێـژراو

archives (بـەلـّگـە، نـووسراوە)

پارێزراوەکان؛ ئەرشیف

archness مەکربازی. بەدی، پیسی

arctic تەوەرچەقی سەروو(ی زەمین)، سەروو، هی سەرەوە

- circle *بازنە (هێڵی تەریبی باکووری ٦٦ پلەی)ی (بەستەڵەک، سەهۆڵبەند)ی سەروو (ی زەمین)*

ardent گەرم، بەسۆز، راستەقینە. کوڵیو، کوڵاو، کورای

ardour گەرمی، بەسۆزی، راستەقینەیی

arduous بە ئاستەنگە

are (1) (of be) ن؛ کرداری یارمەتی دەرە، بۆ کەسی یەکەم و سێیەمی کۆی ئێستای (رانەبوردوو). ئامرازی پرسیارە؛ ئایا ؟ (بۆ هەمان کەسی ناوبراو)

-n't = are not *(ئەوان) نین، (ئێمە) نیین*

are (2) پێوانەیەکی مەتریی رووبەرە؛ دەکاتە ١٠٠م٢

area ناوچە. روبەر(ماتماتیک)

arena گۆڕەپان

areola خاڵ، بازنە؛ بەتایبەتی بازنەی دەورەی گۆی مەمک

argent زیوین. رەنگی زیو

argil قوڕ؛ی تەندوور، گۆزە، هتد

argosy پاپۆڕی بە چادری گەورەی بازرگانی

argue کێشمەکێشدەکا، دانوستان دەکا (لە دان و ستاندنەوە)

argument دانوستان (لە دان و ستاندنەوە)، کێشمەکێش،

بگرەوبەردە

Argus بەهۆش، بەخەبەر

aria ئاواز

arid وشک، بێ پێز

aright بەراستی

arise سەرهەڵدەدا

aristocracy چینی باڵا، ئەرستۆکراتی

aristocrat ئەرستۆکرات، باڵادەست

arithmetic زانستی ژمێریاری

arithmetician زانای ژمێریاری(ماتماتیک)

ark کەشتی

- of Noah *پاپۆڕەکەی نوح*

arm قۆڵ{ر}، بار{ڵ}، باسک، بازوو. چەک. چەکداردەکا

keep at -'s length *دووری ڕادەگرێ، نایەڵێ نزیک بێتەوە*

armada هێزی دەریایی

armament کەرەسەی جەنگ. چەکداربوون. چەکدارکردن. هێزی جەنگین

armchair (تەخت، کورسی)ی بە جێدەست

armed چەکدار. چەکدارکرد

armistice ئاگربەست، پشوو(لەجەنگ)

armless بێچەک. بێ پەل و پۆ

armlet بازن، بازنە

armour دەزگای جەنگی(چەک). زرێ

armoured زرێپۆش

armourer بازرگان ی چەک

armoury جبەخانە. کارخانەی

چەک. باروتخانە

armpit بنهەنگڵ، بنباڵ

arms چەک و جبەخانە (بە هەموو جۆرەکانی یەوە)

under - چەکدار(ە)، ئامادەی جەنگ

army لەشکر (ی سەربازی)

aroma بۆن (ی خۆش)؛ بەتایبەتی هی خواردن

aromatic بۆنخۆش، بۆندار، بەچێژ

arose هەستا. بەخەبەرهات. پەیدابوو

around دەوروبەری، لەدەوروبەری، لەدەور(ە)ی. نزیکەی

arouse هەستاند. بەخەبەرهێنا. جوولاندی، وروژاندی

arquebus جۆرە (چەک، تفەنگ) یکی زۆر کۆنە

arrack عارەق؛ خواردنەوەی مەستکەر

arraign تاوانباردەکا

arrange ڕێکدەخا. تەگبیردەکا. ئامادەدەکا. پێکدەهێنێ

arrangement ڕێکخستن. تەگبیر. ئامادەکاری. پێکهاتن

arrant شەڕانی، شەڕخواز

array رایەڵە{ر}، چەند (هێل، ریز، بابەت، دەنک)ێکی تەریب بە یەکتر کەوا ستوون بن بە سەر چەندێکی دیکەی تەریب بە یەکتر؛ وەکو لە هێڵەگ دا بەرچاو دەکەوێ (ماتماتیک).

arrearages قەرز و قۆڵە، قەرد و قۆرە

arrears قەرز، دواکەوتووە، ماوە

arrest دەگرێ، دەسگیردەکا. رادەگری. گرتن، دەسگیرکردن. ڕاگرتن

arrival گەیشتن. هاتن

arrive دەگا، دێ

arrogance لەخۆبایی‌بوون

arrogant لەخۆبایی‌بوو. لەخۆباییە، ترزلە

arrogate خۆی دەسەپێنێ، لەخۆبایی دەبێ، مافدەدا بەخۆی

arrogation لەخۆبایی‌بوون، خۆسەپاندن؛ی بێ ماف

arrow تیر؛ ی کەوان، هتد

arse قوون، قنگ، کۆم، دەرچەی پاشەڵی ئاژەڵ(ومرۆڤ)

arsenal جبەخانە، بارووتخانە

arsenic زەرنیخ؛ ژەهری مشک، مشک کوژ

arson گرتێبەردان بەدەست(ی تاوان)

art هونەر

black - *جادوو. فاڵ. سیحر*

-s and crafts *هونەر و جوانکاری*

arterial هی دەمار(ە)، پەیوەندە بە دەمارەوە

arteriosclerosis رەقبوونی دەمار (نەخۆشی)

artery دەمار (ی خوێن)

artesian بیری دەسکرد (هی ئاو) ، ئیرتیوازی

artful هونەرمەندانەیە. فێڵباز

arthritis نەخۆشی جومگەکان

artichoke جۆره سەوزەیەکە

article بڕگە(یەک لە یاسا)، بەند. وتار(ێک لە رۆژنامە و گۆڤار)، ئامراز

definite - *ئامرازی ناسراو*

indefinite *ئامرازی نەناسراو*

leading *سەروتار، وتاری سەرەکی*

articled لەژێر مەشقە، (بێ، کەم) ئەزموونە

articular جومگەدار؛ بە جومگە. بڕگەیی

articulate (1) (زمان پاراو، روون) لە ئاخافتن. بەروونی دەدوێ

articulate (2) جومگەدار؛ بە جومگە. دەیانلکێنی، لێکیان دەدا؛ بەجومگە

articulated جومگەدار(ە)، پێکەوە گرێدراو؛ بە (جومگە، ریزە، هتد). بڕگەیی، روون، (دا) بەش کراو، پێکەوە گرێدراو

articulation وتار؛ وتراو، گوتار. ئاخافتن. پێکەوە گرێدان؛ بە (جومگە، ریزە، هتد)

artifice هونەر، کارسازی. دروستکردن

artificial دەستکرد، پیشەسازکراو. ناسروشتی

artillery تۆپ، تۆپخانە(جەنگ)

artisan هونەرزان، پیشەکار، پیشەساز، وەستا

artist هونەرمەند. بە هونەرە لە کاری خۆی

artless بێهونەر. سادە، ساکار. نەزان

Aryan ئاری. رەگەزی ئاری

as وەک، وەکو. لەبەرئەوەی. لەکاتێکدا

- a result *لە ئاکام دا*

- if *وەکئەوەی، وەکوئەوەی*

- soon - *بەزوترین کات(یگونجاو)*

asafoetida جۆره (شلە، بنێشت) ی دارێکە؛ بۆن (تیژ، توند؛ کەسکوون)ە بۆ (جێشت لێنان، دەرمان) بەکاردێ

asbestos ئەسبەست

ascend سەردەکەوێ، بەرزدەبێ، هەڵدەکشێ

-ing *سەرکەوتوو، هەڵکشاو*

-ing order *رێزکردن یا تۆمارکردن لە (بچوک، نزم، کەم)ەوە بۆ (گەورە، بەرز، زۆر)*

ascendancy دەسەلات. خۆهەڵکێشان

ascendant سەرکەوتوو، هەڵکشاو

ascension سەرکەوتن، هەڵکشان. بەرزبوونەوە(وەک لە ئیسراء و میعراج)

ascent سەرکەوتوو، هەڵکشاو

ascertain دڵنیایدەکا. دڵنیادەبێ

ascetic (سادە، ساکار) ژیاو

ascribe (شتێک) لەمەڕ (شتێکی دی) دەزانێ، (هۆکەی)

دەگەڕێنێتەوە بۆ

ascription (شتێک) لەمەڕ (شتێکی دی) زانین، (هۆ) گەڕاندنەوە بۆ

aseptic پاڵێوراوە. پاکە، بێگەردە

asexual پەیوەندی نییە بە جووتبوون و پەڕین ەوە

ash سوتوو، سۆتەک، مشکی، خۆڵەمێش

- tray *سۆتەکدان*

ashamed شەرمن. شەرم دەکا

ashes مشکی، پاشماوەی سوتان. پاشماوەی سوتاندنی(یمردوو لەهەندێ ولاتان)

ashore لەکەنار ئاو، لە ڕۆخ دەریا

ashy ڕەنگی مشکی، خۆڵەمێشی. تۆزاوی

Asian ئاسیایی، سەر بە کیشوەری ئاسیا(یە)

Asiatic ئاسیایی، سەر بە کیشوەری ئاسیا

aside بەلاوە، لەپاڵ(ەوە)، لەتەنیشت(ەوە)

- from *بێجگە لە*

asinine بێمێشکانە، کەرانە. هیکەر

ask دەپرسێ. داوادەکا. بپرسە

askance بە تییەکی چاو، بە تیلەک چاو. ویستن، خوازیاری؛ چاو (لێبوون، لەدووبوون). بە واتایەکی تر

askew بەخواری، بە کەچی، بە چەوتی

asking پرسین. داواکردن.

پرسیارکردن. داواکردن

aslant خوار، کەچ، چەوت

asleep نوستوو، خەوتوو

aslope بەرەوخوار، بۆخوارەوە. خواربۆوە

asp جۆرە مارێکی ژەهراویی سەرووی ئەفریقا و خوارووی ئەوروپا یە

asparagus جۆرە ڕووەکێکە

aspect شێوە. ڕوو. لایەن

-s *(ڕوو، لایەن، تایبەتمەندیی) ەکانی شتێک*

aspen هەژیو، هەژاو

asperity گڕی، دڕی، زبری

asperse ناو(بانگ)ی دەزڕێنێ. دەرشێنێ، دەپڕژێنێ

aspersion ناو(بانگ) زڕاندن. ڕشان(دن)، پڕژاندن

asphalt قیر. زفت

asphodel جۆرە ڕووەکێکە

asphyxia نەخۆشیی هەناسەتەنگی؛ کە دەشێ ببێتە هۆی هەناسەوەستان، خنکان

asphyxiate هەناسەی تەنگ دەبێ، دەخنکێ

aspirant خوازیار(ە)

aspirate هەڵدەمژی. هەناسەدەخوا

aspiration خواست. هەناسەدان

aspirator دەزگای تەنگەنەفەسی

aspire دەخوازێ

asquint بەخواریی چاو، بەلاچاوێک

ass کەر یا جاشک

assail هەڵدەکوتێتەسەر،

پەلاماردەدا

assassin بکوژ، مرۆڤکوژ(پیاوکوژ). خوێنرێژ

assassinate دەکوژێ

assault هەڵدەکوتێتەسەر، پەلاماردەدا. هێرش، پەلامار

assay دەپشکنێ، لێدەکۆڵێ. پشکنین، لێکۆڵینەوە. تاقیکردنەوە

assayer لێکۆڵەرەوە. تاقیکەرەوە

assemblage گردبوون، کۆبوونەوە. بەستان. لێک بەستان، دروستکردن

assemble گرد دەبن، کۆدەبنەوە. دەبەستن. لێک دەبەستن، دروست دەکەن

assembly ئەنجومەن

assent رەزامەندی، هاتنەرا. رازی دەبێ، دێتەرا(ێ)

assert داکۆکی دەکا

assertion داکۆکیکردن

assess هەڵدەسەنگێنێ، دەنرخێنێ

-ed taxes *باجی هەڵسەنگێنراو*

assessable هەڵسەنگێنراوە بۆ باج؛ باج دەیگرێتەوە، باجی لەسەرە

assessment هەڵسەنگاندن. نرخاندن

assessor پشکنەر، هەڵسەنگێنەر

assets هەبوو(ەکان)

asseverate رادەگەیەنێ

assiduity کۆڵنەدەری، ماندوویی نەناسین؛ لە (خوێندن، کار، هتد)

assiduous کۆڵنەدەر، ماندوویی نەناس

assign دیاری دەکا. (موڵک، هتد)ی بەناو دەکا. دادەمەزرێنێ؛ (تەخت، کار، هتد)ی پێدەدا

assignation کات دیاریکردنی (بەناو کردن، دامەزراندن، هتد)

assignee دیاریکراو. (موڵک، هتد) بەناو کراو. (تەخت، کار، هتد) پێدراو

assignment دیاریکردن. (موڵک، هتد) بەناو کردن. دامەزراندن؛ (تەخت، کار، هتد) پێدران

- of lease *دانی مافی کرێچێتی*

assignor (موڵک، هتد) بەناو کەر. دامەزرێنەر؛ ی کەسێک لە سەر (تەخت، کار، هتد)

assimilate (پێ) دەچوێنێ، نموونەدەدا(ت)

assimilation وێچواندن، نموونەدان

assist یاریدەدا، یارمەتیدەدا

assistance یارمەتیدان

assistant یاریدەدەر، شاگرد

assizes دادگای باڵای (پێداچوونەوە، بەڕێوەبردن)ی یاساکان و دادوەری کردنی دادگاکانی نەوی تر

associate هاوکار. ئەندام. بەگەرخرای. بەشداردەبێ، هاوکاریدەکا. بەگەردەدا، پەیوەستدەکا بە

association دامەزراوەی

هاوکاری، یەکێتی خێرخوازان. کۆمەڵگا. بەگەرخران، پەیوەستکردن

assonance کێش؛ قافیە؛ دەنگ وێکچوونی کۆتایی وشان

assonant (هۆنراوە، هتد)ی کێشدار، بەکێش؛ قافیەدار

assort بەشبەشدەکا، دابەشدەکا. خانەیدەکا. جودادەکاتەوە، دادەبڕێ

assortment چەند بەشێک، دابەش کراو. خانەکراو. بڕکراو، جیاجیا

assuage سووکی دەکا، (هێدی، ئارام)ی دەکات(ەوە)

assume دەگرێ؛ وەک لە (بگرە، گریمان)، دادەنێ. دەگرێتە خۆ، بەخۆوە دەگرێ، دەخاتە ئەستۆی خۆی

assumption گرتن، دانان

assurance بەڵێن. دڵنیایی

assure بەڵێن دەدا. دڵنیا دەکا

asterisk ئەستێرۆکە (ی سەر وشەی نووسراو)

astern لەدواوە. بەرەو پشتەوە. بۆدواوە، بۆپشتەوە

asteroid ئەستێرۆک. ئەستێرە. لە شێوەی ئەستێرە

asthma نەخۆشیی هەناسەتەنگی؛ رەبوە

astonish سەردەسوڕمێنێ

astonishment سەرسوڕمان

astound زۆر سەردەسوڕمێنێ، واقی وڕ دەهێنێ

astral پەیوەندە بە ئەستێرەوە

astray سەرگەردان، هەڵەتە، پەراگەندە

astriction جڵەو{ر}گرتن، بەستن

astride (adv) بەپانی، بە لاق بڵاوی

astringent گوشێن، توندکەر، راوەستێنەر. هەڵەپاس{ر}، توند(رەفتار)

astrologer جادووگەر، فاڵچی؛ ئەستێرەیبەخت گرەوە

astrology جادووگەری، فاڵچێتی

astronomer ئەستێرەناس

astronomical تایبەتە بە ئەستێرەناسی. لە ژمارەنەهاتوو

astronomy ئەستێرەناسی (زانست)

astute مەکرباز

asunder دووکەرت. دووبەش، دووبڕ

asylum پەنا، داڵدە

at لە. لەتەک

- all *بە هیچ جۆرێک*

- call *ئامادەیە، لە سەر پێ یە*

- it *خەریکییەتی، سەرقاڵییەتی*

- once *یەکسەر، بەبێ راوەستان*

- times *هەندێ جاران*

at (@) لە؛ ناونیشانی ئەلیکترۆنی(@). نرخی ...£، بە ...£

atavism گەڕانەوە بۆ رەگەز

atheism نابڕوایی بە ئایین، زندیقی، کافری

atheist بێ باوڕ؛ بە خوا، زندیق، کافر

athenaeum کۆبوونەوەیەکی وێژەیی یا زانستی. (دیوەخان؛ هۆڵ)ی خوێندنەوە

athirst تینوو، تێنی

athlete وەرزشوان

athletic وەرزشوانە

athwart بەپانی

Atlantic ocean ئۆقیانوسی ئەتلەنتی (ئەتلەسی)

atlas ئەتلەس؛ پەڕتوکی نەخشەی جوگرافیا

atmosphere ئاسمان. دەور و بەر. ئاو و هەوا

atom ئەتۆم؛ بچووکترین بەش لە پێکهاتنی شت

atomic ئەتۆمی، بچووک، ورد

atomist زانای ئەتۆم

atone شتێک (بەخت) دەکا لە تۆڵەی (هەڵە، گوناح)ێک، قەرەبووی (هەڵە، گوناح)ێک دەکاتەوە

atonement گەردن ئازاد (بوون. کردن. کران)

atrabilious بەدڕەفتار، ڕەفتار خەراپ، بەد

atrocious تاوانکار. بەدڕەفتار

atrocity تاوان. بەدڕەفتاری

atrophy بەفیرۆ(دان. چوون). بەفیرۆ (دەدا. دەچێ). لاواز دەکا. لەناو(دەبا. دەچێ)

attach پێوەی (دەنووسێنێ، دەلکێنێ)

attache (ئەندام، کارمەند)ێکی تایبەتی باڵیۆزخانە؛ نوێنەری لەشکری، هتد

attachment پەیوەست؛ شتێکی لکێنراو بە یەکی دیکە. پێوە (نووسان(دن)، لکان(دن)). وابەستەیی، خولیا(یی. بوون)

attack هێرش، پەلامار. هێرشدەکا، پەلاماردەدا، تاودەدا

attain وەدەستدەهێنێ، وەدەست دەخا، دەگاتە ئامانجێک. دەگاتە ئاستێک بەهەوڵ وتەقەلا

attainder زەوت کردنی نائاسایی بەلام یاسایی مافەکانی کەسێکی بە ڕێگەی دادگا (سزادراو، تاوانبار کراو)

attainment دەسکەوت، وەدەستهێنان، وەدەستخستن، گەیشتن بە ئامانجێک. ئەنجامدانی شتێک

-*s* *شێوەی کۆی واتاکانی سەرەوە. زانیاریی وەدەست هاتوو*

attaint لەکە. لەکەدار دەکا

attar گوڵاو، گوراو

attemper (سووک، هێدی، هێۆر) دەکاتەوە

attempt هەوڵ، تەقەلا. دەسپێک. هێرش. هەوڵدەدا، تەقەلادەکا. هێرشدەکا

attend ئامادە دەبێ، دەچێ بۆ

attendance ئامادەبون. ئامادەبوان، بینەران

- *fees* نرخی چوونە ژووری

attendant سەرپەرشتیکەر.

ئامادەبوو

attention سەرنج، ئاگاداری (بوون، کردن)، ئاوڕدانەوە، گوێدان، ڕێزگرتن

pay - *سەرنج دەدا، گوێ (ڕایەڵ دەکا، ڕادەگرێ)*

attentive گوێگر، وریا، هەستیار. ڕەوشتپاک؛ بەئەدەب

attenuate کزدەکا

attenuation کزبوون

attest بەڵگەدەدا

attestation بەڵگەنامە

attested cattle گارانی بە بەڵگە(ی خاوێنی لە نەخۆشی)

attic چینی (هەرە) سەرەوەی خانوو

atticism بە گفتولفتی، قسەخۆشی

attire پۆشاک، جلوبەرگ

attitude شێوە، بارودۆخ. هەڵوێست. ئاراستە

attorney جێگر

- general *داواکاری گشتی، بیانووگەری گشتی*

attract ڕادەکێشێ. سەرنج ڕادەکێشێ

attraction ڕاکێشان. سەرنج ڕاکێشان. شوێنی دیدەنی، سەیرانگە

attractive دڵگرە، دڵگیرە، جوانە، سەرنج ڕاکێشە

attributable گەڕاوەتەوە بۆ؛ دەگەڕێتەوە بۆ، لە مەڕ، لەلایەن

attribute تایبەتمەندی؛ ی (کەس، شت)ێک. دەگەڕێتەوە بۆ(ی) ، لەلایەن ئەوەوە

attribution تایبەتمەندی کردن، گەڕاندنەوە (بۆی)

attrition خوران(بە لێکخشان)، لێچوون. پەشیمانی. دڵشکان

attune خۆی ڕادەهێنێ؛ بە بارودۆخێک. ژێ یەکانی ئامرازێکی ئاواز(ان) هاوئاهەنگ دەکا

aubergine باینجان

auburn گەنمڕەنگ. مەیلەوسوور، سوورپات

auction هەڕاجخانە، مەزاتخانە

auctioneer هەڕاجچی، مەزاتچی

audacious هەڵەپاس، هەرەپاس

audacity هەڵەپاسی، هەرەپاسی

audible بیستراو، بیسراو

audience بیسەران، گوێگران. ئامادەبووان (یکۆڕ یا کۆبونەوەیەک)

audile بیستەنی

audit (پیاچوونەوە، ڕاستکردنەوە)ی تۆمار(ەکان)ی (کار، بازرگانی). پێدادەچێتەوە، ڕاستدەکاتەوە

-ing *پێداچوونەوەی ژمێریاری*

audition تاقیکردنەوەی (توانا، بەجێ)ی کەسێک بۆ (کار، ئەرک) ێک

auditor (کەس، ژمێریار، پسپۆڕ) ی (ڕاستکەرەوە، چاوپێخشێن)ی تۆمار(ەکان)ی (کار، بازرگانی)

auditorium (شوێنی، بەشی تەرخانکراو بۆ) دانیشتنی (گوێگر، تەماشاچی)یان لە (

تیاترۆ، شانۆ، هتد)ێک

auger دەزگای دار کونکردن

aught دەبوو، دەبوایە

augment بەخێو دەکا (بۆ زۆربوون)، رادەگرێ (بۆ فرۆشتن)

augur فاڵچی

augury فاڵچێتی

august گەلاوێژ، مانگی هەشتەمی ساڵی زایینی. بەرز، بەرێز

aunt پور، پلک، میمک؛ خێزانی مام و خار، هەروەها خوشکی داک و باوک

agony - (پلکەخەمە، پورەخەمە وەک لە مامەخەمە)

aural پەیوەندە بە گوێچکەوە، ئی گێی

aureola = aureole

aureole بازنەیەک لە تیشک، سەبەتەیەک روناکی، کڵاوێکی رۆشنایی

auricle گوێچکەی دەرەوە، گوێچکیلەی دڵ

auricular پەیوەندە بە گوێچکەوە، ئی گێیە. نەبیستەنیە، نهێنیە

auriferous خاکەکی بە زێرە، زێرهەڵگرە، زێری تێدایە

aurist پزیشکی گوێ

aurora بەرەبەیان

auscultation گوێگرتن لە (تەپە، خورپە، دەنگ)ی (دڵ، سی(نگ)) بە مەبەستی تاقی کردنەوە

auspice(s) پارێزگاری، ئاگاداری

auspicious پیرۆز (کراو). خوازراو، ویستراو. بە (بەخت، شانس). خێرخواز هەڵەپاس(ر).

austere توند

austral هی خواروو، ئی خوارێ

authentic سەلماو

authenticate دەسەلمێنێ، بەڵگەدەدا

authenticity سەلمین، بەڵگەیی

author دانەر(ی پەرتووک)، نووسەر

authorisation مۆڵەت، هێشتن، لێگەران

authorise مۆڵەتدەدا، دەهێڵێ، لێدەگەرێ

authorised مۆڵەت(ی) پێدراوە، یاساغ نییە. مۆڵەتی دا، هێشتی، لێی گەرا

authoritative بە دەسەلات

authorities فەرمانرەوایان، دەزگاکانی دەسەلات

authority فەرمانرەوایی

auto (پێشگر، پێشکۆ)یە بە واتای (خۆ، بەخۆ، ئۆتۆ، خود)

- suggestion (بۆهاتن، بە بیر، خەیاڵ)دا هاتن

autobiography خۆنامە؛ پەرتووکێک لە سەر ژیانی خۆ

autochthon (هی، نیشتەجێ، دانیشتوو، هاوولاتی)ی (رەسەن، دێرین)ی (شوێن، ولات)ێک

autoclave (پالاوتن، پارزنین) بە (مەنجەڵ، دەزگا)ی پاڵەپەستۆ

autocracy تاکرەوایی؛ دەسەلاتی تاک(ەکەسی)، فەرمانرەوایی

تاک(ەکەسی)

autocrat تاکڕەوا؛ تاکەفەرمانڕەوا(یە)، تاکەدەسەڵاتدار(ە)

autocratic تاکەفەرمانڕەوا(یانە)، تاکەدەسەڵاتدار(انە)

autograph دەسنووسی دانەر، ماکی دەستی ی دانەر

automatic خۆکار، ئۆتۆماتیک، خودکار

automatically بەخۆی، لەخۆڕا

automaton خۆگێڕ، خۆکار؛ (بە) خۆی خۆیدەگێڕێ

automobile ئۆتۆمبیل

autonomy خۆبەڕێوەبردن؛ خودموختاری، ئۆتۆنۆمی

autopsy پشکنینی تەرم (مردوو) لەبۆ زانین (دۆزینەوە)ی هۆی مردن

autosuggestion بۆهاتن، بە (بیر، خەیاڵ)دا هاتن

autovaccine کوتران؛ (شرینقە، دەرزی) لێدران بە دەرمانێک کە لە خۆی ەوە وەرگیرابی

autumn خەزان، پاییز، وەرزی پاییز

auxiliary یارمەتیدەر. لاوەکی

avail سوود، کەلک. سوود وەردەگرێ. سوود دەگەیەنێ، کەلکی هەیە. بە سوودە، بە کەلکە

available هەیە، لەبەر دەستایە، ڕەخساوە

aval متمانە، دابینی؛ قوونپیالەی مسۆگەری

avalanche هەرەس(یبەفر)

avarice ڕەزیلی، پیسکەیی؛ خۆشەویستی پارە

Ave. کورتکراوەیە بە واتای؛ *= Avenue* *(شەقام، جادە، ڕێ) یەکی پان؛ و بەتایبەتی بە داروبار*

avenge تۆڵەدەکاتەوە، تۆرە دەستێنی

avenger تۆڵەکەرەوە، تۆرەستێن

avenue (شەقام، ڕێ، ڕێگا)یەکی پان؛ و بەتایبەتی بە داروبار

aver پشتڕاست دەکاتەوە. دەسەلمێنێ

average ناوەند، ناوەڕاست

averse دژبەر، نەیار

aversion دژبەری، نەیاری

avert پوچەڵ دەکا، بەری لێ دەگرێ. دوور دەخاتەوە

aviary سەبەتە، قەفەز

aviate دەفڕێ، بەفڕۆکە دەگوزەرێ

aviation فڕین، گوزەرانی ئاسمانی

aviator فڕۆکەوان

avidity چاوبرسێتی، تەماح(کاری)

avitaminosis کەمی ڤیتامینەکان (نەخۆشی)

avocation کاری لاوەکی

avoid خۆلادەدا (لە)، خۆدەپارێزێ (لە)

avoidable لێی لادەدرێ، خۆی لێ دەپارێزرێ

avoirdupois کێشی بازرگانی

avouch ڕوونـدەكاتـەوە

avow ئـاشكرادەكا

avowal ئـاشكـراكـردن

avulsion لـە يـەک كـردنـەوە، جيـا كـردنـەوە، دڕانـدن

await چاوەڕێـدەكـا، چاوەڕوان دەكـا

awake بـەئـاگايـە، بـەخـەبـەرە. بـەئـاگادێ. بـەئـاگ ادەهێـنـێ

awaken بـەئـاگادێ. بـەئـاگا دەهێـنـێ

award دەبـەخشێ. خـەلاتدەكـا. بـەخشش، خـەلات، پاداشت، ديـاری

aware ئـاگادارە، دەزانـێ، وشيـارە

- *of* *ئـاگادارە (بـە)*

awash لـە ئـاستـی ئـاو(ە)

away دووری. بـۆدوور. نـاديـار، كـۆچكـردوو

awe تـرس. دەتـرسێـنـێ

awful نـالـەبـار

awhile بـۆ مـاوەيـەک. بـۆ كـاتـێـكـی كـەم

awkward نـاهەمـوار

awl درێـشە

awn گـەلای دەورەی گـولـە (جـۆ، گـەنـم، هـتـد)

awning كـەپـر، سێـبـەر

awoke (p awake) بـەئـاگاهات. بـەئـاگاهێـنـا

awry خوار، بـەلاداهاتـوو

axe تـەور، بـيـور، جدووم

axial تـەوەری. بـەقـۆڵ. خڕ. سووڕاو

axil گـۆشـەی سەرەوەی نـێـوان (لـق، پـەل) و (گـەلا، پـەلـک) ێک

axilla (بـن)بـاڵ؛ ی بـەتـايـبـەتـی (بـالـنـدە، مـەل)

axiom بـنـەمـا، بـنـەڕەت. زۆر بـاو(ە)، خۆسەلـمـاو(ە)، (لـەخۆڕا) سەلـمـاو(ە)

axis قـۆڵ، بـاسک، تـەوەر

axle قـۆڵـی سووڕانـدنـی (پـێـچـكـە، تـايـە)

axon (تـاڵ، داو)ێـكـی دەمـار ی هەست (پـزيـشكوانـی)

ayatollah (پـێـشەوا، پـلـە)ی (هەرە بـەرزی) ئـايـيـنـی لـە مـەزەبـی شيـعـە

aye بـەلـێ، بـەرێ. بـەرێ!. هەمـيـشە، هەردەم

azoic بـێ (نـيـشانـەی) ژيـانـە، ژيـانـی لـێ نـيـيـە

azote نـايـتـرۆجيـن(كـيـمـيـا)، ئـازۆت

azrael ئـيـزرائـيـل، عيـزرائـيـل؛ (پـەيامهێـنـەر، پـەيامـنـێـر، پـەيامبـەر)ی مـردن

azure شيـنـی ئـاسمـانـيـی قـوول، لاژوەردی. ئـاسمـانـی شيـن

azyme هەويـری (نـەتـرشاو، پـێـنـەگـەيـيـو)

azymous نـەتـرشاوە، پـێـنـەگـەيـيـووە

***** B *****

b دوەم پیتی ئەلفبێ ی ئینگلیزییە

B.A. کورتکراوەیە بە واتای؛
بەکەلۆریۆسی هونەران؛ (بەڵگەنامەی) وەدەست خستنی پلەیەکی خوێندنە؛ پێگەییو

B.C. کورتکراوەیە بە واتای؛
پێش زایین (= before Christ ی عیسا)

B.M. کورتکراوەیە بە واتای؛
بەڵگەنامەی بەکەلۆریۆسی پزیشکوانی

B.Sc. کورتکراوەیە بە واتای؛
بەکەلۆریۆسی زانستی؛ (بەڵگەنامەی) وەدەست خستنی پلەیەکی خوێندنە؛ پێگەییو

BA کورتکراوەیە بە واتای؛
بەکەلۆریۆسی هونەران؛ (بەڵگەنامەی) وەدەست خستنی پلەیەکی خوێندنە؛ پێگەییو

babble زۆربلێ، درێژدادڕ، چەنەباز، چەقاوەسو. دەوپەل. نهێنی دەدرکێنێ(لەبەر دەوپەلی). زۆردەلێ

babe کۆرپە، منالّی ساوا. خۆشەویست (بە ئافرەت دەگوترێ)

babel دەنگەدەنگ، هەراوهۆریا

baboon جۆرە مەیمونێکی ئەفریقیە

baby نەوزاد، کۆرپە، منالّیساوا. (شتێکی) بچووک

babyhood ساوایی، منالّیی، کۆرپەیی

baccalaureate بەکەلۆریا

bacchanal (adj, n) سەرخۆش. خواردن و خواردنەوە

bachelor (هەلّگر، دارا، دەرچوو)ی بەکەلۆریا. پێگەیشتوو، عازەب

bacilli بەکتیریا(یەکان)ی لە شێوەی بۆڕی؛ بەتایبەتی ئەوانەی دبنە هۆی نەخۆشی

bacillus بەکتیریای لە شێوەی بۆڕی

back پشت. پشتەوە. بۆ پشتەوە. هیپشتەوە. پشتیوان. پشتیدەگرێ. دەکشێتەوە، هەلّدێ

- *a bill* *پشتیوانی لێ دەکا*

- *handed* *نادلّسۆزە. بەرەو پشتە. کتوپڕ*

- *rent* *کرێی دواکەوتوو*

backbite لەپشت روو دەدوێ. دووزمانی دەکا

backbone بڕبڕە(یپشت)

backdate بەروار دەگەڕێنێتەوە، بەروار گێڕانەوە؛ بەرواری پشتەوەی لێ دەدا

backdoor دەرگایپشتەوە، دەرگاینهێنی

backer پالّپشت، پشتیوان، پشتیوانیکەر

backgammon گەمەی تاولە، یاری تاولە

background پشتەوە، عەرد(هکەی؛ وێنە). لەپشتەوە، لەپەنارا، بەنادیاری

backslide پاشگەز دەبێتەوە.

سارد دەبێتەوە

backstairs ڕێگایەکی تایبەت یا نهێنی. ڕێگای بە پەناو پێچ

backward بەپشتا. کۆنەپەرست. بۆدوا. بەرەودوا، روەودوا

backwards بەرەو پشتەوە. بۆپشتەوە. بۆدواوە. بەرەودواوە، روەودواوە

bacon گۆشتی خوێکراوی بەراز

bacteria بەکتریا

bacteriological بایۆلۆجی (بەکتریایی)

- warfare *چەکی بایۆ لۆجی (بەکتریایی)*

bad خەراپ، بەد، بە ئازار

- breath *هەناسەی بۆگەن*

- debts *قەرزە کوێرە*

bade (of bid) (مەزات، هەڕاج) کراو

badge (نیشانە، پسوولە، ناسنامە)ی سەر (سینگ، ئۆتۆمبیل، هتد)

badger (1) ئاژەڵێکی شیردەری کونلێدەری شەوگەڕە؛ بە خەتخەتی رەش و سپی یەوە

badger (2) (هەراسان، سەغڵەت) دەکا

badly بەخەراپی. زۆر (دەویسترێ)

badness خەراپی، بەدی

baffle سەری لێ دەشێوێنێ؛ شێتی دەکا. دوای دەخا، تەگەرەی دەخاتە رێ

bag هەگبە، کیسە، جانتا. دەخاتە هەگبەوە، لە کیسەدەکا

- and baggage *هەرهەمووی، بە سەربار و بنبارەوە*

- of bones *ئێسک و پێستە، رەق و تەقە*

-s *شەروار، شەرواڵ*

bagatelle تروهات، شتێکی کەم یا بێ بایەخ. جۆرە گەمەیەکە

baggage (هەگبە، کەرەستە)ی گوزەر، بار

bagpipe جۆرە دەزگایەکی کۆنی ئاوازلێدانە؛ لە شێوەی ئۆکۆردیۆن

baguette (نان، پاروو)ێکی تەنک و درێژی فەرەنسی

bail (1) پارەی کەفالەت. (کەسێکی) کەفیل. کەفیلی دەکا، دەری دەکا؛ بە کەفالەت. رزگاری دەکا لە تەنگانە

on - *بە کەفالەت (دەرچووە، ئازادە)*

bail (2) پارچە (دار، ئاسن) یێک

bail (3) ئاو وەدەردەنێ لە (بەلەم، هتد)

- out *خۆی هەڵدەدا بە پەرەشووت*

bailee ئەمیندار. کەفیل

bailey دیواری دەرەوەی (کۆشک، قەلا)یێک. حەوشەی (کۆشک، قەلا)

bailiff (کارمەند، فەرمانبەر)ی (میری، دادگا)؛ کە پارەی (قەرز، هتد) کۆدەکاتەوە. سەرکار؛ نوێنەری خان، ئاغا

bairam جەژنی قوربان

lesser - *جەژنی رەمەزان، جەژنی (بە)رۆژووان(ان)*

bait قاوڵتی. قاوەڵتی دەداتێ. پاروو یێک خواردن

baize کر؛ قوماشەکی زبرە
bake دەبرژێنێ، نان‌دەکا
bakehouse نانەواخانە، نانەوایی، فرنی
baker نانەوا
bakery نانەواخانە، نانەوایی، فرنی. کارگەی کێک
balance دەکێشێ. راستدەکاتەوە. تەرازوو
- sheet *خشتەی ئامار*
balcony تارمە، بەلەکۆن
bald کەچەڵ، کەچەر، سەرکەچەڵ. ئێسک گران
baldhead سەرلووس، کەچەڵ
baldly بەدڵڕەقی. بەئاشکرایی، نەشاراوە
baldness کەچەڵی، کەچەری. وشکی(یڕەفتار)
baldpate سەرلووس، کەچەر
bale (1) بار، گیشە. دەبەستێتەوە، شەتەکدەدا. رزگاری دەکا لە مەینەتی یەک
- out *خۆی هەڵدەدا بە پەڕەشووت*
bale (2) ئاو دەردەکا لە (بەلەم، هتد)
baleful بەئێش و ئازارە
baling بار بەستانەوە، شەتەکدان
balk بەیار؛ زەوی نەکێڵراو. وەرد(زەوی)
ball تۆپ. خڕ، گلۆلە. گۆ. گوللە(لەکۆندا). ئاهەنگی سەما(کردن). گلۆلەدەکا، گلۆرەدەکا، خردەکا
- bearing's) *تەوەر. بۆڵبەرینگ*
- room *هۆڵی هەڵپەرکێ، هەڵپەرگە*
ballad لاوک، حەیران
- monger *لاوکبێژ، حەیرانبێژ. گۆرانی بێژ،*
ballast چەو، چەگل، زیخ
ballet بالێ؛ نواندنی بە کۆمەڵ و بێدەنگ
ballistics زانیاری بزووتنەوەی هاوێژراوەکان
balloon بالۆن. شیشلێدان
ballot دەنگدانی نهێنی. داوای دەنگدان دەکا
balm رەیحانە. بۆنخۆش
balmy رەیحانی. بۆخۆشکەر
balsam جۆرە رووەکێکە. جۆرە (رۆن، مەرهەم)ێکە
balsamic شیفاهێنە، چاکەرەویە؛ لە نەخۆشی. تەرکەرە
baluster جێدەست، دەسگر؛ ینەردەوان یا قالدرمە. پەرژین
balustrade جێدەست، دەسگر
bamboo حیزەران، دار حیزەران
ban قەدەغە. راگەیاندن، دەرخستن. قەدەغەدەکا، نەفرەت دەکا
banal ترۆهات
banana مۆز؛ دار و بەرەکەی
band شەدە، پڕدێن. کۆمەڵە، تاقم. (تیپ، تیم، گرو)ی (

ئاواز، مۆسیقا). دەبەستێ، شەتەک دەدا

bandage (کوتاڵی) برینپێچ

bandit تاقمە ریگر، دز، جەردە

bandy ئاڵوگۆڕدەکەن

- legged *شەل؛ لاق خوار، قاچ گێرە (بۆ ناوەوە)*

bane ژەهر. بەلا. نەفرەت

bang زرمە، رمبە، تەقینەوە. لێدەدا، دەتەقێنێتەوە

bangle خڕخار، خڕخاڵ

banish دوورخستەوە، دەرکرد

banisters جیدەست، دەسگر؛ ینەردەوان یا قالدرمە

bank دراوجە، دراوگە، دراوزێ، بانق. رۆخاو، لێوار، دەم ئاو. دەوزێ، دەم دەریا. پارە دەنوێنێ. کۆ دەکاتەوە، کۆمەڵ دەکا

bank holiday پشووی گشتیی (هی بانق و بەرێوەبەریە گشتیەکان، جگە لە دوو رۆژی شەمە و یەکشەمەش)

banker دراوکار، (کارمەند، فەرمانبەر) لە (دارایی، بانک)

banking دراوکاری، (سەر) مایەداری، دارایی کردن

bankrupt مایەپوچە. مایەپوچ دەردێ

bankruptcy مایەپوچبوون

banner ئالا، راگەیاندراو، دەرخراو

banns بانگەواز بۆ داوەت. بانگکردن بۆ ئاهەنگی ژنهێنان

banquet داوەت، ئاهەنگی نانخواردن

bans بانگەواز بۆ داوەت. بانگکردن بۆ ئاهەنگی ژنهێنان

banter گاڵتە. گاڵتەدەکا

bantling منال، کورپژگە. زۆڵ، بیژی

baptise بەعیسایی کردن

baptism ئایینداری(یعیسایی)

bar شیشەئاسن. پەرژینیئاسن. مەیخانە، بەربەست. بەربەستدەکا، پێشی دەگرێ. قەدەغەدەکا

barbarian بەربەری، نامرۆڤانە

barbarity بەربەریانە، نامرۆیی

barbarous بەربەریە، نامرۆییە

barbed ریشدار. بەڕدێن. ئالۆز. لوول

- wire *تێلی لوول و ئالۆزراو(یپەرژین)*

barber سەرتاش، ئارایشگەر

bard هۆنەر، چاوش

bare رووت. رووتدەکا

barefaced بیچاووڕوو. بی روپۆش. بەر بەرەڵلا

barefoot پێخواس، پێخاوس، پێپەتی

barefooted (بە)پێخواسی، (بە) پێی رووت، بە پێیپەتی

barely بەئەستەم، هەرئەوەتە. بەئاشکرا

bargain هەرزان

- price *نرخی داشکاو، هەرزانکراو*

bargaining سەوداکردن، مامەلە،

سازش

barge کەلەک، کەشتی

bargeman کەلەکوان، کەشتیوان

bark (وەڕین، حەپین)ی (سەگ، تاژی، هتد). دەوەڕێ، دەحەپێ

barley (رووەک، دەنک)ی جۆ

barm کەفاو(ی بیرە). هەویرترش

barmaid ساقی مەیخانە(مێینە)

barn کادین

barnacle سۆنە یا مراوی کێوی

barometer پێوەری پاڵەپەستۆی دەوروبەر

baron بارۆن؛ پێشناوە. کەڵە بازرگان یا پیشەساز

barracks قشرەی سەربازی. مۆڵگەی هەمیشەیی سەربازان

barrage تۆپباران. بەربەست

barrator (بەرتیل، خاوە) خۆر

barrel بەرمیل. لولە(ی تفەنگ)

barren چۆڵە، قاتی یە. نەزۆکە

barricade بەربەست یا رێگر(ی دەسکرد). دیوار هەڵدەبەستێ، پێشی دەگرێ

barrier رێگر، پێشبڕ. پەرژین

barrister پارێزەر

barrow عارەبانە، راگوێزەر؛ی دەستی (ی خۆڵ، خشت، قوڕ) گواستنەوە

barter گۆڕینەوە. دەگۆڕێتەوە

basalt بەردێکی رەشی بورکانییە

basan پێستی (خاراو، غاراو)ی مەڕ، کەوڵی مەڕ

base بنکە. بنچینە. بنە. بنکە دادەمەزرێنێ، بنە دادەنێ

- born *زۆڵ، بیژی. بێ ڕەگ و ڕیشە. ناکەسبەچە*

basement ژێرزەوی، ژێرزەمین

baseness کەمیی، پووچی

bashful شەرمن. بەئابڕو

basic بنچینەیی

basil رەیحان

basilic = basilica

basilica دێرێکی گەورە. پاشماوەی رۆمانیەکان. پاشایی، رۆمانی

basilisk ئەژدیها؛ مارێکی ئەفسانەییە

basin دۆڵ، دەشت. گۆل. تەشت

basis بنەما، بنچینە

tax - *باجی بنچینەیی*

bask خۆدەداتە بەر رۆژ

basket سەبەتە، قەتارە

- ball *یاری تۆپی سەبەتە*

bass دەنگی قوول لە (ئاواز، مۆسیقا). گوریس

bassoon دووزەلە

bastard زۆڵ، بیژی. بێ رەگوڕیشە. ناکەس بەچە

- file *مەورەد یا بربەنگی دڕ، کارتیغی زبر*

baste (1) (گۆشت، هتد) (تەڕ، چەور) دەکا لەکاتی کولاندن. دارکاری دەکا، دەکوتێ بە دار

baste (2) تەقەڵی گەورە و شلی

لـێدەدا؛ بـۆ نـیشانـە

bastinado دارکاریی ژێر پـێ؛ فـەلـەقـە، فـەلاقـە

bastion قـولـّغە، قـورغە. گـرد، تـەپـە

bat شەمشەمـە کـوێرە {کۆرە}. داردەست؛ دار یـا کـوتـەکـی یاری

batch هـەنـدەک، کـۆمـەڵـێک. چـینـەک، چـینـێک

bate نـەویـدەکا، کـەمـدەکا.

بـەجـێدێڵـێ، وازدێنـێ. لـە شەقـەی بـاڵ دەدا

bath گـەرماو. (کـوڵ، کـۆر) کـردن، خـۆشوشتـن، خـۆشتـن. خـۆیدەشوا، (کـوڵ، کـۆڕێ) دەکا

- chair *کـرسی چـەرخـەداری ئـاودەست(ی نـەخـۆش)*

sun - *خـۆدانـە بـەر هەتـاو*

bathe خـۆدەشوا، گـەرماو دەکا

bather خـۆشـۆر، مـەلـەکـەر، (کـوڵ، کـۆر) کـەر

bathing مـەلـە(وان(ی)). خـۆشتـن، خـۆشوشتـن

- costume *جلـی مـەلـە(کـردن)*

- dress *جلـی پـاش خـۆشتـن*

- tub *تـەشتـی گـەورەی خـۆشتـن، بـانـیـۆ*

bathometer قـولایـی پـیـۆ

baton کـوتـەک، تـێلا

battalion بـەتـالـیـۆن

batten تـەختـە دار

batter دەهـەنـجنـێ، ورد دەکا، دەکـوتـێ

battery پـاتـری

battle نـەبـەرد، شەڕ. دەجـەنـگـی

battlement(s) قـولـغـە ی سەر دیـواری (قـەلا، سەنـگـەر، هتـد)؛ بـەشێوەی ددانـەکـانـی مشار بـەرز و نـزمـە

battleship پـاپـۆڕی جـەنـگـی

bauble تـەتـەوپـەتـە(یمـنـالان)

bawbee دراوێکـی بـەریـتـانـی کـۆنـە

bawble تـەتـەوپـەتـە

bawd گـەواد

bawl دەقـیـڕێنـێ. دەقـیـژێنـێ؛ بـەگـریـانـەوە

bay کـەنـد، لـەنـد. کـون. هەیـوان

- window *پـەنـجـەرەی هەیـوان*

bayonet خـەنـجـەری سەر لـوولـەی تـفـەنـگ؛ حـەربـە

bazaar بـازاڕ

BC کـورتـکـراوەیـە بـەواتـای؛

= before Christ *پـێش زایـیـنـی عـیسا ی (پـێغـەمـبـەر، پـەیـامـبـەر)*

BCG کـورتـکـراوەیـە بـۆ کـوتـران بـە (شریـنـقـە، دەرزی)ی (پـاراستـن لـە (نـەوەک چارەسەری)، دژە) سیـل؛

be بـبـە. بـبـێ. کـرداری یـارمـەتـی دەرە؛ بـۆ کـەسی دووەم (دوێـنـراو)ی تـاکـی (ئـێستـا، داهاتـوو)(یـی)

beach لـێـواری دەریـا (ی بـەدەشتـایـی و لـم)

beacon قـولـّغە، مـیـنـارە

bead دەنـکـی تـەزبـێـح. بـلـّق، بـرق

beadle (خزمـەتـکار؛ مجـێور)ی دێر

beagle سەگـی راو. خـەبـەردار، جاسووس

beak دەنووک، دەندوک. نووک، سەر

beaker شووشەی دەرمان. شووشەی تاقیگا

beam ئەستووندەک، تەختەدار، تەختەئاسن. قۆڵی تەرازوو. تیشک، رووناکی. تیشک دەدا

beaming تیشکدارە، رووناکە. رووگەش، بەخەندە

bean فاسوولیا، لۆبیا

black - *لاولاو*

coffee -s *قاوەی دنک، دەنکە قاوە*

French -s *فاسولیای سەوز*

full of -s *تەندرووستە،* **چالاکە**

green -s *فاسولیای سەوز*

kidney - *(دەنکە) فاسولیای وشکی (پەلک) سوور*

bear هەڵدەگرێ(بار). دەگرێ(بەر). ورچ، هرچ. دێوەزەلام

- hard on *دە***چە***وسێنێتەوە*

- in mind *دێنێتەوە یادی. دەخاتە بەرچاو*

- interest *سوودبە***خشە***، بەکەڵکە*

- the signature *مۆرکراوە، مۆری ئەوی پێوەیە*

- witness to *شایەدی دەدا*

polar - *ورچی سپی*

bearable هەڵدەگیرێ (بار، ئەرک)

beard ردێن، ریش

bearded ریشدار، بە ڕدێن

beardless بێ ڕدێن. بێ موو. کۆسە (یە)

bearer هەڵگر(ی شتێک). پەیامبەر. داریبەری

bearing رەفتار. پایە. واتە. ئاراستە

beast دێو، دێوەزمە. دێوەزەلام

beastly دێوەزمەیی، بێزلێکراو

beat لێدان(دڵ)، کوتان. ئێشک(ی پۆلیس). لێدەدا(دڵ)، دەکوتێ. زاڵدەبێ(بەسەر)، دەباتەوە(لە)

- about the bush *لە دەورەی دەسورێتەوە*

- down price *نرخ دادەگرێ،* ***هە****رزان دەکا*

- eggs *تێکەڵدەکا؛ زەردێنە و سپێنە*

beaten لێدراو، کوتراو. دۆڕاو. کپکراو

beatific شادمانە، دڵخۆشە

beatification ئەوپەڕی شاد کردن، شاگەشکە کردن

beatify (شاد، شاگەشکە)ی دەکا

beating کوتان، لێدان

beau (پیاوێکی) خولیا (ی ئافرەتێک). (کەس؛ پیاو)ێکی (خۆڕازێنەوە، لەخۆ خەفتی). شتێکی (بالا، بلند، بەرز، نایاب)

beautiful جوان، نایاب

beautify جوانیدەکا. ڕێکی دەخا

beauty جوانی

- parlour *سالۆنیئارایش. ئارایشگا*

- spot ***خاڵ***، *خار. دیمەنی*

جوان

beaver سەگی دەریا

becalm (بێدەنگ، کپ. هێدی، هێور) دەکا

became بوو (بە)

because بەهۆی، لەبەر ئەوەی، چونکە، چونکی{یێ}

bechance وا روودەدا، وا رێک دەکەوێ، وا دەقەومێ، واقەومی

beck هێما. هێما دەکا، جۆگە ئاو

beckon هێمادەکا

becloud هەوری‌هێنا، دەیکاتەهەور، تاریکی‌دەکات. دادەپۆشێ

become دەبێ، دەبێتە. ببە (بە)

becoming گۆڕان. وای‌لێدێ

bed جێخەو، سەرجێ، ناوجێ. بن(ی روبار، دەریا یا گۆل). چین (جیۆلۆجی). دێراو، جێ‌ناشتن (کشتوکاڵ). دەنوێنێ. دەچێنێ

- and board *خواردن و نوستن*

- and breakfast *خەوتن و خواردنی سبەینان*

- clothes *بەرگەدۆشەک(وسەرین(بالیف))، چەرچەف*

- of sand *چینەک لە(قوم)*

of a second - *... لە ژنێکی دی*

bedabble دەڕشێنێ، دەپرژێنێ. پیسدەکا

bedaub پیسدەکا

bedbug کێچ

bedchamber هۆدەی نوستن، ژووری خەو

bedding دۆشەک و سەرین و لێفە. جێخەو. چینێک(جیۆلۆجی)

bedeck دەرازێنێتەوە

bedew دەپرژێنێ، دەڕشێنێ، تەڕدەکا(بەنەرمی)

bedfellow خەوخۆش. هاوجێ

bedim تاریکدەکا

bedizen (بێتام) خۆی دەرازێنێتەوە

bedlam شێتخانە، سەرلێشێوان، هەراوهۆریا. (خەستە، نەخۆش) خانەیەکی تایبەتی

bedpost هەرکام لە چوار (ستوون؛لاق)ەکانی (تەختە، جێ) خەو

bedraggle پیسدەکا؛ بە راکێشان

bedridden پاڵکەوتوو، لە ناوجێ کەوتوو. ماندوو، شەکەت

bedroom هۆدەی نوستن، ژووری خەو

bedsore (روومەت، هتد) سووربوونەوە؛ بەهۆی زۆر مانەوە لە ناوجێ

bedstead تەختەخەو، قەرەوێڵە

bee مێشەنگین، مێشی‌هەنگ، هەنگ

- keeper *خاوەن‌مێش(ی‌هەنگ)*

beech جۆرە دارێکی بتەوە{پ}

beechen دارە؛ لە دار دروستکراوە، لە ئەو دارە دروست کراوە

beef گۆشتی گا و چێڵ وگۆلک

beefsteak نەرمەگۆشتی گا (پارچەی‌تەنک)

beefy قـەڵـەو

beehive شارەمێشەنگین. شانـەی مێشەنـگین

been (pp be) (وا) بـوو. (وا) بـوون. کرداری یارمـەتـی دەرە؛ بۆ کـەسانـی یـەکـەم و دووەم و سێیـەمـی تـاک و کـۆی ئـێستـا و داهاتـووی تـەواو (بـوو)

beer بـیـیـرە

beeswax شەمـێ، شەم(یشانـەیهەنـگ)

beet چەوەنـدەر

- sugar *(قـەنـدی) شەکـری چەوەنـدەر*

beetle (1) قـالـۆچە، قـالـۆنـچە

- browed *بـرۆ پـڕ، بـرۆ ئـەستـوور*

beetle (2) (کوتـەک، بـاڵـتـە) ی گـەورە؛ دەزگـای (کـوتـان، پـەستـانـەوە، هاڕیـن)

beetlehead گـێـل، گـەمـژە. سەرەکوتـەک؛ کـە بـۆ (پـەستـانـەوە، هاڕیـن) بـەکاردێ

befall نـسکـۆی تـووش دەبـێ. کارەساتـی بـەسەردێ

befit دەگونـجێ لـەگـەڵ، لـێـی دێ. دەی خێـۆێـتـێ

befitting گـونـجان، لـێـهاتـن. خێـوان

befool گاڵـتـەی پـێدەکا، پـێـی رادەبـوێـرێ

before پـێش. لـەپـێش، لـەبـەردەم. پـێشو، پـێشتـر، لـەمـەوپـێش. پـێشئـەوەی، بـەرلـەوەی

beforehand پـێشوەخت، بـەرلـەکاتـیخۆی

beforetime لـەڕابـوردوودا

befoul پـیسدەکا، نـگـریـسدەکا

befriend (دۆستـی، دۆستـایـەتـی)(ی) دەکا، یـارمـەتـی(ی) دەدا

beg سواڵـدەکا. داوادەکا

began (p begin) دەستـیپـێکـرد

beget منـاڵـی دەبـێ. دەهێـنـێـتـەکایـەوە. بـەرهەمدێـنـێ. دەبـێـتـەهۆی

beggar سواڵـکـەر

beggarly بـەهەژاری، بـەنـەداری

beggary نـەداری، نـەبـوونـی، دەستـکورتـی. سواڵـکـەری

begging سواڵ

begin دەستـپـێدەکا

beginner تـازەفـێـربـوو، نـاشی

beginning سەرەتـا، دەسپـێک. دەسپـێکـردن

begird دەبـەستـێـتـەوە، شەتـەک دەدا

begone بـڕۆ! دوورکـەوە! ونـبـە! لاچۆ!

begotten نـەوزاد، لـەدایـکـبـوو

begrime رەش دەکا، پـیسدەکا

begrudge بـەغیـلـی پـێ دەبا، حەسوودی دەکا

beguile فـێـڵـدەکا

begun (pp begin) دەستـپـێکـراو. دەستـیپـێکـرا

behalf بـەرژەوەنـد، سوود. نـوێـنـەری، بـریـتـی

in - of *لـە بـەرژەوەنـدی. بـۆ بـەرژەوەنـدی*

نوێنەری، بریتی
on - of *بەنوێنەریی، لەبریتیی*
behave ڕەفتاردەکا. دەگرێتەبەر
- oneself *ڕەفتاریخۆ چاکردن*
behaviour ڕەفتار
behead سەردەبڕێ، لەملدەدا
beheld (p&pp behold) تەمەشاکرا، بینرا. بینراو، تەماشاکراو
behind لەپشت، لەپاش. پاشکەوتوو. دواکەوتوو
behindhand پاشکەوتووە. قەرداره
behold تەمەشادەکا، دەبینێ. بڕوانە!
beholden سوپاسگوزارە
behoof قازانج، بەرژەوەند، سوود. خێر
behoove = behove
behove پێویستدەکا، دەکەوێتەسەری. لێی دەوەشێتەوە. بۆی دەبێ، پربەپێستی یەتی
being بوون(یشتێک)
for the time - *جاری. ئێستا*
human - *مرۆڤ، مرۆ*
-s *زیندەوەر(ان)*
belabour دەیکوتێ، لێدەدا
belated دواکەوتوە(لەکاتی ئاسایی خۆی)
belch قرپی دێ، بایەکی دەنگ ناخۆش لە دەم یەوە دەردەچێ
beldam پییر
beleaguer گەمارۆ دەدا، ئابلووقە دەدا. (تووڕە، هەراسان) دەکا
belfry قورغە{ڵ}، مینارە
belie درۆدەکا
belief باوڕ. بڕوا. مەزەب
believe باوڕدەکا. باوڕدێنێ
make - *هەڵدەبەستێ. درۆینە، درۆزنە*
believer خاوەن باوەڕ. مورید
belittle بەکەمی دەزانێ، سووکی دەکا
bell زەنگ، زەنگوڵ. بلق. زەنگلێدەدا
- wether *پێشمێگەل؛ بەرانی زەنگولداری پێش مێگەل*
belladonna جۆرە ڕوەکێکە
belle (ئافرەتێکی) جوانکیلە، نازدار
bellicose شەڕخواز
belligerent جەنگاوەر، شەڕکەر. جەنگی
bellow نەڕە. دەنەڕێنێ
-s *فوودەر؛ دەزگای فوودان لای ئاسنگەر*
bellwether پێشەنگ؛ بەتایبەتی بەران (یا تەگە)ی پێش مێگەل
belly زگ، سک. دەئاوسێ
- band *قایش. پژدێن. تەنگە*
- button *ناوک*
- god *نەوسن؛ زۆر خۆر*
belong to سەربە(شتێک یا

کەسێک)
belongings شتومەک یا کەلوپەلی کەسێک
beloved خۆشەویست، ئازیز
below ژێر. خوار. ژێرەوە
belt پژدێن (ی قاییش). قاییش (ی پەروانە، پانکە). پشتێنە، پژدێنە(جوگرافیا، رامیاری، سەربازی). تەنگە(یولاغ). دۆخین. دەبەستێ، شەتەکدەدا
- gearing *قایش گێرانی دەزگایەک*
- saw *مشاری کارەبایی خر (بازنەیی)*
bemire قوڕاوی کرد
bemoan سووی دەبێتەوە. دەگریێ
bemuse سەر دەسوڕمێنێ
bench مێزی کار
bend پێچ. خواری. لۆچ. چەمان. پێچدەکا، خواردەکا، کووڕدەکا
beneath لەژێر، لەبن. کەمتر
benedict گەورە کوڕی تازە زاوا
benediction پیرۆز(بوون. کردن) . بەرەکەت
benefactor خێرخواز
benefice داهاتی کەنیسە؛ لە 'وەقف' ەکانی
beneficence دەستبلاوی، خێرخوازی
beneficent دەستبلاو، خێرخواز
beneficial سوودبەخشە، قازانجدارە. سوودوەرگر
beneficiary کرێگرتە(یکار). سوودبین
benefit سوود، قازانج
benevolence خێرخوازی، کاری خێر
benevolent خێرخواز
benighted شەوی بەسەرداهات. لە نەزانیدا ماوە
benign رووخۆشە
benignant بەسۆزە
benignity سۆز
bent چەماوەیە، خوارە. چەوتە. کووڕە
- on *بڕیاری داوە، هەر دەیەوێ*
benumb سڕدەکا. بێهۆشدەکا
benzoin جۆرە بنێشتێکی بۆنخۆشە؛ لە درەختێکی رۆژهەلاتی ئاسیا وەردەگیرێ
bequeath میرات بەجێ دێلێ
bequest میرات
bereave بێبەریی دەبێ لە، لەدەستی دەچێ؛ بەتایبەتی بەهۆی مردنی (مێرد، دۆست، هتد). کۆستی دەکەوێ
bereavement بێبەریی بوون لە، لەدەستی (دان. چوون). کۆست کەوتن
bereft (adj) کۆستکەوتوو. بێبەری (بوو. کراو)
berry (دار، بەر)ی تووی کێوی؛ بە هەموو بابەتەکانی یەوە
berth جێخەو؛ ی یەک کەسی لە شوێنە کاتی یەکان
beseech بە پاڕانەوەوە (دەخوازێ، داوادەکا)(ت)
beseem دەگونجێ
beset گەمارۆدەدا،

ئابلوقەدەدا. جێی پێ تەنگ دەکات

beside لەتەک، لەنزیک، لەپاڵ. بە تەنیشتی، بە پاڵی

besides لەگەڵ ئەوەشدا، سەرباری ئەوەش

besiege گەمارۆ دەدا. ئابلوقە دەدا. جێی پێ تەنگ دەکات

beslobber بە لیک ی دەکا؛ (تەڕ، پیس)ی دەکا

besmear (ئاڵوودە، پیس)ی دەکا، چەوری دەکا

besmirch تاریکی دەکا، ڕەنگی دەبا، گەشیی ناهێڵێ. پیسی دەکا. ناوبانگی دەزڕێنێ

besom گێسکی پووش، گەسک

besotted (adj) (دێوانە، شێت) بوو، خولیا. ژەهراوی کراو. سەرخۆش کراو. شاگەشکەی لە دەسەت دەرچوو

besought (p&pp beseech) بە پاڕانەوەوە (داوای کرد، خواستی). (خوازراو، داواکراو) ؛ بە پاڕانەوەوە

bespangle (دەڕازێنێتەوە، ئارایش دەکا، دەنەخشێنێ) بە بریقوباق. بریق وباقی پێوە (دەخا، دەکا)

bespatter تفی لێ روودەکا، پیسی دەکا

bespeak (1) بەڵێنی پێشوەخت دەدا، قسەی لێدەکا، پێشنیار دەخاتە روو

bespeak (2) (شتێک) (بەڕادان دەدا، داوادەکا)

bespoke (1) (p&pp bespeak) بەڵێنی پێشوەختی دا، قسەی لێکرد، پێشنیاری خستە روو

bespoke (2) (adj) (شتێکی) (بەڕادان دراو، داواکراو)

bespoken (پێشوەخت) (بەڵێندراو، باسکراو، پێشنیارکراو)

best خاسترین، باشترین

- man *هاوڕێی زاوا، ولاشی زاوا (نەوەک ولاشزاوا)*

- seller *بەرەواجترین (شتومەک)*

bestial نامرۆڤانە. (ولاغ، ئاژەڵ، هتد)باز

bestiality نامرۆیی. (ولاغ، ئاژەڵ، هتد)بازی؛ جووتبوون (ی ناسروشتی و نائاسایی)

bestir دەجوولێنێ، دەبزوێنێ، هاندەدا

bestow خەلات دەکا

bestowal خەلات، پاداشت

bestride (بەپانی، بە لاق بلاوی) لەسەری (دادەنیشێ. رادەوەستێ)

bet گرەو. مەزەندە. بۆچوون. گرەودەکا

betake دەستدەکا بە، خەریک دەبێ

betel جۆرە گەلایەکە؛ لە رۆژهەلات (دەجاورێ، دەجوورێ)

bethink رادەمینێ

betide روودەدا، وادەقەومێ، واقەومی

betimes زوو، زووە، پێشکاتی خۆی

betoken نیشانەی شتێک دەدا، شتێک روون دەکاتەوە

betook (p betake) دەستێکرد بە، خەریکبوو

betray خیانـەت لـە (وڵات، دۆست، هتـد)ی دەکا. زمانـی لـێدەدا

betroth مارەدەکا

betrothal مارەکردن

better خاستـر، باشتـر. باشتـرە. خاستـر دەکا، باشتـردەکا. قـومارچی

- half *هاوسەر*

- off *دەوڵـەمـەنـدتـرە*

he had - *واباشتـربـوو، واچاکتـربـوو*

betting قـومار. گـرەو. مـەزەنـدەکردن

bettor قـومارچی

between لـەنـێوان

- whiles *نـاوەنـاوە*

betwixt لـەنـێوان دوو شت دا بـێ ئـەوەی پـێـوەیـان بـنـووسێ

bevel راستـەیـەکی دووفـلـیـقـە(دوولا، گـۆشەدار، بـە گـۆشە). پـیـتـی خوار. گـۆشەی کـەمـتـر لـە ٩٠ پـلـە(ک)

beverage خواردنـەوە؛ بـە هەمـوو جۆرەکانـیـیـەوە

bevy رەوە بـاڵـنـدە

bewail سووی دەبـێـتـەوە. بـۆی دەگـریـێ

beware of وریـابـە! ئـاگاداربـە!

bewilder سەری لـێ دەشێـوێـنـێ، هەڵـەتـەی دەکا

bewitch جادوو دەکا

beyond پاش، لـەپاش. سەرووی، ئـەولاتـری

bezel (رۆخ، لا)یـە تـیـیـژەکـەی (سنـگ؛ قـەڵـەم، کـوتـک). (بـازنـە، جێ)ی چاڵـکراوی (شووشە، جام)ی کـاتـژمـێـر

bezoar جۆرە بـەردێـکـە؛ لـە نـاو (هەنـاو، ریـخـەڵـۆک)ی گـیـانـلـەبـەران

bi (پـێشگـر، پـێشکـۆ)یـە بـەواتـای (دوو، دوانـە، دوانـەیـی، جووت)

- weekly *نـیـومانـگانـە، دووهەفـتـە جارێـک. نـیـوهەفـتـانـە، هەفـتـەی دووجار*

biangular دوو گـۆشەیـی

bias لایـەنـداری، لایـەنـگـرتـن. لادان. لاری. لایـەنـدەگـرێ. لادەدا. لاردەبـێ

biased لایـەنـدار، لایـەنـگـرتـوە. کـەچە، خوارە

bib بـەروانـکـە؛ی سیـنـگـی مـنـداری. سەرخۆشدەبـێ

bible تـەورات، کـتـێـی پـیـرۆز لای عیـسایـیـان

biblical پـەیـوەنـدە بـە تـەوراتـەوە

bibliography زانـیـاری لـەبـارەی کـتـێـب؛ بـەرواری دەرچوونـی، خاوەنـی، چاپـخانـەی، هتـد. سەرچاوەکـان

bibliomania کـتـێـب دۆستـی، نـەخۆشی پـەڕتـووک، کـرمـی کـتـێـب

bibulous ئـیـسفـەنـجی، هەڵـمـژ. زۆرخۆرەوە

biceps ماسوولـکـەی دووسەر؛ لـە ران و قـۆڵ

bicker دەمـەقـالـێ، دەمـەقـالـە، نـاخۆشی. دەمـەقـاڵـێ دەکـەن، بـەشەڕ دێـن

bicolour دووڕەنـگ، دووڕەنـگـی

bicoloured = bicolour

bicycle دووچەرخە، پـاسکـیـل

bid تـەقـەلـلا، هەوڵ. نـرخـی (مـەزات، هەراج). نـرخ (دەدا، دادەنـێ) لـە (مـەزات، هەراج)
biddable گـوێـڕایـەڵ، ملـكـەچ
bidder (كـڕیـار، نـرخ دانـەر) لـە (مـەزات، هەراج) دا
bidding تـەقـەلـلاكـردن، هەوڵـدان. (نـرخ دانـان، كـڕیـن) لـە (مـەزات، هەراج) دا
bide چاوەڕێـدەكا. دەمێـنـێ
biennial دووساڵ جارێـك. بـۆ دوو ساڵ
bier داری تـەرم(هەڵـگـرتـن)، دارەمـەیـت
bifold دووقـەد، دووجار بـەقـەدەر
bifurcate دوولـەتـە، دووكـەرتـە، دووبـڕ دەكا. جیادەكاتـەوە، دابـەشدەكا
big مـەزن، گـەورە، زل
bigamist دووژنـە؛ دوو ژنـی هەیـە
bigamous دووژنـە
bigamy دووژنـیـی. زڕ
biggin (كـۆچـك، كـلاو)ی (مـناڵ، زارۆك)ی ساوا. كـولـلـەی نـوسـتـنـی مـنـاڵـی ساوا
bight كـەنـداوێـكـی بـچـووك. پـێـچ
bigot تـووڕەوتـونـد
bigoted تـووڕەوتـونـدە
bigotry تـووڕەوتـونـدی
bigwig پـایـەدار. فـسفـس پـاڵـەوان
bijou خشڵ. شتـێـكـی كـەمـیاب
bike دووچـەرخـە، پـاسكـیـل
bilateral دوولایـەنـە. دوولایـەنـی
bilbo شمـشێـر. تـەوقـی لاق
bile زراو. تـاڵـی، تـووڕە و تـونـدی
- stone *بـەردی زراو*
bilge بـەشە (تـەخت، راست)ەكـەی ژێـر پـاپـۆڕ
- water *ئـاوی پـیسـی راوەستـاو لـە ژێـر (بـەلـەم، بـەرمیـل، هتـد)*
bilharzia بـەلـهارزیا(نـەخۆشی)
biliary (1) ئـیـنـجیـل ی؛ (هی، تـایـبـەتـە بـە) ئـیـنـجیـل ەوە
biliary (2) پـەیـوەنـدە بـە زراو، هی زراو(ە)
bilingual دووزمانـەیـە، بـەدووزمانـە
bilious نـەخۆشیـداری زراوە، زراو نـاتـەواوە. ڕەوشت تـاڵـە، تـووڕەو تـونـدە
biliteral دووپـیـتـە
bilk فـێـڵـی لـێـدەكا. دەخافـڵـێـنـێ
bill (1) دنـدووك، دەنـووك. نـووك، شتـێـكـی دەنـووك ئـاسا
bill (2) یاسا. بـەڵـگـەنـامـە. چەك. تـۆماری پـارە. راگـەیـانـدنـی سەر دیـوار. تـوومـەت. رادەگـەیـەنـێ. راگـەیـانـدن دەچەسپـێـنـێ بـەدیـوارەوە
- of exchange *بـەڵـگـەنـامـەی پـێـكـهاتـن لـە سەر شتـێـك*
- of fare *خوانـنـامـە؛ تـۆماری جۆرەكـانـی خواردنـی چێشتـخانـەیـەك*
- of health *بـەڵـگـەنـامـەی تـەنـدروسـتـی*
bill (3) چەكـێـكـی كـۆن بـوو؛ لـە

شێوەی رمێکی (نووک، چەقۆ) بەسەر

billet کۆلکەدار؛ پارچە دارێکی ئەستوور؛ ی بۆ ئاگر دانراو

billet doux نامەی خوشەویستی

billiards گەمەی بلیارد

billing دەسبازی. ماچ و مووچ

billion بلیۆن، ملیار؛ هەزار ملیۆن (۱۰۰۰ ۰۰۰ ۰۰۰)، لە کۆندا (لە بەریتانیا) بە ملیۆن ملیۆنیش دەگوترا

billow شەپۆلێکی گەورە. شەپۆڵدەکا. شەپۆڵدەدا

billposter ئەو کەسەی راگەیاندنەکان دەچەسپێنی بەدیوارەوە

billy کوتەک، دار. دەزگای چنین

- goat *تەگە؛ نێر ەی بزن*

bimonthly دوومانگان جارێک. مانگی دووجار

bin کەندوو، تەنەکە

dust - *تەنەکەی خۆڵ، گوفەک*

rubbish - *تەنەکەی زبڵ، گوفەک*

bind بەند. دەبەستێ(تەوە). بەرگ دەکا (پەرتووک)

binder بەندێک، کۆمەڵێک. بەرگ. بەرگساز(ی کتێب)

binding بەرگکردن، بەرگسازی کتێب. دەبەستێتەوە

bindweed لاولاو

binocular (دووربین، چاویلکە) ی دووچاوە

binomial هاوکێشەی دوو ناوە

biochemistry کیمیا ناسیی زیندەوەر

biogenesis (زاوزێ، زۆربوون)ی زیندەوەران

biogeny جین ناسی زیندەوەر

biographer نووسەری ژیاننامەی ناوداران

biography ژیاننامەی کەسێک

biology زیندەوەرناسی، زانستی ژیاری

biped دووپێ، دوولاق

biplane فرۆکەی دووجووتباڵ

biquadratic هاوکێشەی چارجارینە؛ هاوکێشەیەکی لە پلەی چوارە؛ (لانیکەم) یەکێ لە نادیارەکانی چوارجار کرابێ

birch جۆرە درەختێکە. لێیدەدا؛ بەو دارە

bird مەل، باڵندە. چۆلەکە

- of passage *مەلی کۆچەر (ن؛ پەرەسێلکە). گەشتیار*

- of prey *باڵندەی گۆشتخۆر (ن؛ باز)*

-'s eye view *تێروانین لە (سەرەوە، بەرزییەوە)*

birdbrain (مێشک؛ عەقڵ) (چۆلەکە، کێشکە)، بێمێشک، نەزان. سەرەڕۆ

birdlime شلەیەکی لیچە روودەکرێ بۆ راوکردنی (باڵندە، مەل)(ان)

birdseed دانـی تـەرخانـکراو بـۆ (بـاڵـنـد، مـەل)(ان)

birth زایـیـن، لـەدایـکـبـوون. زاوزێ

- control *دیاری کـردنـی ژمارە و چۆنـیـەتـی مـنـداربـوون*

- mark *(نـیشانـەی) زگـماک*

give - *دەزێ؛ (مـنـاڵ، کـۆرپـە، کـار، بـەرخ)ی دەبـێ*

birthday (رۆژ، جەژن)ی لـەدایـکـبـوون

birthplace زادگـە، زایـیـنـگـە

biscuit پـسکـێت؛ کـێکـی وشک

bisect دوولـەتـدەکا. کـەرتـدەکا

bisexual مـێـیـنـەیـە و نـێـرینـەیـە لـەهەمانـکات (لـە کرم و گـیانـداری نـزم) دا

bishop قـەشە، زانـا لـە ئـایـیـنـی فـەلـە(عیـسایـی)

bishopric دێـر، نـیـشتـەجێـی قـەشە

bison گـیانـدارێـکـی ئـەمریکـی‌یـە لـە گـا دەچـێ

bissextile ساڵـی پـڕ، ساڵـەبـاز؛ ٣٦٦ رۆژە (ئـەوانـی کـە ٣٦٥ ن)

bit گـەست، گـەزی. پـارچـەکـی بـچوک. تـۆزێـک، نـەختـێک. سەلـک(کـەمـێـک، نـووکـی)ئـامـێـری بـیـرلـێـدان(ی‌نـەوت، ئـاو، هـتـد)

not a - *هـیـچـنـا، تـۆزێـکـیـش نـا*

wait a - *کـەمـێک راوەستـە، تـۆزێـک چاوەرێـکـە*

bitch دەڵـە(سەگ، گـورگ، رێـوی، هـتـد). ئـافـرەتـی بـێـنامـووس؛ لـەشی خۆ فـرۆش

bite دەگـەزێ، گـەزەی لـێ دەدا. قـەمپاری لـێـدەدا؛ لـە (پاروو، شت، هـتـد). گـەزە. قـەمـپـار. پـاروو

biter بـگـەز

biting گـەستـن، گـەزیـن. بـەئـازار

bitter تـاڵ{ر}(ە)

- enemy *دوژمـنـی خوێـنـخار*

bitterish مـەیـلـەو تـاڵ

bittern جۆرە (مـەل، بـاڵـنـدە) یـکـە

bitterness تـالـی. رقـوقـیـنـە

bitumen قـیـر. قـەتـران

bituminous قـیـراوی، قـیـردار. قـەترانـی

bivalve جووت بـەلـووعە، دوولا

bivouac حەسانـەوە (پـشوو)ی سەربـازان لـە چۆلـەوانـی و بـێ رەشمـاڵ{ر}

bizarre سەیـرە. رەنـگ دەگـۆڕێ

blab زۆردەلـێ. نـهێـنـی‌دەدرکـێـنـێ. زۆربـلـێ، درێـژدادر، چەنـەبـاز، چەقـاوەسو

blabber زۆربـلـێ، درێـژدادر، چەنـەبـاز، چەقـاوەسو

black (شت، کـەس، رەنـگ)ی رەش

- and white drawing *خامـەکـێش، وێـنـەی بـە خامـە*

- art *جادووگـەری، سیـحربـازی*

- beetle *سیسرکـە (مـەگـەز)*

- coffee *قـاوەی بـێ شیـر.*

قـاوەی بـەرەنـگ

- *eye* لاچاو رەشبـوون بـە هۆی لـێدان یا شت بـەرکـەوتـن

- *ice* (شەختـە، بـەستـەڵـەک)ی نـەبـینـراوی سەر جادە

- *out* تـاریـکـدەکات.
تـاریـکـی

- *sheep* تـاوانـکـار

black market بـازاڕی ڕەش؛ ی نـایاسایـی

blackamoor کـەسێـکـی پـێـست (تـاریـک، رەش)؛ بـەتـایبـەتـی لـە رەگـەز ەوە

blackball دژی دەنـگ دەدا، پـاڵـێوراوێـک رەت دەکاتـەوە

blackberry جۆرە بـەرێـکـە لـە جۆری تـوو

blackbird جۆرە بـاڵـنـدەیـەکـە

blackboard تـەختـەڕەش(یپـۆلـی خوێـنـدن)

blacken رەشدەکا.
تـاریـکـدەکا

blackguard کـەسێـکـی (بـەد، خـەراپ، تـاوانـکـار)

blacking سبـووغی ڕەش؛ ی پـێـلاو

blackleg ساختـەچی، خۆدزەرەوە. خۆی دەدزێـتـەوە لـە (ئـەرک، کار) ێـک

-*s* پـێڕەشە؛ نـەخۆشی یەکـی ئـاژەلانـە

blacklist تـۆماری ڕەش؛ قـەدەغەکـراو، لـستـەی رەش

blackmail (بـەرتـیـل، خاوە) دەدا. بـەرتـیـل، خاوە

black-market بـازاڕی ڕەش، بـازاڕی نـایاسایـی

blacksmith ئـاسنـگـەر، ئـاسنـگـر

bladder مـیـزڵـدان؛ کـۆگای مـیـز لـە لـەشی هەنـدێ گیانـلـەبـەران

gall - زراو

blade گـەلا؛ ی بـاریـک و تـیـیژ. دەو{م}(ە مـووس، چەقـوو، هتـد). ئـازا، بـەجەرگ

- *bone* ئـێسکـی شەپـیلـک

blame گـلـەیـی، سەرزەنـشت. (گـلـەیـی، سەرزەنـشت) دەکا

blameable شایـەنـی گـلـەیـیـە، گـونـاحکارە

blameful (شایـستـە، مـایـە، جێ)ی گـلـەیـیـە، لـەشەرمـەزارکـردن هاتـوو

blameless (adj) بـێـتـاوان، بـێ گـونـاح. پاک(ە)، بـێگـەرد(ە)

blameworthy (adj) (شایـستـە، مـایـە، جێ)ی گـلـەیـیـە، لـەشەرمـەزارکـردن هاتـوو

blanch سپـیـدەکا، پـاکدەکا؛ بـەر و بـووم لـە پـەلـکـی یا قـەپـێـلـکـی

blancmange کاستـەر، محەلـەبـی؛ گـیـراوەی ئـاردی شامـداری و شەکر و شیـر

bland مـامـنـاوەنـدە.
گـونـجاوە

blandish خۆی تـێ هەڵـدەسوێ. ستـایـشی دەکا، پـێـیـدا هەڵـدەدا

blank بـەتـاڵ. سادە. بـێـواتـا.
سپـی، سپـیپـات

- *cartridge* قـەوان

- *cheque* چەکـێـکـی سپـی(بـەتـاڵ)؛ دەیـەوێ بـە هەر نـرخـێ بـێ

blanket بـەتـانـی، پـەتـو

blare زرمە، رمبە. زورنا. زرمەیدێ. زورنا لێدەدا
blarney خۆتێهەڵسوین، خۆرەپێشکردن، مەرایی کردن، پێداهەڵگوتن. خۆی تێهەڵدەسوێ، مەرایی دەکا، پێیدا هەڵدەڵێ
blaspheme جوێندەدا بە ئایین
blasphemy جوێندان بە ئایین
blast تەقینەوە، زرمە، رمبە. بەلا. دەتەقێنێ(تەوە)
blastema (هەوێن، بنەڕەت)ی سەرەتایی ئەندامێکی (دروست نەبوو، پێنەگەیوو)
blatant بەهاوار
blaze گڕ. گڕدەدا
blazon نیشانەی (گەورەیی، پلە بەرزی)؛ ی (بەجێماو، میراتکراو). خۆی هەڵدەکێشێ؛ بە باوباپیران
bleach سپی دەکا، رەنگ یا تەڵخیی لادەبا. شلەیەکی (سپی، پاک)کەرەوەی بەهێزە
bleak ماتە، ساردە
blear کەم بینا، چاو کز. چاوی کز دەبێ
bleat باعەباعی بەرخ و مەڕ. دەباعێ(نێ)، باعەی دێ
bleb قینچکە، قنچکە
bleed خوێنی لێدێ
bleeding خوێنلێهاتن (ی برین)
blemish پیس دەبێ، خلتی دەبێ
blend تێکەڵە. تێکەڵدەکا
bless ستایشدەکا
blessing ستایشکردن
blew فویدا
blight دەردێکی (شینایی، کشتوکاڵ)ە؛ کە بە هۆی (مەگەز، هتد) دێ. دەردەداری دەکا
blind کۆرە، کوێر، نابینا. بێکون. پەردە(ی پەنجەرە، هتد) کوێردەکا، تاریک دەکا، دەشارێتەوە
- *alley* *کۆڵانی بن بەست، کۆڵانی دەرنەچوو*
- *boil* *دوومەڵی ژێرەوە، دوومەڵی نەگەیوو*
- *date* *یەکەم بەیەکگەیشتنی دووکەس*
- *shell* *قومبەلە یا فیشەکی چرووک*
blindfold چاوی دەبەستێ، پەروی چاو بەستان. بە (چەواشەیی. کەمتەرخەمی)، کوێرانە
blink تروکە(ی چاو). تروسکە(ی رۆشنایی) دەتروکێنێ. چاودەپۆشێ(لە)
- *the question* *خۆی لە پرسیارەکە لادەدا*
blinkard چاو کز
blinkers (لاچاوپۆش، چاوبەست)ی ولاغ؛ ی چەمووش
bliss شاگەشکەبوون، ئەوپەڕی شادی
blister پێست سوتان. قینچکە، قنچکە
- *gas* *گازی ژەهراوی کە کاردەکاتە سەر پێست*
blithe گەشاو، دڵخۆش
blitz هێرش (ی کتوپڕ، لەپڕ، خێرا)
blizzard زریان. لێدانێکی توند و کاریگەر

bloat دەئاوسێ، ئەستوور دەبێ. دەئاوسێنێ، ئەستوور دەکا

blobber lipped لچ ئەستوور

bloc یەکێتیی چەند پارتی (یا ولات)ێک بۆ جێبەجێکردنی یەک بەرنامە

block خشت. خشتبڕ (دەزگای دەستیی). شێوە. یەک یا کۆمەڵێ خانوی هاوچەرخ و هاوشێوە. ڕێدەگرێ(لە). پارە بەندەکا(لەئاڵوگۆڕ)

- note *کێشە، فایل*

blockade بەرگرتن (لە). گەمارۆ، ئابلوقە. بەردەگرێ (لە)

blocked بەربەستراو (لە پێشوەچوون یا ئاڵوگۆڕ)

blockhead کەللەڕەق، نەفام، بێدەماغ

blockhouse زیندان، گرتووخانە

blond (کەسێکی) سپیی چاوشین (یا سەوز)ی مووزەرد

blonde (ئافرەت، کیژ) ێکی سپیی چاوشین (یا سەوز)ی مووزەرد

blood خوێن، خین، خوون

- money *خوێنبایی، لەبری خوێن*

- relation *خزمیی پشت*

in cold - *بێ سڵەمینەوە، بێ سێ و دوو*

blooded بەدەمار(کەسێکی)

bloodguilty خوێنڕێژ، بکوژ

bloodhound تاژی، تانجی(سەگیڕاو)

bloodily خوێنڕێژانە

bloodshed خوێنڕێژی، خوێنڕشتن

bloodshot سوور(یبەڕەنگیخوێن). سووربوو

bloodstroke خوێن سەرکردن

bloody خوێناوی. پڕخوێن. بەخوێن. بریندار. خوێنڕێژ

bloom گوڵ. کوریکەدەکا. دەگەشێ. گەشەدەکا

blooming بەگوڵ. گەشەکردوو، گەییو. نەفرەتکراو

blossom گوڵ. کوریکەدەکا

blot پەڵە. پەڵەداردەکا

blotch پەڵەیەکی ڕەش

blotter شوێنی (دانانی) کاغەزی حیبر وشککردنەوە

blotting paper کاغەزی حیبر (وشک کەرەوە، هەڵمژ)

blouse بلووز، فانیلە

blow فویدەدا، لێدەدا. دەکرێتەوە(خونچەگوڵ). فو. هەڵتەکان. لێدران

- one's brains *خۆی دەکوژێ*

- the nose *فن دەکا. فنکردن. لووت(کەپوو) خاوێنکردن (ەوە)*

blowing engine مەکینەی (پانکە(دار)، بە پەروانە)

blown هەناسە بڕکە. کراوە(خونچەگوڵ)

- up *تەقییەوە. تەقێنرایەوە*

blowpipe (کونەبا، بۆڕی)ی ئاگرخۆشکردن؛ بە فوو تێکردن

blowtorch پەلەمێزی (جۆش؛

لـەحیم) کـردن

blowy بـەبایـە؛ بـای هەیـە

blubber ڕۆنـی حووت. دەسـتـدەکا بـە گـریـان

bludgeon کـوتـەک، دار

blue شیـن. ئـاسمانـی. دڵـتـەنـگ، قـیـچکـەتـەنـگ

- blood ڕەسـەنـە، بـە ڕەگ و ڕیشەیـە

- collar هێمایـە بـۆ (کـار، کـرێکـار)ی پـیشـەسازی

- jacket چاکـەت شیـن؛ بـە سەربـازی دەریـاوان دەگـوتـرێ لـە بـەریـتـانـیـا

saxe - ڕەنـگێکـی شیـنـی مـەیلـەو بـۆر و کـاڵ

blues جۆرە ئـاوازێکـی سۆزدارە. نـەهامـەتـی، نـەهاتـی

bluff (1) خۆی بـە (زل، بـەهێـز) نـیشان دەدا. خۆهەڵـکێشان

bluff (2) گـەرم، دۆسـتـانـە. ڕاستـگـۆ. ڕک، زۆر لـێـژ. هەڵـدێـر

bluish مـەیلـەوشیـن، ڕەنـگـی نـزیـک لـەشیـن

blunder هەڵـەیـەکـی کـوشنـدە. هەڵـە دەکـا

blunderbuss جۆرە تـفـەنـگێکـی کـۆنـە؛ کـورت و لـوولـە (بـەریـن؛ گـەورە)

blunt کـول (پ؛ تـیـیـژ؛ ن: (دەمـەچـەقـۆ، داس، هتـد)ی کـول)

blur لـێڵدەکا. لـێـڵ

blush شەرم، حەیـا. ڕوو سـووربـوون لـە شەرما. شەرمـدەکـا. ڕووی سـووربـوو لـە شەرما

at the first - لـە یـەکـەم تـێـڕوانـیـن

bluster خۆهەڵـکێشان.

خۆهەڵـدەکێشی

BM کـورتـکـراوەیـە بـەواتـای؛ *بـەڵـگـەنـامـەی بـەکـەلـۆریـۆسـی پـزیـشکـوانـی*

boa جۆرە مـارێکـی (زەبـەلاح، زۆر زل)ە؛ نـێـچـیـرەکـەی بـە (گـوشیـن، خـنـکـانـدن) مـردار دەکـاتـەوە

boar نـێـرەی بـەرازە کـێوی. بـەرازی نـێـری نـەخـەسێـنـراو

board تـەخـتـە. کـۆمـیـتـە. کـارتـۆن

boarder سوار((بـوو)یپاپـۆڕ، ئـوتـومبـێـل، تـد) کـرێـچـیـی کـاتـیـی

boarding school قـوتـابـخانـە(ی بـە بـەشی نـاوخۆ و خـواردن)

boast خۆهەڵـدەکێشێ

boaster خۆهەڵـکێش، فـشەکـەر

boastful خۆهەڵـکێشە، فـشەکـەرە

boat بـەلـەم، کـەلـەک، قـایـەغ.

boating بـەلـەمـەوانـی

boatswain بـەلـەمـەوان

bob تـاڵـە موو. بـەلادا هاتـن، جولانـەوە. بـەلادا دێ، دەجولـێـتـەوە

- tail *کـلـک بـڕاو. کـلـک کـورت*

bobbin مـەکـۆ(یجۆلا یـا مـەکـیـنـەی دورمـان)

bobby پـۆلـیـس؛ بـە زمـانـی خـەڵـک

bode بـێـژەر. دەبـێـژێ، ڕادەگـەیـەنـێ. پـێشبـیـنـی دەکـا

bodice (بـن، ژێـر)کـراسی ئـافـرەت

bodily بـەلـەش. بـەجـەسـتـەی

- harm *ئـازارگـەیـانـدن*

بـەجـەسـتـە

bodkin قـەرەپـەسـتـێـن

sit - گـوشراوە، جێـی تـەنـگـە

bodyguard پاسەوانـی تـایـبـەتـی (ی کـەسێـک)

boggle (سەر، هێـز؛ عەقـڵ) دەشێـوێ، دەسورمـێ

boggy زەلـکاوە، قـوڕاوە

bogie راگـوێـزەر، عارەبـانـە؛ ی نـەوی

bogle دێـوەزمـە، ئـەجـنـدە، جنـۆکە

bogus دروسـتـکـراو، نـاراست. درۆزنـە

- caller میـوانـی فـێـڵـباز، ساختـەکار

- name نـاوی ساختـە

bogy عارەبـانـەی نـەوی

boil (1) (قـیـنـچـکـە، دوومـەڵ)ی (کـێـم، زوخاو، چڵـک) دار

boil (2) دەکـولـێـنـێ

- over کـولا، زۆر تـووڕە بـوو

boiled کـولاو

boiler دەزگـای ئـاو گـەرمـکـردن، کـولـێـنـەر

boisterous بـەهاوار، بـەقـیـرە(قـیـر)

bold رەنـگـی (تـۆخ، ئـەسـتـوور، گ ەش). کـەسێـکـی (ئـازا، چالاک)

- faced روو قـایـم

boldness تـۆخـی. روو قـەیـمـی. ئـازایـەتـی

bolide ساروخ

boll گـولـە پـەمـۆ(لـۆکـە) یا بـامـیـە

bollard قـووچـەکـی پـاپـۆڕ

بـەستـانـەوە

bollweevil کـرمـی پـەمـۆ(لـۆکـە)

bollworm کـرمـی گـولـە پـەمـۆ(لـۆکـە) و ئـەو بـابـەتـانـە

bolshevism بـۆلـشەوی؛ پـارتـی کـۆمـۆنـیـسـتـی لـیـنـیـنـی

bolster بـالـیـف، سەریـن. شەرە بـالـیـف دەکـەن

bolstering پـالـپـشت

bolt جەڕ، بـورغی. تـریـشقـە. لـە بـێـژیـنـگ دەدا

bolter بـێـژنـگ، بـێـژیـنـگ. سەرەنـد

bolus دەنـکـی (قـەبـە، گـەورە)

bomb بـۆمـبـا

bombard بـۆمـبـا (داوێـژێ، دەهاوێـژێ)

bombardier بـۆمـبـهاوێـژ، بـۆمـبـاهاوێـژ. تـۆپـچـی

bombast قـسەی بـەلاش

bon mot نـوکـتـە

bond پـەیـوەنـد. ئـەرک. بـە یـەکـەوە دەبـەسـتـێـتـەوە

bondage کـۆیـلـەتـی

bonded بـەسـتـراوەتـەوە (بـە یـەکـەوە). تـونـدکـراوە

bondmaid خزمـەتـکار (مـێـیـنـە)

bondman کـۆیـلـە، دیـل. (نـێـریـنـە)

bondwoman خزمـەتـکار (مـێـیـنـە)

bone ئـێـسک، هێـسک، سقـان، ئـێـسقـان. زاری تـاولـە. گـۆشـتـی لـە ئـێـسکـی دەکـاتـەوە. دەدزێ

- setter بـەیـتـار

bonfire ئـاگـری سەرکـەوتـن و شادی؛ ئـاگـری نـەورۆز بـۆ نـمـوونـە

bonification خەلاتـکـردن،

بەخشیشدان. شاباشکردن

bonnet سەرپۆشی بەشەکانی ئامێر و ئۆتومبیل

bonny جوان، رێکوپێک. لەشپڕ، پڕگۆشت

bonus بەخشیش، دیاری، پاداشت، شاباش، خەلات

bony بە ئێسکە، ئێسکاوییە. پڕئێسکە

booby گەمژە، گێل

boodle بەرتیلکاری، خاوەخۆری

book پەرتووک، کتێب. تۆماردەکا؛ بەنووسین. گردەدا، دەکاتەماڵ

- *a flight* *گەشتی ئاسمانی گردەدا، بلیتەکەی دەکاتەماڵ*

- *keeper* *تۆمارگەر. ژمێریار*

- *keeping* *تۆمارگەری. ژمێریاری*

- *maker* *شوێن(دوکان)ی گرەوبازی، شوێنی قوماربازی (نەوەک قومارخانە)*

- *worm* *کتێبدۆست. کرمیکتێب*

bookbinding لەبەرگگرتنی(یپەرتووک)

bookie دوکانداری گرەوبازی، باشقومارباز(نەوەک قومارچی)

booking clerk تکیت فرۆش

booklet نامیلکە

boom بوژان(یبازاڕ و دراو(پارە))، گەشە، پەرەسەندن

boon خەلات، پاداشت، دیاری، بەخشش

boor رووگرژ، توند رەفتار

boorish رووگرژە، توند رەفتارە

boose تەوێڵە

booster بەهێزکەر، پاڵپشت

boot پێلاو؛ ی ناو قوڕ و ئاو. دەست پێ دەکا، بەکار دەخا، وەگەڕ دەخا

- *black* *سوبوغچی؛ ی پێلاو*

- *tree* *چیوەی پێلاو، ناوچێوەی پێلاو*

booth کەپرۆکە، چەتر

bootless بەتاڵ، بێهوودە، بێسوود

booty تالان، فەرهوود

booze خواردنەوەی (کوحولی، مەستکەر)، مەی، هتد

boozy سەرخۆش

borax جۆرە خوێ یەکە؛ لە دروستکردنی (شووشە، فەخفووری. دەرمان) بەکار دێ

border سنوور. ناوان. رۆخ، لێوار

bordering هاوسێتی، نزیکی. هاوسێ(ولات)

bore کون. کوندەکا

- *hole pump* *پەمپی بیری قوول*

boreal پەیوەندە بە سەرەوە، ئی سەرەوەیە

boring machine دەزگای بیرلێدان. دەزگای هەڵکەندن. دەزگای کونکردن

born لەدایکبوو

borne بارکراو

borough ناوچە (یەکی بەڕێوە بردن)؛ لە شارە گەورەکان دا، گەڕەک (ێک)

borrow دەخوازێ (شت)، وەردەگرێ

bosh هورێنە، قسەی بێواتا، قسەی بەتاڵ. بۆش

bosom سینگ. باوەش. دڵ. باوەش لێکدان

- friend *هاوڕێی گیانی بە گیانی*

boss سەرکار. سەرەک. خاوەن کار

botanical تایبەتە بەزانستی ڕوەک

botanist ڕوەک ناس؛ زانای ڕوەک

botany زانستی ڕوەک. ڕوەک ناسی

botch ئاوسان(نەخۆشی)

both هەردوو، هەردووک. هەردووکیان

bother تەنگاوکردن. تەنگاودەکا

bottle شوشە، بوتڵ. لەشوشەیدەکا

- neck *ملە شوشە. تەنگە، تەنگەبەرە، قەرەپەستانە، قەڵەباڵغە*

bottom ژێر، بن

bottomless بێبن

boudoir ژووری تایبەتی ئافرەت؛ لەماڵێکدا

bough لقەدار؛ لقێکی سەرەکی

bought (p&pp buy) کڕی (پ؛ فرۆشتی). کراو

bougie ئامرازێکی پشکنینی پزیشکیی باریکە بە یەک لە لەبۆرییەکانی لەشدا دەنێردرێ

boulder تاشەبەرد، کەرتەشاخ؛ ی گەورە و لووس

bounce هەڵقۆزین، هەڵقۆزینەوە. هەڵبەزین. هەڵدەقۆزێ. هەڵدەبەزێ. فشەدەکا

bouncer فشەکەر

bouncing بەهێزە. فشە

bound پەیوەندکراو. پەیوەند دار. بەستراوەتەوە بە. بەندکراو. ڕۆخ، تخووب. ناچارە، بێچارەیە. بەرەو، ڕوەو

out of -s *لە ڕادە بە دەرە*

boundary تخووب. ڕۆخ

bounden پەیوەندی دارە بە. بەستراوەتەوە بە. ناچارە، بێچارەیە. ئەرکە

bounteous خۆشڕەفتار. بەخشندە

bountiful بەخشندەیە. فرەی هەیە

bounty بەخشندەیی. فرەهەبوونی. خەلاتێکی میرییە بۆ بەرهەم هێنەرانی کالا و هەنێرانی شتومەک بۆ دەرەوەی وڵات

bouquet (دەسک، چەپک)ە گوڵ

bourgeois چینی مام ناوەند (ی کۆمەڵ)، بورجوازی

bourn تخووب. مەبەست، ئامانج. ئاوەڕۆ

bout هەل، جار، نۆبەت

bovine پەیوەندە بە مانگاوە، ئی چێریە. خاو (پ؛ گورج)

bow دەنوشتێنێ، دادەهێنێ، خواردەکا. دەنوشتێتەوە (لەگەڵ سەلام کردن)، دادێتەوە. خواردەکاتەوە

bowels ریخەڕۆکەکان، ناوهەناو

bower کەپرۆکەی سەر بێستان، سێبەر

bowline شاقوولٌ

bowman هەڵگری تیر و کەوان، تیرهاوێژ

bowshot مەودایئیشانەپێکان(یتیر)

box باول، سندووق. لۆج، سەکۆ. لێدان (بە مست). لێدەدا (بە مست). شەڕەمست دەکا. لە باول دەهاویٌ

- office *شوێنی بلیت فرۆشتن*

- someone's ear *لەبنیگوێی دا، شەقازللەی لێدا*

brain - *کاسەسەر، کەللەسەر*

chatter - *زۆربلٌی*

p. o. - *ژمارەی باولی پۆستخانە؛ بەشێک لە جێنیشان پێکدێنێ*

boxer یاریکەری مستانێ

boxing مستانێ، وەرزشی مستانێ. شەڕەمست

- day *ڕۆژی دوای جەژنی لەدایکبوونی عیسا*

boy کوڕ، لاو

- Scout *پێشەنگ(کۆمەڵی منالانی تەندروست،وەرزشکار، وریا،ژیر)ی قوتابخانە*

boycott قەدەغەی بازرگانی. بازرگانیی لێ قەدەغە دەکا

boyish هەرزەکارانە، منالانە

bra مەمکدان، سوتیان (جلوبەرگ)

brace (1) تەوق. جووت(ێک)، دووان. دەبەستێ. تەوقدەکا، توند دەکا. بەهێز دەکا

brace (2) خۆی (ئامادە، توند) دەکا بۆ هەواڵێکی ناخۆش، هێز دەدا بەخۆی

bracelet بازن

braces (دوو) قایشی سەر شان؛ کە پانتۆڕ رادەگرن

bracket ڕێزە، ریزە؛ ی دەرگاو پەنجەرە

brackets کەوان(یچاپەمەنی،() []{})

brackish گەناو، گەنیاو؛ ئاوێک لەبەری نەڕوا و بۆگەنی کردبێ

brad جۆرە بزمارێکە؛ تەنک و پان

bradawl ئامرازێکی وەکوو پیشەقان ە؛ بۆ زەوی (هەڵکۆڵین، کونکردن) بە دەست

brag خۆ بە زل زانین. خۆی بە گەورە دەزانێ، خۆی هەڵدەکێشێ

braggart خۆهەڵکێش، فشەکەر

Brahma (خودا، خوا) ی هیندۆسەکان

Brahman زانای ئایینی هیندۆسی

Brahmin = Brahman

braid کەزی. بسک. کەزی دەهۆنێ(تەوە)

Braille نووسینی تابەت بە کوێران

brain مێشک،هۆش، تێگەیشتن، فام

- box *کاسەسەر، کەللەسەر*

- fag *هەرەسی هۆش، مێشک تێکچوون*

فـام
- *pan* *کاسەسەر، کـەلـلـەسەر*

brainy هۆشیـار، بـەمـێشک، تـێـگـەیـشتـوو

braise کولانـدن لـە مـەنـجەڵـی پـاڵـەپـەستـۆ

brake رایـدەگـرێ، رادەگـرێ. (گـیـرە، راگـیـر، بـرێـک)ی ئـامـێـران

bramble جۆرە رووەکـێـکـی کـێـویـی دڕکـاویـیـە

bran (پـرژ، تـفـر، تـۆکـڵ)ی دانـەوێـڵـە؛ وەک ئـالـیـک بـۆ وڵاغان. ئـاو پـرژێـن؛ مـەسیـنـەی کـونـکـون. دەپـرژێـنـێ

branch لـق. بـەش. پـەل. بـرک. پـەلـداوێـژێ، بـڵاودەبـێ

branchial لـقـدار. پـەلـدار، بـەلـهاوێـژ. فـرەبـەش

brand مـۆر، داغ(داخ)، نـیـشانـە. مـارکـە. مـۆردەکـا، (داغ،داخ) دەکـا، نـیـشانـە دەکـا
- *new* *نـوێ(ی بـا پـێـنـەکـەوتـوو)*

brandish دەلاوێـنـێ

brandy بـرانـدی، کـۆنـیـاک؛ خـواردنـەوەی کـحولـی

brasier ئـاگـرادن

brass مـس، مـز
- *band* *مـۆسیـقـاژەن(ان)ی ئـامـێـری مـس*

brassiere = bra

bravado خـۆهەڵـکـێـشان، فـشەکـردن

brave ئـازا، بـەجـەرگ. هەڵـدەکـوتـێ، گـوێـنـادا

bravo دەسخـۆش!

brawl دەمـەقـاڵـێ، شەڕە قـسە. دەمـەقـاڵـێـدەکـا، بـەشەڕدێ

brawn مـاسوولـکـە. گـۆشتـی بـەرازە کـێـوی

brawny بـە مـاسوولـکـەیـە، مـاسوولـکـەدار. بـە هـێـز و بـازووە

bray زەڕیـن (ی کـەر). دەزەڕێ. هوورد دەکـا

braze مـسکـاری دەکـا، مـزکـاری

brazen مـسی، هی مـسە. (لاسار، هەرەپـاس(ڵ))ی دەکـا

brazier ئـاگـرادن

breach شکـانـدن (ی یـاسا، پـەیـمـان). (یـاسا) دەشکـێـنـێ *بـەیـمانشکـێـنـێ*

bread نـان. خـواردن
- *winner* *کـارا، کـارامـە.* *نـانپـەیاکـەرە !*

breadth پـانـی، فـراوانـی، ئـەستـووری

break شکـان. کـەلـێـن، کـەلـەبـەر. پـشوو، حەسانـەوە. دەشکـێـنـێ. دەس هەلـدەگـرێ، پـشوو دەدا، دەحەسێـتـەوە
- *bulk* *بـەشێـکـی هینـا خـوارێ. هەنـێـکـی داگـرت*
- *down* *پـەککـەوتـن، شکـان. گـریـان*
- *into a place* *شوێـنـێـک دەشکـێـنـن، مـاڵـێـک دەبـڕن*
- *one's fast* *رۆژو دەشکـێـنـێ*
- *out* *بـڵاودەبـێـتـەوە. هەستـا. لـە دەس دەرچوو، هەڵات، هەرات*
- *the bank* *بـانـقـی نـەما(لـە قـومـار)*
- *up* *هەڵـوەشانـەوە، لـەنـاوچوون. هەڵـدەوەشێ، لـەنـاودەچێ*

پشوو، حەسانەوە. دەشكێنێ.
دەس هەڵدەگرێ، پشوو دەدا،
دەحەسێتەوە
- up value *نرخی كەرەستەیەك*
بە (تێك)شكاوی یا بە وردە
- wind *دەترِی(ێ)، ترِدەكا(ت(ن)*
)
breakable ناسك،
لەشكانهاتوو
breakage دابرِین. دابرِان.
شكاندن
breakfast نانی بەیانی
breakwater بەربەست(ی شەپۆڵ
شكێن)ی دەریا
breast سینگ. مەمك
breath هەناسە، پشوو(پشی).
ژیان. ماوەكی زۆر كەم
breathe هەناسەدەخوا،
پشوودەدا. دەژی. پشیدەدا(
لەكار)
breathing هەناسەخواردن
artificial - *هەناسە خواردن*
بە یارمەتی دەزگای تایبەتی
bred (p&pp breed) رایهێنا.
بەخێویكرد. راهێنراو(ە).
بەخێوكراو(ە)
breech قۆنداغە؛ ی تفەنگ
- birth *پێچكە هاتنی نەوزاد*
لە(جیاتی، پێش) سەر؛ لە
كاتی بوونی دا
- delivery *پێچكە هاتنی*
نەوزاد لە(جیاتی، پێش) سەری
breeches دەرپێ، كورتە
شەرواڵ
breed زاوزێدەكا. رادەهێنێ.
بەخێودەكا
breeding زاوزێكردن. راهێنان.
بەخێوكردن
- season *وەرزی زاوزێ*
breeze شنە، كزەبا
breezy شنەدار،
كزەبایهەیە
brethren برایەتی. برایی
brevet پلە بەرزكردنەوەی بێ
مووچە زیاد كردن؛ پلەی (
نیشانەیی، هێمایی، فەخری)
breviary ستایشنامە،
دوعانامە
brevity كورتی
brew بیرە دروستكردن.
خواردنەوەی خەملاو.
خواردنەوەی كحولی دروست دەكا.
ئاویجۆ دەخەملێنێ
briar (1) جۆرە گوڵێكی كێویی
درِكاویە
briar (2) جۆرە قەنە؛ یەكی
جگەرەكێشانە
bribe بەرتیلی دەداتێ. (پارەی)
بەرتیل، خاوە
bribery بەرتیل (دان، كردن)
brick كەرپوچ، خشتیسوور
- layer *وەستای دیواری (خشت (*
ی سوور)، كەرپووچ)، خشت
دانەر
bridal هی بووك، بووكێنی.
دەزگای بووكێنی
bride بووك، بیك
bridegroom زاوا
brideman (هەڤاڵ، هاورِێ،
یاوەر)ی زاوا لە كاتی
ژنهێنانی دا
bridesmaid (كچی یاوەر، دەستە
خوشك)ی بووك لە كاتی بە بووك
چوونی دا
bridesman (هەڤاڵ، هاورِێ،

یاوەر)ی زاوا لە رۆژی ژنهێنانی دا

bridge پرد. دەیانگەیەنێ بەیەک

bridle لغاو، جلەو. لغاو دەکا. لە قەوچەی دەدا(تەوە)

brief کورت(ەباس یا نووسراو)

briefly بەکورتی

brier (1) جۆرە گولێکی کێویی درکاویە

brier (2) جۆرە قەنە؛ یەکی جگەرەکێشانە

brigade تیپ؛ یکی لەشکر

brigadier سەرتیپ

brigand ریگر، جەردە. دز

brigantine جۆرە پاپۆرێکی دوو ستوونی یە

bright گەش، گەشەدار، روون. رووناکبییر

brighten گەشدەکا، رووندەکا. رووناکدەکا

brilliancy گەشەداربوون. درەوشین

brilliant گەشەدار، درەوشاوە. گەش. روون. رووناکبییر

brim رۆخ(ی‌جام یا لیوان)، لێوار

brimming زۆر پڕ(تا ڕۆخ و لێوار)

brimstone کانی گۆگرد(کبریت)

brine شۆراو، ئاوی سوێر. ئاوی دەریا

bring بێنە، بهێنە

- forth *وەبەرهەمدێنی. دەبێتەهۆی*

- forward *دێنێتە پێشەوە. پێشنیاردەکا دەردەهێنی.*

- out *ئاشکرادەکا*

- over *رادەکێشی*

- to life *گەشاندەوە، زیندووکردەوە*

- up *بە خێو دەکا*

brink لێوار، رۆخ، قەراخ

briny شۆراو، ئاوی سوێر. ئاوی دەریا

brio لەشسووکی

brisk لەشسووک، بە وزە، گورج

bristle پرچ(قژ)ی زبر یا لول و ئالۆز. رەق(یکەبشکێت). قیت، زەق. قیتدەوەستێ، زەقدەبێ

- up *قیت رادەوەستێ. هەڵدەستێتە پێوە*

bristly پرچ(قژ) زبر یا لول و ئالۆز

bristol مقەبا

Britain بەریتانیا؛ ئینگلتەرە (ئینگلەند) و سکۆتلەند(ە) و وەیلز و چەند دوورگەیەکی بچووکی دەوروبەری دەگرێتەوە، شانشینی یەکگرتوو (بێجگە لە سەرووی ئایەر(لەند(ە)))

British بەریتانی(ە)، هی بەریتانیا یە. سەر بە بەریتانیا یە

brittle رەق و ناسک (یگ کە بشکێت)

broach پەرژینی بە کەلێن یا کونکون. کوندەکا، دەکاتەوە

broad پان، بەرین

broadcast دەبێژێ. بلاودەکاتەوە. بانگرادەدێرێ.

تۆدەدا، تۆودەدا

broadcaster رادێر، بانگ رادێر، بێژەر، جاڕدەر

broadcasting بڵاوکردنەوە (ی ئێزگە)

broadcloth قوماشی دووبەر (بەرین)

broaden پان‌دەکا، بەرین‌دەکا

broadside لای پانای(ی کەشتی)

broadwise بەپانی، بەبەرینی

brocade قوماشی حەریر

broil دەمەقاڵە. گەرمی. سووردەکاتەوە

broiled سوورکراوە

broke شکا. شکاند. نەدار، بێ‌پوول، موفلیس

broken شکاو. وردکراو

- hearted *دڵشکاو، دڵتەنگ*

- surface *رووبەرێکی نارێک*

broker دەلاڵ. نێوانیکەر

brokerage دەلاڵی. نێوانیکردن

bronchial پەیوەندە بە (بۆڕی، لوولە) سی‌یەکانەوە، هی (بۆڕی، لوولە)ی سی‌یە

bronchitis بەزام‌هاتنی (بۆڕی، لوولە)ی سی‌یەکان

bronze برۆنز

brooch سنجاقی یەخە (ی ئافرەت)

brood بەرە(باب)، توخم، بەرهەم

- mare *مایین(ێک بۆ زاوزێ تەرخانکرابی)*

brook جۆگە، جۆگەلە، خڕ

broom گەسک، گێسک

broth مەرەگە، سلْقاو، شیو، چێشت

brothel شوێنی تایبەت بە ئافرەت(ان)ی لەشی خۆ فرۆش

brother برا

- in law *برا(ی‌مێردت یا خێزانت)*

brotherhood برایی

brotherly برایانە، بەبرایی

brought هێنا، هاورد. هێنراو، هاوردراو

- down *هاوردرا، هێنایان*

brow برۆ

browbeat چاوشۆڕدەکا، حەیادەبا

brown قاوەیی، ئەسمەر

brownie دێوەزمە، ئەجندە، جنۆکە

browse دەگەڕێ. دەلەوەڕێ. لەوەڕ

bruise دەرز(درز)، برین. برینداردەکا

bruiser دەسکە جۆنی. مستباز

brunt لێدران، بەرکەوتن

brush فلْچە. نەمام، شتڵ. پێدادێنی

brushwood شتڵگە

brutal دڕندانە

brutality دڕندەیی

brute ئاژەڵی دڕندە

BSc کورتکراوە یە بە واتای؛ *بەکەلۆریۆسی زانستی؛ (بەڵگەنامەی) وەدەستهێنانی*

پلەیەکی خوێندنە؛ پێگەییو

bubble بلق. خەیاڵ. دەکوڕێ، بلقدەدا

bubo بنەهەنگڵ یا گرێی ران (خڕبوون، گرێکردن)

buccaneer جەردەی دەریا، دزی دەریا

buck کەڵ، نێرەی چەند جۆرە ئاژەڵێک

bucket ستڵ(ر)، سەتڵ(ر)، پەقرەج

buckle تێکدەشکێ، تێکدەچەمێ

buckler قەڵغان

buckram بەر(ە چۆغەر (قوماش))

buckskin پێستی کەڵەکێوی

buckthorn رووەکێکە بۆ پێست خارانـدن بەکاردێ

buckwheat گەنمی رەش

bucolic ئاژەڵداری، شوانکارە

bud خونچە. خونچەدەکا، گەشەدەکا

Buddha بوودا، پەیامبەری هیند(وستان). (داهێنەری) ئاییـنی بوودی

budge جولاند. جولا. جۆرێکی فەروە

budget تەرازوو راگرتن (ی پارە). جۆرک، کیسە

buff پێستی گا (یا جلوبەرگی). رەنگی زەرد باو

buffalo گامێش (نێر و مێ ی)

buffer ناوان (مابێن)ی دوو لایەن (ی شەرکەر). شەرگە

buffet (1) (کەپر، مێز، شوێن) ی فرۆشتنی ساردەمەنی، شیرەمەنی، هتد. جامخانە، بۆفیە

buffet (2) لێی دەدا؛ بە بەردەوامی، جار لەدوای جار. مست (بەرکەوتن، لێدران)

buffeted مست لێدراو

buffoon گاڵتەباز

bug کێچ

bugaboo (تیشکێک، دێوەزمە)ی ترس

bugbear (مایە، هۆکار)ی سەغڵەتی. ترسی نابەجێ

buggery نێربازی، جووتبوون (ی ناسروشتی و نائاسایی) لە پاشەڵەوە. (ولاغ، ئاژەڵ، هتد) بازی

bugle زوڕنا. جاڕدان. زوڕنالێدەدا. جاڕدەدا

build دروستدەکا، سازدەکا، دادەمەزرێنێ

builder وەستا (یخانوبەرە). سازکار

built دروستکراو، سازکراو، دامەزراو

- *in* *یەکپارچە (یە)، لەخۆی دایە، هەمووی پێکەوە یە*

- *up* *پەرەسەندووە، پڕ (خەڵک، خانووبەرە)یە. چڕ(ە). بەرز(ە). (کەڵەکە، دروست) کراو لە (شت، پارچە)ی پێشتر*

bulb خلیسکە(

light bulb یپیاز، سیر، هتد). حرۆلکە. گلۆپ

bulge ئاوسان، ئەستووربوون. دەئاوسێ، ئەستووردەبێ

bulimia nervosa نەخۆشی نۆبەت(گرتن)ی خواردن لەگەڵ رشانەوە

bulk قەوارە. زۆر، بە فرە؛

لـەکرین و فـرۆشتـن دا(پ؛ بـە دانـە دانـە یا قل)
in - *بـە کـراوەیـی، بـە نـەبـەستـراوی(پ؛ بـە دەنـک یا قـل)*
bulky قـەبـە؛ قـەوارەدار، مـەزن، گـەورە
bull گا
bullet فـیشـەک
- proof *گـولـلـەبـەنـد؛ فـیشـەک نـایـبـڕێ*
bulletin بـڵاوکراوە(یرامیـاری، تـەنـدروسـتـی، هتـد)
bullfinch جۆر (چۆلـەکـە، کـێشکـە) یـەکـی سینـگ سوورە
bullion زێـر و زیـو
bullock گا. گـۆلـکـی خـەسێـنـراو
bull's eye خـالـی پـێـکـان. چاوە
bully گـالـّتـەجاڕ، رابـوێـر
- beef *گـۆشت گـا(ی‌نـاو قـۆدی(قـوتـی، قـوتـو))*
bulrush جـۆرە قـەمـیشـێـکـی لاسک (زبـر، دڕە)
bulwark شوورەی سـەربـازی بـە هـێـز. قـەڵا. شوورە دەکا، بـە هـێـز دەکا
bumboat بـەلـەم
bump بـەرکـەوتـن. لـێـدران، پـێـکـران. ئـاوسان، ئـەستـووربـوون. پـێـدەکـەوێ، بـەردەکـەوێ
- into *تـوشـی دەبـێ، بـەرەو رووی دێ*
bumper بـەرگر(یپـێـش و پـاشی ئـۆتـۆمـبـیـل)
bumpkin گـونـدیـی، لادێـی
bun کـەروێـشک. گـوتـک (گـونـتـک، ئـەنـگـوتـک)ە هـەویـر
وشێ(وشی تـرێ). کـۆمـەڵ(ێـک)
bunch کـۆمـەڵ(ێـک)
bundle دەسک(ەگـوڵ)، بـەنـد(ەقـەمـیش). دەپـێـچـێـتـەوە. دەبـەسـتـێ
bung سەرە(کونـی) بـەرمـیـل. دەبـەسـتـێ، سـەری دەگـری
bungalow خانـوویـەکـی یـەک قـاتـەی تـەنـیا، تـەلار
bungle خـەراپ (دروست دەکـا، بـەڕێـوە دەبـا). (کـار، هەوڵ، تـەقـەلا)ی (جـەلـەبـی، نـارێـک)
bunk جێـخەو لـە کـەشتـی یا شەمەنـدەفـەردا. یـەتـاخ، یـاتـاغ
bunting پـرە
buoy سەر ئـاو دەکـەوێ. سەر ئـاو دەخا
buoyancy سووکـی. سەرئـاوکـەوتـن
buoyant سووک. سەراوکـەوتـوو. مـەلـەوان. دلـّخۆش، شاد
bur گـرێ
burden بـار، ئـەرک. هەلـّدەگـرێ، بـەرپـرسیار دەبـێ
burdensome بـەئـەرکـە
bureau دیـوان، بـیـرۆ؛ شوێـنـکـار
bureaucracy بـیـرۆکـراتـی؛ چڕکـردنـی دەسەلات، پـەیـرەویـی کـوێـرانـە بـە یـاسا
burglar دز
burglary دزین، دزیـی
burgomaster کـوێـخا، مـوخـتـار
burial نـاشتـن(یمـردوو). لـەگـۆڕنـان
- service *ڕێـیـورەسم(نـوێـژ)ی نـاشتـن*

buried antenna شەپۆلـیار(ئـەنـتـێـنـە)ی شاراوە(نـادیـار، داپـۆشراو)

burl گـرێ

burlesque گالـتـە. گالـتـەدەکا، رادەبـوێـرێ

burly هەلـەپاس، هەرەپـاس

burn سوتـان، داخ. دەسوتـێـنـێ. دەسوتـێ، گـردەگـرێ

- one's boats *رێـی گـەرانـەوەی نـیـیـە، پاشگـەزبـوونـەوەی نـیـیـە*

a smell of - *بـۆن سۆ، بـۆسوو؛ بـۆنـی سووتـان*

burner چرا، قـەنـدیـلـۆکـە. (گـڕ، پـەلـەمـێـز)ی (لـەحیـمـچی، لـەحیم کـردن)

burning سوتـاو، گـڕگـرتـو. سوتـان. بـەئـازار

burnish لـووسدەکا، مالـنـج دەکا

burnt سوتـێـنـراو

burr گـرێ

burrow کـون (ە کـەروێـشک، رێـوی، هـتـد)، حەشارگـە، بـێـشە. چالّ هەلـدەکۆلـێ، کـون لـێـدەدا؛ بـۆ حەشارگـە، هێـلانـە، هـتـد

- into *دەپشکـنـێ، لـێـدەکـۆلـێ تـەوە*

bursar خوێـنـدکار(ێ‌پارەی بـۆ درابـێ) ئـەمـیـنـداری قـوتـابـخانـە

burst دەتـەقـێ

- forth *کـەوتـە روو، هەلـهـات، بـەدەرکـەوت، هاتـەپـێش*

- in *هەلـدەکـوتـێـتـە نـاو، تـاو دەداتـە نـاو*

- out *دەرپـەریـیـە دەرەوە*

bury دەنـێـژێ. دەشارێـتـەوە

bus پـەست، ئـامانـە، ئـۆتـۆمـبـیـلـی راگـواستـنـی خەلـکـی

bush جەنـگـەلّ. قـەمـیـشەلان{ر}

bushel پـێـوانـە یـەکـە بـۆ دانـەوێـلـە؛ = ٨ گالـۆن

bushy جەنـگـەلـە. قـەمـیـشەلانـە{ر}. بـرۆ پـڕ

busily بـەچوستـی، بـەپـەلـە

business کـاروبـار. کـارسازی. بـەرژەوەنـدی

- like *رێـکـە. کـردەوەی رێـک*

- man *کـارساز، خاوەن کـاروبـار، کـارگـێـڕ*

busk لـەسەر (جادە، شۆستـە)(ان) (گـۆرانـی دەچڕێ، ئـاواز لـێـدەدا) ؛ بـۆ پـارە کـۆکـردنـەوە

busker (گـۆرانـیـبـێـژ، مۆسیـقـاژەن)ی سەر (جادە، شۆستـە)(ان)

bust (1) لـە نـاوقـەد بـە سەرەوە، سیـنـگ؛ ی ئـافـرەت (بـەتـایـبـەتـی)

bust (2) دەشکـێـنـێ، دەتـەقـێـنـێ. هەلـدەکـوتـێـتـە سەر(ی). دەیـگـرێ. شکـاو. بـێ پـارە(بـوو)

bustard جۆرە مـەلـێـکـی گـەورەی (تـیـیـژڕەو، خێـرا)یـە

bustle بـە جموجۆلـی دەخا، چالاکـی دەکـا. بـە گالـەگالـی{ر-ر} دەخا

busy سەرقـالّ. چالاک. قـەلـەبـالـغ، چڕ. دەخافـلـێـنـێ. سەرقـالـدەکا

- body *خۆهەلـقـورتـێـنـەر*

but بـەلام، وەلـی. (بـێ)جگـە لـە. تـەنـها

- for *تـەنـها لـەبـەر(شتـێـک نـەبـێ) ، مـەگـەر*

butcher قـەساب. بـکـوژ. دەکـوژێ. دەکـوژێـتـەوە، سەردەبـڕێ

butchery قـەسابـخانـە. بـزەبـز
بـكـوژيـى

butler نـۆكـەر، خزمـەتـكـار، خزمـەتـچـى. ساقـى. سەركـار (گـەورەى نـۆكـەران)

butt پاشەڵ. قـۆچ دەهاوێ

butter كـەرە، روون، رۆن. (بـە) كـەرە دەكا

- boat كـەرەدان؛ بـاولـى كـەرە

- fingers پـەنـجە نـەرم، پـەنـجە ناسك

- milk ماستاو. دۆ

butterfly پـەپـولـە، پـەروانـە

buttery چـەورە. عەمـبـارى خواردەمـەنـى

buttocks لا(قـوون، قـيـنـگ)

button قـۆپـچە، قـۆچـپـە، دوگـمـە. دومـەڵ. (قـۆپـچە، قـۆچـپـە، دوگـمـە) دادەخا

- hole كـونـە قـۆچـپـە

belly - نـاووك

buttress پـاڵـپـشـتـى ديـوار. سەرچاوەى يارمـەتـى، هتـد. پـاڵـپـشـتـى دەكا. يارمـەتـيـى دەدا

buxom (adj) خروپـر، لـەشـپـر؛ ئـافـرەت بـە تـايـبـەتـى

buy دەكـرێ. كـڕيـن

- out (بـەشـێـك) دەكـرێ

- over بـەرتـيـلـى دەداتـێ

- up دەكـرێـتـەوە؛ بـۆ دەسـبـەسـەرا گـرتـنـى بـازار

buyer كـڕيـار

buzz بـزەبـز، دەنـگ. بـزەبـزدەكا

buzzard بـاز

buzzing بـزەبـزكـردن،

by لـە تـەنـيـشـت، لـە نـزيـك، لـەتـەك بـە، بـەرێـگـەى، لـەرێـگـەى. نـوسيـن(ى) كـەسـێـك. لابـەلا. لاوەكـى. نـهـێـنـى، شاراوە

- all means بـە هەمـوو شـێـوەيـەك. دەبـێ، دەكـرێ، دەتـوانـى

- and - بـەم زووانـە

- end ئـامـانـجـيـكـى نـاديـار،

- heart مـەبـەسـتـيـكـى نـهـێـنـى لـەبـەر، ئـەزبـەر

- law ياساى لابـەلا، ياساى نـاوچـەيـى. پـەيـڕەوى نـاوخـۆى دەزگـايـەكـى بـەڕێـوەبـردن

- name نـازنـاو، نـاويـلـكـە

- night بـەشـەو، شـەوێ

- products بـەرهـەمـى لابـەلا

- road لارێ، رێـگـاى لاچـەپ

- the way ئـەرێ !؛ ئـەرێ هـەتـا لـەبـيـرم نـەچـووە

- work كـارى لابـەلا، كـارى سەرپـێـيـى

one - one يـەك بـە يـەك، يـەك لـە دواى يـەك

travel - Paris لـە رێـگـەى پـاريـس ەوە بـرۆ، بـە پـاريـس دا بـرۆ

bye خواحافـيـز. لاوەكـى. نـهـێـنـى، شاراوە

- bye خواحافـيـز، بـەيارمـەتـيـت(ان)

bygone بـەسەرچوو، رابـوردوو

bystander تـەمـەشاچى، بـێـلايـەن، سەيـركـەر

byte بـايـت؛ لـە زانـسـتـى كـۆمـپـيـوتـەر؛ چمكێكى هەشت (

ژمارەی دووانـە؛ 'بـت')یـی

byway کـوێـرەڕێ

byword نـمونـە

Byzantine بـێـزەنـتـیـن؛
رۆمانـیـیـەکانـی رۆژهەلات.
بـەپـێـچوپـەنـا، سەخت،
لـەکارنـەهاتـوو

- church *کلـێـسە(کان)ی*
رۆژهەلات (یـۆنـان)ی

***** C *****

c ژماره ١٠٠ لـه سیستـه‌مـی ژماردنـی رۆمانـی. سێ یـه‌م پیتـی ئـه‌لـفبـێ ی ئـینگلـیزی یـه

C.O.D. کورتـکراوه‌یـه بـه واتـای؛ *= Cash On Delivery* *پارەدان لـه کاتـی گـه‌یانـدنـی شتـومـه‌کـه کڕاوه‌کـه*

c.v. کورتـکراوه‌یـه بـه واتـای؛ *= curriculum vitae* *کارنـامـه‌ی کـه‌س(ێک)، کـورتـه ژیانـنـامـه‌ی کـار*

c/o کورتـکراوه‌یـه بـه واتـای؛ *= care of* *لـه‌ڕێگـه‌ی...، بـه‌هۆی. ...، بـه‌یارمـه‌تـی*

cab ئـۆتـۆمـبیـلـی کرێ، تـه‌کسی. عه‌ره‌بانـه. شوێـنـی شوفـێر لـه (لـۆری، شه‌مـه‌نـده‌فـه‌ر، هـتـد)

cabal (پـیـلان، تـه‌گـبـیـر)ێکـی نـهێـنـی، (داو، تـۆر، تـه‌ڵـه، فاق(ە)) نـانـه‌وه

cabaret مـه‌لـهای شه‌وانـه

cabbage قـه‌ڕنـابـیـت؛ جۆرێکـه لـه سه‌وزه‌ی چێـشت

cabin (کـه‌پـر، خانـوو)یـه‌کـی بـچووکـی بـه (تـه‌ختـه، تـه‌نـه‌کـه) دروستـکراو. شوێـن دانـیشتـن لـه (فـڕۆکـه، کـه‌شتـی، هـتـد)

cabinet ده‌ستـه‌ی وه‌زیـران. ژوور. کابـینـه. ده‌زگایـه‌کـه بـۆ (پاراستـن) هه‌ڵـگـرتـنـی فـایـلان

cable کێـبـڵ، وایـر

cablegram بـرووسکـه‌ی بـه وایـه‌ری ژێـر ده‌ریایـی

cabman عه‌ره‌بـانـچی. شوفـێر؛ ی تـاکسی، هـتـد

caboose ئـاگردان، چێشتـخانـه‌ی نـاو کـه‌شتـی

cacao کاکاو. داری چوکلـێت

cache حه‌شارگـه(ی‌ئـازوقـه)

cachet مۆر، پـه‌رچه‌م

cachexy لاوزی (ی لـه‌ش). بـێ زه‌وقـی، زه‌وقـسزی

cackle قـرتـه، قـوقـه(ده‌نـگـی مریـشک)

cacophony نـاساز، ده‌نـگـی نـاڕێک

cactus جۆره دره‌ختـێکـی بـه پـرژه؛ بـه‌ڵام بـێ (گـه‌ڵا، پـه‌لـک)

CAD کـورتـکـراوه‌یـه بـه واتـای؛ *نـه‌خشه‌کـێشی بـه کـۆمپـیـوتـه‌ر*

cadaver کـه‌لاک. بـۆگـه‌نـی

cadaverous (مـردوو، کـه‌لاک) ئـاسایـه، ره‌نـگ زه‌رده و لاوازه

caddy خزمـه‌تـچی (ی یـاریکـه‌ری گـۆڵـف، هـتـد). چادان، شه‌کردان، هـتـد

cade بـه‌رمـیـل. ئـاژه‌ڵـی بـاری، ئـاژه‌ڵـی مـاڵـی

cadence پـێـوانـه‌ی (ئـاواز، جوولـه)یـه‌ک

cadet کوڕ یـا بـرای بـچووک. مـه‌شقـچی جه‌نـگ

cadger سوالـکـه‌ر. دێـوه‌ره (بـازرگانـی گـه‌ڕۆک)

cadi دادوه‌ری ئـایـیـنـی (شه‌رعی)

caducity داتـه‌پـین، داڕمان. بـه‌لا

caecum ریـخه‌ڵـۆک، ریـخه‌ڵـۆکـه‌کوێـره، هـتـد

Caesar (قـه‌یـسه‌ر، ئـیمـپـراتـۆر)ی

روسیا (مێژوو)

caesarean section منالْبوون بە نەشتەرگەری سک. منالْبوون بە ڕێگەی کردنەوەی سک

cage قەفەز. دەخاتە قەفەز، بەند دەکا

cageling بالْندەی ناو قەفەز. بەند، بەندکراو

cairn کەلْەکە بەرد؛ یێکی سەر گۆڕ. نیشانە

caisson جۆرە (بەلوور؛ کوارتز) یێکی تارادیەک بەنرخە

cajole خۆڕەپێشکەر

cake نەرمە کولیچە، پەپکە

to sell like hot -s *وەک پاقلاوە دەفرۆشرێ، چاک دەڕوا*

calamitous بەدووم، بەبەلا، بێخێر

calamity کارەسات، بەلا، نەهامەتی، نەهات(ی)

calcaneum پاژنەی‌پێ، قوونپانی

calcareous کلساوی، بەکلس؛ لە شێوەی گەچ

calciform (کلس، گەچ)ئاسا، لە شێوەی کلس

calcify دەکاتەکلس. دبێتەکلس

calcine دەکاتەکلس؛ بەسووتاندن

calcite بەلوورەی کاربونەیتی کالسیۆم ی سروشتی

calcium بەردێکە لە شێوەی بەردی گەچ، کلس، کالسیۆم

calculate دەژمێرێ. دەقەپلێنێ، دەخەملێنێ

calculating machine ئامێری ژماردن

calculation ژماردن. ژمارە

calculator دەزگای ژماردن

calculus ژمارەوانی (زانست). بەردی میزلْدان (پزیشکوانی)

biliary - *بەردی زراو*

differential - *هاوکێشەی جیاکاری (ماتماتیک)*

caldron مەنجەلْ، قازان، قوشقانە

calefaction گەرمکردن. گەرمی

calendar ڕۆژمێر

calends یەکەمڕۆژی مانگ. سەرەتای مانگ

calf گۆلک، گوێرەکە

caliber [US] = calibre

calibre تیرەی لولە(ی‌تۆپ). پێوەر

calico خام، قوماشی لۆکە

printed - *قوماشی نەخشین (بەنەقش)*

caliper(s) = calliper(s)

caliph خەلیفە؛ لە (ئایین، ڕژێم)ی ئیسلامی

calk کونبڕدەکا، (کەلێن، کەلەبەر)ەکانی (بەلەم، هتد) دەگرێ

call بانگ، بانگەواز. بانگکردن. سەردانێکی کورت. تەلەفۆنکردن. فیکە، فیتە. بانگدەکا. سەردەدا، دەچێتە. ناوی لێدەنێ. تەلەفۆندەکا

- names *جوێنی پێدەدا*

- on *هاوار دەباتە بەر. سەردانی دەکا، سەری لێدەدا*

بانگکردن. سەردانێکی کورت. تەلەفۆنکردن. فیکە، فیتە. بانگدەکا. سەردەدا، دەچێتە. ناوی لێدەنێ. تەلەفۆندەکا

at - *ئامادەیە، لە سەر پێ یە*

caller گوزەرکەر، میوانی سەرپێی. داواکەر بانگڕادێر

calligraphy زانستی دەسنووسی. خەتخۆشی

calling بانگ کردن

calliper(s) گیرە. پێوەری (ئەستوریی، تیرەی لوولە). قولابی بارگرتن

callosity (چەرم، پێست)ی زۆر ئەستوور و رەق

callous هەستنەکەر، ناهەستیار، بێهەست. (چەرم، پێست)ی رەق بوو

calloused (چەرم، پێست)ی رەق کراو

callow نەشارەزا، پێ نەگەییو

calm هێوری، هێمنی. بێدەنگ، کڕ. هێور دەکا. (بێدەنگ، کڕ) دەکا

calomel پێکهاتە یەکی جیوە یە

caloric گەرمایی. گەرمیی

calorie یەکەی پێوانەی گەرمی. تەزووی گەرمیی

calorific پەیوەندە بەگەرمیی. دەزگای گەرماوەر

calorimeter گەرمیپێو، پێوەری تەزووی گەرمی

calumet جۆرە جگەرەیەکە، چرووتی هیندی یە سۆرەکان

calumniate زمانی لێ دەدا؛ بە خاراپە باسی دەکا

calumny زمان لێدان

calve دەزێ (بۆ مانگا). جیا دەبێتەوە لە

Calvinism مەزەبێکی عیسایی یە؛ بڕاوی بە (چارەنووس؛ قەزاوەدەر) و بەخشندەیی خودا هەیە

calyx خونچە گوڵ، کوریکە. قۆزاغە

cambist دراو گۆڕەوە؛ دەلاڵی پارە گۆڕینەوە

camel حوشتر، وشتر

cameleer حوشترەوان

camellia ناوی گوڵێکە

camelopard ئاژەڵێکی (گەورە، کەلەش)، زەڕافە

cameo جۆرە (یاقووت، سەدەف) ێکی نەخشێنراوە

camera دەزگای وێنەگر(تن)، کامیرە

camomile بابونج؛ جۆرە گوڵێکی بۆندارە

camouflage بزر دەکا، دەشارێتەوە. تۆڕی تێدابزر کردن، تۆڕی خۆ حەشاردان

camp سەربازگە، مۆڵگە، ئۆردووگا، خیوەتگا. گەڕەک. مۆڵ دەدا. (چادر، رەشماڵ، خیوەت)ان (هەڵ دەدەن، لێی دەژین)

campaign خۆڕێکستن و هەوڵدان بۆ (سەرنجراکێشان بۆ) کارێک. کارێکی لەشکری بۆ ئامانجێکی دیاریکراو. (هەوڵ، تەقەلا) دەدا

camphor کافوور

campus گۆڕەپانی خوێندنگا. بەش

can (1) دەتوانێ. لەتوانای دا (هە)یە

can (2) (قوتوو، قۆدی)ی (خواردن، ساردەمەنی). تەنەکە

oil - *ڕووندان، قوتووی ڕۆن*

petrol - *(تەنەکە، گالۆن)ی بەنزین*

canal جۆگە یا ئاوەڕۆ (ی دەسکرد)

- tolls *کەرانەی تێپەڕبوون*

canary بالندەیەکی دەنگخۆشی پەڕ(ەمووچ) زەرد ە

cancel بەتالدەکا، لەکاردەخا

cancellation بەتالکردن، بەتالکردنەوە، لەکارخستن

cancellous نەرمە، ئیسفەنجی یە (پزیشکوانی)

cancer (1) شیرپەنجە؛ سەرەتان (نەخۆشی)

cancer (2) نیشانەی بورجی چوارەمی ساڵە

cancerous شیرپەنجەییە، لە نەخۆشی شیرپەنجە؛ سەرەتان دەچێ

candelabrum چراخان، فرەمۆمدان

candid راستگۆیە. بەرەو ڕووە

candidate پالێوراو بۆ (کارێک، خەلاتێک، هەلبژاردن، هتد). خوێندکار

candidature (پالاوتن، پالێوراوی) بۆ ئەندامەتی شورا یەک

candidly بە راستگۆیی. بەرەو ڕووانە

candied fruits میوەی شیرینکراو

candle مۆم

candlestick مۆمدان

candour راستگۆیی. دۆستی. دلپاکی

candy شیرنی، حەلوا، شەکرۆکە. نەبات

cane دار حیزەران. قەمیش

- chair *کرسیی دار حیزەران*

- sugar *شەکری قەمیش (ی شەکر)*

canine کەلبدار. سەگانی

canister (سەبەتە، قوتی)ی تۆچا، هتد. قوتووی بۆمبی گازی فرمێسک هێن

canker جۆرە (دەرد، نەخۆشی) یەکی کوشندەی دار و درەختە. جۆرە (دەرد، نەخۆشی)یەکی گوێی ئاژەلانە

cannabis جۆرە ڕووەکێکە؛ بۆ (مەدهۆش، بێهۆش)کردن بەکار دێ

canned خواردن یا خواردنەوەی قوتووکراو، پارێزراو

cannery کارخانەی خواردن یا خواردنەوەی قوتووکراو و پارێزراو

cannibal گۆشتخۆر؛ مرۆڤ خۆر یا یەکدی خۆر

cannon تۆپ (ی جەنگ)

cannonade تۆپ تێگرتن. تۆپ دەهاوێتە

canoe بەلەمێکی بچووکە

canon (یاسا، بنەما، ڕێوشوێن) ێکی گشتی یا ئاییینی. نوسراوی

پیرۆز

canonic = canonical

canonical بە پێی یاسای (گشتی، ئایینی)(یە). لەنوسراوی پیرۆزدا (هاتووە، باسکراوە)

canonise دەکا بە (شێخ، قەشە)، پلەی ئایینیی رادەگەیەنێ

canopy سێبەر، چەتر

cant ریا، ریایی

cantata مەقام. لاوک

cantatrice مەقام بێژ (ی مێ ینە). لاوک بێژ

canteen چێشتخانەو شوێنی نانخواردن و حەسانەوە لە (خوێندنگا، کارگا، سەربازگە، هتد). سندووقی (هیربار، قاپ (و قاچاغ))

canter لۆقەکردن. لۆقەدەکا

cantharides جۆرە مێشێکە

canticle سروودێکی ئایینی عیسایی

canto گۆرانی. کۆپلە شیعرێک

canton هەرێم، ناوچە. سەرباز دەحەوێنێتەوە (یا دادەکا)

cantonment مۆڵگەی لەشکر. (رەشماڵ، خیوەت) هەڵدانی لەشکر

canvas(s) گوش(ە)، گونی(ە). کۆکردنەوەی دەنگەکانی هەڵبژاردن. وێنەی سەر گوش. دەهاوێتە گوشەوە. نموونە یا پروپاگەندەی نووسراو دەگێڕێ بە مالاندا

canvasser کەسێک کە نموونە یا پروپاگەندەی نووسراو دەگێڕێ بە مالاندا، بە مەبەستی

فرۆشتن یا بازار پەیدا کردن

canyon (شیو، کەند)ێکی قوول، کەندار{ڵ}

caoutchouc قایش. تاڵەبنیشت

cap کڵاو، کراو، کلێتە. سەرپۆش. سەر دادەپۆشێ. دەباتەوە

capability پەک، توانین، لێوەشاوەیی

capable لێوەشاوە (یە)، بەتوانا (یە). لە توانای دایە

capacious فراوانە، پانو بەرینە

capacitate بەتوانای دەکا، تواناداری دەکا

capacity فراوانی. قەوارە. توانایی

cape نووک، سەر

caper (1) سەما دەکا، هەڵدەپەڕێ

caper (2) جۆرە رووەکێکی نزمە

capillary مووچکە؛ باریکە وەکو موو، وەکو موو

capital سەرمایە. پایتەخت. گەورە (پیت). سەرەکی

- letter *پیتی لاتینی گەورە*

- offence *تاوانی گەورە؛ کەوا دەبێتە مایەی هەڵواسینی بکەرەکەی*

capitalise پارە دەخاتە گەڕ لە پرۆژەو کارخانەو ئەو بابەتانە

capitalism سەرمایەداری (رامیاری، بیری)

capitalist سەرمایەدار (بە

بـۆچوون، مـەرجيش نـيـە هەبـوو (دەوڵـەمـەنـد) بـێ)

capitation سەرژمـێـری

- tax *بـاجی سەر؛ بـاجێک کـە لـەسەر سەر دادەنـرێ*

capitol خانـەی شوورای نـمایـنـدە کانـی ولاتـە یـەکگـرتـووەکانـی ئـەمریـکا. پـەیـکـەری کاپـیـتـۆل لـە رۆمـا

capitulate ژێـردەست (دەکا. دەبـێ). ملـکـەچ (دەکا. دەبـێ)

capitulation ژێـردەست (کـردن. بـوون). ملـکـەچ (کردن. بـوون)

capon کـەرەبابـی نـێـرەمووک، کەڵـەشێری قـەڵـەو

caprice ئـارەزوویـەکـی (کـتـوپـڕ، نـائـاسایـی، کاتـی). خـەیـاڵـی. ئـەنـدێشەکـردن. ئـەنـدێشەیـی

capricious دەمـدەمـی یـە، ئـارەزووداری (نـائـاسایـی، کاتـی) یـە. خـەیـاڵـیـیـە. ئـەنـدێشەیـیـە. بـە ئـەنـدێشەیـە

Capricorn قـۆچی (تـەگـە، بـزن)؛ نـیشانـەی بـورجی دەیـەمـی ساڵـە

caprine بـزنـانـە، هی بـزنـە

capsicum بـیـبـەری سووری تـێـژ

capsize بـەلادا دێـت، وەردەگـەڕێ، نـوقـم دەبـێ

capstan (خولـخولـە؛ بـەکـرە)یـەکـی ئـەسـتـوور

capsular بـەتـاڵ، بـۆش

capsule بـوخچە، بـەرگ، قـاوغ، کـەپـسوول

captain پـێشڕەوی تـیـپـێـکـی وەرزشی. فـەرمانـدەی پـاپـۆڕ، فـڕۆکـە، هتـد. یـوزبـاشی. کاپـتـن

caption نـاونـیشان. گـرتـن، دەستـگـیـر کـردن

captious رەخنـەگـرە. رێ ونـکـەرە

captivate دیـل دەکا. سەرنـج رادەکـێشێ

captivating دڵـگـیـر، سەرنـج راکـێش

captive دیـل. گـیـراو، بـەسـتـراو

- balloon *بـاڵـۆنـی بـەسراو بـە زەوی (پ؛ ئـازاد بـێ لـە ئـاسمان)*

captivity دیـلـی، بـەنـدی. کـۆیـلـەتـی

capture دیـلـکـردن، گـرتـن، دەستـگـیـرکـردن

car ئـۆتـومـبـیـل، تـرومـبـێـل

carabine جۆرە تـفـەنـگـێـکـی کورتـی کـۆنـیـنـەیـە

caracul جۆرە (مـەڕ، پـەز)ێـکـی ئـاسیـایـیـە؛ بـە خوریـی رەش و بـەگـروازە

carapace پـشتـی کـیـسەڵ

carat قـیـرات؛ یـەکـەیـەکـی پـێـوانـی زێـڕ، ئـەڵـماس، هتـد، دەکاتـە دوو لـە دەی غرامـێـک. هەروەها زێـڕیـشی پـێ دەپـیـورێ، بـێـگـەردیـی

بـێـگـەردتـریـن زێـڕ عەیـار ٢٤ قـیـراتـە

caravan (1) خانـووی گـەشت و گـوزار؛ یـاخو خـۆی ئـۆتـومـبـیـلـە وەیـا ئـۆتـومـبـیـلـێـک رایـدەکـێـشێ

caravan (2) کـاروان، (قـەتـار؛ قـافـلـە)

caravansary (هەوارگـە، گـۆڕەپـان)ی کـۆبـوونـەوەی کـەرەڤـانـان

کـاروانـسەرا،

caravanserai خانی (قەتار؛ قافلە)ان

caraway جۆرە رووەکێکە؛ بە گوڵی وردیلەی سپی یەوە

carbine جۆرە تفەنگێکی کورتی کۆنینەیە

carbon کاربۆن، رەژو، خەڵووز

carbonic کاربۆنییە، خەڵووزییە؛ پەیوەندە بە رەژوو

- *acid gas* *گازی ترشەڵۆکی کاربۆن؛ گازێکی هەڵچووە (بە بڵقە)*

carbonise دەسووتێنێ، دەکاتە خەڵووز

carboy شووشەیەکی خڕی قەد پۆشراوە

carbuncle (دومەڵ، برین)ێکی (زۆر، گەورە). یاقووتێکی سووری (گەشە، کاڵە)

carburettor کابرێتەی مەکینەی بەنزین؛ برێک بەنزین لەگەڵ ٤ - ٥ بر هەوا تێکەڵدەکا بۆ سووتاندن

carcass کەلاک. تەرم. قەوارە یا لەشی شتێک

carcinogen هۆکارێکی (شیرپەنجە؛ سەرەتانە)

carcinoma دومەڵێکی (شیرپەنجە؛ سەرەتان)ی (پزیشکوانی)

card (1) بلیت، بیتاقە، پسوولە. کارت (ی کاسبکار و دوکانداران کە ناوەناوە بە مالانیشدا دابەشی دەکەن). کارت؛ کاغەزی یاری

card (2) پەڕە دەکا؛ هەلاج پەڕەی دەکا. (شە، شانە)ی هەلاج

identity - *ناسنامە؛ پسوولەی تایبەتمەندی یەکانی کەسێک*

cardamine تەڕەتوورە (سەوزە)

cardamon (دەنک، تۆ)ێکە لە بابەتی هێل

cardboard مقەبا، کارتۆن

carded پەڕە کراوە؛ هەلاج پەڕەی کردووە

cardiac پەیوەندە بە دڵەوە. نەخۆشی دڵە؛ دڵی تەواو نییە

cardinal سەرەکی، بنەڕەتی. رەنگی سووری تۆخ. کاردینال؛ پلەیەکی بەرزە لە رژێمی کڵێسە

- *numbers* *ژمارە بنەڕەتی یەکان*

- *points* *چار ئاراستەکان، چوار لایەکان؛ باکوور(سەرێ، سەرەوە)، باشوور(خوارێ، خوارەوە)، رۆژهەلات، رۆژئاوا*

carding کارت بەخشینەوە لە مالان. پەڕە کردن؛ یخوری، پەمۆ(لۆکە)، هتد. پەڕەچێتی

care باک، ئاگالێبوون، گرنگیدان بە. خەمخواردن لە. خەم دەخوا لە، ئاگای لێ دەبێ، گرنگی دەدا بە

- *of (c/o)* *لەڕێگەی...، بەهۆی...، بەیارمەتی*

career پیشە، کار. گوزەران، رێڕەوی ژیان

careful وریا، بەهەندهەڵگر. وریا بە!

carefully بەوریایی، بەهەند

careless بێباک، گوێنەدەر

carelessness بێباکی، گوێنەدان

caress دەست لە مل کردن. دەستی لە مل دەکا

caret نیشانەی شوێنی ڕاستکردنەوەی هەڵەی چاپ لە نووسیندا. جێپیت؛ نیشانەی هەمیشە تروکاوی سەر جامی کۆمپیوتەر، شوێنی دانانی پیتی داهاتوو دیاری دەکا

caretaker پاسەوان. بەرپرسیار

careworn شەکەتی ماندووبوون و خەمانە

cargo بار (ی پاپۆڕ یا فڕۆکە)

caricature بەزمەوێنە؛ وێنەی دەسکێشی بەزمکەر، کاریکاتێر. بەزم بە شێوەدەکا، شێوە دەگۆڕێ

caries (ددان، ئێسک) خوران

carillon ئاوازی زەنگولان

carious (ددان، ئێسک)ی خوراو

carminative ترکەن، فسکەن، تسکەن

carmine سوور، سۆر

carnage کۆمەڵکوژی؛ کەوتنی لاشەی زۆر

carnal ئارەزوومەندی لەشە

carnation گوڵی قەنەفڵ. ڕەنگی پێست. پەمبە (پەمە)ی کاڵ

carnival ئاهەنگی گشتیی جادەو گۆڕەپانان، کارنیڤال

carnivorous گیانلەبەری گۆشتخۆر

carob خڕنووک

carol گۆرانیی بەزم و سەیران، گۆرانییەکانی جەژنی لە دایکبوون

carotid هەرکام لە دوو شادەماری خوێنبەر بۆ سەر و مل

carouse سەرخۆشی. سەرخۆشدەبێ

carp (1) ماسیی شەبووت؛ ی ناو ئاوی (شیرین، روباران)

carp (2) هەڵەی دەردەخا، ڕەخنەدەگرێ

carpenter دارتاش

carpet مافور (ی دەسکرد وەیا کارخانە). ژوورێک یا ماڵێک مافوور دەکا

on the - *لە سەر بەرەیە، باسی لێوە دەکرێ*

carpus (ئێسک، سوقان) ە پچووکەکانی جومگەی نێوان دەست و بازوو. ئەو جومگەیە

carriage ئۆتومبیلی باری. کرێبار. ڕەفتار. بەڕێوەچوون

- forward *کرێبار لەسەر وەرگر(ی کالا یا شتومەکە کەیە)*

miss - of justice *نا دادوەری، دادوەری بە هەڵە*

carrier بارهەڵگر (حەمباڵ). هەڵگر، گوێزەرەوە؛ شەپۆڵ یا میکرۆب هەڵگر (گوێزەرەوە)

- pigeon *کۆتری زاجل؛ نامە دەگوێزێتەوە*

carrion کەلاک. تەرم

carrot گێزەر. پرچ سوور

carry هەڵدەگرێ. دەگوازێتەوە

- down *بڕوانە خوارەوە (لە*

نـووسیـنـدا)

- forward *دەگوازێ (هەڵـدەگرێ) تـە پێشەوە*

- on *بـەردەوام دەبـێ لـە*

- out *جێبـەجێ دەکا(ت)، ئـەنـجام دەدا، هەڵـدەستێ بـە*

- through *سەردەکەوێ، زاڵ دەبـێ بـە سەر*

- weight *کاریگـەری دەبـێ، کاردەکاتـە سەر*

cart راگوێزەر، عارەبانـە؛ ی بـاری

cartage کرێ ی بـارێکـی نـزیک

carte پـسوولـە. لـیستـەی خواردن و خواردنـەوان لـە چێشتخانان

cartilage قرقرتۆکەی نێوان جومگـەی ئـێسکان

cartography هونـەری نـەخشەکیشان

cartomancy بـەخت کردنـەوە لـە یاریـی کاغەز

carton شەشپالـوویـەکـی مقـەبـا، کارتـۆن

cartoon بـەزمـەوێنـە؛ وێنـەی بـەزماوەر. فـلیمـی کارتـۆن

cartridge فـیشەک

blanc - *فـیشەکـی بارووت؛ بـێ گوللـە، بۆ مـەبـەستـی مـەشق*

caruncle زیادە گۆشت؛ لـە لـەشدا، لـە سەر پـێست

carve دەتاشێ، دەبـڕێ

carving پـەیکـەر، هەڵکـەنراو. نـەخشی هەڵکـەنراو

cascade ریز دەکا (یـەک بـە دوای یـەک). سۆلاڤ، تاڤگـە

case بـاول، سنـدووق. بـەرگ. کیـفک. هەگبـە، جانـتا. رووداو، رووداو. نـەخۆش (ی ژێر چارەسەری). کـەیـس. بـارودۆخ. کێشە

in - *نـەبادا، مـەبادا، نـەوەک، نـەوەکـە، نـەوەکا*

casein هەوێـن

casement پـەنـجەرەی شووشە (جام) . چوارچێوە

caseous وەکو پـەنـیـر. لـە شێوەی پـەنـیـرە

cash پارە، پـوول، دراو (لـە بـازاڕدا). وەردەگرێ

- down *پارە دان لـە کاتـی کڕین*

پارەدان لـە کاتـی گـەیـانـدنـی شتـومەکـە کڕاوەکـە

cashier دوکانـدار، پـارە وەرگر لـە موغازەکـی گـەورە

cashmere کـەشمیـر؛ قـوماشێکـی خوریـی نـەرم و وردە

casing بـەرگ. بـەرگگرتـن. قـالـب. چارچیـوە

-s *جلـە؛ ی رەشە ولاغان*

casino گازیـنـۆ، جێ رابـواردن

cask بـەرمیلـی دار؛ بـۆ هەڵگرتنـی شلـە، بـە تایبـەت کحوولـیـیـەکان

casket نـاوانـی دوو بـەشی ئـاسنـیـی مـەکینـە

cassation هەڵـوەشانـدنـەوە، نـەهێشتنـی بـریـارێ

cassia جۆرە روەکێکـە

cassock جلـی قـەشان

cast (1) خشتبـڕ، قـالـب. تێکـەڵـە لـە ئـاسن وکانـی تـر. هاوێشتـن، خستـنـەناو. جیاوازی رەنـگـەکان. خشت دەبـڕێ. دەهاوێ،

دەخاتەناو
- *down* *دڵشکاو. تواوە*
- *iron* *پۆلا؛ ئاسنی پۆلا*
- *lots* *زارهەڵدەدەن؛ بۆ دیاری کردنی (بەش، نۆبەت، هتد)*
- *off* *پشتگوێخراو*
- *steel* *پۆلا؛ ئاسنی پۆلا*

cast (2) دەنگدەدا (لە هەڵبژاردن). دەژمێرێ
cast (3) رۆلی ئەکتەران دیاری دەکا
cast (4) وەلانان، پشتگوێ خستن. وەلادەنێ، پشتگوێ دەخا
castanets جۆرە ئامرازێکی سادەی ئاوازی ئیسپانی یە
castaway پەڕیدە، دەرپەڕێنراو
caste چین. رەگەز. نەتەوە
- *system* *چینایەتی؛ رژێمی چینەکان*

castellated (adj) (کۆشک، تەلار، قەلا) ئاسایە، قولغەدارە، بەقولغە
caster (1) قالب گرەوە، خشتبر
caster (2) خولخولۆک، خریلکە؛ ی ژێر کورسی، قەنەفە، هتد. شەکردان، خوێدان، هتد. سەگی دەریا. کلاوی فەرو
castigate پەروەردە دەکات
casting دەنگی بڕیاردەر
castle کۆشک، تەلار، قەلا، قەرات. قەسر
castor خولخولۆک، خریلکە؛ ی ژێر کورسی، قەنەفە، هتد.
شەکردان، خوێدان، هتد. سەگی دەریا. کلاوی فەرو
- *oil* *رۆنی جۆرە رووەکێکی ناوچە گرمە (سێرە) کانە*
- *sugar* *شەکری زۆر ورد*

castrate (نێرەی گیانداریک) دەخەسێنێ؛ نەزۆک دەکا
castrated خەساو، خەسێنراو، نەزۆک کراو
casual سەرپێیی
casualty بابەتی دیاری دەکا، دەخاتە خانەوە
casuistic بە فەتوایە
cat پشیلە، پشی
cataclysm رامالین، گێژاو
catacombs سەردابی مردووان، گۆرستانی ژێرزەمینی
catafalque تەرم
catalepsy ماسوولە رەقبوون، دەمار راوەستان، لەش رەقبوون
catalogue لیستە؛ کەتەلۆگ
catamite مێکراوە؛ نێرینەی رەفتار مێ؛ لە بواری جووتبوون دا؛ لەگەڵ نێرێکی دی
cataplasm (چەسپ، لۆکە، پەڕو، کوتاڵ)ی برین پێچی(ن)
catapult دارلاستیق؛ ی دەستی منالان، بۆ تێگرتنی بەردووکان. مەنجەنیق
cataract بەرچاو تاریکبوون
catarrh پەسیو، هەلامەت
catastrophe کارەسات، نەگبەتی
catch دەگرێ. دەگرێتەوە.

دەیگاتێ. بگرە! بگرەوە ! تەڵەکە، فێڵ. ڕاو، نێچیر. دەسکەوت

catch (2) گیرە؛ ی دەرگا، پەنجەرە

catching نەخۆشیی (پەڕیوە، گوازراوە). دڵگیر(ە)، بەرچاو(ە)

catechise ئایین فێردەکا؛ بە پرسیار و وەلام

catechism بنەماکانی ئایینی لە شێوەی پرسیار و وەلام. پەرتووکێکی لە جۆرە

catechist مامۆستای ئایینی

categorical بابەتی. (بەشبەش، خانەخانە)کراو

category خانە، بابەت (سنف). چین، پلە

cater شتومەک دابەش دەکا یا دەدا، بەتایبەت خواردن و خواردنەوە

caterer قۆنتەراتچی چێشتخانە یا ئاهەنگی گەورە

caterpillar کرم؛ ێ کە دەبێتە پەپوولە. خەرماشەی تراکتۆر

catgut بەن. قوماشی زبر

catharsis دەرد و پەژارە پەڕاندن. زگچوون، زگ ڕەوانی

cathartic دەرمانی زگ (ڕەوانکەر، چوێن). ڕەوانە؛ (زگ، گەدە) دەچوێنێ

cathedral کەنیسەیەکی سەرەکی، دێر، کاتیدرال

catheter سۆندەیەکە بە یەکێک لە (بۆڕی، کون)ەکانی لەشدا دەنێردرێ؛ بۆ شلە (ڕاکێشان، تێکردن)

cathode ئەلیکترۆنبەر، ئەلیکترۆندز

catholic کاسۆلیک (مەزەبێکی ئایینی عیساییە)

cation ئەتۆم (یا کۆمەڵە ئەتۆم) ێک کەوا (لانی کەم) یەک ئەلیکترۆنی لەدەست دابێ

cattle گاڕان؛ کۆمەڵێک (مانگا، چێر)

- *plague* *دەردە مانگا، قڕانی ڕەشەوڵاغ*

cattleman گاوان

caudal پەیوەندە بە کلکەوە، هی کلکە

caught گرتی. گیرا. گیراو

caul جۆرکی تەنکی چەرمینی دەورەی منالی لەدایکبوو

cauliflower قەرنابیت

caulk کونبڕدەکا، (کەلێن، کەلەبەر)ەکانی (بەلەم، هتد) دەگرێ

cause هۆ. دەبێتە هۆی

causeway پرد، دەربەند

caustic داخکەر، سووتێنەر

- *remark* *تێبینی داخکەر، گلەیی برینداکەر*

cauter داخ، وەسمە. ئوتی

cauterise داخ دەکا. وەسمە دەکا. ئوتی دەکا. پاراو دەکا

cautery داخکردن. وەسمەکردن. ئوتیکردن

caution هوشیاری، وریایی. ئاهەستەیی

- *money* *پارە خەواندن*

cautious هوشیارە، وریایە. ئاهەستەیە

cautiously بـە هوشیاری، بـە وریایـی
cavalcade قـافـلـّەی سوار(چاک)ان
cavalier سوارچاک. میـر، شازادە. ملـهور
cavalry هێزی سوارە
cave ئـەشکـەوت، ئـەشکـەفـت
- in *دەتـەپـێ، دەڕوخـێ. مل کـەچدەکـا، گـوێ دەدا بـە*
cavern ئـەشکـەوتـی (قـەبـە، گـەورە)
caviar کـاڤـیـار؛ جۆرێ ماسی یـە
cavil خۆزل دەکا
cavity بـۆشایـی، نـێوان، کـەلـێن. چاڵ
caw (قـڕان، قـیـرە، قـیـڕان)ی قـەلـەڕەش. دەقـڕێـنـێ، دەقـیـڕێـنـێ
CD کـورتـکـراوەیـە بـە واتـای؛
- ROM *(قـورس، دیـسک)ی ئـەلـیـکـتـرۆنـیـی (گـۆرانـی، فـلـیم، هتـد)*
= Compact Disk *(قـورس، دیـسک)ی ئـەلـیـکـتـرۆنـیـی (چڕ، زۆرگـر)*
cease ڕادەوەستـێ، نـامـێـنـێ، دەپـچـڕێـتـەوە. نـاهێـڵـێ، ڕادەوەستـێـنـێ
- fire *ماوەیـەکـی (شەڕ، جەنـگ) ڕاوەستان*
without - *بـێـکـۆتـا، بـەردەوام، بـێ پـچڕانـەوە*
ceaseless بـەردەوام، بـەبـێ پـچڕانـەوە
cedar درەخت (دار)ی سنـۆبـەر
cede گـوێـڕادەدێـرێ، ملـکـەچدەکا، دەسەلـمێـنـێ

ceil بـانـی دەگـرێ، سەری دەگـرێ. بـنـمـیـچـەی ژوور سواق دەدا
ceiling بـنـمـیـچـەی ژوور. ڕادەی بـەرزی
celebrate ئـاهەنـگ دەگـێـڕێ. شادی دەردەبـڕێ، خۆشحاڵـی دەردەبـڕێ
celebrated نـاودار، بـەنـاوبـانـگ
celebration ئـاهەنـگ، شادی (بـە بـۆنـەیـەک). ئـاهەنـگ گـێـڕان. خۆشحاڵـی دەربـڕیـن
celebrity بـەنـاوبـانـگ، نـاودار. نـاوبـانـگ
celerity خێـرایـی، سووکـی
celery کـەرەوز، کـەرەویـز (سەوزە)
celestial ئـاسمانـی
celibacy پـێـگـەیشتـن، عازەبـی
celibate پـێـگـەیـیو، عازەب
cell شانـە؛ شانـەی هەنـگ، شانـەیـەکـی کـارەبـایـی. خانـە. ژوورێـکـی زیـنـدان
cellar ژێـرزەمـیـن، سەرداب. حەشارگـە
cellular خانـەدار، شانـەدار
Celsius (پـێـوەر، پـلـە)ی سەدیـی پـێـوانـی گـەرما
Celt (ئـەنـدام، کـەسێـک)ی سەر بـە (نـەتـەوە، ڕەگـەز)ی کـێـلـت؛ کـە دانـیـشتـوانـی ئـایـرلـەنـد، وەیـلـز، سکـۆتـلـەنـد و هەنـدێ شوێـنـی دیش دەگـرێـتـەوە
Celtic (هی، تـایـبـەتـە بـە) کـێـلـت ەکان. زمانـە کـێـلـتـی یـەکانـی؛ ئـایـرلـەنـد، وەیـلـز، سکـۆتـلـەنـد و

هەندێ شوێنی دیش

cement چەمەنتۆ. چەمەنتۆ دەکا

cementation رەق بوون، بوون بە بەرد (جیۆلۆجی). بە چەمەنتۆ بوون

cemetery گۆڕستان، قەبرستان

cense بۆنی خۆشدەکا؛ بخوور هەڵدەکا

censer فینجانی بخوور سوتاندن

censor چاودێری ناوەرۆکی بڵاوکراوە، فلیم، هتد. رەخنەگر. چاودێری دەکا

censorious رەخنەگرانە

censorship چاودێریکردنی ناوەرۆکی بڵاوکراوە، رادیۆ، هتد. رەخنەگر. چاودێری دەکا

censure گلەیی، گازاندە. سەرزەنشت. لۆمە. سەرزەنشتدەکا. رەخنەدەگرێ

census سەرژمێریی دانیشتووان

cent سەد، سەت. دراوێکی وڵاتە یەکگرتووەکانی ئەمریکایە کە دەکاتە یەک لە سەر سەدی دۆلارێک

per - *لە سەدا، ٪، ٪.*

centenarian سەد ساڵەیە، تەمەنی ١٠٠ ی تێپەڕاندووە

centenary تایبەتە بە سەدەیەکەوە. هەر سەد ساڵ جارێک

centigrade پلەی سەدی؛ یەکەیەکی جیهانی یە بۆ پێوانی پلەی گەرما، تێیدا ئاو لە. دەیبەستێ و لە ١٠٠ یش دەکوڵێ

centigramme یەک لەسەدی گرامێک

centimetre سەنتیمەتر؛ یەکەی پێوانی درێژیـیە یەکسانە بە یەکلەسەدی مەترێک

centiped(e) هەزارپێ؛ کرمێکی فرە قاچە

central ناوەندیی. سەرەکی

centralisation ناوەندی کردن؛ چرکردنی دەسەلات لە ناوەند(ێک) دا، یەکخستن، کۆکردنەوە

centralize چڕدەکاتەوە، کۆدەکاتەوە، یەک دەخا؛ دەسەلات لە ناوەند(ێک)دا کۆدەکاتەوە. چەق دەگرێ

centre چەق. ناوەند. تەوەر

- forward *(یاریکەری سەرەکی ناوەندی) لە هێرشدا لە یاری تۆپانێ*

centrifugal لاچەق، ناچەق، بەدوور لە چەق، دوورە لە چەق

- force *هێزی لە چەق وەدەرنەر*

centrifuge بەکارهێنانی دیاردەی لاچەقی؛ بۆ نموونە جل وشک کردنەوە بە (خێرا، تیژ) سووڕاندن

centripetal چەقین؛ بەرەو چەق رادەکێشێ. پێچەوانەی وشەی سەرەوەیە

centuple سەد جار، سەد پات. سەد جار زیاد دەکا، سەد پات دەبێتەوە

century سەدە، سەتساڵ، سەدساڵ، چەرخ(ێک)

cephalic پەیوەندە بە سەر، هی

سەرە. دەرمانی سەرئێشە

ceramics فەخفووری

cerate سارێژ، مەرهەم، مەرحەم

cereal(s) دانەوێڵە؛ گەنم، جۆ، هتد. خواردنێک لە دانەوێڵە درووست کرابێ

cerebellum پشتی سەر. پشتی مێشک

cerebral هی مێشکە، پەیوەندە بە مێشک

cerebrum مێشک

cerecloth قوماشی نایلۆن، مشەمای پزیشکی

ceremonial فەرمانییە

ceremonious بە فەرمانە

ceremony ئاهەنگ. ئاهەنگگێران

cereous بە شەمێ کراوە، چەور کراوە

certain دڵنیا، بێگومانە. ((هەندێ) شتی) دیاریکراو. مسۆگەرە

a woman of - age *ئافرەتێکی بە تەمەنە، تەمەنی هەیە، تەمەنداره*

at a - time *لە کاتێکی دیاریکراودا*

certainly بەدڵنیاییی(ەوە)، (بە)بێگومان. بە مسۆگەری

certainty دڵنیایی، بێگومانی مسۆگەری

certificate بەڵگەنامە (نووسراوە)؛ بەڵگەی دەرچوون، بەڵگەی پەیمان. سەنەد

- of origin *بەڵگەنامەی سەرچاوە (ی کالا، شتومەک، هتد)*

certified بەڵگەدار. مۆرکراو. بەڵگەیدا. مۆرکرا. مۆریکرد. مۆریدا

- accountant *ژمێریاری یاسایی (بەڵگەدار)*

certify بەڵگەدەبەخشێ. بەڵگەدەدا. مۆریدەکا، مۆریلێدەدا

certitude راستی، دروستی. دڵنیایی، بێگومانی

cerulean ئاسمانی(ە)

cerumen چڵکی گوێ

cervical هی قورگە، پەیوەندە بە قورگەوە. پەیوەندە بە منالدان یا میزڵدان

cessation راوەستان، راگیران. نەمان، پچڕانەوە. پشوو

cession وازهێنان، دەستبەردان. دەستبەرداریی، هاتنەخوار لە

cesspit بەلووعە، ئاودەست

cesspool ئاودەست، بەلووعە

chafe پەستی، توورەیی. خوراندن. دەخورێنێ

chaff کا، پووش. گاڵتە و گەپ. سووک، تروهات. گاڵتە دەکا، گەمەی لە گەر دەکا. پەست دەکا، توورە دەکا

chaffinch باڵندەیەکی بچووکە

chagrin خەم. کز، مات. خەمی دەداتێ

chain زنجیر. بەدوای یەکدا هاتن. پێوەر. زنجیر دەکا، دەبەستێتەوە

chair تەخت، کورسی

elbow - *تەختی ئانیشکدار؛*

کرسی بە هەنیشک

chairman سەرۆک، بەرپرسیار، لێپرسراو بەڕێوەبەر(ی کۆبونەوە، کۆمیتە، تد)

chalcedony جۆرە (بەلوور؛ کوارتز)ێکە

chaldee زمانی کلدانی(یەکان)

chalice جامی خواردنی بەهەشتی. جامی گوڵ

chalk گەچ. خامەی تەختەڕەش. (دەنووسێ، خەت دەکا، نخشە دەکێشی، هتد) بە گەچ

chalky گەچاوییە

challenge بەرهەڵستی کردن. بەرهەڵستی دەکا

chamber ژوور، هۆدە. خەزێنە. شورا

- maid *خزمەتچی و ساقی*

- of commerce *ژووری بازرگانی*

- pot *قادەی میزکردن، قەعدەی منداڵ*

chamberlain سەرۆک. خەزێنەدار

chameleon (1) گیانلەبەرێکی لە شێوەی پیسپیسۆک؛ کە خشۆکە رەنگی پێستی دەگۆڕێ بە پێی ژینگە

chameleon (2) کەسێکی (هەلپەرست، رارا)

chamomile بابونج

champ بنیشت دەخوا. دەیگەزێ، دەیجوێ

champagne شەمپانیا؛ خواردنەوەی کحوولی یە

champion قارەمان، پاڵەوان. براوە

championship قارەمانی، قارەمانێتیی، پاڵەوانیی

chance مۆڵەت. بەخت. هەل. هەڵدەکەوێ، بەهەل روودەدا

chancel نەزرگە، میحراب

chancellor نهێنیپارێز، سکرتێر

- of the exchequer *وەزیری دارایی، نهێنیپارێزی دارایی (لە بەریتانیا)*

chancery دادگای باڵا

chancre کولی قورسی گەدە یا هەناو

soft - *کولی سووکی گەدە یا هەناو*

chancroid کول یی سووکی گەدە یا هەناو

chandler دوکاندار، وردە فرۆش، بەقاڵ. دیوەرە

corn - *بازرگانی دانەوێڵە، دانەوێڵە فرۆش. تەڕاح*

change دەگۆڕێ. دەگۆڕێ [نێ]. ورد دەکاتەوە(پارە). دەگۆڕێتەوە. گۆڕان. خوردە (ی پارە)

- of life *تەمەنی بێئومێدبوون، گۆڕینی باری ژیان*

changeable لەگۆڕان هاتوو(ە)

- character *کەسێکی رارایە. زوو زوو دەگۆڕێ*

changeless ناگۆڕێ، وەکو خۆی دەمێنێ

changeling لەباتی، لەبری. منالێکی دی

changer بگۆڕ. پارە گۆڕەوە، دەلاڵی پارە

channel ئاوەڕۆ، جۆگە

chanson گۆرانـی. لاوانـدنـەوە

chanter گۆرانـی بـێژ. سرووود خوێن

chaos بـێ ڕێـو جێـیی، هەرا (و هۆریـا)، بشێوی. بـە کوێـری

chaotic بـێ ڕێـو جێ، بـە هەرا (و هۆریـا)، بـە بشێوی. کوێـرانـە

chap لاو(ێـک)، کـەس(ێـک)

chapel دێـر یـا کـەنـیسـەیـەکی بـچووک

chaperon قـارەمـان (ی مـێ یـنـە)

chaplain قـەشەی سەرپـەرشتکاری کـەنـیسـەیـەک

chaplet (1) (بـازنـە، چـەپـک)یـەک گـوڵ؛ ی سەر سەر

chaplet (2) تـەزبـێـح؛ دەزگـای (ژمـاردن، ئـامـار راگـرتـن)ی تـەسبـیـحات

chapter بـەش، فـەسل (ێکـی پـەرتـووک). دابـەش دەکا، بـەشبـەش دەکا

char دەسووتـێـنـێ، هەڵـدەکڕوزێـنـێ، ڕەشدەکا بـە سوتـانـدن؛ دەیـکا بـە خەڵـووز{ر}

character (1) کـەسایـەتـی

character (2) پـیـتـێکـی (چاپ، ئـەلـفـبـێ)

characterise (جۆر، تـایـبـەتـمـەنـد)یـی دیـاری دەکا. جیـادەکاتــەوە

-d by *بـەوە نـاسراو*

characteristic تـایـبـەتـمـەنـدی

charade مـەیـلـۆکـە، مـەتـەڵ

charcoal خەڵـوزیدار، ڕەژویدار، خەروز

- pencil *خامـەی خەڵـووز*

charge (1) بـار. فـیـشەک، تـەقـیـنـەوە. پاراسـتـن، پاسەوانـی. بـەرپـرسیـاری. بـەرپـرسیـاردەکا. بـاردەکا

in - *بـەرپـرسیـارە، لـێـپـرسراوە*

charge (2) بـەها، نـرخ. هێـرش. نـرخی داوا دەکا. هێـرشی دەکاتـەسەر، ڕاوی دەنـێ

(تـۆپ، چەک، هتـد) بـتـەقـێـن(ە، ن). هێـرش!، پـەلامـاردەن *!-*

free of - *بـە خـۆڕایـی، بـەلاش، بـێپـارە*

charge (3) تـاوان، تـوومـەت. تـاوانـبـاری دەکا، تـومـەتـی دەخاتـەپـاڵ

charge d'affaires بـریـکـار، جێـگـر، جێـگـری بـاڵـیـوز

charges دەرهات. بـیـانـگـە

chariot عارەبـانـەیـەکی دوو پـێـچکـەیـی (جـنـگـیـن. ڕاوکـردن)ە

charitable خێـر (پـێـکـراو، پـێـهاتـوو، پـێـشیـاو)

charity خێـر. خێـرلـێـهاتـوو

charlatan دەجاڵ، درۆزن، بـەدرۆ خۆی دەکا بـە زانـا یـا شارەزا؛ فـێـڵ دەکا

charm جوانـی. ڕووپـۆش. دڵـدەگرێ، سەرنـج ڕادەکێـشێ، ڕوو دەپـۆشێ

charming جوانـە. ڕنـج ڕادەکێـشێ، ڕوو دەپـۆشێ

chart نـەخشە، وێـنـەی ڕوونـکـەرەوە

charter پـەیـمان. بـەڵـگـەنـامـە. فـەرمان

chartered بـە بـەڵـگـە(یـە)، بـەڵـگـەدارە. خاوەن فـەرمان(ە). یـاسایـی(ە)

- accountant *ژمێریاری (مۆڵەت پێدراو، یاسایی، پیشەیی)*

- flight *گەشتێکی ئاسمانی بەڵگەپێدراوە؛ لە دەرەوەی خشتەی ئاسایی ساڵانەیە*

- parties *لایەنە یاساییەکان. خاوەن بەڵگەکان*

charwoman ئافرەتی کرێگرتەی؛ ی ماڵێک؛ بۆ گەسک لێدان و پاکردنەوە

chary خۆگرە

chase دواکەوتن. راوکردن. راوگە، جێ راو. چاڵ، قۆرت. دوایدەکەوێ. راویدەنێ

chased راونراو. راوکراو

chaser راوکەر. راونەر، بەدوا کەوتوو

chasm کەلێنێکی قوول، هەڵدێر

chassis بناغەی لەشی مەکینە، شاسی

chaste پاک، پاراو، بێگەرد

chasten پاراو دەکا

chastise تەمبێی دەکا بە لێدان

chastity پاکی، پاراوی، بێگەردی

chat دووانـدن، قسەکردن. دەدوێن

chateau تەلار، قەسر

chattels کەلوپەل، شتومەک

chatter دەمەتەقێ، گفتوگۆ. دەمەتەقی دەکا، گفتوگۆ دەکا

- box *زۆربلێ*

chauffeur شوفێر، سایەق

chauvinism شۆڤینیزم؛ زێدەڕەوی لە نەتەوە پەرستی، دەمارگیری نەتەوەیی. (لایەنێک، بیرێک) زێدەپەرستیی

cheap هەرزان. سووک، ریسوا

feel - *شەرمدەکا، خۆی بە کەم دەزانێ*

cheapen هەرزان دەکا. هەرزان دەبێ

cheat فێڵباز. فێڵ. فێڵدەکا

check بەسەرکردنەوە، پشکنین. نیشانە (ی بەلێ یا راستە). بەسەردەکا(تەوە)، دەپشکنێ. نیشانە دەکا

checker بەردی دامە، داشی دامە. نەخشە. بەسەرکەرەوە، پشکنەر

- board *تەختەی دامە*

checkers دامە (گەمە)

checking بەسەرکردنەوە، پشکنین

checkmate کش مەلیک؛ لە شەترەنج. کش مەلیکی دەکا

cheek روومەت، کولمە، گۆنا

cheekily بە (لاسار، هەڵەپاس{ر})ی

cheeky روومەت خڕ، روومەت پڕ. لاسار، هەڵەپاس{ر}

cheer شادی، خۆشی. شادی دەخوازێ، خۆشی بۆدەخوازێ، پێشوازی دەکا

-s *نۆش! بەخۆشی!*

cheerful رووخۆش. شاد، خۆشخوازە. پێشوازیکەرە

cheerless مەلـوول، مات، کز. رووگرژ

cheese پەنیر

cheetah جۆرێکە لە پڵنگ

chef کابان. سەر جێشتچی لە چێشتخانەیەک

chemical کیمیاوی

- manures *پەینی دەستکرد، زبڵی کیمیاوی*

- reaction *کارتێکردنی کیمیایی*

- weapons *چەکی کیمیاوی*

chemist داوودەرمان فرۆش(کەس). دوکانی داوودەرمان فرۆشتن

chemistry کیمیا (زانست)

cheque چەک؛ ی ئاڵوگۆڕ کردن یا دان و ستاندنی پارە

crossed - *چەکی نیشانەکراو؛ چەکێکە تەنها بۆ خاوەن ناوەکەی سەری دەبێ*

chequer بەردی دامە. نەخشە. بەسەرکەرەوە، پشکنەر

cherish دەپارێزێ. (هەست، ئاوات، هتد)ەکانی گەش رادەگرێ

cheroot چرووت؛ جۆرە جگەرە یەکە

cherry مێوەیەکی بچووکی نەرم و خڕی بەناوکە. رەنگی سووری کاڵ

cherub فریشتە. مناڵێکی جوانکیلە

chess شەترەنج

chessboard تەختەی شەترەنج

chessmen (پارچە، بەرد، داش)ەکانی شەترەنج

chest سینگ، سنگ. باول. سندووق، سنووق

- of drawers *دۆلاب*

chestnut جۆرە تۆێکە لە جۆری فستق

chevalier سوارچاک. میر، شازادە. ملهور

chevron چەند کورتە هێڵێکی رەش و سپی یەک بە دوای یەک؛ وەک لە نیشانەی پلەی باشچاوشان وەیا لە رۆخ جادان بەرچاو دەکەوێ

chew دەجوێ، دەجاوێ

-ing gum *بنیشت، بنێشت*

chicane تەگەرەی دەستکردی سەر رێوبانان. فێڵبازی، هەرخەرەتاندن{ڵ-ڵ}، فرتو فێر{-ڵ}. فێڵ دەکا

chicanery زۆرزانی؛ لە فێلبازی. فێڵبازی، هەرخەرەتاندن{ڵ-ڵ}، فرتو فێر{-ڵ}

chick جوچکە، جووجەڵە، زەرنەقووتە، ساقەسۆرە

- peas *نۆک*

chicken مریشک، مامر. بارۆکە، فروج

- feed *دانە ملیشک*

- pox *مێکوتە*

chicory جۆرە روەکێکە

chide سەرزەنشتی دەکا. هەڕەشەی لێدەکا

chief سەرەک، سەرۆک. سەرەکی

chiefly بەزۆری، بەپلەی سەرەکی. بە تایبەتی

chieftain سەرۆک (خێڵ، تیرە). گەورەی چەتان

chiffonier خەزێنەی فرە دەلاقە،

خەزێنەی فرە خانە
chilblain (دەست، قاچ، هتد)
سڕبوون و ئەستووربوون و
خوران؛ بەهۆی سەرمای زۆر
child مندار{ڵ}، مناڵ، زارۆ(ک)
، کۆرپە
with - *سکی هەیە، ئاوسە*
childhood (کات، تەمەنی)
مناڵی، ساوایی
childish هەڵسوکەوت منداڵانە،
مناڵانەیە
childlike مناڵئاسا،
وەکومناڵ. ساکار
children مناڵان (کۆی مناڵ)
chill ساردی. لەرزین لە سەرما(
ن). ساردی دەکا. سارد
دەکاتەوە. (دڵی) سارد
دەکاتەوە (لە کارێ)
chilly ساردە. دڵ ساردە
chime زرینگە. ئاواز
chimera خەیاڵ
chimney کون یا لوولەی
ئاگردان(لە کۆندا)
chimpanzee چەمپانزی(جۆری
هەرە پەرەسەندووی مەیمون)
chin چەنەگە، چەناگە
china وڵاتی چین (سین).
فەخفوری (قاپ، پەرداغ، هتد)
Chinese(خەڵکی چین(ە). هی چین(
ە) (شت)
chink قرتەقرت، پێکەنین.
پێدەکەنێ
chip شتۆکەک، پارچەیەک. پارچە
دار. رووبەرە چوارگۆشە (یا
لاکێشە) رەشەکانی ناو دەزگا
ئەلیکترۆنی یەکان، کەوا مێشک
و ئەندامەکانی پێکدێنن
chips قاشە پەتاتەی
سوورەوەکراوی ناو ڕۆن.
پەتاتەی قاشکراو (بۆناو ڕۆن)
chirography (بە) دەسخەت (
نووسین)
chirology لە یەک گەیشتن بە
هێما کردن، تێک گەیشتن بە
ئەنگوست جوولان
chiromancy دەسگرتنەوە بۆ
زانینی بەخت، فاڵگرتنەوە
chiropodist پزیشک یا شارەزای
دەست و پێ
chiropody پزیشکوانی یا
شارەزایی دەست و پێ
chirp خوێندن یا زیقەزیقی
باڵندان. دەخوێنێ
chirrup زیقەزیقی باڵندان.
دەزیقێنێ
chisel (دەزگا، ئامراز)ی (دار،
بەرد، ئاسن) خشتکردن، قەڵەم
chit نەمام، شتر{ڵ}
chitchat دەمەتەقێ
chivalrous قارەمان،
پاڵەوان
chivalry قارەمانی،
سوارچاکی
chloride بەرهەمێکی کلۆرە بۆ
ئاو پالاوتن بە کار دێ
chlorine گازی کلۆر
chlorodyne دەرمانە بو
نەهێشتنی ئێش و ئازار
chloroform بەنج، خەوێنەر.
بەنج دەکا، دەنوێنێ
chlorophyll کلۆرۆفیل.
سەوزایی ناو دار و سەوزە کە
بۆ دروستکردنی خواردنی خۆی،
بە یارمەتی تیشکی، ڕۆژ
بەکاری دێنێ
chocolate چوکلێت

choice هەڵبـژاردن، سەرپـشک بـوون. هەڵبـژاردە

choir کۆمەڵـی گۆرانـی چڕ (یا ئـاواز لـێدەر)ان

choke هەنـاسە تـەنـگی. دەخنـکێ. دەگیـرێ. دەگرێ

cholera کولـێرە؛ نـەخۆشیـی رشانـەوە، سکچوون، و زگ ئـێشەی زۆر و تـونـد

choleraic لـە نـەخۆش ی کولـێرە دەچێ، لـە نـەخۆشی ی کولـێرە دەچێ. هی کولـێرەیـە، پـەیـوەنـدە بـە کولـێرەوە

choleric تـووڕەو تـونـد(ە)، زوو تـووڕە دەبـێ، رووگـرژ

choose هەڵـدەبـژێـرێ. هەڵـبـژێـرە!

chop پـارچە. نـیشانـە. پـارچەپـارچە دەکا. دەبـڕێ (تـەوە)

chopper تـەورداس

choral تـیمـی ئـاواز

chord بـەن. گوریس. هێـڵـێک کـەوا بـە دوو خاڵـی پـەرگـەی کـەوانـەی بـازنـەیـەک دا تـێ پـەڕێ

choreography هونـەری (هەڵـپـەریـن) سەماکردن

chorister خوێـنـەری بـە ئـاواز

chorography بـەشێکـە لـە جوگرافـیا؛ بـاس و نـەخشەکێشانـی هەرێـم و نـاوچان

chorus وتـنـی بـە کۆمـەڵ، کۆرس

- *girl* *کـچە سەماکـەری یـانـەو جێ رابـواردن(ان)*

chose هەڵـبـژارد

chosen هەڵـبـژێـراو.

هەڵـبـژاردە

chrematistics زانستـی دارایـی (لـە ئـابـووریـی رامیـاری)

chrism رۆنـی پـیـرۆز (لـە هەنـدێ ئـایـیـنـدا)

Christ مـەسیـح، عیسا؛ پـەیـامبـەر (پـێغـەمبـەر)ی (فـەلـە) دیـانـان

christen دەکاتـە دیـان (مـەسیحی) . نـاو لـە منـاڵ دەنـێ

Christian عیسایـی، فـەلـە، دیـان

Christianity ئـایـیـنـی (فـەلـە) دیـانـان

Christmas جەژنـی لـەدایـکبـونـی عیسا. کۆتـایـیسالـی زایـیـنـی(عیـسا). کرسمـەس

- *box* *خەلاتـی جەژنـی سەری سالـی زایـیـنـی*

- *tree* *داری جەژنـی سەری سالـی زایـیـنـی*

chromatic رەنـگـاو رەنـگ. تـایـبـەتـە بـە رەنـگـەوە

chronic درێـژخایـەن

chronicle هەواڵ(نـامـە)، رۆژانـە. بـەرواری لـە سەر دەنـووسێ

chronological کاتـی یـە، پـەیـوەنـدە بـە کاتـەوە

- *order* *ریـزکـردن بـە پـێـی کات؛ لـە کۆنـەوە بـۆ نـوێ (و هەنـدیـجار بـە پـێچەوانـەوە)*

chronology زانـستـی کات و رۆژمـێـری و بـەروار(ان)

chronometer پـێـوەری کات، کاتـژمـێـر؛ ی زۆر ورد بـۆ مـەبـەستـی زانـستـی

chrysalis کرمـی (پـەپـوولـە، ئـاورێشم، هتـد). قـۆزاخەی ئـەو

کرمە

chuckle بزە. پێکەنینی لە ژێرەوە یا دەرنەخراو

chuff پیسکە، ڕەزیل

chum برادەر، دۆست. دۆستی دەکا

chump کۆلکە دار، پارچە دار. لای ئەستووری هەر شتێک

chunk پارچەیەک، تۆزێک، هەندێک

church دێر، کەنیسە، کلێسە

churchyard مەیدان یا گۆڕەپانی دێر

churl پیسکە، ڕەزیل

churn مەشکە. دەهەژێنێ

chyle حەلیماو؛ خواردنی کاوێژ کراو و هەرس کراو کەوا شلەیەکی وەکو (شیر، ماستاو) پەیدا دەکا

chyme خواردنی ترشاو لە ناو گەدە؛ بەتەواوی هەرس نەکراو

cicatrice جێ برین، کولی

cicatrise شوون بە جێ دێڵێ. جێی دیار دەبێ

cicatrix کولی، جێ برین

cider سێواو؛ ئاوی سێو. خواردنەوەی کحولیی ئاوی سێو

cigar چروت، جگەرە، جغارە

cigarette جگەرە، جغارە

- lighter *چەرخ، چەخماخ*

ciliary پرژدارە، بە پرژە، تووکنە، تووکدارە

cinchona جۆرە (درەخت، ڕوەک) یێکی هەمیشە سەوزە؛ ناخەکەی ئیسفەنجی یە بۆ دەرمان بەکار دێ

cinder پاشماوەی (ڕوژوو؛ خەڵووز{ر}، دار)ی (تەواو نە) سوتاو

cinders مشکی، خۆڵەمێش

cinema سینەما

cinnabar زەنجەفر. جۆرە پەپوولە یەکی باڵ سوورە. کرمی پەپوولەیەکە

cinnamon دارچین

cipher سفر، هیچ. شەفرە، شفرە، جفرە، نووسینی نهێنیێ. (بە) شەفرە دەنووسێ

circle بازنە. ئەلقە. تەوق. تەوقیدەدا، دەورەی دەگرێ. دەسووڕێتەوە، دەخولێتەوە

- arctic *بازنە (هێڵی تەریبی باکووری ٦٦پلەی)ی (بەستەڵەک، سەهۆڵبەند)ی سەروو (ی زەمین)*

-s *دەوروبەرەکان، لایەنە پەیوەندی دارەکان*

circuit سووڕان، خول. خولی کارەبایی

- breaker *فیوز؛ ڕاگری سووڕانی وزەی کارەبا، ڕاگری خولانی کارەبا*

circular بازنەیی. خولیو. بڵاوکراوە (ی خولی)

- saw *مشاری بازنەیی*

circulate بڵاو دەکاتەوە، دەگێڕێ. ئەم دەستو ئەو دەست دەکا، دەکەوێتە سەر زاران

circulating سووڕاو. بەکارهاتوو. خولیی

- library *کتێبخانەی گەڕۆک*

circulation خولان، سووڕان. بەکارهێنان. پەخشکردن.

بڵاوکردنەوە. خولی خوێن

in - *بەکارهاتوو، لە بەر دەست دایە*

circum (پێشگر، پێشکۆ)یە بە واتای؛ خر. لەدەورەی. لەبارەی

circumcise سونەتدەکا، خەتەنەدەکا؛ (سەلک، سەر)ی کێری(ی) منداڵ دەبڕێ

circumcision سونەتکردن، خەتەنە؛ (سەرە) کیر برینی منداڵ

circumference چێوەی بازنە. خولگە

circumlocution وتە درێژکردنەوە، زیاد لەسەر رۆیشتن (نەوەک زۆربڵێیی، چەنەبازی، چەقاوەسویی)

circumnavigate بەدەوریدا دەسوورێ (تەوە)؛ لە دەریادا

circumscribe دەورەی دەدا. دیاریی دەکا(ت). دەوری دەدا بە باسکردن

circumscription دیاری کردن. باس لێوەکردن

circumspect وشە (دەبێژێ؛ لەبێژنگ دەدا) ئەوجا (دەیوێژێ؛ دەیلێ)

circumspection (وشە، وتە) لەبێژنگ دان پێش دوان

circumstance رووداو. بارودۆخ، هەلومەرج

-s *بارودۆخ، هەلومەرج*

under the -s *لەم بارودۆخەدا، بەم هەلومەرجەوە*

circumstantial بەبارودۆخ. لابەلا

circumvent ئەمبەرو ئەوبەری پێدەکا، بگرەو بەردەی لەگەڵ دەکا، هەڵەتەی دەکا، فێڵی لێ دەکا

circus بازنەی گەمەکردن (رابواردن) بە ئاژەلان، سێرک. مەیدان، گۆڕەپان

cirrhosis نەخۆشییەکی جەرگە (جگەرە)

cirrus (توولی یا پەلی) جۆرە روەکێک؛ کە خۆی پێ بە دیوار (یا داری دی) هەڵدەواسێ

cistern گۆم، گۆل

citadel قەلا، قەلای جەنگی

citation بانگکردن. باسکردن. قسەکردن؛ بە گێڕانەوە لە یەکی دی. سەرچاوە وەرگرتن

cite بانگدەکا. باسی یەکی دی دەگێڕێتەوە، سەرچاوە وەردەگرێ

cithara تار. گیتار

citizen هاوولاتی. شارستان(ە)، خەلکی شار(ە)

citrate لیمۆ ترش؛ ترشی لیمۆ، ئاوی لیمۆ

citron ترنج، تورنج

citrus میوەکانی بابەتی پرتەقاڵ، لیمۆ، نارنج، تورنج، هتد

city شار، ئاوەدانی. ناوشار، بازاڕ

civet گولاو

- cat *گیانلەبەرێکی شیردەر و گۆشتخۆری پشیلە ئاسایە*

civic شاری (یە)، هی شارە، پەیوەندە بە شارەوە

civil هاوچەرخ، شاریی، شارستانی. رۆشنبیر. نالەشکری

- aviation *گواستنەوەی*

ئاسمانی

- *engineer* *ئەندازیاری خانووبەرە، پرد، ڕێگەوبان، هتد*

- *war* *شەڕی ناوخۆ(یی)*

civilian دانیشتوو، هاوولاتی(یبێچەک)

civilisation شارستانیەت. ئاوەدانی. ڕۆشنبیری

civilise هاوچەرخدەکا. ئاوەداندەکا. پەروەردە دەکا، ڕۆشنبیر دەکا

civility ڕووخۆشی، نەرمی

clad (in) لەپێ یە(تی). لەبەریەتی. داپۆشراوە

claim داوا، ماف داواکردن. ڕاگەیاندن. ماف داوادەکا. ڕادەگەیەنێ

make a - *داوای قەرەبووکردن دەکات*

claimant داواکار، ماف داواکەر

clam گوێماسی (ی زیندوو). لیچ (لیق) دەبێ، پێوە دەلکێ (پێوە دەنووسێ)

clamber سەردەکەوێ، پیاهەڵدەگەڕێ

clammy لیچ(ە)، لیق(ە)

clamorous بەهاتو هاوار

clamour هاتو هاوار، دەنگەدەنگ

clamp بەند (دەزگای بەستنەوە). دەبەستێ، بەند دەکا، کەلەپچە دەکا

clamping بەندکردن. بەستنەوە

clan بەرەباب، خێزان. تیرە، خێڵ

clandestine شاراوە، نهێنی، بەدزی

clang زرینگە. دەزرینگێتەوە، زرینگە (دەکا، ی دێ)؛ دەنگی ئاسن، هتد

clangour زرینگەزرینگ. زرینگانەوە

clank تەقەتەق. تەقەتەقدەکا

clap چەپڵە. هەورە تریشقە. تەقە، ڕەقە. چەپڵە لێدەدا. تەقەتەق دەکا

clapper چەپڵە لێدەر. زەنگی دەستیی سەر دەرگا (نەوەک کارەبایی). شەقشەقە بۆ باڵندە ڕەواندنەوە

clarification ڕوونکردنەوە، تێگەیاندن

clarifier ڕوونکەرەوە. ڕۆنکەرەوە، پاڵێو

clarify ڕووندەکاتەوە. ڕۆن دەکا، دەپاڵێوێ

clarinet دووزەلەیەکی (قەمیش، دارین)ی یەکزمانە

clarionet زوڕنا

clarity ڕوونی، پاراوی؛ ی بیر، وتار، ئاخافتن، هتد. ڕۆنی، پالاوی؛ ی شلە

clash پێکدادان (لێکدان). دەنگی پێکدادان (لێکدان). دژبەیەک بوون. لێک دەدەن، پێی دەکەوێ. ناگونجێ لەگەڵ، دژیەتی

clasp هێڵەگ. ئامێز. هێرەگ دەکا. لە ئامێز دەگرێ

class پۆل. چین (یکۆمەڵ یا شت)، خانە. خانە دەکا، ڕیز دەکا

- *conflict* *ناکۆکی*
چینایەتی
no - *پلە نزم، چینی ژێرەوە*

classic(al) بەرز، بالا. تایبەتە بە (پۆل، خوێندن، زانست)ەوە. تایبەتە بە هونەرو زانستی یۆنانی و رۆمانیەکانەوە. کلاسیکی

classification بابەت، خانە

classify بابەتی دیاری دەکا، دەخاتە خانەوە

classmate هاوپۆل، دۆستی پۆل. برادەری قوتابخانە

clatter تەقەتەق، تەقەورەقە. زۆربلێی، درێژدادڕی، چەنەبازی، چەقاوەسویی

clause بەند (ی یاسا). بڕگە (ی نوسین)

clavicle (ئێسک، سوقان)ی پەیوەستکەری ئێسکی سینگ بە هی ئێسکی شان ەوە

claw نینۆک، نوخان. جنجڕۆک. جنجڕۆک دەگرێ

clay قوڕ. قوڕکاری؛ بەرهەمەکانی قوڕ (نەوەک قوڕگرتنەوە (قوڕکاری))

clean پاک، خاوێن، پوخت(ە). خاوێندەکا(تەوە)
- *cut* *روونە، ئاشکرایە*

cleaning پاککردنەوە، خاوێنکردنەوە

cleanliness پوختەیی، پاک و خاوێنی

cleanly بەپاکی، بەخاوێنی، بە پوختەیی

cleanness پاکی، خاوێنی، پوختی

cleanse دەشوا، پاک دەکاتەوە، پوخت دەکاتەوە

clear بێگەرد، رۆن، روون. روناک، پاراو. سامالّ(ر) (ئاسمان). بێتاوان. ئاشکرا، دیار. رۆندەکا. رووندەکاتەوە. سامالّی دەکا (ئاسمان). بێتاوان دەردەچێ. دیاردەکا
- *cut* *روونە، ئاشکرایە*

clearance رێگە پێدان، هێلان، لێگەڕان

clearing بەتالّ کردن، نەهێشتن، داخستن. پاراوکردن، رۆنکردن. پاک کردنەوە. رێگەدان بە فڕینی یا رۆیشتنی

clearness بێگەردی، روونی. روناکی

cleat سنگ؛ ی (دار، ئاسن، هتد) بۆ گوریس لێ بەستان

cleave دوو لەت دەکا. لەت دەبێ، کەرت دەبێ. پێوەدەنووسێنێ. پێوەدەنووسێ

cleaver کێردی قەساب، چەقۆی قەساب

cleft دوو لەتکراو، دوو کەرتکراو. لەت، درز

clemency سۆز. بەخشندەیی

clement بەسۆز. بەخشندە

clench بزماری پەرچ. قەیمکردن، بتەوکردن. پەرچدەکا. قەیمدەکا، بتەودەکا. دەگرێ، دەستدەکەوێ، پەیدا دەکا

clergy تاقمی ئایینداران؛ قەشە و بابەتەکانی

clergyman پیاوی ئایینی، قەشە

clerical فەرمانبەرانە.

مووچەخۆرانە

- error *هەڵەی چاپە، هەڵەی بێمەبەست، هەڵەی فەرمانبەرە*

clericalism ئایینداری

clerk فەرمانبەر. مووچەخۆر

clever زیرەک. ژیر

cleverness زیرەکی. ژیری

clew چاوساغ. دوای دەکەوێ. دەچەمێتەوە، خواردەبێتەوە

cliche رێنما، کلێشە

click چرکە، تکەتک. چرکەدەکا. دەچرکێنێ

client کڕیار، مەعمیل

clientele کۆمەڵی کڕیاران، خەڵکی (بازارکەر، کڕیار)

cliff کەندار{ڵ}. هەڵدێر{ر}

climacteric کاتێکی ئاڵۆز. تەمەنی بێهوودەبوون (دەست لە خۆ بەردان)

climate ئاوو هەوای وەرز. وەرز

climax دوند؛ ی شتێک، ئەو پەری بەرزی (یا کۆتایی). کۆتایی. ئەو پەڕی

climb هەڵدەگەڕێ، سەردەکەوێ. پێدا هەڵگەڕێ!

clime ناوچەیەک یا ئاوو هەواکەی

clinch بزماری پەرچ. قەیمکردن، بتەوکردن. پەرچدەکا. قەیمدەکا، بتەودەکا. دەگرێ، دەستدەکەوێ، پەیدا دەکا

cling پێوەی دەلکێ، دەیگرێ، دەستی پێوە دەگرێ

clip بەشێک، بڕێک، پارچەک. بڕگە (یەک لە دەنگ یا ڕەنگ (فلیم)). گیرە. دەبڕێ، دەقرتێنێ، پارچە (نوسین، دەنگ، ڕەنگ)ی لێدەکاتەوە. هەڵدەواسێ

clipper مەقەس. دەزگای پرچ (قژ) تراشین (تاشین)

clipping بڕین، هەڵپاچین. هەڵدەواسێ، گیردەکا

clit = clitoris

clitoris میتکە؛ پارچە گۆشتێکە لە سەر(ووی) دەرچەی ئەندامی زاوزێی مێ ینە

cloak قاپووت. عەبا. دادەپۆشێ

- room *ژووری جل و بەرگ، ژووری پێشوازیکردن. سپاردنی قاپووت و کڵاو و هتد*

clock کاتژمێر (ی ناوماڵ)

- work *رێکە؛ وەکو کاتژمێر کاردەکا*

clog تەوق. رێی لێدەگرێ، تەوقی دەدا

cloister کەنیسە. زیندانی دەکا (لە کەنیسە)

close نزیک، داخستن، پێوەدان. تەوابوون، کۆتایی. پێوەدەدا، دادەخا. تەواو دەبێ (دەکا)، کۆتایی دێ (پێ دێنێ). یەکدەگرێتەوە (برین)، سارێژ دەبێ

- the ranks *ریزەکان یەکدەخا، ریزەکان رێکدەخا*

- to *نزیکە لە، لە نزیک. لە تەنیشت*

a - friend *دۆستێکی نزیک*

a - shave *کورتبڕینی پرچ. نزیکبوونەوەی مەترسی*

closely بەوریایی، بەوردی.

closely لەنزیکەوە. بە کەمی

closeness نزیکی. نزیکبوون. تەنگی

closet ئاودەست (خانە)

water - *ئاودەست*

closing داخستن، پێوەدان. کاتی داخستن، دوادوایی. سەر (قەپاغ)

closure پێوەدران، داخران. داخراویی

clot کلۆت، گلۆت، گرۆت. گرۆتەک، گلۆتێک. (کلۆت، گلۆت، گرۆت) کردن. (توند، خەست، چڕ)بوونی خوێن. جەڵتە خوێن

cloth چۆغەر، کوتار{ڵ}، قوماش. پەڕۆ

clothe جلی لەبەر دەکا، دەیپۆشێ. لەبەردەکا

clothes جلوبەرگ، پۆشاک

- line *رستەی جلکان*

- pin, peg, clip *فاقەی جلکان، فاقەی جل هەڵواسین*

clothier جۆرا، جۆلا. چۆغەر (قوماش) فرۆش، کوتاڵ{ر} فرۆش

clothing پۆشاک، جلوبەرگ

cloud هەور. لێڵی. هەوری دێنێ، تاریک دەبێ

clouded هەورە، بەهەورە. تاریکە

cloudiness هەبوونی هەور. تاریکی. (نادیاری، شاراوەیی) ی شتێک

cloudless ساماڵ(ە). روون. روون(اک)(ە)

cloudy هەورە، بەهەورە، هەوراوییە. تاریکە

clout لێی دەدا، پێوەی دەنێ

clove سم. لەت

cloven بە سم، سمدار. لەتکراو. دەسمێ. لەتدەکا

- footed *ئاژەڵی سمدار؛ لاق بە سم؛ پێی دوو لەتە (کەرتە)*

clover رووەکێکە لە شێوەی وێنجە؛ بۆ ئالیکی ئاژەڵان بەکار دێ

clown گاڵتە جاڕدەر، یاریکەری شادی هێن. یاری دەکا، گاڵتەجاڕی دەکا

cloy تێردەکا، دەرخوارد دەدا

club یانە. دەچێتە یانە(رادەبوێرێ)، کۆدەبنەوە. سینەک (لە کاغەزی قومار)

night - *جێی (رابواردن، کات بەسەر بردن، هەڵپەڕین)ی شەوان (ە)*

cluck (مریشکە) (کورک، کڕ). کورک دەبێ، کڕ دەکەوێ

clue نیشانە، هێما

clump دەستەیەک (بارێک) دار. کۆدەکاتەوە، هەڵدەگرێتەوە

clumsy نارێک

clung لکاوە پێی، هەڵواسراوە بە، گرتوویەتی

cluster وشی، وشوو. تۆپەڵ دەبن (ە سەر یەک)، کۆمەوڵ دەبن

clutch دەسک، گیرە. رنۆک، رندۆک. کلاچ؛ دەزگای نێوان گێڕ و مەکینە لە ئامێراندا. دەگرێ، رنۆکی لێدەدا. تێک دەئاڵێ، دەچێتە ناو

clutter بشێوی، هەراو هۆریا. دەشێوێنێ

clyster دەرزی (ی دەرمان)

co- (پێشگر، پێشکۆ)یە بە واتای (هاو، پێکەوە)

Co. (کۆ.)؛ کورتکراوەیە بە واتای؛

= Company *کۆمپانیا. هاوکاران، شەریک ەکان*

coach ئۆتومبیلی (خەڵک) گواستنەوە، ئامانە. راهێنەر. رادەهێنێ، مەشق دەدا

coachman شوفێر، سایەق. عارەبانەچی

coadjutant شاگرد. هاریکار

coadjutor شاگرد، یاریدە دەر. هاریکار

coagulate (کلۆت، گلۆت، گرۆت) دەکا. (توند، خەست، چڕ) دەبێ. جەڵتە دەکا

coagulum (کلۆت، گلۆت، گرۆت)ە خوێن. (توند، خەست، چڕ)بوو

coal رەژووی بەرد، خەڵوزی بەردین (کانزایی)، خەروز

coalesce یەکدەگرێ، دەگونجێ. تێکەڵدەبێ (لە گەڵ)

coalition یەکگرتن، یەکبوون، گونجان. یەکێتی، یەکگرتوویی

coarse درشت، زبر، دڕ

coarseness درشتی، زبری، دڕی

coast رۆخدەریا. لێوارە، کەنار

- guard *پاسەوانی دەریا*

coasters کەشتیی کەنار(ان)، کەنار گییر

coat پاڵتۆ، قاپووت. بەرگ. قات، چین. لێی دەدا، پیا دەسوێ. رۆن دەکا، چەوردەکا

coating پۆشش، بەرگ. پیاساوین. رۆن کردن، چەورکردن

coax خۆی تێ هەڵدەسوێ، یاری لەگەڵ دەکا

cob نێرەی قاز. هێسترە کوڵ(ە)، کورتە هێستر. (هێشوو، وشی)ی (گەنمەشامی، شامداری)

cobbler پینەدۆز، پینەچی

cobra ماری کۆبرا

cobweb تۆڕ (یا داوی) جاڵجاڵۆکە

coca روەکی کوکا (کوکاینی لێ دەردەهێنرێ)

coccyx قوونە جۆرە؛ دوا بڕبڕە لە بڕبڕەکانی پشتی ئیسکدارەکان

cochineal جۆرە تۆزێکی چێشت رەنگکەرە. مەگەز ێک کە ئەم تۆزەی لێ (وەر)دەگیرێ

cochlea گوێماسی (گیاندار)

cock کەرەباب، کەڵەشێر. نێرەی باڵندان. سەرە بەلووعە

- crow *بانگی کەرەباب. بەرەبەیان*

cockade گوڵێک بە حەریر دروست کرابێ

cockerel کەرەبابۆکە، فڕوجی نێر

cockle مرواری

cockney زاراوەی ئاخافتنی 'کۆکنی'؛ تایبەتە بە هەندێ خەڵکی نزیک لەندەن

cockpit پێشەوە، ژوور (یا کورسیی) فڕۆکەوان. مەیدان (چەرخە)ی شەڕە کەڵەشێر

cockroach سیسرکە، سیسارک

cockscomb پۆپیتەی (کەڵەشێر، کەرەباب). جۆرە روەکێکە

cocktail (هەر) تێکەڵە (یەک)؛ بە تایبەتی خواردنەوە یەکی مەستی کەری پێکهێنراو لە چەندانێکی دی

Molotov - *نارنجۆک ێکی دەست کردی دەست ئەندازی (سەرەتایی، سادە) یە؛ لە بوتڵی شووشە (ی فتیلە بەسەر)*

cocoa کاکاو، ئاردی چوکلێت

- nut *گوێزی هیند*

coconut گوێزی هیندی

cocoon شارە مەگەز؛ ی گلمۆتە کراو (بە قۆر)

COD کورتکراوەیە بە واتای؛

= Cash On Delivery *پارەدان لە کاتی گەیاندنی شتومەکە کڕاوەکە*

cod (1) جۆرە ماسی یەکی گەورەی دەریاییە؛ لە بابەتی حووت

cod (2) قەپێلک، کیفک

coddle وەکو (نەخۆش، پەک کەوتە) ئاگاداریی دەکا. تێر دەکا، دەرخوارد دەدا. هێلکە کەمێک دەکولێنێ؛ دەیکاتە دەرەمە

code دەستوور، یاسا. زمانی نهێنی (یا تایبەت)

codfish جۆرە ماسی یەکە

codicil پاشکۆی وەسیەت، وەسیەت گۆڕین

codify دەکاتە یاسا، یاسا دادەنێ

cod-liver (جەرگ، جگەر)ی (ماسی، حووت)

- oil *رۆنی ماسی*

coeducation (فێرکردن، خوێندن) ی تێکەڵ؛ کوڕان و کچان

coefficient ژمارەی ((هاو) لێدراو، جارانکەر). (ژمارە؛ رێژە)یەکی نەگۆڕ

coerce زەبری لێ دەکا، زۆری لێدەکا، ناچاری دەکا

coercive زەبرکەرە، زۆرکەرە؛ زۆردارە

coeval هاوچەرخ؛ هاوکات، لەیەک سەردەمدا (هەبوون. ژیابوون). هی ئێستان، هاوچەرخن

coexist بەیەکەوە دەبن، پێکەوە دەگونجێن، لەگەڵ یەک هەڵدەکەن

coexistence بەیەکەوە بوون، پێکەوە گونجان. لەگەڵیەک هەڵکردن (ی شتەکان)

coffee قاوە

- house *قاوەخانە، چایەخانە*

- pot *(جزوو، مەسینە)ی قاوە (لێنان، کولاندن)*

coffer غەزنە، کەنز، باول. سواق دەدا (بە قوڕ)، بە قوڕ دەگرێ

-ed ceiling *بنمیچی (سواخ دراو، گیراو، داپۆشراو)*

coffin دارەمەیت. تەختەی مردوو گواستنەوە، تەرم

- bird *پەپوەسلێمانی، پەپولەسلێمانە*

cog ددانە، جەڕ. فێڵی لێ دەکا. ددانەی بۆدەکات

- the dice *زار دەگرێ؛ فێڵ دەکا (لە یاری تاولە)*

cogent بڕیاردەرە.

پێویسته

cogged ددانەی بۆکراوە. فێڵی لێ کراوە

cogitate رادەمێنێ، بیردەکاتەوە، نیازی هەیە

cognac خواردنەوەیەکی ئەلکوحولیی فەرەنسایيە

cognate لەیەک سەرچاوەن. وێچوو(ە). لە دایکی دەچێ

cognisance زانین، ئاگاداربوون، تێبینی. تایبەتمەندی، شارەزایی

cognisant of لێی دەزانێ، ئاگادارە بە، شارەزایە لە

cognomen نازناو، ناوی خێزان

cogwheel دۆلابی ناو کاتژمێر، بازنەی رۆخ بە ددانە

cohabit لەگەڵی دەژی. لەگەڵی (پاڵدەکەوێ، درێژ دەبێ، دەنوێ) . بە یەکەوە ژیان دەگوزەرێنن

cohabitation هاوژینیی بەبێ ژنو مێردی. پێکەوە ژیان گوزەراندن

coheir میراتگر(ە)، هاوبەشە لە میرات

cohere پێوەدەلکێ، پێوەدەنووسێ. دەگونجێ

coherence پێوەلکان، پێوەنووسان. گونجان

cohesion توانای پێوەنووسان، هێزی لکاندن

cohesive چەسپ، زەمق. پێوەنووساو، لکاو

cohort لەشکر. بەتالیۆن. تیپ، هێز. دەستەیەک، کۆمەڵێک

coil پێچ، بادان. پێچراو، بادراو. لوولە وایەر (ی ناو ماتۆڕ و دینەمۆ). دەپێچێ، بادەدا. پێچدەکا، دەسووڕێتەوە

coin پارەی ئاسن

coinage پارە لێدان، سکەی پارە، پارە چاپکردن

coincide هەڵدەکەوێ، رێکدەکەوێ. هاودەمە لەگەڵ

coincidence هەڵکەوت(ن)، رێکەوت(ن). هاودەمی، پێکەوەبوون

coincident رێکەوتە لە گەڵ، کتومت گونجاوە لەگەڵ

coinheritance میراتگری، هاوبەشی لە میرات

coir تویکڵی گوێزی هیندی (یا گوریسێ کە لێی درووست کرابێ)

coition جووتبوون لەگەڵ یەک (بۆ زاوزێ)

coitus جووتبوون، زاوزێ

coke جۆرە خواردنەوەیەکی فێنک کەرەوەیە. خەڵووزی کۆک

colander پاڵێو. پالاوگە

cold سەرما، ساردی. سارد(ە). پەسیو، هەلامەت

- blooded *خوێن ساردەکان؛ بۆق، مار، هتد*

- war *شەڕی دەمار، شەڕی مێشک. بارودۆخی نە شەڕ و نە ئاشتی*

coldly بەساردی، بەخاوی، بێگوێدان

coldness ساردی، خاوی، گوێنەدان. ساردی

coleoptera مەگەزێکە لە بابەتی (قالۆنچە، قالۆچە)

colic (ژان، پێچ)کردنی زۆری ماسوولکەکانی (زگ، هەناو)

collaboration هاوکاری.

هاریکاری کردنی دوژمن

collapse روخان، رمان، رومان، کەوتن. دەڕوخێ، دەرمێ دەکەوێ

collar یەخە

collate بەراورد دەکا، بەرامبەر دەکا. ڕێکدەخا، ریز دەکا

-d telegram *برووسکەی بەردەوام کراو؛ بۆ دڵنیایی بوون لە گەیشتنی*

collateral تەریب. لابەلا. زیادە، تەواوکەر، پاشکۆ. خزمی دوور

- guarantee *مسۆگەریی (زیادە، سەربار، تەواوکەر)*

- security *(دڵنیایی، مسۆگەری، دابین کردنی) (زیادە، سەربار، تەواوکەر)*

collation بەراوردی، بەرامبەری. ڕێکخستن، ریزکردن. خواردنێکی سووک

colleague هاوکار، هاوڕێ

collect کۆدەکاتەوە، هەڵدەگرێتەوە، گر(د) دەکاتەوە

collected کۆکراوە، هەڵگیراوە، کۆبۆوە، گر بۆوە

collectedly بە کۆکراوەیی، بە گردی

collection کۆکراو، گردکراو. کۆمەڵێک. گردبوون (ەوە)

collective بە کۆمەڵ، بە زۆری. هاوکارانەیە

collectively بە گشتی، بە تێکرایی. بەیەکەوە، (بە) هاوکارانە

collector کوکەرەوەی پارە (ی باج، کرێبار، هتد). کۆکەرەوە

(ڕاکێشەر)ی ئەلیکترۆن (فیزیا)

college کۆلیج، خوێندنگا

collegian خوێندکار (قوتابی)ی کۆلیج یا زانکۆ

collide لێکدەدەن، بەیەکدەکەون

collie سەگی شوان

collier خەڵووزکەر{ر}

colliery کانی خەڵووز (ی بەرد)

collision لێکدان، بەیەککەوتن

collocate ریکدەخا، ریزدەکا. دادەمەزرێنێ

collocutor بوێژ، گفتوگۆکەر

collop (تەنکە، پارچە) گۆشت(یێک)

colloquial گشتی یانە. زمانی خەڵک

colloquy گفتوگۆ. وتەبێژی

collude بۆ کاری خەراپە پێکدێن. لەسەر کردەوەی خەراپ دەگونجێن

collusion پێکهاتن بۆ کاری خەراپە. گونجان لەسەر کردەوەی خەراپ

colocynth ژاڵە، گوژاڵک، گوژارک. تاڵ

colon پیتێکی چاپە (:). نیشانەی هەڵوێستە. کەوڵۆن (ریخەڵۆک)

transverse - *ریخۆڵە ئەستوورەکان. قۆلۆن*

colonel کۆڵۆنێل؛ پلەیەکی لەشکری یە

colonial تایبەتە بە وڵاتە داگیر کراوەکان

colonisation داگیرکەردن

colonise داگیردەکا، بە نویێی نیشتەجێ دەکرێ لە وڵاتێکی دی

colonist داگیرکەر، نیشتەجێ ی نوێ

colonnade ڕیزەوی بە ستوون (ستووندار) و بان (سەر) گیراو

colony وڵاتی داگیرکراو. کەمینە، کۆمەڵێک گیان لەبەر کە لە شوێنی بنچینەیی زۆربەیەک (بە جۆرێ(ک)) جێی خۆیان بکەنەوە

colophony (ناو، ناسنامە)ی نووسەر لە (پێشەوە، پشتەوە)ی پەرتووکێک

coloquintida ژاڵە، گوژارک{ڵ}. تاڵ

colossal زۆر مەزن، قەوارەدار، زەبەلاح، زۆر قەبە

colossus پەیکەرێکی مەزن

colour ڕەنگ. دەنەخشێنێ، ڕەنگدەکا

loud - *ڕەنگێکی زەقە*

colouration ڕەنگکردن. ڕەنگبوون

coloured ڕەنگاوڕەنگ. هەمەڕەنگ. نەخشاند. مرۆڤێکی فرە ڕەگەز

colourful ڕەنگاوڕەنگە، گەشە

colouring ڕەنگ، خم. ڕەنگبوون

colourless بێڕەنگ. ڕەشو سپی. سادە

colportage پەرتووک فرۆشتن بە گەڕان

colporteur پەرتووک فرۆشی گەڕیدە

colt جوانی، جاش؛ نێرینە

colter [US] = coulter

column ستوون، ڕیز. ئەستووندەگ، ئەستوون

columnar بە ئەستوونی، بەبڵندی. بە ڕیزێکی لاکێشەیی باریک

columnist نووسەری بەردەوامی ستوونێک لە ڕۆژنامەیەک

com (پێشگر، پێشکۆ)یە بە واتای (لەگەڵ، یەکگرتوو)

coma نوستن، لەخۆچوون. کلکی گەشی ئەستێرە

comatose نوستوو، لەخۆچوو. بێهەست

comb شە، شانە. شەدەکا، شانەدەکا

combat شەڕ، پێکادان. شەڕدەکا، دەجەنگێ

combatant جەنگاوەر، شەڕکەر

combativeness خەباتگێڕی؛ ئارەزووی خەباتکردن. جەنگاوەری

combination پێکهاتە (ی دووشت یا زیاتر). یەکبوون، یەکگرتن. تاقم، کۆمەڵ. کۆکردنەوە، یەکخستن

- lock *قوفڵی بە ژمارە (بێ کلیل)*

combine لێک دەدا، پێک دەهێنێ

combustible گڕگر(ە)، لەگڕهاتوو. سووتەنیە

combustion سووتان، گڕگرتن

come دێ. دەگا. ڕوودەدا. وەرە !

- *across* *تووشی دەبێ (لە ڕێ و بان(ان)). دەپەڕێتەوە. وەرە لام(ان)*
- *short* *شکستدەهێنێ، دەدۆڕێ. کورتدەکا. کورتدەهێنێ*
- *to terms with* *ڕادێ لە گەڵ. خۆی ڕادەهێنێ بە*

comedian گاڵتە جاڕدەر
comedy گاڵتەجاڕی
comeliness جوانی
comely جوان
comestible خواردن، خواردەمەنی. دەخورێ
comet کلکدار، ئەستێرەی کلکدار
comfit شیرنی
comfort حەسانەوە. دڵدانەوە، هێورکردنەوە. دەحەسێنێتەوە. دڵدەداتەوە، هێوردەکاتەوە
comfortable حەسێنەرە. فراوانە. دڵگیرە. لەسەرەخۆیە. حەساوەیە
comforter دڵخۆشکەر(ە). ملپێچ
comic(al) گاڵتە جاڕی(یە)، شادی هێنە، دڵخۆشکەرە
comic) گەردوونی. ڕێک. تایبەتە بە ڕژێم (کۆمەڵە)ی خۆر (ەوە)
- *rays* *تیشکی گەردوونی؛ زۆر لە دووری زەوییەوە دێ*

coming نزیکبوونەوە. داهاتوو. دێت
comma نیشانەی هەڵوێستەی کورت لە نووسیندا (،). پیتی چاپە (،)
command بڕیار. فەرماندەدا. ڕابەریدەکا
commandant ڕابەر. پێشڕەو. فەرماندە
commander فەرماندەر. ڕابەر. پێشڕەو
commanding چاوەدێری دەکا. دەڕوانێتە سەر. فەرماندەیە
commandment فەرمان، خواست
commandments دە خواستەکە (وەسیەتەکان)
commando پێشمەرگە، گیانبەخش سەرباز (بە مەشقی تایبەتی)
commeasurable بە هەمان پێ. بەم شێوە یە، بە بار یێک. پەیوەندی دار
commemorate یادێ دەکاتەوە، یادێ زیندوو دەکاتەوە
commence دەسپێدەکا، دەستپێدەکا
commencement دەسپێک، سەرەتا، دەسپێکردن
commend ستایش دەکا
commendable ستایشکراوە، خاسە، باشە
commensurable پێوراو، بە پێوەری. گونجاو (لە گەڵ)، بە (هەمان) ڕادە (ی)
commensurate گونجاو. هاوبەش، بە هەمان ڕادە
comment گوتە. هەڵگوتن، هەڵگوت(ە)، هەرگۆت(ە). پێاهەڵدەدا، پێهەڵدەدا
commentary پێداهەڵدان، پیاهەڵدان، پێهەڵدان. هەڵگوتن
commentator پیاهەڵدەر. گوتەبێژ
commerce بازرگانیی. بازرگانی

دەکا، دەکرێ و دەفرۆشێ

commercial بازرگانی(ە)، تایبەتە بە بازرگانی

comminatory هەڕەشەکەرە، هەڕەشەکەرانەیە. ترسێنەرە

commingle تێکەڵدەکا. تێکەڵدەبێ

comminute لەباریەک دەردێنێ. هورد دەکا، ورد دەکا، دەکوتێ، دەهاڕێ

commiserate سۆزی بۆی هەیە، زگی پێ دەسووتێ

commiseration سۆز، زگ پێ سووتان

commissariat قۆمیسێری؛ بەڕێوەبەریی نوێنەرایەتی

commissary قۆمیسێر، نوێنەر، جێگر

commission کۆمیتە. ئەرک. سوودبەش، بەشەسوود، بەشەماف. دەخاتە ئەستۆ، پێوە هەڵدەستێ

commissioner ئەندامێکی کۆمیتە. نوێنەر، نێردراو

high - *نێردراوی بالا، نوێنەری بالا*

commit تاوانێک دەکا. کەسێک (دەگرێ، زیندانی دەکا). تەرخاندەکا. ملدەدا، ملیدەداتێ. وەئەستۆ دەگرێ، پێهەڵدەستێ

- for trial *ڕەوانەی دادگای دەکا، حەواڵەی دادگای دەکا*

- suicide *خۆی دەکوژێ*

- to memory *لەبەری دەکا، ئەزبەری دەکا؛ دەیخاتە مێشکی خۆی یەوە*

- to paper *دەنووسێ (تەوە)؛ لە سەر کاغەز*

commitment ئەرک. تەرخانکردن، وەئەستۆ گرتن. ملدان

committal گرتن، زیندانی کردن. تاوان کردن. ئەنجام دان، پێهەستان

committed خۆ تەرخان کردوو

committee ئەنجومەن، کۆمیتە، کۆمەڵە، شورا

commodious فراوانە، حەسێنەرە، دڵگیرە

commodity کەلوپەلی حەسێنەرەوە و دڵگیر (نەوەک هی پێداویستیەکانی ژیان)

commodore فەرماندەی کەشتی، سەر کەشتیوان

common گشتی، باو. هاوبەش. ناسراو

- divisor *دابەشکەری هاوبەش(ماتماتیک)*

- ground *گۆڕەپانی گشتی*

- noun *ناوی نادیار*

- sense *هەست(کردن)ی (سروشتی، زۆر ئاسایی). پێویستی نەکردن بە (زانین، فێرکردن، بیرکردنەوە)*

- year *ساڵی سادە، ساڵی ئاسایی؛ واتە ٣/٤ ی سالان کەوا ٣٦٥ ڕۆژیان تێدایە*

in - *بە هاوبەشی. باو*

commoner گشتیی. ئەندامی شورای گشتی

commonly بە ئاسایی، زۆربەی کات. زۆرجاران

commonplace باو، باوە

commons گەل، میللەت

house of - *پەرلەمان (ی بەریتانی)، شورای گەل*

commonwealth كۆمنویڵس؛ هاوساسانی، ولاتانی (كۆن) سەر بە بەریتانیا

commotion بشێوی، هەراو هۆریا. هەڵچوون

commune دەئاخەڤێ لەگەڵ

communicant بەشەدارە لە چێشتی یەزدانی

communicate پەیوەندی دەكا. دەدوێ، دەئاخەڤێ، دەبێژێ. ئاڵوگۆڕدەكا (بێژە، وێژە، نووسین، هتد). بێژە!، بوێژە!، بدوێ!

communication پەیوەندی(كردن)، ئاڵوگۆڕ(كردن) بە هەموو شێوەكانیەوە(بێژە، وێژە، نووسین، ووتە) و بە هەموو جۆرەكانیەوە(رووبەڕوو، دوور)

-s *جۆری گواستنەوە و پەیوەندیی ئەلیكترۆنی*

communicative بە ئاخەفتنە، پەیوەندی كەرە، گەیەنەرە

communion تێكەڵبوون. هاوبەشی

communism كۆمۆنیزم

communist كۆمۆنیست

community كۆمەڵگا. ژیانی كۆمەلایەتی

commutable لە گۆڕان هاتوو؛ كەم دەكرێتەوە. دەگۆڕدرێ (تەوە)، ئاڵوگۆڕ دەكرێ. هاتوچۆ(ی)دەكرێ؛ نزیكە

commutation گۆڕین. رێككردن. سووك كردن، كەمكردن

commute رۆژانە هاتوچۆدەكا. دەگۆڕێ. سووك دەكا، كەمدەكا

commuter سواری رۆژانە، نەفەری رۆژانە

compact بەستراو. پەرچكراو. كۆكراو. بچووك

compactness بچووكی. كۆكراوەیی

companion یاوەر، دۆست

companionship یاوەری، دۆستی

company كۆمپانیا. دۆستایەتی، یاوەری. كۆمەڵ(ێك)

keep - *یاوەری دەكا*

كۆمپانیای بەرپرسیاریی سنووردار

comparative بەراوردكار

comparatively بەبەراورد(ی). بە بەرامبەری لە گەڵ

compare (بەراورد، هاوتا) دەكا. بەراوردكە!

comparison بەراوردكردن، وێكچواندن، هاوتاكردن

compartment خانوو. چاوە، بەش

compass ئاراستەنما، قیبلەنما. پرگال. بازنە، چێوە. خڕ. ئاراستەدەكا. دەورەی دەگرێ. لە دەورەی دەسووڕێتەوە

compassion سۆز. میهرەبانی

compassionate بەسۆزە. میهرەبانە

compatibility گونجان، بۆ یەكتر بوون

compatible گونجاون، بۆ یەكتر دەبن

compatriot هاوولات. خەڵكی هەمان ولاتن

compel زەبری لێ دەكا، زۆری لێدەكا، ناچاری دەكا. هەواداری دەكا

compend(ium) کورتـه، کورتـکراوه

compensate بـۆی دەبـژێرێ. قـەرەبـوودەکا. بـبـژێـره!

compensation بـژاردن (لـه بـری زیـان). قـەرەبـووکـردن

compere رادێـری رادیـۆ، بـێـژەری رادیـۆ. ئـاهەنـگـگـێـڕ، ئـاهەنـگساز

compete کێـبـەڕکـێ دەکا، مـلـمـلانـێ دەکا، قـۆشـمـه دەکا

competence تـایـبـەتـمـەنـدی، لـێـزانـی. لـێـهـاتـوویـی. شایـسـتـەیـی

competency تـوانـایـی، لـێـهـاتـوویـی. شیـان

competent شیـاوه، بـەتـوانـایـه. شایـسـتـەیـه

competition کێـبـەڕکـێ، مـلـمـلانـێ، دژبـەری

competitive لـه کێـبـەڕکـێ دایـه{دان}، دژبـەره{ن}. مـلـمـلانـێـی لـه سەره، دژبـەریـی هەیـه

- prices *نـرخـی گـونـجاو*

competitor بـەرامـبـەر، حەریـف، دژبـەر

compilation کـۆکـردنـەوه، کـەڵـەکـه کـردن. ڕێـکـخـسـتـن، ریـزکـردن

compile کـەڵـەکـه دەکا، کـۆدەکاتـەوه. ڕێـکـدەخا، ریـزدەکا

complacence شاگـەشکـه بـوون، خـۆشـی

complacency دڵـخـۆشبـوون، شاگـەشکـەیـی

complacent رووخـۆشـه، دڵـگـەشه

complain سکالا دەکا، نـاڕەزایـی دەردەبـڕێ، نـاڕەزایـی دەخـاتـه روو

complainant نـاڕەزایـیکـەر، نـاڕازی

complainer نـاڕەزایـی دەربـڕ، نـاڕازی

complaint سکالا، نـاڕەزایـی، تـومـەت

complaisant رووخـۆشه، دڵـگـەشه. رەزامـەنـده؛ (زوو، بـەئـاسـانـی) شت دەسەلـمـێـنـێ

complement تـەواو(ی) دەکا، دەچێـتـه پـاڵـی. تـەواوکـەر، پـاشکـۆ، بـەردەوامـیـی

complemental تـەواوکـەریـەتـی، پـاشکـۆیـەتـی، بـەردەوامـیـەتـی

complementary تـەواوکـەر. پـاشکـۆیـی

- angles *گـۆشەی تـەواوکـەر؛ دوو گـۆشەی بـەرامـبـەر یـەکن لـه نـاوەوەی دوو هێـڵـی تـەریـبـدا ، کـۆیـان دەکاتـه ۱۸۰ پـلـه(ک)*

complete تـەواو، دروست. هەمـوو، گـشت. تـەواودەکا

completely بـەتـەواوی

completion تـەواوبـوون، دروستـبـوون. تـەواوکـردن

complex ئـاڵـۆز، تـێـکـهەڵـکـێـش

complexion رەنـگ و شێـوەی دەمـوچاو و پـێـست. رەوشت، هەڵـسوکـەوت

complexity ئـاڵـۆزی، تـێـکـهەڵـکـێـشراوی

compliance وەدەنـگـهاتـن، گـوێـدان، گـوێـرایـەڵـی

compliant گـوێ رایـەڵـه.

بەدەنگی یەوە دێ، گوێی دەداتێ

complicate ئالۆزدەکا، قورسدەکا

complicated ئالۆز، قورس

complication ئالۆزی، قورسی

complicity بەشداربوون لە تاوان، رێخۆش کردن بۆ تاوان

compliment سلاو. ستایش

complimentary ستایشی (یە)، خۆرایی (یە)

complot پیلان. پیلان گێڕان. پیلان دەگێڕێ

comply گوێرایەڵی دەکا. بەدەنگی یەوە دێ، گوێی دەداتێ

- with *دەگونجێ لە گەڵ*

component پارچە. بەش. پێکهێنەر، پێکهاتە

velocity - *پێکهاتەی خێرایی*

comport رەوشت دەنوێنێ، هەڵسوکەوت دەکا

compose دەسازێنێ، سازدەکا (ئاواز). دروستدەکا، پێکدەهێنێ

composed سازکراو (ئاواز). پێکهێنا

- of *سازکراوە لە. پێکهاتووە لە*

composer سازگەر، ئاوازدانەر

composite پێکهاتە، پێکهاتوو

composition پێکهاتن، سازبوون

compost پەین، زبڵ (بۆ ڕووەک)

composure دابین بوون، هێوری، لەسەرەخۆیی

compote میوەی لە شەکراوی کولاودا هەڵگیراو (پارێزراو)، مرەبا

compound سازکراو. تێکەڵ. سازدەکا، تێکەڵ دەکا

comprehend بەخۆوە دەگرێ. تێی دەگا، مێشک وەری دەگرێ

comprehensible وەردەگیرێ، تێ دەگەیەنرێ. تێ ی گەیشتراو؛ ئاسانە تێی بگەی

comprehension تێ گەیشتن. وەرگرتن. زیرەکی

comprehensive فراوان، هەموولاینە. تێگەییو

compress دەپەستێ

-ed air *هەوای پەستراو (پاڵەپەستۆ کراو)*

compressibility توانای پەستران

compressible لە پەستان دێ، دەپەسترێ

compression پەستان. پستران

compressor پەستێنەر (دەزگا)

comprise پێکدێ لە، دەگرێتەوە

compromise سازش، پێکهاتنی دۆستانە، بگرەو بەردەی بەجێ. سازش دەکا، پێکدێ. دەخاتە مەترسی

compulsion سەپاندن، پێویستی. زۆرداری

compulsive سەپاوە، بە زۆرە، ناچارییە، هەڵبژاردنی تێدا نییە

compulsory (adj) سەپێنراوە؛

بـه یاسا، هتد، ناچاری یه. پـێویسته

compunction ورووژانـی ویـژدان. پـەشیمانـی

computation ژمـاردن، لـێکدانـەوەی مـاتـمـاتیکی

compute دەژمـێرێ، لـێکدەداتـەوە

comrade هاورێ، هەڤاڵ

con (پـێشگر، پـێشکۆ)یە بـه واتـای (لـەگـەڵ، یـەکگرتـوو). دژ، پـێچەوانـە

-s and pros *(چاکـی و خـەراپـی شتێک)*

concatenate لـێکدەدا، دەلـکێنـێ

concave (نـاو) قـۆڵ{وو}، قـوپاوە{ۆ-}؛ بـەرەو نـاوەوە

- mirror *ئـاوێـنـەی چاڵ (قـوول)*

concavity بـۆشایی. چاڵـیی، قـوپاویی

concavo دوولایـەن، دوورووو. ئـاوێـنـەی دوورووو

- concave *دوولای قـۆڵ (چاڵ)*

- convex *دوولای کـوور*

conceal دەشارێـتـەوە، حەشار دەدا. خۆدەشارێـتـەوە. نـادرکێـنـێ، وەدەرنـاخا، ئـاشکرانـاکا

concede رازی دەبـێ بـە، دانـی پـێدادەنـێ. دەیداتـێ. بـۆی بـەجێ دێـلـێ، لـێـی دەکشێـتـەوە بـۆێ

conceit لـەخۆبـایـی بـوون

conceited لـەخۆبـایـی بـوو، لـەخۆی بـایـی بـووە

conceivable رێـی تـێدەچێ، بـە رێـو جێـیـە. مێشک وەریـدەگرێ

conceive تـێـی دەگا، وەری دەگرێ. ئـاوس دەبـێ. پـێـی وایـە، وای تـێدەگا، وای بـۆ دەچێ

concentrate چڕدەکا. کۆدەکاتـەوە. بـیـری لـێدەکاتـەوە (بـە قـوولـی). چڕدەکاتـەوە (کانـزا)، دەپـاڵـێوێ

concentration چڕکردن. کۆکـردنـەوە. مۆڵـدان. بـیـر کردنـەوەی قـوول. پـاڵاوتـن، چڕکردنـەوە (کانـزا)

- camp *گـرتـووخانـە. لـەشکرگـا، مۆڵـگـەی سەربـازان*

concentric هاوچەق؛ دوو بـازنـە چەقـیان یـەکبـێ

concentricity هاوچەقـی

concept بـیـرۆکـە

conception تـێگـەیشتـن، وەرگرتـن. هەڵـگـرتـن

concern پـەیـوەنـدی. پـەیـوەستـی. بـەرژەوەنـدی. گـرنـگـیدان. پـەیـوەنـده بـە، پـەیـوەستـه بـە. بـە بـەرژەوەنـدی یـە. بـە گـرنـگـی یـە

concerned پـەیـوەنـده، پـەیـوەنـدیداره. پـەیـوەستـه. بـەرژەوەنـدیداره

concerning لـە بـارەی ...، بـە پـەیـوەنـدی لـەگـەڵ، پـەیـوەستـه بـە

concert ئـاهەنـگـی گـۆرانـی. دەگـونـجێـن

concerted بـڕیـاردراوە. تـەگـبـیـرکراوە، بـە تـەگـبـیـره

concession مۆڵـەت؛ یـک لـە میـری یـەوە درابـێ (یـا وەرگـیـرابـێ)، مۆڵـەت هەبـوون. داشکانـدن

concessionaire خاوەن مۆڵـەت. داشکێـن

conch جۆرێکی گەورەیە لە (سەدەف، گوێماسی، شەیتانۆکە)

conciliate ناوبژیدەکا، پێکدەهێنێ، نێوان چاک دەکاتەوە، ئاشتیان دەکاتەوە. پێکیان دەگەیەنێ، بەراوردیان دەکات

conciliation ناوبژیکردن، پێکهێنان، نێوان چاک کردنەوە، ئاشت کردنەوە. پێک گەیاندن، بەراورد کردن

conciliative ئاشتیکەرەوە، هێدی کەرەوە. ناوبژیکەرە. بەراورد کەرە

conciliatory ناوبژیکەرانە. ئاشتیکەرانە. بەراورد کەرانە

concise کورت، کورتکراو(ە)

conciseness کورتی، کورتبوون

concision کورتکردن. کەمگوتن، لەکورتی برینەوە. کورتبڕین (ەوە)

conclave کۆڕێ (کۆبوونەوەیە) کی نهێنی

conclude دەگاتە ئەنجام. هەڵدەهێنجێ، بە ئاکام دەگا. تەواو دەبێ، کۆتایی دێ

conclusion ئەنجام. ئاکام. تەواوبوون، کۆتایی

conclusive بەئەنجام گەیەنەرە، یەکجاری یە، کۆتایی یە. گەڕانەوەی (بۆ) نییە

concoction تەگبیر. سازاندن. هەڵبەستان؛ درۆسازی

concomitant بەستراوە بە، لەگەڵی دێ

concord گونجان، یەکێتی. پێکهاتن. بەڵێن گونجان.

concordance پێکهاتن

concordant گونجاو

concordat پێکهاتن؛ ی نێوان قەرزار و خاوەن قەرزەکان، بەڵێن

concourse قەڵەباڵغی. کۆڕ، کۆبوونەوە. جێی کۆبوونەوە، بنکە

concrete کۆنکریت، گیراوەی چەمەنتۆ. پتەو، بتەو. دیار و ئاشکرا. راستەقینە

concubinage (یار، دڵدار)یی نهێنی

concubine (یار، دڵدار، دۆست) نهێنی. ژنی دووەم. ژنی لاوەکی

concupiscence غوردی. ئارەزووی زۆر بۆ جووت بوون لە گەڵ (مێ، نێر)

concupiscent غوردە. زۆر ئارەزوومەندە بە جووت بوون لە گەڵ (مێ، نێر)، چاوبرسی یە

concur هاودەم دەبێ، هاوشان دێن. دەیگاتێ. رازی دەبێ

concurrence هاودەمی، هاوشانی. رازیبوون

concurrent هاودەم (ە)، هاوکات(ە)، لەیەک کات

concussion هەژان، لەرزە، رمبە. لێکدان، پێک کەوتن

condemn نەفرەت دەکا. سەرزنشت دەکا. تاوانباردەکا

condemnation نەفرەت کردن. سەرزنشت کردن. تاوانبار کردن

condensation خەستکردن، چڕکردن. خەستبوون، چڕبوون

condense خەستدەکا،

چڕدەکا
-d milk *شیری خەست؛ شیری خەستکراو*
condenser خەستکەرەوە
condescend دێتەخوارێ (بە (ئارەزوو، هەوەس))، واز دەهێنێ؛ خۆی لەکار دەخا، لادەچێ، لادەکەوێ
condescension هاتنەخوار، وازهێنان (ی ئارەزومەندانە)، خۆ لەکار خستن، لاچوون، لاکەوتن
condign شایستەیە. راستە، بەجێ یە
condiment بەهارات
condisciple برادەری قوتابخانە
condition مەرج. هەلومەرج. مەرج دادەنێ. دەسکاری دەکا، دەیگۆڕێ، دەیگونجێنێ
conditional بەندە بە، مەرجدارە، بەمەرج(ی). بەهەلومەرج
conditioned چاککراو، خۆشکراو. گۆڕاو، گونجێنراو
condole هاوبەشی خەمی دەکا. سەرەخۆشی لێ دەکا
condolement هاوبەشی بوون لە خەم. سەرەخۆشی
condolence سەرەخۆشی کردن
conduce دەبێتە هۆی. یارمەتی دەدا
conducive هۆکارە، یارمەتیدەرە
conduct هەڵسوکەوت. بەڕێوەبردن. پێشەنگی. بەڕێوەدەبا. پێشەنگیدەکا. دەگەیەنێ. رانمایی دەکا
- a law suit *داوا بەرز دەکاتەوە*
- oneself *هەڵسوکەوتی(خۆی) خاس دەکا*
- sheet *سەرپێچینامە؛ سەرپێچی یەکانی کەسێک تۆماری*
conductor گەیەنەر (ی کارەبا). بەڕێوەبەر. فەرماندە، پێشەنگ. رانما. هاندەر
good - *(خاس؛ باش) گەیەنەری کارەبا*
condyloma قونێر، دوومەڵ؛ ی پاشەڵ؛ دەوروبەری قوون
cone قووچ. قووچەک. رەحەتی
coney = cony
confabulate دەمەتەقێ دەکەن، گفتوگۆ دەکەن
confection شیرن. سازکردن
confectioner شیرنی، شیرناتی
confectionery دوکانی پێویستی یەکانی رۆژانەو شیرناتی
confederacy هاوپەیمانی. یەکێتیی ناوخۆی چەند ناوچەیەک لە وڵاتێکدا
confederate هاوپەیمان. هاوپەیمانی دەبەستن
confederation هاوپەیمانی. یەکێتیی ناوچەیی لە ولاتێک
confer ئاڵوگۆڕی دەکەن، لێدەدوێن. خەڵاتی دەکا، پێی دەبەخشێ
conference کۆڕێکی بەربڵاو و درێژخایەن، کۆنفرانس. لێدوان،

گفتوگۆ

confess دانی پێدا دەنێ، دانی پێیا دەنێ. دەسەلمێنێ

confession دانپێدانان، دانپیانان. سەلماندن

confessor سەلمێنەر، دانپێدانەر

confide متمانەی پێ هەیە، بڕوای پێدەکا. لەخۆڕادەبینێ

confidence بڕوا، دڵنیایی، متمانە، لەخۆڕادیتن

confident دڵنیا(یە). باوڕ پێکراو(ە)

confidential نهێنی(ە). تایبەت(ە)

confidently بەبڕواوە، بێ سڵەمینەوە. بەنهێنی

configuration تێک هەڵکێش بوون. شێوە. گونجان. پێک کردن، بۆ یەک بوون

confine ئاستی دیاری دەکا، تخوبی بۆ دادەنێ. دەگرێ، بەند دەکا

-s *تخوب، سنوور، ئاست*

confined تەنگە، تەسکە. بەندە، بەستراوەتەوە

- to bed *لە سەرجێ کەوتووە، نەخۆشە*

confinement بەندیی، بەستراوەیی، گیران. کاتی منداڵ لە دایک بوون

confirm دەچەسپێنێ، دەسەلمێنێ، رازی دەبێ

confirmation چەسپاندن، سەلماندن، رازیبوون

confirmative چەسپێنەرە، سەلمێنەرە

confirmed چەسپاو، سەلمێنراو. چەسپاند، سەلماند

confiscate شتی لێدەگرێ، شتی پێدەگرێ. دەسی بەسەردا دەگرێ بۆ میری

confiscation دەست بەسەردا گرتن، گلدانەوە

conflagration سووتان، ئاگرگرتن

conflict قەیران، شەڕ، پێکادان. دژایەتی دەکا، تێک ناکەنەوە

conflicting دژبەرن، ناگەنە یەکتر، تێک ناکەنەوە

confluence تێک کردنەوە، بەیەک گەیشتنی دوو روبار. هاوشانی

confluent بەیەک گەیشتوو. هاوشان

conflux تێک کردنەوە، بەیەک گەیشتنی دوو روبار. هاوشانی

conform بەپێی دەستوورێک کاردەکا. دەچێتە ژێر رکێفی. دەگونجێ لەگەڵ

conformably (with) بە پێی، بەگوێرەی

conformation پێکهاتن، درووستبوون. گونجان

conformity یەکبوونی، پێکهاتە، گونجاوی

in - with *بە پێی ...، وەک*

confound هەڵە دەکا، دوو شت تێکەڵ دەکا. سەر دەسوڕمێنێ

confounded شێواوە، سەری لێ شێواوە. نەفرەتکراو

confraternity برایەتی، برایی. برای ئایینی

confront رووبەڕووی دەبێتەوە.

پێشی پێدەگرێ

confrontation ڕووبەڕوو بونەوە

confuse سەر دەشێوێنێ، سەر دەسورمێنێ. دەشێوێ

confused سەرلێشێواو

confusion سەر لێشێوان. شێوان

confute ڕەتدەکاتەوە، بەهەڵە دەخاتەوە

congeal گرێدەدا. دەبەستێ. خەست دەبێ

congenial هاورەگەزن، هاوجینن. هاوسروشتن

congeniality هاورەگەزی، هاورەگەزبوون، هاوجینی. هاوسروشتبوون

congenital سروشتی یە، هی منالی یە، لە منالی یەوە

conger مارماسی، ماری دەریا

congest کۆدەکاتەوە، کەڵەکە دەکات. دەئاوسێ، ئەستوور دەبێ

congested قەلەبالغە. ئاوساوە، ئەستوور بووە

congestion قەلەبالغی، کەلەکەبوون. ئاوسان، ئەستووری

conglobate تۆپەڵکراو، تۆپەڵبوو

conglomerate تۆپەڵ دەکا. تۆپەڵ دەبێ

congratulate پیرۆزبایی دەکا. دەسخۆشی لێدەکا

congratulation پیرۆزبایی. دەسخۆشی

-s *دەسخۆش! پیرۆزە!*

congregate کۆبۆوە. گشتیی، کۆمەڵیی. کۆڕ دەگرن، کۆدەبنەوە، کۆمەڵ دەبن. کۆدەکاتەوە

congregation کۆ بوون، کۆمەڵبوون. کۆڕگرتن. تاقم. میللەتی کەنیسە

congregational هی تاقمە (یا تاقمێکە)، تایبەتە بە میللەتی کەنیسە

congress کۆنگرە. شورای نوێنەران (نمایندەکان)ی ولاتە یەکگرتووەکانی ئەمەریکا

congruence هاوشێوەیی

congruent هاوشێوە

congruity هاوشێوەیی

congruous هاوشێوە

conic (هی، تایبەتە بە) قووچەک

conical قووچەکی (یە)؛ لە شێوەی قووچەکە

conjecture مەزندە، مەزەنە، بۆچوون. مەزەنە دەکا، بۆی دەچێ، پێی وایە

conjoin بەیەک دەگەیەنێ. کۆیان دەکاتەوە. دەهێنێتە ناو. هاوبەشی دەکا

conjointly بەیەکەوە، بە هەمووان. بە هاوبەشی لەگەڵ

conjugal ژنومێردی، تایبەتە بە ژنومێردی

conjugate بەیەکەوەن، تێکەڵن. ژنومێردن. پێکەوە دەبن، تێکەڵ دەبن

conjugation پێکەوەژیان، هاوسەری

conjunction پێکەوەبوون. گرتنە خۆ. لەگەڵ بوون

conjunctiva نێوان برۆ و برژانگ

conjuncture پەیوەندی. بەیەک گەیشتن

conjuration جادوو. بانگ، هاوار

conjure جادوو دەکا. بانگ دەکا، هاوار دەکا

conjurer جادووکەر

connate (adj) زگماکە. لەسەرەتاوە پێکەوەنوساو. پێکەوە (گەشەکردوو، سەرهەڵداو)

connect پەیوەندی دەکا. بەیەکەوە دەبەستێ. دەگەیەنێ بە یەکتر. بەیەکەوە ببەستە! پەیوەندی بکە!

connection پەیوەندی. بەیەکەوە بەستن. گەیاندن بە یەکتر

in this - *لەم بوارەوە. لەم بارەوە*

connector گەیەنەر؛ هەموو جۆرەکانی بە یەکەوە گەیاندنی دوو دەزگا

conning لەبەر کردن (خستنە ناو مێشکەوە)، ئەزبەر کردن. چاودێری کردن

connivance خۆگێل کردن، چاوپۆشین. پیلان

connive خۆگێل دەکا، چاودەپۆشێ

connote ناڕاستەوخۆ تێی دەگەیەنێ

conoid شێوە قووچەک، قووچەکۆک

conquer دەبەزێنێ، زاڵدەبێ بە سەر. سەردەکەوێ. داگیردەکا

conqueror بەزێنەر، زاڵ. سەرکەوتوو. داگیرکەر

conquest داگیرکردن، زاڵبوون. سەرکەوتن

consanguineous لە یەک باوکن، لەیەک خوێنن، هاوخوێنن

consanguinity خزمیی پشت، هاوخوێنی

conscience ویژدان

conscientious بەویژدان

conscious بەهۆش، زیندوو، وریا، ئاگادار

consciousness هۆش، هەستیاری، زیندوویی، وریایی

conscript دەکاتە سەرباز. کراوە بە سەربازە، سەربازە

conscription سەربازیی زۆرەملێ

consecrate دەرەخسێنێ بۆ، تایبەت دەکا بە. نەزر دەکا

consecutive لەدوو یەکدی، دوابەدوای یەک. لەدوای یەکتر

- numbers *ژمارەی دوا بە دوای یەک. ژمارەی لەدوویەک*

consent رازیبوون

consequence دەرئەنجام. دوایی، لەدوایی(دا). کاریگەری. گرنگی

consequent دواتر، بەدوایی

consequently لەئەنجامدا. بەدوایدا. بۆیە، لەبەرهەندێ

conservation پارێزگاری، ئاگاداریکردن. هێشتنەوە، مانەوە

conservatism پارێزگاریی (بیر، رامیاری)

conservative پارێزگار (بە

بـۆچوون)، كۆنـه پاريـز
- party *پارتـی*
پارێزگاران
conservatory ژوور (یا
جامخانـه)ی پاراستنـی گوڵ و
رووەكان لـه سەرما (و گـەرما).
پـەیمانـگای ئـاوازان (مۆسیـقا)
conserve خواردن (یا میـوە)ی
پارێـزراو (هەڵـگیـراو).
دەپارێـزی، هەڵدەگری
consider تـێدەڕوانـێ، بـیـیـری لـێ
دەكاتـەوە، لـەبـەرچاو دەگرێ،
دەخاتـه بـەر چاو. ئـاگای لـێ
دەبـێ
considerable مایـەی تـێڕوانـیـنـه،
جێـی چاوە، شایـستـەی خستـنـه
بـەر چاوە. قـەبـە، مـەزن
considerate بـەرێـز(ە)،
رێـزدانـەرە
consideration تـێڕوانـیـن،
لـەبـەرچاو گرتـن، خستـنـه بـەر
چاو. ئـاگای لـێ بـوون
take into - *بـیـیـری لـێ*
دەكاتـەوە، دەخاتـه بـەر چاو
considering بـه لـەبـەر چاو
گرتـنـی ... ، بـه خستـنـه بـەر
چاوی
consign پـێـی دەسپـێرێ، لای
دادەنـێ. دەیـداتـێ. بـۆی دەنـێرێ
consignee بـۆ نـێراو. وەرگر.
پـێ سپـێـراو
consigner نـێرەر. بـدەر.
سپـێـرەر
consignment نـامـه، نـێرراو،
نـاردراو. سپـاردە. راسپـاردە.
نـاردن
consignor نـێرەر. بـدەر.
سپـێـرەر
consist (of) پـێكدێ (لـه)،
دەگرێتـەخۆ
consistence گـونـجاوی.
بـەردەوامـی، هەمـیـشەیـی
consistency هەمـیـشەیـی.
گـونـجاوی
consistent گـونـجاو(ە).
بـەردەوام، هەمـیـشه. وەكو یـەك
consolation سەرەخۆشی،
تـازیـه
consolatory سەرەخۆشی یـه،
تـازیـه بـاری یـه، نـاخۆشی یـه
console سەرەخۆشی دەكا،
هاوبـەشی خەمـی دەبـێ. دەزگای
یـاری، دەسگـەمـەی ئـەلـیـكـترۆنـی. (
جام، تـەختـەی كلـیل، هتـد)ی
كۆمـپـیـوتـەر
consolidate دەچەسپـێـنـێ. پشتـی
دەگرێ، پاڵـپـشتـیـی دەكا. خەست
دەكا
consolidated چەسپاو. چەسپـی،
چەسپـا. خەستـكراو. یـەكخراو،
یـەكگرتـوو
consolidation چەسپـان(دن)،
چەسپـیـن. خەستـبـوون. یـەكخستـن
consonace (هاوئـاهەنـگـی،
بـەیـەكـەوە گـونـجان)ی ئـاوازەكان
consonant پـیـتـی نـەبـزوێـن
consort هاوژیـن؛ ژن (یا مـێرد).
كـەشتـیـی هاوگـەشت؛ یـاوەری
یـەكـی دی. گـونـجان. دەهێـنـێ (
دەبـنـه ژنـو مـێرد). دەبـێتـه (
هاوبـەشی، هاوژیـنـی، هاوڕێگای)
consortium یـەكگرتـنـی وەیا
یـەكخستـنـی چەنـد دەزگایـەكـی (بـه
زۆری پـیـشەیـی، بـازرگانـی،
دارایـی، هتـد) بـۆ راپـەڕانـدن (
ئـەنـجامدان)ی كارێكـی
دیاریـكراو
دیـارە، ئـاشكرایـه،

conspicuous لــەبــەر چاوانــە، بــەرچاوە

conspiracy پــیــلان، تــەڵــەکــەبــازی

conspirator پــیــلانــگــێــڕ، تــەڵــەکــەبــاز

conspire پــیــلان دەگــێــڕن، تــەڵــەکــەبــازی دەکــەن

constable پــۆلــیــس، چاوش

constancy نــەگــۆڕان، بــەردەوامــبــوون

constant نــەگــۆڕ

constantly بــێــگــۆڕان، بــەردەوام

consternation تــرس، مــەتــرسی

constipate ریــخــەڵــۆک (ریــخــۆڵــە)ی تــونــد (تــەنــگ) دەبــێ

constipated تــەنــگــە، ریــخــەڵــۆک (ریــخــۆڵــە)ی تــونــدە

constipation تــەنــگــی، ریــخــەڵــۆک (ریــخــۆڵــە) تــونــدی

constituency یــەکــەیــەکــی هەڵــبــژاردن، نــاوچــەیــەکــی هەڵــبــژاردن. بــەشدار بــووان

constituent هەڵــبــژێــر. پــێــکــهــێــنــەر، بــەش، پــارچــە. ریــکــخــەر

constitute پــێــکــدەهــێــنــێ. دادەمــەزرێــنــێ، رێــکــدەخا

constitution پــێــکــهــاتــە، پــێــکــهــاتــوو. دامــەزراو. دامــەزرانــدن. دەســتــوور، یــاسای بــنــەڕەتــی

constitutional دەســتــووری. پــێــکــهــاتــوویــی. لــەبــوونــەوە، بــە سرووشــتــی

constrain تــەوقــی دەکــا، رێــی لــێــدەگــرێ. نــاچــاری دەکا

constrainedly بــەنــاچــاری

constraint نــاچــاری. تــەوق، رێــگــر

constrict تــەنــگــدەکــا، تــونــد دەکــا. دەگــوشــێ. پــاڵــی دەنــێ

constrictor تــونــدکــەر. گــوشــێــن. پــاڵــنــەر

constringe تــەنــگــدەکــا، تــونــد دەکــا. دەگــوشــێ. پــاڵــی دەنــێ

constringent گــیــرە. تــونــدکــەر

construct دروســتــدەکــا. بــنــیــات دەنــێ، بــنــیــاد دەکــا

construction بــنــیــادنــان، بــنــیــادگــەری، بــنــیــادکــردن. دروســتــکــردن

constructive بــنــیــادنــەر(ان)ە، بــنــیــادکــەر(ان)ە. دروســتــکــەر(ان)ە

constructor دروســتــکــەر، وەســتــا. بــنــیــاتــنــەر، بــنــیــادکــەر، بــنــیــادگــەر

construe لــێــکــدەداتــەوە. وشان لــێــکــدەدا. رســتــەیــەک شــیــدەکــاتــەوە. وشە بــە وشە (بــرگــە یــەک) وەردەگــێــڕێ

consul قــونــسڵ، نــوێــنــەر (نــمــایــنــدە)ی وڵاتــێــک

consult راوێــژدەکا. راوێــژی پــێــدەکا. راوێــژی لــەگــەڵ دەکا، پــرسی پــێــدەکا

consultant روێــژکــار. راوێــژپــێــکــراو

consultation راوێــژکــاری. راوێــژپــێــکــردن. پــرســپــێــکــردن

consultative راوێــژکــارانــە. بــەپــرســپــێــکــردن. شورا

consume بەکاردەهێنێ. تەواودەبێ، نامێنێ

consumer کڕیار، بەکارهێنەر

consummate تەواو دەکا، لێی دەبێتەوە، دروستدەبێ

consummation تەواوبوون، نەمان. تەواوبوون، لێبوونەوە

consumption بەکارهێنان، نەهێشتن. نەخۆشیی سیل

consumptive بەکارهێنەر. سیلاوی، نەخۆشی سیل

contact پەیوەندی. پێکەوتن، بەرکەوتن. پەیوەند. پەیوەندی دەکا. پێی دەکەوێ، بەری دەکەوێ. پەیوەندی بکە!

- breaker *فیوز؛ ی کارەبا. سویچی کارەبا (یسەرەکی) کوژاندنەوە*

contagion بڵاوبوونەوەی نەخۆشی بە بەریەک کەوتن (پێک کەوتن)

contagious نەخۆشی دەگوازێتەوە. گوێزەرەوەیە

contain (بەخۆوە) دەگرێ. تێیدایە. دان بەخۆیدا دەگرێ

container قاپ، قابلەمە{پ}

contaminate ئاڵوودە دەکا

contamination ئاڵوودە بوون

contemn رکی لێدەبێ تەوە، قینی لێدەبێ تەوە. ناخۆشحاڵ دەبێ

contemplate تێدەڕوانێ، بییردەکاتەوە. نیازدەهێنێ

contemporaneous تازە. هاوتەمەن. هاوچەرخ (هونەر و وێژە)

contemporary هاوچەرخ (هونەر و وێژە)، تازە. هاوتەمەن

contempt ناخۆشحاڵی. رک{ق}. قێز، بێز

- of court *ناخۆشحاڵی لە بریارەکانی دادگا*

contemptible (رک{ق}. قێز، بێز) لێکراو. شیاوی ناخۆشحاڵی یە

contend خەبات دەکا، تێدەکۆشی، هەوڵ دەدا. ململانێ دەکا، کێبەرکێ دەکا

contender خەباتگێڕ، تێکۆشەر. بدشداریکەر لە (ململانێ، کێبەرکێ)

content قەوارە. خۆشی، رازیبوون. خۆشحاڵە، رازییە

-s *ناوەرۆک (ەکان)*

contented خۆشحاڵە، رازییە. بەسیەتی، قانیعە

contention شەڕەقسە، مشتومڕ. تەقەلا، ململانێ، خەبات

contentious شەڕانی یە، مشتومڕکەرە

contentment خۆشحاڵی، رازیبوون. بەسبوون، قەناعەت

contest ناکۆکی، ململانێ، شەڕەقسە، مشتومڕ. کێبەرکێ. مشتومڕدەکا. ململانێدەکا

contestable قسەی (لێوە، لەسەر) دەکرێ. مایەی ناکۆکی یە، ململانێی لەسەرە

contestant بەشدار لە (کێبەرکێ، ململانێ، هتد)

context بەراورد، بە بەراورد. مەبەست، نیاز لە گوتنەکە (یا نووسینەکە)

contexture رایەڵە، پێکهاتن

contiguity لەپاڵ یەک بوون، پێوە لکاویی. هاوسێی، هاوسێتی، بەتەنیشت یەکەوە بوون

contiguous لەپاڵ یەک(ە(وەیە)) ، پێوە لکاو(ە). هاوسێ یە، هاوسێ یەتی، بەتەنیشتیەوەیە

continence پاکی. خۆگرتن لە خەراپە

continent کیشوەر. وشکایی، وشکانی. ئەوروپا. پاکە

continental کیشوەری (یە)، تایبەتە بە کیشوەرێک. وشکانی (یە)

contingency ئەگەری روودانی رووداوێک، ئەگەری لە پڕ(دا) روودان. هەل، هەڵ کەوتن

contingent رووداوی کتوپڕ. لە پڕ(دا) رووداو. (بە) هەڵکەوت(ە). بەندە بە، دەوەستێتە سەر. تیپێکی لەشکر

continual بەردەوام. نەپچڕاو

continually بە بەردەوامی، هەمیشە(یی)

continuance بەردەوامی

continuation بەردەوام بوون. تەواوکەریی، پاشکۆ، بەدوادا هاتن

in - of *دوا بە دوای .... بە تەواوکەریی*

continue بەردەوام دەبێ. ماوە (تەوە). بەردەوامبە!

continued بەردەوامە. نەپچڕاوە

continuity بەردەوام بوونیی، نەپچڕاویی

continuous بەردەوام(ە)، یەک بەدوای یەکدایە

contort نووکی تیژدەکا، سەری ئامادەدەکا. بای دەدا. خواری دەکاتەوە

contortion تیژکردن. بادان. خوارکردنەوە. ماسوولکە رەقبوون، دەمار (تێ) وەستان

contour نەخشەی شێوەی (دەرەوەی) شتێک. تخووبەکانی شێوەیەک

- line *هێڵێک (کە مەرج نییە بازنەیی بێ) کەوا هەموو خاڵەکانی سەری لەیەک ئاستی بەرزایی دابن*

contra (پێشگر، پێشکۆ)یە بە واتای (دژ، دژە). دژ، دژبەر. بەرامبەر

contraband کەلوپەلی قاچاغ. بازرگانیی نایاسایی. قەدەغەکراو

contract پەیمان، پێکهاتن. قۆنتەرات. پەیمان دەبەستێ، پێکدێ لەگەڵ. کورت دەبێ(تەوە) ، کورژ دەبێ، وێکدێتەوە. (نەخۆشی، خووڕەوشت) دەگرێ، پێوەدەبێ

- a habit *خوو بە شتێکەوە دەگرێ، فێری خوویەکی تازە دەبێ*

contractile کورژبۆوە، وێکهاتوو. دێ و دەچی؛ دڵ ئاسا (وەکو دڵ)

contraction کورژ بوونەوە، وێکهاتنەوە

contractor قۆنتەراتچی

contradict بەدرۆ دەخا (تەوە). پێچەوانە دەبێ، دژدەبێ (

لـەگـەڵ). پـێـچەوانـە دەكا

contradiction پـێـچەوانـە بـوون، دژبـوون (لـەگـەڵ). پـێـچەوانـە كـردن

contradictory پـێـچەوانـە (يـە)، دژە (لـەگـەڵ)

contrariety جيـايـی. دژايـەتـی، پـێـچەوانـەيـی

contrarily بـە پـێـچەوانـەوە

contrary پـێـچەوانـە، پـێـچەوانـەی

contrast جيـاوازی. جيـايـە

contravene دژايـەتـی دەكا. بـە پـێـچەوانـەی دەجولـێـتـەوە

contravention دژايـەتـی كـردن. بـەرگـری (كـردن)

contributary (adj) يـارمـەتـی دەرە، بـەشداريـكـەرە. پـارەی سزا دەدا

contribute دەبـەخشـێ، دەدا. هاوكـاری دەكا، بـەشداريـدەكا

contribution ئـابـوونـە، يـارمـەتـی، بـەخشيـن، پـارە دان. (هاوكـاری، بـەشداری) كـردن. يـارمـەتـی دان

contributive هاريـكـارە. بـەشدارە. (ئـابـوونـە. يـارمـەتـی) دەرە

contributor (كـەسێـكـی) ئـابـوونـە بـەخش؛ بـەخشنـدە. بـەشدارێـك

contrite پـەشيـمان، دڵـشكـاو، تـۆبـەكـردوو

contrition پـەشيـمانـی، تـۆبـەكـردن

contrivance هێـنـانـە كـايـە. نـەخشە كـێشان. سازدان

contrive دەهێـنـێـتـە كـايـەوە. نـەخشە دەكـێشێ. سازدەدا

control دەسەلات، زاڵـبـوون. چاوەدێـری. بـەڕێـوەبـردن. زاڵـدەبـێ، دەسی بـەسـەردا دەگـرێ. جڵـەوی دەگـرێ

controller چاودێـر، پـشكـنـەر. بـەڕێـوەبـەر

- valve *زمانـە (بـەلـووعە)ی ڕێـكـخستـن*

controls ئـەو دەزگـا و ئـامرازانـەی كـەوا شوفـێـر (يا فـڕۆكـەوان) كـەلـكـی لـێ وەردەگـرێ

controversial كار يا بـابـەتـێـك كـەوا (بـاس، مقـۆمقـۆ) ی لـە سەر بـێ. بـە تـەنـگـوچەڵـەمـەيـە

controversy (بـاس، نـارەزايـی، مقـۆمقـۆ) لـە سەر كار (يا بـابـەت) ێـك

controvert لـە سەر كار (يا بـابـەت) ێـك (بـاس، نـارەزايـی، مقـۆمقـۆ) دەكا يا دەدوێ

contumacious ياخی(يـە)، مـلـهوڕ(ە)

contumacy ياخيـبـوون، مـلـهوڕی. گـوێـنـەدان

contumely گـەمـەپـێـكـردن، پـێ رابـواردن. ريـسواكـردن

contuse لـێـی ەدا، بـەری دەكـەوێ. دەهەنـجنـێ. دەقـەڵـەشێ

contusion بـەركـەوتـن، پـێـكـران. هەنـجنـيـن. قـەڵـەشتـن

conundrum مـەتـەڵ، يـاری بـە زمان (يـا وشە گـۆڕيـن)، مـەتـەڵ هەڵـهێـنـان

convalescence چابـوونـەوە لـە نـەخۆشی، راست بـوونـەوە

convalescent چابـووەتـەوە (لـە نـەخۆشی)، راست بـووەتـەوە

convene خڕدەبنەوە، کۆدەبنەوە. کۆدەکاتەوە. داوای کۆبوونەوە دەکا. بانگی دەکا بۆ کۆبوونەوە

convenience هەمواری، گونجان

convenient هەموار(ە)، گونجاو(ە)

convent دێر، کەنیسە

convention نەریت، داب، ئاسایی. بەڵێن، پێکهاتن. کۆبوونەوە

conventional ئاسایی، کلاسیکی. نەریتی

- art *هونەری ئاسایی، هونەری کلاسیکی*

converge لە یەک خاڵ نزیک دەبنەوە، بۆ یەک خاڵ دێن، تێک دکەنەوە، لێک دەدەنەوە

convergent تێککەرەوە، لێک دەرەوە، هاوئاراستە

converging هاوئاراستە، تێککەرەوە، لێک دەرەوە

conversant شارەزایە، ئاگادارە. خۆشگۆ(یە)، بەدەمولپ(ە)

conversation گفتوگۆ، دەمەتەقێ، قسەکردن، دوان

converse دژ، پێچەوانە. وەرگەڕای. دەیدوێنێ، قسەی لە گەڵ دەکا

conversion گۆڕین. گۆڕان (سروشت). وەرگەڕان (لە مەزەب (یا ئایین) یێک)

convert وەرگەڕاو (لە مەزەب (یا ئایین) یێک). وەردەگێڕێ، دەگۆڕێ. دەگۆڕێ (سروشت)

convertible گۆڕاو، دەگۆڕی، لە گۆڕان هاتوو. نەچەسپاو

convex (پشت) کوور، چەماوە. ئاوێنەی کوور (نەوەک چاڵ)

convey دەگەیەنێ. دەگوازێتەوە. دەیداتێ، لەمستی دەنێ

conveyance گەیاندن. گوازتنەوە

conveyor قایشی گواستنەوە. گەیەنەر. گوێزەرەوە

- belt *قایشی گواستنەوەی کالا لە شوێنێکی کارگەوە بە شوێنێکی دی*

convict زیندانیکراو. تاوانبار. تاوانبار دەکا

conviction تاوانبارکردن. بڕیاری دادگا بە تاوانباری

convince رازیی دەکا. رازی دەبێ

convivial دڵخۆشکەرە، شادییە، ئاهەنگە، جەژنە

convoke بانگی دەکا بۆ کۆبوونەوە

convolution لۆچ، پێچ، قەد

-s of the brain *پێچەکانی دەماری مێشک؛ بیرکردنەوەکانی کەسێک*

convoy کاروان، قەتار؛ قافڵە. رێچکە گرتن. هاو رێیی. پاسەوانی کردن. پاسی دەکا

convulse دەلەرزێ. دەهەژێ. رادەچڵەکێ

convulsion لەرزین. راچڵەکین، راچڵەکان

- of laughter *قاقای پێکەنین*

cony (فەرو، کەوڵ، پەیکەر)ی کەروێشک

coo بوقەبوقی کۆتر. خوێندن، لاوانەوە (یا لاواندنەوە). دەخوێنێ (کۆتر)، دەلاوێ(نێ) تەوە
cook چێشتەوان. چێشتچی. (چێشت) لێدەنێ. دەکوڵێ
cooker تەباخ (ئامێری چێشت لێنان)، تەباغ{خ}
cooking چێشت لێنان، شیولێنان. چێشت، شیو
cool فێنک، سارد. لەسەرەخۆ، رەسەن
coolie (کریکار، پاڵە)ی سادە لە ولاتانی رۆژهەلات
coop کۆریت. قەفەز، سەبەتە. بەرمیل
co-op کورتکراوەیەکە بەواتای دامەزراوە (یا موغازە)ی هاوکار (یا هەرەوەز) دێ
cooper وەستای بەرمیلان، تەنەکەچی
cooperate هاوشانیدەکا، هاوکاریدەکا
cooperation هاوشانی، هاوکاری. خانەی (یا یانەی) هاوکاری
cooperative دامەزراوە (یا موغازە)ی هاوکار (یا هەرەوەز) . هەرەوەز(ە)، هاوکار(ە)
- society *کۆمەڵەی هاوکاری، بنکەی کومەلایەتی*
coordinate هاوئاهەنگ دەکا. هاوپلە (ی لەشکری، هتد)
coordination هاوئاهەنگی کردن
coot مریشکی ئاوی
coowner خاوەنی بەشێک (برێک)
cop پۆلیس
copal (شلە، بنێشت)ی جۆرە درەختێکە؛ بۆ وارنیش بەکاردێ
copartner خاوەن بەش، بەشدار. بەشداریکەر. هاورێ، دۆست
copartnership خاوەنداریەتیی هاوبەشی خاوەن کارو فەرمانبەران
cope پێرادەگا، فریادەکەوێ، پێی دەکرێ. جلی قەشە
coping پێراگەیشتن، فریاکەوتن
copious زۆر، فرە
copper مس، مز. پارەی مس. منجەڵ، قازان. پۆلیس
coppersmith مسچی، سپیکار
coppice درەختی بچووک، دەغڵ
copra کاکڵە (ناو) گوێزی هیندی وشکەوەکراو
copt قوبتی، قیبطی؛ قوبتەکان؛ دانیشتوانی هەرە کۆنی میسرن
copula (وشەی) پەیوەندی (رێزمان)
copulate (نێرەی ئاژەڵ) دەپەرێتە سەر (مێ یەی)، جووتدەبێ لەگەڵ
copulation پەرین، جووتبوون
copy وێنەی لە بەر دەگرێتەوە. لاسایی دەکاتەوە. نوسخە، وێنەی گیراوە
hard - *(نووسراو، دەق، شت) ێکی چاپکراو؛ لە کۆمپیوتەرەوە بۆ سەر کاغەز*
rough - *رەشنووس*
soft - *(نووسراو، شت)ێکی پارێزراو؛ بە شێوەی ئەلیکترۆنی؛ لە ناو (*

کۆمپیوتەر، هتد)

copying وێنە لەسەر گرتنەوە، کۆپیکردن. لە بەر نووسینەوە

copyright پاراستنی مافی نووسەر. بەرگرتن لە قۆپیە کردن

coquet نازدەکا. یاری لگەڵ دەکا

coquette گەلەک بەناز. جوانە

coral مەرجان

coralline مەرجانی

coralloid(al) مەرجانی(یە)

cord گوریس، بەن. دەبەستێ، توند دەکا بە گوریس. ژێ؛ یەکی ئامرازێکی ئاواز(ان)

cordage گوریسەکانی کەشتی

cordial لە دڵەوەیە، هی خۆشی یە. نۆشاوێکی بە لەزەت یا بەپێز

cordially لە قوولایی دڵەوە، بە خۆشی یەوە

cordon پەرژین. تێپ. پەرژیندەکا بە تێپ

core ناواخن، ناو، ناوجەرگە. کاکڵ

corelysis جۆرە نەخۆشییەکی چاوە

coriander روەکێکی بۆندارە. تۆوی ئەم روەکە؛ بۆ (تام و بۆ، چێژ)دان

cork تەپەدوور، سەرەشووشە. دادەخا، سەری دەگرێ

- borer *تەبەدور کونکەر؛ بۆ*

کردنەوەی سەرە شووشان

corkskrew ئامرازێکە لە شێوەی دەرنافیز تەپەدووری سەر شووشەی پێ دەکرێتەوە

corn گەنمەشام(ی)، شامداری

- chandler *بازرگانی دانەوێڵە، دانەوێڵە فرۆش. تەڕاح*

cornea بیلبیلەی چاو

corrosion of - *چاو کولی، خوران یا دامارانی{ڵ} چاو*

corned (خواردنێک) شۆرکراو، خوێکراو

cornelian بەردی بەهاداری رەنگاورەنگ

corner قوژبن، پەنا. تەنگاوی دەکا، لە قوژبنی دەنێ

cornerstone بەردی بناغە. بەردی قوژبن. (بەش، شت)ێکی گرنگ

cornet جۆرە زوڕنایەکە. پەلکە(نان، پسکێت)ی شێوە قووچەکیی شیرمەنی؛ ئایسکرێم

cornflour ئاردی برنج

cornflower رووەکێکی گوڵداری شینی تاریکە بە زۆری لە ناو کێڵگەی گەنمەشامی دا دەڕوێ

cornice (رازاندنەوە، رازێنەوە) یەکی بنمیچی ژوورێک

corolla کوریکە، کۆمەڵی گەڵاکانی گوڵێک

corollary لە ئاکامدا، دەرئەنجام، بەدوادا هاتنی سروشتی

corona خەرمانە؛ ی مانگ، هتد. چەپکێکی (خڕ، بازنەیی، تاج

ئاسا)

coronary خڕ، بازنەیی، تاجئاسا

- arteries *دەمارە (بازنەیی، تاجئاسا)کان (پزیشکوانی)*

coronation تاج خستنە سەر، کردنی بە شا، هەڵبژاردنی

coroner لێکۆڵەرەوەی مردنی ناسرووشتی

coronet (دەسک، چەپک)ە گوڵ، تاجی شازادان

corporal جەستەیی. بە لەش. بەرجەستە، بەرچاو

- punishment *سزادانی لەشیی؛ لێدان، هەڵواسین، کوشتن، هتد*

corporate رێکخراو، یەکگرتوو لە شێوەی کۆمەڵەیەک

corporation کۆمەڵەیەکی یاسایی رێ پێدراو. خانە (یا دامەزراو)ی پیشەسازان

corporeal پەیوەندە بە لەشەوە. بەرجەستەیە

corps کەرت، بەتالیۆن. چەک

corpse کەلاک. تەرم

corpulence قەڵەوی، قەبەیی، قەرافەت

corpulent قەڵەو، قەبە، بە قەرافەت

corpuscle گەردیلە، دنک، دەنک، خڕۆلکە

correct راست (پ؛ هەڵە). راستە، درووست(ە). راستیدەکاتەوە

correction راستکردنەوە. تەمبێ کردن

correctional پەروەردەیی

correctness راستبوون، راستیی، دروستی

correlation پەیوەندی هاوبەش

correlative هاوپەیوەندن

correspond to پەیوەندیدارە بە، دەگونجێ لە گەڵ

correspond with (نامە، نووسراو، هتد) دەگۆڕێتەوە

correspondence گۆڕینەوە (ی نامە، نووسراو، هتد)

correspondent پەیامنێر، رۆژنامەوان. پەیوەندیدار بە، گونجاو لە گەڵ

corridor رێرەو. رێچکە

corrigible چاکدەبێتەوە. دێتەوە سەر رێی راست

corroborant دەرمانی وزە، بەهێزکەر

corroborate دەچەسپێنێ. بەهێزیدەکا. پشتگیری دەکا

corrode ژەنگ دەگرێ، دەخورێ

corrosion خوران، ژەنگگرتن

corrosive ژەنگاوەر، خورەک

corrugate دووقەد دەکا، دەنوشتێنێ (تەوە)، خواردەکا

corrupt بۆگەن(ە)، گەندەڵ(ە)، تێکچوو(ە). گۆڕاو(ە). بەرتیل خۆر(ە). تێکدەچێ، دەگەنێ، دەگۆڕێ. (بەرتیل، خاوە) دەخوا

corruptible دەگۆڕدرێ، لەگۆڕانهاتوو(ە). (خاوە، بەرتیل) خۆرە

corruption تێکچوون. بۆگەنکردن. بەرتیل خۆراردن

corruptness تێکچوون. گۆڕان. بۆگەنکردن

corsair جەردەی دەریا

corset گرێی ناوەندیی

cortex تویکڵ

cortical تایبەتە بە تویکڵەوە. رووکەشی یە، لە سەرەوەیە

corundum (سیمپارە، بڕبەند{گ}، کارتیغ)ی ئاسن لووس کردن

coruscate دەدرەوشێ (تەوە)، دەبریسکێ (تەوە)، دەبریسکێ (تەوە)

coryza پەسیو، هەلامەت

cosine لاڕێژە؛ ڕێژەی لای گۆشەیەک بۆ درێژترین تەنیشتی لا لە هەر سێگۆشەیەکی قیت

cosmetic چەوری و بۆن و ئەو بابەتانەی کە لە قژ (پرچ) و دەموچاو دەسوێنرێ بۆ جوانی

cosmography گەردوونناسی

cosmopolitan جیهانی یە. فرە نەتەوەیی یە

cosmopolite شارێکی فرە نەتەوەیی یە

cosmos گەردوون. هەموو بوون. هەبوون و گیان لەبەرانی

cost بایی، بری. بەها. نرخی بەرهەمهێنان. تێدەچێ(نرخ)

- price *نرخی تێچوون، بەهای بەرهەمهێنان*

costal هی پەل، لایی. تایبەتە بە پەل (یا لا)

costive داهات و دەرهاتی لێک دەداتەوە، تۆماری خۆی رادەگرێ، بە قەد بەرەی خۆی پێ رادەکێشێ

costliness گرانیی. دەگمەنیی

costly گرانە. گرانبەهایە

costume جل. جلی دەرێ، تاقم. جلی نواندن (ئەکتەری)

cosy نایابە، جوانە. فەراحە

cot جۆلانە. کەپر

cote هێلانە کۆتر. ئاخوڕ یا تەوێلەی مەڕ

cotemporary هاوچەرخ (هونەر و وێژە)، تازە. هاوتەمەن

coterie شەوچەرە، کۆڕێکی کۆمەلایەتی

cottage خانوویەکی بەتەنها. کەپرێک یا خانوویەک لە چۆلەوانی

cotter جۆرە سپانە یەکی بە کونە

cotton پەمۆ، پەموو، لۆکە. لۆکەیە، لە لۆکەیە. دەپێچێ. یەکدەگرێ لەگەڵ، دۆستی دەکا

- fabrics *قوماشی لۆکە*

- gin *دەزگای هەلاجی*

- seed *ناوکی پەمۆ*

- wool *پەمۆی تیمارکاری و برینپێچ(ان)*

- yarn *گلۆرە و داوی لۆکە*

raw - *گواڵە پەمۆ؛ پەرە نەکراو، چانەکراو*

couch تەخت، جێخەو. بێشە. درێژدەبێ، پاڵدەکەوێ. چاوی تێدەبڕێ، چاوی لێ یە، دەیهەوێ

cough کۆخە، کۆکە. دەکۆخێ، دەکۆکێ

coughing کۆخین، کۆکین

could (p can) توانیی، بۆی هەبوو. دەتوانیٔ، بۆی هەیە. دەکرا. دەکریٔ. توانای هەبوو

coulter گاسنی هەوجاڕ؛ ی زەوی کێلان

council شوورا

- of ministers *شوورای وەزیران*

councillor ئەندامی شوورا

counsel راوێژ. راوێژکار. راوێژ دەدا

counsellor راوێژکار

count ژمارە. ژماردن، ژمار(ی). کۆنت؛ میر، شازادە (ی نێرینە). دەژمێریٔ

- on *پشتی پیٔ دەبەستیٔ*

countenance روخسار، شێوە. پشتی دەگریٔ

counter (1) (پێشگر، پێشکۆ)یە بەواتای؛ دژە...، بەرامبەر

counter (2) دەزگای ژمێریار. (پەنجەرە، کون، شوێن، هتد)ی (پارەدان، وەرگرتن) لە (بانق، هتد)، شوێن (یا مێز)ی جێبەجیٔ کردنی کارێکی فەرمانڕەوایی

counter (3) بەرپەرچی دەداتەوە، کاردانەوە دژی دەکا. بەرپەرچدانەوە، دژەکاردانەوە

- attack *دژەهێرش. هێرشی بەرپەرچ. دژەهێرشدەکا. هێرشی بەرپەرچدەکا*

counteract دژی کار دەکا. بەرپەرچی دەداتەوە. رێی لیٔ دەگریٔ. تەگەرەی دەخاتە پێش

counterbalance هاوکێشە کردن، هاوتا کردن. لە تەرازوو دان. هاوتا دەکا، هاوکێشە دەکا

counterfeit ساختەیە، ناراستەقینە یە. نارەوایە، نادرووستە. بە (ساختە. نایاسایی) دروستی دەکا

counterfoil بەڵگەی (پارەدان، کڕین)؛ ئەو بەشە بە مۆرەی (چەک، پسوولە، هتد)ی لای کڕیار دەمێنیٔ

countermand (1) (بەرەواژکردنەوە، پێچەوانەکردنەوە، هەڵوەشاندنەوە، بەتاڵ کردنەوە)ی بڕیارێک (ی پێشوو)، هتد

countermand (2) بڕیاری پێشوو (هەڵدەوەشێنیٔ، بەرەواژدەکا، پێچەوانەدەکا، بەتاڵدەکا)(تەوە)

countermarch پاشەکشەدەکا، دەگەڕێتەوە، دەکشێتەوە

counterpane لێفە، پۆشش

counterpart بەشی بەرامبەر، بەشی ئەوبەر. بەشی تەواوکەر. وێنە

counterpoise هاوکێشە کردن، هاوتا کردن. لە تەرازوو دان. هاوتا دەکا، هاوکێشە دەکا

countersign وشەی نهێنیٔ. مۆری نهێنی

countess کۆنت؛ میرخانم، شازادەخانم (بۆ مێینە)

counting ژماردن. سەر ژماردن

countless بێژمارە، لەژمار نەهاتوو

country وڵات، نیشتیمان. لادیٔ، دەشت

- house *خانووی لادێ، خانووی لەشاربەدەر*

countryman هاووڵات (ی)

county ناوچە. بەڕێوەبەریی، فەرمانڕەوایی. هەرێم

couple جووت، جۆت. دوو. جووت دەبن. جووتیان دەکا

a - of weeks *دوو هەفتە. دوو هەفتەیەک*

couplet کۆپلە (ی هەڵبەست)، جووتێک

coupling جووتکردن، جۆتکردن. لێکدان (ی دوو شت). پەیوەند

coupon کۆپوون، کۆپین. پسوولەی ئازووقە وەرگرتن (یا کرین)

courage ئازایی، نەبەردیی

courageous ئازا، ئازایە

courier نەفەر و بار گوێزەرەوە

course ڕێ، ڕێچکە. درشت، زبر. گۆڕەپان (مەیدان)ی یاری. ژەمە نان. ڕێباز (ڕێچکە) یێکی خوێندن

- fish *ماسی خەراپ*

- grain *دەنک درشت، زبر*

in the - of *لە ڕێڕەوی، بە درێژایی*

of - *ئەلبەتە! بێگومان! سروشتی یە!*

courser ئەسپی تەراتێن، ئەسپی غار

court دادگا. یاریگە. گۆڕەپان

- martial *کۆمیتەی لەشکری. دادگای سەربازی*

- of first instance *دادگای سەرەتایی*

- of inquiry *شوورای لێکۆڵینەوە*

- representative *نوێنەری دادگایی*

tennis - *یاریگەی تێنس؛ گۆڕەپانی یاری تۆڕیزەوی*

courteous بەڕەوشت(ە). ڕووخۆش

courtesan ئافرەتێ لەشی خۆی بفرۆشێ

courtesy ڕەوشتپاکی. ڕووخۆشی

courtliness قسەخۆشی، ناسکی، ڕووخۆشی

courtly ڕووخۆش، ڕووگەش

courtship دلْداری، مەیلکردن

cousin ئامۆزا

second - *ئامۆزازا، بنعام؛ (کوڕ (یا کچ)) ی (کچ (یا کوڕی))ی (مام، پلک، خاڵ، هتد)*

covenant پەیمان، پێکهاتن

covenanter پەیماندەر، پێکهاتوو

cover بەرگ. سەرپۆش. حەشارگە. پاراستن. دادەپۆشێ. حەشاردەدا. دەپارێزێ

- a distance *ماوە دەبڕێ (دەڕوا)*

- girl *وێنەی کیژگەی سەر بەرگ (ی پێشەوەی گۆوار و ڕۆژنامان)*

covering داپۆشتن، داپۆشین.

بەرگ. پۆشش

covert حەشارگە، پەنا. نهێنی، شاراوە

covertly بەنهێنی، لەپەنا (ڕا)

covet حەسوودی پێدەبا. چاوی تێدەبڕێ

covetous حەسوود، چاوبرسی

covey ڕەوە مەل، کۆمەڵێک جووجکە

cow چێڕ، مانگا

coward ترسنۆک

cowardice ترسنۆکی

cower چۆکدەدا(تەوە) (نەوەک بەزین یا وازهێنان)، دەنوشتێتەوە سەر چۆک

cowhide کەوڵە مانگا، پێستی گا. قامچی. کەوڵدەکا

cowl کڵاو، کڵاو (ی قاپووت)

coxcomb خۆبەزلزان. مەخمەڵ

coxswain شوفێری کەشتی

coy شەرمن. لاچەپ، شوێنی لاچەپ

coyly بەشەرمەوە

cozen فێڵی لێ دەکا، تەفرەی دەدا

cozy [US] cosy

crab (1) قرژار، قرژاڵ

crab (2) گوەیژ، گێوژ. کەسێکی (ڕووگرژ، ترشوتاڵ)

crab (3) نیشانەی بورجی چوارەمی ساڵە

crack درز، دەرز، کەلێن، کون و کەلەبەر. درزدەدا، دەرزدەبا، دەتەقێ

cracker گوێز شکێن. تەقتەقەی ئاهەنگان، تەقینەوەی شایی و جەژنەان

crackle تەقتەقەی ئاهەنگان، تەقینەوەی شایی و جەژنەان

cradle لانک، بێشک(ە)، جۆلانە. دەهەژێنێ

craft پیشەی دەستی. دەستکرد. ژیری

craftiness ژیری. فێڵبازی

craftsman خاوەن هونەر، هونەرمەند. پیشەگەر، پیشەساز

crafty فێڵباز، تەڵەکچی

crag لووتکەی شاخ، سەری بەردێ(ک)، نووک

cram تێدەپەستێ. بەپەلە دەخوا

cramp دەمار ڕەقبوونی کاتی. گیرە، قولاب(ە). تەگەرەی دەخاتە ڕێ. تێی دەوەستێ، لە دەماری دەوەستێ. دەبەستێتەوە

crampon قولابی بار بەرزکردنەوە (بڵندکردن)

crane ئامێری بەرزکردنەوە، سلێنگ. تەماشادەکا (بە مل درێژ کردنەوە)

cranial هی کەللە سەرە، تایبەتە بە کەللە سەر

cranium کەللە سەر

crank قۆڵی مەکینە. دەمدەم، ڕەوشت گۆڕاو

cranky دەمدەمی یە، جێی بڕوا نی یە

cranny درز. کون. هەرەپاس، ملهوڕ

crape جلی ڕەش (ی ماتەمینی (تازیەباری))

crash شکان. تێکشکان. کەوتن.

مایەپووچ بوون. دەشکێ، تێک دەشکێ. دەکەوێ. مایەپووچ دەردێ (دەبێ)

crate سەبەتە، قەفەز. لە قەفەز دەنێ

crater گەرووی بورکان (یێک)

craunch دەجوێ (یا کاوێژ دەکا) بە (مرچەمرچ، ملّچەملّچ)

cravat ملپێچ

crave نەوسی دەکرێتەوە، نەوسی هەلّدەستێ

craven ترسنۆک

craving نەوس هەستان، ئارەزوو کردن، تەوق کردن (بۆ خواردن، جگەرە، هتد)

craw زیخلّدان، جیقلدانە، جیکلدان

crawfish جۆرە روبیان یێکی گەورەیە

crawl دەخشێ، خۆی رادەکێشێ. لە سەرەخۆ دەڕوا

crayfish جۆرە روبیان یێکی گچکەیە

crayon خامەی تایبەت بە وێنە کردن

craze شێتی، ئارەزووی شێتانە، تامەزرۆیی. شێتی دەکا

crazy شێت، دین. گێل

creak (جیرە، چیرە، دەنگ)ی دوو شتی لێکخشاو. جیرەجیر دەکا

cream کەرە. سەرتوو، سەرتوێژ. رۆن (ی لەش چەورکردن و هتد)، کرێم. چەور دەکا. بە کەرەی دەکا

creamery کارگەی شیر، کەرە، پەنیر، هتد

creamy وەک کەرەیە، لە کەرە دەچێ. چەور، چەورە

crease لۆچ، قەد، خوار. لۆچ دەکا. لۆچ دەبێ

create دروست دەکات. دادەهێنێ. دێنێتە کایەوە. دەبێتە هۆی. پێکدەهێنێ

creation درووست بوون، پێکهێنان. پێکهاتن

the - *گەردوون. بوون، هەبوون*

creative داهێنەر(انە(یە)). کارئەنداز(انە(یە))

creator درووستکەر. داهێنەر

creature زیندەوەر، گیان لەبەر. مرۆڤ، مرۆ

credence بڕوایی. بڕوا پێکردن

credential(s) (بەلّگەنامە، سەرچاوە)ی بڕواپێکردن

credible جێبڕوا(یە)، بڕوا پێکراو(ە)

credit پارەدان. بڕوا، متمانە. رێز. دەداتێ (قەرز و پارە). بڕوای پێدەکا

- balance *تۆماری چەند هەبوونت لە بانق*

- note *تۆمارنامەی مانگانە یا سێ مانگ جارێک لە بانقەوە*

- slip *پەڕیلکە ی (بەلّگەی) پارە نواندن لە بانق*

on - *بە قەرز، بۆ ماوەیەک. بە ماوە. لە سەر تۆمار*

creditable بڕواپێکراوە، جێبڕوایە. ناوبانگی باشە، بەناوبانگە

creditor قەرزدەر

credulity خۆشبڕوایی، دلّپاکی،

سادەیی

credulous خۆشبڕوا(یە)، دڵپاک(ە)، سادە(یە)

creed بیروباوەڕ، مەزەب، ئایین. یاسای باوەڕی عیسایی (فەلە، دیان)

creek خڕ، روباری بچووک. دۆڵ (یا کەند)ی باریک و قوول

creep دەخزێ. دەخشێ. هەڵدەگەڕێ. هەست بە سری (سربوون) دەکا(ت)

- into *دەخزێتە ناو، دەخشێتە ناو؛ دەچێتە ناو*

creeper (روەکی) هەڵگەڕاو، روەکی خشاو

cremation سووتاندن (ی لاشەی مردوو؛ لە هەندێ ئایین و ولاتان)

Creole وەچەی خەڵکی سپی لە ولاتانی (دی، داگیرکراو). دورە؛ کەسێکی (رەگەز) تێکەڵ

crepitate (تەقەتەق، تکەتک) دەکا

crepitation قۆڕەی ناو زگ. (تەقەتەق، تکەتک)دەکا

crept خزا. خشا

crepuscular تاریک و روون، بەرەبەیان. کەم ئاشکرا، نادیار

crescent نەومانگ، مانگی تازە. کەوانە (ی مانگی تازە). تازەپێگەیشتوو، شینبوو. گەشەکردوو

Red - *مانگی سوور؛ دامەزراوی فریاگوزاریی ئیسلامی*

cress کوزەرە، کووزەڵە. تەرەتوورە

crestfallen ورەبەرداو. سەرشۆڕ، شەرمەزار

cretaceous گەچاوی یە، لە گەچە. رەنگێکی خاکیی کاڵ (کراوە)

cretin مێشک (لاواز) کز و لەش (جەستە) شێواو

crevice بۆشایی

crew تاقم، تیپ. بانگ دەدا، بانگدەکا

crib لانە

cribble هێڵەگ، بێژنگ. لە (هێڵەگ، بێژینگ) دەدا

cricket یاری کریکت. جۆرە سیسرکە یەکە؛ رەشە و بە شەو دێتە دەر(ێ)

crier بانگرادێر، بانگدەر، هاوارکەر. دەلاڵ، فرۆشیاری بە بانگەواز، بانگرادان بۆ کرین

crime تاوان. گوناە

criminal تاوانبار. تاوانکەر. پەیوەندە بە تاوانکاری یەوە

criminate تاوانبار دەکا بە. دەخاتە تاوانێکەوە، تاوانی دەداتە پاڵ

crimination تاوانبارکردن. تاوان دان. تاوان خستنە پاڵ

crimson قرمز. سوور، قرمزی

cringe کورژدەبێتەوە؛ لە ترسان. چۆکدەدا(تەوە)، دەنوشتێتەوە سەر چۆک

crinkle پێچ، قەد، نوشتان(ەوە) . لۆچ دەبێ. لۆچ دەکا

cripple داهێزراو، پەک کەوتوو، بێ توانا. دادەهێزرێ، پەکی دەکەوێ. بێ توانا دەکا

crisis تەنگوچەڵەمە. تەنگانە. دەسکورتی. قەیران

crisp رەق و وشک و ناسک

criterion مەرج (یەک) (تاک). پێوەر، تەرازوو

critic رەخنەگر، لێکۆڵەرەوە

critical یەکلا نەبووەتەوە. لە مەترسی دایە. رەخنەگرانە یە

criticise رەخنە (دەگرێ. دەکا) . گلەیی لێ دەکا

criticism رەخنە، گلەیی. بەهەڵە خستنەوە

croak دەنگی بۆق. قغەقغی قەلەڕەش. دەنگی دێ (بۆق، قەلەڕەش)

crochet قولاب

crockery هیربار، قاپ و قاچاغ؛ پێویستی یەکانی چێشتخانە و نانخواردن

crocodile تیمساح

- tears *فرمێسکی بە درۆ*

croft کێڵگە یا بێستانی پەرژینکراو

crone پیر، پیرەمێرد

crook تەڵەکەباز، فێڵباز. چەمانەوە، کووڕی

crookbacked کووڕ، چەماوە. پشت کووڕ

crooked گێر، خوار، کەچ، چەوت. رەوشت چەوت

crop دروونە، دروێنە. دەغڵو دان، داهات. دروونە دەکا، دروێنەدەکا. دەقرتێنێ. هەڵدەپاچێ، هەڵدەقاچێ

- out *دەردەکەوێ، سەردەردەکا*

- up *شیندەبێ. لەکاو بەدەردەکەوێ، لەپڕ دەردەچێ*

croquet یارییێکە، گەمەکە

cross خاچ. تێکپەڕیو. بەپانی. دەیبڕێ، تێک دەپەڕن. دەپەڕێتەوە. تێدەپەڕێ

- examination *لێکۆڵینەوەی شایەدان*

- examine *لە گەڵ (زیاد لە یەک کەس) دەکۆڵێتەوە*

- eyed *خێل*

-ed cheque *چەکی نیشانەکراو؛ چەکێکە تەنها بۆ خاوەن ناوەکەی سەری دەبێ*

Red - *دامەزراوی خاچی سوور*

crossing شوێنپەڕینەوە، دەربەند، پرد. دووڕیان. پەڕینەوە. تێکپەڕین وەیا تێکپەڕاندنی رەگەزان

crossly بەتووڕەییەوە

crosswise بەپانی، بەپانایی

crouch دادەنیشێ، هەڵدەنیشێ

croup (1) (قوڕگ، لوولە)ی سیی منداڵ سووتانەوە؛ هاوڕێ لەگەڵ (کۆخە، کۆکین)

croup (2) پاشەڵ؛ ی ولاغ، هتد

crow قەلەڕەش. بانگی کەرەباب (کەڵەشێر). بانگدەدا. خۆی هەڵدەکێشی

crowbar باریە؛ ئاسنێکی تۆزێک درێژە سەرێکی دوو فلیقەیە

crowd قەڵەبەڵغی، خەڵک. کۆمەڵدەبن، خڕدەبنەوە. شلۆقی درووست دەکەن

in -s *بە لێشاو، خەڵکێکی زۆر*

crowded قەڵەبالغە، چڕە،

پرە

crown کاسە، تاج. مەملەکەت، دەوڵەت، موڵک. هی میر، هی دەوڵەت، دەولەتییە

- *a tooth* *کڵاو بۆ ددان دەکا؛ لە زێڕ (یا شتی تر)ی دەگرێ*

- *prince* *جێگر(ەوە)ی شا یا مەلیک؛ شازادەیەک کە شوێنی شا بگرێتەوە*

- *solicitor* *داواکاری گشتی، سزایار، داواکاری سزا*

crowning کاسە خستنە سەر، تاج کردنە سەر، کردنە شا، بوون بە میر

crucial گرنگە

cruciate لە شێوەی خاچ. ئازار دەدا

crucible تاقیکردنەوەی سەخت. بۆتەقە

crucify لە داری دەدا؛ لە دار (شێوەی خاچ)ی هەڵدەواسێ. قوربانی دەکا (یا دەدا)

crude خاو (دروست نەکراو)، خام. نەزان، گێل. نەگەیو، خاو (میوەی نەگەیو)، کارک

- *language* *زمان (قسە)ی ناشیرن، جوێن، جمێن*

- *oil* *نەوتی خاو*

crudeness خاوی؛ خامی. نەزانی، سادەیی، گێلی. (کارک، خاو)یی میوە

cruel توند، رەق، بێ بەزەیی

cruelty توندی، رەقی، بێ بەزەیی بوون

cruet تاقمێک شووشەی بچووکی؛ (خێ، بیبەر، بەهارات، هتد) دان. سەبەتەی ئەم تاقمە

cruise گەشتی دەریایی دوور و درێژ. گەشت دەکا (بە دەریادا)

cruiser کەشتیی جەنگیی خێرا

crumb پارچە نان، کەرتە نان، کەرتکە نان، پەلکە نان

crumble تێدەکوشێ. تێک دەپچڕێنێ

crumple تێکدەشکێنێ، خوار و خێچ دەکا. تێکدەچێ. دەکەوێ

crunch قەمپاری لێدەدا، دەیجوێ (بەدەنگەوە)

crupper قایشی (بن کلک؛ دەورەی ران)ی کورتانی ولاغ. (پاشەڵ، پشتەوە)ی (ئەسپ، هێستر، هتد)

crusade شەڕ(ەکان)ی خاچداران، جەنگی خاچ هەڵگرەکان، خەباتی ئایینیی عیسایی. بۆ خاچ تێدەکۆشێ

cruse مەسینە. شەربە. جەڕە

crush تێکشکان. هاڕین. بەرکەوتن، پێکەوتن. قەڵەباڵغی. تێک دەشکێ(نێ). دەهاڕێ، دهێڕی. رێی خۆی دەکاتەوە

crust توێکڵ. نانە رەق، پەلکە نان. چینی دەرێ، قەتماغە. وشک دەبێ (تەوە)، رەق دەبێ. دادەپۆشێ بە قەتماغەیەک. وشک دەکاتەوە

crustacea گیان لەبەرە توێکڵ (پەلک) دارەکان؛ قرژاڵ و ئەوبابەتانە

crusty وەکو توێکڵ، رەق. وشک. وەکو برێشکە

crutch گۆپاڵی (پیران، شەلان). داردەستی لاق شکاوان. خۆی

پێوە دەگرێ، هەڵدەپەسێرێ

cry گریان، گرین، گریە. هاوار. بانگ. دەگریێ. بانگی دەکا. هاوار دەکا

- down *زەم دەکا، باسی دەکا (بە خەراپە)*

- off *کشایەوە، خۆی کێشاوە لە*

- up *ستایشی دەکا، باسی دەکا (بە چاکە)*

a far - *جیاوازی(ەکی) زۆر(ە)، درێژ خایەن*

within - *نزیک(ە)، دەنگی دەگاتێ، دەنگ دەیگاتێ*

crying هاوارکردن. بانگکردن. لوورە، وەڕین

crypt ژێرزەمین، بن گوومەت

crystal بەلوور(ە)، ڕۆن، بێگەرد، کریستاڵ

crystalline بەلورییە، ڕۆنە، بێگەردە

crystallise لە 'شلە'وە دەکاتە بەلور. ڕەق و وشکی دەکاتەوە؛ دەبێتە دەنکە بەلوری ڕۆن و بێگەرد

cub بێچووە شێر، فەرخە شێر، دێو، هتد

cube شەشپاڵو. زاری تاوڵە، قومار، هتد

cubic شەشپاڵویی(ە)

- unit *یەکەی سێجا؛ یەکەی پێوانی قەوارە، م٣، سم٣، هتد*

cubism وێنە و نەخشە کێشانی شەشپاڵویی (تەکعیبی)؛ ڕێبازێکی هونەرییە

cubit ئێسکی باڵ{ر}، قۆڵ{ر}. باڵ{ر}؛ یەکەیەکی کۆنی پێوانی درێژییە

cuboid شێوە شەشپاڵو، نیمچە شەشپاڵو. جەستەیەکە شەش دەوری بە شەش لاکێشە (ی هاوتەریب) گیرابێ

cuckoo مەلێکە لە وێنەی باشووکە. کەمزان، گەمژە

cucumber ئاروو، خەیار

cud کاوێژ؛ خواردنی نیوە هاڕاوی دووبارە جواوە

cuddle هەمێز، ئامێز، باوەش. (هەمێز، ئامێز، باوەش)ی لێدەدا، (لە هەمێز، لە ئامێز، لە باوەش) دەگرێ، دەگرێتە (باوەش، ئامێز)

cudgel تێلا، مەترەق، دەکوتێ بە تێلا

cue نیشانە، کلیل. کلک. داری گەمە (ی بلیارد، پووڵ، هتد)

- ball *دەسکەلا، شاکەلا*

cuff (1) دەوروبەری قوپچەی سەردەست؛ ی کراس

cuff (2) زللەی لێدەدا؛ بە ناوپەل. زللە

Cufic دەستخەتی کوفی

cuirass قەڵغان

culinary پەیوەندە بە چێشت لێنان و چێشتخانەوە

cull ئاژەڵێکی پەککەوتە، ئاژەڵێکی لە کەلک کەوتوو (بێ کەلک). هەڵدەبژێرێ

culminate (ڕۆژ، ئەستێرە، هتد) دەگاتە ئەو پەڕی بەرزیی. دەگاتە بڵندترین خاڵ

culmination گەیشتن بەو پەڕی بەرزی، گەیشتن بە بڵندترین خاڵ

culpability تاوانبارکردن.

تاوان دەکا

culpable تاوانبارکراو. تاوانبار

culprit تاوانبارکراو؛ (بە. لە) دادگا

cultivate کشتوکاڵ دەکا، دەچێنێ، شین دەکا. پەروەردە دەکا. بەخێو دەکا

cultivation کشتوکاڵ کردن، چاندن، شینکردن. پەروەردە کردن. بەخێوکردن

cultivator جووتیار، باغچەوان. ئامێری گیا هەڵکەندن

culture کەلەپوور، کەلتوور، نەریت، داب؛ زمان و ئایین یش دەگرێتەوە. پەروەردە(کردن). شارستانی بوون. کشتوکاڵ

culvert کارێز، جۆگەی سەرگیراو، جۆگەی گوومەتکراو

cumber تەگەرە، رێگر. تەگەرە دەخاتە رێی، رێی لێ دەگرێ

cumbersome نارێکە، قەبەیە. ناهەموارە. دژوارە

cumin جۆرە رووەکێکە؛ کە تۆوی بۆندار (دەدا، دەکا)

cumulate کۆکراو، کۆمەڵکراو. کۆدەکاتەوە، کۆمەڵ دەکا

cunning ژیری، وریایی. ژیر، وریا. فێڵباز

cup جام، پەرداغ{ب}، تاس. (جام، تاس)ی خەلات (ی بردنەوە)

- bearer *ساقیی مەیخانە*

- board *دۆلاب*

challenge - *خەلاتی یاری یەکان، خەلاتی کێبەرکێکان*

cupid خوای خۆشەویستی، پەیامبەری ئەوین؛ لای رۆمانەکان

cupidity چلێسی، نەوسنی، پارەپەرستی، تامەزرۆیی، تەماحکاری

cupola گومبەت، گوومەت، سەربانی (گرد) خڕ. فڕنیی تواندنەوە

cur سەگ. زۆڵ

curable چارەسەری هەیە، چادەبێتەوە، لە چارەکردن دێ

curate قەشە

curative تیمارکەرە، دەرمانە

curator نوێنەر، جێگر. بروا پێکراو، پاسەوان. بەرپرسیار

curb لغاو، جڵەو. رۆخ (یا لێوار)ی بیر. رۆخی شۆستە. بەرگری، پەرژین. سنوور. پەرژینی دەکا، سنووری بۆ دادەنێ، رۆخی بۆ دادەنێ

curd دۆ. ماست. خەستدەکات. (پەیت، توند، خەست، تیر) دەبێ

curdle دۆ دروست دەکا. خەست دەبێ

cure چارەسەر، سارێژ، تیمار. (چارەسەر، سارێژ، تیمار) دەکا. خوێ دەکا

curette چەقۆی نەشتەرگەر. برین (دەڕنێ، پاکدەکاتەوە)

curfew (کات، ماوە)ی قەدغەی لەماڵ دەرچوون

curiosity خۆ تێ هەرقورتان(دن) . ئارەزووی (پێ) زانین

curious خۆ تێ هەڵقورتێنەر

curl لوول، گروازە. بسک. لوول دەکا. لوول دەبێ

curlew جۆرە باڵندەیەکی

دەنگخۆشە

curly لوول(ە). (پرچ، قژ) (لوول، بەگروازە)یە

curmudgeon رەزیل. کەم

currant خۆشاوی تری، نۆشاوی تری

currency دراو، پارە (و جۆرەکانی). تازەیی. بەردەوامی

hard - *دراوی زێرین؛ پارەیەک کە بە گران پەیدا کراوە (یان دەکرێ)*

current (1) تازە، ئێستاکی، هەنوکەیی. ئاوەڕۆ (ی روبار، جۆگە، هتد)

electric - *تەزووی کارەبا*

current (2) هاتوچۆی (تەزوو، وزە)ی کارەبا بەناو وایەر دا

currently لەمکاتەدا، ئێستاکینی، هەنوکانی

curriculum بەرنامەی خوێندنی سەرتاسەری قوتابخانان

- vitae *کارنامەی کەس(ێک)، کورتە ژیاننامەی کار*

currier دەباغ؛ دروستکەری کەوڵ{ر} بە خۆشکردنی پێستە

curry (1) خواردەمەنیی بە (کاری، بەهارات)ی هیند(ستان)ی

- powder *(تۆز، ئارد)ی کاری*

curry (2) ئەسپ شانە دەکا. (کەوڵ، پێستە) خاوێن و لووس دەکا

currycomb (شانە، دەزگا)یەکی کەلکەلە؛ بۆ ئەسپ شانە کردن

curse نەفرەت. نەفرەت دەکا

cursed نەفرەتکراو، نەفرەتلێکراو، شووم

cursive نوسینی (پێکەوەلکاو، (پیت)لێکدراو)

cursor جێپیت؛ نیشانەی هەمیشە تروکاوی سەر جامی کۆمپیوتەر، شوێنی دانانی پیتی داهاتوو دیاری دەکا

cursory بێ وردبوونەوەیە، پەلەلێکراوە

curt کورت، کورتە. هیشک (وشک)

curtail دەبڕێ، قوتدەکا. بە کورتی دەدوێ

- dog *سەی کلک قوت، سەگی کلک بڕاو*

curtain پەردە

curtsey نوشتانەوە (یا داهاتنەوە) بۆ رێزلێنان و سڵاو

curtsy نوشتانەوە (داهاتنەوە)ی رێزلێنان و سڵاو

curvation کەوانی کردن، چەماندنەوە، خوارکردنەوە

curvature چەمان، خواری، کەوانی

curve کەوان(ە). پێچ، چەمان، خوار.دەچەمێنی، خواردەکا

curvet باز، قەڵەمباز، هەڵبەزین. بازدەدا، هەڵدەبەزێ (تەوە)

cushion بالیف، سەرین. کوشین

cusp ددانە، کەڵب. خاڵی بە یەک گەیشتنی دوو کەوان

cuspidate نووک تیژ. بە ددانەیە، کەڵبەی هەیە

custard شیرنی یەکە لە شەکرو هێلکەو شیر درووست دەکرێ،

کاستەر

custodian نوێنەر، جێگر. پاسەوان. بەرپرسیار

custody دەسبەسەری، بەندی، زیندانی. پاسەوانی کردن، بەرپرسیاربوون، ئاگاداری کردن

custom خوو و رەوشت. رەفتار. گومرگ. راداں، دەستکرد

- house *خانەی باج؛* گومرگ

-s *گومرگ، پوول و رێ و رەسمی* گومرگی

customary ئاسایی، باو، کارپێکراو

customer کڕیار، مەعمیل

cut (1) (شت، قژ، پرچ، هتد) برین. هەرزان کردن، نرخ داگرتن. کورتکردنەوە، برین. دەبڕێ. هەرزان دەکا. بەروبووم (دەبڕێتەوە، لێدەکاتەوە)

- a canal *جۆگە لێدان*

- a pen *قەڵەم دەتاشێ*

- a person *پشتگوێی دەخا. نایدوێنێ (بە هۆی توورەبوونەوە)*

- down *کەمدەکاتەوە لە(خواردن، جگەرە، هتد)*

- off *دەبڕێ. دەبڕێتەوە. کورت دەکات(ەوە)*

- out *دەگرێتەوە*

- price (adj, v) *هەرزان* دەکا. *هەرزان کراو*

- throat (adj) *بکوژ، خوێن رێژ*

a short - *کورتە رێ؛ ئەگەرچی رەنگە مەترسی یا ناهەمواری*

دەبڕێ. هەرزان دەکا. بەروبووم (دەبڕێتەوە، لێدەکاتەوە)

زیاتر بێ

cut (2) برین، بڕین. بریندارەکا (بە برین)

cutaneous (adj) پەیوەندە بە پێستەوە، تایبەتە بە رەنگ و روو

cute تیژ. بیر تیژ. زیرەک

cuticle پێست. رەنگ و روو

cuticular پەیوەندە بە پێستەوە، تایبەتە بە رەنگ و روو

cutlass خەنجەر (ی دەریاوانان)

cutler سازکار (یا فرۆشیار)ی ئامرازەکانی برینەوە و لەتوپەت کردن؛ چەقۆ، هتد

cutlery ئامرازەکانی بڕینەوە و لەتوپەت کردن؛ چەقۆ و ئەو بابەتانە. شتی زیوین

cutlet (گۆشت، ئێسک)ی برگەی پشتی مل؛ ی بەرخ، مەر. (پارچە، تیکە)یەکی بچووکی گۆشتی گۆلک، هتد؛ بۆ برژاندن

cutpurse هەگبە (جانتا) رفێن، گیرفانبڕ، دز

cutter بەرگدرو، مقەسدار. تیغ. پسێنەر، پچڕێنەر

cutting بڕین. تیغە، تییژە. بریندار دەکا. پارچە

cuttlefish گیانلەبەرێکی بێ بربڕەی دە (بازوو، قۆڵ)دارە

CV کورتکراوەیە بەواتای؛

= *Curriculum Vitae* *کارنامەی کەس(ێک)، کورتە ژیاننامەی کار*

cyanide سیانایـد؛ ژەهرێکی کوشندە یە؛ لە (دەرهێنان، پالاوتن)ی زێڕ و زیو بەکاردێ

cyclamen بخوور؛ بۆنی خۆش

cycle خول، سووڕان. بازنە. دوچەرخە دەهاژوا، پاسکل لێدەخوڕی

- *of action* *خول(ێکی)ی مەکینە*

- *rate* *خێرایی خولانەوەی مەکینە، خێرایی سووڕانەوەی دەزگایەک*

cyclic(al) خولی یە، دەسووڕێتەوە، بە دەورانە

cyclist سواری دوچەرخە، پاسکل سوار

cyclo- (پێشگر، پێشکۆ)یە بەواتای؛ بازنە، خول، لوول، بازنەیی

cycloid شێوە بازنە، لە شێوەی بازنەیە. کەوانەیی

cyclometer خولژمێر

cyclone گەردەلول. رەشەبا

cyclopaedia = encyclopedia

cyclopean زەبەلاحە، فرە مەزنە. ئەفسانەیی یە

cyclopedia = encyclopedia

cyclotron ئامرازێکە بۆ خێرا سووڕاندنەوەی (ئەلیکترۆن، هتد) لەناو بوارێکی موقناتیزی

cygnet (جوچکە، فەرە؛ فەرخە) قاز

cylinder لوولە (ماتماتیک؛ بەرجەستەکان). ستوون

cylindric(al) لوولەیە (ماتماتیک؛ بەرجەستەکان). ستوونی یە

cymbal(s) ئامێرێکی ئاوازە؛ لە شێوەی دوو سێری مسی بەرامبەر یەک؛ پێکدادەرێن

cynic(al) کەسێکی رەشبین بەرامبەر سروشتی مرۆڤ. گاڵتەچی (لە دوان یدا) بە ژیان و خەڵکی کە

cynicism گاڵتەکردن، گاڵتەجاڕی

cypher = cipher

cypress داری (هەمیشە سەوزی) سەرو

Cypriot(e) سایپرۆسی، قوبروسی، قیبرسی

cyst شانەیەک، کیسێکی بچووک. میزڵدان

cystitis بریندداربوون (نەخۆشی)ی میزڵدان

cystoscope دووربینی میزڵدان؛ دووربینێکی پزیشکیی باریک و درێژ و بچووکە، لە رێگەی کونی میزەوە دەگەیەنرێ بە میزڵدان

cytology (خانە، شانە)ناسیی زیندەوەر(ان)، زانستی (خانە، شان)(ان)

czar = tsar

Czech (هاووڵاتی، نیشتەجێ)ی (وڵات، کۆمار)ی چیک؛ بەشێکبوو لە چیکۆسلۆڤاکیا ی کۆن

***** D *****

d ژماره ٥٠٠ لە سیستەمی ژماردنی رۆمانی. چوارەم پیتی ئەلفبێ ی ئینگلیزی یە
D Phil کورتکراوەیە بە واتای؛ *خاوەن بەڵگەنامەی دوکتۆرا لە تیێرێکی (بیێر، کۆمەڵ، هتد)*
D.Phil. کورتکراوەیە بە واتای؛ *خاوەن بەڵگەنامەی دوکتۆرا لە تیێرێکی (بیێر، کۆمەڵ، هتد)*
dab لێدان(ێک)ی بە نەرمی. جی یەکی نەرم. لێدەدا بە نەرمی
dabble دەپرژێنێ (بە ئاو)، دەرشێنێ بە ئاو. یاری بە ئاو دەکا. پچرپچر کاردەکا، ناوەناوە کاردەکا
dace جۆرە ماسی یەکی ناو ئاوی شیرنە (هی روبار(ان))
dactyl برگە، کێش (ی شیعر، هۆنراوە، هەڵبەست)، پەنجە
dactylo (پێشگر، پێشکۆ)یە بە واتای (پەنجەیی)
dactylology زمانی کەڕ و لاڵان، زمانی پەنجە (یا نیشانە و هیما)
dad باب، باوک، باو
daddy بابە، باوکە، باوە. باوکانە
dado بەشی خوارەوەی دیوارێکی ناوەوە. دامێن؛ ی ستوونێک؛ لە بناغەوە تا بەرزییەکی کەم
daffodil گولە نێرگز
dagger خەنجەر
dahlia جۆرە گولێکە
daily رۆژانە. هەموو رۆژێ
- paper(s) *رۆژنامە و گۆڤارەکانی رۆژ*
daintiness جوانی، ناسکی، نەرمی
dainty جوانە، ناسکە، نەرمە
dairy کارخانەی بەرهەمەکانی شیر
- products *بەرهەمەکانی شیر؛ ماست، پەنیر، کەرە، قەیماغ، سەرتوو (سەرتوێژ)، دۆ، ماستاو، فرۆ، کەشک، هتد*
daisy جۆرە گولێکە
dale دۆڵێکی بچووک، بەست (دەم روبار)
dally یاری لەگەڵ دەکا، رادەبوێرن. دوادەخا. هێواشدەکا. بەڵێن دەشکێنێ، بەڵێنی درۆ دەدا
dam بەربەست (ی ئاو). گۆل. دایکانە (بۆ ئاژەڵ)
damage تێکچوون. زیان. تێکدەدا، زیاندەدا
damages قەرەبوکردنەوەی زیان (یا تێکچوون)ی شتێک
Damascus شام، دیمەشق (پایتەختی سوریە)
damask جۆرە کوتاڵ (قوماش)ێکی بە ناوبانگی دیمەشقە
dame خاتو، خانم، خاتوون
damn نەفرەت. نەفرەت دەکا
damnation ئازاری دۆزەخ. سەرنەکەوتنی شانۆ یەک
damp تەڕ، شێدار. تەڕە، شێدارە

dampen تەڕدەکا، شێداردەکا

dampish مەیلەو تەڕ(ە)، شێدار(ە)

dampness تەڕی، تەڕاتی، شێداری

damsel کیژۆڵە، پەری

damson جۆرە روەکێکە. رەنگی مۆری (تاریک، تۆخ)

dance سەما، هەڵپەڕین، هەڵپەرکێ، شایی، دیلان. سەمادەکا، هەڵدەپەڕێ

dancer سەماکەر. تیاترۆ

dandelion روەکێکی کێویی گوڵ زەردە

dandle لایەلایەی بۆ دەکا (بۆ منداڵ)

dandruff تفر، قرێژ (ی پرچ (ی سەر))

dandy (کەس؛ پیاو)ێکی (خۆرازێنەوە، لەخۆ خەفتی). شتێکی (بالا، بلند، بەرز، نایاب)

danger ترس، مەترسی

dangerous ترسناک، مەترسیدار

dangle شۆردەبێتەوە (پێدا)، خاو دەبێتەوە. لەدەورەی دەسوورێتەوە، دەور و پشتی دەدا

daphne جۆرە (بنج، روەک)ێکی گوڵدارە

dapper سووک(ەڵە)، چالاک

dapple خاڵخاڵ{ر-ر}، جنجر، بەرەک{ڵ}، پەڵەدار{ر}. (خارخار{ڵ-ڵ}، پەڵەپەڵە)ی دەکا

dare وێران. دەوێرێ

- *say* *لەوانەیە، بۆی هەیە، دەکرێ بگوترێ*

daredevil بوێر(ە)، ملهوڕ(ە)، بەجەرگ(ە)

daring بوێر، بەجەرگ، ئازا. بوێرانە، بەجەرگ، ئازایانە

dark تاریک، تاری. رەنگی تۆخ

- *ages* *چەرخە تاریکەکان، سەدەکانی ناوەڕاست*

- *coloured* *رەشتاڵە، رەشتارە. تۆخە*

- *eyed* *چاورەش*

darken تاریکدەکا. تاریکدەبێ. (رەنگی) تۆخ دەکا

darkish مەیلەو تاریک. مەیلەو تۆخە

darkness تاریکی، تاریکایی. تۆخی

darksome تاریکە. تۆخە

darling گیانە(کەم)!. خۆشەویست، ئازیز، دڵخواز

darn پینە دەکا؛ بە چنینەوە. نەفرەت دەکا. (بە) نەفرەتکراو (ی). نەفرەت. (شوێنی) پینە (کراو)

darnel (گیا، دڕک و داڵ)ی (نەخوازراوی) ناو (کێڵگە، دەغڵودان، باخچە، هتد)

darner نەفرەتکەر

dart چوزە (یا چوزەرە)ی مێش (هەنگ (وین)). تیرۆکەی یاری ناوماڵ(ان). هەڵدەکوتێ(ت). (تیرۆکە) دەهاوێژێ، تێدەگرێ

dash پێک کەوتن، پێکدادان. هەڵکوتان. پیتی چاپ؛ خەتی جیاکەرەوە (-). پێی دەکەوێ، لێی دەدا، دەیشکێنێ.

هەڵـدەکوتـێتــە سەر

dashboard تـابـلـۆی ئـۆتـومـبـیـل (یا فـرۆکـە)؛ واتـە چیـنـی هەرە پـێشەوەی نـاوەوە (بـەردەم شوفـێـر)

dashing بـە تـاو(ە)، تـاودەر(ە)

dastard تـرسنـۆک، کـەم، نـزم

data زانـیـاری، زانـیـن، راستـی یـەکان، رووداوەکان، هتـد

date بـەروار. کات. ژوان. خورما. بـەروار دادەنـێ (دەکا)

- palm *دار خورما*

out of - *بـەسەرچووە، کـۆن بـووە، بـاوی نـەماوە. کۆنـە*

up-to- *تـازەیـە. هاوچەرخە. بـاوە*

daub سواق، سواخ، قـات، پـێداسوان (پـیاساویـن)

daughter کـیـژ، کـچ، دویـّت، کـەنـیـشک. (ن؛ ئـەومالـە دوو کـیـژیـان هەیـە)

- in law *هاوسەری کـوڕ(یمالـێک)، بـووک(یمالـێک)*

daunt دەتـرسێـنـێ، دەتـۆقـێـنـێ

dauntless نـەتـرس، بـەجەرگ

dawdle تـەمبـەڵ{ر}، تـەوەزەل، (خۆ) گـرمخـێن. خۆ دەگـرمخـێـنـێ؛ کـاری خۆی (بـەهۆی تـەمبـەڵـیی) دوا دەخا

dawn بـەیان. بـەرەبـەیان، شەبـەق، شەفـەق. بـەیـانـدەدا. سەر هەڵـدەدا

day رۆژ، رۆ (ن؛ ئـی رۆ نـە بـارانـە)، چەرخ، رۆژگار

- book *پـەڕاوی رەشنـووس (یـن). پـەڕاوی رۆژمـێر*

- break *رۆژهەڵات(ن)، رۆژ بـوونـەوە*

- dream *خەیاڵ پـڵاوی*

the other - *ئـەو رۆژە، چەنـد رۆژ (ێکی کـەم) لـەمەوبـەر*

daylight شەوقـی رۆژ. بـەرۆژ، لـەرۆژدا. رووناکی

daylong رۆژێک، بـە درێـژایـی رۆژ (ێک)

daystar ئـەستـێرەی (بـەرە بـەیان

daze سەرسوورمان. سەر دەسوڕمـێنـێ

dazzle سەر دەسوڕمـێنـێ

DC کورتـکراوەیـە بۆ؛ *= Direct Current* *تـەزووی (کارەبایـی) (راستـەوخۆ، نـەگۆڕاو)؛ یـەک ئاڕاستـەیـی*

de (پـێشگر، پـێشکۆ)یە بـە واتـای (لـێکردنـەوە، نـەهێڵ، لابـەر، پـێچەوانـە(ی)، پـێچەوانـە (کردنـەوە)، کـەم (کردن))

de luxe دیلـۆکس؛ بـابـەتـی چاکـە، شتـی بـاش(ە)، بـرنـجی (یـە)

deacon پـلـەیـەکی قـەشە یـیـە

dead مردوو. مردار(بـوو). کـڕ، بـێدەنـگ. خاو

- drunk *زۆر سەرخۆشە*

- heat *بـەرابـەریـی ئـەنجام (وەرزش)*

- letter *نـامەی نـەخوازراو (چاوەڕوان نـەکراو)، نـامەی بـێ کـەلـک*

- lock *بـنـبـەست (بـوون)؛ لـە گفـتـوگۆ و ئـەو بـابـەتـانـە. (داخراویـی، بـێچارەسەریـی)*

کێشەیەک

- sound *دەنگ کپ، دەنگ نەرم*

- wall *دیوار یا شوێنێکی کونبڕ کراو، بێ کەلەبەرە*

deaden دەمرێنێ. دەشارێتەوە. حەشار دەدا. سەخۆش دەکا. بەنج دەکا. کز دەکا. خامۆش دەکا

deadlock بنبەست، چارە نەمان، بێچارەبوون

deadly کوشندە (یە)، فەوتێنەرە

deadness مردووی. کری، کزی، بێدەنگی. خاوی

deaf کەڕ، هێر، نابیست

- mute *کەڕولاڵ، کەڕولار، کەڕولاڵ*

deafen کەڕدەکا (دەنگی گەورە). بێدەنگ دەکا، دەنگی ناهێڵێ

deafening کەڕکەر، دەنگی زۆر (قەبە، زل)

deafness کەڕی

deal پێکهاتن. مامەلە. کاغەز (کارت) تێکدان و دابەش کردن لە قومار دا. مامەلە دەکا

- in *بازرگانی ... دەکا، ... دەکڕێ و دەفرۆشێ*

out *پەخش دەکا(ت). جیادەکاتەوە. دابەش دەکات*

dealer بازرگان، فرۆشیار، مامەلەچی

dealing مامەلە، مامەلەکردن، بگرەو بەردە. ڕەوشت، نەرێت

dealt (p&pp deal) مامەلەی کرد

dean شاگرد قەشە. مامۆستای بەرپرسیاری کۆلیج. دۆڵی تەسک

dear بەڕێز، ئازیز. بەنرخ، گران، کەمیاب

dearly بەڕێزەوە، ئازیزانە. بە گرانی، بە نرخێکی گران

dearness ڕێز، خۆشەویستی. گرانی، نرخداری

dearth گرانی، نەهاتی، قاتی. نەبوون

death مەرگ، مردن، مرن

- pang *لنگەفرکێی سەرە مەرگ، پەلەقاژەی مردن*

put to - *دەکوژێ، لەناودەبا*

deathless نەمر، هەمیشە زیندوو

debar ڕێی لێدەگرێ، قەدەغەی دەکا. پێوەدەدا. دەردەکا، دوور دەخاتەوە (لە)

debark باردەخا، بارگەی دادەنێ

debase (نرخی) دەشکێنێ، لە نرخی کەم دەکاتەوە، فێلی تێدەکا، دەیگۆڕێ

debasement (نرخ) شکاندن، نرخ کەم کردنەوە، فێل تێکردن، گۆڕین

debate گفتوگۆ. گفتوگۆ دەکا، تێدەکۆشێ

debauchee بەد ڕەوشت؛ لە رووی (ئارەزوو، کردەوە)ی جووتبوون

debauchery بەد ڕەوشتی؛ (نێر، مێ)بازیی (بێتام، لە ڕەوشت بەدەر)

debenture بەش هەبوون لە کۆمپانیا یەک

debilitate لاواز دەکا، ماندوو

دەکا، کز دەکا

debility لاوازی، ماندووبوون، کزی

debit وەردەگرێتەوە (پارە). دادەشکێنی (تەوە)

- an account *لە تۆماری دادەشکێنی*

- balance *تۆماری چەند قەرداریت بۆ بانق*

- note *تۆمارنامەی مانگانە یا سێ مانگ جارێک لە بانقەوە*

debris هەڵوەشانەوە. پارچە (کانی ئامێرێکی تێکشکاو)

debt قەرز. گوناه

bad -s *قەرزەکوێرە، قەردی مردوو*

debtor قەرزار، قەردکردوو

deca- (پێشگر، پێشکۆ)یە بە واتای؛ دە

decade دەیە؛ دەساڵ

decadence رزین، دارزان، مانەوە، کۆنبوون

decagon رووبەرێک (یا جەستەیەک)ی دەگۆشە (یان دەلا)

Decalogue دە فەرمان (ەکە لە ئایینی فەلە (دیان(ان)))

decamp باردەکا، دەڕوا. ئۆردوو دەگوێزێتەوە. هەڵدێ، رادەکا

decanter شیشۆق، بوتڵ

decapitate سەردەبڕێ، لەمل دەدا

decay کۆنبوون، رزین، دارزان، مانەوە. کۆندەبێ، دەرزێ، دادەرزێ، دەخورێ

decease مردن، فەوت(ان). دەمرێ، دەفەوتێ، لەناودەچێ

deceased خوالێخۆشبوو. مردوو(ەکە)، فەوتاو، لەقیس چوو، لەناوچوو

deceit خەڵەتاندن، فێڵ

deceive دەخەڵەتێنێ، فێڵدەکا

December رەشەمێ، مانگی دوازدە هەمی ساڵی زایینی

decency رەوشتپاکی، رەوشتچاکی

decent رەوشتپاک، رەوشتچاک

decentralise (بە) هەرێم (ناوچە)یی دەکا. دابەشدەکا (بەڕێوەبردن)، دادەبڕێ، بڕبڕ دەکا

deception فێڵ، تەڵەکەبازی. فێڵ لێکران. هەڵخەڵەتان(دن)

deceptive فێڵباز، تەڵەکەباز. هەڵخەڵەتێن

deci- (پێشگر، پێشکۆ)یە بەواتای (لەدە(دا))، (دەیەک(ی))

decide بڕیاردەدا

decided بڕیاریدا(وە). بڕیاردراو(ە)

decidedly بڕیاردەرانە، بە بڕیارەوە. بە مەبەست (ەوە)

decigramme دەیەکی گرامێ (ک)

decimal دەیانە، دەگانە. لەدە (دا)

- places *سفرەکانی دوای فاریزە*

decimate لەناو دەبا، دەفەوتێنێ. یەک لە دەی دەچوێنێ (لە ناو دەبا)

decimetre دە یەکی مەترێ (ک)

decipher لێ دەکۆڵێتەوە. هەڵد(

ەهــ)ێنــی، چارەسەری بــۆ دەدۆزێتــەوە (دەبــیـنـتــەوە)

decision بـڕیـار، فــەرمـان

decisive بــەبـڕیـار، بـڕیـاردەر

deck سەر کــەشتــی، تــەختـایـی. دەنــەخشێنــێ(ت)

declaim وتـارێـکـی هانـدەرانـە دەدا

declamation هانـدان بــە وتـار

declamatory تـایـبـەتـە بـە وتـاری هانـدەرانـە

declaration بــەیـان. ئـاشکراکـردن. دان (پـێدا) نـان

declare ئـاشکرادەکا، بـەیـان دەکا. بـەیـان دەدا

declaredly بــەئـاشکرا

declension خواری، لـێژی. هەڵـوەشانـەوە. رەگـو ریـشە (ی وشە) دۆزیـنـەوە (وەک لــە ئـیـعرابـی زمانـی عارەبـی)

declination خواری. لاری.رەگـو ریـشە (ی وشە) دۆزیـنـەوە (وەک لـە ئـیـعرابـی زمانـی عارەبـی)

decline بــەرەو خوارچوون، لــێژبـوونـەوە. هەڵـوەشانــەوە، نــەمان. لادان. بـەرەو خوار دەچێ، لــێژ دەبـێتــەوە. هەڵدەوەشێتـەوە، نـامێنـێ. لادەدا. رەگـو ریـشە (ی وشە)

declivity لــێژی. نـشێـو(ی)

decoct دەکولـێنـێ، دەپـاڵـێوێ (بــە کـولانـدن). هەرس دەکا، کـاوێـژ دەکا

decode نــەهێنـی یـەک (هەڵـدەهێنـێ، هەردەینـێ، دەبـیـنـتـەوە، دەدۆزێـتـەوە). جفـرە (شفـرە)

دەشکـێنــێ (هەڵـدێنــێ)

decompose (بـۆگـەن، گـەنـدەڵ) دەبــێ، دەگــەنــێ، دەڕزێ. هەڵـدەوەشێ. (لـێک) دەکاتــەوە، هەڵـدەوەشێنـێ

decomposition بـۆگـەنـکـردن، گـەن(دەڵ)بـوون، ڕزیـن. هەڵـوەشین

decontaminate دەپـاڵـێوێ

decorate دەنــەخشێنــێ، دەڕازێـنـێتـەوە. نـیشانــەی بـۆنـەیـک دەدا

decorated (adj) (رازاوە، نــەخشین، نــەخشراو)(ە). سوبـوغکراو(ە)

decoration نــیشان. جوانــکـردن، نــەخشانــدن، ڕازانـدنــەوە. نـەقش. سوبـوغ کـردن (ی دار و دیـوار و دەرگـا و بـان(ان))

decorator نــەخشکـەر، ڕازێـن (ەوە). نــەقـاش. سوبـوغچی (ی دار و دیـوار و دەرگـا و بـان(ان))، بـۆیـەچی

decorous لـێـوەشاوە، لــێـهاتـوو. گـونـجاو

decorticate تـفـری دادەماڵـێنــێ، تـوێکـڵـی لــێدەکاتــەوە، پــەلـکـی دەکا

decorum لــێـوەشاوەیـی، لــێـهاتـوویـی. گـونـجان

decoy فـێـڵ، داو نــانــەوە، تــەماحدان. فــێڵـی لــێدەکا، داوی بـۆدادەنــێتــەوە، تــەماحی دەداتــێ

decrease کــەمکـردن. لــە کــەمـی دان، دابــەزیـن، هاتـنــەخوار. کــەمدەکا، لــە کــەمـی دەدا، دادەبــەزێ

decree فــەرمـانــی بـالا، یـاسا، بــەیـان. فــەرمـانـێکـی بــەرز دەردەکا، بـڕیـاردەدا، بــەیـان

دەردەکا

decreed لەناوچەوان نووسراوە. نووسراو(ە)

decrepit بێتوانا، ناتەوان، پەک کەوتە. داهێزراو

decrepitate تەقەتەق دەکا

decrepitude پیری، لاوزی، داهێزران

decresent کەمکردوو، لاواز بوو. ئاوابوو

decrown لەسەر تەخت لادەبردرێ، تاجی لەسەر دەکەنەوە

decry سووکایەتی پێ دەکا، ریسوای دەکا، بەکەمی دەزانێ

decumbent درێژبوو، راکشاو

dedicate تەرخاندەکا. تایبەت دەکا. پێشکەش دەکا، خەلات دەکا، دەدات(ێ)

dedication تەرخانکردن. پێشکەشکردن

deduce ئەنجام پەیدا دەکا

deduct لێدەردەکا، کەم دەکا. ئەنجام پەیدا دەکا

deduction لێدەرکردن، کەمکردن، لێ برین. ئەنجام پەیدا کردن

deed بەڵگە، راستی. کردەوەی زۆر چاک، کاری فرە خاس. داستان

deem پێی وایە، وای بۆ دەچێ. وادادەنێ

deep قوول، قۆل

- colour *رەنگی تێرە، رەنگی تاریکە*

- rooted *رەگی داکوتاوە، بە رەگوریشەیە*

- seated *رەسەنە، بە رەگوریشەیە*

deepen قوولدەکا، قۆل دەکا. قوول دەبێ، قۆل دەبێ

deeply بەقوولی، بە قۆلی. بەوردی. زۆر

deer مامز، ئاسک(ە)

deface دەشێوێنێ، تێک دەدا

defalcate کەمتەرخەمی دەکا ((ت)ن)، تەفرو تونا دەکا. دەدزێ

defalcation کەمتەرخەمی (کردن) ، تەفرو تونا کردن. دزی

defalcator دز؛ بۆ فەرمان بەر (یا مووچەخۆر)

defamation سووکایەتی پێ کردن، سووک کردن

defamatory (بە) سووکایەتی

defame سووکایەتی پێ دەکا، سووک دەکا

default بنەڕەت. ئامادە نەبوون، دواکەوتن. کورت هێنان

- of payment *پارە راگرتن، پارە نەدان*

judgement by - *دادگایی کردنی نادیار (یێک)*

defaulter تاوانکار. دواکەوتوو، کورتهێن. دۆڕاو، نەبوو (پ؛ هەبوو(ە))

defeasance بەتاڵکردن (ەوە)، هەڵوەشاندن(ەوە)

defeat شکست، شکان. شکستی پێدێنێ، زاڵدەبێ (بەسەردا)، دەشکێنێ

defect شکاوی یا کارنەکردنی دەزگایەک یا ئامێرێک. کەمو کووڕی

defection هەڵگەڕانەوە، یاخی بوون، جێ هێشتن. کەمو کووڕی

defective شکاوە یا کارناکا (دەزگا، ئامێر). کەمو کووڕی هەیە

defence بەرگری. پاراستن. پاسکردن

lines of - *هێڵەکانی بەرگری*

-s *خاڵەکانی بەرگری*

defenceless بێدەسەلات، بێچارە، بێ بەرگری

defend بەرگری دەکا، دەپارێزێ، پاس دەکا

defendant تاوانبار کراو (لە دادگا). بەرگری کەر

defender بەرگری کەر، پارێزەر. بەرگری کەری قارەمانی (یەک). بەرگری کەر لە گەمەی تۆپان (ێ)

defensible بەرگریی لێ دەکرێ

defensive بەرگری کەرانە. لەهەڵوێستی بەرگری (یە)

defer دوادەخا. هەڵدەپەسێرێ، هەڵدەواسێ

deference ئاگالێبوون، رێزلێنان

defiance بەرەنگاری، بەرهەڵستی. نەترسان، گەمەکردن بە ترس

defiant (بەرەنگاری، بەرهەڵستی)کەر. نەترس

deficiency کورتهێنان. کەمو کورتی

deficient ناتەواوە. بە کەمو کورتی یە

deficit کورتکردن. کەمو کورتی. رادەی کەمکردن

defile ریز، بەڕیز رۆیشتن. بەڕیز دەڕۆن. پیس دەکا

defilement پیسکردن. ناوزڕان

define دیاریدەکا، دەناسێنێ. پێناسە دەکا

definite دیار، ناسراو. پێناسەکراو

definitely بێگومان، بەدڵنیایی(ەوە)، بە بێگومان

definition پێناسە. دیاری کردن

definitive بڕاوەتەوە. دیاریکەرە

deflation کورژبوون (ەوە)، وێکاهاتن(ەوە)

deflect لادەدا. خوار دەبێ، دەشکێ (تەوە). دەیگۆڕێ، لایدەدا

deflection لادان. خواربوون (ەوە)، شکانەوە. گۆڕین

deflexion خواربوون (ەوە)، شکانەوە. لادان. گۆڕین

deflower کچێنیی ناهێڵێ، دەیکا بە ژن

deform دەشێوێنێ

deformation شێواندن

deformity شێوان

defraud (ساختە، کاری نایاسایی، فێڵ) دەکا

defray (پارە؛ نەفەقە) دان؛ بۆ مەبەستێک

defrost دەتاوێنێتەوە (بەفر و بەستەڵەک)

deft وریا، زیرەک، لەبلەبان. قۆز
defunct خوالێخۆشبوو، مردوو
defy (بەرەنگاری، بەرهەڵستی) دەکا
degeneracy تەپین، هەڵوەشان
degenerate تەپیو، روخاو، هەڵوەشاو. دەتەپێ، هەڵدەوەشێ
degeneration تەپین، هەڵوەشانەوە
deglutition قووتدان، هەڵلووشین
degradation پلە نزمبوون، خەراپ بوون، تێک چوون. کەم بایەخ بوون
degrade پلەی دادەبەزێ، خەراپ دەبێ، تێک دەچێ. کەم بایەخ دەبێ
degree پلە(ک). ئاست. رادە
by - s *ناوەناوە، وردەوردە، (پلە) بە پلە*
dehumidifier دەزگایەکی کارەباییە؛ هەڵم دەکا بە ئاو بۆ کەم کردنەوەی رادەی شێ (لە ژوور یێک دا)
deification خواداری، خواپەرستی
deify دەپەرستێ، خوادەپەرستێ
deign وازدەهێنێ، دێتەخوار (بە رەزامەندیی خۆی)
deism باوەڕهێنان بە تەنیایی خوا بەلام باوەڕ نەبوون بە هیچ پێغەمبەرێ
deity خوا، پەرستراو
deject غەمگین دەبێ، کزدەبێ. خاو دەبێ. ورە بەردەدا
dejected غەمگین، کز، خاو. ورە بەرداو
delay دواخستن، پاش خستن. دوادەخا، پاشدەخا
delectable بەتام
delectation چێژ
delegate نێراو، نوێنەر. دەنێرێ، نوێنەر بەرێ دەکا
delegation تاقمی (نێراو، نوێنەر)
delete دەسڕێتەوە، دەکوژێنێتەوە
deleterious زیانبەخش، موزیر
deletion سڕینەوە، کوژاندنەوە
deliberate مەبەستە، ویستراو
deliberately بەمەبەست، بەویست
deliberation تێڕوانین. گفتوگۆ کردن. نیاز
delicacy خۆشی (ی شتێک). ناسکی
delicate ناسک. خۆش
delicious بەتامە، خۆشە، نایابە
delight خۆشحاڵی، پێخۆشبوون
delighted خۆشحاڵە، پێی خۆشە. خۆشحاڵ بوو، پێی خۆش بوو
delightful دڵخۆشکەرە، شادی هێنە
delightsome شادی هێنە، دڵخۆشکەرە
delimitation سنوور دیاریکردن،

نـەخشەكێشان

delineate وێنـە دەكێشێ. نـەخشە دەكێشێ. دیاری دەكا

delinquency گونـاه، تـاوان. كـەمو كورتـی

delinquent گوناهكار. بـە كـەمو كورتـی. قـەرز كوێر؛ درەنـگ قـەرز دەداتـەوە

deliquesce دەتـوێتـەوە، دەتـاوێتـەوە. دێتـەخوارێ، دەرژێ

delirious وشە هەڵـبـزوڕكێـن. بـۆخۆ دواو. مـەست، سەرخۆش

delirium وشە هەڵـبـزوڕكانـدن. لـەبـەرخۆ وتـنـەوە، بـۆخۆ دوان. قسەی حەڵـەق و بـەڵـەقـی (مـەست، سەرخۆش)

deliver دەگـەیـنـێ (بـە)، دەسپـێـرێ (تـە). منـاڵـی دەبـێ

- an attack *هێرش دەكا(ت)؛ چ بـە زار و وتـار یا لـەشكری و هتـد*

delivery گـەیـانـدن (بـە)، سپـاردن. مـنـاڵ بـوون

- note *بـەڵـگـەی گـەیـانـدن، پسوولـەی سپـاردن*

- of a speech *وتـار دان*

cash on - (c.o.d.) *پارەدان لـە كـاتـی گـەیـانـدنـی شتـومـەكـە كـڕاوەكـە*

dell گـەلـی، تـەنـگـە

delta دوئـاوان؛ كـە روبـار دەبـێ بـە دوو بـەشەوە، دوواوان. دوو فـلـیـقـە

delude فـێـڵـی لـێ دەكـا، دەی خەڵـەتـێـنـێ، هەڵـەتـەی دەكا

deluge لافـاو. نـوقـم دەكـا، دادەپـۆشێ

delusion هەوەس، خـەیـاڵ. هەڵـەتـەبـوون

delusive فـێـڵـبـاز، هەڵـەتـەكـەر. خـەیـاڵـی

delux(e) دیلـۆكس؛ بـابـەتـی چاكـە، شتـی بـاش(ە)، بـرنـجی (یـە)

demagogue دیـماگۆگ (لـە بـیـیـر و رامـیـاری)

demand داوادەكـا، دەخوازێ. داوا، خواست

in - *ویـستـراوە، داوادەكـرێ، زۆر دەویـستـرێ*

on - *لـە كـاتـی پـێویـست، لـە گـەڵ داواكـردن*

demarcate دیاری دەكـا، دەنـەخشێـنـێ، سنـوور دادەنـێ

demarcation دیـاریـكـردن، نـەخشەكـێشان (یـا دانـان)ی سنـوور

demean هەڵـسوكـەوت دەكا. سووكـی دەكا

demeanour هەڵـسوكـەوت، رەوشت

dement شێـت. شێـت دەكا

demerit كـەمكـردن، كـورت هێـنـان. نـاشایـستـەیـی

demesne زەوی و زاری مـیـری (مـوڵـكـی ئـەمـیـری یـە). شوێـن، نـاوچە

demigod نـیـمـچە خوا، نـیـوە خودا؛ نـیـوەی خوایـە و نـیـوەی مـرۆفـە

demijohn دەمـجانـە؛ گـۆزەیـەكـی بـچووكـە

demobilisation راگـرتـن، راوەستـانـدن. وەستـانـدن

demobilise رادەگـرێ، رادەوەستـێـنـێ. دەوەستـێـنـێ

democracy دیـموکراسی، دەسەلاتـی خەڵـک

democrat دیـموکرات، دیـموکراتـە

democratic دیـموکراتـانـە(یـە). دیـموکراتـی یـە. دیـموکراتـی یانـە(یـە)

demolish لـەنـاودەبا، دەڕوخێـنـێ، نـاهێڵـێ

demolition لـەنـاوبـردن، روخانـدن، نـەهێشتـن

demon ئـەجنـدە، جنـۆکـە، شەیـتان

demoniac(al) زۆر بـزێـوە. خەڵـەفاوە، جنـۆکـەی هەیـە

demonism بـڕواکردن بـە هەبـوونـی جنـۆکـە و ئـەو بـابـەتـانـە

demonstrate پـیشانـدەدا، پـێ دەناسێـنـێ. روون دەکاتـەوە

demonstration پـیشانـدان، پـێـناسانـدن، روونـکردنـەوە. خۆ پـیشانـدان (رامیـاری)

demonstrative روونـکـەرەوە یـە، پـیشانـدەرە، نـیشانـدەرە

demonstrator پـیشانـدەر، نـیشانـدەر. خۆ پـیشانـدەر (رامیـاری)

demoralise (بـێ، کـەم) ورەی دەکا، ساردی دەکاتـەوە

demoralized (adj) ورەبـەرداو، بـێ ورە

demote (پـلـە، پـایـە)ی دادەگرێ، دێـنـێـتـە خواریێ، نـزم دەکا. دادەکـێـشێ

demotic (زمان، زاراوە)ی بـاو، زمانـی (نـاو)خەڵـک

demotion پـلـە داگرتـن، هێـنـانـە خوار (ێ)، نـزم کـردن (ەوە)

demur گـومانـکـردن، نـارەزایـی. گـومان دەکا. کـێشە درووست دەکا

demure بـێدەنـگ، کـڕ، لـەسەرەخۆ. شەرمن

demurrer نـارەزایـی (یـاسا) (دادوەری)

den ئـەشکـەوت، ئـەشکـەفـت. بـێشە

denasity وەچە، بـەرەبـاب

denaturalise نـاسروشتـی دەکا(تـەوە). مافـی هاوولاتـیـی لـێ دەستـێـنـێـتـەوە (ولاتـە بـێگانـەکـە)

dendrology درەختـنـاسی، زانـستـی دار و درەخت(ان)

denial رەتـکردنـەوە، نـەویـستـن

self - *خۆنـەویـستـی، لـەخۆبـوردوویـی*

denizen کـەسێـکـی بـێگانـە کـە مافـی هاوولاتـیـانـی هەبـێ. مـوتـوربـە (یـە)، مـوتـوربـە کـراو (ە). نـاجسن(ە)

denominate نـاودەنـێ. نـازنـاوی لـێ دەنـێ

denomination نـاونـان. نـازنـاو. تـاقـم (ێـک خەڵـک)

denominator ژێـرکـەرت؛ ژمارەی خوارەوەی کـەرتـێـک (ماتـماتـیـک). نـیشانـە، نـیشانـدەر. نـاونـەر

denotation نـاونـان. نـاولـێـنـان. نـیشانـەکاری، جیاکاری

denote نـیشانـدەکا. پـیشان دەدا، هێـمای پـێدەکا

denounce تـاوانـبـار دەکا. ریـسوادەکا

denouncement تـاوانـبـارکـردن. ریـسواکـردن

dense چڕ، پڕ. قەرەباڵغ

denseness چڕبوون، چڕیی، زۆریی

density چڕی. قورسایی بابەتی (فیزیا)

dent ددان، ددانە. لەکە، پەڵە. شوون بەجێ دێڵێ، لەکە دەکا، پەڵەی دەخاتێ، گرنی گرنیی دەکا

dental هی ددان (ە)، تایبەتە بە ددان (ەوە)

dentated بە ددانە یە، ددانە کراوە، گرنی گرنی یە

dentifrice دەرمانی ددان پاک کردنەوە، دان خاوێن کەرەوە

dentist پزیشکی ددان

dentistry پزیشکوانیی ددان(ان)

dentition شێوە و باری ددان

denture تاقمە ددانی سازکراو (دەستکرد)

denudate رووت، لەگۆڕێ. رووت دەکا، دەخاتە گۆڕێ

denude رووت دەکا، دەخاتە گۆڕێ، ئاشکرا دەکات

denunciation ئاگادارکردنەوە، مۆڵەت دان. تاوانبار کردن. هەڕەشە (کردن)

denunciator ئاگادارکەرەوە، خەبەردار. تاوانبار کەر. هەڕەشە کەر

denunciatory هەڕەشەکەرانە

deny رەتدەکاتەوە، بەدرۆ دەخاتەوە. لێی قەدەغە دەکا، نایداتێ

deodorant بۆنکوژ، لابەری بۆنی ناخۆش، بۆخۆشکەر

depart دەڕوا. بەجێ دێڵێ. جیا دەبێتەوە

departed رۆیشتوو، سەفەر کردوو. خوالێخۆش بوو، مردوو

department بەش. بەڕێوەبردن. عەمبار

- *store* *موغازەی فرۆشتنی شت و کالای هەمە جۆرە*

departmental هی بەشێکە. بەڕێوەبەری (یە)

departure جیابونەوە. رۆیشتن. جێهێشتن. لادان، خواربوونەوە

depasture مێگەل لە لەوەڕ بەر دەدا

depend دەوەستێتە سەر. پشتی پێ دەبەستێ. پێوەی دەنووسێ، بە دوایەوە دەلکێ

dependant کەسێکی (پشتگیری کراو لەلایەن، پشت بەستوو بە) یەکی دی یەوە؛ بە تایبەتی لە رووی (پارە، دراو)ەوە

dependence بەندبوون بە، بەسترانەوە بە. پشت پێ بەستن. پێوە نووسان. پەیوەستی

dependency (ولات، هەرێم، ناوچە) یێکی بەڕێوەبراو لەلایەن یەکی دی یەوە

dependent بەند دار(ە)، راوەستاو لەسەر، مەرجدارە، بە ئەگەرە. پەیوەستە بە؛ ناتوانێ بێی. لاوەکی یە

- *on* *پشت پێ بەستوو. بەندە بە، بەستراوە بە*

depict رووندەکاتەوە بە وێنە، دەنەخشێنێ

depilate موو ((هەڵ)دەکێشێ، هەڵدەقەنێ، لادەبا)

depilatory موو هەڵقەن، موو

سوتێن، نووره؛ دەرمانی موو سوتێن

depletion بەتاڵبوون، نەمان. تەواوبوون

deplorable خەمناکە، (شیاو، مایە)ی زگ پێ سووتانە

deplore غەمی لێ دەخوا، زگی پێ دەسووتێ. بۆی دەگریێ

deploy بڵاو دەکاتەوە. بڵاو دەبێتەوە، تەشەنە دەکات

depopulate چۆل دەکا، ئاوارە دەکا، دەردەکا

deport دەردەکا. دەنێرێت (ەوە)

deportation دەرکردن. ناردنەوە

deportment هەڵسوکەوت، رەوشت

depose دانی پێدا دەنێ. لادەبا، ناهێلێ

deposit پارە (نواندن، سپاردن) . پارە (دەنوێنێ، دەسپێرێ)

depositary عەمبار

deposition دان پێدانان. نیشتن (ەوە) (کیمیا). لابردن، نەهێشتن

depositor (پارە) سپاردوو

depot عەمبار. وێستگە، قۆناغ. گرتووخانە

deprave رەوشتی تێک دەدا. بەدرەوشتی دەکا

depraved بەد رەوشت، خەراپ

depravity بەدڕەوشتی. خەراپی

deprecate ناڕەزایی دەردەبرێ

depreciate کۆندەبێ، تێکدەچێ. سووکی دەکا. نرخی کەمدەبێ (لە گەڵ تێپەڕبوونی کات)، نرخی خۆی ناکات (ەوە)

-d currency *دراوی بێ هێز، پارەیەکی لاوازە*

depreciation کۆنبوون، تێکچوون. نرخ دۆڕاندن (بە تێپەڕبوونی کات)

depredation فەرهوود (تالان)، پەلامار، هێرش

depress ورەی دەڕوخێنێ. کزدەکا. غەمباردەکا. دڵدەگوشێ

depressed کز(ە)، مات(ە). دڵگوشراو(ە)، غەمبار

- areas *ناوچە هەژار نشینەکان*

depression کزی، کزبوون. ماتیی. بۆشایی. غەم(باری)

deprivation بێبەشبوون، نەبوونی. وەلانان، پشتگوێ خران

deprive (of) بێبەش دەکا. وەلادەنێ

depth قوولی، قۆلی. قوولایی، قۆلایی. ناو، ناوەند

depurate رۆندەکا، دەپاڵێوێ. خاوێن دەبێتەوە، خۆی پاک دەکاتەوە

deputation بریکاری، جێگری، خەڵک ناردن، نوێنەرایەتی

depute جێی دەگرێ. دەکاتە نوێنەر

deputy بریکار، جێگر. نوێنەر، بروا پێکراو

derange مێشک تێکدەدا، شێت دەکا. سەر دەشێوێنێ

derangement مێشک تێکدان، شێت

بـوون. سەر شێوانـدن

derelict کـەشتـی (یا کـەلـو پـەلـی) بـەجێماو لـە دەریـا دا. فـرێـدراو

dereliction بـەجێ هێـشتـن. فـرێـدان. نـەویـستـن

deride گـاڵـتـەی پـێ دەکا، پـێـی رادەبـوێـرێ. پـێـی پـێـدەکـەنـێ

derision گـاڵـتـە، رابـواردن

derisive گـاڵـتـەچی (یـە)، گـاڵـتـەجاڕ (ە)

derisory گـاڵـتـەجاڕ (ە)، گـاڵـتـەچی (یـە)

derivation هەڵـێـنـجان، ئـەنـجام وەرگـرتـن

derive هەڵـدەهێـنـجێ، ئـەنـجام وەردەگـرێ

dermal هی پـێـستـە، چـەرمـی یـە

dermatology زانـستـی نـەخۆشی یـەکانـی پـیـست

dermis پـێـست، چـەرم

derogate لـە (پایـە، پـلـە)ی کـەم دەکاتـەوە. لـێـی دادەبـڕێ

derogatory (سووکـایـەتـی یـیـە، (ریـسوا، شـەرمـەزار)کـەر(ە)

derrick سلـیـنـگ. ریـک؛ ی سەر بـیـیـرە نـەوت، هـتـد

dervish دەروێـش، خـواپـەرست

descale (بـەرغ{ڵ}، کـلـس)ی (کـتـری، هـتـد) (لادەبـا، نـاهێـڵـێ)

descant سروود، ئـاواز. درێـژ دادەدڕێ، درێـژی دەکـاتـەوە. زیـادی پـێـوە دەنـێ

descend دادەکـشێ، دێـتـەخوارێ، دادەبـەزێ

دابـەزیـو، داکـشاو *-ing*

ڕێزکـردن یـا تـۆمارکـردن لـە (گـەورە، بـەرز، زۆر)ەوە بـۆ (بـچوک، نـزم، کـەم) *-ing order*

descendant (of) لـە بـەرەی ... ، لـە وەچـەی

descendent داکـشاو، دابـەزیـو. لـە بـەرەی، لـە وەچـەی

descent داکـشان، هاتـنـەخوار(ێ)، دابـەزیـن. نـشێـو(ی). وەچە، رەچـەڵـەک

describe بـاسی دەکا. لـێـی دەدوێ

description بـاسکـردن. لـێـدوان

descry دەدۆزێـتـەوە، دەبـیـنـێـتـەوە. لـەدوورەوە دەزانـێ، لـەدوورەوە تـێـدەگا

desecration گـڵاو کـردن

desensitisation هەست (نـەهێـشتـن، کـەمکـردنـەوە)

desensitise هەسـتـی (نـاهێـڵـێ، کـەمدەکاتـەوە)

desert (1) بـیـابـان

desert (2) چـۆڵـدەکا، بـەجێدێـڵـێ. کـۆڵـدەدا. رادەکا؛ لـە سەربـازی، هـتـد

deserter کـۆڵـدەر، هەڵاتـوو؛ لـە سەربـازی، هـتـد. وازهێـنـەر

desertion چـۆڵـکـردن، بـەجێ هێـشتـن. کـۆڵـدان، وازهێـنـان. هەڵاتـن

deserts شایـستـەیـی. خـەڵات، شکـۆ (داری). بـیـابـانـەکان

deserve شایـانـی دەبـێ، لـێـی ڕەوا (یـە، دەبـێ). لـۆی دەبـێ. شایـستـە (یـە)

deservedly بـە شایـستـەیـی

ەوە

deserving شایانیەتی

desiccant وشککەرەوە، هیشک کەر

desiderate دەخوازێ، دەیەوێ، (ئارەزوو، هەوەس)ی لێیە، تامەزرۆیە (تی)

desideration خواستن، ویستن، هەوەس

design ئەندازە، نەخشە، پلان، دارشتن. دادەڕێژێ، نەخشە دەکێشێ، ئەندازە دەگرێ

by - *بە دەستی مەبەست، بە ئەنقەست*

designate دادەمەزرێنێ، دادەنێ، ناودەنێ. دەپاڵێوێ؛ بۆ هەڵبژاردن، هتد

designation دامەزراندن، دانان. هەڵبژاردن. ناونان. پاڵاوتن

designedly بە دەستی مەبەست، بە ئەنقەست

designer نەخشەکێش. بەڕێوەبەر

desirable خوازراو، ویستراو

desire حەز، هەوەس، ئارەزوو، خواست، ویست. حەزدەکا، دەخوازێ، دەیەوێ

desirous ئارەزومەند، خوازیار، بەهەوەسە

desist (from) وازدەهێنێ لە، دەست دەکێشێ (تەوە) لە

desk مێز

information - *پرسگە، مێزی پێشوازی (کردن)*

desolate چۆل و هۆڵ(ە)، ترسناک(ە). چۆلکراو، کاول (کراو). کەلاوە. چۆلدەکا، کاول دەکا، تێک دەدا

desolation کاولکردن، چۆلکردن. تێک دان. خەم، غەم

despair بێهوودەیی، بێچارەیی. بێهوودە دەبێ، بێچارە دەبێ

despatch ناردن. بەجێ گەیاندن، جێبەجێ کردن. هەناردنە دەر(ەوە). نامە. بەجێ دەگەیەنێ، جێبەجێ دەکا. دەنێرێ

desperado تاوانکار؛ ی بێ (سڵەمینەوە، باک)

desperate بێچارە، بێ هیوا. ملهوڕ

despicable ناشیرن، بێز لێ کراو

despise ڕکی لێ دەبێتەوە، قینی لێ یە

despite لەگەڵ ئەوەی، لەگەڵ ئەوەش دا. ڕک لێ بوونەوە. قینە

despoil ڕووتدەکاتەوە، هیچی پێ ناهێڵێ، تاڵان دەکا

despoilment تاڵانکردن، ڕووتکردنەوە

despoliation ڕووتکردنەوە، تاڵان کردن

despond وورەی دەڕوخێ، بێ هیوا دەبێ

despondence بێهوودەیی، بێ هیوایی

despondent وورەڕوخاو، بێ هیوا

despot زۆردار، بە زەبر و زەنگە

despotic) زۆردارانە، بەزەبر و زەنگ

despotism زۆرداری، زەبر و

زەنگ (کردن)

dessert میوە، شیرنی، کاستەر، پاقلاوە، هتد

- spoon *کەوچکی کاستەر؛ قەوارەکەی لە نێوان هی چا و شیوە*

destination مەبەست. شوێنی مەبەست، هەوار. جێگا. چارەنووس

destine چارە دەنووسێ. تەرخان دەکا، مەبەست دیاری دەکا

destiny چارەنووس. بەش. قەزاو قەدەر

destitute (of) دەستکورت، نەبوو، برسی. بێ بەش دەکا (لە)، لێی دەستێنێ

destitution دەستکورتی، نەبوونی، برسێتی. بێ بەش کردن. خانەنشین کردن

destroy نابوتدەکا، تێک دەشکێنێ، تێک دەدا، دەروخێنێ، لەناو دەبا

destroyer شکێنەر. تێکدەر. پاپۆڕی جەنگی

destruction روخاندن، نابوت کردن، تێک دان، لەناو بردن

destructive خەراپکەر. لەناوبەر. نابوتکەرانە، تێکدەرانە

destructor روخێنەر، تێکدەر. لەناوبەر

desuetude بەگارنەهێنان، وازهێنان لە نەریتێک

desultory بێ سەر و بەر(ە). نا بابەتی یە

detach جیادەکاتەوە، لێی دەکاتەوە

detachable جیادەکرێتەوە، لێی دەبێتەوە

detachment دابڕین، بڕ، بەشێکی جودا. دابڕاندن، جودا کردنەوە

detail رشتە، بە دوور و درێژی باسکردن. بە درێژی باسی دەکا

detailed رشتەیی، بە دوور و درێژی. تێر و تەسەڵە

detain بەند دەکا، زیندانی دەکا، دەگرێ. دوا دەخا

detainee بەند (ی کراو)، زیندانی (کراو)

detect تێبینیی دەکا، هەستی دەکا، دەیبینێتەوە، دەیدۆزێتەوە

detection تێبینی کردن، هەستکردن، بینینەوە، دۆزینەوە

detective پشکێنەر، پشکنەر (ی پۆلیس)

detector هەستۆک (ئامێری هەست)

mine - *میندۆز (ەرەوە)، مین هەڵگرەوە*

detention بەندکردن، زیندانی کردن، گرتن

deter رێدەگرێ لە. دوایدەخا

deterge خاوێن دەکا، پاک دەکا. تیمار دەکا (برین)

detergent خاوێنکەرەوە، پاک کەرەوە. تایت، سابوون

deteriorate خەراپ دەبێ، تێک دەچێ

deterioration خەرابوون، تێک چوون

determent رێگر، بەرگر. رێ دەگرێ

determinant دیاریکەر.

بڕیاردەر

determinate دیار دەکا. بڕیار دەدا. دیاریکراو، دانراو

determination سووربوون، بەبڕیاری. دیاریکردن. بڕیاردان

determine سوور دەبێ (لە سەر). دیاریدەکا، بڕیاری دەدا

determined سوورە. دیاریکراو(ە)، بڕیاردراو

determinism (فەلسەفەی چارەنووس، قەزاوقەدەر)؛ (دیاریکراوی، پێشبڕیاردراوی)ی چارەنووسی (مرۆڤ، هەبوون)

deterrent ترسێنەر، بەرپەرچدەرەوە

detest رکی لێ یە

detestation رک لێ بوون، قینە

dethrone لەسەر تەختی لادەبا، تاجی لەسەر دەکەنەوە

detinue داوای گەڕاندنەوە

detonate دەتەقێ، دەتەقێتەوە؛ وەک تی ئێن تی. دەتەقێنێ (ت(ەوە))

detonation تەقینەوە (ی تی ئێن تی)، تەقاندنەوە

detonator تەقێنەر(ەوە)؛ کەپسوولی تەقاندنەوە

detract ریسوا دەکا. لای دەبا

detraction ریسواکردن، کەم کردنەوە، نزم کردن

detractive ریسواکەر(ە)

detriment زیانبەخشی(ن). زیان گەیاندن

detrimental زیانبەخشە

detrition گەندەڵی، گەندەڵبون، بۆگەنی کردن

detritus گەندەڵ، بۆگەن، زبڵ(ر)، خۆڵ(ر). گوفەک، گووفەک

detruncate دەتاشێ، دەتراشی، قاشی لێ دەکاتەوە، پەلی لێ دەکاتەوە

deuce هاوتابوون (لە یاری، لە وەرزش)، هاوتایی. دووان (لە یاریی کاغەز (کارت)). شەیتان

deuterogamy ژنهێنان (یا شووکردن)ی دووەم پاش مردنی هاوسەر (یا مێرد)

devaluate نرخی دراو (پارە) دادەگرێ (کەمدەکا)

devastate کاول دەکا، وێران دەکا، لە ناو دەبا

devastation کاولکردن، وێرانکردن. وێرانی، کاولی، وێرانبوون، کاول بوون

develop پێدەگا. پێش دەچێ. پێ دەگەیەنێ. فلیم دەشواتەوە، دەردەکەوێ، زەق دەبێ

development پێگەیشتن. پێش وەچوون. پێ گەیاندن. فلیم شوشتنەوە. بەدەرکەوتن، زەقبوونەوە

deviate لادەدا، خواردەبێ

deviation لادان. خوار بوون. هەڵە (تەبوون)

device دەزگا، ئامێر. داهێنان. تەگبیر، چارە

devil شەیتان؛ ئیبلیس. جنۆکە، ئەجندە. ساختەچی، فێڵباز

devilish شەیتان ئاسا، شەیتانانە، وەک شەیتان(ە). ساختەچی، فێڵباز

devilry شەیتان ئاسایی، شەیتانی، شەیتانی کردن. ساختەچی یەتی، فێڵبازی
devious لادەر، خوار. گوناهبار، هەڵەتە
devise تەگبیر، چارە. دادەهێنێ، دروست دەکا. تەگبیر دەکا، چارە دەکا
devisor وەسیەت کەر، راسپاردوو
devoid (of) بێ بەری یە لە. بێ (شتێکە)، (شتێکی) تێدا نی یە
devolution گواستنەوە لە بارێکەوە بۆ بارێکی دی. گۆڕانی بار
devolve دەگۆڕێ؛ لە بارێکەوە بۆ بارێکی دی. دەگوازرێتەوە (باری)
devote تەرخان دەکا. (خوو، مل) ی دەداتێ
devotee خواپەرست، خۆتەرخانکەر؛ بۆ خوا پەرستی. خوودار (بە شتێک)
devotion تەرخانکردن. خوا پەرستن. دڵسۆزی. دەروێشی، (خووداری، ملدان) بە شتێک
devotional ئایینی، تایبەتە بە پەرستن، دەروێشانە (یە). دڵسۆزی
devour هەڵدەلووشێ، قووتدەدا. لەناو دەبا
dew زوقم، تەم و مژ. تەڕ دەکا
dewdrop دڵۆپە زوقم
dewlap بەرغەبابە، پێستی بن (مل، قورگ)ی (مانگا، سەگ، هتد)
dexter راست، لای راست، دەستە راست. راستەوانە
dexterity شارەزایی. دەسترەنگینی
dexterous دەسترەنگینە، شارەزایە
dextral بەرەو (دەستە راست
diabetes نەخۆشیی شەکرە، نەخۆشیی میزی شەکر
diabetic نەخۆشی شەکرە (یە)، نەخۆشیی شەکرەی هەیە، تایبەتە بە نەخۆشی شەکرە
diabolic(al) کارێکی شەیتانانە (یە)، شتێکی دۆزەخی (یە)
diadem تاجی سەر. تاجی لە سەر دەنێ
diagnose دەدۆزێتەوە، نەخۆشیی دیاری دەکا (دەردەخا)
diagnosis دۆزینەوە، نەخۆشی دیاری کردن (دۆزینەوە)
diagnostic دۆزەرەوە یە، دیاری کەرە، دەرخەرە، جیاکەرەوەیە
diagonal تی، لاتی، تیلا؛ هێڵێک کەوا لە گۆشەیەکەوە بۆ گۆشەکەی بەرامبەری بکێشریی لە رووبەرێکی فرە گۆشەدا
diagram نەخشە (یەکی بە ئەندازە (کێشراو))، روونکردنەوە
diagraph ئامرازێکی نەخشە (وێنە) کێشانە
dial کاتژمێری خۆر. چاوە (مینا)ی کاتژمێر. ژمارەی تەلەفۆن لێدەدا. تەلەفۆن دەکا
dialect زاراوە، شێوە زمان (ی

ناوچەیی)
dialectic(al) زاراوەیی، پەیوەندە بە زمانەوە (قسەکردنەوە)
dialogue گفتوگۆ، لێدوان
diameter تیرە (ی بازنەیەک؛ هێڵی نێوان دوو خاڵی ئەو بازنەیە کەوا بەچەقی شیدا تێ بپەڕی)
diametric(al) تیرەیی. راست (پ؛ خوار). دژ بە یەک، بەرامبەر، پێچەوانە (ی یەکتر(ی))
diamond ئەڵماس. خشڵ. یاقووت. دینار؛ لە یاریی کاغەز (پۆکەر، کارت)
- anniversary *ساڵەڕۆژی ئەڵماسی*
- wedding *شەستەمین ساڵڕۆژی ژنو مێردی (ژنهێنان)*
diapason پێوەری دەنگ (یا ئاواز) لە مۆسیقا
diaper فۆتە، (سەر، مل)پێچ. (پەڕۆ، لۆکە)ی میزهەڵگری ناوگەڵی منداڵی ساوا
diaphanous (کوتاڵ، هتد)ی زۆر (تەنک، سووک، ناسک)
diaphragm پەردە. پەردەی جیاکەرەوەی سی یەکان لە هەناو. پەردەی چاوی کامیرە، تیشک بڕ، تیشک گر. پەردەی ناو بڵندگۆ
diarrhea [US] = diarrhoea
diarrhoea (نەخۆشی)ی گوشلە، سک ڕەوانی
diary یاداشت نامە. ڕۆژمێر
Diaspora پەرت وبڵاوبوونی جوو(ان) بە ولاتاندا لە ساڵی ٥٣٨ پێز، کۆچکردن، پەناهەندەیی
dibble قازمە، دوو دەو. هەڵدەقەنێ، چاڵ دەکا
dice زار(ەکان)ی یاریی تاولە و ئەو بابەتانە
dickens شەیتان
dictate فێرکردن. فێر دەکا. پێی دەنووسێ تەوە. زۆری لێ دەکا. دەنگ تۆمار دەکا
dictation نووسینەوە (ی چەند بارە). دەنگ تۆمار کردن. سەپاندن، زۆر لێ کردن
dictator دیکتاتۆر؛ تاکڕەوا، خۆسەپێنەر، زۆردار
dictatorial خۆسەپێنەرانە، زۆردارانە، دیکتاتۆری
diction شێوە. دەق. وتن لە گۆرانی و قسەکردن
dictionary فەرهەنگ، قامووس
dictum قسەی نەستەق، وتەی بەجێ. فەتوا
did (p do) کرد(یان)(مان)(تان) (بۆ نێر و مێ)
didactic پەروەردەیی (یە)
die دەمرێ. زار(ێک). خشتبڕ، قالب
diet خواردنی بە پارێز. پارێز کردن؛ خواردن بە مەبەستی قەڵەو نەبوون. پارێز دەکا، زۆر ناخوا
dietary خواردەمەنیی پارێزکاری، خواردنی سووک
differ جیاوازە{ن}، جیاوازی (ان) هەیە، جیاواز دەبن. ناکۆک دەبن
difference جودایی، جیاوازی.

ناکۆکی

different جیاواز(ە)، جودا (یە). ناکۆک

differential هۆکاری ناکۆکی، هۆی جیاوازی (جودایی)

differentiate جودایان دەکاتەوە، جیایان دەکاوەوە

difficult ئەستەم(ە)، گران(ە)، سەخت

difficulty گرانی، سەختی. تەنگی، تەنگانەیی

diffidence شەرمنی، (بێ، کەم) بڕوای بەخۆ. کەمدوویی

diffident شەرمن، (بێ، کەم) بڕوا بەخۆ. کەمدوو

diffraction شکانەوەی تیشک. تیشک لادان

diffuse تیشک دەدا، دەگەشێتەوە. بڵاوبۆوە. بڵاو دەکاتەوە

diffusion بڵاوبوونەوە. بڵاو کردنەوە. تیشکدان، گەشانەوە، گەش بوونەوە

diffusiveness توانای بڵاوبوونەوە

dig خۆڵ هەڵدەقەنێ، بییر لێدەدا، چاڵ هەڵدەقەنێ

- out ,- up *دەدۆزێتەوە بەپشکنین، پێکۆڵە دەکا*

digest کورتکراوە، کورتە. هەرس دەکا. کاوێژدەکا

digestion هەرس کردن. کاوێژ (کردن)

digestive یارمەتی هەرسکردن (کاوێژ کردن) دەدا، هەرسکەر، سووکە بۆ گەدە

digger خۆڵ هەڵقەن، بییرلێدەر، چاڵ هەڵکەن

digit ناوی ژمارەیەک لە (٠) ەوە بۆ (٩). پەنجە. گرێ

digital ئەلیکترۆنیە. کۆمپیوتەرییە. ژمارەیی یە. پەنجەیی

digits ژمارەکانی ٠ تا ٩

dignified ڕێز لێنراو

dignify ڕێزی لێ دەنێ

dignitary کەسایەتی، پیاو ماقوول

dignity سەربەرزی. ڕێز، پلە، پایە

digress لادەدا، نائاسایی دەبێ

digression لادان، نائاسایی بوون

dike بەربەست، بەربەستی لافاوی دەریا

dilapidated تێکچوو، رووخاو، خەراپکراو

dilapidation تێکچوون، رووخاون، خەراپکردن

dilatability توانای کشان، توانای راکشان

dilatation کشان. راکشان

dilate دەکشێ. رادەکشێ. رادەکێشێ، درێژ دەکا (تەوە)

- on, - upon *درێژە دەدا بە باسەکەی، لە سەری دەڕوا*

dilatory خاوە، لەسەرەخۆیە. دواخەرە

dilemma چەڵەمە، تەنگانە، کێشە

diligence خەبات، ماندوو بوون، ئەرک کێشان

diligent خەباتکەر، ماندوو

dill شبیت؛ جۆرە گیایەکی (

پەلک، گەلا) و تۆ(و) بۆنداره
تەمبەلی(ر) دەکا، خۆ - dally
دەگرمخێنێ. بەلەنجە (
کاردەکا، دەروا)

dilute خەستیی کەم دەکا، سووکی دەکا، شلی دەکا، ئاوی تێدەکا

diluted گیراوە(تەوە)، سووکە، شل کراوەتەوە، ئاوی تێکراوە. گرتیەوە

dilution گرتنەوە، سووکردن، شل کردنەوە، ئاو تێکردن

diluvial تایبەتە بە لافاو(ەوە)

diluvian لافاویی یە

diluvium قوڕ و لمی پاش لافاو

dim کز(ە)، تاریک(ە)

dimension فراوانی، بەرینی، لا. قەبارە، قەدەر

diminish (کەم، بچووک، لاواز)(دەبێ. دەکا). (سووک، ریسوا)ی دەکا، ناوی دەزڕێنێ

diminished (adj) (کەم، بچووک، لاواز)(بوو. کراو). (سووک، ریسوا)کراو، ناوزڕاو

diminution کەمبوون، بچووک بوون

diminutive کەم، بچووک

dimly بە لێلی، بەکزی. روون نییە

dimness کزیی، تاریکی. لێلی. نەزانی

dimple خاڵ. کوتران (یا کوتانی چەنە (گە) و روو(خسار))

din دەنگ، زەنگ. گوێ کەڕ دەکا

dine دەخوا، ژەمێک دەخوا

ding dong دەنگی زەنگوڵ؛ دنگەدنگ

dinginess بۆربوون، بۆری. پیسی

dingle شیو، دۆڵ. دەهەژێ، دەلەرزێ

dingy پیس، چڵێس. تۆزاوی یە، بە تۆزە، تاریکە

dining room ژووری نانخواردن

dinner شێو، ژەمی ئێوارە، خواردنی ئێوارێ

dint هێز، پەک. پێکەوتن. جێ شوون بە جێ دەهێڵێ

diode نیمچە گەیەنەرێکی دوولاقەیە؛ تەنها بەیەک ئاراستە تەزوو دەگەیەنێ

dip تێهەڵێنان. نوقمکردن. تێهەڵدێنێ. نوقم دەکا

diphtheria نەخۆشیی بەکتیرایی قورگەخنکە

diphthong پێکەوە لکان(دنی)ی دوو پیتی بزوێن؛ لە (نووسین، وتن)

diploma بەڵگەنامەی دپلۆم(ا)

diplomacy رامیاری، سیاسەت، سازشکاری، دیپلۆماسییەت

diplomat سازشکار، دیپلۆماسی

diplomatic رامیارییانە، سازشکارانە، دیپلۆماسیانە

dipper مەلێکی ئاوییە. ئەسکو(ێ)؛ (کەوچک، مراک)ی قوول و دەسک درێژی شلە تێکردن

dipsomania شێتیی مەی. پیری مەیخانە

dire ترسناک

direct راستەوخۆ. (رێنوێنی،

ڕێنمایی، ئاراستە) دەکا. دەگێڕێ
- proportion *ڕێژەی*
ڕاستەوخۆ؛ ڕاستەوخۆ دەگۆڕێ لە گڵ
direction ڕێنوێنی، ڕێنمایی. ئاراستە
directly بەراستەوخۆ، ڕاستەوخۆ. یەکسەر. زوو
director ڕێنوێنیکەر. کارگێڕ، هەڵسووڕێنەر
directorship ڕێنوێنیی. ڕێنمایی (کردن). کارگێڕی
directory ریز یا تۆمار (ی شتان). ن؛تۆماری ناوی خەڵکان
direful ترسناکە
dirge لاواندنەوە، سەرەدوولکە؛ ئاوازێکی غەمناک
dirigible بالوونێکی بە شوفێر. ئاراستە کراو
diriment پێشگرێکی یاسایی
dirk خەنجەر. دەپێکێ (بە خەنجەر)
dirt پیسی، گەرد
- cheap *تۆرکەیە ! تۆڵەگەیە !؛ زۆر هەرزانە*
dirtiness پیسیی. زبڵ
dirty پیس. پیس دەکا
dis- (پێشگر، پێشکۆ)یە بە واتای (مە، نا، نە، بێ)
disability پەککەوتەیی، ناتوانایی
disable پەکیدەخا، لەتوانای دەخا
disabled پەکخراو، پەکخستراو. پەککەوتە (یە)، ناتوانا(یە). پەکی خست، لە توانای خست
disabuse ڕاستی دەکاتەوە، ڕێنمایی دەکا. ڕاستیی دەردەخا
disaccord ناکۆکی. ناگەنە یەک
disadvantage زیان، سوودنەگری. بێبەری بوون. زیانی پێ گەیاند. بێبەریی کرد
disadvantageous زیانبەخشە. بێبەری کەرە
disaffect دووریان دەخاتەوە، قینەیان دەخاتە ناو
disaffected کارتێنەکراو؛ وەکوو خۆی ماوە. کەم هەست، کەم سۆز
disaffection کەم هەستی، کەم سۆزی. قینە، تووڕەیی
disaffirm نکۆڵی دەکا، ڕەت دەکاتەوە، بەدرۆ دەخاتەوە
disagree ناتەبادەبێ، پێک نایەن
disagreeable لەتەبایی نەهاتوو، تەبایی بۆ نییە
disagreement ناتەبایی، جیاوازی، پێکنەهاتن
disallow ڕێنادا. ڕێی نادا. لێ ناگەڕێ
disappear وندەبێ، بزردەبێ. دەڕوا
disappearance ونبوون، بزربوون. ڕۆیشتن
disappoint (بێدڵیی، نائومێدی) دەکا، دڵی (دەشکێ، دەڕەنجێ)نێ
disappointed نائومێد (کراو. بوو)، دڵ (شکاو، ڕەنجاو)
disappointment نابەدڵی بوون، دڵشکان، دڵڕەنجان،

نائومێدبوون. ژێرکەوتن

disapprobation نارەزایی

disappropriate دارایی لە خاوەنی زەوت دەکا. ناهەموار

disapproval ناپەسندکردن، ناپەسەندکردن. نارەزایی

disapprove پەسندناکا(ت)، پەسەند ناکا

disarm چەک(ی) دادەماڵێ(ت) (هی کەسێکی تر)، چەک(ی) دادەنێ(ت) (خۆی). چەکیدەکا(ت) (ن؛ چەکبە!)، بێ چەکی دەکا(ت)

disarmament چەکداماڵین، چەک دانان

disarmed بێچەک(ە)، چەککراو(ە). چەکیدانا (هیخۆی)، چەکی داماڵی، چەکی داماڵاند (هی کەسێکی دی)

disarray نارێکی، هەڵەتەیی، پرشو بڵاوی

disaster کارەسات، نەگبەتی

disastrous کارەساتە، نەگبەتی یە، بەکارەسات(ە)

disavow نکۆڵی دەکا، رەت دەکاتەوە. خۆی بێ بەری دەکا لە

disband هەڵدەوەشێ، لێک دەترازێ. لەبارییەک دەچی

disbar (پارێزەر، یاساوان)ێک (رادەگرێ، قەدەغەدەکا) لە کاری

disbark دار دەڕنێ، دار سپی دەکا؛ تویکڵی لێ دەکاتەوە. بەتاڵ دەکا، بار دادەگرێ

disbelief سەرسوڕمان. بڕوانەکردن. باوڕ نەبوون، باوەڕ نەهێنان

disbelieve سەری دەسووڕمێ، بڕواناکا(ت). باوەڕ ناهێنێ

disburden باری دادەگرێ، باری سووک دەکا

disburse پارەی دەدا، دەردەهێنێ، خەرج دەکا

disc قورس، بازنە، خڕیلکە

discard فڕێدان، لە یەخە کردنەوە. فڕێیدەدا، لە یەخەی خۆی دەکاتەوە

discern دەزانێ، جیاوازیان دەبینێ، جیادەکاتەوە

discerning وریایە، زانایە، جیاوازیای کەرەوە یە

discharge بەردان، بەرەڵاکردن. لێ خۆشبوون. لەکارخستن. دەردان، دەرچوون. تەقاندن (ی گوللە). بەتاڵ کردن. لەکاریدەخا. بار دادەگرێ، بەتاڵ دەکا. دەتەقێنێ

disciple خوێندکار، قوتابی

disciplinarian پەروەردەکەر، مەشقدەر. یاسایار؛ حەز بە یاسا (و رژێمی بوون) دەکا

disciplinary پەروەردەیی، رەوشتکاری. یاسایاری؛ حەز کردن بە بوونی یاسا و رژێم

discipline رژێم، رێک و پێکی. پەروەردە، رەوشت. مەشق. رژێم دادەنێ، رێکو پێک دەکا. پەروەردە دەکا، مەشق دەدا

disclaim داوای ناکاتەوە، واز لە داوای خۆی دەهێنێ. نکۆڵی دەکا، رەت دەکاتەوە. خۆی بێ بەری دەکا لە

disclose دەدرکێنێ،

ئاشكرادەكا. دەكاتەوە

disclosure دركاندن، ئاشكراكردن

discolour رەنگ دەگۆڕێ. رەنگی دەگۆڕێ، دەیگۆڕێ

discomfit لێی دەباتەوە، زاڵ دەبێ بە سەر دا

discomfiture دۆڕان، شکست

discomfort نارەحەت بوون، ناخۆشحاڵ بوون

discommode نارەحەت دەکا، ناخۆشحاڵ دەکا

discompose دەیشێوێنێ، تێکی دەدا

discomposure شێواندن، تێکدان

disconcert دەیشلەژێنێ، سەری لێ تێکدەدا

disconnect لێدەکاتەوە. لێک(یان) دەکاتەوە. دەکوژێنێ تەوە. (شتێک) لە یەکی دی دەردەهێنێ

disconsolate بێهوودەیە

discontent بێزاری. دڵ ئاو نەخواردن

discontented بێزار. دڵ ئاو نەخواردوو

discontinuance بەردەوام نەبوون. پچڕان، پسان

discontinue ناسێنێ، تەواودەبێ. بەردەوام نابێ. دەپچڕێ

discontinuous پچڕپچڕ، نابەردەوام

discord جیاوازی، ناکۆکی، فیتنە. لێک ترازان. پێکنەهاتن

discordant جیاواز، ناکۆک. لێک ترازاو

discount داشکاندن، دانرخاندن، هەرزان کردن. دادەشکێنێ. دادەنرخێنێ، هەرزان دەکا

discountenance بەربەرەکانی

discourage بێتاوی دەکا، لەتاوی دەکا، لە گوڕی دەخا

discourse وتار. وتار دەدا

discourteous بێڕێزە، وشکە، بێ نەریتە

discourtesy بێڕێزی، وشکی، بێ نەریتی

discous خڕ(ە)؛ لە شێوەی قورسە (یا بازنەیی یە)

discover دەبینێتەوە، دەدۆزێتەوە

discovery دەیتنەوە، دۆزینەوە

discredit ئابرووچوون. بە درۆ دەخا (تەوە). بڕوای پێ نامێنێ

discreet نەهێنی پارێز، تەقەت. ژیر، وریا

discrepancy ناکۆکی، جیاوازی، جودایی

discrepant ناکۆک، جیاواز، جودا

discrete جیایە. سەربەخۆ. پچڕپچڕ، ناوەناوە؛ نابەردەوام

discretion هۆش، تێڕوانین. ئازادی هەڵسوکەوت

at - *بەو پەڕی ئازادی*

discretional ئازادە، سەربەستانە یە

discretionary ئازادانـه، بـه ئازادی

discriminate جیاوازیکـەرانـه، جودایـی کـەر. جیاوازی دەکا، جودایـی دەکا

discriminative جیاوازیکـەرانـەیـه، جودایـی کـەرانـه یـه

disculpate بـیانـو دەهێـنـێـتـەوە. دەکاتـەوە، بـەر دەدا

discursive نـا بـەردەوام. گوێـزەرەوە، گـەرۆک

discus قـورس (بـازنـە)یـکـی ئاسنـه لـه یـاری (وەرزش) دا بـەکا ر دێ

discuss لـێـدەدوێ، بـاسـی دەکا، گـفـتـو گـۆی لـه سـەر دەکا

discussion لـێـدوان، گـفـتـوگـۆ، دەمـەتـەقـێ

disdain لـووت بـەرزی

disdainful لـووت بـەرز(ە)

disease نـەخۆشی

disembark دادەبـەزێ، هەوار دادەنـێ، بـارگـه دەخا

disembogue (جۆگـه، روبـار، هتـد) یـک تـێـدەکاتـەوە (لـه روبـار، دەریـا، هتـد)یـکـی دی(کـه)

disenchant چاودەکاتـەوە، غایـلـه نـاهـێـلـێ

disencumber رزگـاری دەکا لـه

disendow وەردەگـرێـتـەوە، نـایـدا

disengage جیادەکاتـەوە. لـێـی دەکاتـەوە. دەکاتـەوە

disengaged پـابـەند نـیـیـه، نـەبـەستـراوەتـەوە، سـەربـەستـه

disentangle غایـلـه نـاهـێـلـێ. روونـدەکاتـەوە

disenthral(l) رزگـار دەکا، بـەردەدا، ئـازاد دەکا

disenthrone لـه سـەر تـەختـی پـاشایـی (یـا فـەرمانـڕەوایـی) لادەبا

disentitle لـه مافـێـک (یـا پـلـەیـێـک) بـێ بـەریـی دەکا

disentrance بـەهۆشی دێـنـێـتـەوە، بـه ئـاگـا دێـنـێـتـەوە، هۆشی دێـنـێـتـەوە بـەر

disesteem بـێـڕێـزی، بـێ پـلـەوپـایـەیـی. بـێـڕێـزی پـێـدەکا

disfavour نـاڕەزایـی، مـلـمـلانـێ. مـلـمـلانـێـی دەکا، خۆشی نـاوێ

disfigure دەیـشێـوێـنـێ، نـاشیـرنـی دەکا

disgrace شـوورەیـی، ئـابـرووچـوون، نـاو(بـانـگ) زڕان. ئـابـرووی دەبـا، نـاو(بـانـگ)ی دەزڕێـنـێ

disgraceful شـوورەیـیـه، ئـابـروو بـەره

disguise دەمامـک کـردن (دان)، خۆ گـۆڕیـن (چ بـه جـلـوبـەرگ وەیـا بـه شـێـوە). دەمامـک دەکا، خۆی دەگـۆڕێ

disgust بـێـز، قـێـز. بـێـز دەکا

disgusting مـایـەی بـێـز و قـێـز (لـێ بـوونـەوە یـه) ە

dish قـاپ. جۆر (ەکـان)ی خـواردن

dishearten لـەبـەر دلـی دەخا، لـه بـەر چاوی دەخا، ورەی دەڕوخـێـنـێ

dishevelled پـەرش و بـلاو، نـاڕێـک

dishonest درۆزن.

ناجوامێر

dishonesty درۆزنی. ناجوامێری

dishonour شوورەیی، ئابروو چوون. ئابروو دەبا

dishonourable شوورەیی دەهێنێ، ئابروو بەرە

disillusion بێ غایلەیی، گومان نەمان

disinclination خۆ بە دوور گرتن، حەز لێ نەبوون، بێ مەیلی، دوودڵی

disinfect پاکدەکاتەوە، پاقژ دەکاتەوە، بۆگەنی ناهێڵێ

disinfectant پاک کەرەوە، درمانی پاقژی، دژە بۆگەنی

disinherit میراتی بەر ناخا، میراتی ناداتێ

disintegrate لەبار یەک دەردێ، هەڵدەوەشێتەوە. ورد دەکا، دەهاڕێ

disinter مردوو لە گۆڕ دەردێنێتەوە. هەڵدەکۆڵێ

disinterested بەرژەوەندیی تێدا نییە، نائارەزوومەندە؛ هەوەسی لێ نی یە

disjoin لێک(یان) (دەترازێنێ، دەکاتەوە)، دەکاتەوە. هەڵدەقەنێ

disjoint دەترازێنێ، هەڵدەقەنێ، لە یەک دوور دەخا

disjointed پەشێواو. ترازاو، لەبار یەک دەرهاتوو

disjunction لێک ترازان، نەلکاوی. بە یەکتر نەگەیشتن

disjunctive نەلکاو، بە یەکتر نەگەیشتوو، لێک ترازاوە

disk [US] قورس، بازنە، خڕیلکە

dislike نەویستن، نارەزایی. خۆشیناوێ، قینی لێیە

dislocate لەجێدەچێ (ئێسکی جومگە)

dislodge دەیخزێنێ، جێی پێ لەق دەکا. دەردەکا

disloyal بێ وەفا (یە)

dismal دڕندە، ترسناک. شووم

dismantle هەڵێدەوەشێنێ

dismask ئاشکرا دەکا، بەدەر دەخا

dismay ترسولەرز. دەترسێنێ

dismember ئەندامێکی (لەشی) لێ دەکاتەوە. بەش دەکا، کەرت دەکا. جودا دەکاتەوە

dismiss وەلادەنێ، دەردەکا. دوور دەخاتەوە

dismissal وەلانان، دەرکردن. دوور خستنەوە

dismount دێتەخوارێ، دادەبەزێ لە سواریی. دەینتەخوارێ

disobedience یاخیبوون، بە گوێ نەکردن

- conduct *هەڵسوکەوتی یاخییانە (یا یاخی بووانە)*

disobedient سەرپێچیکەر، یاخی(بوو)، گوێ نەگر

disobey سەرپێچی دەکا، مل کەچ ناکا، گوێناگرێ

disoblige خۆدەگرێ لە هاوکاریکردن، بەوشکی مامەڵەی (لەگەڵ) دەکا

disobliging کەسێکی (ناهاوکار، وشک، مامەڵە ناخۆش)

disorder ناڕێکی. بشێوی،

ئاژاوە. شلۆقی، بێ ئاسایشی

disorderly بەناڕێکی. بە شلۆقی، نائاسایشی یانە

disorganise شلۆق دەکا، ناڕێک دەکا

disown خۆ (ی لێ) بێ بەری دەکا، رەت(ی) دەکاتەوە، حاشای لێ دەکا

disparage سووکایەتی پێ دەکا، ریسوا دەکا

disparagingly بەسووکایەتی، بە قینە وە

disparity جیاوازی، نایەکسانی

dispassionate ئارام، لەسەرە خۆ

dispatch ناردن. بەجێ گەیاندن، جێبەجێ کردن. بەجێ دەگەیەنێ، جێبەجێ دەکا. دەنێرێ

dispel تەفروتونا دەکا. دەردەکا، بەڕێی دەکا

dispensable ناگرنگ، ناپێویست

dispensary نەشتەرگا، دەرمانخانە

dispensation دابەش کردن، بڵاوکردنەوە. مۆڵەت، هێشتن، بەخشین

dispense دابەش دەکا، بڵاودەکاتەوە. دەدا، مۆڵەت دەدا، دەبەخشێ

- with *نایەوێ، لێی خۆش دەبێ*

dispenser دابەش کەر. بەخشندە. دەرمان ناس

disperse پەرتدەبێ، بڵاودەبێ. بڵاودەکاتەوە، پەرتدەکا

dispersion پەرتبوون، بڵاوبوونەوە. بڵاوکردنەوە، پەرت کردن

dispirit ورەی کەم دەکاتەوە، ساردی دەکاتەوە

displace جێی گۆڕی. جێی پێ گۆڕی. لای دەبا

displacement گواستنەوە، خزاندن، خشاندن. مەودا (ی جێگۆڕکێ (خاڵی٢ - خاڵی١))

displant هەڵدەقەنێ، هەڵدەکێشێ

display پیشاندەدا، دەخاتەڕو. پیشانگە

displease تووڕەدەکا، پەست دەکا

-d with *تووڕەیە لە*

displeasure تووڕەیی، پەستی

disport رادەبوێرێ، یاری دەکا

disposable یەک جاری؛ بۆ یەکجار بەکارهێنان. کاتی، جارەکی؛ فڕێ دەدرێ

disposal تەگبیر. هەڵسوکەوت. فەرمان. ئارەزوو

at your - *لە ژێر فەرمانت دایە، لە ژێر دەستت دایە*

dispose ئامادەی دەکا. رێکدەخا

- of *لە کۆڵ دەکاتەوە، فڕێی دەدا*

disposition ئامادەیی، مەیل

dispossess لێی دەستێنێ، رووتدەکاتەوە. گل دەداتەوە

dispraise رەخنە، گلەیی. رەخنەی دەکا، گلەیی لێ دەکا

disproof رەتکردنەوە، بەدرۆ

خستنەوە

disproportion بێڕادەیی، ناتەبایی، جیاوازی

disproportional بەبێ ڕادە (یە)، جیا (یە)

disproportionate بێڕادەیە

disprove ڕەتدەکاتەوە، بەدرۆ دەخاتەوە

disputable بە کێشەیە. کێشەی لەسەرە، بە بگرەو بەردەیە

disputation کێشمەکێش، بگرەو بردە

dispute کێشە. ناکۆکی. نکۆڵی دەکا(ت)، کێشەی لەسەر دەکا

in - *کێشەکە، ئەوەی ناکۆکی لەسەرە*

disqualify دەدۆڕێنێ. مافی نامێنێ. دەردەکرێ، مافی لێ دەستێنرێ. دەردەکا

disquiet بشێوی، نائارامی. دەیشێوێنێ، نائارامی دەکا، بەهەڵەداوانی دەخا

disquietude هەڵەداوانی، شڵەژان، شێوان

disregard گوێنەدان، پشتگوێ خستن. گوێنادا، پشتگوێ دەخا

disregardful لاسار(ە)، بێباک(ە)، گوێنەدەر(ە)

disrepair خەراپیی (ئامراز، دەزگا)یەک؛ بەهۆی بێخزمەتیی

disreputable ناوزڕاوە، ئابرووچووە؛ بێئابرووە

disrepute ناوزڕاوی، ئابڕوو چوون، شوورەیی

disrespect بێڕێزی. ڕێز نەگرتن

disrespectful بێڕێزە، بێ ئەدەبە، بێ ڕەوشتە

disrobe رووتدەکا (تەوە). رووت دەبێ (تەوە)

disroot بنبڕی دەکا، نایهێڵێ. هەڵدەقەنێ، هەڵدەکێشێ

dissatisfaction ناڕازیبوون، ناخۆشحاڵی. پەستی

dissatisfied ناڕازییە، ناخۆشحاڵە. پەستە

dissatsify دڵی دەشکێنێ، ناڕازیی دەکا. پەستی دەکا

dissect (ئەندامەکانی) لاشەی مردوو دەپشکنێ. ورد دەکا، پارچە پارچە دەکا

dissemble (خۆی) دەنوێنێ، (خۆی) وا پیشان دەدا. حەشار دەدا، دەشارێتەوە

disseminate تۆو دەدا، بڵاودەکاتەوە

dissension دووبەرەکی، ناکۆکی. بەلا

dissent جیابوونەوە. لێی دەبێتەوە، ناکۆک دەبێ لە گەڵ

dissenter لادەر، (لێ) دەرچوو، جیابۆوە

dissertation لێکۆڵینەوە، پرۆژە؛ بەتایبەتی هی وەدەستهێنانی بەڵگەنامەیەکی باڵا، باس، گفتوگۆ

dissidence (نەیار، بەرهەڵستکار)یی میری یێک

dissident کەسێکی (نەیار، بەرهەڵستکار)ی میری یێک. جیاکار، ناتەبا

dissimilar لەیەک نەچوو، جیا

dissimulation ریاکاری، ریایی

dissipate لـەدەست دەدا. دەدۆڕێنـێ. دەدا(ت(ەوە)). لـە ناو دەبا. بـەفـیـڕۆ دەدا

dissipated لـەدەستدراو. دۆڕێنـراو. بـەفـیـڕۆ چوو، فـەوتاو

dissipation لـەدەستـدان. دۆڕانـدن. دانـەوە. بـەفـیـڕۆ دان

dissociate جیادەکاتـەوە، جیای دەکاتـەوە. خۆی لـێ جیا دەکاتـەوە، خۆی لـێ بـە دوور دەگرێ

dissoluble لـە تـوانـەوە دێ؛ دەتـاوێـنـرێ تـەوە (یـا دەتـوێـتـەوە). لـە هەڵـوەشان هاتـووە

dissolute زیـنـاكار

dissolution تـاوانـدنـەوە. تـاوانـەوە. هەڵـوەشانـەوەی لاشە (ئـەنـدامـەكانـی لـەش) دوای مـردن

dissolvable دەتـاوێـنـرێ تـەوە. هەڵـدەوەشێـنـرێ

dissolve دەتـوێـتـەوە. دەتـاوێـنـێـتـەوە. هەڵـدەوەشێ (نـێ (تـەوە))، نـامێـنـێ

dissonant لـەیـەک دوور، لـە یـەک جیـا، نـەشاز

dissuade پـەشیـمانـی دەکاتـەوە، ساردی دەکاتـەوە

dissuasive پـەشیـمان کـەرەوە، سارد کـەرەوە

dissyllabic تـەنـها لـە دوو بـڕ(گـە) (یـا بـەش) پـێـک هاتـووە

distance سەدە، ماوە، مـەودا. دووری. تـێ دەپـەڕێ لـێـی. دوور دەخاتـەوە

distant دوور. نـادیـار. وشک؛ دوورە پـەرێـز

distasteful نـاخۆش، بـێـتام. خـەراپ

distemper دەمـدەمـی بـوون. ئـاژاوە. ئـاژاوە دەكـا

distend درێـژ دەكا. درێـژ دەبـێ، رادەكشێ. دەئـاوسێ، دەپـەنـمـێ، ئـەستـوور دەبـێ

distensibility تـایـبـەتـمـەنـدیـی راكشان (وە یـا ئـاوسان (پـەنـمان))

distil) دەپـاڵـێوێ، دەپـاڕزنـێ، پـاراو دەكا. پـاراو دەبـێ

distillation پـاڵاوتـن، پـاڕزنـیـن، پـاراو كـردن

distillery كارخانـەی پـاڵاوتـنـی (مـەی، بـادە، شـەراب). پـاڵاوگا

distinct دیـار، ئـاشكـرا. دیـاری كـراو. زۆربـاش، هەرە بـاش

distinction دیـاریـی، ئـاشكـرایـی. جیـایـی، جیـاوازی. دیـاری كـردن، تـایـبـەتـی كـردن. پـلـە و پـایـە. جیـاكـردنـەوە

distinctive جیـا، جیـاواز. جودا كـەرەوە

distinctly بـە روونـی، بـە ئـاشكـرایـی

distinctness روونـی، ئـاشكـرایـی. وردی

distinguish جیـاوازی(ی) دەبـیـنـێ، جوێ دەكاتـەوە

distinguished تـایـبـەتـە، فـرە خاسە، زۆر بـاشە. روونـە، ئـاشكـرایـە

distort دەشێـوێـنـێ. خواردەكا. تـێـک دەدا

distortion خواركـردن (ەوە). خواربـوون (ەوە). شێـوان، تـێـكچوون

distract دەی شێوێنێ؛ زنجیرەی بیری دەپچڕێنێ

distracted بیر بڵاو، شێواو. شێوێنراو

distraction بیر بڵاوی. سەر لێ شێوان

distrain دەستی بەسەردا دەگرێ (لە جیاتی قەرز (ەکەی))

distress لێقەومان، بەڵا. لێی دەقەومێ

distressed لێقەوماو. گیر خواردوو

distribute دابەشدەکا، دەبەخشێتەوە

distribution دابەشکردن، بەخشینەوە

district ناوچە

distrust گومان، بێ باوەڕی. گومانی لێدەکا، باوەڕی پێ ناکا

distrustful بەگومانە. گومانی هەیە

disturb دەشێوێنێ، دەشڵەژێنێ

disturbance شێواندن. شێواوی. شڵەژان(دن)

disunion جیایی، یەک نەبوون، دووبەرەکی

disunite جیایان دەکاتەوە، دووبەرەکیان دەخاتە ناو. جودا دەبێتەوە

disunity یەک نەبوون، دووبەرەکی، جیایی

disuse لەکارخستن، پشتگوێ خستن. لەکاریدەخا، بەکاری ناهێنێ. پشت گوێ دەخا

ditch جۆگە، ئاوەڕۆ، خەندەق. قۆرت(ڵ)، چاڵ(ر)

ditto وەکوو پێشوو، بڕوانە سەرەوە، وەکوو لە سەرەوە باسکراوە

diuretic زۆر میز کەرە؛ نەخۆشیی زۆر میزکردنی هەیە

divan دیوان، دیوەخان(ە)

dive زەرگ، نوقم بوون. نوقم دەکا. خۆی نوقم دەکا

diver مەلەوانی ژێرئاو

diverge لقی لێ دەبێتەوە، بڵاو دەبێتەوە. لێک دوور دەکەوێتەوە، لادەدا. لێک دەبێتەوە

divergence لق لێ بوونەوە، بڵاوبوونەوە. لێک دوور کەوتنەوە، لادان. لێک بوونەوە

divers هەمەجۆرە، جۆراوجۆر

diverse فرە جۆر(ە). جیاجیا

diversify فرە جۆری دەکا، جۆراو جۆری دەکا. دەیگۆڕێ

diversion لادان. گۆڕین

diversity جۆراوجۆری، فرە جۆری. جیاجیایی بوون

divert لادەدا. دەگۆڕێ

divest لێی دەستێنێ، رووتی دەکاتەوە

divide دابەشدەکا (ماتماتیک)، جیادەکاتەوە، دادەبڕێ. بەش دەبێ، دابەش دەبێ

dividend دابەشکراو (ماتماتیک) . سوود، بەش

divination زانستی نازانستی؛ عیلم ول غەیب

divine بەرز. خودایی. پەرستگار. دەپەرستێ

- justice *دادی خودایی، دادی*

ئـاسمـانـی

divinity خودا. خودایـی

divisibility توانـای دابـەش بـوون (یـی)، دابـڕان (دن)، جیایـی. پـەرتـو بـڵاوی، دابـڕاوی

divisible دابـەشدەکرێ (ماتـماتـیـک)، جیادەکرێـتـەوە. پـەرتـو بـڵاویـی پـێدەکرێ، دادەبـڕدرێ

division دابـەش (کـردن) (ماتـماتـیـک)، جیـاکـردنـەوە. پـەرتـو بـڵاو بـوون، دابـڕان، دابـڕاوی. لـەتـکردن

divisor بـەسەردا بـەشکـراو (ماتـماتـیـک)؛ ئـەوەی بـەسـەری دا دابـەش دەکرێ، جیاکـەرەوە. دابـڕ

divorce تـەراق، تـەڵاق. تـەراق دەدا

divorced تـەڵاقـدراو

divorcee تـەڵاقـدراو

divorcer تـەڵاقـدەر

divulge دەدرکێـنـێ (نـەهێـنـی)، بـڵاودەکاتـەوە

dizziness سەرسوڕان، گـێـژی، وڕی، هێـڕی. سەرئـێـشە

dizzy گـێـژ(ە)، وڕە، هێـڕە

djinn = jinnee

DNA کورتـکراوەیـە بـۆ زانـیـاریـی ڕەچەڵـەکـی گـیـانـدار(ان) بـەواتـای؛ *تـرشەڵـۆکـی ڕەچەڵـەک*

do دەکـەن (ئـەوان). دەکـەیـن (ئێـمـە). بکـە (ئـەتـو) بکـەن (ئـەنـگـۆ، ئـێـوە). تـەواو دەکـەن. دەبـن، بـەکـەلـک دێـن

- away with *لـەکـۆڵـی دەبـێـتـەوە. هەڵـدەوەشێـنـێ تـەوە*

ئـێـمـە). بـکـە (ئـەتـو) بـکـەن (ئـەنـگـۆ، ئـێـوە). تـەواو دەکـەن. دەبـن، بـەکـەلـک دێـن

- for *دەگـۆنـجـێ*

- one's bit *ئـەرکـی سەرشانـی جێـبـەجێـدەکا دووپـاتـکـردەوە، دووبـارەکـردەوە*

- up چاک دەکـاتـەوە. جلـوبـەرگ *خاوێـنـدەکاتـەوە*

- with جێـی خۆشحاڵـی یـە ئـەگـەر *بـبـێ*

- without *دەتـوانـێ بـە بـێـی؛ باشـتـرە نـەبـێ*

that will - *بـەسە، ئـەوەنـدە بـەسـە*

docile ڕاهاتـوو، مـلـکـەچ، گـوێڕایـەڵ؛ بـە ئـاسانـی بـەرێـوە دەچێ

dock بـەنـدەر. گـۆلـە ئـاو. قـەفـەزی تـاوانـبـارکـراو(ان) (بـەنـدی کـراو(ان)) لـە دادگـا

dockage بـاج (یـا نـرخ)ی کـەشـتـی هێـنـانـە نـاو بـەنـدەر

dockyard شوێـنـی بـەسـتـنـەوە (ڕاگـرتـن)ی بـەلـەم و کـەشـتـی یـان

doctor پـزیـشـک، دوکـتـۆر. دوکـتـۆر؛ پـلـەیـەکـی ئـەکادیـمـی یـە

doctorate پـلـەی ئـەکادیـمـی دکـتـۆرا

doctrinaire بـیـیـرکـاری (پ؛ کـردەوەیـی)، تـیـۆری

doctrinal پـەیـوەنـدە بـە بـاوەڕ (یـا زانـیـن (ەوە)). بـیـیـرکـاری یـە (پ؛ کـردەوەیـی یـە)، تـیـۆری یـە

doctrine بـاوەڕ، زانـیـن، بـیـیـر، تـیـۆری

document (n, v) دەق، نووسراو. بەڵگە. بەڵگەنامە. دەنووسێ. دەكاتە بەڵگە

documentary بەڵگەیی. بەڵگەنامە. نوسراو، بە نووسین

dodge فێڵ(ر)، حیلەو حەواڵە. خۆی لادەدا لە، خۆی دەدزێتەوە لە

dodger فێڵباز، تەڵەكەچی

doe ئاسكە (ی مێ ینە)، مامز (ی مێ ینە)

doer بكەر، ئەنجام دەر

does دەكا؛ ئەو (ی نێر و مێ و شت)

doff جلی دادەكەنێ، رووت دەكاتەوە. لە كۆڵ خۆی دەكاتەوە. دەسرێتەوە، لە ناو دەبا

dog كسۆك، سە، سەگ

- days *رۆژانێك زۆر گەرم بێ*

- fish *سەگی دەریا*

- fox *رێوی نێر*

hot -s *پاروی سۆسجی گەورە (ئەمریكی)*

dogcart راگوێزەر، عارەبانە؛ ی دوو یا چار (پێچكە، تایە)

dogged ملهوڕ، دڕ. بەبڕیارە؛ بڕیار دەگرێ

dogma دۆگما؛ باوەڕ، مەزەب

dogmatic دۆگمای (یە)؛ بەبڕیارە، گفتوگۆی لەسەر نییە، سوورە. بیر وشكە

dogmatism دۆگمایی؛ سووربوون، بیر وشكی، نەگۆڕی

doings كاروبار (ەكان). هەڵسوكەوت (ەكان)

dolce نەرم، ناسك (ئاواز)

dole بەش. غەمباری. كەم كەمە بەش دەكا

doleful غەمبارە، كزە

doll بووكەشووشە، گەمەی دەستی منداڵان

dollar دۆلار؛ ناوی دراو (پارەی)ی وڵاتە یەكگرتووەكانی ئەمریكا و چەند وڵاتێكی دیش

dolorous ئازار دەرە. غەمبارە، كزە. غەمگین

dolphin دۆلفین (گیانداریكی ئاویی مرۆ دۆستە)

dolt گێل، گەمژە

doltish = dolt

domain زەویوزاری میری. ئاقار، موڵك. نێوان، تخووب

dome گومبەت، گومەت. كلێسا، كەنیسە

domestic ماڵی، كەوی. ناوخۆ. هیماڵ(ە)

- animal *ئاژەڵی ماڵی یا كەوی*

domesticate ماڵی دەكا، كەوی دەكا

domicile نیشتەجێی، بارەگا، ماڵ. نیشتەجێ دەكا

domiciliate نیشتەجێ دەكا

dominance زاڵی، دەسەڵاتداری

dominate زاڵدەبێ، دەسەڵات پەیدا دەكات، دەسەڵاتی هەیە. دەیبەزێنێ

domination زاڵبوون، دەسەڵاتكردن

domineer فەرمانڕەوا، زاڵبوو،

دەسەلاتدار. زۆردار

dominion فەرمانڕەوایی، دەسەلاتداریی سەربەخۆ

domino پەرچەم، رووپۆش. پەرچەمدار، رووپۆشیو. دزێو

dominoes یاریی دۆمینە

don نازناوێکی ئەسپانی یە. دادەپۆشێ. لەبەر دەکا

donation یارمەتی (پارە و شتومەک). ئابوونە

done (pp do) کرا. کرابوو. بوو(ە)

donkey کەر

donor یارمەتیدەر (بە پارە، شتومەک، خوێن، ئەندامی لەش)، بەخشندە

doom بەش، نسیب. بڕیار، دادوەری. بڕیاری لە سەر دەدا

doomed بەدچارە، نەفرەت لێکراو، بدووم

doomsday رۆژی قیامەت، ئاخیر زەمان

door دەر، دەرکە، دەرگا

- keeper *دەرگەوان. پاسەوانی دەرکە*

- mat *حەسیر (بەرماڵ)ی قاچ سڕینەوەی پێش دەرکە*

- to - *لە دەرگاوە بۆ دەرگا. دەرکە بە دەرکە*

in -s *لە ماڵێ، لە ناو ماڵێ. داپۆشراو*

next - to *هاوسێیی، لە تەنیشتی*

out -s *لەدەرەوە، لە گۆڕان. دەرەوەی ماڵ*

dope دەرمان (روون)ی سڕکەر. روونی پزیشکی

dormant نوستوو. کارنەکەر، بێدەنگ، کر. سڕ بوو

dormitory ژوورێکی گەورەی نووستن؛ ی (فرە، چەند) (جێخەو، تەختە، قەرەوێلە)یی

dormouse گیانلەبەرێکی قرتێنەرە لە مشک دەچێ

dorsal هی پشتە، تایبەتە بە پشتەوە

dose دەرمان. چەندایەتی دەرمان. دەرمانی دەداتێ

dossier هەموو نووسراو و بەڵگەو نامەی لە مەڕ (بارەی، بابەتی) کێشەیەک. دۆزە

dot خاڵ(ر). خاڵخاڵ دەکا

dotage هەڵبزرکاندن، قسەی بێ سەر و بەر، حەلەق و بەلەق. پیری، پیریبوون

dotard بێسەروبەر، هەڵبزڕکێن

dote هەڵدەبزڕکێنێ، قسەی بێ سەر و بەر دەکا. پیری. پێوەی دەخافڵێ

dotted خاڵخاڵ(ە)

double دوو، جووت، جۆت. دووقات. دووقات دەکا

- barrelled *جۆت لوولە*

- dealing *فێڵبازی*

- faced *دووڕوو*

doubled دووتابوو، سەدیسەد زیادیکرد. پیتی دووبارە (نووسراو)، پیتی دووپات کراو؛ پیتی قەڵەو

doubt گومان. گومان دەکا. گومانی لێ دەکا

doubtful بەگومانە

doubtless بێگومانە

dough هەویر. لە هەویر

doughnut هەویرێکە لە ناو

روون و شەكردا سوور دەكرێتەوە

dove كۆتر

dovecote هێلانە كۆتر

dovelet فەرە كۆتر، بەچكە كۆتر

dovelike كۆتر ئاسايە؛ (ئاشتی خوازە، بێ زيانە) وەک كۆتر. مالی يە وەک كۆتر

dovetail تێكهەلکێش. تێكهەلدەکێشێ

dowager پيريژن. بێوەژنێكی خاوەن پايە و بە شكۆ

dowdy جلشڕ، شڕوشپڕێو. جلوبەرگی ناهەموار

dowel پەرچ (ی دار)؛ ێ كە لە دار درووست كرابێ

dower مارەيی. مارەيی دەدا

down تووكە حەرامە؛ پەڕەمووچی (ورد و نەرمی) بالندەی ساوا. خوار، خوارێ. دەخاتە خوارێ. دادەگرێ

- stairs *لەخوارەوە، لەخوارێ*

- trodden *ژێرپێ خراوە، پێشێل كراوە*

upside - *سەر بەرەو ژێرە، سەرەو نخوونە، بەرەواژە*

downcast ريزلێ نەگيراو، پشتگوێ خراو

downfall روخان. كەوتنە خوارەوە. خەراپ بوون، تێكچوون

downhill نشێو. بەرەو خوار

downpour رێژنە بارين. بەرێژنە دەبارێ

downs بيابان، دەشت، دێم، بەيار. داكێش (پ؛ هەلكێش). دەكەوێنێ. دينتەخوار

downstream لەگەل شەپۆلان، لەگەل ئاوە رۆ

downward بەرەوخوار، بەرەو خوارەوە، بەرەو خوارێ. روەو خوار(ێ). بۆ نشێو(ی)

downy تووكە حەرامەی هەيە؛ بالندەی ساوا (ی بە پەڕەمووچی ورد و نەرم)

dowry مارەيی

doyen پێشەنگ، هەرە كۆن

doze چاوگەرمكردن؛ نوستنێكی كورت (كەم). سەرە خەوێك دەكات (دەشكێنێ)، دەنوێ، دەخەوێ. خەوی دێ(ت). خەوی لێ دەكەوێ

dozen دەستە (يەک)، دەرزەن (يێک)؛ دوازدە دانە

dozy خەوالوو، چاو بەخەو. لەش قورس، قەلب گران

Dr كورتكراوەيە بە واتای؛

= Doctor *دوكتۆر؛ خاوەن بەلگەنامەی دوكتۆرا*

drab رەنگی سوور (يی مس{ز})

drachm يەكەيەكی پێوانەی يۆنانيی كۆنی كێشە؛ يەكسانە بە يەک لەسەر هەشتی ئەونسە يەک (ی ئينگليزی)

drachma يەكەی بنەڕەتيی (دراو، پارە)ی يۆنانی يە. قورسێكی زيوينی يۆنانيی كۆن

draft رەشنووس، نووسينی بە پەلە (يا پێش پياچوونەوە). وێنە، نەخشە. راكێشان. كون (ەبا). دەنووسێ (بە پەلە)،

رادەکێشێ
- *board* *تەختەی یاریی دامە*
- *horse* *هێستری ژێر عارەبانە*

drafts یاریی دامە
draftsman کەسێکی دەقنووس؛ (نوسراو، نامە، هتد) بە شێوەی روشنووس ئامادە دەکا. نەخشەکێش
drafty [US] = draughty
drag رادەکێشێ. راکێش دەکا. راکێشی دەکا. قورس (دەڕوا، کار دەکا، هتد)
draggle قوڕاوی دەکا، پیس دەکا
dragoman تەرجومان، وەرگێر. یاوەری (گەشتوان(ان)، گەشتیار(ان))
dragon ماری باڵدار؛ ئەژدیها، ئەژدەها، نەهەنگ
- *fly* *مەگەز (ێکە)*

drain ئاوەڕۆ. بەلووعە، بۆڕی. دەردەدا، ئاوەڕۆی دەداتێ (بۆ دەکاتەوە)
drainage ئاودەردان، ئاوەڕۆیی
drake نێرەی مراوی
dram درهەم. پێکێک مەی. کەمێک تۆزێک
drama دراما. کارەسات؛ بەسەرهاتی ناخۆش. چیرۆکێکی نواندن (یا شانۆ(گەری))
dramatic کارەساتە، دراماتیکی یە. هی نواندنە، هی شانۆ یە
dramatise رووداو (کارەسات) دەکات بە چیرۆک (ی شانۆ یا دراما)
dramatist درامانووس. نووسەری شانۆگەری
drank خواردیەوە (ئاو، ئەلکحول، هتد)
draper بازرگانی (رانک، چۆغە، کوتاڵ، قوماش). بەزاز
drapery رانک، چۆغە، کوتاڵ، قوماش، هتد. بەزازی
drastic توندوتیژ(ە)
draught وێنە، نەخشە. راکێشان. کون (ە با). رای کێشا
draughts یاریی دامە
draughtsman نەخشەکێش. داشی دامە
draughty بای لێ دێ، کونبڕ نی یە
draw (n, v) (1) (یەکسان، هاوتا) بوون لە (کێبەرکێ، وەرزش، هتد) دا. راکێشان (ی کارتی قومار، یاری، یانسیب، هتد). (یەکسان، هاوتا) دەبن
draw (v) (2) (وێنە. نەخشە) دەکێشێ. (گوان) دەمژێ، مەمک دەخوا. بە ئەنجام دەگا. رادەکێشێ (بە هەموو ماناکانی یەوە). دەهێنێ. دەردەهێنێ
- *a deed* *بەڵگەنامە دەنووسێ*
- *along* *رادەکێشێ*
- *attention* *سەرنجی رادەکێشێ*
- *blood* *خوێنی دەمژێ*
- *bridge* *پردی جووڵاو (سووڕاو)*
- *lots* *پسوولەی بەخت (شانس)ی رادەکێشێ*
- *near, - on* *نزیک دەبێتەوە، کاتی دێ*
- *out* *هەڵدەکێشێ، دەردەکا.*

دەخوا. بە ئەنجام دەگا. رادەکێشێ (بە هەموو ماناکانی یەوە). دەهێنێ. دەردەهێنێ

دڕۆپەی لێ دەبڕێ

drawback کاردانەوە (ی خەراپ). هەڵگەڕانەوە؛ وەرچەرخانێکی خەراپ. کەم و کووڕی

drawer چەکمەجە

drawers ژێرپۆش، جلی ژێرەوە. چەکمەجە

chest of - *چەکمەجەی فرە ڕێز*

drawing وێنە (ی بەدەست کێشراو). کێشان. ڕاکێشان

- book *پەڕاوی وێنە یا نەخشە کێشان*

- room *ژووری پێشوازی*

drawl لەسەرەخۆ دەدوێ

drawn ڕاکێشراو، کێشراو. هاوتا، یەکسان

dread ترسولەرز. دەترسێ

dreadful ترسناک(ە)

dream خەون، خەو بینین. خەو دەبینێ. خەیاڵ دەکا. هیوا دەخوازێ

- land *دنیای ئەندێشە، ناڕاستەقینە، خەیاڵی*

dreamer خەوبین. خەیاڵ پڵاو، خەیاڵی. هیوادار، خوازیار

dreamy (زۆر) خەوبینە. خەیاڵ پڵاوە، خەیاڵی یە. هیوا و خوزگەی زۆرە

dreary چۆڵوهۆڵە، بە ترسە، کش و ماتە. کز، مات

dredge تۆڕ. جۆگە(لە) (یا ئاوەڕۆ) خاوێن دەکاتەوە. یاقووت دەگرێ

dregs تفر، قەتماغە، نیشتنەوە (ی خڵت(ە))

drench چۆڕێک دەرمان (ی ئاژەڵ)، کەمێک خواردنەوە. زۆر تەڕکردن. زۆر (تەڕ دەکا. تەڕ دەبێ)

dress پۆشاک، جلوبەرگ. دەپۆشێ، لەبەر دەکا، لەبەری دەکا. دار قەڵەم دەکا. چەرم ئامادە دەکا (دەباغی دەکا)

- a wound *برین دەپێچێ، زام تیماردەکا*

- out *خۆ دەڕازێنێتەوە، خۆی قۆز دەکا*

- the hair *پرچی شە دەکا، قژی دادێنێ*

dressing جلوبەرگ لەبەر کردن. برین پێچی. بەهارات

- gown *جلی ماڵەوە، جلی ناوەوە*

- room *ژووری ئارایشکردن (ی ئافرەتان)*

- table *مێزتەوالێت؛ مێزی ئاوێنەداری ئارایش(کردن)*

dressmaker بەرگدروو

drey (کون، کولانە، هێلانە)ی (سیمۆرە، سمۆرە)

dribble لیکی دێ؛ دەمی لیک دەکا. لیکهاتن، لیکاویبون. لیک

driblet چەندێکی کەم. چۆڕێک، کەمێک

dried وشکەوەکراو. وشک کراوە

drift زریان. مەبەست، مەرام. لادان. بە باوە دەبارێ. شەپۆڵ ڕای دەپێچێ. کۆمەڵ دەبێ،

کەڵەکە دەبێ

- wind *رەشەبا*

drill دەزگای کونکردن. فێرکردن، مەشق پێکردن. کوندەکا. فێر دەکا، مەشق دەدا

drink خواردنەوە (ی هەر جۆرە شلە یەک). دەخواتەوە

drinkable لەخواردنەوە هاتوو؛ دەخورێتەوە، هی خواردنەوەیە

drip دەتکێ. لێی دەتکێ. دڵۆپە دەکا

drive لێدەخورێ، دەهاژوا، داژوا. پاڵ دەنێ، دەگێرێ. دەردەکا، دەر دەپەڕێنێ. پیاسە (ی بە سواری ئۆتومبیل). لێخورین، هاژوشتن، هاژوان

- away *دەردەکا، دوور دەخاتەوە. لێ دەخورێ*

- forward *هانیدەدا، پاڵی دەنێ*

- out *دەردەکا، دوور دەخاتەوە*

drivel لیک. زۆر وتن. لیک دەکا. لیکی دێتە خوارێ. زۆر دەڵێ

driven دەرکراو، دەرپەڕێنراو. هاژووراى، هاژوراو، لێخوراو

driver شوفێر. بزوێنەر، جولێنەر، سوورێنەر

driving لێخورین، هاژوان. بزواندن، جولاندن، سووراندنەوە، گێران

- shaft *ستوونی سووراندنەوە*

drizzle نمەباران، پرژان. نمنم دەبارێ، دەپرژێنێ

droll نائاسایی، ناهەموار. پێکەنین ئاوەرە، مایەی پێکەنینە، خەندەهێنە. گاڵتەجارە

drollery گاڵتە، گاڵتەوگەپ، گاڵتەجارى. پێکەنین ئاوەرە، مایەی پێکەنینە، خەندەهێنە

dromedary ماڵی، کەوی. حوشتری خۆشڕۆ (خێرا)

drone نێرەی مێشهەنگین. مشەخۆر، بەلا. گزە (گز)ی دێ (دەکا)، بزە (بزی)ی دەێ (دەکا) . بە مشەخۆری دەژی

droop خوار دەبێتەوە، بەلادا دێ؛ لە (ماندوویی، پەککەوتن). شۆڕ دەبێتەوە، خاو دەبێتەوە. تەماشای (نەوی، خوارێ دەکا). ورە (بەزین، نەمان)

drop دڵۆپە، دڵۆپەک. خاڵ (ێک). کەوتن، هاتنەخوار. بەربوونەوە. دڵۆپەی دەکا. دەکەوێنێ. بەردەبێتەوە. شۆڕدەکاتەوە. پشت گوێی دەخا، وازی لێ دێنێ

- in *وەژووری دەکەوێ، دێتەناو*

- kick *هەڵدان (یا تێگرتن)ی سزا؛ لە هەندێ گەمەی تۆپاندا*

- off *کەمدەکا. نامێنێ*

drops جۆرە شەکرۆکە یەکە؛ خڕە

dropsy ئاودان. ئاو خواردنەوە

dross خڵت و پیسی کانزای توێنراوە. ژەنگ

drove لێیخورى، هاژواى، هاژوشتى. سووراندى، گێراى. گاران، مێگەل. پۆل

drover شوان، گاوان، یا بازرگانی مەڕ و مالات

drown دەخنكێ. نوقم دەكا، دەخنكێنێ. كپ دەكا، بێ دەنگ دەكا

drowning خنكان

drowse خەوی دێ، خەوە كوتكە یەتی، خەوی لێدەكەوێ

drowsiness خەوالّوویی، خەوهاتن. خاوی، لەش گران (قورس)ی

drowsy خەوالّووە؛ خەوی دێ. تەمبەڵ، خاو

drudge رەنجدەدا، تەقەلا دەدا، هەوڵ دەدا

drudgery رەنج، تەقەلا، هەوڵ

drug دەرمان. دەرمانی سڕكەر (یا بێهۆش كەر). كەل و پەلێ كە خەراپ بفرۆشرێ. (تیمار، چارەسەر)ی دەكات بە دەرمان. ژەهر خواردی دەكات بە دەرمان. سڕی دەكات

- store *دوكانی دەرمان فرۆشی*

drugget رایەخ، بەرماڵ

druggist دەرمانفرۆش، دوكانی دەرمان فرۆشی. دەرمانخانە

drugs دەرمانی بێهۆش كەر (ن؛ تریاك، هیرۆین، هتد)

drum دەهۆڵ، دۆڵ{ر}، تەپڵ{ر}. (دەهۆڵ، دۆر{ڵ}، تەپر{ڵ}) لێدەدا. پەردەی چەرم(ین)؛ لە پێست دروست كراوە

drumbeat دەنگی (دەهۆڵ، دۆڵ{ر}، تەپڵ{ر}). (دەهۆڵ، دۆر{ڵ}، تەپر{ڵ}) لێدان

drummer دەهۆڵچی، دۆڵ لێدەر

drunk مەست، سەرخۆش

drunkard مەستیار، مەستیار؛ یەكێكە خوی بە خواردنەوەوە گرتبێ. زۆر خۆرەوە

drunken مەستانە، مەست، سەرخۆش

dry وشك، هیشك. وشكەڵان، بێ ئاو. تینوو، تێنی. وشك دەكا (تەوە)، هیشك دەكا (تەوە). وشك دەبێ (تەوە)

- battery *پاتری كارەبا*

- cleaning *جلوبەرگ خاوێنكردنەوە بە وشكی*

- dock *بەندەری وشككراوە بۆ چاكردنەوەی پاپۆڕ(ان)*

- goods *ئەو كەلوپەلانەی كە نارزن یا بۆگەن نابن*

- nurse *ئافرەتی بەخێوكەرە نەوەك شیردەر*

dryad ئەجندە، جنۆكە. خوای درەخت و دارستان

dryly بە وشكی (سروشت). بەوشكی (رەوشت)

dryness وشكی، هیشكی

dual دووانە. بەدوو. دووكار

dub (ناز)ناوی لێ دەنێ. دەرزی لێ دەدا، نەقیزەی لێ دەدا، تێیوە دەژەنێ. دەنگ تۆمار دەكات

dubious كەسێكی (ڕاڕا، بە گومان). نادیار، لێڵ. شتێكی (بەگومان، گومانلێكراو)

ducal هی 'دیوك' ە، تایبەتە بە 'دیوك' ەوە. 'دیوك' = میرخان؛ ناوی پلەیەكی شاهانەی بەریتانیا یە (بۆ نێرینە)

duchess هی 'دیوچێس' ە،

تایبەتە بە 'دیوچێس' ەوە. 'دیوچێس' = میرخانم؛ ناوی پلەیەکی شاهانەی بەریتانیا یە (بۆ مێینە)

duchy هەرێمی دیوک (میرخان). ناوچەی ژێر دەسەڵاتی دیوک (میرخان)

duck مراوی، سۆنە. نوقم دەبێ. نوقم دەکا. لار دەبێتەوە

duckling (جوجکە، بەچکە، فەرخە)ی مراوی

duckweed قەوزە. نیسکی ئاو؛ درەختێکی ئاوی یە

duct بۆری. جۆگە، ئاوەڕۆ

ductile دەکوترێ؛ نەرمە ناشکێ بە کوتین. لە (کوتران، راکێشان، هتد) دێ

ductility توانای (کوتران، راکێشان، هتد)؛ نەرمیی

ductless gland خڕۆکەی بێ بۆری؛ راستەوخۆ لە دەماری خوێن دەکا(ت(ن))

dud بۆمبای نەتەقیو. شکستکار

due ماف، قەرز، وەختی دانەوە. وەختە، کاتیھاتووە، کاتی پێویستە، جێی خۆیەتی، خۆیەتی.
ئەرکە. کاتی گەیشتنی هاتووە

- *to* بەهۆی

duel شمشێرانێ؛ شەڕە شمشێر

dues باجی تێپەڕ بوون (گومرگی)

duet گۆرانیی دووقۆڵی

dug گوانی ئاژەڵی شیردەر. قۆرتی لێدا، چاڵی هەڵکەند. قۆرتکرای، هەڵکەنراو

- *out* سەنگەر

dugong چێری ناو ئاوێ، مانگای ئاوی

duke میرخان؛ ناوی پلەیەکی شاهانەی بەریتانیا یە (بۆ نێرینە)

dulcimer سەنتوور؛ ئامێرێکی ئاواز و بەزم(ان)ە

dull تەپ (ە(حۆلە))، دەبەنگ(ە) . کلۆڵ، کز، مات

dullard دەبەنگە، بێ مێشکە

duly لەکاتی خۆی. بە شایستەیی، بەگونجاوی

dumb لاڵ(ر)، لاڵە. (بێدەنگ، کڕ) دەکات

- *show* *نواندنی بێدەنگ*

dumbbell ئاسنی مەشقی وەرزشی؛ بۆ بەهێز کردنی ماسولکە (یا مل ئەستوور کردن)

dumbfound شێت دەکا، (سەری) دەشێوێنێ

dumbness لاڵی

dummy پەیکەر (ی جلکی نموونە هەڵواسین). نموونە. درۆینە، درۆزنە. ناڕاستەقینە

dump گوفەک، گووفەک. تووڕ هەڵدەدا، فڕێ دەدا

dumping تووڕهەڵدان، فڕێدان

dumpish کز، غەمبار، بە خەم و خەفەت

dumpling زولابیا، لوقمە قازی

dun رەنگی (تاریک، تۆخ). قەرز داوا کردنەوە. قەرزار تەنگاو دەکا، زۆر سوور دەبێ لەسەر داوا کردنەوەی قەرز

dunce گێل، دەبەنگ.

نـەخوێنـدەوار، كـوێـرەوار. كـەمفـام

dune گـردی (لـم، قـوم)؛ لـە بـيـابـان دا

dung ريـخ، تـەپـاڵـە، قـەسـتـەقـول، قـشـپـل، زبـڵ، پـەيـن. دەری. زبـڵ دەكـا

dungeon كـونـی زيـنـدان، زيـنـدانـی تـاريـک، تـاريـكـسـتـان

dunghill زبـڵـدان، گـوفـەک، گـووفـەک

duo جـووت، بـەجـووتـە، دووانـە، گـۆرانـیی دووقـۆڵـی. (پـێـشگـر، پـێـشكـۆ)يـە بـە واتـای (دوو، دووانـە، دووقـۆڵـی)

duodecimal دوازدەيـی

duodenal هی (يـا تـايـبـەتـە بـە) ريـخـۆڵـەی دوازدەگـرێ

duodenum ريـخـۆڵـەی دوازدەگـرێ (پـزيـشـكـوانـی)

dupe فـێـڵـی لـێ دەكـا، هەڵـی دەخـەڵـەتـێـنـێ

duplex دووقـات، دووانـە. چـوون و هـاتـن (ەوە)؛ لـە پـەيـوەنـديـی ئـەلـيـكـتـرۆنـی

full - *مـۆڵـەت دان بـە هـاتـن و چـوون ی هـاوكـاتـی پـەيـوەنـديـی ئـەلـيـكـتـرۆنـيـی نـێـوان دوو خـاڵ (لـەهـەمـان كـات دا)*

half - *مـۆڵـەت دان بـە هـاتـن و چـوون ی بـە نـۆبـەتـی پـەيـوەنـديـی ئـەلـيـكـتـرۆنـيـی نـێـوان دوو خـاڵ (نـەک لـەهـەمـان كـات دا)*

duplicate دووبـارە (يـە). دووانـە (يـە). دووبـارەی دەكـات. كـۆپـيـی دەكـات

duplicity فـێـڵ، هەڵـخـەڵـەتـانـدن

durability تـونـديـی، خـۆگـريـی. خـايـانـدنـيـی، بـەردەوامـيـی

durable تـونـدە، خـۆدەگـرێ (ن؛ پـاتـری). دەخـايـێـنـێ، بـەردەوام دەبـێ، نـامـرێ

duration مـاوە، كـات. بـەردەوام بـوون

during لـەمـاوەی، لـەكـاتـی. لـە

dusk رۆژئـاوا بـوون. دونـيـا تـاريـک بـوون

dusky ئـێـوارەيـە. تـاريـكـە

dust گـەرد، خـۆڵ، تـۆز. (گـەرد، خـۆڵ، تـۆز)ی لـێ دادەوەشـێـنـێ

- bin *تـەنـەكـەی (خـۆڵ، زبـڵ)، گـوفـەک*

duster گـێـسک، پـەڕۆی داوەشـانـدن

dustman كـرێـكـاری جـادە و بـان خـاوێـن كـردنـەوە، زبـڵ كـۆكـەرەوە

dustpan بـێـرۆكـەی زبـری نـاو مـارێ، بـێـڵـۆكـەی زبـڵـی نـاو مـاڵ

dusty گـەرداوی، بـەخـۆڵ، تـۆزاوی

Dutch(man)) هـۆڵـەنـد ی يـە (بـۆ نـێـريـنـە)

duteous ئـەركـی خـۆی جـێـبـەجـێ دەكـا، گـوێ رايـەڵـە

dutiful گـوێ رايـەڵـە، ئـەركـی خـۆی جـێـبـەجـێ دەكـا

duty ئـەرک. ئـێـشک. بـاجـی تـێـپـەڕ بـوون (گـومـرگ)

dwarf كـورتـەبـاڵا؛ بـە زكـمـاكـی، شـەمـولـە، كـورتـيـلـە

dwarfish زۆر كـورت (ە (بـاڵا يـە))، كـورتـيـلـە يـە

dwell لـێـی دەژێ، تـێـيـدا دەژيـێ. لـێـی ورد دەبـێـتـەوە

dweller نیشتەجێ، تێدا ژیاو

dwelling ژیان، نیشتەجێ بوون، ماڵ و حاڵ، خانوو

dwelt لێی ژیا، تێیدا ژیا، تێیدا بوو

dwindle کز دەبێ، کەم دەبێتەوە

dye خم، رەنگ. خم دەکا، رەنگ دەکا

dyehouse خمخانە

dyeing خمکردن، رەنگ کردن

dyer خمچی

dyestuff خم، سوبووغ

dyeworks خمخانە

dying لە پرۆسەی نەمان (لەناو چوون) دایە؛ لە سەرە مەرگە، لە ناو دەچێ

dyke بەربەستی لافاوی دەریا

dynamic بزۆز، بزۆک، بزێو، بەجولە، جولەدار(ە)، بەبزوت(ە). هێزی جولێنەر

-s *زانستی جولانەوە*

dynamite باروت، دینامێت، تیئێنتی

dynamo دینەمۆ (پ؛ ماتۆر)؛ کارەبازا، کارەبادەر

dynamometer ئامرازی (وزە، هێز)پێو، دەزگای پێوەری هێز، هێزپێو

dynasty بنەماڵە؛ بەتایبەتی هی شاهنشایی، فەرمانڕەوایی درێژخایەن. وەچە، رەچەڵەک

dysentery دیزەنتری؛ نەخۆشی ریخەڵۆک (کول، برینداربوون) کە دەبێتە هۆی (گوشلە، زگچوون)

dyspepsia تەنگوچەڵەمەی خواردن هەرس نەکردن

dyspeptic کەسێکی نەخۆش بە تەنگوچەڵەمەی بێهەرسی

dysphasia نەخۆشیی قسە تێکەڵوپێکەڵ (گوتن، کردن)

dystrophy (خواردن، خواردەمەنی)ی (خەراپ، بێسود، کەموزە)

***** E *****

e (1) پێنجەم پیتی ئەلفبێی ئینگلیزی یە. دووەم پیتی بزوێنە

E (2) هێمایە بۆ (ئاڕاستەی) رۆژهەلات

e.g. کورتکراوەیە بەواتای؛ *بۆ نموونە، وەک نموونە* *= exempli gratia*

each هەریەک(ە). دانەی. دانەیەک. هەریەکەی. هەرکام

- other *یەکتر، یەکدی*

eager تامەزرۆ یە، بەپەرۆشە (بۆ(ی))، ئارەزووی لێیە، حەزی لێیە، هەوەسی لێ یە

eagerness تامەزرۆیی، پەرۆش(ی) ، ئارەزوو، حەز، هەوەس

eagle دالْ، داراش(لْ)

eaglet (فەرە، جوچکە) دالْ

ear (گێ، گوێ)(لاک)، گوێچکە

- speculum *دووربینی پزیشکی؛ بۆ پشکنینی کونی گوێ*

lend an - to *گوێدەگرێ لە، گوێدەدا(ت(ە))*

turn a deaf - to *گوێی خۆی کەڕدەکا(ت) لە ئاستی، گوێی ناداتێ، گوێی لێ ناگرێ*

earache گوێ ئێشە، ژانە گێ

eardrop گوارە، ئەلقەی گوێ

eardrops درۆپە(دەرمان)ی گوێ

eardrum پەردەی گوێ

earl نازناوێکی ئینگلیزی یە بۆ پلەیەکی کۆمەلایەتی

early زوو. زووە. زووهاتووە

earmark نیشانە. نیشانە دەکات، نیشانە دادەنێ

earn دەستی دەکەوێ، داهاتی دەبێ

earnest گەرمە، بەگوڕە. هیممەت

earnestly بە گەرموگوڕی

earnings داهات، دەستکەوت. مووچە

earring گوارە، ئەلْقەی گوێ

earshot مەودای گوێ لێبوون، سەدەی گوێ بیستن

earth زەوی، زەمین. خاک، عەرد، ئەرز. خۆلْ، گلْ. مردوو بە خاک دەسپێرێ. لە گۆڕ دەنێ. چالْ هەلْدەکەنێ. دەشارێتەوە، دەخاتە ژێر زەوی

- bank *بەربەستێ لە خۆلْ دروست کرابێ*

earthen قوڕە؛ لە قوڕ دروست کراوە. خۆلْ(ە)

earthenware بەرهەمەکانی قوڕی سوورەوەکراو؛ گۆزە، شەربە، هتد

earthquake بوومەلەرزە

earthward(s) بەرەو زەوی، روەو زەمین

earthworm کرمی زەوی، کرمی عەرد

earthy لە گلْە، لە خۆلْە. دنیایيە

earwax چلْکی گوێ

ease خۆشگوزەرانی، هەبوون(ی).

ئاسانی، ڕەحەتی. ئاسانی دەکا. سووکی دەکا

- nature *گوو دەکا، دەست بە ئاو دەگەیەنێ*

easel سێپایە؛ ی وێنە کێشان. تەختەی وێنە گرتن

easement ئاسانکردن. مافی سوود وەرگرتن

easily بەئاسانی، بە سانایی. بە لەسەرەخۆیی

easiness سانایی، ئاسانیی

east ڕۆژهەلات. ولاتەکانی ڕۆژهەلات

far - *ولاتەکانی ڕۆژهەلاتی دوور (ن؛ تایوان، کۆریا، هتد)*

middle - *ولاتەکانی ڕۆژهەلاتی ناوەڕاست (ن؛ ئوردن، کوردستان، هتد)*

Easter جەژنی گەورە؛ ئیستەر، جەژنێکی (فەلە) عیسایی (انە) لە مانگی چار

eastern هی ڕۆژهەلات(ە)، ڕۆژهەلاتی. ڕۆژهەلات

Eastertime کاتی جەژنی گەورە؛ ئیستەر، مانگی چوار

eastward(s) بەرەو ڕۆژهەلات، ڕوەو ڕۆژهەلات

easy سانا(یە)، ئاسان(ە)، سووک(ە). لەسەرەخۆ

eat دەخوا. بخۆ!

eatable دەخورێ، بەکەلکی خواردن دێ

eaves بنمیچی بانێکی کوور؛ ڕووبەری (ناوەوە، ژێرەوە)ی

eavesdrop بەدزی گوێ دەگرێ، گوێ قولاغ دەکا

eavesdropper کەسێکی گوێگری بەدزیی لە گفتوگویەکی تایبەتی، گوێ قولاغکەر

ebb دەریا کشانەوە، داکشانی ئاوی دەریا. دواکەوتن. دەکشێتەوە (دەریا)

- and flow *کشانەوە (داکشان) و هاتنەوە (هەلکشان) (ی ئاو) ی دەریا، مەد و جەزر*

ebony جۆرە دارێکی بتەو ی (ڕەش، تاریک)ە. ڕەنگی مەیلەو ڕەش. (کەسێکی) ڕەشتالە{ر}

ebullient کولاو. هاروهاج، هەلچوو

ebullition کولان. هەلچوون

EC کورتکراوەیە بەواتای؛ (*= European Community* *کۆمەلگا؛ یەکیەتی)ی ئەوروپا(یی)*

eccentric ناتەواو(ە)، شەت و پەت(ە). ناچەق(ە)، لاچەق(ە)

eccentricity ناتەواوی. ناچەقی، لاچەقی

ecclesiastic مرۆڤی ئایینی (دەروونی). قەشە

echo دەنگدانەوە. دەنگ. دەنگی دێ، دەنگ دەداتەوە

eclipse خۆر گیران. مانگ گیران. (خۆر، مانگ) دەگیرێ. دادەپۆشێ

ecliptic (خولانەوە، چەرخان)ی (خۆر، ڕۆژ)؛ بە درێژایی سالٚ

economic(al) ئابووریە. هەرزانە. مالٚداری کەرە

economically ئابووریانە. بە تەگبیر

economics زانستی ئابووری، ئابووری ناسی. ئابووریوانی، بابەتەکانی ئابووری

economy ئابووری. ماڵداری، تەگبیر. پارە (و پوول) کۆکردنەوە، پارە پاراستن

ecstasy سەرسووڕمان. زۆر (زیاد) خۆشحاڵی، هەڵچوون (ی شاد)ی دەروونی. گیان شادبوونی کاتی

ecstatic شادی هێن، گیان شادکەر. سەرسووڕمێن

eczema نەخۆشی یەکی پێستە؛ بە خوران و برینە

edacity چڵێسی. نەوس(نی)

eddy گەردەلوول(ە)

edematose برین، برینە. ئاوساوە، ئەستوور بووە

edematuos برین (ە). ئاوساوە، ئەستوور بووە

Eden بەهەشت، عەدەن

edentate بێ (دان، ددان، دگان)

edge دەو، دەم، رۆخ، لێوار، نووک، ددان

- tools *دەم تیژ؛ کێرد، چەقوو، مەقەس، هتد*

play with - tools *یاری بە ئاگر دەکا*

edgewise بە تیژی، لە سەر تی، لەسەر تەنیشت

edging لێوارە، کەنارە

edible خۆراک؛ دەخورێ، بەکەڵکی خواردن دێ

edict فەرمان، بڕیارێکی بەرز (باڵا)

edification بنیات. پەروەردەکردن. چاکردن

edifice تەلار، خانوو

edify بنیات دەنێ، دروست دەکا. پەروەردە دەکا، چا دەکا

edit نووسینکاری دەکا، دەنووسێ. ئامادە دەکا بۆ چاپ

edition ژمارە (ی گۆڤار یا رۆژنامە، هتد). چاپ (ی پەڕتووک، هتد). دەرچوون (ی نووسراوێک)

editor سەرنووسەر. نووسینکار، نووسەر

editorial نووسینکاری، نووسینکاریە. پێشوتار

educate فێر دەکا. ئامۆژگاری دەکا

educated تێگەیشتوو، فێربوو. ئامۆژگار(ە). تێی گەیاند، فێری کرد

education فێرکردن. ئامۆژگاری کردن. فێربوون. ئامۆژگاری

educational بابەتەکانی فێرکردن، پەیوەندە بە فێربوون

educe دەردەهێنێ. دەگاتە ئەنجام

ee (پاشگر، پاشکۆ)یە ئاوەڵناو لە کردار پێک دەهێنێ بە واتای؛ کار (تێ، لەسەر)کراو. دراو

EEC کورتکراوەیە بەواتای؛ (*= European Economic Community* *هاوبەشی؛ یەکیەتی)ی ئابووریی ئەوروپا(یی)*

eel مارماسی

efface خاپوور دەکا، لە ناو دەبا، دەتەپێنێ، شوێنەواری ناهێڵێ

خاپوورکردن، لە

effacement ناو بردن، (دا)تەپاندن، نەهێشتنی شوێنەوار

effect کاردەکاتە (سەر). کاریگەری

come into - دێتە بواری جێبەجێ کردنەوە

take - دەکەوێتە بواری جێبەجێ کردنەوە

to no - بێهوودە ، بەخۆڕایی، بەلاش، بێسوود

effective کاریگەر(ە)

effectiveness کاریگەریتی

effectual کاریگەرانە. بەکارە، لەکار دایە، بەرێوە دەچێ

effeminacy ژنانی بوون؛ ی پیاوێک

effeminate (adj) ژنانەیە

efferent گوێزەرەوە (پزیشکوانی)، سەرچاوە (ی دەرد (نەخۆشی))

effervescence کولان. هەڵچوون

effete نەزۆک. شەکەت، ماندوو

efficacious کاریگەرە، بەکارە، لەکار دایە، بەرێوە دەچێ

efficacy کاریگەری، بەکاریی. توانا

efficiency کاریگەری، بەکاریی. توانین، کارامەیی

efficient کاریگەرە، بەکارە. بە توانایە، کارامەیە

effigy پەیکەر. وێنەی روو (روخسار)ی کەسێک لە سەر رووی دراوێک (ی سکە (ئاسن)؛ نەوەک دراوی کاغەز)

efflorescence بە گەوهەر کردن، گەش کردن. هەڵهاتن (کیمیا)، گەیین (یا پێگەیشتن) (کیمیا)

effort هەوڵ، تەقەلا، رەنج

effrontery هەڵەپاس(ر)ی، لاساری، هاروهاجی. بەرۆک گرتن، پێش لێ گرتن. ریسوا کردن

effulgence گەشیی، رەونەق. درەوشان (ەوە)، گەشبوون (ەوە)

effulgent گەش، بە رەونەق. درەوشاوە

effuse دەڕژێنێ، رووودەکا، دەڕوا (شلە)

effusion رژاندن، رووکردن، رۆیشتن (شلە)

eg کورتکراوەیە بەواتای؛ *= exempli gratia* بۆ نموونە، وەک نموونە

egg هێلکە، هێک. (تۆ، ناوک)ی زیندەوەر(ان)

- beater هێلکە شلەقێن

- plant باینجان

- whisk هێلکە شلەقێن

-s of lice رشک؛ هێلکەی ئەسپێ

eggplant = aubergine

eggshell (توێکل، تفر، قەپێلک)ە هێلکە

eglantine جۆرە گوڵێکی کێوییی دڕکاویە

egoism منمنۆکێ، خۆویستی، خۆپەرستی

egoist منمنۆک، خۆویست، خۆپەرست

egotism لەخۆ بایی بوون، خۆپەرستی، منمنۆکێ. خۆزلکردن

egotist لـەخۆ بـایـی، خۆپـەرست، منـمنـۆک. خۆزلـکـەر، خۆ بـە زل زان

egregious لـە ئـاسایـی بـەدەر(ە). بـەرزە، بـالایـە

egress دەرچوون، دەروازە، دەرگا

egret جۆرە مـەلـێکـە

Egyptian مـیسری(ە)، خەڵـکـی مـیـسر(ە)

Egyptologer مـیسرنـاس؛ شارەزای شوێـنـەواری کـۆنـی مـیـسر

Egyptologist زانـا لـە شوێـنـەواری کـۆنـی مـیـسری

eight هەشت

eighteen هەژدە

eighth هەشتـەم(ین). هەشت یـەکـی شتـێک، (١\٨)، یـەک لـە(سەر) هەشت

eightscore هەشت جاران بـیـست؛ ١٦٠

eighty هەشتـا

either هەرکام(یـک)، هەریـەک(ێـک)

- this or that *یا(ن) ئـەمـە(یـان) وەیا ئـەوە(یان)*

in - case *هەرکامـێکـیان بـێ. بـەهەر حاڵ، هەرکـوەک بـی*

on - side *لـە هەردوو لا. ئـەمبـەر و ئـەوبـەر، لـە هەردوو بـەر*

ejaculate (تـۆماوی دێ، تـۆی دێ(ت)، تـۆ فـرێ دەدا) لـە کاتـی (تـەواو بـوونـی) جووت بـوون دا

ejaculation هاوار. (تـۆمـاو هاتـن، تـۆ ڕژانـدن، تـۆ فـرێـدان) لـە کاتـی (تـەواو بـوونـی) جووت بـوون دا

eject فـڕێـدەدا، تـووڕ هەڵـدەدا، دەهاوێ. خۆی فـڕێ دەدا (ن؛ لـە فـڕۆکـە (بـە پـەڕەشووت)). دەردەکا. دەڕشێـتـەوە

ejection فـڕێـدان، تـووڕ هەڵـدان. خۆفـڕێـدان. دەرکـردن، هاوێـشتـنـە دەر

ejector داگیـرکـەر؛ ی پـاش دەرکـردنـی خاوەن ماڵ. فـڕێـدەر (دەزگا)، تـووڕ هەڵـدەر

elaborate وردەکاری تـێدا کـراوە. لـێـی کـۆڵـراوە (تـەوە). تـەواوی دەکا بـە وردەکاری یـەوە

elapse بـەسەردەچێ، دەڕوا(ت)، تـێ دەپـەڕێ

elastic لاستـیق، لاستـیـک. لـەکشان‌هاتـوو(ە)

elasticity نـەرمـیـی، لاستـیـقـیـی، لاستـیـکـیـی. لـەکشان هاتـن

elate خۆهەڵـکـێش. خۆ هەڵـدەکـێشێ

elation خۆهەڵـکـێشان

elbow هەنـیـشک، ئـانـیـشک. هەنـیـشکـی لـێ دەدا، پـاڵـی دەنـێ بـە ئـانـیـشک

- chair *تـەختـی ئـانـیـشکدار؛ کـورسی بـە هەنـیـشک*

- room *شوێـنـێکـی فـراوان، جێـی فـەڕاح*

elder گـەورەتـر. بـەساڵاچوو، گـەورەساڵ، پـیـر، بـەتـەمـەن، ئـەختـیـار. پـیاو ماقـوڵ. کـوێـخا

elderly پـیـر(ان)، تـەمـەنـدار(ان)، بـەتـەمـەن. بـەساڵاچوو(ان)، ئـەختـیار

eldest گـەورەتـریـن، بـەتـەمـەن تـریـن

elect هەڵـدەبـژێـرێ. هەڵـبـژێـراو.

هەڵبـژێردراو
elected هەڵبـژێـر دراو
election هەڵبـژاردن
elections هەڵبـژاردنـی گشتـی، هەڵبـژاردنـە گشتـی یـەکان
elector هەڵبـژێـر
electoral هەڵبـژێری
electric(al) کارەبایـی
- current *تـەزووی کارەبـا (یـی)*
- energy *وزەی کارەبـا(یـی)*
- fish *ماسیـی هەژیـو*
electrician کارەباچی
electricity کارەبـا
electrify کارەبـای دەچـێ، بـەکارەبا دەبـێ. کارەبـای پـێ دەگـەیـەنـێ(ت)
electro (پـێشگر، پـێشکۆ)یە بـە واتـای (کارەبـا (یـی))
electrocute دەکوژێ (یـا دەمرێنـێ) بـە کارەبا (پ؛ دەکوژێ بـە هەڵـواسیـن)
electrodynamics زانستـی هێـز (وزە)ی کارەبـایـی
electrolyse هەڵـوەشانـدن (ی کیـمیـایـی) بـە بـەکارهێـنانـی کارەبـا
electron ئـەلـیکـترۆن
electronic ئـەلـیکـترۆنـیک
electroplate سوبـووغ (یـا قـەتـماغە) کردن بـە کارەبـا
electrotype چاپ (کـردن)ی کارەبـایـی
electuary روون (یـا هەویـر)ێـکـی پـزیـشکـی یـە (دەرمان نـاسی)
elegant جوان، نـایـاب، لـووس، زەریـف
elegy شیـوەن، لاوانـەوە، سوێ
element گـەوهەر، رەگـەز. دەسپـێـک، سەرەتـا
elemental گـەوهەری، رەگـەزی. دەسپـێـک یـیـە
elementary سەرەتـا یـیـە
elephant فـیـل
elephantiasis لاق ئـەستـوور بـوون (نـەخۆشی)
elevate بـڵـنـد دەکـا، بـەرز دەکـا. هەڵ دەگرێ
elevated بـڵـنـدکراو، بـەرز کـراو. هەڵـی گرت
elevation بـەرزی، بـڵـنـدی. بـڵـنـدکردن، بـەرزکـردن. هەڵـگـرتـن
elevator هەڵـگر (دەزگا). بـڵـنـدکـەر (دەزگا)
eleven یـازدە، یـانـزە، یـانـزدە
eleventh یـازدەمیـن، یـانـزە(هە) مـیـن، یـانـزدە(هە)مـیـن. یـەک لـە سەر یـازدەی شتـێـک، (١١\١)
elf ئـەجنـدە، جنـۆکـە. شەمـوولـە، پـچووک، کـورت (ەبالا)
elicit روونـدەکاتـەوە، دیـاردەکا. دەردەخا، دەردەهێـنـێ
elide بـەتـاڵ دەکاتـەوە، نـای هێـڵـێ. لـێکـیـان دەدا (تـەوە)
eligibility شایـستـەیـی، ماف هەبـوون، بـۆ هەبـوون
eligible شایـستـەیـە، مافـی هەیـە، مافـیـەتـی، بـۆی هەیـە، دەتـوانـێ
eliminate لـەنـاوی دەبـا، نـای هێـڵـی، دووری دەخاتـەوە
elision لـەنـاوبـردن، نـەهێـشتـن. لـێـکدان (ەوە)؛ کردنـە یـەک
elite پـوختـەیـەک،

هەڵبژاردەیک

elixir دەرمانێکە گوایە ئاسن دەکا بە زێڕ. ئەکسیر؛ (گیان؛ روح)

- of life *ئەکسیری ژیان؛ دەرمانی (نەمری، هەمیشە زیندوومان)*

elk بزنە کێوی؛ گەورەترین جۆری(ان)

ell (گەز، باڵ)ێک؛ پێوەرێکی کۆنی ئیگلیزیی؛ یەکسانە بە ٤٥ ئینچ

ellipse رووبەرێکی هێلکەیی

elliptic(al) هێلکەیی. مەزەندەیی

elm ناوی دارێکی گەورەیە

elocution (روون، پاراو)ی وتن، خۆشگوتن، (جوان، باش) وتن

elocutionist زمان (روون، پاراو)ە، خۆشگۆ یە، جوانبێژە

elongate درێژدەکا(ت). درێژ دەکا (ت (بە راکێشان))

elope خۆی دەدزێتەوە. ژن هەڵدەگرێ (و دزە دەکەن و دەڕۆن)

elopement خۆدزینەوە. هەلاتن

eloquence (روون، پاراو)ی وتن، خۆشگوتن، (جوان، باش) وتن

eloquent زمان (روون، پاراو)ە، خۆشگۆ یە، جوانبێژە

else ئیتر، ئی دی، هیتر. ئەگرنا، ئەگینا

what - *چیتر؟ چی دی (کە) ؟*

who - *کێیتر؟ کێی دی (کە) ؟*

elsewhere (لە) جێی‌دی (تر)، (لە) شوێنی تر (دی) (لە) جێیەکی دی (کە)

elucidate روون دەکاتەوە، دیاری دەکا، دەر دەخا

elude دەردەپەڕێ، دەربازی دەبێ

elusion خۆدزینەوە

elusive فێڵباز

elusory بەفێڵ

em (پێشگر، پێشکۆ)یە بە واتای؛ دەکا(ت)، دەدات (ێ)

emaciate شەکەت دەبێ. لاواز دەبێ

emaciated شەکەت. لاواز

email (نامە، پۆستە)ی ئەلیکترۆنی؛ لەڕێکەی ئینتەرنێت، هتد

emanate سەرهەڵدەدا، دەردەچێ؛ دەردەکەوێ

emanation سەرهەڵدان، دەرچوون؛ دەرکەوتن

emancipate ئازادی دەکا، سەربەستی دەکا، گەشەی پێدەدا

emancipated سەربەست، بێ کۆت و بەند

emancipation سەربەست بوونی گەنجێک؛ بە گەیشتنە تەمەنی گەورە سالی. ئالا هەڵگرتن

embalm کەولی دەکا؛ تا بیکاتە پەیکەر. خۆشی دەکا

embank (بەری) دەگرێ، بەربەستی لە پێش دادەنێ؛ دیوار لە پێش ئاو هەڵدەبەستێ

embankment بەربەست، دیوار هەڵبەستان. لێرەوار. لێوارگە. بەربەست (دروست) کردن

embargo قەدەغە، یاساغ

کردن

embarrass دەشێوێنێ، دەپەشۆکێنێ، نارەحەت دەکا

embarrassed شێواو، پەشۆکاو، نارەحەت

embarrassment شێوان، پەشۆکاوی، نارەحەتبوون

embassy باڵیۆزخانە

embed (دەچەسپێنێتە، دەخاتە، دەخزێنێتە، دەئاخنێتە) ناو

embedded ناواخن کراو(ە)، پەستێن راو(ە). تێ خزێن راوە

embellish نەقش و نیگاری بۆ دەکا، دەیرازێنێتەوە، جوانی دەکا

ember پشکۆ، پەنگر. مشکی، خۆڵەمێش

embers پشکۆ، پەنگر، پاشماوەی ئاگر

embezzle دەدزێ، زەوت دەکا

embitter هەست و نەستی (تاڵی، رق، کینە) (دەجوولێنێ، دەوروژێنێ)

emblem پەرچەم، ئالا. نیشانە، هێما

emblematic نیشانە یە، هێما یە

embodied بەخۆوە گرتووە، لە ناوی دایە. بەرجەستە یە

embody بەرجەستە دەکا. بەخۆوە دەگرێ، لە ناوی دەنێ

embolden هان دەدا. تەماحی دەداتێ. رەنگ (تۆخ، ئەستوور، گەش) دەکا

embolism گیرانی دەمار (ی خوێن)؛ بە کلۆتێک یا بلقێک هەوا

embosom لە باوەشی دەگرێ، لە هەمێزی دەکا. دەوری (دەدا، دەگرێ)

emboss نەقش و نیگاری بۆ دەکا، دەیرازێنێتەوە

embrace لەباوەش گرتن، دەست لەمل کردن. لەباوەشی دەگرێ، دەستی لەمل دەکا. لە ئەستۆ دەگرێ. بە خۆوە دەگرێ

embrocate دەشێلێ؛ (دەمار، ماسوولکە، پشتی) دەشێلێ

embrocation (شلە، مەرهەم)ی شێلان؛ ی (دەمار، ماسوولکە، پشت)

embroider دەتەنێ؛ نەقش و نیگاکاری دەکا بە دەرزی و داو (ی رەنگاو رەنگ)

embroidery تەنین؛ چنینی ورد بە دەرزی و داو (ی رەنگاو رەنگ)

embroil تەگەرەی دەخاتە پێش. (جیاوازی، دووبەرەکی) دروست دەکا

embryo منداڵی ناو سک

emend چا دەکا، راست دەکاتەوە

emerald یاقووتێکی (سەوز، کەسک)ی (زەق، گەش)ە

- green *رەنگی سەوزی گەش*

- Isle *دوورگەی ئایرلەند(ا)*

emerge سەر هەڵدەدا، پەیدا دەبێ، وەدەر دەکەوێ

emergence سەرهەڵدان، پەیدابوون، وەدەرکەوتن

emergency فریاگوزاری، کتوپڕی، پێویستی، تەنگانە

- meeting *کۆبوونەوەی نائاسایی*

پێویستی، تەنگانە

- services *(بەڕێوەبەری، دامەزراو) ەکانی فریاگوزاری؛ (١) فریادی نەخۆشی، (٢) ئاگر کوژێنەوە، (٣) پۆلیس*

emergent سەرهەڵداو، وەدەرکەوتوو. فریاگوزار. پێویست. تەنگاو

emersion هەڵستان، سەرهەڵدان، وەدەر کەوتن، هەڵ هاتن

emery (سیمپارە، بڕبەند{گ}، کارتیغ)ی (زبر، دڕ)ی ئاسن لووس کردن

emetic ڕشێنەرەوەیە، هۆکاری ڕشانەوەیە. دەرمانێک بۆ ئەم مەبەستە کەلکی لێ وەربگیرێ

emigrant کۆچەر، دوورە ولات

emigrate کۆچ دەکا، ولاتی خۆی بە جێ دەهێڵێ

emigration کۆچکردن، دوور کەوتنەوە لە ولاتی خۆ

eminence بەرزیی، بالایی. سەرهەڵدان، وەدەرکەوتن، هەستان

eminent بالایە، پلە و پایە دارە. بەرز

emission دەرکردن، دەردان. دەرچوون، دەرهاتن. بڵاوبوونەوە

emit دەردەکا، دەر دەدا. دەردەچوێنێ. بڵاو دەکاتەوە

emollient شێ ئاوەر، تەڕکەر، فێنک کەر

emollition شێ کردن، تەڕ کردن، فێنک کردن

emolument کرێ یا قازانج؛ داهات

emotion هەست، سۆز

emotional بەهەست(ە)، هەستیارە، بەسۆز(ە)

empale پەرژین دەکا، سیخ دەکا

empawn شت دەخەوێنێ، لەبری دادەنێ؛ ڕەهن (دەکا، دادەنێ)

emperor شاهنشاه(ان)، جیهانگیر، ئیمبراتۆر (ی نێرینە)

emphasis گرنگیدان. دەرخستن

emphasize گرنگیدەدات. دەر دەخات. (زەق، گەورە، زل) دەکا

emphatic(al) گرنگ، گرنگی پێدراو. گەورە کراو

empire شاهنشاهی، شانشایی؛ ولاتێکی پان و بەرین (ی جیهان گیر)

empiric تاقی کردنەوەیی یە. جادووکەری

employ بەکرێ دەگرێ، کارمەند دادەمەزرێنێ

employee کارمەند، کرێگرتە

employer خاوەنکار، کارگێڕ

employment کارکردن. کارداری. کار، ئیش

emporium بنکەیەکی بازرگانی، بازارێکی گەورە

empower بەهێزی دەکات، توانای دەداتێ. دەسەلاتی دەداتێ

empress شاهنشاه(ان)، جیهانگیر، ئیمبراتۆر (ی مێینە)

empties (شووشه) بەتاڵەکان، بۆشەکان
emptiness بۆشایی، بەتاڵی
empty بەتاڵ(ە)، بۆش(ە). بەتاڵ دەکا
emulate ملململانێ دەکا، کێبەڕکێ دەکا
emulation ململانێ، کێبەرکێ
emulsify دەگرێتەوە (بە ئاو)
emulsion گیراوە (تەوە لەگەڵ ئاو)
emus وشترمورخی ئوسترالی
en (پێشگر، پێشکۆ)یە بە واتای؛ لە، دەکا(ت)، دەدات (ێ)
en (2) (پاشگر، پاشکۆ)یە کردار پێکدەهێنێ بەواتای؛ دەکات
enable بەتوانای دەکا، توانای دەداتێ
enact یاسا دادەنێ. بڕیار دەدا
enactment یاسادانان. یاسا
enamel (مینا، کەرەستە)ی بریقەداری سەر فەخفووری، هتد. سوبوغێکی ئەستووری گەش
enamelled (بریقە، گەشە)دارە، بە ڕەونەقە. بریقەدارکراو(ە)
enamour دڵی دەیگرێ، عاشقی دەبێ، حەزی دەچێ، تامەزرۆی دەبێ
encage لە قەفەزی دەنێ (بەندی دەکا). دەخاتە سندووق ەوە
encamp (خیوەت، رەشماڵ{ڕ}) هەڵدەدا، دادەکوتێ، ئۆردوو دادەنێ
encampment ئۆردوو، سەربازگە، خیوەتگە، گەڕەک
encase لە بەرگی دەگرێ. دەخاتە سندووقەوە
encephalic تایبەتە بە مێشک (پزیشکوانی)
enchain زنجیر دەکا، بەند دەکا، کۆتی دەکا. دەگەیەنێ، (بە یەکەوە) دەبەستێتەوە
enchant سەرنج رادەکێشێ، مێشک دەورووژێ نێ
enchanter سەرنج راکێشە، مێشک ورووژێنە
enchantment سەرنج راکێشان، مێشک ورووژاندن
enchase رێکی دەخا، دەیرازێنێ تەوە
encircle گەمارۆی دەدا، دەورەی دەگرێ. دەیخاتە بازنەوە
enclose پەرژین دەکا. دەخاتەناو، بەگەڵی دەدا، وەگەری دەخا
enclosure(s) پەرژین، سیخ
encompass گەمارۆی دەدا، دەورەی دەگرێ. دەیخاتە بازنەوە
encounter نەبەرد، شەڕ. لێکدان، پێکدادان. بە یەک گەیشتن. تووشی دەبێ، رووبەڕووی دەبێتەوە. دەکەوێتە بەرامبەری لە شەڕ دا
encourage هاندەدا
encouragement هاندان
encroach زۆری لێ دەکا

encroachment زۆر لێ کردن. زۆرداری

encumber تەگەرەی دەخاتە پێش. سەری لێ دەشێوێنێ

encumbrance تەگەرە، دواخستن. بار، ئەرک

ency (پاشگر، پاشکۆ)یە ناو پێک دەهێنێ بەواتای؛ چۆنیەتی. دۆخ

encyclical گشتی، هی گشتە. بلاوکراوەیە

encyclopaedia = encyclopedia

encyclopedia کۆگای هەموو زانیاری یەکان، بازنەی زانستەکان

end کۆتایی، دوایی. دوایی دێ، تەواو دەبێ

make -s meet *بە گوێرەی داهاتی دەژێ؛ بە قەدەر بەرەی خۆی پێ رادەکێشێ*

put an - to *لەناودەبا، دەکوژێ*

to no - *بێهوودە، بێسوود*

endanger دەخاتە مەترسی (یەوە) ، دەخاتە بەر مەترسی

endear رێزی لێ دەگرێ، بەرێزی دەکا، دڵی رادەگرێ

endearment رێز لێ گرتن، بەرێز کردن، دڵ راگرتن

endeavour هەوڵدان، کۆشش، تەقەلا. هەوڵ دەدا، کۆشش دەکا

endemic نەخۆشی یەکی باو؛ هەمیشە هەیە (خۆماڵی بووە)

ending کۆتایی هاتن. دوایی (هاتن)

endive جۆرە روەکێکە لە زەلاتە بەکاردێ

endless بێکۆتایی(ە)، بێکۆتا (یە)، بێ دوایی (ە)، هەمیشەییە

endocarditis جۆرە نەخۆشی یەکە

endocrine خڕۆکەیەکی بێ بۆڕییە؛ راستەوخۆ لە دەماری خوێن دەکا(ت(ن))

endorse رازی دەبێ بە، پێی رازی دەبێ. (پشتی چەک) مۆر دەکا. سزای بۆ دەنووسێ

endorsement رازی بوون، پێ رازیبوون. (پشتی چەک) مۆر کردن. سزا بۆ نووسینەوە

endow دەبەخشێ، دەدات

endowment بەخشین، دان. مارەیی

endue پێی دەدا، پێی دەبەخشێ

endurable خۆی لەبەر دەگیرێ

endurance خۆ لەبەر گرتن، بەرگە گرتن، بەرگری کردن. مانەوە

endure خۆی لەبەر دەگرێ، بەرگەی دەگرێ، بەرگری دەکا. دەمێنێتەوە

enema دەرزیی ران

enemy دوژمن، نەیار، ناحەز، بەربەرەکان

energetic بەوزە، چالاک

energy وزە

enfeeble وزەی دەڕووخێنێ. لاوازی دەکا

enforce بەهێزی دەکا. پاڵپشتی دەگرێ. پاڵپشتی دەکا

enforcement بەهێزکردن،

پاڵپشتی کردن. پاڵپشت

enfranchise ئازادی دەکا، بەری دەدا، مافی خۆی دەداتی

engage کاری پێدەکا، بەکاری دەهێنێ. بەڵێنی دەداتێ. مارە دەکا

engagement مارە کردن. بەڵێن (دان). نەبەرد، شەڕ

- ring *ئەڵقەی خوازبێنی، ئەڵقەی مارەکردن*

engaging دڵگیرە، سەرنج ڕاکێشە

engender دەهێنێتە کایەوە. دەبێ، لێی پەیدا دەبێ

engine ئامێر، دەزگا، مەکینە

engineer وەستا (ی مەکینان)، ئەندازیار

chief - *سەرئەندازیار، سەرۆکی ئەندازیاران، باش موهەندیس*

engineering ئەندازە. وەستایی (مەکینان)، ئەندازیاری

English ئینگلیز(ە)، ئینگلیزی یە، هی ئینگلتەرە یە. زمانی ئینگلیزی

the - *(خەڵک، نەتەوە)ی ئینگلیز*

engorge قووت دەدا، هەڵ دەلووشێ. دەئاوسێ، ئەستوور دەبێ

engorged (adj) پڕە، قەرەپەستەیە. ئاوساو، ئەستووربوو

engraft موتوربە دەکا. (ئەندام) دەچێنێ. دەخزێنێتە ناوی

engrave هەڵدەکۆڵێ (لە ئاسن، دار، بەرد، زێڕ، هتد)

engraver هەڵکۆڵ، نەخشکەر، هەڵکەن

engraving هەڵکۆڵین (لە ئاسن، دار، بەرد، زێڕ، هتد)

engross بەتەواوی (سەرنجی ڕادەکێشێ، سەری قاڵدەکا)

engulf قووت دەدا، هەڵدەلووشێ، ڕادەماڵێ. دادەپۆشێ. دەکەوێتە تەنگانەوە

enhance پەرەی پێدەدا، پەرەی دەداتێ، برەوی پێ دەدا، برەوی زیاد دەکا

enigma مەیل، مەتەڵ، چیرۆک. شاراوە، نادیار، نەبینراو، نەزانراو

enigmatical شاراوەیە، روون نییە، نادیارە. وەکوو مەیلە، لە مەتەڵ دەچێ

enjoin دەسەپێنێ. دەکاتە مەرج

enjoy ڕادەبوێرێ، دڵخۆش دەبێ

enjoyable خۆشە، مایەی دڵخۆشی یە

enjoyment ڕابواردن، دڵخۆشی، خۆش بەسەر بردن

enlarge فراوان دەبێ، پەرە دەسەنێ. گەورە دەبێ. فراوان دەکا. گەورە دەکا

enlargement فراوانبوون، پەرەسەندن. گەورەبوون. فراوان کردن. گەورە کردن

enlighten ڕووناکی دەکا، گەشداری دەکا. تێ دەگەیەنێ، ڕۆناکبیر دەکا. ڕووناکی دەخاتە سەر؛ بابەتێک (ڕوون، شی) دەکاتەوە

enlightened ڕووناکبیره، ڕۆشنبیره، تێ گەیشتووە، ئاگاداره

enlist دەخاتە ڕیزەوە، ڕیزدەکا

enliven دەگەشێنێتەوە، گەش دەکاتەوە، زیندوو دەکاتەوە

enmity دوژمن بوون؛ دوژمنی، دوژمنکاری، بەربەرەکانی

ennoble پایەی بەرز دەکا، پلەی زیاد دەکا

enormity زەبەلاحی، مەزنی

enormous زەبەلاح(ە)، مەزن، زۆر گەورە(یە)

enough بەسە، بەس. هەبوون، زۆری. بەسە! وازبێنە!

enrage تووڕە دەکا، پەست دەکا

enrapt شاگەشکەبوو، دڵشاد، خۆشحاڵ. دڵ ڕفێنراو

enrapture شاگەشکە دەکا؛ لە خۆشیا، سەری بەسوڕ دەهێنێ. دڵی دەڕفێنێ

enrich دەوڵەمەند دەکا. بە پێزی دەکا

enrol ناونووس دەکا، ناونووس دەبێ. دەچێتە ناو

enrolment ناونووسکردن، ناونووس بوون. چوونە ناو

ensconce دەشارێتەوە، دەخاتە پەنا

enshrine پارە (وەلادەنێ، کۆدەکاتەوە). ڕێزی دەگرێ. دەپەرستێ

ensign ئالا. پەرچەم. هێما. مۆر

- bearer *ئالاهەڵگر. پەرچەمدار*

enslave دەیکاتە کۆیلە، زۆری لێ دەکا

ensnare دەخاتە تۆڕەوە. دەگرێ، ڕاو دەکا. تەگەرەی دەخاتە پێش

ensue بەدوای دا دێ، دەبێتە هۆی، دەبێتە مایەی

entail دەبێتە هۆی، ئاکامی دەبێ

entangle تەگەرەی بۆ دروست دەکا، (گرێ، لۆچ، ئاڵۆزی)ی دەخاتێ. دەیخاتە داو (ەوە). (ئاڵۆز، لۆچ) دەبێ، دەئاڵۆزکێ

enter دەچێتە ناو، دەچێتە ژوورێ. دەخاتە ناو. دەنووسێ، تۆمار دەکا

enteric هی ڕیخۆڵە یە، تایبەتە بە ڕیخۆڵە (ەوە)

enteritis برینی ڕیخۆڵە، ژانی ڕیخۆڵە (یا زگ)

enterprise دامودەزگا، دامەزراو. پرۆژەی کارێک

enterprising دامودەزگا دانان، دامەزراندنی کار، کارەندازی. پێشەنگ، کۆشا، کارەنداز، کارا (مە)

entertain مێوانداری دەکا. بەزم دەکا، بەزم دەنوێنێ

entertainer بەزمکەر، بەزمچی

entertainment بەزم، ئاواز، رابواردن. ئاهەنگ. مێوانداری

enthral کۆیلە دەکا، دەکاتە کۆیلە

enthralment کۆیلە کردن

enthusiasm تامەزرۆیی، پەرۆش

enthusiastic تامەزرۆیە،

بـەپـەرۆشە

entice هانـدەدا، دەخاتـە مـێشكـی (سەرنـجی رادەكـێشیّ)

enticement هانـدان، خستنـە مـێشك (سەرنـج راكـێشان). مـەیـل دروست كـردن

entire هەمـوو(ان)، هەمـی، تـەواو

entirely بـەتـەواوی

entirety هەمـووی، تـەواوی، تـەواوەتـی، گشت(ی)

entitle مافـی (یا پلـەی) دەداتـێ، پـێـی ڕەوا دەبـیـنـێ

entitlement مافبـوون. ڕەوابـوون. ڕەوادیـتـن

entity جەستـە، جەستـەیـەك. بـوون، هەبـوون

entomb بـە خاك دەسپـێـرێ، لـە گـۆڕ دەنـێ. دادەپـۆشێ

entomology زانـسـتـی مـێش و مـەگـەز(ان)، مـەگـەزنـاسی

entrails هەنـاو. نـاو هەنـاو. ڕیـخۆڵـەكـەكان

entrance دەرگا (ی چوونـە ژوور(ێ))، دەركـە، دەروازە. نـرخی چوونـە ژوورەوە

entrap دەخاتـە تـۆڕەوە. دەكـەوێـتـە داو (ەوە). دەگـرێ، ڕاو دەكـا

entreat تـكای لـێ دەكا، داوای لـێ دەكا، لـێـی دەپـاڕێـتـەوە

entreaty تـكـا (كـردن)، داوا (كـردن)، پـاڕانـەوە

entrench سەنـگـەر لـێ دەدەن، خۆ داوێـنـە سەنـگـەر ەوە، خۆ دادەكـوتـن؛ بـۆ بـەرگـری (كـردن)

entrepot عەمـبـار. ئـێـستـگـە، وێـستـگـە

entrust بـڕوای پـێـدەكا

entrustment بـڕوا پـێـكـردن، جێ بـڕوایـی

entry چوونـەژوور. هاتـنـە ژوور، هاتـنـە نـاو. (خالـی، شوێـنـی) پـێـشوازی

entwine ئـاڵـۆز دەكا. كـەزی دەكا. بـادەدا، دەڕێـسێ. ئـاڵـۆز دەبـێ، تـێـكـەڵ دەبـێ

entwist بـادەدا، دەڕێـسێ. كـەزی دەكا. ئـاڵـۆز دەبـێ

enumerate دەژمـێـرێ. سەرژمـێـری دەكا

enunciate بـڵاوی دەكـاتـەوە، ئـاشكـرای دەكا. لـێـی دەدوێ، داخەفـێ (لـە بـارەیـەوە). بـاسی دەكا

envelope كـیـفـك (ی نـامـە)، بـەرگ، قـاوغ، زەرف. تـفـر، قـەتـماغە

envelopment لـە كـیـفـك نـان (ی نـامـە)، لـە بـەرگ گـرتـن. دەورە گـرتـن، دەوردان. گـەمارۆ بـوون. داپـۆشیـن، شاردنـەوە

enviable ویـستـراوە؛ دەویـستـرێ. بـەخیـلـی دەهێـنـێ، حەسوودی پـێـدەبـرێ. تـەماحی تـێ (لـێ) دەكرێ

envier بـەخیـلـی كـەر، حەسوود

envious بـەخیـلـی كـەرە، حەسوودە

environment بـارودۆخ. دەوروبـەر، ژیـنـگـە

environs دەوروبـەر (ی شار)، پـەڕگـە

envoy تـاقـمێ نـوێـنـەر، تـاقـمـی نـوێـنـەرایـەتـی، نـمایـنـدەكان. پـەیام بـەر

envy حەسوودی. حەسوودی دەبا

enwall شوورەی دەکا، دیواری لە دەور دروست دەکا

enwrap دەپێچێتەوە، لە بەرگی دەگرێ، شتی تێوەردەگرێ. (تێوە) لوول دەدا. بەخۆوە دەگرێ، دەگرێتە خۆ

enzyme ئێنزایم؛ ترشەلۆکی هەرس کردن (یارمەتیی هەرس کردن دەدا(ت))

ephemeral وەک گوڵە بەڕۆژە یە؛ لە گەڵ رۆژە، لەگەڵ رۆژ دەسووڕێ

epic تایبەتە بە ژیان و بەسەرهاتی پاڵەوانان. لاوک (حەیران)ی مێژوویی. هۆنراوەی قارەمانێتی

epicarp تفر (بەرگ)ی دەرەوە (رووەکناسی)

epicure نەوسن. بەحەز، ئارەزوو مەند، تامەزرۆ

epidemic نەخۆشیی (هاتوو، بڵاوبۆوە، گوازرایەوە) لە شوێنێکی دی یەوە. نەخۆشی یەکی (بەر) بڵاو

epidermis پێستی لەش. سەر (دەر) ەوەی پێست، پێستی دەرەوە

epiglottis زمانە ی ناو قوڕگ؛ لە (تەک، پشت) رەگی زمان ەوەیە

epigram هۆنراوەی گاڵتە جاڕ (ی)، مەتەڵی هۆنراوە، مەیل بە شیعر. پەند، قسەی نەستەق

epigraph نووسراوی یادگاری لەسەر دیوار (یا پەیکەر)ێ

epilepsy لە (هۆش) خۆچوون، خووگرتن، خووداری. سەرئێشە

epileptic لە (هۆش) خۆدەچێ، نەخۆشیی خوو گرتنی هەیە، خووگرە، خوودارە. هی خووداری یە، هی خووە

epilogue تەواوبوون، کۆتایی. ئاکام. سەرەنجام. مەبەست

epiphany جەژنێکی (فەلە، عیسایی) انە

episcopal هی قەشە یە، قەشە ییە

episode چیرۆکی درێژ (و فرە بەش)

epistle نامە، نووسراو، وتار، یاداشت. خاڵ (ێک)

epistolary نامەکاری، تایبەتە بە نامە و نووسین (ەوە)

epitaph بڕگەیەک نوسراو لە سەر کێلی گۆڕ (قەبر)ان

epithet نازناو، لەقەب

epitome کورتە، کورتکراوە، کورتی

epitomise کورتدەکاتەوە، کورتەی دەگێڕێتەوە (باس دەکا)

epoch بڕگەیەکی مێژوو (یی)، چەرخ (ێک)، سەردەم (ێک)

epopee تایبەتە بە ژیان و بەسەرهاتی پاڵەوانان. لاوک (حەیران)ی مێژوویی. هۆنراوەی قارەمانێتی

equable تەخت(ە)، راست(ە)، دەشت(ە). رێک(ە)

equal یەکسان، یەکسانە، هاوتا (یە). دەکاتە، یەکسان (دەکا) دەبێ بە. هاوتا دەکا (دەبێ)

equalise یەکسان دەکا. یەکسان دەبێ. وەکوو ئەوی لێ دێ، هاوتای دەکا

equality یەکسانی. یەکسان

بوون. هاوتایی

equally بە یەکسانی. بەهەمان شێوە، هەروەها

equanimity تووڕە نەبوون، لەسەرە خۆیی

equation هاوکێشە. یەکسانی بوون

equator هێڵی یەکسان(ی، بوون) ؛ هێڵی پانی دوولەتکەری گۆی زەوی

equatorial (هی، تایبەتە بە) هێڵی (یەکسانی، یەکسابوون)

equestrian سوارە، بە سوارییە. تایبەتە بە سوارچاکی

equiangular هاوگۆشە؛ رووبەرێکە هەموو گۆشەکانی یەکسان بن

equidistant هاوسەدە، هاوماوە، هاودوور(ی)؛ هەمان دووریان هەیە لە خاڵێکی دیاری کراو (ەوە)

equilateral هاولا؛ رووبەرێکە هەموو لایەکانی یەکسان بن (نموونە یەکی زەق؛ سێگۆشەی هاولا یە)

equilibrate هاوکێشە دەکا(ت)، هاوتا دەکا(ت)

equilibrist پاڵەوانی سەر پەت؛ ئەوەی لە سەر گوریسێکی بەرز دەڕوا(ت) (و خۆی هاوکێشە دەکات)

equilibrium هاوکێشەیی، هاوتایی

equinoctial هاوتابوون (یەکسان بوون)ی شەو رۆژ

equinox یەکسانی بوونی کاتی شەو و رۆژ

vernal - *یەکسانیی بەهاریێ*

equip ئامادە دەکا، تەدارەک رێک دەخا

equipment دەزگا و ئامێر و کەل و پەلی پێویست بۆ کار (ێک). تەدارەک (ئامادە) کردن

equipoise تەرازوو کردنی دوو تا (ی (شتێک))

equitable دادوەرە، رەوا بینە، رەوایە، یەکسانی کەرە

equity یەکسانی کردن، دادوەری، رەوا بینین، رەوایی

equivalence هاوتایی. هاوتابوون. هاوسەنگی (کیمیا)

equivalent هاوتا، هاوتایە، وەکوو ئەو(ە)

- resistance *بەرگریی هاوتاکەر*

equivocal واتا لێڵ؛ روون نییە. دوو واتای هەیە

equivocate وشەی تەماوی بەکاردێنێ؛ بۆ شاردنەوەی راستی

era سەردەم(ی). سەردەمێک. چەرخ. برگەیەک (ی درێژ) لە مێژوو

eradicate لەناودەبا، هەڵدەکێشێ. کلکی دەبڕێ

erase دەسڕێتەوە. لە ناو دەبا

eraser لاستیکی سڕینەوەی نووسینی دەست خەت

erasing سڕینەوە. لە ناو بردن

erasure سڕانەوە، لە ناو چوون

ere پێش، پێش ئەوەی، پێشان

erect رەپ، رەپە. چەقێنە، چەقێنراوە. هەڵدراوە. رەپ دەکا. هەڵدەدا، دەچەقێنێ. دروست دەکا

erection رەپکردن. چەقاندن، هەڵدان. دروست کردن

erelong بەمزوانە، نزیکە

ermine جۆرە گیانداریکی (پێست{ی}) بە فەروەیە

erode دەخورێ، تویژی لێ هەڵدەستێ. تویژ هەڵدەدا

erosion خوران، تویژ لێ هەستان. تویژهەڵدان

erotic عاشقی یە، غەزەلی یە، رووتانە یە. (حەز، هەوەس)ی لێ یە، بە حەزە، ئارەزوومەندە

err هەڵە دەکات، بە هەڵە دەچێ، غەڵەت دەکات. هەڵەتە دەبێ

errand ئەرک، فەرمان جێبەجێ کردن

errant هەڵەتە، هەڵەتە بوو، بە هەڵەچوو. گەرۆک

errata هەڵەکان (ی چاپ)

erratic هەڵەتە، هەڵەتە بوو، بە هەڵەچوو

erratum هەڵەیەک (ی چاپ)

erroneous هەڵە، هەڵەیە، هەڵەی تێدایە

error هەڵە

ersatz یەدەک، سپێر، جێگر، لە شوێنی

eructation قرپ هاتن، دەرچوونی بایەکی دەنگ ناخۆش لە دەمەوە

erudite زۆرزان، شارەزا (ی هەمە لایەنە)

erudition زۆرزانی، شارەزایی

فراوان

erysipelas جۆرە نەخۆشی یەکە؛ بە تا و قینچکەی سووری تۆخ

escapade دەرپەڕین. قوتار بوون، دەرباز بوون

escape قوتاردەبێ. دەرباز دەبێ. دەردەپەڕێ. هەڵدێ. قوتار بوون، دەرباز بوون

eschar قەتماغە (ی برین)، تفر، تویشک

eschew خۆی لێ لادەدا، لێی دوور دەکەوێتەوە

escort پاسەوانی، پاراستن، پارێزگاری. هاورێی دەکا. لە گەڵی دەڕوا. یاوەر، هاوسەفەر

Eskimo ئەسکیمۆ؛ خەڵکێکن لە دوورگەی گرینلەند (و ناوچە بەستەڵەکە کانی تر) دەژین

esophagus [US] = oesophagus

esoteric شاراوە، نەهێنی، تایبەت

especial تایبەت، تایبەتە. سەرەکی

Esperanto زمانی (جیهان، گشت) ؛ زمانێکی دەستکردە

espionage (دزێو؛ جاسووس)ی کردن. دزێوی کردن. خەڵکی (دزێو؛ جاسووس) بەکار هێنان

espouse ژن (مارە دەکا، دەهێنێ). پشتگیریی دەکا، لایەنگیریی دەکا، پێی باشە

espy (دزێوی، جاسووسی) دەکا. (بەنهێنی، بەدزی، بەشاراوەیی) چاوەدێری دەکا

esquimau ئەسکیمۆ؛ خەڵکێکن لە دوورگەی گرینلەند (و ناوچە بەستەڵەکە کانی تر) دەژین

esquire کاک: ، بەڕێز: (لە دەسپێکی نامە دا)

ess (پاشگر، پاشکۆ)یە دوای ناو دەکەوێ بۆ ئاماژەکردنی مێینە؛

poet- هۆنەر؛ شاعیر؛ ی مێینە

princ(e)- شازادەخانم

shepherd- شوان؛ ی مێینە

essay (لێکۆڵینەوە، راپۆرت)ی خوێندکار، وتار، نووسراو. تاقیکردنەوە

essayist لێکۆڵەر ەوە، (راپۆرت، وتار) نووس

essence پێویستیی، پێداویستیی بۆ، بۆن

essential پێویست(ە)

essentials پێویستی یەکان، شتە پێویستەکان

establish دادەمەزرێنێ. دروستدەکا

established دامەزراو. دامەزراند. دروستکرد

establishment دامەزراندن، دروستکردن. دام و دەزگا، دامەزراو. نیشتەجێ بوون

estate پاوان، موڵک و ماڵ

esteem رێز، پلە و پایە. رێزی لێ دەنێ. مەزەندە دەکا، دەقەپڵێنێ{ر}، پێی وایە

estimable شایانی رێزە، پایەدارە، بەرێزە. بەنرخە، نایابە

estimate مەزەندە، مەزەنە، قرسان. نرخی (مەزەندە دەکا، دەقرسێنی، دەقەپڵێنی{ر}). دەپێوێ، دەژمێرێ، ئامار دەکا

estimated مەزەندە کراو، قرساو، قەپڵاو

estimation مەزەندەکردن، قرساندن، قەپڵاندن. پایە، رێز

estimator قرسێنەر؛ نرخ دانەر

estrange دوور دەخاتەوە، وەلادەنێ

estuary ئەو شوێنەی روبار لە دەریا (چە) دەکات ەوە

et al. کورتکراوەیە بەواتای؛

= et alii ... و هیتر. ... و (خەڵک، کەس)انی دی

et cetera هەتا دوایی

etc. کورتکراوەیە بەواتای؛

= et cetera هتد، تد

etch ئاسن هەڵدەکۆڵێ، لەسەر ئاسن دەنووسێ (بە هەڵکۆڵین)

eternal هەتاهەتای یە. نەمر، هەمیشە زیندوو، سەرمەدی، سەمەد

eternity نەمریی، هەتاهەتایی، هەمیشەیی، سەرمەد

ethereal ئاسمانی، لە ئاسمانەوە

ethic(al) رەوشتی، نەریتی، ئەدەبی، تایبەتە بە رەوشتەوە، هی رەوشتە

ethics رەوشتکاری. فەلسەفەی ئەدەبی. زانستی ئەدەبیات

Ethiopia ئەثیوپیا، حەبەشە. وڵاتێکی رۆژ هەڵاتی ئەفریقایە

etiquette رەوشت و نەریتەکانی (پێکەوە) ژیان و هەڵسوکەوت (کردن)

Eucharist (n) قوربانیی

پیرۆز

eugenics زانستی پەرەپێدان (یا باش کردن)ی زاووزێ

eulogise پێدا هەڵدەدا، ستایشی دەکا

eulogy پێداهەڵدان، ستایش کردن

eunuch پیاوی کۆیلەی (نەزۆک کراو، خەساو، خەسێنراو) (مێژوو)

euphony لێکدان (ی دەنگ)

Europe (کیشوەری) ئەورووپا

European ئەورووپایی، ئەورووپی. هی ئەورووپا(یە). سەر بە ئەورووپا(یە)

evacuate چۆڵدەکا. بەجێ دیڵێ. بەتاڵ دەکا

evacuation چۆڵکردن. جێهێشتن، بەتاڵ کردن

evade خۆدەدزێتەوە. خۆ لادەدا

-d taxes *باجی نەدراو؛ خۆدزینەوە لە باج دان*

evaluate دەنرخێنێ، هەڵ دەسەنگێنێ

evaluation نرخاندن، نرخ دانان. هەڵ سەنگاندن

evanescent لەناوچوو، نەماو، لەبنهاتوو

evangelical ئینجیلی یە، سەر بە ئینجیلە

evangelist ئینجیلی مەزەبە، ئینجیل پەرست(ە)

evaporate دەبێ بە هەڵم. وندەبێ، نامێنێ. دەکولێنێ، دەکاتە هەڵم

evaporation بوون بەهەڵم. ونبوون. کولاندن، کردنە هەڵم

evasion خۆدزینەوە، خۆ لادان. باج نەدان؛ خۆدزینەوە لە باجدان

evasive باجنەدەر. خۆدزێن؛ لە باجدان. خۆ لادەر؛ لە وەلامدانەوە

eve ئێوارە، (کاتی) رۆژئاوا (بوون). خەریکە (روویدا)، نزیکە (روویدا). حەوا (ی ئادەم و حەوا)

even جووت (پ؛ تاک)، جۆت. رێکە، راستە (پ؛ خوارە). هەروەها، ـیش

- him ! *ئەویش!*

- minded *دادوەرە، بێ لایەنە*

- number *ژمارەی جۆت؛ ٠، ٢، ٤، ٦، هتد*

- them *هەروەها ئەوانیش*

- though *هەرچەندە، ئەگەرچی*

evening ئێوارە. شەو نەخوونی، شەوچەرە

evenness راستیی (پ؛ خواریی)، تەختی. یەکسانیی. لەسەرەخۆیی، لەسەرەخۆبوون

event بەسەرهات. بۆنە

eventful بەرووداوە، پڕ رووداوە. قەرەبارغە{ڵ-ڵ}، جمەی دێ

eventide ئێوارە، شەو

eventual (هی) کۆتایی. بە ئاکامی. چاوەڕوانکراو

eventually لە کۆتاییدا. پاشان (ەکینێ). دوایێ، پاشی

ever هیچ کات، هیچ جار. بەردەوام، هەمیشە

- since لـە هەنگینی وە، لـەو کاتیـەوە. هەر لـەو کاتـی (ەوە)

- so little هەرچەنـدە کـەم بـێ

for - هەتاهەتایـە. هەمیشە

more than - زیاتـر لـەپێشان، لـە هەموو کاتـی(ک) زیاتـر

everlasting بـەردەوام، هەمیشەیـی، نـەمر

evermore لـەهەموو کاتـی زیاتـر، بـەردەوام، هەمیشە

every هەریـەک، هەریـەکە. هەموو

- now and then نـاوەنـاوە، هەنـدەک جار(ان)، هەنـی جار

everyone هەموو کـەسی(ک)

everything هەموو شتـی(ک)

everywhere هەموو جێ(یـەک)

evict دەردەکا (لـە خانـوو)، (شوێـن، خانـوو)ی پـێ چۆل دەکا. بـێ بـەری دەکا

evidence بـەڵگـە، سەلـمیـن

in - بـەبـەر چاوەوە، بـە ئاماده بوونـی. لێرەیـە، ئامادەیـە

to give - بـەڵگـە دەدا (بـە دەستـەوە)

evident دیارە، ئاشکرایـە، روونـە

evidently بـەدیاری، بـە ئاشکرا یی. وا دیارە، پـێ دەچـێ

evil بـەدکاری، تاوان، شەڕ. بـەدکار، شەرانـی. شەڕخواز

- eye چاوی بـەد

- minded نیاز خـەراپ. بـەگومان(ە)

evince دەسەلـمێنـێ، بـەڵگـە دەهێنـێ (تـەوە) بـۆ. روون دەکا (تـەوە)، دیاری دەکا

evocation بـانـگکردن، هێنـان

evoke هانـدەدا، دەبـزوێنـێ. بـانـگ دەکا، دەهێنـێ. دەست پێکردنـەوەی داوا (دادگایـی)، داوای دادگایـی کردنـەوە

ewe مـەڕ

ewer گـۆزە، جەڕە

ex (پێشگر، پێشکۆ)یە بـە واتای (پێشوو، پێشین، کۆن. بێجگە (لـە)، بـەبێ)

- demo کـەم بـەکارهاتـووە، هی جامخانـەیـە؛ تـەنـها لـە جامخانـە بـەکارخراوە

- husband مێردی پێشوو، کۆنـە مێرد

- wife هاوسەری پێشوو، کۆنـە ژن

exact خشت، رێک، بـێ زیاد و کـەم، دەق

exaction ئـەستاندن، زەوت کردن. سەپانـدن

exactly بـەخشتـی، بـەرێکـی، بـە بـێ زیاد و کـەمـی، دەقـاودەق

exactness رێکـی، بـێ زیاد و کـەمـی

exaggerate زیادە گـۆیـی دەکا، زێدەی پێـوەدەنـێ، فشەدەکا. زۆری لـەسەر دەڕوا

exaggeration زیادەگـۆیـی، زێدە پێـوەنـان، فـشەکردن. زۆر لـەسەر رۆیشتـن

exalt بـەرز دەکا، بـلـنـد دەکا. مـەزنـی دەکا، پێـیدا هەڵـدەدا

examination لـێوردبـوونـەوە. تاقـیکردنـەوە. لـێکـۆڵـینـەوە

examine لێوردەبێتەوە. تاقیدەکاتەوە. لێ دەکۆڵێتەوە

example نموونە. پێشەنگ؛ نموونەی باش. پەند؛ نموونەی خەراپ

for - *بۆ نموونە*

exasperate تووڕەی دەکا، پەستی دەکا

excavate دەپشکنێ؛ ژێر زەوی، دەدۆزێتەوە؛ بە هەڵکەندنی زەوی، هەڵدەقەنێ. مردوو دەردەهێنێ تەوە لە گۆڕ

excavation چاڵ، قۆرت. چاڵ هەڵقەندن. پشکنین؛ ی ژێر زەوی، دۆزینەوە؛ بە هەڵکەندنی زەوی

excavator ئامێرێکە بۆ چاڵ هەڵکەندن و خۆڵ دەردان. پشکنەر (یان پشکێنەر)

exceed تێدەپەڕێ (لە). سەردەکا، زیاد دەبێ (لە)

exceedingly بەزیادەوە، گەلێک، زۆر. لە رادە بە دەر

excel دەبێتە پسپۆڕ لێی، بەو پەڕی چاکی ئەنجامی دەدا، شارەزایانە دەیکا، زۆر چاک سەری لێ دەر دەچێ

excellence شادی، شکۆ، بەرزی، مەزنی. ئەو پەڕی چاکی، ئەنجام دان بەو پەڕی باشی

excellency شکۆداری، بەرزی، مەزنی. چاکی، باشی

his - *خاوەن شکۆ، پایە بەرز*

excellent چاکە، باشە، نایابە. شکۆدارە، بەرزە، مەزنە

except (بێ)جگە لە

لێ دەرکردن، لێ

exception

خۆشبوون، بەگەڵ نەدان. نائاسایی، تاک و تەرایی

exceptional نائاساییە، تاک و تەرا

excerpt وەرگرتن؛ ی برگەیەک نووسین لە سەرچاوەیەکی دیکەوە. وەردەگرێ، لێ دەکاتەوە، هەڵدەبژێرێ

excess زیادە، زێدە. توندڕەوی، زێدەڕەوی. ماوە (تەوە)، (بەر) ماوە، لە بەری ماوە (تەوە)

excessive زیاد. توندڕەو، زێدەڕەو. لەڕادە بەدەر(ە)

exchange دەگۆڕێ(تەوە). گۆڕینەوە

in - *لەباتی، لەجیاتی*

rate of - *نرخی گۆڕینەوە (ی پارە (دراو) بە پارە)*

exchequer دارایی وڵات، غەزنە

chancellor of the - *وەزیری دارایی، نهێنیپارێزی دارایی (لە بەریتانیا)*

excise باج. لەناو دەبا

excision بنبرکردن، لەناوبردن

excite دەورووژێنێ، دەجوولێنێ، دەبزوێنێ

excitement وروژاندن، جووڵاندن، بزواندن

exciting وروژێنە، جوولێنەرە، بزوێنەرە

exclaim بانگ دەکا، هاوار دەکا. سەری دەسووڕێ

exclamation بانگ، هاوار، سەرسوڕمان

- mark *(جێگـه، شایان)ی سەرسورمانـە. نیشانـەی سەرسورمان لـە چاپ و نـووسیـنـدا (!)*

exclamatory سەرسوور هێنـەر (انـە)، بـە هاوار

exclude وەدەردەنـێ، وەدەر دەکا. دوور دەخاتـەوە، دەر دەکا

exclusion وەدەرنـان، وەدەرکردن. دوور خستنـەوە، دەر کردن. بـێ بـەش بـوون

exclusive بە بێ، جگـە لـە. دژبـەر، دژ بـە یـەکتر؛ ئـەگـەر یـەکـەکیان بـبێ ئـەوی دی نابـێ بـبێ. تایبـەتە بـە، تـەنـها بـۆ .. . دەبـێ. تـەگـەرەیـە

excommunicate قـەدەغە دەکرێ لـە کـەنیسە؛ رێـی چوونـە کـەنیسەی لـێ دەگـیرێ

excoriate کەوڵ(ر). کـەولّـکراو. کـەولّـدەکا

excrement پـیسایـی، رین، گـوو

excrescence تـۆقـڵ، پـۆقـل(ە)، قـینـچکە. زیادە (زێدە) گـۆشت

excrete دەڕی، دەڕێ، پـیسایـی دەکا، گـوو دەکا. دەر دەدا

excretion دەردان، پاشماوە (ی پـێویستـی لـەش؛)، زیادە

excruciate ئـەشکـەنـجە دەدا، (زۆر) ئـازاری دەدا

exculpate بـیانـوو دەهێنـێتـەوە، رێـی بـۆ خۆش دەکا، پـشتـی دەگـرێ

exculpatory بـە بـیانـووە، بـیانـوودارە، رێ خۆشکـەر انـە، پـشتـگـیری کـەرەانـە (یـە)

excursion دەرچوونـێکی کـورت، پـیاسە، گـەشتـێکی کـورت، گـەڕانـێک. هێرشێک، پـەلاماریـک، بـە سەردادان. لادان، لار بـوونـەوە

excursive هەڵاتـوو، گـەشتـیار، گـەڕۆک. لادەر، لاریـۆوە

excuse بـەهانـە، بـیانـوو، بـووردن، بـووران. داوای لـێ (بـووردن، خۆشبـوون). دەبـوورێ. بـبـوورە!

- from *ئـەرکـەکـەی پـێ نـاسپـێرێ، کارەکـەی پـێ نـاکا. لـێـی خۆش دەبـێ، لـێـی (دەبـوورێ، خۆش دەبـێ)*

- me *بـبـوورە، بـبـەخشە، بـمبـوورە. بـمبـەخشە. بـەیارمـەتـی(ت)*

execrable نـەفرەتـکراو، نـەویستراو، بـێز کراو

execrate نـەفـرەت دەکا، جوێنـی پـێ دەدا. نـایـەوێ، بـێزی لـێ دەبـێـتـەوە

execute لـە سێدارە دەدا. جێـبـەجێ دەکا

execution لـە سێدارە دان. جێـبـەجێ کـردن

executioner بـکوژ، جـەلاد

executive دەسەڵاتـی جێبـەجێ کـردن، (دام و) دەزگـای جێبـەجێ کـەر. جێـبـەجێکـەر

executor جێبـەجێکـەر. دروستـکـەر، سازکـەر

exemplar نـموونـە. پـەنـد. شێوە، وێنـە

exemplary (نـموونـە یـە. پـەنـدە) ؛ بـۆ شتـێک (یا کـەسێک)ی دی. بـۆ (مـەبـەستـی) پـەنـد (نـەوەک بـە (مـەبـەستی) پـەنـد)

exemplify روون دەکاتـەوە (بـە

نموونەوە)، نموونە دەهێنێتەوە

exempt بەدەرە لە، لێی بووردرا وە. ئازادە لە، نییەتی. ناسەپێنێ بەسەردا، لێی دەبوورێ، داوای لێ ناکا

exemption لێخۆشبوون، لێبووردن. بەدەر بوون لە، ئازادی لە، نەسەپاندن (ە سەر)

exercise مەشق، مەشق کردن، (خۆ) راهێنان، وەرزش کردن. مەشقدەکا، (خۆ) رادێنێ، وەرزش دەکا

exert خۆی ماندوو دەکا، رەنج دەدا. دەردەخا، دیار دەکا، پیشان دەدا، دەنوێنێ

exertion خۆماندووکردن، رەنجدان، هەوڵدان

exfoliation تفر (تۆکرە) هەردان، توێکڵ هەڵدان. توێکڵ کردن

exhalation هەناسە دان (دەردان) (پ؛ هەناسە خواردن (هەڵکێشان)). هەڵم کردن، بوون بە هەڵم

exhale هەناسە دەدا (دەر دەدا) (پ؛ هەناسە دەخوا (هەڵ دەکێشێ)). هەڵم دەکا، دەبێ بە هەڵم

exhaust هەڵمی دەرکراو، دووکەڵی دەردراو. ئەگزۆز. ماندوو دەکا. نامێنێ، تەواو دەبێ

exhaustion ماندووبوون، شەکەت بوون. نەمان، تەواو بوون. هەڵم دەرکردن، دووکەڵ دەردان

exhaustive ماندووکەرە. دەگرێ (تە خۆ)

exhibit پێشاندراو. پیشاندەدا، دەنوێنێ، دەردەخا

exhibition پێشانگە، پیشانگا. پشاندان. دەرخستن

exhilarate دڵخۆش دەکا، شاد دەکا، (بە) خەندە دەهێنێ، بە پێکەنین دێنێ

exhort هاندەدا. رێنمایی دەکا. (هوشیار، ئاگادار) دەکا

exhortation هاندان. رێنمایی کردن

exhumation (تەرمی) مردوو دەرهێنانەوە لە گۆڕ

exhume (تەرمی) مردوو دەردەهێنێتەوە لە گۆڕ

exigency پێویستی. پێویست بوون. پێویستی کردن

exigent پێویست. پێویستە. پێویست دەکا. پەلەیە، هەنووکە ییە

exile دەربەدەری، دوورە وڵاتی، ئاوارەیی. دەربەدەر، دوورە وڵات، ئاوارە. دەربەدەر دەکا، دەر دەکا، دوور دەخاتەوە

exist دەبێ، هەیە، بوونی هەیە. دەژێ، دەمێنێ

existence بوون. هەبوون. مانەوە

existent بوونی هەیە، هەیە. بووە. ماوە

existentialism هەبوونی (فەلسەفە)؛ مەزەبی هەبوونی (وجوودی یەت)

existing بوونی هەیە، هەیە. بووە. ماوە

exit چوونە دەرێ، دەروازەی دەرچوون. دەرچوون. رۆیشتن

exodus کۆچکردن

exonerate بیانوو دەهێنێتەوە،

ڕێـی بـۆ خۆش دەکا، پشتـی دەگرێ. بـەدەر دەنـێ، لـێـی (دەبـوورێ، خۆش دەبـێ)

exorable بـە (ڕەوشت، ڕەفـتـار)

exorbitant زێـدەڕۆ، بـە دەر لـە ئـاسایـی

exorcise نـوشتـە دەکا، (ئـەجنـدە، جنـۆکـە) دەردەکا (دەرەوێـنـێـتـەوە)

exorcism نـوشتـە، (ئـەجنـدە، جنـۆکـە) ڕەوانـدنـەوە (دەرکـردن)

exoteric دیـار، ئـاشکـرا

exotic بـێگانـە، هی بـێگانـە، هاوردراو، هاتـوو

expand فـراوان دەبـێ، پان دەبـێ، دەکشێ (درێـژ دەبـێ)

expanse سەدە، ماوە، مـەودا. ڕووبـەرێکـی فـراوان

expansibility تـوانـای کشان (درێـژ بـوون)

expansible لـە کشان هاتـووە؛ دەکشێ

expansion فـراوانـبـوون، پـانـبـوون، کشان. بـڵاوبـوونـەوە، تـەشەنـە کـردن

expansive فـراوانـبـوو، پـانـبـوو. بـڵاوبـوو، تـەشەنـە کـەر

expatiate بـە درێـژی (ی زیـاد لـە پـێویـست) لـە سەری دەڕوا (باس دەکا)

expatriate ئـاوارە دەکا، دەربـەدەر دەکا، لـە وڵاتـی دوور دەخاتـەوە. ئـاوارە دەبـێ، دەربـەدەر دەبـێ، لـە نـیـشتـیـمانـی دوور دەکـەوێـتـەوە، وڵاتـی (خۆی) بـە جێ دەهێـڵـێ

expatriation ئـاوارە کـردن، دەربـەدەر کـردن، لـە وڵات دوور خستـنـەوە. ئـاوارەبـوون، دەربـەدەر بـوون، لـە نـیـشتـیـمان دوور کـەوتـنـەوە، وڵاتـی (خۆ) بـە جێ هێـشتـن

expect چاوەڕوانـدەکا. چاوەڕێ دەکا. هیـوا دەخوازێ

expectance چاوەڕوانـی. چاوەڕێ کـردن

expectancy چاوەڕوانـی. چاوەڕێـکـردن

expectant چاوەڕوانـە. چاوەڕێ یـە. ژنـێـکـی بـە زگ (کـەوا لـەسەر و بـەری منـداڵ بـوون دا بـێ(ت))

expectation چاوەڕوانـیـکـردن. چاوەڕێ یـی. هیـوا

expectorate تـف دەکا، بـەڵـغ فـڕێ دەدا

expedient گـونـجاو. ئـامراز

expedite خێـرا، ئـاسان، بـێ (بـەرهەڵـست، ڕێـگر، تـەنـگ و چەڵـەمـە). دەنـێـرێ. ئـاسان دەکا

expedition تـاقـمـی نـێـردراو، نـێـردراوان. خێـرا کـردن، پـەلـە کـردن

expeditious خێـرا یـە، بـە پـەلـە یـە

expel دەردەکا، تـرۆ دەکا. دوور دەخاتـەوە

expend لـێـی دەردێ، دەردەکا

expenditure دەرهات (پ؛ داهات)

expense لـێ دەرچوون، (چەنـدە پـارە) لـەسەر وەستـان

expensive گـران، گـرانـە، بـەنـرخە

experience شارەزایـی، کـارزانـیـی. ئـەزمـوون

experienced (adj) شارەزایە، کارزانە. بەئەزموونە
experienced (v) بەسەری هات، لێی قەوما
experiential ئەزموونی یە، شارەزاییە
experiment تاقی کردنەوە، شارەزایی پەیا کردن. تاقی دەکاتەوە، شارەزایی پەیا دەکا
experimental تاقی کردنەوە یە، بۆ شارەزایی پەیا کردنە
expert پسپۆر، زۆر شارەزا، تایبەتمەند (لە بوارێکدا)
expertness شارەزایی، پسپۆری
expiate (پاشگەز، پەشیمان) دەبێتەوە (تۆبە دەکا)
expiation (پاشگەز، پەشیمان) بوونەوە (تۆبە (کردن))
expiration بەسەرچوون، کۆتایی هاتن، تەواوبون. هەناسە دان (دەردان) (پ؛ هەناسە خواردن (هەلٚکێشان))
expire بەسەردەچێ، کۆتایی دێ، تەواو دەبێ. هەناسە دەدا (دەر دەدا) (پ؛ هەناسە دەخوا (هەلٚ دەکێشێ))
expiry بەسەرچوون، کۆنبوون. کۆتایی. تەواو بوون. بێکەلکبوون. مردن
explain روونەدەکاتەوە، هۆکار دیاری دەکا
explanation روونکردنەوە، هۆکار دیاری کردن
explanatory روونکردنەوە یی، هۆکاریی
expletive زێدە، لە زیادە
explicit زەق، ئاشکرا. راستەوخۆ
explode دەتەقێ. دەتەقێنێ
exploit بەکاردێنێ، وەگەڕدەخا
exploitation بەکارهێنان، وەگەڕهێنان
exploration پشکنین، گەڕان، دۆزینەوە
explore دەپشکنێ، دەگەڕێ، دەدۆزێتەوە
explosion تەقینەوە
explosive(s) تەقەمەنی. باروت. تی‌ئێن‌تی
exponent سوار، هێز (جەبر)
export (هە)ناردنە دەرەوەی ولات، فرۆشتنە دەرەوە. دەنێرێتە دەرەوە، دەفرۆشێتە دەرەوە
exporter فرۆشیار (بۆ دەرەوەی ولاتی خۆی)
exports هەناردە (بۆ دەرەوەی ولات)، ناردراو. دەنێرێ
expose رووپۆشی لادەبا، رووتی دەکا، دەری دەخا. ئاشکرای دەکا
exposition دەرخستن. ئاشکرا کردن. روون کردن
expostulation گلەیی کردن، ناڕەزایی
exposure کەوتنە بەر. خۆدانە بەر. رووپۆش لابردن، رووتبوون. ئاشکرابوون
expound را دەردەبڕێ، رون دەکاتەوە، شێی دەکاتەوە
express روون، ئاشکرا. تایبەت.

پەیامنێری تایبەت.
شەمەندەفەری تیژ(ڕۆ) (یا تایبەت). را دەردەبری، روون دەکاتەوە
- *delivery* *پۆستی خێرا، گەیاندنی بە پەلە*

expression دەربڕین. را دەربڕین. روخسار، شێوە. (چەندێک، بڕگەیەک، هاوکێشەیەک) ی جەبری

expressive دەربڕ، روون کەرەوە. دیار، روون، ئاشکرا

expressly بە ئاشکرایی، بە مەبەست ەوە، بە ویست ەوە

expropriate مالی لێ زەوت دەکا

expropriation ماڵ لێ زەوت کردن

expulsion دەرکردن، دوور خستنەوە

expunge لادەبا، دەسڕێتەوە، لە ناو دەبا

expurgate پاراو دەکا (ت(ن)). پاک دەکات ەوە

extant هەیە، بوونی هەیە، ماوە. هەر ماوە، هەر هەیە

extemporaneous سەرپێیە

extemporary بە سەر پێی

extempore سەرپێی، لەخۆوە؛ ئامادە نەکراو

extemporise وتاری سەرپێی دەدا

extend فراوان دەکا. رادەکێشێ. درێژی دەکاتەوە. دەگا، دەستی دەی گاتێ. دەستی بۆ درێژ دەکا

extensibility توانای (فراوان بوون. راکشان. درێژبوون (ەوە))

extension فراوان کردن. درێژکردن. گەیشتن، دەست پێ گەیشتن

extensiveness فراوانی. رووبەر. درێژی. پلە، رادە، چەندیی

extensor بەبەر وەچوو، فراوان بوو، درێژ بۆوە (پزیشکوانی)

extent پلە، رادە، چەندیی. فراوانی

extenuate سووکدەکا، لاواز دەکا. ناسک دەکا

exterior دەرەوە(ی). رووی دەرەوە. رووکەش. هی دەرەوە یە، رووکەشی یە

exterminate لەناویدەبا. هەڵی دەکێشێ

extermination لەناوبردن. نەهێشتن. هەڵکێشان

extern (خوێندکار، پزیشک)ی دەرەوە. هەی دەرەوە، رووکەشی

external دەرەکی، هی دەرەوەیە، رووکەشی یە

extinct تۆبڕاو، دوابڕاو، قڕ (بوو، تێکەوتوو)، لەناوچوو. کۆن. کوژاوە

extinction تۆبڕان، دوابڕان، قڕان، لەناوچوون، نەمان، کۆنبوون. کوژانەوە

extinguish دەکوژێنێتەوە، کپ دەکا، خامۆش دەکا. لە ناو دەبا، ناهێڵێ

extinguisher ئامێری ئاگر کوژێنەوە (ی بچووکی ناو ماڵ) . مێش (و مەگەز) کوژ

extirpate هەڵدەکێشێ، هەڵدەقەنێ

کۆتایی. پێویستی

extol پایەدار دەکا، بەڕێز دەکا، ڕێزی لێ دەنێ. پێیدا هەڵدەدا. پێی دا هەڵ دەڵێ، ستایشی دەکا

extortion زەوت کردن، لێ ستاندن، زۆر لێکردن

extortionate بە زەوت کردن، بە زۆر

extra سەربار، زێدە، زیادە. (پێشگر، پێشکۆ)یە بە واتای (دووری، دەرەوەی، زیادەیی)

- strong *زێدە بەهێز. زۆر بە ڕەنگ (چای، قاوە، هتد)*

extract کورتە، کورت کراوە، چڕێک. دەردێنێ، دەردەهێنێ

extradition وەدەرنان، دەرکردن؛ دانەوەی تاوانبار کراوان بە وڵاتی خۆیان

extrajudicial لە دەرەوەی دەسەڵاتی دادگا (یا دادوەرە) یە

extraneous هی دەرەوەیە، لە دەرەوە هاتووە

extraordinary سەرووی ئاسایی، نائاسایی

extravagance زێدە ڕۆیی، پارەو پوول تەفرو تونا کردن (فەوتاندن)

extravagant زێدە ڕۆیە، پارەو پوول تەفرو تونا کەرە

extreme کۆتایی، لێوار، ڕۆخ. ئەوپەڕی، زۆر، لەڕادە بەدەر، توند

extremely لەڕادە بەدەر، لەو پەڕی، زۆر. بە ئەو پەڕی

extremist پەڕگر، پەڕگ گر، توند ڕەو (ڕۆ)

extremity ڕۆخ، لێوار. پەڕگە،

extricate ڕزگار دەکا، هەڵ دەگرێتەوە. بەر دەدا، بەرەڵا دەکا، ئازاد دەکا

extrinsic هی دەرەوە یە. لابەلا یە

extrusion دەرکردن. پاڵنان. شێوە وەرگرتن

exuberance فرەیی، زۆری

exuberant فرە، زۆر

exudation تکان، لێتکان، لێ چوون، لێ ڕۆیشتن

exult دڵخۆش دەبێ، شاد دەبێ

exultant دڵخۆش، شاد. براوە

exuviate کەوڵ دەبێ. کەوڵ دەکا

eye چاو، چاڤ. دەبینێ، تەماشا دەکا

- lash *بڕژانگ*

catch the - *سەرنج ڕاکێشە، بەرچاوە*

eyeball ناوچاو

eyebrow برۆ

eyeglasses چاوێلکە

eyelash برژانگ

eyelet کون، چاوە

eyelid برژانگ

eyeshot سەدەی چاو، مەودای بینین

eyesight بینایی، بینین

eyeslave کل

eye-tooth کەڵبە

eyewater درۆپەی چاو

eyewitness بینەر؛ شایەد، شایەت، شاهێد

eyrie هێلانـەی (بـاز، دالاش، هێـتـد)

***** F *****

f شەشەم پیتی ئەلفبێ ی ئینگلیزی یە

fable تومەتی دەداتە پاڵ، پێوەی دەنێ، بۆی هەڵدەبەستێ

fabric کوتاڵ(ر)، چۆغەر، قوماش. پیشەسازی. درووست کراو

fabricate دروست دەکا، پێکی وە دەنێ. دەیسازێنێ، دروستی دەکا. دادەهێنێ؛ لە نوێ وە (بۆ یەکەم جار) دروست دەکا. قسە (لۆک) هەڵدەبەستێ

fabricator قسە (لۆک) هەڵبەستێن، قسە هۆن (ەرەوە). دروستکەر، بیناساز. داهێنەر

fabulist چیرۆک گێڕەوە. چیرۆک نووس، رۆمان نووس

fabulous نایەتە باوەر کردن، دوورە لە راستی، ئەفسانەیە، چیرۆکە

face روو، روخسار. رووبەڕوو دەبێ

- to - *رووبەڕوو، بەرامبەر یەک(دی)*

- value *نرخی نادرووست، نرخی بەناو، بەناوە*

lose - *ریسوادەبێ، ئابرووی دەچێ*

on the - of it *بەروالەت. وادیارە، پێدەچێ(ت)*

facer زللە، شەقازیلە. دۆڕان و هەلاتنێکی خەراپ

facet رووبەرێکی گچکە (بچووک)، خانە یەک، شانە یەک

facetious بە پێکەنینە، رووخۆشە، خەندە هێنە

facial هی رووە، تایبەتە بە روو(خسار)ەوە

facilitate دەڕەخسێنێ، ئاسان دەکا

facility رەخسان، ئاسانی، بەردەست بوون

facsimile وەک خۆی، کۆپیەی (نووسراو، وێنە، هتد)

fact راستی. رووداو

in - *لەڕاستیدا*

faction بەشێک، بڕێک، کۆمەڵێک

factious سەر بە کۆمەڵە یەکە، لایەنگرە؛ بێ لایەن نیە

factitious دروستکراوە. هەڵبەستراوە، هۆنراوەتەوە، دروستکراو

factor هۆکار. بەش، کەرت

factory کارخانە، کارگە

factotum نوێنەری گشتیی بێ هاوتا (بێ لێپرسینەوە)

facultative بە سەرپشکی یە، ئازادانە یە

faculty بەش یا خانە (کانی خوێندن لە زانکۆ). توانایی. (هێزی) بییر کردنەوە. دەسەلات

fade کزدەبێ، خامۆش دەبێ

fading کزبوو، سیسبوو

faecal پیساییە، هی پیساییە

faeces پیسایی، گوو

faeince فەخفووری

faggot بارەدار

fagot بارەدار

fail شکستدێنێ، نسکۆ دێنێ

failure کەوتن، شکست(ی)، نسکۆ

faint کز، لاواز. بێرەنگ؛ رەنگ (کاڵ، زەرد). دەبورێتەوە، لەخۆدەچێ، لەهۆش خۆی دەچێ

fainthearted ترسنۆک، ورە بەرداو

fainting بورانەوە، لەهۆش (خۆ) چوون

fair رەوا، رەوایە. بازاڕ. مامناوەند، ناوەراست. جوان. سپی

- copy سپینووس، پاکنووس؛ نووسینی بە پیاچوونەوە

- dealing پاکیی لە مامەلە

- play رەوایی. پاکیی لە مامەلە

the - sex رەگەزی جوان؛ ئافرەت (ان)

to bid - هیوای لێ دەکرێ

fairness جوانی. پاکی. رەوایی. رەوانی، روونی

fairy ئەجندە، جنۆکە. پەری، فریشتە

fairyland ماڵە جنۆکە، ماڵی پەری (فریشت) ان

faith بڕوا. باوڕ

in bad - بە نیاز خەراپی

faithful دڵسۆز(ە)، بە بڕوا (یە). خاوەن باوڕ (ە)

faithfully بەدڵسۆزی (ەوە)، بە بڕوا (وە)

fake درۆیینە، درۆزنە. نایاسایی، دروستکراو. دەسازێنێ، لەسەری دروست دەکاتەوە، شێوەی دروست دەکا

falcon شاهێن

fall کەوتن، بەربوونەوە. روخان. (پۆلێک، رەوەیەک)ی مەل. پاییز. تاڤگە، سوولاف. دەکەوێ، بەردەبێتەوە. دەرووخێ

- asleep دەنوێ، خەوی لێدەکەوێ

- back دەکشێتەوە، دەگەڕێتەوە. دەشکێ. پەشیمان دەبێتەوە

- in love کەسێکی خۆشدەوێ؛ خۆشەویستی دەکا، دڵداری دەکا

- out نێوانیان تێکدەچێ، بەشەڕدێن

- short کورت دەکا، کەم دەکا. دەیەوێ

- upon پەلاماری دەدا، هێرشی دەکاتە سەر

fallacious فێڵکەر، فێڵباز

fallacy هەڵەتە، چەواشە. هەڵەتەکردن، چەواشە کردن

fallen خەراپ، تێکچوو. کوژراو. روخاو، کەوتوو

falling کەوتن. هاتنەخوار

- weather وەرزی باران؛ زستان (یا هاوین لە هەندێ ولاتان)

fallow بەیار؛ زەوی کەشت نەکراو بۆ حەسانەوەی

falls تاڤگەکان. دەکەوێ

false درۆ، درۆیە. نادرووست، ناراست. وەرگێراو؛ ناراستەقینە. هەڵبەستراو، سازکراو

- alarm زەنگی بە درۆ. زەنگی تاقیکردنەوە

ناسرووشتی، خوازراو (ن؛ بارۆکەی پرچ)

ناڕاست. وەرگێڕاو؛ ناڕاستەقینە. هەڵبەستراو، سازکراو

- *money* *دراو (پارە)ی ساختە*

- *witness* *شایەدی بە درۆ*

falsehood درۆزنی. نادرووستی، ناڕاستی. بوختان

falsetto (دەنگی) نەشاز، دەنگە درۆیینە؛ ناسروشتیە

falsification ساختەکردن. سازاندن، لەسەر دروست کردنەوە. نایاسایی کردن. هەڵبەستان؛ درۆسازی

- *of accounts* *ساختەکردن؛ بە گۆڕینی تۆمارەکان*

falsify ساختە دەکا، دەسازێنێ. نا یاسایانە دەگۆڕێ. هەڵدەبەستێ؛ درۆسازی دەکا

falter زمانی تێک دەئاڵێ، تەتەڵە دەکات. تێک دەچێ، دەشێوێ

fame ناوداری، ناودار بوون، (بە) ناوبانگ (ی)، شوورەت

famed ناودار (بوو)، بە ناوبانگ. ناو دەرکردوو

familiar باو، باوە، ناسراو(ە) ، ئاشنا (یە). شارەزا (یە)

- *with* *ئاشنایە بە، شارەزایە (لە)*

familiarise رادێنێ، دەناسێنێ. شارەزا دەکا

familiarity باوبوون، ناسین. شارەزایی

family خێزان، بنەماڵە

- *man* *خاوەن خێزان(ە). پیاوی ماڵە. دڵسۆزی خێزانەکەیەتی*

- *name* *ناوی خێزان، نازناو*

famine گرانیی، نەهاتیی، قاتیی

famish لە برسا دەمرێ. دەکوژێ بە برسێتی. برسیی دەکا

famous ناودار، بە ناوبانگ

fan پەروانە، پانکە. لایەنگر؛ دۆست (ی لایەنێک). باوەشێن دەکا

fanatic توندڕەو(ە). لایەنگری توند. توندڕەوانە (یە)

fanaticism توندڕەوی

fancier ئارەزوومەند، خوازیار، تامەزرۆ. ئەندێشەدار، بە ئەندێشە

fanciful ئەندێشەدارە، خەیاڵییە. بریقەدارە، بە بریق وباقە

fancy خواست، حەز، تامەزرۆیی. جوان، نەخشراو. ئەندێشەیی، خەیاڵی. ئارەزووی دەکا، حەزی لێدەکا، تامەزرۆی دەبێ، هەوەسی دەچێ

- *price* *هەرزان(ە)*

fang رەگی (دان، ددان، دگان). کەڵبە، کەرب

fantastic زۆر جوان؛ سەر سوڕهێنەر. ئەندێشەیی، خەیاڵی، بریقەدار

fantasy خەیاڵ پڵاویی، ناڕاستەقینە. حەز، ئارەزوو

far دوور(ە)

- *above* *لەوە بەرزترە کە، لەوە باڵاترە کە*

- *and away* *دوورە لە. دوورن*

لـه يـەک
- *better* *زۆر باشتـره، زۆر باشتـر وايـه، وا چاكتـره*
- *cry* *جياوازی(ەكـی) زۆر(ە)، درێژ خايـەن*
- *east* *ولاتـەكانـی رۆژهەلاتـی دوور.(ن؛ تـايـوان، كـۆريـا، هتـد)*
- *famed* *بـه نـاوبـانـگ*
- *from* *دووره لـه*
- *off* *دووره دەست(ە)، لـه دوور. زۆر دوور*
- *reaching* *سەده درێـژ، مـەودا درێـژ*
- *sighted* *دووربـيـنـه. (ديـد، بـيـر كـردنـەوه)ی دووری هەيـه*
as - as *تـابـكرێ، تـادەكرێ. هەتـا دوورتـريـن شوێـنـێـک كـه (بـيگـاتـێ، بـيـزانـێ)*
in so - as (that) *تـا (ئـەو رادەی، ئـەو ئـاستـەی) کـه*
so - *تـا ئـێـستـا. هەتـا ئـێـره. تـا ئـەم ئـاستـه*
so - as (that) *تـا (ئـەو راده، ئـەو ئـاستـه)ی کـه*
so - so good *تـا (ئـێـستـا، ئـێـره، ئـەم ئـاستـه) بـاش هاتـووه*

faraway دوور، دووره، دووره دەست(ە)

farce شانـۆگـەريـی گـالـتـه جاڕی، چيـرۆكـی خەنـده هێـن (پـێـكـەنـيـن)

fare كرێ، نـرخـی بـلـيـت (ی سواريـی)

farewell سپاردن. خواحافـيـزی، خواحافـيـزی لـێ كـردن

farinaceous وەكـوو ئـارده، ورده

farm كـێـلـگـه، مـەزرا. بـاغ. بـێـستـان. كـەشت دەكا
- *manure* *زبـلـی سرووشتـيـی كـێـلـگـه*

farmer جۆتـيـار، جووتـيـار. بـاغـەوان

farmost هەرەدوور، دوورتـريـن

farrier نـالـچی

farrow (وەچـەيـەک، بـەرێـک، زگـێـک) فـەرخـه بـەراز

Farsi زمانـی فـارسـی ی هاوچـەرخ

fart تـڕ، فـس. تـڕدەكا، دەتـڕێ، فس دەكا، بـای لـێ بـەردەبـێ

farther دوورتـر، دوورتـره

farthest دوورتـريـن، هەرەدوور

farthing نـاوی دراوێـكـی (پـارەيـەكـی) هەره بـچووكـی ئـيـنـگـلـيـزی كـۆنـه

fascinate خولـيـای دەبـێ، دلـی دەيـگـرێ

fascination خولـيـابـوون، دلـگـرتـن

fascism فـاشزم، فـاشستـی؛ تـاک پـەرستـی (ديـكـتـاتـۆريـەتـی) ئـيـتـالـيـا (راميـاری، مـێـژوو)

fashion جلـوبـەرگ. دەستـوور. شێـوه. مـۆده، مـۆديـل
out of - *بـەسەرچووه، كـاتـی نـەماوه*

fashionable بـاوه، مـۆدەيـه (تـی) ، مـۆديـلـه

fast (1) خێـرا (يـه)، تـيـژ(ە)
- *asleep* *بـاش نـوستـووه، پـرخـەی خـەوی دێ*

fast (2) بـەرۆژی بـوون. رۆژوو،

رۆژی. بەرۆژوو دەبێ

fasten توند دەکا، دەبەستێ تەوە، پێوە دەنووسێنێ. دوو شت بەیەکەوە دەلکێنێ

fastener گوریسی بەستانەوە، قایش

faster خێراتر، تیژتر، بە پەلەتر

fastidious نازەزامەند(ە)، هەراوهۆریاچی(یە) گاڵەگاڵکەرە{ر-ر}. کەسێ کە (بە ئاسانی، زوو) بێزی دەبێتەوە

fastness خێرایی، تیژی

fat قەڵەو، قەڵەو. ڕۆن، ڕوون، چەوری

- smile *بزەی نەزانی، خەندەی گێلی*

fatal کوشندە. چارەنووسیی؛ لە چارە نووسراو، مقەدەر

fatalism بڕوا هەبوون بە چارەنووس (بە قەزاو قەدەر)

fatality زیانی گیانی (بە مردن). مردن. چارەنووس

fate چارەنووس، ئەجەل

father باب، باوک، باو

- Christmas *بابەنوێل؛ کەسایەتی پیاوچاک و خێرخوازی (سەری ساڵی عیسایی*

- in law *خەزور؛ باوکی مێرد یا هاوسەر*

fatherhood باوکێتی، باوکێنی

fatherland نیشتیمان، وڵاتی خۆ، خاکی باوو باپیران، جێی لەدایک بوون

fatherless بێ باوک، هەتیم، هەتیو

fatherly باوکانە، بە باوکێنی، بە باوکایەتی

fathom قوولایی، ژێر ئاو. باڵا؛ یەکەی پێوانی قوولایی دەریا. دەچێتە قوولایی ەوە. لێ دەکۆڵێتەوە

fathomless نهێنی یە، نەدرکاوە. قوولە، بێ بنە

fatigue ماندوویەتی، شەکەتی. ماندوو دەکا

fatness قەڵەوی، قەرەوی

fatten قەڵەو دەکا. بەپێز دەکا. چەور دەکا

fatty چەورە. بە دونگە، چەوریی زۆرە. قەڵەوە

fault گوناح. خەتا. شکست، ناتەواوی، عەیبداری

at - *خەتاکار*

find - with *خەتای دەگرێ، ڕەخنەی لێ دەگرێ(ت). بە هەڵەی دەخاتەوە*

faultless بێخەتا، بێخەتایە. بێشکست(ە)، بێ عەیب

faulty شکستدارە، شکستی هەیە، عەیبی هەیە، بە عەیبە، عەیبدارە

faun خوای دەشت و کێڵگە و شوانان لە لای ڕۆمانەکان

favour چاکە، پیاوەتی. ئارەزووی دەکا. چاکەی لە گەڵ دەکا

in - of *لە بەرژەوەندیی (فلان) ە، پێی باشە (فلان) بێ*

favourable ئارەزووکراو، ویستراو. گونجاو، شایستە

favourite دڵخواز، خوازراو، خواستراو. پەسەند کراو

favouritism ئارەزوومەندی، دڵخوازی. ناسیاری، خزم خزمانێ؛ لە هەڵسوکەوتی ناو دامو دەزگایان

fawn ئاسکە؛ لە یەکەم ساڵی تەمەنی. خۆی تێ هەڵدەسوێ، دۆستایەتی دەوێ (دەکا)

fax فاکس؛ نامە (ناردن) ی تەلەفۆنی

fear ترس. دەترسێ

fearful ترساو(ە). ترسناکە، پڕترسە

fearless نەترس، ئازا

feasibility کردەنی (بوون)؛ ئامادە بوونی (هەل و مەرجەکانی (جێبەجێ) کردنی؛ لە (جێبەجێ) کردن هاتن

feasible کردەنی یە؛ (هەل و مەرجەکانی کردنی هەن (ئامادەن)؛ لە جێبەجێ کردن (دێ، هاتوو)

feast جەژنە. ئاهەنگ، بانگ کردن (بۆ نانخواردن)، داوەت. جەژن دەکەن. ئاهەنگ دەگێڕن، داوەت دەکەن (بۆ نانخواردن)

feat کارێکی بالا. شارەزایی، دەست سووکی

feather پەڕ، تووک، پەڕەمووچ

- weight *کێشی پەڕەمووچ (لە مستانێ)*

feature سیفەت. تایبەت مەندیی. روخسار(ی)

febrifuge دەرمانی تا، دژەتا

February رێبەندان، مانگی دووەمی ساڵی زایینی

fecal [US] = faecal

fecund زۆر دەزێ، زۆر زیاد دەکا. بە بەرە، بە پیتە ئاوس دەکا؛ زگی پڕ

fecundate دەکا، زگی دەبێ. بەر دەگرێ، پیزی دەداتێ

fecundity زۆر زان (زایین). بەر گرتن، بەرو بووم. بە پیزی، بە پیتی

federal دەرەبەگی، دەرەبەگایەتی، دابراو. هەرێمی، دەسەڵاتی هەرێم، میریی ناوچەیی

- government *میریی یەک گرتوو؛ دەسەڵاتی هەرێمی*

fee کرێبار. کرێ. دەسحەق، حەقدەست. بایی، فیات

feeble لاواز، کەم توانا، داهێزراو

feed دەژیێنێ، دەرخوارد دەدا، خواردن دەدا. رەپێش دەکا

feeder ژیێنەر. رەپێشکەر (ئامێر)

feeding دەرخوارد دان، دان دان(ی مەل). رەپێش کردن

- bottle *شووشەی مەمە*

feel هەست. هەست دەکا

feeler ئەندامی هەست کردن لە مەگەز دا. هەستۆک (ئامێری هەست کردن)

feeling هەست ونەست (ی کەسێک)، ئەندیشە

feet (pl foot) پێ(یەکان)، پا(کان)

feign ساختەبازی دەکا؛ بە درۆ خۆی نیشان دەدا (ن؛ بە ساختە خۆی بە شێت نیشان دەدا)

feint ساختەبازی؛ بە درۆ خۆ نیشاندان. فێڵ، تەڵەکە. فێڵ

دەکا
felicitate پیرۆزبایی لێ دەکا، خۆشحاڵی خۆی بۆی دەردەخا، دەست خۆشیی پێ دەڵێ
felicity خۆشحاڵی بوون، دەست خۆشیی پێگوتن، ڕەزامەندی
feline لە ڕەگەزی پشیلەیە. پشیلە ئاسا، وەکوو پشیلە
fell (1) (p fall) کەوت
fell (2) دار دەبڕێ. دەکەوێنێ
fell (3) (چەرم، پێستە)ی مووداری ئاژەڵ
felloe (بازنە، بەش)ی دەرەوەی (چەرخە؛ تایە)
fellow ولاش، برادەر، ئاشنا
- citizen *هاوولاتی. هاوشاری*
- feeling *دەمارگیری پارتی، گونجانی بەرژەوەندی*
fellowship برادەریی، برادەرایەتی، برادەرێتی
felly (بازنە، بەش)ی دەرەوەی (چەرخە؛ تایە)
felon تاوانبار، گوناحبار
felony تاوانی (هەرە) گەورە
felt هەستیکرد، پێیزانی. هەستی پێکرد. پێی وابوو
female مێ(یە)، مێیە (یە)، ما(یە)، مایە (یە)، مێ ینە (یە)
feme covert ژنی بە مێرد
feminine ئافرەتانەیە، ژنانەیە. هەستی مێ ینە
femininity مێ ینەیی، هەستی مێ ینەیی
feminism بزوتنەوەی ئافرەتان؛ نووسین و باس و لێکۆڵینەوە لە کاروباری ئافرەتان
feminist ئافرەت دۆست (یار)؛ لایەنگری ئافرەتانە لە داوایان بۆ یەکسانی
femoral هی ئێسکی ڕانە، گۆشتی ڕان
fen زەلکاو
fence پەرژین، شورە. پەرژین دەکا
fencer یاریکەری شمشێر (یا دار)، شمشێرباز
fencing شورەکردن. پەرژین کردن. شمشێر وازی
fender هێڵەگی بەر ئاگردان؛ کەوا بەر لە پڕوشک پەڕین دەگرێ
fennel جۆرە گیایەکی گوڵ زەردی بۆنداره؛ کە لە چێشت دا بەکار دێ
fennish بە زەلکاو
fenny زەلکاوی یە
fenugreek جۆرە ڕوەکێکە تۆوی بۆندار دەدا؛ کە لە چێشت دا بەکار دێ
feracious بە پێز، بە پیت. بە بەروبوومە
ferment هەڵچوون. ترشان؛ گۆڕان، بۆگەنی. دەگۆڕێ؛ دەبێ بە مەی (کحوول)
fermentation هەڵچوون، نارحەتی. ترشان؛ گۆڕان، بۆگەن بوون، بوون بە مەی
fern جۆرە ڕووەک یێکی گوڵ نەکەرە؛ بە گەلای پەڕ(ەمووچ) ئاسا وە
ferocious دڕندە،

گۆشتخۆر

ferocity درندەیی

ferous (پاشگر، پاشکۆ)یە ئاوەڵناو لە ناو دروست دەکا بە واتای (فرە، زۆر، ـین، ـاوی)

ferret جۆرە پشیلەیەکی گچکەیە؛ بۆ (جورج، هتد) لەکون دەرهێنان بەکەڵکە. دەردەهێنێ، دەردەخا، ئاشکرا دەکا

ferro- (پێشگر، پێشکۆ)یە بەواتای؛ (ئاسن و) یا (ئاسن ی(ن))

ferrous بە ئاسنە، (فرە، زۆر) ئاسنە؛ ئاسنی تێدیا یە

ferrule (ئەڵقە، قەپاغ)ی (ئاسن، تەنەکە، هتد)ی (داردەست، گۆپاڵ، هتد)

ferry کەرەک، کەڵەک؛ ئامێری خەڵک و کەلو پەل پەڕاندنەوە. دەپەڕێتەوە (بە کەرەک)

ferryboat (کەرەک{ڵ})ە بەلەم

fertile بەپیتە(خاک)، بەپێزە(زەوی). توانای ئاوس بوون (سک بوون)ی هەیە (مێینە)

fertilise بەپێزی دەکا(زەوی)، بەپیتی دەکا(خاک)

fertility پێز (ی زەوی). توانای ئاوس بوون (سک بوون)ی (مێ ینە)

fervency ئازایی، غیرەت، گەرم و گوڕی

fervent ئازا، بە غیرەت، گەرم، بە گوڕ

fervour گوڕ، گەرمی، غیرەت

festal هی جێژنە یە، جێژنانەیە. شادی هێنە، دڵخۆشکەرە

fester (چڵک، کێم، زوخاو) دەکا. (رک{ق}، تاڵی، زوخاو) دەدا. دەگەنێ، دەرزێ

festival جەژن. ئاهەنگ، خۆشی. میهرەجان. خۆشحاڵی یە

festive هی جێژنە یە. شادی هێنە، دڵخۆشکەرە

festivity جەژن، جەژن کردن. خۆشی، خۆشحاڵی

festoon بەن (یا داو)ێک کەوا ریزێک گوڵ و گەڵای پێوە خراوە بۆ جوانی

fetch بانگدەکا، دەهێنێ

fetid بۆگەن، گەنیو، گەنیاگ، بۆن ناخۆش

fetlock سەرووی پشتی (سم، قاچ) ی (هێستر، ئەسپ، هتد)؛ بە (کەمێک، تۆزێک) موو ەوە

fetter زنجیر دەکا، دەبەستێتەوە، کۆت دەکا

fetters زنجیر، کۆت، کەلەپچە، دەستبەند

feud تۆڵە سەندنەوە، خوێن داوا کردنەوە، دوژمنایەتی. دژایەتی خێڵەکی

feudal دەرەبەگە. دەرەبەگی یە

fever تا، گەرمبوونی لەش

fevered تادارە

feverish تای لێ یە

feverous بە تا یە

few هەندێک، کەمێک

fewer کەمتر

fewness کەمیی. کەمبوون

fez کڵاوی سووری سەر پانی

تورکیی کۆن، تەربووش

fiance کچی مارەکراو، کیژی مارەکرای

fiasco سەرنەکەوتن، بۆ نەهاتن، دلّساردی

fib درۆ، هەلّبەستان. هەلّدەبەستێ

fibre دەمارەکانی ناو سەوزە و گەلا، دەزی، داو، بەن، پەت

fibrous دەمار ی زۆرە (سەوزە، گەلا، هتد)

fickle ڕاڕا، دوودلّ

fiction بەستەرۆک، هەلّبەستراو (پ؛ زانست). چیرۆکی (ئەفسانەیی. ئەندێشەیی. خەیالّی)

fictitious بەستەرۆکە، هەلّبەستراوە. (ئەفسانە. ئەندێشە. خەیالّ)ی یە

fiddle کەمان، کەمەنجە، رەبابە. دەستی تێوەردەدا، یاریی پێ دەکا

- stick *قسەی بەتالّ. کەوانە (چەماوە)ی کەمان*

fidelity ڕاستگۆیی، دلّسۆزی، ئەمینی. دەنگ (وەکو خۆی، دروست) تۆمار کردن

fidget زۆر (دەجوولێتەوە، جموجۆلّ دەکا، دێودەچێ). هاروهاج دەبی. هەرەپاس، بە جموجۆلّ

-s *چەمووشی. لووشکە هاوێشتن. هەرتیزاندن*

fie ڕیسوا بێ!، نابووت بێ!

fief زەوی و زاری دەرەبەگ

field کێلّگە. گۆرەپان.

بوار

air - *فرۆکەخانە (ی سەربازی)*

fiend دوژمنی خوێنخار. شەیتان

fiendish دۆزەخی، شەیتانی

fierce دڕ. دڕندە. توند. دلّڕەق

fierceness دڕی. دڕندەیی. توندی، دلّڕەقی

fiery ئاگرین. سوتاو، گڕگرتوو. تووڕە، دڕ(ندە)

fife دووزەلە، تووڕتووڕە، شمشالّ

fifteen پازدە، پانزە، پانزدە

fifteenth پازدە یەم، پانزە هەم، پانزدە هەمین

fifth پێنجەم (ین). پێنجیەک (١\٥)، یەک لە(سەر) پێنج

fiftieth پەنجایەم (ین)

fifty پەنجا

fig هەنجیر

- tree *دار هەنجیر*

fight دەجەنگێ، شەڕ دەکا. جەنگ، شەڕ

fighter جەنگاوەر، شەڕکەر

freedom - *پێشمەرگە، ئازادیخواز*

figment شتێکی دروستکراو یا (ئەفسانە، خەیالّ)ی

figuration شێوە، ڕوالّەت

figurative هێمایی، وەرگێراو، مەجازی

figure شێوە. ژمارە. وێدەکەوێ، پێدەکەوێ

- of speech *هێما، وەرگرتن،*

مەجاز

filament فتیل، داو

file فایل. کێشە. کارتیغ، مەورەد، بڕبەنگ

- the case *کێشەکە دادەخا، هەڵدەگری*

bastard - *بڕبەنگی زبر، مەورەدی دڕ*

filial هی کوڕ یا کچ (ی کەسێک)

filing فایلکردن، هەڵگرتنی کێشەیەک

fill پڕدەکا. پڕی

filled gold زێڕی ساختە (درۆزنە)، زێڕی پڕکراوە؛ کەواتە ناوی بە شتی دی پڕکراوەتەوە

filler پڕکەرەوە؛ گەچێکە بۆ پڕکردنەوەی کون و کەلێن و کەلەبەر بە کار دێ

filling پڕکردن. پڕکردنەوە (ی ددان)

filly جوانی یە مایین؛ بێچووە مایین

film فلیم. تەنک، تفر، قاتێکی تەنک

filter پارزن. پارزنین، پالاوتن. دەپارزنێ، دەپاڵێوێ

filtering پارزنین

filth گەندی، پیسی

filthiness = filth

filthy گەند(ە)، پیس(ە)

filtrate دەپاڵێوێ

fin تەواو، تەواو بوو. پەڕەی کلکی ماسی

final دوا، کۆتا. کۆتاییە، هیدواییە

finality دوایی، کۆتایی (هاتن)

finally لەدوایی(دا)، لەکۆتایی(دا). بەدوایی

finance پارە. پارە داری. پارە پەیدا کردن. داهات. پارە دەخاتە گەڕ. سەرمایە گێڕی دەکا

financial پەیوستە بە پارەوە. (هی) پارەداری(ە)

financier پارەگێڕ؛ شارەزا لە پارەداری

finch جۆرە باڵندەیەکی بچووکی دانخۆرە

find دەبینێتەوە، دەدۆزێتەوە. بۆی دەردەکەوێ، دەزانێ

fine ورد(ە). نەرم(ە). لووس. باش(ە). جوان(ە). سزا (ی پارە). ورد دەکات. سزا دەدا(ت) (بە پارە)

- art *هونەرە جوانەکان*

- gold *زێڕی بێ گەرد*

in - *بە کورتی*

fineness وردی. نەرمی. لووسی. باشی، خاسی. جوانی

finger پەنجە، ئەنگوست، پت. پەنجەی لێ (دەدا، دەخشێنێ)

- print *پەنجەمۆر*

- tip *سەرە پەنجە، نووکی پەنجە*

ear - *پەنجەی گوێچکە، هی گچکە*

little - *پەنجەی بچووک*

fining سزادان. لووس کردن. پاراوتنی شلە (یا کانزا)

finish کۆتاییدێ، دوایی دێ. تەواو دەکا. لێ دەبێتەوە. کۆتایی، دوایی

- off *تەواوی دەکا. دەیکوژێ*

finishing تەواوکردن. لێ

بـوونـەوە. کـۆتـایـی هێـنـان، دوایـی هاتـن. لـووس کـردن

finite زانـراو، دیـاری کـراو. ژمێـردراو. لـەژمارە هاتـوو (ماتـماتـیـک)

finned بـە پـەڕە (پـەڕە) یـە، پـەڕە (کلـک)ی هەیـە، پـەڕەدارە

fir جۆرە دارێـکـی هەمـیـشە (سەوز، کـەسک)ی بـە (چقـڵ، دڕک)ە

fire ئـاگر، سوتـان، گـڕگـرتـن، تـەقـە. ئـاگـر دەدا. گـڕ دەدا. دەتـەقـێـنـێ (چەک). بـتـەقـێـنـە!

- brigade *هێـزی ئـاگـر کـوژێـنـەوە*

- engine *ئـامێـری ئـاگـر کـوژێـنـەوە*

- escape *ڕێـی دەربـازبـوون لـە ئـاگـر*

- exit *دەرگـای دەربـازبـوون لـە ئـاگـر*

- proof *ئـاگـربـەنـد(ە)*

- up *ئـاگـری لـێ دەبـارێ، زۆر تـوورە دەبـێ، زۆر پـەست دەبـێ*

bun - *ئـاگـرکـردنـەوە (ن؛ لـە نـەورۆز دا)*

on - *گـڕی گـرتـووە، دەسوتـێ، ئـاگـری تـێ بـەر بـووە*

set - to *ئـاگـری تـێبـەردەدا، دەسوتـێـنـێ*

set on - *دەسوتـێـنـێ، ئـاگـری تـێ بـەر دەدا*

firearms چەک و تـەقـەمـەنـی

firebrand پـشکـۆ، پـەنـگـر. ئـاگـر نـەرەوە، ئـاگـر خـۆشکـەر، بـشێـوی کـەر

firefly مـەگـەز یـکـە شەوان (دەدرەوشێـتـەوە، دەگـەشێـتـەوە)

fireman (کـرێـکـاری) ئـاگـر کـوژێـنـەوە

fireplace ئـاگـردان

fireside قـونـاگـر؛ لـە (تـەنـیـشت، دەم، قـوون) ئـاگـر. لـە مـالـێ، لـە نـاو خێـزان

fireworks ئـاگـربـازی (ی ڕەنـگـاو ڕەنـگ لـە شەودا بـەرەو ئـاسمـان)

firing تـەقـەکـردن

firm تـونـد(ە)، ڕەقـە. کـۆمـپـانـیـا

firmament خۆڕاگـری

firmly بـە تـونـدی

firmness تـونـدیـی

first یـەکـەم

- aid *فـریـاگـوزاری سەرەتـایـی*

- blush *یـەکـەم تـێـڕوانـیـن*

- born *(مـنـالـی) نـۆبـەرە، گـەورەتـریـن مـنـالـی سەسێـک*

- finger *پـەنـجەی شەهادە؛ ی تـەنـیـشت پـەنـجەی گـەورە*

- floor *نـهۆمـی یـەکـەم*

- light *بـەرەبـەیـان، شەبـەقـی*

- name *نـاوییـەکـەم، نـاوی خـۆت*

at - *سەرەتـا، لـە سەرەتـادا، لـە پـێـشەوە*

at - hand *یـەکسەری، بـەبـێ ڕاوەستـان. بـێ ڕاوەستـان، ڕاستـەوخـۆ لـە سەرچاوە وە*

firsthand نـوێ، بـەکـار نـەهاتـوو

firstling (نـەوزادی) نـۆبـەرە، یـەکـەم مـنـاڵ، فـەرخـە، هتـد

fiscal مـیـریـی. تـایـبـەتـە بـە دارایـی مـیـری یـەوە

fish مـاسی

fisher (گیانلەبەر، ئاژەڵ)یّکی (ماسیگر؛ ماسیخۆر)

fisherman (کەسێکی (نێرینەی)) (راوکەری ماسی، ماسیگر)

fishery شوێنی ماسیگران یا ماسیفرۆشان

fishing راوەماسی، ماسی گرتن

fishmonger ماسی فرۆش

fissure درز، کەلێن، کون

fist مست، تۆمبز. مست لێدان. مستی لێ دەدا، لێی دەدا (بە مست)

fit شیاو. گونجاو. ساغ. چاکدەکا

fitness تەندروست بوون (یی)

- place *وەرزشگە{ا}، شوێنی تەندروستکردن*

fitter وەستا (ی مەکینان). لەش ساغ تره

fittings دەزگا و ئامرازەکانی کارکردن

five پێنج

fivefold پێنجقەد، پێنج جار بە قەدەر

fix چادەکا. دەچەقێنێ، دادەمەزرێنێ، جێگیر دەکا

fixation چاکردن. چەقاندن، دامەزراندن، جێگیر کردن

fixed دیاریکراو، بڕیار دراو؛ براوەتەوە (زیادو کەم ناکا). توندکراو، نەجولاو، چەقێنراو، جێگیر

fizz دەنگی (کولان، هەڵچوون، (قولّپ؛ بلّق) دان). خواردنەوەی هەڵچوو. دەکولێ، هەڵدەچێ، (قولّپ؛ بلّق) دەدا

-y drink *خواردنەوەی (بە تایبەتی ساردەمەنیی) هەڵچوو، بلّق کەر؛ ن؛ کۆکا، پیپسی، هتد*

flabby نەرم، خاو. لەرزۆک، لاواز

flaccid بێهێز. نەرم، خاو. لەرزۆک، لاواز

flag ئالا. پەرچەم. هێما. هێما دەکا{دەدا}

flagellate بە قامچی لێی دەدا، فەلاقە دەکا، دارکاری دەکا

flagman ئالابەدەست، نیشاندەر

flagon مەسینە

flagrant دیارە، روونە، سەلماوە. شاراوە نییە

flagship پاپۆری فەرماندەی هێز (یّکی دەریایی)

flagstaff ئەو دارەی ئالای پێوە دەکرێ

flail کوتکە جۆنی؛ بۆ کوتینی گەنم بەکار دێ

flair ئارەزوو، مەیل، هەوەس

flake پەلکۆکە، تفرێکی تەنک. پڕیشک، پڕوشک. (تفر، پەلک) هەڵدەدا. دەپەڕێ، پڕژی لێ دەبێتەوە

corn - *پەلکە شامداری (گەنمە شامی)*

flame بلێسە، گڕ. گڕ دەدا. گڕ دەگرێ

flaming سووربوونەوە. گڕگرتوو، سوتاو. سوورەوە بوو، گەش (ەدار)

flamingo مەل یّکە

flammable گڕ نەگرتوو؛ بە ئاسانی گڕ ناگرێ

flank تەنیشت، لا. باڵێکی لەشکر؛ قۆڵێکی، لایەکی، هێزێکی

flannel جلوبەرگی خوری

flap ڕۆخ، لێوار، کلک. باڵ. زمانە. ڕادەوەشێنێ. باڵی لێک دەدا، لە شەقەی باڵ دەدا. خاوی دەکاتەوە، شلی دەکاتەوە

flare هەڵچوون، سوور بوون ەوە. سوور دەبێتەوە، دەگەشێتەوە

- up *سوور دەبێتەوە (لە تووڕەیی دا)، هەڵدەچێ، تووڕە دەبێ*

flash ترووسکە، درەوشانەوە. دەترووسکێ، دەدرەوشێتەوە، دەبریسقێ تەوە. شەوق لێ دەدا

flask شووشە. پەرداغ

flat (1) (دەشت. پان)(ە). بێتام. بە ڕاشکاوی، بە ئاشکرایی. بانیی (جوگرافیا)

- footed *بنەپێ ڕاست (تەخت)؛ کەوانەکەی نییە*

- tyre *تایەی پەنچەر؛ لە گەڵ عەرد جووت بوو*

flat (2) بەشەخانوو؛ بەشێک (ی دابڕاو و سەربەخۆ لە ناو خانوو یەک (ی چەند (نهۆم، قات)ی))

flatten پاندەکا، تەخت دەکا. ورەی دەرووخێنێ

flatter خۆی تێ هەڵدەسوێ؛ چەوری دەکا، ماستاو دەکا. ستایشی دەکا، پێوەی هەڵدەدا

flatterer خۆتێ هەڵسوو. دوو ڕوو

flattery خۆ تێ هەڵسوین؛ چەور کردن، ماستاو سارد کردن ەوە، پێدا هەڵدان. دوو ڕوویی باکردن (ی زگ)

flatulence

flavour تاموبۆ، تام، بۆن. خۆشی دەکا، بەهاراتی پێوە دەکا. تاموبۆی دەداتێ

flaw ناتەواوی، شکستی، عەیبداری. درز، کەلێن

flawless تەواو، بێ کەموکوڕی، بێ عەیب

flax درەخت (ڕووەک)ی کتان (کەتان)

- yarn *ریسی کتان، بەن و داوی کتان*

flaxen کتانی یە، لە کتان دەچێ، لە سەر شێوەی کتانە

flaxseed تۆوی کەتان

flay کەوڕ{ڵ} دەکا؛ پێستی لە گۆشتی جیا دەکاتەوە

flea کێچ

fleabance ڕووەک یکە

fled بەزی، ڕایکرد، هەڵات، دەربازی بوو

fledge تووک دەر دەکا، باڵی دێ، باڵدەگرێ

flee دەبەزێ، ڕادەکا، هەڵدێ

fleece تۆپەڵە خوریی. تازەبڕاوی (مەڕ، کاوڕ)، لوا. شتی نەرمی لەو بابەتە

fleet هێزی دەریایی فرە پاپۆڕ و کەشتی، ئۆستووڵ. خێرا، تیژ. دەفڕێ، هەڵدێ. دەڕوا، نامێنێ

fleeting لەناو چوو، بەسەرچوو، ڕابورد (وو)

flesh گۆشت. لەش. سرووشت و خوو و ڕەوشتی مرۆڤ

fleshiness گۆشتنی، قەڵەوی. لەش پڕی

fleshy گۆشتن، قەڵەو. لەش پڕ

flew فڕی

flexibility نەرمی، شلکی، توانای راکشان و داکشان (یا راکێشان و پاڵنان، هتد)، لە کارهاتن

flexible نەرم، شلک، لە راکشان و داکشان (یا راکێشان و پاڵنان، هتد) هاتوو. لەکار هاتوو؛ کاری پێ دەکرێ

flick لێدان؛ بە قامچی. ترازان. راوەشاندن. لێدەدا. رادەوەشێنی

flicker دەترووسکێ، دەدرەوشێتەوە

flight فڕین. هەڵاتن، راکردن. رەو، رەوە؛ دەستەیەک، ژمارەیەک

a - of birds *رەوە مەلێک*

flimsy (پڕو)پووچە. تەنک، بێ هێز

flinch پاشگەز دەبێتەوە (لە ترسا(ن))، دەکشێتەوە، دەگەڕێتەوە

flinders (پارچەو پووچ، پڕیشک، لەتو پەت) ەکان

fling هاوێشتن، تێ هەڵدان (ە ناو).(تێی) دەهاوێ (تە ناو)، تێ دەگرێ

flint بەردێکی بۆری رەقە

flinty رەقە

flippant زۆربلێ، درێژدادڕ، چەنەباز، چەقاوەسو

flirt قسەبازی (ی خۆشەویستی) و دەسبازی (کردن) بۆ کات رابواردن (نەوەک بە نیازی (زیاتر) خەراپ). قسەبازی و دەسبازی دەکا بۆ کات رابواردن، رادەبوێرێ

flirtation قسەبازی (خۆشەویستی)، دەمەتەقێ، دەسبازی، رابواردن

flit لەرینەوە، شەکانەوە. دەلەرێتەوە، دەشەکێتەوە. باڵ (ەکان)ی لێک دەدا، فرفر دەکا، دەفڕێ. هەڵدێ

flitter باڵەکانی لێک دەدا، فرفڕ دەکا. خۆی تێ هەڵدەسوێ؛ بۆ نزیک بوونەوە لێی و دڵ راگرتنی

float (بە) سەرئاوکەوتن، مەلەوانی. سەراو (کەوتوو). (بە) سەر ئاو دەکەوێ، نوقم نابێ. بە سەر ئاوی دەخا

floatation دەمەزراندنی (یا سەرمایە بە گەڕ خستن لە) کۆپانیا یەک

flock مێگەل. رەوە. کۆ دەبنەوە، گرد دەبنەوە

floe لاشەیەکی بەفر (بەستەڵەک)ی سەرئاو کەوتوو، شتێکی سەراو (کەوتوو)

flog (دارکاری، قامچی کاری، فەلاقە)ی دەکا. تەمبێی دەکا، پەروەردەی دەکا (بە لێدان)

flood لافاو، تۆفان. لافاو هەڵدەستێ، نوقم دەکا، دادەپۆشێ (بە ئاو)

- light *چرا (گڵۆپ) ێکی بە تیشکە*

floor نهۆم، قات، ریز، چین. سەرزەوی، سەرعەرد. رووبەر (ێک)

flora وەرزی (ژیانی) رووەکەکانی هەرێمێک (یا ولاتێک)

floral رووەکی یە. تایبەتە بە گوڵەوە

florescent گەشە، گەشەدارە، رووناکە، زەقە

florid گوڵ ئاسا یە، وەکوو کوریکە یە، پەمە (پەمبە)ییە، گەشە، زەقە، بەرچاوە

florist گوڵفرۆش. گوڵچێن. باخەوان

floss (داو، دەزوو)ی حەریر

flotation دەمەزراندنی (یا سەرمایە بە گەڕ خستن لە) کۆپانیا یەک

flotilla هێزێکی دەریایی بچووک، ئۆستوولێکی گچکە

flounce رازانەوە، بریقوباق. دەرازێنێتەوە. بەلادا دێت

flounder دەگەوزێ؛ لە قوڕ، هتد. (کار، ئەرکێک)ێک بە نارێکی ئەنجام دەدا. شگەوز(ان. ین)

flour ئارد. کوتراو، هاڕاو، هاڕدراو. دەهاڕێ

- mill *ئاش*

flourish گەشەکردن. گەشانەوە. سەردەکەوێ(ت). گەشەدەکا(ت)، پەرە دەستێنێ(ت)

flourishing گەشەکردوو، پەرەسەندوو. سەرکەوتوو

flow رۆیشتن، شۆڕبوونەوە. دەڕوا، شۆڕدەبێتەوە (ئاو (یا شلە))

flower گوڵ{ر}، کوریک

flowerpot گوردان{ڵ}، ئینجانە

flowery گوڵدارە{ر}، بە گوڵە{ر}

flu پەسیو، هەلامەت، بڕوانە؛ ئین[فلو]ێنزا

fluctuate دەگۆڕێ. دەهەژێ. دێودەچێ، بەرز و نزم دەبێ

flue کونە دووکەڵ{ر}، لوولەی سۆبە

fluency رەوانی (لە ئاخافتن، قسەکردن)، زمان پاراوی. زمان لووسی. گونجان

fluent رەوان (لە ئاخافتن، قسەکردن)، زمان پاراو، زمان لووس

fluently (ئاخافتن، قسەکردن) بە رەوانی، بە پاراوی

fluid دۆخی شلی ی(ئاو، شیر، نەوت، نەوتی خاو، تد)

fluidity شلی، توانەوە

fluke (1) خۆوبەخت، بەشانس، لەخۆیەوە. خۆوبەخت (بوو. کردی)، بۆیهات

fluke (2) جۆرە کرمێکی پانی (مشەخۆرە؛ لەسەر هی دی دەژی). جۆرە ماسییەکی پانە

flung هاوێش (تە ناو)، تێی گرت

fluorescence گەشانەوە، تیشکدانەوە. رووناکی

flush شەرمکردن، روو سوور بوون ەوە (لە شەرمان). لاو، تازە، قوڵپ دان. رووی سوور دەبێ (لە شەرما). دەشوا، رادەماڵێ (بە ئاو)

flute فلووت؛ دەزگایێکی (ئاواز، مۆسیقا)یە. دووزەلە. شمشاڵ

flutter شەکانەوە، لەرینەوە. دەشەکێتەوە، دەلەرێتەوە

fluvial (هی، تایبەتە بە) (زێ، روبار)ەوە

flux ڕۆیشتن، شۆڕبوونەوە، ڕژان

fly مێش. دەفڕێ. دەفڕێنێ. هەڵدێ

- wheel *ئەفلەنجە*

flying فڕین. فڕیو

foal جوانی؛ بێچووە مایین. دەزێ، بەچکە (فەرخە)ی دەبێ

foam کەف. کەف دەکا

focus چەق، ناوەندی چڕبوونەوە (ی شتێک). چڕ کردنەوەی شتێک لە خاڵێکدا. (تیشک، بیر، شتێک، هتد) چڕ دەکاتەوە بۆ سەر (خاڵێک، شتێک)

fodder وێنجە. کاوجۆ، قەسەر، قەرسیل. پەینی ئاژەڵ، ئالیک

foe دوژمن. بەرامبەر. ناحەز. حەریف

foetus منداڵی ناو سک؛ دوو مانگ یا گەورەتر

fog تەم (ومژ)

foggy تەماویە، بە تەمو مژە

foil (ڕووبەر، تفر، پەڕە)یێکی زۆر تەنکە. شکست، ئەلەمنیۆمیی

سەرنەکەوتن. شکستی پێ دێنێ

foist ساختە، فێڵ. دەخاتە ناو، بە زۆر وەگەڵ دەدا. (ساختە، فێڵ) دەکا

fold قەد. دەق. قەد دەکا. دەق دەکا. لوول دەدا، دەنوشتێنێ تەوە

foliage گەڵای دار و درەخت

folio پەڕە، تفر، ڕووبەر

folk(s) خەڵک(ان)، کۆمەڵ، تیرە، خێڵ

folklore هونەری گەل (میللی)، فۆلکلۆر؛ هونەر یا میراتی گەل

follicle (بنەچە، کیسە)ی ڕەگی موو، هتد

follow دوای دەکەوێ، بە دووی دەکەوی، ڕەدووی دەکەوی. بەدوایدا دێ

as -s *وەکوو لە خوارەوە دێ، وەک لێرە باس دەکرێ*

follower بەدواکەوتوو، دەروێش، مورید

folly نەزانی، گەمژەیی، گێلی

foment هار دەکا، دەورووژێنێ، دەجوولێنێ

fomentation هارکردن، وروژاندن، جوولاندن

fond (of) خۆشی دەوێ، دڵی پێ دەکرێتەوە

fondle دەستی لە مل دەکا، (یاری، دەسبازی)ی لەگەڵ دەکا

fondness خۆشەویستی، ئەوینداری

font شێوەنووسین(ێک)، دەستخەت (ن؛ نالی، بێکەس)

fontanel ڕووبەرێکی (پێست، گۆشت)ینە لە کەللەی سەری منداڵی ساوا

food خواردن. خواردەمەنی

fool گێل

April - *درۆی یەکی ئایار (ئەپریل)*

make a - of *گاڵتەی پێ دەکا، فشەی پێدەکا*

make a - of himself *خۆی دەکا بە قەشمەر جاڕ، گاڵتە بە خۆی دەکا*

foolery نـەزانـی، گـێـلـی. وتـەی بـێ واتـا، قـسـەی بـەتـاڵ

foolhardy بـێـبـاکـی نـەزان، مـلـهـوڕی گـێـل

foolish گـێـلـە، گـێـلانـە یـە. کـەمزانـە

foolishness گـێـلـی

foolscap لاپـەڕەیـەکـی گـەورە؛ بـە رووبـەری نـزیـکـەی ٣٣٠مم بـە (٢٠٠ یـا ٤٠٠)مم

foot پـێ(یـەک)، پـا، قـاچ

- soldier *سەربازی پیادە*

at the - of *لـەپای، لـە داوێـنـی. لـە تـەک*

by - *بـە پـێ(یان)، بـە پا*

flat -ed *بـنـەپـێ راست (تـەخت)؛ کـەوانـەکـەی نـیـیـە*

on - *بـە پـێ(یان)، بـە پا*

footage درێـژایـی؛ بـە پـێـوانـەی (پـێ، فـووت، ٣٠سم). (ماوە، درێـژی)ی فـیـلـمـێـکـی سیـنـەمایـی، هد

football تـۆپـی پـێ. تـۆپـانـێ؛ یـاریـی تـۆپـی پـێ

- match *(گـەمـە، یـاری، کـێـبـەرکـێ)یـەکـی تـۆپـانـێ؛ تـۆپـی پـێ*

footbridge پـردی پـیـادە(ان)

footer هێـڵـێـکـی نـووسیـنـە لـە ژێـر هەمـوو پـەڕەیـەکـی (نـووسراو، راپـۆرت، پـەڕتـوک، هتـد)ێـک دووبـارە دەبـێـتـەوە (ن؛ ژمـارەی لاپـەڕە، بـەروار، هتـد)

footfall دەنـگـی ڕۆیـشـتـن، تـەپـەی پـێ، تـەقـەی پـێ

foothold جێـی پـێ لـێـدانـان، شوێـن پـێ (ی نـەجـوولاو، نـەڕووخاو)

footing شوێـن پـێ، بـنـگـا، مـۆڵـگـە. پـیـادە ڕۆیـی، پـیـاسـە

footlights شانـۆ، چراخانـی بـەردەم سەکـۆی شانـۆ

footman خزمـەتـکار

footpath پـیـادەڕۆ، ڕێـچـکـە

footprint شوێـنـپـا، شوێـنـپـێ، جێـپـێ

footsteps پـێـشـەنـگ. شوێـن هەنـگـاو (کـەوتـن)

footstool جێـگـەی پـێ لـێ دانـان

fop (کـەس؛ پـیـاو)ێـکـی (خۆڕازێـنـەوە، لـەخـۆ خـەفـتـی). شتـێـکـی (بـالا، بـڵـنـد، بـەرز، نـایـاب)

for (1) بـۆ، لـۆ. لـەبـەر

- all that *لـە گـەڵ هەمـوو ئـەوەش (دا)*

- as much as *لـەبـەر ئـەوەی، چونـکـە*

- ever *هەتـاهەتـایـە، هەمـیـشـە*

- example *بـۆ نـموونـە*

- instance *بـۆنـمـوونـە*

- two months *بـۆ دوو مـانـگ(ان)*

as - me *من لـە لای خـۆمـەوە. لـە بـارەی مـنـەوە*

feel - *زگـی پـێ دەسووتـێ*

for (2) بـەهـۆی، لـەبـەرئـەوەی

forage ئـالـیـک، کاوجـۆ، قـەسەر، قـەرسیـل، پـەیـنـی ئـاژەڵ. دەلـەوەڕێـنـێ

foray هێـرشێـکـی کـتـوپـڕ، پـەلامـار. پـەلامـار دەدا، تـالان دەکـا

forbear ڕەت دەکـاتـەوە، خـۆدەگـرێ لـە، نـایـکـا

forbearance ڕەتکردنەوە، خۆگرتن، نەکردن

forbid پاوان دەکا، قەدەغەدەکا، یاساغ دەکا، ناهێڵێ، نایەلی

god - *خوا نەکا، خوا نەکەران*

forbidden پاوانکراو(ە)، قەدەغەکراو(ە)

forbore ڕەتیکردەوە، خۆیگرت لە، نەیکرد

forborne ڕەتکراوە، نەکراو. ڕەتیکردەوە، خۆیگرت لە، نەیکرد

force هێز، زەبر، توندی. ناچاردەکا، ناچاری دەکا. زەبری لێ دەکا

- a passage *ڕێی خۆی کردەوە، تێپەڕی*

- back *دەکشێنێتەوە، دەشکێنێ(ت)*

by - *بەزۆر، بە ملنان، بە مل لێنان*

come into - *دەکەوێتە کارەوە، جێبەجێ دەکرێ*

in - *لە کاردایە*

of - *کارپێکراوە، کاری پێکراوە*

forced ناچاری، بە (ناچاری، زەبر). ناچارکراو. ناچارکرد، ناچاری کرد

forcemeat گۆشتی هەنجنراو (قیمە)

forceps گیرەی نەشتەرگەری. ماشە

forcible بەزەبر، بەهێز. کاریگەر

forcing زۆر (دار)ی.

ناچارکردن. ناچاریکردن

ford تەنکایی ڕووبار؛ کەوا بواری پەڕینەوە دەدات

fore (1) پێشەوە. هی پێشەوە. پێشوو. لە پێشەوە. پێشتر

fore (2) (پێشگر، پێشکۆ)یە بە واتای؛ پێش(ەوە)، (هی)بەردەم، هی پێشەوە

forearm دەست، پەلی پێشەوە

forebode پێشبینی (خەراپە) دەکات

forebode (p forbid) نەیهێشت، قەدەغەی کرد، پاوانی کرد

forecast پێشبینی دەکا. پێشبینی (کردن)

forecited (لە پێشەوە) باسکراو، ئەوەی لە سەرەوە باسکرا

foredate بەرواری پێش دەخا(ت)

foredeck تەختایی (سەری) پێشەوەی کەشتی

foredoom پێشوەخت (چارەی دەنووسێ، شوومی دەکات، نەفرەتی دەکات)

forefather باپیرە، پێشینە

forefend بەرگری لێدەکا، دەیپارێزێ، پاسی دەکا. قەدەغە دەکا

forefinger پەنجەی شادە

forefoot (یەکێک لە) دوو (پا، پێ، پێچکە، لاق)ەکانی پێشەوەی چارپێ (یان)

forego لێی دەبوورێ، لێی خۆش دەبێ، دەبوورێ، واز دەهێنێ

foregoing پێشوو، پێشتر، پێشووتر

forehead جانگ. ناوچەوان، نێوچەوان

foreign بێگانە، نامۆ. هی دەرەوە (یە)

foreigner بێگانەیە، نامۆ یە. خەڵکی دەرەوە (یە)

foreleg پێچکی پێشەوەی ئاژەڵ(ان)

forelimb پەلی پێشەوەی ئاژەڵ(ان)

forelock (پرچ، قژ)ی سەرووی ناوچەوان

foreman (چاودێر، سەرپەرشتکار)ی کرێکاران، باش وەستا، وەستا باشی

foremast ستوونی پێشەوەی کەشتی

foremost پێش هەموو شتێک، لە پێشەوە، یەکەم

forename پێشناو، ناوی یەکەم، ناوی پێشەوە

forenoon پێش نیوەڕۆ، سەرلەبەیانی

foreordain پێشوەخت (دانراو، دیاری کراو، دامەزراو)

forepart بەشی پێشەوە، لای هێروە

forerunner پێشەنگ، یەکەم (کەس)، هی پێشەوە

foresee پێشبینی دەکا، دوور دەبینێ، دوور دەڕوانێ

foresight دووربینی، پێشبینی (کردن). تەگبیر (کردن)، خۆ ئامادە کردن

forest دارستان، دارستانە، جەنگەڵ(ە)

forestall بەری لێ دەگرێ بەکاری پێشوەخت، پێشوەخت کاری خۆی دەکا

foretell پێشبینی دەکا؛ پێشوەخت باسی دەکا، پێشوەخت دەدرکێنێ (دەڵێ)

forethought پێشبینی. دووربینی، تێڕوانین

forever هەمیشەیی، تاسەر، هەتا هەتایە

forewarn پێشوەخت (هۆشیار، ئاگادار)ی دەکاتەوە

foreword پێشەکی (ی نووسینێک) سەرەتا، پێشگوتار

forfeit سزا. دۆڕان(دن)، زیان. دەسبە سەرا گیراو. فێڵ تێکراو، نارەسەن، وەرگیراو. مافی لە دەست دەدا. دەستی بەسەردا دەگرێ

forfeiture دۆڕان(دن)، زیان. ماف لە دەست دان. ماف لێ ستاندن

forge کوورە (ی ئاسن گەرم کردن (یا تواندنەوە)). فێڵ دەکا، دەگۆڕێ، ساختە دەکا. دەتوێنێتەوە

forger ئاسنگەر، ئاسنگر. ساختەچی، قاچاغچی، فێڵباز، بگۆڕ

forgery ساختەچێتی، قاچاغچێتی، فێڵبازی، شت (گۆڕین)

forget لە بیر دەکا، فەرامۆش دەکا

forgetful فەراسۆشکارە. بیر کول(ە)، فەرامۆش کەرە، زەینکۆر(ە)

forgetfulness فەرامۆشی. بیر کولی، زەین کۆری. فەرامۆش کردن

forgive دەبوورێ، دەبەخشێ. لێ دەبوورێ

forgiveness بووران، بووردن، بەخشین. لێ بووردن

forgot لەبیرکرد، فەرامۆش کرد

forgotten لەبیرکراو(ە)، فەرامۆش کراو(ە). لە بییر کرد، فەرامۆش کرد

fork چەتاڵ، چەنگاڵ. شەنە، شەن. دووریان. دابەش دەبێ، لق دەکا، دوو فلیقە دەبێ

forked دابەش بوو، لێک ترازاو، بڵاوبوو، لقدار

forlorn پشتگوێخراو، بەجێماو، بەجێ هێڵراو. بێدەرەتان

form وێنە، شێوە. شیرازە. نموونە. بارو دۆخ. پێک دەهێنێ، دروست دەکا، دادەمەزرێنێ

in - *شێوەی (خۆی) پاراستووە، لە دۆخێکی باش دایە*

formal فەرمانی، یاسایی. رواڵەتی. شێوەیی

formality شێوەی فەرمانی. رێو رەسم. جێبەجێ کردن

formally بە فەرمانی، بە یاسایی

formation پێکهێنان، دروست کردن، دامەزراندن. شیرازەدانان

former پێشوو، پێشین

formerly پێشان، لە پێشان، هی (ئی) پێشوو

formic acid ترشەلۆکێکی بە خورشتی بێرەنگە؛ لە لیکی (مێروولە، هتد)دا هەیە

formication سڕ(بوون. کردن)

formidable ترسناک، ترسێنەر

formula پێکهاتە. هاوکێشە، دەستوور، یاسا

fornicate هەڵە دەکات، کاری نابەجێ دەکا، ئەم لا و ئەو لا (ی هەیە) دەکا

fornication زینا کردن، هەڵە کردن، کاری نابەجێ کردن

forsake بەجێی دەهێڵێ، وازی لێ دێنێ

forsaken (بە) جێماو، دوورخراوە

forsook بەجێی هێشت، وازی لێ هێنا

fort قەلا، پاسگا، قولغەی پاسەوانی

forth پێش. پێشەوە. بۆ پێشەوە. هی پێشەوە. لێرە بەدواوە، لەمەو دوا

forthcoming چاوەڕوانکراو، پێشهاتوو، داهاتوو (ی نزیک). (شتێکی) ئامادە یە لە کاتی پێویست دا. (کەسێکی) بە پێلەوە هاتوو، یارمەتی دەر، بە وەلام؛ وەلامدەرەوە

forthright راست و رەوان؛ بێ چەوتی و چێلی. بڕیاردەر، بەبڕیار

forthwith یەکسەر، هەر ئێستا، دەلعازی

fortieth چلەمین. بەشێک لە چل، چل یەک؛ ١\٤٠

fortification بەهێز کردن، (خۆ) قایم کردن، سەنگەر لێدان

fortify بەهێز دەکا، (خۆ) قایم دەکا، سەنگەر لێدەدا

fortitude خۆڕاگری، بە جەرگی

fortnight چواردە ڕۆژ، دوو

هەفتە

fortnightly دووهە فتەیی، چوارده ڕۆژ جارێک. دووهەفتانە (یی)

fortress قەلا، پاسگا، قولغەی پاسەوانی

fortuitous بەهەڵکەوت، بەرێکەوت، خۆشانس

fortunate بەشانس، خۆشبەخت، بەبەخت

fortunately خۆشبەختانە، بەختەوەرانە

fortune بەخت، سامان

- teller *دەسگرەوە، فالچی*

forty چل

forward بۆپێشەوە. پێشەنگ. ڕەواندەکا، دەنێرێ. دەدا، پێشکەش دەکا. پەلە دەکا

centre - *یاریکەری سەرەکی (ناوەندی) لە هێرشدا لە یاری تۆپانێ*

forwardness پێشەنگی. دەست پێشخەری

fosse خەندەق، (قۆرت، چاڵ)ی درێژی سەنگەر

fossil بەردین، بەبەرد بوو؛ پاشماوەی گیانلەبەر (ڕوەک (درەخت)، ئاژەڵ، هتد) کەوا پاش هەزاران ساڵ بۆوە بە بەرد(ین) (یا لە بەردا نەقشی بەجێ ماوە(هێشتووە))

foster پەروەردە دەکا. دەژیێنێ، شیری دەدا، بە خۆوە دەگرێ، لە باوەش دەگرێ

fosterbrother برا (ن بە شیر خواردن)؛ یەکیان شیری دایکی ئەوی دیکەی خواردووە

fought جەنگی، شەڕیکرد

foul پیس، ناپاک. بە گیاوگۆڵ. هەڵە کردن لە یاریی تۆپانێ. پیس دەکا

foulmouthed زمان پیس، جوێن دەر

found دادەمەزرێنێ، دروست دەکا. لە خشت (قالب) دەدا. دۆزیەوە، دیتەوە. دۆزرایەوە، دیتراوە

foundation بناغە. دامەزراو، دەزگا

founder دامەزرێنەر

foundling منالی ساوای توورِ هەڵدراو؛ باوک و دایک نەزانراو

foundry شوێنی ئاسن لە خشت (قالب) دان

fountain کانی، سەرچاوە (ی ئاو)

- pen *قەڵەم حیبر*

four چار، چوار

fourfold چارقەد، چوار قەد. چوار قات، چار جار بە قەدەر

fourfooted چارپێ؛ ولاغ، ئاژەڵ

fourteen چاردە، چوارده

fourteenth چاردەهەمین، چواردەمین

fourth چارەم، چوارەم. چاریەک، چارێک (١\٤)، یەک لە(سەر) چار

fowl مەل، باڵندە. مریشک. مەل (باڵندە) ڕاو دەکا

barndoor -s *باڵندەی ماڵی (کەوی)؛ مریشک، عەلەشیش، هتد*

fowling piece تفەنگی ڕاو، ساچمە

fox ریوی، ریوی

foxhound تاژی، تانجی

foxtrot (سەما، شایی)ێکی بە هەنگاوی هەندێ جار لەسەرخۆ و جارجاریش خێرا. ئاوازی ئەم بەزمە

fraction بەش (ێک)، هەندێک. کەرت (ماتماتیک)

fractious لاسار، هەڵەپاس(ە) {ر}، بێعار. توورە و توند

fracture شکان، درزدان. دەشکێ، درز دەبا، درز دەدا

fragile ناسک، لە شکان هاتوو

fragment پارچەیەک، پریشکێک، کەمێک، تۆزێک

fragrance گوڵبۆ، بۆنی خۆش

fragrant بۆنخۆش

frail لاواز، ناسک، زوو دەشکێ

frailty لاوازیی ویست و ورە، کەم هیمەت

frame چوارچێوە، چارچیوە، پەروازە. لە چارچیوە دەگرێ، پەروازەی بۆ دەکا

franchise ماف. لێخۆش بوون. ئازادی دەکا (بازرگانی)

Franco- (پێشگر، پێشکۆ)یە بە واتای (هی فەرەنسا (یە)، فەرەنسی (یە))

frank (1) بەرەورو(ە)، دڵسۆز(ە)، راستگۆ(یە)

frank (2) (ناو، یەکە)ی (دراو، پارە)ی فەرەنسا یە

frankly بەبەرەورویی، (بە) راستگۆیی (انە). بە ئازادی

frankness بەرەورویی، راستگۆیی، راشکاوی، ئازادی

frantic هاروهاج، توورە و توند

fraternal برایانە (یە). برایی (یە)

fraternise دەبنە برا، دەبنە ولاش

fraternity برایەتی، برایی. هاورێی، ولاشی، پێکەوەیی

fraud ساختە (کردن)، کاری نایاسایی، فێڵ کردن

fraudulence ساختەچێتی، فێڵبازی

fraudulency ساختەچێتی، فێڵبازی

fraudulent فێڵباز، ساختەچی

fraught بە گوڕ، پڕ، بە لەز و بەز

fray شەڕ، گێرەو کێشە. تەنک دەبێ، دەدڕێ (جلوبەرگ)

freak نائاسایی(بوون)؛ قەبەیی، زلی، زەبەلاحی. توورە (دەبێ. دەکا)

freakish (شت، کەس)ێکی نائاسایییە؛ قەبە، زل، زەبەلاح

freckle خاڵ؛ ی سەر پێستی لەش (و دەمو چاو)

free (1) ئازاد(ە)، سەربەست(ە) . بەلاشە، بە خۆڕاییە. بەتاڵە؛ نەگیراوە، کەسی تیا نییە (خانوو، تەکسی). بەرەڵا. ئازاد دەکا، بەر دەدا، بەرەڵا دەکا. لێی خۆش دەبێ

- handed *ئازادە لە هەڵس و کەوت*

- house *مەیخانەیەکی سەربەخۆ؛ نەوەک سەر بە*

نییە (خانوو، تەکسی). بەرەلا. ئازاد دەکا، بەر دەدا، بەرەلا دەکا. لێی خۆش دەبێ

کۆمپانیایێکی دی

- pass *بلیتی (خۆڕایی) بەلاش*

- spoken *بیری ئازادە، ئازادانە دەدوێ. ڕەوانە لە قسە کردن دا*

- will *ئازادیی بڕیاردان، ویستی ئازاد. سەرپشک بوون*

- zone *ناوچەی ئازاد*

free (2) (پێشگر. پێشکۆ)یە بەواتای؛ (بە)بێ، نییەتی

freeborn ئازاد

freedom ئازادی، سەربەستی

- fighter *پێشمەرگە، جەنگاوەری ئازادی*

freehold مولکی خۆیەتی

freely بە ئازادی، بە سەربەستی، سەربەستانە. بە بەلاش، بە خۆڕایی

freemason مەیسونی یە

Freemasonry برایەتیی مەیسونی

freethinker بیری ئازادە، دنیاییە

freeze دەیبەستێ، سەهۆڵ (بووز) دروست دەکا (بە ساردکردن (تەزاندن)ی ئاو)

freezer سەهۆڵبەند

freight بار، بارگە. کرێبار. باردەکا، دەنێرێ

- forward *کرێباری لەوسەر*

دەدرێ

French فەرەنسی(ە)، فەرەنسایە، هی فەرەنسایە، فەرەنگە

- beans *لۆبیا*

frenetic (adj) شێتانە یە، هاروهاج (انە (یە))

frenzied شێت، شێتبوو

frenzy شێتی

frequency شەپۆل. دووپات بوونەوە، بەدوای یەکدا هاتن. هەژان. ژمارەی شەپۆلەکان لە چرکەیەک دا

frequent زووزوو، زۆر دووبارەبۆوە. زووزوو دەبێ، زۆر روو دەدا(ت)

frequently زۆر جاران. بە زۆری. جار لە دوای جار

fresco وێنە (شێوە)یەکی گەچین لە سەر دیوار

fresh تازە. تەڕ. نوێ

freshen نوێ دەکاتەوە، دەژێنێتەوە. (سارد، فێنک)ی دەکاتەوە

fresher خوێندکاری تازەی دانیشتگا

freshman خوێندکاری (تازە، سالی یەکەم)ی دانیشتگا

fret شەکەتی، ماندوویی. خوران، تەنک بوون. توورە بوو. توورە دەکا. لووس (یا تەنک) دەکا بە (کارتیغ، مەورەد، بڕەنگ)

Fri. کورتکراوەیە بەواتای؛

= Friday *(ڕۆژی) هەینی؛* **جومعە**

friable ناسک؛ زوو هەڵوەشاو،

زوو لەبار یەک دەترازێ

friar برا، قەشە

friction سووان، سوییـن، لێکخشان، لێک خشین. سواندن. خشاندن

Friday (ڕۆژی) هەینی، جومعە

-s *لە ڕۆژانی هەینی، جومعان. هەموو هەینی یێک*

fried سوورەوە کراو (لە ڕۆندا) . سوور کردەوە

friend ئاشنا، دۆست، برادەر

make -s with *دۆستایەتی دروست دەکا، ئاشنایی دەکا، برادەری دەکا*

friendless بێکەس، تەنها

friendly دۆستانە، برادەرانە

friendship دۆستایەتی، برادەراتی

frigate کەلەک (ی سەر ئاو)، کەشتی

fright ترس و لەرز

frighten دەترسێنێ

frightful ترسناک(ە)، بە ترسو لەرزە

frigid بەستەڵەک. تەزیو، سارد. وشک

- zone *بەستەڵەکی تەوەرچەقی سەروو و خواروو*

frigorific سارد کەر (ەوە)، تەزێنەر

frill (ڕۆخ، لێوارە)ی ڕازێنەرەوە. دەرازێنێتەوە بە (لێوار، ڕۆخ) بۆ (ساز)کردن

-s *(پێچوپەنا، بگرەوبەردە)ی ناپێویست*

fringe پەرچەم؛ (پرچ، قژ)ی دابەزیو بۆ سەر (ناو، نێو) چەوان. داوی شۆڕەوەبوو. ڕۆخ، لێوار

frippery کەسێکی خۆڕازێنەوە؛ بە جلوبەرگی کۆن. (قسە، هونەر)ی (بەتاڵ، پووچەڵ، بێکەلک)

frisk هەڵدەپەڕێ، هەڵدەبەزێتەوە؛ لە خۆشیان

frisky شادمان، دڵخۆش، گەش

frith شوێنی تێکردنەوەی روبار لە دەریا

frivolity سووکی

frivolous سووک، کەم

fro بۆ دواوە. لە دواوە

to and - *هاتووچۆ*

frock (کراس، جلوبەرگ)ی (ئافرەت، کچ)(ان)، (جبە، سەڵتە)ی قەشە(ان)

frog بۆق، قورباقە

frolic خۆشی، گاڵتە

frolicsome ڕووخۆش، دڵخۆش، گاڵتەچی، گاڵتەباز

from لە (کەسێ((ک)ەوە) یا شوێنێ ((ک)ەوە))

frond جۆرە گەڵایەکی پەڕ(ەمووچ) ئاسا؛ وەک گەڵای دار خورما و ورد تریش

front پێش، پێشەوە، بەردەم

in - of *لە پێش، لەبەردەم*

frontage بەرایی، پێشەوەی، بەردەم

frontier تخووب، سنوور، ئاقار

frost بـەسـتـەڵـەک، شەختـە. شەختـە دەکا، دەیـبـەسـتـێ
frosty شەختـەیـە، بـەستاویـەتـی. سپـیـیە، پـیـیـرە
froth فـرۆ. کـەرە، چەورێ. کـەف، کـەفـاو. چەور دەکا
frothy فـرۆدارە. چەورە. کـەفـاوی یـە
frown رووی گـرژ دەکا. رووگـرژی، مـۆنـی
frozen سەهۆڵ بـەنـدە. بـە سەهۆڵ کـراو، تـەزێـنـراو. تـەزیـو
- meat *گـۆشتـی پـارێـزراو (بـە بـەفـر)*
fructify بـە پـیـزی دەکا، بـە پـیـتـی دەکا. بـە بـەرهەم دەهێـنـێ
fructose شەکـر(او)ی مـیـوە
frugal ماڵـداریـکـەر، بـە تـەگـبـیـر، کـەم مـەسرەف
frugality ماڵـداریـکـردن، تـەگـبـیـر، کـەم مـەسرەفـی
frugivora گـیـانـلـەبـەری (مـیـوەخـۆر، بـەرخـۆر، بـە زیـان)
fruit مـیـوە، مـێـوە. بـەر. بـەرهەم. بـەروبـووم
fruitful سوودبـەخشە. بـە بـەرهەم(ە). بـەبـەرە
fruitless بـێـسوودە. بـێـبـەرە. بـێـبـەرهەمـە
frustrate (هەوڵ (دان))ی لـێ تـێـکـدەدا، چەواشەی دەکا
frustum قـووچەکـی نـاتـەواو، قـووچەکـی بـڕاو (ن؛ سەتـڵ، پـقـرەج)
fry سوور دەکاتـەوە (لـە ڕۆن دا)
frying pan مـەقـلـی، مـەقـری
fuel سووتـەمـەنـی (نـەوت، بـەنـزیـن، تـد). ئـاگـر خۆش دەکا، ئـاگـری خۆش دەکا
fugitive پـەڕاگـەنـدە. پـەنـاهێـنـاو، پـەنـابـردوو. هەڵاتـوو، دەرپـەڕیـو. کـاتـی
fulcrum چەقـێـنـی تـەرازو، جێ چەقـی تـەرازوو؛ نـاوەڕاستـی (داری) تـەرازوو
fulfil جێـبـەجێ دەکا، بـە ئـەنـجام دەگـەیـەنـێ، تـەواو دەکا
fulfilment جێـبـەجێـکـردن، بـە ئـەنـجام گـەیـانـدن، تـەواو کـردن
fulgent درەوشاو، گـەش، بـریـسقـەدار، بـەشەوق
full پـڕ. تـێـرخـواردوو؛ زگـپـڕ. تـەواو
- moon *مـانـگـی خـڕ، مـانـگـی پـڕ*
- stop *پـیـتـێـکـی چاپـە(.). (بـڕانـەوە، راوەستـان)ی بـەتـەواوی. تـەواو، بـبـڕێـتـەوە*
in - *هەمـووی، بـە تـەواوی*
to the - *تـا ئـەوپـەڕی*
fuller (کـوتـاڵ، جلـوبـەرگ) (سپـی، پـاک، خاوێـن)کـەرەوە
fully بـەتـەواوی، هەمـووی، بـە یـەک جاری
fulminate دەتـەقـێ، دەتـریـشقـێ. تـریـشقـە دەکا. دەشیـیـرێـنـێ، تـووڕە دەبـێ
fulsome ئـێـسک قـورس، تـووڕە و تـونـد، رووگـرژ
fumble وەک(وو، ی) (کـوێـر، کـۆرە) (دەستـی لـێـدەدا، بـۆی دەگـەڕێ، هەستـی دەکا). بـە نـاڕێـکـی (دەیـگـرێ، دەستـی بـۆ دەبـا)
fume هەڵـم. دووکـەڵ. هەڵـم دەکا. دووکـەڵ دەکا

fumigate دەکولێنێ بە هەڵم. (دووکەڵ، هەڵم)ی دەداتێ

fun خۆشی، رابواردن، گاڵتە (جاڕی، کردن)

make - of *گەمەی پێ دەکا، پێی رادەبوێرێ*

funambulist گاڵتەجاڕ، پاڵەوان، یاری (سەما) کەری سەر پەت(ک)ی بڵند

function کار، کارکردن، ئەرک. چالاکی. کار دەکا، دەگرێ؛ لە کار نەکەوتووە

functionary فەرمانبەر

fund پارەی بۆ تەرخان دەکا. پارەیەک بۆ مەبەستێکی دیاریکراو تەرخان کرابێ. (پارە) تەرخان دەکا

- of *خولیا(یێتی)، ئارەزووی لێیە (تی)*

fundamental بنەڕەتیی(ە)، گوهەری

funeral بەخاک سپاردن (ی مردوو). ماتەمینی

fungi قەوزە. کەڕەکیفە، کەڕەسیسە

fungous بە قەوزە(یە)، بە (کەڕەکیفە، کەڕەسیسە)(یە)

fungus کوارگ. زێدە گۆشتی سەر پێست

funicular بە گوریس(ە). هەڵواسراوە

- railway *شەمەندەفەری چیایی هەڵواسراو بە (کالا؛ سکە)ی گوریس*

funk ترسنۆکە. کورژ بوونەوە لە ترسان. کورژ دەبێتەوە (لە ترسان)

funnel رەحەتی. لوولەی دووکەڵ

(ی کەشتی)

funny گاڵتەباز(ە)، سەیرە، خەندەهێنە، شادی هێن

fur فەرو، فەروە. (دا) دەپۆشێ بە فەروە

furbish نوێ دەکاتەوە. سواق دەدا، دەپۆشێ، لووس دەکا

furcate (adj) بەشبەش (بوو. کراو). لقدار، بە لق و پۆ

furious هەڵچوو، تووڕە بوو. هەرەپاس(ڵ)، دڕ

furl قەد دەکا، دەق دەکا، لوول دەدا

furlong یەکەیەکی ئینگلیزی یە بۆ پێوانی درێژی؛ یەکسانە بە ٢٢٠ یاردە (هەشتیەک (١\٨)ی میلێک)

furlough مۆڵەت. مۆڵەتی (دەداتێ، پێ دەبەخشێ)

furnace تەنوور، تەندوور، کوورە

furnish ئامادە دەکا، پێویستیی دیاری دەکا. رادەخا

furniture کەلوپەلی ناوماڵ، رایەخ، هتد

furrier بازرگانی فەرو. فەروەچی؛ فەروە ساز

furrow جووت؛ (هێڵ، خەت)ی جووت. کەلێن، درز. لۆچ

furry بە مووە، مودارە. فەرووداره؛ پۆشراوە بە فەروە

further زیاتر، زێدەتر. بەدوای، لەدوای. هەروەها

- more *لەوەش زیاتر، (سەربار، سەرەڕا)ی ئەوەش*

furtherance پێدا (هەڵگوتن، هەڵدان)، بازار پەیدا کردن (بۆ شتێک). تێپەڕاندن

furthermost لـەهەمـووان (زیـاتـر، دوورتـر)

furtive دزراو. بـە (دزی، نـەهێـنـی)، دزیـاری

furuncle دوومـەڵ، قـنـچکـە، قـیـنـچکـە

fury تـوورەی، هەڵـچوون، (شێـت، هار) بـوون

furze روەکێـکـی نـزمـە

fuscous رەش بـاو، تـاریـک، تـۆخ

fuse (1) فـیـوز. فـیـوز دەکـا. دەتـوێـتـەوە. دەتـاوێـنـێ تـەوە (بـە گـەرمـا)

fuse (2) (تـەرەقـە، فـتـیـل)ی تـەقـانـدنـەوە؛ ی تـێـئـێـنـتـی

fuselage جەسـتـەی فـرۆکـە

fusible لـە تـوانـەوە هاتـووە؛ دەتـوێـتـەوە، دەتـوێـنـرێـتـەوە

fusiform لـە شێـوەی (تـەشـی، تـەشوو) ە، تـەشووئـاسایـە

fusilier تـفـەنـگدار، تـفـەنـگ هەڵـگـر، سەربـازی (سادە، پـیـادە)

fusillade بـە ریـز تـەقـانـدنـی گـولـلـە، ریـز کـردن، ریـز تـەقـانـدن، ریـزێـک تـەقـە

fusion تـاوانـدنـەوە، تـوانـدنـەوە (بـە گـەرمـی). لـێـکدان، پـێـکـەوە نـووسان (دن)

fuss هەراوهۆریـا، دەنـگـە (دەنـگ) ، کـێـشە، بـشێـوی، تـەنـگ و چەڵـەمـە

fussy کـەسێـکـی (نـارەزامـەنـدە، هەراوهۆریـاچیـیـە، گـاڵـەگـاڵـکـەرە{ر-ر})

fusty بـۆگـەن(ە)، گـەنـدەڵ(ە)

futile بـێـهوودە، بـێ سوود، نـەزۆک

futility بـێـهوودەیـی، بـێ سوودی، نـەزۆکـی

future داهاتـوو، دوارۆژ

- tense *کـاتـی داهاتـوو (رێـزمان)*

futurism داهاتـوویـی؛ بـزووتـنـەوەیـەکی هونـەرویـی کـۆتـایـی چەرخی بـیـستـەم بـوو

futurity (دوا، پـاشە)ڕۆژ. رووداوی (دوارۆژ، داهاتـوو)

fuze [US] = fuse (1, 2)

***** G *****

g حەفتەم پیتی ئەلفبێ ی ئینگلیزی یە
- *man* *فەرمانبەری هەرێمیی لێکۆڵینەوەی تاوان(ان) لە وڵاتە یەکگرتووەکانی ئەمریکا*

g string جۆرە دەرپێ یەکی ژێرەوە یە؛ زۆر باریکە؛ بە (عەستەم، حاڵ) ئەندامەکان دادەپۆشێ

g7 کۆمەڵەی حەوت وڵات؛ ی لە هەرە دەوڵەمەندەکان

gab دوان، دەمەتەقێ

gabble (قسەکردن، لێدوان)ی بێ سەر و بەر و خێرا. قسەی بێ واتا دەکا

gable جەمەلۆن، چینکۆ؛ کەوا سەربانی سێگۆشەیی پێک بهێنێ

gag شتێک دەم (ببەستێ، دایبخا) تا رێ لە ئاخافتن بگرێ. گاڵتەجاری، پێکەنین. دەمی دادەخا، دەمی دەگرێ. بێدەنگی دەکا، (ماف، رێ)ی قسەردنی لێ دەگرێ. گاڵتەجاری دەکا

gage لەبری، شت خەواندن؛ رەهن. میل، گێج؛ دەزگای لە شێوەی کاتژمێر بۆ پێوانی (پاڵەپەستۆ، گەرمی، قوولایی، خێرایی). شت دەخەوێنێ؛ رەهن (دەکا، دادەنێ). دەپێوێ،

gaiety خۆشی، شادی، گیانی پێکەنین. روح سووکی. رەنگ (گەش، کاڵ، کراو)ی. نێربازی

gaily بە (خۆشی، شادی، گیانی پێکەنین. روح سووکی)

gain دەباتەوە، قازانجدەکا. دەسکەوت، قازانج
- *ground* *سەردەکەوێ. بەرەو پێش دەڕوا*
- *time* *خۆی دەخافڵێنێ، خۆ دەگمخێنێ*

gainsay نکۆڵی دەکا، بەرپەرچ دەداتەوە، پێچەوانەی دەکاتەوە

gait قەدوبالا، شێوەی رۆیشتن و بۆ پێشەوە چوون

gaiter پۆششی بەشی خوارەوەی لاق

gal کیژ، کچ

gal(l) کورتکراوەیە بەواتای؛
= *gallon* *گالۆن؛ یەکەیەکی ئینگلیزییە بۆ پێوانی قەوارەی شلە*

gala ئاهەنگ، میهرەجان، جەژن

galactic ماست ئاسایە، وەکوو ماستە، لە ماست دەچێ. لە ماست دروست کراوە

galaxy کۆمەڵێکی سەربەخۆی ئەستێرە، رێی کا کێشان (ئەستێرەوانی). ئاهەنگێکی رەنگاو رەنگ و بریقەدار

gale رەشەبا

galipot جۆرە (چەسپ، زەمق) ێکە

gall تاڵی. رک، قینە. شوێنێکی (روتاوە، رنراو). رکی دەبێتەوە، توورە دەبێ. دەڕوتێتەوە، بریندار دەبێ
- *bladder* *کیسەی زەردوو؛ لە ئەندامەکانی لەشە کەوا (تاڵی، ژەقن) دروست دەکا*

gallant ئازا. جوامێر. خولیای ئافرەت(ان)ە

gallantry ئازایی. جوامێری،

پیاوەتی. (خولیایی، خۆ تەرخان کردن بۆ) ئافرەت(ان)

galleon کەشتی جەنگی؛ بە تایبەتی هی ئەسپانی

gallery روانگە، پیشانگە؛ هەیوان (هۆڵ)ێکی گەورە یە بۆ پیشاندانی بەرهەمی هونەری بە بینەران. (هەیوان، هۆڵ)ی گەورەی پیشوازی

galley کەشتی یەکی کۆن

gallic فەرەنسی

gallinaceous لە بابەتی (مریشک، عەلەشیش، هتد)

gallon گالۆن؛ یەکەیەکی ئینگلیزییە بۆ پێوانی قەوارەی شلە

gallop تاو(دان)ی ئەسپ؛ لە ئەو پەری خێرایی دا. (ئەسپ) تاو دەدا. بە خێرایی (دەخوێنێ، دەدوێ، هتد)

gallows سێدارە

gallstone بەردی (ناسروشتیی دروست بوو لە) ناو کیسەی زەردوو

galore بە زیادەوە، بە زۆری، بە تێری

galvanic کارەبای دروستبوو بە رێگەی کاردانەوەی کیمیایی. پڕ وزە یە

galvanize سوبوغکردنی رووبەری گەیەنەر؛ بە هۆکاری کارەبایی

galvanometer دەزگایەکە بۆ هەست(پێ)کردن و پێوانی چەندیی (تەوژم، تێپەڕبوون)ی کارەبا

gamble قوماردەکا، گەمەی شانس دەکا، یانسیب دەکا. گرەو دەکا. (بڕیار، کار، هتد)

مەترسی دار یا ئەنجام نادیار

gambler قومارچی، قومارباز، گەمەکەری شانس. گرەوکەر

gambling قومار، قومارکردن. گرەو کردن

gamboge جۆرە (بنیشت، چەسپ) ێکە؛ لە ولاتی کەمبۆدیا (ی خوارووی رۆژهەلاتی ئاسیا) وە هاتووە

gambol (هەلپەڕین، هەلبەزینەوە) لە (خۆشیا، بۆ یاری)

game گەمە، گەمان، یاری، وازی

gamecock (کەلەشێر، کەلەباب{ر})ی (راهێنراو، راگیراو) بۆ شەڕ (ە کەرەباب{ڵ})

gamester قومارچی، قومارباز، خولیای قومار (یا گەمان)ە

gamete (تۆ(و)، هێلکە)ی زاوزێی گیانلەبەران

gamma سێ یەم پیتی ئەلفبێ ی یۆنانییە. (پلە، ریز)ی سێ یەم (ە)

- rays *تیشکی گاما*

gamma radiation شەپۆڵ یا تیشک دانەوەیەکی ئەلیکترۆماگنیتییە؛ درێژیی شەپۆڵەکەی لە هی تیشکی ئێکس کورت ترە

gammon گۆشتی بەراز؛ هی نەرمە و ئامادەکراو بۆ سوور کردنەوە

gander نێرەی (قاز، مراوی، سۆنە). دەڕوانێ، تەماشا دەکا

gang تاقم (ێکی شەڕخواز). کۆمەڵێک (کرێکار، زیندانی،

کۆیلـە، هتـد)
پێکـەوە کـاردەکـەن، یـەکتـر *- up*
دەگرن؛ بـۆ (کـار، مـەبـەست)ێک
ganger (بـاشوەستـا، چاوەدێر،
سەرپـەرشتیـکـەر)ی کـۆمـەڵێک
کرێکار
gangling شل و شپرێو، درێژ و
باریک
ganglion (گرێ، شادەمار)ێکی
مێشک یا هەست (کردن)
gangly شل و شپرێو، درێژ و
باریک
gangrene نـەخۆشیـی گانـگرین؛ (
رزیـن، مردن)ی خانـەکانـی لـەش
بـە هـۆی نـەسوورانـەوەی خوێن
gangster بکوژ، خەراپـەکار، دز،
رێگر
gangway رێرەو، پیادەڕۆ
gannet مـەلێکی گـەورەی (ئاو،
دەریا)یـیـە. (کـەسێکـی) نـەوسن
gaol بـەندیخانـە، زینـدان،
گرتـووخانـە
gaolbird بـولبلـی قـەفـەز؛
هێمایـە بـۆ کـەسێک زۆر گیـرابـێ
و راهاتبـێ تـێیدا
gaolbreak (هەڵاتـن، راکردن، خۆ
قـوتـار کـردن) لـە (زینـدان،
بـەنـدیخـانـە)
gaoler پاسەوانـی زینـدان
gap کـەلـێن، بـۆشایـی. کـون. کـەمـی،
کـورتـی
gape بـاوێشک، بـاوشک. (بـاوێشک،
بـاوشک) دەدا
garage گـەراج، بـەنـزینـخانـە، (
ژوور، شوێن)ی ئۆتـۆمـبـیـل
راگرتـن
garb جلـوبـەرگێـکی نـایـاب
garbage (قسە، نـوسیـن)ی بـێ
واتـا؛ حەلـەق و بـەلـەق، بـێ
سەروبـەر
garden بـاغ. بـاغچە،
بـاخچە
gardener بـاغەوان{خ}.
بـاخچەوان
gargle ئـاو لـەدەم وەردان. ئـاو
لـە دەم وەردەدا
garland (سەبـەتـە، دەسک، چەپـک)
ە گـوڵێک. چەپـک (دروست) دەکا،
دەچنـێ
garlic سیـر
garment جل(ک)، جلـوبـەرگ
garner هەڵدەگرێ، کـۆدەکاتـەوە.
دادەکا؛ (دەپارێزێ، هەڵدەگرێ)
بـۆ (زستـان، دوارۆژ).
عەمبـار؛ شوێنـی هەڵگرتـنـی (
دانـەوێڵـە، هتـد)
garnet جۆرە بـەردێکی لـووس و
بـریـقـەدارە
garnish دەڕازێنێتـەوە؛ بـە
تـایبـەتـی (خواردن، خوان(وو)).
رازانـدنـەوە؛ بـە تـایبـەتـی (
خواردن، خوان(وو))
garret تـاقـە ژوورێک لـەسەر بـان
(ی مـاڵێک)
garrison سەربـازگـە. قشرە،
قـشلـە. قـەڵای سەربـازی
garrotte دەخنـکێنـێ، لـە سێدارە
دەدا. سێدارە
garrulity زۆر(وتـن، گـوتـن،
گۆتـن، ئـاخافـتـن)
garrulous زۆربـڵێ، درێژدادڕ،
چەنـەبـاز، چەقـاوەسو
garter (گـۆریـە، گـۆرەوی) بـەنـد.
(بـەرزتـریـن پـلـە، نیشانـە)ی
سوارچاکـی؛ لـە ئـینـگلتـەرا
gas غاز، گـاز. هەڵم. گـازدەکا.

غازی کیمیاوی دەبارێنێ؛ هێرش دەکا بە (غاز، هەڵم)ی (بکوژ، فەوتێنەر)ی کیمیایی

- *chamber* *ژووری غازی ژەهراوی؛ بۆ خنکاندنی (کەس، ئاژەڵ)(ان)*

- *fire* *سۆبەی (گاز، غاز)*

- *fired* *بە (غاز، گاز) کارکردوو؛ بە غاز (کار دەکا، دەگەڕێ)*

- *mask* *رووپۆشی گاز؛ بۆ پاراستن لە گازی کیمیاوی و ژەهراوی*

- *meter* *گازژمێر؛ دەزگای پێوەری گاز رۆیشتن*

- *oil* *گازوایل، رۆنی گاز، نەوتی قورس*

gaseous (غاز، گاز)ییە. هەڵماوییە

gash شەبەقە برین (ی درێژ و (قوول، قۆل))؛ برینێکی قەبە. بە خەستی برینداری دەکا

gasify دەکا(تە، بە) ((غاز، گاز)، هەڵم)

gasket کاسکێت؛ رووبەر یا ئەڵقەیەکی (قایش، لاستیق، مس، هتد)ە بۆ ((قایم، قەیم، توند) کردنی، پێکەوە لکاندنی) دوو بەشی ئاسنینی ئامێرێک بەکار دێ

gaslight رووناکیی پێکهاتوو لە (گاز، غازی)ی سووتێنراو. لامپەی گاز، لامپەی تۆڕ

gasolene [US] = gasoline [US]
نەوت (ی سپی (ی سۆبە؛ماڵی)) ؛ نەوتی پاڵێوراو

gasoline [US] = petrol

gasp هەناسەی (قوول، قۆل) هەڵهێنان؛ بە هۆی (ماندووبوون، سەرسووڕمان) ەوە. هەناسەی (قوول، قۆل) هەڵدەهێنێ

gassy گاز ئاسایە؛ لە گاز دەچێ، لە شێوەی غازە. پڕ غازە

gasteropod = gastropod

gastric هی گەدە یە، تایبەتە بە گەدە وە

- *flu* *ژانە (زگ، گەدە، ریخەڵۆک)؛ ێکی کەم و هۆ نەزانراو*

- *juice* *ترشەڵۆک؛ ی (ناوخۆی) گەدە*

gastritis (سوتانەوە، ئاوسان، برینداربوون)ی گەدە

gastro (پێشگر، پێشکۆ)یە بە واتای (هی گەدە یە، تایبەتە بە گەدە وە)

- *enteritis* *(سووتانەوە، برینداربوون)ی گەدە و ریخەڵۆکەکان*

gastronomy (زانست، هونەر)ی دروست خواردن و خواردنەوە

gastropod بەزگ رۆیشتوو (ن؛ گوێ ماسی، مار، هتد)

gate دەروازە، دەرگا

gateau کێک ێکی گەورەو چەور

gather خڕدەبنەوە، کۆ دەبنەوە، گرد دەبنەوە. ئەنجام دەگرێ، تێ دەگا، حاڵی دەبێ

gathering کۆڕ(گرتن)، خڕبوونەوە، کۆبوونەوە، گردبوون

gaudy (بێتام) خۆڕازێنەوە. (تەنها) بە روخسار جوان،

دوورکوژی نزیک خەسار

gauge میل، گێج؛ دەزگای لە شێوەی کاتژمێر بۆ پێوانی (پالەپەستۆ، گەرمی، قوولایی، خێرایی). دەپێوێ، دەپێوی بە گێج

gaunt لاواز، بێگۆشت

gauntlet (چەف، دەستەوانە) یەکی تایبەتە

gauze کوتاڵێکی (سلک، حەریری) ی تەنک و ڕوّن. هێلەگ یکی ورد

gave دای؛ کرداری رابوردووی دەدا

gavel چەکوچی (دادوەر، هەراجچی)؛ کەوا سەرنجی ئامادە بووانی بێ رادەکێشی

gawky کەسێکی ناهەموار(ە)؛ ئاسان نییە هەڵس و کەوتی لەگەڵدا بکرێت

gay رووخۆش، شاد، بە پێکەنین. روح سووک. رەنگ (گەش، کاڵ، کراوە). نێرباز

gaze چاو تێبرین؛ بێ چاو تروکاندن. (تێی دروانێ، تەماشای دەکا) بێ چاو تروکاندن

gazelle ئاسکە، مامز

gazette رۆژنامە؛ زۆرجاران بەشێک لە ناونیشانی رۆژنامەکە پێک دەهێنێ(ت)

gazetteer فەرهەنگی جوگرافیایی، (تۆمار، ئامار، هتد)ی ولاتان

GB کورتکراوەیە بەواتای؛
= Great Britain *بەریتانیای مەزن؛ بروانە واتای بەریتانیا*

GCSE بەلگەنامەی گشتیی

پەروەردەی دواناوەندی

gear دەزگای گێڕ. تاقم، دەستە

- box *گێڕی ئامێران*

- lever *(دەسکە، دەسکی) گێڕ*

in - *لە گێڕە*

out of - *راوەستاوە، لە گێڕ نییە، لە بۆشە*

gearing تێکهەڵکێش (بوون)ی گێڕەکان

gecko (مارمیلۆک، پیسپیسۆک)ی گەرمەسێرەکان، شوێنە گەرمەکان)

geese قاز ەکان

gel (دەرمان، ڕۆن، چەسپ)ی (قژ، پرچ) رەق راگرتن

gelatin = gelatine

gelatine پێستێکی تەنک. جەلاتین، نایلۆن

gelatinous وەک (جەلاتین، نایلۆن)ە

geld دەخەسێنێ

gem (کەس، بەرد، شت، هتد)ی (نایاب، جوان، بەنرخ، بەهادار، گەوهەر، دوڕ)

geminate دوو دوو ریزکراو. جووت دەکا، دوبارە دەکا. دوو دوو ریز دەکا

Gemini یەکێکە لە بورجەکان (ئەستێرە(وانی، ناسی))؛ بورجی دووانە، بورجی سێ یەمە

gen پاشکۆ یە بە واتای (... وەبەرهەم دێنێ)

gendarme جەندرمە، (فەرمانبەری) پۆلیس، شورتە

gender نێری یا مێی وەیا نێرەمووکی

genealogical تـایبـەتـە بـە (رەچەڵـەک، بـنـەڕەت)؛ زنـجیـرەی (رەچەڵـەک، پشت، بـاوبـاپـیـر)ان

genealogy رەچەڵـەک نـاسی، زانـسـتـی زنـجیـرەی رەچەڵـەک و بـنـەڕەتـی گیانـلـەبـەران

genera جۆرەکان، بـنـەڕەتـەکان، پـۆلـەکان

general گشتـی، گـشـتـی‌یـە. جەنـەراڵ؛ (پـلـەی لـەشکری)

in - *بـە گـشـتـی*

generalise بـە گشتـی دەکا

generality گشتـێـتـی، گـشـتـی بـوون. گـشت، هەمـووان

generally بـەگـشـتـی

generate وەبـەرهەم دێـنـێ. دروست دەکا. دەبـێـتـە هۆی. پـەیـدا دەکات

generation وەچە، بـەرەبـابـەکان. زاوزێ. وەبـەرهەم هێـنـان. دروسـتـکـردن. پـەیـدا کـردن

generative بـەرهەمـهێـن. دروسـتـکـەر. پـەیـاکـەر

generator دیـنـەمۆ ('بـە هەڵـە' مـاتـۆڕ یـشی پـێ دەگـوتـرێ)ی کارەبا؛ دەزگـای بـەرهەمـهێـنـی کارەبـا

generic گـشـتـیـیـە. بـنـەڕەتـیـیـە

generosity بـەخشـنـدەیـی

generous بـەخشـنـدە

genesis پـێـکـهاتـە، پـێـکـهاتـن. سەرهەڵـدان، پـەیـابـوون، زایـیـن؛ بـە واتـای زادە یـی

genial رووخۆش، خزمدۆست. ئـاو و هەوای گـەرم و مـەیـلـەو فـێـنـک

genie جنـۆکـە، ئـەجنـدە

genital (تـایـبـەتـە بـە. ئـەنـدامـەکانـی) زاوزێـی گیانـلـەبـەران

genitals ئـەنـدامـەکانـی زاوزێـی گیانـلـەبـەران؛ کـەوا (بـەدەرەوەن، ئـاشکران، بـەچاو دەبـیـنـرێـن)

genitive (پـەیـوەنـدیـدارە. تـایـبـەتـە بـە هەبـوون) (رێـزمـان)

genius داهێـنـەر، بـلـیـمـەت، زۆرزان

genocide قـڕکردنـی رەگـەزی؛ لـە نـاوبـردنـی بـە (بـڕیـار، بـەرنـامـە) ی (کـۆمـەڵ، نـەتـەوە)یـەک؛ بـە رێـگـەی (کـوشتـوبـڕی بـە کـۆمـەڵ، لـەنـاوبـردنـی زمان و کـەلـتـوور، *زەوی داگـیـرکـردن، راگـوازتـن، بـە زۆر گـۆڕیـنـی رەگـەز یا ئـایـدیـۆلـۆجی، هتـد)*

genteel ئـەنـدامـی چیـنـی (بـالا یـە، دەوڵـەمـەنـدە)، جوامـێـرە

gentile خوانـەپـەرست، خوانـەنـاس، کافـر (بـە هەبـوونـی خو(د)ا)

gentility جوامـێـری، لـەسەرەخۆیـی، خو و رەوشت بـەرزی، بـە رەچەڵـەک بـوون

gentle جوامـێـرە، لـەسەرەخۆ (یـە) ، خو و رەوشت بـەرز (ە)، بـە رەچەڵـەکـە

gentleman پـیـاو ی (بـەرێـز، رێـز لـێ گـیـراو)؛ کاک، بـەرێـز

gentleness لـەسەرەخۆیـی، رووخۆشی، جوامـێـری

gently لـەسەرەخۆ؛ بـە لـەسەرەخۆیـی

gentry چیـنـی خوار چیـنـی مـیـران؛ پـیـاومـاقـولان، دارودەسـتـە، دەوروبـەر

gents (ئـاوەدەست، شوێـنـی دەست بـە ئـاو گـەیـانـدن)ی (پـیـاوان،

نێرینان)

genuflect دەچەمێتەوە، دەنوشتێتەوە، سوجدە دەبا

genuine راستە(قینەیە)؛ ساختە(کاری) نییە

genus جۆر، بابەت، بنەڕەت

geo (پێشگر، پێشکۆ)یە بە واتای (هی (زەوی، زەمین)ە، تایبەتە بە (زەوی، زەمین)ەوە)

geodesy زانستی شێوەو رووبەری زەوی

geographical جوگرافیایە

geography جوگرافیا؛ زانستی (سەر (ەوە، ڕوو))ی (زەمین، زەوی)، زانستی نەخشە(کێشان)ی رووی زەوی؛ شاخوداخ و دەشتەکانی، سەرچاوەکانی، ئاووهەوای، دانیشتوانی، هتد

geological جیۆلۆجی‌یە

geology (ژێر)زەویناسی؛ چینە بەردەکانی، سەرچاوەی دروست بوونیان، بەرهەمەکانی (ئاو، نەوت، کانزا، هتد)ی، هتد

geomancy زانستی (نەبینراو، (بن، ژێر) خاک، ژێرەوە، نەزانراو)؛ جۆرێکە لە (دەسگرتنەوە، فەتاحفالی)

geometric(al) شێوەیەکی رێکی هەیە؛ دەپیورێ. لە پێوان دێ. ئەندازەکراو(ە)، بەئەندازە (یە)

geometrician ئەندازەکار

geometry بەرجەستەکاری، ئەندازە(کاری)، زانستی ئەندازە؛ زانستی تایبەتمەندی و پەیوەندییەکانی (خاڵ، هێڵ، رووبەر، جەستە)کان

plane - *ئەندازەی رووبەرەکان*

solid - *بەرجەستەکاری، ئەندازەی ((بەر)جەستەکان، بۆشایی(یەکان))*

geophysics زانستی سروشتی زەوی

geoponics هونەر یا زانستی (کشتوکاڵ، جووتیاری، فەلاح(ەت) ی)

georgette (کوتاڵ، قوماشی)ی جورجێت؛ کوتاڵێکی لەبەرکردنە (بە تایبەتی ئافرەتانەیە؛ تەنک و رۆنە وەکو کرێپ)

Georgian (1) سەردەمی شا جۆرجی یەکەم تا چارەم (لە بەریتانیا) یا هی جۆرجی پێنجەم و شەشەم

Georgian (2) (هی، تایبەتە بە) کۆماری جۆرجیا؛ ی سەر دەریای رەش؛ سۆڤیەتیی کۆن (رۆژهەلاتی ئەوروپا)

Georgian (3) (هی، تایبەتە بە) هەرێم (ویلایەت)ی جۆرجیا؛ ی ولاتە یەکگرتووەکانی ئەمەریکا

geranium جۆرە رووەکێکە

gerbil گیانلەبەرێکی بیابانیی (جۆرج، مشک) ئاسایە

geriatric پیرانە (یە)، کۆن (ە). کەسێکی پییر

germ میکرۆب؛ گیانلەبەرێکی بە چاو نەبینراوە (بەتایبەت ئەو جۆرەی دەبێتە هۆی نەخۆشی). تۆ. دەنک(ێک)

- warfare *چەکی میکرۆبی، چەکی بایۆلۆجی*

German ئەلمانیی، هی ئەلمانیا، (خەڵک، زمان)ی ئەلمانیا

- shepherd (dog) *سەگی شوان؛*

جۆرە سەگێکە

germander ڕووەکێکە لە شێوەی پونگە (نەعناع)

germane پەیوەندی دارە بە؛ گونجاوە لە گەڵ

germicide دەرمان (ی میکرۆب کوژ)

germinate چوزەرە دەردەکا، دەڕوێ، شین دەبێ. دەردەکا، دەردەهێنێ

gerontology (زانست، لێکۆڵینەوە)ی (تەمەن درێژ، پیر (بوون))ی

gerund ناوی کردار(ی) (لە زمانی ئینگلیزی)؛ کاتێ کردارێک کۆتایی بە (ئای، ئێن، جی) بهێنرێ

Gestapo پۆلیسی نهێنی نازی (لە ئەڵمانیای هیتلەری)

gestation ماوەی سکداری؛ حاملەیی. سکداری، زگ (پڕبوون، هەبوون)، حەمل

gesticulate هێما دەدا، (جولان (ەوەیەک)) دەکا (بە (گشت، بەشێکی) لەشی) بۆ (هێما دان) ێک. (نیاز، نییەت) دەهێنێ؛ بەتایبەتی هی باش

gesture نیشانە، هێما، جولانەوەیەکی واتادار. نیاز، نییەت. هێما دەدا، (جولان (ەوەیەک)) دەکا بۆ (هێما دان) ێک. (نیاز، نییەت) دەهێنێ؛ بەتایبەتی هی باش

get دەهێنێ. وەردەگرێ. دەبێتە. بێنە!

- along لەگەڵی دەگونجێ. دەڕوا(تە پێش)

- around خۆی لێ لادەدا

- at دەگات(ە). تێدەگا

- away ڕادەکا، دوور دەکەوێتەوە

- back دەگەڕێتەوە. دەگێڕێتەوە، وەردەگرێتەوە

- better باشتر دەبێ، چاتر دەبێ

- off هەڵدێ، دەربازی دەبێ. دێتە خوارێ

- on with لەگەڵی دەڕوا، دەباتەسەر. بەردەوام دەبێ

- out دەردەچێ. دەردەکا. ڕادەکێشێ

- over زاڵدەبێ بەسەر(دا)، چاک دەبێتەوە

- rid of لەکۆڵیدەکاتەوە، نایهێڵێ

- round خۆی لێ لادەدا

- through بەجێ دێنێ. دەربازی دەبێ، لێ دەردەچێ

- under دەهێنێتە بن ڕکێف

- up هەردەستێ(ڵ). ئامادە دەکا

getaway قوتاربوون، ڕاکردن، هەڵاتن؛ بە تایبەتی پاش ئەنجام دانی تاوانێک

geyser گەرماو (ی سروشتی)؛ کانیی گەرم، گەڕاو. گیزەر؛ دەزگای ئاو گەرم کردن

ghastly مەترسیدار، ترسناک. (لە، بە) ڕەنگی مردوو. ناهەموار

ghee (ڕوون، ڕۆن)ی جیشت لێنان؛ ی (خەست، پەیت)

gherkin خەیاری (بچووکی) سوورکراو

ghetto کەمینە نشین، ناوچەی نیشتەجێی کەمایەتی یان

ghost (دێوەزمە، دەعبا، ئەجندە)؛ خەیاڵی، نادروست. شاراوە، نادیار

- town (شار، شوێن)ی چۆلکراو (یا هاتوچۆی لێ قەدەغە کراو)

- writer نووسەری (شاراوە، نادیار، نهێنی)؛ نووسەرێک کەوا بە ناوێکی نهێنی شت بنووسێ

ghoul دێو؛ گیانلەبەرێکی خەیاڵی (یا زۆر کۆن)ە

Ghurkha ئەندامی رەگەزی سەرەکی لە وڵاتی نیپال؛ رەگەزێکی هیندی یە. سەرباز(ێک)ی نیپالی کەوا لە لەشکری بەریتانی خزمەت بکا

giant زەبەلاح، مەزن، زل، بە تەن

gib = gibbet

gibber بە نارێکی و نەزانی دەدوێ

gibberish قسەی بێ سەروبەر؛ حەلەق و بەلەق

gibbet (دەزگای) سێدارە (ی کۆن)، کوشتن (بە هەڵواسین)، لە سێدارە دان. دەکوژێ (بە هەڵواسین)، هەڵدەواسێ، لە سێدارد دەدا

gibbon جۆرە مەیموونێکی خاوروی رۆژهەلاتی ئاسیا یە؛ (قۆڵ(ر)، باڵ)ی درێژە

giddiness گێژی، وڕی، هێڕی، سەرسووران، سەر گێژخواردن

giddy گێژە، وڕە، هێڕە، سەرسووراو، سەر گێژخواردوو. گێژبوو، لەخۆدەرچوو، لە خۆ بایی بوو

gift دیاری، پاداشت. لێهاتوویی

- token (بری، پسوولە)ی دیاری؛ کەوا شتی پێ دەکرڕدرێ

- voucher بڕوانە سەرەوە

- wrap (بە جوانی، وەکوو دیاری) دەیپێچێتەوە

gifted لێهاتووە، بلیمەتە

gig ئاهەنگێکی گۆرانی و (ئاواز، مۆسیقا). گۆرانی دەڵێ. (راگوێزەر، عارەبانە)یەکی سووکەڵەی دوو (پێچکە، تایە) یەک ئەسپی. بەلەمێکی سووک یی و (تیژ، خێرا)

giga (پێشگر، پێشکۆ)یە بە واتای (هەزار ملیۆن؛ دە توان نۆ)

gigantic زۆرزل، گەلەک (قەبە، گەورە)

giggle پێکەنین؛ ێکی نەرم؛ بە قاقایەکی کەمەوە

gild (1) ئاوەزێڕ دەکا. دادەپۆشێ، دەشارێتەوە، حەشار دەدا. جوان دەکا، رەونەق (ێکی درۆزنە)ی دەداتێ

gild (2) (خانە. یانە)ی (هاوپیشان، هاوکاران، هاو بیران، هتد)

-s یەکێتی یە پیشەییەکان

gilder جۆرە (دراو، پارە) ێکە

gilding (ئاوزێڕ، ئاوەزێڕ) (کردن). نەخشی زێڕین. ئاوی زێڕ

gill ئەندامی هەناسەخواردنەوە؛ لە (ماسی، هتد). ناوقەدی (خارچک، قارچک)

. بەر غەبابە. جۆگە ئاوێکی باریکی (چیایی، شاخاوی)

gillyflower جۆرە گوڵێکە

gilt ئاوەزێڕکراو. (ڕەنگ) زێڕین. ئاوی زێڕ

gimcrack (بریقەدار، بە باق و بریق) بەلام بێ کەلک

gimlet درێشە، دەزگای کونکردن

gin ئارەق (ی خواردنەوە (ی مەستکەر)). هەلاجخانە ی(لۆکە، پەمۆ). هەلاجی دەکا

ginger زەنجەفیل

gingerbread کێکی زەنجەفیل

gingerly بە لە سەرەخۆیی و پارێز وەرگرتن، زۆر بە وریایی، بە ئاگاداریی زۆرەوە

gipsy قەرەج، دۆم. کۆچەر، گەڕۆک

giraffe زەڕافە (ئاژەڵێکی کێویی (ناو دارستان) مل درێژە)

gird تەوقی لێ دەدا، دەبەستێتەوە. بازنەدەکا، دەخاتەناو، گەمارۆ دەدا

girder (ئەسکەلە، سەکۆ)ی ئاسن بۆ یارمەتی دانی کرێکاران بۆ گەیشتن و کارکردن لە شوێنی بەرز

girdle قایش، پژدێن

girl کیژ، کچ، کەنیشک

girlfriend دەسگیران، گراوی. (دۆست، 'برادەر'، هاوڕێ)ی مێ ینە

girlhood کیژێنی، کچێنی

giro سیستەمێکی پارە گواستنەوە یە لە نێوان (بانقان، هتد). چەک یا پارە (دان، وەرگرتن) بەم شێوەیە

girt تەوقی لێ دەدا، دەبەستێتەوە. بازنە دەدا، دەخاتە ناو، گەمارۆ دەدا

girth تەنگەی ولاغ؛ (پژدێن، قایش)ی تەنگەی ولاغان بۆ قایم کردنی (کورتان، زین، هتد). ناوقەد. (پێوەر، پێوانەی)ی ناوقەد

gist واتا، مەبەست، ناوەڕۆک. هۆ

git کەسێکی (گێل، نەزان، ناهەموار)

gittern تار. گیتار

give دەدا. خەلات دەکا. بدە!

- away (1) (v) *بە (خەلات. خۆڕایی) (شتێک) دەدا. هەرزان دەفرۆشێ*

- away (2) *(بێ ئاگایانە. بە نەزانی) (شتێک) دەدرکێنێ*

- away (3) (n) *خەلات. خۆڕایی. هەرزان. درکاندنی (بێ ئاگایانە، بە نەزانی)*

- back *دەداتەوە. بدەوە !*

- birth *دەزێ؛ (مناڵ، کۆرپە، کار، بەرخ)ی دەبێ، زگ دادەنێ*

- chase to *دوای دەکەوێ، راوی دەنێ*

- ear *گوێ دەگرێ*

- in *داندەنێ بە دۆڕان، مل کەچدەکا*

- notice *ئاگادار دەکاتەوە، وشیاردەکاتەوە*

- oneself *بە (زمانی) خۆی خۆی تووش دەکا*

بده!

- out *داندەنێ بە دۆڕان، مل کەچدەکا*

- rise to *دەبێتە (هۆ، مایە)ی*

- up *واز دەهێنێ، دەستهەڵدەگرێ لە. کۆڵدەدا*

- way *ڕێ دەدا. دەتەپێ، بەردەبێتەوە. مل کەچ دەکا*

give-away (n) خەلات. خۆرایی. هەرزان. درکاندنی (بێ ئاگایانە، بە نەزانی)

given دراو. بەخشراو. زانراو

- number *ژمارەیەکی (زانراو، دیاریکراو)*

giver بەخشندە

gizzard بەشی دووەم لە گەدەی (مەل، باڵندە)

glacial بەستەڵەک. بەفرین، (هی، تایبەتە بە) بەستەڵەک

glacier (ڕنوو، هەرەس)ی بەفر

glad خەنی. شاد، بەختیار، دڵخۆش، خۆشحاڵ

- eye *تێڕوانینێکی (بە سرنج، حەزدار، بە چاوی کڕیاری)*

- hand *(بەخێرهاتن، خۆشهاتن)ێکی (گەرم، لە دڵەوە)*

- rags *باشترین جلوبەرگ*

gladden (خەنی، شاد، دڵخۆش، خۆشحاڵ) دەکا (یا دەبێ)

glade (رووتەن، بۆشایی)ەک لە ناو دارستانێکی گەورە

gladiator شادیهێنە، شادیهێنەر(ە)، دڵخۆشکەر

gladness شادی، دڵخۆشی، خۆشحاڵی

gladsome دڵخۆشکەر، شادیهێن(ەرە. ە)

glair سپێنەی هێلکە. جۆرە چەسپێکە

glamorous زۆر جوان، سرنج ڕاکێش، ڕووخۆش

glance دەڕوانێتە، تێدەڕوانێ. تەمەشادەکا. (ڕوانین، تێڕوانین، تەماشا) یەکی کورت

gland (گرێ، کیسە، خڕۆلکە) یەک کەوا شتێکی تایبەت بۆ ئەندامێکی لەش دروست بکات (ن؛ تف، ترشەلۆک، زەردوو، (رۆن، روون)، هتد)

glandular بە (گرێ، کیسە، خڕۆلکە)یە، (گرێ، کیسە، خڕۆلکە)دارە

glandulous بڕوانە واتای سەرەوە

glare تیشکێکی بەهێز؛ بە تایبەت هی (خۆر، ڕۆژ). چاوتێبڕین (ی بێ چاوترووکاندن) . تیشکێکی بەهێز دەدا. چاوی تێ دەبڕێ (بێ چاوترووکاندن)

glaring زۆر بە شەوق، بە تیشک. بەرچاوە، دیارە. لە چاو دەچەقێ

glass شقشۆق، شیشۆق، شووشە، جام. پەرداغ، بەرداغ. (هی، لە) شووشە یە

glasses چاویلکە

glassful پڕ بە پەرداغێک

glassware شووشەجار، شووشەوات

glassy (هی، لە) شووشە یە. نەجولاو، چەقیو

glaucoma نەخۆشییەکی چاوە؛

ورده ورده (چاو کز، بینایی کەم) دەکا

glaze (شووشە، پەنجەرە، هتد)ی تێدەخا. (شووشە، جام) دەکا. رەونەق، بەشەوقی

glazier جامچی، وەستای (شووشە، پەنجەرە، هتد)

gleam درەوشانەوەیەکی کز یا (پچراو، کورت، کەم). دەدرەوشێتەوە (بە کزی)

glean (کەمکەمە (راستی، زانیاری)) وەدەست (دەهێنێ، دەخا). (پاشماوە، خاپەڕۆک، بنخەرمان، پاشخەرمان)ی دانەوێڵە کۆدەکاتەوە

gleanings شتی وەدەست (هاتوو، خراو)؛ بەتایبەتی (راستی، زانیاری)

glede باز

glee شاگەشکە(یی، بوون)، خۆشحاڵی

glen دۆڵێکی (بچووک، تەنگ، باریک)

glib (زمانلووس، قسەگەورە)ی بێ (کردەوە، دڵسۆزی)

glibly بە زمانلووسی. بە ئاسانیی (بە قسە، بە فشە)

glide بە بێ (مەکینە، ماتۆڕ، پەروانە) (هەڵ)دەفڕێ. دەخشێ. دزە دەکا، بەدزی دەڕوا

glider فڕۆکەیەکی بچووکی بە بێ (مەکینە، ماتۆڕ، پەروانە) یە؛ لە سەر (چیا، شاخ) ێکەوە دەفرێتە (پێدەشت، دۆڵ) ێک

hang - *(کەس)ی (شوفێر، فڕۆکەوان، هتد) کەوا خۆی بە ژێر ئەم دەزگایەوە (بروانە واتای سەرەوە) هەڵدەواسێ و*

glimmer تروسکە، درەوشانێکی (کەم، کز). (نیشانە، تروسکە)ی هیوایەک (ی کەم)

glimpse (تێڕوانین، تەماشا) یەکی کورت

glisten دەبریقێتەوە؛ وەک رووبەرێکی تەڕ یا (سوبوغ کراو، ماڵراو)

glitch (نسکۆ هێنان، لە کار کەوتن)ی (کتوپڕ، لەناکاو، چاوەڕوان نەکراو)ی (ئامێر، مەکینە)

glitter دەبریسقێتەوە، دەدرەوشێتەوە. درەوشانەوە

glittering درەوشاوە، بە بریسقە، رازاوە، نەخشێنراو

gloat چاوی تێ دەبڕێ؛ تەماحی لێ دەکا. چاو تێبڕین

global جیهانی(ە). گشتی(ە)، فراوان

globe زەوی، زەمین. (شت، جەستە) یەکی خڕ. (نەخشەی) جیهان

- trotter *کەسێکی (زۆر گەڕۆک، جیهان گەڕ)*

globular خڕە. خڕۆلکە ییە. لە شتی خڕ پێکهاتووە

globule خڕۆلکە، گەردیلە. دڵۆپەیی (بچووک و خڕ)

glomerate تۆپەڵ دەکا. تۆپەڵ

gloom غەمگینی، غەمباری، دڵتەنگی، رووگرژی. تاریکی. تاریک دەکا

gloomy غەمگین، غەمبار، دڵتەنگ، رووگرژ. تاریک

glorification بەرزکردنەوە، مەزنکردن، گەورەکردن. شانازی پێ کردن

glorify بەرز (دەنرخێنێ، هەڵدەسەنگێنێ)، مەزن دەکا، گەورە دەکا. شانازی پێوە دەکا

glorious مەزن، گەورە، بەرز. جێی شانازییە

glory سەربەرزی، شانازی

gloss لووس(ی)، بریقەدار(ی). لووس دەکا، سواق دەدا

glossary (کورتە) فەرهەنگی روونکردنەوەی وشەی (قورس، تەکنیکی، تازە، تایبەتی)

glossy لووس(ە) و بریقەدار (ە) . (چاپکراو، کاغەز)ی لەم بابەتە

glottis قورگ

glove دەستەوانە، پەنجەوانە

glover کەسێک کەوا (دەستەوانە، پەنجەوانە) بچنێ (یا دروست بکا)

glow دەگەشێتەوە، پێدەبێ، دەسووتێ. دەدرەوشێتەوە. گەشانەوە. درەوشانەوە

glower بە تووڕەییەوە (دەڕوانێ، تەماشا دەکا). چاوزەقکردنەوەی تووڕەیی

glowing گەشاوە، پێبوو. درەوشاوە. گەشانەوە، پێبوون. درەوشانەوە

glow-worm مەگەز ێکە شەوان (دەدرەوشێتەوە، دەگەشێتەوە)

glucose گلوکۆز؛ شەکری (ترێ، گەنمەشامی، هتد). شەکری ناو خوێن

glue چەسپ، زەمق، قلو

glum غەمگین، غەمبار، دڵتەنگ

glut تێری. زۆری. تێرخواردن، زۆر (گەمان کردن، رابواردن). تێر دەخوا، زۆر (گەمان، رابواردن) دەکا

glutinous لیقە، لیچە؛ پێوە دەنووسێ

glutton (adj) هەڵلووش، نەوسن، زۆر خۆر

gluttonous = glutton

gluttony نەوسنی، زۆر خۆری

glycerine گلیسرین؛ شلە یەکی توند و شیرن و بێڕەنگە بۆ (دەرمان، مەرحەم) بەکار دێ، هەروەها لە بارووت یشدا

glycerol بڕوانە واتای سەرەوە

gm کورتکراوەیە بە واتای؛ *= gram* *گرام(غ) ێک؛ یەکە یەکی سەنگ(ایی) پێوانە*

GMT کورتکراوەیە بە واتای؛ *= Greenwich Mean Time* *کاتی ناوەندیی گرینیچ*

gnarled گرێی دار. بە گرێیە، گرێدارە، رەقە

gnash ددانەکانی لێک (دەدا، دەخشێنێ)، جیرەی دگانی دێ

gnat مێشوولە، پێشکە

gnaw دەجوێ، دەجاوێ، دەجوی، دەقرتێنێ، دەخوا. دەخورێ، دەرزێ، لەناو دەچێ

Gnostic لەبارەی 'زانین' ەوە یە، هی 'زانین' ە

GNP کورتکراوەیە بە واتای؛

تێکرای بەرهەمی نیشتیمانی (لە ساڵێکدا)

go دەڕۆن (دەڕۆین). دەچێ. بەجێ دێڵن. (کات، ماوە) تێ دەپەڕێ یا بەسەر دەچێ. (شت) نامێنێ. بڕۆ(ن)!

- *about* دەگەڕێ

- *after* دوای دەکەوێ

- *ahead* مۆڵەت، ماوەدان، لێگەڕان

- *along* دەڕوا، پێشدەکەوێ

- *between* ناوبژیوان، ناوەندیکەر. نوێنەر

- *beyond* دوای ئەوەش. زیاتر دەڕوا، بڕی سەر دەکا

- *down* دێتە خوار(ێ)

- *getter* کۆشا، هەوڵدەر، پەیاکەر، خۆ ماندووکەر

- *in* دەچێتە ژوور(ێ)

- *off* دەڕوا. دەردەچێ

- *on* بەردەوام دەبێ. بەرەو پێش دەڕوا

- *out* دەچێتە دەرێ. دەکوژێتەوەوە

- *up* سەردەکەوێ

- *without* پێویستی پێی نییە

-es دەڕوا (بۆ کەس و شتی سێیەمی تاکی نێر و مێ)

goad داری (گاوان، شوان، سوار) . نەقیزە. هان دەدا، تێوەی دەژەنێ

goal ئاوات، ئامانج. گۆڵ (وەرزش)

goalkeeper شارپارێز، گۆڵپارێز، گۆڵچی

goalpost دووداری ئەملاو ئەولای (گۆڵ، شار)

goat بزن

goatee (ردێن، ریش) ێکی (بزناوی، وەک هی بزن)

goatherd بزنەوان، کارەوان؛ شوانی بزن

goatskin چەرمەبزن، شتێک لە (چەرم، پێست)ی بزن دروست کرابێ

gob دەم، دەو. تف دەکا

gobbet پارچەیەک گۆشت، پارووەک خواردن. (کۆپلە، پارچە، بڕگە) یەک نووسین

gobble هەڵدەلووشێ؛ بە خێرایی و بە مرچەمرچ دەخوا

gobbledegook حەشەمێشە؛ (دوان، ئاخافتنی)ی بێ سەروبەر (بێ واتا)

goblet (پەرداغ، جام، تاس)ی شلە تێدا خواردنەوە

goblin جنۆکە؛ بە تایبەتی جۆرێکی ناشیرن و (بچووک، شەموولە، کورتە بالا)، کەوا لە فۆلکلۆر دا باسی لێوە کراوە

go-cart رەوڕەوە (ی منداڵ)؛ کەوا یارمەتی بەسەرپێ کەوتنی دەدا

god خودێ، خودا، خوا، یەزدان

- *forbid* خودا نەکا، خوا نەکەران

- *speed* خوا بتپارێزێ، خودا حافیزت بێ

- *willing* خوا حەزکا، بە ئارەزووی خوا، ئینشالا

godchild منداڵ (ی پارێزراوی کەسێک)

goddess خوای مێینە. ئافرەتی زۆر جوان. خۆشەویست، دەزگیران، گراوی

godfather باوک (ی پارێزەری منالێک؛ کە هی خۆی نەبێ). بەڕێوەبەری تاقم یا ڕێکخراوێکی نا یاسایی

godless بێخوا، خوا نەناس، بێ بروا بە خوا، کافر

godlike خوا ئاسا، وەکوو خوا

godliness خواپەرستی، ئایینداری

godmother دایک (ی پارێزەری منالێک؛ کە هی خۆی نەبێ)

godsend خوادان، خوانادرن. بەخت، شەنس

goer (کەس، شت) ێکی ڕۆیشتوو. پاشکۆیە بەواتای (...ڕۆیشتوو)

goggle چاوی زەق دەکاتەوە، چاوی دەردەپەڕێنێ. بە چاوی زەقەوە تەماشای دەکا

- box *بە تەلەفیزیۆن دەگوترێ*

-s *چاوێلکەی پاراستنی چاو؛ لە کاتی (مەلە(وانی)، کارکردن، هتد)*

going ڕۆیشتن. ڕۆیشتوو، بەڕێوەچوو

- concern *(کار، پیشە)یەکی (گەشەکردوو، بەسوود، قازانج بەخش)*

- over *پشکنین، پێداچوونەوە*

goitre جۆرە نەخۆشییەکە؛ ئاوسانی خرۆلکەیەک

gold زێڕ، ئالتوون. زێڕە، لە زێڕ دروست کراوە. ڕەنگی زێڕ

- digger *بە ئافرەتێک دەگوترێ کەوا (بۆ، لە پێناوی) پارە لە گەڵ پیاودا هەڵسوکەوت بکا*

- medal *(خەلات، ملوانکە)ی زێڕین؛ کەوا لە کێبەرکێ(یان) دا (دەبەخشرێ، دەدرێ) بە خاوەن پلەی یەکەم*

- mine *(کان، کانزا)ی زێڕ*

goldcrest جۆرە مەلێکە؛ زۆر بچووکی سینگ (زەرد، زێڕین)ە

golden زێڕین. (ڕەنگ، زەرد)ی زێڕین

- age *چەرخ (ڕۆژگار)ی زێڕین*

- jubilee *(یاد، بیرەوەر)ی پەنجا ساڵە*

- rule *(بنەما، بنەڕەت)ی شتێکی گرنگی هەمیشە (زێڕین؛ پیادەکراو، پەیڕەوکراو)*

- wedding *تێپەڕبوونی پەنجا ساڵ بە سەر ژن هێنان (یا مێرد کردن)*

goldfinch بولبول؛ (یا چۆلەکەیەکی) دەنگ خۆشە

goldfish جۆرە ماسی ێکە

goldsmith زێڕینگر. ئاڵتوونچی

golf یاری گۆڵف (وەرزش)

- course *(مەیدان، یاریگە)ی گۆڵف*

gonad ئەو ئەندامانە (گون، هێلکەدان)ی گیانلەبەر کەوا (تۆ(و)، هێلکە)ی زاوزێ دروست دەکەن

gondola جۆرە بەلەمێکە؛ سووک و بن پانە، لە جۆگە (شەقام

ئاسا) ئاوییەکانی شاری ڤینیسی ئیتالیا بەکاردێ

gone ڕۆیشتوو. لەناوچوو. مردوو

gong زەنگ، زەنگوڵ

gonorrhoea نەخۆشییەکی ئەندامەکانی زاوزێیە؛

goo لیق، لیچ

good خاسە، چاکە، باشە. خێر. سوود

- bye *خواحافیز!*

- conductor *گەیەنەری باشی کارەبا*

- faith *نیازپاکی، دڵسۆزی*

- Friday *ڕۆژی هەینیی پێش جەژنی 'ئیستەر' ی (فەلە، عیسایی)ان)*

- gracious ! *پێغەمەر !، ئەی هاوار!*

- hearted *دڵباشە؛ بە سۆزە*

- heavens ! *بۆ خاتری خوا، لەو سەیرە !*

- looking *قۆز، جوان*

- many *ژمارەیەکی هەندێک زۆر، تەواوێک*

- nature *پاکرەوشتی، دۆستانەیی*

- tempered *بە ئاسانی تووڕە (نابی، ناگرێ)*

- will *هەستی بەسۆزی، (حەزی، حەز (کردن) بە) خێرخوازی*

for - *بە یەکجاری، یەکجاری، بۆ هەتاهەتایە*

in - time *لە کاتی گونجاودا. لە کاتێکی گونجاو*

so far so - *تا (ئێستا، ئێرە، ئەم ئاستە) باش هاتووە*

goodbye خواحافیز!

good-humoured ڕووخۆش، دڵپاک، مرۆڤ دۆست، مرۆڤانە

goodie مرۆڤی (باش، خاس، چاک). (شت، خواردن)ێکی چاک. خۆشحاڵی دەربڕینی منالانە

goodly قۆز، جوان

good-natured بەسۆز، ڕەوشت پاک، دڵپاک

goodness خاسی، چاکی، باشە. سۆزداری، بەسۆزی

goods شتومەک، کەلوپەل

goodwill هەستی بەسۆزی، خێرخوازی. ناوبانگی (دوکان، کار، پیشە)یەک

goody مرۆڤی (باش، خاس، چاک). (شت، خواردن)ێکی چاک. خۆشحاڵی دەربڕینی منالانە

gooey لیقە، لیچە؛ پێوە دەنووسێ

goose قاز (ەک، ێک) ی مێیە. گۆشت قاز

gooseberry جۆرە بەرێکە؛ لە بابەتی تووترک

Gordian چارەسەری بە زۆر(داری) ی کیشەیەک. قورس، زەحمەت

gore خوێنی ڕژاو و مەییو. نەخشێکی سێگۆشەیی. قۆچی لێدەدا

gorge (شیو، کەند)ی نێوان دوو گرد، کەندار. بە نەوسنی دەخوا، هەڵدەلووشێ

gorgeous جوان (ە)، ڕازاوەیە، ڕەنگاوڕەنگە. ئاو و هەوا یەکی (سازگارە، خۆشە)

gorgon ئافرەتێکی (تۆقێنەر، ترسناک)

gorilla گۆریلا؛ گەورەترین مەیموونە، لە ئەفریقیا دەژی

gormless گێل، بێهەست و نەست

gorse دڕکەلان{ڕ}، دڕکودال{ڕ}

gory خوێناوی، تینووی خوێن

gosh بۆ (دەربڕینی سەرسوڕمان) بە کار دێ

gosling فەرخەقاز

gospel (پەروەردە، ڕێنمای)ی عیسا. تۆماری ژیانی عیسا لە 'ئینجیل' دا. بەشێکی ئینجیل

- music *گۆرانی و مۆسیقای ئایینی ڕەش پێستەکانی ئەمەریکا*

- truth *ڕاستیی بێ گومان*

gossip قسەوقسەڕۆک{ڵ}، گۆتە (ی (ناو) خەڵک)، مقۆمقۆ. دەمەتەقێ دەکا، دەدوێ. کەسێکی بەم شێوە یە

got وەرگرت، وەریگرت. هێنای

gothic کەسێکی (ناشارستان، گوێنەدەر). (هی، تایبەتە بە) خێڵی گۆتی (لە ئەڵمانیای کۆن)

gouge ئامرازێکی بڕینە؛ دەمی (قوول، چاڵ)ە بۆ شت (هەڵکۆڵین، هەڵقەندن). دەردەپەڕێنێ، هەڵدەکۆڵێ، هەڵدەقەنێ

gourd (جەڕە، شەربە)ی لە کودووی زەرد دروست کراو

gourmand نەوسن، زۆر خۆر

gourmandise نەوسنی، زۆر خۆری

gout دەردە شا؛ جۆرە نەخۆشی یەکە

govern فەرمانڕەوایی دەکا، دەسەلات دەسەپێنێ. دیاریی دەکا، کاری تێ دەکا، کاریگەری (هەیە، دەبێ)

governess ئافرەتێکی بەکرێ گیراو بۆ پەروەردە کردنی منداڵ(ان) لە ماڵ (ێ(ک(دا)))

government میری، فەرمانڕەوایی. دەسەلات سەپاندن

governmental سەربە فەرمانڕەوا یی یە، هی میری یە

governor پارێزگار، فەرمانڕەوا، میر. دەسەلاتدار

governorate پارێزگا. ناوچەیەکی فەرمانڕەوایی

governorship میریی. دەسەلاتداریی

gown جلێکی فراوان و درێژی ئافرەتانە یە

GP کورتکراوەیە بە واتای؛ *پزیشکی گشتی، دکتۆری خێزان*

grab دەگرێتەوە (بەدەست). دەبا؛ دەستی بەسەردا دەگرێ. گیرە، کلاج (ی مەکینە)

grace خواپێداوی. مۆڵەت (پێ دران)، لێگەڕان

act of - *لێبووردن، لێخۆشبوون*

with a good - *بە خۆش(حاڵ)یی ەوە*

gracious بەسۆز، بەخشندە

graciously بەسۆزەوە، بە بەخشندەیی ەوە

gradation قۆناغی گواستنەوە و

(پێشکەوتن، بەرەو پێش چوون). (پلە، پایە) (داری، دان)

grade پلە، پایە. هاوپلە، هاوجۆر. (پلە، پایە) دەدا. پلەی دیاری دەکا. پایەی دەداتێ

gradient لێژی، نشێوی. (پێوانە، چەندی)ی (لێژی، نشێوی)

gradual لەسەرەخۆ، هێواش

gradually لەسەرەخۆ، بەهێواشی، (هـ)وردە (هـ)وردە

graduate دەرچوو (لەخوێندن)، پێگەییو. (دەر دەچێ، سەردەکەوێ) لەخوێندن، پێ دەگا

graduation دەرچوون (لەخوێندن)، پێگەیشتن

graffiti جۆرە نووسینێکی خوار و نارێک و سەیر؛ تاقمێک خەڵک خوییان پێوە گرتووە لە سەر دیوار و شوێنان دەنووسرێ

graft موتوربەی درەخت. ئەندامی لەش (یا بەشێکی) چاندن. (پارچە، ئەندام)ی چێنراو بە نەشتەرگەری. موتوربە دەکا. (ئەندام) دەچێنێ

grain دەنک، دنک، دان. گەنم. دنکەگەنم (یێک؛ یەکەیەکی پێوانی کێشە = ٠،٠٦٤٨ گم)

course - *دەنک درشت، زبر*

grained دڕ. زبر. درشت. بەدنک، دەنک دەنکە

grains دانەوێڵە

grainy درشتە، زبرە. دڕە. بەدنکە

gram پاشکۆیە بۆ پێکهێنانی ناو؛ بە واتای شتێکی (تۆمارکراو، نووسراو، هتد). هەروەها بڕوانە واتای خوارەوە

gram(me) گرام؛ یەکەیەکی پێوانی سەنگە (ت؛ نەوەک کێش) = یەک لەهەزار (٠،٠٠١)ی کیلۆگرامێک

graminaceous وەک گیا یە، هی گیا یە

graminivorous (گیا، رووەک) خۆرە؛ لەسەر (گیا، روەک) دەلەوەڕێ، بە (گیا، هتد) خواردن دەژێ

grammar زانستی ڕێزمان

grammarian شارەزای ڕێزمان. زمانەوان

grammatical هی ڕێزمان(ە). راست و دروست و بەجێیە؛ لە رووی ڕێزمانەوە

gramophone گرامەفۆن؛ دەزگای بێژەر (لە کۆندا)، دەزگای تۆمار (لێدەرەوە، بێژەرەوە)

- record *قورسی تۆمار(کراو)؛ لە کۆندا*

gran کورتکراوەیە بە واتای؛

= grandmother *داپیر(ە)، دایکی (دایک، باوک)*

granary عەمباری دانەوێڵە، چاڵە{ر} گەنم

grand سەرەکی، یەکەم، مەزن، (شتێکی) پایە بەرز. زۆر

- dad *باپیر(ە)؛ باوکی (دایک، باوک)*

- Prix *هەرکام لە کۆمەڵێک کێبەرکێی وەرزشیی گرنگی جیهانی؛ ئۆتومبیل، ماتۆر، هتد*

- slam *بردنەوەی هەموو (*

قۆناغ، بەش)ەکانی کێبەڕکێ یەکی وەرزشی

- *total* *گشتکۆ، تێکڕای گشتی، کۆی کۆ(یەکانی دی)؛ کۆی (هەموو) کۆمەڵەکانی دی*

grandad باپیر(ە)؛ باوکی (دایک، باوک)

grandchild کچەزا یا کوڕەزا

granddaughter (کچەزا، کوڕەزا) (بۆ کیژ)؛ (کچ، کیژ)ی (کچ، کوڕ). نەوە

grandee میری (ئەسپان(یای)ی وەیا پورتوگالی) هەرە پایە بەرز

grandeur گەورەیی، مەزنی. شکۆداری. پایە بەرزی. جوامێری

grandfather باپیر (ە)؛ باوکی (دایک، باوک)

grandiloquence قسەزانی، بلیمەتی لە ئاخافتن، دەوڵەمەندی (لە وشە)

grandma داپیرە، دایکی (دایک، باوک)؛ (لە، بە) زمانی مناڵە(کە)وە

grandmother داپیر(ە)، دایکی (دایک، باوک)

grandpa باپیر (ە)؛ باوکی (دایک، باوک)؛ (لە، بە) زمانی منالّە(کە)وە

grandparent باپیر(ە)، داپیر(ە)؛ (دایک، باوک)ی (کچ، کوڕ)

grandsire باپیر (ە)؛ باوکی (دایک، باوک). پیرەمێرد، پیر. پێشوو، باپیران

grandson (کچەزا، کوڕەزا) (بۆ کوڕ)؛ کوڕی (کچ، کوڕ). نەوە

grandstand روانگەی سەرەکیی تەماشاچیان لە کێبەڕکێ یەک دا؛ شوێنی (راوەستان، دانیشتن)یان

grange خانووی (کێڵگە، لادێ)؛ بە (تەوێلە، عەمبار، هتد)ەوە

graniferous فرەدانە، بە دانە، دانی زۆرە، دان(ەوێڵە)ی فرە یە، (دان، دەنک، دانەوێڵە) دەدات (یا دەکات)

granite بەردێکی مەڕمەڕی یە؛ بۆ سازکردنی دیواری خانوو بەکاردێ

granivorous (دان، دانەوێڵە) خۆرە؛ (بە، لە) سەر (دان، دەنک، دانەوێڵە) (دەژێ، دەلەوەڕێ)

granny داپیرە، دایکی (دایک، باوک)؛ (لە، بە) زمانی منالّە(کە)وە. پیرێژن

- *knot* *گرێی داپیرە؛ گرێیەکی (شل، خەراپ)*

grant دەبەخشێ، پارەیدەداتێ، یارمەتییدەدا، دەیداتێ. پارەدان بەمەبەست(یخوێندن، تد). یارمەتی(دان)

granted بەخشی، پارەیدایێ، یارمەتیدا، دایێ. پێدراو، پارەپێدراو، یارمەتیدراو

grantor بەخشندە، یارمەتیدەر

granular دەنک دەنکە، بەدنکە

granulate زبردەکا، دڕدەکا. ورد دەکا، هوورد دەکا، دەهاڕێ

-*d* *وردکراو، هاڕاو*

granule (دەنک، دان)ێک. گەردێک، گەردیل(ک)ە یەک

grape دەنکە ترێ(یەک)

- fruit *لیمۆی هیندی*

-s *ترێ، وشی یە ترێ. داری (مێو، ترێ)، رەز*

grapestone تۆ(و)ی ناو دنکە ترێ

graph (1) نەخشە؛ ی پەیوەندی (یەکان)ی چەندێکی جۆراو جۆر. وێنە. نەخشە دەکێشێ؛ هێڵی پەیوەندییەکان (را)دەکێشێ

- paper *کاغەزی تایبەتی نەخشەکێشان؛ (تۆڕێک) هێڵی ستوونی و ئاسۆیی لە سەر کێشراوە*

graph (2) پاشکۆیە بە واتای (نەخشە، وێنە. (نەخشە، وێنە) دەکێشێ)

graphic(al) نەخشەدار، بە وێنە یە، روونکراوەتەوە، بینراوە

graphics بەرهەمی (نەخشکاری، وێنەکاری). نەخش، وێنە

graphite کاربۆنی خاو؛ رەنگی رەشە و لە (خامە، پێنووس) دا بەکار دێ

graphology دەسخەتناسی، زانستی دەستخەت؛ لێکۆڵینەوە و شیکردنەوەی دەستخەت لەپێناو (دەرخستن، ناسین)ی (کەسایەتی، خووڕەوشت)ی کەسێک

grapnel قولابی فرە نووک؛ (چەنگ، قولاب)ێکی ئاسنە بۆ شت (راکێشان، گیرکردن، راگرتن)

grapple شەڕەچنگ دەکا؛ (بە دەس، لە نزیکەوە) شەڕ دەکا. دەگرێ (بە، وەک) قولاب. گیرە، قولاب

grasp گرتن بە (دەست، چنگ). تێگەیین، حاڵیبوون، (شت، زانین) وەرگرتن. تێدەگا، حاڵی دەبێ، (شت، زانین) وەردەگرێ. چنگی پێدا دەکا، دەگرێ بە توندی

grasping تێگەیشتن، حاڵیبوون، (شت، زانین) وەرگرتن. پیسکە؛ رەزیل (لە پارە دان)

grass گیا. لەوەڕگە. سەوزایی. وێنجە. حەشیشە؛ شتی (وڕ، گێژ) کەر

- grown *پڕگیا، گیادار، بەلەوەڕ. مێرگ*

- roots *خەڵکی سادە، (زۆربە، زۆرینە)ی خەڵک. (سەرچاوە، ئاست)ی بنەڕەتی*

- snake *مارێکی ئەوروپ(ای)ی بێ زیانە*

- widower) *کەسێک کە (مێرد، ژن) ەکەی بۆ ماوەیەکی زۆر لێی دوور کەوتبێتەوە (نەوەک بە هۆی مردن یا زیزبوون)*

grasshopper مەگەزێکی گیاییە؛ بە (هەڵبەزینەوە، بازدان) دەڕوات

grassland مێرگ، سەوزایی. لەوەڕگە ی(سەوز، بەگیا)

grassy بەگیایە، سەوزە

grate (ئاگردان، فڕنی، تەن(د) وور). (بەرمیل، چوارچیوە، هێڵنەگ(ر)) ی (ئاگردان، فڕنی). لێدەخشێنێ. دەڕنێ. دەنگی گڕ. دەنگی گڕی لێوە دێ. جیڕە (بە ددانی دەکا، لە ددانییەوە

grateful سوپاسگوزار(ە)

grater دەزگای رنین؛ کارتیغ، مەورەد، بڕبەنگ

gratification خەلات،

سوپاسگوزاری. ڕەزامەندی. ڕازیبوون. تێری

gratify خەڵاتی دەکا، سوپاسی دەکا. ڕازی دەکا

grating هێڵەگ{ر}، چارچیوەی ئاسن؛ ی (دەورە، پێش)ی ئاگردان

gratis بەخۆرایی، (بە)بەلاش، بێ بەرامبەر

gratitude سوپاس(گوزاری). پێزانین (ی چاکە ی کەسی بەرامبەر)

gratuitous سوپاسگوزار(انە) (ە، یە)، بە سوپاسە. خۆراییە، بەلاشە

gratuity سوپاسگوزار(انە، ی)، بەخشیش، شاباش، خەلات

grave گڵکۆ، گۆڕ، قەبر. گرنگ، گرنگیدار

gravedigger گۆڕهەڵکەن؛ ئەو کەسەی (چاڵ{ر}، قۆرت)ی (گۆڕ هەڵدەقەنێ، قەبر لێدەدا)

gravel چەگل، چەو، زیخ. بەردی (دروستبوو لە) میزڵدان

gravely بە گرنگیی زۆرەوە. کوشندە، بە خەستی

graven هەڵکۆڵاو، هەڵقەنراو، نەقشکراو. پەیکەرکراو، داتاشراو

graveness جوامێری. گرنگی، مەترسی (داری)، ترسناکی

graver پەیکەرتاش. نەقاڕ. نەقشکەر

gravestone کێل (ی گۆڕ)

graveyard گۆڕستان، قەبرستان

gravid بەبار، سکدار، زگدار؛ ئافرەتی (بەبار، حامیلە)

gravimeter دەزگای پێوانی (جیاوازیی) هێزی کێشی زەوی (لە نێوان دوو خاڵ دا)

gravimetry زانستی (کێش(ان)، پێوان{ی})

gravitate بەرەو خوار (دادەکێشێ، ڕادەکێشێ)؛ بە هۆی هێزی کێشی زەوی. نوقم دەبێ؛ بە هۆی هێزی کێشی زەوی

gravitation هێزی یەکتر ڕاکێشان ی هەر دوو شت یێک لە بوون دا (فیزیا). هێزی داکێشان (ی زەوی)

gravity هێزی داکێش (ی زەوی). مەترسی(داری)، ترسناکی. گرنگیی زۆر

gravy گۆشتاو؛ ئاوی گۆشت (ی کوڵاو). تام و بۆ و ساسی لەم بابەتە

gray [US] = grey

grayling ماسی یەکی (شیرناو، ئاوی ڕوبار)ی بۆری مەیلەو زیوینە

graze دەلەوەڕێ لە (گیا، سەوزایی)دا. کاوێژ دەکا

grazier گۆلکەوان، گاوان. (خاوەن، بازرگان)ی مەڕومالاتی دابەستە بۆ قەڵەو کردن و (دواتر) فرۆشتنیان

grazing لەوەڕ، لەوەڕان

grease گریس؛ ڕۆنی چەورکردنی مەکینە. گریس دەکا

greaseproof چەورنابێ، (ڕوون، ڕۆن) ناگرێ

greasy ڕۆناوییە، چەورە. بە چەوری یە

great مەزن؛ تەواوێک لە ئاسایی گەورەتر(ە). زۆر (

باشه، چاکه). شکۆدار، بەشکۆ
- *circle* *هەر بازنە یەکی سەر تۆپێک کەوا رووبەرەکەی بە چەقی تۆپەکەدا تێ بپەڕێ*
- *coat* *ساقۆ، پاڵتۆ، قاپووت*
- *deal* *زۆر*
- *many* *ژمارەکی زۆر*
- *tit* *مەلێکی ئەوراسیا یی دەنگخۆشە*
- *War* *جەنگی جیهانیی یەکەم (١٩١٤ز - ١٩١٨ز)*

greaten مەزن دەکا. باش(تر) دەکا. شکۆدار دەکا

greater مەزنتر، شکۆدارتر

greatest مەزنترین. باشترین، چاکترین. شکۆدارترین، بەشکۆترین

greatly زۆر، بەزۆری، بە رادەیەکی زۆر

greatness مەزنی. شکۆداری

greaves قەڵغان (ی پاراستنی قاچ)

Grecian (روخسار، شێوەی دەموچاو، بیناسازی)ی یۆنانی

Greece وڵاتی یۆنان

greed چڵێسی، نەوسنی، پارەپەرستی، تامەزرۆیی؛ ئارەزووی لە رادە بەدەر بۆ (خواردن، پارە)

greediness چڵێسیی، نەوسنیی، تامەزرۆیی

greedy چڵێس، نەوسن، پارەپەرست، تامەزرۆ

Greek یۆنانی، (خەڵک، زمان)ی یۆنان، هی یۆنانە

green (1) رەنگی سەوز{کەسک}؛ رەنگی نێوان زەرد و شین. کاڵە، نەگەییوە. رواوە؛ سەوزە، شینبووە. سەوزایی، ناوگیا. سەوزە (ی خواردەمەنی)
- *belt* *پێڕدێنەی سەوزی دەورەی شار ێک بۆ (پاراستنی، پارێزگاری کردن لە) ژینگە*
- *fingers* *(شارەزایی، ئارەزوومەندی) لە رووەک چاندن*
- *light* *مۆڵەتی چوونە پێشی (پیادە، ئۆتومبیل، هتد) لە رێوبانان دا. مۆڵەتی دەسپێکردنی پڕۆژەیەک*
- *tea* *چای سەوزی گەڵا (ی رووەکی جۆراوجۆر)*

green (2) ئاراستەیەکی (رامیاری، سیاسی)ی تا رادەیەک تازەیە بۆ پاراستنی (ژینگە، سروشت، هتد) تێدەکۆشێ

greenery سەوزایی، دارودرەخت

greenfinch جۆرە (چۆلەگە، کێشکە) یەکە

greengrocer میوەفرۆش، سەوزەفرۆش

greenhorn کەسێکی نەشارەزا، تازەکار

greenhouse جامخانەی (سەوزە، رووەکی (وەرزی، بچووک)) (چاندن، پێگەیاندن، پاراستن)
- *effect* *دیاردەی (ژینگە، دنیا) گەرم بوون؛ (گیرخواردن، مانەوە)ی گەرما لە*
- *effect (~)* *ئاسمانی (نەویی) زەمین دا*
- *gas* *هەرکام لەو گازانەی (*

چاندن، پێگەیاندن، پاراستن)

بە تایبەتی دووەم ئۆکسایدی کاربۆن و میثەین)

- gas (~) *کە دەبێتە هۆی (گیرخواردن، مانەوە)ی گەرما لە ئاسمانی (نەویی) زەمین دا*

greenish سەوزباو، مەیلەو کەسک

greenroom (ژوور، هۆدە، شوێن) ی تایبەتیی (خۆگۆرین، حەسانەوە)ی (نوێنەر، ئاکتەر) ان لە (تیاترۆ، شانۆ)

greens سەوزە(وات)، سەوزی. پارتی سەوز(ەکان) (رامیاری)

greet بەخێرهاتنی دەکا، پێشوازیی دەکا. سلاوی لێ دەکا. پیرۆزبایی لێدەکا

greeting پێشوازی (کردن)، بەخێرهاتن، بەخێرهێنان. سلاو (لێکردن). پیرۆزبایی (کردن)

-s card *کارتی (جێژنانە، پیرۆزبایی، هتد)*

gregarious خزمدۆست، (تامەزرۆ، ئارەزوومەند)ی تێکەڵ بوون. (پێکەوە، بە کۆمەڵ) دەژین

Gregorian (هی، تایبەتە بە) پاپا گریگۆری

- calendar *سیستەمێکی رۆژژمێری یە لەلایەن پاپا گریگۆری سێزدە هەمەوە هاتە کایەوە*

grenade نارنجۆک، رومانە؛ بە (چەکی) نارنجۆک ئەنداز دەهاوێژرێ

hand - *(نارنجۆک، رومانە)ی دەستی*

grenadier (کەسی) نارنجۆک هاوێژ

grew (p grow) (کەس) گەورەبوو رواو، شین بوو، سەوز بوو (رووەک). چاند(ی)، کەشتی کرد

grey (1) رەنگی (بۆر، دێز، بۆز)؛ رەنگێکە لە نێوان رەش و سپی. نادیار، شاراوە

- area *(بار، دۆخ، کار، هتد) ێک کەوا (پێناسە، چارچێوە، چەند و چۆنیی)ەکەی*

- area (~) *بە (باش، ورد، رێکوپێک)ی (دانەرێژراوە، دانەنراوە، دیارینەکراوە)*

- squirrel سیمۆرە؛ ی بۆر

grey (2) (بۆر، دێز، بۆز، ماشوبرنج) بوونی (قژ، پرچ، موو). (کەر، هێستر، هتد)ی (بۆز، بۆر)

greyhound تاژی، تانجی؛ سەگێکی لۆق درێژ و باریکەلە و خێرا یە

grid (1) هێڵەگ. تۆرێک هێڵی ستوون لەسەر یەک و (بە ژمارە، ژمارەکراو)ی کێشراو لە سەر نەخشەیەک بۆ (ئاماژە پێ کردن، دیاری کردن، دۆزینەوە)ی شوێنەکان

grid (2) تۆری نیشتیمانی ی (هێڵەکانی کارەبا، (بۆری، لوولە)ی (گاز، ئاو)، تەلەفۆن، هتد). هێڵەگی بەردەم ئەلیکترۆنان لە ناو دەزگایەک دا

grid (3) (رێکخستن، نەخشەکێشان)ی جادە و بانان لە شاران بە شێوەیەکی لاکێشەیی

griddle سێر، ساج

grief خەمخواردن، غەمگینی

grievance زۆرداری، ناڕەوایی، غەدر. (بیانوو، هەنجەت، هۆی راستەقینە) ی (گلەیی، نارەزایی، هتد)

grieve خەم دەدا، غەم دەدا. خەمخوار دەبێ، غەمگین دەبێ. غەم دەخوا

grievous خەمهێنە، مایەی غەمە

griffon مەل یێکە؛ جۆرە دالّ(اش) یێکی گەورە یە

grill برژێنەر، (هێلّەگ، ریزە شیش)ی سەر ئاگر

grim بێبەزەیی. ناخۆش. ناهەموار، ناشیرن. رووگرژ

grimace (دەم، چاو، لچ، هتد) خوارکردنەوە؛ بە نیشانەی بێزبوونەوە (یا بۆ گالّتەجاری)

grime پیسی، قرێژ. پیس دەکا

grin بزەیەکی فراوانی دێتێ؛ بە جۆرێک ددانەکانی دەردەکەوێ. بزە(هاتن)

grind دەهاڕێ، دەهێڕی

grinder کەسێکی بەهێر. ئامرازی هارین؛ دەستاڕ، دەستهاڕ، (قورسی) چەقۆ تییژکەرەوە

grindstone بەردی (دەستاڕ، دەستهاڕ)، بەردی زبری (دەمەچەقۆ، هتد) تییژکردنەوە

grip دەگرێ (بە توندی). گیری دەکا. گرتن. گیرکردن. دەسک، دەسگیر، جێ دەست

gripe نارەزایی دەردەبڕێ. (گەدە، سک، زگ)ی دەگوشرێ؛ ژاندەکا، دێشێ. نارەزایی. نارازیبوون. گرتن. گیربوون

gripes ژانە زگ، سک (گوشران، ئێشان)

grisly (ناهەمواری، ترس، بێز و قێز)اوی یە

gristle کرتکرتە؛ ی ناو جومگان؛ نێوان ئێسک و (ئێسک، گۆشت). کرتکرتۆک(ە)

gristmill دەستاڕ، دەستهاڕ

grit خوێ، خێ؛ یەکی تایبەتە بۆ شەختە (نەکردن، تاواندنەوە) بەکار دێ. جیرە لە ددانی یەوە دێنێ؛ لێکیان دەخشێنێ

grits (دان، دانەوێلّە) یەکی درشت هاڕاو

grizzle دەنووزێتەوە، دەگریێ بۆ شتێ؛ منالّ

grizzled (پرچ، قژ)ی (مشکی، بۆز، ماش و برنج). پیربوو

grizzly رەنگی (مشکی، بۆز، بۆر). ورچی (موو) (مشکی، بۆز، بۆر)

groan هەناسە هەلّدەکێشێ؛ لە ئاخ و داخا (یا بۆ نارەزایی دا). دەنالّێنێ (لە ژێر)، دەنرکێنێ، نرکەی دێ. هەناسە هەلّکێشان. نالّە، نرکە

grocer سەوزەفرۆش، میوەفرۆش

grocery سەوزەفرۆشی، میوەفرۆشی

groggery مەیخانە

groggy ناتەوان، لەرزۆک

groin ماسوولکەی نێوان خواروی سک و سەرەوەی ران، شوێنی بەیەک گەیشتنەوەی ئەم دوو

ئەندامە

grommet بالیف، سەرین، کوشین، واشەر

groom (1) (n) زاوا. جوان دەکا، دەرازێنێتەوە

groom (2) خزمەتکاری (ئەسپ، ماین)ان. مەیموون (خۆ، یەکتر) (دەخورێنن، دەپشکنن، شە دەکەن)

groom (3) کەسێک (رادەهێنێ. رادەهێنرێ) بۆ مەبەستێکی تایبەتی

groove درز، کەلێن. درزی (بۆ دروست) دەکا، کەلێنی دەکا

grope (هەستی دەکا، (لێی، بۆی) دەگەڕێ)؛ وەک(وو، ی) (کوێر، کۆرە)

gross هەموو. گشت. تێکرا. گلۆس؛ دەستە (یەک)

- error *هەڵەیەکی مەزن*

- weight *کێشی گشتی، تێکرای قورسایی*

grossly بەگشتی، بەهەمووی. بە زۆری. بە (دری، ناخۆشی، زبری)

grossness زۆری. دڕی، ناخۆشی، زبری، توند و تیژی (ی هەڵسوکەوت)

grotesque (ئاکتەر، کەسێک)ی سەر و سیما گۆڕاو؛ بۆ مەبەستی سەیران و گاڵتەجاڕی. (شێوە، روخسار)ێکی نائاسایی

grotto ئەشکەوت (ی دەستکرد و نەخشراو)

ground (1) زەوی، خاک، ئەرز، عەرد. بنچینە، بنەما

- floor *نهۆمی زەوی (ئەرزی، عەردی)*

- for doubt *مایەی گومانە*

above - *ماوە، زیندووە*

gain - *سەردەکەوێ. بەرەو پێش دەڕوا*

loose - *دەدۆڕێ. پاشەکشە دەکا*

ground (2) مایە، زەمینە

- for doubt *(مایە، زەمینە)ی گومانە*

- for trouble *(مایە، زەمینە)ی (کیشە، ناخۆشی)یە*

ground (3) (p&pp grind) هاراو، هێردراو، هێڕیی[کس]. هاری ی، هێرا ی

grounded راگیرا، لە جووڵە خرا. بەبنچینە، بەبنەما

groundless بێزەمینە، بێبنەما، بێبنچینە

groundwork ئامادەکاری، کاری (سەرەتایی، بنەڕەتی، بناغەیی)

group دەخاتە کۆمەڵەوە. کۆمەڵ بوون. کۆمەڵ (ێک)

blood -s *پۆلەکان (کۆمەڵەکان) ی خوێنی مرۆڤ*

grouse مەلێکە

grout گەچ یا گیراوەی چەسپاندنی کاشیی دیوار. دەچەسپێنێ (بەم گەچە تایبەتییە)

grove دارستانێکی بچووک، کۆمەڵە دارێک، باغچە

grovel لەسەر زگ دەخشێ. دەپاڕێتەوە

grovelling پاڕانەوە، لەسەر زگ (خشان، خشین)

grow گەورەدەبێ (کەس). دەڕوێ، (سەوز، شین) دەبێ (رووەک). دەچێنێ، دەروێنێ

grower بەخێوکەر. چێنەر، جووتیار

growl مرەی لێ دەکا، مرەمر دەکا؛ لە تووڕەیی دا. مرە، مرەمر

grown (pp grow) گەوربوو(کەس). شینبوو(رووەک). چاندراو، کەشتکراو

- up *کەسێکی (پێگەیشتوو، گەورە بووە)*

growth گەورەبوون (کەس). (شین، سەوز) بوون (رووەک). پەرەسەندن. زیاد (کردن. بوون)

grub کرمێکی گچکە (ی مەگەزێک پێش باڵ گرتن). کون دەکا، دەخوا (بە رێی کونکردنەوە)

grudge رک، قینە. قینی لێیە، رکی لێ دەبێتەوە

gruel تێکوشە، شلە، مەرەگە

gruesome ترسناک، ناشرین، بێزلێکراو

gruff دەنگێکی گڕ. کەسێکی دەنگ گڕ

grumble بێزاری دەردەبڕێ، ئاخ و ئۆف دەکا (لە بێزاری)

grumbler بێزار. ناڕازی

grummet بالیف، سەرین، کوشین، واشەر

grunt دەنگی نزمی بەراز کە لە ناو قوولایی زگی یەوە هەڵدەقولێ. مرە دەکا، دەنگ دەردەکا (لە نارەزایی)

g-string جۆرە دەرپێ یەکی ژێرەوە یە؛ زۆر باریکە؛ بە (عەستەم، حاڵ) ئەندامەکان دادەپۆشێ

guarantee بەڵێن، دڵنیایی، گەرەنتی؛ بەڵگەی نووسراو بۆ (سەلماندن، کاریگەری)ی بەڵێنێک

guarantor بەڵێدەر، دڵنیایکەر، گەرەنتیدەر

guaranty (بەڵێن، دڵنیای)ی قەرز دانەوە

guard پاسەوان، ئێشکچی، دیدەوان. پاسدەکا

off one's - *ناوشیار، بێ ئاگا*

on one's - *وشیار،بە ئاگا*

guardian پارێزگار، پاسەوان

guardianship پارێزگاریکردن، پاسەوانی

guava جۆرە میوە یەکە

gudgeon جۆرە ماسی یەکی (شیرناو، ئاوی روبار) انە. لوولەی رێزەی (دەرکە، پەنجەرە، تد)؛ جومگە یەکی ئاسنە

guerilla = guerrilla

guerrilla ئەندام (ێک)ی کۆمەڵە یەکی بچووکی جەنگی پارتیزانی کەوا ئامانجی کۆمەلایەتی و رامیاریی بەرزی نزیک و دوور خایەنی هەبێ

guess مەزەندەدەکا، دەقەپلێنێ(ر). مەزەندە

wild - *پەلاری کور(انە)(کوێر)، مەزەندەیەکی گێل (انەیە)؛ زۆر فراوانە*

guesstimate (نرخاندن، قرساندن، رادەربڕین) ێک کەوا

لە سەر بنەمایەکی تێکەڵی مەزەندە و ئامار و تۆمار دا دەربڕابێ؛ نیوە مەزەندە و نیوە راستیی بەڵگەدار

guest مێوان، میوان

- house *میوانخانەیەکی بچووک و تایبەت*

guestimate (نرخاندن، قرساندن، رادەربڕین) یێک کەوا لە سەر بنەمایەکی تێکەڵی مەزەن(د)ە و ئامار و تۆمار دا دەربڕابێ؛ نیوە مەزەندە و نیوە راستیی بەڵگەدار

guff قسەی بەتاڵ

guidance رێنمایی(کردن)، رێنوێنی(کردن)

guide رێنما، رێنوێن. رێنمایی‌دەکا، رێنوێنی دەکا

- dog *سەگێکی تایبەتی راهێنراو بۆ یاوەری کردنی (کوێران، نابینایان)*

guidebook پەرتووکی رێنمایی و زانیاری بۆ (گەشتیاران، هتد)

guideline(s) بنەما(کان)ی کارکردن؛ رێنمایی(ەکانی) داڕێژراو لە پیناو دروست جێبەجێکردنی مەبەستێک

guidepost رێنیشان، نیشانە(کان)ی تەنیشت رێگەوبانان بۆ ئاراستە کردنی خەڵکی (پیادە و سوار)

guild (خانە. یانە)ی (هاوپیشان، هاوکاران، هاو بیران، هتد)

-s *یەکێتی یە پیشەییەکان*

guile هەڵسوکەوتی (فێڵ، تەڵەکە) بازانە

guileful فێڵباز، تەڵەکەباز

guileless بێفێڵ، راست و دروست، سادە

guillotine دەزگایەکی کۆنی لە سێدارە دانە؛ بە لەسەردان، سەربڕین، بێسەرکردن. دەزگای کاغەز (بڕین، خشتکردن)

guilt تاوان. هەستکردن بە (هەڵە، تاوان)کردن

guiltiness تاوانباریی

guiltless بێ‌تاوان

guilty تاوانبار

guinea ولاتی گینیا؛ کەوتۆتە رۆژئاوای ئەفریقیا

- fowl جۆرە مریشکێکە

- pig جورجی *رۆمی*

guise روخسار، شێوە (ی دەرەوە)

guitar گیتار؛ دەزگا یەکی (ئاهەنگساز، ئاواز، مۆسیقا) یە

Gujarat (خەڵک، زمان، هی) (ولات، هەرێم)ی گوجارات ی ژێر (دەسەلات، فەرمانڕەوای)ی هیند(ستان)

gulch [US] کەندێکی بە ئاو

gulf کەنداو. بۆشایی، کەلێن. جیاوازیی (زۆری) (بیر و را، هەست و نەست)ە جیاجیاکان

gull نەورەس؛ (مەل، باڵندە) یێکی (ئاو، دەریا) یی سپی یە

gullet بۆڕیی گەروو؛ بۆڕیی نێوان دەم و گەدە

gullible (زوو، بە ئاسانی) هەڵدەخەڵەتێ، خۆشبڕوایە

gully کۆندڕ، ئاودڕ؛ (کەند، جۆگە)یەک (ئاوڕێژ، ئاوەڕۆ) دروستی کردبێ. سولاوکە، سواندە، ئاوەڕۆ، ئاوڕێژ

gulp قووت دەدا، هەڵدەلووشێ؛ بە (نەوسنی، پەلە). دەپەستێتە ناو (دەم، دەو)ی (خۆی). قومێکی گەورە؛ قومێک خواردنەوەی پڕ بە (گوپ، قورگ)

gum بنێشت{ی}، جاجگ. چەسپ، زەمق. پووک، پدوو؛ گۆشتی رەقی دەورەی (رەگی) ددانان

- tree *داری بنیشت*

gummy لیقە، لیچە. بە بنیشتە بنیشت دارە؛ بنێشت دەدا. بێددان(ە)

gun تفەنگ، چەک. تۆپ

machine - *چەکی ریز(هاوێژ)، رەشاش*

gunboat بەلەمی تۆپ هاوێژ

gunfight شەڕە تفەنگ

gunfire تەقە، شەڕە تەقە، شەڕە تفەنگ

gung ho تامەزرۆ یە، زۆری (هەوەس، حەز) لێ یە، زۆر ئارەزوومەندە

gunge (شت، پیسایی)ێکی (لیق، لیچ)؛ وەکوو قیر(او). (کون، کەلێن)ی دەگیرێ بەمانە

gunman چەکدار؛ بە تایبەتی هی نایاسایی یا تاوانکار

gunner تۆپچی. تفەنگچی، چەکدار

gunny گونی (یە)، گوش(ە)، فەردە

gunpoint هەڕەشە لێکراو؛ بە تفەنگ، بە کوشتن

at - *لە ژێر هەڕەشەی تفەنگ، بە هەڕەشەی کوشتن*

gunpowder باروت

gunrunner (بازرگان، قاچاغچی)ی تفەنگ و تەقەمەنی؛ کەسێک کەوا (مامەلە، بازرگانی) بەم بابەتانەوە بکات

gunshot تەقە(ک). (سەدە، بڕ، مەودا)ی تفەنگێک

gunsmith چەخماخچی، تفەنگساز؛ وەستای تفەنگان

guppy جۆرە ماسی یەکی (شیرناو، ئاوی روبار(ان))ە

gurgle بڵقەبڵق{ر-}{-ر} دەکا. بڵقەبڵق

gurnard جۆرە ماسی یەکی دەریا یە

guru مامۆستای ئەندێشەیی ئایینی هیندوو؛ لە هیند(ستان) . کەڵە مامۆستا، زۆر شارەزا، مەزن

gush هەڵدەقوڵێ، دەردەپەڕێ. هەڵقوڵین، هەڵقولان، دەرپەڕین. بە هەڵەشەیی (دەدوێ، هەڵسوکەوت دەکا)

gusher بیرە نەوتێک کەوا نەوتی لێ هەڵقوڵێ؛ بە بێ پەمپ نەوتی لێوە بێ (ن؛ ژمارەیەک لە بییرە نەوتەکانی باوە گوڕگوڕ لە نزیک شاری کەرکووک لە باشووری کوردستان)

gust رەشەبا. رێژنە بارانێک. هەڵچوونێکی هەست. رەشەبا (ی دێ، هەڵدەکا)، هەڵدەچێ

gusto چێژ، تام، خۆشی

gusty رەشەبایە. شوێنێکی بە رەشەبا یە؛ رەشەبای هەیە

gut (ریخۆڵە، ریخەڵۆک)ەکان. ناو ماڵێک (لادبا، تێکدەدا). ورگی (ماسی، هتد) دەردەهێنێ؛ پاکی دەکا، ناوهەناوی (ماسی، هتد) دەردەکا. زگ، ورگ؛ بە واتای بازاڕیی بەکارهینان

blind - *(ریخۆڵـە، ریخەڵـۆکـە(ر)) (کـوێـرە، کـۆرە)*
-s *ئـازایـی و بـەبـڕیاری (ی کـەسێـک)*

gutless تـرسنـۆک و بـێ وزەیـە

gutsy ئـازا. ورگـدڕاو، زۆرخـۆر، نـەوسن

gutta-percha جۆرە چەسپـێـکـی بـەهـێز ە

gutter سولاوکـە، سوانـدە، ئـاورێـژ، ئـاوەڕۆ

guttural هی قـورگـە، لـە قـوڕگـەوە یـە، (دەنـگـێـکـی) گرە. پـیـتـی دەنـگـدارە (رێـزمان)؛ بـە هۆی (قـورگ، زمان، پـشت دەم) دەگـوتـرێ (یـا دەردەکـرێ)

guy زەلام، پـیـاو. (پـەتـک، بـەن، گـوریـس، زنـجـیـر)ی (تـونـد، قـایـم) کـردنـی (رەشمالّ، هـتـد). (تـونـد، قـایـم) دەکـا بـەم هۆ یـانـە

guzzle بـە نـەوسنـی (دەخوا، دەخواتـەوە)

gybe بـەلادا دێ. بـەلادا دێـنـێ

gym کـورتـکـراوەیـە بـە واتـای؛
= gymnasium *(ژوور، خانـوو، دوکـان، شوێـنـی تـایـبـەتـی)ی ئـامادەکـراو بـۆ یـاریـی وەرزشی؛ بـۆ تـەن دروست راگـرتـن*

gymkhana کـێبـەڕکـێی وەرزشی؛ سواریـی ئـەسپ

gymnasium (ژوور، خانـوو، دوکـان، شوێـنـی تـایـبـەتـی)ی ئـامادەکـراو بـۆ یـاریـی وەرزشی؛ بـۆ تـەن دروست راگـرتـن

gymnast وەرزشوانـی لـەش؛ بـە تـایـبـەتـی یـەکـێ کـە زۆر خـۆی پـێوە خـەریـک بـکـا و لـێ شارەزا بـێ و لـەشی ئـاکـامـی وەرزشوانـیـی پـێوە دیـار بـێ. تـەنـدروست

gymnastics (جامبـازی، وازی، یـاری)یـە ورزشی یـەکـان، چالاکـی یـەکـانـی راهـێـنـانـی لـەش

gypsum گـەچ، گـێـچ

gypsy قـەرەج، دۆم. گـەڕۆک، کـۆچـەر

gyral خولاو(ە)، سووڕاو

gyrate دەخولـێـتـەوە، دەسورێـتـەوە

gyro (پـێشگر، پـێشکـۆ)یـە بـە واتـای (سووڕان، سووڕاو)

gyroscope ئـاڕاستـەنـما؛ دەزگـایـەکـی وەکـوو (قـیـبـلـەنـما) یـە؛ دەسووڕێـتـەوە بـۆ دیـاری کـردنـی ئـاڕاستـان

***** H *****

h هەشتەم پیتی ئەلفبێی ئینگلیزی یە. نیشانە یە بۆ رەگەزی هایدرۆجین (کیمیا)

- *bomb* *بۆمبی (ئەتۆمیی) هایدرۆجینی*

h.p. کورتکراوەیە بە واتای؛ وزەی هێستر؛ یەکەی (بەریتانی، ئیمپیریالی)ی پێوانی وزە (بە تایبەتی هی مەکینان)؛ دەکاتە نزیکەی ٧٥٠ وات

H.Q. کورتکراوەیە بە واتای؛

= *Head Quarters* *شوێنی (نیشتەجێی) سەرکردایەتی وەیا بەڕێوە بردن*

haberdasher وردەفرۆش، وردەواڵە فرۆش؛ بە تایبەتی هی داو و دورمان

habit رەوشت، خوو

habitable گونجاوە بۆ (لێ، تێ) ژیان

habitat ژینگەی سروشتیی (ئاژەڵ، رووەک)ێک

habitation خانوو، ماڵ. شوێنی لێ ژیان

habitual خووی یە. ئاساییە

habitually (بە) هەمیشەیی، هەمیشە، (وەکوو، بە) خوو. ئاساییانە

habituate رایدەهێنێ بە، فێری دەکا

habitude خوو، رەوشت، راهاتن

hack (1) بە (بێ مۆڵەت، نایاسایی) و (بە زۆری بە نیازی پێرابواردن یا خەراپە) زانیاری ناو کۆمپیوتەرێک (یا زیاتر)

(دەگۆڕێ، دەشێوێنێ، دەسڕێتەوە، دەپشکنێ، هتد)

hack (2) دەبڕێ؛ بە نارێکی. (تێهەڵدان، لێدان) بە نووکی پێڵاو. (زام، برین، ئاوسان)ێک بەم جۆرە بەرکەوتنە پەیا بێ

hack (3) (ئەسپ، مایین)ی سواریی (ئاسایی. بۆ کرێ). کەسێکی بە کرێ گیراو بۆ ئەنجامدانی کاری سادە. بە سواریی (ئەسپ، مایین) دەڕوا بەڕێوە

hack (4) (کۆکە، کۆخە) یەکی وشک و کورت و (لەسەریەک، بەردەوام)

hack (5) تەوشوو، تەوشی. کەسێک کە بە نارێکی شت (ێک) ببڕێ

hacker بەرنامەڕێژ ێکی کۆمپیوتەر کەوا (ئارەزوو، خوو)ی بە (بێ مۆڵەت و بە نایاسایی و بە نیازی پێرابواردن یا خەراپە) بە (گۆڕین، شێواندن، سڕینەوە، پشکنین، هتد)ی زانیاری ناو کۆمپیوتەر(ان) ~ *سڕینەوە، پشکنین، هتد)ی زانیاری ناو کۆمپیوتەر(ان)ەوە گرتووە*

hackle ریزە مووی سەر ملی وڵاغ. (تووک، پەڕە) درێژەکانی ملی (کەرەباب، کەڵەشێر). (شە، شانە)ەی ئاسن؛ ی پەڕەکردن یا هەلاجی

hackney (ئەسپ، مایین)ی سواریی ئاسایی

- *carriage* *تاکسی؛ ئۆتومبیلی سواریی بۆ کرێ*

hacksaw مشارێکی بچووکی ئاسن

بڕینـە؛ دەمـەکـەی بـە ئـاسانـی دەگۆڕدرێ

had هەیـبـوو؛ کرداری (رابـوردوو، رابـووردوی تـەواو)ی 'هەیـە(تـی) ' یـە

had to (p must) دەبـوایـە، پـێویست بـوو، پـێویستـی دەکرد؛ کردارێکـی یارمـەتـی دەرە؛ لـە شێـوەی رابـوردوو

haddock جۆرە ماسی یـەکـی دەریاییـە؛ بـۆ خواردن راو دەکرێ

Hades رێکخراوە تـاوانـکاریـەکان؛ کـەوا (نـهێنـی، ژێـرزەمینـی)ن. دۆزەخ(ی)

haem (پـێشگر، پـێشکۆ)یە بـە واتـای (هی خوێـن(ە)، تـایـبـەت(ە) بـە خوێـن(ە))

haemo (پـێشگر، پـێشکۆ)یە بـە واتـای (هی خوێـن(ە)، تـایـبـەت(ە) بـە خوێـن(ە))

haemoglobin خانـە ئـۆکسیجین هەڵـگرەکانـی نـاو خڕۆلـکە سوورەکانـی خوێـن

haemophilia نـەخۆشی یـەکـی رەچـەڵـەکـی (میـراتـگرانـە)یـە؛ خوێـن (بـەئـاسانـی، وەکـوو ئـاسای)ی (کلـۆت، تـونـد) نـابـێ، لـە بـچووکـتریـن بـڕیـن یـش (ەوە)

haemophiliac (گرفـتـار، نـەخۆش) یێک بـەو دەردەی سەرەوە

haemorrhage خوێـن لـێچوون یێکـی کوشنـدە؛ بـە هۆی (بـڕان، پـسان) ی شالـوولـەوە

haemorrhoids (نـەخۆشی) مایـەسیری؛ (خوێـن تـێزان، ئـاوسان، بـریـنـداربـوون)ی دیـوارەکانـی (بـۆری، لـوولـە)ی (قـوون، قـیـنـگ)

haft دەسک؛ ی (خەنـجەر، چەقـۆ(و)، هتـد)

hag پـیرێژن یێـکی نـاشیـرن. جادوکـەر

haggard لاواز، بـێ (تـیـن، تـێـن)، بـێڕەنـگ

haggle سازش دەکا، مـامـەلـە دەکا

hail تـەزرە (بـاریـن). تـەزرە دەبـارێ. دەبـارێ، دێتـەخوارێ. بـانـگـی دەکا. هاواری دەکا، دەستـی لـێ رادەوەشێنـێ؛ بـۆ راگرتـن یا وریاکردنـی. بـانـگ. هاوار. سلاو

- ! *بژی !، بـا بژی !. دەستخۆش. سلاو !*

- fellow *دۆستـانـە یـە، برادەرانـە یـە، بـە پـیرەوە هاتـوو*

hailstone (قـل، دەنـک)ە تـەزرە (یـەک)

hailstorm تـەزرەبـاران یێکـی بـە تـەوژم

hair پـرچ، قـژ، موو، تـووک

- dryer, - drier *دەزگای (پـرچ، قـژ) وشک کردنـەوە؛ بـە هەوای گـەرم*

- slide *تـەوقـەی (پـرچ، قـژ)*

-'s breadth *بـە قـەدەر موویێک، تـۆزقـاڵـێک، بـە ئـەستـوورایـی تـاڵـە مووەک*

haircloth کوتـالـی کـر؛ لـە موو (ی جۆرە بـزنـێک) دروست کـراو

haircut سەرتـاشیـن، (پـرچ، قـژ) بـڕیـن. شێـوە (مۆدیـل)ی سەرتـاشیـن

hairdresser سەرتـاش، بـەربـەر

hairdressing ئارایش، سەرتاشی

hairgrip تەوقەی پانی پرچ بەستنەوە

hairless کەچەڵ{ر}. بێموو

hairline هێڵێکی زۆر باریک، موو یێک

hairpin تەوقەی پرچ بەستنەوە

- bend - *پێچێکی زۆر تیژ؛ لە رێگایەک دا، پێچێکی تەوقە (ی پرچ) ئاسا*

hair-splitter تەقەلاکەر. مامەلە کەری ساکار و نابەجێ

hairspray (شلە، بۆن، رۆن)ی (پرچ، قژ)ی سەر

hairspring ئیسپرینگێکی (زۆر باریک، مووئاسا) (ن؛ هی ناو کاتژمێر)

hairstyle شێوە (مۆدیل)ی (ئارایش، سەرتاشین (یا نەتاشین))ی پرچی سەر

hairy مووای، موودار

hake جۆرە ماسی یەکی دەریا ییە؛ بۆ خۆاردن راو دەکرێ

halal (گۆشتی) حەلاڵ{ر}{ر}؛ لە سەر یاسا (شەریعە)ی ئیسلامی (سەربرابێ، کوژرابێتەوە)

halcyon هێمن، ئارام، لەسەرەخۆ. جۆرە مەلێکی ئاوییە

hale بەهێز و تەندروست

half (نیو، نیم)(ە)

- and - *نیواو نیو، نیوە بە نیوە*

- back *(هاریکار، یارمەتی دەر)ی بەرگری پشتەوە؛ لە تۆپانێ (ی پێ)*

- baked *نەبرژاو، نیوەبرژاو*

- blood *زڕە؛ کچ (یا کوڕ)ی ژن (یا مێرد)ەکە یە*

- board *(میوانخانە، ئوتێل) یێک کەوا خەوتن و نانی بەیانی و تەنها یەک ژەمی دیکە دەرخواردی میوانان بدات*

- breed *(گیان لەبەرێکی) رەچەڵەک تێکەڵ؛ دوو رەگەز*

- brother *زڕبرا؛ لە دایک (یا باوک) ەوە*

- caste *دوو ڕەگەزە (کەس)*

- cut *تەواوێک سەرخۆشە*

- dead *زۆر (شڕ، ماندوو)، لە سەرەمەرگە، نە زیندووە و نە مردوو*

- done *نەبرژاوە، نەگەیووە*

- dozen *نیو (دەستە، دەرزەن) ؛ شەش دانە*

- duplex *مۆلەت دان بە هاتن و چوون ی بە نۆبەتی پەیوەندیی ئەلیکترۆنیی*

- duplex (~) *نێوان دوو خاڵ (نەک لەهەمان کات دا)*

- hearted *نابەدڵ، کەم ئارەزوو دار*

- heartedly *بە نابەدڵی، بە بێ ئارەزوو یەکی زۆر*

- hitch *جۆرە (گرێ ەکە، گرێ لێدان یێکە)*

- holiday *نیو رۆژ پشوو؛ لە کار(کردن)*

- mast *(ناوقەد، ناوەند)ی داری ئالا؛ ئەو شوێنەی ئالای*

لـێ رادەگـیرێ وەک

- *mast (~)* *نیشانـەی رێزلـێنان لـە مردوو یـەکـی (ناودار، پایـە (بـەرز، دار))*

- *measures* *(بـەرنامە، مامەلـە، بـریار، کـردەوە) ی (کاتـی، کـورت (بـین، خایـەن)، نـارێک، نـاهەموار)*

- *pay* *نـیوە کار*

- *sister* *زرخوشک؛ لـە دایک (یا باوک) ەوە*

- *term* *پشوو یـەکـی کـورتـە (ن؛ یـەک حەفتـە) لـە نـاوەراستـی مـەودایـەکـی خوێـنـدن دا*

- *time* *پشووی نـاوەراستـی یاری یێک*

- *way* *نـیوە ری*

better - *هاوسەر، خێزان، ژن*

half-moon مانـگـی چاردە، نـیوە مانـگـی (عەرەبـی، ئـیسلامـی). (شتێکـی) نـیوە بازنـە (یـی)

halfway نـیوەرێ. خالـێ نـاوەنـدی دووانـی تـر

- *house* *سازش (کـردن)*

halfwit (کـەسێکـی) نـیمچە شێت

halibut جۆرە ماسی یـەکـی دەریـایـی گـەورە و (تـەخت، پان) ە؛ بـۆ خواردن راو دەکرێ

halitosis هەنـاسەتـەنگـی، تـەنگە نـەفـەسی

hall دیـوەخان، ژووری مێوان، ژووری پێشوازی، هەیـوان

- *mark* *مۆر، نـیشانـە. مارکـە، تـەمغە؛ ی سەر زێر (و ئـەو بابـەتانـە)*

hallal = halal

halleluiah = alleluia !

hallelujah = alleluia !

hallmark مۆر، نـیشانـە. مارکـە، تـەمغە؛ ی سەر زێر (و ئـەو بـابـەتانـە)

hallo دەربـرینـی (سلاو، پێشوازی) ی (دۆستانـە، بـرادەرانـە، نـا فـەرمـی). دەربـرینـی سەرسورمان. بـۆ بـانـگ کردن، سەرنـج راکێشان

halloo هانـدانـی سەگ(ان) بـۆ راو(نـان)ی نـێچیر. بـۆ بـانـگ کردن، سەرنـج راکێشان

hallow پـیرۆز دەکا. رێزی لـێ دەگرێ؛ وەکوو شتێکـی پـیرۆز

Halloween ئێوارە رۆژی 'هەموو (قـەشە، شێخە)کان'؛ دەکـەوێتـە ٣١ی ئۆکتۆبـەر

hallucination هەڵـبـوزرکانـدن، خەیالّ کردن؛ بـە گـوێبـیست بـوون یا دیتنـی شتێک کـە لـە راستـی دا (لـەو کاتـەدا) ئامادە (نـین، نـەبـوون)

halo خەرمانـە ی(مانـگ، رۆژ). (بـازنـە، قورس، تـەشت)ی تـیشکـی سەرسەری کـەسێکـی پـیرۆز

halt رادەگری. رادەوەستـێ. راوەستـان، هەڵـوێستـە؛ یێکـی کاتـی

-ing place *وێستگـەی پشوودان(ە). قۆنـاغ(ە). جێـی حەسانـەوە (یـە)*

halter قـەراسە، رێشمە؛ ی کـەر و هێستر و هتد

halve نـیوەیدەکـەن. نـیوەدەکـەن

-s *نـیوەکان. نـیوەی دەکا (بـۆ کـەسی تاکـی سێ یـەم (نـێر، مـێ) و شت)*

ham رانە گۆشتی بەراز؛ سوورکراوە و پارێزراو بۆ خواردن

hamburger پارووی شفتە، (پاروو، ساندەویچ)ێکی گۆشتی (هەنجنراو، قیمەکراو)

hamlet گوندێکی بچووک؛ بە تایبەتی هی بێ کەنیسە. کێڵگە

hammer چەکوش، چەکوچ. پەلە پیتکە (ی چەک). دادەکوتێ. دەکوتێ

- and sickle چەکوچ و داس؛ نیشانەی هاوپەیمانیی (پاڵە، کرێکار) و جووتیاران؛ بەسەر

- and sickle (~) ئالای یەکێتی سۆڤیەتی و چەند ولاتێکی دیکەشەوە (دەبینرا. دەبینرێ)

sledge - کوتەک، کوتک؛ چەکوچێکی مامناوەندە

hammerhead جۆرێکی تایبەتە لە ماسیی (قرش، شارک)

hammock (جۆلانە، جێخەو)ی هەڵواسراو

hamper (سەبەتە، زەنبیل) ێکی گەورەی بە سەرپۆش. رێی لێ دەگرێ، تەگەرەی دەخاتە پێش

hamster گیانلەبەرێکی (مشک، جورج)ئاسا یە؛ لە جورج گەورەترە بە شەو دەلەوەرێ و بە رۆژ دەنوێ

hamstring ماسولکە(کان)ی پشت سابوونی چۆک

hand دەست. دەسک، دەسگیر. هاریکار، یارمەتیدەر. قۆڵەکانی کاتژمێر. دەستی، دەستکرد. دەداتەدەست(ی)

- grenade (نارنجۆک، روممانە) ی دەستی

هاریکار، یارمەتیدەر. قۆڵەکانی کاتژمێر. دەستی، دەستکرد. دەداتەدەست(ی)

- in - بە یەکەوە، پێکەوە(ن)، دەست لە ناو دەست(ان)، لێک جودا نابنەوە

- on (1) شارەزاییی بە کردەوە. کردەوەیی(ە) (پ؛ بیرۆکەیی، بیردۆزی، تیوری)یە

- on (2) (رادەی؛ خێرایی) (کارکردن، پیت لێدان) لە سەر (تەختەی کلیلان؛ کیبۆرد)

- over (گیراو، شت)ێک دەدات بە. دەداتەوە بە

- over - بە خێرایی، بەپەلە

- pick - هەڵدەبژێرێ (بەوریایی)

- shake دەست گوشینی یەکتر؛ بۆ چاک و چۆنی. پێکهاتن، رێککەوتن

- to mouth کەمە، کاتی یە، بەشی یەک کەس دەکا

an old - کرێکاری شارەزا (یە)

at - هەیە، لەبەر دەستدایە، لە نزیک

at first - یەکسەری، بەبێ راوەستان. بێ راوەستان، راستەوخۆ لە سەرچاوەوە

by - دەستی، بەدەست

change -s دەست دەگۆڕێ، دەستگۆڕکێ دەکا

come to - دێت، دەگات

join -s دەست دەگرن، یەکدەگرن

lend a - دەستی یارمەتی درێژ دەکا

on - هەیە، لەژێر دەست

قۆڵەکانی کاتژمێر. دەستی، دەستکرد. دەداتەدەست(ی)

دایە

-s free *دەست بەکارهێنانی*
ناوێ (ن؛ (دەزگا، تاقم)ی گوێبیستن و قسەکردنی بێ دەست)

upper - *بالادەستی، دەستبوون، دەست زاڵبوون، دەسەلات*

handbag جانتای دەستی؛ بەتایبەتی ئافرەتانە

handball جۆرە یاری یەکی تۆپی دەستە. (هەڵە، خەتا)ی دەست لە تۆپ دان لە یاریی تۆپی پێ

handbasket (سەبەتە، زەنبیل) یکی گچکەی دەستی

handbook رێنما

handbrake (گیرە، راگیر، برێک) ی دەستیی ئامێران

handbreadth (بە) پانایی چار پەنجە، چار پەنجە پانە

handcart راگوێزەر، عارەبانە؛ ی دەستی

handclap چەپڵە{ر} (لێدان)

handcuff دەستبەند، زنجیر، کۆت، کەلەپچە

handful (چنگ، مشت)ێک، پڕ بە (چنگ، مست)ێک. ژمارەیەکی کەم

handgun دەمانچە، تفەنگێکی بچووک کەوا بە یەک دەست بگیرێ و بەکاربێ

handhold جێدەست، دەسگیر، دەسک؛ لە (سەرکەوتن، پیاهەڵگژان)

handicap پەککەوتەیی؛ لە (لەش، مێشک). شتی (رێگر، تەگەرە) لەسەر رێی پێشکەوتن. تەگەرەی دەخاتە رێ، لغاوی دەکا

-ped پەککەوتە؛ *لە (لەش، مێشک)*

handicraft پیشەی دەستی، پیشەسازیی دەستی

handiness سوودبەخشی. بەردەستی، بەردەستەیی. ئامادەیی. دەست رەنگینی؛ شارەزایی لە (زۆر) کار و بار(ان)

handiwork دەستکرد، کاری دەستی، شتی بەدەست دروستکراو

handkerchief دەستسڕ (ی پەڕۆ)، دەسەسڕ، دەستڕ

handle دەسک، دەسگیر. بەکاردەهێنێ، دەستیدەکاتێ، دەسکاریدەکا. تاوتوێیدەکا

handlebar سوکانی پاسکیل

handler مامەلەچی بە شتێکەوە. راهێنەری (ولاغ، سەگ، هتد)

handling بەکارهێنان، دەسکاریکردن. تاوتوێکردن

handmade دەسکرد، بەدەست (ساز، دروست) کراوە

handmaid خزمەتکار، (کەسێکی) بەردەست

handmill دەستاڕ، دەستهاڕ

handrail دەسگیری خۆ پێوە گرتن؛ لە تەنیشت (نەردەوان، پێبلکە، قالدرمە، هتد)

handsaw مشارێکی گچکە؛ کەوا بە یەک دەست کاری پێ دەکرێ

handsel چین (وەجبە)ی یەکەم. دیاری؛ بەتایبەتی هی سەری ساڵ. بەشی یەکەم. دیاری پێشکەش دەکا. (کار دەکا.

بـەکار دەهێنـێ) بۆ یـەکـەمـجار

handset (دەسگـیـر، دەسک)ی تـەلـەفـۆن (ی ماڵ (ان))؛ ئـەو بـەشەی کـەوا گـوێـبـیـسـتـن و ئاخافـتـنـی لـێـوە دەکرێ

handsome قـۆز(ە)، ڕێکـوپـێـکـە. شتـێـکـی (نـایـابـە، جوانـە). (پـارە، داریـی)ەکـی زۆر

handspring قـەلاقـونـچـکـە، تـەقـڵـە، تـەقـڵـە بـازلـێـدان؛ بـازدان بـە تـەقـڵـەوە (وەرزش)

handstand لـەسەر دەست وەسـتـان؛ قـاچـیش بـە ئـاسمانـەوە

handwork کار ێک بـە دەست(ان) (بـکرێ، ئـەنـجام بـدرێ)

handwrite بـەدەست دەنـووسێ

handwriting دەسخـەت، دەسـتـوخـەت؛ نـووسـیـنـی بـە خـامـە و قـەڵـەم

handy سوودبـەخشە. بـەردەست(ە). ئـامادەیـە. دەست ڕەنـگـیـنـە؛ لـە (زۆر) کار و بـار(ان) دەزانـێ

handyman (کـەس، کـرێـکار) ێـک کـەوا لـە (زۆر) کار و بـار(ان) بـزانـێ و (نـاوەنـاوە، جاریـەجار) کـاری چاککردنـەوە ئـەنـجام بـدا

hang لـە سێدارە دەدا. هەڵـدەواسێ. هەڵـدەپـەسێـری

- about *تـەمـبـەڵـی دەکا، دەسووڕێتـەوە؛ بـە بـێ (هـوودە، ئـامانـج)*

- glider *(کـەس، وەرزشوان، هـتـد)ێک کـەوا خـۆی بـە ژێـر بـاڵـەفـڕی بـێ مـەکـیـنـەوە*

~ *هەڵـدەواسێ و ئـاراسـتـەی دەکا*

hangar تـەوێـڵـە. عەمـبـار، شوێـنـێـکـی سەرگـیـراو بـۆ شت (هەڵـگـرتـن، پـاراسـتـن)

hangdog شەرمـەزار، ئـابـڕووچوو

hanger (کـەسی) هەڵـواسێـن؛ جەلـلاد. دەزگای هەڵـواسـیـن

- on *خۆ پـێ هەڵـواسیـو. بـارگـرانـی (یـە)، بـەلا (یـە). مشەخـۆر(ە)*

coat - *مێخـەک یـا شوێـنـی هەڵـواسیـنـی جل و بـەرگ(ان)*

hanging لـەسێدارەدان

hangman (کـەسی) هەڵـواسێـن؛ جەلـلاد

-s *ئـەو (پـەڕۆ، پـاتـاڵ، شت) انـەی بـە دیـوارەوە هەڵـدەواسرێ*

hangnail (تـوێـژ، تـۆشک، تـفـر، پـارچـە)ی پـێـستـی (هەڵـدراو، هەڵـوەریـو) لـە دەوروبـەری (نـیـنـۆک، نـوخان)ان

hangover سەرئـێـشەی قـورس بـە هۆی ئـەلـکوحول خواردنـەوەیـەکـی زۆرەوە. مانـەوە، (ڕزگار، قـوتـار) بـوون

hank گلـۆرە(ڵ)، خریـلـە؛ ی حەسیـر، (بـەن، داو، هتـد)

hanker تـامـەزرۆی دەکا، دڵـی دەیـەوێ، (ئـارەزوو، حەز، هەوەس)ی لـێ یـە. غەریـبـی دەکا

- after *تـامـەزرۆی دەکا. غەریـبـی دەکا*

- for *دڵـی دەیـەوێ، (ئـارەزوو، حەز، هەوەس)ی لـێ یـە*

hankering سۆز هەسـتـان، تـامـەزرۆ بـوون. نـەوسنـی، (ئـارەزوو، حەز، هەوەس) لـێ بـوون. غەریـبـی کـردن

hanky (-kie) دەسـتـسڕ (ی پـەڕۆ)، دەسەسڕ، دەستـڕ

لاسار، بـێـچاوڕوو، بـێ

- panky شەرم؛ بەتایبەت بەرامبەر ژنان. (فیل، تەڵەکە)بازی

hansel چین (وەجبە)ی یەکەم. دیاری؛ بەتایبەتی هی سەری ساڵ. بەشی یەکەم. دیاری پێشکەش دەکا. (کار دەکا. بەکار دەهێنێ) بۆ یەکەمجار

haphazard هەڕەمەکی، بێ شیرازە

hapless بێبەخت، بێ شانس، بەخت رەش

haply بەڵکوو، خوابکەم، بەشکم، خۆزگە

happen روودەدا، دەقەومێ

happily خۆشبەختانە. بەشادی، دڵخۆشانە، بەخۆشحاڵی(ەوە)

happiness شادی، دڵخۆشی، خۆشحاڵی

happy شاد، بەختیار، دڵخۆش، خۆشحاڵ

- go lucky سادەی خۆشگوزەر؛ بە سووک و ئاسانی و بێخەم دەژی

harangue وتار؛ یێکی دوور و درێژ و کاریگەر. (ئامۆژگاری، وتار) (یێکی لەم بابەتە) (دەدا، دەخوێنێتەوە)

harass هەراسدەکا، تەنگاو دەکا. هەراسیدەکا، تەنگاوی دەکا. هەراسان‌دەکا. سەغڵەت‌دەکا

harbinger خەبەردار؛ (کەس، شت) ی کەوا هەواڵی (هاتن، نزیکبوونەوە)ی یەکی تر دەدا. پێشەنگ؛ بەزیو (پ؛ لەسەرەخۆ)

harbour بەندەر؛ ی پاپۆڕان. بەخۆوەدەگرێ، دەحەوێنێتەوە

hard رەق، توند. قورس(ە). ئەستەم(ە)، زەحمەتە

- boiled هێلکەی (تەواو، زۆر) کوڵاو؛ تا ئەو رادەی زەردێنەکەشی رەق بووبێ

- copy (نووسراو، شت)ێکی چاپکراو؛ لە کۆمپیوتەرەوە بۆ سەر کاغەز

- core ناخ. ناوک. ناوەڕۆک. وێنەی رووتی ئافرەت و بە تەواوی پێشاندانی نێرومێ بازی

- currency دراوی زێڕین؛ پارەیەک کە بە گران پەیدا کراوە (یان دەکرێ)

- disc (عەمبار، دەزگا)ی (بەڵگە، نووسراو، وێنە، هتد) پاراستن بە شێوە

- disc (~1) (و لە سەر ناوەند)ی ئەلیکترۆ ماگنیتی

- disc (~2) ؛ ی (رەق، نەقوپاو، نەنوشتاو)ی فرەقەوارە

- done by ناڕەوایی پێ کراو(ە)، بە ناڕێکی لەگەڵی جولاو

- fisted نەخۆر، رەزیل

- labour کاری قورس؛ وەکوو (بەشێک لە) سزا؛ بەتایبەتی لە بەندیخانان

- line توندڕەوی؛ پەیوەستیی بێ سازشی (کەس، تاقم)ێک بە هێڵێکی دیاری

- line (~) (ئایینی، رامیاری، هتد)ی دارێژراو بۆ مەبەستێک

- luck بێ بەخت. بەد بەخت

- of hearing گوێ گران، گوێی گرانە

- on (هەستان، رەقبوون)ی

ئەندامی نێرینە

- pressed جەخت لەسەر کراو، زۆر ویستراو

- sell بە زۆر(ەملێ) (کوتاڵ، جلوبەرگ، بابەت، هتد) پێ فرۆشتن، بەمل داهێنان

- shoulder (بەش، شان، رێچکە)ی هەرە چەپی سەر جادە تێژرۆ یەکان؛

- shoulder (~) کەوا تەنها بۆ (راوەستان، راگرتن)ی ناچاری و فریاگوزاری تەرخان کراوە

- up دەستکورت(ە)، هەژار(ە)، نەدار(ە)، کەم دەرامەتە

- water ئاوی قورس؛ تاڵ، تفت، یا کەم شیرن

- wearing (کەون، کۆن) نابێ، نادڕێ، ناخورێ

- working ئیشکەرە، خۆماندووکەرە، کۆڵنەدەرە

hardback پشترەق، بەرگ رەق؛ بە شتی (رەق، ئەستوور) (بەرگکراوە، داپۆشراوە)

hardboard تەختەدارێکی دارتاشیی رەقە؛ کەوا بە کارگای پاڵەپەستان دروست دەکرێ

hardcore (جەستە، شت، بابەت)ی رەق؛ بەردی (بناغە، ژێر شەقام و جادان، هتد)

harddisc (-sk) (عەمبار، دەزگا)ی (بەڵگە، نووسراو، وێنە، هتد) پاراستن بە شێوە (و لە سەر ناوەند)ی ئەلیکترۆ ماگنیتی؛ ی (رەق، نەقوپاو، نەنوشتاو)ی فرەقەوارە

harden (رەق، توند)(دەبێ، دەکا). (هەڵوێست، بیر و باوەڕ)ی (رەق، توند)تر دەکا. جێی خۆی دەگرێ، دەچەسپێ

hardhearted دڵڕەق، بێسۆز، بێهەست و نەست

hardihood بەجەرگی، دڵڕەقی

hardly بەئەستەم، هەرئەوەتە. بەئاستەنگ(ی)، بە زەحمەت. بێگومان نەء

hardness رەقیی، توندیی

hardship دەستکورتی، هەژاری، نەداری، کەم دەرامەتی

hardware هیربار، قاپ (و قاچاغ). جەستە و بەشە میکانیکی و ئەلیکترۆنیی کۆمپیوتەر و بەرجەستەکانی دیی (پ؛ بەرنامە و کار (کردن) و گەڕانی)

hardwood (دار، تەختە)ی دارتاشی کەوا لە (دار، رووەک) یێکی بتەوەوە هاتبێ

hardy (1) بتەو{پ}، توند، خۆڕاگر؛ لە (ئاست، بەرامبەر) بارودۆخی ئاستەنگی دا

hardy (2) رووەک یێک کەوا (بە درێژایی ساڵ؛ ساڵ دوانزەی مانگ) توانای مانەوە و گەشەکردنی هەبێ لە دەرەوە (ی ژووران)

- annual رووەکی دەرەوە یە، لە دەرەوە دەچێنرێ

hare جۆرە (کەروێشک، کێریشک) یێکی کیوی یە. دەردەپەڕێ، بۆی دەردەچێ، تێی دەتەقێنێ

- brained کێوی، کەللەڕەق، هەڵەشە، بێمێشک

hark ! بەری خۆ بدێ!،

گوێبگره!، هۆشت لێ بێ!، بزانه!

- back *(بگەڕێوه، بڕوانه) بابەتی (پێشەوه، پێشتر باسکراو)*

harlot قەحپه؛ کەسێک که (خۆشی، لەزەت)ی لەشی (به پاره) بفرۆشێ

harm ئەزیەت. تێکدان. زیان. ئەزیەتی دەدا. تێکی دەدا. زیانی پێدەگەیەنێ

harmful ئەزیەتدەر. زیانبەخش. تێکدەر

harmless بێزیان. بێمزەرەت، بێمەسوەدە. در(نده) نییه

harmonic گونجاو(ه). هاوئاهەنگه، سازاوه، ڕێکه له گەڵ (ئاواز، مۆسیقا)

harmonica دەزگایەکی گچکەی (ئاواز، مۆسیقا) یه؛ نیمچه لاکێشەییه؛ به فوو تێکردن و ڕاست و چەپ پێکردن کار دەکا

harmonious هاوسازه، هاوئاهەنگه. کێشراوه، تەرازوو کراوه

harmonize دەگونجێنێ. دەسازێنێ، ڕێکدەخا، هاوئاهەنگی دەکا. دەیکێشێ، تەرازوو دەکا

harmony گونجان. سازان، ڕێکی، هاوئاهەنگی. کێش، تەرازوو

harness تاقمی زین و قایش و لغاو و هتد ی سازدانی ئەسپ بۆ عارەبانه یا سواری. زین دەدا

harp ئامێرێکی (ئاواز، مۆسیقا) یه؛ به بەژنی مرۆ(ڤ) بەرزه و به پێوه و به پەنجه لێی دەدرێ. به قورسی و بێ پچڕانەوه له شتێک دەدوێ

harper عوود ژەن

harpoon چەکێکی (نووک تیژ، به قولاب) بۆ گرتنی (مار، ماسی، حووت، هتد)

harpy دێو ێکی ئەفسانه ییه؛ به سەر و لەشی ئافرەت و باڵ و نینۆکی باڵدار

harridan پیرێژنێکی (توندو تووڕه، بەدخوو)

harrier جۆره (تانجی، تاژی) یەکه؛ ڕاوی (کەروێشک، کێریشکی) پێ دەکرێ. جۆره باڵدارێکی گۆشت خۆره

harrow خەرماشه؛ ی ترەکتەر؛ بۆ ورد کردنی کەستەک(ان) به کار دێ دوای جووت{ۆ} کردن. (کێڵگه، زەوی) خەرماشه(ی) دەکا

harry تێکی دەدا، دەیڕوخێنێ. سەغڵەتی دەکا، تەنگاوی دەکا

harsh (بڕیار، هەست)ی (توند، تیژ)

harshness (بڕیار، هەست)ی (توند، تیژ، ڕەق). زۆر، له ئەندازه بەدەر

hart نێرەی مامز (به تایبەتی هی سوور{ۆ})؛ به تایبەتی له پاش تەمەنی پێنج ساڵی

harum scarum هاروهاج، کەسێکی هاروهاج، مێشک سووک

harvest دروونه، درەو، دروێنه. بەرهەم، داهات. (دروونه، درەو، دروێنه) دەکات، دەدوورێتەوه. وەرزی دروێنه. بەرهەم (کۆدەکاتە، لێدەکاتەوه، دەرنێ، هتد)

harvester مەکینەی دروێنه؛ دەڕاسه. بیستان{ێ} ڕن

has هەیە تی (بۆ کەسی (نێر، مێ) یا شتی سێ یەمی تاک)

hash (1) گۆشتی (پشک، پارچە، لەت) کراو و کولێنراو. تێکەڵ و پێکەڵ. شتی دووبارە بەکارهێنراو. (پشکپشک، لەتلەت)دەکات. بەکار دەهێنێتەوە

hash (2) پیتێکی چاپەمەنی یە

haslet چێشتی جەرگوناو؛ (پارچە، پشک)ەکانی (جەرگوناو، دڵ، ریخەڵۆک{ر}، هتد)ی پێکەوە کولاوی ئاژەڵی سەربڕاو؛ بە تایبەتی هی بەراز

hasp زمانە، قەفیز. دەگرێ، توند دەکا

hassle سەرێشە، کێشە، تەنگوچەڵەمە. هەراسدەکا، تەنگاو دەکا، سەغڵەتدەکا. هەراسیدەکا، تەنگاوی دەکا. هەراساندەکا

haste هەڵەداوان، پەلە. خێرایی. دەستپێشخەری. پەلە دەکا. پەلەی لێ دەکا

in - *بەپەلە، بەخێرایی*

make - *پەلە دەکا*

hasten پەلە دەکا. پەلەی لێ دەکا، خێرای دەکا

hastily بە هەڵەداوان، بەپەلە. بەخێرایی

hastiness پەلە. خێرایی. تەوژم

hasty بە هەڵەداوانە، پەلە کەرە. بە پەلە یە. خێرایە

hat کڵاو، کراو. شەبقە

- rack, - stand *جێی هەڵواسینی کڵاو{ر} و ئەو بابەتانە*

- trick *سێ جار گۆڵ کردن؛ لە لایەن یەک یاریکەر لە یەک یاری (ی تۆپێندا) دا. سێ سەرکەوتن*

hatch کەلێن، دەروازە. (جووجکە) هەڵهێنان. (جووجکە) هەڵدێنێ. خەتخەتی دەکا؛ هێڵی نزیک یەکی (لێ، لەسەر) تەریبی (دەکا، دەنەخشێنێ)

hatchback ئۆتومبیل یکی سواریی پشت (خوار، کووڕ)؛ کەوا دەرگایەک (ی گەورە) خواری یەکەی پێک بێنێ

hatched (جووجکەی) هەڵهاتوو، هەلاتوو (لە هەڵهێنان ەوە). هەڵهات، هەلات

hatchet بیور، تەوشوو؛ یەکی دەسک کورتە

- man *بکوژ، پیاوکوژ؛ ی بەکرێگیراو*

hatching هەڵهێنان، هەڵێنان. هەڵهاتن

hatchway دەرگەی عەمباری پاپۆڕ

hate رکیلێدەبتەوە، قینی لێیە(تی). پێی ناخۆشە؛ (کار، شت)ێک بکات

hatred رک، کینە، قینە

hatter کڵاوچن، کڵاوفرۆش

haughtiness ملهوڕی، لاملی، کەللە رەقی. لووت بەرزی

haughty ملهوڕ، لامل، کەللە رەق. لووتبەرز

haul رادەکێشێ؛ بە هێز. دەگوازێتەوە بە (لۆری، راگوێزەر، هتد). (سەدە، مەودا، ماوە)ی راگوازتنەوە

haulage (گوازتنەوە، راگویزان، راگواستن)ی بازرگانیی بە (لۆری، راگویزەر، هتد). نرخی گوازتنەوە

haulier (کەس، کۆمپانیا)ی راگویزەرەوە؛ ی (شت، کەلوپەل) گواستنەوە

haunch (ران، گۆشت)ی (مامز، هتد)ی نیچیرکراو

haunt (دیوەزمە، جنۆکە، هتد)ی (دەچتێ، سەردانی دەکا، لێی دەژی)

haunted شوومە، بەدوومە، (دێوەزمە، جنۆکە، هتد)ی لێ (نیشتەجێ) یە

have (1) کرداری یارمەتی دەرە بەم واتانەی خوارەوە؛

- not *نی یە (تی)؛ بۆ نەرێ کردنی هەموو ئەمانەی خوارەوە*

have (2) هە(مە، مانە)؛ هەبوون؛ بۆ کەس(ان)ی یەکەم (بدوێن)ی (تاک، کۆ)). هەیانە؛ هەبوون؛ بۆ کەسانی سێ یەم. هە(تە، تانە)؛ هەبوون؛ بۆ کەس(ان)ی دووەم (تاک، کۆ)

- it *بیبە، بۆخۆت (ی ببە، بێ)*

- it out *دەبڕێتەوە، تەواو دەکا. تەواو دەبێ*

- me *بمهێنە، بمخوازە (بەزمانی مێ ینە ەوە)*

- on *لەبەر دەکا*

- rather *پێی باشترە*

- to *دەبێ، پێویستە*

rather - *باشتر وایە*

havelock سەرپۆش ێکە بۆ پاراستنی سەر لە تیشک

haven پەنا(گا)، حەشارگە. بەندەر

haver دوودڵ (دەبێ، ی دەکا). قسەی بێ سەروبەر دەکا

haversack هەگبە. کیسە، گوشێکی گچکەی سەرشان

havoc تێکچوونی بەربلاو، کەلاوەبوون، روخان، خاپوور بوون. نارێکیی زۆر

hawk باز. دەفرۆشێ بە بانگ راهێشتن (هاوارکردن). ئحم دەکا؛ قورگی دەپالێوێ (بە دەنگەوە)، بەلغەم دەهێنێ

- eyed *(بە) چاوی کرپار، چاو تێبڕیو*

- nosed *(کەپوو، لووت) خوار؛ بە شێوەی هی باز*

hawker دێوەرە؛ فرۆشیاری گەڕۆک

hawser گوریسێکی ئەستووری (پاپۆڕ، کەشت)ی راکێشان

hawthorn گێوژ، گوەیژ

hay پووش. قەسەر{ڵ}. کا

- fever *نەخۆشیی هەستیاریی (لووت، کەپو) بە گەرد(یلە) و پووش*

- fever (~) *و پەلاشی بەهار(ە، ی، ان). پژمین بە هۆی پووش و قەسەرەوە*

hayloft کادین؛ شوێنی (داکردن، هەڵگرتن)ی کا یا پووش و پەلاش{ر}

haymow کادین

haywire زۆر خەراپ رێکخراو (ە) . لە دەست دەرچوو (ە)

hazard مەترسی. (هۆ، سەرچاوە) ی مەترسی. خوێ دەخاتە مەترسی یەوە

hazardous مەترسیدار(ە). مەترسی لێدەکرێ. جێی مەترسی

یە

haze تەم و مژ. تاریکی. لێڵی و نادیاریی (بیر، را، هتد)ێک

hazel دار فندق. رەنگی قاوەیی مەیلەو سەوز

- eyed چاو هەنگوینی

hazelnut (تۆ(و)، (دنک،دەنک)، بەر)ی فندق؛ لە بابەتی (گوێز، فستق)ە؛ خڕ و قاوەییە و دەخورێ

haziness لێڵی، تاریکی. نادیاریی (بیر، را، هتد)ێک

hazy تاریکە، لێڵە. نادیارە

he ئەو؛ ئاوەڵناوە؛ بۆ کەسی سێیەمی تاکی نێری بکەر. نیشانەی رەگەزی گازی هیلیۆم (کیمیا)

head سەر، سەلک، کەللە. مێشک، بیر. سەرەک، سەرۆک. سەرۆکی دەکا. پێشرەوی دەکا. دەڕوا (بەرەو)

- butt *کەللە(سەر) لێدان. لێدەدا بە کەللە(سەر)*

- first *لەسەر سەر، بەسەرا؛ هاتنە خوار، کەوتن*

- for *دەڕوا بەرەو ...، بڕۆ بەرەو ...!*

- in the sand *(چاوپۆشین، نکۆڵی کردن) لە هەبوونی مەترسی یا ئاستەنگی*

- office *نووسینگەی سەرەکی*

- on *بە پێشەوە، بەپێشا، سەراوسەر. سەرانسەر، راستە و راست، زەقاوزەق*

- or tail *شێر یا خەت؛ لە بەرەو)*

شێروخەت کردن

- over heels *سەراوژێر، سەروبن*

- start *زوو (سوود وەرگرتن، دەسپێکردن)*

- teacher *بەڕێوەبەری قوتابخانە*

- wind *بای بەرەو روو هاتوو*

بای بەرەو روو

off one's - *تێکچووە، خەڵەفاوە*

headache سەرێشە، ژانەسەر، سەرئێشە. کێشە، تەنگوچەڵەمە

headband (سەر، قژ، پرچ) بەند

headbanger سەرلەقێن، سەرشەقێن، سەربادەر؛ لەگەڵ{ر} (ئاواز، مۆسیقا)ی دەنگ (بڵند، بەرز)، خولیای مۆسیقا. کەسێکی مێشک سووک

headboard (تەختەی) پشتسەر؛ ی قەرەوێلەی نوستن

headcount سەرژمێری، سەرژماردن؛ ی (خەڵک، قوتابیان، کرێکاران، هتد) لە (شوێنێک، قوتابخانە، کارگە، هتد)

headdress سەرپۆش

header (1) سەرنووس؛ هێڵێکی نووسینە لە سەر هەموو پەڕەیەکی (نووسراو، راپۆرت، پەڕتوک، هتد)ێک دووبارە دەبێتەوە (ن؛ ناوی نووسەر، بەروار، هتد)

header (2) بە سەر، کەللە؛ بە سەر لە تۆپ دان
- tank *بەرمیلە ئاوێکی بەرز؛ بۆ پەیدا کردنی پاڵەپەستۆ لەناو بۆری یەکان*

headgear (تاقمی) سەرپۆش (ین)، کڵاو، هتد

heading سەردێڕ. ناونیشان

headlamp چاوەی (تیشک، رووناکی)ی پێشەوەی ئۆتۆمبیل

headland (باسک، زمانە)یەکی زەوی کەوا (سەدە، مەودا) یەک چووبێتە ناو دەریا وە

headless بێسەر. بێ سەرۆک

headlight چاوەی (تیشک، رووناکی)ی پێشەوەی ئۆتۆمبیل

headline ناونیشان؛ ی سەر (ستوون، راپۆرت) ێک؛ بەتایبەتی هی رۆژنامان

headlock سەر (قەمتەر کردن،) لە ناو قۆڵ و بازوو؛ لە (زۆرانێ، زۆرانبازی)

headlong بەسەرا. یەکسەر، بەپەلە

headman سەرەک (خێڵ، تیرە، هتد)

headmaster بەڕێوەبەری قوتابخانە

headphones دەزگای گوێبیست کەوا لە سەرسەر قایم دەکرێ؛ بۆ ئەوەی دەستەکان ئازاد بن

headquarter شوێنی (نیشتەجێی) سەرکردایەتی وەیا بەڕێوەبردن

headrest پشتسەر، سەرین، بالیف؛ بە تایبەتی هی کورسی

headroom بۆشایی سەرسەر لە ناو ئۆتۆمبیلێک، بەرزی ژوورێک لە سەرووی (کەللە) سەرەوە، هتد

headscarf کلێتە؛ کڵاوی سەرو گوێلاک؛ بۆ گەرم راگرتنی

headset دەزگای گوێبیست (و (قسەکردن، ئاخافتن)) کەوا لە سەرسەر قایم دەکرێ؛ بۆ ئەوەی دەستەکان ئازاد بن

headstall شتێکە لە بابەتی (لغاو، قەڕاسە، هتد)؛ بۆ راگرتنی ولاغ(ان)

headstone کێل؛ ی (گلکۆ، قەبر)

headstrong بڕوابەخۆ. ملهوڕ، لامل

headwaters ئەو جۆگەلە و ئاوەڕۆ یانەی روبارێک پێک دێنن

headway پێشکەوتن، بەرەوپێش چوون. بۆشایی سەرسەر لە ناو بەرزی ژوورێک لە ئۆتومبیلێک، سەرووی (کەللە)سەرەوە، هتد

headwear پۆشاکی سەر (ن؛ کراو{ڵ}، جەمەدانی، کلێتە، تد)

headword (وشە(کانی)، خودی) ناونیشان

heady سەرخۆشکەرە، سەرگەرمکەرە. خۆشە. بە سەرێشە یە، سەرێشەی لەدوا (یە، دێ)

heal (چا، باش) دەبێتەوە. (چاک، باش)ی دەکاتەوە. نێوانیان باش دەبێتەوە. (تاڵی، داخ، خەفەت) (ناهێڵێ، لەناو دەبا)

healer (کەس، شت، هتد)ێکی چاکەرەوە؛ بەتایبەتی بۆ شێوە

و جۆری (ئایینی، دەروونی، شێخ، هتد) بەکار دێ

health تەندرووستی

- *centre* *بنکەی تەندرووستی*

- *food* *خواردنی سرووشتی؛ کەوا (دەگوترێ) یارمەتیی تەندروست بوون دەدا*

- *visitor* *دایانی راهێنراو بە خزمەتکردنی منالّی ساواو دایکی لە مالّیان*

healthiness لەشساغی، تەندرووست بوون

healthy تەندرووست(ە)، لەشساغە

heap (جۆخین، کۆمەڵ(ە)) یێکی هەر شتێک. زۆر، کۆمەڵێک. ئۆتومبیلی خەراپ تێکشکاو. کۆمەڵ(ە) دەکا

hear گوێیلێدەبێ، گوێ دەگرێ

hearing گوێلێبوون، گوێ گرتن

- *aid (~)* *دەیخەنە ناو گوێیان تا یارمەتیی گوێبیستن یان بدات*

- *aid* *دەزگایەکی بلندگۆی بچووکە؛ هەندێ (گوێگران، نیمچەکەڕ)*

hearken گوێ قولاغ دەبێ، گوێ دەگرێ

hearsay گۆتەی خەلّک، پروپاگەندە، مقۆمقۆ

hearse عارەبانەی تەرم گواستنەوە. دارەمەیت. تەختەی مردوو گواستنەوە

heart دلّ(ر). ناخ. ناوەڕۆک. ئارەزوو. ئازایی، بەجەرگی. کوپە (لە یاری کاغەز)

- *attack* *نەخۆشیی دلّ وەستانی کتوپڕ*

- *failure* *دلّ راوەستان*

- *rending* *زۆر (دلّگوشێن، ناخۆش)*

by - *لەبەر، لەبییر*

learn by - *فێربوون بە لەبەرکردن*

lose - *دلّ دادەنێ، مەیلی نامێنێ*

take - *خۆی ئازا دەکا، خۆی گورج دەکا*

take to - *لە دلّی دەگرێ، کاری تێدەکا، پەست دەبێ*

heartache غەمباری، داخداری

heartbroken دلّشکاو، دلّڕەنجاو. دلّشکێنراو

heartburn دلّەسۆزە، (خوران، سوتانەوە، خرێوانەوە) یەکی سەرووی گەدەیە

hearten دلّی دەکرێتەوە، دلّخۆش (دەبێ. دەکا)

heartfelt لە (ناخی، قوولایی) دلّەوە، دلّسۆزانە

hearth ئاگردان. مالّ، خێزان

hearthrug بەڕەی دەوری ئاگردان

heartily بە دلّ، لە دلّ ەوە؛ زۆر، گەلەک

heartiness دلّگەرمی، دلّسۆزی

heartland (ناوەند، ناوجەرگە) ی شوێنێک

heartless دلّڕەق، بێ بەزەیی، بێهەست. دلّ لەرزۆک، بێ غیرەت

heartrending زۆر (دلّگوشێن،

ناخۆش)

heartsick وەڕوخاو، بێ هیوا

heartwood (ناخ، ناوەند)ی رەقی داری ئەستوور

hearty گەرم، دۆستانە. بەهێز. ژەمێکی (گەورە، پڕ بە دڵ)

heat گەرما، گەرمی. گەرم دەکا

heated تووڕەوتوند

heater تەباخ، سۆبە، هتد

heath مێرگ

heathen (1) بتپەرست، بێ ئایین، کافر. کەسێک کەوا پەیرەوی یەکێک لە ئایینەکان نەکات؛ بە تایبەتی ئەگەر (عیسایی، موسوڵمان، مووسایی) نەبێت

heathen (2) کەسێکی بێ (کەلەپوور،بنەڕەت، بڕوا، هتد). زانستپەرست

heathenism بتپەرستی، بێ ئایینی، کافری. زانستپەرستی

heather (رووەک، درەخت)ی کورتەبالا؛ ی خۆڕواو

heating گەرمکردن، گەرمی

- system *دەزگای (ئاو، هەوا) گەرمکردن*

heatproof توانای بەرگریی گەرمیی زۆرە، بەرهەڵستیی گەرما دەکا

heatwave (شەپۆل، ماوە) یەکی گەرمیی نائاسایی

heave بە ئاستەنگ (هەڵدەگرێ، دەگوازێتەوە). هەڵدەدا. بەرێکی بەرز و نزم دەبێتەوە. هەڵگرتن. هەڵکێشان. بەرز و نزم بوونەوە

- a sigh *هەناسە هەڵدەکێشێ*

heaven بەهەشت. ئاسمان، بەرزیی

heavenly بەهەشتی، خودایی. ئاسمانی، بەرز. مەزن، رووخۆش، پاک رەوشت

- bodies *جەستە ئاسمانییەکان؛ ((خۆر، رۆژ)، مانگ، ئەستێرەکان، هتد)*

heavily بە قورسی، بە گرانی. بە توندی. بە زۆری

- armed *پڕچەکە*

heaviness قورسایی، (بار) گرانی. لەسەرەخۆیی. غەمگینی، خەمباری

heavy قورس(ە)، گران(ە). توند، بەزەبر. لەسەرەخۆ(یە). زۆر (بارانی زۆر). غەمگین، خەمبار. لەسەرەخۆ

- duty *(ئامێر، دەزگایەک)ی (خۆڕاگرە، بتەوە، زۆرژی (یە)، تەمەن درێژ)*

- going *پێشڕەوی یەکی (لە سەرەخۆ، قورس، گران)*

- handed *زۆردار، چەوسێنەر*

- hearted *دڵگران، غەمناک، خەمبار*

- industry *پیشەسازیی قورس؛ هی ئاسن و ئامێر و هتد*

- petting *دەسبازیی زۆری نێر و مێ؛ تەنها جووت بوونی کەمبێ*

heavyweight کێشی قورس؛ لە (مستانی، وەرزش، هتد). مستوانی کێشی قورس. کەسێکی (قەڵەو. گرنگ)

hebdomad هەفتە. حەفت

hebdomadal (کۆبوونەوە، بەیەک گەیشتن)ی هەفتانە (یە). حەوتوو(انە)

Hebraic هیبرایی، (هی، تایبەتە بە) (هیبرو، جولەکە)

Hebrew یەهوودی، هیبرو؛ عیبری. هیبرو؛ زمانی جولەکان

hecatomb کوشتار، کۆمەڵکوژی، قڕان

heck دەربڕینی (سەرسوڕمان، ناڕازی بوون) یکی کەم

heckle (قسەبڕین بە، هەراسانکردنی) (وتەبێژ، وتارخوێن)یکی گشتی

hectare یەکەی مەتریی پێوانەی رووبەری چارگۆشەیە؛ دەکاتە (١٠٠ ئەیر) یا (١٠٠٠٠ مەتری چارگۆشە) یا (٤٧١و٢ ئەیکەر (دۆنم))

hectic شلۆق و بشێوی یە، قەڵەباڵغە، کەسبەکەس نییە. تای لێ یە

hecto- (پێشگر، پێشکۆ)یە بە واتای (سەد...، ١٠٠)

hectogram(me) یەکەی مەتریی پێوانی سەنگە؛ دەکاتە سەد گرام (١٠٠گم)

= hg *(نیشانە، کورتکراوە)ی واتای سەرەوە یە*

hectolitre یەکە یەکی پێوانی قەوارەی شلەیە؛ دەکاتە سەد لتر

hector گاڵتەی پێدەکا، پێی رادەبوێرێ. (پێ) رابوێر، گاڵتەپێکەر (نەوەک؛ گاڵتەچی)

hedge (پەرژین، لێوار، تخووب)ی درک. پەرژینکردن، خۆ پاراستن. پەرژین دەکا، دەوری دەگرێ. خۆ دەپارێزێ

- hop *لە بەرزاییەکی زۆر کەم دەفڕێ*

- sparrow *جۆرە (چۆلەکە، کێشکە)یەکی ناو درکەلانە*

hedgehog ژووژگ

hedgerow ریزێک درکەلان؛ ی وەکوو پەرژین

hedonism باوڕهێنان بە رابواردن؛ وەکوو ئامانجی دروستی مرۆ(ڤ)

hee haw زەڕین (ی کەر)؛ بەڕاستی و بە لاسایی کردنەوە. لاسایی زەڕین ی کەر دەکاتەوە؛ دەنگی وەک زەڕین دەردەکا

heed (بە وریایی) گوێدان بە. گوێدەدا بە

heedful گوێ رایەڵ، گوێگر. گوێدەر

heel پاژنی، قونپاژن(ی). پاژنەی پێڵاو. لار (دەبێ. دەکا)

take to one's -s *هەڵدێ، رادەکات، تێی دەقووچێنێ*

hefty کەسێکی گەورەو بە هێز. شتێکی قەبە و (قورس، گران) و بە وزە

heifer مێنگین؛ (مانگا، چێر) یکی لاو؛ بەتایبەتی یەکێ کەوا لە یەک (گۆلک، گوێرەک)ەی زیاتری نەبووبێ

height بالا. بەرزی، بڵندی. بەرزایی، گرد، هتد. ئەوپەڕی (شتێک، دیاردەیەک، هتد)

heighten (بەرزتر، توندوتیژتر) (دەکا. دەبێ)

heinous بڵح، ناشیرن. نائاسایی

heir میـراتـگر؛ کـەسێکـی (مـوڵـک، پلـە، پایـە) پـێ (ڕەوا بـینـراو، دراو) وەکـوو مـیـراتـگری یاسایـی خاوەنـی پـێشووی

heirdom میـراتـگری. بـەدواداهاتـن، بـەدوای یـەکدا هاتـن؛ خیـلافـەت

heiress میـراتـگر (ی مـێ ینـە)

heirloom مـیـرات

held گرت(ی). هەڵگرت، هەڵیگرت. گیـرا

helical وەکوو (هێڵ، پـێـچ) یـکـی (لـوول، بـا)دراو، وەکوو ئـیـسپـرینـگ

helices (هێڵ، پـێـچ)ە (لـوول، بـا)دراوەکان، شێـوە ئـیـسپـرینـگان

helicopter هەلـیـکۆپـتـر

helio- (پـێشگر، پـێشکۆ)یە بـە واتـای (ڕۆژ، خۆر)

heliocentric دانـانـی (ڕۆژ، خۆر) بـە چەق. وەکو ئـەوەی لـە چەقـی (خۆر، ڕۆژەوە) تـەماشای (کرابـێ، بـکرێ)

heliograph (دەزگا، ئـاوێـنـە)ی بـرووسکـە ناردن بـەڕێگـەی تـیشک (ناردن، هاوێـشتـن). بـرووسکـەی تـیشک

heliolatry (خۆر، ڕۆژ) پـەرستـی؛ جۆرە ئـایـیـن یکـە

Helios خۆر، ڕۆژ. (خوا، یـەزدان)ی (ڕۆژ، خۆر)

heliotrope جۆرە ڕووەکێکـی گوڵ مۆرە؛ وەکو گوڵـەبـەڕۆژە لـە گـەڵ (خۆر، ڕۆژ) دەسووڕێـتـەو

heliport جێ یـەکـی تـایـبـەتـی یە بـۆ هەڵـفـریـن و نـیـشتـنـەوەی هەلـیـکۆپـتـەران

helix (هێڵ، پـێچ)یکـی (لـوول، بـا)دراو؛ (وەکوو، شێـوە) ئـیـسپـریـنـگ

hell دۆزەخ، جـهـەنـدەم، جەهەنـنـەم

Hellene خەڵکـی یۆنـان ی ئـێستـا. یۆنـانـی کۆن

Hellenic یۆنـانـی

Hellenism کـەلـتووری یۆنـانـی؛ بـەتایبـەتـی هی کۆن

Hellenistic (هی، تـایـبـەتـە بـە) (مێژوو، زمان، کـەلـتوور)ی یۆنـان لـە دوا چار سەدەی پـێش زایـیـنـی عیسا

hellish دۆزەخی، جـهـەنـدەمـی. ئـەهریـمەنـی، شەیـتـانـی. شەڕانـی، شەڕخواز

hello دەربـڕیـنـی (سڵاو، پـێشوازی) ی (دۆستـانـە، بـرادەرانـە، نـا فـەرمـی). دەربـڕیـنـی سەرسوڕمان. بـۆ بـانـگ کردن، سەرنـج ڕاکـێشان

helm (دەفـە، سوکان)ی (کـەشتـی، بـەلـەم)

helmet (پـۆشاک، کڵاو)ی (سەر، کـەلـلـە) پـارێز؛ کـەوا (پـاسکـیـل و مـاتـۆڕسوار، پـۆلـیـس، هتـد) لـە سەری دەکـن

helmsman (دەفـەچی، شوفـێری) (کـەشتـی، بـەلـەم)

help یـارمـەتـی، فـریاکـەوتـن، بـەپـیرەوەهاتـن{ل}. یـارمـەتـی دەدا، فـریـا دەکـەوێ

- yourself *فـەرموو !، بـفـەرموو !. فـەرموو بـێـبـە !*

I can't - it *بـەخۆم نـاوەستـم. چارەم نـیـیـە، نـاتـوانـم*

helpful یـارمـەتـیـدەر(ە)، یـارمـەتـیـبـەخش(ە). سوودبـەخش(ە)

helpless بێچارە، بێدەرەتان، بێپەنا

helpline (خزمەت، یارمەتی)یێکە بە تەلەفۆن دەکرێ (سوودی لێ) وەرگیرێ

helpmate یارمەتیدەر، کومەک کەر، هەڤاڵ

helter skelter تێکەڵوپێکەڵ. خشخشۆکی لوولەیی

Helvetian سویسرایی

Helvetica سویسری

hem رۆخ، لێوار. (پێشگر، پێشکۆ)یە بە واتای (هی خوێن(ە)، تایبەت(ە) بە خوێن(ە))

hemi (پێشگر، پێشکۆ)یە بەواتای (نیوە)

hemisphere نیوەتۆپ، نیوەخڕ، نیوە گەردی زەمین؛ ی (ن؛ رۆژهەلات، رۆژئاوا)

hemline (دامان، دامێن، رۆخ، لێوار)ی کراسی ئافرەت

hemlock جۆرە درەختێکی ژەهراوی یە

hemo (پێشگر، پێشکۆ)یە بە واتای (هی خوێن(ە)، تایبەت(ە) بە خوێن(ە))

hemoglobin خانە ئۆکسیجین هەڵگرەکانی ناو خرۆلکە سوورەکانی خوێن

hemophilia نەخۆشی یەکی رەچەڵەکی (میراتگرانە)یە؛ خوێن (بەئاسانی، وەکوو ئاسای) ی (کلۆت، توند) نابێ، لە بچووکترین برین یش (دەوە)

hemophiliac (گرفتار، نەخۆش) یێک بەو دەردەی سەرەوە

hemorrhage خوێن لێچوون یێکی کوشندە؛ بە هۆی (بران، پسان) ی شالوولەوە

hemorrohoids نەخۆشی مایەسیری؛ (خوێن تێزان، ئاوسان، برینداربوون)ی دیوارەکانی (بۆری، لوولە)ی (قوون، قینگ)

hemp رووەکی (کتان، کەتان)

hempen کەتانی

hen مریشک، مامر

- party *کۆبوونەوەی ژنان؛ بە بۆنەیەکی کۆمەلایەتی*

henbane رووەکێکی ژەهراویی بۆن ناخۆشە

hence لە ئێستاوە، لەم کاتە (بەدوا) وە. لۆیێ، لەبەرهەندێ، بۆیە، لەبەرئەوە، لەوما، ئەوجا

henceforth لێرە بەدواوە، لە ئێستا بەدواوە

henchman لایەنگری دڵسۆز، پشتگیری راستەقینە

hencoop کۆریت؛ ی مریشک(ان)

henna خەنە

henpecked لە ژێر دەست((هـ)ەلات)ی ژنەکەیەتی

hepatic (هی، تایبەتە بە) (جەرگ، جگەر) ەوە. دەرمانی (جەرگ، جگەر)

hepatitis نەخۆشیی (ئاوسان، هتد)ی (جەرگ، جگەر)

hepta- (پێشگر، پێشکۆ)یە بەواتای حەفت

heptagon (جەستە، رووبەر)یێکی حەفتگۆشە، حەوتلا

heptangular حەفتگۆشەییە

her بۆئەو، لە(ئە)و، بە(ئە)و؛ کەسی سێیەمی تاکی مێ ی کار (لێ، تێ) کراو

herald هەواڵنێر، خەبەردار. پێشەنگ؛ بەزیو (پ؛ لەسەرەخۆ)

herb گیا و گوڵ{ر}؛ هەر رووەکێکی بێ دارکی تۆ(و) (کەر، گر) کەوا بۆ (داودەرمان، (شیو، چێشت)، بۆن، هتد) بەکاربێ

herbaceous بە سەوزەو گوڵ و گیای هەمیشە سەوزە

herbage گیاوگوڵ{ر}

herbal دەرمانی گیاوگوڵ. پەرتووکێک باسی بەکارهێنانەکانی گیا بکات بۆ دەرمان

herbalist (نووسەر لەسەر، بازرگانی) داودەرمانی سروشتی (گیاوگوڵ{ر})

herbicide دەرمانی گیاکوژ؛ بۆ پاکردنەوەی پاغچە لە گیاوگوڵی (نەویستراو، زیانبەخش)

herbivorous گیاخۆر(ە)؛ لە سەر (گیا، درەخت، رووک) دەلەوەڕێ، بە گیا دەژێ

Herculean بەهێز، بەتوانا

herd رەوە. مێگەل، ران. لێیان دەخورێ

herdsman (شوان، گاوان، خاوەن، هتد)ی (مێگەل، ران، گاران)

here ئێرە، ئائێرە. لێرە، ئەلێرە

! - *ها !، بگرە !*

- and now *هەر ئێستا، یەکسەر، بێ دواخستن*

- and there *لە زۆر شوێنان، لێرەو لەوێ*

hereabout(s) لەم دەورو بەر(ان)ە، نزیک ئێر(ان)ە

hereabove لەسەرەوە، پێشوو. پێشتر باسکراو

hereafter لێرە بەدواوە

hereat لەبەر ئەوە، بەم هۆیە. ئەوجا

hereby لێرەدا، بەم پێیە، بەم جۆرە. لەئەنجامدا

hereditable لە میراتگرتن (هاتوو، دێ)؛ بە میرات دەگیرێ

hereditament تایبەتمەندیی یەکی میرات. ئەوەی بە میرات دەگیرێ

hereditary میراتی یە؛ (هی، تایبەتە بە) میراتگری. (وەک، بە) میرات دەگوازرێتەوە (ن؛ نەخۆشی، پلە، پایە، موڵک، هتد)

heredity گواستنەوەی تایبەتمەندیی (فیزیای، مێشک، بیر، دەروون)ی بە هۆی (جینەکان، میرات) ەوە

hereford جۆرێکە لە مانگا؛ زیاتر بۆ گۆشتی (رادەگیرێ، بەخێودەکرێ، دادەبەسترێ)

herein لەم بابەتە (ەوە)، لەناو ئەم پەرتووکە، هتد. لەمەوە، لێرەدا

hereinafter وا لەخوارەوە، لە ژێرەوە، وا، لەمەی لەخوارەوە باس دەکرێ. لەم خاڵە (بەولاوە، بە دواوە). لە (بەش، شوێن) ێکی کە (ی ئەم نووسراوە)؛ دواتر باسی دەکرێ

hereof هی ئەمە، لەمە، لەبەر ئەمە. لەبەر هەندێ، (بۆیە، لۆیە)

hereon ئەوجا، هەنگینێ، لەبەر ئەوە

heresy بـیـروڕای ئـایـیـنـیـی (نـائـاسایی، نـاپـەسـنـد، تـازە، جیـا، هـتـد)

heretic(al) (کـەسـێـکـی) خاوەن بـیـروڕای ئـایـیـنـیـی (نـائـاسایی، نـاپـەسـنـد، تـازە، جیـا، هـتـد)

hereto تـا ئـێـرە، تـاکـو ئـەمـە. (تـا، بـۆ) ئـەم (بـابـەتـە، مـەسـەلـەیـە)

heretofore پـێـشان، پـێـشـتـر، لـەوەی لـە پـێـشەوە بـاسکرا، یـەکـەم (یـان (بـوو)). پـێـش ئـێـستـا

hereunder لـە خـوارەوە، والـەخـوارە، لـەوەی (دێ، بـاسدەکـرێ)

hereupon لـەدوای ئـەمـە، لـە ئـەنـجـامـی ئـەمـە (دا)

herewith لـەگـەڵ ئـەم نـامـەیـە دا، لـەگـەڵ ئـەمـە (دا)

heritable لـە مـیـرات (گـرتـن) دێ. گـوێـزەرەوەیـە؛ لـە دایـک و بـاوکـەوە بـۆ مـنـاڵ؛ لـە ڕێـگـەی جیـنـەکـان (ەوە)

heritage مـیـرات، ئـەوەی دەبـێ بـە مـیـرات، پاشمـاوە. مـیـراتـی نـەتـەوەیـەک؛ لـە (شـوێـنـی مـێـژوویـی، ئـاسـەوارەکـان، هـتـد)

heritance مـیـرات، پـاشمـاوە، ئـەوەی دەبـێ بـە مـیـرات. مـیـراتـی نـەتـەوەیـەک؛ لـە (شـوێـنـی مـێـژوویـی، ئـاسـەوارەکـان، هـتـد)

hermaphrodite نـێـر و مـێ یـە لـە هەمان کات دا؛ ئـەنـدامـەکـانـی زاوزێـی نـێـر و مـێـی هـەیـە. (ئـاژەڵ، رووەک)ی نـێـرەمووک

hermetical تـونـدکـراو، تـونـد بـەسـتـراو، هەوای نـاچـێ

hermit خواپـەرست، دێـوانـە، سۆفـی. (کـەسـێـکـی) دوورەپـەرێـز

hermitage (مـاڵ، دیـوەخان)ی (خواپـەرست، دێـوانـە، سۆفـی)

hernia نـەخۆشی ی (قـۆڕی، فـتـق)

hero پـاڵـەوان، قـارەمان

heroic(al) پـاڵـەوانـانـە، قـارەمانـانـە. گـیـانـبـازانـە

heroin دەرمـانـێـکـی (سڕ، بـێـهـۆش، گـێـژ، وڕ) کـەرە

heroine پـاڵـەوان (ی مـێ)، قـارەمان (ی مـێ)

heroism پـاڵـەوانـێـتـی، قـارەمانـێـتـی. گـیـانـبـازی

heron شیـنـەشاهۆ؛ مـەلـێـکـی رەنـگ قـوڕقـۆشم یـی کـەم جوولـە یـە؛ شێـوە و قـەبـارەی تـا رادەیـەک لـە هی حاجی لـەقـلـەق دەچێ

herpes نـەخۆشی یـەکـی ڤـایـرۆسیـی پـێـسـتـە

Herr نـاونـیـشانـی پـیـاوە بـە زمـانـی ئـەڵـمـانـی؛ بـەڕێـز، کـاک. پـیـاوێـکـی ئـەڵـمـانـی

herring جۆرە ماسی یـەکـی دەریـایـیـە؛ بـۆ خـواردن راو دەکـرێ

hers (هی، تـایـبـەتـە بـە) (خۆی، ئـەو)؛ هەبـوون؛ بـۆ کـەسـی سێ یـەمـی تـاکـی مـێ

herself خۆی، هەرخۆی. (بـۆ، بـە، لـە، هی، هـتـد) خۆی؛ کـەسـی سێ یـەمـی تـاکـی مـێ ی کـار (تـێ، لـێ) کـراو

by - *بـەخۆی، هەرخۆی، بـە تـەنـهـا خۆی؛ بـە تـەنـێ*

hertz یـەکـەی پـێـوانـی (خێـرایـی هەژانـی شەپـۆڵ) ە؛ ژمـارەی شەپـۆڵـەکـان (ی تـێـپـەڕیـو بـە خاڵـێـک دا) لـە چرکـە یـەک دا

= *Hz* *شێوەی کورتکراوەی* هێرتز

hesitancy دوودڵیبوون

hesitant دوودڵ

hesitate دوودڵیدەکا

hesitation سڵەمینەوە، دوودڵی (کردن. بوون)

hetero (پێشگر، پێشکۆ)یە بە واتای (جیا، ئی دی، هی دی)

heteroclite نائاسایی؛ 'شاذ{ز}'

heterodox ئەرثۆدۆکس نییە؛ لادەرە، فرەباورە، باوەڕی جیای هەیە

heterogeneous تێکەڵە، تایبەتمەندیی جیاجیای هەیە

heteromorphic شێوەی جیاجای هەیە، شێوەی جیاجا بەخۆوە دەگرێ

heterosexual (هەست، حەز، ئارەزوو، کردەوە)ی نێرینەیەک بە (تێکەڵ، جووت) بوون لە گەڵ مێ ینە یەک؛ یا بە پێچەوانەوە

heuristic تاقیکەرەوە(یی)یە؛ (هەوڵدان بۆ) دۆزینەوەی چارەیەک بە ڕێگەی هەوڵدان و هەڵە کردن و دوبارە هەوڵدانەوە؛ هەتا گەیشتن بە ئەنجام

hew دار (دەتاشێ، دەبڕێ، لەت دەکا) بە (بیور، تەور، هتد). (شێوە، پەیکەر) دەتاشێ لە دار. لووس دەکا

hex جادوو(گەری) دەکا، شێتی دەکا؛ بە جادووی. شتێکی سەیر، جادوو ئاسا

hexa- (پێشگر، پێشکۆ)یە بە واتای (شەش(ی))

hexadecimal (نیزام، رژێم، سیستەم)ی ژماردن یێکی تازە یە؛ تایبەتە بە کۆمپیوتەر؛ تێیدا (١٦ ژمارە) بنچینە یین؛ (نەوەکە؛ ١٠ ژمارە (لە رژێمی

hexadecimal (~) دەیی))؛ (٠) تا (٩) وەکو خۆیانن؛ بەلام پیتەکانی (ئەی) تا (ئێف) شوێنی ژمارەکانی (١٠) تا (١٥) دەگرن (ت؛ ٠ تا ١٥ دەکاتە ١٦)

hexagon رووبەرێکی (شەشلا (شەش گۆشە))یی

hexagram ئەو (شێوە، ئەستێرە)ی کە پێک دێ بە یەکتر برینی دوو سێگۆشەی رووبەر یەکسان و هاولا. ئەستێرەی داوود (ی پەیامبەر)؛ ئەستێرەکەی ناو ئالای ئیسرائیل

hexangular شەشگۆشە یە

hey بانگکردنی نێوان (دۆست، برادەر)، دەربڕینی (خۆشی، سەرسوڕمان، لێکۆڵینەوە)

heyday (رۆژ، سەردەم) ی (خۆشی، خۆشگوزەرانی، گەشەکردن، پەرەسەندن)

Hg نیشانەی رەگەزی جیوە یە (کیمیا). (نیشانە، کورتکراوە) ی واتای خوارەوە یە؛ = *hectogram(me)* *یەکەی مەتریی پێوانی سەنگە؛ دەکاتە سەد گرام (١٠٠گم)*

HGV لۆری، گوێزەرەوە؛ ئۆتومبیلی باریی (شتومەک)، ئۆتومبیلی کەلوپەل راگواستنی (قورس، گران)

hi (1) شێوەی کورت(کراو)ە بۆ (

سلاو، مەرحەبا، چاكوچۆنی) كردن بە واتای؛
سلاو، ئەم كاتەت باش، مەرحەبا، چۆنی، سەلام (ون عەلەیك (وم)) *= hello*

hi (2) كورتكراوەیە بە واتای؛
بەرز، بالا. *= high*
پێشكەوتوو
- tech *تەكنۆلۆجیای (پێشكەوتوو، بەرز)ی (هەیە، پێویستە، دەوێ)*

hiatus (بۆشایی، كەلێن، كون، كەلەبەر) یێك لە (ریزێك، زنجیرەیەك، نێوان دوو) شت دا

hibernal (زستان، جستان) ییە

hibernate (زستان، جستان) بە سری دەباتەسەر؛ (بۆق، مار، هتد) لە وەرزی زستاندا سڕ دەبێ

hibernation سڕبوون؛ ی (بۆق، مار، هتد) لە وەرزی زستان دا

Hibernian هۆنەر، شاعیر. خەڵكی ولاتی ئایەرلاند(ە)

hiccough نزگرە. (راوەستان، لەكار كەوتن، تەگەرە) یەكی (كاتی، كەم)

hiccup نزگرە. (راوەستان، لە كار كەوتن، تەگەرە) یەكی (كاتی، كەم)

hid خۆی شاردەوە. شاردیەوە. خۆی حەشاردا

hidden شاراوە، شاردراوە

hide دەشارێتەوە، حەشار دەدا، تەقەت دەكا
- and seek *چاوشاركێ*
- out *حەشارگە، جێی خۆ شاردنەوە*

hideous (روخسار، شێوە) زۆر ناشیرن. رووتاڵ. ناخۆش

hiding (خۆ، شت) (حەشاردان، شاردنەوە). (دۆخی) شاراوەیی، حەشاردراوی
- place *حەشارگە، جێی (خۆ، شت) شاردنەوە*

hierarch پێشەوای ئایینی

hierarchy (نیزام، رژێم، سیستەم)ی پلەكانی (پایەداری، دەسەلات)ی یەك لە سەرووی ئەوی تر

hieratic (هی، تایبەتە بە) (قەشە، شێخ، دەروێش، هتد). (هی، تایبەتە بە) نووسینی هیرۆگلیفی (ی میسری (ی كۆن))

hieroglyph 'وێنە' یەك كەوا (وشە، برگە، زاراوە، دەنگ) یێك (بنوێنێ، دەرببڕێ)؛ وەكو لە میسری كۆن دا بەكارهاتبوو

hieroglyphic هی هیرۆگلیفی، بە هیرۆگلیفی (ی میسری (ی كۆن)) نووسراوە. نووسینی هیرۆگلیف

hieroglyphy (زمان، نووسین)ی هیرۆگلیفی

hi-fi دەنگ (وەكو خۆی، دروست) تۆمار كردن؛ بە چۆنییە تیەكی (بالا، بەرز). دەزگایەكی دەنگ كەوا خاوەن ئەم تایبەتمەندی یانە بێ

HiFi = hi-fi

higgle (مامەلە، سازش) دەكا. (هاوار، پڕوپاگەندە) بۆ شتومەكی بازرگانی خۆی دەكا

higgledy piggledy

تێکەڵوپێکەڵ، بێ سەروبەر، حەشە مێشە

high بەرز، بڵند. گرانبەها. زۆر. سەرخۆش (بە زمانی خەڵک)

- altitudes بڵندایی زیاد، بەرزی

- arm بەهێزو بازوو، دەس قورس

- class چۆنییەتی یەکی (باڵا، بەرز)

- command سەرلەشکری گشتی و دارو دەستەکەی

- commission باڵیوزی وڵاتێکی (هاوسامانی؛ کۆمنویڵث) لە لای یەکی دی (کە)

- court دادگای (باڵا، بەرز)

- day رۆژێکی (بەزم، ئاهەنگ، خۆشی، رابواردن)

- explosive تەقینەوەی زۆر هەستیار؛ ئاسان دەتەقێتەوە (ن؛ بە گەرمی یەکی کەم)

- fidelity دەنگ (وەکو خۆی، دروست) تۆمار کردن؛ بە چۆنییە تییەکی (باڵا، بەرز)

- fidelity (~) دەزگایەکی دەنگ کەوا خاوەن ئەم تایبەتمەندی یانە بێ

- flyer (- flier) کەسێکی (خاوەن (دید، خۆزگەی زۆر)، دووربین، خاوەن ئارەزووی زۆر)

- frequency شەپۆلیکورت؛ (هاژە، هەژان)ی (بەرز، زۆر، تیژ)؛ ی سەرووی ٣٠٠ کیلۆ هێرتز

- gear گێڕی بەرز؛ لای (تایە، سووڕاو) (خێراتر، زیاتر) بخولێتەوە لە لای (مەکینە، سوورێنەر)

- hand بەهێزو بازوو

- handed بێ ڕێزە؛ بۆ خەڵکی تر

- heels پێڵاوی (قون) پانی بڵندی ژنان

- jinks (ئاهەنگ، بەزم، رابواردن)ی بە دەنگەدەنگ و غەڵبەغەڵب

- jump یارییەکی وەرزشییە؛ باز(دان)ی بەرز

- level (لەسەر) ئاستی (باڵا، بەرز)

- minded خاوەن خوورەوشتێکی بەرز، بە بنەما

- pitched (سەربان)ی (رک، زۆر لێژ)، دەنگی (بەرز، باڵا)

- price گرانبەهایە

- rise خانوو یەکی بڵندی فرە قات؛ زیاد لە پێنج قات بێ

- road (شەقام، جادە)ی سەرەکی

- school قوتابخانەی (دوا) ناوەندی

- sea(s) (قوولایی؛ دوور لەناو) دەریا(کان) کەوا موڵکی هیچ وڵاتێک نەبێ

- season (کات، وەرز)ی ئەوپەڕی (سەیران، بەرهەمهێنان، دروێنە، خوێندن، هتد)

- spirited رووگەش، رووخۆش، زیندوو، خۆشحاڵ

- street (شەقام، جادە)ی بازاڕ کردنی سەرەکی لە شار (ۆچکە) ێکدا

زۆر. سەرخۆش (بە زمانی خەڵک)

- tech *تەکنۆلۆجیای بەرزی (*

هەیە، پێویستە، دەوێ)

- tide *کاتی ئەوپەڕی دەریا (*

هەڵکشان، هەستان)، هەڵکشانی

ئاوی دەریا بۆ بەرزترین

ئاستی

- time *کاتی (روودان، هاتن،*

هتد)ی (بە زیادەوە) هاتووە،

کاتی (روودان، هاتن، هتد)ی

تێپەڕیوە

- up *(کەسێکی) پایەبەرز*

- voltage *کارەبا یەکی (خێرا،*

بەهێز)ە؛ کەوا توانای (

زیان گەیاندن، بریندار کردن)

ی هەیە

- water *کات یا ئاستی*

ئەوپەڕی شەپۆڵ (هەستان،

هاتن)

- wire *پەتی لە بەرزیی*

هەڵواسراوی (وازی لەسەر

کردن، ئەکرۆباتیک)

-er education *خوێندنی باڵا؛*

خوێندن لە زانکۆ دا

highborn بەرەچەڵەک، رەسەن

highbrow رۆشنبیر، روناکبیر کەسێکی بەم تایبەتمەندی یانە

highland (وڵات، هەرێم) ێکی (بەرز، شاخاوی). بانی، بەرزایی

highlander کەسێکی شاخاوی، خەڵکی (وڵات، هەرێم) ێکی (بەرز، شاخاوی) بێ

highlife خۆشگوزەران، خۆشگوزەر

highlight (شوێن، شت)ێکی (گەش، گرنگ). گرنگی پێدەدا، دەست نیشانی دەکا، (هێڵ، خەت)ی (گەش، رەنگاوڕەنگ)ی بە (ژێر، سەر) دا دەکێشێ؛ بۆ گرنگی پێدان

highly بەزۆری، گەلێک، گەلەک. بە پلەیەکی بەرز

highness خاوەنشکۆ، شکۆدار. بەرزی، بڵندی. زۆری

highway رێگەوبانی گشتی؛ جادە، شەقام، رێ

- code *پەرتووکێکی رێنمایی (کردنی) زۆر بەسوودە بۆ تازە فێربووان و*

- code (~) *(هەروەها بۆ وەبیرخستنەوەی زانیاری)ی (شوفێر، ماتۆرسوار، پیادان)*

highwayman رێگر، جەردەی رێگەو بانان

hijack (ئۆتومبیل، فڕۆکە، هتد) دەرفێنێ (بە تایبەتی) بۆ ئەوەی بۆ شوێنێکی کەی ببات. کەلوپەلی ناو بار دەبات. بە زۆر (خۆ، بیروڕا)ی دەسەپێنێ بە سەر (کۆبوونەوە، هتد) یەک

hike پیادەڕۆ یەکی دوورو درێژ؛ لە دەشتێ. (پیاسە، گەشت، گوزار) دەکا؛ پیادەیی. بە پێ دەڕوا

hilarious خۆشحاڵە، زۆر سەیرو سەمەرە یە. بەزمو رەزم کەرە؛ بە دەنگ و هەراوە

hilarity خۆشحاڵی، سەیرو سەمەرە یی. بەزمو رەزم (کردن)

hill بستی، بستوو، گرد، تەپە

hillock گردۆلکە، تەپۆڵکە

hillside (دامێن، دارێن)ی گرد،

(قەدپاڵ، قەدگرد)ێک؛ لێژایی (کەمی) گرد

hilltop سەر گرد(ی)

hilly گردە، تەپۆڵکاوی یە؛ بەرز و نزمە

hilt دەسکە (خەنجەر، شمشێر، هتد)

him بۆئەو، لە(ئە)و؛ کەسی سێ یەمی تاکی نێری کار (لێ، تێ) کراو

himself خۆی، هەرخۆی. (بۆ، بە، لە، هی، هتد) خۆی؛ کەسی سێ یەمی تاکی نێر ی کار (تێ، لێ) کراو

by - *بەخۆی، هەرخۆی*

he is not - *گۆڕاوە، لەخۆی گۆڕایە، لە خۆی دەرچووە*

hind دواوە، پشتەوە. لە (پشتەوە، دواوە) یە. (مامز، ئاسک)ی (سووری) مێ ینە؛ بە تایبەتی لە تەمەنی سێ ساڵی بەو لاوە

- sight *ئاوردانەوە لە (دواوە. رابوردوو). (شتێک) بەبیر خۆ هێنانەوە. پاشبینی (کردن)*

hinder دوای دەخا، تەگەرەی دێختێ {دەخاتێ}، رێی لێ دەگرێ

hindermost هەرە (دواوە، پشتەوە). لە هەرە (پشتەوە، دواوە) یە

Hindi زمانی سەرەکی یە لە هیند(ستان)

hindmost هەرە (دواوە، پشتەوە) . لە هەرە (پشتەوە، دواوە) یە

hindquarters پاشەڵ؛ ی وڵاغ

hindrance تەگەرە، رێگر. رێگرتن

Hinduism سیستەمی سەرەکیی ئایینی و کۆمەلایەتییە لە هیند(ستان)؛ کەوا (ژیانەوە پاش مردن، فرەخوایی، فرەچینیی کۆمەلایەتی) لە بنچینەکانی یەتی

Hindustani زمانی زۆربەی خەڵکی هیند(ستان)ە؛ لە سەر بنچینەی زمانی هیندی دروست بووە

hinge رێزەی (دەرکە، پەنجەرە، تد)؛ جومگە یەکی ئاسنە

hinny (بێچوو، جاشک)ی ماکەری لە ئەسپ چاکراو، جاش هێستر

hint نیشانە، پێشنیار. نیشانەی دەداتێ

hip سمت، قون؛ بەشی هەرە سەرەوەی ران

- bone *ئێسکی سمت*

- pocket *(بەرک، گیرفان)ی پشتەوەی پانتۆڕ*

hipbath گەرماوی تا ناوقەد، خۆ شوشتنی نیواو نیو

hippie ئەندامی توێژێکی خەڵکی گەنجە کە بڕوای بە نەرێتی ئاسایی نییە؛ لە جیاتیان پرچی درێژ، پانتۆڕی کاوبۆی (دڕاو)،

hippie (~) دەرمانی بێهۆشکەر، و هتد دەکات بە خوو و رەوشت

hippo = hippopotamus

hippodrome یاریگەی هەسپان، شوێنی تەڕاتێنی ئەسپان، مەیدانی کێبڕکێی ولاغان

hippopotamus گیانلەبەرێکی ئاوییی زلە؛ ئەسپی (روبار،

ئاوی)

hippy = hippie

hire کرێ. بەکرێدەگرێ

- purchase *کڕین بە بڕ(کاری) (قیست)*

hireling کەسێکی (بەکرێ گیراو، کرێگرتە)

hirsute مواوی یە، بە مووە، موودارە

his (هی، تایبەتە بە) (خۆی، ئەو)؛ هەبوون؛ بۆ کەسی سێ یەمی تاکی نێر

Hispanic هی ئەسپانیا یە (یا هی ئەسپانیا و پورتەگالە). هی ئەسپانیا و هەموو ولاتە ئەسپانی زمانەکانە

hiss پستەپست دەکا. پستەپست

histogram نەخشەیەکی ئاماری یە؛ لە ژمارەیەک لاکێشە پێک دێ؛ کەوا لە نێوان دوو تەوەری ئەستوون بە یەک کێشراون

historian مێژووناس(،.) مێژوونووس

historic دێرین، مێژوویی

historical دێرینە، مێژووییە، هی دێرزەمانە

historiography مێژوو نووسینەوە. زانستی مێژوو نووسینەوە

history دیرۆک، مێژوو

histrionic هەڵسوکەوتی (ناڕاستەقینە یە، خۆ نواندنە، نادڵسۆزانە یە)

hit لێدەدا، دەکوتێ. لێدان، کوتان، بەرکەوتن. لێی درا، بەریکەوت. ناو (بانگ) دەرکردنی (پارچە، ئەلبووم) یێکی (موسیقا، گۆرانی)

- and run *لێدە و هەڵێ(ڕ)؛ شوفێری هەڵاتوو پاش (لێدان، خستنە ژێر)ی کەسێکەوە. لێدان و هەڵاتن*

- man *پیاوکوژی بەکرێ گیراو؛ تا کەسێکی دیاری کراو بکوژێ*

- or miss *هەڕەمەکی یە؛ یان ڕاست دەردەچێ وەیا هەڵە*

- upon *دەبینێتەوە، دەدۆزێتەوە*

make a - *پێش دەکەوێ، دەردەکەوێ (لە چاکی دا)*

hitch دەبەستێتەوە، گرێدەدا. گرێ. سواربوونی (بەخۆڕایی، بەلاش، سەلاواتی)ی ئۆتومبیل

hitchhike سواریی (بەلاش، خۆڕای)ی (داوا دەکا، دەوی)؛ بە دەست لە ئۆتومبیلان ڕاگرتن

hitchhiker (سوار، ڕێبوار)ی خۆڕایی. (گەشت و گوزەرکەر، ڕێبوار)ی ئازاد

hither (بۆ، بەرەو، ڕووەو) (ئێرە، ئەم شوێنە)

- and thither *لێرەولەوێ، هاتوچۆ*

hitherto (هەتاکو، تا) ئێستا

HIV کورتکراوەی ناوی ئەو ڤایرۆسە یە کەوا نەخۆشیی 'ئەیدز' تووشی مرۆڤ دەکات؛ بە واتای؛ *ڤایرۆسی (پەککەوتن، ناتەوانی)ی بەرگریی (سروشتیی) لەشی مرۆڤ*

hive شار (ی مێشەنگین). پاشەکەوت دەکا

- off *جودا دەبێتەوە لە*

کۆمەڵێکی گەورەتر

hives جۆرە نەخۆشی یەکی پێستە

HMSO کورتکراوەیە بە واتای؛

= Her Majesty's Stationery Office

(*بەڕێوەبەری، دامەزراوە)ی (بڵاوکراوە، راگەیاندن)ی پاشای شکۆدار*

HND کورتکراوە یە بۆ بەڵگەنامە یەکی خوێندن لە بەریتانیا؛ بە واتای؛ *دبلۆمی گشتیی بەرز*

ho بۆ دەربڕینی (زاڵی، زاڵبوون، سەرکەوتن، بردنەوە). بۆ (بانگ کردن، سرنج راکێشان)

- ho *(خەندە، پێکەنین)ێکی زۆر و قوول و بەرز دەردەبڕێ*

hoar پرچ (بۆز، رەش و سپی، ماش و برنج)

hoard حەشارگە، پەنا. عەمبار. گەنجینە. پاشەکەوت دەکا، هەڵدەگرێ

hoariness پرچ (بۆز، ماش و برنج، سپی) یەتی؛ بە هۆی چوونە ناو تەمەنەوە؛ پیربوون

hoarse دەنگی گڕ و قوول. خاوەنی ئەم دەنگە

hoarseness دەنگ گڕی

hoary پرچ (بۆز، ماش و برنج، سپی) یە؛ بە هۆی چوونە ناو تەمەنەوە؛ پیری

hoax گاڵتەجاڕ. گاڵتەچی. پێی پێ دەکەنێ. گاڵتەی پێدەکا

hob سەرە سۆبە، ئاسنی سەر (سۆبە، (سێکوچکەی) ئاگردان)؛ بۆ شت لەسەر دانان

hobble دەشەلێ، (خوار، نارێک) دەڕوا. دوقاچی (ولاغ) پێکەوە دەبەستێتەوە. (پەتک، گوریس)ی بەستانەوە

hobby مەیل، ئارەزوو، حەز، هەواداریی شتێک

hobbyhorse دارهێستر؛ دارێک کەوا منالْ دەیکا بە ئەسپ و سواری دەبێ. دڵگیرترین (بابەت، بیرۆکە)ی کەسێک

hobgoblin جنۆکە یەکە؛ کەوا لە فۆلکلۆر دا باسی لێوە کراوە

hobnail بزماری سەر (پان، گەورە)

hobnob تێکەڵ دەبێ لەگەڵ خەڵک لەگەڵ خەڵک هەڵدەستێ و دادەنیشێ

hock جومگەی نێوان لاق و ڕانی (دوو) پێی پشتەوەی (چارپێ، ولاغ). خواردنەوەیەکی ئەڵمانی یە

hockey قاشوانێ (وەرزش)

hocus pocus فێڵکردن، هیچ و پووچی

hod تەشتی (تێکەڵە، حەیران، خەپتە)ی (چەمەنتۆ، گەچ، هتد)

hoe (تەوشی {تەوشوو}، بێرۆکە) ی عەرد (بژارکردن، هەڵوەشاندن، هەڵکەندن)

hog بەرازی نێرەی خەسێنراو. چاوبرسی، چڵێس. هەمووی (گل دەداتەوە، دەگێڕێتەوە، بۆخۆی دەبا، دادەبڕێ)

hogshead بەرمیلێکی گەورە. پێوانە یەکە دەکاتە ٥٠ گالۆن

hogsty تەویلەی بەرازان

hoick (بەرز، بلند) دەکا. رادەکێشێ

hoist بلند دەکا، هەڵدەگرێ. هەڵدەکێشێ بە گوریس و بەکرە. بلند کردن، هەڵگرتن. دەزگای بەرز کردنەوە

hoity toity ملهوڕ، لامل، کەللە رەق. لووتبەرز

hold گرتن. راگرتن. دەستپێوەگرتن. دەگرێ. هەڵدەگرێ

- *!* *راوەست(ە) ! بگرە !*

- *a meeting* *کۆبوونەوە دەبەستن*

- *back* *گل دەداتەوە، گیری دەکا، نایداتێ*

- *on* *دەمێنێ، رادەوەستێ. بەردەوام دەبێ*

- *out* *بەریدەگرێ، خۆی رادەگرێ*

- *out the hand* *دەستی رادەگرێ، دەستی درێژدەکا*

holdall (کیسە، هەگبە)یەکی گەورەی رێبواری یە

holdback تەگەرە، رێگر

holder هەڵگر

holdfast گیرە، قولاب

holding(s) خاوەن زەوێتی، مولکداری، پارەداری، هتد

- *company* *کۆمپانیای خاوەن چەند (کۆمپانیا)ی تر؛ یا (خاوەن، پارێزەر)ی بەرژەوەندی یەکان یانە*

hold-up دواکەوتن، راوەستان. راگیران. (دزی، رێگری)ی چەکدار

hole کون

holiday(s) (رۆژ، ماوە)ی پشوو. حەسانەوە. جەژن. گەشتیاری. چوون بۆ ولاتانی بە هەتاو؛ بۆ خۆ بەرهەتاو دان

- *camp* *سەیرانگا؛ ی مانەوەی شەوانە؛ بە (رەشماڵ، هتد)*

- *maker* *گەشتیار؛ ئەو کەسەی (سەیران دەکا، دەگەڕێ بە ولاتاندا، هتد)*

holiness پیرۆزیی (شوێن، کەس، بیر، باوەڕ)ێک

holism (بیرۆکە، نەزەریە، تیوری)ی (هەموویی، گشتییەتی؛ شموولییەت)؛ لە فەلسەفە

hollow بەتاڵ، بۆش، کون، کون بەدەر. (کون، کون بەدەر) دەکا. هەڵدەکۆڵێ

hollowness بەتاڵی، بۆشی، کون بەدەری

holly جۆرە دارێکی هەمیشە سەوزی دڕکاوییە و بەرێکی (سوور، سۆر)ی (گوەیژ، گێوژ) ئاسا دەگرێ

holm جۆرە دارێکی هەمیشە سەوزە

holocaust (1) کارەساتێکی گەورە، کۆستێکی بەرفراوان، کاولکاری یەکی زۆر گەورە

holocaust (2) (کارەسات، کوشتار، کۆمەڵکوژی، قڕان)ی (جولەکان)؛ لە نێوان سالانی ١٩٣٩ز و ١٩٤٥ز دا

holocaust (3) (کارەسات، کوشتار، کۆمەڵکوژی، قڕان)ی (کوردان)؛ لە نیوەسەدەی رابوردوو وەوە تاکوو ئێستا(کانە)ش

holograph بە دەستی (خودی) دانەرەکەی نووسراوە

hols کورتکراوە یە بە

واتای؛
= *holidays* *(رۆژ، ماوە)ی*
پشوو. حەسانەوە. جەژن.
گەشتیاری. چوون بۆ ولاتانی
بە هەتاو؛ بۆ خۆ بەرهەتاو
holster کیفک، بەرگ؛ ی چەرم ی
(دەمانچە، هتد)؛ بە قایشەوە
دەکرێ
holy پیرۆز. پاک
- land *خاکی پیرۆز؛*
فەلەستین
- Spirit *(گیانی) خوا*
homage رێزلێنان، رێز لێ گرتن
گوێ رایەڵی
home ماڵ (ەوە). ولات،
نیشتیمان
- and dry *بەئەنجام گەیشتن،*
ئاوات بەجێ گەیاندن
- coming *(هاتنەوە،*
گەیشتنەوە) ماڵ
- counties *ئەو (پارێزگا،*
ناوچە، هەرێم)انەی لە
لەندەن ەوە نزیکن
- grown *لە ماڵ وەبەرهەم*
هاتووە، هی ماڵانە
- land *نیشتیمان، وولاتی خۆ،*
خاکی باوو باپیران
- made *لە ماڵان دروستکراوە،*
هی ماڵانە
- Office *وەزارەتی ناوخۆ لە*
بەریتانیا
- rule *خۆبەڕێوەبردن،*
دەسەڵاتی ناوخۆ، ئۆتۆنۆمی
- Secretary *وەزیری ناوخۆ؛*
بەرپرسیاری کاروباری
ناوەخۆ؛ لە بەریتانیا
- sick *بیریی ماڵەوە دەکات،*
بیریی ولات دەکات

نیشتیمان
- work *کاری ناوماڵ. ئەرکی*
ماڵەوە (لە قوتابخانەوە)
at - *لە ماڵە. لە ماڵ*
homeland نیشتیمان، وولاتی خۆ،
خاکی باوو باپیران، جێی
لەدایک بوون
homeless بێماڵ، دەربەدەر،
بێدەرەتان
homeliness بێماڵی، دەربەدەری،
بێدەرەتانی
homely سادە، خاکی
homesick غەمباری دوورە ماڵ؛
خەمبارە بە هۆی دووریی لە
ماڵ ەوە
homespun لەماڵ چنراو(ە)،
لەماڵ دروست کراو (ن؛ گۆری
یە، پووزەوانە، کڵاو، فانیلە،
هتد)
homeward(s) (بەرەو، رووەو) (
ماڵ، ولات)
homework ئامادەکاریی پێشوەخت
بۆ (پڕۆژە، شت)ێک. ئەرکی
ماڵەوە (لە قوتابخانەوە)
homicide مرۆ(ڤ)کوژی (نەوەک؛
پیاوکوژی کەوا پێمان وایە
هەڵەیە؛ پڕ بە واتاکە نییە).
کەسێکی بکوژ
homily (گـ)وتار؛ ی زارەکی،
ئامۆژگاری، وتار؛ ی نووسراو
homing ماڵی یە؛ (راهاتوو،
راهێنراو) بە گەڕانەوە بۆ
ماڵ. (نیشانەگرتن،
ئاڕاستەکردن)ی (دەزگا، بۆمب)
یێک بۆ ئامانجەکەی
homo (پێشگر، پێشگۆ)یە بە
واتای هەمان
هاوجۆر، هاوچەشن،

homogeneous وەکو یەک

homogenize هاوڕەگەز، هاوکایە

homogenous هاوڕەگەز، هاوکایە؛ لە (زانستی گیانلەبەران، زیندەوەرناسی)

homograph وشەیەک بە دوو واتای جیاواز؛ ن؛ مانگ (ی ئاسمان) و مانگ (ی ساڵ)

homologous هاوپەیوەند و هاوجێ

homology هاوپەیوەندی و هاوجێیی

homonym وشەیەک بە دوو واتای جیاواز؛ ن؛ رۆژ (ی ئاسمان) و رۆژ (ی هەفتە)

homophone وشەیەک بە دوو واتای جیاواز؛ ن؛ مانگ (ی ئاسمان) و مانگ (ی ساڵ)

homosexual (هەست، حەز، ئارەزوو، کردەوە)ی کەسێک بە (تێکەڵ، جووت) بوون لە گەڵ هاوڕەگەزی (نێری یا مێی) خۆی دا

hone بەردە هەسان؛ بەردێکی تایبەتە (چەور، تەڕ) دەکرێ و بۆ تیژکردنەوەی دەمە گوێزان بەکار دێ. تیژدەکا

honest راستگۆ، دروست، راست، دڵپاک

honestly بە راستگۆیی، بە دروستی، بە دڵپاکی.
بەراستیمە، بڕوام پێبکە !

honesty راستگۆیی، دروستی، دڵپاکی

honey هەنگین، هەنگوین، هەنگ
هەنگ، مێشەنگین،

- bee
مێشهەنگین

honeycomb (شەمێ ی) شانە مێشەنگین

honeydew گەزۆ

honeyed شیرنکراو؛ بە هەنگین. زمانشیرن، قسە بریقەدار؛ بێ ئەوەی بە رادەی شیرنی ی دڵسۆزیشی (تێدا، لەگەڵدا) بێ

honeymoon مانگی هەنگوین؛ ی بووک و زاوا. سەرەتایەکی (خۆشی، گونجان)ی دوو (کەس، کۆمپانیا، ولات، هتد)

honeysuckle گیایەکی بە (دار، دیوار) دا هەڵگژاوە؛ بە گوڵی سپی یا پەمبەیی بۆنخۆش

honied = honeyed

honk دەنگی هۆڕینی ئۆتومبیل

honor [US] honour

honorary بۆ رێز لێنانە، بۆ پایەداری یە، جوامێری یە، شەرەفی یە

honour رێزلێنان یکی زۆر، پایەداری لەناو خەڵک، جوامێری، شەرەف

honourable شایستەی رێزە، بەڕێزە، مایەی رێز لێگرتنە

hood (1) کڵاو؛ بەتایبەتی هی بە جلەوە نووساو. سەر، قەپاغ

hood (2) (پاشگر، پاشکۆ)یە بە واتای (بار، دۆخ. ئامارژە پێکردنی کۆمەڵێک)

hooded بەکڵاوە، کڵاودارە. (مەل، هتد) سەر بە (پۆپیتە، کڵاوە)

hoodlum شەلاتی، هەرزەکاری (بشێویکەر، ئاژاوەچی)ی جادە و کۆلانان

hoodoo بێبەختی، نەهاتی. (کەس، شت)ێک کەوا باری (بێبەختی، نەهاتی) لەگەڵ خۆی بهێنێ

hoodwink چاوبەستەکێی دەکا، فێڵی لێ دەکا

hoof سم؛ ی پێ ی ۆڵاغان. پێچک، پێ، پا

- it *(بەپێ) بیکوتەوە؛ بەپێیان برِو*

hook قولاب. پێوە دەبێ. دەگرێ؛ بە قولاب

hookah نێرگیلە، نەرگیلە؛ دەزگایەکی تایبەتیی (توتن، جگەرە) کێشانە

hookworm جۆرە کرمێکی زیانبەخشە بە (مرۆڤ، ئاژەڵ)؛ خۆی بە دەمە قولابی یەکەیەوە هەڵدەواسێ

hooligan (هەرزەکار، لاو)ی ئاژاوەچی ی ناو یاریگا، کۆمەڵگا، هتد

hoop (تەوق، چارچێوە)ی (ئاسن، دار). (بازنە؛ تایە)ی (ئاسن، لاستیکی) یاریی منداڵان

hooping cough کۆخەی {کۆکەی} کەڵەباب ئاسا

hoopoe پەپوو، پەپوە سلێمانە؛ جۆرە مەلێکی بە پۆپیتە یە

hooray نیشانەی (دڵشادی، خۆشحاڵی) وەیا (رەزامەندی، پێخۆش بوون)ە

hoot دەنگی هۆرِین. هاواری نارازیبوون

hooter (دەزگای) هۆرِینی ئۆتومبیل

Hoover (n) (گەسک، گێسک)ی کارەبایی

hoover (v) (گێسک، گەسک) لێدەدا

hooves چار (سم، پێچک)ی ولاغ

hop هەڵدەبەزێتەوە، بازدەدا؛ ن؛ بۆق، قەلەرەش، کەنگەر{غ}، هتد. کەسێک بە یەک قاچ (هەلبەزێ، باز(ب)دا). هەڵبەزینەوە، بازدان

hope هیوا، ئومێد، ئارەزوو، چاوەروانیی شتێک. هیوا دەخوازێ

hopeful بە (هیوا، ئومێد) (ە)، هیوادارە، خوازیارە

hopefully بەهیواوە، هیوادارانە

hopeless نائومێد (ە)

horde (کۆمەڵ، تاقم) ێکی گەورە

horizon ئاسۆ؛ هێڵی (بە رواڵەت) بە یەک گەیشتنەوەی ئاسمان و زەمین. (ئاقار، سنوور)ی (زانیاری، بیر، تێگەیشتن)ی کەسێک

horizontal ئاسۆیی. رێک. تەخت، پان

horizontally بە پانی. بە تەختی، بە ئاسۆیی

hormone هۆرمۆن؛ ئەو شلە جۆراو جۆرانەی ناو لەش کەوا یارمەتیی (ئەنجامدان، رێکخستن)ی کاری ئەندامەکانی لەش دەدەن. دەرمانێکی بە هەمان کار و مەبەست

horn قۆچ، شاخ. هۆرِین

horned قۆچدار، بەشاخ(ە)

hornet جۆرە (زەردەواڵە، زەنگەزۆرە، زەنگەسوورە) یەکی گەورەیە

hornpipe دووزەلـە. جۆرە (سەما، شايـى)يەكـى (گـەرم، بـەگـوڕ)ە

horny قـۆچدار، بـەشاخ(ە). وەكـو قـۆچە، ڕەقـە. ئـاگری گـەرمە؛ (چالاک، بـەکار)ە لـە (زاوزێ، جووتـبـوون دا)

horology (هونـەر، زانـست)ی پـێوانـی کات یـا کاتـژمـێر سازی

horoscope نـەخشەی بـورجەکان؛ ی بـەکارهاتـوو لـە (دەست، بـەخت) گرتـنـەوە. پـێشبـیـنـی کردنـی بـەختـی کـەسێک بـەم جۆرە

horrendous تـرسنـاک

horrible تـۆقـێنـەر، زۆر تـرسنـاک

horrid بـە مـەتـرسی. نـاخۆش

horrify دەتـۆقـێنـێ، دەتـرسێنـێ

horror تـرس

- stricken *تـرسێنـراو. تـرساو*

horse هێـستـر. ئـەسپ، بـارگـیـر {بـارگـیـن}

- back *بـە سواری (هێـستـر، ئـەسپ، هتـد)*

- breaker *ڕاهێنـەری ئـەسپ(ان)*

- fly *مـێشی هێـستـر*

- race *کـێبـەرکـێـی (سوار) ئـەسپان؛ بـە زۆری (قـومارە) لـە سەر پـارە یـە ئـەم ڕۆژگار(ان)ە*

- radish *تـووری تـیـژ؛ کـەوا بـۆ 'ساس' دروست کـردن بـەکار دێ*

- sense *هەست(کـردن)ی (سروشتـی، زۆر ئـاسایـی). پـێویستـی نـەکـردن بـە (زانـیـن، فـێرکـردن، هتـد)*

horseback بـە سواری (هێـستـر، ئـەسپ، هتـد)

horsefly مێشەکـەرانـە (و بـابـەتـەکانـی)

horsehair مـووی (بـە تـایبـەتـی) کـلـکـی ولاغ؛ زۆر بـەکارهێـنـانـی هەیـە

horseman سوار

horsemanship سوارچاکـی

horseplay (یـاری، ئـاهەنـگ، بـەزم)ی بـە هەراو و هۆریـاو و ڕمبـە(ڕمب)کردن

horsepower یـەکـەی (بـەریـتـانـی، ئـیـمـپـریـالـی)ی پـێوانـی وزە (بـە تـایـبـەتـی هی مـەکـیـنـان)؛ دەکاتـە نـزیـکـەی ٧٥٠ وات

horseshoe نـار{ڵ}

horsetail کـلـکـە بـارگـیـن {بـارگـیـر}. ڕووەکـێـکـە بـە شێـوەی کـلـکـە بـارگـیـر

horsewhip قـامـچی ی ۆلاغ (تـاودان، لـێـخوڕیـن)

horsewoman سوارەژن؛ سوار ی (مـێ ینـە، ئـافـرەت)

horsy هێـستـر ئـاسایـە، وەکـو هێـستـرە. خولـیـای ئـەسپـانـە، ئـەسپـبـازە

horticultural (هی، تـایـبـەتـە بـە) (بـاخەوانـی{غ}، بـاغچەوانـی{خ})

horticulture (هونـەر، زانـست)ی (بـاخەوانـی{غ}، بـاغچەوانـی{خ})

hose سۆنـدە، (بـۆڕی، لـوولـە)ی نـەرم؛ بـۆ (گـواستـنـەوە، ڕاکـێشان)ی شلـە

hosier (گـۆریـە {گـۆرەوی}، پـووزەوانـە، هتـد) فـرۆش

hosiery گـۆریـە {گـۆرەوی}، پـووزەوانـە، هتـد

hospice (خانوو، ماڵ)ی کەسانی بە نەخۆشیی درێژخایەن (یا زۆر پیر)

hospitable مێوانداره، بەمێوانداری یە، قۆناغە، خانەخوێ یە

hospital نەخۆشخانە، خەستەخانە

hospitalise نەخۆش (دەنێرێ، وەردەگرێ) (بۆ، لە) (نەخۆشخانە، خەستەخانە)

hospitality مێوانداری

host ژمارەیەکی زۆری (خەڵک، شت). خاوەن ماڵ، خانەخوێ، مێواندار. لێخوراو؛ لەسەر ژیاو؛ لە لایەن (کرم، بەکتریا، هتد)

hostage بارمتە، دەسبەسەر کراو

hostel خان. شوێنی مانەوەی (کاتیی) (گەنجان، قوتابیان، بێشوێنان، پەناهەندان، هتد)

hostess خانەخوێ (بۆ مێینە)، مێواندار. کرێکاری ئافرەت لە جێی رابواردنی شەوان. یارمەتی دەرە ئافرەتەکانی ناو (فڕۆکە، کەشتی، هتد)

hostile ناحەز، دژبەر، نەیار

hostility ناحەزی، دژبەری، نەیاری. دوژمنکاری

hot گەرم، گەرمە

- blooded *ئازا، بەتەوژم*

- dog *(پاروو، ساندویچ)ی 'سەوسج'ی گەرم*

- line *(ژمارە، هێڵ، خەت)ێکی تەلەفۆنی راستەوخۆیە دەکرێ لە کاتی*

- line (~) *(تەنگانە، پێویستی) سوودی لێ وەرگیرێ (پەیوەندیی پێوە بکرێ)*

- spot *خاڵێکی گەرم. (خاڵ، شوێن، ناوچە، هەرێم) ێکی پڕچاڵاکی وەیا (بەترس، مەترسیدار، ترسناک)*

- spring *گەرماو، گەڕاو، گڕاو؛ کانی ئاوی گەرم*

- tempered *تووڕەو توند. زوو تووڕە دەبێ*

hotbed گەرماوی تورکی

hotel ئوتێل {هوتێل}، مێوانخانە

hotelier (خاوەن، بەڕێوەبەر)ی هوتێل

hothead خوێنگەرم، سەرگەرم، گورج و گۆڵ

hotpot چێشتی گۆشتی هەنجنراو و پەتاتە

houmous = hummus

hound تاژی، تانجی؛ سەگی راو. هەراسانی دەکا، دوای دەکەوێ

hour یەکە یەکی پێوانی کاتە؛ دەکاتە ماوەی یەک کاژێر؛ یەک سەعات. کات

hourglass کاتژمێری (لم، قوم) ؛ دەزگایەکی پێوانی کاتە؛ بە رژانی (قوم، لم)ی ناو شوشەکەی ماوەیەک دەزانرێ

hourhand هەرکام لە سێ (دەست، میل، قۆڵ{ر})ەکانی کاتژمێر

hourly هەر (یەک) کاتژمێر جارێک (دەکرێ، روودەدا)، بەدوای یەک دا. بە کاتژمێرە؛ کرێکاریی سەعاتانە

house خانوو (بەرە)، خانی. جێ

دەکاتەوە، دەحەوێنێتەوە، خانووی (دەداتێ، بۆ تەرخان دەکا)

- *agent* *دەلالی(ر–ر) خانوو و بەرە*

- *arrest* *زیندانی کردنی کەسێک لە ماڵی خۆ؛ قەدەغەی چوونە دەرەوە*

- *hunting* *بەدوای خانوو دا گەڕان؛ بۆ (کڕین، بەکرێ گرتن)*

- *of Commons* *شوورای نوێنەران، ماڵی گەل؛ لە پەرلەمانی بەریتانیا*

- *of Lords* *شوورای پیران؛ لە پەرلەمانی بەریتانیا*

- *surgeon* *نەشتەرگەری نیشتەجێ لە خەستەخانە*

a full - *(پڕ، تەژی) (ە)*

houseboat بەلەمێک کەوا ئامادەکرابێ بۆ تێدا ژیان؛ کرابێ بە ماڵ

housebreaker ماڵبڕ؛ دز

housefly مێش؛ ی ئاسایی ماڵان(ر)

household (دانیشتوان، نیشتەجێ یەکان)ی ماڵێک. ماڵوحاڵ؛ ماڵ و کاروبار و کەلوپەل و شتەکانی ناوماڵ

- *name* *کەسێکی ناسراو، ناودار، بەناوبانگ. ، شتێکی (باش، بەناو)*

- *word* *(وتە، قسە، ناو، کەس) ێکی (دیار، بە ناوبانگ)*

householder کەسێک کەوا (خاوەنی خانوو بێ، خانوو بە کرێ بدا). (سەرەک خێزان، سەرگەورە)ی ماڵێک

housekeeper کرێگرتەی (بە تایبەتی ئافرەت) بەڕێوەبردنی ماڵێک

housekeeping بەڕێوەبردنی ماڵ (و حاڵ). (بەڕێوەبردن، ریکخستنەوە)ی کاروبارە ناوخۆییەکانی ریکخراو یا دامەزراوێک

houseleek جۆرە رووەک ێکە

housemaid کارەکەر؛ خزمەتکاری مێ ینە لە ماڵێک دا

houseman (پزیشک، دوکتۆر)ی تازە (پێگەیشتوو)ی نیشتەجێ لە خەستەخانە یەک

houseroom ژوورێکی بەکرێدان لە (ماڵ، خانی) یەک

housetop سەربان؛ ی خانوو

housewife ئافرەتی ماڵ (ە)، ژنی ماریٰ (یە)؛ (کار، پیشە)ی نییە، فەرمانبەر نییە

housework کاروبارە ئاساییەکانی ناوماڵ؛ (شیو، چێشت) لێنان، گەسک لێدان، پاککردنەوە، هتد

housing خانووبەرە. حەواندنەوە، جێکردنەوە. خانوو (دان، دابەش کردن). سکە؛ شوێنی تێخزانی شتێک بۆ ناو یەکی دی

- *estate* *یەکەکانی نیشتەجێ بوون (خانوو)ی (ئە)میری، شارەوانی، دامەزراوەکان)*

hove بە ئاستەنگ (هەڵیگرت، گوازتیەوە). هەڵیدا. بەرێکی بەرز و نزم بۆوە

hovel کەلاوە، خانوو یەکی شڕ

hover ناجوولێ، بیین وەر

دەگریٚ، رادەوەستیٚ، دەچەقیٚ (ن؛ مەلیٚک لە ئاسمان). لە نزیکی یەوە رادەوەستیٚ. (نەجوولان، راوەستان، چەقین، بیین وەرگرتن). دەوروخول دان

how چۆن؟ کوو؟ چلۆن؟. ئیوها، ئەوها، ئاوا

- good you are ! چەند مرۆڤیٚکی چاکی !

- I wish to ... چەند پیٚم خۆشە کە، ئارەزوومە، حەزدەکەم

- many? چەند (دانە)؟؛ بۆ شتیٚک بژمیٚردریٚ وەک هیٚلکە، نان، هتد

- much? چەند (زۆر)؟؛ بۆ شتیٚک نەژمیٚردریٚ وەک شەکر، شیر، هتد. بە چەندە ؟؛ بۆ پرسیاری نرخ (ی شتیٚک)

howbeit بەویٚ حالیٚشدا، هیٚشتاکەش

howdah (زین، کورتان)ی ((ح) وشتر، فیل)

however هەرچۆن (یٚک (بیٚت)). بەلام

howitzer جۆرە تۆپیٚکی کورت و بەهیٚزە

howl (نوزکانەوە، نووزانەوە، گریان)ی سە(گ)، تانجی{تاژی}، هتد؛ بە هۆی لیٚ دانی؛ لەبەر ئازار (ی لەشی). دەنوزکیٚتەوە، دەنوزیٚتەوە، دەگرییٚ؛ سە(گ)، تاژی{تانجی}، هتد

howler هەلەیەکی (بەرچاو، دیار، نەشاراو)ە

howsoever هەرچۆنیٚک بیٚ، هەرکوەکی بی؛ لەگەل ئەوەش دا

hoy بۆ سەرنج راکیٚشان. جۆرە بەلەمیٚکە

HP کورتکراوەیە بە واتای؛ وزەی هیٚستر؛ یەکەی (بەریتانی، ئیمپیریالی)ی پیٚوانی وزە (بە تایبەتی هی مەکینان)؛ دەکاتە نزیکەی ٧٥٠ وات

HQ کورتکراوەیە بە واتای؛ *= Head Quarters* شویٚنی *(* نیشتەجیٚی) سەرکردایەتی وەیا بەریٚوە بردن

hr کورتکراوەیە بە واتای؛ *= hour* *کاژیٚر، کاتژمیٚر*

hub ئەو سەرەی ئاکسلی ئۆتومبیل کەوا دەچیٚتە ناو تایەوە. ناوکی شتیٚک

hubble bubble نەرگیلە (یەکی سادە)، شووشە. (دەنگی) بلٚق(ە(بلٚق))

hubbub غەلٚبە(غەلٚب)

hubby (خۆشناو، نازناو)ە (بۆ، بەواتای) میٚرد

hubris لەخۆ رازیبوون، لەخۆ بایی بوون

huckster دەفرۆشیٚ بە بانگ راهیٚشتن (هاوارکردن)

huddle دەکەونە سەر یەک، تیٚکەلٚدەبن؛ بە قلەبالٚغی. تۆپەلٚ دەکا. خۆی کورژ دەکاتەوە. کۆمەلٚیٚکی بەسەر یەکا (کەوتوو، تۆپەلٚ بوو) و سەر لیٚ شیٚواو

hue رەنگ، لیٚلٚی و رووناکیی رەنگ

hug هەمیٚز، ئامیٚز، باوەش. لە (هەمیٚز، ئامیٚز، باوەش) دەگریٚ

huge زل، گەورە، زەبەلاح، قەبە

hugely گەلەک زۆر. بە زۆری
Huguenot کەسێکی پرۆتستانتی فەرەنسی
hula-hoop (بازنە؛ تایە)یەکی (سۆندە، لاستیکە)؛ بە هێزی ناوقەد (بادەدرێ، دەخولێنرێ تەوە، یاریی پێدەکرێ)
hull کەلەشی (کەشتی، پاپۆڕ). تۆکڵ، تویکڵ، پەلک. (میوە، شت)ێک پاک دەکا؛ (تۆکڵ، پەلک) ی لێ (دەکاتەوە، دادەماڵێنێ)
hulled پاک کراو، سپیکراو، (تۆکڵ، پەلک) داماڵراو
hullo دەربڕینی (سڵاو، پێشوازی) ی (دۆستانە، برادەرانە، نا فەرمی). دەربڕینی سەرسورمان. بۆ بانگ کردن، سەرنج راکێشان
hum گزەی (دێ، دەکا)؛ دەنگێکی بەردەوامی وەکوو هی مێشەنگین (ی لێدێ، دەکا). منگەمنگ دەکا؛ بە لێوی داخراو ەوە گۆرانی دەڵێ. گزە
human مرۆڤ، مرۆ
- being *پیاو، ئافرەت، یا منداڵ{ر}*
- chain *(ریز، ریزگرتن)ی خەڵک؛ بۆ شت گواستنەوە (بە دەستاو دەست)، (لە، بۆ) مانگرتن، هتد*
- nature *(سروشت، خوورەوشت)ە گشتی و ئاسایی و باوەکان لە رەگەزی مرۆ(ڤ)*
- rights *مافە دیاریکراو و رەوا و یەکسان و هاوبەشەکان بۆ هەموو کەسێک*
- shield *کەس(ان)ێک کەوا (بەزۆر) لەبەردەم (خاڵ، شوێن) ی هێرش دادەنرێن بۆ (دڵ) ساردکردنەوەی هێرشکەران*
humane مرۆڤانە(یە)، مرۆ(ییە)
humanitarian مرۆڤانە، مرۆیی
humanity مرۆڤایەتی
humankind رەگەزی مرۆڤ، بنیادەم، مرۆ
humble (پلە، پایە) نزم، بێڕێز. خۆ بێڕێز کردوو. شڕ
humbug درۆکردن، خۆ لە خەڵک گۆڕین. درۆ دەکا، خۆی دەگۆڕێ؛ خۆی بە کەسێکی دی دەردەخا
humdrum ئاساییە. وزە لێبڕاوە، بێتام بووە
humeral (هی، تایبەتە بە) (قۆڵ{ر}، ئێسکی قۆڵ{ر})
humid شێدار(ە)
humidifier فێنک کەرەوە، دەزگای (ژوور) شێدار کەر؛ چ کارەبایی یا پەڕۆی تەڕ، هتد؛ بۆ زیاد کردنەوەی رادەی شێ (لە ژوور ێک دا)
humidify شێدار دەکا
humidity شێ، شێداری
humiliate رسوادەکا(ت)، ریسوادەکا(ت)
humiliation ریسوابوون
humility رسواکردن
hummingbird جۆرە مەلێکی بچووکی گەرمەسێرانە
hummock بستووکە، گردۆلکە، تەپۆلکە. کوورایی
hummus خواردنێکە؛ لە (ئاردە نۆک؛ نۆکی هاڕاو)، رۆنی کونجی، لیمۆ (ی ترش)، و سیر ئامادە دەکرێ

humor[US] = humour

humorist (نووسەر، بویژ، نوێنەر(ئاکتەر))ی بابەتی (بەزمداری، گاڵتەو گەپ، خۆشی)

humorous رووخۆشە، بەزمدارە، بە گاڵتەو گەپە

humour سروشت (ی مرۆڤ)، نەریت رووخۆشی، بەزمداری، گیانی گاڵتەو گەپ. دەربرینی ئەمانە لە پەرتووک، ئاخافتن، هتد

bad - *بەدسروشت، نەریت خەراپ. زەوق سز*

hump (کووری، دەرپەڕین)ی پشتی (ح)وشتر (یا هەندێکی زۆر کەم لە مرۆ(ڤ)ان). خاڵێکی (هەستیار، گرنگ). بە (کووربوونەوە وە، کووری) هەڵی دەگرێ

humpback (کەسێکی) پشتکووڕ. شتێکی کووڕ

- bridge *پردی (پشت) کووڕ*

hunch کووڕ دەکا (ەوە). کووڕی

hunchback پشتکووڕ

hundred سەد، سەت

hung هەڵیواسی. هەڵواسراو

- Parliament *شورای (هەڵواسراو، لەکارخراو)*

hunger برسێتی. برسی دەبێ

- strike *مانگرتن لە خواردن*

hungry برسی، برچی

hunk پارچە یەکی گەورە؛ لە (نان، شت). پیاوێکی قۆز؛ لە (بەر) چاوی ئافرەت (ەوە)

hunt راو. راودەکا، لەدووی دەگەڕێ

hunter راوکەر، راوچی

hunting راو(کردن)، چوونەراو

huntsman راوکەر، راوچی

hurdle ئاستەنگ، رێگر. پەرژین

hurdler وەرزشکار، راکەر؛ ی غاردانێی بە باز

hurl دەهاوێ، دەهاوێژێ، هەڵدەدا. هاوێشتن، هەڵدان

hurly burly بە دەنگەدەنگ، بە هەراوهۆریا

hurrah (هاوار، نیشانە)ی (دڵشادی، خۆشحاڵی) وەیا (رەزامەندی، پێخۆش بوون)ە

hurray (هاوار، نیشانە)ی (دڵشادی، خۆشحاڵی) وەیا (رەزامەندی یە، پێخۆش بوونە)

hurricane رەشەبا. گەردەلوول

hurry پەلە، هەڵپە. پەلەدەکا، هەڵپەدەکا

hurt ئازار (ی گیانی) دەدا. (لەشی) دەیەشێنێ{دەی هێشێنێ}. زیانی پێ دەگەیەنێ. ئازاریدا، هێشاندی

hurtful ئازاردارە، زیاندارە. بەئازارە

husband مێرد، پیاو (ی ژندار)، پیاو (ی بەژن). ماڵداری دەکا؛ بەڕێکی داهات و سەرچاوەکان بەکار دەهێنێ

husbandry کشتوکاڵکردن، جووتیاری، فەلاحەتی. ماڵداری کردن؛ بەکارهێنانی داهات و سەرچاوەکان بەڕێکی

hush (کڕ، بێدەنگ) (دەکا، دەبێ). بێدەنگی!؛ داوای ((بێدەنگ، کڕ) بوون، هێمنی) (دەکا، کردن)

husk (تۆکڵ، پەلک، قالک)ی وشکی هەندێ میوەو دنکە تۆ. بەشی دەرەوەی بێ کەلکی شتێک. (تۆکڵ، پەلک، قالک)ی لێدەکاتەوە

husky (دەنگ) گڕ، قورگ وشک. (بە، فرە) (تۆکڵ، پەلک، قالک) ە. رەق، بەهێز

huss جۆرە ماسی یەکە

hussar سەربازێکی (بەتالیۆن، فەوج)ی سووک

hussy نێرەژن، کچێکی (نێرانی، کوڕانی)

hustings (پڕوپاگەندە، ئامادەکاری)ی بۆ هەڵبژاردن

hustle پاڵی دەنێ، شانی لێدەدا، تەنگاوی دەکا. پەلەی (پێ، لێ) دەکا. پاڵنان، شان لێدان، تەنگاوکردن. پەلەی (پێ، لێ) کردن

hut کەپر، پەنا، سێبەر

hutch (سەبەتە، قەفەز، کۆریت) ی (کەروێشک، پشیلە، هتد)ان

hyacinth رەنگێکی شینی مەیلەو مۆر. جۆرە رووەکێکە

hyaena = hyena

hybrid موتوربە (یە)، تێکەڵە؛ (نەوە، زادە، نەمام)ی دوو (مر(ڤ)، ئاژەڵ، رووەک)ن

hybridise موتوربە دەکا، (تۆ، رەگەز)ی دوو (مر(ڤ)، ئاژەڵ، رووەک)ان؛ تێکەڵ دەکا

hydra جۆرە رووەکێکی ئاوی یە. شتێک کەوا بە (ئاستەنگ، زەحمەت) بشکێ. ماری (فرە، هەزار) سەر؛ گیانلەبەرێکی ئەفسانەییە

hydrant (سەرچاوە، بۆڕی)ی ئاو. ئاودەر

hydrate ئاو (هەڵ)دەمژێ. پاشکۆی ناوی ئەو تێکەڵە کیمیایی انەیە کەوا ئاو بەشێکی پێکهاتەیان پێکدێنێ

hydraulic هێزاوی، هێزاوی یە، (تایبەتە بە) (ئاو، شلە) ی یە)، 'هایدرۆلیک'؛ (ئاو، رۆن، هتد)ی (پەستێنراو، پاڵنراو) بە ناو (سۆندە، بۆڕی) دا

hydraulics زانستی گواستنەوە و پاڵەپەستۆ و هێزی (بەرزکردنەوە، پاڵنان)و هتد ی هێزاوی یەکان (بڕوانە واتای سەرەوە(ش))

hydro (لکاوە، تێکەڵە) بە هایدرۆجین ەوە. (پێشگر، پێشکۆ)یە بە واتای (ئاوی، بە ئاو، پەیوەند بە ئاو)

hydrocarbon(پێکهاتە، تێکەڵە) یەکی کیمیایی هایدرۆجین و خەڵووز (کاربۆن)

hydro-cyanic acid (شلە، ترشەڵۆک)یێکی زۆر (ژەهراوی، کوشندە) یە؛ بۆنێکی میوەیی هەیە

hydrodynamics زانستی هێز و کار و کاردانەوەی شلەکان

hydroelectric بەرهەمهێنانی کارەبا بە هۆی وزەی ئاو ەوە. کارەبای بە ئاو دروستکراو

hydrogen رەگەزی هایدرۆجین (کیمیا)؛ گازی{غ} هایدرۆجین

- bomb *بۆمبی ناوکیی هایدرۆجین؛ بۆمبێکی یەکجار*

زۆر بەهێزە؛ لە کاتی تەقینەوەدا ناوکی هایدرۆجین

hydrography زانستی لێکۆڵینەوە و نەخشەسازیی دەریاو دەریاچەو روبارو هتد

hydrology زانستی تایبەتمەندی یەکانی ئاو؛ بەتایبەتی لەبارەی جوولەو رۆیشتنی بە گوێرەی زەمین

hydrometer دەزگایەکە بۆ پێوانی (چری، خەستی)ی شلە

hydrophilic (تامەزرۆی، حەزکردن بە، خۆشی هاتن بە) ئاو. تەردەبێ (ئاو)

hydrophobia (زور، زوو) تینوو بوون، تامەزرۆیی بۆ ئاو. (نەخۆشی) هاری؛ لە سەگەوە دەگوازرێتەوە؛ لە رێگەی لیک ەوە

hydroplane بەلەمێکی سووکی زۆر تیژ؛ ە کەوا بە ئەستەم لە ئاو دەخشێ. فڕۆکەی ئاوی

hydrops ئاودان. ئاو خواردنەوە

hydropsy ئاودان. ئاو خواردنەوە

hydrosphere سەرچاوە ئاوی یەکانی سەر رووی زەمین

hydrostatics زانستی پاڵەپەستۆ و هاوکێشەیی شلە کان

hydrous بەئاو (ە)، ئاوداره. ئاوی یە

hyena کەمتیار؛ جۆرە گیانلەبەرێکی کێوی یە لە شێوەی گورگ و سەگ

hygiene زانستی (پاراستنی) تەندروستی. پاکی، تەمیزی

hygrometer دەزگایەکە بۆ پێوانی رادەی شێداریی هەوا (یا هەڵمی گازێک (غ))

hymen پەردەی کچێنی؛ هی (پێش، کاتی) شووکردن

hymeneal (هی، تایبەتە بە) (پێش، کاتیَ) شوو کردن ەوە

hymn (گۆرانی، خوێندن(ەوە))ی ئایینی ی سوپاسگوزارانەی بە سۆز (و هۆنراو)

hyper (1) سەرووی، لەسەر، زیاتر، پاش، پشت، گەلەک؛ زۆر

hyper (2) (پێشگر، پێشکۆ)یە بە واتای (سەرووی، لەسەر، زیاتر، پاش، پشت. گەلێک؛ زۆر)

hyperactive (کەسێکی) زۆر چالاکە

hyperbola (هێڵێکی) کەوانە، چەماوە؛ پێکهاتوو کاتێ رووبەرێک قووچەکێک دەبڕێ؛ بە مەرجێ گۆشەی بڕینەکە لە گۆشەی نێوان لاو و بنی قووچەکە کە پتر بێ

hyperbole زۆر بەسەر وەنان، زیاد پێوەنان

hypercritical رەخنەگر ی (زیادرەو، لەرادەبەدەر)

hypermarket بازاڕی زۆر گەورە

hypersensitive (زۆر، بەزیادەوە) هەستیارە

hypersonic خێرایی زیاتر لە پێنج جارانی خێرایی دەنگ. ئەو شەپۆلانەی دەنگ کەوا هەژانیان زیاترە لە هەزار ملیۆن ('هیرتز'؛ جار لە چرکە یەکدایە)

hypertension بەرزیی لەرادە بەدەری پاڵەپەستۆی خوێن. (هەست، مێشک) گوشران یکی زۆر

hypertext توانای (دیتن، تاوتویَ کردن)ی زیاتر لە یەک پەنجەرەی نووسین لە سەر ئاویێنەی کۆمپیوتەر؛

hypertext (~) بە هەبوونی خالّی پەیوەندیش لە سەر هەریەکیان بۆ (گەیاندن، لکاندن، پەیوەست کردنی) بەوانی تر ەوە

hyperthermia گەرمیی لەڕادە بەدەر زیادی (لەش، جەستە)

hypertrophy ئاوسان، (پەرەسەندن، کەشەکردن، نەشونما کردن) یَکی لەڕادە بەدەر

hyperventilation هەناسەبڕکیَ، هەناسە خواردنەوەی (زۆر، لەڕادە بەدەر)

hyphen پیتی جیاکەرەوە (-)، پیَتیَکی چاپە (مەنی یە)

hyphenate دوو وشان (یا زیاتر) جیا دەکاتەوە بە پیتی جیاکەرەوە (-)

hypnosis دۆخیَکی خەو ئاسا یە؛ تیَیدا (خەویَنراو، سڕکراو، موقناتیز کراو) ەکە تەنها بە فەرمانی دەرەکی (کار، هەلسوکەوت) دەکا

hypnotic خەویَن. سڕکەر. بیَهۆش کەر. دەرمانی خەو (لیَکەویَن، هیَنەر). خەو (لیَخەر، هیَنەر)

hypnotize دەخەویَنیَ، سڕدەکا؛ بە جۆریَک کەوا تەنها بە فەرمانی دەرەکی (کار، هەلسوکەوت) بکا

hypo (1) تۆزیَک، بەئەستەم{ع}، بەحالّ

hypo (2) (پیَشگر، پیَشکۆ)یە بە واتای (لەبن، لەژیَر. نزم، خوار؛ کەمتر لە ئاسایی)

hypochondria (دوودلّیَ؛ وەسواسی)ی نابەجیَ لە تەندروستیی خۆ. ژیَر سینگ؛ زگ و دەوروبەرە نەرمەکانی

hypochondriac کەسیَکی (دوودلّ؛ وەسواس) لە تەندروستیی خۆی. (هی، تایبەتە بە) ژیَر سینگ؛ زگ و دەوروبەرە نەرمەکانی

hypocrisy درۆسازی، ناڕاستەقینەیی، خۆ دەرخستن؛ بە گەورەتر لە باری راستیی خۆی

hypocrite درۆساز، ناڕاستەقینە، خۆ دەرخستوو؛ بە گەورەتر لە باری راستیی خۆی

hypoderma پیَستی{ی} (ژیَرەوە، بنەوە)؛ ژیَرپیَست

hypo-tension پالّەپەستۆی لەڕادە بەدەر نزمی خویَنی (لەش، جەستە)

hypotenuse وەتەر. ئەو لایەی سیَ گۆشەی (قیت، وەستاو) (٩٠ پلەیی) کەوا بەرامبەر گۆشە ٩٠ پلەیی ەکە یە

hypothermia گەرمیی لەڕادە بەدەر نزمی (لەش، جەستە)

hypothesis گۆیا، گرین، مەزەندە (کردن)، بیرۆکە

hypothetical گۆیایی، لەخۆوە دانراوە، مەزەندە ییە، بیرۆکە ییە

hypoventilation هەناسە سستی، هەناسە خواردنەوەی (کەم، ژیَر ڕادەی ئاسایی)

hyssop جۆرە ڕووەکیَکە لە کۆندا بۆ دەرمان بەکار دەهات

hysterectomy لابردنی منالّدان

بـه نـهشتـهرگـهری

hysteria هاروهاج بـوون، مـێشک (شێـوان، تـێـکـچوون)؛ شێـتـی

hysteric هاروهاجه، شێـتـه. زۆر پـێـکـهنـیـو

hysterical هاروهاج انـه، شێت انـه

Hz = hertz

***** I *****

i (1) نۆیەم پیتی ئەلفبێ ی ئینگلیزی یە. ژمارە ١ لە سیستەمی ژماردنی رۆمانی. سێ یەم پیتی بزوێنە

i (2) من؛ راناوی تاکی بدوێن (قسەکەر)ە. نیشانەی رەگەزی ئایۆدین (یۆد) (کیمیا)

i.e. کورتکراوەیە بو واتای؛

= id est *واتە، بەواتای، مەبەست(م) ئەمە یە، رێک ئەمە یە*

ial (0r al) (پاشگر، پاشکۆ)یە بۆ (لکاندن، پەیوەست کردن)ی وشەیەک بە یەکی دیکەوە بەکار دێ

iatric (هی، تایبەتە بە) (داودەرمان، پزیشکوانی)

Iberia نیوەدورگەی ئایبیریا؛ کەوا دوو ولاتی ئەسپانیا و پورتوگال{غ} و هەرێمی خودموختار ی باسک و ناوچەی (جبرالتەر؛ شاخی جەبەلتاریق) دەگرێتەخۆ

Iberian (هی، تایبەتە بە) هەرێمی ئایبیریا

ibex بزنە کێوی

ibility (پاشگر، پاشکۆ)یە؛ ناوی بە واتای (توانین، هەبوون) پێگ دەهێنێ

ibis مەلێکی ئاوی یە؛ بە دەنووکێکی خوار و ملو لاقی درێژ

ible (پاشگر، پاشکۆ)یە؛ ئاوەلناوی بە واتای (بەتوانا، هەبوو) پێک دەهێنێ

ic (پاشگر، پاشکۆ)یە؛ ئاوەلناوی بە واتای (ـی، ـیانە) پێک دەهێنێ

ical بە هەمان واتای سەرەوە

ice سەهۆڵ، بەفر. شەختە (ی سەر ئاو). سارد دەکا، دەتەزێنێ؛ بە بەفر. دەبەستێ، سەهۆڵبەند دەکا

- age *سەردەمی زۆر کۆنی بەستەڵەکی جیهانگیر*

- blue *رەنگێکی شێنی زۆر کاڵ*

- cream *بەستەڵەک (ی کەرە)، ئایسکرێم*

- cube *(کەڵبە، خشتە) بەفری بچووک؛ لە شێوەی شەشپاڵوو*

iceberg جەستەیەکی گەورەی بەفری سەراو کەوتوو

icebound بە بەفر گیراو، دەوردراو بە بەفر

icebox تەپەدوور؛ ی بەفر، بەفردان، سندووقی بەفر دروستکردنی ناو سەهۆڵبەند

icebreaker (پاپۆڕ، کەشتی)ی (شەختە، بەفر، بەستەڵەک)شکێن

iced سەهۆڵە، بەفرە. بەستاویەتی. تەزی(و)، سارد. شیرنکراو؛ بە قەتماغە یەکی شەکر

Iceland (دورگە، ولات)ی ئایسلاند؛ کەوتۆتە ئۆقیانووسی ئەتلەنتی؛ لە سەرووی رۆژئاوای (دورگە، ولات)ی ئایرلاند

Icelander خەڵکی (دورگە، ولات) ی ئایسلاند، کەسێک لەوێوە هاتبێ

Icelandic (هی، زمانی) (دورگە، ولات)ی ئایسلاند

ichneumon جۆرە گیانلەبەریکە

ichthyology (لێکۆڵینەوە لە، زانستی) ماسی

ician (پاشگر، پاشکۆ)یە؛ (ناو، ئاوەڵناو)ی بە واتای (ـچی؛ ن؛ کارەباچی) پێک دەهێنێ

icicle چلوورە؛ درۆپە{ڵ} ئاوی شۆڕبۆوە و لەسەرما بەستیو

icing قەتماغەی (شەکر، شیرنی)ی سەر (کێک، پسکێت، هتد)

- *sugar* *ئاردە شەکر؛ شەکرێکی وردە بۆ بە سەر (کێک، پسکێت، هتد) داکردن*

icon نیشانە. وێنە، هێما. نموونە

iconoclast بتشکێن، کەسێک کەوا هێرش بکاتە سەر (هێمای) ئایینی باو، بێ باوەڕ، کافر

iconography روونکردنەوەی بابەتێک بە وێنە و هێڵکاری. (زانستی، لێکۆڵینەوە لە) وێنە؛ بە تایبەتی هی کەسی

iconolatry بت (یا وێنە) پەرستی

icosahedron وێنەیەکی جەستەیی بیست روو

icy زۆر ساردە. سەهۆڵە، بەفرە. شەختەیە، خلیسک(اوی)ە

id (1) کورتکراوەیە بە واتای؛

- *card* *پسوولەی ناسنامە*

= *identification* *ناسنامە؛ دوو پیتی یەکەمی وشەکە*

id (2) ژمارەی بێهاوتا و تایبەت بە کەسێک، شتێک، تۆمارێک، هتد

idea (بیر. بۆچوون)؛ زادەی مێشک. پلان. بڕوایەکی لێڵ؛ سووکە بڕوا

have no - *نازانێ، هیچ نازانێ. ئاگای لێ نییە*

ideal تەواوە؛ ئەوپەڕی دروستە. (بەکردار، کردەوەیی نییە)؛ بەڵکو تەنها زادەی مێشکە؛ بە (بیر. بۆچوون)ە

idealist تەواوخواز (مەرج نییە تەواوکار بێ)؛ ئەوپەڕی دروست ی دەوێ. ئەندێشە یییە، خەیاڵی یە

identical (وەک، وەکو) یەک (ت؛ نەوەک بە واتای لەیەکچوو)

identification لێکۆڵینەوە لە (کەس)ایەتی. ناسینەوە. دۆزینەوە. جیاکردنەوە

- *number* *ژمارەی بێهاوتا و تایبەت بە کەسێک، شتێک، تۆمارێک، هتد*

identify دەناسیتەوە{ێ}، دیاریدەکا، دەدۆزێتەوە، دەستنیشاندەکا، جیادەکاتەوە

identity ناسنامە. تایبەتمەندێتی یەکانی (کەسێک، شتێک). (وەک) یەک بوون. تاکی، بێ هاوتایی

ideo (پێشگر، پێشکۆ)یە بە واتای (بیر ...، هۆش ...)

ideogram پیتێک نیشانەی شتێک بێت بێئەوەی دەنگ(ەکان)ی ناوەکەی لە پیتەکەدا هەبن (ن؛ ژمارەکان، پیتی زمانی چینی{س}{ص})

ideograph پیتێک نیشانەی شتێک بێت بێئەوەی دەنگ(ەکان)ی ناوەکەی لە پیتەکەدا هەبن (ن؛ ژمارەکان، پیتی زمانی چینی{س}{ص})

ideologue کەسێکی خاوەن (بیر، بڕوا، ئایدیۆلۆجی)یەک

ideology بیروباوەڕێک کەوا لەسەر بنچینە یەکی ئابووری (و\یا) رامیاری دامەزرابێ

idio (پێشگر، پێشکۆ)یە بە واتای (کەسی، جیا، تاک؛ بێ هاوتا)

idiocy بێهۆشی، بێمێشکی. (کار، کردەوە)یەکی گێلانە

idiolatry (کەس، تاک، خۆ) (پەرستن، پەرستی)

idiom دەربڕاو، (وتە، وشە) یەک، واتای بڕگەیەک

idiomatic(al) دەربڕاوە، لە بابەتی (وتە، وشە) یە

idiosyncrasy (هەڵسوکەوت، هەڵوێست، ئاراستە، هتد)ی زۆر تایبەتی کەسێک. هەر شتێکی زۆر تاکە کەسی یا ناچەق

idiot گێل، کەمزان. خاوەن مێشکێکی ناکام

idle هێواش. تەمبەڵ. لەکار کەوتوو؛ کار ناکا. (کاتی) (بەکار نەهاتوو، بەتاڵ، بەفیرۆ چوو). هێواش (کاردەکا، دەسووڕێتەوە). کات (بەفیرۆ دەدا، بێهوودە بەسەر دەبا)

idleness هێواشی (کارکردن، سووڕانەوە). تەمبەڵی. لەکار کەوتن، کار نەکردن. کات بەفیرۆ چوون

idol بت، پەرستراو. ئارەزووکراو، زۆر خۆشەویست؛ مەعشووق، ویستراو

idolater بتپەرست. عاشقی خولیای (کەسێک، شتێک)؛ ی نێر ینە

idolatress بتپەرست. عاشقی خولیای (کەسێک، شتێک)؛ ی مێ ینە

idolatry بتپەرستی. خۆشەویستی زۆری (کەسێک، شتێک)

idolize دەپەرستێ. خولیای دەبێ، زۆری خۆش دەوێ

idyll (گۆرانی، هۆرە، حەیران) ی شوان(ان)

ie کورتکراوەیە بە واتای؛

= id est *واتە، بەواتای، مەبەست(م) ئەمە یە، رێک ئەمە یە*

if ئەگەر، گەر

iffy بە ئەگەرە، ئەگەری هەیە، بەگومانە

igneous ئاگرین، لە ئاگرە. برکانی

- rocks *بەردی برکانی*

ignite ئاگردەدا، دەسوتێنێ. هەڵدەکا، پێدەکا. دەسوتێ، ئاگر دەگرێ. هەڵدەبێ، پێ دەبێ

ignition (کار، دەسپێکردن)ی سوتانی ناوخۆی مەکینە. سوتان، پێبوون. سوتاندن

ignoble کەم، نزم. پایەنزم، بێناوبانگ

ignominious شوورەییە، شوورەیی هێنە، مایەی شەرمە(زارییە)

ignominy شوورەیی، شەرمەزاری

ignorance نەزانی، کەمزانی. گەمژە، پشتگوێخستن

ignorant نەزان. گەمژە، پشتگوێخەر

ignore پشتگوێدەخا.

گوێنادا

ikon = icon

il (پێشگر، پێشکۆ)یە بۆ ئاوەڵناو(ان) بە واتای (نا، نە). (پێشگر، پێشکۆ)یە بۆ ناو(ان) بە واتای (بێ، بەبێ، نەبوون)

ileum سێ یەم و دوا بەشی ریخۆڵە باریکەکان

ilex جۆرە دارێکە

iliac (هی، تایبەتە بە) بەشی (خوارەوە، دامێن)ی لەش

I'll کورتکردنەوەیە؛

= I shall *من دەبێ ...*

= I will دەکەم

ill (1) نەساغ، نەخۆش. ئێش، ئەزیەت، زیان

ill (2) بە بەدی. بەخەراپی. بەهەڵە. بەناتەواوی. بەنارێکی. پێش زۆر وشە دەخرێ بەم واتایانە (بەد. زیانبەخش. دژ. نا. خەراپ. نارێک)

- advised *گێلانە (یە)*

- assorted *خەراپ (تێکەڵ کراوە، پێکەوەنراوە، هتد)*

- bred خەراپ پەروەردەکراوە

- defined *بە باشی (پێناسە نەکراوە، نەناسراوە)*

- fated *بەدچارەیە، بەد بەختە*

- favoured سەرنج *ڕانەکێشە*

- founded *بێ بناغە (یە)، بێ بنەما (یە)*

- gotten *بە (ناڕەوا، نایاسا) یی (پەیداکراوە، وەدەست هاتووە، دەستکەوتووە)*

بەهەڵە. بەناتەواوی. بەنارێکی. پێش زۆر وشە دەخرێ بەم واتایانە (بەد. زیانبەخش. دژ. نا. خەراپ. نارێک)

- health *باری (نەساغی، نەخۆشی)ی (لەش، هۆش (مێشک))*

- humour *جینگزی، بەدسروشتی، ڕووگرژی*

- mannered *بەدڕەوشت، بێنەرێت*

- natured *بەدسرووشت، بەدڕەوشت*

- omened *نەفرەت لێکراو، بدووم*

- starred *بەد بەختە، بێشانسە*

- tempered *تووڕەوتوند، جینگز، ڕووگرژ*

- timed *ناوەخت، (لە، بە) ناوەخت (ە)*

- treat *بەدڕەفتاری لەگەڵدەکا. خەراپ (هەڵسوکەوتی لەگەڵ دەکا، مامەڵەی دەکا)*

- use *بەدکاری پێدەکا، بەڕەدفتاری لەگەڵدەکا*

- will *نیازخەراپی، دوژمنایەتی، ناحەزی، دژایەتی*

illegal نایاسایە

illegally بەنایاسایی، نایاساییانە

illegible ناڕوون(ە)؛ ناخوێندرێتەوە، روون نییە

illegitimacy بە (زۆڵی، بیژێتی) بوون؛ (لەدایک بوونی منداڵێک لە دایک و باوک (ژن و پیاو)ی مارە نەکراوی

یەکتر. نایاسایی بوون. نادروستی، ناتەواوی

illegitimate زۆڵ، بیژی؛ منالێک لە دەرەوەی ژن و مێردی بووبێ. نایاساییە. نادروست، ناتەواو

illiberal بیرتەسک. بێ کەلتووری بیری ئازاد. پیسکە، پارە ویست، رەزیل

illicit یاساغ؛ نایاسایی. قەدەغە کراو

illimitable سنووردار ناکری؛ بێ سنوورە، سنووری بۆ دانانرێ. تەشەنەکردوو

illiteracy نەخوێندەواری. بێ پەروەردەیی

illiterate کەسێکی (نەخوێندەوار. بێ پەروەردە، نەزان، نەشارەزا)

illness نەخۆشبوون. دەرد، نەخۆشی

illogical نا بیرگێڕ (ە)؛ بێ پرس و هۆیە، بیری تێ ناچێ، ناماقوول، نامەنتیقی

ill-omened بەدچارە، نەفرەتلێکراو، بدووم

ill-treat بەدرەفتاری لەگەڵدەکا. خەراپ (هەڵسوکەوتی لەگەڵ دەکا، مامەلەی دەکا)

illude هەڵدەخەڵەتێنێ، فێڵی لێ دەکا

illuminate رووناکدەکا. رووناکی دەخاتە سەر؛ بابەتێک (روون، شی) دەکاتەوە

illumination رووناککردن

illumine رووناکدەکا. رووناکی دەخاتە سەر؛ بابەتێک (روون، شی) دەکاتەوە

illusion هەڵخەڵەتان، فێڵ لێکران. شتێکی (دەروونیی، دروستکراو)ی مێشک

illusionist جادووکەر، هەڵخەڵەتێن

illusive ناڕاستەقینە یە، شتێکی هەڵ خەڵەتێنەرە، تەنها (بەڕواڵەت، بە روخسار) جوانە

illusory شتی هەڵ خەڵەتێنەر، (بەڕواڵەت، بە روخسار) جوان

illustrate ڕووندەکاتەوە، شیدەکاتەوە. دەهێنێتە بەرچاو، وێنەدار دەکا

illustrated (روونکراوەتەوە، روونکرایەوە) بە وێنەوە. روونیکردەوە

illustration روونکردنەوە. وێنە، نەخشە

illustrative روونکەرەوەیە، دیاریکەرە، نموونەیە بۆ

illustrious گەشە، زەقە، بە دەرەوەیە، بە ناوبانگە

I'm کورتکردنەوەیە بۆ؛ من
= I am

im (1) (پێشگر، پێشکۆ)یە بۆ ئاوەڵناو(ان) بە واتای (نا، نە)

im (2) (پێشگر، پێشکۆ)یە بۆ ناو(ان) بە واتای ((بە)بێ، نەبوون)

im (3) (پێشگر، پێشکۆ)یە بە واتای (لە، لەناو (بوون)، لەسەر، بەرەو، بۆناو، ناوخۆی)

image (وێنە، شێوە)؛ نوێنەری (بەر)جەستەیەک

imagery وێنەکاری، شێوەکاری. وێنە، پەیکەر، دیمەن

imaginable شیاو؛ دەشێ (ببێ،

بکرێ)، دەچێتە مێشکەوە

imaginary دەروونی، خەیاڵی

imagination داهێنانی بیر. سەرچاوەیی لە ئەندێشە(کار)ی هونەری، ویژەیی، زانستی، هتد

imagine (وێنە، شێوە، بیر، هتد) (پێکدەهێنێ، دادەهێنێ). دەهێنێتە بەرچاوی خۆی. وادانێ، وابگرە، وابزانە

imbecile کەسێکی (گێل، بێمێشک نەزان)

imbed (دەچەسپێنێتە، دەخاتە، دەخزێنێتە، دەئاخنێتە) ناو

imbibe (هەوا، شێ) هەڵدەمژێ. دەخواتەوە، هەڵدەقورێنێ؛ بە تایبەتی (بادە، ئەلکوحوول). (بیر(ۆکە)، ئەندێشە) وەردەگرێ

imbitter = embitter

imbolden = embolden

imbosm لە باوەشی دەگرێ، لە هەمێزی دەکا. دەوری (دەدا، دەگرێ)

imbroglio بارودۆخێکی ناهەموار و شێواو. تێکەڵ و پێکەڵی، شێواوی

imbue (جۆشی دەدا، تێری دەکا) بە (بیر، هۆش، هەست، بروا). ئاودەدا، تێر (ئاو، شلە) دەکا. رەنگدەکا، خم دەکا

IMF کورتکراوەیە بە واتای؛

= International Monetary Fund /

سندوق، دامەزراو)ی (دراو، پارە)ی جیهانی

imitable لاسایی کراوە؛ لە لاسایی کردنەوە دێ، چاوی لێ دەکرێ

imitate لاسایی‌دەکاتەوە

imitation لاسایی، لاسایی کردنەوە

imitative لاسایی‌کەرانە

imitator لاسایی‌کەرەوە

immaculate نایابە. زۆر پاک و خاوێنە. بێتاوان، بێخەتا

immanent ئامادەیە، تێیدایە، لە (سروشت، میرات)ی دایە. لە هەموو شوێنێکە

immaterial ناگرنگ، کەمنرخ. بەرجەستە(یی) نییە

immature هەرزەکار، پێ نەگەیشتوو. نا تێگەیشتوو

immeasurable لەپێوان نەهاتوو، بێ‌سنوور(ە)، لەڕادە بەدەر

immediate یەکسەر. راستەوخۆ. خێرا، گورج. نزیک، تەنیشت

immediately یەکسەرە. بە راستەوخۆ. بە (خێرا، گورج)ی

immemorial زۆر کۆن، پێش مێژوو (ی تۆمار کراو)

immense زۆر (قەبە، زل، گەورە، مەزن)، زەبەلاح. تاڕادەیەکی (زۆر، بەرچاو)

immensely گەلێک زۆر، تاڕادەیەکی زۆر

immensity زۆر (گەورە، مەزن)ی، زەبەلاحی. (زۆر، بەرچاو)ی (شت، رووداو، هتد)ێک

immerge نوقم (دەبێ. دەکا)

immerse تێی هەڵدێنێ. دەیخاتە ناو. نوقمی دەکا

immersion تێهەڵێنان. خستنە ناو. نوقم کردن

immethodical نا رێکارانی، بێ رێ و شوێن، بێ شیرازە، شێواو

immigrant کۆچەر، کۆچبەر
immigrate کۆچدەکا
immigration کۆچ، کۆچکردن
imminent خەریکە، وەختە؛ نزیکە (ببێ، رووبدا)
immiscible لە تێکەڵبوون نەهاتوو؛ تێکەڵ نابێ لەگەڵ شتی دی
immobile وەستاو، وێستیاگ، نەجوول(او)
immobilise دەوەستێنێ، رادەگرێ، لەجوولەیدەخا
immobiliser دەزگایەکە بۆ (بێتوانا کردن، بەگەڕ نەخستن) ی مەکینەی (ئۆتومبیل، ئامێر) ان تا کەس نەی(ان)دزێ
immoderate (هێور، مامناوەند) نییە، (توند، زیاد) رەوە
immoderately بە (توند، زیاد) رەوی، بە نا هێوری
immodest بەد، ناپاک. بێشەرم، بێ ئابروو
immodesty بەدی، ناپاکی. بێشەرمی، بێ ئابروویی
immolate قوربانیی دەکا، دەکا بە قوربانیی، سەردەبڕێ بۆ قوربانیی، بە قوربانیی دەکا
immoral (adj) (1) بێ (داب، رەوشت، نەریت)(ە. یيە)؛ نەگونجاو لە گەڵ (رەوشت، داب، نەریت)ەکانی کۆمەلایەتیی باو
immoral (adj) (2) نادروست. (بیر، بۆچوون، وتە، کردەوە)ی (ناپەسەند، هەڵە) لە بارەی (لەشی) ئافرەت
immorality (n) (1) بێ (رەوشتی، نەریتی)؛ نەگونجان لە گەڵ (رەوشت، نەریت)ەکانی کۆمەلایەتیی باو
immorality (n) (2) نادروستی. (بیر، بۆچوون، وتە، کردەوە) ی (ناپەسەند، هەڵە) لە بارەی (لەشی) ئافرەت
immortal نەمر(ە)، زیندوو(ە). هەمیشە لە یاد(ە)
immortality نەمری، زیندوویی. هەمیشە لە یاد مانەوە
immortalize (یاد، بیرەوەری) ی دەکاتەوە، (یاد، بیرەوەری) یان دەکەینەوە
immovable چەقیو، نەجوولاو؛ ناجوولێنرێ، هەڵناگیرێ، ناگوازرێتەوە
immune بەرگرە، پارێزراو(ە)؛ لە نەخۆشی؛ بە دەرزی. لێی بوردراوە، پارێزراوە؛ لە (رەخنەلێگرتن، سەرزەنشت کردن، لێپرسینەوە، سزادان)
immunity بەرگریی (سروشتیی) لەش. پارێزکردن؛ لە نەخۆشی؛ بە دەرزی لێدران. لێبوردن، پاراستن، پارێزراوی؛ لە (رەخنە، سەرزەنشت، لێپرسینەوە، سزا)
immunize دەپارێزی، هێزی بەرگریی دەداتێ؛ لە نەخۆشی؛ بە دەرزی لێدان. لێی دەبوورێ، دەی پارێزێ؛ لە (رەخنە، سەرزەنشت، لێپرسینەوە، سزا)
immunodeficiency (کز، لاواز، کەم) بوونی هێزی بەرگریی (ئاسایی، سروشتی) لە لەش دا
immutability نەگۆڕی، وەکوخۆ مانەوە
immutable نەگۆڕ، لە گۆڕین نەهاتوو

imp منالێکی (هەڵەپاس، لاسار). شەیتانێکی بچووک

impact وێکەوتن. کارتێکردن

impair تێک دەدا، لاواز دەکا، پەکدەخا

impale کوندەکا، دەکوژێ؛ بە شتێکی تیژ

impalpable هەست پێ نەکراو؛ بە دەست ناگیرێ. ئاردێکی زۆر (هـ)ورد

imparity جیاوازی

impart شتێکی لەگەڵ بەش دەکا، بەشێکی شتێکی دەداتێ. دەنگوباس ئاڵوگۆڕ دەکا لە گەڵ

impartial بێلایەن؛ هەموو کەس وەکو یەک مامەڵە دەکا. رەوا

impartiality بێلایەنی، رەوایی

impassable (adj) لە پەڕینەوە نایێ؛ رێی پەڕینەوە نادا، ناکرێ لێی بپەڕییەوە

impasse گرێ کوێرە، چار رێی داخراو، چارەنەمان

impassible بێهەست، هەستنەکەر؛ بە (برین، شت، هتد)، نای ئێشێ

impassion جۆش و خرۆشی دەداتێ، هانی دەدا، سۆزی دەداتێ

impassioned پڕ جۆش و خرۆشە، سۆزدارە

impassive هەستنەکەر، بێهەست. لەسەرەخۆ، هەست پیشان نەدەر

impatience بێئۆقرەیی، بێسەبری، نائارامی، بێ پشوویی

impatient بێئۆقرە، بێسەبر، نائارام، بێ پشوو

impawn شت دەخەوێنێ، لەبری دادەنێ؛ رەهن (دەکا، دادەنێ)

impeach تاوانبار دەکا بە تاوانی دژی (میری، وڵات)؛ تاوانبار دەکا بە خیانەت

impeccable بێخەتا، بێگوناح، بێتاوان

impecunious (زۆر کەم. بێ) پارە یە؛ کەم دەرامەتە. نەدارە

impede رێی دەگرێ، تەگەرەی دەخاتە رێ، دوای دەخا

impediment تەگەرە، دواخستن. تەتەڵە{ر} کردن لە قسە کردن. زمان گرتن

impel پاڵیدەنێ، زۆری لێدەکا، داوای لێدەکا؛ بەتوندی. دەهاوێ(ژێ)، داوێ، تێدەگرێ

impend هەڕەشە دەکا. (خەریکە، وەختە) روو بدا(ت). هەڵدەواسێ(ت)

impending هەڕەشەکەر. نزیکە (رووداو، قەوماو)

impenetrability نەبڕاوی؛ لەبڕین نەهاتن. (شلە، شت) تێ نەچوون. داخراوی، قەپاتی

impenetrable نەبڕاو؛ لەبڕین نەهاتوو. (شلە، شت) تێنەچوو. داخراوە، قەپاتە

impenitence نا پەشیمانی

impenitent پەشیمان نییە

imperative پەلە (یە)، پێویست(ە). فەرمانی. شێوەی فەرمان دان لە رێزمان (ن؛ بڕۆ!، راوەستە!، وەرە ئێرە!)

imperceptible هەست پێ نەکراوە، زۆر کەمە، وردەوردە

یـه

imperfect نـاتـەواو، نـەقـوستان

imperfection نـاتـەواوی، نـەقـوستانـی

imperial ئـیـمـبـراتـۆری، سولـّتـانـی. بـەشکۆ. (رژێـم، نـیـزام)ێـکـی کـۆنـی کـێش و پـێوانـە یـە

imperialism (دەسەلات، فـەرمانـڕەوایـی)ی (ئـیـمـبـراتـۆری، سولـّتـانـی). (زالـّبـوون بـە سەر، چەوساندنـەوەی، سەرپـەرشتـی کـردنـی) نـەتـەوە(کان)ی دیـکـە

imperil دەخاتـە مـەتـرسیـیـەوە، بـەرەو ڕووی مـەتـرسیـی دەکاتـەوە

imperious دەسەلاتـدار، زالّ

imperishable لـەنـاو نـەچوو، خەراپ نـەبـوو؛ تـێک نـەچوو

impermanent کاتـی؛ نـا بـەردەوام

impermeable شتـێـکـی شلـە (هەلـّنـەگرە، نـەدزە، نـەخۆرەوەیـە) ؛ شلـە (هەلـّنـامژێ، بـەخۆوە نـاگرێ)

impersonal نـاکـەسی یـە، بـێ لایـەنـە؛ ئـاماژە نـاکات بـۆ کـەس (ێ (ک (ی تـایـبـەت)))

impersonate خۆی دەگـۆڕێ بـە کـەسێـکـی دی، خۆی بـە کـەسایـەتـی یـەکـی دیـکـە دەنـوێـنـێ؛ لـەپـێـنـاوی (گالـّتـەجاری، ساختـە، هتـد)

impertinence لاساری، ڕێـز نـەگـرتـن، زالـّی

impertinent لاسار، ڕێـز نـەگـرتـوو، زالّ

imperturbable ڕەسەن، خۆڕاگـر. هێـدی، ئـارام

impervious شتـێـکـی شلـە (هەلـّنـەگرە، نـەدزە، نـەخۆرەوەیـە) . نـەدرکـێـن، (بـێدەنـگـە، کـڕە) لـە (دەمـەتـەقـێ، گـفـتـوگـۆ)یـەک دا

impetigo نـەخۆشی یـەکـی پـێستـی لـەشە

impetuosity گـوڕ، گـورجی، هەلـّکـوتـان

impetuous بـەگـوڕ، گـورج

impetus هێـزێـکـی پـالـّنـەر. تـەوژم

impiety خوانـەناسی، خوا نـەپـەرستـن. کـفـر کـردن

impinge کاری تـێـدەکا

impious خوانـەناس، خوا نـەپـەرست، بـێ ئـایـیـن (دیـن)، کافـر، زنـدیـق

impish جنـۆکـە یـە، ئـەجنـدە یـە، شەیـتـان ئـاسا یـە، وەکـو شەیـتـانـە

implacable ڕکـدار، قـیـنـەدار، خۆش نـەبـوو، نـابـەخشنـدە. مـلـهوڕ (بـتـەو، تـونـد) دەکا.

implant دەچێـنـێ، دەخاتـە نـاو. چانـدن (ن؛ ئـەنـدامـی لـەش)

implausible نـەخوازراو، نـەویـستـراو. نـاپـەسەنـد

implement جێـبـەجێ دەکا. ئـامراز. دەزگا. ئـامـێـر

implementation جێـبـەجێ کـردن

implicate تـووشی دەکا، دەیـخاتـە نـاو. ئـەنـجام دەگـەیـەنـێ

implication تـووشکـردن، نـاو زڕانـدن. ئـاکار. ئـەنـجام

implicit نـادیـار، لـەژێـرەوە. نـاڕاستـەوخۆ

implicitly بە نادیاری. نا راستەوخۆ یانە

implode دەشکێتە بار یەک؛ بەرەو ناوەوە (دەتەقێ، دەرووخێ)

implore لێی دەپارێتەوە، تکای لێ دەکا، داوای لێ دەکا

imply بەخۆ(وە) دەگرێ. (شتێک، وا) دەگەیەنێ، واتا (یەک) دەگەیەنێ

impolite بێرەوشت، بێ نەرێت، بێ ئەدەب

impoliteness بێرەوشتی، بێ نەریتی، بێئەدەبی

impolitic تەگبیرکەرێکی خەراپ. کەم وریا

imponderability بێکێشی، زۆر سووکی؛ لە کێشان نەهاتن

import هێنانەژوور (ەوە)، کرین لەدەرەوە. دەهێنێتە ژوور(ەوە)؛ لەدەرەوەی ولات (دەهێنێ، دەکرێ). شتێک دەگەیەنێ، واتا (یەک) دەگەیەنێ

importance گرنگی، بایەخ. (پلە، پایە)داری

important گرنگ، بایەخدار. (پلە، پایە)دار

importation (هێنانەژوور، کرین) لە دەرەوەی ولات

imports هاوردە، ئاوردە. دێنێتە ناوەوەی ولات، دێنێتە ژوور (ەوە)

importunate سوورە؛ لە سەر داواکاریی. داکۆکی کەرە، پێداگرە

importune بێزاری دەکا، سەری قاڵ دەکا. داکۆکی دەکا

importunity سووربوون؛ لە سەر داواکاریی. داکۆکی کردن، پێداگرتن

impose دەسەپێنێ؛ بەسەر دا. مەرج دادەنێ؛ لە سەری

imposing کاریگەر. سەپاو. ترسناک؛ بە (شێوە، رواڵەت)

imposition سەپاندن. سەپان، سەپین. باج. فێڵ کردن

impossibility لەکردن نەهاتن، نەکران. نەبوون

impossible (adj) نەکردەنی‌یە؛ لە کردن نایێ؛ ناکرێ. نابێ

impost باج. دەسەپێنێ

impostor (-ter) کەسێکی خۆ گۆڕیو؛ بە کەسێکی دی. کەسایەتی درۆ دەردەخا. فێڵبازی پارە دز

imposture ساختە(بازی)، فرت و فێڵ

impotence بێهێزی، ناکریگەری. (بێ، کەم) توانایی نێرە یەک لە پەڕینە سەر مێ ینە

impotent بێهێز، ناکریگەر. نێرە یەکی (بێ، کەم) توانا لە پەڕینە سەر مێ ینە

impound دەستی بەسەردا دەگرێ، گل دەداتەوە، دەیبا؛ بە یاسا (یی)

impoverish (هەژار، نەدار، کەم دەرامەت)ی دەکا

impracticable لەکردن نەهاتوو، نە کردەنی یە؛ لە کردن نایێ

impractical نا کردەوەیی؛ ناکرێ

imprecate نەفرەتی دەکا، (جوون، جوێن)ی پێ دەدا، دوعای

(خەراپی) لێ دەکا

imprecation نەفرەت (لێ) کردن، (جوون، جوێن) پێ دان، دوعای (خەراپ) لێ کردن

impregnability بتەوی، بەرگری کردن؛ توانای بەرگری (کردن)، خۆڕاگری

impregnable بتەوە، بەرگرە؛ توانای بەرگریی هەیە، خۆڕاگرە

impregnate ئاوی دەدا، دێراوی دەکا، تێری دەکا. تۆوی نێرەی دەخاتێ، ئاوسی دەکا

impregnation ئاودان، تێرکردن، ئاودێران. تۆ(و)ی دان، ئاوس کردن

impresario بەڕێوەبەری تیپێکی (ئاهەنگ، مۆسیقا)

impress کاری قووڵی تێدەکا. سەرنجی رادەکێشێ. مۆری دەکا؛ مۆری لێ دەدا. (جێ) مۆر، نیشانە

impressible لە کارتێکران دێ؛ کاری تێ دەکرێ

impression کارتێکردن. سەرنج. مۆر، نیشانە

impressive کاریگەرە، سەرنج راکێشە

imprint جێشوون، شوێنپێ، نەخش(ق). چاپ دەکا، مۆر دەکا. دەنەخشێنێ لە (یاد، بیر) دا

imprison زیندانی دەکا، بەند دەکا، دەگرێ

imprisonment زیندانی کردن، بەندی کردن

improbability بێئەگەری؛ نەبوون، نەکران، (هەرگیز) نەبوون

improbable ئەگەری نییە، لەوانە نییە، لەوەناچێ (ببێ)

improbity ناجوامێری، ناراستگۆیی، نادروستی

impromptu سەرپێیی یە، ئامادە نەکراوە. (وتار، کار)ێکی سەرپێی؛ پێشوەخت ئامادە نەکراو(ە)

improper ناڕێکە، نەگونجاوە. نادروست (ە)، هەڵە یە، لەجێی خۆی نییە

improperly بەناڕێکی. بە نادروستی، بەهەڵە، بە نابەجێی

impropriety ناڕێکی، نەگونجان

improve پەرەی پێ دەدا، چاک(تر)ی دەکات، پەرە دەستێنێ، چاک(تر) دەبێ

improvement پەرەپێدان. پەرەسەندن. گەشەکردن، پێشکەوتن

improvidence چاو بڕنەکردن، پێشبینی نەکردن، بێ ئاگایی، بێ تەگبیری

improvident چاو بڕنەکردوو، بێئاگا، بێ تەگبیر

improvise (لە خۆوە، بە سەرپێیی) (وتار، ئاواز، هتد) (دەدا، دادەهێنێ، دەهێنێتە کایەوە)

imprudence کەم وریایی، کورتبینی

imprudent کورتبین، کەم وریا

impudence نا هاوئاهەنگ بوون، نەگونجان لەگەڵ

impudent نا هاوئاهەنگ(ە)، نەگونجاو(ە)

impugn بەرپەرچ دەداتەوە، دەخاتە بەر پرسیار، بەدرۆ دەخاتەوە

impulse هۆکار، جوولێنەر

impulsive جوولێنەر، هاندەر

impunity (لێبووراوی، لێخۆشبوون) لە سزا. بەد ئاکامی، کاردانەوەی خەراپ

impure گۆڕاو، تێکدراو، تێکەڵ. پیس. ناپاک، بەگەرد

impurity تێکەڵی. پیسی. ناپاکی، بەگەردی. شتێکی بەم تایبەتمەندی یانە

imputation (خەتا، هەڵە) دانە پاڵ

impute (خەتا، هەڵە)ی دەداتە پاڵ

in (1) (پێشگر، پێشکۆ)یە بۆ ئاوەڵناو(ان) بە واتای (نا، نە)

in (2) (پێشگر، پێشکۆ)یە بۆ ناو(ان) بە واتای (بێ، بەبێ، نەبوون)

in (3) بە، لە، لەناو. (پێشگر، پێشکۆ)یە بە واتای (لە، لەناو (بوون)، تێدا(بوون)، لەسەر، بەرەو، بۆناو، ناوخۆ(ی))

- an hour *لە ماوەی کاتژمێرێک، یەک کاژێری پێدەچێ*

- as much *لەبەر ئەوەی، چونکە،*

- between *مامناوەند، ناوەڕاست*

پێشکۆ)یە بە واتای (لە، لەناو (بوون)، تێدا(بوون)، لەسەر، بەرەو، بۆناو، ناوخۆ(ی))

- case of *لە ئەگەری، مەبادا،*

نەخوازەڵە

- depth *بەدوور و درێژی، بەقوولی، بە تەواوی*

- extremo *بە دوور و درێژی، بەتێرو تەسەلی*

- house *لەناوخۆ؛ ی دامو دەزگا یەک، کۆمپانیا یەک، هتد*

- law(s) *خەزووران، خزمایەتی لە ژنەوە، ماڵی خەسوو*

- particular *بەتایبەتی*

- patient *لە خەستەخانە کەوتووە، لە نەخۆشخانە نووستووە*

- practice *لەجێبەجێ کردندا، بە کردەوە*

- tray *(سینی، سەبەتە)ی نامە و پۆستی (گەیشتوو، هاتوو)*

built - *یەکپارچە (یە)، لەخۆی دایە، هەمووی پێکەوە یە*

in (4) کورتکردنەوەیە بۆ یەکەی ئیمپریالیی پێوانی درێژی (کە دەکاتە ٥٤و٢سم)؛ بە واتای؛

= Inch(es) *ئینچ*

inability ناتوانایی، نەتوانین. بێ (هێزی، ئامرازی)

inaccessible (سەرکەوتن، تێچوون، چوونە ناو)ی سەختە. دژە، دژوارە، ڕکە

inaccuracy نادروستی، ناراستی، هەڵە

inaccurate نادروست(ە)، ناراست(ە)، هەڵە (یە)

inaction بێبڕیاری. بێبڕی. سستی، خاوی

inactive بێبڕیار(ە). بێبڕ(ە). سست، خاو

inactivity (بێبڕیار. سست، خاو) بوون

inadequacy نالەباری، نەگونجاوی. کەمی؛ بەش نەکردن. (کەموکوڕی، لاواز، نەکارە، کەم توانا)یی کەسێک

inadequate نالەبارە، نەگونجاوە. کەمە؛ بەش ناکا. کەسێکی (لاواز، نەکارە، کەم توانا)

in-adhesion نەلکان، پێوەنەنووسان

inadmissible (ماوە، مۆڵەت) نەدراو(ە). دان پێ نەنراو(ە)

inadvertence بێنیازی، بێمەبەستی، لەخۆڕابوون. بێباکی، گوێنەدان

inadvertent بێنیاز، بێمەبەست، لەخۆڕا. بێباک، گوێنەدەر

inadvisable ناپەسەند(کراو(ە))، بە باش نەزانراو؛ ئامۆژگاری کردنی نادرێ

inalienable بەناوناکرێ؛ خاوەنێتیی (ناگۆڕدرێ، ناگوازرێتەوە). لە (زەوتکردن، بردن) نەهاتوو

inalterable چەسپاو، لەگۆڕاننەهاتوو؛ ناگۆڕێ. پینە ناکرێ

inane بەتاڵ، بۆش. بێواتا، بێ مانا

inanimate جەستەیەکی بێگیان(ە)؛ گیانی لەبەر نییە، زیندوو نییە. بێهەست(ە)، کز

inanition ماندوویی، شەکەتی

inappealable دەستی پێ ناکرێتەوە، دووبارە ناکرێتەوە، (ماوە، مۆڵەت)ی نادرێتەوە

inappetence بێمەیلی؛ (هەوەس، حەز، ئارەزوو) لێ نەبوون

inapplicable پیادە ناکرێ، جێبەجێ ناکرێ، نابەجێ (یە)، نەگونجاو(ە)

inapposite نەگونجاو، (باش، جوان) دەرنەبڕاو، هەڵە (یە)

inappreciable نرخ پێ نەدراو، ڕێز نەگیراو، پێ نەزانراو، (باش) هەڵ نەسەنگێنراو

inappropriate نابەجێ یە؛ جێی خۆی نییە، نارێکە، بێ ڕێوجێ(ە)، نالەبارە

inaptitude نائامادەیی. ناشایستەیی. نەتوانین

inarticulate ناڕوون؛ لە ئاخافتن. بێ جومگە

inasmuch (as) چونکە، چونکێ، لەوەتەی، لەوەتیی، بەهۆی، لەبەر. تا ئەو ڕادەی کە

inattention هەڵە(کردن)، ئاوڕ نەدانەوە، گوێنەدان. بێ ئاگایی، نا ئاگاداری (بوون، کردن)، ڕێز نەگرتن

inattentive بێئاگا، گوێنەدەر، بێڕێز

inaudible کز، بێدەنگ، نەبیسراو

inaugural (هی، تایبەتە بە) ئاهەنگی کردنەوە (شتێک).

دەسپێکی یە

inaugurate ئاهەنگی کردنەوە دەگێری. دەسپێدەکا، پێشکەش دەکا

inauguration ئاهەنگی کردنەوە (ی شتێک). کردنەوە، دەسپێکردن، پێشکەش کردن

inauspicious نەفرەتی، نەفرەت (لێ) کراو. نەخوازراو، نەویستراو. بێبەخت، بێشانس

inboard لەناوە، لەناویەتی، لەناوەوە یەتی؛ کەوتۆتە ناو (ی)

inborn سروشتی، زگماک؛ لە کاتی لەدایک بوونەوە (هەیە)

inbred سروشتی، زگماک؛ لە کاتی لەدایک بوونەوە (هەیە). (بە، لە) زاوزێی (ناوخۆ، ناو هەمان (بەرەباب، مێگەل، رەوە)) وە (هاتووە، پەیدا بووە)

inbreeding زاوزێی (کەس، گیانلەبەر)انی زۆر لێک نزیکەوە. زاوزێی ناو (خۆ، هەمان (بەرەباب، مێگەل، رەوە) ، ئامۆزایان، هتد)

inbuilt یەکپارچە (یە)، لەخۆی دایە، هەمووی پێکەوە یە. پێشوەخت (دروست، ئامادە) کراوە

incalculable بێئامار، لە ژمار(دن) نەهاتوو؛ نازمێردرێ

incandescence گەشانەوە، گەشبوون (ەوە)، گەرمبوون. درەوشانەوە، تریسکانەوە، گەشداری

incandescent گەش، گەشبۆوە. درەوشاوە، گەشەدار

incantation نوشتە، جادوو، (هاوکێشە، پێکهاتە)ی نایاب

incapable بێ توانا یە؛ ناتوانێ. لە توانای دا نیە

incapacitate پەکی دەخا، بێتوانای دەکا. لەکاری (دەخا، دەکەوێنێ)

incapacity پەککران، بێتوانایی، نەتوانین، بێهێزی. لە توانا دا نەبوون، پەککەوتن

incarcerate زیندانی دەکا، بەندی دەکا

incarnate دەژی(ێنێ) لە گۆشت دا، دەخاتە جەستەی مرۆڤ ەوە، بەرجەستە دەبێ لە گۆشت دا؛ بە تایبەتی بە شێوەی مرۆ(ڤ). (بیر، بیرۆکە) یەک (دەچەسپێنێ، بەرجەستە دەکا)

incarnation ژیان لە ناو گۆشت دا؛ زیندەوەر؛ بە تایبەتی مرۆ(ڤ)، خستنە ناو جەستەی مرۆڤ ەوە، بەرجەستە بوون لە گۆشت دا؛ بە تایبەتی بە شێوەی مرۆ(ڤ)

The - *بەرجەستە بوونی خودا لە عیسا دا، بوونی خوا لە ناو گۆشتی عیسا دا*

in-case دەپێچێتەوە، دەخاتە (باول، سندووق) ەوە

incautious بێباک، ملهوڕ

incendiarism (گڕتێبەردان، سوتاندن، ئاگرنانەوە)ی بە (مەبەست، دەستی ئەنقەست)

incendiary ئاگرزا؛ (بۆمبا، شتێک)ی دروستکراو بە مەبەستی (گڕدان، سوتاندن، ئاگرنانەوە) . سووتێنەر. تاوانبار بە (شت سوتاندن، ئاگر نانەوە)

incense بخوور. (بۆن، دوکەڵ)ی بخوور

incentive هانـدەر، پالـّنـەر. بـەخشیش؛ بـۆ هانـدانـی کرێکار. پارەی زیاد وەکو پالـّنـەر بـۆ کار(کردنـی)ی زیاد

inception سەرەتـا، دەسپـێـک، دەست پـێ کردن

inceptive سەرەتـایـی؛ هی سەرەتـایـە

incertitude گـومـان

incessant بـەردەوام، نـەپچڕاو، نـەکوژاوە، هەمـیـشە

incessantly بـە بـەردەوامـی، بـە نـەپچڕاوەیی، (بـە) هەمـیـشەیـی

incest (کـەسانـی، نـێـرومـێـی) زۆر لـێـک نـزیـک؛ کـەوا مارەیـیـان لـێـک نـایـێ. جووت بـوونـی ئـەم بـابـەتـە خەلـّکانـە

inch گـرێ؛ ئـیـنـج؛ یـەکـەی ئـیـمـپـریـالـی یـە بـۆ پـێـوانـی درێـژی (کـە دەکاتـە ٥٤و٢سم)

inchoate تـازە دەست پـێ کـراو، پـێـنـەگـەیـشـتـوو

incidence روودان. کـەوتـنـە سەر، بـەربـوونـەوە سەر

angle of - گـۆشـەی (بـەربـوونـەوە، پـەرچـبـوونـەوە)ی تـیـشک (فـیـزیـا)

incident رووداو (یـکـی بـچووک). کـەوتـوو؛ بـە سەردا کـەوتـوو (تـیـشک، هـتـد)

incidental بـچووک، کـەم بـایـەخ. بـەرِووداو

incinerate بـە خۆلـّەمـێـش دەکا؛ دەسوتـێـنـێ

incineration بـە خۆلـّەمـێـش کـردن؛ سوتـانـدن

incinerator (تـەنـوور، فـڕن، گـوفـەک)ی شت سوتـانـدن؛ بـۆ بـە خۆلـّەمـێـش کـردن و (لـەنـاوبـردن، نـەهێـشتـن)ی

incipience قـۆنـاغـی سەرەتـایـی، ساوایـی. دەست پـێ کـردن، سەرەتـا

incipient لـە قـۆنـاغـێـکـی سەرەتـایـی دایـە، ساوا یـە. تـازە دەست پـێ کـردوو (ە)، سەرەتـایـی (یـە)

incise (کـەلـێـن، خەت)ی تـێـدەکا، دەبـڕێ، هەلـّی دەزڕێ. لـێـی هەلـّدەکـۆلـّێ، نـەقـاری دەکا، نـەقـشی تـێـدەکا؛ بـە هەلـّکـۆلـّـیـن

incised (کـەلـێـن، خەت) تـێـکـراو، بـڕاو، هەلـّزڕاو. هەلـّکـۆلـّراو، نـەقـارِیـکـراو

incision (بـڕیـن، کـەلـێـن، درز)؛ بـە تـایـبـەت هی (جـێـی) نـەشتـەرگـەری

incisive تـیـیـژ (پ؛ کـول)، روون و کـاریـگـەر

incisor ددانـی بـڕیـن؛ بـە تـایـبـەت ئـەوانـی پـێـشەوە

incite هان دەدا، ئـارەزووی لـە لا پـەیـدا دەکا، هەوەسی دەداتـێ

incitement هانـدان، ئـارەزوومـەنـد کـردن

incivility بـێـڕەوشتـی، بـێـنـەرِێـتـی. نـاشارستـان یـتـی

inclemency دژواری ئـاووهەوا. تـونـد و تـیـیـژی

inclement (ئـاووهەوای) دژوار، بـە رەشەبـا. تـونـد و تـیـیـژ

inclination ئـارەزوو. مـەیـل. ئـاراستـە

incline بـەرەو ئـەوە دەڕوا، ئـارەزوو دەکا؛ پـێـدەچـێ. خوار دەبـێ، لـێـژ دەبـێ. لـێـژی

in-close دەگرێتەخۆ. (چار) دەوری (دەگرێ، دەدا)

include تێی دایە، پێکدێ لە. تێی (دەخا، دەکا)

inclusion تێیابوون. تێخستن. تێکردن

inclusive تێیایەتی. تێیخراوە. بە(ئە)ویشەوە؛ ئەویشی لەگەڵ دایە

inclusively بە هەموویانەوە، بەوانیشەوە

incognito دزەکردوو، بەدزە، خۆگۆڕیو

incognizant بێئاگا یە، نائاگادارە

incoherence (داپچڕاو، نارێک) یی (شت، ئاخافتن)

incoherent (شت، ئاخافتن)ی (داپچڕاو، نارێک)

incombustible نەسوتاو؛ ناسوتێ، گرنەگر(ە)؛ گرناگرێ

income داهات، مووچە

- *tax* *باجی (سەر) داهات*

incoming (تەلەفۆن، شت)ی وەرگیراو، هاتوو، گەیشتوو. (کەس، کرێچی)ی داهاتوو

-*s* *داهات، قازانج*

incommensurable بە هیچ شێوە یەک، بە هیچ بار یێک. بێ هاوبەشی(ن)، نا پەیوەندی دار(ن)

incommensurate نابەرابەر، نارێک، ناتەواو

incommode سەغڵەتی دەکا، تەنگاوی دەکا، بارگرانیی دەخاتە سەر، هەراسان دەکا

incommodious بچووکە، تەسکە، سەغڵەتە. بارگرانی یە

incommodity سەغڵەتی، تەنگی. قورسایی، بارگرانی، هەراسان کردن

incommunicable لە ئاڵوگۆڕ کردن نایێ؛ ئاڵوگۆڕ ناکرێ

incommunicado زیندانی ی تاکە کەسی. بێ ئامرازی ئاڵوگۆڕ

incommunicative کەمدوو(ە)، بێ دەنگ(ە)، بێ دەموپل(ە)

incommutable هاتوچۆ(ی)ناکرێ؛ دوورە. ناگۆڕدرێتەوە، ئاڵوگۆڕ ناکرێ. ناگۆڕدرێ بە کەمتر؛ کەم ناکرێتەوە

incomparable تاکە، لە بەراورد نەهاتوو (ە)؛ بەراورد ناکرێ. بێهاوتا، بێ بەراورد

incompatibility هاوئاهەنگ نەبوون، نەگونجان

incompatible ناهاوئاهەنگ، نەگونجاو

incompetence بێتوانایی، بێ برەوی، نەشارەزایی، کەمو کورتی

incompetent بێبرەو، نەشارەزا، بێتوانا

incomplete ناتەواو، نادروست، کەمو کووڕ

incompliance گوێ نەدان، گوێڕایەڵ نەبوون، ملهوڕ، لامل

incomprehensible وەرنەگیراو، تێ ی نەگەیشتراو؛ ئاسان نییە (وەری بگری، تێی بگەی)

incompressible نەپەستراو؛ لە پەستران نەهاتوو

incomputable نەژماردراو؛ لە ژماردن نەهاتوو

inconceivable لە تێگەیشتن

نـەهاتـوو؛ میـّشک وەری نـاگـریّ

inconclusive بـە ئـەنـجام نـەگـەیـیـو، (شتـیـّکـی) نـابـڕیـاردەر؛ ئـەنـجام نـادا بـە دەستـەوە

incondensable نـەمـەیـیـو؛ لـە (مـەیـیـن، بـەستـان) نـەهاتـوو

inconformity جیـایـی، جیـاوازی، یـەک نـەبـوونـی، نـەگـونـجاوی

incongruent جیـاوازە

incongruity نـابـەجیـّـی، نـاڕیـّکـی، نـا هاوئـاهەنـگـی. جیـاوازی، نـەگـونـجان

incongruous نـابـەجیّ، نـاڕیـّک، نـا هاوئـاهەنـگ

inconsiderable کـەم. بـچـووک. شایـانـی بـاس نـیـیـە. گـویـّـی پـیّ نـادریّ

inconsiderate بـیـّڕیـّـز(ە). کـورتـبـیـن(ە)

inconsistency نـاڕیـّکـی

inconsistent نـاڕیـّک، نـەگـونـجاو. نـا بـەردەوام

inconsolable زۆر (خـەراپـە، خـەمـبـارە، داخـدارە)؛ چـانـابـیـّتـەوە، ئـاشـت نـابـیـّتـەوە، کـڕ نـابـیـّتـەوە، بـیـّدەنـگ نـابـیّ

inconsonant لـەیـەک نـەچـوو، دوور لـە یـەک

inconspicuous بـەرچاو نـیـیـە. (لـیـّک، جـیـا) نـاکـریـّنـەوە؛ لـیـّگ جیـا نـاکـریـّنـەوە. روون نـیـیـە. بـە ئـاسانـی هەسـتـی پـیّ نـاکـریّ

inconstancy گـۆڕان، گـۆڕاوی؛ لـە ئـاسـتـیـّک نـەوەسـتـان. نـابـەردەوامـی

inconstant گـۆڕاو(ە)، بـگـۆڕە؛ لـە ئـاسـتـیـّک نـاوەسـتـیّ.

نـابـەردەوام(ە)

incontestable روون(ە)، بـیـّگـومـان(ە)؛ گـومـانـی لـەسەر نـیـیـە. گـفـتـوگـۆ (ی لـەسەر نـیـیـە، هەلـّـنـاگـریّ (قـەبـوولّ نـاکـا))

incontinence مـیـز پـیّ ڕانـەگـیـران، ڕەوانـی؛ گـوو پـیّ ڕانـەگـیـران. بـیّ جلـّـەوی، خـۆپـیّ ڕانـەگـیـران، هەوەسداری؛ بـەتـایـبـەتـی لـە بـەرامـبـەر (ئـافـرەت، پـیـاو)

incontinent مـیـز پـیّ ڕانـەگـیـراو، ڕەوان؛ گـوو پـیّ ڕانـەگـیـراو. بـیّ جلـّـەو، خـۆپـیّ ڕانـەگـیـراو، دۆخـیـن شل(ە)؛ بـەتـایـبـەتـی لـە بـەرامـبـەر (ئـافـرەت، پـیـاو)

incontrovertible سەلـمـیـّنـراوە، نـکـۆلـّـی نـەکـراوە؛ لـە نـکـۆلـّـی کـردن نـەهاتـوو

inconvenience نـاهەمـواری، کـیـّشە (یـەکـی بـچـووک)، سـووکـە سەغـلـّـەتـی. سەغـلـّـەت دەکـا

inconvenient نـاهەمـوار، نـاڕیـّک

inconvertible وەرنـەچـەرخـیـو(ە)، وەرنـەگـیـّڕە؛ وەرنـەگـەڕاو(ە)

incorporate دەگـریـّتـە خـۆی، یـەکـدەخا، دەکـاتـە یـەک. دەخـاتـە نـاو. یـەکـخـراو، یـەکـبـوو، یـەکـگـرتـوو

incorporation یـەکـخـسـتـن. پـیـّکـەوە بـوون، هاوبـەشی

incorporeal گـیـانـی؛ نـەبـوونـی بـەرجەستـەیـی و فـیـزیـایـی

incorrect هەلـّـەیـە. درۆیـە. نـادرووسـتـە. نـاڕیـّک، نـەگـونـجاو

incorrigible (کـەس، خوو)یـّکـی لـە ڕاسـتـکـردنـەوە نـەهاتـوو؛ بـاش نـابـیـّتـەوە، چـانـاکـریـّتـەوە

incorrupt ساغ، دڵپاک، تێکنەچوو(ە)، نەگۆڕاو(ە)

incorruptible ساغە، بتەوە، تێکناچی. (خاوە، بەرتیل) وەرنەگرە

increase زیادە. (زیاد، زۆر) (دەکا. دەبێ)

increasingly زیاتر و زیاتر، (رۆژ بە رۆژ، جار بە دوای جار) زۆرتر (زیاتر)

incredible باوڕنەکراو، زۆر باش، نایاب، سەیر

incredulity باوڕنەهێنان

incredulous بڕوانەکەر، باوڕنەهێن

increment زیادە. زیاد (کردن. بوون)

incriminate بە تاوانبار دادەنێ. تاوانبار دەکا

incrust بەرگ دەکا. قەتماغە دروست دەکا

incrustation بەرگ، قەپێلک (ی رەق). قەتماغە

incubate جوچکە هەڵدەهێنێ، کورک دەبێ، کڕ دەکەوێ. گەرا دەکا، پێ دەگا

incubation جوچکە هەڵهێنان، کورک بوون، کڕکەوتن. گەرا کردن، پێ گەیشتن

incubator دەزگای جوچکە هەڵهێنان. دەزگای پێگەیاندنی منالی (پێشکات، زوو) لەدایک بوو

incubus دێوەزمە. خەوێکی ناخۆش. زاڵ، زۆردار، بەزەبر

inculcate هان دەدا، تێدەگەیەنێ، فێردەکا

inculpable بێگوناح، پاک

inculpate گوناحباری دەکا، تاوانباری دەکا

incumbency بەڕێوەبەری، سەرکردایەتی، شوێنی نیشتەجێ؛ ی کەسێکی (ئەرکدار، لێپرسراو، سەرۆک، هتد)

incumbent ئەرک (ی سەر شان). کارا؛ ئێستا لە کاردا یە؛ (ئەرکدار، لێپرسراو، سەرۆک، هتد)ی ئێستا

incunabulum پەڕتووکی زۆر کۆن؛ بە تایبەت پێش ١٥٠١ز لە چاپ درابێ

-s *قۆناغە سەرەتایی ەکانی شتێک*

incur (مەترسی، شەرمەزاری، زیان، زەرەر، هتد) دێنێتە (سەرخۆی، کایەوە)

incurable لە چابوون نەهاتوو، بێ چارەسەر(ە)

incurious خۆ تێ هەڵنە قورتێن

incursion (هێرش، پەلامار)ێکی (کتوپڕ، کەم خایەن)، هاتنە ناو

incurve دەچەمێنێ تەوە، خوار دەکاتەو؛ شێوەی کەوانەیی دروست دەکا

-d *بەلای ناوەوە دا (چەماوەتەوە، کەوانە بووە، خواربۆتەوە)*

indebted قەرزار(ی پارە، چاکە) . قەرزکردوو

indebtedness قەرزاربوون، قەرزاری. قەرز. چاکە، پیاوەتی، منەت

indecent ناجوامێر، ناشیرن (رەوشت)

- assault *پەلامار دانی*

ئافرەت؛ بەلام بێ ئەوەی بگاتە رادەی (زەوت کردنی، جووتبوون لەگەڵی دا)

- *exposure* *گەڵ(ر) و گون نیشاندان لەناو خەڵک*

indecipherable لێی ناکۆڵرێتەوە، لە لێکۆڵینەوە نەهاتوو، هەڵناهێنرێ، بێ چارەسەرە، چارەی بۆ نییە

indecision راڕایی. بێبڕیاری. بێ ئەنجامی

indecisive راڕایە. بێبڕیارە. بەئەنجام (نەگەیەنەر، نەگەیشتوو)

indeclinable ورد نابێتەوە، سەرچاوەی نییە (رێزمان)

indecorous نارێکە، بێڕەوشتی یە، شەرمە، شەرمەزاری کەرە

indecorum ناجوامێری، ناپاک رەوشتی

indeed بەڕاستی، لەڕاستیدا. بە راستەقینە، بەدڵ

indefatigable ماندوویی نەناس، کۆڵنەدەر

indefeasible مافی رەوا؛ لە پێشێل کردن نەهاتوو. لە (بەتاڵکردن، هەڵوەشاندن ەوە) نەهاتوو

in-defective تەواو، دروست، بێ کەم و کووڕی. بێ شکستی

indefensible لە بەرگری کردن نەهاتوو؛ بەرگریی لێ ناکرێ

indefinable لە پێناسە کردن نەهاتوو؛ پێناسە ناکرێ

indefinite نادیار، نەناسراو، پێناسە نەکراو

- *article* *ئامرازی (نادیار، پێناسە نەکراو)*

indefinitely بۆ ماوەیەکی (دیاری نەکراو، نادیار)

indefiniteness بێ کۆتایی بوون، بێ سنووری بوون

indelibility نەسڕانەوە، ژێرپێ نەکەوتن، لەناونەچوون

indelible لەناونەچوو، نەسڕاوە، ژێرپێ نەکەوتوو

indelicacy زبری، دڕی. بەدڕەوشتی. رووگرژی

indelicate زبر، دڕ. بەدڕەوشت. رووگرژ

indemnification قەرەبوو کردنەوە، رازی کردن، تۆڵە دانەوە

indemnify قەرەبوو دەکاتەوە لە (زیان، زەرەر). لە سزای دەبووری

indemnity تۆڵە بۆ کردنەوە، پارەدانەوە. لێ بووردن، سزا نەدان

indent (نیشانە، خەت، درز، ددان، هتد)ی لێ (دەکا، هەڵدەقەنێ). سەرەتای هێڵێکی نووسین زیاتر لەوانی تر دوور دەخاتەوە لە (رۆخ، لێوار)ی چەپی نووسین

indentation خەت، درز، نیشانە کردن

indention خەت، درز. دوورخستنی سەرەتای هێڵێکی نووسین زیاتر لەوانی تر لە (رۆخ، لێوار)ی چەپی نووسین

indenture بەڵگەنامەی مۆر کراو و پارێزراوی (پێکهاتن، قۆنتەرات). تۆماری شتێک، بەڵگە، هتد

independence سەربەخۆیی، ئازادی

independent (کەس، وڵات، بیر، شت، هتد)ێکی (سەربەخۆ(یە)، ئازاد(ە))

indescribable لەوە (باشتر، خەراپتر)ە کەوا باس بکرێ؛ لەباسکردن نایە لە (چاک، خەراپ)یان. لە پێدا هەڵگوتن نایە

indestructibility لەناو نەچوونی، خەراپ نەبوونی، نەروخاوی؛ بتەوی، توند و تۆڵی

indestructible لەناو نەچوو، خەراپ نەبوو، نەروخاو، تێکنەچوو؛ بتەو، توند و تۆڵ

indeterminable دیاری ناکرێ، رادەی بۆ دانانرێ، چارچێوەی بۆ ناکرێ

indeterminate نەناسراو. دیاری نەکراو

index (1) فەهرەست، تۆماری ریزکراوی (ناو، بابەت، شت، هتد)ێک. نیشاندەر، نیشانە. (ناو، بابەت، شت، هتد) (ریز دەکا لە، دەخاتە ناو) تۆمار ێک

- finger *پەنجەی شادە*

index (2) نرخی بەراورد کراو. توان ی (سەر) ژمارە (ماتماتیک). نرخ بەراورد دەکا

India وڵاتی هیند((و)ستان) لەکیشوەری ئاسیا

Indian خەڵکی هیندە، هی هیندە

red - *هیندیی سوور؛ دانیشتوانی خۆماڵیی ئەمەریکا*

indicate ئامارەە دەکات. نیشانە دەکات

indication ئامارەکردن. نیشانەکردن

indicative ئامارەیە. نیشانەیە. نیشاندەرە

indicator ئامارە. نیشانە. (قۆڵ، میل)ی پێوەران

indices کۆیە بۆ؛ *= plural of index* *تۆمارەکان. توانەکان. نیشانەکان*

indict بە شێوەیەکی یاسایی (خەتابار، تاوانبار) دەکا. دەیباتە دادگا

indictable لە (خەتابار، تاوانبار)کردن دێ؛ بەکەڵکی بردنە دادگا دێ؛ بە بەڵگەیە و ئەگەری (بردنەوە، تاوانبار کردن)ی هەیە. دەبردرێ تە دادگاوە

indictment بە شێوەیەکی یاسایی (خەتابار، تاوانبار) کردن؛ بردنە دادگا. (داوا (کاری)، بەڵگەنامە)ی (تاوانبار کردن، بردنە دادگا)

indifference گوێنەدان، بێباکی. ناگرنگی، بێ بایەخی

indifferent خۆ تێ نەگەیاندوو، گوێنەدەر، بێباک. ناگرنگ، بێ بایەخ. نە باشە و نە خەراپ

indigence هەژاری، نەداری، دەستکورتی

indigenous خۆماڵ، نیشتەجێی سروشتی و دێرینەی وڵاتێک

indigent هەژار، نەدار، دەستکورت

indigestible قورسە لەسەر گەدە، کاوێژی ئاسان نییە. ئەستەمە بخوێنرێتەوە یا تێی بگەی

indigestion گەدە ماندوو بوون.

ئازاری گەدە، سک (زگ) ئێشە. تێ نەگەیشتن، شت وەرنەگرتن (ی مێشک)

indignant تووڕە یە لە ناڕەوایی (کردن)، هەست بە (ناڕەوا، ریسوا)یی دەکا(ت)

indignation تووڕە بوون لە ناڕەوایی (کردن)

indignity مامەڵەی ریسواکەرانە (ناشیرن). چۆنیەتیی خەراپ و ریسوا

indigo رەنگی خم(ی)؛ رەنگی نێوان شین و وەنەوشەیی (لە تیشکەکان دا). خم؛ ی ئەم رەنگە

indirect ناڕاستەوخۆ. بەپێچ و پەنا. لابەلا

- *speech* *(قسە، وتە)ی ناڕاستەوخۆ؛ گێڕدراوە لە کەسێکی دیکەوە*

indirectly ناڕاستەوخۆ یانە، بە ناڕاستەوخۆ

indiscernible (نەزانراو، جیاوازیی نەبینراو، جیانەکراوە)؛ (نازانرێ، جیاوازیان نابینرێ، جیا ناکاتەوە)

indiscipline بێڕژێمی، نارێک و پێکی. ناپەروەردەیی، بێڕەوشتی

indisciplined (adj) بێڕژێمە، نارێک و پێکە. پەروەردە نەکراو، بێڕەوشت

indiscreet نەهێنی نەپارێز، دەم بڵاو، دەمشڕ. بێئاگا، گەمژە، ناوریا

indiscretion نەهێنی نەپاراستن، دەم بڵاوی، دەمشڕی. بێئاگایی، گەمژەیی

indiscriminate بەبێ جیاوازی، وەکویەک. هەڕەمەکی

indiscrimination جیاوازینەکردن. هەڕەمەکی بوون

indispensable پێویست(ە)

indispose لێی لادەدا، لێی دوور (دەخاتەوە، دەکاتەوە)

indisposed ناتەواو؛ (کەم، تۆز)ێک نەساغ. نائامادە. دژبەر، نەیار

indisposition (کەم، تۆز)ێک نەساغی. نائامادەیی. دژبەری، نەیاری

indisputable بێ کێشە یە. بێ ناکۆکی یە. نکۆڵی لێ نەکراو، مشتومڕ لەسەر نەبوو

indissoluble ناتاوێنرێ تەوە. ناتوێتەوە(ناتاوێتەوە)، لێک نابێتەوە، هەڵناوەشێ. توند و (درێژ، زۆر) خایەن

indistinct نادیارە؛ روون نییە. لێڵە، بشێوە؛ ئاشکرا نییە

indistinctness نادیاری. لێڵی، بشێوی؛ نائاشکرایی

indistinguishable جیاوازیيان نییە، جوێ ناکرێنەوە. ئاشکرا نییە

indite پێی دەنووسێ (تەوە)؛ وتەی پێدەکا بە نووسین. (نامە، هتد) دەنووسێ

individual تاکە کەس (ێک)، تاک (ێک)؛ یەک دانە. (هی، تایبەتە بە) (یەک، تاک، کەس) ێک

individuality کەسایەتیی (تایبەتی، تاک). هەبوونێکی (جیا، سەبەخۆ)

individualize کەسایەتیی (تایبەتی، تاک)ی دەداتێ. هەبوونێکی (جیا، سەبەخۆ)ی پێ دەبەخشێ

individually یەک بە یەک، بە تاک (تاک). هەر بەخۆی، تاقانە. بەدیاری، بە ئاشکرایی

indivisibility دابەش نەبوون (یی)، دانەبران (دن)، جیانەبوونەوە. یەکپارچەیی، دانەبراوی

indivisible دابەش نەبوو، دانەبراو، جیانەبۆوە. یەکپارچە

indo (پێشگر، پێشکۆ)یە بە واتای ((هی، تایبەتە بە) هیند، هیند و ...)

- European *بنەماڵەی زمانە هیندۆ ئەوروپا ییەکان؛ کە لە زۆربەی ئەوروپا و بەشێکی فراوانی ئاسیا قسەی پێ دەکرێ*

in-docile یاخی یە، غورد(ە)، رانایێ، ملهۆڕە؛ بە ئاسانی بەرێوە ناچێ

indocility یاخی بوون، غوردی، رانەهاتن، ملهۆڕی؛ بە ئاسانی بەرێوە نەچوون

indolence تەمبەڵی، خاوی، سستی

indolent تەمبەڵ، خاو، سست، لەسەرەخۆ

indomitable لە شکان نەهاتوو، لە گیران نەهاتوو؛ دەستی بەسەردا ناگیرێ. (ماڵی، کەوی) نابێ

indoor (بۆ، لە) ناوماڵ (کراوە، بەکار دێ). نهێنی یە. بە نهێنی (دەکرێ. کراوە)

-s *لەناوەوە، لەناو (ماڵ، شوێنێک)، ناوماڵ*

indorse رازی دەبێ بە، پێی رازی دەبێ. (پشتی چەک) مۆر دەکا. سزای بۆ دەنووسێ

in-dubious گومان نەکەرە، بێ گومانە

indubitable گومان هەڵنەگر، گومان لێ نەکراو، راستەقینە

induce هانی دەدا. هەواداری دەکا، مەیل داری دەکا. دەهێنێتە کایەوە، پەیدا دەکا. منداڵ بوون خێرا دەکا

inducement هاندان. هەوادار کردن، مەیل دار کردن. هێنانە کایەوە، پەیدا کردن. خێرا کردن (ی منداڵ بوون)

induct دەناسێنێ، پێشکەشی دەکا. دادەمەزرێنێ (لە سەر کار)

inductile رانەکشاو، لە راکێشان نەهاتوو؛ دەشکێ، راناکشێ، راناکێشرێ

indue پێی دەدا، پێی دەبەخشێ

indulge خۆی بە شتێک ەوە خەریک دەکا، سەرقاڵی شتێک دەبێ. (بادە، مەی) دەخواتەوە

indulgence لێ (بووردن، خۆش بوون)، چاوپۆشین. خۆ خەریک کردن بە شتێکەوە، سەرقاڵبوون بە شتێکەوە. (بادە، مەی) خواردنەوە

indulgent لێ (بوردوو، خۆش بوو)، چاوپۆشیو. سەرقاڵ (بە شتێکەوە)

indurate پتەوی دەکا، بەرگریی زیاد دەکا. پتەو، بەرگر

industrial پیشەساز. (هی،

تایبەتە بە) پیشەسازی
- action *مانگرتنی کرێکاران*
- estate *(گەرەک، شارۆچکە، بازارچە)ی پیشەسازی؛ ناوچەیەکی تەرخان کراو بۆ یەکەکانی پیشەسازی*
- relations *پەیوەندیی نێوان بەرێوەبەری و کرێکاران*

industrialization بە پیشەسازی کردن

industrialize (ولاتێک، نەتەوەیەک، شوێنێک، هتد) پیشەساز دەکا

industrious خۆ ماندووکەر(ە)، ئازا (یە)

industry پیشەسازی

indweller نیشتەجێ (بوو)، (ژیاو، دانیشتوو) لە، جێگیر بوو

inebriate مەست، سەرخۆش. مەستیار؛ یەکێکە خووی بە خواردنەوەوە گرتبێ. زۆر خۆرەوە. سەرخۆش دەکا

inebriation مەستی، سەرخۆشی. (مەست، سەرخۆش) بوون. مەستیاری

inedible لە خواردن نەهاتوو، بۆ خواردن نەگونجاو؛ ناخورێ، بەکەلکی خواردن نایێ

inedited نەنووسراو. ئامادە نەکراو. چاپ نەکراو، بلاو نەکراو

ineducable توانای پەروەردە بوونی نییە، لە پەروەردە کردن نایێ؛ پەروەردە ناکرێ

ineffable (بەزار، بەوشە) باسی ناکرێ؛ لە زۆر باشی یا

ineffaceable ناسرێتەوە، لە ناو ناچێ

ineffective ناکاریگەر(ە)؛ (ئەنجام، کاریگەری)ی خوازراو وەدەست ناهێنێ، بێ ئەنجام، بێ کەلک

ineffectual ناکاریگەر(ە)

inefficacious ناکاریگەرە، نەکارە، لەکار دا نییە، بەرێوە ناچێ

inefficiency ناتوانایی، ناکارامەیی. کەم بەرهەمی

inefficient (کەسێکی) بێتوانا. (مەکینە، شت) یێکی کەم بەرهەم

inelegant ناشیرن. زبر، دڕ

ineligible ناشایستە، مافی نییە، بۆی نییە، ناتوانێ

ineluctable لێ قوتار بوونی نییە؛ خۆی لێ لانادرێ. پێویستە. دەبێ بکرێ (یا بدرێ)

inept نەشارەزا، نەگونجاو. نابەجێ، لە فێڕۆ

ineptitude نەشارەزایی، نەگونجاوی. نابەجێی

inequable نارێک، ناڕەوا

inequality جیاوازی، نایەکسانی

inequitable بێداد، ناڕەوا. زۆردار

inequity بێدادی، ناڕەوایی. زۆرداری

inert نەبزووت، نەجوولاو. بێجوولە. ناچالاک، سست

inertia هێزی بەردەوامی

inertness نەبزووتن، نەجوولان. بێجوولەیی

inescapable لێ قوتار بوونی نییە؛ خۆی لێ لانادرێ. پێویستە. دەبێ بکرێ (یا بدرێ)

inessential ناپێویست، ناگرنگ

inestimable مەزەندە نەکراو؛ مەزەندە ناکرێ، ناقرسێنرێ، لە قەپلاندن نەهاتوو

inevitable هەربووە، هەرقەوماوە، خۆی لێ لانادرێ

inexact هەڵە، ناتەواو، ناراست

inexcusable لێ نەبووردراو، نەبەخشراو. (بێ بەهانە، بێ هۆ) یە

inexecutable لە ئەنجامدان نەهاتوو؛ جێبەجێ نەکراو، ئەنجام نەدراو؛ جێبەجێ ناکرێ

inexhaustible (تەواو، بەتاڵ) نەبوو، بێکۆتا. ماندوویی نەناس، ماندوو نابێ

inexistent نەبوو، (هە)بوونی نییە، نی یە

inexorable بێ پشوو، لە راوەستان(دن) نەهاتوو. بێبەزەیی، بەد (رەوشت، رەفتار)

inexpedience نەگونجان

inexpedient نەگونجاو

inexpensive هەرزان(ە)، نرخی گونجاو(ە)

inexperience نەشارەزایی، ناشارەزایی. بێ ئەزموونی

inexperienced نەشارەزا، ناشارەزا. بێ ئەزموون

inexpert ناپسپۆڕ

inexpiable خۆی لێ مات ناکرێ، لێی نابووردرێ، ناکرێ لەبەری داهێنرێ بۆ (رازی، بێدەنگ) کردنی، (بیانوو، بەهانە)ی بۆ پەیدا نابێ

inexplicable لێکدانەوەی بۆ نییە، هۆکاری دیار نییە؛ تەم و مژی لەسەرە

inexpressible لە دەربڕین نەهاتوو، دەرنەبڕاو؛ دەرنابڕدرێ

inexpugnable بتەو، لە (کونکردن، بڕان، شکاندن) نەهاتوو. دژ(وار)ە

in-extinct لە (لەناوچوون، کوژانەوە) نەهاتوو؛ لەناو نەچوو، نەکوژاوە

inextinguishable لە (کوژانەوە، لەناوچوون) نەهاتوو؛ نەکوژاوە، لەناو نەچوو

inextricable خۆی لێ لانادرێ. لە (جیاکردنەوە، شلکردنەوە، چارەسەری) نەهاتوو؛ گرێ کوێرە{کۆرە} یە

infallibility بێهەڵەیی، هەمیشە راستی

infallible لە هەڵە کردن نەهاتوو؛ بێهەڵەیە، هەمیشە راستە

infamous بەدناو، ناوزڕاو، زۆر (بەد، خەراپ)

infamy شوورەیی، ئابروو چوون، شەرمەزاری، بەدناوی، ناوزڕان

infancy منالّی، ساوایی، سەرەتای تەمەن، گچکەیی{بچووکی}

infant کۆلپە، زارۆک، بچووک، منالّی ساوا

infanticide منالّی ساوا کوشتن؛ بەزۆری یەکسەر (دوای،

پاش) لـه دایکبـوون. (کـەسێکـی) منـاڵـی ساوا کوژ

infantile پـەیـوەنـدە بـە منـاڵ، تایبـەتـە بـە منـدار. منـداڵانـە یـە، پێنـەگـەیـو ە

- *paralysis* *(گۆجی، ئـیفـلـیـج)ی مـنـاڵ*

infantry هێزی سەربـازیـی پـیادە

infantryman سەربـازی پـیادە

infatuate دێـوانـەی دەکا، شێـتـی دەکا، هەواداری خۆی دەکا؛ بـە (جوانـی، روخسار، هەڵـسوکـەوت، بـیـیر، هتـد)ی

infatuated دێـوانـە، هەوادار، خولـیا؛ ی (جوانـی، روخسار، هەڵـسوکـەوت، بـیـیر، هتـد)ی کـەس یێـک ە

infatuation دێـوانـە بـوون، خولـیایی؛ بـە (جوانـی، روخسار، هەڵـسوکـەوت، بـیـیر، هتـد)ی کـەس یێـک ەوە

infeasibility نـەکردەنـی (بـوون) ؛ ئـامادە نـەبـوونـی (هەل و) مـەرجەکانـی (جێبـەجێ) کردنـی؛ لـە (جێبـەجێ) کردن نـەهاتن

infeasible نـەکردەنـی یـە؛ (هەل و) مـەرجەکانـی کردنـی (ئامادە) نـین؛ لـە جێبـەجێ کردن نـایـی

infect (نـەخۆشی) تـووشدەکا، نـەخۆشی دەگـوازێـتـەوە، پـیـس دەکا

infection تـووش (کـردن، بـوون) بـە نـەخۆشی، نـەخۆشی گـوازتـنـەوە، پـیـس کـردن

infectious تـووش (هاتـوو، دەبـێ) بـە گـواستـنـەوە. نـەخۆشی گـوێـزەرە (وە (یـە))

infelicity مـەلـوولـی، نـاشادی، غەمـبـاری

infer ئـەنـجام (وەردەگرێ، بـەدەست دێـنـێ). (وا) دەگـەیـەنـێ

inference ئـەنـجام (وەرگرتـن، بـەدەست هێـنـان). تـێ گـەیـشتـن، حالـی بـوون. ئـەنـجام

inferential بـە ئـەنـجام (وەرگـرتـن، بـەدەست هێـنـان)ە. بـە (تـێ گـەیـشتـن، حالـی بـوون)ە

inferior بـنـدەست، ژێـردەست، نـزمـتـر (لـە)، (لـە) ژێـرەوە (تـرە)، کـەمـتـرە (لـە)

inferiority بـنـدەسـتـی، ژێـردەسـتـی، نـزمـی، لـەژێـرەوە بـوون

- *complex* *(نـەخۆشیـی) هەستـکـردن بـە (کـەمـی، نـاتـەواوی)*

infernal دۆزەخی (یـە). پـیـس، بـێـز لـێـکراو

infertile (ئـافـرەت ی) نـەزۆک. خاکـی (بـێ پـیت، بـێ پـێـز)

infertility نـەزۆکـیی (ئـافـرەت). (بـێ پـیـتـی، بـێ پـێـزی) ی (خاک)

infest ((کـرم. مێشومـەگـەز) شوێـنـێـک) دەردەدار دەکا، دەگـرێـتـەوە، تـووش دەکا

infidel بـاوەڕ نـەهێـن، کافـر؛ بـەوەی کـە (گـوایـە) هەرە راستـریـن ئـایـیـن ە

infidelity نـادڵـسۆزی؛ بـە تـایـبـەتـی هی (مێـرد، ژن) بـەرامـبـەر بـە (ژن، مێـرد)ی؛ زیـنـاکاری

infill شتـی بـەکارهاتـوو بـۆ (بـۆشایـی، درز، هتـد) (پـڕکـردنـەوە، گـرتـن). (بـۆشایـی،

درز، هتد) پردەکاتەوە، دەگرێ

infiltrate دەخزێتەناو، دەخشێتەناو، دەچێتەناو

infiltration تێخزین، تێخزان، (خشین، خشان)ەناو، چوونەناو

infinite بێکۆتا (ماتماتیک)، دیاری نەکراو (ماتماتیک)، بێ (سنوور، تخووب)

infinitesimal زۆر (بچووک، ورد). هەندێکی زۆر کەم. نەزانراو، نادیار

infinitive کرداری نادیار (ڕێزمان)

infinity بێکۆتایی (ماتماتیک)، بێ (سنوور، تخووب)ی

infirm لاواز، بێهێز؛ بەساڵا چوو، پییر

infirmary پییرخانە (ت؛ وشەی 'تەمبەڵخانە' بەرای ئێمە هەڵەیە؛ لێرەدا). نەخۆشخانە، خەستەخانە

infirmity نەخۆشی، دەرد. لاوازی، بێهێزی؛ بەساڵا چوون، پیربوون

inflammable گڕگرتوو؛ بە ئاسانی (گردەگرێ، دەسوتێ)

inflammation سوتان. (سووتانەوە، ئاوسان)ی ئەندامێکی لەش؛ (زۆرجاران) بە تا و ئاوسان و سووربوونەوە و ژانەوە

inflammatory سووتاوە، ئاوساو. گردەر، ئاژاوە نەرەوە، توند و تییژ، رکوقینە کەرەوە

inflate فویدەدا (تایە، دەبدەبە، تد). دەئاوسێ، لێک دەکشێ. قەبە دەبێ

inflation ئاوسان، لێک کشان. قەبەبوون. قەیران ی(دراو{پارە}، هتد)

inflect خواردەکا، دەچەمێنێ. دەنگی (دەگۆرێ، خواردەکاتەوە) ، وشە دەگۆرێ؛ بە وشەیەکی دی بۆ روونکردن ەوە

inflection ((خوارکردن، چەماندن). (خوار بوون، چەمان)) (ەوە). دەنگی (گۆرین، خوارکردنەوە)، وشە گۆرین

inflexibility نەچەمان ەوە، خوارنەبوون ەوە. رەقی

inflexible نەچەماوە، خوارنەبۆوە. رەق

inflexion ((خوارکردن، چەماندن). (خوار بوون، چەمان)) (ەوە). دەنگی (گۆرین، خوارکردنەوە)، وشە گۆرین

inflict زەبری لێ دەدا. زیانی پێ دەگەیەنێ. خۆی دەسەپێنێ بە سەری دا. ئازاری تووش دەکا

infliction زەبر (لێدان). زیان (پێ گەیاندن). خۆسەپاندن. ئازار تووش کردن

in-flight لە (ناو، کاتی) فرینی فرۆکە دا (روودەدا، دەدرێ، دەکرێ)

inflorescence تەواوی گوڵەکانی رووەک ێک. گوڵکردن؛ گوڵ دەرکردن ی درەختێک

inflow رژانە ناو، شۆربوونەوە ناو، چوونە ناو. ئاورێژ. دراو {پارە} (هاتن، پەیدابوون، (تێ)رژان)

influence دەسترۆیی، دەسەلات. کاریگەری. کاری تێدەکا

influential دەسترۆیە، بە دەسەلاتە. کاریگەری هەیە

influenza پەسیو، هەلامەت،

سەرما خواردن، ئینفلوەنزا. بڕوانە وشەی 'فلو'

influx (خەڵک، شت) ڕژانەناو (شوێنێک)؛ بە ژمارەیەکی زۆر هاتنە ناو

info کورتکراوەیە بۆ؛ *= information* *زانین. ڕاگەیاندن*

inform پێ ڕادەگەیەنی، ئاگادار دەکا

informal نافەرمی، نافەرمانی؛ بەشێوەیەکی سادە

informally نافەرمی یانە، بە نافەرمانی؛ بە سادەیی

informant ڕاسپاردە. ڕاگەیەنەر، هەواڵ گەیەنەر. زانین ((ب)دەر، گەیەنەر)

information زانین. هەواڵ. ڕاگەیاندن. ئاگاداری

- desk پرسگە

informer کەسێکی هەواڵ گەیەنەر؛ خەبەر دەر؛ بەتایبەتی لە سەر کاسانی تر

infra (پێشگر، پێشکۆ)یە بە واتای (ژێر)

infraction هەڵوەشاندن (ەوەی بڕیار، هتد). سەرپێچی کردن

infrared تیشکی ژێر سوور (فیزیا)؛ درێژی شەپۆلەکەی لە هی سوور درێژ تر بی

infrastructure ژێرخان، بناغە؛ دامەزراوە بنچینەیی ەکانی (ولات، کۆمەڵگا)یەک؛ ن: پرد، ڕێگاوبان

infrequence کەم ڕوودان

infrequent (کەم، جاربەجار) ڕووداو؛ ناوەناوەی دوور لە یەک

infringe (بڕیار، هتد) هەڵدەوەشێنێتەوە. سەرپێچی دەکا

infringement هەڵوەشاندن (ەوەی بڕیار، هتد). سەرپێچی کردن

infuriate هار دەکا، تووڕە دەکا

infuse وانەی دەداتێ، فێری دەکا. تێی (نوقم دەکا، دەهاوێ، دەکا)؛ بۆ تەڕ کردنی. تێدەکا، دەڕژێنێتە ناو

infusion وانە دان، فێرکردن. (نوقم کردن، هاوێشتنە ناو)ی شتێک؛ بۆ تەڕ کردنی. تێکردن، ڕژاندنە ناو

ing (1) (پاشگر، پاشکۆ)یە بۆ پێکهێنانی ناو(ان) لە کردار(ان) (ڕێزمان)

ing (2) (پاشگر، پاشکۆ)یە بۆ پێکهێنانی ناوی بکەر (ڕێزمان)

ingenious داهێنەر، بلیمەت، زۆر زیرەک

ingenuity توانای داهێنان، بلیمەتی، زۆر زیرەکی

ingenuous بێ هونەر. ڕاستگۆ، بەڕەو ڕوو

ingest (خواردن، هتد) هەڵدەلووشێ. (زانیاری، هتد) وەردەگرێ

inglorious شەرمەزاریکەرە، ئابڕوو بەرە، ڕیسوایی کەرە. نا (مەزن، بەرز) (ە)، نەناسراو (ە)

ingoing تێچوو، چوو (ئاوەڵناو) ؛ ئەوەی دەچێتە ناو (ژوور، هتد)

ingot پارچە زێڕێک (یا لە بابەتی زێڕ)

ingraft موتوربە دەكا. (ئەندام) دەچێنێ. دەخزێنێتە ناوی

ingrain رەگی دادەكوتێ، دەیچەسپێنێ

ingrained رەگ (داكوتاو، قوول) ، چەسپاو، رەسەن. خوو پێوە گرتوو. زۆر چڵكنە؛ دەمێكە پیسە

ingratiate خۆ خۆشەویست دەكا، خۆشەویست دەبێ

ingratitude ناسوپاسگوزاری. پێنەزانین (ی چاكە ی كەسی بەرامبەر)

ingredient (پێكهێنەر، بەش) ێكی (تێكەڵە، پێكهاتە)یەك

ingress (كار، ماف)ی چوونە ژوور ەوە

ingrowing بەرەو ناوەوە (شین، گەورە، زیاد) بوو (ئاوەڵناو) ؛ ن؛ نینۆك چوونە ناو گۆشت

inguinal (هی، تایبەت بە) ماسوولكەی سەرەوەی ران؛ بە دیوی ناوەوە

inhabit نیشتەجێ دەبێ، لێی (دەژێ، دادەنیشێ)، جێگیر دەبێ

inhabitant نیشتەجێ، دانیشتوو

inhabited ئاوەدانە، ئاوایە

inhalant دەرمانی (هەڵمژین، هەڵمژران)

inhalation هەڵمژین (ی (هەڵم، گاز، تد))

inhale (هەڵم، گاز، تد) هەڵدەمژێ

inhaler ئامراز (دەزگا)ی هەڵمژینی دەرمان

inharmonious ناهاوئاهەنگ

inherence هەبوون؛ ئامادە بوونی شتێك لە ناو یەكی دی، هەمیشە (هەبوون، ئامادە بوون)

inherent هەیە، هەمیشە (هەیە، ئامادە یە)

inherit (1) میرات (ی دەكەوێ، وەردەگرێ)؛ (موڵك، ماڵ، پارە، پایە، پلە، هتد) وەردەگرێ بە یاسای بەدوو دا هاتن

inherit (2) (نەخۆشی، تایبەتمەندی، هتد)ی (لێ روودەدا، بۆی دێ، وەردەگرێ) لە باوباپیران ەوە

inheritance (1) میرات (كەوتن، وەرگرتن)؛ (موڵك، ماڵ، پارە، پایە، پلە، هتد) وەرگرتن بە یاسای بەدوو دا هاتن

- *tax* *باجی سەر موڵكی بە (میرات گیراو، پێشكەش كراو)*

inheritance (2) (نەخۆشی، تایبەتمەندی، هتد)ی (لێ روودان، بۆهاتن) لە باوباپیران ەوە

inherited میراتە؛ (موڵك، ماڵ، پارە، پایە، پلە، هتد). (نەخۆشی، تایبەتمەندی، هتد) ێكی زگماكە؛ لە باوباپیران (هەیە، هەبووە)

inheritor میراتگر

inhibit تەگەرە دەخاتە بەردەم (كار، پێشكەوتن). دوای دەخا. قەدەغەی دەكا

inhibited (كار، پێشكەوتن)ی تەگەرە پێ خراو. دواخراو. قەدەغە كراو

inhibitory تەگەرە. دواخەر. قەدەغەكەر

inhospitable نامیوانداره، به میواندارى نییه، ناخانەخوێ یه

inhuman نامروڤانه (یه)، درندانه، دلڕەق

inhumane نامروڤانه(یه)، درندانه

inhumanity نامروڤانەیی، درندەیی، دلڕەقی

inimical دوژمنکارانه. زیانبەخش

inimitable لاسایی نەکراو؛ له لاسای کردن نایێ؛ لاسیی ناکرێتەوه

iniquitous زۆردار، زۆر ناڕەوا

iniquity زۆرداری، ناڕەوایی زۆر

initial سەرەتایی، دەسپێکی، یەکەم

-s *پیتی یەکەمی ناو(ەکان)ی کەسێک*

initially لەسەرەتادا، له دەستپێک دا

initiate دەسپێدەکا. دەسپێشخەری دەکا

initiative دەسپێشخەری، هەنگاوی یەکەم

initiatory سەرەتاییه. (هی، تایبەته به) (دەستپێکردن، کردنەوه)ی شتێک

inject دەرزیی لێ دەدا. تێی را دەکا، تێی دەهاوێ

injection دەرزی. دەرزی لێدان. تێرا کردن، تێ هاوێشتن

injudicious ناژیر، کەمهۆش. ناژیرانه

injunction بڕیاری به فەرمان. (ڕێگرتن، قەدەغه کردن)ی (شت، کەس، کار)ێک به بڕیاری یاسایی

injure زیانی پێ دەگەیەنێ، تێک دەدا. خەتای بەرامبەر دەکا

injurious زیانبەخش، (زمان، وشه، وته)ی ئازاردەر. خەتاکەر

injury برین؛ زیانی لەشی. ئازاری هەست و نەست. خەتاکردن، خەراپەکاری

- time *کاتی زیاد کراو له کۆتایی یاری دا؛ له (تۆڵه، بڕی)ی کاتی بەفیرۆ چوو*

injustice ناڕەوایی

ink حیبر؛ شلەی (ناو قەڵەم، چاپ). به حیبر دەکا

- well *(شووشەی) حیبردان*

inkling زانین یکی کەم، گومان

inkstand جێی دانانی شووشەی حیبردان

inky به حیبر (بوو) ه. ڕەشه وەک حیبر. (هی، تایبەته به) حیبر

inland ناوخۆ، ناو وڵات. بەرەو ناوەوەی وڵات ەوه، له وشکانی

- Revenue *داهات (باج)ی ناوخۆ؛ فەرمانڕەوایی ەکه (له بریتانیا) کەوا باج دیاری دەکا و کۆ دەکات، ەوه*

inlay شتێک (دەخاته، دەئاخنێ ته) ناو شتێکی دیکه؛ به جۆرێک دوو ڕووبەرەکه (لووس، تەخت) بن. نەقشی تێ دەکا. پڕ کردنەوەی ددان

inlet باسکێکی دەریا (چه) کەوا هاتبێته ناو (خاکه) ەوه.

(ڕێگا، شوێن، جێ)ی (هاتن، چوون)ە ژوور ەوە

inmate (نیشتەجێی، جێگیر لە زیندان، خەستەخانە،هتد

inmost بنەبان، هەرە ژوور ەوە. قوولایی

inn مەیخانە؛ هەندێ جاران بە شوێنی مانەوە (خەوتن) یشەوە. خان؛ لە کۆن دا

innate سروشتی، زگماک؛ لە کاتی لەدایک بوونەوە (هەیە). سروشتی یانە

in-navigable بۆ گوزەر دەست نادا، لە گوزەر نایێ؛ گوزەری (پێ، تێ) دا ناکرێ. بە کەلکی پێدا تێ پەرین نایێ

inner ناوەوە، هی ناوەوە. قوول (تر)

- city *(ناو، بازار، چەق)ی شارێک*

- tube *چووپی ناو تایە*

innermost بنەبان، هەرە ژوور ەوە

innings بەشێکە لە یاریی 'کریکت'

innkeeper بەڕێوەبەری مەیخانە، ساقی

innocence پاکی. بێ (خەراپە، زیان) یی. بێتاوانی، بێخەتایی، بێگوناحی

innocent پاک. بێ (خەراپە، زیان). بێتاوان، بێخەتا، بێگوناح

innocuous بێزیان(ە)

innovate دادەهێنێ. نوێ دەکات (ەوە). نوێ دەخوازێ

innovation داهێنان. کارئەندازی. نوێخوازی

innovative داهێنەرانە، کارئەندازانە، نوێخوازانە

innovator داهێنەر، کارئەنداز، نوێخواز

innoxious بێزیانە، زیان نەدەرە

innuendo هێما کردن، سەر لەقاندن، چاو قوچاندن

innumerable لەژماردن نەهاتوو، گەلێک زۆر

innumerate کوێرەوار{کوێرەوار}؛ بێئاگا لە زانینی سەرەتاکانی ماتماتیک

inoccupation بەتاڵی. بێکاری، دەست بەتاڵی. راوەستان. داگیرنەکران. ئازادی

inoculate (دەرزی، دەرمان)ی دژەنەخۆشی (لێدەدا، دەداتە)؛ (کەس، ئاژەڵ) ێک بەمەبەستی پاراستنی لە نەخۆشی

inoculation (دەرزی، دەرمان)ی دژەنەخۆشی (لێ) دان

inoffensive زیان نەدەرە، بێزیانە

inoperable لە نەشتەرگەری کردن نەهاتوو؛ نەشتەرگەریی سەرکەوتووانەی ناکرێ (پزیشکوانی)

inoperative لەکارکەوتوو

inopportune هەلی نییە، قافی نییە، کاتی نییە. نابەجێ یە، ناڕێک ە

inordinate زیادە، زۆرە، لەڕادە بەدەرە

inorganic نازیاری یە؛ هی (ژیاو، گیانلەبەر، هتد) نییە، تایبەت نییە بە ژیان (کیمیا،

زانستی زیندەوەر)

input (n) کاری (تێکردن، دەرخوارد دان). شتێکی (تێکراو، تێخستراو). ئەو شوێنەی (زانیاری، وزە، کارەبا، هتد) لێوەی دەچێتە ناو سیستەم یێک

input (v) دەخاتە ناو. پێی دەدا، دەیداتێ

inquest پشکنین، لێکۆڵینەوەی فەرم(ان)ی لە هۆی مردن. لێکۆڵینەوە و شێکردنەوەی ئەنجامی (گەمە، هەڵبژاردن، هتد) یێک

inquietude دەنگ بەرز بوون ەوە، ناڕەزایی، ناخۆشحاڵی، بشێوی

inquire لێی دەکۆڵێتەوە

inquiry لێکۆڵینەوە. پرسیار

inquisition لێکۆڵینەوە یا پشکنینی چڕ و پڕ

inquisitive لێکۆڵەرەوە یا پشکنەر. خۆ تێ هەڵقورتێن

inquisitor لێکۆڵەرەوە (ی فەرم(ان)ی)

inroad (سەرچاوە، شت) بە فیڕۆدان. هێرشێکی (ناحەز، دژبەر) انە

inrush (خەڵک، شت) رژانەناو (شوێنێک)؛ بە ژمارەیەکی زۆر و بە خێرایی و کتوپڕی

insalubrious (شوێن، ئاووهەوا) یەکی (ناتەندروستی، ناسازگار، بە نەخۆشی) یە

insane شێت(ە)؛ نەخۆشی مێشکی هەیە. زۆر گێل، بێمێشک

insanitary بارودۆخی کاری خەراپ بکاتە سەر تەندروستی. پیسە، نا تەندروستی یە

insanity شێتی. زۆر گێلی، بێمێشکی

insatiable تێرنەخۆر. زۆر نەوسن. تەماحکار؛ بە هیچ چاوی پڕ نابێ؛ لە رازیکردن نەهاتوو

insatiate هەرگیز رازی نەبوو، بە هیچ بار تێر نەبوو (ئاوەڵناو)

inscribe دەنووسێ. نەقش دەکا؛ بە (پیت، وشە) لە سەر شتێک. لە سەر پەرتووک دەنووسێ کە پێشکەشی دەکا. ناوی کەسێک دەخاتە تۆمار ەوە

inscription وشەی (نووسراو، نەقش کراو). نووسین، نەقش کردن؛ بە وشە

inscrutable لە لێکۆڵینەوە نەهاتوو، نەزانراو، نادیار، نەبڕاو؛ لەبڕین نەهاتوو

insect مەگەز (ن؛ مێش)

insecticide مەگەز کوژ؛ (دەرمان، ژەهر)ی مەگز کوژ (ن؛ مێشکوژ)

insectivore ئاژەڵی مەگەز خۆر. رووەک یێک کەوا مەگەز دەگرێ و شلەکەی دەمژێ

insecure مەترسی دار(ە)، نامسۆگەر(ە)، نادڵنیا

insecurity مەترسی، نامسۆگەری، بێ دڵنیایی

inseminate (تۆ، ئاو)ی نێرینەی تێ دەهاوێ، ئاوسی دەکا. (کێڵگە) تۆ(و) دەدا

insensate بێهۆش، گێل. هەستنەکردوو. بێهەست؛ هەستنەکەر؛ بێ ئامرازی هەستکردن

insensibility بـێـهۆشی، هۆش نـەبـوون. بـێئـاگایـی، گـێـلـی. هەستـنـەکـردن

insensible بـێـهۆش. بـێـئـاگا، گـێـل. هەستـنـەکـەر. (چەرم، پـێـست) (ئـەستـوور، رەق)

insensitive نـاهەستـیـار. هەست نـەکـەر. بـێـهـەست

insensitivity نـاهەستـیـاری. هەست نـەکـردن. بـێـهـەسـتـی

insentient جەستـەیـەکـی بـێـگـیـان(ە)؛ گـیـانـی لـەبـەر نـیـیـە، زیـنـدوو نـیـیـە. بـێـهـەست(ە)، کـز

inseparable لـە لـێـک جـودا کـردنـەوە نـەهـاتـوو، (هاورێ، بـرادەر)ی زۆر لـێـک نـزیـک

insert دەخـاتـەنـاو، تـێـی دەکـا. تـێـیدەخـا. دەخـاتـە سـەر. دەخـزێـنـێـتـە نـاو

insertion خـسـتـنـەنـاو، تـێـکـردن. تـێـخـسـتـن. خـسـتـنـە سـەر. خـزانـدنـە نـاو

inset بـەشـێـکـی زیـاد کـراوی (نـاو) پـەڕتـووک یـێـک. نـەقـشـی (نـاو، سـەر) کـراسـێـک. (دەخـاتـە، دەئـاخـنـێـتـە) نـاو. نـەقـش دەکـا

inshore لـە دەریـا دا؛ بـەلام نـزیـک بـە (لـێـوار، زەوی)

inside لـەنـاو (ەوە). لـەژوور ەوە (یـە). نـاو (ەوە)

- information *زانـیـاری نـهـێـنـی*

insider یـەکـێـکـە لـە نـهـێـنـی (هەڵـگـر، پـارێـز) ەکـان، خـۆیـی، خـۆمـانـە؛ نـامـۆ نـیـیـە

insidious لـە (بـن، ژێـر) ەوە یـە، لـەنـاوە وەیـە، شـاراوەیـە، فـێـڵـبـازە، تـەڵـەکـەبـازە

تـوانـای (زانـیـن،

insight تـێـگـەیـشـتـن)ی راسـتـیـی (شاراوە، نـادیـار)؛ تـێـبـیـنـیـن، تـێـڕوانـیـن، دووربـیـنـی. داهـاتـوو خـوێـنـدنـەوە، زانـیـنـی دوارۆژ

insignia نـیـشـانـە، مـۆرک

insignificance نـاگـرنـگـی. بـێـواتـایـی

insignificant نـاگـرنـگ. بـێـواتـا

insincere نـادڵـسـۆز

insincerity نـادڵـسـۆزی

insinuate تـووشـی (گـونـاح، هـتـد) ی دەکـا، (کـاری) خـەراپـەی پـێـدەکـا. (دەخـزێـتـە، دەخـزێـنـێـتـە) نـاو

insinuation (گـونـاح، هـتـد) (تـووشـکـردن، پـێـکـردن)، (کـاری) خـەراپـە کـردن. (خـۆ، شـت) (خـزان، تـێـخـزان. تـێـخـزانـدن)

insipid دەبـەنـگـە، بـێـکـەسـایـەتـی یـە. بـێـتـام، بـێ (چـێـژ؛ لـەزەت)

insist سـوورِدەبـێ، پـێ دادەگـرێ، زۆردێـنـێ

insistence سـوورِبـوون، پـێداگـرتـن، زۆرهـێـنـان

insistent سـوورِە. سـەرنـج ڕاکـێـشـە؛ بـە زۆر

insnare دەخـاتـە داوەوە

insobriety (زۆر، زیـاد) خـواردنـەوە؛ بـە تـایـبـەتـی هـی (بـادە، مـەی)

insofar هەتـاکـو ئـێـسـتـا. هەتـا ئـێـرە. تـا ئـەم (ئـاسـتـە، رادەیـە)

insolation رۆژگـەزتـن(س). خـۆدانـە بـەر رۆژ. وشـک کـردنـەوە بـە رۆژ

insole نـاوکـەفـی (چـەسـپـاو وەیـا

لابراو (کاتی)ی پێڵاو

insolence لاساری، ڕێز نەگرتن، بێڕێزی

insolent لاسار، ڕێز نەگرتوو، بێڕێز

insoluble بێچارەسەر؛ لەچارەسەری بەدەرە. ناتوێتەوە، ناتاوێتەوە

insolvable بێچارەسەرە؛ لەچارەسەری بەدەرە

insolvency قەلاشی؛ قەرز پێ نەدرانەوە؛ قەرزی خەڵک نەدانەوە؛ موفلیسی؛ بێ (دراو، پارە)یی

insolvent قەلاش؛ قەرز پێ نەدراوە؛ ناتوانێ قەرزی خەڵک بداتەوە؛ موفلیس؛ بێ (دراو، پارە)

insomnia خەوزڕان، بێخەوی، خەو لێ نەکەوتن

insomniac خەوزڕاو، بێخەو، خەو لێ نەکەوتوو

insomuch تا ئەو رادەی. تا ئەوەی کە. لە ئەوەندەی کە

insouciant بێئاگا، گوێنەدەر، بێخەم

inspect دەپشکنێ. چاودێری دەکا

inspection پشکنین. چاودێری کردن

inspector پشکنەر. چاودێر (ی کەر)

inspiration هێزی داهێنان. چاولێکران. هاندان

inspire هاندەدا، دەبزوێنێ. چاوی لێ دەکرێ. دادەهێنێ

inspired هاندراو، چاولێکەر

inspirit (گیان، ژیان)ی دەخاتە بەر. هانی دەدا، دەبزوێنێ

instability ناجێگیری. مەترسی (وەرچەرخان، گۆڕان)ی (بارودۆخ، شت) ێک

instable ناجێگیر. (بارودۆخ، شت) ێکی (وەرچەرخاو، گۆڕاو)

install دادەمەزرێنێ. دادەنێ. دەخاتە گەڕ

installation دامەزراندن. دانان. خستنە گەڕ

instalment چینێک (لە چەند چینێک) پارەدانەوەی (دراوی قەرز کراو، شتی بە قەرز کڕاو، هتد). (بەش، کەرت) ێک

instance نموونە. نیشانە. (جار، ڕوودان) ێک

for - *بۆ نموونە*

instant (ماوە، کات) ێکی زۆر کەم، چرکەیەک. ترسناک. هەنووکەیی، ئێستایی

instantaneous خێرا (یە)، تییژ (ە). زۆر کەمکاتی (یە)، زۆر زوو دێ و (دەڕوا، تەواو دەبێ)

instantly یەکسەر،کتوپڕ، دەلعاز

instead لەبری، لەباتی(ان)، لەجیاتی(ان)

- of *لەباتی ی*

instep کەوانەی (ناوەوەی) بنی پێ؛ لە نێوان پەنجەی گەورە و قونپاژنە. ئەو بەشەی پێڵاو کەوا دەکەوێتە ژێر ئەم کەوانە وە

instigate هان دەدا، ئارەزووی لە لا پەیدا دەکا. بە شەڕی دێنێ

instigation هانـدان، ئـارەزومـەنـد كـردن، بـەشـەر هێـنـان

instigator هانـدەر، ئـارەزومـەنـد كـەر، بـەشـەر هێـنـەر

instil (وردە وردە، لـەسـەرەخۆ، بـە هێـواشـی) فـێـردەكـا. (شـلـە) (دەپـاڵـێـوێ، دەپـاررزنـێ) بـە دڵـۆپـە كـردن، دڕۆپـە دڕۆپـە (شـلـە) دەپـاڕێـوی

instillation فـێـركـردن (بـە هێـواشـی). پـالاوتـن، پـاررزنـیـن

instinct هەڵـسوكـەوتـی (سروشـتـی، بـێ بـیـیـر كـردنـەوە، بـیـیـر نـەویـست)؛ بـە تـایـبـەتـی لـە ئـاژەڵ دا. بـەخۆكـراو، خۆڕووداو، لـەخۆڕا، خۆڕایـی

instinctive سروشـتـی یـانـە، بـیـیـر نـەویـسـتـە. بـەخۆ ڕوودراو، لـەخۆڕا بـوو، بـەخۆ هـاتـوو

institute (n) (كـۆڕ، كـۆمـەڵـگـا، ڕێـكـخـراو)ی دامـەزراو بـۆ (پـێـشـوە بـردن، (پـەرە، گـەشـە) پـێـدان)ی (زانـسـت، پـەروەردە، هـتـد)

institute (v) دادەمـەزرێـنـێ. دەسـت پـێـدەكـا

institution (n) (دامـەزراو، دەزگـا)یـێـكـی بـەرپـاكـراو بـۆ مـەبـەسـتـێـكـی دیـاری كـراو. دەسـتـووری (ڕێـكـخـراو، دامـەزراو) یـێـك. (یـاسـا، كـردەوە، داب و نـەرێـت)ی چـەسـپـاو

institutional (adj) دەسـتـووری یـە. (هی، وەكـو) دامـەزراو یـێـك(ە). لـەمـەڕ دامـەزراو یـێـك (ە)

instruct كـەسـێـك فـێـرە بـابـەتـێـك دەكـا؛ ڕای دەهێـنـێ بـەو بـابـەتـە. بـڕیـار دەدا. پـارێـزەر (بـەكـرێ دەگـرێ (یـاسـا). ئـاگـادار دەكـا (یـاسـا)

instruction فـێـركـردن، ڕاهێـنـان. بـڕیـار. ئـاگـاداری

instructive ڕوونـكـەرەوە یـە، ئـاگـاداری كـەرەوە یـە

instructor مـەشـقدەر، فـێـركـەر، ڕاهێـنـەر

instrument دەزگـا، ئـامـراز

instrumental هۆكـارە، ئـامـرازە. گـەیـەنـەرە بـە. (ئـاواز، مۆسـیـقـا)ی دەزگـایـەكـە

instrumentalist مۆسـیـقـاژەن

instrumentality دەلالـی{رر}، نـاوبـژی كـردن، نـاوەنـدی كـردن

instrumentation (ئـامـراز، دەزگـا، پـێـوەر، هـتـد) بـەكـار هێـنـان یـان دروسـت كـردن و خـسـتـنـە بـەر دەسـت. (ئـامـراز، پـێـوەر، هـتـد) بـە گـشـتـی

insubjection نـەپـەرسـتـن، نـەچـوونـە ژێـر ڕكـێـف، گـوێ ڕانـگـرتـن؛ وازهێـنـان لـە گـوێ ڕاگـرتـن

insubordinate یـاخـی، گـوێـنـەگـر

insubordination یـاخـیـبـوون، گـوێـنـەگـرتـن

insubstantial نـابـەرجـەسـتـە. نـاراسـتـەقـیـنـە. بـێ بـنـەڕەت، بـێ نـاوەڕۆك، بـێ بـنـاغـە

insufferable بـەر(گـە) نـەگـیـراو؛ بـەر(گـە)ی نـاگـیـرێ؛ گـەلـێـك زۆرە، لـەڕادە بـەدەرە

insufficient نـاتـەواو، بـەش نـەكـردوو؛ كـەم

insular (هی، وەکو) دورگە یەکە، جیایە، پەرگە یە، دووره. (کەسێکی) بییر تەسکە

insulate (1) (گەرما، سەرما) دەپارێزێ؛ بە (کون، درز، هتد) گرتن؛ بەداپۆشین. (وایەری گەیەنەری کارەبا) دەپێچێتەوە؛ بە شتی نەگەیەنەر

insulate (2) جیای دەکاتەوە، تەنهای دەکا. دای دەبڕێ. (ناوبڕ. ناوان)ی دەکا

insulation (1) پاراستنی (گەرما، سەرما). پێچانەوەی (وایەری گەیەنەری کارەبا)

insulation (2) جیا کردنەوە. دابڕین. (ناوبڕ. ناوئاخن{ناواخن}) کردن

insulator (1) ناواخن، ناوبڕ(ە)؛ بابەتەکانی (گەرما، سەرما) پاراستن؛ کا، پەڕۆ، لۆکە، لباد، خوری. بابەتەکانی کارەبا نەگەیەنەر؛ تێپ، لاستیق، چەسپ

insulator (2) جیاکەرەوە. دابڕ

insulin هۆرمۆنی بەرپرسیار لە ڕاگرتنی ڕێژەی دروستی (شەکر، 'گلوکۆز') لە خوێن{خین} دا

insult بە (بێ ڕێز، ناشیرن)ی لەگەڵی (دەئاخەفێ، هەڵسوکەوت دەکا)، جوێن{جوون}ی پێ دەدا. دەیشکێنێ تەوە؛ بە (وتە، ڕەفتار). جوون، بەدکاری

insulting بێ ڕێزی (یە)، ناشیرنە، شکێنەرە (وەیە)، جوێنە

insuperable بەسەردا زاڵبوونی نییە؛ ناکرێ بەسەری دا زاڵ بی، تەنگانەی بێ چارە. لە بەسەر کەوتن نەهاتوو؛ ناکرێ بەسەری کەوی، تەگەرەیەکی گەورە

insupportable لەپشتگیری کردن نەهاتوو؛ نارەوایە، (بێ، کەم) بەهانە یە. بەرگەی ناگیرێ، خۆی لەبەر ناگیرێ

insuppressible لە کپکردن نەهاتوو؛ کپ ناکرێ، ناشاردرێتەوە

insurance دڵنیایی، مسۆگەری، دابین (کردن. بوون)

insure دڵنیای دەکا، مسۆگەری دەکا

insured دڵنیاکراو، مسۆگەرکراو

insurer دڵنیاکەر، مسۆگەرکەر؛ بەرامبەر بە چەندێک پارەی سالانە

insurgence یاخیبوون

insurgent یاخی

insurmountable لە بەسەر (کەوتن، زاڵ بوون) نەهاتوو؛ ناکرێ بەسەری (کەوی، زاڵ بی)، تەگەرەیەکی گەورە

insurrection یاخیبوون؛ ی چەکدار

insusceptible کارتێنەکراو، بەرگر، توند، قایم

intact وەکخۆ (ی ماوە). زیان پێ (نەگەیەنراو، نەکەوتوو)

intake ژمارەی (وەرگیراو، هاتوو). وەرگرتن؛ هێنانە ناو. (شوێن، سۆندە، کون، دەزگا)ی بەنزین دان بە مەکینە

intangible نادیار، هەست پێ نەکراو، بەدەست نەگیراو

integer ژمارەی تەواو؛ بێ (پاشماوە، کەرت) (ماتماتیک)

integral ژمارەی تەواو(ە) (ماتماتیک)، تەواوکەر

- calculus *بیرکاریی تەواوکاری (ماتماتیک)*

integrate (بەش، کەرت، پارچە) کان (لێک دەدا، پێکەوە بۆ پێکهێنانی شتێکی دەلکێنێ) (تەواو، بەکار)

integrity پیاوچاکی، راستگۆیی. تەواوی؛ تەواوەتی، گشت بوون

intellect هۆکاری، زانین، و بیرکردنەوە. تێگەیشتن. کەسێکی زیرەک، تێگەیشتو، یا زانیار

intellectual کەسێکی زیرەک، تێگەیشتو، یا زانیار

intelligence ژیری، زیرەکی، تێگەیشتن. هەواڵ زانین، زانیاری؛ کۆکردنەوەی، گەیاندنی، پاراستنی، هتد. زوو حاڵی بوون

- bureau *بنکەی پاراستنی زانیاری*

- department *بەشی پاراستنی زانیاری .*

- office *نووسینگەی هەواڵ و زانیاری پەیدا کردن*

intelligent ژیر، زیرەک، تێگەیشتوو. زانیار. زوو حاڵی بوو (ئاوەڵناو)

intelligentsia (چین، توێژ)ی (هۆشیار، رۆشنبیر، تێگەیشتوو، رامیار، دەست پێشخەر)ی ناو کۆمەڵ

intelligible لە (تێگەیشتن، حاڵیبوون، فێربوون) هاتوو

intemperance (زۆر، زیاد) خواردنەوە؛ بە تایبەتی هی (بادە، مەی). لەڕادە بەدەر بوون

intemperate (زۆر، زیادە) خۆرەوە؛ بە تایبەتی هی (بادە، مەی). لەڕادە بەدەر

intend نیاز دەهێنێ، دەیەوێ، دەخوازێ

intended ویستراو، خوازراو؛ بە مەبەست (کراو، ئەنجام دراو)

intense تیر، چڕ، خەست. توندوتیژ. زۆر زیاد، لەڕادە بەدەر

intensify (چڕ، خەست) (دەکا. دەبێ). زۆر زیاد (دەکا. دەبێ)

intensity تیری، خەستی، چڕی. رادە

intensive بەربڵاو، چڕوپڕ، تێروتەسەڵ. (تیر، خەست، چڕ) ە. (تیر، خەست، چڕ) کەر (ەوانە)

intent نیاز، مەبەست. دیاری کراو، بڕیار دراو

intention ئامانج، ویست، نیاز

intentional بەنیاز، بەویست

intentionally بەنیازەوە، بەویستەوە؛ بەدەستی مەبەست

intently بە وردی، بە بڕیار دراوی. بە نیاز ەوە، بە مەبەست

inter (1) (لاشە یەک) دەنێژێ، لەگۆڕ دەنێ، دادەپۆشێ

inter (2) (پێشگر، پێشکۆ)یە بەواتای (نێو، نێوان، ناو)

- *city* *(پەیوەندی، هاتوو چۆ)* *ی نێوان شاران*

interact کار دەکەنە سەر یەک، کار تێک دەکەن، کارو کاردنەوە یان هەیە

interaction کار کردنە سەر یەک، کار تێک کردن، کارو کاردنەوە

interactive راستەوخۆ؛ (کارو کاردنەوە، ئاڵوگۆڕ)ی راستەوخۆ؛ ن؛ نێوان (گەمە، بەرنامە) یەکی کۆمپیوتەر و بەکارهێنەر ەکەی

interbreed زاوزێی (پێکردنی) نێوان رەگەزی جیواز؛ بۆ هێنانە کایەی تایبەتمەندیی خوازراو. (ژنهێنان، زاوزێ)ی نێوان خزمان

intercalary زێدە رۆژ؛ کە دەخرێتە ناو (مانگێکی) رۆژمێرەوە بۆ (هاوتا، هاوئاهەنگ) کردنی لەگەڵ ساڵی (خۆر، رۆژ)

intercalate زێدەی دەکا، (دەخاتە، دەخزێنێتە) ناو

intercede (ناوبڕی، ناوەندی) دەکا، تکای بۆ دەکا، دەپاڕێتەوە بۆی

interceder (ناوبڕی، ناوەندی) کەر

intercept بەری (لێ) دەگرێ؛ لە (گەس، شت) یێکی جوولاو، پێشی (لێ) دەگرێ؛ بەرەنگاری دەبێ (تەوە). (را(ی))دەگرێ، دەستی بەسەردا دەگرێ

interception بەر (لێ) گرتن، پێش (لێ) گرتن، بەرەنگاربوونەوە. (را)گرتن. دەست بەسەردا گرتن

intercession (ناوبڕی، ناوەندی) کردن. پاڕانەوە بۆ یەکی دی

intercessor (ناوبڕی، ناوەندی) کەر

interchange گۆڕینەوە، ئاڵوگۆڕ (پێ) کردن

interchangeable لە (گۆڕینەوە، ئاڵوگۆڕ (پێ) کردن) هاتوو؛ دەگۆڕدرێتەوە

intercom دەزگایەکی پەیوەندی کردنە؛ ئەلیکترۆنیی بە تایبەتی لە (ماڵان، بەڕێوەبەرییەکان)

intercommunicate لەناو یەکن، بەستراونەتەوە بە یەکەوە. خۆبەخۆ پەیوەندی دەکەن

intercommunion (پەیوەندی، کار)ی هاوبەش

interconnect (دەبەسترێنەوە، پەیوەندی دار دەبن) بە یەکەوە. پێکەوە دەلکێن

intercontinental نێوکیشوەری، (پەیوەندی داری، گەشتیاری)ی نێوان کیشوەران (ە)

intercourse (پێکەوە) جووتبوون؛ ی نێرومێیان. (پەیوەندی، تێکەڵبوون، بەیەک گەیشتن)ی (تاکان، کۆمەلان، گەلان)

interdenominational (هی، تایبەتە بە) زیاتر لە یەک تاقم (ی ئایینی)

interdependent بەندن بەیەکەوە، هاوپەیوەندن، پێکەوە لکاون، بێ یەکتر هەڵنەکردوو

interdict قەدەغەدەکا.

قەدەغەی لەسەر دادەنێ.
رایدەگرێ
interdiction قەدەغەکردن.
قەدەغە لەسەر دانان. راگرتن
interest زێدەبایی، سوود.
بەرژەوەندی، قازانج. ئارەزوو،
مەیل. حەز، هەواداری.
ئارەزوومەندی دەکا. حەزی
دەبزوێنێ، هەواداری دەکا
interested بەرژەوەندی دار.
ئارەزوومەند. هەوادار.
بەگرنگ (زان، هەڵگر)
interesting بەسوودە،
سوودبەخشە، بەکەلکە. گرنگە.
خۆشە، حەز بزوێنە
interface (n) (ئامراز، شوێن)
ی (پەیوەندی، کار تێک کردن)ی
نێوان دوو دەزگایان. (رووبەر،
هێڵ، هتد)ێک کە سنووری
نێوان دوو شوێنان دیاری دەکا
interface (v) پێوەی دەلکێنێ،
دەیگەیەنێ بە
interfere دەستی تێ وەر دەدا؛
کەسێک لە کاری یەکی دی.
تێکەڵی دەبێ، کاری تێدەکا؛
شەپۆلێک لە یەکی دی، (
شەپۆلەکان) دەچنە ناو یەک.
ناوبڕی دەکا
interference دەست تێوەردان.
تێکەڵ بوون، کار تێکردن،
چوونە ناو یەک. ناوبڕی کردن
interferon هەر جۆرە پرۆتین
ێک کەوا تەگەرە بخاتە بەردەم
(پەیدا، دروست) بوونی
'ڤایرۆس' ێک (یا ڕێی لێ بگرێ)
interfuse دوو شت تێکەلاو
دەکا؛ بەناو یەکدا بڵاو
دەکاتەوە. (شتێک) تێکەڵی
یەکی دی دەکا. لێکدەدا؛ ن؛
دوو جۆرە تووتن بۆ مەبەست ێک
intergalactic (هی، لە) نێوان
ئاسمان ەکان
interim ماوە، خایان(دن)،
نێوانی؛ کاتێکی کەمی نێوان
دوو (قۆناغ، کات)ی تر. (
شتێکی) کاتی
interior ناو، ناوەوە(ی)،
ناوخۆ. هی ناو ەوە. دارو
دیواری ناوەوەی (ژوور،
خانووبەرە، هتد) ێک
- decoration *(سوبغ، چا(ک))*
کردنی رووبەر ەکانی ناوەوەی
خانووبەرە یەک
ministry of - *وەزارەتی (*
کاروباری) ناوخۆ
interjacent لەنێوان،
مابەین{مەعبێن}
interject (تەگەرە. هەڵوێستە)
دەکا لە ئاخافتن دا؛ (کەلێن،
بڕ)ی کورت دەخاتە وتەی
interjection (نیشانەی)
سەرسوورمان، (راگەیاندن،
نیشاندان)ی سەرسوورمان؛ بە
وتن، لە ئاخافتن دا
interlace (داو، موو، تاڵ،
قەیتان، هتد) تێکهەڵدەکێشێ.
کەزی (ی بۆ) دەکا
interlard (وشە، بڕگە)ی
نائاسایی تێکەڵی (نووسین،
قسە)ی دەکا (یا دەخاتە ناوی)
interleave تێکدەئاخنێ؛ (
لاپەڕەکان) دەخاتە ناو یەک دی
interline ناواخن{ناوئاخن}ی
دەکا، دەخاتە (نێوان، دووتوێ)
یان
interlink تۆریان (پێ، لێ)
دروست دەکا، دەیانگەیێنێ بە
یەکتر، پەیوەندی یان لە

نێوان دا پەیدا دەکا

interlock تێک گرێدەدا، لێک 'قوفڵ' دەدا. (کوتاڵ، دورمان، چنین)ی (کارگە، مەکینە). تێکچنین، لێک 'قوفڵ' دان

interlocution دەمەتەقێ، گفتوگۆ، دواندن

interlocutor دوێنەر، وتەبێژ؛ یێکی ناو (دایەلۆگ، گفتوگۆ) یەک

interlocutory تایبەتە بە (دایەلۆگ، گفتوگۆ) وە، هی یەکتر دواندنە

interlope (خۆ) تێدەخزێنێ، دچێتە ناو. دەست تێوەردەدا لە کاروباری کەسانی دی

interloper (خۆ) تێخزێنەر. دەست تێوەردەر لە کاروباری کەسانی دی، خۆ تێ هەڵقورتێو؛ مۆڵەت پێ نەدراو

interlude (هەڵوێستە، پشوو)ی نێوان بەشەکانی (شانۆ، هتد). (گۆرانی، هتد)ی پێشکەشکراو لەم ماوەیە (کورتە) دا. بەش (یێک)ی ناو بەشان

intermarriage ژن بە ژن(ێ) (کردن)

intermarry ژن بە ژن(ێ) دەکا

intermeddle دەستی تێوەر دەدا، خۆی تێ هەڵدەقورتێنێ. بێ مۆڵەت دەست دەخاتە ناو کار (یێک)

intermediacy دەلالی{رر}. ناوبژیکردن. مامناوەندی بوون؛ ی شتێک لە نێوان دوو شتی دی

intermediary دەلاڵ{رر}. ناوبژیکەر. (شتێکی) مامناوەند؛ ی نێوان دوو شتی دی

intermediate لە نێوان دوو (شت، کات، شوێن، قۆناغ، ریز، هتد)، ناوەند(ی)ە. مامناوەند(ە). مامناوەندیە

interment ناشتن، لە گۆڕ نان

interminable لە کۆتایی نەهاتوو؛ بێکۆتا. درێژ (خایەن) یێکی (بێزار، ماندوو) کەر

intermingle تێکەڵیان دەکا

intermission راوەستان، هەڵوێستە. راگیران، پچڕانەوە. پشوو (ی سینەما، هتد)

intermit رادەگرێ، پشووی دەداتێ، هەڵوێستە دەکا. دەبڕێ، دەپچڕێنێ. رادەوەستێ، دەپچڕێ

intermittent رووداوی (قۆناغ دار، بە هەنگاو). چالاکیی بە (هەڵوێستە، پچڕانەوە، پشوو)؛ نابەردەوام

intermix تێکەڵ دەبن. تێکەڵیان دەکا

intermuscular نێوماسوولکەیی(ە)

intern(e) سنووردار دەکا، دەبەستێتەوە؛ دەبێ لە ناو (چارچێوە، تخووب) یێکدا (بمێنێ، بسووڕێ) تەوە

internal نێوخۆ، ناوەخۆ، هی ناوەوە یە

- combustion *ئامێری خۆکار؛ بە سووتانی بەنزین لە نێو خۆیدا کار دەکا*

international (شت، یاسا،

پەیوەندی، کێبەڕکێی وەرزشی)ی نێونەتەوەیی(ە)، نێوولاتان، جیهانی

internationalise بە جیهانی دەکا. دەهێنێتە ژێر (پاراستن، بەڕێوەبەری، رکێف)ی دوو (یا زیاتر لە) ولاتان

internationalism (راگەیاندن، پەرەپێدان، خەبات)ی هاوبەش بۆ دامەزراندنی یەک کۆمەڵگای هاو بەرژەوەند ی (نێونەتەوەیی، نێوولاتان، جیهانی)

internecine (خۆبەخۆ، یەکتری (ووخێنەر، تێکدەر)ن، خۆ تێک شکێنەر؛ خۆبەخۆ دەروخێنن

internee (کەسی) سنووردار کراو، بەستراوە؛ قەتیس کراو

internment سنوورداری، بەستراوەیی. بەندیی، گیران

interpellant لێپرسەرەوە، لێکۆڵەرەوە؛ پێشبر، وەلامگر، بە وەلامهێنەر

interpellate بانگدەکا بۆ (پرسیار لێ کردن، لێکۆڵینەوە)

interpellation بانگکردن بۆ (پرسیار لێ کردن، لێکۆڵینەوە)

interpenetrate (تێکڕادەچن، دەچنە، دەخزێنە) ناو یەکتری. تەشەنە دەکا، بلاو دەبێتەوە

interpersonal نێوخەڵکی؛ نێوان کەسان، (زیرەک، وریا، بە داب و نەریت)ی ناو کۆمەڵ

interplay کردەوەی بە دەستەوایی، بە (گۆرینەوە؛ نۆبەت). کار و کاردنەوە

Interpol رێکخراوی پۆلیسی (جیهانی، نێونەتەوەیی)

interpolate (1) رادەکێشێ، درێژدەکاتەوە

interpolate (2) (وشە، برگە) دەخاتە رستەکانی پەرتووکەوە؛ بە تایبەتی بۆ سەرلێ شێواندن. (قسە دەبڕێ، توان دەگرێ) لە گەرمەی دەمەتەقێ یەک دا

interpose شتێک دەخاتە نێوان هی ترەوە. قسەی پێ دەبڕێ؛ بە قسەکردن. دەچێتە (نێوان، بەین) یانەوە

interposition شتێک خستنە ناو هی ترەوە. خۆهەڵقورتاندن، قسە پێ برین. ناوبژی کردن؛ چوونە نێوان

interpret لێکدەداتەوە، وەردەگێڕێ؛ بە زار

interpretation لێکدانەوە، وەرگێڕان؛ ی زارەکی

interpreter لێکدەرەوە، وەرگێڕ (ی زمان)

interpreting لێکدانەوە، وەرگێڕان (ی زارەکی). وەرگێڕیی

interracial نێورەگەزی؛ (هی، تایبەتە بە) نێوان دوو (یا زیاتر) رەگەزان

interregnum ماوەیەک کە تێیدا میریی ئاسایی یا سەرکردایەتیی هەڵدەپەسێردرێ. هەڵوێستە، ماوە

interrelate دوو (زیاتر) شتان (هاوپەیوەند دەکا، دەبەستێ بە یەکەوە)

interrogate پرسیاری لێ دەکا، بەوەلامی دەهێنێ، لێی دەکۆڵێتەوە

interrogation پرسیار لێ کردن، بەوەلام هێنان، لێ ی کۆڵینەوە

- point *نیشانەی پرسیار؛ ؟*

interrogatory تایبەتە بە بەوەلام هێنان، لێکۆڵینەوە بیە

interrupt (قسەی پێ) دەبڕێ. تەگەرەی دەخاتێ. پەکی دەخا. ڕێی (لێ. پێ) دەگرێ

interruption (قسە پێ) بڕین. تەگەرە تێخستن. پەکخستن. ڕێ (لێ. پێ) گرتن

intersecant بڕیار (بڕەر)، (دوو) لەت کەر

intersect دەیبڕێ، لەتی دەکا. لێک دەدا (لەگەڵی). یەکتر دەبڕن

intersection یەکدی بڕین، لەیەکدان. لەتکردن

interspace بۆشایی، کەلێن. ماوە

intersperse بڵاودەکاتەوە، تۆ(و) دەدا

interstate نێوهەرێمی، نێوناوچەیی؛ بە تایبەت لە نێو ویلایەتەکانی وڵاتە یەکگرتووەکانی ئەمەریکا

interstellar نێوئەستێرەیی؛ لە نێوان ئەستێرەکان

interstice بۆشایی، کەلێن. ماوە

interstitial (بۆشایی، کەلێن) پێک دەهێنی (یا داگیر دەکا). ماوەیی

intertwine کەزی دەکا. لێک بادەدا، دەرێسێ

interval ماوە، مەودا. پشوو، حسانەوە

intervene لەنێوان ڕووداوان ڕوودەدا. ڕێدەگرێ لە ڕووداو یا دەیگۆڕێ. دەکەوێتە نێوان، ناوبژیان دەکا

intervention دەست (خستنە ناو، تێوەردان). ڕێگرتن لە ڕووداوان. کەوتنە نێوان، ناوبژی کردن

interview چاوپێکەوتن؛ بە مەبەستی پرسیار و وەلام لێ(ک) کردن. چاوپێکەوتنی لەگەڵ ئەنجام دەدا

interwar لە نێوان دوو (شەڕ، جەنگ)ان

interweave تێکدەچنێ

intestate بێ وەسیەت، وەسیەت نەکردوو

intestinal (هی، تایبەتە بە) (ریخەڵۆک، ناوهەناو) ەوە

intestine(s) ریخەڵۆک (ەکان)

large - *ریخەڵۆکە ئەستوورەکان*

small - *ریخەڵۆکە باریکەکان*

inthral کۆیلە دەکا، دەکاتە کۆیلە

intimacy خۆشەویستی، دۆستیی نزیک. پەیوەندی؛ بە شێوەی جووتبوونی نێرو مێ یانە

intimate خۆشەویست، دۆست. برادەری نزیک. (کەسی، تایبەت) یە. پەیوەندیدار یەتی؛ بە شێوەی جووتبوونی نێرو مێ یانە. زانیاری (زۆر، تەواو). رادەگەیەنێ

- friend *برادەری خۆشەویست*

- knowledge *شارەزایی قوول*

intimation نیشانە، هێما (دان،

کردن). ئاگاداری کردنەوە، وریاکردنەوە

intimidate دەترسێنێ، دەتۆقێنێ، زەندەق دەبا

intimidation ترساندن، تۆقاندن، زەندەق بردن

into بۆ، بۆناو

intolerable لەبارکردن نەهاتوو؛ قەبوول نەکراو، مۆڵەت پێ نەدراو

intolerance لە بارکردن نەهاتن؛ قەبوول نەکردن، مۆڵەت پێ نەدان. دەمارگیری، رەق و وشکی

intolerant بار هەڵنەگر (توو) ؛ قەبوول نەکەر؛ بە (کەس، بیرورا، شت)ی دیکە، مۆڵەت نەدەر. دەمارگیر، رەق و وشک

intonation خوێندنەوەی بە ئاواز، بە ئاواز خوێندنەوە؛ ن؛ قورعان خیندن (ەوە)

intone بە ئاواز دەخوێنێ تەوە؛ ن؛ قورعان خیندن (ەوە)

intoxicant (خواردنەوە، دەرمان، شت)ی (سەرخۆش، مەست، ور، گێژ، ژەهراوی) کەر؛ن؛ بادە، مەی، بیرە، عارەق، هتد

intoxicate سەرخۆش دەکا. زۆر (شاد، شاگەشکە)ی دەکا؛ لە رادەی دەسەلاتی خۆ دەرچوو

intoxicated ژەهراوی کراو. سەرخۆش کراو. (شاد، شاگەشکە بوو) ی لە دەسەلاتی خۆ دەرچوو

intoxication سەرخۆش بوون. ژەهراوی بوون. (شادی، شاگەشکە بوون) یێکی زۆری لە دەسەلاتی خۆ دەرچوو

intra (پێشگر، پێشکۆ)یە بەواتای (نێوخۆ، ناوخۆ، لەناوخۆ)

- *muscular* *لەناوخۆی ماسولکەکاندا*

- *venous* *لەناو دەماری خوێن*

intractable لە مامەلە کردن نەهاتوو، رەق و وشک(هیشک)، ملهوڕ

intramural ناوخۆی یە؛ لەناو دیوارەکانی (دامەزراو، رێکخراو) یێک روو دەدا. بەشێک لە خوێندنی ئاسایی (زانکۆ، هتد) پێک دەهێنێ

intransitive (کرداری) کارتێکراوی راستەوخۆ نەویست؛ پێویستی بە کارتێکراوی راستەوخۆ نییە (رێزمان)

intrasigent سازش نەکەرە، ملهورە

intrauterine لەناو منالْدان، هی ناو منالْدان

intravenous (لە، بۆ) ناو دەمار (یێک، ەکان)ی خوێن

intrenchment سەنگەر لێدان، خۆ هاوێشتنە سەنگەر ەوە، خۆ داکوتان؛ بۆ بەرگری (کردن)

intrepid نەترس، بێترس، زۆر ئازا

intrepidity نەترسی، بێترسی، زۆر ئازایی

intricacy فرە ئالْۆزی، بە پێچ و پەنایی زۆر

intricate فرە ئالْۆز (ە)، زۆر بە پێچ و پەنا (یە)

intrigue پیلانێکی نهێنی (پیادە، جێبەجێ) دەکات، کاریگەری نهێنی بەکار دەهێنێ. (داو، تۆڕ، تەڵە، فاق(ە))

نانەوە، پیلانی نهێنی، تەگبیر یێکی نهێنی

intrinsic سەرەتایی، بنەڕەتی. خۆبەخۆیی، ناوخۆیی. هەمیشە (هەبوو، ئامادە)

intro (1) کورتکراوە یە بە واتای؛

= *introduction* *پێشەکی. پێشکەش کردن*

intro (2) (پێشگر، پێشکۆ)یە بە واتای (بۆ، بۆناو)

introduce دەناسێنێ؛ ناوی (خۆی، کەسێکی دی) دەناسێنێ بە کەس(ان) یێکی دی. پێشکەش دەکا؛ بە (گوێگر، بینەر، هتد) ان

introduce (2) دەهێنێتە کایەوە، دەست بە بەکارهێنانی (شتێک) دەکا، دەخاتە بازارەوە

introduction ناساندن، پێشکەش کردن. پێشەکی، سەرەتا. خستنەڕوو، هێنانەکایەوە، دەستپێکردن

introductory سەرەتایی(ە)، پێشەکی (یە). هی پێناساندن، پێشکەشی. هی کردنەوە، دەستپێکی

intromission چوونەناو. خستنە ناو، تێخستن، تێ هاوێشتن، تێکردن

introspection لەخۆ رامان، (تێرامان. تێڕوانین) لەخۆ

introvert بۆ خۆ بیرکەرەوە، خۆخۆرەوە، شەرمن و کر و بێدەنگ

intrude خۆی تێ دەکوتێ، بێ مۆڵەت دەچێ (تە ناو)

intruder (سنوور، پەرژین، دیوار) بەزێن، خۆ تێ کوتیو؛ بێ مۆڵەت چویتە ناو

intrusion (سنوور، پەرژین، دیوار) بەزاندن، خۆ تێکوتان؛ بێ مۆڵەت چوونە ناو

intrust بڕوای پێدەکا، لێی دڵنیا یە

intuition زانیاریی فێرنەکراو؛ بە سروشتی زانراو. زۆر روون، ئاسان (حاڵی بوون، تێگەیشتن). تێڕوانین

intuitive خۆی زانراوە، فێرنەکراوە، سروشتی یە. زۆر روونە، ئاسانە. تەنها بە تێڕوانین دەزانرێ

intumescence پەنمان، ئاوسان، ئەستوور بوون

intwine ئاڵۆز دەکا. کەزی دەکا. ئاڵۆز دەبێ، تێکەڵ دەبێ

intwist تێک بادەدا، ئاڵۆز دەکا

inundate نوقم دەکا بە، زۆری (بۆ، بەسەر) دێنێ، دایدەپۆشێ

inundation لافاو هاتن، نوقم کردن، زۆر (بۆ، بەسەر) هێنان، داپۆشین

inure کەسێک رادەهێنێ بە شتێک؛ ی بەتایبەتی نا خۆش. دەکەوێتە کارەوە (یاسا)

inutility بەفیڕۆدان، بەکارنەهێنان. (دەست) بەتاڵی، (کەلک، سوود، قازانج) لێ وەرنەگرتن. بەفیڕۆ چوون، بەکارنەهاتن

invade هێرش دەکاتە سەر وڵاتێک؛ پەلاماری دەدا. دەچێتە ناو. تەشەنە دەکا (نەخۆشی). ژیانی تایبەتی (و بە یاسا

پارێزراو)ی کەسێک (تێک دەدا، پێشێل دەکا، دەوروژێنێ)

invader هێرشکەر، پەلاماردەر. (تێک دەر، پێشێل کەر)ی ژیانی تایبەتیی کەسێک

invalid (adj) نەخۆش، نەساغ، پەککەوتە. لاواز. بەتاڵ، نایاسایی، ناشەرعی. بەسەرچوو، بەکار هاتوو، لەکار کەوتوو. نادروستە، ناتەواوە

invalidate داوا بەتاڵ دەکا، نایاسایی دەکا، لەکار دەخا، پەکی دەخا

invalidity نەخۆشی، پەککەوتەیی. لاوازی. بەتاڵی، نا(یاسایی، شەرعی) بوون، لەکار کەوتن، نادروستی، ناتەواوی

invaluable زۆر بەنرخە؛ لە نرخاندن نەهاتوو. زۆر پێویست

invariable نەگۆڕ(او)ە، هەمیشە وەکو خۆیەتی

invasion هێرش، پەلامار، چوونە ناو، داگیر کردن. (تێکدان، پێشێل کردن)ی ژیانی تایبەتیی کەسێک

invasive دوژمنکارانە، دوژمنانە، زۆردارانە، هێرشکەرانە، پەلاماردەرانە. پێشێل کەری ژیانی تایبەتیی کەسێک

invective جوێندان. جوێندەر، دەمپیس{و}

inveigh زۆر بە (توندی، دژایەتی، دوژمنکارانە) (دەئاخەفێ، دەنووسێ)

inveigle هاندەدا؛ دەخاتە مێشکی؛ سەرنجی رادەکێشێ؛ بە هەڵسوکەوتی (فێڵ، تەڵەکە) بازانە

invent دادەهێنێ (ن؛ ئامێرێک، دەزگایەک، ئامرازێک، شێوازێک، هتد)؛ بە بیر کردنەوە دروست دەکا. دەهێنێتە کایەوە. درۆ ساز دەکا، هەڵدەبەستێ

invention داهێنان. هێنانە کایەوە. درۆ (سازی، هەڵبەستان)

inventive داهێنەرانە (یە)، بلیمەتە

inventor داهێنەر(ی ئامێرێک، دەزگایەک، ئامرازێک، شێوازێک، هتد)

inventory تۆماری تەواوی بابەت و کەلوپەل و شتومەکە فرۆشیاری یەکانی (موغازە، دوکان، هتد) ێک. تۆمارکراوەکان، هەبووە(کان). تۆمار دەکا؛ دەخاتە ناو

inverse پێچەوانە، هەڵگەڕاو، وەرگەڕاو

inversely بە پێچەوانەیی (لەگەڵ). بە پێچەوانەوە

inversion پێچەوانەیی. پێچەوانە کردن. وەرگێڕان

invert پێچەوانە دەکا. وەردەگێڕێ، هەڵدەگێڕێ. دەگۆڕێ

invertebrate بێ بڕبڕە (ی پشت) . (زیندەوەر، گیانلەبەر)ی بێ بڕبڕەی پشت

inverted پێچەوانە کراو. وەرگێڕاو، هەڵگێڕاو. گۆڕاو

invest دەخاتەگەڕ؛ بە تایبەتی پارە بە مەبەستی (سوود، قازانج) وەرگرتن لە پاشان. پێوەی خەریک دەبێ؛ کاتی لە سەر دەکوژێ. شتێکی بە سوود و

زۆر خایـەن دەکـرێ

investigate لـێدەکۆڵـێتـەوە، دەپشکنـێ

investigation لـێکۆڵـینـەوە، پشکنـین

investigator لـێکـۆڵـەر (ەوە)، پشکنـەر

investiture دامـەزران (دن)، چوونـە سەر کورسی، لـە پشت مێز (دانـیشتـن، جێگـێر بـوون). جلـی فـەرمانـی پۆشین

investment پـارە خستنـە گـەڕ. پـارەی بـەگـەڕ خراو. مولـّک، خانـووبـەرە

investor پـارە بـەگـەڕ خستـوو؛ بـە تـایبـەتـی بـە مـەبـەستـی (سوود، قـازانـج) وەرگـرتـن لـە پـاشان. کـریاری شتـێکـی بـە سوود و زۆر خایـەن

inveterate رەگ (داکـوتـاو، قـوول)، چەسپـاو. خوو (داری، گـرتـوو بـە) شتـێک، خولـیا

invidious رق هەستـێنـە، قـینـە دروستـکـەرە

invigilate چاوەدێـری تـاقـی کـرنـەوە دەکا

invigorate دەژیـێنـێ تـەوە، بـەهێـز دەکا، چالاک دەکا

invincible لـەبـەزیـن نـەهاتـوو؛ نـابـەزێـنرێ. لـە داگـیر کـردن نـەهاتـوو

inviolable پـارێـزراو، لـە پـێشێـل کـردن نـەهاتـوو، زەفـت{و} نـەکـراو

inviolate نـاشەڕخوازە، سەلامـەتـە. پـارێـزراوە، پـێشێـل نـەکـراوە، زەفـت{و} نـەکـراوە

invisible بـەچاو نـابـیـنـرێ، نـەدیـو. نـادیـار، شاراوە

invitation بـانـگ (لـێ، لـەدوو) گـێـڕانـەوە، بـانـگ (کـردن. کـران)، بـانـگ. کارتـی بـانـگـکـردن؛ بـۆ (شایـی، ئـاهەنـگ، هتـد) یـێک

invite بـانـگ دەکا، لـەدووی دەگـێـڕێتـەوە

inviting سەرنـج ڕاکـێشە، (هاوار دەکا، بـانـگ دەکا) بـۆ لای خۆی، شتـێکـی خۆفـرۆشە. پـێـی خۆشە. بـەخێـر هێنـەرە

invocation بـانـگـەواز کـردن، پـاڕانـەوە لـە (خوا، پـێـغەمبـەرەکان، هتـد)، ستـایـش کـردنـیان، دوعا (خوێـنـدن، کـردن)

invoice تـۆماری نـرخی شتـەکـڕاوەکان؛ کـە کـۆی گشتـیان لـە خوارەوە دەرخراوە

invoke بـانـگـەواز دەکا، دەپـاڕێتـەوە؛ لـە (خوا(کان)، پـێـغەمبـەرەکان، هتـد)، ستـایـش دەکا، دوعا (دەخوێـنـێ، دەکا)

involuntary بـەزۆر، بـێ ئـارەزوو، نـابـەخۆڕایـی، بـێ خۆبـەخت کـەری

involute پـەیـوەنـدی دارە. (فـرە) ئـالـۆزە. تـێـئـالاوە. بـەشدارە. لـەنـاوە. زۆر بـە پـێچ و پـەنـا (یـە). لـوول دراو، بـۆنـاوەوە بـادراو

involution پـەیـوەنـدی داربـوون. ئـالـۆزبـوون. تـێـئـالان. بـەشداری کردن. تـێدابـوون. لـوول بـوون، بـۆنـاوەوە بـادران

involve (خۆ، کـەسێکـی دی) دەخاتـەگـەر، تـووش دەکا، تـێـوە دەئـالـێ. پـێـویـست دەکا، وادەگـەیـەنـێ. دەستـی تـێدایـە؛ بـەشدارە (لـە تـاوان، هتـد). دەخاتـە نـاو

involved پەیوەندی دارە بە. ئاڵۆزە؛ (بیر کردنەوە، هتد) ی زۆری دەوێ. تێئاڵاوە. بەشدارە (لە تاوان، هتد). لەناوە

involvement پەیوەندی داری. ئاڵۆزی. تێئاڵاوی. بەشداربوون. تێدابوون

invulnerable برینداد نەبوو، تێک نەدراو، زیان پێ نەگەیشتوو، بتەو{پ}، توندو تۆڵ

inward بۆ ژوور، بەرەو ناو

-s *بەرەو ناوەوە*

inwardly بەرەو ناو ەوە، بۆ ژوور ەوە

inwrought کوتاڵێکی نەخشراو. نەقش لەسەرکراو

iodine رەگەزی یۆد (کیمیا)

ion ئەتۆم (یا کۆمەڵە ئەتۆم یێک کەوا (لانی کەم) یەک ئەلیکترۆنی (لەدەست دابێ، وەر گرتبێ)

ionise ئەتۆم (یا کۆمەڵە ئەتۆم) یێک دەکا بە ئایۆن بە (لەدەست دان، وەر گرتن)ی ئەلیکترۆنێک (یا زیاتر)

ionosphere چینێکی هەوای بە ئایۆن کراوی ئاسمانی بەرزی دەورەی زەوی یە کەوا شەپۆڵە رادیۆ ییەکان رەت دەکاتەوە بۆ سەر رووی زەمین

iota پیتی نۆیەمی ئەلفبێ ی یۆنانی. خاڵ یێک. تۆزقاڵ یێک

IOU کورتکراوە یە بۆ بەڵگەنامەی قەرداریی مۆرکراو بە واتای؛

= I Owe You *من قەرداری تۆم*

IQ کورتکراوە یە بە واتای؛ *رادەی زیرەکی*

ir (1) (پێشگر، پێشکۆ)یە بۆ ئاوەڵناو(ان) بە واتای (نا، نە)

ir (2) (پێشگر، پێشکۆ)یە بۆ ناو(ان) بە واتای (بێ، بەبێ، نەبوون)

IRA کورتکراوە یە بە واتای؛ *لەشکری کۆماریخوازی ئایەرلەندی*

Iranian (هی، تایبەتە بە) ئێران (یا بە خەڵکی وڵاتی ئێران ەوە)

Iraqi (هی، تایبەتە بە) عێراق (یا بە خەڵکی وڵاتی عێراق ەوە)

irascible (کەسێکی) زووهەڵچوو، تووڕەو توند

irate تووڕە، پەستکراو

ire تووڕەیی

ireful تووڕە

Ireland (دورگە، وڵات)ی ئایەر(لەند(ە))

iridaceous (لە، هی) بنەماڵەی رووەکی گوڵە سەوسەن ە

iridescent رەنگاورەنگ؛ بە حەفت رەنگە ناسراوەکانی پەلکە زێرینە (یا کەوانەی ئایشەو فاتمە)

iris (کەوانەی، چەماوەی) پەلکە زێرینە. گلێنەی چاو. گوڵە سەوسەن

Irish ئایەرلەندی یە، خەڵکی ئایەرلەندا (یە)، هی ئایەرلەندا (یە)

irk (هەراس، بێزار، ماندوو) دەكا

irksome (هەراس، بێزار، ماندوو) كەر

iron ئاسن. ئاسنین. ئوتی{و} دەكا

- Age *(چەرخ، سەردەم)ی ئاسنین ی (هەرە) كۆن*

- bar *شیشی ئاسن (ن؛ لە پەرژینی ئاسن دا)*

- stone *بەردە ئاسن؛ بەردی پڕ لە ئاسنی (خاو، كالا)*

ironclad زرێپۆش (ی جەنگی)، قەڵغان. بتەوە، بەرگرە، خۆڕاگرە

ironer ئوتیچی{و}

ironic(al) گاڵتەجاڕی یە، ساختەچی یانە یە. ناهەمواره

ironing جلوبەرگی ئامادە كراو بۆ ئوتو كردن (یا تازە ئوتو كراو)

- board *مێزی ئوتی (لەسەر كردن*

ironmaster ئاسنساز

ironmonger (فرۆشیار، بازرگان) ی ئاسن و ئامرازی ئاسنین

irons كۆت و زنجیر، كەلەپچە. ئاسن

ironsmith ئاسنگەر، ئاسنگر

ironware شتی لە ئاسن ،روست كراو

ironworks ئاسنكاری؛ ئامراز و شتی لە ئاسن دروست كراو

irony واتا دەربڕینی (گاڵتە، ساختە) چی یانە؛ بە بكار هێنانی (رستە، بڕگە)ی فره واتا. ناهەمواری، لادان، یاخی بوون

irradiate تیشك (داوێ، دەدا)، رووناكی دەدا، دەگەشێنێ تەوە

irrational ناژیرانە یە، بێ هۆكاری یە. ناماقوول ە

irreclaimable چاناكرێ تەوە، چانابێ تەوە. وەرناگیرێ تەوە، ناگەڕێنرێ تەوە

irreconcilable ناحەزانە یە، ئاشت نابنەوە، بەیەك نەگەیشتوو. (دوو ئاماری) تێك نەكەرەوە؛ تێك ناكەنەوە؛ دوو ئەنجامی جیا دەردەخەن بۆ هەمان دەستە تۆماران

irrecoverable قەرەبوو ناكرێتەوە، لەناوچوو، فەوتاو، بێ چارەسەر

irredeemable تۆڵەی ناكرێتەوە، وەرناگیرێتەوە. بێ هیوا، بێچارە

irreducible لە ئاسان كردن نەهاتوو؛ ئاسان (تر) ناكرێ

irrefutable پێچەوانە ناكرێتەوە، هەڵناوەشێتەوە

irregular نائاسایی. ناڕێك، خوارو خێچ. نابەردەوام

irregularity نائاسایی بوون. ناڕێكی، خوارو خێچی

irrelevant نابەجێ یە، ناپەیوەندی دارە

irreligion زندیقی، بێ ئایینی، بێباوەڕی، بێدینی، كفر

irreligious زندیق، نائایندار، بێباوەڕ، بێدین، كافر

irremediable سارێژنەبوو، بێچارەسەر، چانەبوو، تیمار نەكراو

irremissible نـەبـەخشراو، لـێ نـەبـووراو، لـێخۆش نـەبـوو

irremovable چەسپاوە، لانـابـردرێ، لانـاچێ، نـاجوولـێ. نـاگـوازرێتـەوە

irreparable لـە چاکردن نـەهاتـوو؛ چانـاکـرێتـەوە، چانـابـێتـەوە

irreplaceable جێـی خۆی نـاگرێتـەوە، لـە جێـی خۆی دانـانـرێ تـەوە. (کـەس، شت) یێـکی دیـکە نـاتـوانـێ جێـی بـگرێ تـەوە

irrepressible نـاڕەویـێتـەوە، نـاگـەڕێتـەوە، نـاکشێتـەوە. دەمـکوت نـاکرێ

irreproachable گلـەیـی لـێ نـاکرێ، لـۆمـەی نـاکرێ. شەرمـەزار نـاکرێ

irresistible خۆی لـە بـەردەم نـاگیـرێ، بـەری نـاگیـرێ

irresolute راڕایـە، دوودڵـە، سەرلـێ شێواوە. بـەبـڕیار نـییـە، نـابـڕیار دەرە

irresolution راڕایـی، دوودڵـی، سەرلـێ شێـواوی. بـێ بـڕیاری، نـابـڕیار دەری

irrespective بـێ (ئـاوڕدانـەوە لـە، گـوێـدانـە) (کـەس، شت، بـار، دۆخ) یێک

irrespirable هەڵـنـەمژراو؛ هەڵـنـامـژرێ

irresponsible نـابـەرپـرسیار

irretrievable لـەدەست چوو، پـەیدانـابـێ تـەوە، وەدەست (نـاکـەوێ، نـاهێـنـرێ) تـەوە. چارەسەر نـاکرێ

irreverence بـێ ڕێـزی، ڕێـزنـەگرتـن. گـوێـنـەدان

irreverent بـێ ڕێـز، ڕێـزنـەگرتـوو، لاسار. گـوێـنـەدەر

irreversible پـێچەوانـە (نـاکرێتـەوە، نـابـێتـەوە)، بـەرەو دوا نـاگـەڕێتـەوە، وەرنـاگـەڕێتـەوە، وەک خۆی لـێ نـایـەت ەوە

irrevocable نـاگـەڕێتـەوە، نـایـەتـەوە. بـەتـاڵ نـاکرێتـەوە، هەڵـنـاوەشێتـەوە

irrigate (شینـایـی، سەوزایـی، کێڵـگـە، هتـد) ئـاودەدا

irrigation ئـاودێری، ئـاودان

irrigator ئـاودێر

irritability (ئـامادەیی؛ تـوانـا)ی زووهەڵـچوون، تـووڕەو تـونـدی (بـوون)

irritable (کـەسێکی) زووهەڵـچووە، تـووڕەو تـونـدە

irritant هەڵـچوێـنـەر. (شتـێـکی) بـەخورشت

irritate تـووڕەی دەکا؛ هەڵـی دەچوێـنـێ. دەیـخورێـنـێ

irritation هەڵـچوون، تـووڕەو تـونـدی. خورشت داری، هەستـیاری. (بـریـن، ئـاوسان) یێـکی کـەم

irruption هێـرش کـردن، تـێـهەڵـچوون

is (from be) ە؛ کرداری یـارمـەتـی دەرە، بـۆ (کـەس، شت)ی سێیـەمـی تـاکی رانـەبـوردوو. ئـامرازی پـرسیارە لـە (ئـێستا، داهاتـوو)؛ ئـایا ؟

-n't = is not *(ئـەو (کـەسە (نـێـر یا مـێ)، شتـە)) نـییـە*

ISBN کورتـکراوە یـە بـە واتـای؛

ژمارەی پەرتووکی جیهانی ی هاوبەش

ise (پاشگر، پاشکۆ)یە بۆ پێکهێنانی کردار بە واتای (دەکا، دروست دەکا، دەبێتە، وای لێ دێ، هتد)

ish (پاشگر، پاشکۆ)یە دوای ئاوەڵناو دەخرێ و ئاوەڵناو دروست دەکاتەوە بە واتای (نیمچە، مەیلەو)ن؛ مەیلەو سەوز، نیمچە سوور، هتد

isinglass جەلاتین ێکە لە جۆرە ماسی یەک دەردەهێنرێ؛ چەسپ و ئەو بابەتانەی لێ دروست دەکرێ

Islamic ئیسلامی (یە)، هی ئیسلام (ە)

island دورگە

islander دانیشتووی دورگە، نیشتەجێی دورگە

isle دورگۆکە؛ دورگە یەکی گچکۆکە

islet دورگۆکە؛ دورگەیەکی بچووک

ism (پاشگر، پاشکۆ)یە بۆ پێکهێنانی ناو لە ئاوەڵناو بە واتای (کار یا ئەنجامی، سیستەم، بنەما، بیرۆکە، دۆخ، چۆنیەتی، هتد)

isn't کورتکراوە یە بۆ؛ *(وا، وەها)* نی یە
= *is not*

iso (پێشگر، پێشکۆ)یە بە واتای (یەکسان، هاوتا)

isobar هاوپاڵەپەستۆ، هێڵی پاڵە پەستۆی یەکسان لەسەر نەخشە

isochronous هاوکاتن؛ لەهەمان کاتدا روودەدەن

isolate لەیەک دادەبڕێ. دایدەبڕێ. (جیا، جودا) دەکاتەوە

isolation دابڕاوی. دابڕین. دابڕان. جودایی

isolationism (خۆ جیاکردنەوە لە، گوێنەدان بە، خۆگێل کردن لە) کاروباری (خەڵک، کۆمەڵ، وڵات)انی دی

isometric هاوپێوانە، وەکو یەکن

isosceles سێگۆشەیەکی هاودوولا؛ دوو لای یەکسانن

isotherm هاوگەرما، هێڵی گەرمیی یەکسان لەسەر نەخشە

Israeli هی ئیسرائیل (ە)، خەڵکی وڵاتی ئیسرائیلی هاوچەرخ (ە)

Israelite خەڵکی ئیسرائیل ی کۆن؛ جوو (لەکە)

issue چاپ، ژمارەی چاپ. چاپەمەنی دەردەکا، بڵاودەکاتەوە. بڕیار دەدەکا. (پارە، پوول، پاسەپۆرت، هتد) دەردەکا. کێشە، بابەت. دەرچە، دەروازە. ئەنجام

isthmus رووبەرێک زەویی بارێک؛ کەوا دوو رووبەری فراوان بە یەکەوە دەبەستێتەوە

it ئەو؛ بۆ (شت. نازێر. جەستە) بەکاردێ

Italian (خەڵکی یا هی) ئیتالیا یە. ئیتالی یە. زمانی ئیتالی

Italianate (شیرازە، شێوە، روخسار)ی ئیتالیایی

italic شێوە نووسینی لار، لار نووسین

italicise نوسین (لار، خوار، گێر) دەکا

Italy ولاتی ئیتالیا

itch دەخورێ (ن؛ لەش، پێست، هتد)

itching (لەش) خوران، خورشت

itchy بەخورشت (ە). بێ پشوو. (حەزکردوو بە، ئارەزوومەندی) (گەڕان، گەشت، گوزەر)ە؛ پێی دەخورێ بۆ گەڕان

item هەرکام لە ژمارەیەک شتی لە ژماردن هاتوو؛ (شت، کەل، پەل) ێک

itemize جیادەکاتەوە

iterate چەندبارە دەبێ تەوە

iteration چەندبارە بوون ەوە

itic (پاشگر، پاشکۆ)یە بۆ پێکهێنانی (ناو، ئاوەڵناو)

itinerant گەشتیار، گوزەرکەر، گەڕۆک. سەرگەردان

itinerary گەشت، ڕێگا، گوزەرگە. (ڕێنما، ڕێگا)ی نێوان دوو (خاڵان، شوێنان، هتد). گوزەر کەرانە، گەڕۆک. هی گەشت و گوزارە

itinerate گەشت دەکا، ڕێگا دەپێوێ، گوزەر دەکا، دەگەڕێ. سەرگەردان دەبێ

itis (پاشگر، پاشکۆ)یە بۆ پێکهێنانی ناوی (نەخۆشیی بە برین یا ئاوسان، هتد)

it'll کورتکراوە یە بە واتای؛

= *it shall* دەبێ

= *it will* *بێگومان دەبێ*

its راناوی هەبوون؛ هیخۆی؛ ـەکەی؛ هەبوون بۆ شتی ناژیر؛ ن؛ خوری یەکەی، دونگەکەی، هتد

it's کورتکراوە یە بە واتای؛

= *it has* *هە یەتی*

= *it is* *هە یە، ئەو*

itself خۆی (کەسی سێ یەمی تاکی ناژیری)، بەخۆی، هەرخۆی

ity (پاشگر، پاشکۆ)یە بۆ پێکهێنانی ناو بە واتای (چۆنیەتی، دۆخ، هتد)

ive (پاشگر، پاشکۆ)یە بۆ پێکهێنانی ئاوەڵناو بە واتای (بکەر، مەیل دار، ئارەزوومەند، خوازیار، هتد)

I've کورتکراوە یە بە واتای؛

= *I have* *من. هەمە*

ivied گەلا پۆش (ە)؛ بە رووەک ێکی هەڵگەڕاوی لاولاو ئاسای هەمیشە سەوز

ivory (ئێسک، سوقان)ی بەنرخی هەندێ ئاژەڵ؛ ن؛ هی (شەڵفە، ددان، قۆچ)ی فیل

ivy رووەک ێکی هەڵگەڕاوی لاولاو ئاسای هەمیشە سەوزە؛ بە گەلای پێنج گۆشەیی بریقەدار

***** J *****

j (1) دەیەم پیتی ئەلفبێ ی ئینگلیزی یە

J (2) کورتکراوەیە بە واتای؛
= joule(s) *یەکە یەکی پێوانەی وزەیە*

jab شرینقە، دەرزی، کوتان

jabber زۆر گوتن. زۆر دەڵێ

jack جەگ؛ دەزگای ئۆتومبیل و قورسایی بەرزکردنەوە
- of all trades *فرەکار؛ کەسێکی شارەزا لە زۆر کاران*

jackal چەقەر{ڵ}

jackanapes (کەسێکی) ناراستگۆ، (فێڵ، تەڵەکە)باز. لاسار، زیانبەخش

jackass نێرەکەر، ولاغ. بێدەماغ، بیمێشک، بێهۆش

jackdaw قەلەڕەش(کە)

jacket چاکەت. (بەرگ، پۆشاک)ی (ئامراز، دەزگا)یێک. (پەلک، پێستە)ی پەتاتە. جل؛ ی ئاژەڵ
- potato *پەتاتە ی (بە ساغی؛ بە پەلکەوە) پیشێنراو*

jacknife قەڵەمبڕ؛ چەقۆی نوشتاوە. (شتێکی) قوپاو، تێکشاو، نوشتاوە

jackpot خەلاتێکی (مەزن، گەورە) ؛ بەتایبەتی لە ئاکامی (قومار، یانسیب، هتد)

jackrabbit جۆرە کەروێشک یێکە

jackstone (ئاسن، بەرد، پارە) ی شێروخەتانێ لە گەمە. دەسکەلا

Jacob یاقوب، یەعقووب

Jacuzzi جۆرە حەمام یێکی گەورە و تایبەتە؛ بە چەندین بۆڕیی ئاوی بە تەوژم لە ژێرەوە

jade (1) بەردێکی زۆر بتەوی (کەسک، سەوز)ە؛ بۆ (خشڵ، جوانی) بەکاردێ. ڕەنگی ئەو بەردە

jade (2) (ئەسپ، هێستر)یێکی ماندووکراو. ئافرەتێکی ناوزڕاو

jaded (adj) ماندووکراو، شەکەت(بوو)

jag نووکی تیژی بەرد یێک. دەبڕێ؛ بەنارێکی. (پەڵە، کونکون)ی دەکا، دەیقوپێنێ

jagged خواروخێچ، قوپاو{ۆ-}، کەل (ە)

jaguar جۆرە پڵنگ یێکی ئەمریکی یە

jail زیندانیدەکا، دەگرێ. بەندیخانە، زیندان، گرتووخانە

jailbird بولبلی قەفەز؛ هێمایە بۆ کەسێک زۆر گیرابێ و ڕاهاتبێ تێیدا

jailbreak (هەلاتن، ڕاکردن، خۆ قوتار کردن) لە (زیندان، بەندیخانە)

jailer پاسەوانی زیندان

jailor = jailer

Jain کەسێکی پەیڕەوی ئایینێکی هیند(ستان)ە کەوا لە بووذی یەوە نزیکە

jalopy ئۆتومبیلێکی کۆنی (تێکشکاو، خەراپ)، کەچە ترومبێل

jalousie (پەردە، دەڕابە)یەکە

بۆ بەرگرتن لە (باران، تیشک) ی هەتاو

jam (1) قەرەبارغی{ڵ-ڵ}. تێ(ی) دەپەستێ. قەرەباڵغی دروستدەکا

- packed *پڕاوپڕە؛ (بەتەواوی، زۆر) پڕە*

jam (2) میوەی لە شەکراو دا کوڵاو بۆ هەڵگرتن و پاراستنی

jamb (لاتەنیشت، لاستوون) ی (دەرگا، پەنجەرە، ئاگردن، هتد)

jamboree ئاهەنگ، بەزم(گێڕان)

jamjar شووشەی میوەی لەشەکراودا کوڵێنراو

jammy لیقە، بەشەکرە. بەبەختە بەشەنسە. سوودبەخشە، قازانجدارە

Jan. کورتکراوەیە بە واتای؛

= January *بەفرانبار، مانگی یەکەمی ساڵی زایینی*

jangle (تەقە، رەقە)ی لێوەدێنێ، دەنگێکی گڕ دروست دەکا. تەقە، رەقە، دەنگێکی گڕ

janissary ئەندامێکی هێزێکی سەربازی تایبەتە

janitor دەرگەوان؛ پاسەوانی دەرگا. یارمەتیدەر

January بەفرانبار، مانگی یەکەمی ساڵی زایینی

Japan یابان، ژاپۆن

Japanese (خەڵکی، زمانی، هی) یابان (ە)

jape (گاڵتەوگەپ، پێڕابواردن) ێکی (سەرپێی، بازاڕی). گاڵتەوگەپ دەکا، (پێی) ڕادەبوێرێ

jar (1) جەڕە. شووشەیەکی لوولەی

jar (2) لەرزین، هەژان. ناخۆشی، ناکۆکی. دەلەرزێنێ، دەهەژێنێ، دەلەقێنێ

jargon وشەی قەبە و زل و کەم بەکار هاتوو

jasmine رووەک یا گوڵی یاسەمین

jasper جۆرە (بەلوور؛ کوارتز) ێکە بە رەنگی سوور{ۆ}، زەرد یا قاوەیی

jaundice نەخۆشیی زەردوو؛ کە بە هۆی ناتەواویی (زراو، جەرگ) ەوە دێتە کایەوە

jaunt پیاسە، گەڕان. پیاسە دەکا، دەگەڕێ

jaunty شاد و رووخۆش و (دڵنیا (لەخۆ)، بەبڕوا (بەخۆ))

javelin رمێکی سووکە؛ ئامرازی وەرزشی رم هاوێشتنە، لە کۆندا لە شەڕدا بەکار دەهات

jaw قەوچە، قەپۆز، قەمپۆز

jawbone ئێسکی خوارە لە قەپۆز؛ ی زۆربەی شیردەرەکان

jay باڵندەیەکی ئەوروپاییە لە جۆری قەلەڕەش(کە)

jaywalk بێباکانە دەپەڕێتەوە؛ لەجادە(وبانان). پەڕینەوەی بێباکانە

jazz جاز؛ جۆرێکە لە (ئاواز، مۆسیقا)

jazzman جاز لێدەر؛ هونەرمەندی جاز

jealous حەسوود. گەرمە (لە سەر شتێک)

jealousy حەسوودی

jeans کاوبۆی؛ جۆره پانتۆڕێکی ئەمریکی یە
jeep ئۆتومبیلی جێب
jeer گاڵتەپێکردن. گاڵتەی پێدەکا
Jehad = Jihad
Jehovah ناوی 'خودا' یە بە زمانی عیبری؛ لە تەورات دا
-'s Witness *مەزهەبێکی ئایینیی عیسایی یە*
jejune (adj) ناچێتە مێشکەوە، (هێز؛ عەقڵ) نایبڕێ، باوەڕنەکردەنییە. وشکە، بێواتایە. چۆڵە، قاتیـیە. نەزۆکە
jejunum ریخەڵۆکێکی بچووکە سەرێکی بە دوازدەگرێ وە لکاوە
jellify (دەبێ. دەکا) بە (شلک؛ جێلی). شل (دەبێ. دەکا). خۆی (دەمرێنێ؛ شل دەکا)
jelly شلک؛ ساردەمەنییەکی (شل، مەیلەو توند)ی لیچ کەمێک ە؛ بە چێژی میوەی جیاجیا
jellyfish گیانلەبەرێکی دەریاییە؛ بە جەستەیەکی شلک
jemmy بارییە؛ ئامرازی قوفڵشکێنی دز(ان)
jenny ماکەر
- wren *مێیەی فیسقەگولە؛ بچووکترین (کێشکە، چۆلەکە)*
jeopardize دەخاتە مەترسی یەوە
jeopardy مەترسی
jerbil گیانلەبەرێکی بیابانیی (جۆرج، مشک) ئاسایە
jerboa جورج؛ لە جەربووعی عارەبی یەوە
jerk (1) هەژان، راکێشانێکی کتوپڕ. دەلەرزێنێ
jerk (2) گۆشت لەتلەتی (درێژ) دەکا و لەبەر خۆر وشکی دەکاتەوە
jerkin سوخمە{ق}؛ جۆرە چاکەتێکی بێ قۆڵە
jerky (adj) چەمووشە، هەرتریزێنە{ڵ-}، بەجموجۆلی کتوپڕە
jeroboam جەڕە یەکی گەورەی مەی یە؛ ٤ - ١٢ جار لە قەوارەی ئاسایی پتر ە
jerrican = jerrycan
jerrycan جەلیکان، تەنەکە؛ ی ئاو، بەنزین، هتد
jersey کوتاڵێکە لە خوری نەرم و ناسک
jest گاڵتە، (مایە، کالا)ی گاڵتەجاڕی. گاڵتە دەکا
jester گاڵتەجاڕ، گاڵتەچی
jesting (گاڵتە، بەزم)(کردن)، گاڵتەجاڕی
Jesuit ئەندامێکی مەزهەبێکی عیسایی(ە)
Jesus عیسا (ی پەیامبەر)، مەسیح، یەسووع.
jet (1) (نافورە، تەوژم؛ ی باریک)ی ئاو. نووکی (تەنگ، تەسک)ی سەرەبۆری
- engine *مەکینەی (پاڵ(نان)، تووڕهەڵدان، هاوێشتن)؛ پ؛ ی تەقینەوە و سووڕاندن ەوە*
- lag *شەکەتیی کات دۆڕان؛ شەکەتیی پاش گوزەرێکی ئاسمانیی دوور و درێژ*

باریک)ی ئاو. نووکی (تەنگ، تەسک)ی سەرەبۆری

- plane *فڕۆکەی بە مەکینەی (پاڵ(نان)، تووڕهەڵدان، هاوێشتن)؛ پ؛ ی بە پەروانە*

- propelled *تیژڕۆ(یە)، زۆر خێرا(یە)*

- propulsion *پاڵنران، هاوێژران، تووڕهەڵدران. پاڵنان، هاوێشتن، تووڕهەڵدان*

- set *(خەڵکی) (دەوڵەمەند، هەبووە)ی زۆر (گەشت، گوزەر کەر*

jet (2) جۆرە خەڵووزێکی بەرد؛ ی قەترانییە؛ زۆر رەش و بریسقەدارە

- black *رەنگی رەشی قەترانی؛ زۆر رەش*

jettison تووڕهەڵدان؛ ی (شتومەک، کالا)ی سەرپاپۆڕ؛ بە مەبەستی سووککردنی بارەکەی

jetty شۆستەی دەربەند (ی سەر ئاو)

Jew جو، جولەکە

jewel گەوهەر

jewelled بەگوهەرە، گەوهەر ڕێژ(کراو)ە

jeweller زێڕینگر؛ (وەستا، بازرگان)ی خشلی (زێڕ، زیو، یاقووت، هتد)

jewellery خشڵ؛ زێڕ، زیو، گەوهەر، هتد

Jewess جو(لەکە)یێکی مێینە

Jewish جوو ە. (هی، تایبەتە بە) (جوو، جوولەکە)

Jewry جوو(ان) بە گشتی؛ کۆمەڵی جووان

Jew's harp ئامرازێکی ئاواز(لێدان)ی گچکەیە بە ددان دەگیرێ

Jezebel ئافرەتێکی (بێشەرم، سۆدرە. بێئابروو)

jib (1) قۆڵی{ر} (دەرپەڕیو، درێژکراو)ی (سڵینگ{ر}، کرەین)

jib (2) دەغەزرێ؛ بە تایبەتی ولاغێک کە لە جێی خۆی رەق رادەوەستێ و ناڕوا. (دژبەری، بەرهەڵستی) دەکا

jibe (1) = gibe

jibe (2) = gybe

jibe [US] = gybe

jiff ماوەیەکی کورت؛ چرکەیەک

-y envelope *(بەرگەنامە؛ زەرف)ی (بە ناواخن، ئەستوور)*

jig جۆرە سەما یەکە. هەژان. سەما دەکا. دەهەژێ

jigger چۆڕێک مەی. (جام، شووشە)یەکی بچووک؛ ی مەی

jiggle هەژان؛ یێکی (کەم، سووک) ؛ لەرینەوە. دەهەژێ؛ دەلەرێتەوە

jigsaw جۆرە مشارێکی باریکە. رووبەرێکی نارێک؛ لەتلەت کراو

Jihad جەنگی پیرۆزی موسوڵمانان لە دژی (باوەڕنەهێنان؛ کافران)

jilt ساختەکردن لە دڵداری. دڵداری(ی) بە ساختە

jingle زەنگ. زەنگوڵ. زەنگ لێدەدا

jingo لایەنەگری (جەنگ؛ شەڕ)، شەرخواز، شەڕانی

jink فـێـڵ(ر)دەکا. هەڵـدەخەڵـەتـێـنـێ

jinn = jinnee

jinnee ئـەجنـدە، جنـۆکـە

jinx (کـەس، شت)ێـکـی (شووم، بـەدووم)، هۆکاری بـەدبـەختـی

jinxed بـەدبـەختـکـراو، نـوشتـەلـێـکـراو

jitter پـەشۆکاوی، مشەوەشی. دەپـەشۆکـێ، مشەوەش دەبـێ

jitterbug کـەسێـکـی (پـەشۆکاو، مشەوەش، کـێـچ لـە کـەوڵ)

jiujitsu = jujitsu

jiu-jitsu = jujitsu

jive جۆرە سەما یـەکـی پـەنـجاکانـە. ئاوازی ئـەم جۆرە سەمایـە

Jnr. کورتـکـراوەیـە بـە واتـای؛

= Junior *کـور. مـنـاڵ. بـچووک. پـایـە نـزم*

job کار، ئـیـش، شوول

by the - *بـەقـۆنـتـەرات. بـە نـرخـی پـارچـە*

jobber بـازرگان. سەوداکـەر، دەلاڵ. قـۆنـتـەراتـچی. (کـەسێـکـی) بـازاری؛ مامەلـەچی

jobbery (سەودا، مامەلـە) یـەکـی گـەنـدەڵ. قـۆلـبـڕی

jobbing (adj) سەودا(یـە). قـۆنـتـەراتـە. بـازاڕی یـە، مامەلـە یـە

jobcentre بـنـکـەیـکار؛ دۆزیـنـەوە

jobless بـێـکار

jobsheet کارنـامـە؛ ی کارە ئـەنـجامـدراوەکان

jockey سواری ئـەسپـی قـۆشمە (غارغارێـن). بـازرگانـی ولاغان. فـێـڵ دەکا

jockstrap دەرپـێـی تـایـبـەتـی پـاراستـنـی گون؛ ی (یـاریـکـەر، وەرزشوان)ان بـە تـایـبـەتـی

jocose گـالـتـەجاڕ، گـالـتـەچی

jocular گـالـتـەجاڕ (دۆست)، گـالـتـەچی

jocularity (ئـارەزوومـەنـدیـی) گـالـتـەجاڕی، گـالـتـەچـێـتـی

jocund شادە، دلـخۆشە. روح سووک(ە). گـالـتـەجاڕە، گـالـتـەچی یـە

jog (نـەرم، لـەسەرەخۆ) غاردەدا. وەبـیـر دێـنـێـتـەوە، بـیـر تـیـژ دەکاتـەوە

jogger لـەشیـخۆ راهێـنـەر؛ بـە راکردن ێـکـی (نـەرم، لـەسەرخۆ)

joggle لـەقـەلـەق دەکا، دەلـەقـێ. دەلـەرزێ، دەهەژێ. هەژان. لـەقـیـن

jogtrot (غاردان، راکـردن)ێـکـی نـەرم و بـەردەوام

john یـوحنـا، یـوحەنـنـا

join پـەیـوەنـدیدەکا. دەبـەستـێـتـەوە بـە. پـەیـوەنـدیـان پـێـوە دەکا؛ دەچـێـتـە ریـزیـانـەوە، دەبـێ بـە یـەکـێـک لـەوان

joiner دارساز؛ سازکـەری کالای دار، دارتـاش. دەزگـای دارتـاشی. گـەیـەنـەر

joinery پـیـشەی دارسازیـی ورد؛ دارتـاشی وردەکار

joint هاوبـەش. جەمسەر. جەوسەر. جومگـە

- fund *(دارایـی، سەرمـایـە)ی (فـرەبـەش، هاوبـەش)ی*

جومگە
- *fund company* *دامەزراوێک لەسەر بنەمای سەرمایەی (فرە، زۆر)ان*
jointed بە جەمسەرە. جەوسەری هەیە. جومگەدارە
jointer رەندە (ی دارتاش)
jointly بەیەکەوە، پێکەوە، بەهاویەشی
jointure موڵکی بەناو هاوسەر کراو؛ لەلایەن مێردی یەوە بۆ پاش مردنی. بەناوی دەکا
joist کۆلەکە{ر}
joke گاڵتەوگەپ، گەمە. گەمە دەکا
joker گاڵتەچی، گەمەکار. جۆکەر؛ لە کاغەزی قومار
jokingly بە گاڵتەوە. بۆ گاڵتە
jollify شادی دەهێنێ، دڵخۆش دەکا، بەزمدەکا
jollity شادی، دڵخۆشی، بەزم، سەیران
jolly دڵگەش، شاد، روح سووک
jolt هەڵقوزین. هەژان. لەقین. دەهەژێنێ. دەهەژێ. تاسە دەکا
Jonah کەسێکی شووم؛ بەدبەختی هێن
jonquil جۆرە گوڵێکە لە چەشنی نێرگز
joss بت یکی چین{س}{ص} ییە
jostle دەلەقێنێ. شانی لێدەدا
jot خاڵ. تۆزقاڵ. دەنووسی، تۆمار دەکا
jotter پەرتووک یکی تێبینیی گچکە
jotting (تێبینی، نوسراو)یکی سەرپێ یی یا هەرەمەکی
joule یەکە یەکی پێوانەی وزەیە
journal بڵاوکراوەی (رۆژانە، هەفتانە، هتد)
journalism (پیشەی) رۆژنامەوانی
journalist رۆژنامەوان
journey گەشت، گوزەر. گوزەر دەکا
journeyman کرێکاری رۆژانە، کرێگرتە
joust (رمبازی، کێبەرکێ)ی نێوان دوو (سوار(چاک)، کەس). رمبازی دەکەن
Jove ناوی خوایەکی رۆمانیی کۆنە
by -! *بۆسەرسوڕمان بەکاردێ*
jovial رووخۆش، شاد
jowl (1) قەوچە، قەپۆز. چەنەگە، چەناگە. ئێسکی ئەم جێیانە
jowl (2) بەرغەبابە، لۆچی پێستی مل
jowly بەرغەبابەدارە، بە لۆچە
joy (دڵ)خۆشی، شادی
- *stick* *دەزگای دەسگەمەی یاریی (تەلەفزیۆن، کۆمپیوتەر). سوکانی (ئاراستەکردنی) فڕۆکە*
joyful شادیهێنە، دڵخۆشکەرە
joyless دڵتەنگ، مات، کز

joyous دلـْخۆشه، شاده

joyride پیاسەکردن بـە (ئـۆتـومـبـیـل، ماتـۆڕ)؛ ی دزراو بـەتـایـبـەتـی

joystick دەزگای دەسگـەمـەی یاریـی (تـەلـەفـزیـۆن، کـۆمـپـیـوتـەر) . سوکانـی (ئـاڕاستـەکـردنـی) فـڕۆکـە

Jr. کورتـکـراوەیـە بـە واتـای؛ *کـوڕ، مـنـاڵ، بـچووک. پـایـە نـزم* *= Junior*

jubilant سەرکـەوتـوو، زاڵ

jubilation سەرکـەوتـن

jubilee سالـەڕۆژ، سالـڕۆژ، یـۆبـیـل؛ ی ٢٥ یـا ٥٠ سالـە. کـاتـی (خۆشی، شادی)

golden - *سالـڕۆژی زێـڕیـن؛ تـێـپـەڕبـوونـی ٥٠ سال بـەسەر یـادێـک*

Judaic (هی، تـایـبـەتـە بـە) (یـەهوودا، جوو(ان))

Judaism ئـایـیـنـی (جووان، یـەهوودایـی). دەستـووری مـووسا (ی پـێـغـەمـبـەر)

Judas خۆفـرۆش، خایـیـن

judder دەشلـەقـێـنـێ، دەهەژێـنـێ

judge دادوەر. داوەر؛ لـە یـاری یـان. (دادوەری. داوەری) دەکا

- advocate *دوێـنـەری دادوەر؛ سزایار (نـوێـنـەر یـا داواکاری سزا) لـە دادگای سەربـازیـدا*

judgement دادوەری؛ بـڕیـاری دادگا. لـێـکدانـەوە، هەلـسەنـگـانـدن

- by default *دادگایـی کـردنـی نـادیـار(ێـک)*

- Day *دنـیا خـەرابـوون، ڕۆژی قـیامـەت، ئـاخر زەمان*

judgemental دادوەرانـە. دادوەری یـە

judgeship دەزگای دادوەری. کار (یا پـلـە و پـایـە)ی دادوەر

judgment = judgement

judgmental = judgemental

judicatory دادوەری، دادوەرانـە. دادگا

judicature داد. دەسەلاتـی (دادگا. دادوەر)

judicial پـەیـوەنـدە بـە داد ەوە. تـایـبـەتـە بـە دادگاوە. یـاسایـی(یـە)

judiciary دەزگای داد لـە وڵاتـێـک بـەگشتـی. دادوەران

judicious دانـا، ژیـر، دووربـیـن، بـیـیـر تـیـیـژ

judo جودۆ؛ جۆرە وەرزشێـکـی یـابـانـی یـە

jug مـەسیـنـە. گـۆزە

juggernaut (لـۆری، شت)ێـکـی زەبـەلاح و قـورس

juggle چەنـد (تـۆپ، شت)ێـک هەلـدەدا و دەگـرێـتـەوە لـەهەمان کـات دا. (فـێـل، ساختـە) دەکا. فـڕنـوفـێـل، ساختـە

juggler یـاریـکـەر بـە چەنـد (تـۆپ، شت)ێـک. ساختـەچی، تـەلـەکـەبـاز، کـەلـەکـچی

jugglery تـەلـەکـەبـازی، ساختـەچێـتـی

Jugoslav = Yugoslav

jugular (هی، تایبەتە بە) (مل، قورگ)

- vein هەرکام لە شادەمارەکانی مل؛ ی (خوێن، خین، خوون)

juice نۆشاو، خۆشاو، ئاوی میوە

juiciness تەڕیی، شیرنیی، خۆشیی

juicy تەڕە؛ بەئاوە، شیرنە، خۆشە

jujitsu جۆرێکە لە (زۆرانبازی، ململانێ)ی (بێچەکی) یابانی؛ لە شێوەی جۆدۆ

ju-jitsu = jujitsu

jujube شیرنی یەکی شلی (مەیلەو (توند، لیچ))ی بچووکە

jujutsu = jujitsu

jukebox ئامرازێکی تۆمار لێدەرەوەیە؛ کە بە پارە (تێکردن) کار دەکا

Jul. کورتکراوە بە واتای؛

= July *خەرمانان، مانگی حەفتەمی ساڵی زایینی*

julep شلەیەکی شیرنە بۆ تام خۆشکردنی دەرمان بەکار دێ

July خەرمانان، مانگی حەفتەمی ساڵی زایینی

jumble تێکەڵدەکا. دەشێوێنێ. تێکەڵ. شێواوی

- sale *بازاڕی (شتومەک، کەلوپەل)ی (هەڕاج. کۆنە)*

jumbo (گیانلەبەر، شت)ێکی زەبەلاح، زل

- jet *فڕۆکەیەکی زەبەلاح؛ ی چەندسەد کەسی (یە)*

jump باز، بازدان، هەڵبەزین. بازدەدا، هەڵدەبەزێ

- at *پڕی دەداتێ. (بە) گورج (ی) دەسەلمێنێ*

- bail *کەفیلەکەی رووزەرد دەکا؛ خۆی دەدزێتەوە لە دادگا*

- on *(هێرش، رەخنە)ی توندی دەکا، دادەبەزێتە سەری*

- suit *پارچە جلێکی (سەرتاپایی، درێژ؛ یەکپارچە)*

- the gun *(زوو، لە ناوەخت) دەست(ی)پێدەکا*

- the queue *سرە دەبەزێنێ، بازدەدا لە سرە*

- to it *(بە گورجی) کار رادەپەڕێنێ*

one - ahead *(هەنگاو، قۆناغ) ێک لەپێشە*

jumper (1) بلووز، فانیلەی ئەستوور

jumper (2) (گیانلەبەرێکی) هەڵبەزیو، هەڵقۆزیو

jumper (3) دوگمەیەکی بچووکە بۆ (بەیەک گەیاندن. لێک پچڕاندن)ی دوو وایەری تەزووهەڵگر

jump-jet فڕۆکەیەکی (راست، ستوونی، لەجێی خۆی) (هەستاو، فڕیو)؛ وەکو (بەلام نەوەک) هەلیکۆپتەر

jump-lead (دوو) وایەری پاتری (جۆش؛ چەتاڵ) کردن

jump-start ئۆتومبیل بەگەڕخستن بە پاتری (جۆش؛ چەتاڵ) کردن

Jun. کورتکراوەیە بەواتای؛

= June *پووشپەڕ، مانگی*

شەشەمی سالّی زایینی

junction چار ڕێ، چوار را. خالّی بە یەک گەیشتن (یا لیکدان)

- box *سندووقی (سەرەوایەر، فیووز، هتد)ی کارەبا*

juncture خالّی بە یەک گەیشتن. لیّکدان

June پووشپەڕ، مانگی شەشەمی سالّی زایینی

jungle دارستان؛ ی چڕ

junior کوڕ. منالّ. بچووک. پایە نزم

juniper ڕوەکێکی هەمیشە (سەوز، کەسک)ی بە دڕکەگەلا و بە بەرە

junk شتی بێکەلکی (توورهەلّدراو، فڕێدراو). هەرشتێکی (بێ، کەم)(نرخ، بەها، بایەخ). تووری هەلّدەدا، فڕێی دەدا

- food *خواردنی سووک؛ ی کەم (وزە؛ بایەخ)*

- mail *(پۆستە، نامە، ڕاگیاندن)ی نەویستراو؛ لەخۆڕا هاتوو*

- shop *دوکانی (کەلوپەل، شتومەک)ی (دەستی دوو، کۆنە)*

junket سەیرانکردن. (گەڕان، دەرچوون، سەیرانکردن)ی فەرمانبەر لەسەر ئەرکی خەلّک. سەیران دەکا، دەردەچێ، دەگەڕێ

junta کودەتای سەربازی؛ وەرگێرانی ڕژێم(ێک) بە هێزی سەربازی

Jupiter ئەستێرە (ی موشتەری). ناوی خوایەکی کۆن ((ین (ە)) یە

jural یاسایی(یە)، (هی، تایبەتە بە) یاسا(وە). (هی، تایبەتە بە) ماف و ئەرکەکان

Jurassic هی کاتی (قۆناغ، سەردەم)ێکی جیۆلۆجی یە؛ ماوەی دووەمی قۆناغی میزۆزوویک ە

jurisconsult کەسێکی یاسایی؛ پارێزەر، دادوەر. قازی ی ئایینی؛ شەرعی. مەلا

jurisdiction دەسەلاتی دادوەری، دامەزراوی قەزایی، بەڕێوەبردنی دادوەری

jurisprudence (زانست، فەلسەفە)ی یاسا

jurist کەسێکی یاسایی؛ پارێزەر، دادوەر. قازی ی ئایینی؛ شەرعی. مەلا

juror ئەندامێکی ئەنجومەنی بڕیاردانی داد یێک. سوێند دراو، سوێند خواردوو

jury (1) (دەستە، ئەنجومەن)ی بڕیاردانی داد؛ بە زۆری لە ١٢ ئەندام پێک دێ

- box *(سەکۆ، شوێن)ی تایبەت بە بڕیاردەران لە دادگا*

jury (2) دەستەی خەلات بەخشێن لە کێبەڕکێ یان دا

juryman ئەندامی دەستەی دادوەری. سوێند دراو، سوێند خواردوو. دادوەر

just (adj) ڕەوا، ڕاست

- now *هەر ئێستا*

just (adv) بەئەستەم{ع}. (بە) تازە(یی) (ڕوویدا)، هەرئێستا (بوو)

- about *(وا)خەریکە. میلەو (تەواوە)*

مەبادا، نەبادا،

تازە(یی) (روویدا)، هەرئێستا (بوو)

- in case *بۆ دڵنیایی، (هەر) لە (بەر) ئەگەر(ی)*

- now *(هەر) ئێستا (بوو)؛پێش ماوەیەکی زۆر کەم*

- so *هەر وایە، فەرموودەتە*

- the same *هەر وەکو یەکن*

justice داد. دادوەری، ڕەوایی. ڕاستی و دروستی

- of the peace *دادوەری پێکهێنان (ئاشتکردنەوە، ئاشتبوونەوە)*

ministry of - *وەزارەتی داد(وەری)*

justifiable ڕەوایە؛ ڕەوا دەبینرێ. پاکانەی بۆ دەکرێ. بەجێیە

justification پاکانە، (بە) ڕەوایی کردن

justifier ڕەوایی کەر(ە). (بەهانە، مەهانە) دەرە. پاکانەدەرە

justify ڕەوای دەکا، پاکانەی بۆ دەکا

justly (adv) بەڕەوایی، ڕەوایانە

jut قینچکە دەکا. سەرهەڵدەدا، دەردەکەوێ، گومبەتە دەکا

jute حەسیر، ڕووەکی حەسیر

- sack *جەواڵ (گوش)ی حەسیر*

juvenescence گەنج بوونەوە، گەڕانەوەی لاویی

juvenile منالّ، تازە پێگەیشتوو. منالانە (یە)، تایبەتە بە منالان. (ڕەوشتی) ناپێگەیوو

- court *دادگای تایبەت بە منالانی ژێر ١٧ ساڵە*

- delinquency *تاوانی ئەنجامدراو لەلایەن منالانەوە*

juvenilia کارە سەرەتاییەکانی (نووسەر، هونەرمەند، هتد)ێک

juvenility گەنجیی، تازە پێگەیشتوویی. منالّی. ناپێگەیووی

juxtapose لەتەنیشت یەکیان دادەنێ، پێکەوەیان (دەنووسێنێ، دەلکێنێ)

juxtaposition پەیوەندی، پێکەوە(نووسان، لکان). نزیکی، هاوسێتی

***** K *****

k (1) یازدەمین پیتی ئەلفبێ ی ئینگلیزی یە

k (2) کورتکراوەیە بەواتای؛
= *kilo* *هەزار؛ ٢^١٠ = ١٠٠٠.*
١٠^٢ = ١٠٢٤ لە ماتماتیکی دووانەیی کۆمپیوتەر
2- *دوو (کیلۆ، هەزار)؛ یەکسانە بە ٢٠٤٨ لە ماتماتیکی دووانەیی*

k.p.h. کورتکراوەیە بەواتای؛
= *kilometres per hour* *(چەند) کیلۆمەتر لە کاژێر یکدا*

kadi دادوەری ئایینی (شەرعی)

kafir بە خەڵکی خوارووی ئەفریقا دەگوترێ

Kafkaesque زۆر (سەرکوتکەر، زاڵ)(ە)

Kaiser (قەیسەر، ئیمپراتۆر)ی (ئەڵمانیا، نەمسا، رۆمان)یی کۆن

kaki جۆرە میوە یەکە

kalashnikov (تفەنگی کلاشینکۆف{ر}

kale جۆریکە لە قەرنابیت؛ جۆرێکە لە سەوزەی چێشت

kalends = calends

kamikaze فرۆکەوانی خۆبەختکەری یابانی لە جەنگی جیهانیی یەکەم. فڕۆکەی کامیکازی. خۆکوژ

kangaroo کەنگەر(وو) (ئاژەڵێکی کێویە لە ئوسترالیا دەژی)
- *court* *دادگا یەکی (سەرپێیی، نایاسایی، کاتی)*

kaolin جۆرە قوڕێکی ورد و نەرم(وشل)ی سپی چینی یە؛ بۆ (فەخفووری، چینی. دەرمان) بەکاردێ

kapok بەرهەمی ورد و نەرم و شلی (لۆکەئاسای) دارێکە؛ بۆ (ناواخن، ناوبەر) بەکاردێ

kappa پیتی دەیەمینی ئەلفبێ یۆنانی یە

karabiner دوو ئەڵقەی پێکەوەگرێدان؛ کە شاخەوانان بەکاری دەهێنن

karakul جۆرە (مەڕ، پەز)ێکی ئاسیاییە؛ بە خوریی رەش و بەگروازە

karaoke بەزمی شەوانی مەیخانان؛ کە تێیدا کۆمەڵی مەینۆشان یش گۆرانی دەچڕن ەوە

karate جۆرێکە لە (وەرزش. جەنگاوەری؛ جەنگین)ی (بێچەکی یابانی؛ بە قاچ و دەست

kedge کەشتی رادەکێشی بە قولابێکی چەسپاو. قولاب؛ ێکە بۆ ئەم مەبەستە

keel جەستەی پانی ژێرەوەی کەشتی. دەکەوێنێ، بەردەداتەوە، لار دەکاتەوە، وەردەگێڕێ

keelage باجی (کەشتی، پاپۆڕ) هاتنە ناو دەربەند، یا راگرتن لێی

keen بە جۆش و خرۆش(ە). توند

keenness جۆش و خرۆش. توند

keep گلدەداتەوە، دەگێڕێتەوە، بۆخۆی هەڵدەگرێ. دەپارێزێ
- *at* *بەردەوام دەبێ لەسەری،*

کاری لەسەر دەکا

- *away* دوورکەوە !. قەدەغەیە. دووردەخاتەوە

- *away from* دووردەخاتەوە لە

- *back* نزیک مەبەوە، دوورکەوە

- *company with* دۆستایەتی لەگەڵدەکا

- *down* دادەمرکێنی، کزدەکا

- *fit* وەرزش (دان، کردن) بە لەشیخۆ

- *in* زیندانیدەکا. بێدەنگدەکا

- *off* دووردەخاتەوە لە، خۆدەپارێزێ لە

- *on* بەردەوام دەبێ، نایبرێتەوە، وازناهێنێ. پێشدەکەوێ

- *one's word* بەڵێنی خۆی دەپارێزێ. بە ئەرکی خۆی هەڵدەستێ

- *out* (چوون. هاتن)ە ژوور قەدەغەیە

- *to* پابەند دەمێنی بە (بەڵێن، کار، هتد)ێک

- *to oneself (1)* خۆی بەدوور دەگرێ لە خەڵکانی دی

- *to oneself (2)* (نهێنی، هتد) (دەپارێزێ، نادرکێنێ)

- *track of* لە دووی دەبێ، (ئاگا،چاو)ی لێ دەبێ

- *under* دەچەوسێنێتەوە

- *up (1)* خۆ رادەگرێ. بەردەوام دەبێ. چاکی رادەگرێ

- *up (2)* بەخەبەری دەهێڵێتەوە؛ نایەڵی بنوێ بۆخۆی هەڵدەگرێ. دەپارێزێ

- *up with* لەگەڵی دەڕوا، وەکو ئەو دەکا، هاوتایی دەکا

for -s (هە)تاهەتایە، یەکجاری. بۆ هەڵگرتن

how are you -ing? چۆنی، چۆنن، کووی

keeper خاوەن. پارێزەر. گۆڵچی. (داو، داروو‌چکە)ی لە کونی گوێ (ی کونکراو) خراو؛ تاکوێر نەبێتەوە

goal - گۆڵچی، گۆڵپارێز

keeping گلدانەوە، گێرانەوە، بۆخۆ هەڵگرتن. پاراستن

in - with بە گونجاوی لەگەڵ . .، گونجاو لەگەڵ

keepsake یادگاری، خەڵاتێک بۆ یاد کردنەوە

keg دەببە، بەرمیلێکی بچووک

- beer بییرە؛ ی لەناو بەرمیل (پیشێنراو، ئامادەکراو)

kelp جۆرە (گیا، قەوزە) یەکی قاوەیی دەریاییە؛ وەکوو (پەین، زبر{ڵ}) بەکاردێ

Kelt = Celt

kelter = kilter

Kelvin یەکە یەکی پێوانی پلەی گەرمی یە

- scale (رژێم، شیرازە)ێکی پێوانەیە کە لە (سفر، هیچ) ەوە دەست پێدەکا

ken (کۆمەڵی) زانیاری. (سەدە، مەودا)ی بینین. دەزانی

beyond my - نایزانم، لێم دیارنییە؛ لەدەرەوەی (زانین،

بیـنـیـن)ی منـه

kennel کولانـه سەگ. ئاوەڕۆ، جۆگـه(لـه)

kent زانـیـی. لـێـی دیاربـوو. زانـراو. دیـار، ئـاشکـرا

Kenya (ولاتـی) کـینـیـا؛ لـه خوارووی رۆژهەلاتـی ئـەفـریـقـا

Kenyan (دانـیـشتـوو، خەڵـک)ی کـیـنـیـا(یـه). (هی، تـایـبـەتـه بـه) کـیـنـیـا

kepi شەبـقـه، کـڵاو

kept (p&pp keep) گـلـیـداوە، گـیـرایـەوە، هیشتـیـەوە، بـۆخـۆی هەڵـگـرت. پاراسـتـی. گـلـدراوە، هەڵـگـیـراو

keratin پـرۆتـیـنـی (دەزوویـی، مـواوی)؛ ی پـێـکـهـێـنـەری (مـوو، پـەڕ(ەمـووچ)، قـۆچ، نـیـنـۆک، هـتـد)

kerb (رۆخ، لـێـوار)ی بـەردیـن؛ ی نـێـوان شۆسـتـه و جـاده

- crawling *لـەسەرەخۆ (ئـۆتـۆمـبـیـل) هاژوان؛ بـەنـیـازی قـەحـپـه (دۆزیـنـەوە، هەڵـگـرتـن، سوارکـردن)*

- drill *(تـێـبـیـنـی، وریـایـی) یـەکانـی پـێش جاده پـەڕیـنـەوە*

kerbstone بـەردی بـەکارهاتـوو بـۆ رۆخـی (شۆسـتـه، جـاده، هـتـد)

kerchief پـێـچـه. مـلـپـێـچ، چـەفـیـیـەی مـل، دەسـتـری مـل

hand- *دەسـتـر، دەسسر، دەسەسر، دەستسر، دەسـتـەسر*

kermes مـێ یـەی مـەگـەزێـکـه؛ لـه شێـوەی بـەری تـووی (سوور، سۆر). خم یـکـی سووره لـه وشککـردنـەوەی ئـەم مـەگـەزانـه دروست دەکـرێ

- oak *((دار، درەخت)ێـکـی هەمیـشه سەوزە؛ ئـەم مـەگـەزانـه لـەسەری دەژیـن*

kermess = kermis

kermis ئـاهەنـگـی دەشت و گـۆڕان؛ بـه تـایـبـەتـی لـه هۆڵـەنـد و بـەلـجـیـکـا

kernel نـاوک، تـۆ(و). دان؛ یـکـی دانـەوێـڵـه. نـاخ. (نـاو) کاکڵ؛ ی گـوێـز، هـتـد. ورد دەکا، دانـه دانـه دەکا. (نـاو، نـاخ)ی دەردێـنـێ

kerosene نـەفـت{و}

kerosine = kerosene

kestrel جۆره بـازێـکـی بـچـووکـه

ketch جۆره کـەشتـی یـەکـی گـچـکـەیـه

ketchup جۆره ساس یـکـه؛ بـەزۆری لـه تـەمـاتـاو و بـەهارات پـێـکـدێ

ketone پـۆلـێـکـه لـه پـێـکـهـاتـه ژیـاریـی ەکان؛ (پـرۆپـانـۆن؛ ئـەسیـتـۆن)، هـتـد

kettle کـتـری{ل}{ڵ}

kettledrum جۆره (تـەپـڵ{ر}، دەهۆڵ{ر}، دەف)یـکـه

key کـلـیـل. سەرەکـی(یـه)، گـرنـگ(ە) ، پـێـویـست(ە). نـیـشانـه، هۆکار

- ring *ئـەڵـقـەی کـلـیـلان*

-ed up (adj) *شڵـەژاوە*

keyboard تـەخـتـەی (پـیـت، کـلـیـل) ەکـانـی دەزگای چاپ، کـۆمـپـیـوتـەر، هـتـد)

keyhole کـونـه کـلـیـل

- surgery *نـەشتـەرگـەریـی لـەرێـگای (کـون، بـڕیـن)یـکـی زۆر (بـچـووک، کـەم)ەوە*

keynote شابـڕگـه، شارسـتـه؛ (بـڕگـه، رسـتـه)ی ((هەره)گـرنـگ، مەبـەست) لـه وتـار، نـووسراو،

هتد

keypad تەختۆکەی کلیل (ەکانی دەزگای یاری، تەلەفۆن، هتد)

keypunch ئامرازی زانیاری تۆمار کردن بە (کارت، کاغەز) کونکردن. تۆمار دەکا؛ بەم شێوەیە

keystone شابەردی تاق یێک؛ بەردی بەستانەوە(ی). (بیرۆکەی ناوەندی؛ بەردی بناغە)ی (پلان، رژێم، شیرازە) یەک

keystroke (کلیل یێک داگرتن، پیت یێک (لێدان، چاپکردن))؛ بە هۆی تەختەی کلیلان

keyword (هەرە) شاوشە، وشەیەکی گرنگ. وشەیەکی (چەسپاو، فرە بەکارهاتوو)

kg کورتکراوەیە بەواتای؛ = *kilogram(s)* *کیلۆ؛ ۱۰۰۰ گرام؛ یەکەی پێوانەی (کێش، جەستە)*

KGB (دامەزراو، دەزگا)ی (پاراستن، نهێنی)ی دەوڵەت؛ لە ولاتی (کۆنە) یەکیەتی سۆڤیەت *ئەنجومەنی پاراستنی (نهێنییەکانی) دەوڵەت*

khaki (رەنگ. جلوبەرگ. کوتاڵ) ی خاکی

khan ناونیشانە بۆ (فەرمنڕەوایان، دەسەلاتداران، هتد) لە ولاتانی ناوەڕاستی ئاسیا، ئەفغانستان، هتد

kHz = kilohertz

kibbutz کۆمەڵگای نیشتەجێی تازە؛ بە تایبەتی ئی کشتوکاڵی لە ولاتی (ئیسرائیل، فەلەستین)

kick لووشکە، لەقە. شەق دەهاوێ، لێدەدا. (لەقە، لووشکە) تێدەگرێ

- *about* *دێ و دەچێ. شەقشەقانێی پێ دەکا*

- *around* *دێ و دەچێ، دەخولێتەوە. دێنێ و دەبا*

- *off (n, v)* *دەستپێکردنی (یارییەکی تۆپانێ)*

- *start (n, v)* *(دەزگا، پێگا، پەیدەر، هندر)ی بەگەڕخستنی (هەر) مەکینە (یەک)*

- *up (a (fuss, dust, etc))* *(بشێوی، غەڵبە، ئاژاوە، تەپوتۆز) دروستدەکا؛ ناڕازی دەبێ*

kickback (1) هەڵ (دەقۆزێتەوە، دەبەزێتەوە). (تۆپ، تفەنگ) خۆبەخۆ (سوار دەبێتەوە). دەڕەوێتەوە. کوررژدەبێتەوە، خۆی لوول دەدا(تەوە). رەوینەوە. هەڵقۆزینەوە

kickback (2) خاوە، بەرتیل

kickstand (وێستگە، پێگە)ی (پاسکیل، ماتۆڕ)، (چەند) سنگێک بۆ بەستانەوەی پاسکیل، هتد

kick-start (دەزگا، پێگا، پەیدەر، هندر)ی بەگەڕخستنی (هەر) مەکینە (یەک)

kid (1) کار(یلە)؛ کۆرپەی بزن. چەرمی کاریلە. (بزن) (دەزێ، زگدادەنێ)

kid (2) مندالْ{ر}، منالْ، زارۆک، کۆرپە

kid (3) (v) هەڵدەخەلەتێنێ{ر-رەتێنێ}. گاڵتەدەکا، بەقەستی یەتی

no - *(ئەوە) راستی یە،*

گاڵتەنییە؛ بە گەمەم نییە

kiddie منداڵ(ۆکە){ر}، کوڕیژگە

kiddo کۆڕیژگە. نەزان، ڕەفتار منداڵ

kiddy = kiddie

kidnap (کەس، شت)ێک دەڕفێنێ، دەفرێنێ (هە!)

kidnapper بارمتەچی، رفێنەر

kidnapping ڕفاندن، فڕاندن (هە!)

kidney (هەرکام لە دوو) گورچیلکە (کان). گۆشتی گورچیلکەی ئاژەلان؛ وەک لە چێشت دا

- *bean* *(دەنکە) فاسولیای وشکی (پەلک) سوور*

- *machine* *کارگورچیلکە؛ گورچیلکەی دەستکرد؛ ی پزیشکی*

- *shaped (adj)* *لە شێوەی گورچیلکەیە، گورچیلکەئاسا(یە)*

kill (کەسێک) دەکوژێ. (باڵندە، ئاژەل) دەکوژێتەوە، سەردەبڕێ. دادەمرکێنێ

- *off (1)* *بەتەواوی لەناودەبا*

- *off (2)* *ئەکتەرێک (لە چیرۆکێکدا) دەمرێنێ*

- *oneself* *خۆی دەکوژێ؛ بە زۆر (پێکەنین، (خەم، خەفەت)) خواردن*

- *or cure* *(دەرمان. چارە(سەری))یەکی ئاکام نادیار. یا دێ یا دەچێ*

- *time* *کات بە فیرۆ دەدا،*

سەردەبڕێ. دادەمرکێنێ

وەخت دەکوژێ

دوو چۆلەکە بە بەردێک دەکوژێ

- *with kindness* *(زۆر، زیاد) بەسۆزە، لە چاکیا خەراپە*

dressed to - *زۆر دلڕفێنە، جلی زۆر (جوان، رازاوە)ی لەبەرە*

killer (کەس، ئاژەل، شت)ێکی بکوژ. (مرۆ(ڤ)؛پیاو)کۆژ. شتێکی زۆر (دلڕفێن، چاک)

- *wale* *جۆرە حووت یکی (دڕندە، پەلاماردەر)ە*

killing کوشتار. کوشتن

killjoy کەسێکی (غەمگین، غەمبار، رووگرژ)؛ بەتایبەتی لە (بەزم، ئاهەنگ، هتد) یکدا

kiln کوورە، فرنی، تەنوور، تەندوور؛ بە تایبەتی هی گۆزە یا گەچ دروستکردن

kilo (1) کیلۆ؛ (پێشگر، پێشکۆ) یە بەواتای (هەزار)

kilo (2) کورتکراوەیە بەواتای؛ *یەک کیلۆ؛ ی کێش، قورسی* = *kilogram*

kilobyte(s) کیلۆبایت؛ یەکە یەکی پێوانی قەوارەی عەمبارە لە زانستی کۆمپیوتەر؛ یەکسانە بە ٢^١٠ = ١٠٢٤

kilocalorie(s) کیلۆکالۆری؛ یەکە یەکی ی پێوانی گەرمی یە؛ یەکسانە بە ١٠٠٠ کالۆری

kilocycle = kilohertz

kilogram(s) یەک کیلۆ(گرام)، هەزار گرام

kilogramme = kilogram(s)

kilohertz هەزار هێرتز؛ بڕوانە هێرتز

kilojoule(s) کیلۆجوول؛ هەزار جوول؛ یەکە یەکی پێوانی هێزە

kilolitre(s) کیلۆلتر؛ هەزار لتر؛ یەکە یەکی پێوانی قەوارەی شلەیە

kilometre(s) کیلۆمەتر؛ هەزار مەتر

kiloton کیلۆتەن؛ یەکەیەکی پێوانی وزەی تەقینەوەیە؛ یەکسانە بە وزەی ١٠٠٠ تەن تی ئێن تی

kilotonne = kiloton

kilovolt(s) کیلۆڤۆلت؛ یەکەی پێوانی (تییژی؛ خێرای)ی وزەی کارەبا؛ یەکسانە بە ١٠٠٠ ڤۆلت

kilowatt(s) کیلۆوات؛ یەکە کی پێوانی وزە یە؛ یەکسانە بە ١٠٠٠ وات

-hour *ئەو هێزەی کە یەک کیلۆوات لەماوەی کاتژمێر ێک دا پێویستی دەبێ*

kilt تەنوورەیەکی (لۆچلۆچ، قەدقەد)ە پیاوە سکۆتلەندییە شاخاوییەکان لەبەری دەکەن. (لۆچ، قەد) دەکا

kilter (لەکار کەوتن، نەگەڕان، تێکچوون)ی (ئامێر، هتد)ێک

out of - *(ئامێر، هتد)ێکی لەکار کەوتوو(ە)؛ ئیشناکا*

kimbo لار(بۆوە)، خوار، بەلادا هاتوو

kimono جۆرە (ڕۆب؛ جل) ێکی یابان ی یە

kin (پاشگر، پاشکۆ)یە بە واتای؛ چکە، ۆکە، لۆکە، ەلە، یلە

cat- *پشیلۆکە*

mani- کورتیلە، بچووک

kin (adj) پەیوەندیدارە

kin (n) خزم، خزمان. خزمایەتی

kind جۆر، چەشن. ڕەگەز. بەسۆز، دڵگەرم

- hearted بە سۆزە، دڵگەرمە

- heartedly *بە سۆز(ەوە)، بە دڵگەرمی (ەوە)*

- heartedness *سۆز، دڵگەرمی*

- of *تا ڕادەیەک*

- regards *لەگەڵ سڵاوی بەسۆز، بە دڵگەرمییەوە*

a - of *مەیلەو، جۆریکە لە، (کەم، تۆز)ێک وێ دەچێ*

in - *بە هەمان(جۆر، شێوە). بە (بابەت، کار، کاڵا)؛ نەوەک بە پارە. بە (چۆنیەتی، چەشن)*

kindergarten باخچەی (ساوایان، منالان)، ڕاهێنگەی منالان

kindle ئاگری تێبەردەدا، دەسووتێنێ. دەسووتێ، ئاگری تێبەر دەبێ

kindliness سۆزداری، دڵگەرمی

kindling (چیلکە، چڵە)دار؛ ی ئاگر (پێ) کردنەوە

kindly (adj) بەسۆزەوە، بەدڵگەرمی

take - *بەخۆشحاڵی یەوە*

kindly (adv) بە یارمەتی خۆت! بێزەحمەت! تکایە!؛ بە

مەبەستی (رەتکردنەوە، دەرکردن)ێکی نەرێتی

kindness سۆز، دڵگەرمی

kindred خزم، خزمان، خزم و کەس، ناسیاو. هاوپەیوەندن، هاوپەیمانن، هاوشێوەن

kine مانگا، چێر{ڵ}. گاران

kinematic (adj) جوولەیی(ە). جوولاو(ە)

kinematics (n) پەلێکە لە زانستی میکانیک کەوا پەیوەندە بە (بزووتنەوە، جوولە)ی جەستان؛ بێگوێدانە هۆکارەکەی

kinetic بەندە بە (بزووتنەوە، جووڵە)(وە). جولاو

king (پاد)شا، مەلیک؛ ی نێرینە

- come *ئەو دونیا؛ (جیهان، دونیا)ی پاش مردن*

- of beasts *شێر*

- of birds *باز*

- post *ئەستووندەگ ێکی سەرەکی؛ لە ژوورێکدا*

- size *(زۆر، زیاد) گەورە*

kingcraft مولک داری

kingdom شانشینی، شاهانشاهی. ولات. مەملەکەت

kingfisher ماسیگرە؛ باڵندەیەکە لە فرینەوە خۆ هەڵدەکوتێ بۆ ماسی

kingly شاهنشاییە، شاهی یە. بەرێز، بەرز

kingpin بورغی یەکی (سەرەکی، ئەستوور، ستوونی)؛ جومگەیەکی سەرەکی. کەسێکی گرنگ

king-size (زۆر، زیاد) گەورە

kink پێچ، لۆچ، بادران؛ لە وایەر، پرچ، هتد. (هێز؛ مێشک) شێواوی. (پێچ، لۆچ)ی دەکا، بایدەدا. هێزی دەشێوێنێ

kinky زبر، دڕ؛ گف؛ وەک پرچی گف. زۆر ئارەزوو هەستێنە؛ ناشرینە لەرووی کۆمەلایەتی یەوە

kinsfolk خزمان، خزم و کەس. بنەماڵە

kinship خزمایەتی؛ خزمبوون. سۆزداری

kinsman خزمە، کەسە؛ بۆ نێرینە

kinswoman خزمە، کەسە؛ بۆ مێینە

kiosk کۆشک، تارمە. عارەبانەی وردەواڵە فرۆشتن

kip چاوگەرمکردن؛ پشی یە خەوێک، خەو(تن)ێکی کەم. جێخەو. (کەمێک) دەنوێ، دەخەوێ

kipper جۆرە ماسی یەکە

kir جۆرە ماسی یەکی سپی یە

kirk کەنیسە؛ بە زاراوەی سکۆتلەند و سەروی ئینگلتەرە

kirsch براندیی لە گێلاس دروستکراو

kismet چارەنووس؛ قیسمەت

kiss ماچ، راموسان. ماچدەکا

- curl *پەرچەم، پرچی سەر ناوچاوانگ*

- of death *(شەنس، بۆهاتن) ێکی رواڵەتی کە دەبێتە هۆی (*

خەراپی، کاولی)
- *of life* *بە دەم هەناسەدان*
بە کەسێکی (لەخۆچوو، خنکاو)
kissagram = kissogram
kisser ماچکەر
kissogram ماچنامە، (بروسکە، نامە)ی (دڵداری، ئەوین)
kit تاقمی دەزگا. کەلوپەل. جلوبەرگ
repair - *باول (سندووق)ی تاقمی چاکردنەوە*
kitbag (توورەگە، کۆڵەپشت، هەگبە)ی (گوزەرکەر، سەرباز، هتد)
kitchen چێشتخانە
- *garden* *باغچەی سەوزە و میوە و هتد*
kitchenware (قاپوقاچاغ، پێویستی)یەکانی ناو چێشتخانە
kite کۆلارە (ی کاغەز)، قاقزقوشی، قاقەزقوشی
kith دۆست و برادەران
- *and kin* *خزموکەس و دۆستوبرادەر(ان)*
kitsch هونەری (کالۆکرچ، بێکەلک، بێبەها، بازاری، سادە)
kitten فەرخە پشیلە، پشیلۆکە. (پشیلە) دەزێ؛ فەرخەی دەبێ
kittenish (adj) بەبەزمە، زیندووە، بەجموجۆلە
kiwi جۆرە مەلێکی (ولاتی) نیوزیلەندە یە؛ دەنووک درێژ و هەڵنەفرە
- *fruit* *(سیوە، بەر)ی رووەکێکی هەڵگژاوە*

kJ = kilojoule(s)
kl = kilolitre(s)
klaxon هۆڕین؛ ئامرازی (سەرنجراکێشان، ئاگادارکردنەوە)ی ناو ئۆتومبیل
Kleenex (دەستر، دەستەسڕ)ی کاغەز
kleptomania (هاریی بۆ، خولیایی، خووداریی) دزیکردن؛ بێ ئەوەی پێویستیشی بە دزیکردن (هە)بێ
km = kilometre(s)
knack شارەزایی. خوو، رەوشت
knacker (n) کڕیاری شتی (بێکەلک، ماندوو، لە(کار، پەل) کەوتوو)
knackered (adj) ماندووبوو، شەکەت، لە(کار، پەل)کەوتوو
knag گرێی دار
knapsack (توورەگە، کۆڵەپشت، هەگبە)ی (سەرباز، گەشتیار، هتد)
knarled بە گرێ یە، گرێدارە
knave تەڵەکەباز، ناپاک، چەپەڵ. لاسار، هەڵەپاس{ر}، بزۆز
knavery تەڵەکەبازی، ناپاکی، چەپەڵی. لاساری، هەڵەپاسی{ر}، بزۆزی
knavish فێڵباز(ە)، تەڵەکەباز(ە)، چەپەڵە. لاسارە، هەڵەپاسە{ر}، بزۆزە
knead هەویر دەشێلێ؛ دەکاتە هەویر
knee ئەژنۆ، ژنۆ، چۆک

- boots *پێڵاوی درێژ (تا نزیکی چۆک)*

- deep (1) *(هە)تا چۆکانە؛ (قۆل، قوول)یەکەی دەگاتە چۆک(ان)*

- deep (2) *خەراپ تێکەوتووە؛ تا چۆکان تێکەوتووە*

- high *بەئەندازەی چۆک بەرزە؛ چۆک ێک بڵندە*

- length *چۆک ێک درێژە، بە درێژایی چۆک ێک*

bring him to his -s *چۆکی پێدادەدا، لاوازیدەکا، دایدەمرکێنی*

kneecap کڵاوەی چۆک

kneel چۆکدەدا؛ لە سەر چۆک دادەنیشێ

kneeler لە سەر چۆک دانیشتوو. (بالیف، کوشین)ی چۆک لەسەر دانان

kneepan سابوونەی چۆک

knell (n) زەنگی تەرم، زەنگی مردوو. (راگەیاندن، رووداو) ێکی (ناخۆش، دڵگوشێن)

knelt (p&pp kneel) چۆکیدا؛ لە سەر چۆک(ان) دانیشت

knew (p know) زانی، ئاگاداربوو

knickers ژێردەرپێ؛ جل ێک کە (ئافرەت، کیژ) لەژێر دەرپێ لەبەری دەکا

knick-knack بریقوباق، رازێنەوە

knife چەقوو، چەقۆ

- edge *دەمە چەقۆ. (شوێن، دۆخ)ێکی زۆر (ترسناک، مەترسیدار)*

knight (1) سوارچاک، سوار، ساورە

knight (2) ئەسپ؛ لە گەمەی شەترەنج

knight (3) (لاو، زەلام)ێکی (خولیا، خۆتەرخانکردوو)ی (کیژ، ئافرەت، مەبست)ێک

knighthood سوارچاکی

knightly سوارچاکانە

knit دەچنێ

- up *(پینە یەک) دەچنێتەوە*

knitting چنین. یەکگرتنەوەی (سوقان، ئێسک)ی شکاو

- machine *دەزگای چنین*

- needle *(هەرکام لە دوو) شیشی چنین*

knitwear جلوبەرگی چنراو

knives (pl knife)

knob دەسگیر، دەسک. گرێ. چوزەرە (ی لقی درەخت)

knobbed (adj) بە دەسکە. بە گرێ یە

knobbly (adj) رەقوخرە، گرێئاسایە

knobby دەسکدارە. گرێدارە؛ گرێی هەیە، بە گرێ یە

knock لێدان، بەرکەوتن، لێدران. لێدەدا، لە دەرگا دەدا

- down *(کەسێک) بەردەداتەوە؛ دەیخا. (خانوو، هتد) دەروخێنێ*

knockabout (adj) (بەزم، سەیر، گاڵتە)ی بە(هاوار، قیرە(قیڕ)، دەنگەدەنگ). جلوبەرگی (خۆگر، بەرگر)

knock-down نرخی زۆر هەرزان. بەئاسانی هەڵدەوەشێنرێ و (

لێکدەدرێتەوە، دەبەسترێتەوە، سازدەکرێتەوە)

knocker لەدەرگادەر، لێدەر. (زەنگ، زەنگوڵ)ی دەرگا

knock-knees چۆک(خوار، چەماوە)؛ بەرەو ناوەوە؛ بە جۆرێک کە پێک دەکەون؛ لەرویشتن

knockout کەواندن، لەهۆشچواندن؛ بێهۆشکردن؛ بەزەبری لێدانێکی بەهێزی سەر. لێدانی بە زەبر و کاریگەری بردنەوە لە یاریی مستانێ

knoll گرد، تەپە. گردۆلکە، تەپۆڵکە

knot (1) گرێ. گرێدەدا. ئاڵۆز دەکا

knot (2) چوزەرە. میل ی دەریایی؛ پێوەری (سەدە، مەودا) لە (ئاو؛ دەریا)دا

knot (3) جۆرە مەلێکی بچووکی (تەنکاو، رۆخئاو)انە

knothole کونەگرێ؛ لە (دار، تەختە)یکدا

knotty گرێدارە، بە گرێ یە. (کێشە، هتد)ێکی (ئاڵۆزە، بە تەنگو چەڵەمەیە)

know دەزانێ، ئاگای لێ یە؛ ئاگادارە

- of *دەیزانێ، پێی دەزانێ، ئاگای لێ یە*

you never - *دەشێ، بۆی هەیە*

know-all سینگ دەرپەڕێن؛ گوایە هەموو شتێک دەزانێ

know-how شارەزایی، کارامەیی

knowing (adj) زانیارە، شارەزایە، کارامەیە

knowing (n) زانین، شارەزایی

knowingly بە مەبەست، بە زانینەوە

knowledgable = **knowledgeable**

knowledge زانیاری، زانست(ن)، زانین. شارەزایی

knowledgeable وریایە، زیرەکە؛ زۆرزانە

known (pp know) ناسراو(ە). ناودار، ناسیار

knuckle (1) ئێسکی تەک جومگەی پەنجە؛ بە تایبەتی ئەوەی کە دەیگەیەنێ بە (دەست، پەل)ەوە

knuckle (2) جومگەی ناوەندی هەرکام لە چوارپەلەکانی (گیانلەبەرێکی) چارپێ یێک. گۆشتی ئەو جومگەیە

- down (to) *خۆی بۆ (ئەرکێک، هتد) تەرخان دەکا؛ چۆکی بۆ دەنوشتێنێتەوە*

- under *چۆک دادەدا. وازدەهێنێ. دەبەزێ*

knuckleduster دامربۆکس؛ ئاسنێکە بە چەند نووک یێکی تییژەوە؛ لەپەنجان دەخرێ لەشەرە مستانێ

kohl کل (و کلتوور)؛ ئاردێکی رەشە بۆ چاو ئارایشکردن بەکار دێ

kolkhoz (کێڵگە، کەشت کردنی)ی هاوبەش؛ لە ولاتی (کۆنە) یەکیەتیی سۆڤییەت

Koran قورئان{ع}؛ پەڕاوی پیرۆز (ڵا)ی موسوڵمانان

Korea ولاتی کۆریا

(هی، تایبەتە بە، زمان،

Korean خەڵک)ی وڵاتی کۆریا یە

kosher (خواردن، گۆشت)ی حەڵاڵ لای (جوو(ان)، جوولەکان)

Kr نیشانەیە بۆ رەگەزی کریپتون

= *krypton* رەگەزێکی گازیی (ناچالاک، سست) ە

kraal کۆمەڵە کەپرێکی پەرژینکراو. (تەوێڵە{ی-ل})؛ ی مانگا، مەڕ، هتد

kraft جۆرە (کاغەز، کارتۆن) یکە

Kremlin کۆشک و تەلاری کریملن لە (مۆسکۆ؛ روسیا)

krona یەکەی (بنچینەیی، سەرەکیی) (دراو؛ پارە)ی وڵاتانی سوید و ئایسلەند ە

krone یەکەی (بنچینەیی، سەرەکیی) (دراو؛ پارە)ی وڵاتانی دەینمارک و نەرویج ە

krypton رەگەزێکی گازیی (ناچالاک، سست) ە؛ لە هەندێ چرای کارەبایی دا بەکاردێ

kudos ناوداری، ناوبانگ، شوورەت

Kufic = Cufic

kung fu جۆرێکە لە (وەرزش. جەنگاوەری؛ جەنگین)ی (بێچەکی) چینی؛ لە شێوەی کاراتێی یابانی

kurdish کوردستانی یە، کوردی(ە). (هی، تایبەتە بە) کورد(ستان). (کەسێکی) کورد(ە). زمانی کوردی

kurdistan کوردستان؛ وڵاتێکە زۆربەی هەرەزۆری دانیشتوانی کوردن

kV = kilovolt(s)

kW = kilowatt(s)

kWh = kilowatt-hour(s)

kyle تەنگە؛ باریکەی ئاو

***** L *****

l ژماره ٥٠ لە سیستەمی ژماردنی رۆمانی. دوازدەمین پیتی ئەلفبێ ی ئینگلیزی یە

l (capital) (نیشانە، هێما) یە بۆ پاوەند؛ یەکەی (دراو، پارە)ی ئینگلیزی. کورتکراوە یە بۆ لیتر؛ یەکەیەکی قەبارە پێوانی شلەیە بە واتای؛
= Litre *لیتر؛ دەکاتە ١٠٠٠ سم³*

lab کورتکراوە یە بە واتای؛
= laboratory *تاقیگا، ئازمایشگا*

label (n) پارچە (کاغەز، پەڕۆ) ی بە (شت، جل) یێک لکێنراو؛ بۆ نیشاندانی (نرخ، چۆنیەتی شوشتن، هتد)ی. (نیشانە، مۆرک) ی کۆمپانیا یەک

label (v) (نیشانە، مۆرک)ی (لێدەدا، پێوە (دەنێ، دەلکێنێ))

labial (هی، تایبەتە بە) لێو. (پیت، دەنگ) یێک بە لێو بگوترێ؛ پ، م، ف، هتد

labor [US] = labour

laboratory تاقیگا، ئازمایشگا

laborer [US] = labourer

laborious قورسە، گرانە

labour (1) ژانی (منالبوون، لەدایکبوون). ژانی منالبوونی دێتێ
- camp *زیندانی کاری (سەخت، قورس)*
- day *جەژنی کرێکارانی جیهان(ی)؛ یەکی مارت*
- party *پارتی کرێکاران. چینی کرێکار*
hard - *کاری سەخت*

labour (2) کار، ئیش. رەنج. کاردەکا، رەنج دەدا

labourer کرێگرتە، کرێکار، پالە
day - *کرێکاری رۆژانە؛ رۆژ بە رۆژ کار و کرێی دیاری دەکرێ*

labyrinth تۆڕێکی ونکەر، پێچ و پەنای زۆر. تەنگوچەڵەمە، ئالۆزی. گوێچکەی ناوەوە (پزیشکوانی)

lac جۆرە (چەسپێک، لیق) یێکە مەگەزێک دەری دەدا؛ بۆ پاراستن

lace قەیتان. کەزی. شەتەک دەدا، توند دەکا
- up *قەیتاندار، پێلاوی بەقەیتان. (توند کراوە، شەتەک دراوە) بە قەیتان*
shoe - *قەیتانی پێلاو*

lacerate (گۆشت، هتد) لێکدەپچڕێ، لێکڕادەکێشێ. هەست (و نەست) ئازار دەدا

lachrymal (هی، بۆ) فرمێسک ە

lachrymose فرمێسکاوی، چاو بەگریان

lack کەمیی. نەبوونی. کورتیی. نیەتی. کورت دەهێنێ

lackadaiscal بێتاو، بێ وزە. هێواش، (کەم، بێ) پەرۆش

lackey خزمەتكار، خزمەتچی

lacklustre بێرەونەق، ناگەش، مات. کلۆڵ، کز

laconic وتە (یا نووسین)ی کورت و پوخت؛ بەکارهێنانی وشەی کەم

laconically بە کورتی

lacquer جۆرە (وارنیش، سوبغ) ێکە. (پژاو، دەرمان)ی (پرچ، قژ) راگرتن

lacrimal = lachrymal

lactate شیر (دەدا، دەردەدا) لە (مەمک، گوان) ەوە. (ترش، ترشەڵۆک)ی ماست

lactation (شیردان، مەمکدان) بە (منداڵ، ساوا، بەچکە، فەرخە). شیر (لێ هاتن، دەردان)

lacteal هی شیرە. حەلیماو؛ خواردنی کاوێژ کراو و هەرس کراو کەوا شلەیەکی وەکو (شیر، ماستاو) پەیدا دەکا

lactic هی شیر (ە)

- acid *ترشەڵۆکی (شیر، ماست)*

lactiferous فرە شیرە، بە شیرە. شیردەرە

lactoscope ئامرازێکە بۆ پێوانی (رێژە، رادە)ی چەوری لە شیر دا

lactose (شیرنی، شەکر)ی شیر

lacuna کەلێن، بۆشایی. (کەرت، بەش)ێکی ون بوو

lacy قەیتانی، وەکو داوی قەیتان. بەقەیتان

lad کوڕ، لاو، گەنج. پیاو

ladder پێپلکە، پێبلکە، قالدرمە

lade (کەشتی) بار دەکا. شتومەک دەنێرێ (بە پاپۆڕ)

laden بارکراو. بەبارەوە

lading بارکردن. (هە) ناردن

ladle ئەسکو(ێ)؛ (کەوچک، مراک) ی قوول و دەسک درێژی شلە تێکردن. شلە تێدەکا

lady ئافرەت، ژن. هاوسەر، دەزگیران. خانم، خاتوو(ن). پلەیەکی کۆمەلایەتی ی هەندێ ئافرەتە لە کۆمەڵگای بەریتانیا یی؛ پێش ناوی (دەنووسرێ، دێ، دەگوترێ)

ladybird خاڵۆزە، خاڵخاڵۆکە؛ مەگەزێکە لە شێوەی قالۆنچە پچووکترە؛ بە باڵی سوور و خاڵخاڵی رەش

lag (دوا، پاش) دەکەوێ، (کاتژمێر) لەپاش دەدا. دواکەوتن. لەپاش بوون

lager جۆرە بیرەیەکە؛ خواردنەوەیەکی مەستیکەری سووکە

- lout *مێردمنداڵی (لۆتی، سەرسەری)؛ لە ئەنجامی زۆر خواردنەوە وە*

laggard بەجێماو، پاشکەوتوو، دواکەوتوو؛ کەسێک کە پاش دەکەوێ

lagoon گۆلاوی رۆخ دەریا، دەریاچە؛ رووبەرێک ئاوی خێواوکی دەریا؛ کەبە شتێک جیا (بووبێ، کرابێ)تەوە لە دەریا

laic(al) (زانستی، بەرجەستەیی) یە

laid (p&pp of lay) پاڵخراو،

درێژکراو. دانراو
- up *لە ناوچێ کەوتوو*
new - eggs *هێلکەی تازە (دانراو، کراو)*

lain (pp of lie (1)) پالکەوتوو، راکشاو، درێژبوو. پالخراو، درێژکراو. دانراو

lair حەشارگە؛ جێی خۆشاردنەوەی مرۆڤ. (بێشە، کونە) ئاژەلی کێوی

laity خەلکی (ئاسایی، سادە)؛ نەوەک لە تاقمی کەنیسە، هتد

lake دەریاچە، گۆل. (سوبوغ، خم) یکی سوورە

lama پیاوی ئایینیی بووذی؛ بەتایبەتی (مەنگۆلیا، تبت)ی

lamasery (شوێن، پەرستگا)ی پیاوی ئایینیی بووذی؛ بەتایبەتی (مەنگۆلیا، تبت)ی

lamb بەرخ، کاوڕ. گۆشتی بەرخ. کەسێکی (لەسەرەخۆ، هێدی)

lambda پیتی یازدەمینی ئەلفبێی یۆنانی

lambent (ئاگر، چرا) گەشاوە، تروسکاوە. (ئاسمان، چاو) رووناکە، گەشە، کالە

lambswool لوا؛ خوریی بەرخ، کاور

lame شەل. (بەهانە، بیانوو) یەکی (لاواز، بێ رێوجی). شەلی دەکا، پەکی (دەخا، دەکەوێنێ)
- duck *مراوی یە شەل؛ (کەس، کۆمپانیا)ێکی بە بێچارە، بێدەرەتان*

lameness شەلی، پەککەوتەیی

lament (خەم، خەفەت، داخ) دەربرینێکی (بە سۆز، ناسک)

lamentable (خەم، خەفەت، داخ) بۆ خوراو. خەمناکە؛ زگ پێی دەسووتێ؛ داخی بۆ دەخورێ

lamentation (خەم، خەفەت، داخ) (دەربرین، خواردن)

lamina تەنک، تەنەکە

laminate تەنک دەکا؛ دەیکوتێ بو تەنک کردنی. (دەپۆشێ، تێوەردەگرێ)؛ (تەنەکە، ئاسن، شت) یێک (تێوەردەگرێ، دەپۆشێ) بە (پلاستیک، شت) یێکی دی. چینچین دەکا

laminated چینچینی (پێکەوە، بەسەر یەکەوە) (گرێدراو، لکاو). (تەنەکە، چین)ی تەنک تەنک

lamp چرا، لالە، لامپا، گلۆپ. قەندیل
- shade *چەتری چرا، چەتری گلۆپ*
incandescent - *(چرا، لالە، لامپا)ی (گەشەدار، گەشبۆوە. درەوشاوە)*

lampblack تەنی، سوتوو، رەشیی دووکەل؛ ئەو گەردیلە رەشانەی لە دووکەل پەیدا دەبن

lampoon هێرشی وشە، شەڕە جوێن، 'هەجو'. وشەی (ناشرین، گالتەجاڕی) بەکار دێنێ

lamppost ئەستووندەگی (کارەبا، گلۆپ)ی جادان

lampshade (سێبەر، کلاو)ی نیمچە رۆنی سەر (گلۆپ، چرا)

lanate (adj) فرە خوری یە، بە خوری یە، خوریدارە. لە خوری یە

lance رم (ی دەستی سوار(ان)). کون دەکا، دەبڕێ، دەکاتەوە. دەپێکێ

lancer سوار، رمباز؛ رم هاویژ

lancet (کێرد، چەقۆ)ی دوو دەمی نەشتەرگەر؛ بە نووکێکی تیژەوە

land زەوی، ئەرز، زەمین، خاک، زەویوزار. دەنیشێتەوە، دێتەخوارێ. دەگاتە کەنار دەریا

- agent *دەلاڵی خانووبەرە یا زەوی و زار*

- line *(هێڵ، ئامراز) ەکانی (پەیوەندی، ئاڵوگۆڕ) کردنی سەرزەمینی؛ ن؛ تەلەفۆنی مالان*

- mass *رووبەرێکی زۆر گەورە لە (وشکایی، عەرد)*

- mine *مین، نارنجۆکی (شاراوە، ژێرزەوی)*

- tax *باجی زەوی*

home - *نیشتیمان، وولاتی خۆ، خاکی باوو باپیران*

landfall نزیک بوونەوە لە (زەمین، کەنار)؛ لە پاش گەشتێکی (ئاسمانی، دەریا)

landfill (زبڵوزار، شت)ی فڕێدراو کەوا دەخرێتە ناو (کەندەلان، رۆخی دەریا) ێک بۆ رووبەر (ی عەرد) پەیا کردن. پڕ دەکاتەوە

landing نیشتنەوە، دابەزین. گەیشتنە کەنار

landlady خاوەن زەوی یا خانووبەرە (ی می ینە)

landlocked ((نزیکەی) بەتەواوی) بە (وشکایی، زەوی) دەورەی گیراوە

landlord خاوەن زەوی یا خانووبەرە (ی نێر ینە)

landlubber کەسێی رانەهاتوو بە (دەریا، ئاو)

landmark (خانوو، درەخت، شت) ێکی (دیار، بەرچاو، سەرنج راکێش، دڵگیر) لە شوێنێک. (نیشانە، قووچەک، هتد)ی (سنوور، تخووب) جیاکەرەوە

landowner دەرەبەگ، موڵکداری زەوی و زارێکی زۆر

landscape دیمەنی دەشت و دەر؛ لە دوورەوە

- gardening *بەسروشتی (کردن، نیشاندان)ی (باغچە، دیمەن)ی (مالان، ناوشاری)*

landslide داڕوخانی (کەندال، لا (گرد، شاخ)) ێک. سەرکەوتنێکی زۆر گەورە لە هەڵبژاردن دا

landslip داڕوخانی (کەندال، لا (گرد، شاخ)) ێک

lane جادە (ی تەسک). کۆلان. رێ. خانە یەکی کێبەرکێ (ی غاردانێ)

language زمان (ن؛ ئینگلیزی، کوردی، هتد). زمانی بەرنامە نووسیی کۆمپیوتەر

languid لاواز، بێ وزە، بێ هێز. هێواش، تەمبەڵ، خاو

languish (لاواز، کز، سیس) دەبێ

- under *دەناڵێنێ لە ...، (لاواز، کز) دەبێ بەهۆی ...*

languor لاوازی، کزی. ساردوسوڕی، لەسەرەخۆیی. بێ (جوولە، جموجۆڵ) ێکی (بێزارکەر، بێتام)

lank (موو، گیا)ی باریک و درێژ، تەنک و درێژ

- hair *پرچخاو، پرچنەرم،*

پرچلووس

lantern فانۆس، چرای سەربان

- jaws *(قەپۆز، قەمپۆز، لمووز. چەنەگە، چەناگە) درێژ و باریک*

Laodicean ڕاڕایە، نیوە پەرۆشە، نابەدڵە، ؛ لە رامیاری، ئایینداری دا

lap (1) (سەر) کۆش؛ سەر ران

- dog *سەگێکی بچووکی ماڵی*

lap (2) یەک (سوور، پێچ)ی (خانە یەکی) گۆڕەپانی غاردانێ. (بەش، قۆناغ)ێک لە گەشتێک دا. دەسووڕێتەوە. لوول دەدا

lap (3) وەکو سەگ (ئاو، شلە) دەخواتەوە؛ بە زمان. بە نەوس و چلێسی یەوە (شلە، ئاو) هەڵدەقورێنێ. (فر. قوم. شلّپە) ی (ئاو، شلە)

lapel یەخەی پێشەوەی بەخۆدا نوشتاوەی (پالتۆ، ساقۆ)

lapidary بەردین، پەیوەندیدارە بە بەردەوە. لە بەرد هەڵکۆڵراوە. کورت و جوان (داڕژراو، هۆنراو)

lappet ریشە(ن؛ هی جەمەدانی)، کلک، رۆخ، لیوار. قەد، دەق. پارچە گۆشتێکی شۆڕبۆوە

lapse (لە بیرچوون، هەڵە)یەکی (کەم، بچووک). ماوە (تێپەڕین، بەسەردا رۆیشتن). ماوەی (تێدەپەڕێ، بەسەردا دەڕوا)

laptop کۆمپیوتەری بچووک؛ کە لەسەر ران دادەنرێ

lapwing جۆرە باڵندەیەکە لە زیقزیقە دەچێ

larboard لای چەپی (پاپۆڕ، کەشتی)؛ لای بارکردن و داگرتن

larceny دزی، رووتکردنەوە

larch جۆرە دارێکە

lard (بەز، چەوری، رۆن)ی بەراز. چەور دەکا

larder (ژوور، دۆلاب)ی خواردەمەنی (عەمبار کردن، هەڵگرتن، پاراستن)

large گەورە، زل، مەزن. فراوان. قەبە. بە کەلەش (ە)

at - *بەرەڵایە. لەزیندان هەڵاتووە، بەرەڵابووە. یەکپارچە. بە دوورو درێژی، بە تێرو تەسەلی*

largely بەزۆری. بەگشتی

largeness گەورەیی، زلی، مەزنی. فراوانی. بەخشندەیی

largesse خەلات، پاداشت، بەخشین. بەخشراو

lariat (گوریس، پەت)ی (ملی) ولاغ پێ (گیرکردن، گرتن، بەستنەوە). قەڕاسە

lark کلاوکوڕە، سۆفەقیتە. یاری دەکا، ڕادەبوێرێ

larva قۆزاغەی{-خ} کرم؛ قۆناغێکی مەگەز دروست بوونە

laryngeal هی قوڕگە

laryngitis قوڕگ (ئاوسان، ئەستوور بوون)

larynx قوڕگ؛ لە (بۆڕی، لوولە) ی سی

lascivious غوردە؛ بە (هەوەس، ئارەزوو)ی زۆر لە جووت بوون لەگەڵ (مێ، نێر). غوردی دەکا؛ رای دەکێشێ بۆ خۆی

laser تیشکێکی چرە بە

ئاراستەیەکی دیاری کراو. دەزگای بەرهەم هێنەری ئەم تیشکە

lash قامچی. جوولەی کتوپڕ. لێی دەدا (بە قامچی). فەلاقەی دەکا. دەورووژێنێ

eye - *برژانگ*

lass (o lad) کیژ(ۆڵە{ر})

lassitude ساردوسڕی، لەسەرەخۆیی، خۆماندوونەکردن، تەمبەڵی. ماندوویی، شەکەتی. ئارەزووی حسانەوە

lasso (گوریس، پەت)ی بە قوڵفە بۆ ولاغ پێ (گیرکردن، گرتن، بەستنەوە)

last (1) دوا؛ ن؛ دوا (دانە، هەل). پێشوو. دوایین، دواترین

- (week, year, etc) *(هەفتە، ساڵ، هتد)ی پێشوو*

- ditch *دوا هەوڵدان، چارەنەمان، کۆتایی*

- name *ناوی‌خێزان. نازناو*

- rites *(پاڕانەوە، دۆعا خوێندن) بۆ کەسێ لە گیاندان دابێ؛ ترسی مردنی لێ بکرێ*

- straw *سەرباری (نەخوازراو، نەویستراو)ی بارێکی لە خۆرا (قورس، گران)*

- trump *زەنگی رۆژی (هەستانەوە، قیامەت)؛ لە هەندێک باوەڕان*

- word *دوا وشە، بڕیاری کۆتایی*

at - *لە کۆتایی دا*

long - *پاش ماوەیەکی زۆر*

last (2) دەخایەنێ، بەردەوامدەبێ. دەمێنێتەوە، خۆڕادەگرێ

- out *لە هەمووان (چاتر، پشوو(پشی} درێژتر)، براوە*

last (3) (خشت، قالب)ی پێڵاو(ان)

lasting بەردەوام، هەمیشە یی. خۆڕاگر

lastly لەدوایین، لەدواترین. لەدواییدا، لەکۆتاییدا

latch قوفڵی پشت دەرکە، قوفڵی بە ئیسپرینگ. سورگی{ل}. قوفڵ دەدا

- on to *خۆی پێوە (دەلکێنێ، گرێ دەدا، هەڵدەپەسێرێ)*

latchkey کلیلی دەرگای دەرەوە

late درەنگ. دواکەوتوو. خوا لێخۆشبوو، مردوو

my - father *باوکی خوا لێ خۆشبووم*

of - *بەم دوایيانە، لە ماوەی دوایی*

to be - *دوادەکەوێ، بە پاش دەکەوێ*

too - *کاتی بەسەرچوو، تازە درەنگە. زۆر درەنگە*

latecomer درەنگهاتوو

lately بەمدوایيانە، لەمدوایيانە. بەدرەنگەوە

latency کپی، خۆمات (کردن، دان)، ماتی. نادیاری

lateness درەنگبوون. دواکەوتن

latent کپ، خۆمات (کردوو، داو) . مات دراو، شاراوە، نادیار، هی ژێرەوە. کپکراو.

حەشاردراو

later دواتر. درەنگتر. دوایی

lateral لاوەکی، لابەلا؛ (هی، بەرەو، لە) (لا وە، لاکان ەوە)

- thinking *بیرکردنەوەی (لابەلا، نائاسایی)*

latest دواترین. درەنگترین

lath تەختە داری تەنک و پان

lathe تۆرنە؛ ئامرازێکی کارەبایە بۆ (خشتکردن، تویژ لێکردنەوەی، سازاندن)ی (ئاسن، دار)

lather کەف، سابوناو. کەفکردن. کەف دەکا

Latin لاتینی؛ زمانی رۆمای کۆن؛ و ئیمپراتۆریەت ەکەی. (بە. هی. ولات. خەلک، زمان)ی لاتینی. هی ئاینی رۆمانیی کاثۆلیکی

- America *هەموو ولاتانی ئەمریکا؛ جگە لە کەنەدا و ولاتە یەکگرتووەکانی ئەمەریکا*

Latinate (adj) لاتینداره؛ لاتینە؛ تایبەتمەندی یەکانی لاتینی (هەیە، تێدایە)

Latinise بە لاتینی دەکا، دەگۆرێ بۆ شێوەی لاتینی

latish (نیمچە، مەیلەو) درەنگ (ە)

latitude هێلی پان (جوگرافیا). پانایی. جیاوازیی بیروراو بۆچوونی سەلماو

latitudinarian ئاینداریکی کراوە؛ هاوچەرخ

latrine ئاودەستخانەی گشتی؛ بە تایبەتی لە ئۆردووگا یا خیوەتگا یەک

latter ئەوەی (دوایی، دواتر، تر). ئەوەی دواترین

lattice هێرەگ(لَ)ی (پەنجەرە، پەرژین، هتد)

laud سوپاسگوزاری، پێدا هەلگوتن، ستایش کردن. سوپاس دەکا، پێی دا هەلّ دەلێ، ستایشی دەکا

laudable ستایشکراوە، خاسە، باشە. سوودبەخشە

laudanum (شلەیەکە لە ئۆپیۆم ئامادە دەکرێ، دەردەهێنرێ)

laudatory (سوپاسگوزار، ستایشکەر) (ان)

laugh پێدەکەنێ، دەخەنێ. خەندە، پێکەنین

having a - *گالتەی پێ دەکا. گالتە دەکا. بەراستی نییە*

laughable سەیرە، خەندە هێنە

laughing پێکەنین، خەنین

- gas *گازی پێکەنین، گازێکی بێهۆشکەرە*

- stock *(کەس، شت) ێک کە شایانی گالتە پێکردن بێ، گالتە هەلگر*

no - matter *گرنگە، (هی) گالتە نییە*

laughter خەندە، پێکەنین. قاقا؛ دەنگی پێکەنین

launch دەهاوێ. دەست پێ دەکا

- an attack *هێرش بەرپا دەکا*

- pad *(بنەگە، دەزگا)ی (ساروخ، رۆکێت) هاوێشتن*

launcher (ساروخ، رۆکێت)

هاویـژ

launder دەشواو ئـوتـو{ئـوتـی} دەکا. هات و بـات بـە پـارە دەکا؛ بـۆ (شاردنـەوە، حەشاردان)ی سەرچاوەکـەی

launderette دوکانـی مـەکـینـە(کان)ی جلـشـتـن و وشک کـردنـەوە

laundress ئافـرەتـێـک کـە پـیـشەی جل شتـن و ئـوتـی کـردن بـێ

laundrette دوکانـی مـەکـینـە(کان) ی جلـشـتـن و وشک کـردنـەوە

laundry جلـشۆری، شوێـنـی جلشتـن. جلـی شووراو (یا ئـامـادەکـراو بـۆ شوشتـن)

laureate رازاوە بـە گـوڵ و گـەڵا. شکـۆدار (کـراو)

poet *شاعیـری دەربـار (ی شا(هنـشا)، سەرۆک، هتـد)*

laurel دەسکـە گـوڵ و گـەڵای رازانـدنـەوە

lava روبـاری گـڕدار و کـوڵاوی بـورکـان

lavatory ئـاودەسـتـخـانـە

lave دەشوا. خـۆ دەشوا. دەشواتـەوە، دەبـا، رادەماڵـێ

lavender رووەکـێـکـی هەمـیـشە سەوزە؛ بـە گـولـی مـۆر ەوە. رەنـگـێـکـیـی مـۆری زۆر کـاڵ

- water *جۆرە گـوڵاوێـکـی سووکـە*

laver رووەکـێـکـی دەریـا یـە؛ دەخـورێ

lavish فـرە هێـنـە، بـە بـەرهەمـە، زۆر (دەر) دەدا. دەست بـڵاو، خێـرخـواز. فـرە (پـارە دەبـەخشێـتـەوە، هەوڵ دەدا، ستـایـش دەکـا، هتـد)

lavishly بـە فـرە یـی، بـە زۆری.

بـە دەست بـڵاوی، بـە خێـرخـوازی

law یـاسا. دام و دەزگـای یـاسا دانـەر و یـاسا سەپـێـنـەر (ن؛ پـۆلـیـس). خوێـنـدنـی بـابـەتـی یـاسا

- abiding *ملـکـەچی یـاسا یـە، یـاسا پـارێـزە*

- breaker *یـاسا شکـێـنـە، یـاخـی یـە؛ لـە یـاسا دەردەچێ*

- Lord *ئـەنـدامـی شورای پـیـیـران (لـە بـەریـتـانـیـا)؛ کـە بـەرپـرسیـار بـێ لـە راپـەڕانـدنـی کـاروبـاری یـاسایـی*

lawbreaker یـاسا شکـێـنـە، یـاخـی یـە؛ لـە یـاسا دەردەچێ

law-court دادگـا

lawful یـاسایـیـە

lawless بـێ یـاسا یـە. یـاسا نـەپـارێـزە

lawlessness بـێ یـاسا یـی. یـاسا نـەپـاراسـتـن. گـەڕەلاوژە

lawmaker یـاسادانـەر

lawn فـریـز، گـیـای ورد و کـورت بـڕاوی بـاغـچەی (مـاڵان، گـشتـی (یـەکـان))

lawnmower ئـامـێـری (فـریـز بـڕیـن، گـیـا (قـوت، کـورت) کـردن)

lawsuit (داوا، کـێـشە) خستـنـە بـەردەم دادگـا. هێـنـانـە دادگـای (کـێـشە، نـاکـۆکـی)

lawyer پـارێـزەر

lax شل، شبـڕبـو. خـاو، نـەرم. گـوێـنـەدەر

laxation رەوانـی؛ (زگ، گـەدە) چوون

laxative دەرمـانـی زگ (رەوانـکـەر، چوێـن). رەوانـە؛ (زگ، گـەدە) دەچوێـنـێ

laxity خـاوی، نـەرمـی

lay (1) دادەنێتە سەر.(مافوور، سفرە، هتد) رادەخا. (بناغە) دادەنێ. (هێلکە) دەکا. درێژی دەکا. ڕێز دەکا. پیلان دادەڕێژێ. شتێک ئامادە دەکا

دەستی دەکەوێ، دەدۆزێتەوە، دەبینێتەوە، پەیدا دەکا(ت)

- *aside* *بەلاوە دەنێ، هەڵدەگرێ*
- *bare* *ئاشکرای دەکا، پەردەی لە روو هەڵدەماڵێ*
- *before* *دەخاتە بەردەم، پێشنیار دەکا*
- *by* *پارە بەلاوە دەنێ*
- *claim to* *بە هی خۆی رادەگەیەنێ، دەڵێ هی خۆیەتی*
- *down* *دادەنێ (تە سەر). فڕێ دەدا، واز دەهێنێ. دادەمەزرێنێ*
- *down one's arms* *چەک دادەنێ*
- *eggs* *هێلکەدەکات*
- *hands on* *دەگرێ، زیندانی دەکا. دەستی بەسەردا دەگرێ. هێرشی دەکاتە سەر*
- *hold of* *دەگرێ، دەستگیری دەکا. وەدەستدەخا. دەستی بەسەردا دەگرێ*
- *in* *(پارە، شت(کۆدەکاتەوە*
- *into* *سزای دەدا*
- *low* *دادەگرێ، دەڕوخێنێ، وەردەگێرێ، بەردەداتەوە*
- *off* *کرێکاری زیادە دەردەکا لە کار؛ بە شێوەیەکی کاتی دەدا. پێی دەگەیەنێ.*
- *on* *دەسەپێنێ. (سوبغی) دەکا، سواقی دەدا، پێی دا دەماڵێ*
- *open* *دەکاتەوە، لێک دەکاتەوە*
- *out* *ڕێک دەخا، دەڕازێنێتەوە. رازانەوەی شوێنێک، دەرخستنی شوێنێک*
- *the table* *(سفرە، مێز) ئامادە دەکا*
- *to rest* *دەنێژێ، لەگۆڕ دەنێ*
- *up* *پارە پاشەکەوت دەکا، شت هەڵدەگرێ*
- *waste* *لەناو دەبا، تێکدەدا*

lay (2) ئاسایی، سادە (خەڵک)؛ نەوەک لە تاقمی کەنیسە، هتد

lay (3) (p of lie) پاڵیداوە، راکشا، درێژبوو

layabout کەسێکی (تەمبەڵ، تەوەزەل)

lay-by شوێنی راوەستانی ئۆتومبیلان (بۆ پشوو، هتد) لە تەنیشت ڕێ یان

layer قات، چین، ڕیز، قەپێلک. وەستای (خشت، دیوار)؛ خشت دانەر. (مریشکی) هێلکەکەر. چینچین دەکا، ڕیز دەکا

brick - *وەستای دیواری (خشت (ی سوور)، کەرپووچ)، خشت دانەر*

layman خەڵکی سادە. کرێکاری (نەشارەزا، ناپیشەگەر، سادە)

layout (شێوە، نەخشە)ی (ڕێکخران، رازانەوە، دەرخستن) ی (خانوو، شوێن، هتد) ێک

laze تەمبەڵی دەكا، كار ناكا. كات (بەڕێ دەكا، بەفیڕۆ دەدا)

lazily بە تەمبەری{ڵ}، بە تەوەزەلی

laziness تەمبەلی{ر}، تەوەزەلی

lazy تەمبەڵ{ر}، تەوەزەل

lazybones كەسێكی تەمبەڵ

lb كورتكراوە یە بە واتای؛

= *Libra* *لیبرە، پاوەند؛ كێشی ئینگلیزی یە؛ كە یەكەی دەكاتە ٥و٤٥٤گم*

LCD كورتكراوە یە بەم دوو واتای خوارەوە؛

نوێترین تەكنۆلۆجیای بەكارهاتوو لە جامی نیشاندانی كۆمپیوتەر دا

بچووكترین بەسەر دابەشكراوی هاوبەش

LCM كورتكراوە یە بە واتای؛

بچووكترین (جاران، چەندجار) ی هاوبەش

lea مێرگ، كێڵگە

leach (شلەیەك) دەپاڵێوێ، دەپارزنێ؛ بە تێپەڕ كردنی بەناو شتێك دا. جیا دەكاتەوە بە پارزنین

lead (1) پێشكەوتن، لەپێشبوون. پێشیدەكەوێ، لەپێشیتی. (دەیبات، دەیگەیەنێت) بە شوێنێك

- *in* پێشەكی. پێشكەش كردن
- *off* دەست پێ دەكا

lead (2) قورقوشم. بە تەنەكەی قورقوشم دەیپۆشێ. مۆری قورقوشمی لێ دەدا

- *free* *بەنزینی بێ قورقوشم*
- *pencil* *(خامە، قەڵەم)ی قورقوشم*
- *poisoning* *ژەهراوی بوون بە قورقوشم؛ چوونە ناو لەش*

leaden قورقوشمی، (لە، وەكو) قورقوشم. قورس یا هێواش. رەنگی قورقوشمی

leader پێشەوا، پێشڕەو، پێشەنگ

leadership سەركردایەتی. پێشەوایی، پێشڕەوی، پێشەنگی

leading سەرۆك، پێشڕەو. هەرە گرنگ، سەرەكی

- *article* *وتاری سەرەكی ی رۆژنامە*

leaf گەڵا، پەلك. گەڵا دەكا

- *mould* *زبڵی{ر} پێكهاتوو لە گەڵای (دا)رزیو*

leafiness گەڵازۆری، بەگەڵایی

leafless بێپەلكە، رووتە

leaflet پەلكۆكە. پەرتووكێكی (بـــ)چكۆڵە. بڵاوكراوە، راگەیاندن

leafy فرەگەڵا یە، بەگەڵا یە

league یانە، كۆمەڵە (ی خەڵكان، وەرزشكاران، وڵاتان، هتد)؛ ی یەكگرتوو بۆ مەبەستێكی دیاری كراو

- *table* *خشتەی تۆماری ((نا) چالاكی، ئەنجامەكانی كێبەركێ) ی تیپە جیجیاكان*

leak (n) لـێچوون، لـێـڕژان. ئـەلـیـکـتـرۆن دەربـازبـوون یـکـی (نـەخوازراو، نـەویـسـتراو). (ئاشکرابـوون، دزران)ی (ئاگایـی، زانـیـاری) بـۆ دەرەوە

leak (v) لـێـی دەچێ، لـێـی دەڕژێ. دەڕژێ. (ئاگایی، زانـیـاری) (دەچێـتـە. دەبـاتـە) دەرەوە

leakage لـێچوون، لـێـڕژان. ئـەلـیـکـتـرۆن دەربـازبـوون یـکـی (نـەخوازراو، نـەویـسـتراو). (ئاشکرابـوون، دزران)ی (ئاگایـی، زانـیـاری) بـۆ دەرەوە

leaky کونـە؛ لـێـی (دەڕژێ، دەچێ)

lean (1) پاڵ دەدا بـە شتێـکـەوە، پـاڵـی پـێ دەدا، خۆی لار دەکاتـەوە. پـشـتـی پـێ دەبـەسـتێ، بـاوەڕی پـێ دەکا. لایـەنـی دەگرێ. لاری، خواری

lean (2) (کـەس، ئاژەڵ) یـکـی لاواز، بـاریـک. گۆشـتـی نـەرمـە؛ بـێ چەوری. نـەرمـە

- years *ساڵانـی (نـەهاتـی، قـات و قـڕی، نـەبـوونـی، بـێـخـواردنـی، گرانـی)*

leaning لایـەنـگـری، مـەیـلـداری؛ ی (کـەس، لا) یـەک

leanness لاوازی، بـاریـکـی. نـەرمـی

leap بـاز، هەڵـبـەزیـن. بـازدەدا، هەڵـدەبـەزێ

- year *ساڵـی پـڕ، ساڵـەبـاز؛* ٣٦٦ *ڕۆژە (ئـەوانـی کـە ٣٦٥ ن)*

learn فـێـردەبـێ، شارەزایـی پـەیـدا دەکا. (ئاگادار دەکرێـتـەوە، پـێـی دەگـوتـرێ) لـە بـارەی ڕووداوێـک. لـەبـەر دەکا؛ لـە مێشکی دەپـارێـزێ

learned فـێـربـوو، زانـیـار؛ کـە بـە خوێـنـدن وەدەسـتـی هێـنـابـێ

learner فـێـرخواز، زانـیـاریـخـواز

- driver *شوفـێـری فـێـرخواز*

learning فـێـربـوون، زانـیـاری وەرگرتـن؛ کـە بـە خوێـنـدن وەدەست هاتـبـێ

leasable لـە بـەکرێ گرتـن دێ، بـۆ کرێ یـە؛ بـەکرێ دەگـیـرێ

lease (کرێ، سەرقـوفـڵانـە)ی بـە مـەرجی چەنـد ساڵـێـک. بـە کرێ دەگرێ بـۆ چەنـد ساڵـێـکـی دیاری کراو

leasehold بـە سەرقـوفـڵانـەی چەنـد ساڵـێـک بـە کرێ گـیـراوە، بـەمـەرجی چەنـد ساڵـێـک دراوە

leash ڕێشمـە، قـەڕاسە، پـەتـک؛ ی ولاغ، سەگ، هتد (بـەسـتـنـەوە، ئاراستـە کردن). پـەتـک دەکا، دەبـەستێـتـەوە

least کـەمـتـریـن، بـچـووکـتـریـن. بـە کـەمـتـریـن رادە

بـچـووکـتـریـن بـەسەر دابـەشکراوی هاوبـەش

- common multiple *بـچـووکـتـریـن (جاران، چەنـدجار)ی هاوبـەش*

at - *لایکـەمـی، لایـەنـی کـەم(ی). هیـچ نـەبـێ*

not in the - *بـە هیـچ جۆرێـک نـا. قـەت نـابـێ*

to say the - *بـە لانـی کـەمـەوە*

leather پـێـست، پـیـست، چەرم. چەرمـیـن، پـیـسـتـە. لـەپـێـسـتـە دروست کراوە

leathery چەرمـیـن، وەک پـیـسـتـە یـە، (چەرم، پـێـست ئاسا یـە)

leave (1) دەڕوا، دوور

دەکەوێتەوە، بەجێ دێڵێ. لێی دەگەڕێ

- alone *لێی (دە)گەڕێ، دەستی لێ مەدە*

- off *واز دەهێنێ. تەواو دەبێ*

- out *بەجێی بهێڵە، مەیخە ناو، وەدەری نێ*

leave (2) مۆڵەت، پشوو؛ ئیجازە وەرگرتن لە کار، هتد. پشووپێدان. لێگەڕان، هێڵان

- taking *(مۆڵەت، پشوو)ی خۆ وەرگرتن؛ هی (مانگانە، ساڵانە، هتد)*

on - *پشووی وەرگرتووە، لە پشوودایە؛ ئیجازەیە*

take - *مۆڵەت وەردەگرێ. یارمەتی دەخوازێ (بۆ ڕۆیشتن)، دەڕوا*

leaved (adj) گەڵادار(ە)، بە پەلک(ە)

leaven هەویرترش. دەترشێنێ، هەویر پێدەگەیەنێ

leaves (pl leaf) کۆی (گەڵا، پەلکە) یە

leavings پاشماوە، شوێنەوار

Lebanese (هی، خەڵک)ی لوبنانە

lech (پیاو، هتد)ێک غورد؛ ئارەزوومەندی زۆری جووت بوون لە گەڵ (مێ، نێر) دەکا

lecher (پیاوێکی) مێباز

lecherous غورد. زۆر حەزکردوو بە جووت بوون لە گەڵ (مێ، نێر)

lechery مێبازی، غوردی. حەزلێبوونی زۆر لە جووت بوون لە گەڵ (مێ، نێر) دا

lectern مێزی (بەرز، بڵند)ی بەردەم (وتەبێژ، مامۆستا، هتد)؛ بۆ (وتار، پەڕتووک) لەسەر دانان

lecture ئامۆژگاری. وانە. ئامۆژگاری دەکا. وانە (دەڵێتەوە، دەدا)

lecturer ئامۆژگاریکەر، مامۆستای زانکۆ

led (2) کورتکراوەیە بە واتای؛ *دایۆد (ترانزستەری دوو پێ)ی (درەوشاوە، گڵۆپ ئاسا)*

led (of lead) پێشکەوت، لەپێشبوو. پێشیکەوت، لەپێشیبوو. (بردییە، گەیاندی بە) شوێنێک

ledge تەختە. ڕۆخ، لێوار

ledger پەڕتووکی تۆمار ڕاگرتن؛ ی (کۆمپانیا، دوکان(دار)) ێک

leech کرمێکی خوێنمژە. کەسێکی مشەخۆر

leek (سەوزەی) قوڕادە. کەوەر

leer (بە دزی، لە ژێرەوە) تەماشا دەکا. لە (ئافرەت، پیاو) دەڕوانێ؛ بە چاوی کڕیار. خێسە دەکا. خێسە کردن، چاو (تێ) برین

lees خڵت، لیڵی ی نیشتوو. تفر، قەتماغە

leeward (لەگەڵ، بە ئاراستەی) با

left (1) چەپ، ئاڕاستەی چەپ

- hand *دەستی چەپ. دەستەچەپ*

چەپ

- handed *چەپەوانە(یە)*

left (of leave) ڕۆیشت، بەجێهێشت. لێگەڕا. (ماوە، مایە) (تەوە)

leg لاق، قاچ

legacy میرات، پاشماوە

legal یاسایییە. تایبەتە بە یاسا (وە)

- expenses *دەهاتە یاساییەکان*

legality یاسایی بوون. دروستی

legalize یاسایی دەکا

legally بە یاسایی، یاساییانە

legate (نێردراو، پەیامبەر، نوێنەر، باڵیۆز) ی پاپا (؛ی ڤاتیکان (ڕۆما))

legatee میراتگر

legation نوێنەرایەتی؛ (نوێنەر، باڵیۆز) و دارو دەستەکەی

legend مەتەڵ، چیرۆک (ی ئەفسانەیی). (ڕووداو، کەس) ێکی (گرنگ، بەناوبانگ، ناودار). ڕوون کردنەوەی واتاکان لە سەر نەخشەیەک

legendary مەتەڵە، لە چیرۆک (ی ئەفسانەیی) دا هاتووە. گرنگ، بەناوبانگ، ناودار

legerdemain یاریی دەست سووکی. دەسگرەوە، جادووگەر

leggings (دەرپێ، شەرواڵ)ی درێژی ژێرەوەی بە (لاق، قاچ) ەوە نووساو

legible ڕوون(ە)؛

دەخوێندرێتەوە

legion کۆمەڵێکی گەورە و ڕێکخراو

legionary (هی، تایبەتە بە) کۆمەڵێکی گەورە و ڕێکخراو

legislate یاسا دادەنێ

legislative یاسادانەر، یاسا دارێژ. دەسەڵاتی یاسا (دانان، دارشتن)

- power *دەسەڵاتی یاسادانەر. یاسا دانەران*

legislator (کەس(ان)ی) (یاسادانەر، یاسا دارێژەر)

legislature (دەزگا، دەسەڵات)ی یاسا (دانان، دارشتن) لە وڵاتێک

legitimacy ڕەوایی. دروستی

legitimate ڕەوا. دروست. (منداڵی) لە ژنی بە مێرد زاو

leisure کاتی دەرەوەی کار، کاتی حەسانەوە. ڕابواردن. خۆشحاڵکردن

at - *دەست بەتاڵە. لە سەرەخۆ، بە کاوەخۆ*

at (his, her, etc) - *کە (کات، هەل، دەرفەت)ی بوو*

leisurely لەسەرەخۆ، بە بێ پەلە (کردن)

lemon لیمۆ

- salt *لەیمۆندووزێ*

lemonade ترشاو، ئاوی لیمۆ

lend دەدا، دەداتێ (بەیارمەتی) . قەرز دەدا

- a deaf ear *گوێی ناداتێ، خۆی کەڕدەکا*

- a hand *یارمەتی دەدا،*

دەستـی یارمـەتـی بـۆ درێـژ دەکا

lender یارمـەتـیدەر. قـەرزدەر

length درێـژی (ی ماوە، شت، کات، هتـد)

lengthen درێـژدەکا (تـەوە). درێـژ دەبـێ (تـەوە)

lengthening درێـژکـردن (ەوە). درێـژ بـوون (ەوە)

lengthways بـەدرێـژی، بـە درێـژایـی، (بـەلای، بـە ئـاراستـەی) درێـژی

lengthwise بـەدرێـژی ی. بـە درێـژایـی ی؛ (بـە، لـەگـەڵ) ئـاراستـەی درێـژی ی

lengthy درێـژە، دوور و درێـژ(ە) . بـە دوور و درێـژی

leniency سۆزداری، نـەرمـی، لـێخۆشبـوون؛ بـەخشنـدەیـی

lenient سۆزدار، نـەرم، لـێبـوردوو؛ بـەخشنـدە

lenitive هێـدیـکـەرەوە، نـەرمکـەرەوە

lens هەرکام لـە (چاوە، جام) ەکانـی (وردبـیـن، دووربـیـن، کامیـرا، هتـد)

lent (1) (p&pp lend) خوازراو. خواست(ی). دای(یّ)؛ بـەمـەرجی گـەڕانـدنـەوە. ماوەیـەکـی رۆژوو گـرتـن، بـەڕۆژی بـوون

Lent (2) ماوەیـەکـی رۆژیـگـرتـن و خواپـەرستـی یـە؛ لـە ئـاییـنـی (عیسایی، فـەلان) دا

Lenten بـەڕۆژوو، بـەڕۆژی، رۆژیـدار، پـەرستـکار

lentil (دەنـک، بـنـج؛رووەک)ی نـیـسک

leonine شێـرئـاسا، وەکـو شێـر. شێـرانـە (یـە)

leopard جۆرە پـڵـنـگ یـکـە

leper پـێـست بـەڵـەک(ر}؛ کـەسێـکـی پـێـست نـەخۆش بـە (بـەرەکـی، پـەڵـەداری)

leprosy نـەخۆشی ی (بـەرەکـی، پـەڵـەداری)ی پـێـست

leprous بـەرەک، پـەڵـەدار

less (1) کـەمـتـر. لـێـی دەرکـە

more or - *نـزیـکـەی، تـا رادەیـەک، زۆر (و، یا) کـەم*

no - *بـەبـێ کـەمـی، کـەمـتـر نـەء. هیـچ کـەمـتـر نـا*

less (2) (پاشگر، پاشکۆ)یـە ئـاوەڵـنـاو لـە نـاو پـێـک دەهێـنـێ بـە واتـای (...نـەبـوو؛ بـێ، بـەبـێ)

lessee خاوەن سەرقـوفـڵانـە؛ ئـەو کـەسەی (دوکان، شوێـن) یـکـی بـە (گرەو، مـەرج)ی ماوەیـەکـی دیاری کـراوی (کـرێبـێ، بـەکرێ گـرتـبـێ)

lessen کـەمـی دەکا. کـەمـدەبـێ، ((لـە) خۆی (یـەوە)) کـەم دەکا

lesser کـەمـتـر. بـچووکـتـر

lesson وانـە

lest نـەبـادا، مـەبـادا، نـەوەک(ە، ا، و(و))، نـەخوازەڵـە

let لـێدەگـەڕێ، دەهێـڵـێ. بـەکـرێ دەدا. بـەکـرێ درا. لـێبـگـەڕێ، بـهێـڵـە. بگـرە؛ لـە گریـمان

- alone *چجای، ئـەوە بـێجگـە لـەوەی. لـێـی دەگـەڕێ*

- down *نـائـومـێدی دەکا، بـەلـێـنـی دەشکـێـنـێ*

- go *بـەری دەدا، بـەرەڵای دەکا،*

بهێڵە. بگرە؛ لە گریمان ئازادی دەکا

- in *دەهێنێتە ناوەوە. لێی دەگەڕێ بێتە ژوور ەوە. مۆڵەتی هاتنە ژوورێی دەدا*

- out *هەل (ێکی پێشبینی نەکراو)ی دەربازبوون*

- up *(خاو، سارد) بوونەوە. کەم بوون ەوەی ماندوو(یی، بوون)*

lethargic داهێزراو؛ بێ (هێز، وزە)، بێ توانا. گێژە، هێرە

lethargy داهێزراوی؛ بێ (هێز، وزە)یی، بێ توانایی. گێژی، هێری

letter پیت. نامە

- box *(سندووق، کون، درز)ی نامە (ناردن، تێ هاوێشتن)؛ ی (سەر جادان، ناومالان، هتد)*

to the - *زۆر بە وردی، زۆر بە وریایی، تا دوا پیتی، وشە بە وشەی*

lettered خوێندەوار(ە)، رۆشنبیر(ە)

letterpress (ئامێری) پەستێنەری نامیلکان. (وشەی) چاپکراو. شێوەیەکی چاپەمەنیی کۆنە

letters زانیاری و زانست و هونەرەکان. بە پیت جیایان دەکاتەوە، خانەخانەیان دەکات؛ بە پێی پیت

letting بەکرێدان. لێگەڕان، هێشتن

lettuce کاهو، خاس

Levant رۆژهەلات. ولاتانی رۆژهەلاتی (کەنارەکانی ئیتالیا. رۆژهەلاتی ناوەڕاست

Levantine (هی، خەڵک)ی رۆژهەلات، رۆژهەلاتی. بازرگان؛ لە گەڵ رۆژهەلات

level ئاست. تەرازوو. دارمار(ڵ)، خشت، تەخت، رێک. هێڵێکی (ئاسۆ، تەرازوو)یی. (راست، تەرازوو، تەخت)ی دەکا(ت(ن))

leveller تەرازوو (پ؛ شاقوول)

lever کەلوکە. دارتەرازوو. (تەختەدار، ئاسن) ێک لە سەر (چەق، خاڵ) ێکی (رەق، نەبزووت) (دانرابێ، گیرکرابێ). باری یە (ی بەرد (هەڵقەندن، لەقکردن))

leveret کەروێشکی ساوا؛ لەساڵی یەکەمی تەمەنیدا بێ

leviable باجی (لەسەرە، دەکەوێتە سەر)، لە باج بەسەردا سەپاندن دێ

leviathan (ئەژدیها، نەهەنگ) ێکی ئاویی ئەفسانەییە، شتێکی زۆر گەورەو و بەهێز

levity شت بەهەند هەڵنەگرتن، گێلی، گوێ نەدان. سووکی

levy باج دەسەپێنێ، پارە وەر دەگرێ. لەشکر دادەمەزرێنێ، سەرباز دەگرێ. باج کۆ کردنەوە. سەرباز گرتن

lewd غوردە؛ بە ئارەزووی زۆر لە جووت بوون لەگەڵ (مێ، نێر) . ناشرین، گەندەڵ

lewdness غوردی، چاولەدەری (ی پیاو، ئافرەت). ناشرین، گەندەڵ

lexical زمانەوانی، فەرهەنگی

lexicographer فەرهەنگ(دا)

ڕێژ؛ دانەری فەرهەنگ

lexicon فەرهەنگ، قامووس

liabilities قەرز و قۆڵە؛ بە تایبەتی هی بازرگانی. بەرپرسیاری

liability بەرپرسیاریی. قەرز

کۆمپانیای بەرپرسیاریی سنووردار

liable بەرپرسیار(ە). یاساییە؛ بە پێی یاسا یە؛ دەخوا؛ دەیگرێتەوە

- for *ولام دەدرێتەوە، بەرپرسیارە بەرامبەر، لێپرسراوە*

- to *نزیکە (ببێ، رووبدا)، لەوانەیە، خەریکە، پێدەچێ، دەشێ*

liar درۆزن

liase هاوئاهەنگی دەکا

libation (شت؛ بەتایبەتی خواردنەوە) بەخشینەوە لە پێناوی خوا (یەک)

libel ناوزڕێنەر؛ وتارێکی بڵاوکراوەی (نادروست، هەڵە) بە رامبەر کەسێک کە ببێتە هۆی (ناوزڕاندن، بەدناوکردن) ی. بەدناوی دەکا، ناوی دەزڕێنێ

libellee ناوزڕێنراو، بەدناو کراو

libeller کەسێکی (ناوزڕێنەر، بەدناو کەر)

libellous شتێکی؛ بەتایبەتی نووسراوێکی (ناوزڕێن(ە)، بەدناوی کەر(ە))

liberal بەخشندە یە، دەستبڵاوە. سەربەستە، ئازادە، (بییر) کراوە یە؛ رەق و وشک نییە. هێڵێکی رامیاری و کۆمەڵایەتیی مام ناوەندە

liberalism ئازادیی بییر. (بیرۆکە، بییرورا)ی (سەربەست، ئازاد) (بوون، ی خواز(ی، (ان)))

liberality بەخشندەیی، دەستبڵاوی. (سەربەست، ئازاد) بوون

liberate (وڵات، خەڵک) (رزگار، سەربەست، ئازاد) دەکا

liberation سەربەست کردن. ئازاد کردن. رزگار کردن

liberator ئازادیکەر، رزگاریکەر

libertine کەسێکی خاوەن پەیوەندیی نارێک لە گەڵ (ژن، پیاو). بەرەڵا؛ (زۆر، زیاد) ئازاد لە رووی تێکەڵیی بە (ژن، پیاو)

liberty سەربەستی. ئازادی. گونجان

take the - *سەربەخۆ، لە خۆیەوە، ماف دەدا بە خۆی*

libidinous غوردە. بە ئارەزووی زۆر بە جووت بوون لە گەڵ (مێ، نێر)

libido (مەیل، ئارەزوو، هەوەس) یکی شێتانە بۆ بەرەڵایی لە گەڵ (ژن، پاو)

librarian کەسێکی فەرمانبەر لە پەرتووکخانە یەک، کارمەندی پەرتووکخانە

library پەرتووکخانە، کتێبخانە

librate بەلادادێ، ئەملاو ئەولا دەکا. دەشەکێتەوە. دەلەرێتەوە

lice (pl louse) ئەسپێ (ی پرچ،

قژ، ناو (لەش، جلوبەرگ))

- *eggs* *رشک (ی ئەسپێ)*

licence مۆڵەت. لێگەڕان، هێلان، ئیجازە

license مۆڵەتی دەدا(تێ). لێی دەگەڕێ، دەهێڵێ، ئیجازەی ((کار، پیشە)یەکی) پێ(دەدا، دەبەخشێ)

licensed مۆڵەت پێدراو. (خاوەن، بە) ئیجازە (یە)

licensee مۆڵەت پێدراو. (خاوەن، بە) ئیجازە

licentiate خاوەن پلەیەکی زانیاریی پیشەیی

licentious کەسێکی خاوەن پەیوەندیی نارێک لە گەڵ (ژن، پیاو). بەرەڵا؛ (زۆر، زیاد) ئازاد لە رووی تێکەڵیی بە (ژن، پیاو)

lichen قەوزە؛ (گیا، رووەک)ی پلە نزمە لە (سەر (دار، بەرد)، ناو (ئاو، دەریا)، هتد) دەروێ

licit شیاو، رێپێدراو، مۆڵەت دراو، یاسای یە

lick دەلێسێتەوە، زمانی پێدا دەهێنێ

- *one's lips (or chops)* *زۆر تامەزرۆ یە، لێوی خۆی دەلێسێتەوە*

licking لێستنەوە، لێسینەوە

licorice = liquorice

lid سەرپۆش، سەرقاپ، قەپاغ، سەرقەپاغ. برژانگ (ی چاو)

put the - on *چیدی باسی مەکە، دایپۆشە، بەردێکی لەسەر دانێ*

پاڵدەداتەوە، رادەکشێ،

lie (1) درێژدەبێ. دانراوە، لەوێ کەوتوە. وەلانراوە

- *down* *(حەسانەوە، پشوو، پاڵدانەوە) یەکی کورت. تاوێک دەحەسێتەوە، پشوویەکی کورت دەدا، پاڵ دەداتەوە*

- *in* *لە ناوجێ مانەوە؛ ی (سبەینە، بەیانی)ان*

- *in wait* *چاوەڕێ دەکا، لە کەمیندایە، خۆی دادەنووسێنێ*

lie (2) درۆ. درۆ دەکا

- *detector* *درۆزناس؛ دەزگایەکە گوایە درۆ (هەڵدەمالێ، دەدۆزیتەوە)*

a white - *درۆی سپی؛ درۆی بێ (زیان، زەڕ)، درۆی بەرژەوەند(ی)*

lieutenant پلەی ئەفسەری سەربازی

life ژیان، گوزەران. گیاندار. چوستی و چالاکی

- *assurance* *مسۆگەریی ژیان، ژیان (مسۆگەر، تەئمین) کردن*

- *belt* *پژدێنی (خۆپارستن، فریاکەوتن)*

- *buoy* *چووپی (فریاکەوتن، فریاگوزاری)؛ چووپی (رزگار کردن، سەراو خستن)ی نامەلەوان*

- *cycle* *(سوور، خول)ی ژیان؛ بوون، گەشە کردن، بەرهەم، مردن، هتد و بە چەند بارە بوونەوە*

- *insurance* *مسۆگەریی ژیان، ژیان (مسۆگەر، تەئمین) کردن*

- *jacket* *چاکەتی پڕهەوای پارێزەر لە خنکان*

زانیاریەکانی (

چوستی و چالاکی

- *sciences* *زینده‌وەر، رووەک) ناسی و بابەتەکانیان*

- *sentence* *سزای زیندانیی تەمەن (یّک)*

- *size* *بە قەد قەوارەی راستیی، وەکوو خۆی؛ بەقەدەر خۆی، وەک خۆی گەورە*

- *support machine* *دەزگای نەخۆش زیندوو هێشتنەوە*

for - *تاماوە، هەتا مردن، تاسەر*

not on your - *نە بە گیانی تۆ، بەهیچ جۆرێک وانییە*

lifeboat بەلەمی (فریاکەوتن، فریاگوزاری)

lifebuoy چووپی (فریاکەوتن، فریاگوزاری)؛ چووپی (رزگار کردن، سەراو خستن)ی نامەلەوان

lifeguard کەسێکی بەکرێ گیراو بۆ چاوەدێری کردنی مەلەوانان لە مەترسیی خنکان

lifeless مردوو. لەهۆش خۆ چوو، بووراوە. نەبزووت، بێجوولە، ناچالاک

lifelike وەکو زیندوو؛ دەڵێی زیندووە، گیان بەبەردا هاتوو، وەکوو راستەقینە یە، سرووشتی یە

lifeline (گوریس، پەت)ێکی بەکارهاتوو بۆ خەڵک (رزگار کردن، فریا کەوتن). (شا، تەنها) (رێ(گە)، ئامراز)ی پەیوەندی

lifelong بەدرێژایی (تەمەن، ژیان)

lifestyle (جۆر، شێوە، کەلتوور)ی ژیانی (کەس، کۆمەڵ(گا))ێک

lifetime بە درێژایی تەمەنێک، ژیانێک

lift بلّند دەکا، بەرزدەکا. هەڵدەگرێ. بڵندکردن، بەرزکردن. هەڵگرتن. هەڵگر(دەزگا)، بڵندکەر (دەزگا)

- *off* *فڕینی شاقوولی، بەرزبوونەوەی لە جێوە*

ligament ماسوولکەی پەیوەستانی دوو (ئێسک، سوقان) ان

ligature دووپیتی (پەیوەستاو، پێکەوە نووساو). بەند. پەیوەند

light سووک، سڤک. رووناکی، روونا‌هی، تیشک. رووناکدەکا. پێدەکا. ئاگریدەدا، ئاگردەکاتەوە

- *bulb* *گڵۆپ (ی کارەبایی)*

- *hearted* *دڵی باشە، هیچ لە دڵی ناگرێ*

- *industry* *پیشەسازیی سووک*

- *infantry* *سەربازی پیادەی سووکبار*

- *meter* *دەزگای تیشک پێو؛ بۆ دیاری کردنی رادەی تیشکی بە فلیم کەوتوو*

- *music* *ئاوازی سووک*

- *railway* *سکەی باریک؛ دوو هێڵەکەی تەنگترن لە هی ئاسایی*

- *year* *ساڵی تیشک؛ ئەو مەودایەی تیشکێک دەیبڕێ لە ساڵێک دا؛ کە نزیکەی ٦*

ملیۆن ملیۆن میل ه

bring to - *دەردخا، ئاشکرا دەکا*

come to - *دەردەکەوێ، ئاشکرا دەبێ، پەردەی لەڕوو هەڵ دەماڵدرێ*

in the - of *بەپێی، بەم جۆرە، لە ژێر تیشکی ئەو ...*

make - of *سووکی دەکا، کەم (بایەخ، نرخ)ی دەکا، دەیشکێنێ*

lighten سووکی دەکا. سووک دەبێ. سزای (دادەگرێ، کەم دەکاتەوە). رووناکی دەکا، تیشک دەدا. دەگەشێتەوە. (رووناکی، تیشکی) دەخاتە سەر

lightening سووک کردن. سووکبوون. رووناک کردنەوە. گەشانەوە، گەشبوونەوە

lighter چەرخ

lighthouse قولغەی چرا (ی شەوانی رۆخ دەریاکان)

lighting رووناکی (جادە و بانان، هتد)، تیشک. رووناک کردنەوە

lightish سووکەڵە، مەیلەو سووک. کەمێک رووناکە

lightly بە سووک هەڵگرتن، کەم نرخاندن، بێ گوێدان. بە سووکی

lightness سووکیی. رووناکیی

lightning بروسک، بروسکە

- rods *تێلێکی مسە لە سەر بانانەوە بۆ ژێر زەوی دەنێژرێ؛ بۆ بێ کاریگەر کردنی لێدانی برووسکان*

lights چرا، گڵۆپ. رووناکدەکا. پێدەکا، ئاگریدەدا، ئاگردەکاتەوە. سی(پەلک)ی ئاژەڵان کە بۆ خواردن بە کاردێ

lightsome دڵخۆشکەرە. رووخۆشە. شادی هێنە

lignify دەکاتە دار. دەبێتە دار

lignite جۆرە خەڵووزێکی بەرد؛ ی قاوەییە و لە شێوەی دارە

likable رووخۆشە، خۆشەویستە

like وەک(و(و))، لەشێوەی. ئارەزووی دەکا، حەزی لێ یەتی، ئارەزووی لێیە

- minded *هاو (بیر، بۆچوون، ئارەزوو، هتد)*

and the - *وە وەکو ئەو، وە ئەوها، ...و ئەو بابەتانە*

as you - *چۆنت(ان) پێخۆشە با وابێ، کووت(ان) دەوێ با وابێ*

likeable رووخۆشە، خۆشەویستە

likelihood ئەگەری بوون

in all - *بە ئەگەری زۆرەوە، زۆر لەوەدەچێ کە ببێ*

likely پێدەچێ، لەوانەیە، بە دوور (نازانرێ، ناگیرێ)؛ دوور نییە

most - *زۆر پێدەچێ، بەزۆری وایە. زۆر وایە*

not - *لەوەناچێ، پێناچێ، لەوانە نییە. هەرگیز*

liken پێی دەچوێنێ؛ تایبەتمەندییە هاوبەشەکانی دوو (شت، کەس)ان دەردەخا

likeness پێکچوون. (شێوه، روخسار) لەیەک چوون

likewise هەروەها، هەروەتر. (ئە)منیش

liking پێخۆش بوون، حەز لێ کردن، ئارەزوو

lilac گوڵە لاولاو. رەنگی وەنەوشەیی مەیلەو پەمبە و کاڵ

liliaceous (هی، لە) بابەتی گوڵە لاولاو ە

lilliputian پچووک، کورت، کەسێکی شەمووڵە؛ کورتە باڵا

limb پێچک؛ دەست، قاچ، باڵ. لقە دارێکی گەورە

limber نەرم. لەچەمانەوە هاتوو. شل

lime گەچ. لیمۆی ترش. جۆرە دارێکە

- *juice* *ئاوی لیمۆ*

unslaked - *گەچی نەگیراوە، گەچی زیندوو*

limekiln کوورەی گەچ دروست کردن

limelight تیشکێکی سپیی زۆر تییژ؛ لە (شانۆ، تیاترۆ)یان بەکار دەهات

limestone بەردی گەچ

limit رادە، سنوور

limitation کەم و کورتیی، کورتهێنان

limited سنووردار. دیاریکراو

کۆمپانیای بەرپرسیاریی سنووردار

limitless بێسنوور. دیاری نەکراو

limitrophe لەڕۆخ، هاوسێ یەتی، لەتەنیشتی یەتی

limn وێنە دەکێشێ. نەخش دەکا

limo کورتکراوەیە بۆ؛ *= limousine* *ئۆتومبێلێکی نەفەر هەڵگری درێژە بۆ شایی و ئاهەنگان بەکرێ دەگیرێ*

limousine ئۆتومبێلێکی نەفەر هەڵگری درێژە بۆ شایی و ئاهەنگان بەکرێ دەگیرێ

limp دەشەلێ. نارێک دەڕوا. شەلین. شلوشۆق؛ بێ (وزە، نیاز، هەوەس)

limpid رۆنە؛ ئەودیوی دەبینرێ. بێگەرد

limpidity رۆنی. بێگەردی

limy لیچ (ە)، لیقن(ە). لە گەچە، گەچاوی (یە)

linage ژمارەی هێڵەکانی (نووسراو، چاپکراو) ێک

linament (کوتاڵ، لۆکە)ی برین پێچانەوە

linden جۆرە دارێکە

line هێڵ، خەت. دێر. وایەر، رستە (ی جلک (ان)). بەن، پەت. شێوەکار. دەبێتە بەر؛ بۆ جلکێک، بەری لێدەدا؛ لە هێڵێک دەکێشێ، خەتێک جلکێک. دەکا

- *of business* **جۆری کار**

- *of conduct* **چۆنیەتی هەڵسوکەوت**

- *of fire* ***(ناوچە، گۆڕەپان)ی شەڕە تەقە؛ هەر شوێنێک (گوللە، تەقە) بگرێتەوە لە شەڕ دا***

- *of vision* **هێڵی (چاوبڕ**

شێوەکار. دەبێتە بەر؛ بۆ جلکێک، بەری لێدەدا؛ لە هێڵێک دەکێشێ، خەتێک جلکێک.
دەکا

کردن، بینین، دیتن)

- up *ریز(ی)؛ ی خەڵک.*
ریزدەبن، ریزدەکەن. ئامادە دەکا

air - *هێڵی ئاسمانی*

clothes - *رستەی جلکان*

out of - *بێ شیرازە.*
نەگونجاو، نارێک

lineage رەچەڵەک؛ زنجیرەی پەیوەندی (زاوزێ، رەگەز)ی بنەماڵە یەک. وجاغ. وەچە

lineal هێڵدارە، خەتخەتە. بە رەچەڵەکە، (تایبەتە بە، هی) وەچە یەک (ە)، میراتی (یە)، میراتە

lineaments روخسار، خەت و خاڵی دەموچاو

linear بە (درێژی، خەت)ە، لەسەر درێژی، هی درێژی. راستەوراست (ە). درێژو باریکە

lineate خەتخەت

lineation نەخشەکاری بە هێڵ(ان)،هێڵ کێشان، هێڵکاری، خەت (کردن، کێشان)

lined (جلێکی) بە بەری؛ بەری هەیە. ریزکراو(ن). خەتخەتکراو (ە)

linen کوتاڵی کەتان. (لە) کەتانە. کەتانی یە. جلوبەرگی کەتان(ی). جلی سپی

- basket *سەبەتەی جلی*

پیس

liner کەشتیی هێڵێکی دەریایی (دامەزراو، بەردەوام، رێک و پێک)

linesman هێڵپارێز، چاودێری هێڵ؛ لە یاریی (تۆپانێ، تۆپی پێ)

linger (خۆی) دەخافڵێنێ، (خۆی) دەگرمخێنێ، (لەسەرەخۆ، ناچالاکانە) (کاردەکا، دەخوا، دەمرێ)

- on *چییر دەبێتەوە، نامرێ؛ بە ئاسانی*

lingual زمانەوانی. (هی، تایبەتە بە) زمان(ەو)ە

linguist زمانەوان

linguistics لێکۆڵینەوە لە زمان و زمانەوانی

liniment لەش شێلان؛ (دەمار، ماسولکە، پشت) چەور کردن و شێلان

lining بەر (ی جلوبەرگ). بەر تێگرتن

link پەیوەند، بازنە، ئەلقە. پەیوەندی دەکا. پەیوەند دەبێ

- up *پێکەوە لکان، لێکدان، بە یەک گەیشتن*

linkage پەیوەندی، (خاڵ، زنجیرە)ی پەیوەندی

linnet باڵندەیەکی لە جۆری چۆلەکەیە؛ بەلام بچووکتر

lino = linoleum

linoleum لاینۆ، مشەما (ی راخستن)؛ لە بابەتی کوتاڵی خیوەتی کارخانە یە؛ ئەستوورە بۆ لەسەر زەوی راخستن بەکار دێ

linseed (دەنک، تۆ(و))ی

کەتان
- *oil* *روون(رۆن) (ی کەتان)؛ کە بۆ (سوبوغ، وارنیش، هتد) بەکار دێ*
lint کەتان یا لۆکەی برین پێچی
lintel تەختە (دار، بەرد، ئاسن، هتد)ی سەر (دەرگا، پەنجەرە)
lion شێر
- *heart* *کەسێکی (بەجەرگ، ئازا)*
-*'s share* *(بەش، کەرت)ی هەرە گەورە*
lioness شێر (ی مێ ینە)
lionize (گەورە، مەزن، بەرز)ی دەکا
lip لێو، لپ. رۆخ، لێوار
lipoma گرێی چەوریی ناو گۆشت
lipstick دەرمانی لێو (ی ژن) ان
liquefaction تواندنەو، تاواندنەوە، شل کردنەوە
liquefy دەتوێنێتەوە، دەتاوێنێتەوە، شل دەکاتەوە. دەتوێتەوە، شل دەبێتەوە
liquid شل، شلە. دۆخی شلی
- *Crystal Display* *نۆێترین تەکنۆلۆجیای بەکارهاتوو لە جامی نیشاندانی کۆمپیوتەر*
liquidate (کۆمپانیا، بازرگانی) یەک (دەتوێنێتەوە، هەڵدەوەشێنێتەوە). هەڵدەوەشێتەوە. قەرز دەداتەوە. لەناو دەبا، دەکوژێ
liquidation (تواندنەوە، هەڵوەشاندن)ی (کۆمپانیا، بازرگانی) یەک
liquidator (بەرپرسیار، فەرمانبەر، بەڕێوەبەر. بەڕێوەبەرێتی)ی هەڵوەشاندنی (کۆمپانیا، بازرگانی) یەک
liquidity شلی، تواوەیی. (دراو هەبوون، پارە داری)ی (کۆمپانیا، بازرگانی) یەک
liquidness شلی
liquor خواردنەوەی (مەستی کەر، ئەلکوحولی). شلە
liquorice رەگی سوس؛ بۆ دەرمان و هەندێ خواردنەوە بەکار دێ
lisp فسەزمانی. فسەزمانە، فسەزمانی دەکا
lisper فسەزمان
lissom نەرم، شلک؛ ئاسان خوار (دەبێ، دەکرێ). بزۆزە، چالاکە
list خشتە. تۆمار. تۆمار دەکا
- *price* *نرخی تۆمار کراو، نرخی (راگەیەنراو، زانراو)*
listen گوێ دەگرێ. گوێ بگرە
listener گوێگر. بیستەر، بیسەر(ان)ی رادیۆ
listening گوێگرتن
listless بێ ئارەزوو. بێ مەیل. بێ وزە
listlessness بێ ئارەزوویی. بێ مەیلی. بێ وزەیی
lit (p&pp light) رووناککرد. پێ بوو. ئاگری دا، پێی کرد، ئاگری کردەوە. رووناک، گەش. پێکراو

litany ستایش کردن. سوپاسگوزاری. دوعا

liter [US] = litre

literal بە واتای راستەو خۆی وشە؛ بە بێ لێکدانەوە یا هێما و رەمز. راستەقینە یە. (هی، بە) (پیت، وشە) (ە)

literalism (سووربوون، پێداگرتن) لەسەر لێکدانەوەی وشەیی (پیت بە پیت)، بەپیتەوە لکان

literally پیت بە پیت، وشە بە وشە. بە واتای راستەو خۆیانەی وشە. بە راستەقینەیی

literary (هی، پەیوەندی دارە بە) (پەرتووک، وێژە، زانین، هتد)

literate خوێندەوار؛ توانای خوێندن و نووسینی هەیە. کەسێکی خوێندەوار

literature (کار، پەرتووک)ە وێژەییە بە نرخ و باوەکانی نووسراو؛ لە زمانێک دا

lithe نەرم، شلک؛ ئاسان خوار (دەبێ، دەکرێ)

lithesome = lithe

lithodial بەردین؛ بە (پێکهاتە، شێوە)ی بەرد

lithograph (کار، تەکنۆلۆجیا) ی چاپی هاوچەرخ

lithography چاپکردن بە شێوەی تەکنۆلۆجیای تازە

Lithuania ولاتێکە لە ئەورووپای رۆژهەلات؛ لەسەر دەریای بەلتیک ەو سەر بە کۆماری سۆڤیەتی کۆن بوو

litigant هەرکام لە لایەنەکانی دادگایێک؛ دادگایی کراو، داواکار، هتد

litigate دەچێتە دادگا، دەباتە دادگا، داوای دادگایی (دەکا، بەرز دەکاتەوە)

litigation داوای دادگایی (کردن، بەرز کردنەوە)، چوونە دادگا، بردنە دادگا. کێشە، ناکۆکی

litmus (سوبوغ، خم)ێکە لە رووەکێکی قەوزە ئاسا وەردەگیرێ؛ بە (ترشەلۆک سوور، قەلی شین) هەلدەگەرێ

- paper *کاغەزی لیتمۆس؛ کە بۆ تاقی کردنەوەی شلەی (ترشەلۆک، قەلی) بەکار دێ*

litre لیتر؛ یەکەیەکی قەبارە پێوانی شلەیە؛ یەکسانە بە ١٠٠٠ سم٣

litter زبلی جادەو کۆلانان، پیسی. (بەرە، وەچە)یەک فەرخە؛ ی بە یەک زگ لە دایک بوو. تەختەی نەخۆش راگواستن. قەسەری پێخوستی ناو ئاخوڕان

little بچووک بە (قەوارە، چەندی، رادە، پلە، هتد). (کەم، بڕ، قینج) (ەک)

- by - *کەمکەمە، تۆزەتۆزە. لەسەرەخۆ، بەهێواشی*

- people *(ئەجندە، جنۆکە)کان. پەری، فریشتە*

littleness بچووکی بە (قەوارە، چەندی، رادە، پلە، هتد). کەمی

littoral ناوچەیەکی (نزیک) دەریایی، لە نزیک دەریایە، هی (لێوار، کەنار) دەریایە

liturgy کۆنوێژ؛ (نوێژ، خواپەرستی)ی بە کۆمەل

livable = liveable
- *with* *لـه لـەگـەڵ ژیان دێ، ئـاسانـه لـەگـەڵـی بـژی*

live (1) دەژێ. لـه شوێـنـێـک نـیشتـەجێ (ن، یـه)
- *together* *بـه یـەکـەوه دەژیـن؛ وەکـوو ژن و مـێـرد؛ بـێ ئـەوەی ژن و مـێـرد بـن*
- *up to* *خۆی بـۆ تـەرخان دەکا، (پـەیمان، بـەڵـێـن) دەپارێـزێ، بـەجێ دەگـەیـەنـێ*
- *with* *بـه پشووه لـەگـەڵ شتـێـک. لـەگـەڵ کـەسێـک دەژی*

live (2) زیـنـدوو (گـیانـلـەبـەر). راستـەوخۆ (زیـنـدوو)؛ بـەرنـامەی رادیـۆ یا تـەلـەفـزیـۆن. چالاک
- *ammunition* *فـیشەک و تـەقـەمـەنـی راستـەقـیـنـه*

liveable (خانـوو یـێـک) بـەکـەلـکی ژیـان دێ، دەهێـنـێ (بـۆی) بـژی
- *with* *لـەگـەڵژیـانـی خۆشه، ئـاسانـه لـەگـەڵـی بـژی*

livelihood بـژێـو، ژیـن، گـوزەران

liveliness زیـنـدوویـی. چالاکـی، بـه جموجـۆڵـی

lively چالاکـانـه

liven خۆش (دەکا. دەبـێ). جۆشی دەداتـێ، جۆش (وەر)دەگـرێ

liver جگـەر، جـەرگ. ژیـاو

livery جلـوبـەرگـی تـایـبـەتـیـی (کار(مـەنـدی)، سەربـازی، هـتـد)

lives ژیـانـی خەڵـکان. کـۆی ژیـانـێـک. دەژی (بـۆ کـەسی سێـیـەم)

livestock مـەڕومالات؛ یـێک کـەوا بـۆ سوود لـێ وەرگـرتـن یا بـەکارهێـنـان رادەگـیـرێ

livid رەنـگـێـکـی شیـنـی قـوڕقـوشمـی. تـووڕه، هەڵـچوو

living ژیـن، گـوزەران. ژیـاو(ه). ژیـار؛ داهات، مـووچه
- *room* *هەیـوان، ژووری دانـیـشتـن*
- *wage* *لانـی کـەمـی مـووچه (حـەقـدەست) کـه بـتـوانـی پـێـی بـژی*

lizard مـارمـێـلـکـه، مـارمـیـلـۆک، پـیـسپـیـسۆک

llama چوارپـێـیـێـکـه لـه حوشتـر دەچێ

ln کـورتـکـراوەیـه بـه واتـای؛ *لـۆگـاریـتـمـی سروشتـی*

load بـار، قـورسایـی، بـارگـه. بـار(گـرانـی)، بـەرپـرسیـاربـوون. بـاردەکا. دەخاتـه نـاو؛ فـیشەک دەخاتـه تـفـەنـگـەوه، فـلـیـم دەخاتـه کامـیـراوه، هـتـد
- *line* *هێـڵـی بـارکـردن*

-*s (of)* *زۆر (لـه)، فـره*

loaded بـار(ی) کـرد. بـارکـراو. پـڕ فـیشەکـه

loaf (1) (نـان، قـورس) (یـێـک). پـارووه نـان

loaf (2) (ساردوسڕی، تـەمـبـەڵـی) دەکا، کات بـەفـیـڕۆ دەدا. بـێـکار (دەژی، دەسووڕێـتـەوه). سەر، سەلـک، کـەلـلـه

loafer بـێـکار، تـەمـبـەڵ، کات بـەفـیـڕۆ دەر

loam خاکـێـکـی بـەپـێـز؛ بـه (لـم، زمـیـج، هـتـد)

loan قـەرد(ز). قـەرز دەدا
- *shark* *کـەسێـکـی زێـدەبـایـی کار؛ زۆر قـازانـج وەرگـر، قـۆڵـبـڕ*

loath دوودڵ، بێ (مەیل، هەوەس)، نەخواز، نا ئارەزوومەند

loathe (رک، قین)ی لێ یە، پێی ناخۆشە

loathsome (بێز، قێز) لێکراو، ناخۆش، نەویستراو، نەخوازراو

loaves (pl loaf) کۆی نان یێک

lob (تۆپ، شت) یێک تێدەگرێ

lobby هەیوانێکی گەورە. کۆمەڵێک خەڵکی کاریگەری (هاوبەرژەوەند، هاوبیر) کە بۆ (کار، کێشە)یەک بە یاسایی (تێبکۆشن، هەوڵبدەن). تێدەکۆشن

lobbyist کەسێکی (بە کاریگەری، ناودار) کە بۆ (کار، کێشە) یەک بە یاسایی (تێدەکۆشێ، هەوڵدەدا)

lobe نەرمەی گوێ{گێ}. (لەت، لا، کەرت، بەش) (سی، جگەر)

lobed شتێکی دوو (لەت، لا، کەرت، بەش). لەت لەتە، دوو کەرتە، بەشبەشە

lobelia رووەکێکە؛ بە گوڵی شینی گەشە

lobster (کلۆ، کوللە)ی دەریا؛ گیانلەبەرێکی دەریاییە لە شێوەی قرژاڵ{ڵ}

lobworm کرمێکی گەورەی زەوی یە؛ بۆ لوقمەی ماسی گرتن بە سەری قولابەوە دەکرێ

local ناوچەیی، خۆماڵی

- authority *(فەرمانداری، دەسەلات، بەڕێوەبەری)ی ناوچەیی*

- government *(میری، فەرمانڕەوایی)ی (هەرێم، ناوچە)یەک لە شیرازەیەکی سیاسیی فێدەراڵ دا*

- time *کاتی ناوخۆیی لە (هەرێم، وڵات) یێک؛ بە گوێرەی دوور و نزیکی لە گوندی گرینچ (ی نزیک لەندەن)*

locale شوێنی (رووداو، بەسەرهات)یێک

locality جێگە، شوێن. ناوچە

localize جێگیردەکا. بە ناوچەیی دەکا. شوێنێک دیاری دەکا

locally لەجێوە، لەناوخۆوە، لەناوچەوە

locate دەدۆزێتەوە. جێی دیاری دەکا. دەستنیشان دەکا

location جێ(گا)، شوێن

lock (1) قەمتەر. کلیل دەدا، قەمتەر دەکا

- keeper *میراو؛ کەسێکی بەرپرسیار لە (بەربەست، بەردان)ی ئاوی جۆگان*

- out *(مانگرتن، دەرگا داخستنی)ی (کارسازان، خاوەنکاران)*

- up *(داخراو؛ دادەخرێ. (دوکان، شوێن)یێکی بە قوفڵ و کلیل*

dead - *(بنبەستبوون، (داخراویی، بێچارەسەریی) کێشەیەک*

lock (2) بسک، کەزی؛ بە تایبەتی هی (کیژ، ئافرەت)ان

locket پارچە (نەقش، زێڕ، یاقووت) کە بە ملوانکەوە هەڵدەواسرێ

lockout لـەدەرەوە هیشتـن. وەدەرنـان، دەرکـردن

locksmith قـەمتـەرەچی، وەستـای کلـیـل و قـوفـلان

locomotion جوولان، هێـزی بـزووتـن لـە شوێـنـێـکـەوە بـۆ یـەکـی دی. گـواستـنـەوە

locomotive مـەکـینـەی شەمـەنـدەفـەر راکـێشان. جوولـێـنـەر

locum (جێگر، بـریـکار)ی دوکـتـۆر، نـوێـنـەری پـیاوی ئـاییـنـی

locust کلـۆ، کـولـلـە

locution وشە، بـڕگـە، دەربـڕیـن. شیـرازەی (قسە کردن، گـوتـن)

lodge خانـوویـەکـی بـچووک لـە نـزیـک (بـاغچە، شوێـن)ێـکـەوە. ژووری پاسەوان

lodger کرێـچی؛ کـەسێـک ژووریێـکـی لـە مالـێـک بـەکرێ گـرتـبـێ

lodging نـیشتـەجێـی کاتـی. ژووری (کریێ، بـەکـرێـدان)

loft چینـی (هەرە) سەرەوەی خانـوو. ژووریێـکـی سەر ئـاخـوڕ (ی ولاغان)

loftiness بـەرزی. لـووتـبـەرزی

lofty بـەرزە، بـە بـالایـە. لـووتـبـەرز (ە)

log (بـارە، دەستـە، کـۆمـەلـە) دار یـێـک

- jam *بـنـبـەستـبـوون، (داخراویـی، بـێـچارەسەریـی) کـێـشەیـەک*

logarithm لـۆگاریـتـم (ماتـماتـیـک)

لـۆگاریـتـمـی سروشتـی

logbook پـەرتـووکـی تـۆماری شتـێـک. تـۆماری رووداوان

loggerhead گـیل، گـەمژە، بـێـمێـشک

logic زانـستـی بـیـرگـێـڕان (مـەنـتـیـق)، زانـستـی پـرس و هۆکاری، تـوانـای بـیـرکـردنـەوە؛ بـیـیـر بـەکارهێـنـان

logical بـیـرگـێـڕە؛ بـەپـرس و هۆیـە، بـیـیـری تـێ دەچێ، ماقـوول، مـەنـتـیـقی

logist (پـاشگر، پـاشکۆ)یـە؛ واتـای کـەسێـکـی (شارەزا، پـسپـۆڕ) لـە ... پـێـک دەهێـنـێ

logwood جۆرە دارێـکـە

loin (بـڕگـە، جومگـە) یـەک گـۆشتـی (بـڕبـڕەی پـشت. کـەلـەکـە)

loins پـشت. کـەلـەکـە

loiter کات بـە فـەیـڕۆ دەدا(ت)، تـەمبـەلـی دەکا، (خۆی) دوادەخا، (خۆ(ی)) دەگـرمـخێـنـێ

loiterer کات بـە فـەیـڕۆ دەر، تـەمبـەڵ، (خۆ) گـرمـخێـن

loitering کات بـە فـەیـڕۆ دان، تـەمبـەلـی کـردن، خۆدواخستـن، خۆگـرمـخانـدن

loll بـە (شل، شەکـەت، داوەشاو) ی (رادەوەستـێ، دادەنـیـشێ، هتـد)

lollipop شەکـرۆکـەی (رەقـی) بـە چوکلـە دارێـکـەوە

lollop هەلـگـێـڕ و وەرگـێـڕ دەکا، هەلـدەقـۆزێـتـەوە

lolly (شەکـرۆکـە، بـەستـەنـی)ی بـە چوکلـە دارێـکـەوە

Londoner لـەنـدەنـی (یـە)؛ (لـە دایـک بـووی، دانـیـشتـووی) لـەنـدەن (ە)

lone تـاقـانـە

- wolf *(کـەس، ئـاژەڵ)ێـک کـە ئـارەزووی بـە تـەنـیا ژیـانـی*

هەیە، دووره پەرێز

loneliness تەنیایی، تەنهایی

lonely تەنیا، تەنهایە، بە تەنیا یە

loner (کەس، ئاژەڵ)ێک کە ئارەزووی بە تەنیا ژیانی هەیە، دووره پەرێز

lonesome تەنها یە، بە تەنیا یە. بێکەسە. چۆلە

long درێژ. بیری ی دەکا. ئارەزووی (چوونەوەی وەلات، دیتنی کەسێک) دەکات

- ago لەمێژە، دەمێکە

- drawn (out) درێژبۆوە، درێژخایەن

- jump بازی درێژ

- life زۆر دەخایەنێ، بۆ ماوەی درێژتر (دەمێنێ، بەسەر ناچێ، کار دەکا)

- lost دەمێکە (ون، بزر) بووە. (لەمێژە. زۆر) دۆڕاوە

- range دوور هاوێژ، سەدە درێژ، مەودای دوور

- running بۆ ماوەیەکی زۆر بەردەوام دەبێ

- shot مەزەندەیەکی (درشت، پان و بەرین، دوور، لە خۆڕایی)

- sight توانای بە روونی بینینی شتی دوور(تر)

- sighted دوور بینە؛ شتی دوور(تر) دەبینێ. (دید، بیر کردنەوە)ی دووری هەیە

- standing دەمێکە هەیە، لەمێژە (لەم ناوەیە، لە ناومانە)

- term (بە، بۆ) دیتنی کەسێک) دەکات درێژخایەن

- wave شەپۆلی رادیۆیی درێژ؛ هەژانی (کورت، کەم، پان)؛ ی نێوان ٣٠ و ٣٠٠ کیلۆ هێرتز

- winded زۆر قورمیش کراوە؛ (وتار، نووسین)ێکی دووورو درێژ و ماندووکەر. (هەناسە، پشی{پشوو}) درێژ

as - as مادام(ەکی)، تا ئەو شوێنەی کە

before - بەم زووانە، لەم زووانە

in the - run بە ئەنجام، لە کۆتایی دا

so - as مادام(ەکی)، تا ئەو شوێنەی کە

longer درێژتر

longevity تەمەن درێژی، تەمەنی درێژ

longing بیری کردن. ئارەزووی (چوونەوەی وەلات، دیتنی کەسێک)

longitude هێڵی درێژیی؛ بە گوێرەی هێڵی گرینچ؛ کە سفرە

longitudinal بە درێژی، بە درێژایی (یە)، بەلای درێژی. (هی، تایبەتە بە) هێڵی درێژ

longsighted دوور بینە؛ شتی دوور(تر) دەبینێ. (دید، بیر کردنەوە)ی دووری هەیە

long-ways بە درێژی، بە درێژایی (یە)، (بەلای، بە ئاراستەی) درێژی

longwinded زۆر قورمیش کراوە؛ (وتار، نووسین) ێکی دوور و درێژ و ماندووکەر. (هەناسە، پشی{پشوو}) درێژ

longwise بـه درێـژی، بـه درێـژایـی (یـه)، (بـەلای، بـه ئـاراستـەی) درێـژی

loo ئـاودەست(خانـه)

look تـەماشا. دەڕوانـێ. دەبـیـنـێ. تـێـبـیـنـی دەکا. بـڕۆنـه، بـڕوانـه، بـبـیـنـه

- about بـه دەورو بـەری خۆیـدا دەڕوانـێ

- after ئـاگـای لـێ دەبـێ، ئـاگاداری دەکا

- alike وێـچوو، هاوشێـوە، هاوڕوخسار؛ (کـەس، شت)ێکـی بـه یـەکـی دی چوو

- for بـۆی دەگـەڕێ، لـێـی دەگـەڕێ

- here ! تـەمـەشاکـه !، ئـەها !، گـوێـبـگـرە !

- in (هەل، مۆڵـەت)ی (بـەشداری کـردن، سەرکـەوتـن)

- into پـشکـنـیـن، لـێکـۆڵـیـنـەوە

- like پـێـی دەچـێ؛ بـه شتـێـکـی دی دەچـێ. لـه ئـەو دەچـێ

- on (تـەمـەشا، سەیـر) دەکا، دەڕوانـێ (تـه شتـێـک). تـێـبـیـنـی دەکا

- out وریـا بـه !. هوشیاردەبـێ، ئـاگادار دەبـێ

- over چاوی لـێ دەچوقـێـنـێ، لـێـی خۆشدەبـێ. چاوی پـێـدادەخشێـنـێ (بـه سەر پـێـی)

- up پـێـی دەگـەڕێ، بـه هۆیـەوە دەگـەڕێ

good -s قـۆزە، نـیـگـای جوانـه

-ing glass ئـاوێـنـه، نـەیـنـۆک

تـێـبـیـنـی دەکا. بـڕۆنـه، بـڕوانـه، بـبـیـنـه

keep a - out چاودێری دەکا؛ چاوی پاسەوانـی دەگـێـڕێ

on -er تـەمـەشاچی، سەیـرکـەر

-s نـیـگا، سیـما. تـەمـەشا دەکا؛ کـەسی سێـیـەمـی تـاک

looker کـەسێـکـی بـه روخسارێـکـی دیـاری کـراو. ئـافـرەتـێـکـی جوان

- on تـەماشاچی، سەیـرکـەر

good - قـۆز، جوان

on - تـەماشاچی، تـەماشاکـەر، سەیـرکـەر

lookout پـاسەوانـی. قـولـغـەی پـاسەوانـی. پـاسەوان

loom دەزگـای چـنـیـن. وەک دێـوەزمـه دەردەکـەوێ، لـێـڵ و نـاشیـرن و زەبـەلاح لـه ئـاسۆوە دەبـیـنـرێ

loop (n) (لـوول، پـێـچ) (بـوون. کـردن)، گـرێ. دەسکـێـکـی بـازنـەیـی، قـولـڤـه{ر}. (ئـەلـقـه، کـۆیـل)ی قـەدەغـەکـەری منـاڵـبـوون. چەنـدبـاره (بـوونـەوە. کردنـەوە)

loop (v) (لـوول، پـێـچ) (دەبـێ. دەکا)، گـرێ دەدا. قـولـڤـه دروست دەکا. (کار، بـەرنـامـه) یـک چەنـدبـاره (دەبـێـتـەوە. دەکـرێـتـەوە)

loophole فـێـڵ کـردن لـه یـاسا؛ پـێـچ و پـەنـای (نـا)یـاسایـی؛ (هۆ، ئـامـراز)ی پـێ شێـل کـردنـی یـاسایـەک بـێ ئـەوەی بـیـشکـێـنـی

loopy شێـتـه، (مێـشکـی) تـەواو نـیـیـه

loose شلـه (پ؛ تـونـدو تـۆڵـه). ئـازادە، نـەبـەستـراوە یـه.

نـەرمـە، هەڵـوەشاوە یـە. شلـی (پ؛ تـونـدی). خاو، کراوە، نـەپـێـچراو. زمان شڕ؛ نـهێـنـی نـەپـارێـز. (ئـازاد، بـەرەڵا)
on the - *لـە زیـنـدان هەڵاتـوو. بـە (ئـازادی، بـەرەڵایـی) رادەبـوێـرێ*

loosen (گـرێ، هـتـد) شل دەکاتـەوە. (ئـازاد، بـەرەڵا) دەکا. نـەرم دەکا، هەڵـدەوەشێـنـێ. خاو دەکاتـەوە. (شتـێـک) دەکاتـەوە

looseness شلـی. ئـازادی، بـەرەڵایـی. نـەرمـی، خاوی. کراوەیـی

loot فـەرهـوود، تـاڵان، خـۆڕایـی. تـاڵان دەکا، دەبا، زەوت دەکا

lop (لـقـو پـۆپـی دار) لـێـدەکاتـەوە. لادەبا

loquacious زۆربـلـێ، درێـژدادڕ، چەنـەبـاز، چەقـاوەسو

lord خودان، خاوەن. خودا. فـەرمـانـڕەوا، دەسەڵاتـدار. دەرەبـەگ. پـلـە یـەکـی کۆمـەڵایـەتـی یـە بـۆ پـیاو لـە کۆمـەڵـگای بـەریـتـانـی؛ پـێش نـاوی دەخرێ
House of -s *شـوورای پـیـیـران؛ لـە پـەرلـەمانـی بـەریـتـانـیا*
-'s Day *رۆژی خودا (پـەرستـی)؛ رۆژی یـەکشەمـە*

lordliness خودانـی، خاوەنـێـتـی. مـلـهوڕی، لـووتـبـەرزی

lordly خودانـە، خاوەنـە. مـلـهوڕە، لـووتـبـەرزە

lordship بـەرزی، بـاڵایـی. خاوەن پـلـەی 'لـۆرد'

lore کۆمـەڵـە (زانـست، هونـەر) یـکـی تـایبـەت بـە بـابـەتـێک. دانـایـی لـەو بـابـەتـە

lorn پـشتـگوێـخراو، بـەجێماو، بـەجێ هێـڵـراو. ونـبـوو

lorry لـۆری

lose (ون، بـزر، گـوم) دەکا. لـە دەست دەدا. دەدۆڕێـنـێ، لـەقـیـسی دەچێ
- face *ریسوادەبـێ، ئـابـڕووی دەچێ*
- out *(قـازانـج، سوود)ەکـەی پـێ نـاگا، مافـی دەخورێ. دەدۆڕێ لـە کـێـبـەڕکـێ دا*

loser دۆڕاو، دۆڕێـنـەر. ونـکـەر

loss زیـان، زەرەر. لـەدەست دان. دۆڕان (دن)، لـە قـیـس چوون

lost (ون، بـزر، گـوم) بـوو. لـە دەستـی دا. دۆڕانـدی. دۆڕاو. دۆڕێـنـراو
- cause *کـێشەیـەکـی (دۆڕاوە، بـێـهوودە یـە، بـێ سوودە)*
- on *گـوێ پـێـنـەدراو، بـەفـیـڕۆ دراو*
- to *کارتـێـنـەکراو، نـەبـڕاو بـە*
- without *پـشتـی پـێدەبـەستـێ، پـەیـوەنـدی لـەسەر دەکا*
get - *ون بـە !، بـڕۆ !*

lot گـەلـەک، گـەلـێک. ژمارەیـەکـی زۆر. پـرێسکـە، بـارگـە. چارەنـووس، بـەخت، شانـس. کۆمـەڵـێـک (خەڵـک، شت)ی هاوپـەیـوەنـد. (شت، چیـن، جار) یـکـی هەڕاج کـراو
draw -s *شێـرو خەت دەکـەن، خۆشانـس رادەکـێشن*

loth = loath

lotion (رۆن، مـەرهەم)یـکـی پـێست نـەرمکـەرە؛ بـۆ (ئـارایش،

پزیشکوانی) بەکاردێ

lottery بەختیاری، شەنسیاری، یاریی شەنس

lotto بەختیاری، شەنس یاری، یاریی شەنس

lotus رووەکێکی ئەفسانە ییە؛ گوایە هێمنی یەکی زۆر دەدا بە لەش کە بیخۆی. رووەکێکی ئاوییە لە ئایینی بووذاییی بەکار دێ؛ وەکوو هێما یەک

- eater کەسێکی *(تەمبەڵ، خاو، سست، لەسەرەخۆ)*

loud بەدەنگ، دەنگ بەرز

- speaker *بلندگۆ*

loudly بەدەنگەوە، بەدەنگی بەرز

loudness بەدەنگی، دەنگبەرزی

lounge ژووری (دانیشتن، حەسانەوە، پشوودان). ژووری (پێشوازی. چاوەڕوانی). بە (شل، خاوی)ی (رادەوەستێ، دادەنیشێ، هتد). پاڵدەداتەوە، دەحەسێتەوە، پشوو دەدا

lounger شل، خاو. پاڵکەوتوو، حەساوە

lour رووگرژ. مات. ئاسمانی بەهەور و تاریک و مات و ترسێنەر

louse ئەسپی (یەک)ی (پرچ، قژ، ناو (لەش، جلوبەرگ))، پند(ی باڵندە)

lousy بێکەلک، نەخۆش. ئەسپێ لێداو، رشکاوی

lout کەسێکی (تووڕەو توند، رەق و وشک)

lovable خۆشەویست، خوێنشیرن

lovage بەهارات؛ گژ و گیای بەکارهاتوو بۆ چێشت (خۆش، بەتام) کردن

lovat رەنگ یێکی سەوزی (مردوو؛ مەیلەو تاریک)

love ئەڤین{و}، خۆشەویستی، دلداری. خۆشی دەوێ

- affair *پەیوەندی (خۆشەویستی، جووت بوون) نیوان دووکەس*

- bird *بولبول، (مەل، باڵندە)ی (ناو قەفەز)*

- bite *(جنجرۆک، گەزە{گاز})ی (خۆشەویستی، بەگەمە)*

- child *منداڵێک زادەی دایک و بابێکی نا ژنومێرد بێ*

- letter *نامەی ئەویندار*

- nest *پاردە، هێلانەی خۆشەویستی؛ شوێنێک بۆ بە یەک گەیشتنی دوو دلدار*

in - with *ئاشقی بووە*

make - to *جووت دەبێ لەگەلێ؛ بۆ زاوزێ یا رابواردن و خۆشی*

loveable خۆشەویست، خوێنشیرن

loveless (نا خۆشەویست، حەز لێ نەبوو) وەیا (نا خۆشویستراو، حەز پێ نەکراو) یان هەردووک

loveliness جوانی، خوێنشیرنی

lovelorn (پشتگوێخراو، بەجێ هێڵراو) لەلایەن خۆشەویست (ەکەی) ەوە

lovely جوانە، خوێنشیرنە، نایابە

lovemaking خۆشەویستیاری،

جووت بوونی نێر و مێ، دڵداری کردن

lover (یار، دۆست، دڵدار)ی (لابەلا، لەپەناوە). گراوی. هەواداری (زۆری) شتێک

lovesick شەیدای خۆشەویستی یە، (کز، مەلوول، مات)ی دڵداری یە

loving دۆستانە. سۆز، ئەوین. خۆش ویستن

low (1) نەوی، نزم. ترۆهات، پڕوپووچ

- *class* *پلە نزم، چینی خوارەوە*

- *countries* *وڵاتە نەوی یەکان؛ هۆڵەندا، بەلجیکا، لۆکسیمبۆرگ*

- *down* *بێڕێز، ناشیرن، نارێک*

- *frequency* *شەپۆلی درێژ؛ هاژەی (کورت، کەم، پان)؛ ی نێوان ٣٠ و ٣٠٠ کیلۆ هێرتز*

- *grade* *چۆنی یەتیی خەراپ*

- *rise* *خانووی کەمێک بەرز؛ لە ٣ تا ٥ قات زیاتر نەبێ*

- *season* *وەرزی کەمی؛ لە (بەرهەم، گەشتیار، شت، هتد)*

- *spirited* *ورە نزمە، دڵشکاوە*

- *tide* *کاتی ئەوپەڕی دەریا کشانەوە، داکشانی ئاوی دەریا بۆ نەویترین ئاستی*

low (2) (مانگا) دەبۆڕێنێ. بۆڕان

lower نەویدەکا. خواروو. نزمتر، نەویتر

- *case* *پیتی (لاتینی، ئینگلیزی)ی بچووک*

- *class* *چینی کرێکار*

- *House* *شوورای نوێنەران، پەرلەمان*

lowering شۆڕکردنەوە، نزمکردنەوە، نەویکردن. تیپر و تاریک

lowermost نزمترین، نەویترین، خوارووترین

lowery هەوری تیپر و تاریک

lowest نزمترین، نەویترین، خوارووترین، کەمترین

بچووکترین بەسەر دابەشکراوی هاوبەش

- *common multiple* *بچووکترین (جاران، چەندجار)ی هاوبەش*

lowing (مانگا) بۆڕاندن

lowland (زەوی، خاک، هەرێم، وڵات)ی نەوی

lowliness (پلە، پایە) نزمی، بێڕێزی. خۆ بێڕێز کردن. شڕی

lowly (پلە، پایە) نزم، بێڕێز. خۆ بێڕێز کردوو. شڕ

loyal دڵسۆز، وەفادار. ملکەچ

loyalism دڵسۆزبوون، وەفادار بوون. ملکەچ بوون

loyalty دڵسۆزی، وەفاداری. ملکەچی

lozenge دەنکێک (دەرمان، شیرنی)ی بچووک؛ کە لەناو دەم دا بتاوێتەوە. رووبەرێکی هاوچوار لای هاودووگۆشەی بەرامبەر

ltd. کورتکراوە یە بە واتای؛ *کۆمپانیای بەرپرسیاریی*

سنووردار

lubber ناڕێک. تەمبەڵ. کەسێکی (تووڕەو توند، رەق و وشک)

lubricant رۆن (ی مەکینە)

lubricate چەور دەکا (مەکینە)

lubrication چەورکردن

lubricator (شووشە، قۆدی، قوتوو)ی بچووکی رۆنی مەکینان؛ بە نووکێکی باریک و درێژەوە

lubricious خلیسکە، لووسە. نابەردەوام، کاتی. هەواداری جووت بوونە

lubricity چەوریی، خلیسکیی، لووسیی. هەواداریی جووت بوون

lucerne رووەکێکە لە شێوەی وێنجە؛ بۆ ئالیکی ئاژەلان بەکار دێ

lucid ئاشکرایە، روونە. گەشە. هۆشیارە، وریا یە، رۆشنبیرە، جوان روونکەرەوە یە

lucidity ئاشکرایی، روونی. گەشداری. هۆشیاری، وریا یی

Lucifer شەیتان

luck بەخت، شەنس

luckily خۆشبەختانە، بەختەوەرانە

luckless بێشەنس، بێ بەخت. ژێرکەوتوو، دۆڕاو

lucky خۆشبەخت، بەختەوەر، بەبەخت

lucrative بەقازانجە، بەخێرە

- prices *نرخی باش(ن)، نرخی گونجاو(ن)*

lucre قازانج (کردن). سوودوەرگرتن

ludicrous پوچەڵە، بێواتا یە. سەیرە، خەندە هێنە

ludo گەمەکی سەر تەختە یە؛ سادەیە بە زار و ژمارە دەکرێ؛ لە گەمەی تاولە دەچێ

lug بە زەحمەت هەڵدەگرێ. رادەکێشێ بە (قورسی، گرانی)

luggage پرێسکەی گوزەر، بارگە

lugubrious غەمبارە، کزە

lukewarm شلەتێن؛ نەگەرم و نەسارد. سارد و سڕ، گوێنەدەر، کەم ئارەزوو

lukewarmness ساردی (لە شتێک)، گوێنەدان، کەم ئارەزوویی

lull (1) (v) لایلایەی بۆ دەکا، دەنوێنێ، دەخەوێنێ. دەخەڵەتێنێ، دەخافڵێنێ. دادەکەوێ، (بێدەنگ، کڕ) دەبێ

lull (2) (v) (ترس، گومان، هتد) (کەم دەکا، وەلا دەنێ) بە خۆ(خافلاندن، خەڵەتاندن)

lull (n) بێدەنگی یەکی کاتی

lullaby گۆرانی، لایلایە؛ ی منالّ (خەواندن، نواندن)

lumbago ئازارێکە لە بەشی خوارەوەی پشت، رۆماتیزمی (خوارەوەی) پشت

lumber کۆمەڵێک شتومەکی (لەکارخراو، لەکار کەوتوو). کۆمەڵە داروبار (یکی ناڕێک) داری دارستان

lumber (v) دەبڕێ. شتێکی (نەویستراو، نەخوازراو)ی بەسەردا (بەجێ دێلێ، دەچەسپێنێ). بە(گرانی، قورسی) (رێدەکا، دەجوولێتەوە)

lumberjack دارکەر؛ (کۆکەرەوە، گوێزەرەوە)ی داروبار

luminary ئەستێرەیەکی گەش(دار) . کەسێکی (دانا، زانا) و رۆشنبیر و هاندەر

luminescence تیشک دان بە بێ گەرم کردن؛ گەشداری، رووناکی بەخشین. لەتاریکی گەشانەوە

luminous گەشدارە، رووناکی بەخشە. لەتاریکی (دەبینرێ، دەگەشێتەوە)

lump کلۆ، پارچەک. ئەستوور بوون، برین، گرێ. غەمگین، خەمبار، تەپ (ە(حۆلە))، کلۆڵ

- *of sugar* *کلۆ شەکر(ەک)*

- *sum* *چەندێک پارەی دیاریکراو*

lumpectomy لابردنی گرێی مەمک بە نەشتەرگەری

lumpy کلۆ کلۆ یە. ئەستوور بوو(ە)، بە گرێ یە

lunacy مێشک تێکچوون، شێتبوون دەلوویی

lunar (هی، تایبەتە بە) مانگ ەوە

- *month* *مانگی عارەبی، ماوەی (یەک خولانەوەی مانگ، نێوان دوو مانگی نوێ)؛ نزیکەی ٢٩و٥ رۆژ ە*

lunatic شێت، دەلو

- *asylum* *شێتخانە*

- *fringe* *کۆمەڵێکی کەمی (توندرەو، شێواو)*

lunch (ژەم، نان)ی نیوەرۆ. نان (ی نیوەرۆ) دەخوا

lung(s) سی (یەکان)

lunge (لەقە، شەق) هاوێشتن، تێراچوون یێکی کتوپر. (دەرزی، نەقیزە) لێدان. بۆ پێش دەچێ؛ بە کتوپری. دەهاوێ. لێدەدا

lupine (هی، وەکوو) گورگ (ان)

lupus نەخۆشی یەکی پێستە

lurch بەلادا هاتن، هەڵوێستە کردن. بەلادا دێ، هەڵوێستە دەکا، ساتمە دەکا. نائومێدی دەکا

lure دەخەڵتێنێ، دەخاتە مێشکی (سەرنجی رادەکێشێ). بانگ دەکا؛ بەفێڵ. فیکەی بۆ دەکا؛ تا بێتەوە

lurid بە بریق و باقە، رەنگاورەنگی گەشە. سەیرە، سەرسوڕ هێنەرە

lurk پارێزی لێ دەهێنێ، بۆسەی لێ دادەنێتەوە. خۆی دەخافڵێنێ؛ بە دزییەوە. (خۆ، شتێک) حەشار دەدا بە نیازی خەراپە

luscious زۆر شیرن لە (تام، بۆ)

lust غوردی. ئارەزووی زۆر بۆ جووت بوون لە گەڵ (مێ، نێر). ئارەزووداری ی (دەسەڵات، جەنگ، هتد). (حەز دەکا، (هەوەس، ئارەزوو)ی هەڵدەستێ) لە جووت بوون

lustre(-ter) رەونەق، بریقەداری، گەشی

lustrous رەونەقدارە، بە بریقە یە، گەشاوە یە

lusty تەندروست و بەهێز(ە)، بەڕەنگە، رووگەشە

lute تەمبوور{ن}؛ ئامێرێکی (ئاواز، مۆسیقا)یە. (قوڕ، گەچ) ی تایبەت بە (کون، دەرز) گرتن. سواق{خ، غ} دەدا بە (قوڕ، گەچ)، (کون، درز) دەگرێ

Lutheran لۆثەری؛ جۆرە مەزەبێکی عیسایییە

luxuriance زۆر هەبوون، فرەیی، فراوانی. بەپێزی

luxuriant بە هاتە، فراوانە، بەپێزە، فرەس، بە بەرهەمە

luxuriate رادەبوێرێ. دەحەسێتەوە، خۆی دەحەسێنێتەوە

luxuries (شتومەکی ناومال، کەلوپەل، جلوبەرگ)ی زۆر جوان و نایاب و گران بەها؛ کە پێویستیی سەرەکی نیین بۆ ژیان

luxurious حەسێنەرەوە یە، زۆر خۆشە. کەسێکی ئارەزوومەندی شتی بە بەها و جوان و نایاب و ناپێویست

luxury (هەڵبژاردە، دەوروبەر، ژیان، رابواردن)ێکی گران (بەها) و خۆش. هاتی، هەبوونی، فرەداری

ly (1) (پاشگر، پاشکۆ)یە ئاوەڵناو لە ناو پێک دەهێنێ بە واتای (وەکوو، ـئاسا، بە چۆنی یەتیی. ـانە (ن؛ رۆژانە))

ly (2) (پاشگر، پاشکۆ)یە ئاوەڵکردار لە ئاوەڵناو پێک دەهێنێ

lyceum (کۆڕ، مێزگرد) ێکی زانستی. هۆڵی (وانە گوتنەوە، وتار خوێندنەوە)

lye ئاوی قەلی (پ؛ ئاوی ترش). هەر شلەیەکی قەلی؛ کە بۆ شوشتن بەکار بێ

lying (of lie) درۆکردن. پالدانەوە، پالکەوتن

lymph شلەی بێرەنگی ناو خوێن کە خرۆلکە سپی یەکان بە خۆوە دەگرێ. دژە نەخۆشیی دروستکراو لەم شلەیە

lymphatic کەسێکی ((کاڵ، کەم، بێ)رەنگ، رەنگ زەرد). (هی، تایبەتە بە) شلە و خرۆلکە سپی یەکان ەوە

lynch نا دادوەری دەکا؛ دادگایی کورت و روالەتی دەکا. دەکوژێ، سزای مردنی بەسەردا دەسەپێنێ؛ بەبێ دادگایی کردن ێکی یاسایی

lynx پشیلە کیوی یەکی کلک کورتی (خالخاڵ، بەلەک)ە؛ جۆرە پلنگێکی گچکە یە

- eyed *چاوبگێر. چاوتیژ*

lyre ئامێرێکی (ئاواز، مۆسیقا) یی کۆنە؛ لە (قیذار، گیتار) دەچێ

lyric(al) برگە (هۆنین، شیعر) ی کورت. (هۆنراوە، شیعر)ی گۆرانی یە

-s *وشەکانی گۆرانی یەک*

lyricist نووسەری هۆنراوەی گۆرانیی ئاهەنگیی باو

lyrist گۆرانی بێژ. (گیتار، مۆسیقا) ژەن

lysis (پاشگر، پاشکۆ)یە بە واتای ((لێک، لەبار یەک) (هەڵوەشان، ترازان)، شێ بوونەوە)

lyte (پاشگر، پاشکۆ)یە بە واتای ئەو شتانەی کەوا ((لێک، لەبار یەک) (هەڵدەوەشێن، دەترازێن)، شێ دەبنەوە)

***** M *****

m (1) ژماره ١٠٠٠ لـه سیستـەمـی ژماردنـی رۆمانـی. سێزدەمین پیتـی ئـەلـفبـێ ی ئینگلیزی یە

m (2) (capital m) کورتـکراوە یە بـەم واتانـەی خوارەوە؛
= *Master* *پێشناوە بۆ نێر. شارەزا، پسپۆڕ، وەستـا. خاوەن*
= *Mega* = *مێگا = یەک ملیۆن = ١,٠٠٠,٠٠٠*

m (3) کورتـکراوە یە بـەم واتانـەی خوارەوە؛
= *male* *نێر*
= *married* شووکردوو، بـە ژن
= *metre(s)* *مـەتـر(ان)*
= *mile(s)* *میل(ان)*
= *milli-* *لـە هەزار(ان)؛ وەک پێشگر بۆ ژمارەی دیکە*
= *million(s)* *ملـیۆن(ان)*
= *minute(s)* دەقـیـقـە

M.I.5 کورتـکراوە یە بـە واتـای؛
= *Military Intelligence 5* *(بـەش، بـەڕێوبـەرایـەتـی)یـەکـی لـەشکریی بـەریتانیا یە بۆ زانـیاری کۆکردنـەوەی لـەشکری)*

M.I.6 کورتـکراوە یە بـە واتـای؛
(بـەش، بـەڕێوبـەرایـەتـی) یـەکـی لـەشکریی بـەریتانیا یە بۆ زانـیاری کۆکردنـەوەی (نـهێنـی،

m.p.g. کورتـکراوە یە بۆ یـەکـەی بڕکردن بـە واتـای؛
= *miles per gallon* *چەنـد میل (بڕ، لـێخوڕ)ین بـە گالـۆنێک (سووتـەمـەنـی)*

m.p.h. کورتـکراوە یە بـو یـەکـەی پێوانـی خێرایـی بـە واتـای؛
= *miles per hour* *چەنـد میل رۆیشتـن لـە کاتـژمێرێک دا*

M.Phil. کورتـکراوە یە بـە واتـای؛
= *Master of Philosophy* *(شارەزا، پسپۆڕ)ی فـەلـسەفـە*

M.Sc. کورتـکراوە یە بـە واتـای؛
= *Master of Science* *(وەستـا، شارەزا، پسپۆڕ)ی زانـیاری*

Ma (1) کورتـکراوە یە بـۆ بـانـگردنـی دایک بـە واتـای؛
= *Mama* *دایـە، دایـکـە*

MA (2) کورتـکراوە یە بـە واتـای؛
= *Master of Arts* *(وەستـا، شارەزا، پسپۆڕ)ی هونـەرەکان*

ma'am خاتـوو(ن)، 'مـەدام'، خوچە؛ بۆ بـەڕێزەوە (بـانـگردن، سەرنـج راکێشان، ئـاماژە کردنـی) ی ئـافـرەت

macabre بـێبـەزەیـی. ناشیرن. رووگرژ. تـرسناک. بـێزلـێکراو

macadam (بـەردی هاڕاو، وردە بـەرد، چەگل، زیخ، چەو)ی جادە (ئـامادە، دروست) کردن. قـیـڕی (تـێکـەڵ بـە بـەردی) جادە راخستـن

macadamise جادە (ئـامادە، دروست) دەکا. جادە قـیـر دەکا

macaroni مـەعکـەرۆنـی

mace (دار، گـۆپـاڵ)ی دەسەلات، دار(ی دەسەلات) بـەدەست. جۆرە بـەهارات یـێکـە

macerate تـێهەڵـدێنـێ، (تـەڕ، نـەرم) دەکا؛ بـە تـێ هەڵـێنان

لـه شلـه. (خۆ) لاواز دەكا؛ بـه (بـەڕۆژوو بـوون، كـەم خواردن)

maceration (شتـێک) تـێـهـەڵـێـنـان لـه شلـه یـەک)، (تـەڕ، نـەرم) كـردن. (خۆ) لاواز كـردن، بـەڕۆژوو بـوون، كـەم خواردن

mach یـەكـەی خێـرایـی دەنـگ

- number *ڕێـژەی خێـرایـی شتـێـک بـه گـوێـرەی خێـرایـی دەنـگ*

- one *(یـەک، ڕێـک) بـه قـەدەر خێـرایـی دەنـگ*

- two *(دوو (جار (ان))) بـه قـەدەر خێـرایـی دەنـگ*

machete تـەورداس

machiavellian مـیـكـافـیـلـی؛ لـه (رامـیـاری، سیاسەت)؛ زۆر بـه (وریـایـی، ژیـری. فـێـڵـبـازی) (كاركردوو، پـیـلان گـێـڕ، پـلان دارشتـوو)

machinate پـیـلان دەگـێـڕێ، تـەگـبـیـر دەكا

machination (پـیـلان گـێـڕان، تـەگـبـیـر كـردن)ی نـهـێـنـی

machine مـەكـیـنـه، ئـامـێـر، دەزگـا

- gun *تـفـەنـگـی ڕیـز (هاوێـژ)*

sewing - *مـەكـیـنـەی دورمان*

machinery مـەكـیـنـه سازی، مـەكـیـنـه كاری، (دەزگا، پارچە) ی مـیـكـانـیـكـی. سیـستـەمـێـكـی مـیـكـانـیـكـی

machinist مـەكـیـنـەكار؛ كـرێـكـاری سەر مـەكـیـنـه. جلـک درو؛ بـه مـەكـیـنـه. مـەكـیـنـەساز

machismo نـێـری (دەرخستـن، پـیـشانـدان)، خۆسەپـێـنـەری، دڕ(نـدە)یـی

macho زۆر (نـێـره، نـێـرانـه) یـه، خۆسەپـێـنـەر، دڕ(نـدە)

macintosh (قـاپـووت، كـوتـار{ڵ}) ی ئـاو نـەدز

mackerel جۆره ماسی یـەكـی دەریـای یـه

mackintosh (قـاپـووت، كـوتـار{ڵ}) ی ئـاو نـەدز

macro (پـێـشگـر، پـێـشكـۆ)یـه بـه واتـای (درێـژ، قـەبـه، زل، (فـراوان، فـره) ئـەنـداز)

macrocarpa درەختـێـكـی هەمـیـشه سەوزە؛ لـه دەورەی تـخـوبـی زەوی یـان دەچـێـنـرێ وەكـوو پـەرژیـن

macrocosm گـەردوون، هەبـوون، هەمـوو بـوون. تـەواوی (شیـرازە، سیـستـەم)ێـكـی ئـاڵـۆز و ورد

macroeconomics (خوێـنـدن، لـێـكـۆڵـێـنـەوە)ی ئـابـووری بـه (فـراوانـی، گـەشتـی) یا لـەسەر ئـاستـێـكـی (فـراوان، جیـهـانـی)

macron نـیـشانـەی (-؛ 'سەر') لـه نـووسیـن و چاپ دا؛ بـۆ (درێـژ، تـەسک، باریـک، هتـد) كـردنـەوە لـه زمانـی جیاجیـا دا دێـتـه بـەكار هاتـن

macroscopic بـیـنـراوە، گـەورە یـه، بـەچاو (دەبـیـنـرێ، دیارە)

macula (ماک، پـەرە{ڵ}، نـیـشانـەی زگـماک، خاڵ{ر})ێـكـی تـاریـكـی سەر پـێـستـی لـەش

maculate بـه ماكـه، پـەڵـەپـەڵـه یـه، خاڵـخاڵـه. ماكـی پـێـوەدەنـێ، پـەڵـەداری دەكا، خاڵـی لـێ دەكا

mad شێـت. زۆر (بـێ مـێـشک، گـیـل). زۆر ئـارەزوومـەنـد. زۆر تـووڕە

- cow disease *نـەخۆشی مانـگا شێـتـه*

like - *وەكـوو شێـت؛ بـه (وزە، ئـارەزوو) یـەكـی زۆر ەوه*

madam خانم، خوچه، 'مەدام'، خاتوو؛ بەڕێز ەوە (ئاماژە کردن، بانگردن، سەرنج راکێشان)ی ئافرەت

Madame خانم، خوچە، خاتوو(ن)، 'مەدام'؛ بۆ ئاماژەکردنی ئافرەتێکی فەرەنسی زمان. خوچە. خاتوو؛ بەڕێز ەوە (ئاماژە کردن، سەرنج راکێشان)ی ئافرەت

madcap هەڵەشە (یە)، ملهوڕ (ە)، ملنەر (ە)

madden شێت (دەکا. دەبێ). تووڕەی دەکا، هەڵی دەچوێنێ

madder (خم، سوبوغ)ێکی سوورە؛ لە رەگی رووەکێکەوە دەردەهێنرێ

made دروستکرد. دروستکراو، سازکراو. بەرهەم

- for *گونجاوە بۆ، بۆی دەبێ*

- of *پێکهاتووە لە، دروستکراوە لە*

- to measure *بەڕادان (کراوە، دراوە)*

madhouse شێتخانە. شوێنێکی بە غەڵبە غەڵب

madly شێتانە، بەشێتی. بەڕادەیەکی زۆر

madman (پیاوێکی) شێت

madness شێتی

Madonna مریەمی (شوو نەکردوو)؛ دایکی عیسای پێغەمبەر. (وێنە، پەیکەر)ی ئەو

madwoman (ژنێکی) شێت

maenad ئافرەتی مەی خۆرەوە. شێت، شێتبوو. تاقمێکی تایبەتە لە قەشەی ژن

maestro مۆسیقاژەنێکی (ناودار، بلیمەت)، مامۆستای (ئاواز، مۆسیقا). زۆر شارەزا لە بواری خۆی

mafia تاقمێکی تاوانکاریی رێکخراوە؛ لە دوورگەی سیسیلی خوار ئیتالیا سەری هەڵ دا. (کەسان، کۆمەڵ) یکی (ترسێنەر، بازاڕ تێکدەر، دەست تێوەردەری دەسەلات)

magazine گۆڤار، گۆوار. (یەدەک، عەمبار، مەخزەن)ی فیشەک

maggot کرم ی مێشی ناو ماڵ

maggoty کرماوی یە، مێشە گزگزەی لێداوە

magi (pl magus) مەجووسەکان؛ (پیر، شێخ)ەکانی وڵاتی فارسی کۆن. جادووکەر، دەجاڵ

the - *داناکانی رۆژهەلات*

magic جادو، سیحر. سەیر(ە). نایابە، زۆر باشە

- lantern *فانۆسی جادوگەر*

magical سیحربازانە. سەیرانە، سەرنج راکێشە

magician سیحرباز(ە). جادووکەر (ە)

magisterial بە دەسەلات، بەزاڵی. دەسەلات دارانە یە، (هی، تایبەتە بە) (بەڕێوەبەر، فەرمانبەر)ی یاسا

magistracy (بەڕێوەبەر، فەرمانبەر)یی (دادوەر، یاسا) یی. کاروباری (داد، یاسا) یی بەگشتی

magistral (فـەرمانـبـەری، فـەرماندەری) (یـە). بـە فـەرمان ە. (لـەسەر، بـە) راسپاردەی (پـزیـشک، هتـد) ە

magistrate دادوەر. قـازی. (فـەرمانـبـەر، بـەڕێوەبـەر)ی (داد(گا)، یاسا)یـی

magma شاخ و بـەردی تـواوەی (ژێـر، نـاو) زەمـیـن

magnanimity ڕەوشت پـاکـی، نـەرێت بـەرزی، هەست و کـردەوە بـەرزی

magnanimous جوامـێـر، ڕەوشت پـاک، نـەرێت بـەرز، هەست و کـردەوە بـەرز

magnate کـەسێـکـی دەوڵـەمـەنـدو بـە کاریگـەری؛ بـە تـایـبـەتـی لـە بـواری بـازرگـانـی دا

magnesium (ڕەگـەزی مـەگـنـیـسیـۆم (کـیـمیـا)

magnet (کـەس، شت) موقـنـاتـیـز{غ}. یـکـی سەرنـج ڕاکـێـش

magnetic هێـزی مـوغـنـاتـیـزی هەیـە، مـوقـنـاتـیـزە. (دبـێ، دەکرێ) بـە مـوقـنـاتـیـز. سەرنـج ڕاکـێـش انـە

- bearing *ئـاڕاستـەی مـوقـنـاتـیـزی*

- needle *(دەرزی، بـاسک)ی (ئـاڕاستـەنـما، قـیـبلـەنـما)*

magnetisation بـە مـوغـنـاتـیـز کـردن

magnetism (زانـست، دیـاردە) مـوقـنـاتـیـزی یـەکان. هێـزی مـوقـنـاتـیـزی

magnetize دەکا بـە مـوغـنـاتـیـز. وەک مـوقـنـاتـیـز ڕای دەکـێـشێ

magneto مـاتـۆڕی کـارەبـایـی

magnificence (نـایـابـی، گـەلـێـک بـاش، چاک)ی

magnificent زۆر (بـەجێ یـە، بـەرچاوە، نـایـابـە)، گـەلـێـک (بـاش، چاک)ە

magnifier گـەردبـیـن، زەڕەبـیـن

magnify (گـەورە. زل. قـەبـە) دەکا

-ing glass *زەڕەبـیـن. شوشـەی گـەورە کـردن*

magnitude زلـی، گـەورەیـی. پـێـوەر، قـەبـارە. گرنـگـی

magnolia جۆرە ڕەنـگـێـکـە؛ ڕەنـگـێـکـە لـە نـاوەنـدی زەرد و پـەمبـە و (نـارنـج، پـرتـەقـاڵ)ی. سوبـوغـێـکـی دیـوارە بـەم ڕەنـگـە

magnum شووشە یـەکـی (بـادە، مـەی)ە دوو بـەقـەد هی ئـاسایـی گـەورە یـە

magpie بـاڵـنـدەیـەکـی جۆری قـەلـەڕەش ە؛ بـە کلـک یـکـی درێـژ، پـەڕی ڕەشو سپـی، وە دەنـگـێـکـی نـاخۆش ەوە

magus مـەجووس؛ (پـیـر، شێـخ)ی وڵاتـی فـارسی کـۆن. جادووکـەر، دەجاڵ

Magyar (ئـەنـدامێـکـی، سەربـە) نـەتـەوەی سەرەکـی یـە لـە وڵاتـی هەنـگـاریـا

mahogany دارێـکـی بـتـەوی{پ} قـاوەیـی سوور بـاوە؛ لـە هەرێـمـە گـەرمـەسێـر ەکانـەوە دێ و (کـرسی، مـێـز، هتـد)ی نـایـابـی لـێ دروست دەکـرێ. ڕەنـگـی قـاوەیـی (سووربـاو، مـەیـلـەو سوور)

mahonia ڕووەکـێـکـی هەمـیـشە سەوزە

mahout (شوفـێـر، سوار)ی فـیـل

maid کارەکەر؛ خزمەتکاری مێ ینە. کیژۆڵە، کیژگە. ئافرەتی گەنج
old - *قەیرە (کچ، کیژ)*
maiden کیژۆڵە، کیژگە. گەنج و شوونەکردوو. ئاژەڵێکی مێ ینەی (هێشتا) ئاووس نەکراو. تازە، (بۆ) یەکەمجار
- name *ناوی خێزان یی ئافرەت بەر لە شووکردن ی*
- trip *گەشتی یەکەمی پاپۆڕێک (ی نوێ)*
maidenhair جۆرە رووەک ێکە؛ بە (تاڵە ریشی وەک موو، تووکە حەرامە) و گەڵای پەڕ(ەمووچ)ئاسای ناسک ەوە
maidenhead پەردەی کچێنی؛ هی (پێش، کاتی) شووکردن
maidenhood کیژی، گەنجیی پێش شووکردن. تازەیی، نوێ بوون
maidenly کیژانە، بەکیژی، پێش شووکردن. بە تازەیی، بە نوێی. ئابڕوو دار (ان) (ە)
maidservant کارەکەر؛ خزمەتکاری مێ ینە
mail (1) (نامە، ئیمەیل) دەنێری. نامە، هەناردە، پۆستە. (شیرازە، سیستەم، دامەزراوەکان، دەزگاکان)ی (نامە، ئیمەیل، هتد) هەناردن
- order *شتکرین لەڕێگەی پۆستەوە؛ بە راسپاردن، بە ڕادان. بازرگانی کردن لە رێگەی پۆستەوە*
-ing list *تۆماری ناو و جێنیشانی ئەو (کەس، کۆمپانیا)انەی نامەیان بۆ (رەوان دەکرێ، دەنێردرێ)*
mail (2) قەڵغان، زرێ
mailbag (کۆڵەپشت، هەگبە، کیسە)ی نامە هەڵگرتن
mailbox [US] (سندووق، کون، درز)ی نامە (ناردن، تێ هاویشتن)؛ ی (سەر جادان، ناومالان، هتد)
mail-shot ناردنی نامەی پڕو پاگەندەی شتی (فرۆشتەنی، هەرزان فرۆشی، هتد) بۆ خەڵکێکی زۆر؛ بەو هیوایەی هەندێکیان کریاربن
maim پەکی (دەخا، دەکەوێنێ). بێ توانای دەکا. کەم ئەندامی دەکا
main سەرەکی، بنەڕەتی. گرنگترین. گەورە
- door *دەرگای سەرەکی*
- line *هێڵی شەمەندەفەری نێوان شارە گەورەکان*
- point *خاڵی گرنگ، خاڵی سەرەکی*
- road *جادەی گەورە*
in the - *بە زۆری*
mainframe کۆمپیوتەری گەورە و بە هێز؛ لە دامەزراوە گەورەکان و لە کۆندا باو (ن، بوون)
mainland (بەشی سەرەکی ناوەوەی وڵات، بەشە وشکایی هەرە گەورەی وڵاتێکی دەریایی (بێجگە لە دورگە کانی)
mainly بەزۆری، بە شێوەی سەرەکی
mainmast ستووندەگی (ناوەندی، سەرەکی)ی (پاپۆڕ، کەشتی، هتد) یەک
mainsail کوتاڵی (باگر، باکێش) ی هەرە گەورەی (کەشتی، هتد)

یـەک

mainspring ئـیـسپـرینـگـی سەرەکـیـ (کاتـژمـێـر، هـتـد). بـزوێـنـەر، هـێـزی بـزوێـنـەر

mainstay پـاڵـپـشتـی سەرەکـی

mainstream (کۆمـەڵ، رامـیـاری، بـیـرورا، جلـوبـەرگ، هـتـد)ی (بـاو. زاڵ. زۆربـە، زۆریـنـە). (جۆگـلاو، بـەش)ی هەرە گـەورەی روبـارێـک

maintain (1) بـەردەوام دەبـێ. رادەگـرێ، دەپـارێـزێ، ئـاگـای لـێ دەبـێ. پـاڵـپـشتـی دەکـا. (هۆکـار، ئـامـراز)ی دەخـاتـە بـەر دەست

maintain (2) سوور دەبـێ، (دووبـارە) پـێ دادەگـرێ (تـەوە). رادەگـەیـەنـێ، رای دەردەبـڕێ

maintenance (1) پـاراستـن، ئـاگـا لـێ بـوون. (پـاڵـپـشتـی کـردن، یـارمـەتـی دان)ی کـەسێـکـی (پـیـر، پـەککـەوتـە، بـێکـار) بـە (پـارە، خزمـەتـگـوزاریـی خۆرایـی، هـتـد)

maintenance (2) (پـارە، نـەفـەقـە)ی ژنـی تـەلاق{ر} دراو (یـا بـەجیـا ژیـاو)

maisonette (یـەکـە یـەکـی نـیـشتـەجێـی، کـەرتـە خانـوو یـەک) کـەوا لـە زیـاد لـە لـە یـەک (نـهـۆم، قـات) پـێـکـهـاتـبـێ. خانـوو یـەکـی بـچووک

maize (رووەک. هـێـشوو{وشی}. دەنـک)ی (گـەنـمـەشامـی، شامـداری)

majestic خاوەن شکۆ. رێـز لـێـنـراو. شا یـانـە، شانـشایـی

majesty خاوەنـشکـۆیـی، مـەزنـی

her - the queen *شاژنـــی خاوەنـشکـۆ*

his - the king *شای خاوەنـشکـۆ،* *شانـشای بـەشکـۆ*

major زل، گـەورە. گـرنـگ. زاراوەیـەکـی مـۆسیـقـایـیـە. پـێـگـەیـشتـووە، لـەتـەمـەنـی یـاسایـی دایـە. پـلـەیـەکـی (لـەشکـر، سەربـاز)ی یـە

majority (بـەش، کـەرت، ژمـارە، هـتـد)ی (زۆربـە، زۆریـنـە، زۆری). زیـادە (ی دەنـگ؛ لـە هەڵـبـژاردن دا). لـە تـەمـەنـی یـاسایـی بـوون

- rule *(بـنـەمـا، یـاسا)ی (بـالادەستـیـی، دەسەلاتـی) زۆربـە*

make سازدەکـا، دروست دەکـا. دەبـێـتـە هۆی، هەواداری دەکـا. پـەیـدا دەکـا. وای لـێ (دێ، دەکـا). دەتـوانـێ. نـیـشانـە، مـارکـە

- away with *لادەبـا، لـەنـاو دەبـا*

- do *پـێـکـی دەهـێـنـێ، دەسازێـنـێ؛ بـەبـێ هەبـوونـی ئـامـرازو تـەدارکـی تـەواو*

- fortune *دەوڵـەمـەنـد دەبـێـت، پـارە پـەیـدا دەکـا*

- good *چاک دەکـاتـەوە، دەداتـەوە، (قـەرەبـووی، تـۆڵـەی بـۆ) دەکـاتـەوە. وەدەست دەهـێـنـێ، سەرکـەوتـوو دەبـێ*

- haste *پـەلـە دەکـات*

- it *لـەکـاتـی خۆی دەگـا(ت)*

- it up *تـۆڵـەی بـۆ دەکـاتـەوە*

- land *لـە زەمـیـن نـزیـک دەبـێـتـەوە*

- money *پـارە پـەیـدا دەکـا، دەوڵـەمـەنـد دەبـێـت*

دەبێتە هۆی، هەواداری دەکا. پەیدا دەکا. وای لێ (دێ، دەکا). دەتوانێ. نیشانە، مارکە

- of لێی دروست دەکا. ئەنجام (هەڵدە هێنجێ، وەدەست دەهێنێ)، سەری لێ دەر دەکا

- off هەڵدێ

- off with دەبا، دەدزێ (و هەڵدێ)

- or break هات و نەهاتە، یان دێ یان دەچێ

- out تێی دەگا. لێکی دەداتەوە

- sure of دڵنیادەبێ لە

- up پێکدەهێنێ، دروستدەکا. دەگونجێنێ. (بۆی) هەڵ دەبەستێ. درۆ دەکا

- up one's mind بڕیاردەدا، بیری یەکلا دەکاتەوە

- water میز دەکا

- way ڕێی (دەدا، دەکاتەوە)، مۆڵەتی تێپەڕینی دەدا(تێ).

- way for ڕێی پێ دەدا، بۆی چۆل دەکا؛ تا جێی بگرێتەوە

-up سووراو، دەرمانی ئارایشی ژنان. پێکهاتە (ی شتێک)

maker سازەندە، سازیار، دروستکەر. خودا(وەند)، یەزدان

makeshift (کەس، شت) ێکی جێگری کاتی

makeweight پارسەنگ؛ قورساییەکی کەمە بۆ (هاوتا، ڕاست) کردنەوە

making سازاندن، دروست کردن

in the - خەریکە (دروست دەبێ، دێتە کایەوە)، لە 'پرۆسەی' دروست بوون دایە

-s داهات، قازانج. تایبەتمەندی یەکان (ی کەسێک، شتێک)

mal- (پێشگر، پێشکۆ)یە بەواتای (خەراپ بوو، تێکچوو. بەد، ناڕێک)

malachite بەردێکی (کەسک، سەوز)ە بۆ جوانی بە کار دێ

maladjusted (کەسێکی) نەگونجاو لەگەڵ بارودۆخێکی کۆمەلایەتی

maladminister بە ناڕێکی بەڕێوەی دەبات، خەراپ جێبەجێی دەکات

maladroit ناڕێک، جەلەبی

malady دەرد، نەخۆشی

malaise کەمە نارەحەتی یەکی گشتیی لەش. هەستکردن بە بێ (ورە، وزە)یی

malar (هی، تایبەتە بە) ڕوومەت. ئێسکی ڕوومەت

malaria گرانە تا؛ تا یەکی زۆر و دووبارە بۆوە و کوشندە؛ بە هۆی مێشوولە وە دەگوازرێتەوە

Malay (هی، تایبەتە بە) خەڵکێکی زۆر لە وڵاتانی مالیزیا و ئیندۆنیسیا. زمانی ئەو خەڵکە

malcontent بێزار، ناڕازی. دڵ ئاو نەخواردوو

male نێر، کەڵ. نێرە، نێرینە. (بەش، سەر، پارچە)ی نێرەی (ئامراز، شت)ێک کە بچێتە ناو بەشی مێ ینە لە یەکی دی

نەفرەت.

malediction جوێن

malefactor تاوانبار، شەرانی

malefic زیانبەخش

maleficent زیانبەخشە

malevolence شەڕخواستن (بۆ خەڵکانی دی)، دڵڕەشی، کینە

malevolent شەڕخوازە (بۆ خەڵکانی دی)، دڵڕەشە، کینەدارە

malfeasance هەڵسوکەوتی (خەراپ، نابەجێ، نارەوا، نایاسایی)؛ بە تایبەتی لە (کارمەندی، فەرمانبەری، بەڕێوەبەری، هتد)

malformation خەراپ (دروست بوون، پێکهاتن)

malfunction خەراپ کارکردن، بە ئاسایی ئیش نەکردن. کار ناکا، خەراپ (کار دەکا، دەگەڕێ)

malice ئارەزووی زیان گەیاندن؛ کینە، دڵڕەشی، شەڕخوازی. نیازی خەراپە (یاسا)

- aforethought *نیازی تاوان ئەنجام دان؛ بە تایبەتی کوشتن (یاسا)*

malicious (کەس، کار)ێکی زیان گەیەنەر، کینەدار، دڵڕەش، شەڕخواز. بە نیازی خەراپە (یاسا)

malign (شتێکی) زیانبەخش. (نەخۆشی یەکی) (تەشەنە کردوو، زۆر پیس). شەڕخوازە (بۆ خەڵکانی دی)، دڵڕەشە. (زمان، وشە، وتە)ی ئازاردەر. شەڕ دەدوێ؛ زمانی بە خێر ناگەڕێ

malignant (نەخۆشی یەکی) (تەشەنە کردوو، زۆر پیس). دڵڕەش، بەقینە{ک}، زیانبەخشە. پیس، قرێژ

- tumour *لاڕەشە، نەخۆشی یەکی پیس و تەشەنە کردوو وە، شێرپەنجە*

malignity (هەست، وتە، کردار)ی (دڵڕەشی، قینەداری{ک}، زیانبەخشی. قرێژی)

malinger خۆ نەخۆش دەخا؛ خۆی وەک نەخۆش لێ دەکا؛ بەتایبەتی بۆ خۆ لە کار (رزگار کردن، دزینەوە)

malingerer خۆ نەخۆش خستوو؛ خۆ وەک نەخۆش لێ کردوو

malingering خۆ نەخۆش خستن

mall (رێباز، رێڕەو) ێکی گشتی (ی داپۆشراو). بازاڕ(چە). شوێنی پیاسە. کوتکی دار

mallard جۆرە (مراوی، سۆنە) یەکی کێوی یە

malleable لە کار دێ، (ئاسن، هتد) ێک کەوا چەکوچ کاری (ی لەگەڵ) بکرێ. (کەسێکی) (نەرم، ئاسان کار تێکراو)

mallet کوتکی دار، تێلا. داری (بەکار هاتوو لە هەندێ) یاری (یان)

mallow جۆرە رووەکێکی قەد و تووکنە؛ بە گوڵی پەمبەیی گەلا یا مۆر ەوە

malnourished کەم خواردوو، (یەک، کەم) جۆر خواردوو. بە ناتەواوی دەرخواردراو

malnutrition خواردنی ناتەواو، کەم خواردنی، (یەک، کەم)

جۆر خواردنـی. (خۆراک، خواردەمەنـی)ی بـێ پـێز

malodorous بـۆن پـیس (ە)

malpractice (کار، کردەوە، هەڵسوکەوت)ی (هەڵـە، نارێک، خەراپ، نابەجێ، پشتگوێخەر)؛ با تایبەتی لـە (کارمەندی، فەرمانبەری، بەڕێوەبەری، هتد)

malt ئاوی جۆ (یا هەندێ دانەوێڵەی{ر} دی). جۆ ی ئامادەکراو بۆ ئەم کارە

Maltese (خەڵک، زمان)ی (وڵات، دورگە)ی ماڵتا؛ ی نێوان ئیتالیا و لیبیا

maltose (شەکر، شیرنی)ێکە لـەش (بە ئەنزیم، تف) دروستی دەکا لـە دانەوێڵە

maltreat (بەد، خەراپ) (رەفتار، هەڵسوکەوت)یی لـەگەڵ دەکا، ئازاری دەدا، زیانی پێ دەگەیەنێ

malversation پارە (دزین، قاچاندن) لـە میری. (خاوە، بەرتیل) خواردن

mama داک، دایک

mamba جۆرە مارێکی ژەهرداری ئەفریقاییە

mamma دایک، داک

mammal لـە شیردەر ەکانە، گیانلەبەری شیردەر. دایکانە (یە)

mammary (هی، تایبەتە بە) مەمک

mammogram وێنەی وەدەستهاتوو لـە دەزگای تیشکی 'ئێکس' گرتنی مەمک

mammography (وێنە، تیشک)ی 'ئێکس' گرتنی مەمک(ان)؛ بۆ (زوو، پێشوەخت) دۆزینەوەی (گرێ، نەخۆشی)ی پیس

mammon (سامان، دەوڵەمەندی) دانان بە شتێک لـە خوا وە (یا بە چڵکی دەست)

mammoth زۆر گەورە، زەبەلاح. گیانلەبەرێکی (تۆبڕاوی، دوابڕاوی) فیل ئاسا بوو؛ لـە سەردەمی زۆر کۆن دا دەژیا -

mammy دایک، داک

man پیاو، زەلام. مێرد. خەڵک و تەدارەک دەنێرێ. پاسەوانی لـی دەگرێ. پاسەوانی بۆ دادەنێ، خەڵکی لـە سەر دادەنێ

- *at arms* *سەرباز، چەکدار*

- *made* *سازکراو، ناسروشتی*

- *of letters* *خامە بە دەستە، نووسەرە، رۆشنبیرە*

- *of war* *کەشتیی جەنگی*

- *to man* *رووبەڕوو، بەرەو روو، بە راستگۆیی*

best - *هاوڕێی زاوا، ولاشی زاوا (نەوەک ولاش زاوا)*

head - *سەرۆک، بەرپرسیار*

-ned *پاسەوانی هەیە، خەڵکی (بە دیارەوەیە، تێدایە)*

manacle(s) کۆت، دەستبەند، زنجیر، کەلەپچە

manage بەڕێوەدەبا، دەگێڕێ، رێکدەخا. دەتوانێ. زاڵدەبێ (بەسەر کێشە یەک دا)

manageable لـە بەڕێوە بردن هاتوو؛ بەڕێوە دەبرێ، دەگێڕدرێ، رێکدەخرێ. کردەنی یە

management بەڕێوەبردن.

بەڕێوەبەری یەک. گێڕان. ڕێکخستن. (شت بەڕێکی) کردن

manager بەڕێوەبەر. تەگبیرکەر. کارگێڕ، ڕێکخەر. جێبەجێ کەر

general - *(بەڕێوەبەر، کارگێڕ)ی گشتی*

manageress (بەڕێوەبەر. تەگبیرکەر. کارگێڕ، ڕێکخەر. جێبەجێ کەر) ی مێ ینە

managing director (کارگێڕ، ڕاوێژکار) ی بەڕێوەبەر

manatee گیانلەبەرێکی شیردەری گەورەی گیاخۆری ئاوی یە

mancunian (هی، خەڵکی) شاری مانچێستەر ە؛ لە ئینگلتەرە

mandarin زمانی سەرەکی لە ولاتی چین(س، ص). (کەس، کارمەند، فەرمانبەر) ێکی (دەست ڕۆیشتوو، خاوەن دەسەلات)

mandate بڕیار (ی فەرمانی)، پێویستی. دەسەلات، ئەرک. نوێنەری. ڕایدەسپێرێ، بڕیاری دەداتێ، دەسەلات داری دەکا(ت)

mandatory پێویستە، دەبێ بکرێ؛ نەکردنی بۆ نی یە. بڕیار دەر(انەی)ە، (هی، تایبەتە بە) بڕیارێک(ە)

mandible قەوچە. ئێسکی قەوچە. هەرکام لە دوو بەشی (دەنووک، دونووک)ی (مەل، باڵندە). هەمان ئەندام لە مەگەز دا

mane مووی درێژی سەر ملی (ولاغ، شێر، هتد). (پرچ، قژ، موو)ی درێژی کەسێک

manege قوتابخانەی (مەشق (دان. کردن)، ڕاهێنان)ی سواری. جموجۆل ەکانی ولاغێکی ڕاهێنراو. سوارچاکی

manes گیانی (پاکی) (پیاوچاکان، مردووان، پێشینیان)

manful ئازایە، بەبڕیارە، پیاوانەیە

manganese ڕەگەزی مەنگەنیز (کیمیا)

mange گەڕی، گرووی؛ نەخۆشی یەکی پێستە لە گیانلەبەرە (موو، خوری) دارەکان

- tout جۆرە *(دانەوێڵە، دەنک)* ێکە بە *(تۆکڵ، توێکڵ، کیفک)* ەوە دەخورێ

manger (ئاخوڕ، ئالیکدان؛ تەشتی لەوەڕ)ی ولاغان

mangle مەکینەیەکی (یەک، دوو) لوولەی یە بۆ ئاو لێ گوشین و ئوتی کردنی جلک(و بەرگ)ان. دەشێوێنێ، تێکدەدا، دەیگۆڕێ

mango (درەخت، میوە)ی مانگۆ

mangy گەڕ، گڕوو

manhole (کون، دەروازە)ی زێرابی (داپۆشراوی) سەر جادە و شۆستان

manhood دۆخی پیاوی، پیاو بوون. پیاوانەیی، ئازایی. پیاوەتی؛ توانای (زاوزێ، جووتبوون)ی پیاوێک

manhunt گەڕان (ێکی ڕێکخراو) بە دوای کەسێک دا؛ بەتایبەتی تاوانبار(ێک)

mania (1) (شێتی، نەخۆشی ی مێشک)؛ بە هاروهاجی و زەبر ەوە. (هەوەس، ئارەزوو) یەکی زۆر

mania (2) (پاشگر، پاشکۆ)یە بە واتای جۆری (شێتی، هاروهاجی. هەوەس، ئارەزوو)

maniac شێتە، هاروهاجە. زۆر (

هەوەسدار، ئارەزوومەند)

manic شێتانە، هاروهاجانە. بە (هەوەس، خواست، ئارەزوو) یەکی زۆر

manicure (ئارایش، رازاندنەوە، لە خەنە گرتن، هتد)ی (دەست، ناولەپ، نینۆک). ئارایش دەکا، دەرازێنێتەوە، لە خەنە دەگرێ

manifest ئاشکرایە، دیارە، لەبەرچاوە. (هەست، چۆنییەتی) ی خۆی (دەردەبڕێ، دەردەخا)؛ بە هەڵسوکەوتی. روونەدەکاتەوە، دەخاتە بەر چاو. دەسەلمێنێ. دەردەکەوێ. (جنۆکە، هتد)

manifestation (ئاشکرا، دیار) کردن. لەبەرچاوبوون. هەست (ی خۆ) دەربڕین بە هەڵسوکەوت. دەرکەوتن. دەرخستن. سەلماندن. (جنۆکە، هتد) پەیدا بوون

manifestly بە ئاشکرا، بە بەرچاو ەوە. بە روونی

manifesto بڵاوکراوە. پەیڕەو و بەرنامەی (کۆمەڵە، پارتی) یەکی رامیاری. بەیان

manifold زۆر و جیاجیا. فرە (شێوە، بەش، بەکارهێنان، هتد). (بۆڕی، لوولە، هتد)ی دابەشبوو بەسەر چەند کونێک

manikin کورتیلە، بالانزم، بچووک، شەمووڵە

manipulate (1) دەگێڕێ، بەکاردەهێنێ. (کەس، شت، بارودۆخ)ێک (نارەوایانە) بە سوودی خۆی (وەردەچەرخێنێ، بەرێوە دەبا)

manipulate (2) (نووسین، زانیاری) تاوتوێ دەکا بە کۆمپیوتەر

manipulation گێڕان، بەکارهێنان. (کەس، شت، بارودۆخ)ێک بە سوودی خۆ وەرچەرخاندن. (نووسین، زانیاری) تاوتوێ کردن بە کۆمپیوتەر

mankind رەگەزی مرۆ(ڤ). خەڵکی نێرینە

manlike پیاوانە، پیاو ئاسا، وەکوو پیاو

manliness پیاوانەیی. ئازایی. پیاوەتی

manly بە (پیاوانە، مەردانە)

manna گەزۆ. لە ئاسمانەوە. لە خواوە. چاوەڕوان نەکراو

manned پاسکراوە، پاسەوانی هەیە، خەڵکی (بە دیارەوەیە، تێدایە)

mannequin پەیکەری جل و بەرگ(ان)؛ کە لە ناو جامخانەی دوکانان بەکار دێ(ت)

manner (شێوە، چۆنیەتی) (ی شت (کردن، روودان))

in a - *بە شێوەیەک لە شێوەکان*

-s *هەڵسوکەوتی (کۆمەڵایەتی، ناوکۆمەڵ)*

mannered (پاشگر، پاشکۆ)یە ئاوەڵناوێک لە یەکی دی پێک دەهێنێ بە واتای (ـــ رەوشت، رەوشتـــ)

mannerism (رەفتار، رەوشتکاری) ی کەسێک لە (دوان، هەڵسوکەوت، هتد). شێوەکاری لە (هونەر، هتد)

mannerly بە رەوشتە، بەڕێزە. بە رێو جێ یە

manners (رەوشت، هەڵسوکەوتی

کۆمەڵایەتی، ناوکۆمەڵ)

manning پیاو، زەلام. مێرد. خەڵک و تەدارەک دەنێرێ. پاسەوانی لی دەگرێ. پاسەوانی بۆ دادەنێ، خەڵکی لە سەر دادەنێ

mannish ئافرەتێکی (نێر، پیاو) ئاسا؛ لە لەشی یا بە هەڵسوکەوتی. پیاوانە یە؛ تایبەتە بە پیاو، هی پیاوە

manoeuvre (کار، هەڵسوکەوت) ێکی (ژیر، زیرەک)انە. (کەس، شت)ێک (هونەرمەند، بلیمەت) انە بەکار دەهێنێ

manoeuvre (1) (جموجۆڵ، بزووتنەوە، بەلاداهاتن، هتد)ی (داڕێژراو، ڕێکخراو، بە پلان). ئۆتومبیل بە (وریایی، لێزانی) (د(ەهـ)اژوا، بادەداتەوە). کۆمەڵێک سەرباز

-s *(مەشق، راهێنان)ێکی فراوانی لەشکر (ێک)*

manoeuvre (2) (کار، هەڵسوکەوت) ێکی (ژیر، زیرەک) انە. (کەس، شت)ێک (هونەرمەند، بلیمەت) انە بەکار دەهێنێ

manor زەویو زاری (دەرەبەگ، ئاغا). تاکە خانوویەکی گەورەی بە زەویو زار. تەلار

- house *تاکە خانوویەکی گەورەی بە زەوی و زار. تەلاری (خان، ئاغا، دەرەبەگ، میر، هتد)*

manpower (دەست، هێز)ی کار

mansard سەربانێکی بە چوار لای (لێژ، رک)

manservant خزمەتکار، خزمەتچی

mansion (خانوو، ماڵ) ێکی گەورە

-s *(خانوو، ماڵ) ێکی گەورەی پێکهاتوو لە چەند یەکەیەکی نیشتەجێی*

manslaughter (خەتای) کوشتنی (پلان بۆ نەکێشراو، بێمەبەست، نەخوازراو)ی کەسێک؛ بە (هەڵە، کەم تەرخەمی، هتد)

mantel ئاگردان

- piece *سێکووچکەی ئاگردان*

-shelf *(دەلاقە، تاق)ی سەر ئاگردان*

mantilla چارۆگە، (چەفیە، هەوری)ی سەر سەر و شان و مل

mantissa (کەرت، بەش، ژمارە)ی دوای فاریزە (ماتماتیک)

mantle چارشێو، (پۆشاک، پۆشش) ێکە بۆ هەموو لەش، مانتۆ، عەبا

mantrap (داو، تەڵە) یەکە بۆ کەس (ان) ێکی تخووب بەزێن

manual دەستی، دەستی یە. بەدەست کار دەکا. کارنامە (ی ئامێر و دەزگایان کە تێیدا باسی چۆنیەتی کار کردن یان دەکا)

manufacture پیشەسازی. (ساز، دروست) (کردن. دەکا). (بەڵگە، چیرۆک، هتد) هەڵدەبەستێ

manufacturer پێشەساز، سازگەر، سازکار، بەرهەم هێنەر

manure پەین، زبر{ڵ}؛ بە تایبەتی (ریخ، تەپاڵە، قەستەقول، قشپل، هتد). زەوی (پەین، زبڵ{ر}) دەدا

manuscript پەڕتووک ێکی دەست نووس. دەستخەتی نووسەر. بە

شێوەی نووسراو. دەستنووسە، دەسخەتە

many تەواوێک؛ هەندەک زۆر. ژمارەیەک، بەژمارە. زۆر، فرە

a great - *گەلێک زۆر، ژمارەکی زۆر*

how -? چەند *(دانە)؟*؛ *بۆ شتێک بژمێردرێ وەک هێلکە، نان، هتد*

Maoism ماوچیەتی؛ بیر و باوەڕی کۆمۆنیستیی ماو زیدۆنگ؛ ڕێبەری کۆماری گەلیی (چین، سین(ص))

Maori (خەڵک، دانیشتوان، نیشتەجێ)ی (بنەڕەتی، کۆن، ڕەچەڵەکی)ی وڵاتی نیوزیلاند(ن)

map نەخشە (ی (روو، رووبەر)ی (بەشێکی) زەوی)، ڕێنما. هێڵکاریی بەشەکانی دەزگا یەک. نەخشە کێشێ دەکا. (شتێک) (دەگونجێنێ بە، بەراورد دەکا بە، دەکێشێتە سەر) یەکی دی

maple جۆرە (دار، درەخت)ێکە

mar دەشێوێنێ، تێکدەدا، ناشیرنی دەکا. کورتکراوە یە بۆ مانگی (مارت، ئازار)

marathon مەراثۆن، کێبەرکێی راکردنی مەودا درێژ (وەرزش). (گفتوگۆ، ئەرک، شت)ی درێژخایەن

maraud ڕێگری، دزی، جەردەیی، رووتکردنەوە. رووت دەکاتەوە، دەدزێ

marauder دز، ڕێگر

marble بەردی مەڕمەڕ. (گوللە، کەلا)ی یاری

marc تلّپە میوە (ی گوشراو)

march نەورۆز(خاکەلێو)، ئازار، مانگی سێ یەمی ساڵی زایینی. ڕۆیشتن، خۆپیشان دان. خۆپیشان دەدا

marchioness (بێوە)ژنی خان؛ نازناوێکی بەریتانی یە بۆ پلەیەکی کۆمەڵایەتیی ئافرەت

mardi gras ڕۆژی (خۆشی، رابواردن). دوارۆژی ئاهەنگێک

mare مایین

margarine جۆرە کەرەیەکە

margin (لێوار، رۆخ، پەراوێز)ی (رووبەرێک. لاپەرەیکی چاپکراو، هتد). چەند (یکی (زیادە، لە کورتی دان)). رادە. (لە) پەراوێز دەنووسێ

- of error *سەدەی زیاد وکەمی لە ژماردن*

marginal (هی، تایبەتە بە) پەراوێزەوە. لەرۆخە، نزیکە. لاوەکی، کەمبایەخ، ناگرنگ. قازانج نەکردوو، نزیک بە مایە (ی خۆی)

marginalize وەلای دەنێ، بایەخی کەم دەکاتەوە، لە پلەی کەم دەکاتەوە

marigold جۆرە درەختێکە؛ بە پەلکی زێڕین یا زەردی گەش

marihuana گەڵای وشکەوە کراوی جۆرە رووەکێکە؛ (گێژ، هێڕ) کەرە؛ لە (گەڵ، ناو) جگەرە (دەخورێ، دەکرێ)

marijuana گەڵای وشکەوە کراوی جۆرە رووەکێکە؛ (گێژ، هێڕ) کەرە؛ لە (گەڵ، ناو) جگەرە (دەخورێ، دەکرێ)

marina بەندەری یاریگا و بەلەم و پاپۆڕی (پیاسە، رابواردن)

marinade چێژ و خوێ؛ تێکەڵە یەکی خوێ، مەی، سرکە، ڕۆن، بەهارات، و هتد کە (گۆشت، ماسی)ی تێوەردەدرێ بۆ چێژ وەرگرتن پێش کوڵاندنی. لەو تێکەڵەی (دەنێ، دەهاوێ)

marinate بە چێژ و خوێ دەکا؛ بە خستنە ناو تێکەڵە یەکی خوێ، مەی، سرکە، ڕۆن، بەهارات، و هتد

marine دەریایی، ئاوی

mariner دەریاوان

marital هی (پەیوەندیی) ژنومێردی

maritime پەیوەندە بە (دەریا، هاتوچۆی دەریایی) وە. لە (نزیک) دەریا دا (دەژی، دەبینرێ)

marjoram جۆرە بەهارات یێکە

mark (1) نیشانە، شوون، وەشمە، خاڵ، پەڵە{ر}. پلەی (سەرکەوتن، چالاکی)ی قوتابی لە وانەکانی دا. نیشاندەکا. نیشانی لێدەدا

- down *هەرزان دەکا، نرخی دادەگرێ. هەرزان بوون، نرخ داگرتن*

- off *جیایان دەکاتەوە*

- up *گران دەکا، نرخی (بە) سەردەخا. نرخ سەرختن. قازانج، سوود*

exclamation - *(جێگە، شایان) ی سەرسوڕمانە. نیشانەی سەرسوڕمان لە چاپ و نووسیندا (!)*

question - *وەلام(ی) (دەخوازێ، دەوێ). (جێگە، شایان)ی پرسیارە. نیشانەی پرسیار لە چاپ و نووسیندا (؟)*

mark (2) کورتکراوە یە بۆ یەکەی (دراو، پارە)ی ئەڵمانیا بە واتای؛ *= Deutschmark* *مارکی ئەڵمانی*

marked بەنیشانە، نیشانەدار. نیشانەکراو. دیار، ئاشکرا. نیشانەیکرد

- man *کەسێکی دەست نیشان کراو بۆ (لێدان، کوشتن، هتد)*

marker نیشانەکەر. دەستنیشان کەر. (شت، کەس) ێک کە (جێگە، خاڵ، هتد) ێک (نیشان، دیاری) دەکا. جۆرە خامەیەکی ڕەنگاوڕەنگی تەڕە

market بازاڕ، بازێڕ

- place *(بارودۆخ، جیهان)ی بازرگانی. بازاڕی (سەر والا، گۆڕ(ەپان)ان)*

- price *نرخی ئێستای ی شتێک لە بازار دا*

- value *(بایی، بەها)ی شتێک ئەگەر بێت و بخرێتە بازاڕ ەوە*

put on the - *دەخاتە بازاڕەوە، دەیفرۆشێ*

marketable برەودارە، بەرەواجە، باوە، دەفرۆشرێ

marketing هەناردنە بازاڕ. کڕینوفرۆشتن. (خوێندن، لێکۆڵینەوە لە) کڕین و فرۆشتن

marking(s) (جێ) نیشانە. (مۆر،

مەبەست)ی یەکتر خواستن و خێزان پێکهێنان
- certificate *بەڵگەنامەی ژنومێردی*
- of convenience *(ژنهێنان، شووکردن)ی بێ خۆشەویستی و (لە پێناوێک دا، بۆ سوود وەرگرتن ێک)*
civil - *ژنهێنانی نا ئایینی؛ بە بێ مارەکردن؛ لە دادگا دا*
marriageable ئامادەی شووکردنە، لە شووکردن هاتوو
married خێزاندار(ە)، ژنومێردن؛ شووکردوو، بەمێرد، خاوەن ژن و ماڵ. هی خێزاندار (ە)
marrow میوەیەکی وەکو کودوو{کودی}ی زەردە. (گۆشت، مێشک، چەوری)ی (ناو) ئێسک. (بەش، شت) ێکی پێویست
marrowbone ئێسکی بە (بۆشایی، کونی) پڕ (گۆشت، مێشک، چەوری)
marry دەیهێنێ، دەگوازێتەوە، شوودەکا. (دەچێتە ناو، دەبێتە) خێزان (ەوە). (دوو شت) یەکدەخا، پێکیان دەگەیەنێ
mars ئەستێرەی مارس. خودا(وەند)ی جەنگ
Marseilles (سروود، ئاواز)ی نیشتیمان یی فەرەنسا
marsh زەلکاو، قامیشەلان{ر}
- gas *بە گاز{غ}ی میشەین دەگوترێ*
- mallow *جۆرە رووەکێکە*
marshal پلەیەکی (ئەفسەر، لەشکر)یی بەرزە. فەرمانبەری (رێکخەر، بەرپرسیار)ی ئاهەنگ.

نیشانە)ی سەر (خوری، موو، پێست)ی لەشی ئاژەلان
marksman نیشانە شکێن، نیشانچی
marl لم (ی بە پێزی کشتوکاڵی)، زمیج. لمی تێدەکا، بە پێزی دەکا
marlinspike درێشە؛ ئامرازێکی بە نووکی وەک (شووژن، سووزن) و دەسکێکی (دار، ئاسن) ەوە
marmalade میوەی لە شەکراو دا کوڵاو بۆ هەڵگرتن و پاراستنی
marmoreal (هی، وەکو) مەڕمەڕ
marmoset مەیموون یکی بچووک؛ ی کلک مواوی و درێژ
maroon سوور{سۆر} یکی مەیلەو قاوەیی. (بەجێ دەهێڵێ، دووردەخاتەوە)؛ بە تایبەتی لە دورگەیەک. رێی دەگیرێ بە (با، باران، بەفر، هتد)
marquee (تاوڵ، چادر، خیوەت) یکی گەورەیە بۆ ئاهەنگ لەبن گێران
marquess خان؛ نازناوێکی بەریتانی یە بۆ پلەیەکی کۆمەلایەتیی پیاو
marquis خان؛ نازناوە بۆ پلەیەکی کۆمەلایەتیی پیاوێکی بێگانە
marquise (بێوە)ژنی خان؛ نازناوە بۆ پلەیەکی کۆمەلایەتیی ئافرەتێکی بێگانە
marriage خێزان (دانان، بوون)، ژن و مێردایەتی. ژنهێنان. بۆ یەک بوونی (یا نەبوونی) دوو شت (یا دوو کەس)
- bureau *کۆمپانیای دەلالی ی خەڵک پێک ناساندن؛ بە (هیوا،*

چاودێر (ی قەرەباڵغی). ڕێکدەخا، چاودێری دەکا

marshland زەوی یەکی بەرفراوانی پڕ لە (زەلکاو، قامیشەلان)

marshmallow شیرمەنی یەکی زۆر نەرمە، (رەحەتە) لوقم، لەوزینە

mart بنکە یەکی بازرگانی. هەراجخانە. بازار

marten گیاندارێکی شیردەری گۆشتخۆرە؛ لە شێوەی سیمۆرە گەورەترە؛ بۆ (فەرو، پێست) ەکەی راو دەکرێ

martial سەربازی، جەنگی. پەیوەندە بە ئەستێرەی مەریخ، هی مەریخە

- arts *وەرزشی گیانبازیی ڕۆژهەلاتی؛ وەک جۆدۆ و کاراتێ و هتد*

- law *(میر، فەرمانڕەوا)یی لەشکری کە یاسای ئاسایی (هەڵپەسێرێ، وەلانێ، لەکار بخا)*

court - *دادگای (لەشکر، سەرباز)ی*

Martian (هی، تایبەتە بە) ئەستێرەی مەریخ (ە). (گۆیا، گوایە) خەڵکی مەریخە

martin جۆرە پەرەسێلکەیەکە؛ بەتایبەتی (ماڵی؛ هی مالان)

martingale (ڕێشمە، قەراسە، قایش)ی سەربەندی ولاغان

martini جۆرە (مەی، شەراب)ێکی بۆن (دارە، خۆشە). تێکەڵەی ئارەق و شەراب، هتد

martyr شەهید؛ کەسێک (بکوژرێ، خۆی بەکوشتن بدا) لە (پێناو، رێ)ی (خوا، بیر، باوەڕ) ێک

martyrdom شەهیدبوون؛ مردن لە پێناوێک

martyrize شەهیدی دەکا. ئازاری دەدا

marvel شتێکی (نایاب، سەیر و سەمەرە، زۆر چاک)

marvellous شتێکی (نایاب، سەیر و سەمەرە) یە. زۆر (چاکە، باشە)

Marxism زانست و زانین و بیری ئابووری و رامیاری یەکانی کارل مارکس لەمەڕ (نەهێشتن، نەمان)ی سەرمایەداری و

- Leninism *مارکسی یەتی (گەشەسەندوو، پەرەپێدراو) بە باوەڕەکانی لینین*

Marxism (~) دامەزراندنی دەسەلاتی هاوبەشی (کۆمەڵ، خەڵک) بە سەر (کار، بەرهەمهێنان، ژیان، هتد)

marzipan شیرناتی و تام و بۆیەک کە بە سەر (کێک، هتد) دا وەردەکرێ

mascara کل، دەرمانی (برژانگی، پدووی) چاو رەش کردن

mascot (کەس، ئاژەڵ، شت) ێک کە گوایە (شانسهاوەرە، بەخت هێنە، دەرگای خێر دەکاتەوە)

masculine هی پیاوان (ە)، پیاوانە (یە)، تایبەتمەندیی پیاوانەی (هەیە، تێدایە). (هی، تایبەتە بە) نێر (ە (وە)) ، نێرە (یە)

mash تێکەڵەیەکی (هەڵپشێردراو شل). جۆرە ئالیک ێکە. جۆرە (هەویر، گیراوە)یەکە. هەڵدەپشێوێ، تێکەڵ و پێکەڵی دەکا؛ وەکو هەویری لێ دەکا

mask (رووپۆش، پەچە)ی (خۆ گۆڕین، (خو پاراستن، پارێزگاری) لە نەخۆشی)

masked رووپۆشراو، پەچەدار

mason وەستای دیواری (مەرمەڕ، بەرد، قایە). ماسۆنی (یە)؛ کەسێکی سەر بە تاقمی ماسۆن ە ئازادەکان

Masonic ماسۆنی (یە)؛ کەسێکی سەر بە تاقمی ماسۆن ە ئازادەکان

masonry (دیوار، بەرد)کاری، نەقاری، هتد. ماسۆنی یەت

masque (ئاواز، مۆسیقا)ی درامایی هاوڕێ لەگەڵ نواندنی بێدەنگ

masquerade خۆ گۆڕین بۆ (قەشمەری، گاڵتە(جاری)). خۆی دەگۆڕێ

mass (1) تۆپەڵ؛ شتێکی بێ رووبەر (یا شێوە) یەکی ئەندازەیی. سەنگ(ایی) (ت؛ نەوەک کێش). کۆبوونەوەی خەڵکێکیی زۆر. کۆدەبنەوە

- media *ئامرازەکانی راگەیاندنی بە کۆمەڵ؛ ئینتەرنێت، تەلەفیزیۆن، رادیۆ، رۆژنامە، گۆڤار، هتد*

- noun *ناو ێکی (نەژمێردراو، لەژماردن نەهاتوو)؛ ن؛ نان (رێزمان)*

- production *بەرهەمهێنانی میکانیک یی ژمارە یەکی زۆر لە هەمان شت، فرە بەرهەمهێنان، وەبەرهەم*

mass (2) (نوێژ، کۆبوونەوە) یەکی ئایینیی کاسۆلیکی یە. (ئاواز، مۆسیقا)ی تایبەت بەم کۆبوونەوە، هتد

massacre ئەنفال، فرەکوژی. ئەنفال دەکا، بەکۆمەڵ دەکوژێ

massage (دەمار، پشت) شێلان. دەشێلێ

masseur پیاوێک کە پیشەی پشت شێلانی خەڵکە

masseuse ئافرەتێک کە پیشەی پشت شێلانی خەڵکە

massive زۆر زل، زەبەلاح، مەزن

mast (1) ئەستووندەگ، داری (ئالا، پەرچەم، ئەیریال) هەڵگر، لوولە داری شاقوولیی سەرەکی سەر (بەلەم، کەشتی، هتد)

mast (2) جۆرە ئالیک ێکە دەدرێ بە بەراز؛ لە (بەروو، مازی(وو)، هتد) دروست دەکرێ

mastectomy مەمک بڕین بە نەشتەرگەریی

master (1) خاوەن (ماڵ، کار(گە)). سەروەر، بەڕێوەبەر. ئاغا، کوێخا، هتد. نازناوە بۆ (کوڕ، لاو) ێک تەمەنی لە خوارووی ١٨ ساڵ بێ

- of ceremonies *بەڕێوەبەری ئاهەنگ(ان)*

master (2) زاڵ دەبێ بەسەری دا، دەسەڵاتی بەسەردا (دەشکێ، پەیدا دەکا)، بەڕێوەی دەبا

master (3) گەورە، سەرەکی. بنەڕەتی، یەکەم

- key *کلیلی (گشتی، سەرەکی)؛ کلیل ێکە زۆر دەرگا دەکاتەوە*

- switch *(کلیل، سویچ)ی سەرەکی دابەشکردنی کارەبا بەسەر تەواوی بازنەیەک*

master (4) وەستا. مامۆستا. کەسێکی خاوەن بەڵگەنامە یەکی

خوێندنی بالا. شارەزایی پەیدادەکات، دەبێتە وەستا، فێردەبێ

- *of Arts* *(پسپۆڕ، مامۆستا، وەستا، شارەزا)ی هونەر(ان)*

- *workman* *باشوەستا*

masterful کەسێکی (زاڵە، دەسەلاتدارە. شارەزا یە، وەستایانە یە)

masterly (کار، کردەوە)یەکی (بە وەستایی، زۆر شارەزا یانە، وەستا یانە)

mastermind کەسێکی زۆر (بلیمەت، زیرەک). (دارێژەر، نەخشەکێش)ی سەرەکی ی پلانێک. پلان دادەرێژێ و بەرێوە دەبا

masterpiece شاکار یێک. بەرهەمی هەرە گرنگ (ی کەسێک)

mastery دەسەلات، زاڵبوون. سەروەری. (شارەزایی، زانین، وەستایی) لە (هونەر، پیشە، شت، هتد)یێک

masthead ترۆپکی ئەستووندەگ یێک. سەردێری سەرەکیی (لاپەڕەی یەکەمی) رۆژنامەیەک

mastic (بنیشت، چەسپ)ی دار ماستیک. گیراوەی کەلێن پرکردنەوە. سوبوغ، وارنیش

- *tree* *جۆرە دارێکی هەمیشە سەوزە*

masticate (دەجوێ، بادەدا، دەهاڕێ) بە ددان

mastiff سەگێکی گەورە و بەهێز و گوێ شۆڕە

mastitis (ئاوسان، ئەستوور بوون، ژان(کردن))ی (مەمکی ئافرەت، گوان ی ئاژەڵ)

mastodon گیانلەبەرێکی (تۆبڕاوی، دوابڕاوی) فیل ئاسا بوو؛ لە سەردەمی زۆر کۆن دا دەژیا

mastoid لەشێوەی مەمکە، وەکو مەمکە

masturbate دەسپەڕ (لێ دەدا، دەکا) (بۆ خۆی، بۆ یەکی دی)

masturbation دەسپەڕ لێدان، دەسپەڕ کردن

mat (1) حەسیر، بەرماڵ. رایەخ

car - *(قایش، بەڕ)ی ژێر (پێ، قاچ)ی ناو ئۆتومبیل*

door - *(گونیە، حەسیر)ی پێش دەرگا؛ بۆ (پێلاو، قاچ) سرینەوە*

mouse - *(رایەخ، لباد)ی ژێر مشکۆڵەی کۆمپیوتەر*

mat (2) کز، تاریک، مات. رەنگێکی نابریقەدارە؛ گەش نی یە. بێ ڕەنگ (ە)

- *paint* سوبوغ یێکی *نابریقەدار؛ تیشک نەدەرەوە (یە)*

matador گاکوژ، زۆرانبازی گا؛ لە ئەسپانیا

match (1) کێبەڕکێ، گەمە. (کەس، شت) یێکی هاوتا بۆ یەکی دی. بەراورد، یەکسان. بەراوردی دەکا، (هاوتایی، یەکسانی) دەبینێ تەوە. هاوتایە، یەکسانە

- *point* *دواخاڵی گەمە یەک؛ خاڵی بردنەوە؛ بەتایبەتی لە یاریی تێنس (وەرزش)*

football - *(گەمە، یاری، کێبەڕکێ)یەکی تۆپانێ؛ تۆپی پێ*

match (2) (دەنکە) شخاتە{ق}

-s *شخاتە{ق}*

safety - *شخاتە{ق}؛ ی ئاسایی*

matchboard تەختە یەکی (رۆخ، لێوار) کەلکەل کەوا (دەچێتە ناو، هاوتایە لەگەڵ) کەل ەکانی (رۆخ، لێوار)ی یەکی دی

matchbox (قەپێلکە) شخاتە{ق}

matches شقاتە، شخاتە، شقارتە

matchless تاک، بێهاوتا، بێبەراورد. لە بەراورد نەهاتوو؛ بەراورد ناکرێ

matchmaker دەلالی{رر} (ژن، پیاو) دۆزینەوە بۆ (پیاو، ژن) ی دی (بە مەبەستی خواستن)

matchstick داروچکەی دەنکە شخاتە{ق}

matchwood قلێشە داری باریک، داروچکە

mate (1) برادەر، هاوکار. شاگرد. شێوەیەکی باوی بانگردنی پیاوێکە لەلایەن یەکی دیکەوە؛ (هۆ) برادەر!. جووت دەبن، دەپەڕێ، دەفسێتە سەر. (دوو شت) بۆ یەکتر دەبن

room - *ولاش لە (هۆدە، ژوور)*

team - *ولاشی تیم ن*

mate (2) کش مەلیک؛ لە شەترەنج. کش مەلیکی دەکا

material جەستە. شت و مەک. بەرجەستە

-s *کالای خاو. کەلو پەل. تەدارەک*

materialism بەرجەستەیی (ئایدیۆلۆجی)

materialist بەرجەستە پەرست

materialize دەبێتە راستی، دێتە کایەوە، دەخەملێ

materially بەرجەستەیی انە، بە رادەیەی بەرچاو

maternal دایکانە. (هی، وەکو) دایک. پەیوەندی داری لە رێگەی دایکەوە

maternity دایکێنی، دایکێتی. دایکانەیی. (هی، تایبەتە بە) ئافرەتی (دووگیان، زگدار)

- hospital *خەستەخانەی منالبوون*

matey برادەر، ناسراو. شێوەیەکی باوی بانگردنی پیاوێکە لەلایەن یەکی دیکەوە؛ (هۆ) برادەر!

math [US] کورتکراوەیە بە واتای؛

= mathematics *ماتماتیک، بیرکاریی ژماران*

mathematical ماتماتیکی

mathematician شارەزا لە ماتماتیک، بیرکار. ژمێریار

mathematics بابەتی ماتماتیک، بیرکاری، زانستی (ژمارە، چەند، بۆشایی) بە رووتی. ژمێریاری

maths کورتکراوەیە بە واتای؛

= mathematics *ماتماتیک، بیرکاریی ژماران*

matriarch خانزاد؛ ئافرەتێکی دەسەلات دار لە بنەماڵە یا تیرە یەک

matriarchy (بنەماڵە، تیرە، کۆمەڵگا، هتد) یێک کەوا ئافرەت تێیدا دەسەلات دار بێ (خشتبڕ،

matrices (pl matrix) قـالـب. رایـەڵـە{ر}) ان؛ شێـوەی کۆ یـە

matricide داکـی خۆ کـوشتـن. کـەسێـکـی دایـکـی خۆ کـوژ

matriculate (خۆ) نـاونـووس دەکا لـە (پـەیـمانـگا، زانـکۆ، هتـد) ێـک

matriculation نـاونـووس کـردن لـە (پـەیـمانـگا، زانـکۆ، هتـد) ێک

matrimonial تـایـبـەتـە بـە (دۆخ، ئـەرک، بـەرپـرسیاری، داب، نـەریـت)ی (خێـزانـدار، ژنـومێـرد) ی

matrimony (دۆخ، ئـەرک، بـەرپـرسیاری، داب، نـەریـت)ی (خێـزانـدار، ژنـومێـرد)ی

matrix خشتـبـر، قـالـب. رایـەڵـە{ر}، چـەنـد (هێـل، ریـز، بـابـەت، دەنـک)ێـکـی تـەریـب بـە یـەکـتـر کـەوا ستـوون بـن بـە سەر چـەنـدێـکـی دیـکـەی تـەریـب بـە یـەکـتـر؛ وەکـو لـە هێـڵـەگ دا

matron ئـافـرەتـی بـەرپـرسیـار لـە بـریـنـپـێـچیـی خەستـەخانـەیـەک. ئـافـرەتـی (بـەمێـرد، شووکـردوو). ئـافـرەتـی کارمـەنـد لـە قـوتـابـخانـە یـەک

matt کز، تـاریـک، مـات. رەنـگێـکـی نـابـریـقـەدارە؛ گـەش نـی یـە. بـێ ڕەنـگ (ە)

- paint *سوبـوغ ێـکـی نـابـریـقـەدار؛ تـیشک نـەدەرەوە (یـە)*

matted (adj) (راخراو، لـبـادکـراو، حەسیـر ریـژ)(ە)

matter (1) (شت، چشت، جـەستـە) یـەکـی فـیـزیـایـی کـەوا قـورسایـی و قـەواری هەبـێ؛ بـە پـێـچـەوانـەی بـیـیـر و گـیـان

matter (2) کـێـشە، بـەسـەرهات. نـاورۆک (پ؛ شێـوە)

- of course *چاوەڕوانـکـراو، سرووشتـیـیـە، بـە سرووشتـی*

- of fact *لـە راستـیـدا. بـەکـردەوە*

- of life and death *(شتـێـکـی) گـەلـێـک زۆر گـرنـگـە*

a - of 50 years *نـزیـکـەی ٥٠ ساڵ(ان)*

no - (how, when, etc.) *(هیـچ) گـرنـگ نـیـیـە. (بـە) بـێ گـوێـدانـە ...*

matting (لـبـاد، کـوتـاڵ، حەسیـر) ی رایـەخ لـێ دروستـکـردنـی جۆراوجۆر

mattock تـەوشی{تـەوشوو}، ئـامـرازێـکـی کـشتـوکالـی یـە؛ لـە شێـوەی دەمـە پـانـەکـەی (قـازمـە، دوودەو) ە بـەڵام کـورت تـرە؛ (دەم، نـووک)ەکـەی دیـی چـەکـوچ ئـاسایـە

mattress دۆشەک ی لـە (لۆکـە، هەوا، ئـاو، هتـد) دروست کـراو

maturate (قـیـنـچـکـە، دوومـەڵ) ێـک (پـێـدەگا، زەرد دەبـێ، کـێـم دەکا)

maturation (پـێـگـەیـشتـن، زەردبـوون، کـێـم کـردن)ی (قـیـنـچکـە، دوومـەڵ) ێـک

mature پـیـگـەیـیـو، پـێـگـەیـشتـو. تـێـگـەیـیـو، تـێـگـەیـشتـو. گـەیـیـو

maturity پـێـگـەیـشتـن، پـێـگـەیـشتـوویـی. تـێـگـەیـشتـن. گـەیـیـن

maty = matey

دەکـوتـێ. هەڵـدەزڕێـنـێ،

maul دوولـەت دەکا. بـە تـونـدی مامـەلـەی دەکا. بـالّـتـە؛ چەکوچێکی گـەورە. دەمـەقـالّـی، شەڕە قسە

maunder تـەتـەلّـە دەکا لـە دوان، پـچرپـچر قـسە دەکا. (بـە) بـێ (مـەیـل، وزە) دەجولـێـتـەوە

mausoleum گۆڕێکی بـە شکۆ. نـەزرگە، زیارەت

mauve رەنـگـی مۆری (کالّ، کراوە)

maverick بـیـیرکراوە. کـەسێـکـی ئـازاد. گـۆلـکـی بـێ (نـیـشانـە، مۆرک)

maw (گـەدە، سک، ورگ)ی (ئـاژەڵ، کـەسێکـی (نـەوسن، زۆرخۆر، چاوبـرسی)). (گـەروو، دەم و قـورگ)ی ئـاژەڵـێـکی زۆرخۆر

mawkish لاواز، داهـێزراو، بـێ هەست

max کـورتـکراوە یـە بـە واتـای؛

= maximum *هەرەزۆر، زۆرتـریـن*

maxi (پـێشگر، پـێشکۆ)یە بـە واتـای (زۆر گـەورە، زۆر درێـژ)

maxilla لـمووز، قـەپـۆز. ئـێسکـی قـەپـۆز

maxim (راستـی، یـاسا)یـەکـی گشتـیـی هەڵـسو کـەوت (ی بـە کـورتـی دەربـڕاو)

maxima (pl maximum)

maximal هەرە زۆرە، زۆرتـریـنـە، بـالاتـریـنـە. هی (لایـەنـی زۆر، زۆربـە) یـە

maximize هەرە زۆر دەکا، زۆرتـریـنـی دەکا. (زۆر، ئـەوپـەڕ)ی زیادی دەکا

maximum هەرەزۆر، زۆرتـریـن، درێـژتـریـن. لایـەنـی زۆر

may بـۆ هەبـوون؛ بـۆیهەیـە، لـەوانـەیـە. مۆڵـەت؛ دەتـوانـێ، دەکرێ. خۆزگـە خواستـن. نـادیاری، نـامسۆگـەری

may (capital m) جۆزەردان، مـایـس؛ مانـگـی پـێـنـجەمـی سالّـی زاییـنـی

- day *رۆژی کـرێـکارانـی (جیـهانـی، نـێونـەتـەوەیـی). رۆژی پـشووی بـەهار*

maybe لـەوانـەیـە (بـشێ، بـلـوێ)، دەبـێ، بـۆیهەیـە، رەنـگـە، بـەلّـکو

mayday (نـیشانـە، هێـما)یـەکی رادیـۆیـی (جیـهانـی، نـێونـەتـەوەیـی) نـاسراو و بـاو ە بـۆ فـریـاکـەوتـن لـە لـێـقـەومان دا

mayflower هەرکام لـە چەنـد جۆرە گـولـێـکی بـەهاریـی مانـگـی پـێـنـج

mayfly جۆرە مـەگـەزێـکـە لـە بـەهار دا بـۆ ماویـەکی کـورت دەژی

mayhem نـاڕێـکیـی زۆر. تـێـکچوونـی بـەربـلاو، روخان، خاپـوور بـوون

mayn't کـورتـکراوە یـە بـەواتـای؛

= may not *بـۆی نـیـیـە، لـەوانـە نـیـیـە. نـاتـوانـێ، نـاکرێ*

mayonnaise (مـەزە، ساس) ێـکـی خەستـی مـیـلـەو زەردە لـە زەردێـنـەی هێـلـکـە و رۆن و سرکـە و هتـد ئـامادە دەکرێ

mayor پـارێـزگار، سەرۆکـی بـەڕێـوەبـەریـی شارێـک (یا بـەشێـک لـە شارێـکی گـەورە دا)

mayoralty (بـیـرۆ، جێـی کار)ی

پارێزگار. ماوەی یاسایی پارێزگاری (ی پارێزگارێک)

mayoress پارێزگار؛ ی (پارێزگا، ناوچە) یەک (بۆ مێ ینە)

maze گومبەز (ە). تۆڕێکی ونکەر، پێچ و پەنای زۆر. تەنگوچەڵەمە، ئاڵۆز(ی)، سەر شێوێن

MB کورتکراوە یە بەم واتانەی خوارەوە؛

= Bachelor of Medicine) *هەڵگر، دارای بەڵگەنامە، دەرچوو)ی بەکەلۆریا لە پزیشکوانی*

= Mega byte *(هەندێک زیاتر لە) یەک ملیۆن بایت (زانستی کۆمپیوتەر)*

MBA کورتکراوە یە بە واتای؛ *بەڵگەنامە ماجستێر؛ (شارەزا، وەستا) لە بەڕێوەبردنی کار و بازرگانی*

MD کورتکراوە یە بەم واتانەی خوارەوە؛

= Doctor of Medicine *(هەڵگر، دارای بەڵگەنامە، دەرچوو)ی دوکتۆرا لە پزیشکوانی*

= Managing Director *(کارگێر، راوێژکار)ی بەڕێوەبەر*

me (1) من (بۆ قسەکەری کار (لێ، تێ) کراو، ن؛ بۆ من، لە من، لەسەر من)

me (2) دەنگی سێ یەم لە پلەی دەنگەکان (مۆسیقا)

meadow پەرێز. قەرسیل. مێرگ (بە تایبەتی هی رۆخ رووباران)

meagre (-er) چەندییەتیی کەم، جۆنییەتیی خەراپ. لاواز، باریک. داهێزراو، بێهێز

meal جەم(ی خواردن)، ژەم، نان خواردن. ئارد (ی گەنم، جۆ، هتد)

-s on wheels *خزمەتگوزاری یەکی خۆراییە بۆ خەڵکی پییر و پەککەوتە؛ کە خواردن (ی نیوەڕۆ) دەبرێ بۆماڵیان*

square - *ژەمی تێر و پڕ، بە تێری*

mealtime کاتی ئاسایی (جەم، نان خواردن)

mean (نیاز، مەبەست) یەتی. ناوەند (ماتماتیک). (هەڵسوکەوت، رەوشت) ناشیرن

meander دەسوڕێتەوە؛ بە بێ مەبەست. دەگەڕێ و دەسووڕێ. (جۆگەلە، رووبار) پێچاوپێچ دەکا

meanie بییر تەسک. شت بە کەم هەڵگر

meaning واتا، مانا. بەواتای

meaningful پڕ واتا، بە مانا

meaningless بێواتا، بێمانا

meanly بەناشرینی (هەڵسوکەوت)

means ئامراز(ەکان). دەوڵەمەندی، سەرچاوە داری. لە ڕێگەی، بە هۆی. (نیاز، مەبەست)ی دەردەبڕێ

- test *(پشکنینی، لێکۆڵینەوە لە) داهات*

by all - *بەڵێ فەرموو !. بە هەموو جۆرێک؛ دەکرێ*

by no - *نابێ، بە هیچ جۆرێک؛*

لـه ڕێـگـەی، بـە هـۆی. (نـیـاز، مـەبـەست)ی دەردەبـڕێ

قـەت نـابـێ

meant (p&pp mean) وتـی. (نـیـاز، مـەبـەست)ی (گـوت، دەربـڕی). نـیـازی (وا) بـوو

meantime (کـاتـی) مـابـێـن. تـا ئـەو کـاتـی، تـا هـەنـگـیـنـێ

meanwhile لـەمـابـەیـنـی. لـەوکـاتـەی

meany = meanie

measles نـەخـۆشـیـی خـوریـکـە

measurable لـەپـێـوان هـاتـوو، پـێـوراو؛ دەپـیـورێ. دەژمـێـردرێ

measure دەپـیـوێ. دەژمـێـرێ. پـیـوان. پـێـوەر؛ ن؛ یـەکـەیـەکـی پـێـوان

- up *(لا، روو)ەکـانـی شـتـێـک دەپـێـوێ*

beyond - *زۆر زیـاد، سـەرکـردوو*

measured بـە وردی هـەڵـبـژێـرراو، گـونـجـاو. وتـەی لـە بـێـژیـنـگ دراو. بـە پـێـوانـە (یـە). ژمـاردراو

measureless لـە (پـێـوان. ژمـاردن) نـەهـاتـوو. بـێ پـێـوانـە (یـە). بـێ سـنـوورە؛ سـنـووری بـۆ نـیـیـە

measurement پـێـوان. ژمـاردن. پـێـوەر؛ رووبـەر

measures تـەگـبـیـر وەرگـرتـن، (خـۆ، یـەدەک، سـپـێـر) ئـامـادەکـردن

meat گـۆشـت. نـاخ، بـەشـی سـەرەکـی، نـاوەڕۆک

- safe *سـارداو، فـێـنـک؛ شـوێـنـی پـاراسـتـنـی گـۆشـت*

نـاوەڕۆک

mince - *گـۆشـتـی هـەنـجـنـراو، گـۆشـتـی هـەنـجـنـیـو، گـۆشـتـی قـیـمـە*

meatball شـفـتـەی خـڕ؛ گـۆشـتـی هـەنـجـنـراو و لـە شـێـوەی تـۆپـێـک؛ لـە نـاو رۆنـدا سـوورەوە کـراو

meaty گـۆشـتـن، پـڕگـۆشـت، نـەرمـەی زۆرە. (هـی، وەکـو) گـۆشـتـە. خـۆشـە

mechanic وەسـتـای مـەکـیـنـان، فـیـتـەر، مـەکـیـنـە سـاز

mechanical هـی مـەکـیـنـە و مـەکـیـنـە کـاری یـە. خـۆکـارە، ئـۆتـۆمـاتـیـکـە. مـیـکـانـیـکـی یـە

- engineer *کـەسـێـکـی (بـەڵـگـەدار، مـۆڵـەت دراو) بـۆ نـەخـشـەسـازی و دروسـت کـردنـی ئـامـێـران*

mechanically بـە مـەکـیـنـە کـاری. بـە (خـۆکـاری، ئـۆتـۆمـاتـیـکـی). مـیـکـانـیـکـی یـانـە

mechanician = mechanic

mechanics زانـسـتـی جـوولـە؛ بـەشـێـکـی مـاتـمـاتـیـکـی کـردەوەیـی پـەیـوەنـدی دار بـە جـوولـەوە

mechanism (پـێـکـهـاتـە، تـێـکـهـەڵـکـێـش، دامـەزران)ی مـیـکـانـیـکـی. پـارچـەکـانـی ئـامـێـرێـک. شـێـوەی کـارکـردن

mechanize دەکـاتـە مـەکـیـنـە، مـەکـیـنـە دار دەکـا، (مـەکـیـنـە. چـەکـی قـورس)ی بـۆ دەهـێـنـێ

medal (نـیـشـان، خـەلات، پـاداشـت)ی (ئـازایـی، چـالاکـی) بـۆ یـادگـاری

medallion (نـیـشـان، خـەلات)ێـکـی (قـەبـە، گـەورە). نـەقـشـێـکـی{خ} گـەورە

medallist (نـیـشـان، خـەلات،

مـەدالـیـا) بـەرەوە

medallist [US] (نـیـشان، خەڵات، مـەدالـیـا) بـەرەوە

meddle دەست دەخاتـە نـاو کاروبـاری خەڵـکی کـەوە

meddler دەست تـێـوەردەر؛ لـە کاروبـاری خەڵـکی کـە، خۆ (تـێ) هەڵـقـورتـێـن (ەر)

meddlesome دەست تـێـوەردەر؛ لـە کاروبـاری خەڵـکی کـە

media (نـاوەنـدەکان، دام و دەزگا، دامـەزراو، ئـامـرازەکان، هـتـد)ی راگـەیـانـدن. (هۆ، ئـامـراز) ەکان. شتـە گـەیـەنـەر ەکان

mediaeval (هی، تـایـبـەتـە بـە) (سەدە، چەرخ)ەکانـی نـاوەڕاست؛ لـە ئـەوروپـا. کۆنـە، بـاوی نـەماوە

- history *مـێـژووی سەدەکانـی نـێـوان سەدەی ٥ و ١٥ مـیـن*

medial (1) هی (نـاوەڕاست، نـاوەنـد). (لـە) نـاوەڕاستـە، کـەوتـۆتـە نـاوەڕاست. ژمـارەی نـاوەڕاست لـە زنـجـیـرە ژمـارەیـەک

medial (2) هێـڵـێـکی راست کـە گۆشەیـێـکی سێـگۆشەیـەک و نـاوەڕاستـی لا یـەکـەی بـەرامـبـەر ئـەو گـۆشەیـە بـبـڕێ

median هی (نـاوەڕاست، نـاوەنـد). (لـە) نـاوەڕاستـە، کـەوتـۆتـە نـاوەڕاست. ژمـارەی نـاوەڕاست لـە زنـجـیـرە ژمـارەیـەک. هێـڵـێـکی راست کـە بـە (گـۆشە، قـوژبـن)ێـکی سێـگۆشەیـەک و نـاوەڕاستـی لا

mediate نـاوبـژی دەکا

mediation (نـاوبـژی، نـاوەنـجی) کـردن

mediator نـاوبـژیـکـەر، نـاوەنـجیـکـەر، نـاوان جیاکـەرەوە

medical پـزیـشکی، پـەیـوەنـدە بـە پـزیـشکوانـی

- certificate *بـەڵـگـەنـامـەی تـەنـدروستـی*

- examination *لـەش پشکنـیـنـی پـزیـشکی؛ بـۆ وەدەست هێـنـانـی بـەڵـگـەنـامـەی تـەنـدروستـی*

- officer *فـەرمانـبـەری خزمـەتگـوزاری یـە پـزیـشکـی یـەکـان*

- practitioner *نـەشتـەرگـەر، پـزیـشک، دوکـتـۆر*

medicament دەرمانـی چارەسەری یا (بـەر پـێـگـرتـن، قـەدەغە کـردن) ی نـەخۆشی؛ بـە بـێ نـەشتـەرگـەری و بـە تـایـبـەتـی لـە ڕێـگـەی دەمـەوە

medicate بـە دەرمان چارە(سەر) ی دەکا؛ بـە بـێ نـەشتـەرگـەری و بـە تـایـبـەتـی لـە ڕێـگـەی دەمـەوە. دەرمانـی (دەداتـێ، دەکا)

medicinal چارە(سەر) یـە، دەرمـانـە

medicine (زانـست، کـار)ی دۆزیـنـەوە و چارەسەری و (بـەر پـێـگـرتـن، قـەدەغە کـردن)ی نـەخۆشی؛ بـە بـێ نـەشتـەرگـەری. دەرمان، چارە؛ بـە تـایـبـەتـی لـە ڕێـگـەی دەمـەوە

take one's - *(مل کـەچکـردن، داهـێـنـان) بـۆ شتـێـکـی (نـەخوازراو، نـەویـستـراو، نـاخۆش)*

medieval (هی، تـایـبـەتـە بـە) (سەدە، چەرخ)ەکانـی نـاوەڕاست؛ لـە ئـەوروپـا. کۆنـە، بـاوی نـەماوە

- history *مـێـژووی سەدەکانـی نـێـوان ٥ ەم و ١٥ مـیـن*

ئێسک. بەشی نەرمەی ناوەوەی هەندێ (ئەندامان، رووەک، درەخت، میوە)

meek سادە. دۆستانە، رووخۆش

meekness سادەیی، دۆستی، رووخۆشی

meet دەبینێ، توشی دەبێ، کۆدەبێتەوە (لەگەڵی)، دەیگاتێ. کۆدەبنەوە، دەگەنە یەک

- one's debts *قەرز(ەکان)ی دەداتەوە*

make ends - *بە گوێرەی داهاتی دەژێ؛ بە قەدەر بەرەی خۆی پێ رادەکێشێ*

meeting بەیەکگەیشتن، کۆبونەوە، دیدار، کۆڕبەستن

statutory - *ئەنجومەنی دامەزرێنەر*

mega (1) (ئەوپەڕی، هەرە) باش. زەبەلاح، زۆر (زل، گەورە). لە ڕادە بەدەر

mega (2) (پێشگر، پێشکۆ)یە بە واتای (زل، گەورە، قەبە. یەک ملیۆن = دە توان شەش = ١٠^٦. لەڕادە بەدەر، زێدە، زیاد)

megabuck یەک ملیۆن دۆلار

megabyte (نزیکەی) یەک ملیۆن بایت = ١٬٠٤٨٬٥٧٦ بایت = ٢ توان ٢٠

mega-death (مردن، کوژران)ی یەک ملیۆن کەس؛ لە (شەڕ، جەنگ) دا

megahertz یەک ملیۆن هێرتز؛ یەک ملیۆن (سووڕ، خول، هەژان) لە چرکەیەکدا

megalith بەردێکی (زەبەلاح، گەورە)؛ بە تایبەتی هی

سەدە، چەرخ)ەکانی ناوەڕاست؛ لە ئەوروپا. کۆنە، باوی نەماوە

- Latin *ئەوروپای کاثۆلیک لە نێوان ساڵەکانی ٦٠٠ و ١٥٠٠ پاز*

mediocre ناوەڕاست، مامناوەند، نیوداشت، بە ڕێژەی دوەم دێ، نە باشە و نە خەراپ

mediocrity مامناوەندیی، نیوداشتی، لە نێوان باش و خەراپ بوون

meditate تێدەڕوانێ، بیری لێ دەکاتەوە. خواپەرستی و تێڕوانینی (دەروون، ئەندێشە) یی دەکا

meditation تێڕوانین، بیر لێ کردنەوە. خواپەرستی و تێڕوانینی (دەروون، ئەندێشە) یی

Mediterranean (خەڵک، روخسار، شت)ێکی (ناو، دەوروبەر)ی دەریای ناوەڕاست

medium هۆ، ئامراز. ناوەند، ناوەنجی. گەیەنەر. ژینگە. هۆکار

- range *(سەدە، مەودا، ماوە) ناوەندی*

- wave *شەپۆلی ناوەڕاست؛ لە رادیۆ؛ کە (هەژان، هاژە) کانیان لە نێوان ٣٠٠ کیلۆ هێرتز و ٣ مێگا هێرتز ە*

medlar ناوی جۆرە دارێک و بەرەکەی ەتی

medley تێکەڵە، تێکەڵاو، تێکەڵ جۆراو جۆر. جۆرەها ئاهەنگی پێکەوە لێدراو

medulla (ناخ، مێشک)ی (ناو)

شوێنـەوارێکـی زۆر (دێرین، کۆن)

megalomania (نـەخۆشی یـەکـی مێشک، شێتـی)یـەک کـەوا خاوەنـەکـەی خۆی بـە (مـەزن، شکۆدار. پایـە بـەرز) بـزانـێ

megalosaurus داینـەسۆرێکـی زۆر گـەورەی گۆشت خۆر؛ لـە شێـوەی کـەنـگـەر(و)

megaphone (بـلـنـدگۆ، زورنـا) یـەکـی زۆر (پـەل، دەم گـەورە)

megastar (نـوێنـەر، ئـاکتـەر، کـەس)ێکـی زۆر بـە نـاوبـانـگ

megrim سەر (سووڕان، گێـژخواردن)، گێـژی

meiosis (کـەرت، دابـەش)بـوونـی شانـەی زینـدوو

melamine میـلامیـن؛ جۆرە بـاغەیـەکـە پـێکـهاتـەیـەکـی بـلـووریـی هەیـە؛ جوان و بتـەو(پ) و چاکـە؛ قـاپ و قـاچاغی لـێ دروست دەکرێ

melancholic ڕەشبـیـن، مـات، غەمبـار، تـەماوی، ڕووگـرژ

melancholy ڕەشبـیـنـی، مـاتـی، غەمبـاری، غەمگیـنـی. داخ، کـەسەر

meliorate (بـاش، چاک) دەکـا. چاکـدەبـێ

mellifluous دەنـگێکـی خۆش، بـە ئـاواز

mellow (n) (دەنـگ، ڕەنـگ، تـیشک)ی نـەرم و دەولـەمـەنـد. میـوەی ((پـێ) گـەیـیـو، نـەرم و شل و شیـرن). کـەسێکـی (تێگـەیـشتـوو، لـەسەرەخۆ، نـەرم)

mellow (v) (پـێ) (دەگـات، دەگـەیـەنـێ)، (نـەرم، هتـد) (دەبـێ. دەکـا)

mellowy (نـەرم، شل، نـاسک، شیـرن) ە

melodic هی (ئـاهەنـگ، ئـاوازە)، دلـنـەوازە

melodious ئـاهەنـگیـکـی دلـنـەوازە، شیـرنـە

melodrama (ئـاواز، ئـاشەنـگ)ێکـی بـە سۆز. (هەلـسوکـەوت، زمـان)ی شانـۆگـەری

melody ئـاواز، پـارچە مۆسیـقـایـەک

melon گـنـدۆرە، کـالـەگ

musk - *نـۆمـانـگـی؛ جۆرە (کـالـەگ، گـنـدۆرە) یـەکـە*

sweet - *(کـالـەگ، گـنـدۆرە)ی شیـرن*

water - *شفـتـی، شووتـی، شامـی*

melt دەتـاوێتـەوە. دەتـاوێـنـێتـەوە

- away *ون دەبـێ (بـە تـوانـەوە، وەک ئـەوەی بـتـوێتـەوە)*

- down *دەتـوێتـەوە؛ شێـوەی (پـێشووی) لـە دەست دەدا*

meltdown (تـوانـەوە، تـێکـچوون)ی (جەستـە، شت)ێک. کـارەسات، ڕووداوێکـی نـاخۆش. شکـانـی بـازاڕی دراو، هتـد

melting تـوانـەوە، شل بـوونـەوە، خاوبـوونـەوە

- point *(خال، پـلـە)ی تـوانـەوە؛ ئـەو پـلـەی گـەرمـی یـەی کـە تـێـی دا*

- point (~) *(جەستـە، شتـێک)ی ڕەق دەتـوێتـەوە؛ دۆخی دەگـۆڕێ*

- pot (1) *بـۆتـە ی شت لـە نـاو تـوانـدنـەوە*

- pot (2) *(شوێـن، ولات، بـیـیـر، هتـد)ێک کـەوا (خەلـک، ڕەگـەز،*

بیر، هتد)ی

- pot (2~) *جۆراوجۆر (تێکەڵ بکا، بگەیەنێ بە یەکتر)*

member ئەندام

membership ئەندامەتی، ئەندام بوون

membrane پەردە (ی گوێ)، دەفە، پەرە (ی سینگ). (رووبەر، شت)ێکی تەنک

memento (یادگاری، یاداشتنامە)ی کەسێک، سەر رووداوێک، شوێنێک، هتد

memo کورتکراوە یە بە واتای؛

= memorandum *یادخەرەوە، وەبیرهێنەرەوە. (راپۆرت، پەیام)ێکی کورت*

memoir بیرەوەری (ەکان)ی نووسراو بە گوێرەی بەروار؛ لەکاتی خۆی دا، رۆژ بە رۆژ

-s *بیرەوەریەکانی نووسراوی کەسێک لە لایەن خۆیەوە. راپۆرتێکی زانیاری*

memorable هەمیشە لەیاد دایە، لەیاد دا جێگیرە، لە بیر نەکراو، شایانی لەبیر نەکردنە

memoranda (یادخەرەوە، وەبیرهێنەرەوە)کان. کۆمەڵە (راپۆرت، پەیام)ێکی کورت

memorandum یادخەرەوە، وەبیرهێنەرەوە. (راپۆرت، پەیام)ێکی کورت

memorial (پەیکەر، جەستە، کەلەش، هتد)ی (قیتکراو، دامەزراو) لە شوێنێک (ێکی گرنگ و بەرچاو) بۆ (یادگاری، یادکردنەوە)ی (کەسێک(ی)) ناودار(ێک)

memorize لەبەردەکا (لەمێشکیدا)، دەخاتە یادی یەوە؛ لەمێشکی دەچەسپێنێ، دەخاتە مێشکی، ئەزبەردەکا

memory بیر، بیرەوەری. یاد(گاری). ئێستاکانە بە جۆری پاراستنی زانیاری ئەلیکترۆنیش دەگوترێ

commit to - *لە بەردەکا، لەبیری دەمینێ*

in - of *بە یادی .... بۆ (یادگاری، بیرەوەری)ی*

men (pl man) پیاوان

menace هەڕەشە، مەترسی. (کەس، شت)ێکی (ترسناک، پەشۆکێن، سەرشێوێن)

menacingly هەڕەشەکەرانە، بە (ترسناک، سەرشێوێن)ی

menagerie باخی ئاژەڵێکی گچکە

mend پینە دەکات، چادەکاتەوە. چادەبێتەو لە نەخۆشی. بارودۆخ خۆش دەکا (ت (ەوە))

mendacious درۆزن، ناڕاستگۆ

mendacity درۆزنی، ناڕاستگۆیی

mendicant سواڵکەر، پاڕاوە. لەسەر (خێر، سکات) ژیاو

mendicity سواڵکردن، پاڕانەوە

mending پینە کردن، چاکردنەوە. (شت، جلوبەرگ، هتد)ێ کە (پێنە، چاکردن)ی (بوێ، بخوازێ)

menhir پەیکەرێکی بەردینی درێژ و قیت (بۆوە)؛ بە

تایبەتی هی (سەردەم، چەرخ) ەکانی پێش مێژوو

menial (کار، ئیش، کەس)ێکی (سووک، کەم، نزم). خزمەتکاری ناومالّ، کرێگرتە

meninges سێ (پەردە، پەرِە)ی تەنکی دەوری مێشک و دەماری ناو برِبرِەی پشت

meningitis جۆرە نەخۆشی یەکە تووشی (پەردە، پەرِە)(کان)ی دەوری مێشک و دەماری ناو برِبرِەی پشت دەبێ

meniscus (ئامراز، شێوە، جەستە، رووبەر)ێکی لە شێوەی (سێر، ساج)ی نانکردن؛ ناو قوول و پشت کوور

menopause لە هێلکە چوونەوەی ئافرەت، (خوێنی) مانگانە (نەمان، وەستان) لە ئافرەتدا، هێلکە پێ نەمان، تەمەنی سیس بوونەوە

menses (خوێن، هێلکە) هاتن (ە خوار)ی مانگانە؛ لە ئافرەت دا

menstruation (خوێن، هێلکە) لێ هاتنی (هێلکە، منالّ)دان؛ بە تایبەتی هی مانگانە لە تەمەنی پێگەیین ەوە تا تەمەنی سیس بوون ەوە

mensuration پێوان{ی}، (زانست، هونەر)ی پێوانی (درێژی، رووبەر، قەوارە)ان

men-swear (پۆشش، جلوبەرگ)ی پیاوان

ment (پاشگر، پاشکۆ)یە ناو پێک دەهێنێ کە واتای (ئامراز، ئەنجام)ی کردارێک (دەردەبری، دەگەیەنێ). هەندێ جاران ناو لە ئاوەلّناو پێک دەهێنێ

mental ((بە) هۆی، (بە، لە) رێگەی) بیر (ئەنجام دراو. کراو). شێت (ە)؛ نەخۆشی (مێشک، دەروونی)ی هەیە. دەبەنگ، بێمێشک

- *deficiency* *(ناکام، ناتەواو)ی (بیر، مێشک)*

- *patient* *نەخۆش ی (مێشک، دەروونی)*

- *reservation* *هەلّسەنگاندنی ئارام و لە سەرەخۆی بەرامبەر؛ بە سەر لەقاندن ەوە وەکو نیشانەی سەلماندن*

mentality شێوازی بیر کردنەوە، جۆر و رادەی هۆشیاری. (ئامادەیی، مەیل، بۆچوون)ی (مێشک، بیر)

mentally ((بە) هۆی، (بە، لە) رێگەی) بیر ەوە (ئەنجام دراوە. دەکرێ). لە دەروونەوە

menthol (کحوول، بنێشت، شەکرۆکە، هتد)ی (تام، بۆن) (نەعناع، پونگە، کەسکوون، تێژ) . جۆرە بەنجێکی شوێنکار ە

mention ئاماژەی پێ دەکا؛ بەکورتی یا بەناو. (باس. ئاشکرا)ی دەکا. ئاماژە پێ کران، (باس، ئاشکرا) (کردن)

do not - it *باسیشی مەکە، گێی مەدێ{گوێی مەدەرێ}، هیچ نییە. شایانی نی یە*

worth -ing *شایانی باسە*

mentor راوێژکاری شارەزا و جێی (متمانە، باورِ)

menu تۆماری خواردەمەنی یەکانی چێشتخانە یەک. (ریز، زنجیرە، کۆمەلّ)ی ئەو (سەر) پشکی یانەی کە بەرنامە یەکی کۆمپیوتەر (دەیدا بە، دەخاتە

بەر دەستی) بەکار هێنەرەکانی
main - *سەرپشکی یەکانی (*
سەرەکی، دەسپێکی)
بەرنامەیەکی کۆمپیوتەر؛
main - (~) *کە بەکارهێنەر*
لێوەی دەست پێدەکا

MEP کورتکراوە یە بە
واتای؛
ئەندامی (پەرلەمان، شوورا)ی
ئەورووپا (یی)

mephitis هەراوی{ڵ} بۆن ناخۆش
و دەردەدار، بۆگەنی

mercantile (هی، تایبەتە بە)
بازرگانی یا ئالوگۆری کالا

mercenary جاش، بەکرێ گیراو،
پاتەخۆر. پیتاکخۆر

mercer بەزاز، (کوتاڵ، قوماش)
فرۆش

mercerise بەزازی دەکا. (
کوتاڵ، قوماش) (ئامادە، لووس،
رەونەقدار) دەکا

merchandise (کالا، کەلوپەل،
شتومەک)ی بازرگانی. بازرگانی
دەکا

merchant بازرگان
- ship *کەشتیی بازرگانی*

merchantable (باو، بازاڕ،
برەو)ی هەیە؛ دەفرۆشرێ.
فرۆشیاری یە

merciful بەخشەندە (یە)

mercifully بە بەخشندەیی.
خۆشبەختانە

merciless بێ بەزەیی.
نەبەخشیو

mercurial (کەسێکی) جینگز، بە
(جموجۆڵ، قوندە قوند). (هی،
تایبەتە بە) جیوە، جیوەی (
تێدایە، تێکرایە)

mercury رەگەزی جیوە (کیمیا).
ناوی ئەستێرە یەکە

mercy لێخۆشبوون، لێبووردن.
بەخشندەیی
at the - of *لە ژێر (دەسەلات،*
بەخشندەیی) ... دایە

mere تەنها، بێگەرد، رووت.
تخووب، سنوور. یەکپارچە،
بەتەواوی

merely بەتەنها بۆ ....، لەبەر
....، لەپێناوی

meretricious دوورکوژی نزیک
خەسار، هەڵخەڵەتێنەر،
جوانکراو، رازێندراو

merge لیکدەدا (تەوە) (لەگەڵ)،
دەگەنەیەک. دەبنەیەک؛
بەتایبەتی دوو کۆمپانیا

merger لیکدان (ەوە)، گەیشتنە
یەک. بوونە یەک؛ بەتایبەتی
دوو کۆمپانیا

meridian بازنەی نیوەڕۆ.
هەرکام لەو بازنانەی کە بە
دوو تەوەرچەقی زەمین دا تێ
دەپەڕن. ئەوپەڕی گەشەکردوو

meridional (هی، لە) خوارەوە؛
بە تایبەتی خوارەوەی ئەورووپا.
(هی، تایبەتە بە) بازنەیەک
کە بە دوو تەوەرچەقی زەمین
دا تێ بپەڕێ

merino جۆرە مەڕ یێکی (خوری،
لوا) درێژ و باریکە

merit شایستەیی، شایانی خەلات.
بەهاداری، زۆرباشی. شایان
یەتی

meritocracy (میرخان،
دەسەلاتدار، فەرمانڕەوا)یی
خەڵکانی (هەڵبژاردە، سەرپشک).
کۆمەڵگایەک بەم تایبەتمەندی
یە. تاقمێکی (سەرپشک،

هەڵبژاردە)

meritorious شایستەیە، شایانی خەلاتە. بەهادارە، زۆرچاکە

merl(e) جۆرە بولبول یکە، باڵندەیەکی دەنگ خۆشە

merlin (باز. شاهێن)یکی کەلەش گچکە

mermaid پەری دەریا کەوا نیوە (ی سەرەوەی) ئافرەت و نیوە (ی خوارەوەی) ماسی یە

merrily بە خۆشی، بە رابواردن

merriment خۆشی، رابواردن، خەندە و پیکەنین

merry شاد، دڵخۆش، خۆشحاڵ، خەندەدار. تۆزێک سەرخۆش

Mesdames (pl Madame)

mesh رایەڵە. تۆڕ. هێڵەگ. کونێکی (هێڵەگ. تۆڕ). داو؛ تەڵە. دەچنە ناو یەکتر؛ وەک لە گیر دا. دەگونجێن

mesmerism خەواندن؛ سڕکردنی موقناتیزی؛ بە جۆرێک کە تەنها بە فەرمانی دەرەکی هەلسوکەوت بکا. خولیا بوون، دڵ گرتن

mesmerize دەخەوێنێ؛ سڕدەکا (بە موقناتیز). خولیای دەبێ، دڵی دەیگرێ

meso- (پێشگر، پێشکۆ)یە بە واتای (ناوەڕاست، ناوەند، نێوان)

Mesolithic چەرخی ناوەڕاست لە چەرخە بەردینەکان؛ ی پێش مێژوو

Mesopotamia (خاک، ناوچە، هەرێم)ی نێوان دوو روباری دیجلە و فورات؛ کە ئێستا چەند بەشێکی ولاتەکانی عێراق و کوردستان و سووریا دەگرێتە خۆ

mesosphere (قات، چین)ی ناوەڕاستی ئاسمانەکانی (دەورەی، سەر) زەمین تا بەرزایی ٨٠ کم

Mesozoic چەرخی جیۆلۆجیی کەوا بە چەرخی پێش مێژووی ناوەڕاستی ژیان و (دەیناسۆر و شیردەرە سەرەتاییەکان، باڵندە، (رووەک، درەخت)ی گوڵ کردوو، هتد) پەیدا بوون

mess پیسی، بێ سەروبەری، نارێکی، تێکەڵ و پێکەڵی. پیسایی ئاژەڵی ماڵی. پێکەوە دەخۆن

message پەیام

messenger پەیامبەر، هەناردە. پەیام هەڵگر

messiah عیسا (ی پەیامبەر). رزگارکەری خەڵکی بەلەنگاز

messianic عیسایی

messmate هاوسفرە، بەیەکەوە نان خواردوو

Messrs (pl Mr)

messy پیسە، بێ سەروبەرە، نارێکە، تێکەڵ و پێکەڵە

met (p meet) کۆبۆوە(لەگەڵ)، گەیشتێ، بینی، دیتی

meta (پێشگر، پێشکۆ)یە بە واتای (جێگۆڕکی، دۆخ گۆڕان، جێگا (پاش، پشت، لەودیوی)، پلە (بەرزتر، بالاتر))

metabolism هەموو کار و کاردانەوە کیمیا ییەکانی لەشی زیندەوەر یک کەوا وزە و گەشە کردن دەهێنێتە کایەوە

metal کانزا؛ ئاسن، زێڕ، زیو

و ئـەو بابـەتانـە

- *detector* *ئـامرازێکـی موقـنـاتـیـزی یا ئـەلـیکـترۆنـی یـە بـۆ دۆزینـەوەی کانـزای داپـۆشراو*

metalanguage شێوە زمانـێکە بـۆ لـێکۆڵـینـەوە لـە زمان

metallic کانـزایـیـە؛ وەکو (ئـاسن، زێـر، زیـو، هـتـد)ە

metalliferous هی ئـەو بـەردانـەی (فـرە، پـڕ، تـێـر) کانـزان؛ ن؛ بـەردی ئـاسنـی خاو

metallize سواقـی دەدا بـە کانـزا، (قـات، چین)ێک کانـزای لـێ دەدا. رەق دەبـێ، دەبـێتـە ئـاسن(یـن)

metallography زانـستـی شێـوەیـی و تـایـبـەتـمـەنـدیـی دەرەوەی کانـزاکان

metalloid (جەستـە، شت)ێک بـە تـایبـەتـمـەنـدیـی ناوەنـد لـە نـێوان کانـزا و نـا کانـزا

metallurgy پـیـشەسازیـی دەرهێـنـانـی کانـزاکان

metalwork ئـاسنگـەری، ئـاسنـکاری. شتـی لـە ئـاسن (و بـابـەتـەکانـی) دروستـکراو

metamorphic (بـەرد، شاخ)ێک بـە سروشتـی گـۆڕابـێ؛ واتـە بـە گـەرما و پـاڵـەپـەستـۆی زۆر و درێـژخایـەن؛ ی هەزاران ساڵان

metamorphose شێوە یا سروشتـی دەگـۆڕێ

metamorphosis گـۆڕانـی شێـوە؛ بـەتایبـەتـی هی مـەگـەزان لـە دۆخی نـاو کیـفـک (دان) بـۆ دۆخی بـاڵـداری و فـریـن. گـۆڕانـی (تـایـبـەتـمـەنـدی، دۆخ، هـتـد)

metaphor بـریـکاری، وەرگـیـران، لـەجێ دانان، گـونـجانـدن، ڕێکخستـن، مـەجاز (زمانـەوانـی)

metaphorical بـریـکاریـە، وەرگـیـراوە، ڕێـکخراوە، مـەجازی یـە (زمانـەوانـی)

metaphysical میـتافـیـزیـکی یـە؛ لـە سروشت ی دوای (بـوونـی) سروشتـی دواو. هەرەمـەکیـیـە؛ بـێ (سەروشوێن، کـۆتـایـی، ئـەنـجام، سوود)ە

metaphysics فـەلـسەفـەی لـێکۆڵـینـەوە لـە سروشتـی ((هە) بـوون، راستـی، زانـیـن). لـێدوانـی هەڕەمـەکیـی بـێ (سەروشوێـن، کـۆتـایـی، ئـەنـجام، سوود)

metastasis (گـواستـنـەوە، گـوێـزرانـەوە)ی (کار، نـەخـۆشی، هـتـد)ی ئـەنـدامێکی لـەش بـۆ بـەشێکی دی

metatarsus ئـەو بـەشەی پـێ لـە نـێوان گـۆزینـگ و پـەنـجەکان، ئـەو پـێـنـج هێسکەی{ئـــ} لـەوێدا هەن

mete (سزا، پاداشت) دادەنـێ، دادەڕێـژێ، دابـەش دەکا، دیاری دەکا

meteor ئـەو جەستـە بـچووک و رەقـانـەی لـە ئـاسمانـەکانـی دەرەوە دەبـارن ە سەر زەمـیـن؛ کـەوا بـە گـەیـشتـنـە ئـاسمانـی عەرد گـڕ دەگـرن و دەگـەشێـنـەوە

meteoric خێـرا (یـە)، سەر سوڕهێـنـەر (ە). هی (جەستـە، بـەرد)ی ئـاسمان (ی دوور)ە، رووداوێکی ئـاسمانـی یـە

meteorite (بـەرد، جەستـە)ێک (یـا پـاشماوەکـەی)؛ کـەوا لـە ئـاسمانـەکانـی دەرەوە

بـەربـووبـێـتـەوە سەر زەمـیـن

meteoroid (بـەرد، جەسـتـە)ێـک؛ ی ئـاسمانـی کـەوا لـەدەورەی (خۆر، رۆژ) دەخولـێـتـەوە

meteorology (زانـسـت، لـێـکـۆڵـیـنـەوە، خوێـنـدن)ی دیاردە ئـاسمانـی یـەکان؛ بـەتـایـبـەتـی بـۆ پـێـشبـیـنـیـی ئـاووهەوا

meter (پاشگر، پاشکۆ)یـە (نـاو، ئـاوەڵـنـاو) پـێـک دەهێـنـێ بـە واتـای (ـپـێـو)

meter (1) [US] مـەتـر؛ یـەکـەیـەکـی پـێـوانـی درێـژی یـە، یـەکسانـە بـە (١٠٠سم)

meter (2) مـیـل (ە)؛ ئـامـێـری پـێـوانـی (ئـاو، کـارەبـا، گـاز{غ}، خێـرایـی، مـەودا، کات، پـاڵـەپـەسـتـۆ، هـتـد). گـێـج، سەعات. دەپـێـوێ

methadone دەرمـانـێـکـی (سڕکـەر، نـوێـنـەر)ە؛ لـەبـاتـی هـیـرۆیـیـن و مـۆرفـیـن بـەکـار دەهـێـنـرێ

methane گـازی{غ} مـیـثـەیـن؛ غازێـکـی بـێـرەنـگ و بـێ بـۆی گـر گـرتـووە؛ بـۆ سووتـەمـەنـی بـەکـار دێ

methanol (ئـیــــ)سپـرتـۆ؛ شلـەیـەکـی بـێـرەنـگـی بـەهەڵـم بـووی گـرگـرتـووە؛ بـۆ (سوبـوغ، هـتـد) (پـاک کـردنـەوە، شلـکـردنـەوە، تـوانـدنـەوە) بـەکـار دێ

methinks پـێـم وایـە، وا تـێـدەگـەم

method رێـکـار (ی ئـەنـجامـدانـی شتـێـک)، رێـگـە، شێـوەی کـار

methodical رێـکـارانـی، بـەڕێ و شوێـن. بـە شیـرازە، بـەرێـک (و پـێـکـی) ی

methodology زانـسـتـی (رێـکـار، شیـرازە)کـان، (کـۆمـەڵ، سیـسـتـەم) یـێـکـی فـرە (رێـکـار، شیـرازە)ی یـەک بـە دوای یـەکدا هـاتـووی بـەردەوام و جار لـەدوای جار بـەکارهـاتـوو لـە چالاکـی یـەک دا

methought (p methinks) پـێـم وابـوو، وا تـێـگـەیـشتـم

meticulous وردەکار (ە)؛ گـرنـگـی دەدا بـە سەرتـاپـای کـاری پـێ سپـێـردراوی

metonymy بـریـکـاریـی وشە، مـەجاز (زمـانـەوانـی)

metre مـەتـر؛ یـەکـەیـەکـی پـێـوانـی درێـژی یـە، یـەکسانـە بـە (١٠٠سم) ؛ نـزیـکـەی ٣٩و٤ ئـیـنـچ ە

metric (هی، لـەسەر بـنـەمای) مـەتـرە. پـێـوان بـە مـەتـر و بـەشەکـانـی، هـتـد. هۆنـراوە (یـە)، رێـکـخراوە (شیـعـر)

- *system* *رژێـمـی پـێـوان بـە مـەتـر و بـەشەکـانـی، هـتـد*

- *ton* *تـەنـی مـەتـری؛ دەکـاتـە* ١٠٠٠ کـگـم

metricate (ژمـارە، پـێـوانـە)کـە دەکات بـە مـەتـری؛ دەیـگـۆڕێ بـۆ مـەتـری

metritis نـەخۆشیـی (مـنـداڵـدان، زگـی دایـک)

metro شیـرازەی شەمـەنـدەفـەری (ژێـر زەوی، بـن عەردی)؛ بـە تـایـبـەتـی لـە پـاریـس

metropolis پـایـتـەخت، شارێـکـی (سەرەکـی، گـەورە)

metropolitan (هی، تـایـبـەتـە بـە) (پـایـتـەخت، شارێـکـی سەرەکـی). دانـیـشتـووی شارێـکـی وەها. سەرۆکـی قـەشەکـانـی (هەرێـم، نـاوچەیـەک)

- Police *پۆلیسی پایتەخت*

mettle تەوژم، گوڕ. ورەبەرزی، ئازایەتی

mew میاوەمیاو (ی پشیلە). دەنگی نەورەس؛ کە باڵندەیەکی ئاوییە. نەورەس. دەمیاوێنێ. قەفەز، سەبەتە

mewl وەکو پشیلە دەمیاوێنێ. دەگریێ

mews تەوێڵە (ی وڵاغان). ریزە (یەکە، خانوو)ێکی نیشتەجێی کە لەدەورەی حەوشەیەک دروست کرابێ

Mexican (هی، خەڵکی) وڵاتی مەکسیک ە

mezzanine (نهۆم، قات، چین)ی نێوان (زەوی و (نهۆم، قات)ی یەکەم)

mezzo نیوە، بە نیواو نیوی، مامناوەندی یانە

mg کورتکراوە یە بە واتای؛

= milligram(s) *(بەشێک، یەک) لە هەزاری گرام ێک*

mgr کورتکراوە یە بە واتای؛

= manager *بەڕێوەبەر*

mHz کورتکراوە یە بە واتای؛

= megahertz *یەک ملیۆن هێرتز؛ یەک ملیۆن (سوور، خول، هەژان) لە چرکەیەک دا*

mi دەنگی سێ یەم لە پلەی دەنگەکان (مۆسیقا)

MI5 کورتکراوە یە بە واتای؛

= Military Intelligence 5 *) بەش، بەڕێوەبەرایەتی)یەکی لەشکریی بەریتانیا یە بۆ زانیاری کۆکردنەوەی لەشکری*

MI6 کورتکراوە یە بە واتای؛

z *(بەش، بەڕێوەبەرایەتی) یەکی لەشکریی بەریتانیا یە بۆ زانیاری کۆکردنەوەی نهێنیی لەشکری*

miaow میاوەمیاو (ی پشیلە). دەمیاوێنێ

miasma هەڵاوەی{ر} بۆگەن، بۆن بۆگەنی، بۆگەنی

mice (pl mouse) مشک(ان)؛ کۆی مشک ێک. خەڵکی (ترسنۆک. لاواز، کەم توانا، داهێزراو)

micro (پێشگر، پێشکۆ)یە بە واتای (بچووک. یەک لە ملیۆن ێک؛ ١٠ توان -٦ = ٠٠٠٠٠١و٠)

- organism *گیانلەبەرێکی (زۆر بچووک، مایکرۆسکۆپی)*

microbe میکرۆب؛ بە تایبەتی بەکتیریا

microbiology زانستی (لێکۆڵینەوە لە، پشکنینی) گیانلەبەری (بەکتیریا ئاسا، ورد)

microchip پارچەیەکی بچووکی نیوە گەیەنەر

microcircuit بازنەیەکی ئەلیکترۆنیی سەر نیوە گەیەنەر ێکی گچکە

microcomputer کۆمپیوتەری (کەسی، خاوەن کاری بچووک)

microcosm کورتە، کورتکراوە. پچووک کراو

microdot وێنەی نوسراوێک کەوا زۆر گچکە کرابێتەوە؛ کرابێ

بە یەک خاڵ

micrometer گێجێکی (خوێندنەوە پێوان)ی زۆر ورد و دروست

micron یەک لە ملیۆنی مەتر یێک؛ واتە ١٠ توان -٦م = ١٠٠٠٠٠٠م

microphone دەنگگر، مایکروفۆن؛ ئامرازێکە شەپۆلەکانی دەنگ دەگۆڕێتە وزەی کارەبایی بە مەبەستی تۆمار کردنی

microscope وردبین، زەڕەبین، مایکرۆسکۆپ

microscopic (بەچاو) نەبینراو، زۆر (ورد، گچکە)

microscopy بەکارهێنانی (وردبین، زەڕەبین)

microsecond یەک لە ملیۆنی چرکە یێک؛ واتە ١٠ توان ٦- = ٠،٠٠٠٠٠١

microsurgery نەشتەرگەریی بە وردەکاری و بە بەکارهێنانی وردبین

microwave شەپۆلی ئەلیکترۆ ماگناتیی بە درێژایی نێوان (٠،٠٠١ - ٣٠،٠م)

- oven *(فرنی، تەباخ{غ})ی مایکرۆ وەیڤ*

micturition میزکردن

mid (پێشگر، پێشکۆ)یە بەواتای (ناو، (لە) ناوەندی، ناوەڕاستی)

- life *تەمەن مامناوەندی*

midday نیوەڕان، نیوەڕۆ

midden گووفەک، زبڵدان

middle ناوەڕاست، ناوەند

- aged *تەمەن مامناوەند*

- ages *چەرخەکانی ناوەڕاست (لە ٤٠٠ پاز تا ١٤٠٠ پاز)*

- class *چینی مامناوەندیی کۆمەڵ*

- East *رۆژهەلاتی ناوەڕاست*

- English *زمانی ئینگلیزی لەنێوان ساڵەکانی (١١٥٠ - ١٥٠٠)ی پاز*

- name *ناوی ناوەڕاست (یا دووەم) کە مەرج نییە هەبێ*

middlebrow کەسێکی نائاسایی. ناهۆشیار، دەبەنگ

middleman دەلاڵ{رر}. ناوەنجی کەر

middling مامناوەندە، باشە

midfield شوێنی یاریکەر(ەکان)ی ناوەڕاستی گۆڕەپانی تۆپی پێ

midge مەگەزێکی (مێشوولە، پێشکە) ئاسا یە

midget (کەس، شت) یێکی زۆر بچووک

midland (ناوەوە، ناوەڕاست)ی وڵات

midnight نیوەشەو؛ کاتژمێر ١٢ ی شەو

- blue *رەنگێکی شینی زۆر (تۆخ، تاریک)*

midriff پەردەی نێوان سییەکان و (ناوهەناو، زگ{سک}) (نەشتەرگەری). (خوار، بەر، ژێر) سینگ، سەرووی زگ{سک}

midshipman پلەیەکی ئەفسەریی دەریاییە

midst لە ناوەڕاستی. ناوەڕاست

midstream لـەنـاوڕاسـتـی (روبـار، بـەسـت)ێـک
midsummer چلـەی هاویـن
- *Day* *ڕۆژی نـاوەنـدی هاویـن، ڕۆژێـکـه لـه چلـەی هاویـن؛ ٢٤ی مانـگـی شەش*
- *madness* *زۆر (گـێـلـی، دەبـەنـگـی)*
midway (لـه، بـەرەو) نـیـوەڕێ
midwife مامان؛ کـەسێـکـی (ڕاهێـنـراو. ڕاهاتـوو) بـه یـارمـەتـی دانـی ئـافـرەتـی دووگـیـان لـه مـنـداڵ بـوون دا
midwifery مامـانـی
mien (روخسار، شێـوه)ی کـەسێـک
might (1) بـۆیهەبـوو، لـەوانـەبـوو. دەیـتـوانـی
- *have been* *ئـەگـەری رابـووردوو، (بـۆی هەبـوو، لـەوانـەبـوو) ببوا یه*
-n't = might not *بـۆی نـەبـوو، لـەوانـه نـەبـوو. نـەیـدەتـوانـی*
might (2) هێـز، وزه
mightiness بـەهێـزی. گـەورەیـی، شکـۆدار
mighty بـەهێـز. گـەوره، مـەزن، بـەشکـۆ
migraine (ژانـەسەر، سەرئـێـشه)ی (دوبـارەبـۆوه، نـاوەنـاوه)؛
migrant بـارکـردوو، کـۆچکـردوو، کـۆچـەری. کـەسێـکـی کـۆچـەر. کـەسێـکـی بـێـگـانـه
migrate کـۆچدەکا. بـاردەکا، دەڕوا
migration کـۆچکـردن
migratory گـەڕیـدەیـیـه، (کـۆچـەری، کـۆچبـەری) (یـه)
mikado نـازنـاوی ئـیـمـپـراتـۆری یـابـان (مێـژوو)
mike کـورتـکـراوه یه بـه واتـای؛
= microphone *ئـامرازی تـۆمار کـردن، مـایـکـرۆفـۆن*
mil یـەک لـه هەزاری ئـیـنـچێـک؛ ٠,٠٠١ ئـیـنـچ؛ بـەتـایـبـەتـی بـۆ پـێـوانـی ئـەسـتـووریـی وایـەر بـەکار دێ
milady شێـوەیـەکـی زۆر بـەڕێـزی (بـانـگ کـردن، ئـاماژه بـۆکـردن)ی ئـافـرەتێـکـی خانـزادی ئـیـنـگـلـیـز ه
milage = mileage
milch شیـردەر
- *cow* *سەرچاوەی سووک و ئـاسان بـۆ (قازانـج کـردن، سوود وەرگـرتـن)*
mild هێـور، ئـارام. (گـەرما، تـیـژی، تـام، بـۆ)ی مامـنـاوەنـد. (مـالـی، کـەوی) یه
mildew وردەگـیـای سەوزبـوو لـه سەر دارو درەخـتـان، شێـی دیـوار، کـەڕەکـیـفـەی سەر جلـوبـەرگ، هـتـد
mildly بـەهێـوری، بـه شێـوازێـکـی لـەسەرەخـۆ
mildness هێـوربـوون، ئـارامـی. مامـنـاوەنـدی بـوون
mile مـیـل؛ یـەکـەیـەکـی ئـیـنـگـلـیـزی یـه بـۆ پـێـوانـی درێـژی؛ دوو جـۆری هەیـه؛ ئـیـمـپـیـریـالـی (١٦٠٩م)ه و دەریـایـی (١٨٥٢م) ه
mileage ژمارەی مـیـل، چـەنـد مـیـل رۆیـشـتـن
milestone بـەردێـکـی پـاڵ ڕێـگـا؛ کـه ژمارەیـەکـی مـیـلـی ماوەی لـەسەر (نـووسراوه، نـەقـش کـراوه)

. قـووچـەک. (هەنـگـاو، رووداو، قـۆنـاغ)ەکانـی پـرۆژەیـەک

milieu (ژینـگـە، بـارودۆخـی کـۆمـەلایـەتـی، دەوروبـەر)ی کـەسێـک

militancy شۆڕشگێڕی. یاخـی بـوونـی. چەکداری. تـونـدڕەوی

militant شۆڕشگێڕ، جەنـگاوەر. چەتـە. چەکدار. تـونـدڕەو

militarism (فـەرمانـڕەوایـی، بـیـیـرکـردنـەوە، هەڵـسوکـەوت)ی (لـەشکری، خۆ سەپـانـدن)

military لـەشکر، هێـزی سەربـازی. لـەشکری، سەربـازی

militate دەجەنـگـیّ، شۆڕش دەکا، خەبـات دەکا. زەبـر و زەنـگ بـەکار دەهێـنـیّ

militia هێـزێـکـی چەکدار؛ ی (بـە، بـیّ) بـیـیـر و بـاوەڕ؛ (دژ بـە، پـاڵـپـشتـی) لـەشکری سەرەکیـی ولاتـێـک

milk شیـر. دەدۆشیّ. دەیـدۆشیّ؛ هیـچـی پـیّ نـایـەڵـیّ، تـنـۆکـی لـیّ دەبـڕیّ

- tooth *دانـی شیـری، ددانـی ساوایـی*

milkmaid بـێـری. کـیـژە (ماست، شیـر) فـرۆش

milky بـەشیـر، وەکـو شیـر. سپـی (وەکـی شیـری)

- way *ڕێـی کـاکـێـشان (ئـەستـێـرەوانـی)*

mill ئـاش. دەستـهاڕ. دەکاتـە ئـارد، دەهاڕیّ، لـێـدەکا، (هــ) ورد دەکا. لـەڕەنـدەی دەدا، لـووسی دەکا

millennium هەزارە، هەزار ساڵـە

millepede = millipede

miller ئـاشەوان

millesimal هەزارەمـیـن (ە). (هی، تـایـبـەتـە بـە) هەزارەمـیـن

millet جۆرە (رووەک، درەخت) یّـکـە

milli (پـێـشگـر، پـێـشکـۆ)یـە بـە واتـای (یـەک لـە هەزار، لـەهەزاری یـەک)

milliard ملـیـار، بـلـیـۆن؛ یـەکسانـە بـە هەزار ملـیـۆن (١٠٠٠و٠٠٠و٠٠٠)

millibar یـەکـەیـەکـی پـێـوانـی پـاڵـەپـەستـۆی هەوا یـە؛ یـەکسانـە بـە ١٠٠ پـاسکال

milligram ملـیـگرام؛ یـەک لـە هەزاری گرام یّـک؛ ٠٠١و٠گم

millilitre ملـیـلـتر؛ یـەک لـە هەزاری لـتـر یّـک؛ ٠٠١و٠ل

millimeter [US] ملـیـمـەتـر

millimetre ملـیـمـەتـر؛ یـەکـەیـەکـی پـێـوانـی درێـژی یـە یـەکسانـە بـە یـەک لـەهەزاری مـەتـرێـک؛ ٠٠١و٠م

milliner کـڵاوسازی ژنـانـە، (فـرۆشیـار، بـازرگـان)ی کـڵاوی(ر) ئـافـرەتـانـە

millinery (کـڵاوسازی، بـازرگـانـیـی کـراو)ی ژنـانـە

million ملـیـۆن؛ هەزار (جاران) هەزار؛ ١٠٠٠ ٠٠٠

millionaire ملـیـۆنـێـر؛ خاوەن ملـیـۆن

millipede کـرمـی هەزار پـیّ

millisecond یـەک لـە هەزاری چرکـە یّـک؛ ٠٠١و٠چ

millpond ئـەو (گـۆڵاو، گـۆمـاو)ەی ئـاشی ئـاو دەگـێـڕیّ

millstone بـەرداش. (بـەرپـرسیـاری، ئـەرک)یّـکـی (قـورس،

گران)

mill-worker كرێكاری (كارخانـه، كارگـه)

millwright كارخانـەسازی

ئـاشان؛ وەسـتـای ئـاش دامـەزرانـدن

milo-meter (میلـه، گێـج)ی ماوەی ناو ئـۆتـومـبـیـل

milord شێـوەیـەكـی زۆر بـەڕێـزی (بـانـگ كـردن، ئـاماژە بـۆكـردن)ی (مـیـر، خان) یٚكـی ئـیـنـگـلـیـز ە

milt (شلـە، پـێـكـهاتـە)یـەكـی نـاو خوێـنـە؛ بـۆ چاوەدێـریـی چۆنـیـەتـیـی خوێـن. (تـۆماو، تـۆ(و))ی زاوزێـی نـێـرەی ماسی

mime نـوانـدنـی (بـێـدەنـگ، بـێـهەست ، شانـۆگـەری (مت، نـاخاوتـوو، كـر)

mimeograph (ئـامراز، مـەكـیـنـە)ی كـۆپـی (گـرتـن، كـردن). كـۆپـی (یـە) ، نـارەسەنـە

mimetic لاسایـی كـەرەوانـە، لاسایـی كـەروە یـە

mimic لاسیـی دەكـاتـەوە، لـەچاوی دەكـاتـەوە

mimicry نـوانـدنـی (گـاڵـتـەجاڕی، كـۆمـیـدی) بـە هێـما و بـێـدەنـگ. لاسایی كـەرەوەیـی. لاسایـی كـردنـەوە

mimosa جۆرە رووەكـێـكـە؛ بـە تـۆپـەڵـە گـوڵـی زەرد ەوە

min كـورتـكـراوە یـە بـە واتـای؛

= *minimum* كـەمـتـریـن، *(لای، لانـی)* كـەم

= *minute(s)* دەقـە، دەقـیـقـە

minaret مـیـنـارەی مزگـەوت

minatory هەڕەشەكـەرانـە، تـرسێـنـەرانـە

mince دەهەنـجـنـێ، لـە قـیـمـە دەدا. لـەتـلـەت دەكـا

- meat گـۆشتـی *(هەنـجـنـراو، هەنـجـنـیـو، قـیـمـە (كـراو))*

- pie كـفـتـەی گـۆشتـی *(هەنـجـنـراو، قـیـمـە)*

mincemeat گـۆشتـی (هەنـجـنـراو، قـیـمـە (كـراو))

mincer مـەكـیـنـەی گـۆشت لـە قـیـمـە دان

mind بـیـیـر، هۆش. ئـاگای لـێـدەبـێ

- boggling *سەیـرە، بـاوەڕ نـەكـردەنـی (یـە)*

- read *دەزانـێ چۆن بـیـیـر دەكـاتـەوە، مێـشكـی دەخوێـنـێـتـەوە*

- you *بـەسەری تـۆ، لـەراسـتـی دا؛ بـۆ (پـشت راست كـردنـەوە، بـاوەڕ پـێـهێـنـان)ی (رستـە، وتـە) كـەی دوای*

bear in - *لـە بـیـیـری دەبـێ. لـە بـەرچاو دەگـرێ*

do you -! *رێ م كـە!، لـێ م گـەڕێ!، بـێ زەحمـەت (لاچوو)!*

do you -? *مـۆڵـەت هەیـە؟، مـۆڵـەتـم دەدەی؟، تـكـایـە (دەهێـڵـی، دەتـوانـم، دەكـرێ) شتـێـك (بـبـەم، بـكـەم، هتـد)؟*

have in - *نـیـازی یـەتـی، لـەبـیـیـر یـەتـی*

in two -s *دوودڵـە، بـڕیـاری نـەداوە*

never - *گـوێـی مـەدێ، كـێـشە(یـەك) نـیـیـە. ئـەوە (بـێ)جگـە لـەوەی*

put in - *دەخاتـە بـیـیـری، لـەبـیـیـری (دەچەسپـێـنـێ، دەبـێ)*

لـێـدەبـێ

to my - *بـەڕای من، من پـێـم وایـە*

minded (پـاشگر، پـاشکۆ)یـە بـە واتـای (وابـیـیـر دەکـاتـەوە، ڕای وایـە، (بـە جۆرێـک) مـەیـل دارە، جۆرە بـیـیـر کـردنـەوە یـەکـی هەیـە) . بـەهەنـد هەڵـگرە، گرنـگـی پـێـدەرە

minder ئـاگاداری کـەر. (پـاشگر، پـاشکۆ)یـە بـەواتـای فـەرمانـبـەری چاودێـری کـەری (کـەس، شت)ێـک

mindful هۆشیـار، ئـاگادار، وریـا. بـەهەنـد هەڵـگرە، گرنـگـی پـێـدەرە

mindless دەبـەنـگ، گێـل. کارێـکـی سادەی شارەزایـی نـەخواز. گـوێـنـەدەر، پـشتـگـوێـخـەر

mine (1) (هی، ئـی) مـن (ە)

mine (2) مـیـن، (لـوغم، ئـەلـغام) ؛ تـەقـەمـەنـی یـکـە لـە ژێـر زەوی دەشاردرێـتـەوە، بـە پـێ لـێـنـانـی (پـیادە، ئـۆتـۆمـبـیـل) دەتـەقـێ (تـەوە). کان، کانـگـە، کانـگا

minefield کـێـڵـگـەی مـیـن؛ نـاوچـەیـەکـی مـیـنـرێـژ کـراو

minelayer (پـاپـۆڕ، فـڕۆکـە، هتـد) ی مـیـنـرێـژ (کـەر)

miner کانـگـەچی، کـرێـکاری کانـگا

mineral کانـزا. (پـەیـوەنـدە بـە، هی) کانـزا (یـە)

- water *ئـاوی (کانـزایـی، سروشتـی). ئـاوی (سۆدەیـی، هەڵـچووی) سازکـراو*

mineralogy زانـستـی کانـزاکان

minesweeper (ئـامێـر، پـاپـۆڕ، هتـد)ی (مـیـن، لـوغم) (هەڵـگر، کـۆکـەر، تـەقـێـن) (ەوە)

mineworker کـرێـکاری کانـگا، کانـگـەچی

mingle تـێـکـەڵ (دەکا. دەبـێ). تـێـکـەڵـی خـەڵـک دەبـێ، دەچـێـتـە نـاو خـەڵـک

mingy (هەڵـسوکـەوت، ڕەوشت) نـاشیـرن. پـیـسکـە

mini (پـێـشگر، پـێـشکۆ)یـە بـە واتـای (بـچـکۆڵـە، گـچـکۆکـە، وردیـلـە، کـورت)

miniature لـە (ئـاسایـی، خۆی، ڕاستـی) گـچـکـە تـر، بـچـووک کـراوی شتـێـک، بـچـووک وێـنـە کـیـشراو

in - *بـە بـچـووکـی، شێـوەی گـچـکـەی شتـێـک. بـە ڕادەیـەکـی کـەم*

miniaturize شێـوەی بـچـووکـی لـێ دروست دەکا. گـچـکـەی دەکا(تـەوە)

minibus ئـامانـە (ی بـچـووک)؛ نـزیـکـەی ١٢ (ڕێـبـوار، نـەفـەر)ی

minicab تـەکسی (تـەلـەفـۆنـی، تـایـبـەت)

minim نـیـو پـلـەی مۆسیـقایـی. درۆپـەیـەک؛ نـزیـکـەی یـەک لـەسەر شەستـی (کـێـشی) درهەمێـک، خالـێـک. زۆر بـچـووک

minima (pl minimum) (هەرە کـەم، کـەمـتـریـن) ەکان؛ شێـوەی کـۆ یـە

minimal زۆر (گـچـکـە. کـەم). (کـەمـتـریـن. لانـی کـەم) (بـوون)

minimalist سادە، سادە خـواز (هونـەر). (کـەم، کـورت) کـەرەوە

minimize گـچـکـە دەکاتـەوە بـۆ کـەمـتـریـن (چـەنـد، ڕادە)ی شیـاو

minimum هەرەکـەم، کـەمـتـریـن

- wage(s) *لانـیکـەمـی (مـووچـە، دەسحـەق{حـەقـدەست})ی رێ پێدراو بـەپێـی (یاسا، رێککـەوتـن)*

mining کانـگـەچێتـی، کانـزا دەرهێـنـان، کانـگا لـێدان. بـەرد هەڵـقـەنـدن

minion بـەردەست (ی کـەر)، شاگرد، خزمـەتکار

minipill جۆرێکـە لـە حەبـی بـەرگری (کردن) لـە منـاڵ بـوون

miniseries زنـجیـرە بـەرنـامـەیـەکی کورتـی تـەلـەفیـزیـۆنـیـی (پێکـەوە گرێدراو، هاوپـەیـوەنـد)

miniskirt کراسێکـی (ئافـرەتـانـەی) زۆر کورت

minister شالـیار، وەزیـر. قـەشـە. یارمـەتـی دەدا، (خزمـەت، ئاگاداری، چاوەدێری) دەکا

- of state *وەزیـری دەوڵـەت؛ وەزیرێکـی بـێ کـورسـی یـە*

- Without Portfolio *وەزیـری بـێ وەزارەت*

ministerial (هی، تایبـەتـە بـە) (وەزیـر (ی)، قـەشە (یـی)). یارمـەتـی دەرانـە یـە، خزمـەتکاری یـە

ministrations یارمـەتـی، خزمـەت. یارمـەتـی دان، خزمـەت کردن؛ بـە تایبـەتـی لـە کاروبـاری ئایـیـنـی. دادوەری کـردن، یارمـەتـی پـێ گـەیـانـدن

ministry (1) یارمـەتـی دان، خزمـەت کـردن، دادوەری کـردن

ministry (2) وەزارەت؛ بـەشێکـی میـریـی بـە سەرۆکایـەتـی وەزیـر یێک. (نیشتـەجێـی، دام و دەزگای) وەزارەت

the - *(خانـوو، نـیشتـەجێـی، دام و دەزگا، کار و پـیشە) ی قـەشە یـەک*

minor بـچووک، کـەم. منـاڵ

minority کـەمـیـنـە، کـەمایـەتـی

minstrel(s) گۆرانـی بـێژ یا ئاهەنـگسازی چەرخەکانـی ناوەڕاست. (کۆمـەڵ، کـۆڕ)ێک گۆرانـی بـێژی دەموچاو رەش کردوو و گاڵـتـەجاڕ

mint (1) (گیـا، سەوزە) یـەکـی بـۆن (خۆشە، تـیـژە) بـۆ تامـوچێژ دەخرێتـە چێشتـەوە. پـونـگ(ە)، نـەعناع{نـەعنـەعە}. (شیـرن، شەکرۆکـە)ی (تـیـژ، بـۆنـدار)

mint (2) (دامـەزراو، دامـودەزگا، شوێـن)ی (سکـە لـێدان، دراو چاپ کـردن). ژمارەکی زۆر. پـارە لـێدەدا، دراو لـەچاپ دەدا

in - condition *وەکـوو نـوێ، نـایـاب*

mintage دراو، سکـە، بـاجی پـارە (لـێدان، چاپ کـردن)

minty کـەسکوونـە، تـیـژە، نـەعنـەعە یـە

minuend (ژمارە، چەنـد)ی (لـێدەرکـراو، (لـێ)داشکێنـراو) (ماتـمـاتـیـک)

minus بـە لـێ دەرکـردنـی، لـێی دەرچێ (ماتـمـاتـیـک). (خـوار، ژێـر) سفـر، کـەمتـر لـە سفـر. کـەمـە، دەیـەوێ، پـێـی دەوێ. (بـە) بـێ

minus sign (نـیشانـە، هێـما)ی (کـەمـی. (خوار، ژێـر) سفـر بـوون. لـێ دەرکـردن، کـەم کـردنـەوە)؛

ن؛ -٨، -٩٦، (+٩٦ - ٦٦= ٣٠سالّ)

minuscule زۆر (گـچـکـۆلـە، وردیـلـە). زۆر (کـەم بـایـەخ، بـێـنـرخ، نـاگـرنـگ)

minute (1) دەقـیـقـە (یـەک)؛ یـەک لـەسەر شەسـتـی کاتـژمـێـر یـێـک. ماوەیـەکـی کـەم

minute (2) زۆر بـچـووک. وردە، بـەدووردرێـژی یـە. راست و دروسـتـە

-s *تـۆماری کـۆبـونـەوە، تـۆماری نـووسراوی کار و رووداوەکانـی کـۆبـونـەوەیـەک*

minutely بـە بـچـووکـی

minuteness بـچـووکـی. وردی

minutes تـۆمـاری کـۆبـونـەوە، تـۆمـاری نـووسراوی کار و رووداوەکانـی کـۆبـونـەوەیـەک

- book *پـەڕاوی تـۆماری کـۆبـونـەوە (یـەک)*

minutiae گـەلـێـک بـچـووک. وردەکاری

minx کـچـێـکـی (لاسار، بـێـشـەرم. سووک)

miracle (1) رووداوێـکـی (نـائـاسایـی، لـە ئـاسایـی بـەدەر، سەیـر، بـاوەڕ نـەکـردەنـی)، (گـوایـە) لـە سروشتـی بـەدەر؛ بـەدەر لـە یـاساکانـی فـیـزیـا، هتـد

miracle (2) لـە (خـوا، پـیـاوچاکان) ەوە، خـواکـرد

miraculous رووداوێـکـی (نـائـاسایـی، سەیـر، بـاوەڕ نـەکـردەنـی) ە، لـە سروشتـی بـەدەرە. لـە (خـوا، پـیـاوچاکان) ەوە یـە، خـواکـردە

mirage سەراب

MIRAS کـورتـکـراوە یـە بـە واتـای؛ *لـێـخـۆش بـوون لـە (سوود، قـازانـج)ی قـەرزی خانـوو؛ لـە سەرچاوەوە*

mire (رووبـەر، نـاوچـە)یـەکـی (قـوڕاو، زەلـکاو). قـوڕ، پـیـسی. لـە قـوڕ دەچەقـێ، نـوقـمـی زەلـکاو دەبـێ. دەکـەوێـتـە تـەنـگ و چەلّـەمـەوە، تـووشی تـەنـگانـە دەبـێ. تـفـی لـێ رووشدەکا، پـیـسی

mirror ئـاوێـنـە، نـەیـنـۆک. تـیـشک دەداتـەوە. رەنـگ دەداتـەوە، کاردانـەوە ی دەبـێ

- image *وێـنـەی وەرگـەڕاو؛ راست و چەپ کـراو؛ وەکـوو خـۆی (بـەلام بـە وەرگـەڕایـی)*

mirth خـۆشی، شادی، رابـواردن، پـێـکـەنـیـن

mirthful (دڵ)شاد، دەم بـە پـێـکـەنـیـن، گـاڵـتـەچی

miry قـوڕاو، زەلـکاو. قـوڕە، پـیـسی یـە

mis پـیـشگـرە بـە واتـای ((بـە) هەڵـە. (بـە) (خـەراپ، بـەد) (ی). نـا، نـەبـوون، نـەگـونـجان)

misadventure کارەسات، تـووشبـوون. بـێـشانـسی، بـەدبـەخـتـی. بـۆنـەهاتـن، تـێـکـەوتـن. قـەزاوقـەدەر (یـاسا)

misalliance یـەکگـرتـنـی (نـاهاوتـا، نـەگـونـجاو)؛ ی بـەتـایـبـەتـی ژن و مـێـرد

misanthrope کـەسێـک کـە (رک، قـیـن)ی لـە مـرۆڤ(ایـەتـی) بـێـتـەوە. کـەسێـک کـە خـۆی (لادا، بـە دوور بـگـرێ) لـە کـۆمـەڵ(گا)ی مـرۆڤ (ایـەتـی)

misanthropist (رک، قـیـن، داخ)

لەدڵ بەرامبەر بە مرۆڤ(ایەتی) . دووره پەرێز (لە خەڵک)

misanthropy (کینە، رک) بوونەوە لە مرۆڤ(ایەتی). خۆ (لادان، بە دوور گرتن) لە کۆمەڵ(گا)ی مرۆڤ (ایەتی)

misapply خەراپ (دەخاتە گەڕ، بەکار دەهێنێ)؛ بەتایبەتی پارە

misapprehend خەراپ تێدەگا؛ لە (بارەی) (وشە، کەس، شت، هتد)

misapprehension (باش) حاڵی نەبوون، خەراپ تێگەیشتن

misappropriate دەدزێتەوە، دەقاچێنێتەوە؛ پارەی هی دی دەبا بۆ سوودی خۆ

misappropriation دزینەوە، قاچاندنەوە

misbegotten زۆڵ، نارەوا، نایاسایی. نەخوازراو. (رک. قێز، بێز)کراو، بەدناو(بانگ)

misbehave بەدرەفتاری دەکا، خەراپ هەڵسوکەوت دەکا

misbehaviour بەدرەفتاری

misbelief بێباوڕی. باوڕ نەهێنان

misbelieve باوڕناکا. باوڕناهێنێ

misc. کورتکراوەیە بە واتای؛ *= miscellaneous* *جۆراوجۆر، فرەجۆرە، تێکەڵە*

miscalculate هەڵە دەکا. خەراپی (بۆدەچێ، مەزەندە دەکا)

miscall هەڵەدەکا. بەهەڵە (بانگ دەکا، ناو (دەبا، دەهێنێ)

miscarriage (سک، منداڵ) لە (بار، بەر) چوون

- of justice *ناڕەوایی کردن. (بە) هەڵە (ئانجام دان، (جێبەجێ، پیادە) کردن)ی یاسا*

miscarry (زگ، مندار)ی لە (بار، بەر)ی دەچێ. (پلان، هتد) (بە) هەڵە (ئانجام دەدا، (جێبەجێ، پیادە) دەکا)

miscast خەراپ دابەش کردن؛ ی شانۆگەر (ان) لە شانۆ یەک دا

miscegenation تێکەڵبوونی زاوزێی رەگەزەکان؛ بەتایبەتی لە نێوان سپی و ناسپی

miscellaneous جۆراوجۆر، هەمەچەشن، تێکەڵ. کەشکۆڵە

miscellany جۆراوجۆری، هەمەچەشنی، تێکەلاوی. کەشکۆڵ، پەڕتووک یێک کە (چیرۆک، بابەت، هتد)ی جیاجیای بەخۆوە گرتبێ

mischance بێشەنسی، بەدبەختی، بۆنەهاتن، سەرنەکەوتن، بەلا

mischief هەرەپاسی{ڵ}، لاساری، هاروهاجی. زیان، ئازار. (پێ) رابواردن

mischievous هەرەپاس{ڵ}، لاسار، هاروهاج. زیانبەخش، ئازاردەر

miscible لە تێکەڵ بوون هاتوو

misconceive (بە هەڵە، خەراپ) ی وەردەگرێ، بەهەڵە تێی دەگا

misconception (بە هەڵە، خەراپ) وەرگرتن، بە هەڵە تێگەیشتن

misconduct (رەوشت، هەڵسوکەوت) ی (نارێک، نەگونجاو، نەشارەزا)

misconstrue خەراپ لێکی دەداتەوە، خەراپی (بۆ دەچێ. دەردەبڕێ)

miscopy بە (نادروستی، هەڵە) (لەبەری) دەنووسێتەوە

miscreant کەم، سووک، نزم. بێ ویژدان، سپلە. کلۆڵ، مات

misdeed خەراپەکاری، گوناح، تاوان

misdemeanor [US] خەراپەکاری، گوناح

misdemeanour خەراپەکاری، گوناح

misdiagnose باشی (نادۆزێتەوە، نابینێتەوە). خەراپی (دەستنیشان، دیاری) دەکا

misdial (ژمارەیەکی تەلەفۆن) بەهەڵە لێدەدا

misdirect بەدی بەڕێوە دەبا، خەراپی ئاراستە دەکا

misdoing خەراپەکاری، گوناح، تاوان

misemploy خەراپی (بەکار دەهێنێ، دەخاتە گەڕ)

miser پیسکە، ڕەزیل، پارە کۆکەرەوی دەست تەنگ، پارە خۆشویست

miserable گرفتار، ناشاد، نارەحەت. کلۆڵ، مات

miserly بە پیسکەیی، ڕەزیلانە

misery گرفتاری، ناشادی، نارەحەتی. کلۆڵی، ماتی

misfire (چەک) چرووک دەکا، (مەکینە (جوان، باش)) ناگەڕێ. (پلانێک ئامانج) ناپێکێ. چرووک کردن. ئامانج نەپێکان. (باش، جوان) نەگەڕان

misfit کەسێکی (نەگونجاو لەگەڵ، نابەجێ بۆ) (بارودۆخ، پیشە، فەرمانبەری) یێک. (جلوبەرگ، رایەخ)ی گەورەتر (یا بچووکتر) لە خوازراو

misfortune بەدبەختی، بێشەنسی. ڕووداوێکی بەدبەختانە

misgive (دڵ، مێشک، بیر، هتد) ی کەسێک (گومان، رایەڵە) دەکا، هەست بە (مەترسی. دوودڵی. بێبڕوایی) دەکا

misgiving(s) گومان کردن، هەست کردن بە (مەترسی. دوودڵی. بێبڕوایی). رایەڵەی مێشک

misgovern خەراپ (فەرمانڕەوایی دەکا، بەڕێوەی دەبا، دەیگێڕێ)

misguide هەڵەتە دەکا(ت)، بە هەڵە دا دەبا(ت). خەراپ ئاراستەی دەکا(ت)

misguided (بەهەڵە، هەڵەکردوو) لە ڕێنمایی (بیر، بۆچوون، کار، ڕێڕەو) یێک

mishap (بەلا، ڕووداو، کارەسات) یێکی بەدبەختانە

mishear بە (هەڵە، ناتەواوی، کزی، نەوی، نزمی) گوێی لێ دەبێ

mishit (تۆپ، هتد) یێک خەراپ (دەهاوێ، تێدەگرێ. دەپێکێ، لێدەدا). نەپێکان؛ خەراپ هاویشتن

mishmash تێکەڵوپێکەڵ، حەشەمێشە، هەڵ پشێردراو

misinform پێچەوانەی راستیی (تێ دەگەیەنێ، پێ دەڵێ)، جوان حاڵی ی ناکا. هەڵەتە دەکا(ت)، بە هەڵە دا دەبا(ت)

misinterpret بەهەڵە لێکی دەداتەوە. ئەنجامی هەڵەی لێ (وەردەگرێ، بەدەست دەهێنێ)

misjudge (بۆچوون. بڕیار. دادوەری)ی (هەڵە، ناراست، نارەوا)ی لەسەر دەدا

miskey کلیل یێکی چاپەمەنی بە هەڵە دادەگرێ، بەهەڵە (دەنووسێ چاپ دەکا)

mislay لە شوێنی خۆی دانانی تەوە، ونی دەکا

mislead هەڵەتە دەکا(ت)، بە هەڵە دا دەبا(ت)

mismanagement (خەراپ، بەهەڵە) (بەڕێوە بردن، هەڵ سووراندن، گێڕان)

misname بەهەڵە ناوبردن، ناو هەڵە کردن

misnomer (ناو، وشە، زاراوە، هتد)یێکی (خەراپ، بەهەڵە) بەکارهاتوو. بەکارهێنانی هەڵەی (ناو، وشە، زاراوە، هتد) یێک

misplace لە جێی خۆی دانانی، جێی دەگۆڕێ. (بڕوا، هەست)ی بە شتێکی نابەجێ دەسپێرێ؛ لەسەر بناغەی ناتەواو دادەمەزرێنی

misprint هەڵەی چاپ. بەهەڵە چاپ دەکا

misprision چاوپۆشی(ن) (کردن) لە تاوان. (وەلانان، حەشاردان، شاردنەوە) یێکی (خەراپ، هەڵە، نابەجێ)، بەهەڵە نەدرکاندن، کاری (هەڵە، خەراپ

mispronounce (ناو، زاراوە، بڕگە، نووسین، هتد) بەهەڵە دەخوێنێ؛ وەکوو دەگوترێ وای نالێ

misquote بە نادروستی (وتە، نووسین)ی لێ وەردەگرێ، ناراستی یانە لێی دەگێڕێتەوە، بەڵگەی (نادروست، هەڵە) (بەکار دەهێنێ، دەهێنێتەوە)

misread بەهەڵە دەیخوێنێتەوە. خەراپی لێک دەداتەوە

misrepresent راستی (دەشێوێنێ، دەگۆڕێ)، شتی هەڵە دەخاتە بەرچاو، (خەراپ، بەهەڵە) (دەریدەخا، دەینوێنێ)

misrule ئاژاوە، بشێوی. خەراپ فەرمانڕەوایی دەکا

miss (1) نایپێکێ، لێی نادا. نایگاتێ. نایدۆزێتەوە. نایگرێ. نایبێنێ؛ تووشی نابێ، تێک دەپەڕن؛ بێ یەکتر دیتن. فریای ناکەوێ. لەقیسی دەچێ. (بیری، غەریبی)ی دەکا

- *out* *پشتگوێی دەخا. نایبینێ، دوادەکەوێ؛ لە (کۆڕ، کۆبوونەوە، هتد) یێک*

miss (2) خانم، خاتو. (پێشناو، نازناو)ە بۆ (کچ، ژن)ی مێرد نەکردوو (پێش ناوی دێ؛ دەگوترێ، دەنووسرێ)

miss (3) (ناونیشان، نازناو)ی شابانووی جوانیی جیهان ە. (نازناو، ناونیشان)یێکە بۆ (بانگ کردن، ئاماژە پێ کردن)ی مامۆستایەکی ئافرەت بەکار دێ

misshape دەشێوێنێ، تێک دەدا. (ناڕێک، خوار) (دەکا. دەبێ) (تەوە)

misshapen (ناڕێک، شێواو) (ە، بووە)، تێکوپێک چووە، خواربووە

missile ساروخ

missing ون(بوو)، نادیار.

نادیاره. ونكراو. كەمە، كورتی هێناوه. ئاماده نەبوو لە (وانە، كۆڕ، هتد)

- link *شتێكی ون لەنێوان دوو ریز دا؛ بە (هەبوون، دۆزینەوه)ی زنجیره كە (ڕێك دێ، تەواو دەبێ)*

mission پەیام (بەری)، ڕێنمایی كردن. ئەرك. (كەس، كۆمەڵ)ێكی نێرراو بۆ مەبەست ێكی دیاریكراو؛ سازش، گفتوگۆ، لێكۆڵینەوه، ڕێنمایی، هتد

missionary پەیامبەری یە، ڕێنمایی كەری یە. تایبەتە بە (كەس، كۆمەڵ) ێكی نێرراو بۆ مەبەست ێكی دیاریكراو؛ بە تایبەتی ئایینی

missis شێوەیەكی (بانگ كردن، ئاماژه پێ كردن)ی ئافرەتە. هاوسەر؛ ژن

the - *(هاوسەر، ژن)ە كە(م، ت)*

missive نامە. وتار

misspell بەهەڵەی دەنووسێ، ڕاستی نانووسێ

misspend پاره بەفیڕۆ دەدا. پاره دەفەوتێنێ؛ بێ هۆی بەجێ

missus = missis

the - *(هاوسەر، ژن)ە كە(م، ت)*

mist تەم و مژ. (لێل، تەماوی) دەكا

mistake (هەڵە، نادروستی)ی (بیر، باوەڕ، بۆچوون، كار، كردەوه، هتد). هەڵە دەكا

mistaken بەهەڵەدا چوو (ە) (ئاوەڵناوە)

mistakenly بەهەڵە (چوویی)

mister بەڕێز، كاك؛ شێوەیەكی (بانگ كردن، ئاماژه پێ كردن)ی پیاوە

mistime لە كاتێكی (نەگونجاو، ناهەموار) شتێک (دەڵێ، دەكا)

mistletoe ڕووەكێكی مشەخۆره لە سەر درەختی (سێو، هتد) (دەژێ، دەڕوێ)

mistook هەڵەی كرد. بەهەڵە چوو، بەهەڵەدا چوو

mistranslate (خەراپ، بەهەڵە) وەری دەگێڕێ؛ لە زمانێک ەوه بۆ یەكی دی

mistreat بەدكرداری (پێ، لەگەڵ) دەكا، خەراپ هەڵسوكەوتی لەگەڵ دەكا

mistress (1) ئافرەتی (سەرگەوره، سەرەكی)ی ماڵێك. ئافرەتی خاوەن دەسەلات. مامۆستای ئافرەت. ئافرەتی خاوەن (سەگ، پشیلە، هتد)

mistress (2) ئافرەتێكی بە پەیوەندی داریی (نهێنی، دزێو)ی (ناكۆمەلایەتی، نایاسایی، نائایینی) لەگەڵ پیاوێكی بەژن

mistrial بەهەڵە دادگایی كردن

mistrust گومانی لێ دەكا، باوەڕی پێ ناكا. گومان (كردن) ، بێباوەڕی، نادڵنیایی

mistrustful گومانكردوو، باوەڕ پێ نەكردوو. بێباوەڕ، نادڵنیا

misty تەماوی(ە). لێڵە، تاریكە. (بیر، هتد)ێكی نائاشكرا

misunderstand (بە نادروستی، بەهەڵە) تێدەگا. (نووسین، وتار، كار، كردەوه)ی كەسێك بە خەراپ لێك دەداتەوه

misunderstanding (سووكە)

دەمەقالـی یەک. (تێک، لێک، لەیەک) نەگیشتن. (بە نادروستی، بەهەڵە) تێگەیشتن. بە (خەراپ، هەڵە) لێکدانەوەی (نووسین، وتار، کار، کردەوە)

misusage ناڕێک بەکارهێنان (ی شتێک). بەدکرداری (پێ، لەگەڵ) کردن

misuse (خەراپ، ناڕێک، بەهەڵە) ی بەکار دەهێنێ. بەدکرداری (پێ، لەگەڵ) دەکا. (خەراپ، ناڕێک، نادروست) (بەکار هێنان، جێبەجێ کردن)

mite (1) گیانلەبەر ێکی بچووکە؛ سەربە خێزانی جاڵجاڵۆکە یە

mite (2) هەر پارچە (دراو، پارە) یەکی (بچووک، کەم). (کەس، شت) ێکی بچووک؛ بە تایبەتی منداڵ{ر}. (بەشداری کردن، پارەدان)ێکی کەم

mitigate (نەرم، هێور، خاو، سووک) دەکاتەوە
بارودۆخ ێکی (لەبار، گونجاو) ؛ کەوا (ماوە، مۆڵەت)ی (نەرم، هێور)ی بدات

mitigation (نەرم، هێور، خاو) کردنەوە

mitre تاجی قەشە؛ جۆرە کڵاوێکە قەشە لەسەری دەنێن. لێکدانی دوو تەختە دار بۆ پێکهێنانی (خاچ، نیشانەی +). (ئەم) کڵاوەی (خەلات دەکا، دەنێتە سەر، دەداتێ). (دوو تەختە)

mitt (دەستەوانە، پەنجەوانە) یەکی دوو پەنجەیی. (دەستەوانە، پەنجەوانە) یەکی سەرپەنجە (قوت (کراو)، بڕاو). دەست

mitten (دەستەوانە، پەنجەوانە) یەکی دوو پەنجەیی. (دەستەوانە، پەنجەوانە) یەکی سەرپەنجە (قوت (کراو)، بڕاو). دەست

mity کرمی. ئەسپێدار، بە ئەسپێ

mix (دوو یا زیاتر شتان) تێکەڵ دەکا. تێکەڵ دەبێ

- up *سەرلێ شێوان. (خەراپ، بەهەڵە) تێگەیشتن*
(جوان، بەتەواوی)ی (تێک دەدا، تێکەڵ دەکا)

mixed (تێکەڵ، تێکەلاو) (ە) لە دوو (یا زیاتر) (کەس، شت، تایبەتمەندی)ی جیاواز. (قوتابخانە، هتد)ی تێکەلاو؛ هی نێر و مێ یە. تێکەڵی کرد

- bag *هەمەجۆرە، تێکەلاوە*

- feelings *هەستی خۆشی و ناخۆشی لەهەمان کات دا لە بارەی شتێک ەوە*

- marriage *ژن و مێرد ێکی لە دوو (رەگەز، ئایین)ی جیا*

- number *ژمارەیەکی بە کەرت(ە)؛ ژمارەی تەواو نیە*

- up *سەرلێ شێواو*

mixer ئامرازێکی (میوە، سەوزە، خواردن) (تێکەڵ کردن، هاڕین) ە. دۆستانە یە. دەزگا یەکی ئەلیکترۆنی دەنگ تێکەڵ کردن ە

- tap *بەلووعەی تێکەڵ کردنی ئاوی سارد وگەرم*

mixture تێکەڵە

ml کورتکراوە یە بەم واتانەی خوارەوە؛

= mile(s) *میل*
یەک لەسەر

بـەجولـّـەخستـن. گـێـڕان

mobilize (لـەشکـر) ئـامادە دەکـا، بـەگـەڕدەخا(تـن). بـەجولـّـەدەخا(تـن). دەگـێـڕێ، دەجولـّـێـنـێ

mock گـالـّـتـەبـازی. دروست کـراو، درۆیـنـە، درۆزنـە. تـاقـیـکـەرەوە. لاسایـی دەکـاتـەوە. گـالـّـتـە(جـاڕی) دەکـا

- *auction* *هەڕاجی گـالـّـتـەجـاڕی؛ بـە فـرت و فـێـڵ*

- *up* *نـموونـەیـەکـی (تـاقـیـکـاری، ئـازمـایـشـی)ی شـتـێـکـی پـێـشـنـیـار کـراو*

mocker لاسایـی کـەرەوە، گـالـّـتـەبـاز. گـالـّـتـەجـاڕ. تـەلـّـەکـەبـاز، فـرت و فـێـڵـچـی

mockery تـەلـّـەکـەبـازی، فـرت و فـێـڵ. گـالـّـتـەبـازی. سـووکـاتـی پـێ کـردن

mockingbird جـۆرە مـەلـێـکـە لاسایـی دەنـگـی مـەلانـی دی دەکـاتـەوە

mockingly بـەدرۆ، بـەقـەسـتـی. بـەگـالـّـتـە

mod کـورتـکـراوەیـە بـە واتـای؛
وەزارەتـی بـەرگـری

modal تـایـبـەتـە بـە (شـێـوە، چـەشـن) ەوە نـەوەک بـە جـەسـتـەوە

mode (چـۆنـیـەتـی، رێـگـە، شـێـوە، چـەشـن)ی کـردنـی شـتـێـک. (جلـوبـەرگ، پـۆشـش)ی بـاوی سەردەم. هەرکـام لـە چـەنـد پـلـەیـەکـی مـۆسـیـقـایـی

model (1) نـموونـەی (سـێـلایـەن، سێ ئـاراسـتـە)یـی (کـەس، خـانـوو، شـت، هـتـد)ێـک. خـشـت، قـالـب. نـموونـە ساز دەکـا. لـە (خـشـت، قـالـب) دەگـرێ

- *dwellings* *خـانـووبـەرەی*

خـوارەوە؛
= *millilitre(s)*

هەزاری لـتـر ێـک؛ یـەکـسانـە بـە (١ سم٣ = یـەک سانـتـی مـەتـری سێـجا)

mm کـورتـکـراوە یـە بـە واتـای؛
= *millimetre(s)* *یـەک لـەسـەر هەزاری مـەتـر ێـک؛ یـەکـسانـە بـە ١٠٠٠م*

mnemonic هێ (یـادە، وەبـیـرهـاتـنـەوە یـە)، یـارمـەتـیـی (یـادکـردن، لـەیـاد مـان) دەدا

mo کـورتـکـراوە یـە بـە واتـای؛
= *moment* *تـروکـە، چـاوتـروکـان ێـک*

moan دەنـالـّـێـنـێ، دەلاوێـتـەوە، دەمـرێـنـێ. (گـلـەیـی، گـازانـدە) دەکـا، گـلـە دەکـا

moat (قـۆرت، کـەنـد، خـەنـدەق)ی بـەرگـری کـردنـی (پـڕ ئـاو کـراوی) دەورەی کـۆشـکـێـک

mob کـۆمـەلـّـێـکـی (ئـاژاوەچـی، بـێ ئـاسایـش). تـاقـمـێـکـی (چـەتـە، تـاوانـکـار)

mobile دەسـتـی، هەلـّـگـیـراو. گـەڕۆک، بـەجولـّـە

- *home* *مـالـّـی (گـەشـتـیـاری، گـەڕۆک، سـەفـەری) لـەسـەر شـێـوەی ئـۆتـومـبـیـل دروست کـراوە (یـا پـێـی رادەکـێـشـرێ)*

- *phone* *(دەزگـای) تـەلـەفـۆنـی دەسـتـی*

mobility تـوانـای رۆیـشـتـن، گـەڕۆکـی

mobilization ئـامادەکـاری (ی لـەشـکـری)، بـەگـەڕخسـتـن.

نـموونـەیـی
a - husband مێردێکی
نـموونـەیـی
model (2) نـوانـدن یـّکـی (بـه نـووسـیـن، نـەخشه(کاری)) ئـاسان کـراو ی (شـیـرازه، نـیـزام، سـیـستـەم) یـّک. (شـیـرازه، نـیـزام، سـیـستـەم) یـّک دەنـوێـنـێ بـه (نـووسـیـن، نـەخشه)
modeller نـموونـه ساز، لـه قـالـب گـر. جلدرووی نـموونـان
modem (1) کـورتـکـراوەی لـێـکـدانـی نـاوی دوو (بـەشه) دەزگـای ئـەلـیـکـتـرۆنـی یـه؛ بـۆ بـەرپـا کـردنـی پـەیـوەنـدی لـەنـێوان تـەلـەفـۆن و کـۆمـپـیـوتـەر دا
modem (2) = modem (1)
کـورتـکـراوەیـه بـه واتـای؛
moderate کـەسێـکـی خاوەن (بـیـر، بـۆچـوون، هـتـد)ی (مـامـنـاوەنـد، نـاوەڕاست) (رامـیـاری). تـەواوێـک گـەورەو بـاش. (نـرخی) مـەیـلـەو نـزم. (لـەسـەرەخـۆ، ئـەهـوەن) دەکـا (تـەوە)
moderately بـه شـێـوەیـەکـی (مـامـنـاوەنـدی، نـاوەڕاست). بـه هەرزانـی. بـه لـەسـەرەخـۆیـی
moderation مـامـنـاوەنـدی (بـوون. کـردن). هەرزانـی(بـوون، کـردن)ی نـرخ. لـەسـەرەخـۆیـی (بـوون. کـردن)
modern هاوچـەرخ، تـازه، هـی ئـێـسـتـا
- English *زمانـی ئـیـنـگـلـیـزیـی (هاوچـەرخ، نـوێ)؛ لـه ١٥٠٠ایاز و بـەم لاوه*
modernism نـوێـخوازی لـه (بـیـر، بـۆچـوون، هونـەر، نـووسـیـن، هـتـد). هاوچـەرخی، ئـێـسـتـایـی
modernize نـوێ دەکـاتـەوه، هاوچـەرخی دەکا
modest خۆنـەویـسـت، خۆ هەڵنـەکـێش ساده
modesty خۆنـەویـسـتـی، خۆ هەڵنـەکـێشان، سادەیـی
modicum (چـەنـد، شت، هەنـد)یـّکـی کـەم لـه، کـەمـۆکـەک
modification گـۆڕیـن، دەسـتـکـاری کـردن
modify (خۆی) دەگـۆڕی. دەیـگـۆڕێ، دەسـتـکـاری دەکا
modish بـاوه، مـۆدیـلـه، مـۆدیـلـیـەتـی
modulate دەنـگ (رێـک، (نـاوه) راست، مـامـنـاوەنـد) دەکا. شەپـۆلـی دەنـگ لـه بـەراوردی ەوه (دەکـاتـه، دەگـۆڕێ بـه) ژمـاره یـی (ن؛ لـەپـێـنـاوی گـەیـانـدن بـه کـۆمـپـیـوتـەر و کـار (پـێ، تـێ)
modulation دەنـگ (رێـک، (نـاوه) راست، مـامـنـاوەنـد) کـردن. شەپـۆلـی دەنـگ گـۆڕیـن لـه بـەراوردی ەوه بـۆ ژمـاره یـی (ن؛ لـەپـێـنـاوی گـەیـانـدن بـه کـۆمـپـیـوتـەر و کـار (پـێ، تـێ)
module (یـەکـه، بـەش، پـارچـه، بـنـچـیـنـەیـی و سـەربـەخـۆی لـەت)یـّکـی (ئـەلـیـکـتـرۆنـی، مـیـکـانـیـکـی)ی (شـیـرازه، سـیـسـتـەم)یـّک. (بـابـەت، یـەکـه، وانـه)یـّکـی (خوێـنـدن، راهـێـنـان)
modulus (کـەرت، رێـژه) یـەکـی نـەگـۆڕ
Mogadon دەرمانـی خەو (لـێـکـەوێـن، لـێـخـەر، هـێـنـەر) بـۆ کـاتـی (خەوزڕان، بـێـخەوی، خەو لـێ نـەکـەوتـن)

mogul کەسێکی گرنگ و کاریگەر. (هی، خەڵکی) مەنگۆلیا یە
the Great - *ئیمپراتۆری دەڵهی لە سەدەکانی ١٦ ەوە بۆ ١٩ ەم(ین)*

mohair مووی جۆرە بزنێکە. (کر، کوتاڵ)ی ئەم جۆرە مووە

Mohammedan موسوڵمان

Mohican جۆرە (قژ، پرچ) برین یکە؛ برینی هەموو قژ جگە لە هێڵێکی ناوەندی لە (پێش، سەر) ی سەر ەوە تا گرێی پشتی مل

moiety نیوە، کەرت. هەرکام لە دوو (بەش، لەت)ی شتێک (یاسا) (وێژە)

moist شێدار (ە)، کەمێک تەڕ (ە)

moisten شێدار (دەکا. دەبێ)

moisture شێ، شێداری، هەڵم، تەڕاتی

molar ددانی پشتەوە، (د)دانی هاڕین

molasses دۆشاوی شەکری خاو، شەکراو (یکی ڕەشە). (دۆشاو، شەکراو) یکی ڕەشە لە پاش پالاوتنی شەکر بەجێ دەمێنێ

mold (1) [US] خشتبڕ، چارچێوە، قالب. قالبی کێک سوور کردنەوە. شێوە. لە قالبی (دەدا. دەگرێ)، بە قالب دروستی دەکا. (پلان، پرۆژە، هتد) دادەڕێژێ

mold (2) [US] کەڕەکیفە، شێ؛ لە شێوەی کەفی سپی یا لۆکە؛ کە لە بارودۆخی گەرم و (تەڕ، شێدار) پەیدا دەبێ

mold (3) [US] خۆڵ، خاک، چینی سەرەوەی نەرم و بە پێزێ (کێڵگە، زەمین)ی کشتوکاڵی

molder[US] دەبێتە (خاک، خۆڵ). تێک دەچێ، خەراپ دەبێ
- away *دەرزێ، دەتەپێ*

molding[US] (شێوە، قالب، ڕازاندنەوە)یکی جوانکاریی خانووبەرە؛ بە زۆری لە گەچ، چەمەنتۆ، یا دار دروست دەکرێن

moldy[US] کەڕەکیفە (هەرینای، لێدرای، لێدای)، شێ (گرتوو، لێدراو، هەڵێیناو). کۆن، (کات (ی)) بەسەرچوو. کەسێکی (کەساس، مەلوول، ژەنگ گرتوو، بێناز کەوتوو)

mole (1) گیانلەبەر یکی بچووکی شیردەری زەوی کونکەرە؛ بە چەرمی فەروداری (مەخمەڵ، نەرم)ی تاریک و دووچاوی زۆر بچووک

mole (2) (خاڵ{ر}، پەرە{ڵ}) یەکی بچووکی هەمیشەیی سەر پێست (ی لەش)

mole (3) (دامەزراو، پرد، بەربەست، دەربەند)یکی زۆر گەورە؛ ن؛ بۆ شکاندنەوەی شەپۆلی دەریا، هتد. بەندەرێکی دەستکرد

mole(4) یەکەیەکی زانستی یە بۆ پێوانی (چەند، ژمارەی گەردیلە) یی شتێک؛ بە بەراورد لە گەڵ کاربۆن-١٢

molecular (هی، پەیوەندە بە، پێکهاتووە لە) گەردیلە (یە، ەوە)

molecule شتێکی گچکە، گەردیلە یەک. بچووکترین گەردیلەی ڕەگەزێک کە بتوانێ لە کاردانەوەی کیمیایی بەشداری بکات

molehill (گردۆلکە، تەپۆلکە)ی خۆڵ؛ کە گیانلەبەرە زەوی کونکەرەکان دەری دەدەن ناوە ناوە
مێشێک دەکا بە گامێشێک؛ کاردانەوەی لەرادەبەدەر بۆ شتێکی گچکە

molest (کەسێک) هەراسان دەکا، بێزاری دەکا. پەلاماری دەدا سەر، پری دەداتێ؛ بە تایبەتی بۆ (پەرینە سەری، پێدا فسینی)

molestation (کەسێک) (هەراسان، بێزار) کردن. پەلاماردان، پردان (ە سەر)؛ بە تایبەتی بۆ (پەرینە سەر، پێدا فسین)

moll مێ ینەیەکی هاوکاری پیاوێکی (بکوژ، خەراپەکار، دز، رێگر). لەشی خۆ بە پارە فرۆش، قەحپە

mollient (کپ، بێدەنگ، نەرم) کەر. (تەر، چەور) کەر

mollify لەبەری (ن؛ زۆرداریێک) دادەهێنێ تا (رازی، بێدەنگ) بێ. کپی دەکا، بێدەنگی دەکا، نەرمی دەکا

mollusc(a) گیانلەبەرە بێ بربرەکان؛ بە تایبەتی ئەوانی لەش نەرم و پشت رەق؛ ن؛ سەدەف، گوێماسی، شەیتانۆکە، هتد

mollusk[US] = mollusc

mollycoddle وەکو (نەخۆش، پەک کەوتە) ئاگاداریی دەکا. تێر دەکا، دەرخوارد دەدا. هێلکە کەمێک دەکولێنێ؛ دەیکاتە دەرەمە

Molotov cocktail نارنجۆک یێکی دەست کردی دەست ئەندازی (سەرەتایی، سادە) یە؛ لە بوتڵی شووشە ی فتیلدار و (بەنزین، هتد) دروست دەکرێ

molt[US] (پەڕ، باڵ، موو)ی کۆنی (هەڵدەوەرێ (نێ)، فرێدەدا)؛ خۆی نوێ دەکاتەوە. (مار) (کیفک، پێست، تفر)ی (کۆن، پار)ی هەڵدەدا

molten تواوە، توێنراوە؛ (بە گەرمی) بە شلە کراو

molto زۆر، زیاد، فرە (مۆسیقا)

mom [US] کورتکراوە یە بە واتای؛
دایک، داک، دایە = *momma*

moment (1) دەم، (بەشە) چرکە (یەک)، (دەم، ماوە، کات) یێکی زۆر کورت. کاتێکی بەوردی دیاری کراو. گرنگی
- of truth *کاتی (تەنگانە، تاقی کردنەوە، بڕیار دان)*
(wo)man of the - *(ژن، پیاو) ی گرنگی کاتێکی دیاری کراو*
at the - *ئێستا، هەنووکە،* هەوکە
in a - *زۆر زوو، هەر ئێستا، ئێستاکێ، بەم (زۆر) زووانە*

moment (2) تەوژم (فیزیا)؛ (پێوانە، ئەنجام)ی هێز جارانی (سەدە، مەودا)ی دووری لە خاڵێکی دیاری کراو

momentarily بە شێوەیەکی کاتیی (انەی) زۆر کورت

momentary دەمێکی زۆر کەم خایەن، بۆ چرکەیەک، بۆ دەمێکی زۆر کورت. زۆر کاتی

momentous زۆر گرنگە

momentum (1) تەوژم؛ ی (بەردەوامی، بزووتنەوە، جوولانەوە)؛ (پێوانە، ئەنجام) ی قورسایی ی جارانی خێرایی ی

(لەش، جەستە)ێک

momentum (2) بەردەوامیی ئاکامی (هەوڵ، کار)ێکی پێش(ەوە) تر ئەنجام دراو

momma [US] دایک، داک. دایە

Mon. کورتکراوە یە بە واتای؛

= *Monday* *(رۆژی) دووشەمە*

monad یەکە، یەکانە. ژمارە یەک، یەکەم. تەنها، تاقانە، (یەکانەیی) خوا (فەلسەفە)

monarch فەرمانڕەوای هەرە باڵا؛ ئیمپراتۆر، شا، پاشا، سوڵتان، هتد ی لەم بابەتانە ناونیشانانە

monarchic(al) (ئیمپراتۆر، شا، پاشا، سوڵتان)ی یە

monarchism (هەواداری، خوازیاری، لایەنگری)ی (ئیمپراتۆریەت، پاشایی)

monarchy ئیمپراتۆریەت، پاشایی، مەملەکەت، (فەرمانڕەوایی، ولات، دەوڵەت)ی بە سوڵتان، شا، هتد

monastery دێر. (خەڵوەت، شوێنی نیشتەجێ بوون)ی کۆمەڵێک پیاوی ئایینی

monastic (خەڵوەتی، ئایینی)ی یە. (هی، وەکو) (پیاو، ژن)ێکی ئایینی

monasticism خەڵوەت کردن، ئایین داری، خواپەرستی، رەبەنی. ژیانی (تەنیایی، خۆ تەرخان کردن)

Monday (رۆژی) دووشەم (ە)، دووشەمە

-*s* *لە رۆژانی دووشەم، دووشەمەمان. هەموو دووشەمێک*

monetary تایبەتە بە (دراو، پارە)ی بەکار هاتوو. هی (پارە، پوول). پارەداری

money دراو، پارە؛ ئامرازی ئاڵوگۆڕ. سامان

- *grubber* *کەسێکی (پارە کۆکەرەوە، بە تەماح، پیسکە، رەزیل)*

- *market* *بازاڕی پارە. بازرگانیی ئاڵوگۆڕی پارە*

- *order* *پارەناردن، حەواڵە (کردن)*

- *spinner* *(شتێکی) (قازانجدار، پارە فڕێدەر)*

moneyed دەوڵەمەند، خاوەن سامان. بە (نرخ، بەها) (یە)

moneylender (کەسێکی) قەرزدەر؛ بە قازانج

money-maker (کەسێکی) پارە (یەکی زۆر) پەیداکەر؛ قازانج کردوو

monger (پاشگر، پاشکۆ)یە بە واتای (بازرگان، ئاڵوگۆڕکەر، چەرچی. بڵاو کەرەوە، راگەیەنەر، پڕوپاگەندەچی)

(fish, iron)- *(بازرگان، فرۆشیار)ی (ئاسن، ماسی)*

(scare, war)- *(بڵاوکەرەوە، پڕوپاگەندەچی)ی (ترس، (شەڕ، جەنگ))*

Mongol هی ولاتی مەنگۆلیای ناوەڕاستی ئاسیا؛ لە نێوان رووسیا و چین. (وەکو، شێوە، هەڵسوکەوتی) مەنگۆلی

Mongolia وڵاتی مەنگۆلیا ی ناوەڕاستی ئاسیا؛ لە نێوان رووسیا و چین

Mongolian (هی، تایبەتە بە، خەڵک، زمان)ی وڵاتی مۆنگۆلیا

mongoloid (روخسار، دەموچاو، شێوە)ی مەنگۆلی(ایی)

mongoose گیانلەبەرێکی گچکەی شیردەر و گۆشتخۆری پشیلە ئاسایە

mongrel سەگێکی نارەسەن؛ کە (جۆر، رەسەن، جسن)ی نەزانراوە. (ئاژەڵ، رووەک) یکی (تێکەڵ(او)، موتوربەکراو)ە. (سروشت، سەرچاوە، تایبەتمەندی)ی تێکەڵە

monies (pl money)

monism یەک بنەمایی، یەک هەبوونی، تاقانەیی؛ بڕواهێنان بە هەبوونی یەک تاکە شتێک. بیرۆکەی دژ بە جیایی (جەستە و گیان، شت و (هۆش، بیر))

monition (هۆشیار، وریا، ئاگادار) کردنەوە، راگەیاندن

monitor (1) (کەسێکی) چاودێر. (ئامرازێکی) (وریا، ئاگادار) کردنەوە. قوتابیی چاودێری پۆل یک

monitor (2) دەزگای (چاوە، تەلەفیزیۆن، جام)ی کۆمپیوتەر. دەزگای تەلەفیزیۆنیی چاودێریی بەرنامەی پەخش کراو لە (ئێزگە، ستۆدیۆ) یەک

monk پیاوی ئایینی، قەشە؛ خواپەرستی (خۆ بەختکەر، بە (پەیمان، بەڵێن))

monkey مەیموون

- *wrench* *گیرەی (بە جەڕ، جەڕدار)، سکروسپانە*

mono (پێشگر، پێشکۆ)یە بە واتای (یەک، تاک، تاقانە، تەنیا، تەنها)

monochromatic تاک ڕەنگە؛ یەک ڕەنگی (هەیە، تێدایە). تیشک یکی یەک شەپۆلی؛ یەک ڕەنگی

monochrome (وێنە، نەخشە، تەلەفیزیۆن، هتد)ی (تاک ڕەنگ، رەش و سپی)

monocle (چاویلکە، دووربین)ی (تاک، یەک) چاوە

monocular (یەکچاو، بۆ یەک چاو) (ە)

monogamy تاک ژنی؛ (نەبوون، نەهێنان)ی زیاد لە یەک هاوسەر (یا مێرد)؛ لە هەمان کات دا

monogram (دەزگای) مۆر (ی تایبەتیی کەسێک)

monograph نووسراوێکی یەک بابەتی؛ باسێکە لەسەر یەک شت

monolingual یەک زمان (دەدوێ، بەکار دەهێنێ)

monolith یەک (تاکە، تاشە) بەردی داتاشراو. (کەس، شت) یکی (زل، نەجوولاو، پتەو)

monologue شانۆی تاکەکەسی. (تەنیا، بۆ خۆ) دووان لە بەشێکی شانۆ. مۆنۆلۆگ. (دوان، ئاخافتن) یکی درێژ لە لایەن کەسێکەوە

monomania خووگرتن بە تاقە بیرۆکە (یەکەوە)، (شەیدا، هەوادار)یی یەک شت

monoplane فڕۆکەیەک بە یەک (ڕیز، رووبەر، جووت) باڵەوە (پ؛ دوو (رووبەر، جووت) باڵ)

monopolist خۆسەپێن، تاکڕەو، دەس بەسەراگر ی شتێک

monopolize دەس بەسەر شتێک دا دەگرێ (بە، بۆ) خۆی؛ بە تایبەتی (بازاڕ، بازرگانی)، خۆی دەسەپێنێ

monopoly دەست بەسەر (بازاڕ، بازرگانی، شت) دا گرتن، خۆسەپاندن، تاکرەوی، یەک ئاخوری

monorail هێڵی شەمەندەفەری یەک رەوت؛ تاک هێڵ؛ بۆ هاتن و چوون ناشێ؛ لە هەمان کات دا

monosyllabic یەک بڕگەییە، لە یەک بڕگە پێکهاتووە

monosyllable وشەیەکی یەک بڕگەیی؛ ن؛ چا، چ؟، چۆن؟

monotheism یەک خوا پەرستن، یەکانەیی، باوڕ (هێنان، هەبوون) بە هەبوونی یەک خودا

monotheist یەک خوا پەرست، باوڕهێن بە هەبوونی یەک خودا

monotone (تاک، یەک) (ئاواز، دەنگ)ی دووبارە بۆوە. یەک شێوازەیی لەنووسین دا. بێگۆڕان. نەگۆڕ

monotonous یەکشێوە، هاوشێوە. بێزارکەرە لە زۆر (دووبارە بوونەوە، لەیەک چوون)ی

monotony (یەکشێوە، هاوشێوە) یی. بێزاری لە زۆر (دووبارە بوونەوە، لەیەک چوون)ی

monovalent ئەتۆمێک هاوتایی کیمیایی یەک بێ؛ هاوتایی یەکسان بێ بە (یەک = ١)

monoxide ئۆکسایدێک کە یەک ئەتۆمی ئۆکسیجینی هەبێ

monster دێوەزمە، دڕندە، گیانلەبەرێکی ئەفسانەیی گەورە و ترسناک. کەسێکی شەڕانی و ناهەموار. (ئاژەڵ، شت) یێکی ناشرین

monstrosity شتێکی (زەبەلاح، زۆر زل). دڕندەیی. شەڕانی بوون، ناهەمواری

monstrous دێوەزمانە، دڕندانە، شەڕانی یانە، بە ناهەمواری

montage مۆنتاژ؛ هەڵبژاردن و بڕین و پێکەوە نووساندنەوەی پارچەکانی فیلمی سینەما یا تەلەفیزیۆنی. مۆنتاژی وێنە

month مانگ (ی ساڵ)

calendar - *هەرکام لە دوازدە مانگەکەی ساڵ. ماوەی مانگێکی تەواو*

monthly مانگانە (دەکرێ، وەبەرهەم دەهێنرێ). هەموو مانگێک. بە مانگانە

monument شوێنەوارێکی یادگاری. (بەرد، خانوو)ی رازاندنەوەی گۆڕ جگە لە بەردی کێل. (تەلار، یادگار) یەکی (دێرین، کۆن، نەمر)

monumental زۆر مەزن، شکۆدار، بە شکۆ. (تەلار، گۆڕ، یادگار) یەکی (دێرین، کۆن، نەمر)

moo بۆڕەی مانگا. دەبۆڕێنێ

mooch بێهوودە دێودەچێ. دەدزێ

mood (1) دۆخی (بیر، مێشک، هەست (کردن))

mood (2) شێوە (کانی) کردارێک؛ فەرمان، پرسیار، دەربڕینی راستی، خۆزگە، هتد

moody دەمدەمی (یە). دۆخێکی خەراپە

moon مانگ (ی زەمین). هەر مانگێک (ی دیش)؛ کەوا تیشک لە ئەستێرەیەک وەر بگرێ. (وێڵ، بێهوودە) (دەسووڕێتەوە، دێودەچێ)

- face *روخسارێکی خڕ*

یکە

مانگێک (ی دیش)؛ کەوا تیشک لە ئەستێرەیەک وەر بگرێ. (وێڵ، بێهوودە) (دەسووڕێتەوە، دێودەچێ)

- over *(شەیدا، خولیا)ی دەبێ؛ ن؛ هی یار*

- set *مانگ ئاوا بوون*

full - *مانگی پڕ*

half *نیوە مانگ*

new - *مانگی (تازە، نوێ)*

over the - *زۆر خۆشحاڵ(بوو)، شاگەشکەبوو، لەخۆشیا فڕیو*

moonbeam تیشک ێکی مانگە شەو

moonlight تیشکی مانگ، ڕووناکیی مانگ

- flit *(دەرپەڕین، تێتەقاندن) بەشەو؛ بە تایبەتی بۆخۆ شاردنەوە*

moonlit مانگەشەو، بەمانگ ڕووناک کراو

moonshine (بیر، وتە، قسە)ی ڕووکەشی و نادروست

moonstruck (کەم، تۆز)ێک (هۆش، مێشک، عەقڵ) سووک

moony خیاڵ پڵاو. بە خەیاڵ ژیاو. بێ وزە

moor زەلکاو. زەویی بەیار. بەڵام دەبەستێتەوە

- fowl *مریشکی ئاوی، قەتیی سوور(سۆر)*

moorage بەندەرێکی گچکەی بەڵەم(ان)

moorish زەلکاو

moorland (زەلکاو. زەویی بەیار) ێکی فراوان

moose جۆرە (مامز، ئاسک)

moot (مایە، جێ، خاڵ)ی (گفتوگۆ، لێدوان، دەمەتەقێ) یە. (خاڵ، کێشە،پرسیار)ێ دەهێنێتە کایەوە؛ بۆ لێدوان

mop (1) (n) ئامرازێکی وەک (گێسک، گسک، گەسک)ە؛ تۆپەڵە پەڕۆ یا داوی ئەستووری بەسەرەوە یە؛ بۆ (کاشی، چەمەنتۆ) (سڕینەوە، وشک کردنەوە)

- up *(ناوچە، شوێن) ێک پاک دەکاتەوە لە (سەرباز، لەشکر)ی دوژمن*

mop (2) (v) دەسڕێتەوە، وشک دەکاتەوە، پاک دەکاتەوە

mop (3) (پرچ، قژ)ی زۆر و چڕ

mope (بێزار، بێ مەیل، بێ وزە) دەبێ. بێهوودە دێودەچێ، وێڵ دەبێ

moped ئۆتومبیل ێکی زۆر بچووکی دوو تایە یە

moral (1) نەریت، ڕەوشت. مرۆیی؛ پەیوەندە بە چاکە یا خەراپەی مرۆڤ، پەیوەندە بە جیاوازی لە نێوان (ڕاست، دروست)ی یا هەڵە

moral (2) (دەروون، ئەندێشە) یی؛ نەوەک جەستەیی

morale (بڕوا بەخۆ بوون، بە بڕیاری، ورە)ی (کەس، تاقم، کۆمەڵ) ێک

moralist کەسێکی پەیوەست بە (داب، نەریت، ڕەوشت، ئەخلاق)ی مرۆییەوە. (نووسەر، مامۆستا، ڕێنما)ی بابەتی (مرۆیی، چاکە، ڕەوشت، ڕاستی، هتد)

morality ڕادەی پەیوەست بوون

بـه (داب، نـەریّت، رەوشت، ئـەخلاق)ی مرۆییـەوە. پـەیوەنـدی داری بـه چاکـه یا خـەراپـەی مرۆڤ

moralize خەلّک بـه (داب و نـەریّت، رەوشت، ئـەخلاق)ی مرۆییـەوە هەوادار دەکا. لـه (چاکـه یا خـەراپـه، راستـی یا هەلّـه)ی مـرۆڤ (دەدوێ، ریّنـمایـی دەکا، هتـد)

morally (داب، نـەریّت، رەوشت، ئـەخلاق)ی. مـرۆییـانـه. بـه ئـەنـدیّشەیـی (نـەوەک جەستـەیـی)

morals رەوشتـه مرۆییـەکان. هەلّسوکـەوتـه مـرۆڤایـەتـی یـەکان بـەگشتـی. زانسـتـی رەوشت و هەلّسوکـەوتـی مـرۆڤانـه

morass زەلـکاو، قـوڕاو. کـەوتـنـه زەلـکاو، لـه قـوڕ چەقـیـن. سەرلـیّشیّوان، تـەگـەره بـۆ دروست بـوون

moratorium (قـەدەغه کـردن، راگـرتـن)ی کـاتـیـی چالاکـی یـەک. ماوەی ئـەم (هەلّـپـەساردنـه، قـەدەغەیـه)

morbid (هۆش، هەست، بـیـیـرکـردنـەوە)ی (ناتـەواو، نـەساغ، نـادروست). نـەساغ، نـەخۆش. (سروشت، نـیشانـه)ی نـەخۆشی

morbidity (نـاتـەواو، نـەساغ، نـادروست)یـی (هۆش، هەست، بـیـیـرکـردنـەوە). نـەساغی، نـەخۆشی

mordacious جوێـنـدەرانـه یـه، قسه (تـونـد و تـیـیـژ و رەق)ە. (بـگـەز. داخکـەر، سووتـیّـنـەر)ە. ژەنـگ (لابـەر، خاویّـن کـەرەوە) یـه. ئـاسن (خۆر، بـڕ)ە

mordacity (جویّـن، قـسه)ی تـونـد و تـیـیـژ و رەق؛ دەم پـیـسی. هیّزی ژەنـگ (لابـردن، خاویّـن کـردنـەوە). ئـاسن (خواردن، بـڕیـن)

mordant (1) جویّـنـدەر، قـسه (تـونـد و تـیـیـژ و رەق)؛ بـریـنـدار کـەر، دەم پـیـس. بـگـەز. داخکـەر، سووتـیّـنـەر. (تام، بـۆ)ی تـیـژ یا تـونـد؛ کـەسکـوون

mordant (2) ژەنـگ (لابـەر، خاویّـن کـەرەوە). ئـاسن (خۆر، بـڕ)

more زۆرتـر، زیاتـر، پـتـر؛ بـه رادە یا چەنـد. زیّـدە

- and - *بـه رادەی پـتـر، هیّشتـا زیـاتـر*

- or less *نـزیـکـەی، تـا رادەیـەک، زۆر یا کـەم*

any - *هیـچیـکـه، چیـدی. هیـچیـکـه هەیـه، چیـدی هەیـه*

no - *هیـچیـکـه نـیـیـه، چیـدی نـیـیـه*

once - *جارێـکـی دی(ش)، یـەکـجاری دیـکـه(ش)*

the - so *زیاتـر وایـه، زۆرتـر پـێـدەچی (وابـێ)*

what is - *خالـێـکـی دیش ئـەمـەیـه، لـەوەش زیاتـر، سەربـاری ئـەوەش*

moreover لـەوەش زیـاتـر، هەروەها، هەروا بـیّـ تـەوە

mores داب و نـەریّت؛ ی کـۆمـەلّـگایـەک

Moresque (هی، تایـبـەتـه بـه) ولاتـی (مـەغریـب؛ مـەراکـیش)؛ بـه تایـبـەتـی لـه هونـەری شیـرازە و بـیـنـاسازی

morgue (ژوور، خانـوو، شویّـن)ی مردوو پاراستـن؛ تا کاتـی (

ناشتن، لەگۆڕ نان). (هی، تایبەتە بە) (مردن، ناشتن) ەوە. (ژوور، فایل)ی زانیاریی (هەمەجۆر، تێکەڵاو))

moribund لەسەرە مەرگە؛ لە دۆخی گیان دانە، خەریکە دەمرێ. پووچە، سیسە

morn بەیان، سپێدە، بەیانی؛ بە زمانی (وێژە، هۆنراوە)

morning سبەینە، بەیانی، سەرلە بەیانی، بەر لە نیوەڕۆ. (هی، تایبەتە بە) بەیانیان

- star *ئەستێرەی بەیان؛ بەزۆری مەبەست ئەستێرەی ڤینۆسە؛ کە بەیانیان پێش هەڵاتنی خۆر لە ڕۆژهەڵات*

in the - سبەینێ *(زوو، سەرلە بەیانی)*

morocco ولاتی مەغریب. جۆرە (چەرم، کەوڵ) ێکی بزن ە

moron کەسێکی زۆر (گێل، بێ مێشک، کەمزان). گەورەساڵ ێکی خاوەن (مێشک، بیرکردنەوە، زیرەک) یی تەمەن ٨ - ١٢ ساڵان

morose غەمگین، غەمبار، دڵتەنگ، ڕووگرژ

moroseness (غەمگین، غەمبار، دڵتەنگ)ی

morphean خەواڵو. (هی، تایبەتە بە) (خەو. خەون) ەوە

morpheme (یەکە، بڕگە، بەش) ێکی هەرە بچووکی واتاداری زمانێک؛ ن؛ دار، بەرد، هتد؛ (نەوەک؛ بەردار، بازدان، هتد)

morphine مۆرفین؛ دەرمانێکی (سڕکەر، خەوێنەر)ە بۆ ژان شکاندن دەدرێ بە لەش

morphology زانستی (شێوە، ڕوخسار، هەڵکەوتن)ی زیندەوەران. زانستی شێوەی پێکهاتنی وشە

morrow سبەینێ، بەیانی

Morse ناوی کارەباچی یەکە

- code *(ئەلفوبێ، یاسا، بنەما)ی برووسکە ناردن بە دەزگای مۆرس*

- telegraph *برووسکەی مۆرس؛ (هەواڵ، زانیاری) ناردن بە هۆی دەزگای مۆرس*

morsel پارووێک، پڕبە دەم، پارچەیەکی گچکە

mortal بۆی هەیە بمر(ێ، ن)، بەرەو ڕووی مردن (دەبێتەوە، دەبنەوە). کوشندەیە؛ دەبێتە هۆی مردن. لەگەڵ مردن دێ، تایبەتە بە مردنەوە. مرۆ(ڤ)

- sin *گوناحێکی کوشندە؛ لە لێخۆشبوون نەهاتوو*

mortality مردن بۆ هەبوون، بەرەو ڕووی مردن بوونەوە. (کوشندەیی، گیان لەدەست دانی ژمارە) ێکی زۆر. ژمارەی (مردن، لەناوچوون) لە ماوەیەکی دیاریکراو دا

- rate *(ڕێژە، ڕادە)ی (مردن، لەناوچوون، لەبەینچوون)*

mortar ئاون، ئاوەن، هاوەن، جۆنی. تێکەڵەی (چەمەنتۆ، قوڕی (بەکا) گیراوە، گەچ، هتد)

- gun *تۆپی هاوەن (چەک)*

mortarboard کڵاوی (سەر چارگۆشەی) دەرچوونی خوێندکاران؛ لە ئاهەنگی دەرچوون دا لەسەر دەنرێ. تەختەی گیراوە (بەدەستەوە گرتن، پێ هەڵگرتن)

mortgage قەرزی خانوو، خانوو کرین بە قەرز (ی ماوەیەک)

- rate *(ریژە، رادە)ی (سوود، قازانج) لەسەر قەرزی خانوو*

mortgagee (بانک{ق}، دامەزراو) یک کە قەرزی خانوو کرین دەدا

mortgager پارە بە قەرز وەرگرتوو بۆ خانوو کرین. خانوو کڕ؛ بە قەرز

mortgagor پارە قەرزکردوو بۆ خانوو کڕین، خانوو کڕ؛ بە قەرز

mortice = mortise

- and tenon *لێکدانی دوو تەختە دار بە تێکهەڵکێشان (ی نێر و مێ)*

- lock *قوفلی ناو دەرگا؛ ئاخنراوەتە ناو تەختەی دەرگا وە؛ بۆی هەڵکۆردراوە*

mortification (1) (ریسوا، شەرمەزار، داخدار) کردن. هەستکردن بە (ریسوایی، شەرمەزاری، داخ). هەست برینندار کردن. خۆ(بەخۆ) (ریسوا کردن، چەوساندنەوە)

mortification (2) ڕزینی گۆشتی لەش

mortify (1) (ریسوا، داخدار) دەکا. هەستی (شەرمەزاری، داخ) ی لەلا پەیدا دەکا. هەستی برینندار دەکا. خۆ(بەخۆ)ی (ریسوا دەکا، دەچەوسێنێتەوە)

mortify (2) (گۆشتی لەش) دەڕزێ، تووشی نەخۆشیی گانگەرین دەبێ

mortise کونێک لە (چارچێوە، تەختە) یەک کەوا ئەندازە کرابێ گرێی تەختەیەکی دی بخوا بۆ تێکهەڵکێشان یان (بە شێوەی نێر و مێ). کون دەکا، دەبڕێ. توند دەکا، لێک دەدا

- and tenon *لێکدانی دوو تەختە دار بە تێکهەڵکێشان (ی نێر و مێ)*

- lock *قوفلی ناو دەرگا؛ ئاخنراوەتە ناو تەختەی دەرگا وە؛ بۆی هەڵکۆردراوە*

mortuary (ژوور، خانوو، شوێن) ی مردوو پاراستن؛ تا کاتی (ناشتن، لەگۆڕ نان). (هی، تایبەتە بە) (مردن، ناشتن) ەوە

mosaic (1) (وێنە، نەخشە)ی بە وردکە (بەرد، شووشە، شیشۆق، فەخفووری) (دارێژراو، کێشراو) . هونەری وردەکاری بە شووشە، فەخفووری، هتد. شتێکی (هەمەجۆر، رەنگاوڕەنگ)

mosaic (2) مووسایی؛ (هی، تایبەتە بە) مووسای پێغەمبەر

Moslem موسوڵمان

mosque مزگەوت؛ پەرستگای موسوڵمانان

mosquito مێشوولە، پێشوولە، پێشکە

- curtain *پەردەی (مێشوولە، پێشوولە)، کوللە*

- net *(پەردە، تۆڕ)ی پێشوولە*

moss قەوزە؛ رووەکێکی ئاوییە. زەلکاو، گۆم

mossy بە قەوزە یە، بە قەوزە داپۆشراوە. قوڕاوە، زەلکاوە

most زۆرترین، زیاترین. هەرە زۆر. ئەوپەڕ. زۆربە

mostly بەزۆری، زۆرینەی. بە شێوەی سەرەکی. ئاساییانە

mot کورتکراوە یە بە

واتای؛
- *test* *پشكنينی ساڵانەی ئۆتۆمبيل وەزارەتی گواستنەوە*

mote گەردیلە یەكی (خۆڵ، خاك)، دەنكە (تۆز، گەرد) یێك

motel (میوانخانە، هوتێل)ی سەر رێیان بۆ (شوفێر، گەشتیار، هتد)

moth مەگەزێكی شەوانەی پەپوولە ئاسایە. مۆرانە
- *eaten* *مۆرانە لێدراو*

mothball دەرمان (یێكی بۆن نەوتین{ف})ی مۆرانەی جلوبەرگ

mother داك، دایك. داكانە، دایكانە. سەرچاوە، بنەرەت. لەهەمووان (گەورە، مەزن)تر. دەزێ. دەبێتە سەرچاوە
- *a child* *منالێك دەگرێتە خۆی*
- *country* *ولاتی (داگیركەر، سەرپەرشتیكەر)ی (چەند) ولاتێكی دی*
- *earth* *زەمین، خاك؛ دایكی هەموو زیندەوەر(ان)ی سەرزەوی*
- *in law* *خەسوو؛ دایكی مێرد یا هاوسەر*
- *land* *نیشتیمان، وولاتی خۆ؛ شوێنی لە دایك بوون*
- *of pearl* *گوێ ماسی، شەیتانۆكە، سەدەف*
- *tongue* *زمانی دایك، زمانی ولاتی (لەدایك بوون، سەرچاوە)*
- *'s Day* *رۆژی دایك؛ رۆژی خەلات (كردنی، دان بە) دایكانە*

motherhood داكێنی، دایكێتی

motherland (ولات، نیشتیمان)ی لەدایك بوون (ی كەسێك). خاكی باوباپیران. ولاتی سەرچاوە. مەفتەن

motherly دایكانە (یی)، بەسۆز (ەوە)

mothproof جلوبەرگی دەرمان كراو؛ لە دژی مۆرانە. دەرمان لە جلوبەرگ دەدا؛ لە دژی مۆرانە

motion جوولان، بزووتن. جوولە. پێشنیار، را. داواكاری ی بریار لە دادگا. زگ (رۆیشتن. بەتاڵ كردن)، پیسایی، گوو. (ئاراستەی دەكا، دەیجوولێنێ) بە (هێما؛ پەنجە، چاو، هتد)
- *picture(s) [us]* *فلیمی سینەما، وێنەی (بەجوولە، جوولاو)*
- *in -* *بەرۆیشتنەوە، لەكاتی (جوولان، رۆیشتن) دا*
- *put in -* *دەجوولێنێ، دەگێرێ، دەخاتەگەڕ*
- *set in -* *دەجوولێنێ، دەخاتە گەڕ*

motionless نەجوولاو، نەبزووت. بێ جوولە. كپ، مات

motivate هانی دەدا، پاڵی پێوەدەنێ، دەیبزوێنێ، دەیجوولێنێ، هەواداری دەكا. ئاڕاستەی كردارێكی دیاری كراوی دەكا. لە بەرژەوەندیی كەسێك دەجوولێتەوە

motive بزوێنەر، جولێنەر. هۆكار. هاندەر. پەیوەندە بە (جوولە، بزووتنەوە) وە
- *force* *هێزی جولێنەر*
- *power* *وزەی جولێنەر (ی مەكینە، هتد)*

motley رەنگارە، رەنگاوڕەنگ، هەمەڕەنگ. هەمەجۆر، جیاجیا

motor چەرخەی کارەبایی (پ؛ دینەمۆ یە). مەکینەی (ئۆتومبیل، هتد). ئۆتومبیل. (بە) ئۆتومبیل (دەڕوا، لێدەخوڕێ، دەگوازێتەوە)

- *bike* *ماتۆڕ (ی سواری)*

- *boat* *بەلەمی (چەرخەدار، بە ماتۆڕ)*

- *car* *ئۆتومبیل*

- *cycle* *ماتۆڕ (ی سواری)*

- *cyclist* *سوار ماتۆڕ*

- *vehicle* *ئۆتومبیل*

motorist شوفێر (ی ئۆتومبیل)

motorized (پەروانە، ماتۆڕ) دارە، بەمەکینە (کار دەکا، دەگەڕێ)

motorway ڕێی هاتوچۆی (تیژ، زۆر خێرا)، تیژڕێ

mottles نیشانی دەکا بە خاڵخاڵی ڕەنگاوڕەنگ

motto (ڕاستی، یاسا)یەکی گشتیی هەڵسو کەوت (ی بە کورتی دەربڕاو). (بڕگە، ڕستە) یەکی کورت. (مەتەڵ، گاڵتە)ی کورتی نووسراو. هێما

mould (1) خشتبڕ، چارچێوە، قالب. قالبی کێک سوور کردنەوە. شێوە. لە قالبی (دەدا. دەگرێ)، بە قالب، دروستی دەکا. (پلان، پرۆژە، هتد) دادەرێژێ

mould (2) کەڕەکیفە، شێ؛ لە شێوەی کەفی سپی یا لۆکە؛ کە لە بارودۆخی گەرم و (تەڕ، شێدار) پەیدا دەبێ

mould (3) خۆڵ، خاک، چینی سەرەوەی نەرم و بە پێزی (کێڵگە، زەمین)ی کشتوکاڵی دەبێتە (خاک، خۆڵ).

moulder تێک دەچێ، خەراپ دەبێ

- *away* *دەڕزێ، دەتەپێ*

moulding (شێوە، قالب، ڕازاندنەوە)یێکی جوانکاریی خانووبەرە؛ بە زۆری لە گەچ، چەمەنتۆ، یا دار دروست دەکرێن

mouldy کەڕەکیفە (هەریناى، لێدراى، لێداى)، شێ (گرتوو، لێدراو، هەڵێناو). کۆن، (کات (ی)) بەسەرچوو. (کەس، شت، هتد)ێکی (کەساس، مەلوول، ژەنگ گرتوو، بێناز کەوتوو)

moult (پەڕ، باڵ، موو)ی کۆنی (هەڵدەوەرێ (نێ)، فرێدەدا)؛ خۆی نوێ دەکاتەوە. (مار) (کیفک، پێست، تفر)ی (کۆن، پار) ی هەڵدەدا

mound (کۆمەڵ، تەپۆلکە)یێکی خۆڵ، کەڵەکە (بەرد، چەگڵ{چەو}، هتد)یێک. (چەندێکی) زۆر. گردۆلکە، تەپۆڵکە

mount (1) سواردەبێ. بەسەر دەکەوێ، دەچێتە سەر. کۆ دەبێتەوە. کەڵەکە دەکات. (نێرەی ئاژەڵێک) دەپەڕێتە سەر (مێ یەی). وڵاغی سواری

mount (2) (نازناو، پێشناو)ە بۆ (چیا، کێو، شاخ)

- *Everest* ***(چیا، کێو)ی** ئێڤەرست*

mountain چیا، کێو. گەلێک (زۆر، بەرز). زیادە (یە)

- *ash* **جۆرە** *(دار، درەخت)* یێکە

- *bike* *پاسکیل یێکی تایبەتە*

بۆ گەشت و گوزەری ناو چیا

- *lion* — *جۆرە پشیلە یەکی کێوی(ی-) یە؛ شێری چیا(یی)*

- *range* — *زنجیرە چیا*

- *sickness* — *(نەخۆشی، دیاردە)ی هەناسە تەنگ بوون لەسەر (کێو، چیا)یان؛ بە هۆی تەنکی هەوا و کەمی پاڵەپەستۆ مێش ێک دەکا بە گامێش ێک*

mountaineer شاخەوان، گەشتیاری چیایان. بەسەر (شاخ، چیا) دەکەوێ

mountainous شاخاوی، چیایی. زۆر (زل، گەورە) (یە)، زەبەلاح (ە)

mountainside (قەدپاڵ، لێژایی)ی (چیا، کێو، شاخ)

mountebank فێڵبازی پارە قاچین؛ بە فرت و فێل پارە پەیدا دەکا(ت)، ساختەچیی پارە. دەجاڵ، درۆزن. فێڵبازی، ساختە(چێتی)

mounted سوار، سوارە

mounting سوار بوون. بەسەر کەوتن، چوونە سەر. کەڵەکە (کردن. بوون). پەڕینی (نێرەی ئاژەڵێک) بەسەر (مێ یەی)

mourn پرسە دادەنێ. (داخ، حەیف، خەفەت)ی قوول (دەخوا، دەردەبڕێ) بۆ (مردنی کەسێک، شتێکی (ون (بوو. کراو)، لەدەست چوو)، (رووداو، یادگاری یەکی) رابوردوو، هتد)

mourner کەسێکی (کۆستکەوتوو، پرسەدار، خەمبار، خەفەتبار، تازیەدار)

mournful (پرسەدار، خەمبار، داخدار، خەفەتبار، تازیەبار)ی (مردنی کەسێک، شتێکی لەدەست چوو، هتد)

mourning پرسە، تازیە، (جلی رەش پۆشین، (داخ، حەیف، خەفەت)ی قوول (خواردن، دەربڕین) بۆ مردنی کەسێک

mouse مشک. کەسێکی (ترسنۆک. لاواز، کەم توانا، داهێزراو). مشکۆڵەی کۆمپیوتەر. (پشیلە، کوندەبوو{کوندەبەبوو، هتد}) راوە مشک دەکا

- *trap* — *تەرە{ڵ}ی مشک*

-*s* — *دوو مشکۆڵەی کۆمپیوتەر یا زیاتر*

mousetrap (تەرە{ڵ}، فاق(ە))ی مشک(ان)

mousse جۆرە (سەلاتە{ز}، ساس)ێکە؛ لە کرێم، هێلکە، میوە، هتد پێکدەهێنرێ. (دەرمان، پرش)ی (پرچ، قژ) راگرتن

moustache سمێڵ{ر}

mousy (هی، وەکو) مشک (ە). کەسێکی (ترسنۆکە، لاوازە، بێهێزە). شتێکی (نەناسراو، نەزانراو)ی رەنگ قاوەی کاڵ

mouth (دەم، دەو، زار)ی زیندەوەر(ان). (گەروو، دەر، دەروازە، زارک، دەرگا)ی شتێک. شوێن تێکردنەوەی رووبار لە دەریا. بەدەم دەدوێ؛ بەبێ دەنگ

- *organ* — *دەزگایەکی گچکەی (ئاواز، مۆسیقا) یە؛ نیمچە لاکێشەییە؛ بە فوو تێکردن و راست و چەپ پێکردن کار دەکا*

- *to* - — *هەناسەدانی فریاگوزاری؛ بەدەم (هەوا، فوو) پەستانە ناو دەمی*

دەریا. بەدەم دەدوێ؛ بەبێ دەنگ

کەسێکی لە (هۆش) خۆچوو

- watering (خواردنێکی) (لیک هێنەر، بۆنخۆش، دیمەن جوان)

mouthful پڕ بە دەم، (پاروو، لوقمە) یێک. (چەند، شت) یێکی کەم

mouthpiece ئەو بەشەی (هەر) ئامێرێک کەوا لە (نزیک، ناو) دەمەوە رادەگیرێ؛ ن؛ (بەشی لای خوارەوەی دەسکی) تەلەفۆن، (پیکی) دووزەلە، هتد

mouthwash شلە یەکی پاک کەرەوەی (ناو دەم، کەرو). (خێواوک، ترشەڵەک)ی (بەکتیریا، میکرۆب) کوژی (غەرغەرە پێ کردن، لەدەم وەردان)

movable لە (گواستنەوە. جوولاندن) هاتوو. نەچەسپاو؛ دەجوولێنرێ، لادەبرێ

- property دارایی (گوێزراوە، هەڵگیراو)؛ نەوەک خانووبەرە، زەوی و زار، هتد

move شتێک (دەگوازێتەوە، لادەبا، دەجوولێنێ). لادەچێ. ماڵی (باردەکا، دەگوازێتەوە). دەبزوێ، دەجوولێ. گواستنەوە. جوولە. کردەوە. لاچوو!، بجوولێ!

- along دەچێتەپێش، بەرەو پێش دەڕوا

- away بار دەکا، دەڕوا، دەگوازێتەوە بۆ شوێنێکی دی

- heaven and earth عەرد و

ماڵی (باردەکا، دەگوازێتەوە). دەبزوێ، دەجوولێ. گواستنەوە. جوولە. کردەوە. لاچوو!، بجوولێ!

عاسمان لێک دەدا، زۆر (هەوڵ، تەقەلا) دەدا

- in دەچێتە ناو (خانوو، ماڵ، ژینگە)ی نوێ. ئامادە دەبێ، دەسبەکار دەبێ، نزیک دەبێتەوە لە

- in with ماڵی (دەباتە، دەگوازێتەوە) (بۆ)لای کەس(ان)یکی دی؛ دەبێتە هاوژینگەی

- on دەچێتە پێش، بەرەو پێش دەڕوا

- out (خانوو، ماڵ، ژینگە)ی خۆی بەجێ دەهێڵێ؛ دەڕوا

- over خۆی (لادەدا، دەجوولێنێ)؛ تا جێی کەس(ان)یکی دی (بکاتەوە، ببێتەوە)

- up هەڵدەکشێ؛ خۆی (لادەدا، دەجوولێنێ)؛ تا جێی کەس(ان)یکی دی (بکاتەوە، ببێتەوە)

get a - on (پەلە، خێرا) (بـــ) کە

make a - کارێک بکە، (بڕیار، هەڵوێست) وەرگرە

on the - بە (جوولان، رۆیشتن)ەوە، جوولاو، رۆیشتوو. بەرێوە. بەدەم رێوە

moveable = movable

movement بزوتنەوە، جولانەوە. هاتوچۆ. بزووتنەوەی رامیاریی هاوبیران. هەڵکێشو داکێشی نرخی (دراو، هتد) لە بازار دا. بەرەوپێش چوون، پێشوەچوون

-s *(چالاکی، هاتوچۆ) یەکانی کەس(ان)ێک*

movie فلیمی سینەما(یی)

moving هەست بزوێن (ە (ر (ە)))

- staircase *(پێبلکە، قالدرمە)ی بە (مەکینە، ماتۆر) (سەرکەوتوو، سووڕاو)*

mow (گیا، فریز، قەسەر{ڵ}) دەبرێ، (قوت، کورت) دەکا(ت). بەرهەمی ساڵ (دەبرێتەوە، (دروونە، دروێنە) دەکا، دەدوورێتەوە)

- down *(کۆمەڵکوژی دەکا، دەبرێتەوە) بێ دەس پاراستن و بە ژمارەی زۆر و هەرەمەکی*

mower کەسێکی (گیا، فریز برەوە، دروێنەکەر. ئامێری (فریز برین، گیا (قوت، کورت) کردن)

mozzarella جۆرە پەنیر یێکی ئیتالی یە؛ لە شیری گامێش دروست دەکرێ

MP کورتکراوە یە بە واتای؛ *ئەندامی پەرلەمان*

mpg کورتکراوە یە بۆ یەکەی برکردن بە واتای؛ = *miles per gallon* = چەند میل *(بر، لێخوڕ)ین بە گالۆنێک (سووتەمەنی)*

mph کورتکراوە یە بو یەکەی پێوانی خێرایی بە واتای؛ = *miles per hour* چەند میل *رۆیشتن لە کاتژمێرێک دا*

MPhil کورتکراوە یە بە واتای؛ = *Master of Philosophy*) *شارەزا، پسپۆڕ)ی فەلسەفە*

Mr بەرێز (بۆ (پیاو، زەلام))، کاک. (پێشناو؛ناونیشان)ە بۆ (پیاو، زەلام) (پێش ناوی دێ؛ دەگوترێ، دەنووسرێ)

Mrs بەرێز (بۆ ژن)، خانم، خاتو. (پێشناو؛ ناونیشان)ە بۆ (ئافرەت، ژن)ی بەمێرد (پێش ناوی دێ؛ دەگوترێ، دەنووسرێ)

Ms (1) بەرێز (بۆ ژن)، خانم، خاتو. (پێشناو؛ ناونیشان)ە بۆ (ئافرەت، ژن) بە گشتی؛ (پێش ناوی دێ؛ دەگوترێ، دەنووسرێ)

MS (2) کورتکراوە یە بە واتای؛ *نەخۆشیی ترسناک و پەرەسەندووی دەزگای مێشک و دەمارەکانی هەست(کردن)*

MSc کورتکراوە یە بە واتای؛ = *Master of Science*) *بەڵگەنامەی) پلەیەکی خوێندنە؛ (وەستا، شارەزا، پسپۆڕ)ی زانیاری*

Mt. کورتکراوە یە بەواتای؛ = *mount* *پێشناوە بۆ (چیا، کێو، شاخ)*

mu دوازدەمین پیتی ئەلفبێ ی یۆنانی یە. (نیشانە، هێما) یە بۆ یەک لە ملیۆن یێک؛ ١٠ توان -٦ = ٠،٠٠٠٠٠١

much زۆر. بە زۆری. رادە

- as *ئەگەرچی، هەرچەندە*

a bit - *(کەمێک) زۆرە*

as - هەندی ئەو، وەکو *ئەو*

how -? چەند؟؛ بۆ شتێک

نـەژمێـردرێ وەک شەکـر، شیـر، هتـد. بـه چەنـده ؟؛ بـۆ پرسیاری نـرخ (ی شتێـک)

not so - ئـەونـده نـا، زۆر نـا، کـەم(تـر)

so - the better ئـاوا باشتـرە، ئـەوها چاکتـره

too - گـەلـەک زۆر، گـەلـێک زۆرە

mucid لـیـچە{ق}. بـۆگـەن، گـەنـیـو، گـەنـیاگ

mucilage شلـەیـەکی لـیـچە{ق} لـە درەخت وەردەگیـرێ. بـنـیـشتـی چەسپ

muck پـیـسی، پـیـسایـی، هەر شتـێـکی بـێـزکـەرەوە. ریـخ، تـەپاڵـە، قـەستـەقـول، قـشپـل، هتـد. پـیـس دەکا

- in with هاوکـاری دەکا، هاوبـەشـی کـاری دەکـا؛ بـه یـەکسانــی

- out (پـیـسی، پـیـسایـی، ریـخ، تـەپاڵـه، قـەستـەقـول، قـشپـل، هتـد) (رادەماڵـێ، گـێـسک دەدا)

- spreader ئـامێـری (پـەیـن؛ ریـخ، تـەپاڵـه، قـەستـەقـول، قـشپـل، زبـڵ) (رێـژ، بـڵاوکـەرەوە)

make a - of (خـەراپ، بـه نـارێـکـی) (دروست دەکـا، بـەرێـوه دەبـا)

mucker بـرادەر، دۆست

muckrake دەیـپـشکـنـێ و ریـسوایـی دەردەخا، ئـاشکـرا دەکا)

mucky پـیـسه، بـه (ریـخ، تـەپاڵـه، قـەستـەقـول، قـشپـل، زبـڵ، هتـد) ه

mucoid لـیـچە{ق}، نـەرمـه، چلـماوییـه

mucous لـیـچە{ق}، نـەرمـه، چلـماوی یـه

mucus شلـەیـەکـی (لـیـچ{ق}، نـەرم، چلـماوی)

mud قـوڕ. قـوڕاو. بـەقـوڕ دەکا. لـێـڵ دەکا

- bricks خشتـی قـوڕ

- flap قـایشی (قـوڕ، پـڕیشک) گـێـڕەوە؛ کـەوا لـه پـشت تـایـەی (ئـۆتـومبـیـل، پاسکیـل) ەوه دەبـەستـرێ

- flat (رووبـەر، پـانـیـی)ێـکـی پـڕ قـوڕ؛ لـه دوای ئـاو (دا) کشان ەوه بـەدەر دەکـەوێ

- slinger کـەسێـکـی (دەم پـیـس، جوێـن دەر)

muddle شیـرازەی تـێـک دەدا، دەشێـوێـنـێ، نـارێـکـی دەکا. بـشێـوی، نـارێـکی. سەرلـێ شێـوان

- along (دەچێـتـەپـێش، پـێشدەکـەوێ)؛ بـه شێـوەیـەکـی (مـەتـرسیـدار، تـرسنـاکانـه، پـڕ مـەتـرسی)

- headed سەرشێـت، نـارێـک، سەرلـێ شێـواو

- on (دەچێـتـەپـێش، پـێشدەکـەوێ) ؛ بـه شێـوه یـەکـی (مـەتـرسیـدار، تـرسنـاکانـه، پـڕ مـەتـرسی)

- through (سەردەکـەوێ، پـێشدەکـەوێ)؛ سەربـاری نـا کـارامـه یـی

muddy قـوڕاوی (یـه). بـه قـوڕ (ه) . (شلـه، رەنـگ، دەنـگ)ی (لـێـڵ، تـەڵـخ، کـەرخ). شێـواو، لـێـڵ. دەکـاتـه قـوڕاو، قـوڕاوی دەکا

mudguard تـەنـەکـەی (کـووڕ، چەماوه)ەی سەر تـایـەی پـاسکیـل بـۆ پـارستـن لـه (قـوڕ، پـڕیشک)

muesli خواردنـێـکـی بـەیـانـیـانـه

ئاسا یە

mull (1) لێی ورد دەبێتەوە، هەڵی دەسەنگێنێ، تێی دەڕوانێ، بیری دەکاتەوە

mull (2) (بیرە، شەراب، خواردنەوەی مەستکەر) (گەرم، تیژ، کەسکوون) دەکا

mullah مەلا؛ پیاوێکی ئایینی ی ئیسلام؛ لە 'مەولا' وە هاتووە

muller دەسکە (ئاون، جۆنی)

mullet هەرکام لە چەند جۆرە ماسی یەکی دەریایی گۆشت (خۆش، نایاب، بەهادار)

multi (پێشگر، پێشکۆ)یە بە واتای (فرە، زۆر)

- access *دەزگایەکی کۆمپیوتەر کەوا مۆڵەتی زۆر کەس(ان) بدا بەکاری بهێنن لە (چاوە، شوێن) ی جیاجیا*

- purpose *(چەند، زۆر، فرە) (مەبەست، نیاز، کەلک، بەکارهێنان)*

- story *(فرە، چەند، زۆر) (نهۆم، قات، چین)*

- task *دەزگایەکی کۆمپیوتەر کەوا بتوانێ زۆر (بەرنامە، کار، ئەرک)ان (بگێڕێ، ئەنجام بدا) لە هەمان کات دا*

- user *دەزگایەکی کۆمپیوتەر کەوا مۆڵەتی زۆر بەکار هێنەران بدا؛ لە چاوە ی جیاجیا وەو لە هەمان کات دا*

multicoloured فرەڕەنگە، هەمەڕەنگە

multicultural فرە کەلتوورە؛ چەند کۆمەڵێکی کەلتووریی (هی جیا لەیەک، جیاجیا) ە

multidirectional فرە ئاڕاستە

بە شیرەوە دەخورێ

muff (دەستەوانە، پەنجەوانە، کڵاو، کلێتە)ی فەرو(ە). (خەراپ، نارێک) دەکا، تێک دەدا. (تۆپ، شت، هتد) ناگرێتەوە

muffle ((دای)دەپۆشێ، دەپێچێتەوە، لێی لوول دەدا) بۆ گەرم (کردنەوەی، راگرتنی) وەیا دەنگ (کپ، مات) کردنی

muffled (ئاخافتنی) (کپ، مات، بێدەنگ، خەفە) کراو

muffler (ملپێچ، شاڵ، خاولی)ی گەرمیی. (ئاخافتن) (کپ، مات، بێدەنگ) کەر

mug بەرداغ{پ}. (لەناو خەک، بە ئاشکرا) پەلاماری دەدا و (دەیدزێ، لێی دەدزێ)

muggins کەسێکی خۆشبڕوا؛ (زوو، بە ئاسانی) هەڵ بخەڵەتێ؛ بەزۆری خۆ بە خۆ دەگوترێ

muggy (ئاو و هەوای) زۆر شێدار

Muhammadan موسوڵمان

mulatto کەسێکی دایک و باب تێکەڵ؛ لە ڕەش و سپی

mulberry دار تو. تو؛ ی مۆر یا سپی. ڕەنگێکی (سووری (تاریک، تۆخ)، مۆر)

mulch (قەسەر{ڵ}، گەڵا، شت)ێکی نەرم و تەڕکراو بۆ (ڕووەک، سەوزە) داپۆشین

mule هێستر. کەسێکی (لامل، ملهوڕ. بێمێشک)

spinning - *جۆرێکە لە مەکینەی بادان*

muleteer سوار هێستر

mulish لامل، ملهوڕ. هێستر

یە؛ (بە(رەو)، بۆ) زۆر لایان (دەگەڕێ، کار دەکا)

multifarious هەمەجۆرە، جۆراوجۆرە؛ جۆری زۆر و جیاجیای هەیە

multiform فرەچەشنە، هەمەشێوە یە؛ (شێوە، روخسار)ی زۆر و جیاجیای هەیە، فرە جۆرە

multilateral ((پێکهاتن، هتد) یکی) فرە لایەنی. زۆر لایەنی (یە، هەیە). چەند روو (یەکی هەیە)

multilingual (کەس، نووسراو، وتار، پەرتووک، هتد) یکی فرەزمانە. زیاد لە زمانێک (دەدوێ، بەکار دەهێنێ)

multimedia دەزگایەکی ئەلیکترۆنیی فرە (ناوەند، ئامراز، راگەیاندن، هۆ، گەیەنەر) ە؛ ن؛ کۆمپیوتەر، هایفای، هتد

multimillion ((پرۆژە، دامەزراو، دزی، هتد) یەکی) فرەملیۆن ی؛ زیاد لە یەک ملیۆنی تێ (چووە. دەچێ)

multimillionaire (کەسێکی) خاوەن ملیۆن ان؛ فرە ملیۆنێر، چەند ملیۆندار؛ زیاد لە یەک ملیۆنی هەیە

multinational (کۆمپانیا، هتد) ی فرەنەتەوەیی؛ لەزۆر ولاتان (هەیە، دەگەڕێ، کار دەکا، بەڕێوە دەچێ، هتد)، هی زۆر (نەتەوە، ولات) انە

multiped فرە پێ؛ زیاتر بەو زیندەوەرانە دەگوترێ کەوا زیاد لە (٤، ٦) پێیان هەیە؛ ن؛ هەزار پێ

multiple (1) (فرە، زۆر) و جیاجیا. فرە بەشە، زۆر پارچەیە، بەشبەشە؛ لە چەند (بەش، پارچە) پێکهاتووە

- *choice* *پرسیارێکی تاقی کردنەوە کەوا وەلامە (راستە کەی یەکێکە لە چەندانێکی (دراو، بەرچاو، زانراو)*

- *sclerosis* *نەخۆشیی ترسناک و پەرەسەندووی دەزگای مێشک و دەمارەکانی هەست(کردن)*

- *store* *(موغازە، دوکان)ی فرە لق؛ لە زۆر شوێنان هەن*

multiple (2) (چەندجا(ر)، چەندبارە) (یە)؛ ژمارەیەک بەسەر یەکی دی دا دابەش ببێ بەبێ (ماوە، مانەوە)، ئەنجامی لێکدانی دوو ژمارە؛ ن؛ ٩٦ (چەندجا؛ ١٢ جا)ی ٨ ـە،

multiplicand (ژمارە، چەند)ی (لێدەر، چەندجار کەر)ی یەکی دی؛ ژمارەی (یەکەم، پێشەوە) (ماتماتیک)

multiplication لێکدان، (چەند جاران (ماتماتیک). زیادکردن. زۆرکردن. چەندبارە بوونەوە

- *sign* *(نیشانە، هێما)ی لێکدان لە ماتماتیک؛* *

- *table* *خشتەی لێکدان (ماتماتیک)*

multiplicity زۆربوون. چەندبارەیی. جیاجیایی. زۆریی

multiplier ژمارەیەکی (لێدراو، چەندجا(ر) کراو) بە یەکی دی؛ ژمارەی (دووەم، پشتەوە) (ماتماتیک). (زیاد، زۆر)کەر

multiply لێدەدا، جارانی دەکا (ماتماتیک). زیاد دەکا. زۆر دەبێ

multiracial فرەڕەگەزە؛ لە

چەند رەگەزێک پێکهاتووە

multitude ژمارەیەکی زۆر. (گردبوونەوە، کۆبوونەوە)ی خەڵکێکی زۆر، قەڵەباڵغی{ر}

the - خەڵکی *(سادە، ئاسایی)*

multitudinous ژمارەیەکی زۆرە. لە زۆر (تاکە) کەسان پێکهاتووە

mum (1) دایە، هۆدا؛ لە (زمان، وتن)ی منداڵەوە. داک، دایک

mum (2) کڕ، بێدەنگ، کپ. (کڕ، بێدەنگ) بە؟ وس (بە)!

-'s the word) *هیچ مەڵێ{ر}؟ (بێدەنگ، کڕ) بە؟ وس(بە)!*

mumble لەبەرخۆیەوە (قسەدەکا، داخەفێ، دەڵێ)، زۆر لەسەرخۆ دەدوێ. دەنگێکی (کز، لێ حاڵی نەبوو)

mummer (نوێنەر، ئەکتەر) لە نواندن، شانۆگەری)ی (بێدەنگ، بێهەست)

mummery ئاهەنگیکی (ئایینی)ی بێ سەروبەر. ((خۆ) نواندن، چالاکی)ی ئەکتەرەکان لە (نواندن، شانۆگەری)ی (بێدەنگ، بێهەست)

mummify لاشەی کەسێکی مردوو (هەڵدەگرێ، دەپارێزێ). کەلەشی ئاژەڵێکی (تۆپیو، مردوو) (وشک دەکاتەوە، هەڵدەگرێ، دەپارێزێ) (مێژوو)

mummy (1) دایە، هۆدا؛ لە (زمان، وتن)ی منداڵەوە. داک، دایک

mummy (2) لاشەی (هەڵگیراو، پارێزراو)ی کەسێکی مردوو (یان کەلەشی ئاژەڵێکی تۆپیو) (مێژوو؛ لە میسری زۆر کۆن)

mumps نەخۆشیی بڵاوبۆوە یە؛ بە مل و دەموچاو (خڕ بوون، ئاوسان، ئەستوور بوون) ەوە

munch وردەوردە و بەردەوام دەخوا، بەدەنگەوە (دەجوێ{ی}، دەجاوێ). دەلەوەڕێ، کاوێژ دەکا

mundane رۆتین، بێزاریکەر، چەندبارە بۆوە، ژیانی رۆژانە. هی ئەم دونیایە (یە)، دونیای یە

municipal (هی، تایبەتە بە) (شار، ناوچە، شوێن) ێکی خاوەن فەرمانرەوایی سەربەخۆ بۆ کاروبارە خۆماڵی یەکان. (هی، تایبەتە بە) (شورا، کۆمیتە)ی بەڕێوەبەریی

municipality (شار، ناوچە، شوێن)ێکی خاوەن (بەڕێوەبەری، فەرمانرەوای)ی سەربەخۆ بۆ کاروبارە خۆماڵی یەکان. (شورا، کۆمیتە)ی بەڕێوەبەری ئەم (شار، ناوچە، هتد) یە

munificence دەسبڵاوی، دڵباشی، (چاکە، خێر) (کردن)

munificent دەسبڵاو، دڵباش، (چاکە، خێر)کەر. خەڵاتێکی (گەورە، مەزن)

muniment (نووسراو، بەڵگەنامە) ێکی هەڵگیراو وەکو بەڵگەی (کڕین، مافداری، هتد)

munition(s) ئازووقە، میرە، تەدارەکی جەنگی، چەک، تەقەمەنی. جبەخانە

mural وێنەیەکی لە سەر دیوار نەخشکراو. (هی، لەسەر، وەکو) دیوار ە، دیواری یە

murder کوشتن (ی بە مەبەست). بارودۆخێکی زۆر ناهەموار؛ مردنە. دەکوژێ. (خەراپ، پیس)

ی (دەشکێنی، دەبەزێنی). (شتێک) لەناو دەبا، تێک دەدا

murderer بکوژ، پیاوکوژ

murderous (بکوژ، پیاوکوژ)ە. (بکوژ، پیاوکوژ)انە (یە). بارودۆخێکی زۆر ناهەموارە؛ مردەنی یە

murk تاریکی، کەم بینین

murky تاریکە، نابینرێ، لێڵە. (تاریکی، شلە) یەکی (ئەستوور، پیس). نادیار، چەواشە، شێواو

murmur (دەنگ) ێکی (کز، کپ، نەرم، کەم) کراوی بەردەوام. منگەمنگ. لەسەرخۆ وتراو. دەربڕینێکیی (کپ، کز)کراوی (نارەزایی، ناخۆشحاڵی). منگەمنگ (ی دێ، دەکا).

murphy's law هەرکام لە ژمارە پەند ێکی وەکو یاسا (لێهاتوو، ڕێز لێ گیراو)؛ لەبارەی (پێچەوانەیی، بۆ نەهاتن، خەراپ هاتن، هتد)ی شتان

murrain نەخۆشی یەکی بڵاو بۆوەی مانگایە

Mus. B. کورتکراوە یە بە واتای؛ *بەڵگەنامەی بەکەلۆریۆسی ئاواز(ان)؛ پێگەییو لە مۆسیقا*

Mus. D. کورتکراوە یە بە واتای؛ *= Doctor of Music* (*بەڵگەنامەی) وەدەست خستنی پلەیەکی خوێندنە؛ خاوەن دوکتۆرا لە (مۆسیقا، ئاواز)*

muscle ماسوولکە، ژێ. هێز، وزە. خۆ دەسەپێنی بەسەر خەڵکی دی

- bound *(ماسوولکە، لەش) ڕەق بووە؛ بە هۆی زۆر (وەرزش کردن، ڕۆیشتن، هتد) ەوە*

- man *کەسێکی ماسوولکەدار؛ ماسوولکە (بەخێو دەکا، رادەهێنێ) بە وەرزش (کاری)*

muscovite (خەڵک، دانیشتوو)ی شاری مۆسکۆ یە. هی شاری مۆسکۆ یە

muscular (ماسوولکەدار، توند و تۆڵ) ە. (بەهێز، بەبازوو) ە. هی ماسوولکە یە

muscularity ماسوولکەداری. (بەهێز، بەبازوو)یی

musculature سیستەمی ماسوولکە کانی لەشی گیانلەبەر ێک

muse (1) لێی ورد دەبێتەوە، هەڵی دەسەنگێنێ، تێی دەڕوانێ. بیر دەکاتەوە

muse (2) هەرکام لە نۆ خودا یە (مێ ینە) کانی (هۆنراوە، ئاواز، هتد)؛ لە سەردەمی یۆنانی و ڕۆمانی یەکان

the - *(سەرچاوە، بووک)ی (هۆنراوە، شیعر)*

museum مووزەخانە

- piece *زۆر (جوانە، نایابە)، شایستەی مووزەخانە یە. (کەس، شت) ێکی ((داب، نەریت) بەسەر چوو، کۆن)*

mush تێکەڵەیەکی (هەڵپشێردراو شل) ە. جۆرە (هەویر، گیراوە) یەکە. هەستێکی (لاواز، بێهێز، خاو، شلوشۆق)

mushroom خارچک، قارچک. ڕەنگی قارچک. زۆر بە (گورج، کتوپڕ) ی ((بەدەر، بەسەر) دەکەوێ، پێدەگا)

- cloud *تۆزوخۆڵ و دووکەڵ و*

ئاگری هەور ئاسا و شێوە قارچکیی بەرز بۆوە لە تەقینەوەی بۆمبی ئەتۆمی

mushy هەڵپشێردراوە، شلە، وەکو هەویرە. (هەست) (لاواز، بێهێز، خاو، شلوشۆق)ە

music ئاواز، مۆسیقا. دەنگێکی سروشتیی خۆش؛ ن؛ دەنگی (کەو، بولبول، (خورە، شورە)ی ئاو، ئافرەت، هتد)

- centre *دەزگایەکی ئەلیکترۆنیی فرە (ناوەند، ئامراز، دەزگا) یە؛ ن؛ هایفای، هتد*

- hall *گۆرانی و شایی و هەڵپەڕین. هەڵپەڕگە، (هەیوان، سەکۆ)ی (شایی، دیلان)*

- stand *(هەڵگر، ڕاگر)ی کاغەزی نۆتەکانی ئاواز*

- to my ears *ئەمەم پێ خۆشە، پێم خۆشە (وادەڵێی، گوێم لەمە دەبێ)؛ (هەواڵ، شتێک)ی خۆش*

musical هی (ئاواز، مۆسیقا) یە. دەنگی (مۆسیقایی، ئاوازدار). دەنگێکی سروشتیی خۆشە. (هەوادار، دۆست، شارەزا)ی (ئاواز، مۆسیقا) یە. (فلیم، شانۆ)ی مۆسیقایی

- box *باولێکی ئامێردارە کەوا (ئاواز، مۆسیقا)ی لێوە (پەیدا دەبێ، دەردێ)*

- chairs *یاری یەکی کاتی ئاهەنگانە بە ئاواز لێدان و چەند کورسی یەک دەکرێ*

musician کەسێکی (ئاوازژەن، مۆسیقاژەن)

musicology (خوێندن، لێکۆڵینەوە)ی (زانستی، ئەکادیمیایی) (ئاواز، مۆسیقا)

musing تێڕوانیو. بیرکەرەوە. لێی وردبوونەوە، تێڕوانین. بیرکردنەوە

musk شتێکی زۆر بۆن خۆشە نێرەی جۆرە (مامز، ئاسک) یێک دەری دەدا؛ لە پیشەسازیی بۆن دا بەکار دێ. دەرختێکە هەمان بۆنی هەیە

- deer *(مامز، ئاسک) یێکی گچکەی بێ(شاخ، قۆچ)ی ئاسیا یە*

- ox *ئاژەڵێکی (بەشاخ، قۆچدار)ی ئەمەریکای باکوورە*

- rose *گوڵێکی بۆن خۆشە*

musket چەکی سووکی سەربازی پیادە (مێژوو)

musketeer سەربازی پیادە؛ هەڵگری چەکێکی سووک (مێژوو)

musketry سەربازی پیادە. شارەزایی لە بەکارهێنانی چەکی سووک

muskrat گیانلەبەرێکی بۆن خۆشی لە جورج گەورەتری ئاوی یە؛ لە ئەمەریکای باکوور دەژی. (کەوڵ{ر}، فەروە)ی ئەم جورجە

Muslim موسوڵمان

muslin مۆزلین؛ (کوتار{ڵ}، شاش، قوماش) یێکی لۆکەی تەنکە

musquash = muskrat

mussel جۆرە (سەدەف، گوێماسی، شەیتانۆکە) یێکە بۆ خواردن ڕاو دەکرێ

must (1) دەبێ، پێویستە، پێویست دەکا؛ کردارێکی یارمەتی دەرە؛ لە شێوەی ئێستایی. ئەرکە *نابێ، ناکرێ*

- not

I - say *بە پێویستی دەزانم کە بڵێم، ڕەوایە کە بڵێم، دەبێ بڵێم کە*

must (2) (ئاو، دۆشاو)ی ترێ پێش ئەوەی (بۆگەن بوون، بوون بە مەی)ی (تەواو بێ، پێ بگا)

mustache [US] سمێڵ{ر}

mustard جۆرە دانەوێڵە{ر} یێکە. ڕەنگی زەردی (مەیلەو قاوەیی، تاریک)

mustard gas شلەیەکی چەوراوی بێ ڕەنگە؛ هەڵمەکەی بەخورشت یێکی زۆر (پیسە، بەهێزە)

muster (سەربازان، هتد) کۆدەکاتەوە؛ بۆ (سەرژمێری یان، هتد). کۆدەبنەوە، کۆر دەبەستن، دەگەنە یەک. (کۆبوونەوە، ریز(بوون، بەستن)) بۆ (هاتنە) پشکنین

pass - *دەرچووی پشکنین، گونجاوە، ڕێکە*

mustn't کورتکراوە یە بە واتای؛

= must not *(نابێ، ناکرێ) ببێ. دەبێ (نەبێ، نەکرێ)*

musty کەڕەکیفە لێدرای، شێ گرتوو. کلۆڵ، کز، مات. کۆن(بوو)ە؛ کاتی بەسەرچووە، باوی نەماوە

mutability لە گۆڕان هاتن، توانای (گۆڕان، وەرچەرخان)

mutable لە گۆڕان هاتوو، گۆڕاو، وەرچەرخاو

mutant (جینی، گیانلەبەری جین) گۆڕاو

mutate دەیگۆڕێ، جینی دەگۆڕێ گۆڕین. جین

mutation گۆڕین

mute (1) (بێدەنگ، کڕ)، (کەس، ئاژەڵ)یێکی لاڵ. نارەزایی دەربڕینی (بێدەنگ، کپ). دەزگای (بێدەنگ، کڕ، نزم) کەری دەنگ. پیتێکی نەگوتراو لە وشەیەک دا

- button *(گرێ، دوگمە)ی بێدەنگ کردنی دەزگایەکی ئەلیکترۆنی*

- swan *قازی سپی؛ ئەوانی گەورە و مل درێژ*

mute (2) (بێدەنگ، کڕ) دەکا. (کز، نزم) دەکا

muted ڕەنگی کاڵ. دەنگی (نزم، کەم، کپ) کراو

mutilate (پەل، ئەندام)ی (کەس، ئاژەڵ) یێک دەبڕێ یا (لەکار، پەک) دەخا. بەشێکی پەڕتووکێک (دەگەچرێنێ، لەناو دەبا)

mutilated (پەل، ئەندام) بڕاو یا (لەکار، پەک) خراو. گەچراو. شێوێنراو. خەسێنراو. گۆج. شەل. هتد

mutilation (پەل، ئەندام) بڕین یا (لەکار، پەک) خستن. گەچراندن. شێواندن. خەساندن

mutineer یاخی (بوو). شۆڕشگێڕ

mutinous ئامادەی یاخی بوونە. لەسەر پێ یە بۆ شۆڕش کردن

mutiny یاخی بوون. شۆڕش. یاخی دەبێ. شۆڕش (دەگێڕێ، دەکا)

mutism کڕی، بێدەنگی، لاڵی

mutter منگەمنگ (ی دێ، دەکا). لەسەرخۆ داخەفێ. (دەنگ) یێکی (کز، کپ، نەرم، کەم) کراوی

بەردەوام. منگەمنگ

mutton گۆشتی (مەڕ. بەرخ)

- chop *(گۆشتی) (شان، پیل)ی (مەڕ، بەرخ)*

- dressed as lamb *مەڕە و جلی بەرخی پۆشی وە؛ ژنێکی (پیر، تەمەن مامناوەند) بەجۆرێک خۆی پۆشی بێ تاکو گەنجتر دیار بێ*

- head *کەسێکی (دەبەنگ، بێمێشک، گێل)*

mutual (بیرکردنەوە، هەست، سوود، بەرژەوەند)ی هاوبەش (ی نێوان دوو (یا زیاتر) کەسان (یا کۆمەلان))

muzzle لمووز، قەپۆز. ڕێشمە، قەڕاسە. لوولەی (تفەنگ، چەک، هتد). ڕێشمەی لەسەر دەکا. بێدەنگی دەکا

muzzy (بیر، مێشک) (تەماوی، ناتەواو). لێلە. نادیارە

my هی من؛ بۆ قسەکەری تاکی نێر و مێ

myalgia ژانی ماسوولکە، ماسوولکە ئێشان

mycelium داوی (تەنک، باریک، مایکروسکۆپ)ی (قەوزە، خارچک)

mycology (لێکۆلینەوە لە، زانستی) خارچک و ئەو بابەتە رووەکانە

myopia کورت بینی(ن)

myriad ژمارەیەکی (بێکۆتا، یەکجار) زۆر. لەژماردن نەهاتوو. لە ناوی ژمارە ۱۰،۰۰۰ ی یۆنانی یەوە هاتوە

myrrh جۆرە بنیشتێکی (تفت، تاڵ)ە؛ لە دروستکردنی (بۆن، دەرمان، هتد) بەکار دەهێنرێ

myrtle جۆرە رووەکێکی هەمیشە سەوزە؛ بە گەلای لووس و گەش و گولی سپی یەوە

myself خۆم، بەخۆم. (بۆ، لە، هەر)خۆم، کەسی (قسەکەر، بدوێن)ی تاکی نێر و مێی کار تێکراو

- I *(من) بەش بە حالی خۆم*

mysterious پڕ نهێنی یە. سەیر و سەمەرە یە. نەزانراوە

mysteriously بە (دزی، شاراوەیی). بە سەیر و سەمەرە. بە شێوە یەکی نەزانراو

mystery نهێنی، شاراوە. سەیر و سەمەرەیی. شاردراوە، بەنهێنی هێشتراو، پەردە لەڕوو هەلنەمالراو. نەزانراوە

mystic (زانا، فەیلەسووف، کەس) ێکی بڕواهێن بە (نادیار، غەیب، ئەفسانە، ئەندێشە، گیان). (نهێنی، شاراوە) یە. پەردە لەڕوو هەلنەمالراوە

mystical (نهێنی، شاراوە) یە. پەردە لەڕوو هەلنەمالراو. واتای (ژێرەوە، شاراوە)ی شتێک. هێمایە بۆ (گیان، ئەندێشە)

mysticism (فەلسەفەی) بڕواهێن بە (نادیار، غەیب، ئەفسانە، ئەندێشە، گیان)

mystification شاردنەوە، داپۆشین. پەردە لەڕوو هەلنەمالین. (بەرچاو، هۆش، بیر) لێل کردن. جادوو کردن

mystify سەر (دەشێوێنێ، بە سوور دەهێنێ). دەشارێتەوە، دادەپۆشێ. (بەرچاو، هۆش،

بـيـيـر)ی لـێڵ دەکا. جادوو دەکا

myth چیـرۆکـی ئـەفـسانـەیـی. (بـاوەڕ، شت، هتـد) یـێکـی زۆر بـاو بـەڵام نـادروست و نـازانـستـی. (کـەس، بـیـیـر، بـاوڕ) یـێکـی ئـەفـسانـەیـی. هێـما، ڕەمـز، سیـمبـوڵ

mythological (هی، تـایـبـەتـە بـە) (لـێکـۆڵـیـنـەوە لـە، زانـست)ی (بـیـیـر و بـاوڕ، شت)ی (ئـەفـسانـە، هێـما، ئـەنـدێـشە)یـی

mythology (لـێکـۆڵـیـنـەوە لـە، زانـست)ی (بـیـیـر و بـاوڕ، شت)ی (ئـەفـسانـە، هێـما، ئـەنـدێـشە)یـی

myxomatosis نـەخۆشی یـەکـی ڤـایـرۆسی یـە لـە کـەروێـشک{کـێـریـشک}(ان)

***** N *****

n چواردەمین پیتی ئەلفبێ ی ئینگلیزی یە

n.b. ت؛ کورتکراوەیە بەواتای؛ *تێبینی (بکە)!. بڕوانە* *= nota bene*

n/f (no funds) پارە نییە، پارەت نییە، لە جێی نییە

nab رادەپسکێنێ، دەرفێنێ، دەقۆزێتەوە. لە پڕ دەگرێ، بە گورجی دەگرێ

nacelle سەبەتەی بالۆن؛ شوێنی شوفێر (و دانیشتوان)ی بالۆن

nacre یاقووت، سەدەف

nacreous یاقووتی یە

nadir ژێری ژێرەوە، نزمترین خاڵ(ر)؛ ئەو پەڕی بێ هیوایی، بێ هوودەیی

nag هێسترێکی کورت (ە بالا (بچووک)). جێی پێ تەنگ دەکا. رەخنە دەگرێ، (پرتە و) بۆڵە دەکا، دەناڵێنێ (ئازاری هەیە)

nail بزمار. مێخەک. (بزمار، مێخەک) دەکوتی

finger - *نینۆک، نوخان*

naive گەوج، ساکار، گەمژە

naked رووت(ە). لە گۆڕێیە، لە بەرچاوە

- eye *بە چاو دیارە (دەبینرێ) ، شاراوە نییە*

nakedness رووتی. بەرچاوی، ئاشکرایی

name ناو، ناف. ناودەنێ، ناولێ دەنێ. باس دەکا. کەسێک (دادەنێ، دادەمەزرێنێ)

- board *تەختەی ناو، نیشانە*

call -s *(جوون، جۆێن، جمێن)ی پێدەدا*

Christian - *ناوی کاتی لەدایک بوون؛ لای عیسایيان باوە*

family - *ناویخێزان، نازناو*

first - *ناوی یەکەم، ناوی خۆت*

maiden - *تایبەتە بە ئافرەت؛ ناوی پێش شووکردن*

middle - *ناوی ناوەڕاست (مەرج نییە هەبێ)*

nick - *نازناو*

proper - *ناوی ناسراو (رێزمان)*

second - *ناوی دووەم (مەرج نییە هەبێ)*

sur- *ناوی خێزان، نازناو*

named ناوبراو؛ ناوهاتوو، باسکراو. ناسراو، دیاریکراو

nameless بێناو. ناو نەبراو؛ بۆ نەهێنی پاراستن

namely واتە، مەبەست(م) ئەمەیە، بەواتای، رێکئەمەیە

namesake هاو ناو؛ دوو کەس (یا شت) بە هەمان ناو

nap چاو گەرم کردن، سووکە خەو. سەرەخەو دەشکێنێ

nape پشتمل، پشتی مل

naphtha نەفت، نەوت

napkin دەستەسڕ

narcissus نێرگز

narcotic خەوهێنەر، (لەش) تەزێن، سڕکەر

narrate (چیرۆک) دەگێڕێتەوە، باس دەکا، هەواڵ دەدا

narration چیرۆک، باس، هەواڵ

narrative چیرۆک. هی باسە، هی گێڕانەوە یە، هەواڵی

narrator چیرۆکڤان. باسکەر، گێڕەرەوە، هەواڵدەر

narrow باریک، تەسک. باریک دەبێ. کەم دەکا

narrowly بە ئەستەم. بە (هەزار) حاڵ

narrowness باریکی. وردی. دەست قووچی، ڕەزیلی

narrows باریک دەبێ. کەم دەکا، تەسک دەبێتەوە

nasal هی (کەپووە، لوتە). گن(ە)؛ بە (کەپوو، لووت) داخەڤی (قسە دەکا)

nascency سەرەتا، سەرهەڵدان. لەدایک بوون

nascent تازە، سەرهەڵداو. گەشەکردوو. لە دایک بوو

- industries *پیشەسازی تازە پێ گەیشتوو*

nastiness ناشیرنی (ی ڕەفتار)، بەدی

nasty بەد، ڕەفتار ناشیرن

natal زگماک(ە). لەگەڵ لەدایک بوون. نیشتەجێی

natant سەراو کەوتوو، لە سەر ئاوە

nation نەتەوە. میلەت

national نیشتیمانی. نەتەوەیی

- assembly *شوورای نیشتیمانی*

nationalisation خۆماڵیکردن، بە نەتەوەیی کردن

nationalism نەتەوە پەرستی

nationality ناسنامەی نیشتیمانی ی کەسێک

native خەڵکی وڵاتەکە (یە). نیشتەجێیە، خۆماڵییە

nativity لە دایک بوون (ی عیسا). زایین، لەدایک بوون. بەخت، شەنس

NATO کورتکراوە یە بە واتای؛

ڕێکخراوی (پەیمان، سوێند)ی سەرووی ئەتلەسی

natural سروشتی(ە)، سروشتیانە (یە). خاو؛ دەستکاری نەکراو

- son *منالی لە دەرەوەی ژنهێنان بووبێ*

naturalisation سروشتی کردن، ئاسایی کردن. وەرگرتن (یا دانی)ی مافی هاووڵاتی (لە وڵاتێکی بێگانە)

naturalise سروشتی دەکا، بەسروشتی دەکا. ئاسایی دەکا. مافی هاووڵاتی ی دەداتێ (وڵاتە بێگانەکە)

naturalist سروشتکار(ە)، سروشت دۆست(ە)

naturally سروشتیانە، بە سروشتی، بە ئاسایی

nature سروشت

naught هیچ. نەبوون. سفر

naughtiness هەرەپاسی، هەڵەپاسی، لاساری، گیڤی، گیڤبوون، خۆ گیڤ کردن

naughty هەرەپاس{ڵ}، لاسار، گیڤ

nausea (n) هێڵنج{ر}؛ نزیکی ی ڕشانەوە. (بێز، قێز) بوونەوە

nauseate هێڵنجی دێتێ. (بێز، قێز)ی دەبێتەوە

nauseous (adj) بەهێزنجە، هێڵنجهێنە. نزیکە رشانەوەیە. بە بێز(وقێز)(ە)

nautical تایبەتە بە دەریاوانی (یا گوزەری دەریایی)، دەریایی

naval دەریایی، تایبەتە بە (دەریا، کەشتی (وانی)، گوزەرانی دەریا) وە. (هێز، لەشکر)ی دریایی

nave (چەق، ناوەند)ی (پێچکە، تایە)

navel ناوک (ی سکی گیانداران)

navigable بۆ گوزەر دەست دەدا، لە گوزەر دێ؛ گوزەری (پێ، تێ) دا دەکرێ

navigate بە رێگەی (دەریا، فرۆکە (ئاسمان)) ەوە گوزەر (گەشت) دەکا

navigation کەشتیوانی. زانستی گەشت و ئاراستە کردنی ئامێران. گەشت

inland - *گەشتی ناوخۆ*

navy دەریایی. (هێز، لەشکری)ی دەریایی

- blue *رەنگی نیلی، رەنگی شین (ی تۆخ)*

nay نا، نەخێر، هەرگیز نا (بێ)

neap-tide) بەرامبەر بوون، یەکسان بوون. داکشان (کشانەوە)ی ئاو لەو پەری دا

near نزیک. لە نزیک

- by *لەنزیکی، لەتەنیشتی*

- east *ناوچەی (ولاتانی) رۆژهەلاتی نزیک*

- sighted *کورت بینە*

nearer نزیکتر، هێروە تر

nearest نزیکترین

nearly نزیکەی، وەختابو، وەختە. بەم زووانە

nearness نزیکی. نزیکبوون

neat پوختە، رێکوپێک. پاک و خاوێن. ورد

neatness رێکوپێکی، پوختی. وردی. پاک و خاوێنی

nebula تەم، لێڵی. تانە (ی سەر گلێنەی چاو). (تەپ و تۆز، گەرد)ی ئاسمان

nebulous تەماوی، لێڵ. ئاسمانی

necessaries پێداویستی یەکان، کەلوپەل (شتومەک)ە پێویستەکان

necessarily بە پێوپستی

necessary پێویست، پێویستە

necessitate پێویست دەکا

necessitous دەستکورتە، پێویستیی هەیە. ناچارە. ناچاری یە

necessity پێویستی

neck ئەستۆ، مل، قورگ

necklace ملوانە، ملوانکە

necktie بۆینباغ

necrology تۆمارگەی ناوی مردووان. تۆماری (ناوی) مردووان

necromancy دواندنی مردووان، بەقسە هێنانی مردووان

necropolis گۆڕستانێکی گەورە، شاری مردووان

necrosis (بۆ) گەن ((ی) (کردن)

). بـریـن پـیـس بـوون (کـردن)

nectar شیلـەی گـولّ؛ کـە پـاشان بـە هۆی (مـێش) هەنـگ (یـن) ەوە دەبـێتـە هەنـگـویـن (هەنـگـیـن)

need پـێویـسـتـی، پـیـویـسـت کـردن، گـەرەک(ە). دەیـەوێ، گـەرەکـی یـەتـی، پـێـویـسـتـی دەبـێ. پـێویـسـت دەکـا

if - be *ئـەگـەر پـێـویـسـت بـکـا*

in - of *پـێـویـسـتـی هەیـە بـە*

needful پـێویـسـت یـەتـی. پـیـویـسـتـە پـێویـسـتـی یـە، گـەرەک یـە

needle دەرزی

- work *تـەنـیـن، دورمـانـکـاری؛ نـەخش(انـدن) بـە دەرزی و داو (ی رەنـگـاو رەنـگ)*

needless نـاپـێـویـسـت، بـە خـۆڕایـی، بـێ هوودە

needy دەسـتـکـورت، هەژار، نـەدار

nefarious بـەدکـار، شەرانـی

negate لـێـی دەر دەکـا (مـاتـمـاتـیـک). (بـەرەواژ، پـێـچەوانـە)ی دەکـا (تـەوە) (بـیـرگـێـری، مـەنـتـیـق، لـۆجـیـک)

negation لـێـدەرکـردن (مـاتـمـاتـیـک) . بـەرەواژ کـردن (ەوە)، بـەرەواژی (بـیـرگـێـری، لـۆجـیـک، مـەنـتـیـق)

negative (1) خـەراپ. نـەخـێـر!. لـێـی دەرکـراوە، بـەتـاڵـە، تـێـی دا نـی یـە. (پـێـچەوانـە، بـەرەواژ) کـەرەوە یـە (بـیـرگـێـری)

- of a photo *بـەرەواژی وێـنـە*

negative (2) کـەمـی. (خـوار، ژێـر) سفـر بـوون؛ ن؛ (-)، -١٦، -٣١، -٨، -٩٦ (مـاتـمـاتـیـک)

negatively بـەخـەراپـی

negatory نـەرێ یـە. بـەرەواژ کـەرەوە یـە

neglect کـەم تـەرخـەمـی، پـشتـگـوێ خـسـتـن. کـەم تـەرخـەمـی دەکـا، پـشتـگـوێ دەخـا

neglectful کـەم تـەرخـەمـە، گـوێ نـەدەرە

negligence کـەم تـەرخـەمـی کـردن، پـشتـگـوێ خـسـتـن

negligent کـەم تـەرخـەم

negotiable سازشی یـە، سەودای یـە، قـسەی لـێ (وە) دەکـرێ، بـە کـێـشمـەکـێـشە، بـە بـگـرەو بـەردە یـە

negotiate دەسازێ، سازشدەکـا. دانـوسـتـان دەکـا (لـە دان و سـتـانـدنـەوە وە)، کـێـشمـەکـێـش دەکـا. سەودا دەکـا

negotiation دانـوسـتـان، سازش کـردن. سەوداکـاری. مـامـەڵـەکـردن

Negress (قـولـە) رەش؛ مـرۆڤـی رەشپـێـست (ی مـێ یـنـە)

Negro (قـولـە) رەش؛ مـرۆڤـی رەشپـێـست (ی نـێـر یـنـە)

Negroid (قـولـە) رەش ئـاسا یـە؛ لـە مـرۆڤـی رەش دەچێ

Negus نـازنـاوی شای حـەبـەشەی کـۆن (ئـەتـیـوبـیـای ئـێـسـتـا)

neigh حـیـلـەی ئـەسپ و مـایـن (ان). دەحـیـلـێـنـێ

neighbour هاوسێ، دراوسێ. نـزیـک، تـەنـیـشت. هاوسێـی (یـا هاوسێـتـی) دەکـا

neighbourhood گـەڕەک. هاوسێـتـی

neighbouring نـزیـک، نـزیـکـە لـە،

بە تەنیشتەوە، لە رۆخ

neighbourly بەهاوسێی، هاوسێ یانە

neither هیچکام(ێک)، هیچیەک (یێک). نەئەمە

- this nor that *نە ئەمە و نە ئەوەش*

nephew برازا، خوشکەزا، کچ (یا کوڕ)ی خوشک (یا برا)

nephritis (ئاوسان، برین، نەخۆشی)یەکی گورچیلکە

Neptune ئەستێرەی نیپتیون. خوای دەریا (لە کۆندا)

nerve دەمار. خۆڕاگرتن، لەسەرەخۆیی. هێز

nervous تووڕەو توندە، دەمدەمی یە. دڵ ناسک

nest هێلانە، کولانە، بێشە. هێلانە دەکا

ants - *شارە مێروولە*

nestle نیشتەجێ دەبێ، دەحەوێتەوە. لەباوەش دەگرێ، دەگرێتە خۆ، بە خێو دەکا

nestling جووچکە، فەرە، فەرخە، بەچکەی باڵندە (مەل (ان))

net تۆڕی (راو، یاری وەرزشی، هتد). پاک، بێگەرد. تۆڕ دادەنێ تەوە، قازانج، پاشماوە

- weight *کێشی بێگەرد، کێشی پاک*

- work *هێلەگ؛ رایەڵەی دوو ئاراستەیی (یا زیاتر)*

camouflage - *تۆڕی تێدا بزر کردن، تۆڕی خۆ حەشاردان*

nether نەوی، نزم. هی ژێرەوە، لە ژێر. دۆزەخی، جەهەندەمی

Netherlands هۆڵەندە؛ زەوی یە نەوی یەکان. وڵاتی هۆڵەندە

nett پاک. بێگەرد، پاراو. قازانج، پاشماوە

nettle دڕک. رووەکی بە گەڵای دڕکاوی، گەڵا (گیا)ی لەش خورێن

network تۆڕی (ریگاو بان، هێنان و بردنی ئەلیکترۆنی (یا وەکی دی؛ پۆست)، کۆمپیوتەر، هتد)

neuralgia (ئازار، ژان)ە دەمار (ی سەر یا دەمو چاو)

neurasthenia کز (لاواز)ی دەمار

neurotic مێشک تێکچوون. نەخۆشیی دەمار (مێشک)ی هەیە

neuter بێلایەن. دەخەسێنێ؛ نەزۆک دەکا

- gender *نێرەمووک؛ نە نێرە و نە مێ (یە)*

- verb *کرداری سادە*

neutral بێلایەنە

neutralise بێلایەن دەکا. لەکاردەخا

- a mine *مین لەکاردەخا*

neutrality بێلایەنی

never هەرگیز، لەبنیی

nevertheless هێشتاش، بەوێ دەردیش (ەوە)، بەو حاڵەشەوە

new نوێ، تازە. هاوچەرخ

- year's day *یەکەم رۆژی ساڵی نوێ*

newly لە نوێ وە، بە تازەیی. بەم دواییانە

newness نوێی، تازەیی

news هەواڵ، دەنگوباس

- agency *بیرۆی دەنگ و باس*

newspaper ڕۆژنامە

next ئەوی تەنیشت، ئەوی دی، لە تەنیشت. دوای ئەوە

nib نووک، سەر، نووکی خامە

nibble کەمکەمە خواردن، خواردنی لە سەرەخۆ

nice جوان، شۆخ

nicely بەجوانی، بە ڕێکی

nicety وردی، وردەکاری، ڕێکی

niche کەلێن، قوژبن

nick کەلێن. کەلێندەکا

at the - of time *لە کاتی گونجاو*

nickel ڕەگەزی نیکڵ (کیمیا)

nick-nack = knick-knack

nickname نازناو

nicotine نیکۆتین؛ قەلی یەکی ژەهراوی یە لە ناو تووتن دا دەبینریٚ

niece کچی خوشک (یا برا)

niggard پیسکە، ڕەزیل

nigger (قولە) ڕەش؛ مرۆڤی ڕەش پێست

nigh خەریکە. (لە) نزیکە (لە)

night شەو. تاریکی. شەوانە(یە)

- club *جێی (ڕابواردن، کات بەسەر بردن، هەلپەرین)ی شەوان (ە)*

- fall *شەوداهاتن، ئێوارە، دونیا تاریک بوون*

- gown *جلی شەو، جلی خەو، پیجامە*

- walker *خەوڕۆ(یە)؛ لە خەودا دەڕوات*

پاسەوان، پۆلیس،

- watch

حەسحەس

nightcap (چایە، قاوە، مەی، هتد)ی (کاتی، پێش) خەو(تن)

nightdress جلی شەو، جلی خەو، پیجامە

nightingale بولبول

nightly شەوانە. بەشەو. هەموو شەویٚ(ک)

nightmare خەونێکی (دزێو، ناخۆش)، کێشە (یا بەسەرهات) ێکی (بە تەنگو چەڵەمە، ناخۆش)

nihilist بێ ئایین (یا بڕوا)، باوەڕ بە هیچ نەبوون، باوەڕ نەبوون بە هیچ

nil هیچ. نەبوون. نەبوو. نیە. بەتاڵ (بوو)

nimble سووکەڵە، ناسک. وریا. گورج

nimbly بە سووکی، بە ناسکی. بە وریایی

nine نۆ، نەه

ninefold نۆقەد، نۆجار بە قەدەر

nineteen نۆزدە

ninety نەوەت، نەوەد

ninny گێل، بێ مێشک. سادە

ninth نۆ یەم (ین). نۆیەک (٩\١)، یەک لە (سەر) سێ

nip قونجڕکە. گوشین. دەگەزیٚ. قونجڕکە لێدەدا. دەگوشیٚ

nipper پێچکی پێشەوەی قرژار{-ڵ}. (کەس، شت)ێکی (قونجڕکە لێدەر. گوشێن)

nippers گیرە. پلایس. گاز

nipple (سەر، گریٚ)ی گۆی مەمک.

(سەر، نووک)ی شووشەی مەمەی شیر). (هەر) شتێکی لەم شێوەیە

nit رشک؛ (گەرا؛هێلکە)ی ئەسپێ و بابەتەکانی

nitrate نیترەیت؛ تێکەڵە (ترشەڵۆک یا خوێ) یەکی نایترۆجینی یە

nitre خوێی باروت

nitrous بڕە لە خوێی باروت، خوێی باروتی خەست کراو

no نەء. نە. نا

- way *نابێ. ناکرێ*

in - time *لە کاتێکی کورتدا، لە چاو تروکانی(ک (دا))*

nobiliary تایبەتە بە (پیاو ماقولان. جوامێران)

nobility پیاوماقولان. جوامێران. پیاوماقولی. جوامێری

noble میر، خانەدان. جوامێر. جسن

- metal *کانزای لە بابەت زێڕ، زیو، هتد*

nobleman جسن. خانەدان، جوامێر

nobly بە خانەدانی. جوامێرانە

nobody هیچکەس، هیچ کەسێک. کەس نا

noctambulant خەوڕۆ(یە)؛ لە خەودا دەڕوات

nocturnal شەوگەڕە، شەوانە(یە)، هی شەوە؛ بە شەو (روو دەدا، چالاکە، کار دەکا)

nocuous زیان بەخشە، موزییرە

nod (سەر شۆڕ کردنەوە؛ چەمانەوە)؛ بە مەبەستی (سلاو، رازیبوون، هتد). سەر شۆڕدەکاتەوە، دەچەمێتەوە

node گرێ؛ ی قەدی (دار، لق)ێک. ئەستوورایەکی سروشتی

noise غەڵبە (غەڵب)، دەنگ (ەدەنگ)

noiseless بێدەنگ(ە)، کپ

noisily بە غەڵبە غەڵب، بە دەنگە دەنگ

noisy هەراکەرە، بە غەڵبە یە

nomad کۆچەر، گەڕۆک. خێڵەکی

nomadic تایبەتە بە کۆچەران. کۆچەری یە، گەڕۆکە. خێڵەکی یە

nomenclature ناونان، (ناز) ناو لێنان

nominal بە ناو، ناوەکی؛ تەنها بە ناو. نەبوو، خەیاڵی

nominate ناودەنێ، (کەس ێک) دیاری دەکا. دەپاڵێوێ، تەرخان دەکا

nomination ناونان، دیاری کردن (ی کەس ێک). پاڵاوتن، تەرخانکردن

nominator ناونەر. پاڵێو

nominee ناونراو، کەسی دیاری کراو. پاڵێوراو، نوێنەر

non (پێشگر، پێشکۆ)یە بەواتای (نە. نا. نەبوون) دێ

- aggression *شەڕنەخوازی. شەڕنەخواستن؛ خۆگرتن لە شەڕخوازی*

- alcoholic *(خواردن(ەوە)ی) بێ پێکهاتەی کحولی*

(نـه. نـا. نـهبـوون) دێ

- aligned *ولاتـێـکـی بـێـلایـهن*

- essential *(شتـێـکـی) (نـاپـێـویـست، نـاگـرنـگ)*

- existent *(شتـێـکـی) نـهبـوو. (شتـێـکـی) ئـهنـدێـشهیـی؛ خـهیـاڵـی*

- government(al) *نـادهولّـهتـی؛ (نـیمـچه) سهربـهخۆ*

non-acceptance رهتکـردنـهوه، رازی نـهبـوون

nonagenarian کـهسێـکـی تـهمـهن ۹۰ تـا ۹۹ سالّـی، تـهمـهنـی لـه نـهوهتـهکانـه

non-appearance دیـارنـهبـوون، (بـه) دهر نـهکـهوتـن. ونـبـوون

nonce یـهکجار، ئـهمجاره. یـهک کات، یـهک بـۆنـه

nonchalant ساده و ساکار و هێـدی و ئـارام

non-commissioned (ئـهفـسهر، هتـد)ێکـی پـلـهدار بـهلام بـێ نـاونـیـشانـی کار

non-compliance جێبـهجێ نـهکـردن؛ ی فـهرمانـێـک. پـڕ بـهپـێـست (نـهبـوون. نـهکـردن). رهتکـردنـهوه؛ ی فـهرمانـێـک

non-conductor نـهگـهیـهنـهر (ی گـهرمـی، کارهبـا، هتـد). داپـچڕاوه لـه تـهزوو

nonconformity نـهگـونـجان، جیـاوازی

non-delivery نـهگـهیـانـدن، نـهسپـاردن

nondescript نـهنـاسراو، نـهزانـراو، بـه بـێ تـایـبـهتـمـهنـدیـی دیـار و ئـاشکـرا

none هیـچ کام (کـهس، شت، هتـد)

nonentity نـهبـوون(ی). (کـهس، جهستـه، شت)ێـکـی نـاگـرنـگ. (شتـێـکـی) نـهبـوو

nonessential نـا گـهوههری، نـا پـێـویـست

non-existence نـهبـوون، نـهبـوونـی ههبـوون

nonexistent نـهبـوو(ه)، ون، نـادیـار

nonferrous کانـزا بـێ ئـاسنـهکان. بـێ ئـاسن، ئـاسنـی تـێدا نـیـیـه

non-intervention دهست تـێـوهر نـهدان

non-metal نـاکانـزا؛ کانـزا نـیـیـه

nonobservance گـوێ نـهدان، ئـاگا لـێ نـهبـوون

non-payment پـاره نـهدان

nonplus (بـهتـهواوی، گـهلـێـک) دهخاتـه گـێـژهلّـۆکـهوه، دهپـهشۆکـێـنـێ، سهر دهسوڕمـێـنـێ

non-resident نـا نـیـشتـهجێ (یـه)، هی دهرهوه (یـه)

nonsense نـاههستـیـاری، بـێـهـهستـی. بـێ واتـا، هوڕێـنـه، قـسهی بـهتـاڵ

nonsensical بـێ واتـایـه، هوڕێـنـه یـه

nonsuit بـڕیـاری دادگا بـه رهت کـردنـهوهی داوا یـهک

nook نـووک، گـۆشه، قـوژبـن. حهشارگـه

noon نـیـوڕان، نـیـوهڕۆ

noontide کاتـی نـیـوهڕۆ

noose داوی بـه قـولّـفـه؛ ی راوکـردن. دهگـرێ؛ بـه داوی قـولّـفـهدار، بـه داو یـهوه دهکا. دیـخاتـه داوهوه

nor نـەئـەويـش، ئـەويش نـا

neither this - that *نـە ئـەمـە و نـە ئـەوەش*

noria نـعوور، نـاعوور

normal ئـاسايـی(ە)، سادە يـە، سرووشتـی يـە، بـاوە

normality ئـاسايـی، سرووشتـی

Norman نـۆرمانـدی يـە؛ خـەڵـكـی نـاوچـەی نـۆرمانـدیی سـەرووی رۆژ ئـاوای فـەرەنـسا يـە

north سەروو. سەرەوە. سەر، سەرێ

northerly هی سەرەوە، تـايـبـەتـە بـە سەرێ. لـە سەرەوە را

northern سەرەوە، سەروو. هی سەروو

northward بـەرەوسەر، بـەرەو سەرەوە

nose كـەپـوو، لـووت. بـۆنـدەكا. هەستـدەكا

- dive *بـەربـوونـەوە، كـەوتـن؛ لـەسەر سەر هاتـنـە خوار*

under one's - *بـەبـەر چاوی (يـەوە)، لـە پـێش دەمـی*

nosebag (تـوورەگـە، جۆرِك)ی ئـالـيـكـی ئـاژەڵ؛ كـەوا بـە مل يـەوە دەكـرێ

nosegay (دەسك، چـەپـك)ە گـوڵـێكـی بـچووك

nosology نـەخۆشی‌ناسی؛ زانـستـی خانـەخانـە كـردنـی نـەخۆشی

nostalgia غـەريـبـی كـردنـی ولات، خۆزگـە (بـردن) بـە رابـووردوو

nostril كـونـە (كـەپـوو، لـووت)

not نـەوەك، نـەوەكـە، نـە. نـيـيـە

nota bene (also n.b.) تـێبـيـنـی؛ ، ت؛

notability نـاوبـانـگ، نـاسراوی

notable نـاسراو، بـەنـاوبـانـگ. تـێبـيـنـی كـردنـە، تـێبـيـنـی شايـانـی كـراو. روونـە، ديـارە

notably بـە تـايـبـەتـی. بـە نـاوبـانـگـی. بـە روونـی، بـە ئـاشكـرا

notarial (adj) (كـەسێكـی) يـاسايـی

notary نـووسەری بـەڵـگـەنـامان، (فـەرمانـبـەری) تـۆمار كـەری پـەيـمان و بـەڵـگـەنـامان

notation نـيشانـەكردن، هێما دانـان، ژمارە كـردن

notch خـەتـكـێشان. خـەت دەكـێشێ

note يـاداشت. بـيـرەوەری. نـيشانـە. تـێبـيـنـی. پـەراوێز. ئـاواز، نـۆتـە. چـەك (ی دراو (پـارە)). تـێبـيـنـی دەكا. دەنـووسێ

- book *پـەڕاوی تـێبـيـنـی*

- down *دەنـووسێ، تـۆمار دەكا*

bank -s *(دراو، پـارە)ی كاغەز. چـەك*

noted بـەنـاوبـانـگ، نـاودار، نـاسراو

noteworthy شايـانـی بـاسە، دەهێنـێ بـاسی بـكرێ

nothing هيـچ، هيـچ‌نـيـيـە. نـەبـوون. (كـەس يـێكـی) بـێكـەڵـكـە

for - *بـێ بـەرامبـەر، بـە خۆرايـی؛ بـەلاش. لـە خۆڕا(يـی)؛ بـەبـێ هۆ بـە كـەڵـكـی هيـچ*

good for - *نـایـه، بـۆ هیـچ بـاش نـییـه بـرای هیـچـه، هیـچ*

next to - *نـییـه*

notice سەرنـج. ئـاگاداری. تـێـبـینـی. بـڵاو کـردنـەوە. ئـاگادار کـردنـەوە. سەرنـجدەدا. ئـاگادار دەبـێ. تـێـبـیـنـی دەکا

- board *تـەخـتـەی ئـاگاداری یـەکـان*

final - *دوا ئـاگـادارکـردنـەوە، دوا سـەرنـج ڕاکـێـشان*

noticeable سەرنـج ڕاکـێـش(ە). بـیـنـراوە. دەبـیـنـرێ. شایـانـی تـێـبـیـنـی یـە

notification ئـاگادارکـردن ەوە، هۆشیـار کـردنـەوە

notify ئـاگاداردەکا، هۆشـیـار دەکا

notion را، بـیـیـر (ۆک (ە))، زانـیـاری. بـیـنـیـن، بـۆچـوون، تـێـڕوانـیـن

notoriety بـەدنـاوی، نـاوبـانـگـی خـەراپ، نـاوزڕان

notorious بـەدنـاو، نـاوزڕاو، نـاوبـانـگ خـەراپ

notwithstanding ئـەگـەرچـی. هەرچـەنـدە. لـەگـەڵ ئـەوەی. بـە دژایـتـی لـە گـەڵ

nought سفـر، هیـچ

noun نـاو (لـە ڕێـزمـان)

nourish دەخوا. دەلـەوەڕێ. هان دەدا

nourishment خواردەمـەنـی. خواردن. لـەوەڕ

novel چیـرۆک، ڕۆمـان. نـوێ، تـازە، هاوچـەرخ

novelist چیـرۆک (ڕۆمـان) نـووس

novelty نـایـاب. تـازە بـابـەت. شتـێـکـی نـوێ. نـوێـخوازی

November سەرماوەز، مـانـگـی یـازدە هەمـی سالّـی زایـیـنـی

novice نـەزان، نـاشی. لـە ژێـر مـەشق دایـە، قـوتـابـی یـە، فـەقـێ یـە، تـازە قـەشە یـە، منـاڵـە، تـازە یـە، تـازە بـاوەڕ ە

novitiate لـە ژێـر مـەشق دایـە. فـەقـێ یـە، تـازە قـەشە یـە. تـازە بـاوەڕ ە

now ئـێـستـا، هەنـووکـە، هەوکـە. ئـەوجە، ئـێـستـا

- and then - *نـاوەنـاو(ە)، جار جار(ە)، جار بـە جار*

nowadays لـەم سەردەمـەدا، لـەم ڕۆژگارانـەدا، ئـێـستـاکـانـێ

nowhere هیـچ جێ یـەک. لـە هیـچ شوێـنـێ (نـیـیـە)

nowise بـە هیـچ (جۆر، شێـوە) یـەک (نـا)

noxious زیـان بـەخشە. بـەڵایـە. فـەوتـێـنـەرە. موزیـڕە

nozzle لـوولـە، لـووت، کـەپـوو، کـون

nub گـرێـچکـە، گـرێ

nuclear نـاوکـی. تـایـبـەتـە بـە نـاوکـی شتـەکـان ەوە

nucleus نـاوک. نـاوجـەرگـە

nude ڕووت

nudity ڕووتـی، ڕووتـبـوون

nugatory بـەتـاڵ، بـێـهوودە. هەرزان، کـەم نـرخ

nugget جەستـەیـەکـی کـان ی (بـەهادار) بـە نـرخ

nuisance (سەرێشە، بێواتا)(یە) ، (کەس، بارودۆخ، شت)ێک کە هۆکاری (بشێوی، سەغڵەتی) بێ
null نەزانراو. نەبوو. نیە. هیچ. بێ کاریگەری یە
- and void *بەتاڵە، هەڵوەشایتەوە، لەکارخراوە*
nullify بەتاڵ دەکاتەوە، کاریگەرەی شتەکە ناهێڵێ
nullity نەمانی کاریگەری شتێک، بەتاڵ بوون ەوە
numb سڕ، تەزیو. سڕ دەکا، دەتەزێنێ، دەنوێنێ
number ژمار، ژمارە. دەژمێرێ؛ ژمارەیان لێدەدا (پێوە دەنێ، پێوە دەنووسێنێ، پێوە دەلکێنێ)
even - *ژمارەی (جۆت، جووت)*
odd - *ژمارەی (تاک، تاق)*
numberless لە ژمار نەهاتوو، لە ژماردن نایە
numbness سڕی، سڕ بوون، تەزین
numerable لە ژمارە هاتوو(ە)، دەژمێردرێ
numeral ژمارەیە. (هی، تایبەتە بە) بە ژمارەوە، ژمارەییە
numerate دەژمێرێ. ژمارە دەخوێنێ تەوە
numeration ژماردن
numerator سەرکەرت؛ ژمارەی سەرەوەی کەرتێک (ماتماتیک)
numerical ژمارەییە، هی ژمارە یە
numerous چەندێکی دیاری کراو. ژمارەیەک، زۆر
numismatic (هی، تایبەتە بە) (دراو، پارە، خشڵ، میدالیا، هتد)ی (ئاسن، زیو، هتد)ین
numismatics (هونەری، لێکۆڵینەوە لە) (دراو، پارە، خشڵ، میدالیا، هتد)ی (ئاسن، زیو، هتد)ین
numskull کەسێکی (بێمێشک، گێل، هتد)
nun قەشەی ژن (نەوەک ژنی قەشە) ، شوونەکەر، شوونەکردوو
nuncio نوێنەری پاپا، نمایندەی پاپا
nunnery دێری قەشە ژن ەکان
nuptial تایبەتە بە ژنومێردی (یا بووک و زاوایی)
nur گرێی دار
nurse بەخێوکەر، شیردەر، برینپێچ. بەخێو دەکا، شیر دەدا، برین پێچی دەکا
nurseling مناڵ، ساوا، شیرەخۆرە، شیرخۆر. نەمام، شتڵ{ر}
nursery باخچەی ساوایان، خانەی ساوایان
nurture پەروەردەکردن، نەرێت فێر کردن. دەرخوارد دەدا
nut جەڕ
half -s *نیمچە شێتە؛ چەند جەڕێکی کەمە*
nutcracker گوێز شکێن (دەزگا)
nutmeg (تۆ، بەر)ێکی بۆنخۆشە؛ بۆ چێژدان بە چێشت بەکار دێ
nutrient خواردن، خواردنە
nutriment خواردەمەنی، خواردن
nutrition خواردن

nutritious بـەهای خواردەمـەنـی هەیـە، بـە هێـزە

nutritive خواردنـی بـە هێـز

nutshell تـوێـکلـّه گـوێـز

nutty تـامـی گـوێـزی هەیـە. شـتـێـکـی بـچووک و سووک

nymph فـریـشـتـە، پـەری، حۆری

nystagmic چاو (پـرتـەپـرتـکـەر، سورِاو)(ە)؛ بـە زۆری و لـەخۆرِا

nystagmus چاو (پـرتـەپـرت کـردن، سورِان)ی زۆر و لـەخۆرِا

***** O *****

o پازدەمین پیتی ئەلفبێ ی ئینگلیزی یە. چوارەم پیتی بزوێنە

O.K. باشە!، ئێ!. (شتێکی) باشە؛ بێ کەموکووڕی یە. (مۆر، نیشانە)ی بێعەیبیی سەر ئامرازێک

oak بەڕو

oaken لە بەڕووە

oakum (خوری، موو)ی بەدەسهاتوو لە هەڵوەشاندنەوەی کۆنە گوریس. (شانە، شە، ئامراز)ی بەکارهاتوو بۆ ئەم کارە

oar سەوڵ؛ ی بەلەم (پێ) پاڵنان. سەوڵچی، بەلەمەوان، سەوڵ لێدەر

oases هۆبان، هەواران

oasis هۆبە، هەوار

oat جۆرە دانەوێڵەیەکە لە جۆری ماش

oath سوند، سوێند. (سوند، سوێند) خواردن

on - *دوای سوێند خواردن. بە سوێند*

take the - *سوێند دەخوا، بەڵێن دەدا*

oatmeal چێشتێکە لەجۆری ماش(ێنە)

obduracy دلڕەقی، مل هوڕی

obdurate دلڕەق، ملهوڕ

obedience گوێڕایەڵی

obedient گوێڕایەڵ(ە)

obeisance کرنوش بردن، چەمانەوە (ی ڕێز گرتن)

obelisk ستوونێکی بەردین پڕ لە نووسراو

obese قەڵەو، بە کەلەش

obesity زێدە قەڵەوی

obey بە قسەی دەکا، گوێ رادەگرێ. مل کەچ دەکا

obituary ماتەمینی ی بە یاد کردنەوە

object شت، شتێک (ی بەرجەستە). ئامانج. دژبەری دەکا، بەرهەڵستی دەکا. کارلێکراو (رێزمان)

- clause *پەیامی کۆمپانیا (یا دامەزراوێک)*

objectionable (adj) مایەی رەتکردنەوەیە، نەویستراوە، بێزلێکراوە

objective ئومێد، ئامانج. کار تێکراو (رێزمان)

objector نەیار، بەرهەڵست

oblation قوربانی کردن

obligation پابەندی، پەیمان. قەرز. چاکە، پیاوەتی

obligatory زۆرداری. ناچاری. پێویست

oblige ناچار دەکا، پێویست دەکا. چاکە دەکا. چاکەی لە گەڵ دەکا

obliged سوپاسگوزار. ناچار، پێویست

obliging خاوەن چاکە

oblique خوار، لار، کەچ

obliquity خواری، لاری، کەچی

obliterate دەدووڕێتەوە، ناهێڵێ، لەناو دەبا

obliteration دووڕینەوە،

نـەهێشـتـن، لـەنـاو بـردن

oblivion لـەبـيـر كـردن، هەڵـە كـردن

oblivious (زوو) لـەبـيـر كـەر. لـە بـيـر چوێـن

oblong رووبـەرێـكـی لاكێشەيـی

obloquy جوێـن پـێدان، قسە لـەسەر كـردن

obnoxious مايـەی رەتـكـردنـەوەيـە، نـەويـستـراوە، بـێـزلـێكـراوە. نـاخۆشە

obscene نـاشريـن، گـەنـدەڵ

obscenity بـێ نـەرێـتـی، نـاشريـنـی، گـەنـدەڵـی

obscurantism تـاريـكـی، پاشكەوتـوويـی، كـۆنـەپـەرستـی

obscure تـاريـك. نـاديـار. بـيـر كـۆر، زەيـن كـوێـر. تـاريـكـی دەكا، چەواشە دەكا، دەشێـوێـنـی، پـێشی لـێ دەگـرێ

obscurity تـاريـكـی. نـاديـاری، شێـواوی

obsequies مـردوو بـەخاک سپاردن، تـەرم گـواستـنـەوە بـۆ گـۆڕستـان

obsequious مـلـكـەچ، مـلـكـەچە، مـلـكـەچ كـردوو

observable شايـانـی تـێـبـيـنـی يـە، جێـی تـێڕوانـيـنـە، دەبـيـنـرێ

observance تـێـبـيـنـی، تـێڕوانـيـن، ئـاوڕ دانـەوە لـە. ئـاگـادار بـوون

observant تـێـبـيـن، تـێڕوان، ئـاوڕ دەرەوە لـە. ئـاگـالـێـبـوو

observation سەرنـجدان، چاوەدێـری. تـێـبـيـنـی. روانـيـن، بـيـنـيـن

- balloon *بـالـۆنـی چاوەدێـری*

چاوەدێـری. تـێـبـيـنـی. روانـيـن، بـيـنـيـن

- post *قـولـغـەی چاوەدێـری*

observatory روانـگـە، خاڵ (قـولـغـە)ی چاوەدێـری كـردن

observe سەرنـج دەدا، دەڕوانـێ، دەبـيـنـێ. چاوەدێـری دەكا. ئـاگای لـێ دەبـێ

observer چاوەدێـر. سەرنـجدەر، تـێڕوان. ئـاگا لـێبـوو

obsess (بـيـرێـک) زاڵ دەبـێ بـە سەری دا

obsession زاڵـبـوونـی بـيـرێـک بـەسەر مێـشكـدا

obsolete كـۆن، بـەسەرچوو

obstacle كـۆسپ، رێـگـر

- race *غاردانـێـی سەر كـۆسپان (وەرزش)، كـۆسپ بـەزانـدن*

obstetrics زانـستـی مـنـاڵـبـوون، مـامـانـی

obstinacy لامـلـی، مـلـهوڕی

obstinate لامـل، مـلـهوڕ

- disease *نـەخۆشيـيـەكـی لـەبـن نـەهاتـوو*

obstruct كـۆسپـدەخاتـە پـێشی، رێـی لـێ دەگـرێ

obstruction كـۆسپـە، كـۆسپـدانـان، تـەگـەرە، رێـگـرتـن

intestinal - *ريـخۆڵـە گـيـران*

obstructive كـۆسپـە يـە، تـەگـەرە يـە، رێـگـرە

obstruent كـۆسپـە، تـەگـەرە، رێـگـر

obtain دەستـيـدەكـەوێ، وەردەگـرێ

obtainable دەستـدەكـەوێ،

وەردەگیریّ

obtainment دەستکەوت، وەدەستهێنان

obtrude بیّ مۆڵەت دەچێتە ژووریّ. خۆ هەڵدەقورتێنی لە

obtrusion چوونە ژوور (بیّ مۆڵەت). خۆ تیّ هەڵقورتاندن

obtuse خاو. سارد، شەکەت. کراوە، والآ

- angle *گۆشەی کراوە (لەنێوان ٩٠ و ١٨٠ پلە (ک))*

obtuseness خاوی. ساردی، شەکەتی. کراوەیی، والآیی

obverse رووی (دراو) پارە، رووی شتێک (پ؛ پشتی، بنی)

obviate خۆی لیّ لادەدا، پێویستی نابیّ. (بەر، پێش)ی لێدەگریّ، خۆی لێدەپارێزیّ

obvious دیار، ئاشکرا، روون

occasion بۆنە. هەل. جار. دەبێتە هۆی

on - *لە کاتی پێویست تدا، ئەگەر پێویست بکا(ت)*

occasional بە بۆنە، لە بۆنە، جار بە جار

occasionally جارجار، جار بە جار، بە بۆنەوە، لە بۆنەدا

occident رۆژئاوا، ولآتە رۆژئاوایی یەکان

occult رۆژئاوایی

occupancy نیشتەجیّ بوون. داگیر کردن، دەست بەسەردا گرتن

occupant نیشتەجیّ

occupation داگیرکردن، نیشتەجیّ بوون

occupier داگیرکەر، نیشتەجیّ

occupy نیشتەجیّ دەبیّ، داگیردەکا. دەستی بەسەردا دەگریّ

occur روودەدا، سەر هەڵدەدا. بە بییر دا دێت

occurrence روودان، سەرهەڵدان

ocean ئۆقیانووس

Atlantic - *ئۆقیانوسی ئەتلەنتی (ئەتلەسی)*

Indian - *ئۆقیانوسی هیندی*

pacific - *ئۆقیانوسی ئارام*

o'clock کاژێر (کات)، کاتژمێر

octagonal هەشتگۆشە (یە)

octangular هەشتگۆشەیی (یە)

October گەلآرێزان (خەزەلوەر)، مانگی دەیەمی ساڵی زایینی

octogenarian هەشتا ساڵی یە

ocular هی چاوە، تایبەتە بە چاوەوە. لەبەر چاو، بەرچاو

oculist پزیشکی چاو. کلچی

odd تاک، تاق. نارێک. تاقانەیە، تاکە

- prices *نرخی نابەجیّ، نرخی نەگونجاو*

oddity سووکایەتی، کاری سووک. نارێکی

odds جیاوازی. سوود

- and ends *وردەواڵە، لابەلا*

at - *جیاوازی (ناخۆشیان لە نێواندا هەیە*

ode سروود، گۆرانی

odious نابەجێ، بێزکراو، نەفرەت کراو

odium رک، قینە. شەرمەزاری، ریسوایی

odor [US] = odour

odorous بۆنداره، بۆنی هەیە، بە بۆنە

odour بۆن

oesophagus بۆریی نێوان دەم{و} و سی یەکان (پزیشکوانی)

of راناوە بەواتای؛ ـی، هی. بەهۆی

off (1) لەتەنیشت، لەپاڵ. لێی دەبێتەوە. لە

off (2) کوژاوەتەوە

- day *رۆژی پشوو، رۆژی حەسانەوە(یە)*

- hand *بە سەرپێیی. بە کتوپڕی، بە دەستوبرد، بە گورجی*

- side *هێڵبەزێن، بەزیو؛ خەتایەکی وەرزشی یە لە یاری تۆپی پێ*

badly - *نەدارە، هەژارە، نییەتی، دەست کورتە*

get - *دێتە خوارێ، پیادە دەبێ*

take - *دادەکەنێ*

well - *هەبووە، دەوڵەمەندە، هەیەتی*

offal (جەرگوناو، دڵ، ریخەڵۆک{ر}، هتد)ی ئاژەڵی سەربڕاو. پاشماوە. زبڵ

offence خەراپەکاری، زیان بەخشین. تاوان

offend تووڕە دەکا، پەست دەکا، گێچەڵی پێ دەکا. خەراپە دەکا، زیان دەبەخشێ. تاوان دەکا

offender خەراپەکار، زیانبەخش. تاوانکەر

offensive (هەست) بریندار کەرە، ناخۆشە. زیانبەخشە. هێرش، پەلامار

offer دان، دیاری، پێشکەشی. دەدا، پێشکەش دەکا، دەخاتە بەردەم

offering پێشکەشکردن. خستنە بەردەم. کوشتنەوە (بۆ قوربانی)، قوربانی

offhanded سروشتی یە، سەلماوە

office نووسینگە، شوێنی کار

officer فەرمانبەر، مووچەخۆر. ئەفسەر؛ زابت لە لەشکر

- in charge (of) *فەرمانبەری بەرپرسیار (لە)*

commanding - *فەرماندە؛ ئەفسەری سەربازی*

official فەرمانی، رەسمی. فەرمانبەری، مووچەخۆری

officially بە فەرمانی، بە رەسمی

officiate خزمەتێک دەکا، بە خزمەتێک هەڵدەستێ. جێی دەگرێتەوە، دەچێتە جێی، لە جێی دادەنیشێ

officious دەست لە کاری خەڵکی وەردەدا، فزوولیە

offing ناوەڕاستی دەریا، قووڵایی دەریا، (لە) ناو دەریا

offset بری، بەرامبەر. نەمام، شتڵ. هاوتا دەکا

offshoot لق، پەل

offspring نەوە، بەرە، وەچە

oft زۆرجار(ان)

often زۆرجار، زۆرجاران

oftentimes زۆرجار(ان)

ogle تیلەی چاوی لێ دادەگرێ، غەمزە دەکا

ogre نەهەنگ، هەژدیها، ئەژدیها، دێو

oil رۆن. نەوت. چەوردەکا

- can رووندان، قۆدی روون

- painting وێنەکێشانی رەنگی رۆنی

- wells بیرە نەوتەکان

oiliness چەوریی، بە چەوری بوون

oily رۆناوی یە، چەورە. لووسە، خلیسکە

ointment مەرهەم، مەرحەم (پزیشکوانی)

OK باشە!، ئێ!. (شتێکی) باشە؛ بێ کەموکووری یە

okay باشە!، ئێ!

okra (رووەک، بەر)ی بامیە

old کۆن. پیر، ئەختیار، بەتەمەن

- age پیری

- fashioned کۆنەپارێز

- maid قەیرە کیژ

grow - گەورە دەبێ. ، پیر دەبێ. دەکەوێتە ساڵەوە

of - لە کۆنەوە

olden کۆن، هی دێر زەمان، دێرین

oldish مەیلەو پیرە، (هەندێک، تۆزێک، کەمێک) پیرە، بەرەو پیری دەچێ

oleaginous رۆناوی یە، چەورە

oleander جۆرە گیایەکی هەمیشە سەوزە

olive زەیتوون. (رەنگی) زەیتوونی

omelette چێشتێکە لە هێلکە و رۆن و تەماتە و پیاز درووست دەکرێ(ت)

omen گەشبینی. رووی گەشی شتێک دەبینێ

ominous شوومە، رەشبینە

omission (وشە، پیت، هتد) پەراندن؛ نەنووسین، هتد. وەلای دەنێ. پشتگوێی دەخا

omit (وشە، پیت، هتد) دەپەڕێنێ؛ ناینووسێ، هتد. وەلای دەنێ. پشتگوێی دەخا

omni (پێشگر، پێشکۆ)یە بە واتای (هەموو، گشت، لە هەموو)

omnibus ئامانە؛ ئۆتومبیلی (هەمووان، گشتی)

omnipotence توانای کردنی هەموو شتێک

omnipotent زۆر بە توانا (یە)، توانای هەموو کارێکی هەیە

omnipresence لە هەموو شوێنێک بوون

omnipresent لە هەموو شوێنێک ئامادەیە

omniscience زانینی هەموو شتێک، لە هەموو شتێک زانین

omniscient زانای (زۆر، هەموو) شتێک؛ لە هەموو شتێک دەزانێ

omnivorous نەپارێز؛ هەموو شتێک دەخوا

on لـەسەر، لـەسەرە. لـە. پـێـیـە، هەڵـبـووە

- *account* *لـە سەر تـۆمارە؛ تـۆمار دەکـرێ، یـەکـسەر پارەی نـادرێ*

- *commission* *رێـژەیـەک وەردەگـرێ، بـەشێـکـی تـێـدایـە*

- *condition* *بـە مـەرج؛ ی گـەڕانـدنـەوە (ئـەگـەر باش نـەبـوو)*

- *Friday* *لـە هەیـنـی (دا)*

- *looker* *تـەماشاچـی، تـەماشاکـەر، سەیـرکـەر*

کـەلـوپـەلـی بـە خاوەنـکـراو

once یـەکجار، جارێـک. جارێـکـیان، لـەرابـردوو. کاتـێـک، وەختـێـک

- *and again* *جار لـەدوای جار، بـەردەوام*

- *upon a time* *هەبـوو نـەبـوو. رۆژێ لـە رۆژان*

at - *یـەکسەر، بـەبـێ راوەسـتـان*

one یـەک، ئـێـک. دانـەیـەک. پارچە نـەکـراو، ساغ

- *by* - *یـەک بـە یـەک، یـەک لـە دوای یـەک*

- *day* *رۆژێـک، رۆژێـکـیان، رۆژێ لـە رۆژان*

- *eyed* *یـەک چاوەیـە (ئـامـێـر). یـەک چاوی هەیـە (یـان ماوە) (گـیان لـەبـەر)*

- *way* *جادەی تـاک ئـاراستـە. گـەڕانـەوەی نـیـیـە*

some - *کـەسێـک، یـەکـێـک*

oneness تـەنـهایـی، یـەکـیـی، هەبـوونـی تـەنـها یـەکـێـک

onion پـیاز، پـیـواز

onlooker تـەمـەشاچـی، سەیـرکـەر

only هەر، تـەنــها

onset رامالـیـن، هێـرش، پـەلامار

onslaught هێـرش، داگـیـرکـردن

onward بـۆ پـێـشەوە، بـەرەو پـێـش. لـەمـەو دوا

onyx جۆرە (بـەلـوور؛ کوارتـز) ێکە؛ بـە چیـنـچیـنـی رەنـگاوڕەنـگ و تـارادەیـەک بـەنـرخ

ooze قـوڕ، قـوڕاو

opacity تـەڵـخی، لـێـڵـی، تـاریـکـی. نـادیاری

opal بـەردێـکـی بـە نـرخە

opaque روونـاکـی نـەدەر، تـاریـک. نـادیـار

open والا (یـە)، کـرایـتـەوە، کـراوەیـە. گـشتـیـیـە. (بـە) ئـاشکـرا (یـە). دەکاتـەوە، والا دەکا(ت). دەست پـێـدەکا

- *account* *تـۆماری کارا؛ بـە جمـو جۆڵـە، لـەکاردایـە*

- *air* *لـە دەشتـی، لـە گـۆڕێ*

- *handed* *دەست بـڵاوە، دەست کـراوەیـە، خـێـرکـەرە، سەخـی یـە*

in the - *لـە دەشتـایـی، لـەو گـۆڕە. سەر نـەگـیـراو*

opener قـوتـوو هەڵـپـچڕێـن، قـوتـوشکـێـن

opening کـون، دەرچە، دەروازە. کـردنـەوە

openly بـەئـاشکـرا (یـی)، بـەکـراوەیـی، بـە راشکـاوی

opera ئـۆپـرا؛ گـێـڕانـەوەی ڕۆمان(ێـک) بـە ئـاواز و گـوتـن. لاوک(ە؛ بـەلام مـەرج نـیـیـە یـەک کـەس

بەتەنیا بیلێ تەوە)
- house *تیاترۆ؛ شوێنی پێشکەش کردنی ئۆپرا و ئەو بابەتانە*
operate دەگەڕێ (دەزگا، ئامێر) . دەگێڕێ (دەزگا، ئامێر). نەشتەر گەری (ئەندامێکی لەش) دەکا
operation (کارکردن، گەڕان)ی (دەزگا، ئامێر)ان. نەشتەرگەری
operative (دەزگا، ئامێر)ی گەڕاو. هەڵسووڕاو. کاریگەر، بەکار
operator هەڵسووڕێنەر. کرێکار، بکەر
ophthalmia چاو کول بوون، بریندار بوونی چاو
ophthalmic تایبەتە بە چاو وە، هی چاو
opiate دەرمانێکی ئەفیونی یە، سڕکەر، بێهۆشکەر، خەوێنەر
opine رای دەدا، بۆچوونی دەردەبڕێ
opinion را، بیر و را، بۆچوون، روانگە. باوەڕ
opinionated ملهۆڕ، لامل، عیناد. خۆزلکەر، خۆبەزل زان
opium ئەفیون
opponent دژبەر، نەیار، دژ، بەرامبەر
opportune هەل دێنێ، دەرفەت دێنێ
opportunism هەلپەرستی
opportunist هەلپەرست
opportunity هەل، دەرفەت
oppose دژدەوەستێ، دژی دەوەستێ، بەرامبەری رادەوەستێ
opposite بەرامبەر. ئەوبەر. دژ
- angles *دوو گۆشەی بەرامبەر (ماتماتیک)؛ کەوا یەکسانن*
opposition بەرهەڵستی، دژ وەستان، دژایەتی
oppress دەچەوسێنێ تەوە، سەرکوت دەکا
oppressive چەوسێنەرانە، سەرکوت کەرانە
oppressor چەوسێنەر، سەرکوت کەر
opprobrious شەرمەزارکەر، ریسواکەر
opprobrium شوورەیی، شەرمەزاری، ریسوایی
oppugn دەیکوتێتەوە؛ (هێرشی دەکاتە سەر، دادەبەزێتە سەری) بە (رەخنە، بەڵگە)
optic(al) هی چاو(ە)، تایبەتە بە چاو
optician پزیشکی چاو. چاویلکە ساز
optics زانستی تیشک و رووناکی و دید (بینین)
optimism گەشبینی
optimist گەشبین
optimistic گەشبینانە (یە)
optimum چاکترین، ئەوپەڕی باش
option ئازادی هەڵبژاردن، سەرپشکبوون
optional ئارەزوومەندانە یە، سەرپشکی یە، خوازیاری یە
opulence دارایی، دەوڵەمەندی، هەبوونی
opulent دارا، دەوڵەمەند، هەبوو

or یا، یان، یاوەکو، یاخۆ، یانەکینێ
either this - that *یا(ن) ئەمە(یان) وەیا ئەوە(یان)*
oracle پێشبینی کردن، زانینی داهاتوو، وەحی. زانا
oral زارەکی، بەزار، بەدەم
orally بەزارەکی، بەدەم
orang outang = orang-utan
orange پرتەقاڵ. رەنگی پرتەقاڵی
sour -s *نارنج*
orangeade ئاوی پورتەقاڵ
orang-utan مرۆڤی کێوی (یا دارستانیی دوور لە شارستانی یەت و ئاوەدانی)
oration وتار دان، گۆتن، وتن
orator بویژ، وتاربێژ، وتاردەر
oratorical تایبەتە بە وتاردانەوە
oratory هونەری وتاردان. سەکۆ، جێی نوێژ (کردن)
orb بازنەی سوورانەوە، خولگە. خر، گلۆرە، گلۆڵە، تۆپ
orbicular بازنەیی. خر، لە شێوەی (تۆپ، گلۆرە)
orbit بازنەی سوورانەوەی ئەستێرەیەک. خول خواردن، سوورانەوە. دەخولێتەوە، دەسوورێتەوە
orchard باغچە (باخچە)ی میوە، بێستان (بیستان)
orchestra تیپی (ئاواز، مۆسیقا)، (کۆر، کۆمەڵ)ێک مۆسیقاژەن

ordain دادەمەزرێنێ. وێنە دەکێشێ
ordeal مەینەتی، بەسەهاتی ناخۆش
order ریز. داوا. فەرمان. چین، پلە. ناردن، حەواڵە. ریزدەکا. داوا دەکا. فەرمان دەدا. دەنێرێ، حەواڵە دەکا
- form *فۆرمی داواکردن*
ascending - *رێزکردن یا تۆمارکردن لە (بچوک، نزم، کەم)ەوە بۆ (گەورە، بەرز، زۆر)*
chronological - *ریزکردن بە پێی کات؛ لە کۆنەوە بۆ نوێ (و هەندیجار بە پێچەوانەوە)*
descending - *رێزکردن یا تۆمارکردن لە (گەورە، بەرز، زۆر)ەوە بۆ (بچوک، نزم، کەم)*
in - to *بۆ ئەوەی، هەتا، تاوەکو*
orderless نارێک
orderliness رێکوپێکی
orderly رێکە، بە رێکوپێکی
ordinal پلە، شوێن؛ ی (ژمارە، شت)ێک لەناو کۆمەڵێک (ژمارە، شت)ان دا
- number *(پلە، ژمارە)(کەی) لە ریز دا (ن؛ یەکەم، دووەم، سێیەم)*
ordinance ئەرک، فەرمانی باڵا، یاسا، بەیان
ordinarily بەئاسایی
ordinary ئاسایی
ordinate قووچەک، خاڵێکی پێوان. هاوئاهەنگ

ordination دیاری کردن، قووچەک دانان، (نەخشە) کێشان، پیوان. هاوئاهەنگی کردن

ordnance تۆپخانە. جبەخانە، ئازووقەی لەشکری

ordure ریخ، تەپاڵە، گوو، پیسایی

ore کان، کانگە، کانزا

organ ئەندام (ی لەش). ئامراز، هۆ. ئۆرگەن؛ ئامێرێکی ئاواز پێ لێدانە

organic ژیاری؛ هی (ژیاو، گیانلەبەر، هتد)ە، تایبەتە بە ژیان (کیمیا، زانستی زیندەوەر). بنەرەتی. بە ئامراز. بە ئەندام

organisation رێکخراو، رێکخستن

organise رێکدەخا

organised رێکخراوە. رێکخست

orgies بادەنۆشی، مەستی، رابواردن

orient رۆژهەلات، ولاتەکانی رۆژهەلات

oriental رۆژهەلاتی، هی ڕۆژهڵات(ە)

orientalist رۆژهەلاتناس

orientation ئاراستە. ئاراستەکردن

orifice زارک، دەم، کون

oriflamme زانستی جەنگ

origin رەچەڵەک، رەسەن، جسن. سەرچاوە. بنەڕەت

original بە ڕەچەڵەک، رەسەنە. بنەرەتی یە

originality رەچەڵەکیی، رەسەنی. داهێنان. بنەرەتی بوون

originally لە رەچەڵەکدا، لە رەگەزەوە. لە سەرەتاوە، لە سەرچاوەوە، لە بنەڕەتەوە

originate هەڵدەقولێ، سەر هەڵ دەدا، دەست پێ دەکا

originator نامەنووس، نێرەر

ornament شتێکی نایاب، نەقشێک جوانی یەک. رەنگ دەکا، دەنەخشێنێ

ornamental بۆ جوانی، هی جوانی. بە نقش (یا نیگارە)

ornate نەخشراو. بە نەقش و نیگار سواق دراو

ornithology مەل (باڵندە) ناسی

orphan هەتیو، هەتیم

orphanage هەتیوخانە. هەتیوی

orthodox بیر راست و درووست. ئۆرثرِدۆکسە

orthography راست گوتن (یا راست نووسین)

oscillate دەهەژێ، شەپۆڵ دەدا

oscillation هەژان، شەپۆڵ کردن

osculant لێ(ی) خشیو، بە ئەستەم پێ(ی) کەوتوو

osier زەل؛ حەسیر؛ ی سەبەتە دروست کردن

osiris ئۆسیریس؛ میسری یە کۆنەکان دەیانپەرست

osseous هی ئێسکە، تایبەتە بە ئێسک. رەق بووە، بووە بە سوقان (ئێسک)

ossify دەکاتە ئێسک، رەق دەبێ،

دەبێ بە سوقان (ئێسک)

ostensible بەناو، بە شێوە. رووکەشی یە. روالەت

ostentation خۆدەرخستن، خۆ هەلکێشان

ostentatious خۆدەرخەر، خۆ هەلکێش

ostiary دەرگەوانی کەنیسە

ostler هەسپ (ولاغ) راهێنەر

ostracise دەردەکا، دوور دەخاتەوە، دەردەهێنێ

ostracoidea (بابەتی) (گێماسی، شەیتانۆکە)ی گچکە

ostrich وشترمورخ

other ئی دی، هی دیکە، ئیتر

every - day *دوو رۆژان جارەک، رۆژ نا رۆژێک*

-s *ئەوانی (کە، دی (کە)، تر)، خەلکانی کە*

the - day *ئەو رۆژە، ئەوێ رۆژێ*

otherwise ئەگەرنا، ئەگینا. وەکیدی، وەکوتر. پێچەوانە

otitis ژانەگوێ، گوێ بریندار بوون

ottar گولاو، گوراو

otter سەگی ئاوی

ottoman هی زەمانی عوسمانی

ought دەبوایە، پێویست بوو

ounce (also oz) ئەونس؛ یەکەیەکی ئینگلیزی یە بۆ کێشان یەکسانە بە ٣٧و٢٨گم

our هیئێمە، ئیمە، مە

ours هی ئێمەیە، ئیمە یە

ourselves خۆمان، هەر (بە) خۆمان. (بۆ، بە، لە، هی، هتد) خۆمان؛ کەسانی (قسە لەسەر کراو، دوێنراو)ی کۆی نێر و مێی کار (تێ، لێ) کراو

oust لادەبا، دەخزێنێ. دووردەخاتەوە، دەردەکا

out (1) دەرەوە، دەرێ. بۆ دەرەوە. دەرچوو(ە). تەواوبوو، نەما

- doors *لەدەرەوە، لە گۆڕان. دەرەوەی مال*

- of action *لە کار کەوتووە، شکایە. بەکار نایە*

- of date *بەسەر چووە؛ بەرواری تێپەڕیوە، کاتی نەماوە*

- of money *بێ پارە*

- of necessity *لەبەر پێویستی، بە هۆی تەنگاوی*

- of place *ترازاوە؛ لە جێی خۆی نەماوە*

- of pocket *زیان*

- of print *نەماوە، تەواوبووە (پەرتووک)*

- of question *لە بابەتەکە بەدەرە. قسەی لە سەر نییە، بێ گومان وایە*

- of range *لە دەرەوەی سەدە (مەودا)ی تفەنگ یا تۆپ*

- of sight *ونبوو. دوورکەوتەوە. نابینرێ*

out (2) (پێشگر، پێشکۆ)یە بە واتای (زیاترە لە، زۆرترە لە. لێی تێدەپەڕێ، دەیبەزێنێ. بەرەو دەرەوە، بە دوور لە)

- play *لێی دەباتەوە؛ (لە*

گـەمـە)

outbalance (زیـاتـرە، زۆرتـرە) لـە. لـێـی تـێـدەپـەڕێ

outbid زیاد دەکا لـە سەر(ی)، نـرخ زیـاد دەکا لـە مـەزات (هەراج)

outbidder مـەزاتـکـەر؛ ئـەو کـەسەی نـرخ زیـاد دەکا لـە مـەزاتـخانـە

outbrave پـێـی دەوێـرێ، دەیـوێـرێـتـێ، دژایـەتـی دەکا، بـەربـەرەکانـێـی دەکا

outbreak هەڵـچوون، تـەقـیـنـەوە. تـەشەنـە کـردن، بـڵاو بـوونـەوە. تـەشەنـە دەکا، بـڵاو دەبـێـتـەوە

outcast نـەویـسـتـراو، وەلانـراو

outcome (دەر)ئـەنـجام. ئـاکام

outcry هاوار، غەڵـبـە (غەڵـب)

outdistance پـێـشی دەکـەوێ، پـێـشی دەگـرێـتـەوە

outdo (بـاشـتـر، چاکـتـر) دەبـێ لـە، لـێـی دەبـاتـەوە

outdoor لـەدەرێی ماڵ، هی دەرێ (یـە)، دەرەوەی مـاڵ

outer دەرەوە، هی دەرەوە. دەرەوەتـر

outfit جل و بـەرگ. تـفـاق، تـەدارەک

outfitter بـازرگانـی جل و بـەرگ (یـا تـەدارەک)

outflow تـێـکـردنـەوە (ن؛ تـێـکردنـەوەی روبـارێ لـە دەریا). دەرژێـتـە نـاو

outgrow گـەورەتـر دەبـێ لـە، زیـاتـر گـەشە دەکا لـە

outing پـیـاسـە، دەرچـوون

outlandish نـائـاسایـی، سەیـر

outlaw قـەدەغـەکـراو (بـەیـاسا). یـاساغ. لـە یـاسا دەرچـوو

outlay تـێـچوون، دەرهات، مـەسرەف

outlet دەروازە، دەرگـە. چاوە. لـق، بـەش. حەشارگـە، پـەنـاگـە

outline کـورتـە. وێـنـە، نـەخشە

outlive زیـاتـر دەژی لـە، درەنـگـتـر دەمـرێ لـە

outlook چاوەڕوانـی. چاوەڕوان کراو. نـیـشانـەی (پـێـشبـیـنـی)ی دوارۆژ، ئـەگـەرەکانـی داهاتـوو

outlying دوور. لاچەپ، دوورەدەست

outmost دوورتـریـن، هی هەرە دەرەوە

outnumber ژمارەیان زیـاتـرە لـە، زۆرتـرن لـە، بـە ژمارە زیـاتـرن لـە

outpatient نـەخۆشی دەرەوە؛ لـە خەسـتـەخانـە نـامـیـنـێـتـەوە، (بـە شێـوەی کاتـی، بـۆ شتـێـکـی کـەم) لـە نـەخۆشخانـەیـە

outpost (بـنـگـە، خاڵ، مـۆڵـگـە)ی هەرە پـێـشەوەی لـەشکر، خاڵـێـکـی (دوور، دەرەوە)

output داهات. بـەرهەم. بـەروبـووم

outrage بـێـڕێـزی پـێـکـردن، سووک کـردن، شوورەیـی. سووک دەکا

outrageous شوورەیـی هێـنـە

outreach لـێـی تـێ دەپـەڕێ، دەپـەڕێـتـەوە، تـێـدەپـەڕێ. دوور دەڕوا

outright یـەکسەر، دەست بـەجێ. (

هەر) هەموو(ی)، سەرتاپا(ی)

outsell بە گرانی دەدا، گران فرۆشی دەکا، گرانتری دەفرۆشێ

outset دەسپێک، سەرەتا

outshine تیشک (شەوق)ی لێ دەبڕێ؛ لەو جوانترە، جوانیی لێ دەستێنێ؛ لەو جوانترە

outside دەرەوەی. هی دەرەوە. دەرەوە

outsider هی دەرەوە. بێگانە، نەناسراو

outsize لەڕادە بەدەر (قەبە، گەورە)، زۆر زلّ

outskirt (لێوار، رۆخ)ی شار. لا، داوێن، دامێن

outspoken بەرەوڕوو، راست و رەوان، بێ پێچ و پەنا

outspread بەربلاو، تەشەنە کردوو. بلاو دەکاتەوە

outstanding زەق، بەدەرەوە، بەرچاو

outstrip لێی دەباتەوە، پێشی دەکەوێ

outturn داهات. بەرهەم. بەروبووم

outward بەرەو دەرەوە، بۆ دەرەوە

outweigh زیاتر دەکێشێ لە؛ کێشی زیاترە لە، قورس ترە لە. گرنگ ترە لە. برەو پەیدا دەکا لەسەر

outwit بەسەر فێلی دەکەوێ. فێڵی لێ دەکا. لێی دەباتەوە

outworks قایمکاریی دەرەکی؛ سەنگەر لێدان و خۆقایم کردن لە دەرەوە (ی مۆڵگ، سەربازگە، هتد)

oval هێلکەیی

ovary هێلکەدان؛ ی مێ ینە. ئەندامی مێ ینەی زاوزێ لە گوڵ دا

ovate(d) شێوەی هێلکەیی

ovation (هاوار و بانگ، بابژی!، چەپڵەلێدان)ی (پشتگیری، هاندان)

oven تەنوور، تەندوور، فرنی. نانەواخانە

over بەسەر، بەسەردا. لەسەر. لەسەروو(ی). (پێشگر، پێشکۆ) یە بە واتای (سەر، لەسەر، زیدە، هتد). تەوابوو، بەسەرچوو

- again *جارەکی دی، لە نوێوە، سەرلەنوێ*

- and - *زۆر جار(ان)، چەند جار(ێک)، بەردەوام*

get - *زاڵدەبێ بەسەردا، لێی تێ دەپەڕێ*

to be - *تەواو دەبێ، بەسەر دەچێ*

overall سەرجەم. بەگشتی

overbalance برەوی هەیە لە سەر، زیاترە لە

overbearing زۆردار، ملهوڕ، رەق، توند

overburden ئەرکی زیادی دەخاتە سەر. زێدە باری دەکا؛ باری لە توانای خۆی زیاتر لێ دەنێ

overcast بە زیادەوە هەڵە دەکا لە ئامار؛ ئاماری سەر دەکا. تاریک، رەش. تاریک دەکا

overcharge پارەی زیاد (لە پێویست) وەرگرتن (یا داوا کردن). پارەی زیاد لە پێویست

دەستێنێ

overcoat پالتۆ، قاپووت

overcome زاڵدەبێ بەسەردا، دەبەزێنێ

overcrowded زیدە قەرەباڵغە، لە رادە بەدەر شلۆقە

overdo زێدە کار دەکا. خۆ ماندوو دەکا

overdone ماندوو بوو. زیاد پێ گەییووە. زۆر کوڵاوە

overdraft پارە راکێشان لە بانق بێ ئەوەی بەرامبەری هەبێ؛ شێوە یەکە لە قەرزی کورت

overdraw پارە رادەکێشێ لە بانق؛ زیاتر لە پارەی نوستووی خۆی لە بانق

overdue کاتی (دانەوەی) تێدەپەڕێ؛ دوا دەکەوێ (لە دانەوەی پارە)

overestimate گەورەی دەکا. بە زیادەوە (مەزەندەی دەکا، دەیقرسێنێ)

overflow لافاو، هەڵچوون. سەردەکا، لێی دەڕژێ، هەڵدەچێ

overhang دەڕوانێتەسەر. شتێکی شۆڕبۆوە

overhaul چاکردنەوەی تەواو. چا دەکاتەوە

overhead لەسەر سەر، بەسەر سەرەوە. بەرز. لە بەرزی

- expenses *دەرهات (مەسرەف)ی نا راستەوخۆ و زیادە*

over-insurance زۆر گران (دابین؛ تەئمین) کردن

overland بە سەر زەویدا، بە عەرد دا. هی زەوی، عەردی

overlap بەسەریەکدا دەکەوێ، قەد دەبێ (تەوە). قەدبوونەوە، بە سەر یەکدا هاتنەوە

overlay دای دەپۆشێ، دەیشارێتەوە، حەشاری دەدا

overload زیاد لە رادەی خۆی باری دەکا (یا لێ دەنێ)

overlook بەسەردا دەڕوانێ، دەڕوانێتە سەر. چاوی لێ دەپۆشێ، سەرپێی دەیپشکنێ

overnight دوێنێ شەو. بەشەوێک. بەشەو

overpay بە زیادەوە دەداتەوە. زۆرتر (زێدە) لە پێویست دەداتەوە

overpower زاڵ دەبێ بەسەردا، دەبەزێنێ. دەترسێنێ

overproduction ئاوسانی بەرهەمهێنان؛ زیاد لە پێویست (فرۆشتن، رۆیشتن) بەرهەم هێنان

overrate گەورەی دەکا. بە زیادەوە (دەقرسێنێ، مەزەندەی دەکا)

overrule بڕیاری لە سەر دەچەسپێنێ (دەدا). بڕیاری بە سەردا دێت. رێی لێ دەگرێ. دەسەلاتی بە سەر دا پەیدا دەکات

overrun لێی تێدەپەڕێ. لێی زیاد دەبێ، رای دەماڵێ

oversee چاودێری دەکا. چاوی لێ دەپۆشێ، سەرپێی دەی پشکنێ

overseer چاودێر، چاودێری کەر

oversell بە گرانی دەدا، گران فرۆشی دەکا، گرانتری دەفرۆشێ

overshoe جزمە؛ پێلاوێکی تایبەتە لەسەر (کەوش، پێلاو)

لـەپـێـدەکـرێ بـۆ پـاراسـتـنـی

oversight هەڵـە، لـەبـیـر کـردن، پـشـتـگـوێ خـسـتـن

oversleep بـە زیـادەوە (زۆر) دەنـوێ

overspent شەکـەت، مـانـدوو

overspread دایـدەپـۆشـێ، بـڵاو دەبـێـتـەوە بـەسـەردا، نـوقـمـی دەکـا

overstep لـێـی تـێـدەپـەڕێ، دەپـەڕێـتـەوە

overt کـراوە، ئـاشـکـرا، راشـکـاو

overtake دەیـبـەزێـنـێ، لـێـی تـێ دەپـەڕێ

over-task زیـاد لـە وزەی خـۆی کـاری پـێـدەکـا. مـانـدووی دەکـا

overtax زیـاد لـە پـێـویـسـت بـاج دەسـتـێـنـێ. لـە رادە بـەدەر بـاج دەسەپـێـنـێ

overthrow شـکـان، روخـان. دەشـکـێـنـێ، وەردەگـێـڕێ، دەڕوخـێـنـێ

overtime کـاتـی زیـادە، زێـدەکـاری

overtly بـە راشـکـاوی، بـە ئـاشـکـرایـی

overtop بـەسـەری دەکـەوێ، لـێـی تـێـدەپـەڕێ؛ لـە (بـەرزی، بـالا، پـلـە، هـێـز، هـتـد) دا

overture (پـارچـە مـۆسـیـقـا، هـتـد) یـێـک وەکـو پـێـشـەکـی بـۆ بـەشـێـکـی درێـژتـر. دەسـپـێـکـی لـێـدوانـێـک. پـێـشـنـیـار

overturn وەردەگـێـڕێ، دەڕوخـێـنـێ، تـێـک دەدا

overweight کـێـشـی زیـاد لـە رادەی دیـاری کـراو

overwhelm زۆری (بـۆ، بـەسـەر) دێـنـێ، نـوقـم دەکـا، دای دەپـۆشـێ. دەگـرێـتـە (خـۆ، بـاوەش)

overwork زیـاد لـە کـاتـی دیـاری کـراو کـاری پـێـدەکـا، (مـانـدوو، شـەکـەت) دەکـا

overwrought مـانـدووکـراو

owe قـەرزارە، قـەردارە

owing قـەردە؛ دەبـێ بـدرێ

- *to* *بـە هـۆی، بـە بـۆنـەی*

owl کـونـدەبـوو، کـونـدە بـەبـو

own هیخۆ، هی خۆ بـوون

owner خاوەن، خودان

ownership خاوەنـیـی، خاوەنـێـتـی

ox گـا؛ نـێـرەی مـانـگـا. رەگـەزی مـانـگـا

oxen گـا(کان)؛ کـۆی مـانـگـا

oxidation ژەنـگ گـرتـن؛ سـووتـان (رزیـن) بـە ئـۆکـسـیـجـیـن

oxide ژەنـگ، ئـۆکـسـیـد

oxidize ژنـگ دەگـرێ

oxygen ئـۆکـسـیـجـیـن

oxygenate تـێـر دەکـا بـە ئـۆکـسـیـجـیـن، ئـۆکـسـیـجـیـنـی دەداتـێ

oxygenise ئـۆکـسـیـجـیـنـی دەداتـی (تـێ دەکـا)

oyster گـیـانـلـەبـەرێـکـی دەریـایـیـە لـە شـێـوەی (سەدەف، گـوێـماسـی، شـەیـتـانـۆکـە، هـتـد) کـەوا (هـە) نـاوەکـەی خـواردنـێـکـی لـیـقـن (بـەلام زۆر بـە (نـرخ، پـێـز))ە

- *shell* *قـەپـێـلـک (قـاوغ)ی گـوێ مـاسـی*

oz. = ounce

ozone شـێـوەیـەکـی تـایـبـەتـی گـازی ئـۆکـسـیـجـیـنـە؛ بـە (٣) ئـەتـۆمـەوە

لـه جیاتیـی (٢)ان

- *layer* *تـفـر (چینــی)ی گازی*

ئـۆزۆنــی دەورەی زەوی

***** P *****

p شازدەمین پیتی ئەلفبێ ی ئینگلیزی یە

p.m. کورتکراوەیە بە واتای؛
= post meridiem *پاش نیوەڕانێ، دوای نیوەڕۆ*

P.O.W. کورتکراوەیە بە واتای؛
= prisoner of war *دیلی جەنگ*

p.s. کورتکراوەیە بە واتای؛
= postscript *پەراوێز، دامێن، پاشکۆ*

P.T. کورتکراوەیە بە واتای خوارەوە، بەشێک لە رۆژێک، کەمتر لە پێنج رۆژ لە هەفتەیەکدا
= Part Time *بەشە کات؛ کاری نا بەردەوام*

P.T.O. کورتکراوە یە بە واتای؛
= Please Turn Over *تکایە لاپەڕەکە وەرگێڕە؛ بڕوانە ئەو دیو*

pace هەنگاو، شەقاو. (تیژ، خێرا)یی (لە رۆیشتن)، سەدە. هەنگاودەنێ، دەڕوا. دەپێوێ (بە شەقاو)
keep - with *لەگەڵی دەڕوا، هاوئاهەنگە لەگەڵ، دەیگاتێ*

pacer هاوئاهەنگ کەری هەنگاوەکانی رۆیشتوان

pacific ئاشتی یانە، ئارام
- ocean *ئۆقیانوسی ئارام*

pacification ئاشت کردنەوە، ئارام کردنەوە، پێکهێنان

pacify ئاشتیان دەکاتەوە، نێوانیان چاک دەکاتەوە. ئارامی دەگەڕێنێ تەوە بۆ

pack بوخچە. دەستە (یەک کاغەزی یاری). (کەلو پەل، شتو مەک) دەپێچێ تەوە، لێک گرێ دەدا، دەبەستێ

package بار (ێک)، بوخچەیەک. بەند (ێک)، دەستە (یەک)

packet پاکەت

packing پێچانەوە، بەستان. بوخچەکردن
- charges *کرێی بوخچەکردن (پێچانەوە)*

pact پەیمان، بەڵێن

pad نێوان (واشەر)ی نەرم (ن؛ لباد، قایش، هتد). لباد. بالیف، سەرین. دەئاخنێ (ت (ە)) (ناو)، دەخاتە نێوان
ink - *لبادی حیبر (ی مۆر (کردن))*

padding ناواخن، ناوبەر، لباد

paddle سەوڵ؛ ێکی کورت؛ ی بەلەم (پێ) پاڵنان

padlock قوفڵ. قوفڵ (دەدا، دەکا)

pagan بت پەرست

paganism بت پەرستی

page لاپەڕە. لاپەڕە(کان) دەژمێرێ

pageant دیمەنێکی شانۆیی لە دەشت و دەر، ئاهەنگ، میهرەجان

pageantry ئاهەنگ، میهرەجان

paid (پارەی) دا، (پارەی)

دایێ. پارەی دراوە

pail دۆلکە. ستڵ، پەقرەج

pain ژان، ئێش، ئازار. دەیێشێنێ، ئازاری دەداتێ

painful بەژانە، بەئێشە، ئازاردارە

painkiller دەرمانی (ئازارکوژ، دامرکێنەوە)

painless بێ ئێشە، بێ ئازارە

pains (ماندووبوون، هەوڵدان)ی زۆر. خەمخۆری، ئاگاداری، گرنگی پێدان

spare no - *بێ (گوێدانە ماندووبوون، بێباکانە*

take - *بە ئاگایی دەیکا، گرنگیی پێدەدا*

paint بۆیە، بۆیاغ، سوبوغ. وێنە دەکێشێ (بە دەست). سوبوغ دەکا

painter سوبوغچی (دار و دیوار(ان)). نیگارکێش، وێنەکێش (هونەر (مەند))

painting وێنە (ی بە دەست کێشراو)

pair دووان، جووتێک

palace تەلار، کۆشک، قەسر

palatable بەتامە، خۆشە

palatal تایبەتە بە گەرو (یا قورگ)

palate سەرووی گەروو

palatial هی (تەلار، کۆشک، قەسر)ە، شکۆدارە

palaver دەمەتەقێ، گفتوگۆ. پێدا هەڵدان، هەڵکێشان. دەدوێ. پێیدا هەڵدەدا، هەڵیدەکێشێ

pale بێ رەنگ، کاڵ، رەنگ زەرد. رەنگی دەگۆڕێ، رەنگی زەرد دەبێ (بە هۆی نەساغی (نەخۆشی))

paleness رەنگ زەرد بوون (بە هۆی نەساغی (نەخۆشی))، بێ رەنگی، رەنگ کاڵی

Palestine وڵاتی فەلەستین

palette تەختەی رەنگەکانی نیگارکێش

paling پەرژین (ی دار یا ئاسن)

palisade پەرژین

pall پۆششی تابووت. رەونەقی دەڕوا

palladium سەنگەر، پارێز(راو)، ئەمین

palliate (ئازار، نەخۆشی، هتد) ی (سووک، کەم)دەکا. دڵی دەداتەوە، هێوری دەکاتەوە

palliative (ئازار، نەخۆشی، هتد) سووک کەرەوە(یە). دڵدەرەوەیە، هێورکەرەوەیە

pallid بێڕەنگ، کاڵبووەوە، رەنگ زەرد

pallor بێڕەنگی، کاڵبوون (ەوە) ، رەنگ زەردی، رەنگ زەردبوون

palm ناولەپ، ناو دەست. دار خورما. دەشارێتەوە (لە ناو لەپی). فێڵی لێ دەکا

date - *دار خورما*

palmate (adj) ناولەپئاسایە؛ وەکوو (ناولەپ؛ ناودەست)(ە)

palmistry دەستگرتنەوە، فالچێتی

palpable هەستپێکراو، بەرجەستە. دیار، ئاشکرا

palpitate لێدەدا (وەک لێدانی دڵ). هەستی پێ دەکا

palpitation لێدان (ی دڵ)

palsied تەن نا درووست (بە هۆی ناتەواوی دەمار ەوە)، شەل، ئیفلیج

palsy نەخۆشی شەلی، ئیفلیجی. لە توانای دەخا، لە پەل و پۆی دەخا

paltriness کەمی، نابووتی

paltry کەم، بچووک، نابووت

pamper تێر دەکا، دەرخوارد دەدا

pampered تێر، تێرکراو

pamphlet پەرتووک (ێکی بچووک) بلاوکراوە (یەک)

pamphleteer نووسەری پەرتووکی بچووک، کورتە نووس

pan مەنجەر{ڵ}. مەقری

panacea بۆ هەموو دەردان دەرمانە، دەرمانی هەموو دەردانە

pancake زلۆبی(ا)، نانی سێری، نانساجی. کێک

pancreas پانکریاس؛ ئەندامێکی ناو لەشە

pander گەواد

pane خانە، (هەر) رووبەرێکی لاکێشەیی

panegyric ستایش کردن، پێدا هەڵگوتن

panegyrist ستایشکەر

panel تەختە

panelling (داپۆشین، گرتن، دروستکردن، هەڵچنین) بە تەختە

pang ژانی زۆر و کتوپڕ

panic ترس و لەرز. شڵەژان. شپرزەبوون

pannier سەبەتە

panoply دەزگا و تفاقی جەنگی

panorama پانۆراما؛ دیمەنێکی فراوان، فرە بینین. پانوپۆر

pansy جۆرە گوڵەباخ ێکە

pant هەناسەبڕکێ دەبێ؛ هەناسە کێشانی کورت و خێرا

pantaloons شەرواڵ، پانتۆڕ

pantheism بڕوابوون بە (ئامادە) بوونی خودا لە هەموو شتێکدا

panther پڵنگ (ێکە لە هیند دەژیێ)

panting هەناسەبڕکە (یە، بوو)

pantograph دەزگایەکی نەخشە کێشانە

pantomime نواندن بە هێما

pantry عەمباری ئازووقە

pap (نەرم و لە شێوەی) گۆ (ی مەمک). هەویر ئاسا، وەک هەویر

papa بابە، باوک، باب

papacy مەزەبی عیسایی کاسۆلیکی

papal تایبەتە بە پاپا (ئایین)

paper پەڕە. رۆژنامە. کاغەز، قاقەز. نوسراو، لێکۆڵینەوە

- knife *کارتۆن بڕ؛ چەقۆیەکی تایبەتە بەم کارە*

- loss *زیانی بەناو(ە)، زیانی بە درۆ؛ لەسەر کاغەز*

- mill *کارخانەی کاغەز*

- money *دراو (پارە)ی کاغەز (نەوەک ئاسن، مس، هتد)*

papilla گۆ (یەکی بچکۆلە و

نـەرمۆکـە)

pappy هەویـر ئـاسایـە، وەک هەویـرە. نـەرمـە

papyrus حەسیـر. قـەمـیش، قـامـیش

par یـەکسانـی. نـرخی یـەکسانـی، نـرخی بـەرامبـەر بـوونـەوە، نـرخی بنـەڕەتـی

- value *نـرخی بنـەڕەتـی*

above - *لـە سەرووی نـرخی یـەکسانـی، زیاتـر لـە نـرخی بـەرامبـەر بـوونـەوە*

at - *بـە نـرخی یـەکسانـی، بـە نـرخی بـەرامبـەر بـوونـەوە*

below - *بـە کـەمتـر لـە نـرخی بنـەڕەتـی، لـە ژێـر نـرخی یـەکسانـی، لـە خـوار نـرخی بـەرامبـەر بـوونـەوە*

para- (پـێشگر، پـێشگـۆ)یـە بـە واتـای (لـە تـەنـیشت. ئـەولاتـری، ئـەوپـەڕی)

parable پـێـچوانـدن، بـەراوردکـردن

parabola بـڕگـەیـەکـی قـووچـەک کـەوا تـەریـب بـێ لـەگـەڵ لایـەکـی (قـووچـەک ەکـە)

parabolic لـە یـەکـچوو، بـەراوردکـراو (بـەراورد دەکـرێ)

paracetamol دەرمـانـێکـە بـۆ کـەمـکـردنـەوەی ژان یـا تـا

parachute چـەتـر (ی خـۆ هەڵـدان لـە فـڕۆکـە)، پـەرەشـووت

parade ڕیـزە دوکـانـێـک. خـۆپـیشانـدانـی ریـزی سەربـاز(ان) لـە بـەردەم سەکـۆیـەک. خـۆ پـیشان دەدا، ڕیـدەکا

paradise بـەهەشت، بـهـێشت

paradox نـاهەمـوار، خـۆ بـە درۆ

خەرەوە

paraffin نـەفـت، نـەوت

paragon نـموونـە (ی تـەواوی و چاکـی)

paragraph بـڕگـە (یـەکـی نـووسـین)

parallel تـەریب، تـەریبـە. تـەریب دەبـێ

parallelogram هاوتـەریب؛ چورلایـەک کـەوا هەر دوو لای بـەرابـەر تـەریب بـن بـە یـەک

paralyse پـەکـی دەخا. شەلـی دەکا

paralysis پـەککـەوتـن، تـەن نـا درووسـتـی؛ بـە هـۆی نـاتـەواوی دەمار ەوە، شەلـی، ئـیفلـیجی

paralytic پـەککـەوتـە، تـەن نـا درووست؛ بـە هـۆی نـاتـەواوی دەمار ەوە، شەل، ئـیفلـیج

paramount هەرە (گـرنـگ، بـەرز)، سەرەکـی (یـە)

parapet پـەرژیـن یـا دیـوارێـک (ی بـە بـەرزایـی سینـگ). قـولـغە، سەنـگـەر

paraphrase روونـکـردنـەوە، درێـژەدان بـە. روونـی دەکـاتـەوە، درێـژەی پـێ دەدا

parasite مـشەخـۆر، (درەخـت، ئـاژەڵـێـک) کـەوا لـە سەر هـیـدی دەژیـێ. مـرۆڤـی تـەمبـەڵ و لـە سەر خـۆ نـەژیـو

parasol چەتـر، سێبـەر

parcel راسپـاردە، هەنـاردە. بـوغچـە. پـارچـە، بـەش

parch سوور دەکـاتـەوە، دەسوتـێـنـێ، دەبـرژێـنـێ. هـیشک (وشک) دەکـاتـەوە

parchment چـەرمـێـکـی تـەنـک وەک کـاغـەز

pardon لـێبووردن، بـەخشین. لـێی دەبووریّ، دەی بـەخشیّ. ببـوورە!، ببـەخشە!

- me *بـمبـوورە!، بـمبـەخشە، داوای لـێبـووردن دەکـەم!. بـەڵـێ! (چیت فـەرموو)؛ داوا (تـکا)ی دووبـارە کـردنـەوە*

I beg your - *داوای لـێبووردنـت لـێ دەکـەم!. بـمبـوورە!، بـمبـەخشە. بـەڵـێ! (چیت فـەرموو)*

pardonable لـێی دەبـووردریّ، شایانـی لـێبـووردنـە، لـە لـێبـووردن دێ

pare (دار، هتـد) پـەرچ دەکا. (وردە وردە) دەرنـێ، (تـوێـکڵ، پـەلـک)ی لـێ هەڵـدەستێـنـێ

parent داک و بـاب، دایـک و بـاوک. سەرچاوە

- company *کـۆمپـانـیـای سەرەکـی؛ کـە خاوەن چەنـدێـکـی بـچووکـتـر بـێ(ت)*

parentage رەگـەز، خزمایـەتـی

parental دایـکانـە (یـا بـاوکانـە) یـە، پـەیـوەنـدە بـە داک و بـاب (ەوە)

parenthesis کـەوانـەی ئـاسایـی چاپ؛ () یـا [ ]

parenthetical لـە نـێـوان دوو کـەوانـە (یـە)

parentless بـێ داگ و بـاب، بـێ کـەس، هەتـیم{و}

pariah نـەویـستـراو، دەرکـراو

parish (دام و دەزگا، بـەڕێـوەبـەری، بـازنـە)ی کـەنـیـسە

parity یـەکسانـی، هاوکـێشەیـی. وەک یـەک بـوون، وێـکچوون

park بـاخی گشتـی، بـاغ(چە). رادەگـریّ (ئـۆتـومبـیـل)

parlance دوانـدن، گـفـتـوگـۆ کـردن

parley گـفـتـوگـۆ، دانـوستـان. پـیـلان. گـفـتـوگـۆی لـەگـەڵ دەکا

parliament شوورا، پـەرلـەمان، جمات

parliamentary پـەیـوەنـدە بـە (شوورا، پـەرلـەمان، جمات) ەوە

parlour هەیـوان، شوێـنـی پـێشوازی

paroxysm چیـن، نـۆبـەت

parquet زەوی یـەکـی تـەختـەڕێـژ کـراو

parrot تـووتـی، بـەبـەغا. قسە دووبـارە دەکـاتـەوە

parry پـاڵـێـدەنـێ، دەری دەکا، وەلای دەنـێ. خۆی لـێ لادەدا

parse شیـدەکـاتـەوە (رێـزمان)، ورد دەکـاتـەوە

parsimonious ئـابـووری کـەر، رەزیـل

parsimony ئـابـووری کـردن لـە پـارە خەرج کـردن، رەزیـلـی کـردن

parsley کـەرەوز، کـەرەویـز، مـەعدەنـووس

parsnip گـێـزەر (ی سپـی)

parson قـەشە، چاودێـری کـەنـیـسە

parsonage مـاڵـی قـەشە

part بـەش، پـارچە، کـەرت، لـەت. کـاریـگـەری، رۆڵ. جیـا دەبـێـتـەوە. جودا دەکـاتـەوە. (بـەش، لـەت) دەکا

for my - *(مـن) بـەش بـە حاڵـی خـۆم، مـن لـەلای خۆمـەوە. لـە لایـەنـی منـەوە، لـە لای منـەوە*

شتێک

particularise تایبەت دەکا، دیاری دەکا، دادەمەزرێنێ

particularity تایبەتمەندی

particularly بەتایبەتی

parties لایەنەکان

parting جیاکردنەوە، جوداکردنەوە. جیاکەرەوە، جوداکەرەوە. ڕۆیشتن، کۆچکردن

partisan پێشمەرگە، پارتیزان، لایەنگر

partition ناوان، نێوان. دابەشکردن، دابڕین (دابڕاندن) . دادەبڕێ، نێوانیان دەکا (بە دار، دیوار، هتد). بەش(بەش) دەکا

partitive (adj) بەشێکە، هەندێکە. دابەشکەر، دابڕ(ێن)

partly (adv) بەشێکی؛ لە بەشێکی. تاڕادەیەک، بەڕادەیەک. هەندێک(ی)

partner هاوبەش. هاوکار. هاوسەر (بێ ئەوەی ژن و مێرد بن). هاوڕێ، دۆست، ولاش

partnership هاوبەشی، هاوبەشێتی. هاوکاری. هاوڕێیەتی، دۆستی

partridge کەو. سووسکە، سوێسکە. قەتێ

parts کەلوپەل و بەشەکانی یەدەکیی ئامێران

party لایەن. ئاهەنگ، سەیران. پارتی (رامیاری)

pass گوزەر دەکا. دەردەچێ، دەرباز دەبێ. دەبڕێ. دەڕوا.

کاریگەری، ڕۆل. جیا دەبێتەوە. جودا دەکاتەوە. (بەش، لەت) دەکا

in - *تاڕادەیەک(ی)، هەندێک(ی) ، لە بەشێک(ی)*

in -s *(بە) پارچەپارچە، لە چەند بەشێکدا*

spare -s *پارچە و کەرت و پەرتی یەدەک(ی)*

take - in *بەشداری دەکا لە*

take - with *لایەنی دەگرێ. هاوکاری دەکا*

partake بەشداری دەکا

partaker بەشداریکەر

partial ناتەواوە، بەشێکە، بڕێکە. لە بەشێک، لە بڕێک. لایەنگر(ە)، بێ لایەن نییە

- payment *بەشێک پارە دان*

partiality لایەنگری، بێ لایەن نەبوون

participant بەشدار، بەشدارە، بەشداربوو. سوود وەرگر

participate بەشدار دەبێ

participation بەشداربوون لە

participle ناوی بکەر یا کراو

past - *ناوی کراو*

present - *ناوی بکەر*

particle دەنکێکی زۆر ورد، زەڕەیەک

particular تایبەت، تایبەتی. ورد

in - *بە تایبەتی*

-s *تایبەتمەندی یەکان؛ ی*

دەیدا (ت(یٚ)). دەربەند. گوزەرگا. پسوولەی گوزەر یا تێپەڕ کردن

- *a law* *یاسا دادەڕێژیٚ، یاسا دەردەکا*

تاقیکردنەوە دەبڕیٚ، دەردەچیٚ لە تاقیکردنەوە

- *away* *دەمریٚ. دەڕوا، تێدەپەڕیٚ*

- *by* *بە تەنیشتی دا تێدەپەڕیٚ. چاوی لیٚ دەپۆشیٚ*

- *for another* *خۆزگە بە کەسێکی دی دەخوازیٚ*

- *in* *دێتە ژوریٚ*

- *out* *دەردەچیٚ*

- *over* *چاوپۆشی لیٚ دەکا، لێی خۆشدەبیٚ*

- *round* *بەسەریان دەکاتەوە، سەریان لێدەدا، لە سەریان دەسوورێتەوە*

- *the time* *کات بەسەر دەبا. رادەبوێریٚ*

passage دەربەند، دەروازە. گوزەر کردن

passager کەشتی خەڵک و بارهەڵگر

passenger رێبوار، گەشتوان، گوزەرکەر

passer (by) تێپەڕیو، گوزەرکەر

passing دەرچوون، سەرکەوتن. گوزەرکردوو، تێپەڕیو. مێوان، میوان. تێپەڕبوون، پەڕینەوە

passion سۆز. حەز، ئارەزوو. کاردانەوەی (یا کارتێکرانی) دەروونی. ئێش و ئازار

passionate بە سۆز، ناسک، دڵ ناسک. زوو کاری تێدەکریٚ، زوو هەڵدەچیٚ

passionately بە سۆزەوە. بە حەز (ەوە)

passive خاو، نەکارە، ناچالاک. کارلێکراو، کارتێکراو

- *obedience* *گوێڕایەڵیی گوێڕانە، بەقسە کردنی گوێڕانە*

- *verb* *کرداری نادیار*

passport ناسنامە (ی نیشتیمانی)، پاسەپۆرت

password ووشەی نهێنی

past رابوردوو، پێشان. رابورد، تێپەڕی. زیاد لە ...، تێپەڕیو لە

- *a doubt* *بێگومان*

- *participle* *ناوی کراو*

paste هەویر. چەسپ (ی شلە). دەچەسپێنیٚ

pasteurisation شیر کولاندن. خاوێن راگرتن، پالاوتن

pasteurise دەکوڵێنیٚ. دەپاڵێویٚ

pastime گەمە، رابواردن، کات بەسەر بردن

pastor قەشە

pastoral پەیوەندە بە قەشەوە. هی لادیٚ یە

pastry پەپکە، بەرهەمەکانی (ئارد، هەویر)

pasturage لەوەڕگە. لەوەڕ، گیا

pasture لەوەڕگە. لەوەڕ

pat تەپەتەپ. تەپەتەپ دەکا

patch پینە، پەڵە. پینەدەکا. پڕدەکاتەوە

- *work* *پینەدۆزی.*

پینەکاری

pate تەپڵی سەر، نووکی سەر، تەوقی سەر

patent بەڵگەنامەی داهێنانی (ئامێر، دەزگا، هتد). داهێنان (ەکەی) تۆمار دەکا

patentee خاوەنی (بەڵگەنامەی) داهێنان

paternal پەیوەندە بە باوکەوە، هی باوکە. لە میرات ەوەیە

paternity باوکێنی، باوکێتی

path ڕێ(گە)، پیادەڕۆ. ڕێباز

pathetic داخدەرە، ناهەموارە

pathless ڕێی بۆ ناچێ، ڕێی بۆ نییە، کەند و لەندە

pathology نەخۆشی ناسی، زانستی دۆزینەوەی نەخۆشی

pathos داخدان، ناهەمواری

pathway ڕێچکە، ڕێگە

patience ئارامگرتن، ئۆقرە گرتن، هێمنی، پشوو(داری) {پشی}، سەبر

patient ئۆقرەدار، پشوودار، پشیدرێژ(ە)، ئارام، هێمن، هێدی. نەخۆش

patiently بە پشووداری، بە پشیدرێژی، بەئارامی، بەهێمنی

patriarch پاتریارک؛ لە ئایینی عیسایی

patriarchate ماڵی (پاتریارک؛ قەشە). پلەیەکە لە قەشەیی

patrician ڕەسەن، جوامێر

patrimony میرات، پاشماوە

patriot نیشتیمان پەروەر، وڵاتپارێز

patriotic نیشتیمانی (یە)

patriotism نیشتیمان پەروەری، وڵاتپارێزی

patrol پاسەوانی گەڕۆک، حەسحەس

patron پارێزەر، چاوەدێر، ئاگادار. مەعمیل؛ کڕیار

patronage پاراستن، چاوەدێری کردن، ئاگالێبوون

patronize دەپارێزێ، چاوەدێری دەکا، ئاگای لێ دەبێ

pattern شیرازە. شێواز. نموونە

paucity کەمیی ژمارە

paunch ورگ، زگ

paunchy ورگن

pauper هەژار، سواڵکەر. بەلا

pauperism نەداری، هەژاری، دەسکورتی

pause هەڵوێستە، هەڵوێستەیەک، بێدەنگی یا ڕاوەستانێکی کورت. ڕادەوەستێ، چاوەڕێدەکا

pave ڕێ خۆشدەکا. جادە قیرتاو دەکا. (هەل) دەڕەخسێنێ

pavement شۆستە. ڕێ خۆشکردن. جادە قیرتاو کردن. (هەل) ڕەخساندن

pavilion چادر یا خانوی بەزمخانە لە (دەشت و دەر، باخ(ان))

paw (پا، پێچکە)ی نوخان (یا نینۆک) دار

pawn شتێک (ی بەنرخ) کەوا لە بری پارە (قەرز) دادەنرێ (دەخەوێنرێ، بەجێ دەهێڵدرێ). (

پارچە، بەرد، داش) یێکی شەترەنج

pawnbroker کەسێک کە شت (ی بەنرخ) لە بری پارە (قەرز) دان وەربگرێ؛ (بۆ، بە) قازانج

pay دەداتێ (پارە). مووچە، پارە

- attention *وریا دەبێ، هۆشیار دەبێ*

- back *(قەرز) دەداتەوە*

- master *فەرمانبەری مووچە(دان)*

- off *پارە دان و دەرکردن*

- roll *تۆماری مووچەخۆران لە دامەزراوێک*

- sheet *بەڵگەی مووچە وەرگرتن*

it does not - *ناخوا، بەکەلک نایە*

it -s to remember *واچاکە لە بیریت نەچێ*

payable دەدرێ(ت). کاتی دانی هاتووە، دەبێ بدرێ، بووە بە ماڵ

payee پێدراو، وەرگر

payment (پارە)دان

pea نۆک

chick - نۆک

peace ئاشتی. چاکبوونەوە

peaceful ئاشتیخواز

peacemaker ئاشتیکەرەوە، ناوەنجیکەر

peach خۆخ (میوە)

peacock تاووس (ی نێرە)

peahen تاووس (ی مێ یە)

peak دوند، لوتکە، ترۆپک. ئەوپەڕ

peal دەنگی (بەرزی) زەنگوڵ(ان) . دەستە زەنگوڵ. دەنگی گەورە و دووبارە بۆوەی (هورەتریشقە، تۆپ، هتد)

pean سروودی سەرکەوتن

peanut فستق

pear هەرمێ

pearl یاقووت، دوڕ

peasant ڕەنجدەر، جووتیار (ی بێ زەوی). گوندی، لادێیی

peasantry ڕەنجدەران، جووتیاران. گوندی یە هەژارەکان

peascod توێکڵ (پەلک)ە نۆک

pebble زیخ و بەردی (ی روبار)

peck دەکۆڵێ بە (دەنووک، دندووک)، دار کون دەکا. پێوەرێکە بۆ قەوارە (ی شتی وشک)؛ یەکسانە بە ٢ گالۆن

pectoral هی سینگە، تایبەتە بە سینگەوە

peculate دەدزێ، حەشار دەدا

peculiar سەیرە، نائاساییە، تایبەتە

peculiarity سەیر، نائاسایی بوون

pecuniary پەیوەندە بە دراو (پارەوە)

pedagogue مامۆستای منالان

pedagogy زانست (هونەر)ی فێرکردن

pedal پەیدەر، جێ پێ. پەیوەندە بە پێ (وە)

pedant(ic) (کەسێکی) وشک

peddle دەگەڕێ و دەسووڕێ لە شوێنان بۆ فرۆشتنی شتومەک

peddler دێوەرە، فرۆشیاری گەڕۆک

pederasty جووتبوونی نێر و نێر؛ بە تایبەت پیاو لە سەر کوڕ

pedestal بناغەی پەیکەر یا ئەستووندەک

pedestrian پیادە، پیادەڕۆ، بە پێ ڕۆیشتوو

pedigree ڕەگەز؛ گەڕانەوە بۆ (یا دۆزینەوەی) باو باپیران. ڕەسەنە

pedlar دێوەرە، فرۆشیاری گەڕۆک

peel توێکڵ، تفر. توێکڵی لێ دەکاتەوە، سپیی دەکا. تفر هەڵدەدا

peep (بە تیلەی چاو، بە دزی) تەماشاکردن. بە دزی دەڕوانێ

peer میر

peerage پلەو پایەی میر و پیاو ماقوولان

peerless بێ هاوتایە، لە وێنەی نییە

peevish لاسارە، هەرەپاسە{ڵ}، بزێوە

peg پێچکە، بزمار (ی لە دار)

pelf سامان (ێ بە نایاسایی وەدەست هاتبێ)

pelican مەلێکی ئاویی ماسیگرە

pell پێست

pellet تۆپەڵەیەک، تۆپ (ێکی گچکە)

pellicle توێکڵ، بەرگێکی تەنک، تفر

pell-mell (adv) بە تێکەڵوپێکەڵی، بەناڕێکی، حەشەمێشە

pelt پێستە (ی ئاژەڵی بە فەروو). دەبارێ (بە ڕێژنە). شت دەهاوێژێ (دەبارێنێ) تە سەری بە توندی و خێرایی

pen پێنووس، قەڵەم، خامە. تەوێڵە

penal سزایی یە؛ پەیوەندە بە سزاوە

- code *یاسای سزاکان*

- servitude *کاری قورس (بە مەبەستی سزا(دان))*

penalty سزا. خەتا

- clause *مەرجی سزا، خاڵی سزا*

penance تۆبە (ی ئایینی). سزای ئایینی. سزا دەدا

pence پێنس؛ بچووکترین دراوی بەریتانیا یە کە دەکاتە یەک لە سەدی پاوەندێک

pencil پێنووس، قەڵەم، خامە

- sharpener *قەڵەمتراش، قەڵەمتیژ*

pendant یاقووتێ کە بە ملوانکە دا شۆڕ بووبێتەوە. هەڵواسراو

pendent شۆڕ بۆوە. هەڵواسراو

pending چاوەڕوانی بڕیار و چارەسەری دەکا. هەڵپەسێردراوە، هەڵواسراوە

pendulous شۆڕبۆوە و جۆلانەکەر

pendulum پەندۆل؛ قۆڵی کاتژمێری دیوار (کە

شۆڕبۆتەوە و جۆلانە دەکا).
قورساییەکی هەڵواسراو کە هەمیشە جۆلانە بکا

penetrability تایبەتمەندی یەکی فیزیکی شتە بەرجەستەکانە؛ توانای (چوون، خزان، خستن)ە ناوی

penetrate دەچێتەناو، دەچێتە ژور، تێی داوێ، دەخاتە ناو. دەبڕێ

penetration چوونەناو، چوونەژور، تێ هاوێشتن، خستنە ناو. بڕین

penguin پێنگوین؛ گیانلەبەرێکی ئاوییە لە شوێنە بەستەڵەکەکان دەژیی

penholder قەڵەمدان (ی سەر مێز)

peninsula نیوەدورگە؛ شوێنێک کە سێ لای ئاو بێ

peninsular لە شێوەی نیوەدورگە

penitence پەشیمانی، تۆبە

penitent پەشیمان، تۆبەکەر

penknife قەڵەمبڕ؛ چەقۆیەکی گچکەیە

penman خۆشنووس. نووسەر

penmanship خۆشنووسی

penname ناوی خوازراو (هونەری، نهێنی)ی نووسەرێک

pennant ئالایەکی لاکێشەیی

penniless بێپوول، بێپارە، نەدار

penny نازناوە بۆ پێنس؛ یەک لە سەدی پاوەندی بەریتانی

- *wise* *کەمخۆر(ە)؛ کەمخۆری*

دایمخۆر(ە)

pension مووچەی خانەنشینی

pensioner خانەنشین، پییر

pensive سەرقاڵ، بیرکەرەوە

pent (up, in) (سەر) داخراو، بەستراو، تەقەت کراو

pentagon (رووبەرێکی) پێنجگۆشە (یی (ە))؛ پێنجلا

Pentecost جەژنی پەنجایەمین رۆژ (ی جوولەکان)

penthouse کەپر، چەتر

penultimate برگەی پێش کۆتایی

penurious هەژار، نەدار، دەستکورت. پیسکە، دەسگر، رەزیل

penury هەژاری، نەداری، دەستکورتی

people خەڵک(ان)، گەل. ئاوەدانی دەکا (تەوە) بە ناردن (ەوە)ی خەڵک بۆی

peopled ئاوەدانە؛ خەڵکی لێیە

pepper بیبەر. تیژ دەکا (بە بیبەر)

peppermint رووەکی (نەعناع{نەعنەعە}، پونگ(ە))؛ بە تام و بۆی تیژی. (بۆن، تام)ی (پونگ(ە)، نەعنەعە). (بنیشت، شەکرۆکە)ی بۆ(ن) (پونگ، نەعناع)

peppery تیژ(ە)، گەرمە

per لە، لە (...) دا، لەهەر

- *annum* - *لە ساڵێکدا،*

سالـیـی

- cent = % لـەسەدا

- day رۆژیـی، لـە رۆژێـکدا

- dozen لـە هەر دەرزەنـێـک؛ لـە دوازدە دا

- mile لـە هەر میلـەی، لـە میلـێکدا

peradventure بـەڵکو، بـەشکم. بـە هەڵـکـەوت. خۆزگـە، کاشکـێ، بـریـا

perambulate لـەسەر دەگـەڕێ، لـەسەر دەسووڕێ. دەسووڕێتـەوە (لـە شوێـنان)

perambulation لـەسەر گـەڕان. گـەڕان و سووڕان (ەوە)

perceivable وەردەگـیـرێ؛ تـێـی دەگـەی، لـێـی حالـی دەبـی

perceive هەستـی پـێ دەکا، وەری دەگرێ، تـێـی دەگا

percent لـەسەدا، لـەسەتا، %، ٪

percentage رێژەی‌سەدی. سەدانـە

perceptibility هەستـپـێـکـردن، وەرگـرتـن، تـێـگـەیـشتـن

perceptible هەستـی یـە، هەست پـێـکـراوە

perception هەست پـێـکـردن، وەرگـرتـن، لـێ حالـی بـوون. لـێـک (جودا، جیـا) کـردنـەوە

perch ماسی یـەکـە لـە ئـاوە شیـرن (روبـار) ەکانـی ئـەوروپـا دەژیـێ. (لـق، پـەل)ە داری بـاڵـنـدەی لـە سەر هەڵـنـیـشێ (هەڵـبـنـیـشێ). هەڵ دەنـیـشێ، هەڵ دەکـوڕمـێ. دەحەسێـتـەوە لـەسەر

perchance بـەڵکو، لـەوانـەیـە. بـەهەڵـکـەوت

percolate دەپـاڵـێـوێ، دەپـاررزنـێ

percolation پـالاوتـن، پـاررزنـیـن

percussion لـێـدان، بـەرکـەوتـن. چەکوچ لـێـدان

perdition نـەمان، مـردن، لـەنـاوچوون

perennial بـەردەوام، هەمـیـشە، بـە چوار وەرزی ساڵ هەیـە

- irrigation (ئـاودان، ئـاودێـران)ی بـەردەوام، هەمـیـشە سەوز

perfect تـەواو، بـێ کـەم و کـووڕی، راست و دروست

perfection تـەواوی، دروستـی. تـەواوکـردن

perfectly بـە تـەواوی، بـە دروستـی، بـە بـێ کـورتـی

perfidious بـێ بـەزەیـیـە. پـەیـمان شکـێـنـە

perfidy بـێ بـەزەیـی بـوون. پـەیـمان شکـێـنـی (شکـانـدن)

perforate کـونـدەکا، دەخاتـە نـاو، دەچـتـە نـاو

perforation کـون

perforator دەزگای کـونـکـردن

perform ئـەنـجام دەدا، جێـبـەجێ دەکا، هەڵـدەستێ بـە. دەنـوێـنـێ (شانـۆ). خۆ دەنـوێـنـێ

performance جێـبـەجێ کـردن، ئـەنـجام دان. (لـە شانـۆ، خۆ) نـوانـدن

performer ئـەنـجامدەر، جێـبـەجێـکـەر. نـوێـنـەر، بـکـەر

perfume گـولاو، بـۆنـی ئـارایـش. (گـولاو) دەپـرژێـنـێ، گـولاو دەکا

perfumery بـۆنـی ئـارایش. گولاو

perfunctorily تـەنـها بـە روالـەت، هەر بـە رووکـەش

perfunctory بـێ گـوێدان، بـێ گـرنـگـی دان

perhaps لـەوانـەیە، بـۆیهەیـە، رەنـگـە، بـەڵـکو

perigee نـزیـکـتـریـن خالـی سەر جەسـتـەیـەکـی ئـاسمانـی لـە خولـگـەی گـۆی زەوی یـەوە

peril تـرس، مـەتـرسی. دەخاتـە بـەر مـەتـرسی

perilous مـەتـرسیـدارە، تـرسنـاکـە

perimeter چواردەورە، چوارلا

period ماوە، کات. خول. مانـگانـە؛ کاتـی دابـەزیـن (فـرێدان)ی هێـلـکـە لـە ئـافـرەتـدا. چەرخ

periodic(al) خولـیـیـە؛ رۆژنـامـە یا گـۆواری (هەفـتانـە، مانـگانـە، هتـد)

- *wind* *(با، رەشەبا)ی خولـی*

periodically نـاوەنـاوە. بـە خولـی

periphrases (pl periphrasis)

periphrasis زۆر دووبـارەکـردنـەوە؛ روونـکـردنـەوە(ی زیـاد لـە پـێـویـست)، درێـژ دادڕیـن، زۆر گـۆتـنـەوە

periscope دووربـیـن (ی ژێـرئـاوی، هی غەواسە)

perish زوو تـێـکـدەچـێ؛ بـۆگـەن دەبـێ، دەگـەنـێ. لـە نـاودەچـێ

perishable نـاسکـە؛ زوو تـێـکـدەچـێ، بـۆگـەن دەبـێ. لـە لـەنـاو چوون هاتـوو؛ لـەنـاو دەچـێ

- *goods* *شـتـومـەکـی نـاسک*

periwig (پـرچ، قـژ)ی دەسـتـکـرد، بـاڕۆکـە

perjure سوێـنـدی بـە درۆ دەخوا

perjury درۆکـردن لـە پـاش سوێـنـدخواردن؛ لـە دادگا

perk up وورەی بـەرز دەبـێـتـەوە، دەگەشێـتـەوە. مـتـمانـەی لا زیـنـدوو دەکاتـەوە، دەیـگـەشێـنـێـتـەوە

perky گـەشە، رووخۆشە، زیـنـدووە

permanence بـەردەوامـی(بـوون)، مانـەوە، شەقـامـگـیـر بـوون

permanency بـەردەوامـی، مانـەوە، شەقـامـگـیـر بـوون

permanent بـەردەوام، شەقـامـگـیـر

permanently بـە بـەردەوامـی

permeable کـونـکـونـە، ئـیسفـەنـجیـیـە، شلـە (هەڵـگـرە، دزە، خۆرەوەیـە)؛ شلـە (هەڵـدەمژێ، بـەخۆوە دەگـرێ)

permeate دەچێـتـەنـاوی، دەچێـتـە تـۆیـەوە. شلـە (دەدزێ، دەخواتـەوە)

permissible رێـدراو، رێـپـێـدراو. شیـاوە

permission رێـدان، رێـپـێـدان، لـێـگـەڕان

permit مۆڵـەت، رێـدان، لـێـگـەڕان. رێـی دەدا، مۆڵـەتـی دەداتـێ

permutation هەڵبژاردن، پشکپشک کردن. خانەخانەکردن

pernicious زیانبەخش(ە)، موزیر(ە). لەناوبەرە، فەوتێنەرە

perpendicular ستوونە لەسەر، شاقوڵ(ی)ە، راستە لەسەر

out of the - *لار(ە)، خوار(ە)*

perpetrate تاوان دەکا

perpetrator تاوانکار

perpetual بە درێژایی ژیان. بەردەوامی، هەمیشەیی. نەپچڕاو(ە)

- annuity *مووچەی بەردەوام، مووچەی هەمیشەیی*

perpetually بە بەردەوامی

perpetuate ژیانی درێژی دەداتێ. بەردەوامی دەداتێ، بەردەوامی دەکا

perpetuity مانەوە، بەردەوامی. نەمری، هەمیشەیی

perplex سەری لێ دەشێوێنێ، شێتی دەکا

perplexity پەشۆکاوی، سەرلێ شێوان، شێتبوون

perquisite کرێی زیادە، سەربار

persecute ئازاری دەدا، غەدری لێ دەکا

persecution ئازاردان، غەدر لێ کردن

perseverance سووربوون، بەردەوام بوون

persevere سووردەبێ، بەردەوام دەبێ

Persian فارسی، هیفارس، هیئێران

persimmon کاکی؛ جۆرە میوەیەکە

persist سووردەبێ، بەردەوام دەبێ

persistence سووربوون، بەردەوام بوون

persistency بەردەوام بوون، سووربوون

persistent سوور(ە)، بەردەوام

person کەس(ێک)، مرۆڤ

first - *کەسی یەکەم؛ قسەکەر*

in - *خۆی، بەخۆی*

second - *کەسی دووەم؛ بەرامبەر (قسە بۆکراو)*

third - *کەسی سێ یەم؛ نادیار*

personage پایەدار، بە پلە و پایە. کەسایەتی، پیاوماقوول

personal کەسی (یە)، هی خۆ(یەتی)، تاکە کەسی (یە)

personality کەسایەتی. خووڕەوشت (ی کەسێک)

personate دەنوێنێ؛ خۆ بە کەسێکی دی دەنوێنێ

personation نواندن؛ خۆ بە کەسێکی دی نواندن

personification بەرجەستە کردن، نواندن

personify بەرجەستە دەکا. دەی نوێنێ

personnel فەرمانبەران، تاقم (ێک فەرمانبەر)، تاقمی فەرمانبەران لە دامەزراو (بەڕێوەبەری) ێک

- department *بەشی بەڕێوەبردنی کاروباری*

فـەرمانـبـەران لـە دامـەزراو (بـەڕێوەبـەری) ێک

perspicacious خاوەن روانـگـە (یـە)، (کـەسێـکـی) دووربـیـن (ە)

perspicacity تـێـڕوانـیـن، دووربـیـنـی{ن}

perspicuous روونـە، ئـاشکـرایـە، دیـارە، ئـاسانـە

perspiration (لـەش، پـێـست) ئـارەقـە کـردن

perspire (لـەش، پـێـست) ئـارەقـە دەکـا

persuade هەواداری دەکـا بـە، واداری دەکـا بـە، رازی دەکـا بـە. هانـی دەدا

persuasion هەوادارکـردن، وادارکـردن، رازی کـردن. هانـدان

persuasive (کـەسێـکـی) هەوادارکـەر، وادارکـەر، رازیـکـەر. (کـەسێـکـی) هانـدەر(ە)

pert لاسار، هەڵـەپـاس{ر}، بـێـشەرم

pertain (to) پـەیـوەنـدی هەیـە بـە. بـەشێـکـە لـە

pertinacious لامـل. لاسار، هەرەپـاس{ل}. بـێـشەرم

pertinacity لامـلـی. (لاسار، هەڵـەپـاس{ر})ی. بـێـشەرمـی

pertinence گـونـجان لـەگـەڵ، هاوئـاهەنـگـی

pertinency هاوئـاهەنـگـی، گـونـجان لـەگـەڵ

pertinent هاوئـاهەنـگ(ە)، گـونـجاو(ە) لـەگـەڵ

pertness (لاسار، هەڵـەپـاس{ر})ی، بـێـشەرمـی

perturb سەری قـاڵ دەکـا، سەری لـێ دەشێـوێـنـێ، نـاڕەحـەتـی دەکـا

perusal خوێـنـدنـەوە بـە وردی و تـێـڕوانـیـن ەوە، لـێـکـۆڵـیـنـەوە

peruse بـە وردی و تـێـڕوانـیـن ەوە دەیـخـوێـنـێـت ەوە، لـێ دەکـۆڵـێـتـەوە

pervade تـەشەنـە دەکـا، بـڵاو دەبـێـتـەوە (بـە نـاودا، پـێـدا)، (دەچـێـتـە، دەخزێـتـە) هەمـوو لا (یـەکـی)

pervasion تـەشەنـەکـردن، بـڵاو بـوونـەوە (بـە نـاودا، پـێـدا)، (چوون، خزان)ە هەمـوو لا (یـەکـی)

pervasive گـشتـی، پـانـوبـەریـن. تـەشەنـەکـردوو

perverse یاخی. مـلـهوڕ، لامـل

perversity لادان، یـاخـیـی. مـلـهوڕی، لامـلـی

pervert لادەر لـە رێ (ی ئـایـیـنـی) ، (تـامـەزرۆی، ئـارەزوو)ی نـارەوا (یـا نـا ئـاسایـی) دەربـڕیـن لـە بـارەی (لـەشی) ئـافـرەتـەوە. لای دەدا لـە ڕێ، چەواشەی دەکـا

pessimism رەشبـیـنـی

pessimist رەشبـیـن

pessimistic رەشبـیـنـانـە(یـە)

pest دەرد (کـرم، مـەگـەز، نـەخۆشی) ی دەغڵ و دانـو مـێـوەجات و کـشتـوکـاڵـی بـە گـشتـی. کـەس یـا شتـێـکـی (پـەشۆکـێـن، سەرشێـوێـن)

pester دەپـەشۆکـێـنـێ، سەر دەشێـوێـنـێ، بـێـزاری دەکـا

pesticide دەرمـانـی لـەنـاوبـردنـی دەرد (نـەخۆشی)ی کـشتـوکـاڵـی (بـە تـایـبـەت مـەگـەز)

pestiferous بـە دەرد و بـەلا (یـە). زیـانـبـەخشـە

pestilence قـڕان؛ دەردی کـوشـنـدەی لـە نـاوبـەر، تـاعوون

pestilential بـە دەرد و بـەلا (یـە). دەردە، قـڕانـە

pestle دەسکـە جـۆنـی، دەسکـە ئـاون (هاوەن)

pet ئـاژەڵـی مـاڵـی، ڕاگـیـراو، دڵـڕاگـیـراو، خـۆشـەویـسـت. دەیـلاوێـنـێ (تـەوە)

petal پـەلـکـە کـوریـکـەک، تـاکـە گـەلایـەکـی (گـوڵـێـک)

petiole لاسک (ی گـەلای دار و درەخت)؛ ئـەو پـەلـۆکـەی گـەلا بـە (پـەل، لـق)ی دارەوە دەلـکـێـنـێ

petition داواکاری، مـەزبـەتـە، عەریـزە. داوا دەکـا، (مـەزبـەتـە، عەریـزە) دەخـاتـەرو

petrification (1) (ڕەق، وشک، ئـیـفـلـیـج)بـوون؛ لـە تـرسـا

petrification (2) ڕەقـبـوون، بـوونـە بـەرد؛ ی گـیـان لـەبـەران بـە هـۆی کـۆنـی و قـورسـایـی سەریـان. کـردنـە بـەرد

petrify (1) دەبـێـتـە بـەرد؛ ن؛ گـیـان لـەبـەران بـە هـۆی کـۆنـی و قـورسـایـی سەریـان. دەیـکـاتـە بـەرد

petrify (2) (ڕەق، وشک، ئـیـفـلـیـج)دەبـێ؛ لـە تـرسـا

petrol بـەنـزیـن

petroleum نـەوت (ی خاو) و بـەرهـەمـەکـانـی بـە گـشـتـی؛ ڕۆنـی بـەرد، ڕۆنـی زەوی

- products *بـەرهـەمـەکـانـی نـەوت*

petticoat جـلـێـکـی ژنـانـە (یـە). ئـافـرەت

pettish لاسار، هەڵـەپـاس(ر)، لامـل

petty کـەم، کـەم بـەها

- cash *تـۆمـاری وردە دەرهـات؛ مـەسرەفـی جـۆراوجـۆر*

- expenses *دەرهـاتـی جـۆراوجـۆر؛ وردە مـەسرەف*

petulance لامـلـی، (لاسار، هەڵـەپـاس(ر))ی

petulancy لامـلـبـوون

petulant ڕەوشت تـونـد، ڕەقـو وشک، لامل

pew کـورسی (یـەکـی کـەنـیـسـە)

pewter تـەنـەکـە

phaeton عارەبـانـەیـەکـی (سواری، نـەفـەربـەر)ی چار پـێـچـکـەیـی بـچووکـە. ئـۆتـومـبـیـلـێـکـی سواریـی ٤ - ٥ نـەفـەریـیـە

phalanges (چەنـد) یـەکـەیـەکـی سەربـازی. ئـێـسکـی پـەنـجـەکـان

phalanx (یـەک) یـەکـەی لـەشکری. ئـێـسک (ێـک)ی پـەنـجـە (یـەک)

phantasm خـەیـاڵـکـردن، شت (بـیـنـیـن، دروسـتـکـردن) لـە (هـێـژ، مـێـشک)دا. ڕێـشکـەوپـێـشکـە(کـردن). دێـوەزمـە، دەعبـا

phantom دێـوەزمـە، دەعبـا، جـنـۆکـە. تـیـشک، ڕێـشکـەوپـێـشکـە، خـەیـاڵ

Pharaoh فـیـرعەون؛ ی پـاشای مـیـسر (مـێـژوو)

phare مـیـنـارە

pharmaceutical داودەرمـانـی (یـە)، (پـەیـوەنـدە، تـایـبـەتـە) بـە (بـازرگـانـیـی، بـەکارهـێـنـانـی) داودەرمـانـەوە

pharmacist کـەسی شارەزا لـە

داودەرمان، دەرمانفرۆش.
دەرمان گرەوە
pharmacology دەرمان ناسی، زانستی دەرمان؛ بەتایبەتی لە بواری کارتێکردنی دەرمان لە سەر جەستە (لەش)ی مرۆڤ
pharmacy دەرمانخانە
pharyngitis (ئاوسان، برینداربوون)ی (گەروو، قورگ)
pharynx گەروو، قورگ
phase قۆناغ. شێوە، روالّەت
pheasant (کەلّەشێر، کەرەباب)ی کێوی، مەلێکی کێوی یە
phenomena دیاردەکان، دەرکەوتەکان
phenomenon دیاردە (یەک)، دەرکەوت (ێک)
philander (دەسبازی، دەسگەمە)ی لە گەلّ دەکا
philanthropic خۆشی ویست (بۆ رەگەزی مرۆڤ)، خێرخواز (بۆ گشت مرۆڤایەتی)
philanthropy خۆشی ویستنی رەگەزی مرۆڤ، خێرخوازی، مرۆڤایەتی
philippic جوێندان، وتاری جوێن
philologic تایبەتە بە زانستی زمان(ان)
philology زانست (فەلسەفە)ی زمان(ان)
philosopher دانا، فەیلەسوف، حەکیم
philosophic(al) فەلسەفی یە
philosophise دەفەلسەفێنێ؛ زانستی نوێ دەهێنێتە کایەوە، (بناغە، بنەما، دیاردە) یەکی تازە لە (بیر، زانست) دادەنێ
philosophy فەلسەفە؛ زانستی دانایی
phlegm بەلّغەم. هێوری، ئارامی. ساردی، خاو (و خلیچک)ی
phlegmatic بە بەلّغەمە. هێورە. ساردە
phobia ترس
phoenix مەلێکی ئەفسانەیی یە
phone تەلەفۆن. تەلەفۆندەکا
- book *دەفتەری تەلەفۆن؛ هی تۆماری ناو و ژمارە تەلەفۆنی خەلّکان*
phonetic شێوەی (گوتن، دەنگ دەرهاتن)
phonic پەیوەندە بە دەنگەوە، هی دەنگە
phonograph دەزگای بێژەر (لە کۆن دا)
phosphate فۆسفات
phosphorescence (بریقە، گەشانەوە)ی فسفۆری
phosphorescent بریقەدارە، گەشاوە یە (لەخۆوە)، فسفۆری یە؛ وەکوو فسفۆرە
phosphorous رەگەزی فسفۆر (کیمیا)
photo = photograph
photograph وێنە. وێنە دەگرێ
photography وێنەگری، وێنەگرتن. هونەری وێنەگرتن
phrase برگە. گوتەیەک
phraseology شێوەی دەربرین.

چۆنیەتی (هەڵبژاردن، دەربڕین) ی بڕگەیەک

phrenetic = frenetic

phrenology (مێشک، دەماغ) خوێندنەوە؛ بە گوێرەی قەوارە و شێوەی کەللە (کاسە)ی سەر

phthisis سیلی سییەکان

phylactery نوشتە، دوعا (ی نووسراو)

physic دەرمان. پزیشکوانی؛ پیشە(گەری)ی داوودەرمان و چارەسەریی نەخۆشی. هونەری (سارێژکردن، چاکردنەوە)

physical بەرجەستەیی. سرووشتی یە، تایبەتە بە سرووشتەوە

- *exercise* *وەرزش (کردن)؛ راهێنانی (لەش، جەستە)*

physician پزیشک، دوکتۆر

physicist (شارەزا، زانا) لە فیزیا

physics زانستی (سرووشت، فیزیا)

physiognomy کەسایەتی ناسی، فاڵچێتی کەسایەتی؛ بە گوێرەی شێوەی دەموچاو و قەڵافەت و کەلەش و تد

physiology زانستی کاری ئەندامەکانی لەش

pianist پیانۆژەن، مامۆستای پیانۆ

piano پیانۆ

pianoforte = piano

piazza گۆرەپانی گشتی. بازاڕ. قەیسەری

pica یەکەی پێوانی پیتی چاپ؛ دەکاتە دە لە ئینچێک دا

pick هەڵدەبژێرێ. هەڵدەگرێت. دەندووک لێدەدا. لێدەکاتەوە. دڵخواز، هەڵبژاردە. قازمە، دوودەو

- *a lock* *قفڵ دەشکێنێ، قفڵ دەکاتەوە بە فرتو فێڵ*

- *a pocket* *گیرفان دەبڕێ؛ دزی دەکا*

- *up* *هەڵدەگرێت(ەوە)*

pickaxe قازمە، دوودەو

picket پۆلیسی سەربازی، پەل (یێک)، مەفرەزە. تاقمی مانگرتوو(ان). پەرژین دەکا، دار دەچەقێنێ

pickings (قازانج، دەسکەوتی)ی ناڕەوا. بەرماوەکان

pickle تورشی، ترشیات، ترشی؛ سەوزەی (سوور، سوێر) کراو یا لە سرکە هەڵگیراو. لە سرکەی دەنێ، (سوور، سوێر)ی دەکا

pickled سەرخۆش، گێژ

pickpocket گیرفانبڕ، دز

picnic گەشت، گەڕان، دەرچوون. گەشت دەکا، دەگەڕێ

pico- (پێشگر، پێشکۆ)یە بە واتای یەک بەش لە ملیۆن ملیۆن؛ دە توانی (١٢-) واتە (١٠^-١٢)

pictorial بەوێنە، بەوێنەوە، وێنەدارە

picture وێنە بە گشتی (و زیاتر تایبەتە بەوەی بە دەست کێشرابێ)

picturesque زۆر جوانە، دڵگیرە، شایانی وێنە (کێشان، گرتن)ە؛ لە جوانییا

pie هەویرێک کە (گۆشت، میوە، سەوزە، هتد)ی تێ بئاخنرێ پێش سوور کردنەوەی. مەلێکە

piebald تێکەڵە، ئەبلەقە، خاڵ خاڵە

piece پارچە، کەرت، تیکە

- goods *پارچەفرۆشی*

- work *قۆنتەرات گرتن، کاری قۆنتەرات*

piecemeal پارچە بە پارچە، لەسەرەخۆ، وردە وردە

pier شۆستەی بەندەر؛ پرد (یا جادەی) سەر ئاو لە بەندەرێک (کە بگات بە پاپۆڕ)

pierce دەسمێ، کونەدەکا (گوێ، کەپوو، هتد)

piercing سمین، کونکردنی (گوێ، کەپوو، هتد). تیژ، بەئازار

piety خواپەرستی، ئایین داری. رێز

pig بەراز

pigeon کۆتر

pigment خم، سوبوغ. تەنی، سوتوو

pigmy شەموولە؛ مرۆڤی زۆر کورتە بالا. مرۆڤی (نەناسراو، بێ پلەو پایە، نادیار)

pigskin (پێست، چەرم)ی بەراز

pigsty (تەوێلە. ئاخوڕ)ی بەراز(ان)

pike جۆرە ماسییەکی ئاوی (شیرنی) روبارە. (سەرە) نێزە، حەربە

pilaster (کۆڵەگە، ستوون)ێکی لاکێشەیی کەم دەرپەڕیو لە دیوار

pile کەڵەکە؛ کۆمەڵێک شتی لەسەر یەک دانراو. کەڵەکە دەکا، لەسەر یەکیان دادەنێ

piles (نەخۆشی) مایەسیری؛ (خوێن تێزان، ئاوسان، برینداربوون)ی دیوارەکانی (بۆڕی، لوولە)ی (قوون، قینگ)

pilfer زەوت دەکا، رێی لێ دەگرێ، رووتی دەکاتەوە؛ (هیچی پێ نایەڵێ، هەموو شتی لێ دەسەنێ)

pilferage رێگری، رووتکردنەوە

pilgrim مێوانی شوێنە ئایینیە پیرۆزەکان؛ حاجی

pilgrimage سەردانیی ئایینی، حەج کردن

pill دەنک یا قورس (ی دەرمانی وشک)، حەب. قورسی بەرگری کردن لە زاووزێ

pillage فەرهوود، تالان، زەوتکردن، دزین. (تالان، زەوت) دەکا؛ بەتایبەتی لە کاتی جەنگ، دەدزێ

pillar ستوون

pillow سەرین، بالیف. سەردەنێتەوە، پاڵ دەداتەوە

pillowcase بەرگە (بالیف، سەرین)

pilot فڕۆکەوان. پێشەنگ، رێ نیشاندەر. رێنما

pilotage فڕۆکەوانی. پێشەنگی. رێنمایی

pimp گەواد؛ بازرگانی کەر بە لەشی (ئافرەت، پیاو، منداڵ) ەوە

pimple دومەڵ (ێکی بچووک)، قینچکە، قنچکە

pin دەمبووس. (پن؛ پی، ئای، ئێن) سێ پیتی کورتکراوەی ژمارەی ناسنامەی کەسی (تایبەتی). بە یەکەوە گرێ

دەدا (یا دەلـکێـنـێ)
- down *دەیـچەقێـنـێ، رایـدەگرێ. شتـێک دیاری دەکا، کەسێک دەناسێـنـێ*
pinafore فۆتـە، سەر (و شان) پۆش
pincers گاز؛ ئـامرازی شت قرتاندن و بـریـن
pinch قـونـجرکـە. قـونـجرکـەی لـێ دەدا
pincushion (ئـیسفـەنـج، لـباد)ی دەمبـووسان
pine دار سنـۆبـەر
- away *دەتـاوێـتـەوە لـە (خەفـەت، داخ)ان، لاواز (باریـک) دەبـێ*
pineapple دار (و بـەر (میـوە)) ی ئـەنـاناس
pinion پـەڕ ((ەمووچ)ی بـاڵ (ی بـاڵـندە، مەل)). بـاڵـی دەکا؛ پـەڕەمووچی فـڕیـنـی بـاڵـندەیـەک دەبـڕێ تـا نـەفـڕێ
pink گوڵـی قـەنـەفـڵ{ر}. پـەمبـە، پـەمـە (رەنـگ)
pinnacle تـرۆپک، لـووتـکـە، تـەپـڵـی سەر. بـورجی خانوویـەکی گـەورە. (گومـەت، گومبـەت)ێکی درێـژ(وکانـی)
pint یـەکـەیـەکی بـەریـتانـی یـە بـۆ پـێوانـی شلـە
pioneer پـێشەنـگ، رێـخۆشکـەر
pious خواپـەرست، ئـاییـنـدار
pip (نـاوک، تـۆ(و))ی (سێـو، تـرێ، پـرتـەقاڵ، هتـد). نـاوکی لـێ دەردەکا
pipe (بـۆڕی، لـوولـە، بـەلـووعە)ی (ئـاسن، بـاغە، هتـد). شمشاڵ{ر}. دووزەلـە. دەژەنـێ
pipeline هێـڵـی گواستـنـەوە (ی نـەوت بـەتایبـەتـی) بـە (لـوولـە، بـۆڕی). رێگای گواستـنـەوەی (شتومـەک، زانـیاری، هەواڵ، هتـد)
in the - *بـەرێـوەیـە، ئـامادە دەکـرێ، باسـی لـێـوە دەکـرێ*
piper شمشاڵـژەن
piquancy کـەسکوونـی، بـۆنـداری. شادی، (دڵ)خۆشی
piquant (تام، بـۆ) تـیژ یا تـونـد، کـەسکوون، بـۆنـدار. شادی هێـنـە، دڵـخۆشکـەرە
pique تووڕەبـوون، نـارەزایـی. هەستـی بـریـنـدار دەکا
pirate (چەتـە، دز، جەردە)ی دەریا
piscatorial پـەیـوەنـدە بـە ماسیگر یا راوە ماسی
pistachio پستـە، فـستـق
pistil ئـەنـدامی مێـیـنـە لـە درەخت
pistol دەمانـچە
piston پـەستـین، پـەستێـنـەر
pit قـۆرت، چاڵ. کانـزای سەر زەوی (لـە چاڵـی گـەورەوە، نـەوەک ژێـر زەوی یا کـون)، مـەعدەن
pitch قـیر، قـەتـران. هاوێـشتـن. لـێـژی. پـلـەکانـی دەنـگ. نـاوک. کانـزا، کانـگا. گۆڕەپانـی یـاری. مـەودای نـێوان دوو (خاڵ، هێـڵ، پـیتـی نـووسین، هتـد). (رەشماڵ) هەڵـدەدا. تـێدەگرێ، دەهاوێ
- black *رەش؛ ی قـەتـرانـی*
- dark *تـاریکـە؛ چاو چاو نـابـیـنـێ*
pitcher جەڕە، شەربـە. تـۆپ

هاوێژ لە یاری دا

pitchfork شەنە. (شەن، شەنەبا) دەکا

pitch-pine جۆرە دارێکە شلەی (لیچ، قیراوی) دەردەدا

piteous مایەی بەزەییە، غەمگینە

pitfall هەڵدێر. کەمین. تەڵە، تۆڕ

pith ناو، ناخ. هێز، وزە

pitiable مایەی بەزەییە، غەمگینە

pitiful خەمناکە، غەم هێنە

pitiless بێبەزەیی، بێ بەزەییانە

pitman کانچی، مەعدەنچی

pittance مووچەیەکی کەم، نەمرە و نەژی

pituitary پەیوەندی هەیە بە بەڵغەمەوە

pity بەزەیی، زگ پێ سووتان، داخ بۆ خواردن. حەیفێ!، شەرمە!. بەزەیی پێدا دێتەوە، زگی پێ دەسووتێ

what a - ! *جێی داخە. حەیفێ !*

pivot تەوەر، چەق، جومگە. ریزە، رێزە

placable بەخشندە، بەسۆز

placard ئاگاداریی هەڵواسراو. بانگەواز، بڵاوکردنەوە

place شوێن، جێگە. دادەنێ

in - of *لە جێی، لە شوێن*

in the first - *لە سەرەتادا، یەکەمجار*

take - *روودەدا، دەقەومێ*

placenta منداڵدان و خوێن و خیزاوێ کە (پاش، لەگەڵ) منداڵ بوون دێ

placid ئارام، هێدی، لەسەرەخۆ

plagiarism فێڵ، دزین (ی کاری کەسێکی دی بە تایبەت لە تاقیکردنەوەی خوێندکاران‌دا؛ قۆپیە کردن)

plagiarize فێڵدەکا، دەدزی، قۆپیە دەکا

plague دەردوبەلای (ولاتگر، بەرفراوان، زۆر بڵاو)، تاعوون. بەلا. (هەراسان، پەریشان) دەکا

plaice (جۆرێکە لە) ماسی

plain سووک، ئاسان. سادە (رەنگ). بانی(ی)، دەشت، گۆڕ. راستە (پ؛ خوار و خێچ). روونە، ئاشکرایە

- clothes *جلی (سادە، ئاسایی) ؛ نەوەک هی ئیش یا فەرمانبەری*

- coffee *قاوەی سادە؛ بە بێ شیر*

- dealing *مامەڵەی راست ودروست (کردن)*

- flour *ئاردی نان (ی ئاسایی)*

- sailing *کارێکی سووک و ئاسان (ە)*

- spoken *بەرەو ڕوو، راشکاو، راستگۆ*

- woman *ئافرەتێکی سادە(یە)؛ بە بێ جوانی یەکی شایانی باس(ە)*

plainly بە روونی، بە ئاشکرایی، بە دڵسۆزی

plainness سادەیی، ئاسانی.

راستـی (پ؛ خوار و خێچی).
روونـی، ئاشکرایـی

plaint تـاوانبـارکـردن، تـومـەت خستنـە پاڵ. گلـەیـی، گازانـدە

plaintiff گازانـدەکـەر لـە دادگا

plaintive غەمگـیـن، داخدار. بـە گلـەیـی، گازانـدە کـەر

plait قـەد، دەق. کـەزی. قـەد دەکا. کـەزی دەکا

plan نـەخشە، پـلان. نـەخشە دەکێشێ، پـلان دادەڕێژێ

plane روو، رووبـەر. گـۆڕ، بـانـی. خۆشکراو، ئامادەکراو

planet ئـەستێرە. گـەردوون

planetary ئـەستێرەوانـی، پـەیوەنـدە بـە ئـەستێرەوە

plank تـەختـە دارێکی ئـەستوور. تـەختـەی لـێدەدا، دایـدەپۆشێ

plant رووەک. دەڕوێنـێ، دەچێنـێ

plantation روانـدن، چانـدن

planter بـاخچەوان، خاوەن شینـایـی

plantigrade قـیت(ەوە) بـوو، لـە سەر نـووکی پـەنـجە دەڕوا

plasma پـلازما؛ بـەشێکی پـێکـهێنـەری خوێنـە

plaster لـکێنـەر. تێکـەڵـەی (مالـنـج، دیـوار) دروست کـردن

plastic (نـایـلـۆن، بـاغە، هتـد)ی بـەرهەمـی نـەوت

plate قـاپ. تـەختـە، چینـکۆ. زیـوکاری. مالـنـج دەکا، دەمالـی پـێدا، دادەپۆشێ بـە. دەگرێ (بـە تـەختـە)

plateau بـانـیی؛ (گـۆڕەپـان، رووبـەر) ێکـی بـەرز، گـۆڕ سەکۆ. کۆگـە؛ جێـی

platform کۆبـوونـەوە. کـۆڕ

platinum پـلاتـیـن. رەگـەزی پـلاتـیـن (کـیمیا). زێڕی سپـی

Plato ئـەفلاتـوون؛ دانـا (فـەیلـەسووف)ی یـۆنـانـی نـاودار

Platonic (1) (هی، تـایـبـەتـە بـە) ئـەفلاتـۆن؛ و بـیـیر و بـاوڕەکان ی

platonic (2) (دۆستایـەتـی. خۆشەویستـی)ی (پـاک. بـێگـەرد، پـاراو. بـێ(پـێکـەوە)جووتـبـوون)

platten رادەخا. تـەنـک دەکا، دەکوتـێ، تـەخت دەکا

platter (سێنـی، سینـی)ی نـان لـەسەر خواردن

plaudit ستایشکردن، پـێدا (هەڵـگوتـن، هەڵـدان)

plausible خوازراو، ویستـراو. پـەسەنـد (کراو)

play گـەمـە، یـاری. شانـۆگـەری. نـوانـدن. گـەمـان دەکا. رۆل دەگێـڕێ. قـومـار دەکا. مۆسیـقـا دەژەنـێ

fair - *گـەمـەی جوان و خاوێـن و بـێ فـرتـو فـێڵ*

foul - *گـەمـەی بـە فـرتـو فـێڵ و تـەڵـەکـەبـازی*

playful گـەمـەکـەر، گاڵـتـەچی

playground یـاریـگـە (ی منـاڵان)

playhouse شانـۆ (خانـە)، تـیاتـرۆ

playmate ولاش یـاری، هەڤاڵ لـە یـاری دا

plaything گـەمـە، یـاری

playwright نـووسەری شانـۆ

plea داوا، پاڕانـەوە. بـەرگـری کـردنـی تـاوانـبـار کـراو لـەخۆی. بـیانـوو، هەنـجەت

plead داوا دەکا، تـکا دەکا، دەپاڕێتـەوە. بـەرگری دەکا لـە خۆی (تـاوانـبـار کـراو)

pleading بـەرگـری کـردنـی تـاوانـبـار کـراو لـەخۆی

pleasant ڕووخۆش، دڵـخۆش. خۆشـە، بـەتـامـە

pleasantry گاڵـوە، گاڵـتـەجاڕی، خۆشی، ڕابـواردن

please تـکایـە!. بـفـەرمـوو!. دڵـشادەکا، دڵـخۆشدەکا

- yourself *بـە ئـارەزووی خـۆت، چـۆنـی دەتـەوێـت*

if you - *ئـەگـەر دەتـەوێ. تـکایـە، بـە یارمـەتـی خـۆت*

pleasing دڵـشادکـەرە، دڵـخۆشکـەرە

pleasure خۆشی، ڕابـواردن. هەوەس کـردن

at - *بـە ئـارەزوو*

with - *بـە خـۆشحاڵـی یـەوە، بـەخۆشـی یـەوە*

pleat دەق، قـەد

plebeian کـەسێـکـی ساکـار (و نـەخوێـنـدەوار)، پاڵـە، نـەشارەزا، نـەزان. گشتـی، بـاو (لـە نـاو خەڵـک)

pledge بـەڵـێن. بـەڵـێـن دەدا

pleiads کـۆمـەڵ (وشی، هێـشوو)ی حەوت ئـەستـێـرە (ئـەستـێـرەوانـی)

plenary سەرانـسەری، گـشتـی، هەمـوو

plenipotentiary دەسەڵاتـدار، بـڕیـار بـەدەست (رامیـاری)

plenitude پـڕبـوون، تـێـربـوون، تـەواوبـوون، گـشتـی

plenteous فـرەیـە، زۆرە. تـێـرە، پـڕە. بـە بـەر و بـوومـە

plentiful زۆرە، فـرەیـە. تـێـرە، پـڕە. بـە بـەر و بـوومـە

plenty زۆر، گـەلـەک، فـرە

plethoric گـەلـەک زورە، زیـادە، لـە رادە بـەدەرە

pleurisy نـەخۆشی یـەکـە

plexus تـۆڕ (تـێـک هەڵـکـێـشی)ی دەمارەکان

pliability تـوانـای خوار (بـوون، کـردن)، نـەرمـی، شلـی

pliable شلـە، نـەرمـە؛ خوار (دەبـێ، دەکـرێ)

pliant شلـە، نـەرمـە؛ ئـاسان خوار (دەبـێ، دەکـرێ)

pliers گیـرە، پـلایـس

plight (لـە) بـارودۆخی نـاهەمـوار (بـوون). بـەڵـێـنـدان. بـەڵـێـن دەدا

plimsole = plimsoll

plimsoll پـێـڵاوێـکـی تـایـبـەتـی یـە بـۆ (وەرزش، ڕۆیـشتـن، هتـد)

plod بـە مانـدوویـی ڕێـدەکا، لـە سەرەخۆ (و بـەردەوام) کار دەکا

plot پـیـلان. پـلان، نـەخشە. تـەگـبـیـر. پـارچە زەوی یـەکـی بـچووک (سنـوور (دار، دیـار)). پـیـلان دەگـێـڕێ. نـەخشە دەکـێـشی. تـەگـبـیـر دەکا

plotter دەزگـای (کـارەبـایـی، ئـەلـیـکـترۆنـی)ی تـایـبـەت بـە چاپـکـردنـی نـەخشە

plotting پـیـلان گـێـڕان

plough هەوجار؛ ئـامـێـری (کـۆنـی)

جووت. دەکێڵێ، دەکێڕی
- *share* *خەتی هەوجاڕ*
plover زیقزیقە؛ مەلە، باڵندە یە
pluck گورجی، چوستی، ئازایی
plucky گورجە، چوستە، ئازایە. لێ دەکاتەوە، رادەکێشی، دەردەهێنی
plug دەر، سەرقەپاغ، تەپەدوور (ی سەر شووشە). پلاک (ی کارەبا). دەگرێ، قەپات دەکا، سەری دەگرێ
- *in* *دەخاتە ناو، دەگەیەنێ بە (خاڵی، شوێنی) کارەبا*
plum عینجاس؛ میوەیەکی (شیرنە مزرە، ترش باوە). ڕەنگی مۆری سووربباو
plumage پەڕ(ەمووچ)ی (باڵندە، مەل)
plumb تۆپێکی بچووکی قورقۆشم بە دوای داوێکەوە. دیوار تەرازوو دەکا. بۆریچێتی دەکا
- *line* *تەرازووی وەستا، شاقوولی وەستا*
out of - *ڕاست نییە، خوارە، شاقوولی نییە*
plumber بۆریچی
plume پەڕ (ی باڵندە، مەل). پەڕەمووچێکی گەورە بە سەر کڵاو (ی ژنان)ەوە. خۆ (خوراندن، ڕێکخستن)ی باڵندە بە دەنووکی
plump خڕپن؛ کورت و قەڵەو{ڵ}، پڕ، خڕوپڕ، گۆشتن؛ بە گۆشت. هەڵدەبژێرێ، بڕیار دەدا لە سەر
plumpness خڕوپڕی، قەڵەوی{ڕ}، خڕپنی، پڕی، گۆشتنی

plunder دزی، ڕووتکردنەوە، تاڵان. چەوساندنەوە، بەکارهێنان. دەدزێ، ڕووت دەکاتەوە، تاڵان دەکا. دەچەوسێنێتەوە، بەکار دەهێنێ. زەوی (زەفت، زەوت) دەکا
plunge نوقمبون، هاتنەخوار، خۆهەڵدان. نوقم (دەبێ، دەکا). (قەڵەم) باز دەدا، خۆ هەڵدەدا، زەرگ داوێ (لە مەلەوان)
plunger دەزگای (بۆڕی، لوولە پاک کەرەوە؛ بە تێپەستان و ڕاکێشانی هەوا بە هۆی سەرە (ڕەحەتی ئاسا)کەی یەوە
pluperfect شێوەی ڕابوردووی (زۆر، تەواو) دوور
plural کۆ، شێوەی کۆ؛ لە ڕێزمان
plurality زۆر (هەبوون، بوون)، زۆری. زۆربە، زوربەی
plus و. هەروەها. کۆ(کراو). سەرووی سفر، سفر و سەرەوە تر
- *sign* *(+) ؛ نیشانەی (کۆ کردن، خستنە سەر) لە ماتماتیک*
a - *زێدە (باشە، خاسە)، خاسترە. قازانجە*
pluvial بە بارانە، باراناوی یە. بارانە. بەهۆی بارانەوە؛ باران (هێناویەتی، درووستی کردووە)
pluvio-meter باران پێو؛ دەزگایەکە بۆ (کۆکردنەوە، بەخۆوە گرتنی)ی ژمارەی چەندێکی سێگۆشە لە ئاوی باران لە (کات، ماوە)یێکی دیاریکراو دا
ply قەد، دەق. سوور دەبێ.

دووباره دەکاتەوە. بەردەوام دەبێ

plying سوور بوون. بەردەوام بوون

plywood تەختە داری (پان کراو، سازکراو)

pm کورتکراوەیە بۆ ئەمانەی خوارەوە؛

= *post meridiem* *پاش نیوڕانی، دوای نیوەڕۆ*

= *post mortem* *پاش مردن*

= *Prime Minister* *سەرەک وەزیر(ان)*

pneumatic هەواییە، پڕە لە هەوا. بە پاڵەپەستۆی هەوا کار دەکا

pneumatics زانستی هەوا و گازەکان

pneumoconiosis نەخۆشی یەکی سی یە بە هۆی هەڵمژینی تۆز و گەردی ورد تووش دەبێ

pneumonia (نەخۆشی، ئاوسان، برینداری) یەک یا هەردوو سی (یەکان)

PO کورت کراوەیە بەم واتای خوارەوە؛

= *Post Office* *(دەمەزراو، بەڕێوەبەری)ی نامەو شت گواستنەوە، بەرید*

PO box ژمارەی (باول، سندووق) ی (نامە، بەرید) لە (جێنیشان، ناونیشان)دا

poach هێلکە (لە ئاودا) دەکوڵێنێ. بە (دزی، نایاسایی) ماسی (یا شتی تر) دەگرێ (یا راو دەکا)

pock ماک (ی سەر پێست (ی لەش)) ، جێ (قینچکە، قنچکە)

- *mark* *بڕوانە سەرەوە*

pocket بەرک، گیرفان. کیسە. دەخاتە گیرفانەوە

- *an insult* *ددان بە خۆیدا دەگرێ*

- *knife* *قەڵەمبڕ؛ چەقوەکی گچکەیە و دەنوشتێتەوە*

- *money* *پارەی گیرفان؛ بۆ کڕینی وردەواڵە*

pod (تۆکڵ، توێکڵ، کیفک)ە پاقلە؛ کەوا چەند دانە پاقلەی تێدایە

podginess خڕپنی، گوشتنی، خڕوپڕی، کورتی و قەڵەوی{ر}

podgy کورت و قەرەو{ڵ}. گۆشتن، خڕپن، پڕ، خڕوپڕ

poem هۆنراوە، شیعر

poet هۆنەر، شاعیر (ی نێر ینە)

- *laureate* *شاعیری دەربار (ی شا(هنشا)، سەرۆک، هتد)*

poetess هۆنەر، شاعیر (ی مێ ینە)

poetic(al) (هۆنراوە، ئەندێشە، دەروونی)ی یە

poetry هۆنین (ی شیعر)، شیعر دانان. هۆنراوە، شیعر

poignancy کارتێکردن. توندی، تیژی، بەکاری، کاریگەری. (بۆن، تام) تیژی

poignant کارتێکەر. توند، تیژ، بەکار، کاریگەر. (بۆن، تام) تیژ

point خاڵ. شوێن. نووک. مەبەست. دەست نیشاندەکا. تیژدەکا. خاڵ دادەنێ

- *blank* *تەقەی زۆر لە نزیکەوە. زۆر نزیکە. راستەوخۆ، بە ئاشکرا. بە نزیکی.*

راستەوخۆ یانە

- of view *روانگە، بۆچوون.*
خالّی (لێوە، تێ) راوانین

- out *دەستنیشان دەکا،*
وەدەردەخا، سەرنجی بۆ
رادەکێشێ

- up *گرنگیی پێ دەدا*

to the - *ورد(ە)، بەوردی یە،*
لەناخی دا، (رێک، بێ پێچ و
پەنا) باسی دەکا

pointed نووکدارە، تیژە، بە
ددانە

pointer نیشاندەر، میلی
کاتژمێر. سەگی راو

pointless بێهودە، بێئەنجام،
بێبەر

poise قورسایی، کێش. پارسەنگ
کردن، هاوکێشە کردن. پارسەنگ
دەکا، هاوکێشە دەکا

poison ژەهر، زەهر.
دەرمانخوارد دەکا

poisonous ژەهراوی،
بەزەهر

poke پالّی دەنێ بە (دەست، دار)
. (پل، پت، سەری پەنجە)ی لێ
دەدا (یا دەهاوێ). کون دەکا،
تێ دەچەقێنێ

poker ئاسنی ئاگر تێکدان.
یاری یەکی (کاغەز، کارت)ە

polar (هی، پەیوەندە بە)
یەکێک لە دوو (تەوەرچەق،
سەهۆڵبەند) ی سەروو و خواروو
(ی زەوی)

- bear *(ورچ، هرچ)ی*
سەهۆڵبەندەکانی سەر و خواری
زەوی

- circle *بازنەی (بەستەڵەک،*
سەهۆڵبەند)ی سەر و خواری
زەوی

polarity تەوەرچەقیی، هێزی
راکێشان

pole تەوەر. تەوەری
سوورانەوەی (زەوی، گەردوون،
هتد). دار (یێک درێژ)ی
چەقێندراو. (ئەم، ئەو) (سەر،
نووک)ی (موقناتیز، زەوی، هتد)

-s apart *زۆر جیاوازن،*
نێوانیان زۆرە

polemic گفتوگۆ و دوان بە
توندی و تیژی. (هونەر، زانست)
ی دوان(دن) یا لێکۆڵینەوە،
جەدەل(یات)

polestar ئەستێرەی (باکوور،
سەروو)

police پۆلیس، حەسحەس،
هەیتە

policeman پۆلیس (ی نێرینە)

policewoman پۆلیس (ی مێ ینە)

policy پلان، تەگبیر. (چۆنیەتی،
رێوجێ، شێوە)ی کارکردن.
بەڵگە، سەنەد

polish (1) (هی، خەڵک، زمان)ی
ولاتی پۆڵەندا یە. لووس کردن،
سواق دان. لووسی دەکا، سواقی
دەدا، پیا دەمالّێ

polish (2) (هی، خەڵک، زمان)ی
ولاتی پۆڵەندا یە

polished داپۆشراو. لووسکراو،
رێک (خراو)

polite ژیر، پەروەردە (دار،
کراو)، بە داب و نەرێت

politeness ژیری،
پەروەردەداری

politic کەسێکی (زیرەک(ە)، ژیر. دووربین(ە)). کارێکی (بە ڕێوجێ (یە)، ڕاست، ژیرانە)

political ڕامیاری (یە)، سیاسی (یە)

- asylum *پەناهەندەیی سیاسی؛ مافی داڵدە وەرگرتن و حەوانەوە لە وڵاتێکی دیکە*

- economy *زانستی ئابووری ڕامیاری*

- geography *جوگرافیای (شوێن، دانیشتوان، سنوور، مایە، هتد)ی وڵاتان*

- prisoner *زیندانیکراو بە هۆی ڕامیاری*

- science *زانستی سیاسەت*

politician ڕامیار (ی زان)، سیاسی، سیاسەتمەدار

politics ڕامیاری، سیاسەت؛ هونەر و زانستی فەرمانڕەوایی

polity شێوە و کردەوەی فەرمانڕەوایی شارستانی. کۆمەڵگای ڕێکخراو؛ وڵات، دەوڵەت

poll سەر. ڕا وەرگرتن. تۆماری هەڵبژاردن. سەرژمێری دەکا. ڕا وەردەگرێ. ناونووس دەکا

pollen تۆوی زاوزێی گوڵ و دار و درەخت

pollinate تۆوی گوڵی نێر (دەگوازێتەوە بۆ، دەپرژێنرێتە سەر) هی مێ ینە

pollute (ئاو و هەوا) (لێڵ، لێخن) دەکا

pollution لێڵ کردن، لێڵ بوون (ی ئاو و هەوا)

polo یاری یەکی وەکوو قاشوانێ (هۆکی) یە

poltroon ترسنۆک

poly (پێشگر، پێشکۆ)یە بە واتی (فرە، زۆر)

polyandry فرە مێرد داری؛ ژنێک چەند مێردێکی هەبێ

polychromatic هەمەڕەنگ، فرەڕەنگ. فرە (تیشک، شەپۆڵ)

polyclinic نەخۆشخانەی گشتی؛ کە چارەسەریی زۆر نەخۆشیی تێدا بکرێ

polyester (کوتاڵ، قوماش)ی لە نایلۆن دروست کراو

polygamy هەبوونی زیاد لە یەک هاوسەر (یا مێرد) لە هەمان کات دا

polyglot زۆر زمان (دەزانێ، بەکار دەهێنێ)، بە زۆر زمان نووسراوە

polygon فرەگۆشە، فرەلا

polygraph دەزگایەکە بۆ (نیشاندان، دەرخستن، وێنەکێشان)ی تایبەتمەندی یەکانی شتێک

polygyny فرەژنی؛ پیاوێک پتر لە یەک ژنی هەبێ

polyhedral (بەر)جەستەیەکی ئەندازە کراو کە زۆر ڕووی هەبێ

polymer پێکهاتەیەکی کیمیاوی یە لە تۆپەڵ بوونی گەردیلەی بچووک بو پێکهێنانی هی گەورەتر و (جیا لە پێشان)

polysyllabic وشەیەک کە لە چەند بەش پێک هاتبێ

polytechnic کۆلیج (ێک) کە چەند بابەتی خوێندنی لێ بخوێندرێ

polytheism بڕوابوون بە (

هەبونی) فرە خوایی

pomade مەرحەمێکی بۆندارە بۆ سەر و پرچ، رۆنی قژ

pomegranate (دار، بەر)ی هەنار

pommel دەسگیر، دەسک. جێی خۆ پێوە گرتن لە زین

pomp خۆپیشاندان، شکۆ دەرخستن. مەزنی، گەورەیی

pompous مەزن، شکۆدار. خۆ بە زل زان، خۆ فشکەرەوە

pond گۆل، گۆم

ponder لێی ورد دەبێتەوە، هەلّی دەسەنگێنێ، تێی دەروانێ. بیر دەکاتەوە

ponderable لە (کێشان، هەلّسەنگاندن) هاتوو؛ دەکێشرێ

ponderous زۆر قورس. زۆر گرنگ (یا ترسناک)

poniard خەنجەر. خەنجەری لێ دەدا

pontiff پاپا (ی ڤاتیکان (لە رۆما))

pontifical (هی، تایبەتە بە، پەیوەندە بە) پاپا وە

pontoon کەرەکی{لّ} پەڕینەوە لە ئاو

pony هێستر (یێکی لاق کورتە)

pool گۆل. ریز، چەندێک

swimming - گۆلی مەلە

poop (دواوە، پشتەوە)ی پاپۆڕ. تەقە دەکا، دەنگی (لێوە) دێ

poor هەژار، نەدار، دەستکورت. لاواز، بێهێز. خەراپ

poorly بە هەژاری. بە لاوازی. بە خەراپی

pop سەرهەلّدان. تەقین، تەقە. جۆرە (ئاواز، مۆسیقا)یەکە. باوک، باب. سەرهەلّدەدا، دەتەقێ

- corn گەنمەشامیی برژاو؛ هی (هەلّ) تەقیو

- eyed چاو دەرپەڕیو

popcorn گەنمەشامیی برژاو (تەقیو)

pope پاپا (ی ڤاتیکان (لە رۆما))

popery مەزەبی پاپایی؛ کاثۆلیکی

popgun تفەنگۆکەی (گەمەی) منداڵان

popinjay تووتی، بەبەغا

popish پاپایی؛ کاثۆلیکی

poplar جۆرە دارێکە

poppy کوریکە نیسان، گولّی یادکردنەوەی (شەهیدان، کوژراوان) ی جەنگ؛ لە بریتانیا

populace خەلّک، جەماوەر، گەل

popular باو، خوازراو، خۆشەویست (لە لای خەلّک)

popularise برەوی بۆ پەیدا دەکا، ناوبانگی بۆ پەیدا دەکا

popularity ناوبانگ، برەو، جەماوەری بوون

populate خەلّکی (بۆ دەنێرێ، لێ نیشتەجێ دەکا). شتی دەخاتێ

population دانیشتوان، بوان. خەلّک. نیشتەجێ نیشتەجێ کردن

populous چرە. خەلّکی فرەیە، پڕخەلّکە

porcelain فەخفووری، چینی

porch دەرگای پێشوازی سەر گیراو

porcupine جۆرە ژووژگ یێکە

pore کونی پێستی لەش، کونی ئارەقە کردن

pork گۆشتی بەراز

porn (نیشاندان، دەربڕین)ی ئاشکرای چالاکیی (بە تەواوی رووتبوون، جووتبون)ی نێر و مێ لە (ئینتەرنێت، نووسین، فلیم، هتد)

porno = porn

pornography بڕوانە سەرەوە

porosity کونکونی، فرەکونی، وەک ئیسفەنج بوون (بەلام بەبێ مرجی نەرمی)

porous کونکونە، کونی زۆرە

porpoise بەرازی دەریا؛ جۆرە ماسی یەکە

porridge تێکوشە، خواردنی تێکوشراو، تەشریب

port بەندەر؛ ویستگای پشوو و شوێنی بار داگرتن و بارکردنی پاپۆڕان. لای چەپی پاپۆڕ. (دەرگا، دەروازە، کون)ێک لە تەنیشت پاپۆڕەوە بۆ بار (کردن، داگرتن)

portable لە گواستنەوە هاتوو؛ دەگوازرێتەوە، هەڵدەگیرێ. سەفەری یە

portage کرێی حەمباڵی، کرێی گواستنەوە

portal دەروازە، دەرگا

portend شووم دەهێنێ. هەڕەشە دەکا

portent نیشانەی شووم. هەڕەشە

portentous شوومە

porter دەرگەوان، پاسەوان. حەمبار، حەماڵ، بار هەڵگر

porterage کرێی حەمباڵی، کرێی گواستنەوە

portfolio هەگبەی کاغەز و بەڵگەنامە. (پیشە، کورسی)ی وەزیری

porthole کونێکە لە تەنیشت (پاپۆڕ، کەشتی) بۆ بارکردن (و بار داگرتن)

portico ڕێڕەوێکی بە ستوون و سەر داپۆشراو

portion بەش، لەت، جێ. جەم، ژەم. (بەشبەش، لەتلەت، پارچە) دەکا

portliness شکۆداری، جوامێری. زلی، زەبەلاحی

portly شکۆدارە، جوامێرە. زل، زەبەلاح

pose بارودۆخێکی دروست کراو. وەستانێکی دەسکرد

position جێ، شوێن، شوێنی دیاریکراو. لەجێی دادەنێ

positive باش، چاک. ئەرێ، باشە!. (+)

positively بەباشی

possess هەیەتی؛ خاوەنیەتی، دەیبێ؛ دەبێتە خاوەنی. تایبەتمەندیی خۆیەتی، دەیگرێتە خۆی

possessed مێشکی (قالە، دزراوە) بە هۆی (خۆشەویستی، جنۆکە، هتد). بەخاوەن،

خاوەندار

possession هەبوون، دارایی. گرتنە خۆ

possessive (ئارەزوودار، خوازیار)ی (خاوەنداری، شت هەبوون)

possibility شیان، ئەگەری بوون، ئەگەری هەبوون

possible دەشێ. دەکرێ، لەوانەیە. دەبێ. بۆیهەیە، رەنگە

possibly لەوانەیە، بۆیهەیە، رەنگە

post (1) قووچەک. ئەستووندەگ. ئاگاداری یەک هەڵدەواسێ؛ لە شێوەی پۆستەر

post (2) هێنان و بردنی نامەو ئەو بابەتانە؛ بەرید. دەنێرێ؛ نامە. پلە، پایە؛ لە بەڕێوەبەری یەک

- card *کارتی جێژنانە یا بۆنەیەکی دی*

سندووقی بەڕێوەبەریی بەرید

post (3) پێشکرە بەواتای ((لە) پاش، دوای، پشتەوە)

- haste *ئەوپەڕی خێرایی، گەلێک بە خێرایی*

- meridiem (pm) *دوای نیوەڕۆ، پاش نیوڕانی*

- mortem *پاش مردن*

پشکنینی پزیشکیی جەستەی مردوو

- nuptial *هی پاش ژنهێنانە. هی ژن و مێردی یە*

postage کرێی ناردن (پۆستکردنی)ی (نامە، بوخچە) یەک

- stamp *پوولی ناردن. مۆری ناردن*

postal پەیوەندە بە بەڕێوەبەری هێنان و بردنی نامەوە

- order *پارە ناردن بە ڕێگەی (بەڵگەی) بەرید*

postdate دواکەوتوو. بەرواری پێش دەخا

posterior پاشکەوتوو، دواکەوتوو. هی دواوە، هی پاشان

posteriority پاشکەوتن، دواکەوتن. بەجێمان، لەپاشمان

posterity نەوەکان (ی داهاتوو)

posting ناردن

postman نامەبەر، فەرمانبەری بەرید

postmark مۆری بەروار (ی سەر نامە)

postmaster بەڕێوەبەری بەرید

postmeridian (pm) پاش نیوڕانی، دوای نیوەڕۆ

postpone هەڵدەپەسێرێ، رایدەگرێ، دوایدەخا

postponement هەڵپەساردن، راگرتن، دواخستن

postscript پەراوێز، دامێن

postulate بە پێش مەرجی (دەزانێ، دادەنێ). وا دەگرێ، وا دادەنێ، بە سەلماو (دادەنێ، دەزانێ). (پێش)مەرج. سەلماو، دانراو

posture پۆز، شێوەی راوەستان، هەڵکەوتن، بار. (بە بارێک، بە شێوەیەک) رادەوەستێ، پۆز وەردەگرێ

post-war لـه پاش جەنـگ، (هی، تایبـەتـە بـە) دوای جەنـگ

posy نـەخشی سەر (ئـەنـگوستیـلـە، مستیـلـە). (دەسک، چەپک)ە گـوڵ (یـێک)

pot مـەنـجـەر{ڵ}. گـوردان{ڵ}. دەخاتـە نـاو

- lid *سەرقـاپ، سەرمـەنـجـەڵ*

- plant *رووەکـێ لـە گـوڵـدانـدا بـچێنـرێ*

- roast *گـۆشتـی پـیشاو؛ لـەسەرەخۆ (بـرژاو، کـولـێنـراو)*

tea - *چایـەپـەست، چاپـەست*

potable هی خواردنـەوەیـە؛ دەخورێتـەوە

potash قـەڵـی

potassium رەگـەزی پـۆتـاسیـۆم (کیـمیـا)

potation خواردنـەوە (یـەک)، چۆرێـک، قـومێـک. (کاری) خواردنـەوە

potato پـەتـاتـە

potency هێـز، کاریـگـەری، تـوانـا، دەسەلات

potent بـەهێـز، کاریـگـەر، بـەتـوانـا

potentate شا، دەسەلاتـدار، فـەرمانـرەوا

potential تـوانـای (شاراوە، نـادیـار)، لـەوانـەیـە بـتـوانـێ، دەگـرێ بـیـکـا، پـێـی دەکـرێ، ئـەگـەری روودانـی هەیـە. وزە، هێـز

electric - *هێـزی کـارەبـا*

potion چۆرێـک، قـومێـک (لـە دەرمـانـێـکـی شل)

potsherd (جەرە، فـەخفـووری)ی شکاو، پـارچە (جەرە، فـەخفـووری) یـەک

pottage مـەرەگـە، شلـە، تـەشریـب

potter گـۆزەچی، گـۆزەساز. فـەخفـووری ساز

pottery گـۆزە، جەرە، شەربـە. فـەخفـووری

pouch گـیـرفـان، بـەرک، کیـسە، جزدان، کیـفـک

poulterer مـریـشک فـرۆش. (مـەل، بـاڵـنـدە) فـرۆش

poultice (کـوتـاڵ، قـومـاش)ی بـریـن پـێـچان

poultry مـریـشک و مـەلـی مـاڵـی

pounce جنجرۆک، نـیـنـۆک، نـوخان. هەڵـکـوتـان، بـاز(دان)، قـەڵـەمبـاز

- on *هەڵـدەکـوتـێـتـە سەر*

- upon *پـڕی دەداتـێ*

pound (1) یـەکـەی (بـنـچیـنـەیـی، سەرەکیـی) (دراو؛ پـارە)ی بـەریـتـانـیـا (و چەنـد ولاتـێـکـی دی) یـە

- coin *دراو (پـارە)ی یـەک پـاوەنـد ی ئـاسن*

pound (2) یـەکـەیـەکـی پـێـوانـەی کـێش (قـورسایـی)ە لـە بـەریـتـانـیـا؛ دەکاتـە ٤٥٤گـم

pound (3) شوێـنـی هێـشتـنـەوەی ئـۆتـومـبـیـل (یـا ئـاژەڵ)ی تـوور دراو تـا خاوەنـی پـەیـدا دەبـێ

pound (4) دەهاڕێ، ورد دەکا. تـۆپ بـاران دەکا. (دڵ) (خـەراپ، خێـرا، قـورس) لـێ دەدا (دڵـەکـوتـە دەکا)

poundage تـەرازووانـە بـە پـاوەنـد، بـەشە پـاوەنـدی (

فرۆشیار، دوکاندار) لە هەر پاوەندێکی شتە فرۆشراوەکە

pour ڕووی‌دەکا (شلە)، تێیدەکا (شلە)، دەڕژێتە ناو

pout ڕووی گرژ دەکا، لچی هەڵدەهێنێ (بادەدا)؛ (لە، بۆ) نارەزایی (نارازیبوون)

poverty هەژاری، نەداری، دەستکورتی

powder هاراو، ئارد. دەرمان (یکی (هـ)ورد (ئارد)). پۆدرە{ب}. باروت. (هـ)ورد دەکا، دەهاڕێ

power تین، تێن. هێز. ئامراز

powerful بەتین، بەتێن. بەهێز

powerless بێ‌تین، بێ تێن. هێز لێبراو

pox خوریکە، مێکوتە

chicken - مێکوتە

practicability کردەنی بوون، لەکردن هاتن

practicable کردەنی یە، لە کردن دێ

practical لە پیادەکردن‌هاتوو؛ پیادەکراو، کردەوەیی

practically بە کردەوە

practice کردەوە، مەشق، ڕاهێنان

in - *لەجێبەجێ کردندا، بەکردەوە*

practise مەشق‌دەکا، ڕادەهێنێ، ڕادەینی

practitioner پیشەگەر، خاوەن پیشە؛ بە تایبەتی دوکتۆر (دختۆر)

pragmatic کردەوەیی؛ مامەڵە کردن لە گەڵ شتدا بە (شێوە، تێڕوانین)ێکی کردەوەیی

prairie مێرگ، سەوزایی پان و بەرین (بەلام بێ دار و درەخت)

praise ستایش کردن، پێدا هەڵگوتن، پێدا هەڵدان. سوپاسگوزاری، سوپاس دەکا، پێی دا هەڵ (دەڵێ، دەدا)، ستایشی دەکا

praiseworthy شایانی (ستایش کردن، پێدا هەڵگوتن، بەشان و باڵ هەڵدان)ە

pram (لانک، بێشکە، ڕاگوێزەر، عارەبانە)یەکی بچووکی چوار (یا سێ) پێچکەیی؛ بۆ گواستنەوەی منالی ساوا بە پیادە ڕۆیی

prance هەڵدەبەزێ، ڕادەوەستێ؛ ولاغ لە سەر دوو لاقی پشتەوە. بە سەربەرزی ڕێدەکات، بە بێ منەتی دەڕوات. هەڵبەزین، ڕاوەستان (ە سەر قاچ)

prank گاڵتەیەکی (سەرپێیی، بۆهاتوو)، (پێ)ڕابواردنێک

prate زۆر دەڵێ، قسە زۆر دەکا. قسەی بێ سەر و بەر دەکا

prattle قسەکردنی منالانە. قسەی بێ سەر و بەر دەکا

prawn گیانلەبەرێکی ئاویی گۆشت خۆشە؛ لە قرژاڵ{ڵ} دەچی (بەلام بچووکتر)

pray (نوێژ، نێژ) دەکا. تکا دەکا، دەپاڕێتەوە

prayer نوێژ، نێژ. نوێژکردن. نوێژکەر

- mat *بەرمارنێژ، بەرماڵ نوێژ، بەرماڵی نوێژ*

pre (پێشگر، پێشکۆ)یە بە

pre-Christian (بـەر، پـێش) لـە ئـایـیـنـی عیسایـی

precinct (گۆڕەپان، حەوشە)ی (قـوتـابـخانـە، کـەنـیـسە، هتـد). نـاوچە (یـەک)، شوێـنـێـکـی دیاریـکراو

precious گرانـبـەها، بـەنـرخ، کـەمیـاب

precipice هەڵـدێـر، کـەنـدار، کـەنـدەڵان. دۆخێـکـی مـەتـرسیـدار

precipitant هەڵـەشە، ملـهوڕ، پـەلـەکـەر

precipitate (بـەفـر، زوقـم، هتـد) ی نـیـشتـوو. پـەلـە دەکا. ((خۆ) هەڵـدەداتـە، دەهاوێـتـە،(خۆ) دەخاتـە) نـاو

precipitation هەڵـەشەیـی، ملـهوڕی. (هاتـنـەخوار، کـەوتـن، نـیـشتـن)ی (باران، بـەفـر، زوقـم، هتـد)

precipitous هەڵـدێـرە، زۆر لـێـژە. تـرسنـاکـە

precise ورد(ە)، ڕێـک(ە)

precisely بـەڵـێ وایـە!، فـەمـوودەتـە!؛ ئـەوەی دەیـڵـێـی (وتـت) دروستـە

precision کارەنـدازی. وردی. ڕێـکـی

preclude بـێـبـەری دەکا (لـە)، قـەدەغە دەکا، ڕێـی لـێ دەگرێ

preclusion بـێـبـەری کردن (لـە)، قـەدەغە کـردن، ڕێ لـێـگرتـن

precocious نـاتـەواو، پـێـنـەگـەیـو، (شتـێـک) پـێـشوەختـی خۆی (ڕووبـدا، سەرهەڵـدا، (ب) بـێ)

precocity زوو (پـێ) گـەیـیـن. (پـێ) گـەیـیـنـی (پـێـش، بـەر) لـە واتـای (پـێـش (کات، شوێـن، گـرنـگـی، هتـد))

preach ڕێـنـمایـی (ئـایـیـنـی) دەدا

preacher شێـخ، ڕێـنـمایـیـکـەری ئـایـیـن

preamble پـێـشەکـی، پـێـشگـوتـار

prearrange پـێـشوەخت تـەگـبـیـر دەکا

prearrangement تـەگـبـیـری پـێـشوەخت

precarious نـامـسۆگـەر، نـادیـار. بـە شانـسە؛ لـەسەر شانـس ڕاوەستـاوە

precaution سپـێـرکاری، تـەگـبـیـری (مـەبـادا، نـەبـادا)یـی

precautionary (بـۆ، بـە) (سپـێـرکاری، تـەگـبـیـری (مـەبـادا، نـەبـادا))یـە

precautious سپـێـرکارە، هوشیـاری پـێـشوەختـی هەیـە، تـەگـبـیـرکـەرە

precede (لـە) پـێـشی (دێ. ڕوودەدا). پـێـشی دەکـەوێ، پـێـش (دەکـەوێ. دەخا)

precedence لـەپـێـشبـوون. پـێـشەکـەوتـن. پـێـشخستـن. پـێـشهاتـن، پـێـشڕوودان

precedent لـەپـێـشهاتـوو، پـێـشخراو

precept ڕێـنـمایـی، ڕاهێـنـان. داوای (ڕەوا، بـەجێ)

preceptor ڕێـنـمایـیـکـەر، مامۆستـا، ڕاهێـنـەر

precession (سووڕان، جووڵانـەوە) ی لـە سەرەخۆی یـەک تـەوەر بـە دەوری یـەکـی دی دا

وەخت (ی خۆی)

preconceive خۆئامادە دەکا، پێشوەخت (را، خۆ)ی بۆ ئامادە دەکات، زوو بیری لێ دەکاتەوە

preconception بیر و را هەبوونی پێشوەخت لە سەر (شت، بابەت)ێک، ئامادەیی پێشوەخت، چاوەڕوانی

preconcert زوو تەگبیر دەکا

precondition پێشمەرج، مەرجی سەرەتایی

precursor پێشەنگ، پێشڕەو. مزگێنی دەر، ئاگادار کەرەوە

precursory نیشانە یە، نیشاندەرە. ئاگادار کەری یە

predate پێشی (دێت، دەکەوێ)، (پێش ئەو، بەر لەو) دێت (لە کات دا)

predator گیانلەبەری (یەکتر، خۆ، گۆشت) خۆر

predatory (لەوەڕان، ژیان)ی گیانلەبەر ێک لە سەر گیانی ئەو(ان)ی تر

predecease پێشوەخت دەمرێ، بە ناکامی دەمرێ

predecessor (هی) پێشو، (کارگێر، کەس، شت)ی پێشوو (تر) . پێشینیان، باوباپیران

predestination چارەنووس، قەزا و قەدەر

predestine پێشوەخت (دیاری، دەستنیشان)ی دەکا، زوو بریار دەدا. لە (چارە، نێوچەوانی)ی دەنووسێ

predetermine زوو (یا پێشوەخت) بریار دەدا. پێشوەخت (دیاری، دەستنیشان)ی دەکا

predicament دۆخێکی ناهەموار، تێکەوتن، باری ئاستەنگی

predicate (رادەگەیەنێ، ئاگادار دەکاتەوە) لە بارەی شتێک. بەڵگە دەهێنێتەوە

predication (راگەیاندن، ئاگادارکردنەوە) لە بارەی شتێک. بەڵگە هێنانەوە

predict پێشبینی دەکا

prediction پێشبینی کردن

predilection خواستن، ویستن، پێ خۆشبوون، ئارەزوو لێبون، تامەزرۆیی

predispose کاری تێدەکا بە باشە، ئامادەی دەکا بۆ

predisposition ئامادەیی، ئامادە بوون

predominance زاڵبوون، دەس بەسەراگرتن، بالادەستی

predominant بالادەست، زاڵ (بوو)

predominate زاڵدەبێ ((بە، لە) سەر)، دەسی بەسەردا دەگرێ، بالادەستی پەیا دەکا

pre-eminence بالایی، چاکی، باشی

pre-eminent بالا، لەهەمووان چاتر، هەرە باش

pre-emption (پێشوەخت) رێگەگرتن (لە روودانی شتێک)، نەهێشتنی روودان (ی شتێک)، لەباربردن

preen خۆی (جوان دەکا، رێک دەخا). بە دەنوک خۆی (دەخورێنێ، رێک دەخا) (کۆتر (و باڵندە بە گشتی))

pre-engagement پیکهاتن (یا

پەیوەندی)ی پێشووتر (یا پێشوەخت)

pre-exist هەیە، هەر هەیە، ئامادەیە

pre-existent هی پێشانە، پێشتر هەبووە

preface پێشەکی، پێشوتار، پێشگوتار، پێشگوتە. دەست پێدەکا

prefatory هی دەسپێکە، سەرەتاییە، پێشەکییە

prefer (شتێکی) (زیاتر، خۆشتر، زۆرتر) دەوێ (لە یەکی دی)، پێی باشترە. شکات دەکا، عەریزە دەدا

preferable (زیاتر، خۆشتر، زۆرتر) ویستراو

preference (زیاتر، خۆشتر، زۆرتر) (ویستن، (هەوەس، ئارەزوو) لێبوون)

preferment (رەپێشکردن، بردنە پێش، سەر)، هەڵکێشان. سەرخستنی پلەی (مووچەخۆر، فەرمانبەر)

prefigure (ی خۆی)، (پێشوەخت) بییری لێ دەکاتەوە دێنێتە بەرچاو

prefix (پێشگر، پێشکۆ)(یە)، ئامرازی (پێشگر، پێشکۆ). وەپێشی (وشەی) دەخا، بە پیشەوەی (وشەی) دەلکێنێ

preforma شێوەی سەرەتاییی، پێشبینین، پێشەکی

pregnable بێ بەرگرییە، توانای (چوونە ناو، خزانە ناو)ی هەیە؛ دەبردرێ

pregnancy دووگیانی، ئاوسیی؛ سکداری (ی مێ ینە). توانای ئاوسبوون؛ پێز

phantom - زگە درۆزنە، *سکداریی نادروست (بە روالەت)*

pregnant دووگیان، ئاوس؛ سکدار (بە منال نەوەکوو بە ورگ)، بەزگ

prehension توانای شت گرتن؛ بەتایبەتی بە (کلک، پەل) (ئاژەڵناسی). (شت) وەرگرتن

prehistoric بەر لە مێژووی نووسراو، پێش مێژوو. پێش ئەوەی مێژوو بزانرێ

prejudge بە پەلە بڕیار دەدا. زوو بڕیار دەدا (پێش زانینی راستی یەکان)

prejudice مەبەست. زیان. (نادادی، بێدادی) پێ دەکا، زیانی پێ دەگەیەنێ

without - *بێ نیازی زیان گەیاندن*

prejudicial مەبەستدارە. زیانبەخشە

prelate بەڕیوەبەری کەنیسە، مەتران، قەشە

preliminary سەرەتایی، پێشەکی، هی یەکەم جار

prelude پێشەکی؛ بەشی پێشەوەی هۆنراوەیەک. دەسپێک. پێشەکی دەدا، دەسپێدەکا

premarital هەبوونی پەیوندیی نێوان نێر و مێ (و بەتایبەت پێکەوە جووتبوونیان) پێش ژنومێردی (ی بە رێ و جێ (ی باو))

premature زووە، پێ نەگەییوە. پێشوەخت؛ ناوەخت. پەلە لێکراو

prematurely بە زوویی، بە نەگەییوی. پێشوەختانە. بە پەلە

premedication دەرمان (دان، خواردن)ی پێش نەشتەر گەری

premeditate بە تەگبیر ئەنجامی دەدا. (پێشوەخت) پلان دادەنێ

premeditation (بیرکردنەوە، تەگبیر، بڕیار)ی کردنی شتێک پێش ئەنجامدان ی

premier یەکەم. وەزیری یەکەم؛ سەرەک وەزیر

premise دانان، گرین؛ لە سەر (بنەما، بنەڕەت)ی زانیاری پێشووتر

premises خانووبەرە، شوێن

premium لانی (بنەڕەت، بنەما، کەم، سەرەتای)ی؛ پارە دانی پێویست بۆ وەدەستهێنانی بەڵگەی تەئمین

premonition پێشوەخت ئاگادارکردنەوە، وشیارکردنەوە

premonitory ئاگادار کەرەوە یە، وشیار کەرەوە یە

prenatal پێش منداڵ بوون

preoccupy سەرقاڵ دەکا. سەرقاڵی دەکا

preordain (زوو، پێشوەخت) ((دیاری، دەستنیشان) دەکا، بڕیار دەدا)

preordination (زوو، پێشوەخت) ((دیاری، دەستنیشان) کردن، بڕیار دان)

prepack (خواردن) خستنە (قوتوو، کارتۆن، شووشە) ەوە لە کارخانە پێش خستنە بازارەوە بۆ فرۆشتن

prepaid پێشوەخت دراوە

preparation ئامادەکردن. (خۆ) ئامادەکردن. ئامادەبوون *ئامادەکارییەکان؛ (بە، بۆ) بۆنەیەک* -*s*

preparative ئامادەیە

preparatory ئامادەبوونیە

prepare ئامادە دەکا. ئامادە دەبێ

prepay پێشوەخت دەدا

preplan (پلان دانان، نەخشەکێشان)ی پێشوەخت

preponderance (کاریگەری، چەند، ژمارە، هتد)ی زۆر، زاڵبوون، بالادەستی

preponderate (کاریگەری، چەند، ژمارە، هتد)ی زیاتر دەبێ، زاڵ دەبێ، دەسی بەسەردا دەگرێ

preposition (ئامرازی پەیوەندی، ئامرازی لکێنەر) (ڕێزمان)، حەرفی جەڕ (لە عەرەبی)

prepossess خولیا دەبێ، (شت، بیر)ێک کەسێک سەرقاڵ دەکات و هیچی دیکەی پێ ناکری. لایەنی دەگرێ

prepossessed خولیا، کەسێکی سەرقاڵ بە (شت، بیر)ێک بە جۆرێک هیچی دیکەی پێ نەکرێ. لایەنگر

prepossession خولیایی، سەرقاڵبوون بە تەنها (شت، بیر) ێکەوە. لایەنگرتن

preposterous ناچیتە مێشکەوە، زۆر سەیرە، پێچەوانەی سرووشت و بیر و هۆشە

prepuce قەدە پێستێکە دەورەی میتکەی ئافرەت دەدا

prerequisite داواکاریـەکـە دەبـێ (هەبـێ، جێبـەجێ بـکرێ) وەک پـێشمـەرج

prerogative (ماف، پـایـە)ێکـی تـایبـەتـە بـە کـەسێـک یا چینـێک

presage پـێـغەمبـەری، پـەیامبـەری. نـیشانـە. پـەیـام (دەدا، دەهێنـێ). نـیشان دەدا

presbyter (شێـخ، پـیـیـر)ی کـەنـیسە، قـەشە

Presbyterian هەوادار (مـوریـد)ی کـەنـیسەی (پـیـیـر، شێـخ)انـە؛ کـە جۆرە کـەنـیسەکـی تـایبـەتـە

preschool منـالـی ژێر تـەمـەنـی قـوتـابـخانـە

prescience زانـیـنـی داهاتـوو، پـێشبـیـنـی کـردن

prescient پـێشبـیـنـی کـەر

prescribe دەرمانـی بـۆ (دەنـووسێ، دەستـنـیشان دەکا). دەسەپـێنـێ بـەسەردا. فـەرمان دەدا

prescript سەپـانـدن. فـەرمان. فـەتـوا

prescription دەرمانـی نـووسراو بـۆ نـەخۆش؛ تـۆماری نـاو و چـەنـد و چۆنـیـی خواردنـی دەرمان (ەکان)

presence ئـامادەبـوون، هەبـوون. ئـێستـایـی

present دیـاری. ئـامادەیـە، لـێرەیـە. ئـێستـا. کـاتـی روودان، کـاتـی ئـێستـا. پـێشکـەش دەکا

- *participle* *نـاوی بـکـەر (رێـزمان)*

- *tense* *کـاتـی ئـێستـا (رێـزمان)*

at - *ئـێستـا، لـە کـاتـی ئـێستـا(دا)*

presentable بـۆ دیـاری (دەشێ، دەبـێ)، دەشێ بـکرێ بـە دیـاری

presentation بـاس و خواس کـردن (ێکـی تـا رادەیـەک کـورت و پـوخت ئـامادەکراو (بـۆ (مـەبـەست، پـرۆژە)ێکـی دیـاریـکراو (و بـۆ خەڵـکێکـی دیـاریـکراو))). پـێشکـەش کـردن، خەڵات کـردن

presentiment هەستـێکـی مـەترسی لـە (نـاوەوە، نـاخەوە)، چاوەڕوان نـەکراو

presently ئـێستـاکـە، ئـێستـاکـانـێ، لـەم کـاتـەدا

preservable لـە (هەڵـگرتـن، پـاراستـن) هاتـوو؛ دەپـارێـزرێ، دەمـێنـێ

preservation پـارێزگاریـکردن، ئـاگاداری کـردن. هێشتـنـەوە، مـانـەوە

- *of species* *مـانـەوەی رەگـەزەکـان، پـارێـزگاریـی جۆرەکـان*

preserve دەیـپـارێـزێ لـە (کـۆنـبـوون، (بـۆ) گـەن بـوون، تـێکـچوون). دەهێـڵـێتـەوە

preside سەرۆکـاتـی دەکا، پـێشەوایـی دەکا. چاوەدێری دەکا، ئـاگای لـێ دەبـێ

presidency سەرۆکـایـەتـی، سەرکـردەیـی. ماوەی (یـەکـی) سەرۆکـایـەتـی

president سەرۆک، سەرکـردە، پـێشەوا. بـەڕێوەبـەر

press (1) دەپـەستـێ. پـان دەکـاتـەوە. تـێدەپـەستـێ. (مـیـوە) دەگـوشێ. ئـوتـی دەکا. پـاڵـدەنـێ. هانـدەدا، داوا دەکا، سوور دەبـێ. (دوژمـن) پـەرێشان دەکا

- *up* *(وەرزشی) شنـاو (کـردن)*

press (2) (تێ) پەستان.
پاڵنان. گوشین. پەستێنەر، دەزگای (پەستان. ئوتێ).
پاڵنێ!، پاڵبنێ!

press (3) چاپ (کردن).
چاپەمەنی. چاپخانە

- *agent* *(کرێگرتە، کارمەند)ی تایبەت بە (بەڕێوەبردن، هەڵپەڕاندن)ی کاروباری (پڕوپاگەندە، ڕۆژنامەگەری،*

- *conference* *(مێزگرد، کۆبوونەوە)ی ڕۆژنامەوانی*

- *gallery* *شوێنی (تایبەت، تەرخانکراو)ی ڕۆژنامەنووسان لە کۆنفرانسان*

- *release* *(هەواڵ، ئاگادار) یی یەکی تایبەت کە درابێ بە ڕۆژنامە (کان)*

pressing (adj, n) پەلەیە.
گرنگە. پەستان

pressure پاڵەپەستۆ. پەلە کردن؛ پێویستی بە پەلە بوون.
کارتێکردن. سووربوون.
هاندەدا

- *cooker* *مەنجەڵی پاڵەپەستۆ؛ بۆ چێشت کوڵاندنی بە پەلە*

- *group* *(دەستەیەک، پۆلێک) خەڵکی خۆ ڕێکخستوو بۆ (بەرگری لە، دژایەتی کردنی) مەبەستێکی دیاری کراو*

blood - *ڕادەی پاڵەپەستۆی خوێن*

prestige ڕێز (هەبوون)، پلە وپایەداری، شکۆداری

prestigious شکۆدار، پایەدار

prestressed (چەمەنتۆ، کۆنکریت)ی ئاسنریژ کراو

presumable مەزەندەکراو، دانراو؛ وا (دەزانرێ،
دادەنرێ، مەزەندەی لێ دەکرێ)

presumably بە گرین، بە دانان، بە مەزەندە

presume دەگرێ (بگرە،گریمان)، دادەنێ. پێت وابێ، وابزانە، (وا) بگرە

presumption گرتن؛ وەک لە 'بگرە' و 'گریمان'. (وا) دانان

presumptive مەزەندەیی، بە گوێرەی زانین (یکی کەم)

presumptuous شانازیکەر بە خۆ وە، پڕبڕوا ((یە) بە خۆی)

presuppose وادەگەیەنێ، واتای وایە. وا دەگرێ (بگرە،گریمان)
، دادەنێ. پێت وابێ، وابزانە،
(وا) بگرە

pretence داوا یا ڕاگەیاندنی (بێ بەڵگە). خۆ نواندن، خۆ دەرخستن (ی ناڕاستەقینە)، خۆ پیشاندانی درۆیینە بە (زانین، دەوڵەمەندی، هتد)

pretend داوادەکا یا
ڕادەگەیەنێ (بێ بەڵگە).
خۆدەنوێنێ، خۆ دەردەخا، (بە درۆ) خۆ پیشان دەدا کە (دەزانێ، دەوڵەمەندە، هتد)

pretender داواکەر یا
ڕاگەیەنەر (ی بێ بەڵگە).
خۆنوێن، خۆ دەرخەر، (بە درۆ) خۆ پیشان دەر بە (زانین، دەوڵەمەندی، هتد)

pretension داواکردن یا
ڕاگەیاندن. خۆنواندن، خۆ دەرخستن، خۆ پیشاندان

preternatural لە سرووشت بەدەرە، ناسرووشتی یە.
نەبینراو یا کەم بینراو

pretext بیانوو، هۆی دروستکراو، هەوڵدان بۆ سەلماندنی شتێک

prettiness جوانی، قەشەنگی

pretty جوان، قەشەنگ

prevail زاڵ دەبێ. تەشەنە دەکا. دەبێتە باو

prevalence بڵاوبوونەوە. تەشەنە کردن. زاڵ بوون. بوون (ی شتێک) بە باو

prevalent تەشەنە کردوو. زاڵ بوو. باو

prevaricate چەواشە دەکات، رێی لێ ون دەکا بە (قسە، کردەوە). سەری لێ دەشێوێنێ. بگرەو بەردەی پێدەکا

prevent تەگەرەی دەخاتە رێ، رێی لێ دەگرێ. ناهێڵێ

preventable ئاوەڵناوە بە واتای (تەگەرەی دەخرێتە رێ، رێی لێ دەگرێ، خۆی لێ لادەدرێ)

preventative رێگر (ە)، تەگەرە (یە)

prevention لێنەگەڕان، نەهێڵان، راگرتن. تەگەرە خستنە رێ، رێ لێ گرتن

preventive (دەرمانی) رێگر (لە نەخۆشی)، تەگەرە (ی بەردەم شتێک)

preview (تەماشاکردن، دیتن، تێروانین، خوێندنەوە، لێکۆڵینەوە)ی پێشوەخت و شارەزایانەی (شانۆ، فلیم، پەڕتووک، هتد)

previous پێشوو، ئی پێشوو

prey دەسکەوت. نێچیر، راوکراو. راودەکا

beast of - گیانلەبەرێکی درندەیە، ئاژەڵێکی راوکەرە

price نرخ. بەها. نرخ دادەنێ، دەنرخێنێ

- list تۆماری نرخان؛ نرخی شتومەکە فرۆشتەنی یەکان

- tag (مۆر، پسوولە، کارت)ی سەر شتومەک؛ کە نرخەکەی نیشان دەدا

priceless زۆر (بەهادارە، نرخدارە، بە نرخە)، لەکڕین نایە

pricey گرانە (پ؛ هەرزانە)

prick کون، چاڵێکی گچکە. (ئازار، ئێش)ی دەروونی. کونی تێدەکا؛ لە زەوی بۆ تۆو چاندن، (دڕک، دەرزی)ی تێڕادەچێ

- the ears (مرۆ، سەگ، هتد) هەست رادەگرێ، گوێی قولاغ (دەبێ، دەکا)

prickle دڕک

prickly دڕکاوی، بە دڕک

pride شانازی

priest قەشە. دەروێش

priesthood قەشەیی. دەروێشی

priestly قەشانە. دەروێشانە

prig (کەسێکی) جواسێر، خاوەن بڕوا (بە خۆ)، بە خۆوە ناز

prim زۆر رێکوپێک و بە ئەندازە

primarily لەسەرەتادا. بە شێوە (یەک)ی سەرەتایی. بە شێوە (یەک)ی سەرەکی، لە بنەڕەت دا

primary سەرەتایی. سەرەکی. بنەرەتی
- school *قوتابخانەی سەرەتایی*
prime یەکەم. سەرەتایی. شتێک لەوپەڕی گەشەکردنی بێ
- minister *وەزیری یەکەم؛ سەرەک وەزیر، سەرۆک وەزیر*
- number *ژمارەی سەرەتاییە*
primer پەرتووکی (سەرەتایی، سەرەتاکانی) خوێندن. پەرتووکی نوێژ
primeval کۆن، کۆنینە، چەرخە سەرەتاییەکان. زانراوە (بە باوی)، سرووشتی یە
primitive شێوەی سەرەتایی. سەرەتاییە، سادەیە. کۆنینە. نەزان، نەشارەزا
primness ڕێکوپێکی و بە ئەندازەیی
primogenitor نەوزادی یەکەم، یەکەم کەس. باپیرە ((هەرە) کۆنە)
primordial بنەڕەتی یە، لە سەرەتاوە هەیە
primp خۆ (قۆز، جوان) دەکا، (قژ (پرچ)، جل، هتد)ی ڕێک دەخا
primrose گولێکی کێویی بەهارییە؛ رنگی زەردی کاڵە. ڕەنگی زەردی کاڵ
prince شازادە، میر (ی نێرینە)
- Consort *نازناوە بۆ شازادەیەک کەوا مێردی شا ێکی ژن بێ*
princedom شا (زادە) نشین، میرنشین، ئیمارەت
princeling شازادەیەکی (جاحێڵ، گەنج، قۆز)
princely بە شازادەیی، شازادەییە
princess شازادە (ی مێینە)
principal سەرۆک (ی بەشێک). سەرەکی. یەکەم
principality میرنشینی، سامانی شازادە
principally بەشێوە (یەک)ی سەرەکی. لە بنەڕەت دا
principle بنەما، راستی (ی بنەڕەتی)
principled بە بنەما، بنەمادار، بە ڕێ و جێ. خاوەن بڕوا، کەسێکی راست و بە رەوشت
prink خۆ (جوان، قۆز) کردن (ی مرۆ(ڤ))، خۆ ڕێکخستن (ی کۆتر بە دەنووک)
print شوون، جێشوون. چاپدەکا. چاپ
- matter *چاپەمەنی*
-ed circuit board *تەختەی نەخشەی (ناو) دەزگایەکی ئەلیکترۆنی*
finger - *پەنجەمۆر*
out of - *نەماوە، تەواوبووە (پەرتووک)*
printer (دەزگا، ئامێری)ی چاپ (ەمەنی)
printing چاپکردن، لەچاپدان
prior بەر، بەرلە، بەرلەوەی، پێش
priority بەرایی، بەرکاری، پێشکاری
prism سێقولینچک؛ جەستەیەکی

بـن سێگۆشه یـیـه (بـەرجەستـەکاری، ماتـمـاتـیـک)

prismatic سێـقـولـیـنـچـک (ی، ە، انـی)

prison زیـنـدان، گـرتـووخانـه، بـەنـدیـخانـه

prisoner بـەنـد (ی کـراو)، زیـنـدانـی (کـراو). دیـل

- of war (P.O.W.) *دیـلـی جەنـگ*

pristine لـە دۆخی خۆی ماوە، پـارێـزراو(ە). وەکو نـوێ یـە؛ لـە تـازە دەچێ. کۆنـیـنـه، دێـریـن

privacy هەبـوونـی تـایـبـەتـمـەنـدی، مـافـی هەبـوونـی تـایـبـەتـمـەنـدی

private تـایـبـەت، تـایـبـەتـه. نـهێـنـی

- car *ئـۆتـومـبـیـلـی تـایـبـەتـی (ی کـه سێـک)*

- sector *(ئـابـووری، بـازرگـانـی) ی تـایـبـەت و کـەسـیـی؛ نـەوەک هـی ژێـر دەسـەلاتـی مـیـری (گـشـتـی)*

- view *دیـتـنـی پـیـشـانـگـایـەک پـێش کـردنـەوەی بـۆ خـەڵـک (ی سادە)*

in - *بـە نـهێـنـی*

privately بـەنـهێـنـی، بـەتـایـبـەتـی

privation بـێ بـەری بـوون لـە پـیـویـسـتـی یـەکـانـی ژیـان، نـەبـوونـی، هەژاری

privatisation گـواسـتـنـەوەی (بـازرگـانـی، کـار، کـارخـانـە، هـتـد) یـێک لـە دارایـی و بـەڕێـوە بـردنـی گـشـتـی (مـیـری) یـەوە بـۆ تـایـبـەتـیـی (کـەسان)

privatise (بـازرگـانـی، کـار، کـارخـانـە، هـتـد) یـێک لـە دارایـی و بـەڕێـوە بـردنـی گـشـتـی (مـیـری) یـەوە دەگـوازێـتـەوە بـۆ تـایـبـەتـیـی (کـەسان)

privilege (مـاف، سوود)ی ڕەوا بـیـنـراو بـە (کـەسێـک، چـیـنـێـک، بـەڕێـوەبـەری یـەک، هـتـد). (سەروەری، شانـازی، بـەخـتـەوەری، خۆشحالـی، گـەورەیـی)یـەکـی تـایـبـەت (ی)

privileged (مـاف، سوود) دار. (سەروەر، شانـاز، بـەخـتـەوەر، خۆشحاڵ، گـەورەبـوو) ە بـە ئـەنـجامـدانـی (شت، کـار، هـتـد) یـێکـی تـایـبـەت

- class *چـیـنـی بـەخـتـەوەر، چـیـنـی بـەخـتـیـار*

privy (بـەشدار، ئـاگادار)ە لـە نـهێـنـی یـەکان (ی کـەسێـک). شاراوە، نـهێـنـی. تـایـبـەت. ئـاودەس (تـخانـە)

- council *شورای (تـەخـتـی) شا(هـنـشا)یـی*

- seal *مـۆری (شا(هـنـشا)هـی، (پـا)شایـی)*

prize خـەلات، پـاداشت، نـیـشان (و سوود)ی بـردنـەوە

- giving *خـەلات بـەخـشـیـن (ەوە)*

prizefight شەڕە مـسـتـانـێ بـۆ سوودی پـارە؛ نـەوەک بـۆ خـەلاتـی دی

prizewinner بـراوە، خـەلات بـەرەوە

pro (1) (پـێـشـگـر، پـێـشـکـۆ)یـە بـە واتـای ((هەوادار، لایـەنـگـر)ی (شت، کـەس، تـاقـم، بـیـیـر، بـاوڕ، هـتـد)یـێک (ە))

pro (2) (پـێـشـگـر، پـێـشکـۆ)یـە بـە واتـای ((پـێش، بـەرلـە) کـاتـێـک، (لـە پـێـشـەوە، لـەبـەردەم)ی (شوێـنـێـک، لـە ریـز (بـوون، کـردن)

دا، هتد))

- *forma* *داواکردنی پارە پێش ناردنی کالا (کە بۆی). وەک نموونە، بە وێنەی، بە شێوەی*

pro rata رادەیی (یە)، بەڕێژە (یە)

proactive چالاکە، گورجە، کارامە یە؛ پێشوەخت و چالاکانە (و بێ پێ گوتن) کار و بار رادەپەڕێنێ

probability ڕێژەی ڕوودان. ئەگەری ڕوودان. شیان

probable ((ڕووداو، شت، هتد)ی چاوەڕوانکراو، لەوانەیە، بۆیهەیە، ڕەنگە. دەشێ

probably لەوانەیە، بۆیهەیە، ڕەنگە

probate (بەڵگەی، لێکۆڵینەوە لە) درووستیی وەسیەت (ێک)

probation چاوەدێری، تاقی کردنەوەیە. ماوەی (کردەوەیی، ئازمایشیی، پیشەکاریی) خوێندکارێک

- *officer* *فەرمانبەری چاودێر (ی خەتاکار(ان))*

on - *لە ژێر (چاوەدێری، تاقی کردنەوەیە) یە*

probationer چاوەدێرکراو، تاقیکراو. خوێندکارێک لە ماوەی (کردەوەیی، ئازمایشی، پیشەکاری) یدا (بێ(ت))

probe لێکۆڵینەوەی قوول. هەستۆک؛ (دەزگا، قۆچ، لمووز، هتد)ی هەست پێکردن. هەستی پێدەکا (بە هۆی (دەزگا، قۆچ، لمووز، هتد))

probity ڕاستەقینەیی. ڕاستگۆیی، جوامێری

problem تەنگوچەڵەمە، تەگەرە. کێشە، مەسەلە

problematic(al) بە کێشە یە، بە تەنگوچەڵەمە (یە)

proboscis لمووز (ی فیل؛ ئەو ئەندامە درێژەی ئاوی پێ دەخواتەوە (و خواردن (و شت)ی پێ دەگرێ)

procedure چۆنیەتی (کارکردن، پێشوەچوون)ی بابەتەکانی یاسایی و بازرگانی. (کار، کردەوە، کردار، هەڵس و کەوت) ێک کەوا ڕێ و شوێنی

procedure (~) (دانرابێ، زانرابێ، نووسرابێ، بۆی هەبێ دووبارە بێتەوە) ەو ئەنجامە (کە، کان)ی زانرابێ (وەیا پێشبینی کرابێ)

proceed دەڕوا. دەچێتە پێش. دەست پێدەکا

- *against* *داوا لەدژی بەرز دەکا (تەوە)*

- *from* *لەوێوە سەرچاوە هەڵدەگرێ، دەستی پێدەکا*

- *with* *بەردەوام دەبێ لە گەڵی*

proceeding (کار، هەڵسوکەوت) ێک

proceedings ڕێ و ڕەوتی دادگایی. ڕاپۆرتی چاپکراوی (گردبوون، کۆنفرانس، لێکۆڵینەوە)ێک

proceeds (سوود، قازانج)ێک لە فرۆشتن وەدەست کەوتبێ

process (n) ڕێڕەو و هەنگاو و قۆناغەکانی (کار، هەڵسوکەوت) ێک، پرۆسە. ڕێڕەوی گۆڕانی سرووشتیی بەردەوام و لە دەسکاریکردن بەدەر (ن؛ پییر بوون)

process (v) کار و مامەلەی لەگەڵ دا دەکا بە ڕێڕەوی تایبەتی و زانراو، پرۆسە (جێبەجێ) دەکا. تەتەڵە دەکا

-ed food *خواردەمەنیی خۆش کراو بە مەبەستی پاراستن و درێژخایەنی ی*

procession کاژاوە. ئاهەنگ، شایی، بووک هێنان. بە (ریز، ڕێ و ڕەوتێکی ڕێک، هاوئاهەنگ) ڕێکردن، جوولان

proclaim دەنگی هەڵدەهێنێ بۆی، دەیبێژێ، داوای دەکا، هاواری بۆ دەکا، بڵاوی دەکاتەوە

proclamation (دەنگ هەڵهێنان، گۆتن، داواکردن، بڵاو کردنەوە) لە پێناوێک دا

proclivity مەیل (هەبوون (بۆ، بەرەو) شتێک)، ئامادەیی (بۆ (کردنی) شتێک)

procrastinate دوایدەخا؛ بۆ کات بردنەوە، بەڵێنی درۆی دەداتێ، شێر و ڕێوی (ی بۆ) دێنێتەوە

procreate (بەرهەم دەهێنێ، بەر دەدا، زاوزێدەکا) بە شێوەیەکی سرووشتی

procreative (بەرهەمهێن(ە)، زاوزێکەرە) بە شێوەیەکی سرووشتی

procrustean هەوڵدان بۆ بەزۆر(داری) جێکردنەوە، ڕێکخستنی بێ بەزییانە و بە توند و تیژی

procurable وەدەست هاتوو؛ وەدەست دەهێنرێ (بە هەوڵ و تەقەلا). بەدەست دەخرێ

procuration کار و کردەوەی یاسایی سزایار (داواکار)ی گشتی. وەرگرتن، وەدەست هێنان. بەدەست خستن

procurator سزایار (داواکار)ی گشتی (دادوەری)

procure وەدەست دەهێنێ (بە هەوڵ و تەقەلا). بەدەست دەخا. بەسەر (خۆی) دەهێنێ

procurement وەرگرتن، وەدەست هێنان. بەدەست خستن. بەسەرهات (ن)؛ ی بەسەر خۆ هێنان

procurer گەواد؛ بازرگانی کەر بە (خۆشی، لەزەت)ی لەشی ئافرەت (یا پیاو)

prod تێڕاکردن. نەقیزە، تێوەژەن. کون دەکا (بە پەنجە) ، پەنجەی (تێڕادەکا، تێوە دەژەنێ)

prodigal دەست بڵاو، بەفیڕۆ دەر؛ لە خۆڕایی

prodigality دەست بڵاوی، بەفیڕۆ دان

prodigious سەیر و سەمەرە یە. گەلەک مەزن (ە)، نائاساییە

prodigy سەیر و سەمەرەیی؛ وەک (بەڵگە، نیشانە، ئایەت)بێ بۆ شتێک. گەلەک مەزنی، نائاسایی بوون

produce بەرهەمدێنێ، وەبەرهەمدێنێ. دەهێنێتە کایەوە (بۆ لێکۆڵینەوە). دەبێتە هۆی. بەرهەم، بەروبووم

producer بەرهەمهێن(ەر). جوتیار(ان). دەرهێنەر (ی (سینەمایی، شانۆگەری))

product کاڵا، بەرهەم، بەروبووم

production (وە) بەرهەمهێنان. خستنە (روو، پێش چاو، بەردەم) ، دەرخستن

productive بە بەرهەمە، بە بەروبوومە. خاکی (بەپیت، بەپێز)

productivity توانای بەرهەمهێنان، پێز، (ئازایی، خێرایی) بەرهەمهێنان

proem پێشەکی ی (پەرتووک، وتە، هتد)یەک

profanation (بەزاندن، شکاندن) ی پیرۆزیی (شوێن، کەس)ێک. گلاو کردن

profane دنیاییە (نەوەک (ئەندێشەیی، ئایینی)ە). پیرۆزیی (شوێن، کەس)ێک (دەبەزێنێ، دەشکێنێ). گلاودەکا

profanity دنیایی بوون (پ؛ (ئەندێشەیی، ئایینی) بوون). پیرۆزی (بەزاندن، شکاندن)ی (شوێن، کەس)ێک. گلاوکردن

profess باوەڕ دەهێنێ. زانیاری پەیدا دەکا. دان دەنێ بە. ئاشکرای دەکا

profession بواریکار، شارەزایی(لە بوارێکی کار)، شاکاری

professional شارەزا (یە لە بواری خۆی)، شاکار (ە)، هونەرمەندە

professor دانا، زانستیار، مامۆستا، پرۆفیسۆر

professorship دانایی، زانستیاری، مامۆستایی

proffer (نیشان) دەدا، دەخاتە (بەرچاو، بەردەست)

proficiency لێزانی، کارامەیی

proficient لێزان (ە)، کارامەیە

profile روخساری مرۆ؛ (بە تایبەتی دەمو چاو) وەکوو لە تەنیشتەوە دەبینرێ

profit قازانج، سوود. قازانج دەکا، سوود وەردەگرێ

- margin *قازانج پاش لێ دەرکردنی نرخی تێچوون*

profitable بەسوودە، سوود بەخشە، قازانجی (زۆرە، هەیە)

profiteering (هەلپەرستی، هەل قۆزتنەوە) بۆ قازانج (کردن)

profitless قازانجی نییە، بێسوودە

profligate (adj) زێدە رۆی (بێباک، زیاد لە رادە)، پارەو پوول فرە تەفرو تونا کەر. کەسێکی بەرەڵا

profound قوول. زۆر زان؛ خاوەن زانینی قوول. تەواو، سەرتاپا

profundity قوولی. تەواوی، سەرتاپایی

profuse زۆرە، زۆر هەیە، فرەس (فرە یە). بە بەرهەمە، زۆر (دەر) دەدا

profusion زۆری، زۆر هەبوون، فرەیی. دەست بڵاوی

progenitor (باو{ب} و) باپیر (ان)، پێشینیان. ئەسڵی

progeny نەوە (کان)، داهاتوو(ان). ئەنجام

prognosis (ئاگادار، هوشیار) کردنەوە؛ بە تایبەتی لە هاتن و قۆناغەکانی نەخۆشی یەک

prognosticate پێشبینی دەکات، پێشوەخت دەزانێ. (شتێک)

دیاری دەکا

program [US] = programme بەرنامە یەکی کۆمپیوتەر

programme بەرنامە؛ تۆماری رووداوەکانی تەرخانکراو بۆ (چالاکی، کێشە، هتد) یەک. بەرنامە (دادەنێ، دادەرێژێ، دەنووسێ)

progress پێشوەچوون، بەرەو پێشچوون. پێشدەچێ، بەرەو پێش دەچێ

progression بەدوای یەکتردا هاتن. پلەپلەیی؛ پلەداری، فرە هەنگاوی. ریز(هە)بوون

progressive پێشوەرۆ، بەرەو پێش رۆیشتوو، هەنگاو بە هەنگاو سەرکەوتوو. پێشکەوتوو، پێشکەوتنخواز

prohibit پاواندەکا، قەدەغە دەکا، رێی لێ دەگرێ

prohibition پاوانکردن، قەدەغەکردن

prohibitive رێگرە، پاوانە، قەدەغەیە

project دارێژ، پلان، بەرنامە (یەک کە ئامانج و سەرەتا و چەند قۆناغ و کۆتایی دیاری کراوی هەبێ)، پرۆژە. زەق دەبێ، دەردەپەرێ. دەهاوێ(ێژێ)

projectile (شتێکی) هاوێژراو، ساروخ

projection نەخشەکێشانی جەستەیەک لە سەر رووبەرێک

projector دەزگایەکە بۆ نیشاندانی (وێنە، فلیم، زانیاریی کۆمپیوتەر) لە سەر رووبەرێکی هەڵواسراو و بۆ گەورە کردنەوەی

prolapse (هاتنە خوار. هاتنە پێش)ی ئەندامێکی لەش یا شتێ(ک)

proletarian کرێکاری یە، (هی، تایبەتە بە) چینی کرێکار (ەوە). ئەندامێکی پرۆلیتاریا

proletariat کرێکاران بە گشتی، چینی کرێکار(ان)

proliferate زۆر (و بە زوویی) (تەشەنە. گەشە. (ژمارەی) زیاد) دەکا

prolific (زوو، زۆر) (تەشەنە، زیاد) کردوو

prolix درێژدادڕاو، درێژکراو. درێژ، درێژخایەن، ماندووکەر

prolixity درێژدادڕین، درێژکردنەوە. درێژخایەنی، ماندوویی، بێزاری

prologue دەستپێک(ردن)، پێشەکی. دەست پێدەکا

prolong درێژدەکا (تەوە)، درێژدەخایەنێ

prolongation درێژکردن (ەوە)، درێژخایاندن

prolonged درێژخایەن

promenade شوێنی پیاسە. پیاسەکردن. پیاسە دەکا

prominence سەرهەڵدان، دەرکەوتن، بالایی، سەرکەوتن

prominent دیار، بەناو، ناودار. سەرهەڵداو، دەرکەوتوو، سەرکەوتوو

promiscuous تێکەڵاو، نارێک و گوێ پێ نەدراو

promise بەڵێن، پەیمان. بەڵێن دەدا

promising جێی هیوایە؛ هیوای لێ دەکرێ

promissory بەڵێنی یە، پەیمانی یە

promontory پارچەیەک زەوی بەرز و بە شێوەی نیمچە دورگە چووبێتە ناو دەریاوە

promote (پلە، پایە)ی بەرز دەکا، دەباتە سەرێ. (هەڵی دەکێشێ، پێیدا هەڵدەڵێ، پروپاگەندەی بۆ دەکا)؛ بۆ بازار پەیدا کردن و زوو و زۆر فرۆشتنی

promoter هەڵکێش، هەڵکێشەر. پروپاگەندە چی، بازار پەیدا کەر

promotion (پلە، پایە) بەرز کردن، بردنە سەر(ێ). (هەڵکێشان، پێداهەڵگوتن، پروپاگەندە کردن)؛ بۆ بازار پەیدا کردن و زوو و زۆر فرۆشتن

prompt خێرا، گورج، ئامادە، لەسەرپێ. هان دەدا. داوای (گورجی، پەلە (کردن)ی) لێ دەکا

prompter فەرماندەری (ئەکتەر، هتد)، هاندەر

promptitude خێرایی، گورجی، ئامادەیی

promptly بەگورجی، بەخێرایی، بەدەست و برد

promulgate بلاو دەکاتەوە، ئاشکرا دەکا

prone لارە، چەماوەیە. پاڵکەوتوو(ە)

- to *بەرەو رووی دەبێتەوە، توشی دەبێ*

prong هەرکام لە (دوو، سێ، چار، هتد) نووکەکانی (چەتاڵ، چنگاڵ)ێک

pronominal (هی، تایبەتە بە) ئاوەڵناو (رێزمان)

pronoun ئاوەڵناو (رێزمان)

possessive - *ئاوەڵناوی هەبوون*

pronounce دەیڵێ، دەیبێژێ

pronounced لێکۆڵراو. بێ ئەملا و ئەولا، ئاشکرا؛ بە پاراوی گوتراو

pronto بە گورجی، بەخێرایی

pronunciation وتن؛ شێوەی لە زار دەرهاتنی وشە

proof بەڵگە. سەلماندن، سەلمین

- reading *خوێندنەوە بە مەبەستی راستکردنەوەی هەڵە. گەران بە دوای بەڵگە یا سەلماندندا*

fire - *لە سوتان نەهاتوو، ناسووتێ*

water - *ئاو نادزێ، ئاونادا، درۆپە ناکا*

prop پاڵپشت. پشتیوانی کەر

propaganda هەڵکێشان (یا داکێشان)ی زانیارییەک بۆ مەبەستێکی دیاریکراو، پرۆپاگەندە

propagate فراواندەبێ، شەپۆڵ دەدا، تەشەنە دەکا، بلاو دەبێتەوە

propagation فراوانبوون، شەپۆلە کردن، تەشەنە کردن، بلاو بوونەوە

propel دروێنێ، پاڵ دەنێ، دەگێڕێ

propeller پەروانە (ی (پاپۆڕ، فڕۆکە، هتد))

propensity هەوەس، مەیل، ئامادەیی، ئارەزوو (هە)بوون (بۆ شتێک)

proper گونجاو. راست، دروست

- *noun* *ناوی ناسراو*

property خانووبەرە، مولّک، مرک. تایبەتمەندی (ی شتێک)

prophecy پەیامبەری، پێشبینی کردن (پێغەمبەربوون. ی (داهاتوو، رووداوەکانی دواڕۆژ))

prophesy ئەرکی (پەیامبەری، پێغەمبەری) جێبەجێ دەکا؛ رێنمایی خەڵک دەکا. (داهاتوو، رووداوەکانی دواڕۆژ) پێشبینی دەکا

prophet پەیامبەر، پێغەمبەر

prophetic پێشبینیکراو. هی (یا تایبەتە بە) (پەیامبەر، پێغەمبەر)

prophylactic پارێزە (لە نەخۆشی)؛ (شرینقە، دەرزی، کوتان)ی پارێزی نەخۆشی

prophylaxis خۆپاراستن لە نەخۆشی، (شرینقە، دەرزی، کوتان)ی پاراستن لە نەخۆشی (یەگ)

propinquity لێک نزیکی (ی ماوەی نێوانیان). وێکچوون، پێکچوون، لەیەکچوون

propitiate دڵی دەداتەوە، لێقەوماو دەلاوێنێتەوە

propitiation دڵدانەوە، لاواندنەوەی لێقەوماو

propitious گونجاوە، بەکەلکە، سوودبەخشە. بەبەزەییە، بەسۆزە

proponent (لایەنگر، هەوادار، پڕوپاگەندەکەر)ی (بیرورا، پێشنیار) یێک

proportion رێژە. بەش، کەرت

proportional بەڕێژە(یە)، رێژەیی(ە)، رێژەدار(ە)

proportionally بەڕێژە، بەرێژەی

proportionate گونجاو، رێژەدار. دەگونجێنێ، رێک دەخا، رێژە دادەنێ

proposal خستنە روو. پێشنیار. نەخشە و پلانی پڕۆژەیەک

propose دەخاتە روو. پێشنیار دەکا. نەخشە و پلانی پڕۆژەیەک دەخاتە روو

proposition بیر و را (یەک). پێشنیار(یک). کێشە (یەک)

propound پێشکەش دەکا، دەخاتە روو، پێشنیار دەکا

proprietary بەخاوەنە، هی خاوەنکارە. موڵکی (کەسی، تایبەت) ییە

- *name* *بەرهەمی نیشانە کراو؛ بە نیشانە، مۆردار؛ (نیشانە، مۆر)ی خاوەنی لەسەرە*

proprietor خاوەن، خاوەنکار

propriety لێهاتن، لێهاتوویی. راستبوون، راستی، دروستی. گونجان. (رێنمایی، خاڵەکانی) هەڵسوکەوتی راست و دروست

propulsion لێخوڕین، پاڵنان. کاریگەری، کارتێکردن

prorogation هەڵپەساردن (ی شورا، پەرلەمان)، (ڕاگرتن، لەکار خستن) یێکی کاتی

prorogue (شورا، پەرلەمان) هەڵدەپەسێرێ، بە شێوەیەکی کاتی (ڕایدەگرێ، لەکاری دەخا)

pros and cons چاکە و خەراپەکانی (پرۆژەیەک، پێشنیارێک، هتد)؛ هۆکانی لەگەڵ (بوون) و دژ(بە، بوونی) (شتێک)

prosaic نەهۆنراو، بێچێژ؛ بێ هەست و نەست و جوانیی (شیعر، هۆنراوە). سادەیە، ئاساییە

proscribe یاساغ دەکا، قەدەغە دەکا (بە یاسا). دوور دەخاتەوە

proscription یاساغکردن، قەدەغە کردن (بە یاسا). (بڕیاری) دوور خستنەوە (یا لە سێدارە دان)

prose (n) (نووسین، (گ)وتار)ی (نەهۆنراو، بێچێژ، سادە)؛ بێ هەست و نەست و کاریگەریی هۆنراوەیی. بڕگەیەکی وەرگێڕاو (لە زمانێکی دیکەوە)

prose (v) بێتام و چێژ (داخەفێ، دەدوێ)

prosecute سزادەدا، دادگایی دەکا

prosecution سزادان، دادگایی کردن

prosecutor سزایار؛ یاری سزا، داواکاری سزا

public - *سزایاری گشتی؛ داواکاری سزای گشتی*

proselyte کەسێکی (گەڕاوە، وەرگەڕاو، لادەر)؛ لە (بیر، باوەڕ، پارتی، لایەن) یێکەوە بۆ یەکی دی

proselytise (وەردەگێڕێ، لایدەدا)؛ لە (بیر، باوەڕ، پارتی، لایەن) یێکەوە بۆ یەکی دی

prosody زانستی (کێش، قافیە، بڕگە) دانان (لە شیعر دا). هونەری هۆنینەوە

prospect (بۆی، لێی) دەگەڕێ، (لێی) دەکۆڵێ (تەوە)؛ بە تایبەتی بۆ زێڕ. دیمەن (یێکی سروشتیی (فراوان، بەربڵاو))

-s *چاوەڕوانیی (سەرکەوتن، پێشکەوتن)*

prospective ڕۆژی چاوەڕوان کراو، ڕۆژی خوازراو یا دیاریکراو (بۆ ڕووداوێک). داهاتوو. دواڕۆژ. هیوادار

prospectus (بڵاوکراوە، ڕاگەیاندن، زانیاری) لەمەڕ بابەتێکی دیاریکراو

prosper گەشەدەکا. دەگەشێتەوە. پێش دەکەوێ (لە کاروبارەکانی)

prosperity گەشەکردن. گەشانەوە. پێشکەوتن

prosperous گەشەکردوو، گەشاوە. پێشکەوتوو

prostitute قەحپە؛ کەسێک کە (خۆشی، لەزەت)ی لەشی (بە پارە) بفرۆشێ

prostitution قەحپەیی؛ (خۆشی، لەزەت)ی لەش (بە پارە) فرۆشتن

prostrate (پاڵکەوتوو، ڕاکشاو، درێژبوو) لە سەر زگ

protagonist کەسی سەرەکی، قارەمانی (چیرۆک، فلیم، هتد)، کەسی (پێشەوە، زاڵ، باڵادەست)

لـه کێبـەڕکێ یـەک

protect پاسدەکا، پاسی دەکا، دەپارێزێ

protection پاسکردن، پاراستن

protective (دەزگا، تـەگبـیـر)ی پارێزگاریـکـەر

protector کـەسی (پارێزگار، پارێزەر)

protectorate (ناوچه، وڵات)ێکی پارێزراو (بـە گوێرەی یاسای نێودەوڵـەتـی) یان بـەڕێوەچوو لـەلایـەن وڵاتێکی دیکـەوە

protein پـرۆتـیـن؛ بـەشێکی گرنگی خانـەکانی لـەشی هەموو گیانلـەبـەران پێکدەهێنـی

protest نارەزایی دەربـڕیـن، نارازیبـوون، بـیانـوو هێنانـەوە، پـرۆتـێستۆ (کردن). نارەزایی دەردەبـڕێ، نارازی دەبێ، بـیانـوو دەهێنێتـەوە

protestant عیسایی پـرۆتـستانـت مـەزەب

protestation (هۆ، بـیانـوو) هێنانـەوە، پـرۆتـێستۆ کردن، نارەزایی دەربـڕیـن، نارازیبـوون

proto (پێشگر، پێشکۆ)یـە بـە واتای (یـەکـەم دروستبـوون، لـە پێشەوە (هاتوو، هاتـن))

protocol بـروانامـە یا بـەڵگـەنامـە (ی سەرەتـایی (پێش بـوونی بـە یاسا))

proton پـرۆتـۆن؛ گـەردێکی بـنچینـەییـە لـە (پێکهاتە، پێکهاتـن)ی ئـەتـۆم؛ هەر لانی کـەم یـەک پـرۆتـۆنی ئـەتـۆمێک هەیـە

prototype یـەکـەم، بـنچینـەیی. (کارێکی) نموونـە بـۆ نیشانـدان بـە خەڵک. سازکراوێکی ئازمایشی

protract درێژ دەکا (تـەوە)، رادەکێشێ

protractor ئامرازێکی نیوە بـازنـەییـە بـۆ پێوانی گۆشان بـە کار دێ

protrude دەردەپـەڕێ، دەردەچێت (ە دەرەوە)، زەق دەبێ. دەردەکا، دەردەپـەڕێنێ

protrusion دەرپـەڕیـن، دەرچوون (ە دەرەوە)، زەق بـوون (ەوە). دەرکردن، دەرپـەڕانـدن

protuberance دەرپـەڕینـە دەر، زەق بـوونـەوە

protuberant دەرپـەڕیـوو، زەقبـۆوە

proud شانـاز، شانـازە. لـووتـبـەرز، روح (گـەورە، زل)

prove دەسەلـمێنێ، دەسەلـمێ

proven سەلـماو(ە)، سەلـمێنـراو(ە)

provenance چاوگـە. بـنـەڕەت. سەرچاوە

provender ئالیک، پـەین، خواردنی ئاژەڵ

proverb پـەنـد، پـەنـدی پێشینـان، مـەتـەڵ

provide دەیداتێ. دەگـەینێ (پێی). دابـین دەکا

provided (that) بـەمـەرجێ، بـەومـەرجەی

providence ئاگایی، ئاگالێبـوون، ئاگاداری کردن، تـەگبـیـر هەبـوون

provident بە ئاگا، ئاگادار، بە تەگبیر
providential لە ژێر ئاگاداریی خودا
province ناوچە، هەرێم
provincial تایبەتە بە ناوچە (کان)ەوە، دێهاتییە، لادێییە
provision مەرج. دەق، نووسراو. دابین کردن. ئامادەکردن، ئامادەکاری. ئازووقە، خواردن. سپێر، یەدەک (ی)
provisional کاتییە، سەرەتاییە، دەسپێکە. سپێرە، یەدەکە
- licence *مۆڵەتی (کاتییە، سەرەتاییە)*
provisionment گەیاندن (ی ئازووقە و هتد)، (پێ) دان
provocation وروژاندن، تووڕەکردن، پەست کردن
provoke دەوروژێنێ، تووڕەدەکا، پەست دەکا
prow بەشی پێشەوەی (پاپۆڕ، کەشتی). نووک، پێشەوە
prowess وەستایی، شارەزایی، لێزانی. ئازایی، دەس پێشخەری
prowl دزە دەکا. تێدا دەسووڕێتەوە (بە دزی)، گێرە دەکا (لە (خواردن، نێچیر) دەگەڕێ)
proximate (adj) نزیکترین، لە تەنیشت. نزیکەی، نزیکی، لە دەوروبەری، تەقریبەن
proximity نزیکی، نزیک بوون، لە تەنیشت بوون
proximo مانگی داهاتوو؛ لە بازرگانی، مامەلە
proxy (بە جێگری، لەبری، بە وەکیلی، وەکالەت)، بریکارانە، لەباتی. کەس (ێکی جێگر، بریکار، هتد)
prudence وریایی، دووربینی. پارێزکاری
prudent بەپارێزە، وریایە. نهێنی پارێز (ە)
prune (لق و پۆپی زیادەی دار و درەخت) دەبڕێ، (درەخت) قەڵەم دەکا
pry دەپشکنێ، لێ دەکۆڵێتەوە
ps کورتکراوەیە بە واتای؛
= postscript *پەراوێز، دامێن*
psalm پەرتووکی ئایینی زەبوور؛ عیسایی کۆن
Psalter پەرتووکی ئاواز و گۆرانییەکانی ئایینیی کۆن
psaltery دەزگای (سەنتوور، رەبابە)
psephology لێکۆڵینەوەی ئامار(گیر)ی لە شێوە و چۆنیەتیی دەنگدانی خەڵک (لە هەڵبژاردن(ان) دا)
pseud (پێشگر، پێشکۆ)یە بە واتای (درۆزنە، درۆینە). ناراستەقینە، درۆزنە، درۆ، ناڕاست. کەس (ێکی خاوەن ئەم تایبەتمەندی یە)
pseudo = pseud
pseudonym ناوی خوازراو، ناوی نهێنی
psi (1) پسای؛ پیتی بیست و سێ یەمینی ئەلفبێ ی یۆنانی
psi (2) یەکە یەکی ئیگلیزیی پێوانی پاڵەپەستۆیە بە

psychotic خاوەن نـەخۆشیـی (دەروونـی، هۆش، بـیـیـر(کردنـەوە)، هەست، عەقـڵ)، نـاتـەواو لـە (دەروون، هۆش، بـیـیـر(کردنـەوە)، هەست، عەقـڵ)دا. شێت

PT کورتـکـراوەیـە بـە واتـای؛ (کاری) نـیـوەکات، نـیـوەکار. بـەشێک لـە رۆژێک. کـەمتـر لـە پێنـج رۆژ لـە هەفتـەیـەکدا

= *Part Time* *بـەشە کات؛ کاری نـا بـەردەوام*

pteridophyte (دار، درەخت، دەوەن، رووەک)ی بـێ گوڵ؛ یا گوڵ نـەکـەر

pterosaur (ئـەژدیـها، دایـنـەسۆر) یێکـی باڵـداره؛ باڵـەکانـی لـە هی شەمشەمـەکوێرە دەچێ

PTO کورتـکراوە یـە بـە واتـای؛

= *Please Turn Over* *تـکـایـە لاپـەڕەکـە وەرگێـڕە؛ بـڕوانـە ئـەو دیـو*

pub مـەیـخانـە. کورتـکـراوەی (گشتـی یـە)

puberty (تـەمـەن پێگـەیـیـن، باڵـغبـوون)؛ بـە تـایـبـەتـی (هی مێ یـنـە) بـۆ (زاوزێـکـردن، پـەڕیـن، کـەر{ڵ} خواردن)

pubes بـەشی خوارەوەی (زگ، سک). بـەر، مووی بـەر

pubescent پێگـەیـوو(ە)، (مووی) بـەرهاتـوو

public گشتـیـی، هیخەڵـک، بـۆخەڵـک. بـڵاو کـراوەتـەوە، ئـاشکرا کـراوە. بـاو

- *convenience* *ئـاودەستـخانـەی گشتـی*

- *enemy* *دوژمنـی (خەڵـک، گـەل، میـلـلـەت)*

واتـای؛ *پـاوەنـد لـە سەر ئـیـنـچی دووجا*

psych دەتـرسێنـێ، دەتـۆقـێـنـێ. شیـدەکاتـەوە، تـاوتـوێ دەکات

psyche گیـان، روح، ئـەنـدێشە، بـیـیـر

psychiatry (خوێـنـدن، لـێکـۆڵـیـنـەوە، چارەسەری)ی نـەخۆشیـی (هۆش، مێـشک، بـیـیـرکردنـەوە (ی چەوت))

psychic دەسگرەوە، فـالـچی، فـەتـاح فـاڵ. کـەس (یێکـی لـە سروشت بـەدەر (ە))

psychical (هی، تـایـبـەتـە بـە) (گیـان، هۆش، بـیـیـر)

psycho خاوەن نـەخۆشیـی (مێـشک، هۆش، بـیـیـر(کردنـەوە)، دەروون)، نـاتـەواو لـە (مێـشک، هۆش، بـیـیـر(کردنـەوە)، دەروون)، شێـت

psycho- (پێشگر، پێشکۆ)یـە بـە واتـای (شێوەی (هۆش، دەروون، ئـەنـدێشە، هەست)ی کـەسێک)

psychological (دەروونـی. خەیـاڵـی) یـە، لـە دەروونـەوە (سەرچاوە وەردەگرێ، دروست دەبـێ)

psychology زانـستـی دەروون؛ ی مـرۆ(ڤ)

psychopath خاوەن نـەخۆشیـی (دەروونـی، هۆش، بـیـیـر(کردنـەوە)، هەست، عەقـڵ)، نـاتـەواو لـە (دەروون، هۆش، بـیـیـر(گردنـەوە)، هەست، عەقـڵ)دا. شێت

psychotherapy چارەسەرکـردنـی نـەخۆشیـی (دەروونـی، هۆش، بـیـیـر، ئـەنـدێشەیـی، شێـتـی) بـە هۆ و بـابـەتـی گونـجاوی (هۆشیـاری کـەرەوە، بـەهۆش هێنـەرەوە، راستـکـەرەوە)

بۆخەڵک. بڵاو کراوەتەوە، ئاشکرا کراوە. باو

- figure کەسایەتی؛ کەسێکی (ناسراو، بەناوبانگ)

- health (پاراستن، چاوەدێری، چاکردن)ی تەندرووستی گشتیی خەڵک لە لایەن میرییەوە

- house مەیخانە

- opinion بیر و رای باو لە ناو خەڵک

- ownership خاوەنداریی (گشتی، میری)ی ئامرازەکانی بەرهەمهێنان و دابەش کردن و ئاڵوگۆڕ (کردن)

- prosecutor سزایاری (گشتی، میری)؛ پارێزەری داواکاری سزا بۆ پاراستنی مافی (گشتی خەڵک، میری)

- sector ئەو بەشە (ئابووری، پیشەسازی) یەی کەوا میری بەڕێوەی دەبا

- servant کارمەندی (میری، بەشی گشتی)؛ خزمەتگوزاری خەڵکە

- transport هۆکانی گشتیی گواستنەوەی خەڵک؛ ئامانە، شەمەندەفەر، هتد

in - بە ئاشکرا

the - جەماوەر، خەڵک، کۆمەڵ

publication بڵاوکردنەوە، ئاشکراکردن، بڵاوبوونەوە. بڵاوکراوە، چاپەمەنی؛ کتێب، ڕۆژنامە، گۆڤار، هتد

publicise بڵاودەکاتەوە، ئاشکرادەکا. بەخەڵک دەناسێنێ؛ برەوی دەداتێ، بازاڕی بۆ پەیدا دەکا

publicity بڵاوکردنەوە. بەخەڵک ناسین؛ بۆ بازاڕ پەیدا کردن. بڵاوکراوە

publicly بەئاشکرا، بە راشکاوی

publish (پەڕتووک، گۆڤار، ڕۆژنامە) (چاپ دەکا، بە چاپ دەگەیەنێ، بڵاودەکاتەوە). بڵاودەکاتەوە، ئاشکرادەکا. رادەگەیەنێ

publisher چاپخانە، (کارخانە، کۆمپانیا)ی بڵاوکردنەوەی چاپەمەنی؛ پەڕتووک، گۆڤار، ڕۆژنامە، هتد. خاوەن (چاپخانە، چاپەمەنی)

puce سووری (تاریک، تۆخ) یا مۆرێکی مەیلەو قاوەیی؛ ڕەنگی کێچ

pucker لۆچ، گەچران. لۆچ (دەبێ، دەکا)، دەگەچرێ (نێ). قەد دەبێ، دەنوشتێتەوە

pudding خواردەمەنی شیرن و گەرم (کولاو)

puddle گۆماو (ی باران)، گۆمە ئاو

pudendum ئەندامەکانی زاوزێ؛ بەتایبەتی هی ئافرەت

pudgy (کەس، شتێک)ی قەرەو(ڵ)، گۆشتن، خرپن

puff پفێک، فووێک، هەناسەیەکی کورت و خێرا. (قوم، مژ) ێک لە جگەرە. جۆرە کێکەکی نەرمە. پف دەدا، فوو دەکا، هەناسەیەکی کورت و خێرا دەخوا(تەوە). (قوم، مژ) ێک

puffin مەلێکە

puffy (هەڵ)ئاوساو، نەرم و شل

pug سەگێکی گچکۆکە (ی (کەپوو،

لـوت) پـان و فـش (و دەم و چاو لـۆچاوی))

pugilist مـستـبـازە؛ پـیـشەی مـستـبـازی یـە

pugnacious شەڕانـی، شەڕخـواز، لاسار، هەڵـەپـاس{ر}

pugnacity شەڕخـوازی، شەڕانـی بـوون، (لاسار، هەڵـەپـاس{ر})ی

puke دەڕشێـتـەوە

pukka جۆرێـکـی (خـاس، بـاش، چاك) ە. راستـەقـیـنـە یـە

pule دەنـووزێـتـەوە؛ گـریـانـێـکـی کـەم (نـابـەدڵ{ر})

pull رادەکێـشێ، قـەتاری دەکـا. راکێـشان

- down *تـێـکـدەدا، دەتـەپـێـنـێ*

- out *هەڵـدەقـەنـێ*

- up *هەڵـدەکـێـشێ. بـەرز دەکـاتـەوە*

pullet فـرووج (ی مـریـشـك)؛ کـەوا تـەمەنـی لـە ساڵێـك تـێـنـەپـەڕیـبێ

pulley خولـخولـۆکـە، خـڕیـلـە؛ بـەکـرە

pullover فـانـیـلـە، بـلـووز

pullulate (تـۆ، قـەڵـەم)ێـك شیـن (سەوز) دەبـێ، دەردەچـێ، (چزە، جوقـە، گـەڵا) دەردەکـا

pulmonary (هی، تـایـبـەتـە بـە) سی یـە(کـان)وە. سی دارە؛ سیی هەیـە. نـەخۆشیـی سیی هەیـە

pulp بـەشی نـەرم و گـۆشتـنـی مـیـوەیـەك

pulpit سەکـۆی ئـاخافـتـن؛ مـیـنـبـەری قـەشە

pulsate لـێـدەدا (وەکـوو دڵ{ر}) ؛ بـە رێـکـو پـێـکـی رادەکشێ و کـورژ دەبـێـتـەوە

pulsation لـێـدان (ێـکـی وەکـوو هی دڵ{ر})؛ بـە رێـکـو پـێـکـی راکشان وکـورژ بـوونـەوە

pulse (1) لـێـدەدا (وەکـوو دەماری خوێـن). لـێـدان (ێـکـی وەکـوو هی دەمارەکـان (ی خوێـن)) . یـەك لـێـدانـی (دڵ، دەمار)؛ جارێـك لـێـدان. هەست و نـەست یـا بـیـیـر و رایـەکـی گـشتـی

pulse (2) (یـەك، دانـەیـەك، جارێـك) هاتـوچۆی شەپـۆلـی (دەنـگ، تـیـشك، کـارەبـا). شەپـۆڵ دەدا (بـەرز و نـزم دەبـێ، رادەکشێ و کـورژ دەبـێـتـەوە)

pulverize (هــ)ورد دەکـا. لـێـی دەکـا؛ دەکـاتـە ئـارد. دەهاڕێ. دوژمـن (هوورد و هەڕا دەکـا، ورد وخاش دەکـا، تـێـك دەشکـێـنـێ)

pulverous (هــ)وردە، وەکـوو خۆڵـە، هاڕاوە

puma پـشیـلـەیـەکـی کـێـویـی ئـەمـریـکـایـیـە؛ رەنـگـی قـاوەیـی مـەیـلـەو بـۆرە

pumice بـەردێـکـی (بـە زۆری رەشی) سووك و کـونـکـونـە بـۆ خاوێـن کـردنـەوەو چەرمسازی بـەکـار دێ

pummel پـیـادەکـێـشێ، (بـە بـەردەوامـی) لـێـدەدا؛ بـە دەست

pump دەزگـای پـەستـێـنـەر؛ پـەمـپ. دەپـەستـێ

- up *فـووی تـێـدەکـا*

pumpkin (کـودوو، کـودی)ی زەرد (ی خڕ)، رووەکـی (کـودی، کـودوو) ی زەرد

pun هونـەری بـەکـار هێـنـانـی وشەیـەك بـۆ زیـاتـر لـە یـەك مـەبـەست؛ جیـنـاس

punch مـست لـێـدان. درێـشە؛ دەزگـای کـونـکـردن. لـێ دەدا.

کون دەکا

punctual کات پارێز؛ لە کاتی دیاریکراو ئامادە دەبێ

punctuate برگەڕێژی دەکا؛ نیشانەکانی (وەستان، هەڵوێستە، هتد) بۆ پارچە نووسین یێک دادەنێ. هەڵوێستە دەکا لە ئاخافتن

puncture کون. کونبوون، پەنچەر. کون دەبێ، پەنچەر دەبێ

- proof *کون نابێ، کون ناکرێ*

pungency (تام، بۆ) تیژی یا توندی؛ کەسکوونی. قسەڕەقی؛ کە دڵی کەسێک بریندار بکا

pungent (تام، بۆ)ی تیژ یا توند؛ کەسکوون. قسەڕەق؛ کە دڵی کەسێک بریندار دەکا

punish سزا(ی) دەدا

punishment سزادان

puny بە (کەڵەش، قەلافەت) لە هاوتەمەنی خۆی بچووکترە. لاواز. کەم (بایەخ، نرخ)

pup گوجیلە (سە(گ)، گورگ، هتد)

pupa مێش و مەگەز؛ لە دۆخی ناو کیفک (دان) دا (پێش فڕین)

pupil خوێندکار، قوتابی

puppet پەیکەرێکی بچووک. گەمۆکە. کەسێک بە (فیت، بڕیار)ی یەکی دی (بجوڵێتەوە، کاربکا)

- show *شانۆی منالان؛ هی بووکەشووشە و گەمۆکان*

- state *ولاتێکی بە رواڵەت سەربەخۆ وئازاد بەلام لە راستیدا بە*

- state (~) *(فیت، بڕیار)ی هێزێکی دی (بگەڕێ، بەڕێوە بچێ)*

puppy گوجیلە سە(گ)

purblind کەمبینا، چاوکزە؛ باش نابینێ

purchase کڕین. دەکڕێ

pure بێگەرد، پاک. پالاو. دڵپاک، خاوێن. بێگوناح. دڵسۆز

purely بە شێوەیەکی (بێگەرد، پاک. پالاو). دڵپاکانە. بە دڵسۆزی. بەتەواوی. تەنها بۆ مەبەستێک

purgation پاککردنەوە، پالاوتن. گەدە و ریخەڵۆک (شوشتنەوە، بتاڵکردن)؛ بە مەبەستی پاکردنەوەیان

purgative پاککەرەوە. زگ چوێن؛ ئیسهالکەر

purgatory پاککەرەوەیە. هی زگ چواندنە؛ ئیسهالکردنە

purge (گیان، جەستە) پاک دەکاتەوە. لادەبا، نایهێڵێ؛ بە (پاک، پاقژ) کردنەوە. (زگ، گەدە، ریخەڵۆک) خاوێن کردنەوە؛ بە بەتاڵ کردن و زگ چواندن (ئیسهال کردن)

purification پالاوتن. پارزنین. خاوێن کردنەوە

purifier (شتێک) پاڵێو. (شتێک) پارزن. خاوێن کەرەوە

purify دەپاڵێوێ. دەپارزنێ. خاوێن دەکاتەوە

purl (خوڕە، شوڕە، شوڕەشوڕ)ی ئاو لە جۆگەیەکدا. خوڕەی دێ؛

دەنگی ئاو (شۆڕبوونەوە، ڕۆیشتن)

purloin دەدزێ

purple ڕەنگی مۆر؛ ڕەنگێکە لە نێوان شین و سوور. (ڕەنگی) مۆر دەکا

purport خۆ (بە کەسێکی دی) دەنوێنێ، خۆی دەگۆڕێ، خۆی وەک کەسێکی دی (دەردەخا، نیشان دەدا). واتای لە خۆی دایە، واتای دەگەیەنێ

purpose نیاز. مەبەست

- built *بۆ یەک (مەبەست، نیاز) ی دیاریکراو دروست کراوە*

- made *بۆ (مەبەست، نیاز) ێکی دیاریکراو دروست کراوە*

multi - *(فرە، چەند، زۆر) (مەبەست، نیاز، کەلک، بەکارهێنان)*

on - *بەمەبەست(ێک). بە نیاز(ێک)*

serve the - *مەبەستەکە بە جێ دێنێ، بە کەلکی مەبەستەکە دێ*

to no - *بە فیرۆ، بە بێ ئەنجام*

purposely بەمەبەست، بە ویست

purr دەنگێکی نزمی (پشیلە، کەسێک)؛ کە نیشانەی (خۆشحاڵی، شادی، ڕازیبوون) یەتی. جوان و ڕێک (گەڕان، سووڕان)ی مەکینە

purse جزدان. پارەی کۆکراوە

purser پارە وەرگر، بلیت بڕ؛ لە کەشتیی سواری

pursuance (بەدووکەوتنی، لێکۆڵینەوە لە، گەڕان بە دوای، تاقیب کردنی) شتێک یا ئامانجێک. ڕاونان، دواکەوتن

in - of *دوابەدوای*

pursue بەدووی دەکەوێ، لێی دەکۆڵێتەوە، دەگەڕێ بەدوای دا، تاقیب دەکا. ڕاوی دەنێ، دوای دەکەوێ

pursuit کردەوەی (بەدووکەوتن، لێکۆڵینەوە، گەڕان بە دوا، تاقیب کردن)ی شتێک یا ئامانجێک. (پیشە، چالاکیەک)ی کەسێک

purulent (زام، برین)ی بە زوخاو. بە چڵک(ە)، بە کێم(ە)

purvey ئازووقە (دەگەیەنێ، دەدا(ت))؛ وەک پیشەی بەردەوامی خۆی

purveyor ئازووقەچی یە (بە پیشە)

pus چڵک، کێم، زوخاو؛ ی ناو برین (ی پیس (کردوو، بوو) (یا بێ خزمەت))

push پاڵدەنێ. هاندەدا. پاڵ، پاڵنان

- forward *سەردەخا، پێشدەخا*

- on *هاندەدا*

- start *(مەکینەی) ئۆتومبیل هەڵکردن بە پاڵنان*

pushchair کورسیی پەککەوتە؛ لە شێوەی عارەبانە یە و لە سەر تایە دەڕوا و قەدیش دەکرێ

pushing زۆر دەکا. خەریکە، نزیکە بگا (تە ئاستێک)

pusillanimity ترسنۆکی

pussy پشی(ک)، پشیلە. (پشی، هەناسە) کورت. چڵکن، بە کێم.

بە ئەندامی زاوزێی ئافرەت یش دەگوترێ؛ بازاڕی یە

- *cat* *پشی(ک)، پشیلە*

pussyfoot بەدزی (دەگەڕێ، دەجولێتەوە)، لە سەر پەنجەی پێی دەڕوا؛ وەکوو پشیلە

pustulate دوومەڵ دەکا؛ برینی بە (خیزاو، چلک، کێم)

pustule (دوومەڵ، برین)ی بە (خیزاو، زوخاو، چلک، کێم)

put دادەنێ. دەخاتە (ناو)

- *an end to* *کۆتایی پێ دێنێ*

- *away* *دوور دەخاتەوە*

- *by* *وەلادەنێ. پارە وەلادەنێ؛ دەستی پێوە دەگرێ*

- *down (1)* *دادەمرکێنێ. ژێردەست دەکا*

- *down (2)* *ئازەڵێکی (نەخۆش، زیانبەخش) (دەکوژێ، دەتۆپێنێ) بێ ئازاردان*

- *forth* *دەردەخا*

- *off* *دادەکەنێ. دەکوژێنێتەوە. دوای دەخا. فێڵ، بیانوو (هێنانەوە)*

- *on* *لەبەردەکا. (گلۆپ، هتد) پێ دەکا*

- *out* *دەکوژێنێتەوە. دادەکەنێ. دەر دەخا*

- *through* *تەواو دەکا، بە ئەنجام دەگەیەنێ*

- *together* *لێکیان دەدا؛ لێکدان(ەوە)ی بەشەکانی دەزگایەک*

- *up* *قیت دەکاتەوە،* دادەمەزرێنێ، شوێنی (شەو، خەو)ی دەکاتەوە؛ *دالدەی دەدا*

- *up with* *لێی قەبوول دەکا،* *تەحەممولی دەکا*

putrefaction (بۆگەن(ی) بوون، گەنین، گەنیان، رزین، گەندەڵ بوون)ی ((گیان، بییر)، (جەستە، لەش))

putrefy ((گیان، بییر)، (جەستە، لەش)) ((بۆگەن(ی)، گەندەڵ) دەبێ، دەگەنێ، گەن دەکا، دەرزێ)

putrid ((گیان، بییر)، (جەستە، لەش)) (گەندەڵ، بۆگەن(ی)، گەنیو، گەنیاگ، رزیو)

puttee پووزەوانە

putty چەسپ، زەمق، مەعجوون؛ هەویری لکێنەری شووشە بە چوارچیوەی دار (ەوە)

puzzle مەتەڵ. سەری سوڕ دەهێنێ، (هێر، گێژ)ی دەکا

pygmy مرۆ(ڤ) ی (زۆر) کورت (ە بالا)؛ شەمموولە. مرۆڤی (کەم بایەخ، نەناسراو، بێ پلەو پایە، نادیار)

pyjama پیجامە؛ جلی (شەو، خەو)

pyramid هەرەم؛ جەستە یەکی بن(اغە) چارگۆشە یە، کەوا چار سێگۆشەی (وێکچوو، یەکسان) لە لایەکان یەوە هەستاون و بەرەو یەک هاتوون،

pyramid (~) هەتاکوو هەرچاریان لە (لووتکە، ترۆپک) ی جەستەکە لێکیان داوەتەوە

pyramidal هەرەمی، لە سەر شێوەی هەرەم

pyro- (پێشگر، پێشکۆ)یە بەواتای؛ ئاگر، ئاگرین، گەرمی

pyrolatry ئاگرپەرستی

pyromania (خولیایی، شەیدایی،

شێتیی) (ئاگر(کردنەوە)، شت سوتاندن)

pyrometer (گەرمایی بەرز) پێو؛ دەزگایەکی پێوانی گەرمایی (بەرز، زۆر)ە

pyronete = pyrometer

python جۆرە مارێکە

pyuria میزی خوێناوی؛ بە خیزاو

***** Q *****

q (1) ی حەڤدەمین پیتی ئەلفبێ ئینگلیزی یە

Q (2) کورتکراوەیە بەواتای؛
= Question *پرسیار*

qr کورتکراوەیە بەواتای؛
= quarter(s) *چارەک، چارێک*

qt کورتکراوەیە بەواتای؛
= quart(s) *یەکە یەکی پێوانی شلە یە؛ یەکسانە بە چارەکە گالۆنێک یا دوو پاینت (٩٤٦و، لتر)*

qua وەکوو، (لە. بە) (رێگە، شێوە)ی .... بە بەرپرسیاریی . ...، لە (بەرگی، قەبارەی) ...

quack (1) جادووکەر، دەجاڵ.
دەنگی مراوی. جادوو دەکا.
بەتە بەت دەکا (مراوی)

quack (2) (پزیشک؛ دکتۆر) یێکی (خۆکرد؛ بێ بەڵگەنامە ی پزیشکی)

quackery جادووگەری، دەجالی

quad (1) = quadrangle

quad (2) = quadruplet

quad (3) = quadraphonic

quad (4) چارینە

Quadragesima یەکەم یەکشەمی وەرز یێکی (بەرۆژووبوون، پەرستکاری)یە لە ئایینی (عیسایی، فەلان)

quadrangle رووبەر یێکی چارگۆشە یی؛ (کە یەکسانیان مەرج نییە). خانوویەکی چار(گۆشە، قوژبن)ی

quadrangular چارگۆشەییە

quadrant چارێکی (دەورەی) بازنە یەک، چارەگە بازنەیەک؛ کەوا بە دوو نیوەتیرەی ئەستوون بە یەک دیاری دەکرێ. چارەکە (گۆ، رووبەر، هتد)یێک. گۆشە پێو

quadraphonic دەنگی چارینە؛ لە ئامرازی (ئاواز، گۆرانی) تۆمارکردن و لێدانەوە

quadrate (adj) چارگۆشە، لاکێشە؛ لە پزیشکوانی و زانستی ژیاری

quadratic (پلەی) دووجایی (ماتماتیک؛ جەبر)
- equation *هاوکێشە(یەک)ی (پلە دوو، دووجایی)*

quadri- (پێشگر، پێشکۆ)یە بە واتای؛ چواری، بەچار، چار (پێ، لا، گۆشە، روو، سەر، هتد) ی هەیە

quadric چوارینە (جەبر)

quadriceps ناوی (ماسوولکە، ژێ)یەکی چار سەر ی یە

quadrilateral رووبەرێکی چار لا ییە؛ کە یەکسانی یان مەرج نی یە

quadrille (سەما، شایی) یەکی چارگۆشەییە. ئاوازی ئەم جۆرە سەمایە

quadriplegia ئیفلیج(یی. بوونی) هەر چار پەل(ەکان، ان)

quadruped گیانداری چار پێ، چار پێ یە

quadruple چارجاران، چارپات بوونەوە. جارانی چاری دەکا، چارپات دەکاتەوە، چار بەرامبەر دەکا
هەرکام لە چار (

quadruplet نەوزاد؛ کۆرپە)ی بە یەک زگ لەدایک بوو

quadruplicate چار(قات. قەد)(ە). چاری لێ هەیە؛ چواری لەسەر دروست کراوەتەوە. جارانی چاری دەکا

quaff بین ی پێوەدەنێ، هەڵدەقورێنێ؛ قومی قوولی لێ دەدا. چۆری لێ دەبڕێ؛ تەواوی (دەکا، دەخواتەوە)، هەڵی دەمژێ، نۆشی دەکا

quagmire (n) (رووبەر، ناوچە) یەکی (زەلکاو، قوڕاو)ی. تەنگانە، دۆخێکی مەترسیدار

quail (1) جۆرە مەل یکە؛ لە بابەتی (سووسکە، سوێسکە)

quail (2) ترس دای دەگرێ، ترسی لێ دەنیشێ

quaint سەرنجڕاکێشە، جوانە؛ ئەگەرچێ باوی نەماوە یا بەسەرچووە

quake (v, n) دەلەرزی، دەهەژێ. بوومەلەرزە؛ زەوی (لەرینەوە، هەژان، راشەقان)

earth - *بوومەلەرزە، زەمین لەرزین*

Quaker ئەندامی (یانە، کۆمەڵە) یەکی تایبەتە بەناوی (کۆمەڵە، یانە)ی (دۆستان، برادەران)

qualifiable (adj) لە هەڵسەنگاندن هاتوو؛ هەڵدەسەنگێنرێ. بەڵگەدارە. هەموار دەکرێ؛ لە گۆڕاندن و گونجاندن دێ

qualification بەڵگەنامە؛ ی پلەیەکی (پیشەیی، بەدەستخستنی خوێندن، هتد). هەڵسەنگاندن. شایستەیی، لێهاتوویی

qualified (adj) شایستەیە، لێهاتووە. خاوەن بەڵگەنامە (یە)

qualify (v) رایدەهێنێ، مەشقی دەدا. هەڵی دەسەنگێنێ. شایستە دەبێ، لێی دێ، بۆی دەبێ

qualitative (چۆنیەتی، چۆنایەتی. جۆر)یە

quality چۆنیەتی، جۆر(ی)؛ پ؛ چەندی(ێتی)، چەندایەتی

- control *چاوەدێریی چۆنیەتیی (بەرهەم، خزمەت، هتد)*

qualm گومان؛ (سەغڵەتی، نادڵنیایی) لە شتێک

quandary شڵەژان؛ دۆخی سەری لێشێوان

quango (رێکخراو، دامەزراو) یکی (نا، نیمچە) دەوڵەتی

quanta (pl quantum)

quantitative (adj) چەندێتی، چەندایەتی

quantity چەند(ێک). ژمارەیەکی دیار (ماتماتیک)

quantum چەندێکی پێویست یا (رێپێدراو، مۆڵەتدراو)

quarantine (1) (قەدەغە، پاوان)ی سەپێنراو بەسەر کەسێکی نەخۆش یا ئاژەڵێکی دەردەدار؛ بۆ بەرگریکردن لە تەشەنەبوونی دەردەکەی

quarantine (2) ماوەی (قەدەغە، پاوان)ی سەپێنراو (بەسەر، لەدەورەی) (نەخۆش، دەردەدار) یک

quark (1) (پێکهێنەر، بەش)یکی

گەردیلە یێکی (بنەڕەتی،
بنچینەیی) (فیزیا)

quark (2) جۆرە پەنیر یێکی (
کەمچەوری؛ سووک) ە

quarrel دەمەقالێ، دەمەقاڵە،
شەڕ. بەشەڕدێ، شەڕدەکا

quarrelsome شەڕانی (یە)

quarry (1) کان ی بەرد؛
مەعدەن. بەرد هەڵدەقەنێ

- tile *بەردەپان، کاشیی*
بەردین؛ ی لووس نەکراو

quarry (2) نێچیر، راوکراو.
داواکراو، ویستراو

quart پێوەرێکی قەوارەی
ئینگلیزی یە؛ چارەکە گالۆنەک
دەگرێ (دەپێوێ)

quarter چارێک، چارەک{گ}،
چوارێەک، یەک لەسەر چوار.
هەرێم، ناوچە. لا. دابەش
دەکاتە سەر چار، دەکاتە چار
بەش. دەحەوێنێتەوە، دەگرێتە
خۆ

- final *(یاری، گەمە،*
کێبەرکێ)ی پێش نیوەکۆتایی

- hour چارەکە *(کاژێر؛ سەعات)*
ێک؛ ١٥ دەقیقە

three -s *سێ چارێک{چارەک{گ}}،*
سێ لەسەر چار، ٣/٤

quarterdeck پشتەوەی
کەشتی

quarter-final (یاری، گەمە،
کێبەرکێ)ی پێش نیوەکۆتایی

quarter-hour چارەکە (کاژێر؛
سەعات)ێک؛ ١٥ دەقیقە

quartering حەواندنەوە، گرتنە
خۆ. دابەشکردنە سەر چار(ان)،
کردنە چوار بەش

quarterly (adj) سێ مانگانە(
یە)، سالێ چوار جار(ە).
وەرزی یە، وەرزانە یە

quarterly (adv) بەسالێ
چارجاران، بەوەرزی،
بەوەرزانە

quartermaster بەڕێوەبەر

quarters نیشتەجێ، ژینگە،
جێکا. مۆڵگای سەربازی، هتد

head- *بنکەی سەرەکی*

quartet چوارینەی ئاوازان،
ئاوازێکی چوار(کەسی، دەنگی).
چار ئاوازژەن. چارینە؛
هەردەستەیەکی چار ی

quarto ((لا)پەڕە، پەڕتووک)ێکی
چاریەکی رووبەری ئاسایی، لە
چاران یەک برگە

quartz (n, adj) بلوور؛ بەردی
رۆن؛ لە رەگەزی (قوم، لم).
بلووری(یە)، رۆن(ە)

quasar جەستەیەکی ئاسمانیی
ئەستێرەیی، ئەستێرەئاسا

quash بەتاڵ دەکاتەوە،
هەڵدەوەشێنێتەوە. دەهاڕێ،
هوورد دەکا. دادەمرکێنێ(تەوە)
، سەرکوت دەکا

quasi- (پێشگر، پێشکۆ)یە بە
واتای؛ (بەرواڵەت؛ نەوەک
بەراستی، نیمچە، شێوە،
مەیلەو، ئاسا)

quaternary (1) چوارپارچەییە؛
لە چار پارچە پێکهاتوو

Quaternary (2) یەکێکە لە (
سەردەم، ماوە) جیۆلۆجی یەکان

quatrain چارینە؛ کۆپلە
هۆنراوە یەکی چار دێڕ ی

quatrefoil (شیرازە، نەخش)ێکی
چار (نووک. گەلا، پەلک)ی

quattrocento هونەری ئیتالیا

یـی سەدەی پـازدەهەم؛ لـە ١٤٠٠ تا ١٤٩٩از

quaver لـرمـە، ڕمبـە، دەنـگ هەژان؛ هەژانـی دەنـگـی گـەورە. لـرمـەی دێ، ڕمبـەی دێ، دەهەژێ، دەلـەرزێ

quay (شۆستـە، سەکـۆ، ئـەسکـەلـە)؛ ی بـەنـدەر؛ شوێـن ڕاوەستـانـی کـەشتـی (یـان)

quayside ڕۆخ، لـێـوار، تـەنـیـشت؛ ی بـەنـدەر

queasily (adv) بـەهێـرنـجـەوە(ڵ). بـە بـێـز(وقـێـز)

queasy (adj) بـەهێـرنـجـە، هێڵـنـجهێـنـە. نـزیـکـە ڕشانـەوەیـە. بـە بـێـز(وقـێـز)(ە)

Queen (1) شاژن، شابـانـو؛ شای مـێ یـنـە

- *Anne* *(شیـرازەی خانـوو، دەستـووری ژیـان، هتـد)ی ئـیـنـگـلـیـزی لـە سەرەتـاکـانـی سەدەی هەژدەم*

- *consort* *(هاوسەر؛ ژن)ی شا*

- *mother* *دایـکـی شاژن؛ دایـکـی شا ی مـێـیـنـە*

-*'s English* *(زمـانـی ئـیـنـگـلـیـزیـی دروست نـووسراو یـا گـوتـراو*

queen (2) شاهەنـگ، شامـێـروو(لـە)؛ شا ی (مـێـشەنـگـین، مـێـروو(لـە))(ان)

- *bee* *شاهەنـگ؛ شامـێـشەنـگـین*

- *post* *شاکـۆڵـەگـە؛ لـە خانـوودا*

queen (3) وەزیـر؛ لـە (گـەمـە، وەرزش)ی شەتـرەنـج

queenliness (n) شاژنـانـەیـی.

شاژنـانـیـبـوون

queenly (adj) شاژنـانـە یـە. شاژنـانـی یـە

queer نـائـاسایـی (یـە). دەمـدەمـی (یـە)

queerly نـائـاسایـی یـانـە، بـە پـێـچـەوانـەی نـەریـت، دەمـدەمـی یـانـە

quell سەرکـوتـدەکـا، دادەمـرکـێـنـێ (تـەوە). (کـپ، مـات، بـێـدەنـگ) دەکـا، لـە جوولـە دەخـا

quench (تـیـنـوویـتـی، تـێـنـیـتـی)ی دەشکـێـنـێ؛ بـە (ئـاو، هتـد) خواردنـەوە. (ئـاگـر، چـرا) دەکـوژێـنـێـتـەوە

querist بـە پـرسیـار، لـێـکـۆڵـەرەوە

quern دەستـاڕ، دەستـهاڕ؛ ئـامـرازێـکـی دەستـی یـە بـۆ دانـەوێـڵـە (هاڕیـن، هێـڕان؛ (هو) وردکـردن)

querulous بـە گـلـەیـیـە، نـاڕازیـیـە، بـەلاوانـەوەیـە

query پـرسیـار، لـێـکـۆڵـیـنـەوە. دەکـۆڵـێـتـەوە، لـێـدەکـۆڵـێـتـەوە، پـرسیـاردەکـا. گـومـان دەکـا

quest گـەڕان؛ بـەدوای (کـەس، شت) یـک، پـشکـنـیـن. داواکـردن، پـرسیـارکـردن. لـێـکـۆڵـیـنـەوە

question پـرسیـار. کـێـشە؛ مـەسەلـە. بـابـەت. نـاکـۆکـی. پـرسیـاری لـێـدەکـا، بـەوەڵامـی دەهێـنـێ. گـومـانـی لـێـدەکـا

- *mark (1)* *نـیـشانـەی پـرسیـار لـە چاپ و نـووسیـنـدا (؟)*

- *mark (2)* *وەڵامـی دەوێ، بـێ وەڵامـە. نـادیـارە. گـومـانـی لـێـدەکـرێ. (جێـگـە، شایـان)ی پـرسیـارە*

مەسەلە. بابەت. ناكۆكی. پرسیاری لێدەكا، بەوەلامی دەهێنێ. گومانی لێدەكا
in - *ئەوەی باسكراو، بابەتی لێدوان(ەكە)*
out of the - *لە بابەتەكە* بەدەرە. قسەی لە سەر نییە، نەكردەنی یە
questionable (adj) گومانی لێ دەكرێ، جێی ناكۆكی یە
questionnaire زنجیرە پرسیارێكی تایبەت بە بابەتێكی دیاریكراو؛ و زیاتر بۆ ئەنجامدانی (راوەرگرتن. ژمێریاری)
queue سرە، نۆبەت. (سرە، نۆبەت) دەگر(ن، ێ)
- jump (v) *(سرە، نۆبەت) دەبەزێنێ؛ بێ (نەرێتی، هەستی) دەكا*
quibble هەولّدان، تەقەلا. لێدوان؛ ی سادە و نابەجێ. هەولّ دەدا. لێ دەدوێ؛ بە ساكاری
quick (1) (adj) خێرا(یە)، تییژ(ە). خێرا بە!
- fire (adj) *بە هەلّەداوان*
- one *(دانە، كار)یەكی (بەخێرایی، سەرپێی)*
- tempered (adj) *(خێرا، زوو، بەئاسانی) تووڕەبوو [ئاوەلّناوە]*
- witted (adj) *بیرئامادەیە، زووبیركەرەوەیە؛ زوو شتی بۆ دێ*
quick (2) = quickly
quick (3) (n) گۆشتی نەرم و ناسكی ژێر (نینۆك، نووخان)
quicken (v) (خێراتر، چالاكتر) ی دەكا. پەلەدەكا، خێرادەبێ. دەبووژێنێتەوە
quickie (شتێكی) پەلەلێكراو؛ بەپەلە (دروست، ئامادە)كراو
quicklime گەچی زیندوو؛ گێچی نەگیراوە
quickly بەخێرایی، بەپەلە
as - as possible *بە خێرایی، بە زووترین كات*
quickness خێرایی، پەلە. هەلّەداوانی{ر}
quicksand لمی (شلك؛ زۆر تەڕ؛ زۆر بەئاو؛ زۆر شل)؛ كەوا پێی لێ رۆدەچێ، لێی دەچەقی
quickset پەرژینێكی بە دڕكودالّ{ر} دروستكراو
quicksilver جیوە. جیوەیی
quickstep (سەما، شایی)یێكی بە هەنگاوی خێراخێرا، شاییێكی گەرم
quick-tempered (adj) (خێرا، زوو، بەئاسانی) تووڕەبوو [ئاوەلّناوە]
quick-witted (adj) بیرئامادەیە، زووبیركەرەوەیە؛ زوو شتی بۆ دێ
quid پاوەندی (ستێرلین، بەریتانیا)ی؛ بە زاراوەی بازاڕی
- pro quo *چاكەدانەوە، پاداشتكردنەوە؛ شتێك لە(بەرام)بەر شتێك*
quiddity پێویستیی (هە)بوونی شتێك؛ لە فەلسەفە

quiescence ئارامی، هێمنی، مەندی

quiescent کپ، ئارام، هێمن، مەند

quiet ئارام، کپ، ئۆقرە، هێمن، مەند، لەسەرەخۆ، لەسەرخۆ. (بێدەنگ، کپ) (دەبێ. دەکا)

be - *بێدەنگبە!، (وس، وسکت) بە!*

keep - *هیچ مەڕێ(ڵ)*

on the - *لەژێرەوە؛ بەدزی*

quieten (بێدەنگ، کپ) (دەبێ. دەکا)

quietism گۆشەگیری. سستی، ماتی؛ لە ژیان دا

quietly بەئارامی، بەهێمنی

quietude (دۆخ(ێک))ی (ئارامی، هێمنی، مەندی)

quietus سەرنانەوە، حەسانەوە؛ بەواتای مردن؛ رزگاربوون لە دونیا

quiff پرچی (کوڕ، پیاو)؛ کە بە (شە، شانە) هەڵدرابێتەوە بۆ (سەرەوە؛ پشتەوە)

quill پەڕەمووچ؛ تووکی (مەل، باڵندە). لاسکی پەڕەمووچ. (خامە؛ قەڵەم)ی پەڕەمووچ

quilt لێفە. تیواوتیو دەدوورێ، بە (تی؛ خوار) دەیدوورێ

quin = quintuplet

quince میوەیەکی (مێخۆش، مەیلەوترش)ە لە شێوەی (بەهێ، هەرمێ)؛ لە شکراو دا دەکوڵێنرێ بۆ (هەڵگرتن، پاراستن، هتد)

quincentenary یادی پێنجسەد ساڵە. (ئاهەنگی، تایبەتە بە، هی) ئەم یادە

quincunx پێنج جەستەی (بەتایبەتی درەختی) لەچار (قولینچک؛ قوژبن) و ناوەندی (چارگۆشە، لاکێشە)یەک (دانرابێ، روابێ)

quinine دەرمانێکی تاڵە(ر)؛ لە (ناو)قەدی دارێک وەردەگیرێ؛ بۆ تا کەمکردنەوە بەکارە

Quinquagesima دوا یەکشەمی وەرز یێکی (بەڕۆژووبوون، پەرستکاری)یە لە ئایینی (عیسایی، فەلان)

quinquennial پێنجساڵەیە؛ پێنج ساڵ (دەخایەنێ، ی پێدەچێ). (هەر) پێنجسالان جارێک (دەبێ، دێ، روودەدا)

quinsy (ئاوسان، برینداربوون) ی لەوزەتێن

quintal (پێوەر، پێوانە)یەکی کێشانی (کۆنی) ئینگلیزی یە؛ دەکاتە ١٠٠ کیلۆ(گرام)

quintessence پاراوترین و دروسترین شێوەی دەربڕینی (بابەت، چۆنیەتی)ێک

quintet پێنجینەی ئاوازان، ئاوازێکی پێنج(کەسی، دەنگ)ی. پێنج ئاوازژەن. پێنجینە؛ هەردەستەیەکی پێنج ی

quintuple (ژمارە، چەند)ێکی پێنج (بەش، قەد، قات). پێنج جاران. جاران ی پێنج ی دەکا

quintuplet هەرکام لە پێنج (منداڵ، بێچوو)ی بە یەک (زگ، جار) لەدایکبوو

quintuplicate پێنج(قات. قەد)(ە). پێنجی لێ هەیە؛ پێنجی

quiz مەتەڵ (لە شێوەی پرسیار و وەلام (هەڵهێنان))، مەیل، مەیلۆکە. گاڵتەی پێ دەکا، گەمەی پێدەکا

quizzical مەتەڵە، مەیلانێ یە. گاڵتەجاڕی یە، سەمەرەیە. بە کێشەیە، چارەسەریی ئەستەمە؛ سەر پەشۆکێنە

quoin (قولینچک، گۆشە)ی دەرەوەی خانوو یێک. بەردی (قوژبن، قولینجک). قەڵەمپەرچ

quoit (بازنە، ئەڵقە)یەکی هاوێشتراو بۆ ئەوەی بچێتەناو ئەستووندەگێکی ئاسن. ناوی یاری یێکە

quondam پێشوو، لە پێشان، هی پێشووتر. ئەوەی هەبوو

quorate (adj) ژمارەی (پێویست؛ لانیکەم)ی ئەندامانی ئامادەیە؛ (کۆبوونەوە، کۆنفرانس)ێکی رەوایە

quorum ژمارەی (پێویست؛ لانیکەم)ی ئەندامانی ئامادە؛ بۆ رەوایی دان بە (کۆبوونەوە، کۆنفرانس)ێک

quota راتبە؛ ی فەقێ (یان)، بەش. رادە؛ ژمارەیەکی (دیاریکراو، مۆڵەت پێدراو)؛ ی شتێک

quotable جێی بڕوایە، جێی متمانەیە، قسەی لێ وەردەگیرێ. لە گۆتن{و} دێ

quotation وەرگرتن (ی قسە). قرساندن، نرخاندن، مەزەندە کردن (ی نرخ)، قەپلاندن{ر}

- marks *نیشانەی سەرەتا و کۆتایی قسەی وەرگیراو لە کەسێکی دی؛ پیتەکانی چاپی ('' ، ')*

لەسەر دروست کراوەتەوە. جارانی پێنجی دەکا

quip قسەی جوان دەکا، پەند دەهێنێتەروە پەند، قسەی نەستەق.

quire (پێشتر ٢٤) (رووبەر، پارچە)ی کاغەز ٢٥

quirk نارێک، سەیر، نائاسایی. نارێکی، نائاسایی بوون

quisling (n) (نیشتیمان، ولات) فرۆش، هاوکاری دوژمن، جاش

quit وازدێنێ، بەجێدێڵێ، دەستی لێ (بەردەدا، هەڵدەگرێ) . بێبەری یە لە

quitance (بەڵگە(نامە))ی ئازادبوون؛ لە (قەرز. ئەرک، هتد)؛ لێبوونەوە، لەبەردەرهاتن

quite تەواو، تەواوێک؛ تا رادەیەکی باش

- a few *تەواوۆکەک، تەواوێک؛ چەندێکی هەندێک زۆر*

- somthing *شتە!، (کەس، شت) یێکی تەواوێک گرنگ(ە)*

quits (adj) پاک لە پاک(ە، ن)

call it - *(با) پاک لە پاک (بێ)!، بەسە!، با بەس بێ!*

quitter کەسێکی (ڕەووک{ف-}، زوو کۆڵدەرە. کەسێکی خۆدەدزێنە لە (ئەرک، کار، هتد)

quiver (1) دەلەرزێ. رادەشلەقێ. رادەچلەکێ، رادەجفرێ. لەرزە، راشلەقین. راچلەکین، راجفرین

quiver (2) هەگبەی تیر؛ ی کەوانان

quixotic (adj) زۆر (قارەمان، پاڵەوان)ە

quote وەردەگری لە، لێی دەگێڕێتەوە، باسدەکا، بە بەڵگە دەهێنێ. دەنرخێنێ

- *a price* *نرخی دەداتێ، دەقرسێنێ، مەزەندەی خۆی پێ دەڵێ*

quoth (v) (گ)وتم(ان){ۆ}، (گ) وتی(ان){ۆ}؛ تەنها بۆ کەسانی یەکەم و سێیەم بەکاردێ

quotidian رۆژانەیە، هەموو رۆژێ (روودەدا، دووبارە دەبێتەوە). ئاساییە

quotient ئەنجامی دابەش کردن. ئەنجام

Quran قورئان، قورعان؛ کتێبی پیرۆز لای موسڵمانان

qwerty کویرتی؛ ناوی شیرازەیەکی دابەشبوونی پیتەکان بەسەر تەختەی کلیلانە

- *keyboard* *تەختەی (کلیل، پیت)ی ئینگلیزیی (باو، ئاسایی)*

***** R *****

r هەژدەمین پیتی ئەلفبێ ی ئینگلیزی یە

rabbi مالم، پیاوی ئایینی جو(وان)

rabbinical (هی، تایبەتە بە) مالم

rabbit کەروێشک، کێریشک

rabble کۆمەلێکی (ناڕێک، ئاژاوەچی، بشێویکەر، بێ ئاسایش). تاقمێکی (چەتە، تاوانکار)

rabid (کەسێکی) هار؛ بە نەخۆشی هاری. دژوار، ئاژاوەچی، هاروهاج

rabies (نەخۆشی) هاری؛ لە سەگەوە دەگوازرێتەوە لە رێگەی لیک ەوە؛ (کەسێکی) هار (زۆر، زوو) تینووی دەبێ

race (1) (کێبەڕکێ، پێشبڕکێ)ی (خێرا، تیژڕۆ)یی. (کێبەڕکێ، پێشبڕکێ) دەکا

- course *مەیدانی کێبەڕکێ، گۆڕەپانی ململانێ*

- horse *ئەسپی غار(دان(ێ))*

horse - *کێبەڕکێی ئەسپان*

race (2) رەگەز؛ هەرکام لەرەگەزەکانی مرۆڤ؛ ن؛ رەگەزی ئاری

racer راکەر، بدشداربووی کێبەڕکێ

racial رەگەزیی(ە)

racism رەگەزپەرستی

racist رەگەزپەرست

rack دەزگایەکی ئازاردانی لەشە. دەلاقە، رەفتە، ئەستێرک. ئازار دەدا. ماندوو دەکا

put to the - *ئازار دەدا*

racket دەستەنداز، راکێت

racy شیرازەیەکی (بەهێز، چالاک، بەگوڕ). چۆنیەتی یەکی تایبەت؛ ن؛ بە تام و چێژێکی تایبەتی

radar رادار؛ دەزگای ئەلیکترۆنیی (پێشبینیکەر، دووربین، ئاگادارکەرەوە، خەبەردار)ی (جەستەی فڕیو، فڕۆکە، مووشەک، هتد)

radar (~) لە ناو (سنوور، بازنە)یەکی دیاریکراو دا

radial (1) (هی، تایبەتە بە) تیشک، لە تیشک پێکهاتووە. وەکوو تیشک ریزکراوە، تیشکی لێ (دەبێتەوە، دەردەچێ)

radial (2) (هی، تایبەتە بە) نیوەتیرە (وە). بە درێژایی هێلەکانی لە چەق (ی بازنە) دەرچوو (دەڕوا، کاردەکا)

radiance تیشکدانەوە. گەشداری، گەشانەوە. (گەش، جۆشدار)یی (دەموچاو، روو، روخسار)

radiant تیشکدەرەوەی رووناکی. (تیشک، شت)ێکی (گەشدار، گەشاوە). (دەموچاو، روو، روخسار) (گەش، بەجۆش). جوانی ی سەر سوڕهێنەر

radiate (1) تیشکی (روناکی، گەرمی، هتد) (داوێژێ، دەداتەوە، پەخشدەکا، بلاودەکاتەوە). (دەموچاو، روو، روخسار) دەگەشێتەوە؛ لە (خۆشیا، هتد)

radiate (2) لە (چەق، ناوەند) یکەوە (بلاو دەبێتەوە، دەردەچێ)

radiation تیشک هاوێشتن. تیشک

بڵاوبوونەوە. (تیشک، وزە) دانەوە؛ بە شێوەی شەپۆلی ئەلیکترۆ مەگنەتیکی (وەیا بەشێوەی گەردیلەی بزۆت)

radiator تیشکهاوێژ. تیشکدەر. ئامرازی گەرمکردنەوەی (ژوور، هتد). ئامرازی ساردکردنەوەی مەکینەی (ئۆتومبیل، هتد)

radical رەگ؛ ی (وشە، ژمارە، هتد). بنەڕەت. لەڕەگا، بنەڕەتی، بنچینەیی. هەموولایەنە. توندڕەو (رامیاری)

radically لەڕەگەوە، بنەڕەتی یانە، لە بنچینەوە. توندڕەوانە، بەتوندڕەوی (رامیاری)

radicle رەگ(ۆکە)ی سەرەتایی نەمامێک کە پاشان دەبێ بە شارەگی (دار، درەخت، رووەک) ەکە

radii (pl radius) نیوەتیرەکان؛ کۆی نیوەتیرە (یە)

radio رادێر، رادیۆ. (دەزگای) بێتەل

- communication *پەیوەندی (بە رێگەی دەزگا)ی بێتەل*

radioactive تیشکزا؛ بەتیشک. (شت، جەستە)یەکی (لەخۆڕا، بەسروشتی) هەڵوەشاوە و ئازادکەری (تیشک، گەردیلە)ی جەستەبر

radioactivity هەڵوەشانەوەی (خۆڕایی، سروشتی)ی ناوکی گەردیلان (بە، لەگەڵ) دانەوەی (تیشک، گەردیلە)ی جەستەبر

radish رووەک و (رەگ، بەر، سەلک)ی (توور، ترپ)

radius (1) نیوەتیرە؛ هەرکام لەو هێڵانەی کەوا خاڵێکی سەر بازنەیەک و چەقەکەی بەیەکەوە دەگەیەنن. (درێژی، مەودا، سەدە)ی نیوتیرە

radius (2) یەکێک لەو دوو ئێسکەی (دەست، پەل (ی پێشەوە) ، باڵ)ی (مرۆڤ، ئاژەڵ، مەل)؛ ئەوی ئەستوورتر و کورتتر

raft کەرەک(ل، ڵ)؛ ی خەڵک و شت پەڕاندنەوە لە ئاو

rafter (دار یێکی) دارەڕێی خانوو

rag جلی (دڕاو، شڕ)، کۆنەپەڕۆ، خوراو. چالاکیی گاڵتەبازی و رابواردن و پارە کۆکردنەوەی خوێندکاران. جۆرە (ئاواز، مۆسیقا)یەکە. گاڵتە دەکا، رادەبوێرێ

in -s *زۆر (کۆن، دڕاو)، شڕ و وڕ*

rage (پەستی، تورەیی، هاروهاجی)ی زۆر. هاروهاجیی هێزێکی سروشتی؛ ن؛ با، شەپۆل، هەرەس، ئاگر، هتد. زۆر پەست دبێ، تووڕەیی سەردەکا

ragged دڕاو، شڕ، ونجڕ کراو. (کەسێکی) جلشڕ. قوپاو، خواروخێچ. ناڕێک

raging زۆر تووڕە (بوو). لەرادە بەدەر، ئەوپەڕی. زۆر بەئازار

raid هەڵکوتان(ەسەر)، هێرشێکی کتوپڕ. هەڵدەکوتێتە سەر

rail (1) رایەڵە، رایەر، (دار، ئاسن، پلاستیک)ی باریک(ەلە) و درێژ(وکان)ی؛ کە بۆ (شت لەسەر هەڵواسین، پەرژین، هتد)

بەکار دێ

rail (2) هێڵی شەمەندەفەر. ریزی دەکا. پەرژین دەکا، دەورەی دەگرێ. رایەڵەی بۆ دروست دەکا

off the -s *نارێکە. تێکچووە. سەر لێشێواو*

rail (3) هاتوهاواری لەسەر دەکا، نارەزایی توند لەدژی دەردەبڕێ

railing پەرژین، رایەڵە. بەربەست

raillery (پێ ڕابواردن، گاڵتە پێکردن)ێکی (دۆستانە، سووک)

railway هێڵی شەمەندەفەر، کالا (ی ئاسن)

raiment پۆشش، پۆشاک، جلوبەرگ

rain باران. دەبارێ. وەکوو باران (دێتەخوارێ، دەبارێ)

rainbow پەلکەزێرینە، ئایشەوفاتمە؛ کەوانەی رەنگاورەنگی دوای (رۆژە) باران

raindrop (دەنکە، دڵۆپە{ر}) بارانێک

rainfall باران بارین

rainy بەبارانە. بارانە؛ دەبارێ. (رۆژ، ناوچە، وەرز، هتد)ێکی بە بارانە

raise دەباتەسەرەوە. (بڵند، بەرز) دەکا{ر}، هەڵدەگرێ. (نرخ، ژمارە، هێز)ی (زۆر، زیاد) دەکا. (پارە) کۆدەکاتەوە. دروست دەکا

raisin مێوژ. کشمیش

rake (1) شەن، شەنە. رێکدەخا، کۆ دەکاتەوە. (خۆڵ، زەوی) (شێدەکاتەوە، هەڵدەوەشێنێ). دەسرێژ دەکا (بە تفەنگ)

- up *برینی (یادی) دەکولێنێتەوە؛ بە وەبیر هێنانەوەی (یادگاری، شت)ی ناخۆش*

rake (2) زیناکار. بەرەڵا؛ (زۆر، زیاد) ئازاد لە رووی تێکەڵیی بە (ژن، پیاو)

rake (3) خواردەکاتەوە، دەچەمێنێتەوە. خواردەبێتەوە، دەچەمێتەوە. خوار، چەماوە. رادەی (خواربوونەوە، چەمانەوە)

rally (1) (کۆدەبنەوە، رێک دەکەون) بۆ (یارمەتی دان، پاڵپشتی کردن). کۆدەکاتەوە، رێک دەخا. ریزەکان یەکدەخاتەوە. (کۆبوونەوە، خۆپیشاندان)ێکی گەورە.

rally (2) بە (شێوەیەکی دۆستانە، سووکی) (پێی رادەبوێرێ، گاڵتەی پێدەکا)

RAM کورتکراوەیە بە واتای؛ *عەمباری کاتیی کۆمپیوتەر؛ لێی دەخوێنرێتەوە و لەسەریشی دەنووسرێ*

ram (1) بەران (ی نەخەسێنراو) ؛ نێرەی مەڕ

ram (2) (دەزگا، قورسایی)ی شت (پەستانەوە، کوتانەوە). (دەکوتێ، دەپەستێ)تەوە. تێی دەپەستێ، پاڵی دەنێ. تێدەچەقێنێ. لێی دەدا، پێی دەکەوێ

Ramadan مانگی نۆیەمی ساڵی (ئیسلام، مانگ)ی یە؛ کە تێیدا موسوڵمانان بە ڕۆژوو دەبن

ramble پیاسە دەکا، بۆ خۆشی دەخولێتەوە. ((بە) پچڕپچڕ، بێسەروبەر)ی (دەدوێ، دەنووسێ) . پیاسە

ramification (دابەش، بەشبەش) بوون. پەلوپۆ دەرکردن. (بەش، لەت)ێکی شتێکی (ئالۆز، گەورە)

-s *ئاکام، سەرئەنجام*

ramify (دابەش، لەت) دەکا. پەلوپۆ دەردەکا. پەرە دەستێنێ، بڵاودەبێتەوە، گەورە دەبێ

rammer (دەزگا، قورسایی)ی شت (پەستانەوە، کوتانەوە)

ramp (1) لێژایی؛ یێک کەوا دوو ئاستی ئاسۆیی بەرز و نزم بەیەکەوە ببەستێتەوە. پێبلکەی (سواربوون، هاتنەخوار)ی فڕۆکە. تەگەرەی سەر ڕێوبانان بۆ (هێدی،

ramp (2) خۆی گێف دەکاتەوە، دەترسێنێ

rampancy سنووربەزێنی. تاوسەندن. دژواری. (گەشەکردن، پەرەسەندن)ی لەڕادە بەدەر. هەڵمەت بردن، بازدان

rampant سنووربەزێن. تاوسەندوو دژوار. لەڕادە بەدەر (گەشەکردوو، پەرەسەندوو). (هەڵمەت، پەلامار)ی شێر، پڵنگ، هتد

rampart (شوورە، دیوار)ی بەرگری

ramrod شیشەی (تفەنگ خاوێن کردنەوە، گولەتۆپ پاڵنان). شتێکی زۆر ڕاست یا ڕەق

rancid بۆگەن، گەنیو، تام ناخۆش

rancidity بۆگەنی، گەنی، تام ناخۆشی

rancorous بە رک، قینەدار

rancour رک، قینە

random هەڕەمەکی. بێسەروبەر، گۆترە

- Access Memory *عەمباری کاتیی کۆمپیوتەر*

at - *بە هەڕەمەکی؛ بە بێ (دەست) نیشانکردن*

range ریز. بڕ(کردن). ریزدەکا، ڕێکدەخا. دەخاتە خانەوە. دەگەڕێ، دەسووڕێتەوە

- of a gun *بڕ (سەدە)ی تفەنگ، تۆپ، هتد*

- of mountains *زنجیرە چیا*

rank (1) پلە، پایە. خانە، هێڵ. ریز، رایەڵە. پلەی دەداتی، پایەداری دەکا. خانەی دیاری دەکا. ریز دەکا

taxi - *شوێنی تایبەتیی راوەستانی تاکسی یان*

rank (2) بۆگەنە. تێکچووە، گەندەڵ بووە

rankle قینی دەکاتەوە، رکی هەڵدەستێنێ؛ بەتایبەتی لە حەسوودی یەوە

rankness بۆگەنی. گەندەڵی، تێکچوون

ransack (وڵاتێک) (تاڵان، زەوت) دەکا، (ماڵێک) دەدزێ. بەوردی دەپشکنێ

ransom بەلاگێڕ{ر}. پارەی (دراو، داواکراو) لە پێناوی بەلا گێڕانەوە. بەراگێڕ{ڵ} دەکا؛ بە تایبەتی پارە

rant بە (دەنگی گەورە،

هاتوو. خەیاڵ ڕۆیشتوو، دالـغەچی، دلـشاد

rapture شاگەشکە بوون؛ لە خۆشیا، سەرسوڕمان. دڵ فڕین، دلـشادی، دالـغە

rapturous (شتێکی) شاگەشکە کەرە، سەرسوڕهێنەرە، دلـڕفێنە

rare دەگمەن(ە)، کەم، نایاب، کەمیاب

rarely بەدەگمەن، بەکەمیی؛ کەم وایە ڕێک بکەوێ

rarity دەگمەنی، کەمی، نەبوون، دەستنەکوتن

rascal (کەسێکی) ناراستگۆ، (فێڵ، تەلـەکە)باز. لاسار، زیانبەخش

rascality ناراستگۆیی، (فێڵ، تەلـەکە)بازی. لاساری، زیانبەخشی

rase = raze

rash (1) هەرەپاس{ڵ}، هەلـەشە، ملهوڕ، هاروهاج. بەپەلە، کتوپڕ. زیانبەخش، ئازاردەر

rash (2) قینچکە، قنچکە، پەلـە لە پێست دروست بوون. دیاردەیەکی بە کتوپڕ بلاوبوو

rashness هەلـەشەی، هەرەپاسی{ڵ}، ملهوڕی، هاروهاجی. پەلەکردن، کتوپڕی. زیانبەخشی

rasp (1) (کارتیغ، مەورەد) یێکی (درشت، زبر). (خشە، جیرە) ی کارتیغ کردن. دەڕنێ، لەکارتیغ دەدا. (زبر، دڕ)ی دەکا

rasp (2) جیرە لە ددانیەوە دێنێ. دەنگێکی گڕ دروست دەکا

raspberry رووەکێکی وەکوو هەڕوگیف) داخەفێ. زۆر دەلێ، (زۆربلێ، درێژدادر، چەنەباز، چەقاوەسو)یی دەکا

rap (لەسەرەخۆ، بە هێواشی) (لێدەدا، دەکوتێ)؛ وەک لە (دەرگا، دەهۆڵ) دان. (لێدان، کوتان). جۆرە (ئاواز، مۆسیقا) یێکە

rapacious فڕێنەر، پەلاماردەر. دڕندە. زەوتکەر، زۆردار. پیسکە

rapacity پیسکەیی. دڕندەیی. زۆرداری

rape (1) زەوتی دەکا؛ بە زۆرەملێ جووتدەبێ (پیاو لەگەڵ ئافرەت). زەوتکردن؛ جووتبوون (ی پیاو لەگەڵ ئافرەت) بە زۆرەملێ

rape (2) رووەکێکە بۆ ئالیک دەچێنرێ؛ و لە تۆیەکەشی ڕۆن دەردەهێنرێ

rapid خێرا، تیژ، کتوپڕ

rapidity خێرایی، کتوپڕی

rapidly بەخێرای، بەکتوپڕی

rapidness گورجی، خێرابوون

rapids گێژەنگی بنی رووبار، لێژبوونەوەی کتوپڕی رووبارێک

rapier (شیر، شمشێر)یێکی سووک و تەنکە. تیژ (پ؛ کول)

rapine زەوتکردن، رفاندن

rapist (پیاوێکی) زەوتکەر (ی کچ، ئافرەت)؛ بە زۆرەملێ جووتبوو لەگەڵ مێ ینە

rapport پەیوەندی و گفتوگۆی سوودبەخش و گونجاو

rapt شاگەشکە بوو، سەر بەسوڕ

تووتڕکە، بەری سووری ئەم ڕووەکە کەوا توو(تڕک) ئاسایە

rat جورج

ratable = rateable

rate رادە. نرخ. پلە. دەنرخێنێ

at any - *هەرچۆنێک بێ(ت). بەهەر نرخێک بێ(ت)*

at the - of *بە ڕێژەی*

rateable لەڕێژە دان هاتووە؛ باجی لەسەرە، (بەش، ڕێژە)ی لێ (دەدرێ، دەردەکرێ، دەردەچێ). نرخێنراو(ە)

rather واچاکە، چاکترە، باشترە. پێی باشترە

ratification مۆرکردن؛ ی بڕیارێک، بەراستی ناسین؛ ی بەڵگەنامەیەک، قەبووڵ کردن؛ ی پرۆژەیەک

ratify (بڕیارێک) مۆردەکا، (بەڵگەنامەیەک) بە ڕاست دەناسێ، پرۆژەیەک؛ قەبووڵ دەکا

ratio ڕێژە. کەرت (ماتماتیک)

ration بەشە (خواردن، جلوبەرگ، هتد)ی بە پێی ژمارەی سەر براوە لە کاتی (گرانی، جەنگ، هتد). دەبڕێتەوە. دیاریی دەکا

-s *خواردنی ڕۆژانە؛ن؛ لە سەربازگە*

rational بە هۆیە، هۆدارە. بەڕێوجێ. سەرپێچی نەکردوو لە (یاسا، ئایین، داب و نەرێت، هتد). کەرتی تەواوە (ماتماتیک)

rationale هۆی بنەڕەتی، (مەنتیق)ی بنچینەیی بیرگیری،

ratline(s) (پێبلکە، ڕستە)ی (گوریس، کندر)ی ناو کەشتی

ratsbane (ژەهر، دەرمان)ی (مشک، جورج)

rattan ڕووەکی حیزەران. دار حیزەران، (گۆپاڵ)، گۆچان)ی لە حیزەران دروستکراو

rattle شەقەشەق دەکا، رادەشەقێ(نێ)، رادەهەژێ(نێ). شریقەشریق، (دەنگی) (راهەژان، راشەقین)

- along *تێی دەتەقێنێ، دەردەپەڕێ*

death - *لنگەفرکێی مەرگ*

rattlesnake ماری زەنگوڵدار

raucity دەنگ (کەرخ، گڕ) ی

raucous دەنگ (کەرخ، گڕ)

ravage کاول دەکا، تێک دەدا. تالان دەکا. کاولکاری. تالان

rave بە دەنگەوە (وشە هەڵدەبزوڕکێنێ، بۆخۆی دەدوێ، قسەی حەلەق و بەلەق دەکا). (شاگەشکە کەر، سەرسوڕهێنەر، دڵڕفێن)انە دەدوێ

ravel تەگەرەی بۆ دروست دەکا، (گرێ، ئاڵۆزی)ی دەخاتێ. ئاڵۆز دەبێ، دەئاڵۆزکێ. کۆن دەبێ، دەدڕێ

- out *هەڵدەوەشێ، داوی لێ هەڵدەبێ*

raven قەلێکی گەورەی ڕەشی (مەیلەو شینی) بریقەدار؛ ی دەنگ گڕ و ڕەق. ڕەنگی ڕەشی بریقەدار. هەڵدەلووشێ. دەدزێ. لەنێچیر دەگەڕێ. دەپشکنێ

ravening ڕاوکەری بەپەرۆش، زۆر پشکنەر

ravenous هەڵلووشێن، نەوسن، زۆر برسی. راوکەر، نێچیر خۆر

ravine کەندار{ڵ}، خەندەق. کەندێکی تەسک و قووڵ

raving سەرسوڕهێن، دڵڕفێن، شاگەشکە کەر

raving(s) بە دەنگەوە (وشە هەڵبزورکاندن، لەبەرخۆ وتن، بۆخۆ دوان، قسەی حەلەق و بەلەق)

ravish (کچ، ئافرەت)ێک زەوت دەکا. شاگەشکە دەکا؛ لە خۆشیا، سەری بەسوڕ دەهێنێ. دڵی دەڕفێنێ

ravishing جوانە، دڵڕفێنە

raw خاو، نەبرژاو، نەکولاو. سرووشتی، دەسکاری نەکراو، خاو. تازەکار، نوێکار. سادە، بێهونەر

rawhide قامچی؛ ی لە چەرم دروستکراو

rawlplug واشەری لوولەیی (دار، پلاستیک)ی جێبورغی ناو دیوار

ray تیشک (ێکی رووناکی)

raze لەناودەبا، بنبڕ دەکا، دەیڕوخێنێ؛ لەگەڵ خاک تەختی دەکا. دەتاشێ، دەتراشێ

razor (مووس، گوێزان، گیزان)ی (موو، قژ، پرچ، ریش، ردێن) (تاشین، تراشین)

- *strop* *(قایش، چەرم)ی (مووس، گیزان، گوێزان، هتد) تیژکردنەوە*

RC کورتکراوەیە بە واتای؛

= *Roman Catholic* *(هی، تایبەتە بە) مەزەبی عیسایی کاسۆلیکیی رۆمانی*

Rd. کورتکراوەیە بە واتای؛

= *Road* *جادە، شەقام، رێ*

re (1) (پێشگر، پێشکۆ)ێکە دەشێ پێش زۆربەی هەرە زۆری کرداران بخرێ بۆ پێکهێنانی کرداری نوێی بەم واتایانە؛

- *cover* *دادەپۆشێتەوە*

- *dress* *دووبارە جلی خۆی دەگۆڕێ. دووبارە دەیگۆڕێ. برینی دووبارە دەپێچێتەوە*

هەڵدەبژێرێتەوە{نەوە}؛ دووبارە هەڵدەبژێرێ{ن}

- *eligible* *دیسان دەتوانێ، دووبارە بۆی هەیە. دیسان مافی هەیە*

- *examine* *دەپشکنێتەوە؛ دووبارە دەپشکنێ. تاقیی دەکاتەوە*

- *strop* *((مووس، هتد)ی کول) تیژدەکاتەوە (بەتایبەتی بە قایش)*

re (1) (~) (ـەوە؛ جارێکی دیش، سەرلەنوێ. ـەوە؛ گەڕانەوە، هاتنەوەجێی خۆ. ـەوە؛ بەگشتی)

re (2) لەبارەی: ...، لەبابەتی: ... ؛ ی (سەردێڕ، بابەت)ی نامە. بەگوێرەی، بەپەیوەندی لەگەڵ؛ لە(ناو) ناوەڕۆکی نامان دا

re (3) رێ؛ دووەم (دەنگ، نۆتە) ی مۆسیقا (یە)

re (4) کورتکراوەیە بە واتای؛

= *Religious Education* *(وانە، بابەت)ی پەروەردەی ئایینی؛ لە قوتابخانان*

reach دەیگاتێ. دەستی بۆ درێژ دەکا. وەدەستدەهێنێ، وەدەست دەخا، دەگاتە ئامانجێک. دەگاتە ئاستێک بەهەوڵ وتەقەللا. سەدە، مەودا. گەیشتن

beyond - *دوورە دەست(ە)، نایگەیێ. ئەستەمە*

within - *نزیکە. ئاسانە*

react کاردانەوەی (دەبێ. هەیە) ، کار دەداتەوە. وەلام دەداتەوە

reaction کاردانەوە. وەلام

read دەخوێنێ. خوێندی. خوێندرایەوە

- out *بەدەنگی بەرز دەخوێنێ*

readable لەخوێندنەوە هاتوو (ە)؛ دەخوێنرێتەوە. شایەنی خوێندنەوە یە؛ (وتار، نووسراو، شت، هتد)ێکی (باشە، سوودبەخشە)

reader خوێنەر. خوێنەرەوە؛ پلەی مامۆستای زانکۆیی لە ژێر پلەی پرۆفیسۆر

readily بێدوودلّی، بێ سێ و دوو، هەر (لە) ئێستا (وە). ئارەزوومەندانە، بە ئامادەییەوە. بە ئاسانی

readiness ئامادەیی. ئارەزوومەندی، ئامادەبوون

reading خوێندنەوە، خیندنەوە، خووندنەوە. لێکدانەوە. بیرورا

readmit مۆلّەتی دەداتەوە، دەیهێنێتەوە ناو، دەیخاتەوە ریز (ەوە)

ready ئامادەیە، تەواوبووە، ئامادەکراوە. ئارەزوومەند. ئاسان

- made *ئامادەکراو؛ پێشوەخت دروستکراوە*

- money *پارەدانی دەستبەجێ (نەوەک بە قەرز)*

get - *خۆی ئامادە دەکات*

make - *ئامادەی دەکا(ت)*

reaffirm دوپات دەکاتەوە؛ راستیی (شتێک) دەسەلمێنێ تەوە؛ پشتراستی دەکاتەوە

real راستەقینە، ئی بەڕاستی. چەسپاو. بەرچاو. بەرجەستە

for - *بەڕاستی، بێ درۆ*

realism سروشتی بوون، سروشت پەرستی، فەلسەفەی سروشتی

realist بەرجەستەیی (یە)؛ پ؛ (ئەفسانە، ئەندێشە، خەیالّ)یی

realistic سروشتی یانە، سروشت پەرست. لەسەر بنچینەی راستی یە نەوەک هی (ئەفسانەو، خەیالّ)

reality راستیی، دروستی. بەرجەستەیی، لەبەرچاو بوون

in - *لە ڕاستی دا*

realization ئاگاداربوون (لە)، زانینی راستی. تێگەیشتن. خستنەڕووی راستی

realization (~) (پیادە کردن، ئەنجام دان، بەرجەستە کردن، چەسپاندن)ی شتێکی (ناو مێشک، بییر، سەر کاغەز)؛ بە جۆرێ کە ئەنجامەکانی بەرچاو دیاربن

realize بەچاکی و تەواوی ئاگادارە لە، بەڕاستی دەزانێ. بە روونی تێدەگا. وەکوو راستی دەیخاتەڕوو. (دەیکاتە، دەیگۆڕێ بە) راستەقینە؛

شتێکی (ناو مێشک، بیر، سەر

realize (2) دەکاتە پارە، دەگۆڕێتەوە بە پارە، قازانج دەکا

really بەڕاستی!، بەڕاستە!. لەڕاستیدا. بەڕاستی، بێگومان

realm شانشینی، مەملەکەت. (ئاقار، سنوور، ناوچە)ی دەسەلات

ream (بەند، دەستە)ی کاغەز؛ بەژمارە دەکاتە ٢٠ جاران ٢٥ (رووبەر، پارچە)ی کاغەز

-s *نووسراوێکی زۆر قەبە*

reanimate زیندوو دەکاتەوە، دەژیێنێتەوە، گیانی دەخاتەوە بەر، بە چالاکی دەخاتەوە

reap (دەغڵ (و دان)) دەدوورێتەوە. (بەر (و بووم)) لێدەکاتەوە. وەردەگرێ، دەستی دەکەوێ. وەدەست دەهێنێ

-ing hook *داس*

reaper (سەپان، دروونەکەر، دروێنەکەر). بیستانرن{ێ}. ئامێری دروونەکردن؛ دەڕاسە

reappear دەردەکەوێ تەوە، وەدەر دەکەوێتەوە. (دوبارە) سەرهەڵدەدا تەوە

reappoint دادەمەزرێنێتەوە؛ لە کارێ کە پێشتریش (هەیبوو، کردبووی)

rear (1) پاش، پشت، پشتەوە، دوا، دواوە. (هی، لە) (پشتەوە، دواوە)

rear (2) (ولاغ) لەسەر دوو لاقی پشتەوە رادەوەستێ. قیت دەکاتەوە، دروست دەکا، بەرز رادەگرێ، بلند دەکا

rear (3) منالّ بەخێو و پەروەردە دەکات. زاوزێ بە (و ئاگاداری) ئاژەلان دەکا. شینایی دەکا؛ شت وەبەرهەم دێنێ

rearmament خۆ چەکدار کردنەوە؛ بە تایبەتی بە چەکی (کوشندە، نوێ)تر

rearmost هەرەپشتەوە، دواوەترین. (هی، ئی، لە) هەرە (پشتەوە، دواوە)

re-ascend بەرزدەبێتەوە، هەڵدەستێتەوە، بۆ سەرەوە دەڕواتەوە

reason هۆ(کار)، بزوێنەر. بیر، هۆش، تێگەیشتن. هەستکردن بە راستی و هەڵە. هۆکاری دەدۆزێتەوە؛ لێی دەکۆڵێتەوە

reasonable بەهۆکارە، هۆدارە. بەرێوجێ یە، رێی تێدەچێ

reasoning هۆپرسی، هۆپرسین. هۆشیاری، بیر لێ کردنەوە

reassemble گرد دەبنەوە، کۆدەبنەوە. لێک دەبەستنەوە، دروست دەکەنەوە

reassess هەڵدەسەنگێنێ تەوە، دەنرخێنێ تەوە

reassurance دووپاتکردنەوە. بەڵێن دانەوە. دڵنیا کردنەوە

reassure دووپات دەکاتەوە. بەڵێن دەداتەوە. دڵنیا دەکاتەوە

rebate (نرخ، فیات) داشکان(دن) ، کەمکردنەوەی پارەی داواکراو. (هەندێک) پارە دانەوە

rebel (کەس(ان)ێکی) یاخی لە (میری، دەولەت). یاخی دەبێ

rebellion یاخیبوون

rebellious یاخیبوانە

rebound هەڵدەقوزێتەوە، (هەڵ) دەگەڕێتەوە، دێتەوە. کاردەکاتەوە سەر بکەرەکەی؛ کاردانەوەی هەیە. هەڵقوزینەوە، هەڵگەڕانەوە. کاردانەوە

rebuff (داواکاری، یارمەتی، هتد) (رەت کردنەوە، نەویستن). (داواکاری، یارمەتیی، هتد) (رەت دەکاتەوە، ناویٚ)

rebuild (سەرلە نویٚ) درووست دەکاتەوە. بە شێوەیەکی دی دروستی دەکاتەوە

rebuke (گلەیی، گازاندە. سەرزەنشت. لۆمە) (کردن. لێکران). (سەرزەنشتی، بەتوندی رەخنە) دەکا

rebut (گازاندە، گلەیی، بەڵگە، هتد) بەهەڵدەخاتەوە؛ رەتی دەکاتەوە، دژەبەڵگە دەدات. بەرپەرچ دەداتەوە، دەگێڕێتەوە دوا، دەکشێنێتەوە پاش

recall بانگدەکاتەوە، دەکێشێتەوە. بەبیری دێتەوە. بەبیرت بێتەوە !، بێنەوە بیری خۆت (کە) !

recant (وتە، بڕوا)یەکی پێشووتر بە هەڵدەخاتەوە، ناپەسند دەکا، رەت دەکاتەوە

recapitulate بەکورتی پێیدا دێتەوە؛ کورتەی باس دەکاتەوە، کورتی دەکاتەوە. خاڵە (سەرەکی، گرنگ) ەکانی باس دەکا (تەوە)

recapture دەگرێتەوە، وەردەگرێتەوە

recede (1) دەکشێتەوە، دەگەڕێتەوە پاش. کورژ دەبێتەوە. وردە وردە لەبەرچاو ون دەبێ، دوور دەکەوێتەوە. بەرەو پشت (خوار دەبێتەوە، دەچەمێتەوە)

recede (2) (هێز، نرخ)ی (کەمدەکا، دەشکێ، دێتەخوارێ، دادەبەزێ)

receipt وەرگرتن، بەدەستکەوتن. وەرگیران. بەڵگەی نووسراوی (وەرگرتن، کڕین، هتد)ی شتێک

receipts چەندێکی (دراو، پارە، هتد)ی (وەرگیراو، دەسکەوتوو، داهات)

receive وەردەگرێ. پێی دەگا

receiver (کەس، شت)ی وەرگر؛ ن؛ بەشی گوێگرتن (قسە وەرگرتن)ی دەزگای تەلەفۆن. کەسێکی مۆڵەت پێدراو (بە یاسا؛ دادگا) کە دەسبەسەر (دراو، پارە، ماڵ، موڵک، هتد)

recency (تازەیی، نوێی)(بوون، روودان)

recent نە زۆر کۆن؛ بەمدواییە. تازە (یە)؛ نویٚ (یە)؛ تازە دامەزراوە

recently بەم دوایيانە

recentness (تازەیی، نوێی) (شتێک)

reception پێشوازی (کردن). پرسگە

receptionist وەلامدەرەوە، کارمەندی پشت مێزی پێشوازی (کردن)

recess (دەلاقە، تاق)ی ناو دیوار. شوێنێکی (دوور. نهێنی) . (پشوو، دەست لەکار هەڵگرتنی کاتیی)ی پەرلەمان. (دەلاقە، تاق) دروست دەکا

recession (کزبوون، دابەزین)ی کاتیی (چالاکی، گەشەکردن)ی ئابووری. (کشانەوە، دوورکەوتنەوە) لە (شوێن، خاڵ)ێک

recipe تۆماری ناو و ڕێژە و چۆنیەتی لێنانی پێکهاتەکانی پێویست بۆ ئامادە کردنی (چێشت، خواردن)ێکی دیاری کراو

- for *رێ خۆشکەرە بۆ، هەلومەرجە بۆ (ڕوودانی شتێک) ، دەهێنێتە کایەوە*

recipient وەرگر

reciprocal بە دەستەوایی، بە گۆڕینەوە. هاوبەش. (هەڵگەڕاو، وەرگەڕاو)ی ژمارەیک؛ دوو ژمارە (ن؛ ٢ و ٢\١) کەوا ئەنجامی لێکدانیان یەکسان بێ بە یەک (١) (ماتماتیک)

reciprocate (سۆز، ئەوین)ی لەگەڵ دەگۆڕێتەوە. (ئاڵوگۆڕ، دان و ئەستاندن)ی لەگەڵ دەکا. (بەشێکی مەکینە یەک) (پاش و پێش، هاتوچۆ) دەکا

- with *(ئاڵوگۆڕ، دان و ئەستاندن)ی لەگەڵ دەکا*

reciprocity دەستەوایی کردن، (شت) گۆڕینەوە. هاوبەشیی. یەکتر (خۆشویستن، تەواوکردن). تەواوکەریی بە لێکدان؛ ی دوو ژمارە (ن؛ ٢ و ٢\١) کەوا ئەنجامی لێکدانیان یەکسان بێ

recital (هۆنراوە، هتد) بە دەنگ (ی بڵند) و لە بەر وتنەوە. ئاهەنگێکی (دوبارە لێدانەوەی) مۆسیقای (کۆن، کلاسیک). (چیرۆک، هەواڵ، هتد) (خوێندنەوە، گێرانەوە)

recitation وتنەوە، خوێندنەوە. لێدانەوە (ی مۆسیقا). وتار دان

recite (هۆنراوە، هتد) بە دەنگ (ی بڵند) و لە بەر دەڵێتەوە، دەخوێنێتەوە. وتارێکی هاندەرانە دەدا. دەژمێرێ. سەرژمێری دەکا

reckless هەڵەشە، پەل، ملهوڕ، لاسار، هەرەپاس{ڵ}؛ بیر لە مەترسی و ئاکام نەکردوو

reckon مەزەندە دەکا؛ پێی وایە. دەژمێرێ. ژمارەیەک کۆدەکاتەوە

- in *دەخاتە ناو ئامارکاری یەوە؛ حیسابی بۆ (دەکا. دەکرێ)*

- on *پشتی پێ دەبەستێ*

- upon *باوەڕی پێ دەکا*

reckoning ژماردن. کۆکردنەوە و ئامارکاری. مەزندە کردن، بیر و ڕا دەربڕین. (بڕینەوە، بڕاندنەوە، تەواو کردن)ی (تۆمار، ئامار)ێک

reclaim وەردەگرێتەوە. داوای (گەڕاندنەوەی (ماف، موڵک، هتد)) دەکاتەوە. (ڕاست. چاک)ی دەکاتەوە. زەوی (خەراپ، نوقم بوو) خۆش دەکا؛ بۆ کشتوکاڵ

recline پاڵدەداتەوە، درێژ دەبێ. پاڵدەکەوێ

recluse (کەسێکی) دوورەپەرێز. خواپەرست، دێوانە، سۆفی

reclusion دوورەپەرێزی. تەنیایی، سۆفی یەتی

recognition دانپێدانان. پێزانین. ناسینەوە. دەربڕینی حۆشحالی

recognize دانی پێدا دەنێ. پێی دەزانی. دەی ناسێتەوە.

خۆشحاڵیی دەردەبڕێ

recoil (n) ڕەوینەوە. هەڵقۆزینەوە

recoil (v) دەڕەوێتەوە. مێشکی ئاڵۆز دەبێ. (تۆپ، تفەنگ) خۆبەخۆ (سوار دەبێتەوە). کورژدەبێتەوە؛ خۆی لوول دەدا

recoil (v) (~) هەڵدەقۆزێتەوە، هەڵدەبەزێتەوە

recollect بەبیری دێتەوە، دێتەوە یادی. پەنا دەباتە بەر (بیر، یاد)ی تا وەبیری بێتەوە

recollection بەبیر هاتنەوە، هاتنەوە یاد. یاد(گار(ی)). (بیر، یاد)ی مرۆ(ڤ). (رادە، درێژایی، ساڵان)ی بیر (برکردن، هاتنەوە)

recommence دەسپێدەکاتەوە

recommend پەسەندی دەکا، بە باشی پێشنیاری دەکا. دەیخاتە روو

recommendation پەسەندکردن، پێشنیارکردنی (کەس، شت)ێک بە باشە

recompense تۆڵەی (بۆ دەکاتەوە، دەداتەوە). (شاباش، خەلات)ی دەکاتەوە. تۆڵەی خەراپە(کاری)ی لێدەکاتەوە. تۆڵە. خەلات

reconcile ئاشتدەکاتەوە. (ناکۆکی، ناتەبایی) (ناهێڵێ، لەناودەبا). دەگونجێنێ

reconciliation ئاشتکردنەوە. (ناکۆکی، ناتەبایی) (نەهێشتن، لەناوبردن). گونجاندن

recondite (زانیاری، بابەت) یێکی (قورس، گران، قوول). (نووسەر، نوسراو)ێکی (تەماوی، لێڵ)

recondition چاکیدەکاتەوە، دەیخاتەوە (کار، گەڕ)، بەکاری دەهێنێتەوە، نیمچە نوێی دەکاتەوە

reconnaissance پشکنینی ناوچەیک؛ بەتایبەتی بۆ (نیشان کردن، دۆزینەوە)ی شوێنی دوژمن و عەرد و بان ناسین. رووبەرناسیی (پێشەکی، سەرەتایی)

reconnoitre ناوچەیەک دەپشکنێ؛ بەتایبەتی بۆ جاسووسی کردن

reconsider چاوی پێدا دەخشێنێتەوە، (دووبارە) بیر لە (بڕیار، پێشنیار، هتد) ەکەی دەکاتەوە؛ بۆ ئەگەری گۆڕینیان و پەسندکردنی ئی دی

reconstruct نوێی دەکاتەوە، (سەرلە نوێ) دروستی دەکاتەوە

record (n) تۆمار؛ یێکی مۆسیقا، دەنگ، رەنگ، هتد. تۆمار؛ ی (کەس، شت)ێک لە لای (میری، دامەزراو، هتد)

record (n) (~) تۆمار یێک؛ وەک پارچەیک زانین لە ناو عەمبار یا بەرنامەیەکی کۆمپیوتەر

record (v) تۆماردەکا. دەنووسێ

on - *تۆمارکراوە. پارێزراوە؛ نووسراوە و هەڵگیراوە*

recorded تۆمارکراو (ە). تۆمارکرد

recount (چیرۆک، هتد) دەگێڕێتەوە. بە دوور و درێژی باس دەکا

** re-count* * *دەژمێرێتەوە.*

ژماردنەوە

recourse پەنابردن، داواکردنی کۆمەک{و!}. سەرچاوەی کۆمەک{و!}

- to *پەنا دەباتە بەر*

recover چا(ک)دەبێتەوە (لە نەخۆشی، هتد). بەهۆش خۆ دێتەوە. دەستێنێتەوە، وەردەگرێتەوە. بە یاسا (دابینی دەکا، وەردەگرێتەوە)

** re-cover* * *دادەپۆشێتەوە*

recoverable لە (وەرگرتنەوە. دانەوە) هاتوو؛ وەردەگیرێتەوە. دەبێ بدرێتەوە

recreant خۆبەدەستەوەدەر، ترسنۆک

recreate خۆ دەخافڵێنێ، رادەبوێرێ، کات بەخۆشی بەسەر دەبا

** re- create* *دەسازێنێتەوە، سازدەکاتەوە، وەبەرهەم دێنێتەوە*

recreation کار و ئامرازەکانی (خۆ خافڵاندن، رابواردن، وەرزشکاری، هتد)

recriminate یەکتر تاوانبار دەکەن

recrimination شەڕەجوێن، تاوانبار کردنەوە

recrudescence (سەرهەڵدانەوە، پەیدابوونەوە)ی (نەخۆشی، کێشە، هتد)، نوێبوونەوە، چالاکبوونەوە

recruit (کەس، فەرمانبەر، سەرباز)ێک (دادەمەزرێنێ، بەکاردەخا، بەکرێدەگرێ). تازە بەکارخراو. کۆمەک

recruiting (سەرباز، فەرمانبەر، هتد) (دامەزراندن، بەکرێگرتن، هتد)

rectal (هی، تایبەتە بە) دوابەشی (رێک، راست) و بێ خواروخێچیی ریخۆڵە ئەستوورەکان

rectangle لاکێشە؛ هەر رووبەرێکی چارلایی بە چار گۆشەی (رێک، ٩٠ پلەیی) ەوە

rectangular لاکێشەیی

rectify (شەپۆڵ (ی کارەبا، هتد) (رێک، ریز) دەکا. (نەوت، هتد) دەپاڵێوێ؛ بە دڵۆپە کردن. راست دەکاتەوە

rectilinear بە هێڵی راست دەوری گیراوە، لە هێڵی راست پێکهاتووە. لە (ناو، سەر) هێڵێکی راستە. هێڵێکی راست پێکدەهێنێ

rectitude راستی (پ؛ هەڵە)، دروستی. راستی (پ؛ خواری)، رێکی

rector قەشەی بەرپرسیار لە کەنیسەیەک. سەرۆکی هەندێ زانکۆ و کۆلیجان

rectory (خانوو، ماڵ)ی گەورە قەشەی کەنیسەیەک

rectum ریخۆڵە رێکە؛ دوابەشی راست و بێ خواروخێچیی ریخۆڵە ئەستوورەکان؛ کەوا لای خوارەوەی بە قوونەوە نووساوە

recumbence درێژبوون، پاڵدانەوە

recumbent پاڵکەوتوو، درێژبوو

recuperate (چاکدەبێتەوە، راستدەبێتەوە) لە (نەخۆشی، زیان، هتد). خۆی کۆدەکاتەوە،

هەڵدەستێتەوە (سەرپێیان، پاش زیان (ێک))

recuperative لە(چاک، ڕاست) بوونەوە دایە؛ خۆی کۆدەکاتەوە، هەڵدەستێتەوە (سەرپێیان، پاش زیان (ێک))

recur ڕوودەداتەوە، دووبارە دەبێتەوە

in the - *قەرزارە. لەسەر (زیان، زەرەر) دەڕوا*

-ring *کەرتێکی بێکۆتا دووبارە بۆوە؛ ن؛ ...٣٣٣٣و١، ...٦٦٦و٩*

red ڕەنگی (سوور، سۆر)

- Crescent *مانگی سوور؛ دامەزراوی فریاگوزاریی ئیسلامی*

- Cross *خاچی سوور؛ دامەزراوی فریاگوزاریی جیهانی*

- handed *دەستی بەخوێنە؛ تاوانبارە (بە بەڵگە وە)*

- hot *سۆر بوویتەوە، سوور بۆتەوە؛ زۆر گەرمە*

- lead *(خم، سوبوغ) ێکی سوورە لە قورقوشم دروست دەکرێ*

- tape *مۆری سۆر؛ بۆ پاراستنی نهێنی*

redbreast جۆرە (کێشکە، چۆلەکە، پاساری) بەکە

redden سوور دەبێ. سۆر دەکا. سوور (دەبێتەوە، هەڵدەگەڕێ)؛ ن؛ لە شەرما

reddish سووربا‌و، مەیلەو سۆر

redeem چینێک پارە دەدا؛ لەباتی قەرز، هتد. بەجێ دەگیەنێ، ئەنجام دەدا. (دڵسۆزی، وەفاداری) دەکا. ئازاد دەکا

- a promise *بەڵێنی دەگیەنێتە جێ*

redeem (~) تۆکین (دەگۆڕێتەوە بە پارە، بەبەر پارە دەخا)

redeemer ئازادکەر، دڵسۆز، بەوەفا

redeliver دەگەیەنێ تەوە (بە)، دەسپێرێ تەوە. (دووبارە) دەیباتەوە

redemption پارەدان. ئازاد (کردن. کران). (پارە، تۆکین، هەوڵ، هتد)ی لە (باتی، تۆڵە) ی شتێک دراو

redid (p redo) (شتێکی دووبارە) کردەوە؛ ئەنجامی دایەوە

redness (سوور، سۆر)ی

redo (دووبارە) (شتێک) دەکاتەوە؛ ئەنجام دەداتەوە

redoes بۆ کەسی سێ یەمی تاکی (ڕانەبوردوو، داهاتوو)؛ (دووبارە) (شتێک) دەکاتەوە؛ ئەنجام دەداتەوە

redolence بەبیر هاتنەوەی شتی (کۆن، ڕابوردوو). بۆنداری. گوڵبۆ، بۆنی خۆش

redolent بەبیر هێنەرەوەی شتی (کۆن، ڕابوردوو)ە. بۆندارە. خۆشبۆ یە

redouble زۆر زیاد دەکاتەوە، زۆر دەبێتەوە، چڕتر دەبێتەوە. (لە هەڕاجخانە) دووقات زیاد دەکا لەسەر کەسێکی دی

redoubtable زۆر ترسناک، ترسێنەر

redress چارەسەر دەکا، ڕێک

دەکاتـەوە، دادوەریـی پـێدەکا. مافـی دەداتـەوە، هەڵـە راست دەکاتـەوە. دادوەری کردن. (چارەسەریـی، راستـکردنـەوەی) هەڵـەیـەک

*** re-dress** *بـرینـپـێچی (دەگـۆڕێ، نـوێدەکاتـەوە). جلـوبـەرگـی (لـەبـەر دەکاتـەوە، دەگـۆڕێ)*

reduce (گچکە. کـەم) (دەکا. دەبـێ). بـەدکاریـی پـێدەکا، دەکاتـە، زاڵدەبـێتـە سەری. (ئـێسک) دەهێـنـێتـەوە (جێـی خۆی).(شێوە، دۆخ)ی دەگـۆڕێ

- *a (formula, fraction)* *(هاوکێشە، کـەرت، هتـد)یـەک (کـورت، ئـاسان، شی) دەکاتـەوە (ماتـماتـیک)*

- *a dislocation* *ئـێسکـی لـە جێچوو دەهێـنـێتـەوە*

reduction (گچکە. کـەم) (کردن. بـوون). (کـورت، ئـاسان) کردنـەوەی (هاوکێشە، هتـد)یـەک (ماتـماتـیک). (ئـێسک) هێـنانـەوە (جێ). (گـۆڕیـن. گـۆڕان)ی (شێوە، دۆخ)

redundancy زیـدەیی. نـاپـێویستـی. بـەتـاڵـی، بـێکـەلـکی. دەرکران؛ لـەکار، کار لـەدەست دان

redundant زیادە یـە. نـاپـێویستـە. بـەتـاڵ، بـێکـەلـک. کـەسێکـی دەرکراو لـە کار؛ بـەهۆی نـەمانـی پـێویستـی پـێی

re-echo دەنـگ دەداتـەوە. کاردانـەوەی دەبـێ

reed (رووەکـی) قـەمـیش، قـامـیش. دار قـەمـیش؛ ی بـراو و وشک. (ئـامرازی) دووزەلـە؛ ی (ئـاواز، مۆسیقـا) ژەنـیـن .

-*s* *(ئـامرازی) دووزەلـە*

reedy قـەمیشەلان. وەکوو قـەمیش. (دەنـگ، ئـاوز)ێکـی وەکـوو هی دووزەلـە

reef (1) زنـجیرە (شاخ، بـەرد هتـد)ی نـاو دەریا؛ جا چ لـە ئـاستـی دەریاوە بـن وەیا کـەمێک نـزمتـر بـن. کان؛ ی مـەعدەن. شاخ و بـەردی دەورەی کانـێک

reef (2) هەرکام لـە ژماریـەک (قـایش، کـنـدر، گـوریـس)ی سەر کـەشتـی بـۆ گرێدانـی (پـەڕۆ، هتـد) . گرێ دەدا، دەپـێچێتـەوە، قـەد دەکا

reek بـۆگـەنـی دێ. (کـەسێک) بـۆنـی گومانـی لـێ دێ. هەڵم دەکا. بـۆنـی پـیسایی. هەڵم (لـێهەستان، کردن)

reel (n) خڕیلـە، خڕیلـکە، بـەکرە. (لـوولـە، بـەکرە)ی (کاغەز، هتـد) لـەسەر لـوولـدان. (بـەکرە، لـوولـە)یـەکی پڕ لـە (کاغەز، هتـد). بـەکرەی داوی ماسی گرتـن

reel (v) لـوول دەدا، لـێـی بـادەدا. بـەلادا دێ، سەما دەکا

ref کورتـکراوەیـە بـە واتـای؛

= *reference* *ژمارەی تـۆمار*

refection جەمێک{ژ} (ی بـەتـایبـەتـی سووک ی) خواردن. تـێر ی، نـانـخواردن و خواردنـەوە

refectory (هۆڵـی نـانـخواردن، چێشتـخانـە)ی (خوێـنـدنـگا، قـوتـابـخانـە، هتـد)

refer ئـاماژ ەدەکا. نـموونـەی پـێدێنـێ، ئـاماژەی بـۆ دەکا. دەینـێرێ بـۆ (بـڕیار لـەسەردان).

دەیخا لە تاقی کردنەوە

referee داوەر. کەسێک کە سەرچاوەی شایەدی بێ

reference سەرچاوە. ئاماژەکردن. شایەدی. نموونە

- No. *ژمارەی تۆمارێکی دیاریکراو*

give - *شایەدی دەدا*

with - to *لە بارەی ... . بە ئاماژەکردن بە*

referential سەرچاوەیی. ئاماژەپێکراو

refill پڕدەکاتەوە، تێیدەکاتەوە. پڕکردنەوە، (دووبارە) تێکردنەوە

refine دەپاڵێوێ. (لووس، جوان، ئامادە، هتد) (دەکا. دەبێ)

refined پالاوتە. (لووس، جوان، ئامادە، هتد) کراو

refinement پالاوتن، پاڕزنین. (پاک کردنەوە، بێگەرد کردن)ی (هەست، هەڵسوکەوت، بیر، هتد). چاکتر (کردن، ڕێکخستن)ی شتێک

refinery پالاوگە؛ ی نەوت، شەکر، هتد

refit چاکی دەکاتەوە، دەیخاتەوە گەڕ. پارچەیەکی (دەخاتەوە سەر، لێ توند دکاتەوە)

reflection تیشک دانەوە. وەرگەڕانەوەی (تیشک، وێنە، ڕەنگ). چاو پیا خشاندن ەوە. (تێ)رامان

angle of - *گۆشەی تیشک دانەوە*

reflective تیشکدەرەوە، درەوشاوە. تێڕاماو، بیرکەرەوە

reflector دەزگایەکی (تیشک، گەرمی) دەرەوە؛ ن؛ ئاوێنە

reflex (1) (تیشک، هتد)ی (چەماوە، گەڕاوە). هەر گۆشە یەک لە نێوان ١٨٠ و ٣٦٠ پلە(ک) دابێت. دەچەمێنێ، وەردەگێڕێ

- action *کاری نا ئاگا؛ بە بێ ئاگایی*

reflex (2) (وێنە، تیشک، هتد) ی (چەپ و راست، وەرگەڕاو)

reflexion = reflection

reflux (لێشاوی ئاو، هتد) (کشانەوە، نیشتنەوە، گەڕانەوە) . کزبوون؛ ی شتێک

reform (n) راست (کردنەوە. بوونەوە). (چاککردنەوە، قەدەغە کردن، لەناو بردن)ی (کردەوە، نەریت، داب)ی خەراپ

reform (v) راستدەکاتەوە. راست دەبێتەوە؛ بە نەهیشتنی خەتا و هەڵە. (کردەوە، نەریت، داب)ی خەراپ (چاک دەکاتەوە، قەدەغە دەکا، لەناو دەبا)

reformation گۆڕین، راست کردنەوە؛ ی شیرازەی (رامیاری، کۆمەلایەتی، ئابووری، هتد)

reformatory دامەزراوێکی (چاکردنەوە، پەروەردکردن)ی کەسانی لاوی تاوانکار

reformer ڕێنماییکەر، ڕێپیشاندەر، پیاوچاک

refract تیشک دەشکێنێ تەوە

refraction تیشک (شکانەوە. شکاندنەوە)

refractory هەرەپاس، لاسار، یاخی. چەمووش خۆدەگرێ لە، ددانی

refrain بەخۆیدا دەگرێ. (چەند هێڵ، برگە، ئاواز)ێکی دووبارە بۆوە لە کۆتایی (هۆنراوە، مۆسیقا) دا

refresh تازەدەکاتەوە؛ هێز و گیانی تازەی دەخاتەوە بەر. (بیر، یاد)ی تیژ دەکاتەوە؛ بەخوێندنەوە، هتد. فێنک دەکاتەوە؛ بە تەڕکردن، خواردنەوە

refreshment تازە (کردنەوە. بوونەوە)؛ ی هێز و گیان. فێنک بوونەوە؛ بە تەڕکردن، خواردنەوە

-s *(خواردن، خواردەمەنی)ی سووک*

refrigerate سارد دەبێ. ساردی دەکا، دەیخاتە ناو سەهۆڵبەند

refrigerating ساردکردنەوە، سەهۆڵبەندکردن

refrigerator ساردخانە، سەهۆڵبەند

refuge پەنا، حەشارگە

take - *پەنادەبا(تە)، خۆی حەشار دەدا*

refugee پەنابەر، پەناهەندە

refulgence درەوشانەوە، گەشانەوە

refulgent درەوشاوە، گەش

refund پارەی دەداتەوە، پارەکەی دەگەڕێنێتەوە. پارە دانەوە، پارە گەڕاندنەوە

refusal ڕەتکردنەوە، نەویستن. ڕەتکرانەوە

refuse (1) ڕەت دەکاتەوە، نایەوێ. ڕەتکرانەوە زبڵ، بێنرخ،

refuse (2) فڕێدراو

refutable ڕەتکراوە، بەدرۆخراو؛ (هەڵە، نادروست)ی (کەس، ڕا، شت، هتد)ێک دەسەلمێنێ

refutation ڕەتکردنەوە، بەدرۆ خستنەوە؛ سەلماندنی (هەڵە، نادروست)ی (کەس، ڕا، شت، هتد) ێک

refute ڕەت دەکاتەوە، بەدرۆ دەخاتەوە؛ (هەڵە، نادروست)ی (کەس، ڕا، شت، هتد)ێک دەسەلمێنێ

regain (دەسەلات، هتد) دەستێنێتەوە، وەردەگرێتەوە

regal (هی، بە، لەلایەن) (شا(زادە)، هتد)وە، (شاهان)شایی (یە). زۆر باڵا

regard چاوی تێدەبڕێ؛ بێ چاو تروکاندن. تێی دڕوانێ. ڕەچاو دەکا، لەبەرچاو دەگرێ. چاو تێبڕین. تێڕوانین. ڕەچاوکردن، لەبەرچاو گرتن. ڕێز. بۆنە

in - to *بە ڕەچاو کردنی. لەبارەی*

in that - *لەوبارەوە*

out of - to *لەبەر ڕێزمان بۆ ...، لەبەر خاتری*

-s *لەگەڵ ڕێزی زۆرمان؛ بۆ دەربڕینی ڕێز لە کۆتایی نامە دا*

with - to *لەبارەی*

regardful بەڕێز(ە)، ڕێزلێنەر(ە)

regarding لەبارەی، بە پەیوەندی لەگەڵ

regardless لەبەرچاو نەگرتوو (ی شتێک)، بێ لەبەرچاو گرتن،

بـه پشتگوێ خستن. گوێ نـەدەرانـە. بـێـرێـز(ه)

- *of* *بـێ ڕەچاو کـردنـی ... ، بـێ گـوێـدانـە*

regards سڵاو و ڕێز. لـەگـەڵ ڕێـزی زۆرمان؛ بـۆ دەربـڕیـنـی ڕێـز لـە کـۆتـایـی نـامـە دا

as - *لـەبـارەی*

regency (فـەرمانـڕەوایـی، پلـەوپایـە)ی کـەسێـکـی دامـەزراو لـە جێـی (شا، سوڵـتـان، هتـد)؛ بـە هـۆی (کـەمسالـی، نـەخـۆشی، هتـد)ی (شا، هتـد)

regenerate دەهێـنـێـتـە کایـەوە. دێـتـە کایـەوە. دروست (دەکاتـەوە. دەبـێـتـەوە). لـەدایـک دەبـێـتـەوە، سەرهەڵـدەداتـەوە (ئـەنـدێـشە)

regenerate (~) (شیـن، سەوز) دەبـێـتـەوە، گـەشەدەکاتـەوە

regeneration هێـنـانـە کایـەوە. هاتـنـە کایـەوە. دروست (کـردنـەوە. بـوونـەوە). لـەدایـک بـوونـەوە، سەرهەڵـدانـەوە (ئـەنـدێـشە)

regeneration (~) (شیـن، سەوز) بـوونـەوە، گـەشبـوونـەوە

regent کـەسێـکـی دامـەزراو لـە جێـی (شا، سوڵـتـان، هتـد)؛ بـە هـۆی (کـەمسالـی، نـەخـۆشی، هتـد)ی (شا، هتـد)

regicide شاکوژ. شاکـوژی، شاکـوشتـن

regime شیـرازە. رژێـم، فـەرمانـڕەوایـی، مـیـری

regimen شێـوەیـەکـی (دەستـنـیـشان کـراو، سەپـێـنـراو)ی (ژیـان، خواردن، مـەشق کـردن، هتـد)

regiment بـەتـالـیـۆن؛ (بـەش، یـەکـە)یـەکـی لـەشکـری یـە. ژمارەیـەکـی زۆر، ریـزێـکـی (گـەورە، درێـژ)

regimental شیـرازەی لـەشکـری(یـە) . تـایـبـەتـە بـە بـەتـالـیـۆن(ێـک)

-s *جلـوبـەرگـی سەربـازی*

Regina واتـای شا دەگـەیـەنـێ؛ و دوای نـاوی (شا، سولـتـان، هتـد) ێـک دێ؛ ن؛ رەزا شا، زاهیـر شا، شاژن ئـیـلـیـزابـێـث، هتـد

region هەرێـم، نـاوچـە (جیـوگـرافـی). (شوێـن، بـەش، پـارچـە)ێـکـی لـەش

in the - of *نـزیـکـەی، لـە دەوروبـەری؛ تـەقـریـبـەن*

register نـاونـووس دەکا، تـۆمـار دەکا. تـۆمـار

- office *فـەرمانـڕەوایـی (تـۆمارکـردن، بـەڵـگـەدان)ی ژن مارەکـردنـی نـائـایـیـنـی*

registrar نـاونـووس، تـۆمارکـەر. فـەرمانـبـەری بـەرپـرسیـاری بـەڵـگـەنـامان

registration نـاونـووس کـردن، تـۆمار کـردن

registry شوێـنـی (دەرکـردن، پـاراستـن، تـۆمار کـردن)ی بـەڵـگـەنـامان. پـەڕتـووکـی تـۆمار(ان)

- office *تـۆمارخانـە، خانـەی تـۆمار(ان)*

regress پـاشەکـشە دەکـات، دەگـەڕێـتـەوە جێـی خـۆی، بـەرەودوا دەبـێـتـەوە. دەیـگـێـڕێـتـەوە دۆخی دەروونـیـی پـێـشانـی

regression پـاشەکشە کـردن، گـەڕانـەوە پـاش، بـەرەودوا بـوونـەوە. گـێـڕانـەوە؛ بـۆ دۆخـی

دەروونیی پێشانی

regret پەشیمان دەبێ،
پەشیمانی نیشان دەدا، پێی
ناخۆش دەبێ

regretful پەشیمان، داخ
خواردوو

regrettable نەخوازراو.
ناخۆش

regular بەردەوام(ە)؛ بەرێکی
روودەدا. رێک(ە). شیرازەدار(
ە). ئاساییە

regularity رێکی. بەردەوامیی.
شیرازەداری

regularly بەردەوام،
بەبەردەوامی، بەرێکی. بەپێی
شیرازەیەک (روودەدا، دەکا.
دەبێ، هتد)

regulate یاسایی دەکا؛ یاسای
بۆ دادەنێ. رێکدەخا. شیرازەی
بۆ (دادەنێ)

regulation رێکخستن. شیرازە.
یاسا

regulator (کەس، دامەزراو،
دادگا)ی یاسا دانەر. (دەزگا،
ئامراز، هتد)ی رێکخەر

rehabilitate بەگەڕی
دەخاتەوە؛ بە مەشق پێکردن؛
بەتایبەتی پاش زینان یا
نەخۆشی، چالاکی دەکاتەوە.
مافی دەداتەوە، دەیخاتەوە
بار و دۆخی (پێشانی، خۆی)

rehearsal (مۆسیقا ژەنین،
شانۆگەری)ی ئازمایشی. (مەشق،
راهێنان)ی مۆسیقاژەن و
شانۆگەران؛ پرۆڤە

rehearse مەشق دەکا؛ پرۆڤە
دەکا. رایدەهێنێ؛ بە مەشق
پێکردن. دەڵێتەوە،
دەگێڕێتەوە. دەژمێرێ

reign شا(ژن) بوون. باڵادەست
دەبێ، برەو پەیدا دەکا.
وەرزشێک دەباتەوە

reigning قارەمان، هەڵگری
خەلاتێ، براوەی وەرزشێک، هتد.
شا(ژن)ی لەسەر تەخت دانشتوو؛
دەسەڵاتدار

reimburse (کەسێک قەرز)
دەداتەوە. کەسێک تۆڵەی
دەرهاتی کەسێکی دی دەکاتەوە؛
بایی (پارەی) دەرهاتی
دەداتەوە

rein(s) جڵەو{ر}، رێشمە،
قەراسە. قایشی مناڵ (
بەستنەوە، راکێشان). جڵەوی
دەکا. دەمکوتی دەکا. بەرێوەی
دەبا

give the -s to *جڵەوی بۆ شل*
دەکا، (دەسەڵات. ئازادی)ی
دەداتێ

keep a tight - on *جڵەوی لێ*
توند دەکا، (ئازادییی کەم.
سەغڵەتی) دەکا

reincarnate دەژیێتەوە؛ لە
دوای مردن؛ گیانێک لەناو
جەستەیەکی دی دا زیندوو
دەبێتەوە

reincarnation ژیانەوە؛ لە
دوای مردن؛ زیندوو بوونەوەی
گیانێک لەناو جەستەیەکی دی
دا

reindeer ئاسک(ە کێوی؛ چیایی)،
مامز (ە کیوی؛ شاخی)، بزنە
کیوی

reinforced بەهێز کراو. (
پاڵپشت، پشتیوانی) کراو

reinforcement بەهێزکردن. (
پاڵپشت، پشتیوانی) کردن

reinsert (دووبارە) دەیخاتەوە

ناوی، تێی دەخاتەوە، تێی دەهاوێتەوە

reinstall دادەمەزرێنێ تەوە

reinstate لە (جێ، پایە، پلە، هتد)ی پێشانی خۆی (دادەنێ، دادەمەزرێنێ) تەوە

reinsurance (دڵنیایی، مسۆگەری) کردنەوە

reiterant دووبارەبۆوە، بەردەوامبوو

reiterate (دووبارە، بەردەوام) (دەکا، دەڵێ) تەوە

reject رەتدەکاتەوە. بەلاوەی دەنێ. خۆشی ناوێ؛ رقی لێدەبێتەوە. (شت، کەس) ێکی (رەتکراوە، نەویستراو)

rejection رەتکردنەوە. بەلاوە نان. خۆشنەویستن؛ رق لێ بونەوە

rejoice دڵخۆش دەبێ، شاد دەبێ

rejoicing دڵخۆشی، شادی. دڵشاد

rejoin (دووبارە) پەیوەندی دەکاتەوە، دەچێتەوە (ریز، ناو)، دەبێتەوە ئەندام

rejoinder جوێندانەوە، وەلام دانەوەی بەرامبەر؛ بەهەمان (توورەیی، توندی، جوون، هتد)

rejoining (دووبارە) پەیوەندی کردنەوە (بە)، چوونەوە (ریز، ناو)، بوونەوە بە ئەندام

re-judge دادگایی دەکاتەوە. چاوی پێدا دەخشێنێ تەوە

rejuvenate (گوایە) (گەنج، لاو) ی دەکاتەوە، وەکوو ئەوەی (گەنج، لاو)ی بکاتەوە

rejuvenation (گەنج، لاو) کردنەوە

rejuvenescence (گەنج، لاو) بوونەوە

rekindle ئاگری تێبەردەدا تەوە، دەسووتێنێ تەوە. دەسووتێ تەوە، ئاگری تێبەر دەبێتەوە

relapse شکستخواردنەوە، (تێک شکانەوە، پاشوەچوون ەوە

relate خزمی یەتی، خزمە لەگەڵ، خزمایەتیی هەیە. پەیوەندیداری دەکا بە. پەیوەندیی هەی بە. (چیرۆک، هتد) (دەگێڕێتەوە، باس دەکا)

relation خزم. خزمایەتی، پەیوەندی. (چیرۆک، هتد) (گێڕانەوە، باس کردن)

in - to *لەبارەی، بە پەیوەندی لە گەڵ*

relationship پەیوەندیی. خزمایەتی

relative خزم، خزمە. رێژەیی؛ بەگوێرە (یە). هاوپەیوەندن. پەیوەندیدار (ە بە)

relatively بە رێژەییی. تاڕادەیەک

relax (نەرم، شل) (دەکاتەوە. دەبێتەوە). پشوودەدا، دەحەسێتەوە

relaxation پشوودان، حەسانەوە. (نەرم، شل) (کردنەوە. بوونەوە)

relaxed لەسەرەخۆ، پشووخواردوو، سەر لێ نەشێواو، حەساوە، سەرسووک

release بەردەدا. بەرەڵا دەکا(ت). بەردان. بەربوون. بەرەڵا (کردن. بوون)

relent ئـاسووده دەبـێ، نـەرم دەبـێ، (دادەنـوێـنـێ، مـلـكـەچ دەكا) بـۆ (سۆز، بـەزەیـی، خۆشەویـسـتـی)

relentless بـێـبـەزەیـی، (دڵ)رەق. زۆردار

relevancy شیان، گـونـجان

relevant شیاو، گـونـجاو، لـەجێـی خۆیـەتـی

reliability جێـبـڕوایـی، بـڕواپـێـكـران

reliable جێـبـڕوا، بـڕواپـێـكـراو

reliance پـشت پـێبـەسـتـن، بـڕواپـێـكـردن

relic شوێـنـەوار، پاشماوە. ئـاسەواری كـەسـێـک؛ شـتـی بـەجێـماو لـە كـەسـێـكـی (پـیـرۆز، خۆشەویـسـت) وەک مـتـفـەڕک. (كـەلـتـوور، داب و نـەرێـت)ی كـۆن بـەلام زیـنـدوو. دیـاری. یـادگـاری

-s *ئـاسەوار، لـە كـۆنـەوە ماوەتـەوە؛ زیـنـدوو، (جەسـتـە، پـاشماوە)ی مردوو*

relief فـریـاگـوزاری. خۆشحالـی، ئـاسوودەیـی. یـارمـەتـیـی دارایـی (خەڵـكـان، لایـەن)ی (تـەنـگـاو، نـاو ئـاسـتـەنـگـی). حەسانـدنـەوە؛ گـۆڕیـنـی ئـێـشكـچی یـەک بـە یـەکـی دی

relieve فـریـای دەكـەوێ. (خۆشحاڵ، ئـاسووده)ی دەكـا. دەیـحەسێـنـێ تـەوە. ئـێـشكـچی دەگـۆڕێ

religion ئـایـیـن. شتـێـک (كـەس، خەڵـكـان)ێـک خۆی(انـی) بـۆ تـەرخان كـردبـێ

religious ئـایـیـنـیـیـە، پـەرستـكـار(ە)، پـەرستـوو(ە)

religiousness ئـایـیـنـیـبـوون. ئـایـیـنـداری. ئـایـیـنـكـاری

relinquish وازدەهێـنـێ، بـەجێ دەهێـلـێ. (نـەرم، شل)ی دەكا

relish (تام و بـۆ، چێـژ)ی خۆش. پـێـخۆر. چۆنـیـەتـی یـەكـی (خاس، باش). تـامـی لـێ دەكـا، خۆشیـی لـێ دەبـیـنـێ. بـە (پـەرۆش، خۆشی) یـەوە چاوەڕوانـی ((روودانـی) شتـێـک) دەكا

reluctance نـابـەدڵـی. دوودڵـی. بـێ (مـەیـل، گـوڕ)ی

reluctant نـابـەدڵ. دوودڵ. بـێ (مـەیـل، گـوڕ)

reluctantly بـەنـابـەدڵـی. بـەدوودڵـی

rely بـاوەڕی پـێـدەكـا

- on *پـشـتـی پـێ دەبـەسـتـێ*

remain دەمـیـنـێـتـەوە. لـەجێـی خۆی دەمـیـنـێ، بـەجێ دەمـیـنـێ، نـاجوولـێ. بـەردەوامـە، هێـشتـا .. .

remains پاشماوە. ئـاسەوار

remand لـە زیـنـدانـی دەهێـلـێـتـەوە؛ بـەری نـادا. (ئـازادی) ڕاگـرتـن، بـەرنـەدان، لـە زیـنـدان هێـشتـنـەوە

on - *گـیـراوە، (ئـازادیـی) ڕاگـیـراوە، لـەزیـنـدانـە*

remark ئـامـاژە دەكـا، سەرنـج دەدا. ئـامـاژە كـردن، سەرنـج دان

remarkable سەرنـجڕاكـێـش، شایـانـی (بـاس، وتـن، تـامـاشا كـردن)

remarry ژن دەهێـنـێـتـەوە، شوودەكـاتـەوە

remasticate کاوێژ دەکا(ت)

remedial (هی، تایبەتە بە) (چارەسەری، تیمار)

remedy چارەسەری، تیمار، سارێژ

remember لەبیری دەمینێ. (دێت. دەهێنێت)ەوە بیری. (کەس، شت)ێک لەبەرچاو دەگرێ. لە بیرت بێ! لە بیرت نەچێ!

- me to John *سڵاوم بگەیەنە بە جۆن*

remembrance بیرەوەری. وەبیر هێنانەوە. یادکردنەوە. خەلاتێکی یادگاری

in - of *بە یادی ...*

remind وەبیر دێنێتەوە، بەبیر دەخا(تەوە)

reminder وەبیر هێنەرەوە

remiss کەمتەرخەم. شل، شپرێو. گوێنەدەر

remissible لێ (خۆش بوو، بووردراو)، لە لێبووردن هاتوو

remission کەمکردنەوەی ماوەی زیندانی؛ بە هۆی هەڵسوکەوتی باش. (قەرز، سزا) لەسەر هەڵگرتن. (کەم، سووک) بوونەوەی (ژان، نەخۆشی، هتد). لێخۆشبوون، لێبووردن

remissness کەمتەرخەمی. (شل، شپرێو)ی. گوێنەدەری

remit (قەرز، سزا)ی لەسەر هەڵدەگرێ. ناهێڵێ، لای دەبا، کەم دەکاتەوە. پارە (دەنێرێ، دەداتەوە)

remit (~) رادەگرێ، دوادەخا. لێی (خۆش دەبێ، دەبوورێ). کێشەیەک دەنێرێتە (سەرەوەتر، دادگا، هتد) بۆ بریار لێ دان

remittance (دراو، پارە)یەکی (ناردراو، حەوالەکراو)؛ بەتایبەتی بە پۆست. (دراو، پارە) (ناردن، حەوالەکردن)

remittent (تا، نەخۆشی)یەکی (پچرپچر، ناوەناوە)

remitter (دەزگا، شوێن)ی (پارە، دراو) نێر

remittor کەسی (پارە، دراو) (نێر، ناردوو)

remnant بەرماوە، پاشماوە. تیکەیەک. پارچەیەکی بچووک؛ ن؛ بەرماوەی تۆپە کوتاڵ

remonstrance گازاندە، نارەزایی توند

remonstrant گازاندەکەر، (بەتوندی) نارازی، پێداگر (لەسەر کێشەیەک)

remonstrate گازاندە دەکا، دەمەقالێی توند دەکا، پێدادەگرێ (لەسەر کێشەیەک)

remonstrative بە گازاندە و گلەیی(ە)، نارەزاییانە

remorse پەشیمانیی قوول لە خەتاکردن. بەزەیی

remorseless دلڕەق. بێبەزەیی

remote دوور، لەیەک (جیا، دوور). دابراو. خزمی دوور. (هیوا، هتد)یەکی (کەم، کز)

- control *دەزگای (دەستیی ئەلیکترۆنیی (هەڵکردن، کوژاندنەوە، هتد)ی دەزگایەکی دی؛ لە دوورەوە*

remotely لە دوورەوە، بەئەستەم، بەکەمی

remoteness دووری.

دابراوی

removable لابراو، گوازراوه، کاتی؛ له (لابردن، گواستنه‌وه) هاتوو

removal لابردن، گوازتنه‌وه، نه‌هێشتن. لابران، نه‌مان

remove لای ده‌با. لێی ده‌کاته‌وه. ده‌ری ده‌کا، دووری ده‌خاته‌وه. نایهێڵێ، ونی ده‌کا. هه‌ڵی ده‌گرێ. ده‌یگوازێته‌وه

remunerate پاداشتی ده‌داته‌وه. خه‌لاتی ده‌کا؛ بۆ ئه‌و خزمه‌تانه‌ی کردوویه‌تی. له (بری، باتی) تۆڵه ده‌یداتێ. تۆڵه‌ی بۆ ده‌کاته‌وه

remuneration پاداشت. خه‌لات. له (بری، باتی)ی تۆڵه. تۆڵه بۆ کردنه‌وه

remunerative پاداشته. له (بری، باتی) تۆڵه (ده‌درێ، دراو). تۆڵه که‌ره‌وه‌یه

renaissance نوێخوازی و ژیانه‌وه‌ی هونه‌ر و وێژه و هتد له سه‌ده‌کانی ١٤ تا ١٦ پاز. (ماوه، سه‌رده‌م)ی ئه‌و ژیانه‌وه. (نوێخوازی، ژیانه‌وه) به گشتی

renal (هی، تایبه‌ته به) گورچیلکه (وه)

rename ناوی ده‌گۆڕێ، ناوێکی (تازه، دیکه)ی لێ ده‌نێ

renascent (نوێ، تازه) بۆوه، دوباره (ژیاوه، گه‌شاوه)

rend هه‌ڵده‌زرێنێ، ده‌درێنێ، ده‌پچرێنێ

render ده‌بێته. ده‌کاته. (پاره ده‌دا، خزمه‌ت ده‌کا) له تۆڵه‌ی شتێک یا وه‌ک پێویستی. یارمه‌تیی ده‌دا، خزمه‌تێک ده‌کا. مالنج ده‌کا، سواق ده‌دا

renegade هه‌ڵگه‌ڕاو(ه) له ئایین، زندیق. لاده‌ر له (پارتی، بیر، هتد)ێک

renew نوێ ده‌کاته‌وه. ده‌ست پێده‌کاته‌وه. به‌هێز ده‌بێته‌وه

renewal نوێ کردنه‌وه. ده‌ست پێکردنه‌وه. به‌هێز بوونه‌وه

rennet شه‌پێلک؛ پێستی دیواری گه‌ده‌ی (گۆلک، گوێره‌که)؛ که بۆ هه‌وێنی په‌نیر به‌کار دێ

renounce وازهێنان له (داوا، ماف، هتد) راده‌گه‌یه‌نێ، خۆ بێ به‌ری ده‌کا له. هیچیکه (به باشی نازانێ، دوای ناکه‌وێ)

renovate (چاک، جوان)ی ده‌کاته‌وه، ده‌یهێنێته‌وه دۆخی جارانی (یا باشتر)

renown ناوداری، ناوبانگ، شووره‌ت

renowned ناودار(ه)، به ناوبانگ، ناسراو

rent (1) کرێ. به‌کرێ ده‌گرێ

rent (2) (زڕ، قلێش، قه‌ره‌شت) یکی گه‌وره له (جلوبه‌رگ، هتد). کون و که‌له‌به‌ری نێو هه‌وران

rental کرێیه. بۆ کرێیه. به کرێیه

renunciate وازده‌هێنێ، خۆ بێ به‌ری ده‌کا له. هیچیکه (به باشی نازانێ، دوای ناکه‌وێ). سه‌رزه‌نشت ده‌کا

renunciation وازهێنان. خۆ بێ به‌ری کردن له. سه‌رزه‌نشت کردن

reoccupy داگیر ده‌کاته‌وه، ده‌ستی به‌سه‌ردا ده‌گرێته‌وه

reopen سه‌رله‌نوێ (دوکان، هتد) ده‌کاته‌وه؛ پاش ماوه‌یک له

داخراویی. (جارێکی کە دەرگا، هتد) دەکاتەوە

reorganize ڕێک دەخاتەوە

repair چادەکا(تەوە). چاکردنەوە

out of - *چاناکرێتەوە؛ خەراپ تێکچووە، زۆر شکاوە*

reparable لە چاکردنەوە هاتوو؛ چادەکرێتەوە

repartee وەڵامدانەوەی گورج و ئامادە. (وریایی، گورجی)ی وەڵام دانەوە

repast ژەمێک خواردن. خواردن و خواردنەوەی ژەمێک

repay (پارە، دراو. چاکە، پیاوەتی، هتد) دەداتەوە

repayment (پارە، دراو. پیاوەتی، چاکە، هتد) دانەوە

repeal (یاسا، هتد)ێک هەڵدەوەشێنێ تەوە

repeat دوبارە دەکاتەوە. دەڵێتەوە. دوبارە (کراو. بۆوە). دوبارە (بوونەوە. کردنەوە)

repeatedly بەردەوام، جار بەدوای جار، زۆر جاران

repeating دوبارە بۆوە. دوبارە (بوونەوە. کردنەوە)

repel هێرشکارێک دەشکێنێ، پاشەکشەی پێ دەکا. (یارمەتی، هتد) ڕەت دەکاتەوە. تێکەڵی نابێ، لێی دوور دەکەوێتەوە. لەخۆی دوور دەخاتەوە

repellent بەرپەرچ دەرەوە (ی هێرشکار (ێک)). ڕەتکەرەوە. (لەخۆ) دوور خەرەوە

repent هەست بە پەشیمانیی قوول دەکا بە کردنی شتێک. پاشگەز دەبێتەوە. خۆزگە بە نەکردن دەخوازێ. تۆبە دەکا

repentance پەشیمانی. پاشگەز بوونەوە. تۆبە (کردن)

repentant پەشیمان. پاشگەز (بۆوە). تۆبە (کردوو، کار)

repercussion (ئاکام، کاریگەری، کاردانەوە، ڕەنگدانەوە) ناڕاستەوخۆ(کان)ی دوابەدوای (ڕووداو، کارێک). هەڵقۆزینەوە. دەنگدانەوە

repetition دوبارە (بوون. کردن) (ەوە)

rephrase (هەمان شت بە جۆرێکی دی) دەردەبڕێتەوە

repine ناڕەزایی دەردەبڕێ

replace (لەجێی خۆی) دادەنێتەوە. جێی دەگرێتەوە، لەجێی (دادەنیشێ، دادەمەزرێ). دەیگۆڕێتەوە (بە)

replacement دانانەوە. گۆڕینەوە. (کەس، شت)ێکی جێگر (ەوە)

replay دووبارە یە. (بەرنامە، فلیم) (دووبارە) لێدانەوە. یاری (دوبارە) کردنەوە؛ بە هۆی هاوتایی، هتد

replenish پڕ دەکاتەوە. (کەم، کورت)یی ناهێڵێ

replete تێر، زۆر خواردوو، (خڕ و) پڕ. پڕگراو، بێ کەم و کووڕی

repletion تێری، زۆر خواردن. (خڕ و) پڕ بوون

reply وەڵام(دانەوە). وەڵام دەداتەوە

- paid *(پارە، پوول)ی گەڕانەوەی دراوە*

دەداتــەوە

in - to *لــە وەلامــی ...*

report راپــۆرت. هەواڵ. مقــۆ؛ پــروپــاگــەنــدە. راپــۆرت دەنــووســیّ. هەواڵ دەگــەیــەنــیّ، ئــاگــایــی دەدا

reportedly گــوایــە، بــەقــســە(پ؛ بــە بــەڵــگــە)

reporter (پــەیــام، هەواڵ) نــێــر، هەواڵ نــووس. خــەبــەردار، ئــاگــاداریــکــەرەوە، جــاســووس، هــتــد

repose (1) (ســســت، خــاو) بــوون، نــوســتــن. ئــاســوودەیــی، دڵــئــارامــی. پــاڵ (کــەوتــن، خــران)؛ لــە (نــوســتــن، مــردن) دا

repose (2) بــاوەڕی پــیّ دەکــا، دڵــنــیــا دەبــیّ لــێــی

repository عــەمــبــار ی(شــت، کــەل و پــەل، هــتــد). (کــەس، پــەڕتــووک، هــتــد)ی (پــڕ لــە، عــەمــبــاری) زانــیــاری

repossess لــێــی دەســەنــیّ تــەوە، لــێــی دەســتــیــنــتــەوە، وەریــدەگــریّ تــەوە، دەبــێــتــەوە خــاوەنــی

reprehend ســەرزەنــشــتــی دەکــا، (بــە تــونــدی) گــلــەیــی لــیّ دەکــا

reprehensible شــایــانــی ســەرزەنــشــت کــردنــە

reprehension ســەرزەنــشــت کــردن، گــلــەیــی لــێــکــردن (یــێــکــی تــونــد)

represent دەنــوێــنــیّ. نــوێــنــەر(ایــەتــی)ی دەکــا؛ لــە کــۆبــوونــەوە، هــتــد. واتــای (شــتــێــک) دەگــەیــەنــیّ، لــە جــێــی (شــتــێــکــە). (نــمــوونــە. نــیــشــانــە)یــە بــۆ شــتــێــک

representation نــوێــنــەرایــەتــی. جــێــگــری. واتــا، لــێــکــدانــەوە. نــمــوونــە. نــیــشــانــە. دەرخــســتــن، نــیــشــانــدان

representative نــوێــنــەر، وەکــیــل. جــێــگــر. نــمــوونــەیــە

repress (ســەرکــوت، کــپ، بــێــدەنــگ) دەکــا. دادەمــرکــێــنــیّ، دەچــەوســێــنــیّ تــەوە. (بــیــر، خــەیــاڵ)ێــک دوور دەخــاتــەوە لــەخــۆی

repression (ســەرکــوت، کــپ، بــێــدەنــگ) کــردن. چــەوســانــدنــەوە. (بــیــر، خــەیــاڵ)ێــک لــە خــۆ دوور خــســتــنــەوە

repressive زۆردار. ســەرکــوتــکــەر(ەوە)، چــەوســێــنــەر. (کــەســێــکــی) دامــرکــێــن (ی (بــیــر، خــەیــاڵ)ی خــۆی)

reprieve (n) (راگــرتــن، دواخــســتــن)ی لــەســێــدارە دانــی (تــاوانــبــار، نــەفــرەت)کــراو. (مــۆڵــەت، پــشــوو) پــێــدران، دواخــران

reprieve (v) لــەســێــدارە دانــی (تــاوانــبــار، نــەفــرەت)کــراو (رادەگــریّ، دوادەخــا). (مــۆڵــەت، پــشــوو)ی دەداتــیّ

reprimand (رەخــنــە، ســەرزەنــشــت، لــۆمــە)ی دەکــا؛ بــەتــایــبــەتــی بــە شــێــوەیــەکــی فــەرمــانــی

reprint لــەچــاپــدانــەوە، چــاپــکــردنــەوە. چــاپــی دوبــارەیــە (یــا چــەنــدبــارە یــە). لــە چــاپ دەداتــەوە، چــاپ دەکــاتــەوە

reprisal کــردەوەی تــۆڵــە ســەنــدنــەوە، تــۆڵــە کــردنــەوە

reproach شــەرمــەزار دەکــا، نــارەزایــی دەردەبــڕیّ؛ لــە نــاڕێــکــی کــاری (کــەســێــک، خــۆی). شــەرمــەزاری. رەخــنــە، ســەرزەنــشــت، گــازانــدە. شــەرمــەزاربــوون، نــەفــرەتــکــران

reproachful پــڕ شــەرمــەزاری یــە،

نەفرەتە. شەرمەزاری کەرە. نارەزایی دەربڕە، بە (گلەیی، ڕەخنە، گازاندە) یە

reprobate کەسێکی بێ (بیر و بڕوا. داب و نەریت)، کەسێکی (تەپیو، کەوتوو)

reprobation بێ (بیر و بڕوا. داب و نەریت)ی، تەپین، کەوتن

reproduce پێشکەش دەکاتەوە، (پیشان) دەداتەوە. وەبەرهەم دێنێتەوە، پەیدا دەکاتەوە. (زیاد، زاوزێ) دەکات (ەوە)

reproduction وەبەرهەم هێنانەوە، (پەیدا، دروست) کردنەوە. زیادبوون، زاوزێکردن

reproof سەرزەنشت. لۆمە

reprovable شایانی (سەرزەنشت. لۆمە) کردنە

reprove (سەرزەنشت. لۆمە)ی دەکا

reptile(s) زیندەوەرە (لەسەر زگ) خشیوەکان (ن؛ مار). کەسێکی (نەیار، نەخواز، ڕەتکەرەوە)

republic کۆمار، دەسەڵاتی (خەڵک، گەل)

republican کۆماری (یە)، کۆماریخواز (ە)

republication لەچاپدانەوە، چاپکردنەوە. (دوبارە) بڵاوکردنەوە

republish لەچاپ دەداتەوە، چاپ دەکاتەوە. (دوبارە) بڵاو دەکاتەوە

repudiate نکۆڵی لێ دەکا، ڕەت دەکاتەوە. خۆی بێ بەری دەکا لە. دان بە (دەسەڵات، بەڵگەنامە، هتد)دا نانێ، نایسەلمێنێ، پەسەندی ناکا. (قەرز، هتد) ناداتەوە

re-pugn بەرگریی دەکا، بەربەرچی دەداتەوە. (دژبەری، نەیاری)ی دەکا

repugnance بێز لێ بوونەوە. پێچەوانەیی، نەگونجاوی لەگەڵ، ناڕێکی. دژبەری، نەیاری

repugnant زۆر بێتامە، بێز لێکراوە. پێچەوانەیە، نەگونجاوە لەگەڵ، ناڕێکە. دژبەرە، نەیارە

repulse دەکشێنێ (تەوە) بە (هێزی چەک، شەڕ). (یارمەتی، هتد)ی (ناوێ، ڕەت دەکاتەوە). شکان(دن). نەویستن، ڕەت کردنەوە

repulsive نەیار، نەخواز، ڕەتکەرەوە. شکێنەرەوە

reputable ناودار، بەناوبانگ

reputation ناوبانگ

repute ناو(بانگ) دەردەکا، بەناوبانگ دەبێ. ناوبانگ

request داواکاری، داواکردن. داخوازی (ی شتێک). داوادەکا. دەخوازێ

at the - of *لەسەر داوای (کەسێک)*

requiem کۆنوێژ (ێک)؛ (نوێژ، فاتیحە)ێکی بەکۆمەڵ؛ بۆ گیانی مردووان

require دەیەوێ، پێویستی دەبێ

requirement پێویستی. پێویستبوون

requisite پێویست. پێشمەرج. داواکراو

بڕیاری داواکردنی

requisition (بەکارهێنانەوە، دەست بەسەردا گرتن)ی (موڵک، شت، هتد)ێک. فەرمان؛ داواکاریی فەرمانی

requisition (~) بانگکران بۆ خزمەتکردن، ناوهاتن بۆ خزمەتێک

requital (پاداشت. چاکە، پیاوەتی) دانەوە. ئاڵوگۆڕ (کردن)ی (سۆز، خۆشەویستی، ڕێز) لەگەڵ (کەسی) بەرامبەر

requite پاداشتی دەداتەوە. (چاکە، پیاوەتی)ی دەداتەوە. (سۆز، خۆشەویستی، ڕێز) ئاڵوگۆڕ دەکا لەگەڵ بەرامبەرەکەی

rescind بەتاڵ دەکاتەوە، هەڵدەوەشێنێتەوە

rescission بەتاڵکردنەوە، هەڵوەشاندنەوە. وەلانان. بڕین(ەوە)

rescript بڕیارێکی بالا. دەقی (سپی، پاک)کراوی پەرتووکێک. وەلامی نوسراوی (ئیمبراتۆر، پاپا)ی ڕۆما بۆ داوایەک

rescue (دەرباز، رزگار)ی دەکا. (دەرباز، رزگار)کردن

research لێکۆڵینەوە. لێ دەکۆڵێتەوە

resemblance وێکچوون، هاوشێوەیی، هاوروخساری

resemble پێی دەچێ، وەکوو ئەوە

resent هەست بە (ریسوا، نارەوا، تاڵ)یی پێکران دەکا؛ لەلایەن (کەس، کردەوە، بارودۆخ، هتد) ێک

resentful خۆبە ریسوا زان. هەستکردوو بە (نارەوا، تاڵ)یی

resentment هەستکردن بە (ریسوا، نارەوا، تاڵ)یی

reservation گردان، پاراستن، وەلانان. پێشوەخت (بە کرێ) گرتن. (مەرج دانان لەسەر، نارەزایی لە) شتێک (یا بەشێکی)

central - *(شۆستە، رەسیف)ی ناوەندی جادە؛ یەکی دوو ئاراستەیی*

reserve گردەدا، دەپارێزێ، بەلادەنێ. پێشوەخت (بە کرێ) دەگرێ. زیادە، یەدەگ، سپێر. (پارە، دراو)ی (زیادە، قازانج، هتد)

- judgement *(بڕیار، را، هتد)ی خۆی (رادەگرێ، هەڵدەپەسێرێ، نادا)*

in - *بەکارنەهاتوو، یەدەک، سپێر. پاشەکەوتە؛ لە عەمبار دا یە*

-s *(پارە، دراو)ی (پاشەکەوت، زیادە، سپێر)*

reserved کەسێکی (خۆپارێز، دوورە پەرێز، (بێ، کەم) بیرورا). (کورسی، شت) (پارێزراوە، گردراوە، بەلانراو) بۆ (کەس، کار)ێکی تایبەتی

reservedly بە (هوشیاری، وریایی)یەوە. بە دوودڵی یەوە، بێ دڵنیایی

reservoir (عەمبار، تەنک)ی دەسکردی (ئاو، نەوت). گۆلی (ئاو، نەوت)ی (ژێرزەمینی، سروشتی). گۆلێکی داپۆشراو

reset ئامادە دەکاتەوە، رێکدەخاتەوە؛ بۆ دوبارە (

دەست پێ) کردنەوە (ی شتێک). (دەزگایەک (ی ئەلیکترۆنی)) سفر دەکاتەوە؛ دەهێنێتەوە سەر سفر

reside دەژی (لە)، نیشتەجێ دەبێ. دەنیشێتەوە (ن؛ ئاوی لافاو)

residence ژینگە، شوێنی نیشتەجێ بوون

residency شوێنی (ئاسایی، باو) ی چالاکیی (هونەرمەند، مۆسیقاژەن، هتد)

resident دانیشتوو، نیشتەجێ، ژیاو (لە)

residual بەرماوە یە. پاشماوە

residuary بەشی (بەر)ماوە لە پاوانێکی گەورە؛ پاش (قەرز، هتد) دانەوە. بەرماوە یە. پاشماوە

residue بەرماوە. پاشماوە

resign خۆی خانەنشین دەکا، دادەنیشێ، واز دەهێنێ، لادەکەوێ. مل کەچ دەکا، دێتەخوارێ. دان بە دۆڕاندن دەنێ؛ دەدۆڕێ

** re-sign* ** مۆری لێ دەداتەوە. نیشانی دەکاتەوە*

resignation خۆ خانەنشین کردن، دانیشتن، وازهێنان، لاکەوتن. مل کەچکردن، هاتنەخوار. (دان نان بە) دۆڕان(دن)

resilience ورە، توانا، بەرهەڵستکاری. (گەڕانەوە بۆ، وەرگرتنەوەی) شێوەی (خۆ، کۆن) پاش لاچوونی (پاڵەپەستۆ، هتد)

resilient بە ورە، بەتوانا، بەرهەڵستکار. (شتێک) شێوەی خۆی وەردەگرێتەوە پاش لاچوونی (پاڵەپەستۆ، هتد)

resin شلەیەکی لیچە لەهەندێ (دار، درەخت) وەردەگیرێ؛ و بۆ دروسکردنی (چەسپ، سەمغ) بەکار دێ

synthetic - *پێکهاتەیەکی (سازکراو، دەستکرد)ە لە نەوت دروست دەکرێ و (لاستیق، باغە، هتد)ی لێ دروست دەکرێ*

resist بەرگری دەکا، دژی دەوەستێ. رادەگرێ. خۆدەگرێ لە (رابواردن، خۆشیکردن، هاندان، هتد). رێدەگرێ لە

resistance بەرگری (کردن)، دژبەری، بەرهەڵستی کردن، خۆگرتن لە (رابواردن، خۆشیکردن، هاندران، هتد). رێگرتن لە

resistible لە (بەرگری، بەرهەڵستی) کردن هاتوو؛ بەری لێ دەگیرێ، بەرهەڵستی دەکرێ. خۆی لە بەرامبەر دەگیرێ

resolute بڕیاردەرە، بە بڕیارە، بە مەبەستە

resolution بڕیاردەریی کەسێک. (بڕیار، پێشنیار، بیروڕا)ی کۆمیتەیەک (ی گشتی). شیکردنەوە، وردکردنەوە. (وەڵام، چارە)ی (پرسیار، کێشە، هتد)ێک

resolve چارە دەکا، چارەسەر دەکا. وەڵامی (دەداتەوە، دەدۆزێتەوە)

resolved بڕیاردەرە، بە بڕیارە، بە مەبەستە

resolvedly بڕیاردەرانە

resonance دەنگدانەوە، شەپۆڵ دانەوە (ی دەنگ)

resonant دەنگدەرەوە، شەپۆڵی دەنگ (دەداتەوە، رەت دەکاتەوە)

resort سەیرانگە. پەناگە. پەنابردن (ە بەر). سەرچاوەی کۆمەک{و!}. پەنا دەباتە بەر. رووی تێدەکا. دەیچێتێ، بۆی دەچێ

summer هاوینەهەوار، هەوارگە

resound دەنگ دەداتەوە. دەزرینگێتەوە. (ناوبانگی) دەنگدەداتەوە

resource (ئامراز، دەزگا)یێک. سەرچاوە. شارەزایی، کارامەیی

resources (ئامرازی دارایی، دامودەزگا، هتد)کانی (لە) بەردەست؛ کەوا سەرچاوەی لێ وەردەگیرێ. سەرچاوە (بەرجەستەیە)کانی بوون و ژیان و مانەوە

resources (~) تێکڕای دارایی و گشت سەرچاوە سروشتی یەکانی ولاتێک

respect ڕێز(لێگرتن)، ڕێزلێنان. ڕێزی لێدەگرێ، ڕێزی لێدەنێ

in - of لەبارەی، لە رووی

in every - لە هەموو روویەکەوە

my - to ڕێزو سلاوم بۆ

out of - to لەبەر ڕێزمان بۆ ...، لەبەر خاتری

respectability ڕێز(داریی)، پایە(داری)

respectable بەڕێزە

respectful بە ڕێز، ڕێزلێگر(ە)

respecting لە بارەی، بە پەیوەندی لەگەڵ، پەیوەندیدار بە

respective بەگوێرەی (دانراو، دیاریکراو)؛ ن؛ تکایە هەرکەسەو لە شوێنی دیاریکراو دانیشێ؛ بە گوێرەی ژمارە، هتد

respectively (بەم. بەو) گوێرە یە، بەم پێ یە، یەک لەدوای یەک، بەدوادا هاتن، بە نۆبەت

respiration (هەناسە، پشی) (دان، خواردن). (هەناسە، پشی) یەک؛ چ دان یا خواردن (ەوە)

respiratory (هی، تایبەتە بە) (هەناسە، پشی) (دان، خواردن) وە

respire (هەناسە، پشی) (دەدا، دەخوا)

respite پشو، مۆڵەت. (دواخران، هەڵپەساردن)ی کاتیی (سزا، هتد)

resplendence گەشانەوە، بریسقەدان، رەونەق

resplendent گەشاوە، بریسقەدار، بە رەونەق

respondent وەلام دەرەوە. داوا لێکراو

response وەلام

responsibility بەرپرسیاری

responsible بەرپرسیار (ە)

responsive وەلامدەرەوە یە. بەپیرەوە هاتوو(ە). گورج (و گۆڵە)ە. سۆزدارە، دڵسۆزە

rest (1) دەحەسێتەوە. پشووی دەداتێ. (هێور، هێدی)

دەبێتەوە. حەسانەوە، پشوو

- home *ماڵی (پیر، پەککەوتە، نەخۆش)ان حەساوەیە.*

at - *لە پشوو دا*

be - assured *دڵنیا بە. دڵنیا دەبی*

rest (2) ئەوەی ماوە، ئەوی مایەوە

restaurant چێشتخانە، لۆقنتە(خانە)

restful حەسێنەرەوە یە، (شوێن، شت، هتد)ی (هێدی، ئارام)

restitute (شتێک) (دەگەڕێنێتەوە بۆ، دەداتەوە بە) خاوەنی. تۆڵەی (برینداربوونی) بۆ دەکاتەوە؛ (پاداشت، خەلات)ی دەداتی

restitution (گەڕاندنەوە، دانەوە)ی شتێک بە خاوەنی. تۆڵەکردنەوەی (برینداربوون)؛ بە (پاداشت، خەلات)

restive (کەس، شت)ێکی (هەرەپاس، لاسار، ملهوڕ، بە جموجۆڵ). ولاغی (غەزریو. چەمووش، لووشکە هاوێژ، هەرتیزاندوو)

restless بێ پشوو، نەنوستوو. هەرەپاس، لاسار، بە جموجۆڵ. چەمووش، لووشکە هاوێژ، هەرتیزاندوو

restoration نوێکردنەوە. چاکردنەوە

restorative گەشێنەرەوە یە، بە چارەسەری یە؛ بۆ نەخۆشی. دەرمانی (تیندەر، بەهێز کەر، چالاکی)

restore نوێ دەکاتەوە. چادەکاتەوە

restrain جڵەوی دەگرێ، پێشی دەگرێ، دای دەمرکێنێ (تەوە). سنووورداری دەکا؛ سنووری بۆ دادەنێ. (لە) زیندانی دەکا

restraint دامرکاندنەوە. دامرکانەوە. سنووورداربوون. زیندانی کردن؛ بەتایبەتی بە هۆی (نەخۆشیی مێشک، شێتی)

restrict سنووورداری دەکا؛ سنووری بۆ دادەنێ

restriction سنوور(داری. دارکردن. داربوون). ڕێگرتن. تەگەرە

-s *مەرجەکانی (کارکردن، هەڵسووڕان، هاتوچۆ، هتد). هەلومەرجەکان. ڕێوشوێنەکان*

restrictive سنووردانەرە. ڕێگرە. تەگەرەیە

result ئەنجام، ئاکام. ئەنجامی دەبێ. دێتەکایەوە. پەیدا دەبێ

-s *تۆماری ئەنجامەکانی (تاقی کردنەوە، وەرزش، هتد)*

resultant دەرەنجام؛ تێکڕای ئەنجامەکانی چەند هێزێک

resume دەستپێدەکاتەوە

resumption دەستپێکردنەوە

resurface (قیر، توێژ، هتد)ێکی دیی لەسەر (دەداتەوە، ڕادەخا). سەرهەڵدەداتەوە، پەیدا دەبێتەوە

resurrect (یاد، کردەوە، هتد)ێک دەژیێنێتەوە. لە گۆڕ ڕاست دەبێتەوە؛ زیندوو دەبێتەوە. لە گۆڕ ڕاست دەکاتەوە؛ زیندوو دەکاتەوە

resurrection لە گۆڕ ڕاستبوونەوە؛ زیندوو بوونەوە.

ژیاندنەوەی (یاد، کردەوە، هتد)ێک

resuscitate گیانی دێنێتەوە

بەر، دەژیێنێتەوە؛ بە تایبەتی هی کەسێکی لە (هۆش) خۆ چوو. چادەکاتەوە

retail تاکە، تاکەفرۆشی.

تاکەفرۆش؛ بە تاک دەفرۆشێ

retailer تاکەفرۆش، دوکاندار، موغازەچی

retain (لای، بۆ)خۆی (دەیهێڵێ، دەیگێڕێ)تەوە. دەخاتە (مێشک، یاد)ی یەوە؛ لە بییری دەمێنێ

retainment (لای، بۆ)خۆ (هێشتنەوە، گلدانەوە). خستنە (مێشک، یاد) ەوە؛ لە بییر مانەوە

retaliate تۆڵە دەکاتەوە

retaliation تۆڵە (کردنەوە)، بەرپەرچکردنەوە

retard دوایەدەخا، تەگەرەی دەخاتە (ڕێ، پێش)

retch هێڵنجی دێتێ؛ دەیەوێ بڕشێتەوە

retention گرتن. گیران. هێشتنەوە. مانەوە

- of urine *میز (گیران، پێنەکران)*

retentive توندکەرە، گیرە، قەبزە. (مێشکێکی) لەبییر نەکردوو

reticence نهێنی (پاراستن، هەڵنەماڵین)، زمان تەقەتی. کەمدوویی

reticent نهێنی (پارێز، هەڵنەماڵیو) (ە)، زمانی تەقەتە. کەمدوو(ە)

reticulate دابەش (دەبێ. دەکا)

؛ بەسەر تۆڕێک دا

retina تۆێژیکی پشتی چاوە؛ کەوا هەستیارە بەرامبەر تیشک

retinue (پاسەوان، یاوەر)انی کەسێکی (گرنگ، پایەدار)

retire خانەنشین (دەبێ. دەکا). دەکشێتەوە، واز دەهێنێ. دەچێتە ناو جێ

retired خانەنشین. تاقانە، شەرم داگرتوو

retirement خانەنشینی

retiring شەرمن

retort وەلامێکی توورە، جوێن دان. جوێنی پێ دەداتەوە

retrace پێیدا دەڕواتەوە، شوێن پای هەڵدەگرێ (تەوە)، بە شوونی دا دەڕوا

retract پاشگەز دەبێتەوە. کورژ دەبێتەوە، دەچێتەوە (ناوخۆی، بار یەک)

retraction پاشگەزبوونەوە. کورژ بوونەوە، چوونەوە (ناوخۆی، بار یەک)

retreat (لەشکر) (دەشکێ، هەڵدێ، دەکشێتەوە). (ئاوی دەریا، هتد) (دادەکشێ، کەم دەکا، دەکشێتەوە). کشانەوە. چوونەوە ناو قاوغ (ی خۆ). تەنیایی، تاقانەیی

retrench (دارایی، ئابووری) ڕێک دەخاتەوە؛ دەرهات کەم دەکاتەوە

retrenchment (دارایی، ئابووری) ڕێکخستنەوە؛ دەرهات کەم کردنەوە

retrievable وەردەگیرێتەوە، بە دەست دەهێنرێ. دێتەوە (بییر، یاد). (چاک، ڕاست)

دەکرێتەوە

retrieve (1) (وەدەستدەخا، وەدەستدێنێ، وەردگرێ)تەوە. دەهێنێتەوە. وەبیری دێتەوە؛ دێتەوە یادی. زانیاریی ناو کۆمپیوتەر بەکار دەهێنێ(تەوە) ؛

retrieve (1) (~) ن؛ دەقێکی نوسراو (والا) دەکاتەوە

retrieve (2) چادەکاتەوە، (هەڵە) راست دەکاتەوە

retro (1) کۆنە(پەرست، خواز). ئاوڕدەرەوە لە رابوردوو

retro (2) (پێشگر، پێشکۆ)یە بەواتای (کاری پشتەوە. لە تۆڵەی، بە کاردانەوەی. لەپشت، لەدوای (پزیشکوانی))

retroactive (بڕیار، یاسا)یێکی تازە دانراو بەڵام بەرواری کار(یگەری)ی بگەڕێ(نرێ)تەوە (پشتەوە، دواوە)

retrocede دادەهێنێ، وازدێنێ. دەکشێتەوە، دەشکێ

retrocession داهێنان، وازهێنان. کشانەوە، شکان

retrograde (ئاراستەی) بەرەو (پاش، پشت)ە. وەردەچەرخێ تەوە دۆخی پێشانی؛ بەتایبەتی هی خەراپتر. دەکشێتەوە. دادەکشێ

retrogress بەرەو (دوا، پاش) دەبێتەوە، دەگەڕێتەوە. دادەکەوێت، خەراپتر دەبێ، دادەتەپێ

retrogression بەرەو (دوا، پاش) بوونەوە، گەڕانەوە. داکەوتن، خەراپ بوون، داتەپین

retrospect ئاوڕدانەوە لە رابوردوو. دەگەڕێتەوە سەر شتێکی (کۆن، پێشوو)

in - *بە ئاوڕدانەوە؛ لە رابوردوو*

return گەڕانەوە. گەڕاندنەوە. بە گەڕانەوە وە. دەگەڕێتەوە. دەگەڕێنێ تەوە

reunion یەکگرتنەوە. یەکخستن

reunite یەکدەگرێتەوە. یەکدەخاتەوە

reveal دەدرکێنێ، ئاشکرادەکا، دەردەخا، بڵاودەکاتەوە

revel بەزم و سەما دەکا، لە خۆشی دایە، هەڵدەپەڕێ. خۆشی، بەزمی شادی، هەڵپەڕکێ

revelation وەحی (ی خوایی، ئاسمانی، هتد). ئاشکرا بوون، زانران

revelry بەزمی شادی، رابواردن، هەڵپەڕکێ

revenge تۆڵە (کردنەوە). ئارەزوو و خواستی تۆڵە کردنەوە. دڵڕەقی، دڵڕەشی. بردنەوەی دوای دۆڕان(دن)؛ لە یاری، هتد دا. تۆڵە (ی شتێک) دەکاتەوە

revengeful (ئارەزومەند، خوازیار)ی تۆڵە کردنەوە یە. پڕ قینە یە، دڵڕەق، دڵڕەش. تۆڵەکەرەوەیە

revenue داهات

reverberant دەنگدەرەوە، زرینگاو. (گەرمی، تیشک)ی (گەڕاوە، شکاوە). رووداوێکی (ناوبانگ دەرکردوو، دەنگدەرەوە)

reverberate دەنگ دەداتەوە، دەزرینگێتەوە. (گەرمی، تیشک) (دەگەڕێتەوە، دەشکێتەوە).

رووداوێک (ناوبانگ دەردەکا، دەنگ دەداتەوە)

revere ڕێزێکی زۆری دەگرێ، خولیای دەبێ؛ بە تایبەتی لە جۆری (ئایینی، خۆشەویستی)

reverence ڕێز، خولیایی. ڕێزێکی زۆری دەگرێ

reverend (نازناو، پێشناو)ێکە بۆ قەشە؛ شایستەی ڕێز، بەڕێز، مەزن

reverential (هی، تایبەتە بە) (ڕێز، مەزنی، پلەوپایە)ی (ئایین، قەشە)یی

reverie ڕۆژەخەون. بیر ڕۆیشتن، خەیاڵ فڕین

reversal گێڕانەوە، وەرگێڕانەوە. وەرچەرخاندن. بادانەوە. کشانەوە. (سەروبن، دەر و ژوور، ئەمدیو و ئەودیو) (پێ)کردن. هەڵوەشاندن ەوە. بەتاڵ کردنەوە

reverse دەگێڕێتەوە. وەردەچەرخێنێ. بادەداتەوە. دەکشێتەوە. (سەروبن، دەر و ژوور، ئەمدیو و ئەودیو) (پێ) دەکا. هەڵدەوەشێنێ تەوە. بەتاڵ دەکاتەوە

reversion (1) وەرگەڕان. وەرچەرخان. (سەروبن، دەر و ژوور، ئەمدیو و ئەودیو) بوون. چوونەوە سەر باوباپیران (لە زیندەوەرناسی)

reversion (2) مافی یاسایی میرات گرتن؛ گەڕانەوەی (مۆلک، دارایی) بۆ نەوەکان

revert وەردەگەڕێ؛ هەڵدەگەڕێتەوە لە ئایین، بیروڕا، هتد. (مۆلک، دارایی) دەگەڕێتەوە بۆ نەوەکان؛ بە میرات گرتن

review (1) چاو پیداخشاندن ەوە؛ لێ وردبوونەوە، شیکردنەوە. هەڵسەنگاندن ێکی ڕەخنەگرانە. گۆڤار، ڕاپۆرت

review (2) چاوی پیدا دەخشێنێ؛ لێ ورد دەبێتەوە، شیدەکاتەوە. هەڵی دەسەنگێنێ؛ بەشێوەیەکی ڕەخنەگرانە

revile (جوون، جوێن)ی پێدەدا

revindicate داوادەکاتەوە، داوای گەڕانەوەی (شتێک) دەکاتەوە

revise پێدادەچێتەوە، دەخوێنێ تەوە؛ وەک ئامادەکاری بۆ تاقیکردنەوە. (نووسین، دەق) ێک (ڕاست، پوخت) دەکاتەوە

revision پێداچوونەوە، دوبارە خوێندنەوە؛ وەک ئامادەکاری بۆ تاقیکردنەوە. (ڕاست، پوخت) کردنەوەی (نووسین، دەق)ێک. ژمارەی (چاپ کردنەوە، پیاچوونەوە)

revival بوژانەوە، بەگەڕ کەوتنەوە، چالاک بوونەوە. بوژاندنەوە، بەگەڕ خستنەوە، چالاک کردنەوە

revive دەبوژێتەوە، بەگەڕ دەکەوێتەوە. دەبووژێنێ تەوە، بەگەڕ دەخاتەوە

revivify بەجوولە دەخاتەوە، دەژیێنێ تەوە، ڕادەپەڕێنێ

revocable لە (هەڵوەشان، بەتاڵ کردن)ەوە هاتوو؛ هەڵ دەوەشێنرێ تەوە، بەتاڵ دەکرێتەوە

revocation بەتاڵ کردنەوە، هەڵوەشاندنەوە

revoke بەتاڵ دەکاتەوە، هەڵدەوەشێنێتەوە

revolt شۆڕش دەکا، رادەپەڕێ (لە دژی)، بەرەنگاری دەبێتەوە. دژایەتی دەکا. یاخی دەبێ

revolution (1) شۆڕش؛ روخاندنی رژێمێک (ی زۆردار، نارەوا) بە هێزی (راپەڕینی جەماوەری، چەک، هتد)؛ هاوڕێ لەگەڵ گۆڕینی باری (ئابووری، کۆمەلایەتی، هتد)

revolution (2) یاخی بوون. بەرەنگار بوونەوە. دژایەتی کردن. هەر (گۆڕان، وەرچەرخان(دن))یێکی (بنەڕەتی، بنچینەیی)

revolution (3) سووڕانەوە، خولانەوە، چەرخین. یەک خول، خولێک. (ماوە، کات)ی (سووڕانەوە، چەرخین)

revolutionary شۆڕشگێڕ، شۆڕشڤان. گۆڕانکار. گوڕانخواز. چەرخیو، چەرخاو، خولاوە

revolutionise بارودۆخێکی (ئابووری، بازرگانی، بەرهەمهێنان، پەیوەندی، هاتوچۆ، زانستی، کۆمەلایەتی، رامیاری، هتد) دەگۆڕێ

revolutionise (~) بە (بنەڕەتی، بنچینەیی) شێوەیەکی

revolve دەسوڕێنەوە؛ بەتایبەتی لە دەورەی چەقێک. دەخولێتەوە، بە شێوەیەکی بازنەیی دەڕوا. (کێشە، بیر، را، هتد)ێک لە مێشک دا دەخولێتەوە

revolver دەمانچەی تۆپلی

revulsion رق، کینە. قێز، بێز. هەڵچوون؛ وەرچەرخانێکی کتوپڕی (هەست، کار)ی (کەس، شت)ێک

reward پاداشت، خەلات. پاداشتی دەداتێ، خەلاتی دەکا

rewarding (شایستە، شایان)ی کردنە، سوودبەخشە، دەهێنێ (بیکەی، بۆی بچی، هتد)

rhetoric هونەری (نووسین، ئاخافتن)ی (کاریگەر، هاندەر). زانستی بەیان (لە وێژە و زمانەوانی)

rhetorical ئاخاوتنێکی (دروستکراو، نادڵسۆز)، بە ساختە دەربڕاوە. (وتار، نووسین)ێکی (کاریگەرە، هاندەرە). بەیان ی یە (لە وێژە و زمانەوانی)

- question *پرسیارێکی (کاریگەری، هاندان)؛ وەلامی نەگەرەکە؛ ن؛ کێ بە کێ یە ؟*

rhetorician قسەزانە، بە دەمو پلە. کەسێکی (کاریگەر، هاندەر) (بە نووسین، لە ئاخاوتن). (شارەزایە، پسپۆڕە) لە (هونەر، زانست)ی بەیان

rheumatic رۆماتیزمی هەیە. (هی، تایبەتە بە) رۆماتیزم

rheumatism رۆماتیزم؛ نەخۆشیی (ئاوسان، ژان)ی (گرێ، ماسوولکە، هتد)کان

rhino کەرکەدەن؛ بڕوانە خوارەوە

rhinoceros کەرکەدەن، تاکقۆچ؛ گیانلەبەرێکی یەک شەلفەیی پێست ئەستووری شیردەرە

rho حەڤدەمین پیتی ئەلفبێ ی یۆنانی یە

rhomboid قووچلاکێشە؛ لاکێشەیە

یە بەلام تەنها گۆشە
بەرامبەرەکانی یەکسانن (
زانستی بەرجەستەکاری)

rhomboidal قووچلاکێشە؛ بڕوانە
سەرەوە. (وەک، شێوە)ی
قووچکێشە یە

rhombus قووچکێشە؛ چارگۆشە یە
بەلام تەنها گۆشە
بەرامبەرەکانی یەکسانن (
زانستی بەرجەستەکاری)

rhubarb جۆرە رووەکێکە.
غەڵبەغەڵب

rhyme هۆنین؛ هاودەنگی کۆتایی
بڕگەکان؛ لە هۆنراوە، شیعر.
سەجەع، قافیە. دەهۆنێتەوە

rhythm هۆنینەوە،
رێکخستن

rhythmic(al) هۆنراوەتەوە، (
هونراوە، شیعر)یە

rib پەراسو، دەندە. گۆشت
پەراسو. (قۆڵ، تەختە)یێکی (
ئاسن، دار، هتد). خەتخەت
دەکا. گاڵتەی پێ دەکا

ribald گاڵتەباز بە قسەی
ناشیرن و گەندەڵ

ribaldry گاڵتەبازی بە قسەی
ناشیرن. قسەی قۆڕ (کردن)

ribbed خەتخەتە.
پەراسوداره

ribbon (1) قاییش، دۆخین.
کوتاڵێکی باریک؛ بۆ نەخشاندن،
دامێنکردن، هتد. قۆڵبەند؛
پارچە پەڕۆی لەقۆڵ گرێدراو (
بە بۆنە یەکەوە، وەک
نیشانەیەک)

ribbon (2) شتێکی بە هەمان
شێوەی واتای سەرەوە بەلام
لەسەر (خریلکە، بەکرە)
بادراوە و بە حیبری (
'پرنتەر'، دەزگای چاپ)ە

ribbons پارچە کوتاڵی (دڕاو،
شڕ، ونجڕ کراو)

rice برنج. چەڵتووک.
مەرەزە

rich دەوڵەمەند، دارا، هەبوو.
تێر؛ ن؛ رەنگی تێرە، بەرەنگە.
پڕ؛ ن؛ پڕ شیرە

riches سامان، دارایی (زۆر).
خێروبێر. زۆرهەبوون،
فرەبەرهەمی

richly بە تێروتەسەڵ ی، بە
تەواو(ەت)ی. بە دەوڵەمەندی

richness دەوڵەمەندی، دارایی،
هەبوویی

rick (1) گیشە یەک (کا،
قەسەرڵ)

rick (2) (شوێنێکی لەش)
لەجێچوون، دەمار وەرگەڕان،
هتد. (شوێنێکی لەش) لەجێ
دەچێ، دەماری وەردەگەڕێ، هتد

rickets نەخۆشیی (ئێسک، سوقان)
نەرمبوون لە منداڵان

rickety (لەرزۆک، لاواز) (ە).
نەخۆشی ئێسکە نەرمە یە

rid (کەس، شوێن)ێک (رزگار،
ئازاد) دەکا (لە شتێکی
ناخوازراو). کۆسپ لادەبا

get - of *لە (کۆڵ، یەخەی)
خۆی دەکاتەوە. نایهێڵێ*

riddance (رزگار، ئازاد)
کردنی (کەس، شوێن)ێک (لە
شتێکی ناخوازراو). کۆسپ
لابردن

good - *دەربڕینی خۆشحاڵی (لە،
بە) (نەمان، لەناوچوون)ی
شتێک*

riddle (1) مەتەڵ، مەیلۆکە. (
راستی، شت، کەس)ێکی سەیر (و

سه‌مه‌ره). مه‌ته‌ڵ (ده‌ڵێ. هه‌ڵدێنێ)

riddle (2) سه‌ره‌ند؛ هێڵه‌گێکه (کونه‌کانی) له بێژنگ درشت تره. (شتێک) له (سه‌ره‌ند؛ بێژنگ) ده‌دا. (پڕه، پڕیه‌تی) له هه‌ڵه. کونکون ده‌کا؛ به تایبه‌تی به گولله

ride سوارده‌بێ. سواریی. سواربوون

rider سوار. سواره

ridge (ڕۆخ، لێوار)ی دوو شتی پێکه‌وه نووساو. (ریزه، زنجیره) (گرد، شاخ)ێک. خه‌تی (لێ، تێ) ده‌کا، (ڕۆخ، لێوار)ی بۆ ده‌کا

ridicule گاڵته‌(بازی)، رابواردن. سووکاتی پێ کردن. ته‌ڵه‌که‌بازی، فرت و فێڵ. سووکی ده‌کا، به‌که‌می ده‌زانێ. گاڵته‌ی پێ ده‌کا، پێی راده‌بوێرێ

ridiculous گاڵته‌بازی یه، شایسته‌ی پێرابواردنه، شایانی سووکاتی پێ کردنه. له بییر به‌ده‌ره؛ عه‌قڵ نایگرێ، باوه‌ڕ که‌رده‌نی نییه

rife بڵاو، باو، فره. هه‌ڵقوڵیو، فره‌هێن

riffle (n) (لا)په‌ڕه (هه‌ڵدانه‌وه، ئاودیو کردن) (به خێرایی). (تێکدان، تێکه‌لاو کردنی) (کاغه‌ز، کارت)ی یاری

riffle (v) خیرا(خیرا) (لا) په‌ڕه‌کانی په‌رتووکێک هه‌ڵده‌داته‌وه. (کاغه‌ز، کارت)ی یاری (تێک ده‌دا، تێکه‌لاو ده‌کا)

riffraff خه‌ڵکێکی ناوزڕاو. (کۆمه‌ڵ، تاقم)ێکی (نارێک، ئاژاوه‌چی، بشێویکه‌ر، بێ ئاسایش)

rifle (1) تفه‌نگ، ده‌مانچه. (خه‌ت، قڵێش)ی ناوه‌وه‌ی لووله‌ی تفه‌نگ دروست ده‌کا

rifle (2) په‌لامار ده‌دا و ده‌پشکنێ و ده‌دزێ. به تالان ده‌با، فه‌رهوود ده‌کا

rifled پێکراو، برینه‌دار؛ به گولله

rifles تفه‌نگچی (یان)

rift قڵێش، شه‌ق، که‌لێن، درز. پێک نه‌هاتن، ناته‌بایی، دووبه‌ره‌کی. هه‌ڵ ده‌قڵێشێ(نێ)، هه‌ڵده‌زرێنێ، شه‌قده‌با، درز (ده‌دا، ده‌با)

rig (1) ریک (ی بییر لێدان). (پاپۆڕ، که‌شتی) ئاماده ده‌کا. داده‌مه‌زرێنێ. پارچه‌کانی فرۆکه لێکده‌دا

rig (2) فێڵ ده‌کا؛ ن؛ له هه‌ڵبژاردن دا. فێڵ

- the market *یاری به بازار ده‌کا؛ ن؛ نرخ (به‌رز، نزم) ده‌کا*

rigger کرێکاری سه‌ر (ریکی) بییره نه‌وت

rigging (په‌ڕۆ و پاڵ. کندر، گوریس، هتد)ی پێویست بۆ (پاپۆڕ، که‌شتی)

riggle (پێچ، لوول)ده‌خوا(ته‌وه) ؛ وه‌کو کرم، هتد

right ده‌سته‌ڕاست، ده‌سه‌ڕاست (ئاڕاسته)، قیت، راست (پ؛ خوار). راست (پ؛ درۆ)، دروست. گونجاو. راسته (پ؛ هه‌ڵه‌یه)

- angle *گۆشه‌ی قیت (ماتماتیک) ؛ گۆشه‌ی ٩٠ پله‌یی*

- away *ده‌سبه‌جێ، هه‌ر*

خوار). راست (پ؛ درۆ)، دروست. گونجاو. راستە (پ؛ هەڵەیە)
ئێستا

- hand *دەستی راست. دەسەڕاست*

- handed *راستەوانە(یە)*

all - *باشە !، خەراپ نییە*

in the - *ماف بە ئەوە، ئەو راستە، یاسایییە، یاسای لە پشتە*

in the - place *لە جێی خۆیەتی، لە شوێنی دروست*

righteous (کەس، هەڵسوکەوت، هتد)ێکی (راست، باش، دروست، یاسایی، بەجێ)

rightful کەسێکی (راست، رەوا، باش، دروست). (کار، هتد)ی (دروست، رەوا، یاسایی، بەجێ)

rigid رەق؛ شتێ کە بشکێ لە باتی چەمینەوە. (کەسێکی) (رەق و وشک، تووڕە و توند)

rigidity رەقی. (رەق و وشک، تووڕە و توند)یی (کەسێک)

rigmarole (کار، کێشە)ێکی (بێهوودە) دوور و درێژ و بێ ئەنجام. (ئاخافتن، چیرۆک)ێکی (بێ واتا، پچڕپچڕ، بێسەروبەر)

rigor [US] توند و تیژی، ملهوڕی. لەجێی خۆ بوون و کردن. ئەوپەڕی پەیوەستی بە یاسا وە. هەڵەپاسی{ر}

rigorous توند و تیژ، ملهوڕ. زۆر ورد و رێک و تەواوە. هەرەپاسە{ڵ}

rigour توند و تیژی، ملهوڕی. لەجێی خۆ بوون و کردن. ئەوپەڕی پەیوەستی بە یاسا وە. هەڵەپاسی{ر}

-s *(هەلومەرج، بارودۆخ)ی (ناخۆش، توند و تیژ)*

rill جۆگە(لە) (ی ئاو)

rim (رۆخ، لێوار)ی خڕی شتێک. بەشە خڕەکەی چارچێوەی چاویلکە. ویلّی تایە؛ ئەو خڕیلە ئاسنەی تایەی دەچێتە سەر

rind تۆکڵ، توێکڵ، پەلک، تفر، توێژ

ring (1) ئەڵقە. (ئەڵقە، دەورە)ی دەدا

- finger *پەنجەی ئەڵقەی دەستە چەپ*

- road *جادەی (خڕ، بازنە)یی دەورەی شار(ۆچکە)ێک*

ring (2) زەنگ لێدەدا. زرینگە، زەنگ، زەنگلێدان

- a bell *بە بییری دێتەوە، دێتەوە خەیاڵی*

- back *تەلەفۆن دەکا(ت) بۆ کەسێک کە پێشتر تەلەفۆنی کردبوو*

- in *بە تەلەفۆن پەیوەندی دەکا*

- off *کۆتایی بە گفتوگۆیەکی تەلەفۆنی دەهێنێ*

- round *بە تەلەفۆن پەیوەندی بە کۆمەڵێک خەڵکەوە دەکا(ت)*

ringleader سەردەستە، سەرشانە

ringlet زوڵفی درێژی لوولخواردوو

ringworm جۆرە نەخۆشی یەکی پێستە؛ بە تایبەتی هی پێستی سەر

rink شوێنێکی گونجاو و تەرخان کراو بۆ خلیسکانێی بەفر

rinse دەیشوا؛ بە ئاو. (بە سووکی، لەسەرەخۆ، کەم)ێک دەیشوا. ئاوی پێدادەکا، لەناو ئاو رایدەوەشێنێ. دوا ئاوشۆری پاش جل شوشتن، ئاو پێدا کردن

riot بشێوی، خۆپیشاندان (ی توندو تیژ)، ئاژاوە

rioter خۆپیشاندەر، ئاژاوەچی

riotous ئاژاوەچی یانە (یە). هاروهاجە

rip دەدڕێنێ

ripe (پێ)گەیو (ە). (پێ) دەگا؛ ن؛ میوە

ripen (پێ)دەگەێنێ. (پێ)دەگا؛ ن؛ میوە

ripeness (پێ)گەیین، پێگەیشتن

ripple شەپۆڵ (دەدا(تەوە). دەکا)، بڵاودەبێتەوە. شەپۆڵ (دان. کردن)

rise بەرزدەبێ، هەڵدەستێ، (نرخ) زیاد دەکا. (رۆژ) هەڵدێ. (خەڵک، میللەت) هەڵدەستێ. بەرزبوون، هەستان. رۆژهەلات(ن) . (راپەڕین، هەستان)ی خەڵک

risen بەرزبۆوە، هەستاو، (نرخی) زیاد کردوو. (رۆژی) هەلاتوو. (خەڵک، میللەت) راپەڕیو

risible مایەی پێکەنینە، خەندە هێنە، سەیرە

rising بەرزبوونەوە، هەستانەوە. (راپەڕین، هەستان) ی خەڵک

risk مەترسی. (خۆی، هتد) دەخاتە مەترسی یەوە

risky مەترسیدارە

rite (ئەرک، بەرپرسیاری، داب و نەریت)ی کۆمەلایەتی بەگشتی و ئایینی بە تایبەتی. دوعا (کردن)

ritual تایبەتە بە (ئەرک، بەرپرسیاری، داب و نەریت)ی کۆمەلایەتی یەوە. (هی) دوعا (یە)

rival بەرامبەر، دژ(بەر)، حەریف

rivalry دژبەری (نەوەکوو دژایەتی تەواو)، حەریفبوون

river زێ، روبار، ئاو

rivet بزماری پەرچ. پەرچ دەکا. دەپاچێنێ تەوە

riveter دەزگای پەرچ کردن. پەرچچی

riviera (رۆخاو، قەراغ)ی دەریا؛ ی نیمچە گەرم؛ ن؛ خوارووی رۆژهەلاتی فەرەنسا، سەرووی رۆژاوای ئیتالیا

rivulet خڕ، بەست، روبارێکی گچکە

road رێ، رێگە، رێگا

-s *(پارچە، گۆل)ێکی ئاوی بەدەریاوە نووساو؛ کەوا وەک وێستگەیەک بۆ (پاپۆڕ، کەشتی) بەکار دێ*

roadstead (پارچە، گۆل)ێکی ئاوی بەدەریاوە نووساو؛ کەوا وەک وێستگەیەک بۆ (پاپۆڕ، کەشتی) بەکار دێ

roadster ئۆتومبیلێکی دوو سواریی بچووکی سەرکراوە

roadway (رێ(گە)، رێگا)یەک؛

کەوا بەکەلکی هاتوچۆی ئۆتومبیل بێت

roadworks (دروستکردن، چاکردنەوە، هتد)ی (جادە، ڕێوبان، هتد)

roadworthy (ئۆتومبیلێک) کەلکی سەرجادەی مابێ؛ لە ڕووی یاساییەوە (بە لانی کەم)

roam سەرگەردان دەبێ، بێسەروبەر دەگەڕێ. پیاسە دەکا، بۆ خۆشی دەخولێتەوە. گەڕان بە سەرگەردانی. پیاسە، خولانەوە

roan ڕەنگی مووی (ئەسپ، هێستر، هتد)ی سووری تێکەڵ بە ڕەنگێکی دی، (هێما، ئاوەڵناو) ە بۆ ولاغی بەم ڕەنگە

roar نەڕە؛ ن؛ نەڕەی شێر. قاقای پێکەنین. دەنەڕێنێ. هاژەی دێ. دەهاڕێنێ. قاقا پێدەکەنێ. (ئۆتومبیل) تیژ (لێدەخوڕێ، داژوا)

-ing success *سەرکەوتنێکی (مەزن، گەورە)*

roast (n) (چێشت، گۆشت)ی (برژاو، سوورەوە کراو)

roast (v) چێشت (بە تایبەتی گۆشت) (دەبرژێنێ، سوور دەکاتەوە)؛ لەناو (تەندوور، فرنی) یا لەسەر ئاگری کراوە

roast (v) (~) دەنکە (قاوە، هتد) سوور دەکاتەوە؛ پێش هاڕین. (خۆی) دەداتە بەر ئاگر، (خۆی) گەرم دەکاتەوە

rob دەدزێ، ڕووتی دەکاتەوە؛ بەئاشکرا و بە (هەڕەشە، ترساندن، تۆقاندن، هتد). بێ (بەری، بەش)ی دەکا (لە شتێک (ی ئاساییی))

robber دز، جەردە

robbery دزی، جەردەیی، ڕووتکردنەوە

robe ڕۆب؛ جلی ناو (ماڵ، جێ، هتد)ی (تایبەت بە) خەڵکی پۆشتە و پەرداخ

robin باڵندەیەکی بچووکی قاوەیی سینگ سۆرە

- redbreast *ناوێکی دی یە بۆ هەمان باڵندەی سەرەوە*

robot ڕۆبۆت؛ ئامێری ی مێشک کۆمپیوتەر. ئەلیکترۆنی (مرۆڤ، مێشک)ی ئەلیکترۆنی

robust توند و تۆڵ، لەشکان(دن) نەهاتوو، لەکار نەکەوتوو. بەهێز

rock (1) بەرد، تاشەبەرد. شاخ، گردێکی بەرزی شاخاوی

- bottom *کەمترین نرخ. نزمترین ئاست*

rock (2) دەهەژێنێ؛ ن؛ لانک. دەهەژێ. هەژان، لەرینەوە

- and roll *جۆرە (ئاواز، مۆسیقا) و سەما و هەڵپەڕکێ یەکی باوە*

- 'n' roll *بە هەمان واتای سەرەوە*

- the boat *باروودۆخێکی ئاسوودە (دەشڵەژێنێ، تێک دەدا)*

rocker لانک، بێشک(ە)

rocket ڕۆکێت، سارووخ

rocking هەژاندن. هەژاو، جوولاو

- chair *لانکە کورسی؛ کورسی هەژاو (نەوەک بە قاچ)*

rocky شاخاوی یە، بەردی

زۆره

rod سیخ، (دار، ئاسن، سۆنده، هتد)ی درێژ

rode (p ride) سواربوو

rodent گیانلەبەری (خواردن، شت) (قرتێن، پسێن)؛ ن؛ مشک، کەروێشک، جورج، سیمۆره، هتد

roe (1) هێلکە(دان)ی ماسی

roe (2) (مێ یەی) جۆره (مامز، ئاسک)ێکی گچکە یە

roebuck (نێرەی) جۆره (مامز، ئاسک)ێکی بچووکە

roedeer = roe (2)

rogue ناپاک، چەپەڵ، چلێس. (منالێکی) هەرەپاس{ڵ}، لاسار. ئاژەڵێکی دڕی (جیاکراوه، تاقانە). دەربەدەر، پەراگەندە (بوو)

roguery (ناپاک، چەپەڵ، چلێس) ی. (هەرەپاس{ڵ}، لاسار)ی. دەربەدەری، پەراگەندە(یی، بوون)

roguish (ناپاک، چەپەڵ، چلێس) انەیە. (هەرەپاس{ڵ}، لاسار)ە. دڕ و دەربەدەر(کراو)

role (ئەرک، کار)ی (کەس، شت) ێک. ڕۆڵ؛ ی کەسێک لە شانۆگەرییەک

roll لوولە. بەند، دەستە. لیستە، تۆمار. سەموون، نان، پاروو، ساندویچ. دەسووڕێنێ. لوولدەدا. غلدەکا(ت)، غلۆردەکا(تن). غلدەبێتەوه، غلۆردەبیتەوه

- call *بانگ یا هاواری ئامادەبوون*

- in *بە ژمارەیەکی زۆر دێن*

لوولدەدا. غلدەکا(ت)، غلۆردەکا(تن). غلدەبێتەوه، غلۆردەبیتەوه

- on *غلۆر دەبیتەوه، تێدەپەڕێ؛ بەخێرایی دێ*

- up *لوول دەدا؛ قەد دەکا*

roller لوولەی (سووڕاو، خولاوه) ی (پەستێنەر، پانکەرەوه، لووسکەر، (شت) هاڕین، شت لەسەر هەڵواسین، هتد)

rolling pin تیرۆگ؛ لوولەی (داری) هەویر پان کردنەوه

ROM کورتکراوەیە بە واتای؛ *عەمبارێکی کۆمپیوتەری یە؛ تەنها دەکرێ لێی بخوێنرێتەوه؛* *= Read Only Memory* ؛ *(~)* *ناتوانرێ لەسەری بنووسرێ*

cd - *کورتکراوەیە بە واتای؛(قورس، دیسک)ی ئەلیکترۆنیی (گۆرانی، فلیم، هتد)*

roman ڕۆمان (ی کۆن)، سەردەمی ڕۆمانان. لاتین. کاثۆلیک

romance ئەندیشەکاری. خۆشەویستی

romantic ئەندیشەدار(ە)، بەئەندیشە. خۆشەویستانە

romp بە (لاسار، هەڵەپاس)ی یاری (دەکەن، دەکا). هەڵپەڕین، لاساری، هەڵەپاسی

roof (سەر)بان. سەرەوه. سەر (ئۆتومبیل، هتد). سەری دەگرێ، بانی دەدا، سەربانی بۆ دروست

دەکا

- rack *چەمچەی (سەر) ئۆتومبیل*

roofless بێ جێوڕێ. (شتێکی) بێ سەر(بان)ە

rooftop سەربان؛ ی خانوو، هتد

rook (1) باڵندەیەکە لە جۆری قەلەڕەش. فیڵدەکا، بە فیڵ دەباتەوە

rook (2) (قەلا، روخ) لە یاریی شەترەنج

room هۆدە، ژوور. شوێن، جێ

make - *فراوان دەکا. جێی بۆ دەکاتەوە، شوێن چۆڵدەکا*

roominess فراوانی، قەبەیی، گەورەیی

roomy فراوان(ە)، قەبە (یە)، گەورە(یە)

roost کۆریت ی باڵندان، (پەل، لق)ە دارێکی گونجاو بۆ هەڵنیشتنی باڵندان. هەڵدەنیشێ؛ بۆ (پشوودان، نووستن)

rooster کەڵەشێر، کەرەباب{ڵ}

root رەگ، رێ. بنەڕەت، بنەڕەتی. رەگدەکا

- out *رەگ و ریشەی هەڵدەکێشێ*

take - *رەگ دادەکوتێ*

rope کندر، گوریس، تەناف، بەن

- dancer *پاڵەوانی سەر گوریسی بەرز*

ropy خەراپە؛ چۆنیەتی یەکی نادروست (ە)

rosary تەزبێح؛ دەزگای (ژماردن، ئامار راگرتن)ی تەسبیحات. تەسبیحات؛ (نوێژ، دوعا، سوپاسگوزاری)ی چەندبارە کراو

rose (1) گوڵ{ر}. (رووەکی) گوڵەباخ

- water *گوڵاو{ر}*

rose (2) (p rise) بەرز (بوو. بۆوە). (خەڵک، میللەت، شت، هتد) (راپەڕی(ن)، هەستا(ن)، هەڵستا{ر})، (نرخ) زیادی کرد. (رۆژ) هەڵهات

roseate (adj) گەشە، گوڵئاسایە. گەشبینە

rosebud خونچە(گوڵ). (کچ، ژن)ێکی گەنج و جوان

rosemary جۆرە گوڵێکی بۆندارە

rosery گوڵزار؛ی بەتایبەتی دەسکرد، باخچەی گوڵان، گوڵستان

rostrum سەکۆی وتار خوێندنەوە

rosy پەمبە یا سۆر. جوانە، گەشە. (گەشبین، هیوادار) (ە)

rot بۆگەن دەبێ، دەرزێ؛ بە هۆی کۆنی. بۆگەن ی دەکا، دەیرزێنێ. (کەسێک) دەرزێ؛ ن؛ لە زیندان دا. قسەی (رزیو، بەتاڵ). بۆگەن بوون، رزین. بۆگەن کردن، رزاندن

rota تۆماری (ئەرک، خەڵک)ەکانی ئێشک گرتوو، نۆبەت

rotary خولیو، خولاو (ە)، سووڕاو (ە)؛ وەکو دەستهاڕ

rotate دەسوڕێتەوە؛ بەتایبەتی لە دەورەی چەقێک. دەخولێتەوە. شتی جیا لە وەرزی جیا

دەچێنێ؛ تا (خۆڵ، زەوی) بێ پێز نەبێ

rotation (سووڕان، خولان) ەوە. (سووڕان، خولان) دنەوە. نۆبەت (گرتن). چەندبارە بوونەوە. وەرزکاری لە شت چاندن

rotatory (adj) خولاوە. بە (ئێشک، نۆبەت)

rote چەندبارە گوتنەوەی شتێک بۆ (هاتنەبەر، لەبەر کردن)ی

rotor بەشی خولاوە لە مەکینە یەک. (پەروانە، پانکە)ی (سەر) هەلیکۆپتەر

rotten رزیو، بۆگەن. گەندەڵ، شڕ (و وڕ)، بێکەلک

rotund کورت و قەڵەو{ڵ}، گۆشتن، خرپن، پڕ، خروپڕ. (وتار، هتد)ی (پڕواتا، بلیمەت، دەولەمەند)

rotunda (خانوو، شت)ێکی (خڕ، هێلکەیی، بازنەیی)؛ بە تایبەتی سەر بە گومبەت

rotundity خڕی، هێلکەیی بوون، گۆشتنی، پڕی، خرپنی، خروپڕی. (پڕواتایی، بلیمەتی، دەولەمەندی)ی (وتار، وشە، هتد)

rouge سووراو (و سپیاو). سۆری. (سوور، سۆر) (دەکا. دەبێ)

rough زبر، دڕ، نارێک. توندوتیژ. نارێک (پ؛ راستو دروست)

- copy *رەشنووس*

- estimate *مەزەندە*

- figure *مەزەندە(یەک(ە))*

- sea *دەریای هارو هاج؛ بە شەپۆڵ*

roughly نزیکەی، لەدەوروبەری

roughness زبری، دڕی. توندوتیژی

round خڕ (وەکو تۆپ). خڕ (وەکو بازن). خول. خڕدەکا. (خڕیان، کۆیان) دەکاتەوە. ریزێک تەقە (گوللە هاویشتن)

all - *لە چوار دەوری، بە چوار دەورەی دا*

all the year - *بە درێژایی ساڵ*

bring - *دەهێنێتە لای، دەهێنێتە پێش. بـ(ـهـ)ـێنە لامـ(ـان)*

come - *دێتە لای، دێتە پێش. وەرە لام(ان)*

roundabout چاڕیان (چار ڕێیان، دووڕیان، هتد)، چوار ڕیان، فلکە

roundness خڕیی، بازنەیی

rouse هەڵدەستێنێ، بەخەبەر دێنێ. رادەپەڕێ(نێ). توورە دەکا. (هەستی) (دەبزوێنێ، رادەچڵەکێنێ، دەهەژێنێ)

route رێ(چکە)ی هاتوچۆی (ئۆتومبیل، کەس)ێک لە شوێنێکەوە بۆ یەکی دی. دەینێرێ بە رێیەکی دیاریکراو

routine ئاسایی، رۆتینی

rove سەرگەردان دەبێ، بێسەروبەر دەگەڕێ و دەسووڕێ. پیاسە دەکا، بۆ حۆشی دەخولێتەوە. چاودەگێڕێ

rover سەرگەردان، بێسەروبەر گەڕاو و سووڕاو. گەشتیار

row (1) ریز یک (خەڵک، شت، هتد). ریزێک کورسی لە (سینەما، هۆڵ، هتد) *بەدوای یەکدا، یەک*

in a - *لـەدوای یـەک. ریـزن، لـە ریـزێـکـن*

row (2) بـەلـەم (پـاڵـدەنـێ، لـێـدەخـورێ)، سـەوڵ لـێـدەدا. سـەوڵ لـێـدان. گـەشـتـێـکـی بـەلـەمـوانـی

- boat [us] *بـەلـەمـی سـەوڵـدار، بـەلـەمـی دەسـتـی*

row (3) هاتـوهاوار، قـیـروهۆڕ. شـەڕ(ە قـسـە)، دەمـەقـاڵـێ، نـاکـۆکـی. (ڕەخـنـە، سـەرزەنـشـت، لـۆمـە)ی تـونـد. ت؛ وەکـوو کـرداری ئـەم نـاوانـەش بـەکـار دێ

rowdy کـەسـێـکـی (ئـاژاوەچـی، بـە هاتـوهـاوار، هاروهاج، نـاڕێـک، بـێ ئـاسـایـش)

rowel قـورسـی خـولاوەو نـووکـداری قـونـپـاژنـێـی پـێـڵاوی سـوار؛ بـۆ نـەقـیـزە لـێـدانـی (ولاغـی) بـەکـار دەهـێـنـێ

rower بـەلـەمـەوان، سـەوڵ لـێـدەر

rowing بـەلـەمـەوانـی. سـەوڵ لـێـدان، بـەلـەم (پـاڵـنـان، هاژوان، لـێـخـوریـن)

- boat *بـەلـەمـی سـەوڵـدار، بـەلـەمـی دەسـتـی*

rowlock سـەوڵـگـیـر؛ ئـامـرازێـکـی دوو (گـوێـچـکـە، فـلـیـقـە)یـیـە لـە دوو تـەنـیـشـتـی بـەلـەمـەوە بـۆ گـیـرکـردنـی سـەوڵ

royal پـاشـایـی، پـادشـایـی، شـاهـنـشـایـی، شـاهـانـشـاهـی

royalist پـاشـایـیـە، پـاشـایـی خـوازە، خـولـیـای شـاهـنـشـایـیـە

royalty (1) (پـاشـایـی، پـادشـایـی، شـاهـنـشـایـی، شـاهـانـشـاهـی) بـوون. (کـەس(ان)ی سـەر بـە، (هـەر) کـەسـێـک لـە) بـنـەمـاڵـەی شـاهـنـشـایـی. مـافـی شـاهـنـشـایـی

royalty (2) ڕێـژەیـەکـی (قـازانـج، سـوود)ی (پـەڕتـووک، شـانـۆ، هـتـد) کـەوا دەدرێـتـەوە بـە نـووسـەرەکـەی

rub (1) (v) (دەسـت، شـت)ێـکـی (لـێ دەخـشـێـنـێ، پـێـدا (دێـنـێ، دەسـاوێ)). لـێـک دەخـشـێـنـێ، پـێـکـیـان دەسـاوێ. دەسـوێ، دەخـورێ، کـۆن دەبـێ. دەشـێـلـێ

- off *دەسـڕێـتـەوە. دەکـوژێـنـێـتـەوە*

- out *دەکـوژێـنـێـتـەوە، دەسـڕێـتـەوە*

- up *لـێـی دەخـشـێـنـێ، سـواقـی دەدا*

rub (2) (v) دەسـڕێـتـەوە، پـاک دەکـاتـەوە، لـووس دەکـا

rub (3) (n) (دەسـت، شـت) (لـێـخـشـانـدن، پـێـدا (هـێـنـان، سـاویـن)). سـڕیـنـەوە، پـاکـکـردنـەوە، لـووسـکـردن. لـێـکـخـشـانـدن. سـوان، خـوران، کـۆنـبـوون. شـێـلان

rubber لاسـتـیـق، لاسـتـیـک. کـوژێـنـەوە؛ لاسـتـیـقـی سـڕیـنـەوە

rubbish زبـڵ. بـێـکـەلـک

- ! *بـێ واتـایـە !. بـێ نـرخ !. قـسـەی قـۆڕ !*

- bin *تـەنـەکـەی (زبـڵ، خـۆڵ)، گـوفـەک*

rubble کـەڵـەکـە بـەرد و خـۆڵ؛ بـە تـایـبـەتـی هی خـانـووی (ڕوخـاو، ڕوخـێـنـراو)

ruby بـەردێـکـی (نـایـاب، بـەهادار)ی سـووربـاوە. ڕەنـگـێـکـی سـۆری (تـۆخ، تـاری(ک)، تـێـر)

- wedding *چـلـەمـیـن سـاڵـەڕۆژی بـووک و زاوا یـێـک*

rudder (دەفـە، سوکان)ی بادانـەوەی (کـەشتـی، بـەلـەم، هتـد). بـەشە قـیتـەکـەی کلـکی فـرۆکـە؛ بـۆ هەمان مـەبـەست

ruddiness رەنـگخۆشی، بـەڕەنـگـیـی، تـەنـدروستـی. سووربـاو یـی (کـەس، شت)ێـک

ruddy کـەسێـکـی (سوور و سپـی، بـەڕەنـگ، رەنـگخۆش، تـەنـدروست). (کـەس، شت)ێـکـی سووربـاو، مـەیـلـەو سۆر

rude رەفـتـار نـاشریـن؛ گـفـت تـونـد، رووگـرژ، هتـد. بـێـرەوشت، بـێ نـەریـت، بـێ ئـەدەب

rudely لاسارانـە، بـەشێـوەیـەکـی نـاشریـن، بـە رووگـرژی. بـێـرەوشتـانـە، بـێ ئـەدەبـانـە

rudeness گـفـت تـونـدی، رووگـرژی، هتـد. (بـێـرەوشت، بـێ نـەریـت، بـێ ئـەدەب)ی

rudiment (بـەش، ئـەنـدام)ێـکـی (نـاڕێـک، نـاتـەواو، خـەراپ، کـوێـرەوەبـوو، کـۆربـۆوە)

rudimentary بـنـەمـایـە، بـنـچـیـنـەیـە. سەرەتـایـیـە. کـوێـرەوەبـووە، کـۆربـۆوەیـە؛ کـۆن(ـیـن)ەیـە. شوونـە

rudiments (بـنـەمـا، بـنـچـیـنـە، پـێـکـهـاتـە)کـانـی بـابـەتـێـک. (بـنـچـیـنـە، دەستـپـێـکـردن، سەرەتـا) یـەکـی (نـاڕێـک، نـاتـەواو، خـەراپ) بـۆ شتـێـکـی دەسپـێـنـەکـراو

rue (1) خـۆزگـەی نـەبـوون، حـەسرەت. دەخـوازێ نـەبـوایـە

rue (2) (گـیـا، رووەک)ێـکـی هەمـیـشە سەوزە؛ بـە گـەلای تـاڵ و بـۆن تـیـژ ەوە

rueful نـاشادە، داخـدارە، کـەسەردارە، بـە حـەسرەتـە

ruffian کـەسێـکـی (شەڕانـی، بـێ ئـاسایـش). چـەپـەڵ، گـەنـدەڵ

ruffle هەراسانـی دەکـا. دەیـشێـوێـنـێ. دەیـشلـەقـێـنـێ. هەراسان دەبـێ. دەشێـوێ. دەشلـەقـێ. (مـەل، بـاڵـنـدە)ێـک خـۆی (فـش، گـیـف) دەکـاتـەوە

rug بـەڕە، بـەرمـاڵ. بـەتـانـی

rugged (عەرد، زەوی)ی (نـاڕێـک، خـواروخـێـچ، بـەرزونـزم). شتـێـکـی (نـاڕێـک، زبـر). (دەنـگـی) گـڕ. تـونـد، رەق

ruin کـاول دەکـا، تـێـکـدەدا، دەڕوخـێـنـێ. کـاول، روخـاو. نـەمـان، لـەنـاوچـوون

in -s *بـە تـەواوی (لـە نـاوچـوو، بـنـبـڕکـراو، کـاولـکـراو)*

-s *کـەلاوە، پـاشمـاوەی (خـانـوو، شوێـن) ێـک*

ruinous کـاولـکـەرە، تـێـکـدەرە، روخـێـنـەرە، بـە بـەلایـە. رووخـاو، خـەراپـکـراو، کـاول(کـراو)

rule یـاسا. دەسەلات دەگـێـڕێ. دەسەلات. بـنـەمـای پـەیـڕەو کـراو

- of thumb - *(بـنـەمـا، یـاسا) یـەک لـەسەر بـنـچـیـنـەی (کـردەوە، شارەزا)یـی دامـەزرابـێ؛ نـەوەک (تـیـوری، زانـستـی)*

as a - *بـە گـشتـی؛ بـە شێـوەیـەکـی گـشتـی. وەکـو بـنـەمـا*

ruler راستـە، مـەستـەرە. فـەرمـانـڕەوا، دەسەلاتـدار

ruling فـەرمـانـڕەوایـی (کـردن)، دەسەلاتـداری

rumble رمـبـەرمـب دەکـا، دەگـرمـێـنـێ. رمـبـەرمـب، گـرمـە

ruminant ئـاژەڵـی کـاوێـژکـەر. (هـی، تـایـبـەتـە بـە) ئـاژەڵـە

کاوێژکەر ەکان. تێڕوانیو، بیر کەرەوە

ruminate تێ دەڕوانێ، بیر (لە شت) دەکاتەوە. کاوێژ دەکا، دەیجوێتەوە

rummage دەگەڕێ و دەپشکنێ؛ بە هەڕەمەکی. هەڵدەگرێتەوە، دەدۆزێتەوە؛ لە ناو شتی دی

rummaging گەڕان و پشکنین. هەڵگرتنەوە، دۆزینەوە

rumour گۆتەی (ناو) خەڵک، پڕوپاگەندە، مقۆمقۆ، قسەرۆک{ڵ}

rumoured دەگوترێ، قسە هەیە، گوایە

rump پاشەڵ؛ ی وڵاغ، هتد

rumple ((پێستی) لەش) (لوچ، قەد) (دەبێ. دەکا)

run غاردان، راکردن. رادەکا، غاردەدا. بەڕێوە دەبا، دەگێڕێ

- after بەدووی دەکەوی، بە دوایدا رادەکا

- against هێرشی دەباتێ

- at هەڵدەکوتێتە سەری

- away هەردێ، هەڵدێ، رادەکا

- down دێتەخوارێ، دەرژێ

- in دەگرێ، بەند دەکا

- into تووشی دەبێ

- into debt تووشی قەرزاری دەبێ

- mad شێت دەبێ، مێشکی تێکدەچێ

- out بەتاڵدەبێ، نامێنێ، تەواودەبێ

runabout (ئۆتومبیل، فڕۆکە) یەکی (سووکەڵە، گچکە)

runaway هەڵاتوو. (وڵاغی) دەرپەڕیو، بەرەڵا

rung (pp ring) (زەنگی) لێدراو

runner وەرزشکار. راکردوو. هەڵاتوو

- up *(براوە، سەرکەوتوو)ی دووەم، دوا دۆڕاو*

running راکردن. بەردەوام. یەک بەدوای یەک، لەدوای یەکتر

runny زۆر شلە. ئامادەی (رژان، شۆڕبوونەوە، هاتنەخوار)ە

runway فڕگە؛ (جادە، رێڕەو)ی هەستانی فڕۆکان

rupee روپیە؛ دراوی سەرەکی هەندێ وڵاتانە؛ ن؛ هیند، پاکستان، هتد

rupture پچڕان، (کەرت، لەت) بوون. ناتەبایی، جیابوونەوە. برینی (ناو زگ، ناوهەناو). لەت دەبێ، هەڵ دەقڵیشێ. پەیوەندیی تێک دەدا. دەپچڕێ

rural لادێ، دوورەدەست، دێهات

ruse فێڵ، تەڵەکەبازی؛ بەتایبەتی بۆ گاڵتە(بازی)

rush (1) پەلە، خێرایی. هەڵپە. پەلەدەکا، هەڵپەدەکا

rush (2) روەک و بەری حەسیر؛ بۆ سەبەتە و حەسیر و هتد دروست کردن

rusk نانە رەق؛ ی دوبارە گەرم کراوە

russet رەنگی (قاوەیی سوورباو، مەیلەو سۆر). جۆرە سێو ێکە

Russia وڵاتی روسیا

rust ژەنگ. رەنگی ژەنگاوی؛

قـاوەیـی سووربـاو. نـەخۆشی یـەکـی
رووەکـی یـە. بـارودۆخـی (مـەیـیـن،
بـێ چالاکـی، بـەکار نـەهێـنـان).
ژەنـگ (دەکـا، دەگـرێ). کـۆن
دەبـێ، بـێـکـەلـک دبـێ

rustic (هی، وەکـو) (خەڵـک،
ژیـان)ی لادێ. سادە. خاو، زبـر،
نـارێـک. لادێـی، دێـهاتـی

rustle خشەی لـێـوەدێـنـێ، خشە
دەکا. (وڵاغ، مـانـگـا، هـتـد)
دەدزێ بـە خشکـەیـی

rusty ژەنـگـاوی. (رەق. بـێـکـەلـک)
بـوو لـە (بـەکار نـەهێـنـان، کـۆنـی)

rut (قـۆرت، چاڵ)ی جێ تـایـەی (
تـرەکـتـەر، هـتـد) لـە رێ یـەکـی (
قـوڕاوی، نـەرم) دا. (قـۆرت،
چاڵ) دەکا

ruthless دڵـڕەق، بـێ (سۆز،
خۆشەویـسـتـی)، تـونـدوتـیـژ

rutty پـڕ (قـۆرت، چاڵ)ە

rye دانـەوێـڵـەیـەکـی وەکـوو جۆ
یـە

***** S *****

s نۆزدەمین پیتی ئەلفبێ ی ئینگلیزی یە

s.a.e. کورتکراوەیە بەواتای؛ *بەرگەنامەی ناونیشانکراو و پوولـلێدراو*

Sabbath (رۆژی پشووی ئایینیی جوولەکە، جوو)انە

sable جۆرە گیانلەبەرێکی شیردەری فەروەدارە. کەوڵی ئەم گیانلەبەرە. تاریک، رەش

sabotage خەراپەکاری، تێکدان؛ ی بەتایبەتی هی ئامرازێکی بەرهەمهێنان؛ بە تایبەتی بە هۆ یەکی (رامیاری؛ سیاسی)

saboteur کەسێکی تێکدەر؛ ی ئامرازێکی بەرهەمهێنان

sabre جۆرە (شیر، شمشێر) ێکە

sac (کیسە، کیفک)ی هەندێ گیانداران (ن؛ کەنگەر)

saccharin جۆرە شەکر ێکە

saccharine زۆر شیرنە

sacerdotal هی (قەشە، کەنیسە) یە، پیرۆزە

sack (1) کیسە، گوشە، خەروار، فەردە

- needle *شووژن، سوزن*

sack (2) ((شار، هتد)ێکی داگیرکراو) وێران دەکا. لەکاری دەخا، دەری دەکا؛ لە کار

sackbut ئامێرێکی (ئاواز، مۆسیقا) یە لە شێوەی زورنا

sacking وێرانکردن. دەرکردن، لەکار خستن، لە کار دەرکردن

sacrament ئاهەنگێکی ئایینیی عیسایيانە. شتێکی پیرۆز

sacred (خوا، ئایین)یيە، پەرستراوە. پیرۆز (ە)

sacredness پیرۆزیی، (خوای، ئایین)ی بوون

sacrifice (خۆ، شت، هتد) بەختکردن. قوربانی. بەخت دەکا. قوربانی دەدا. تەرخان دەکا

sacrificial پێناوە. بۆ بەختکردن (ە). قوربانی (یە)

sacrilege (سووکاتی پێکردن، پێشێل کردن)ی (هەر) شتێکی بە پیرۆز دانراو

sacristan کەسێکی کە (شتی پیرۆز، نهێنی، هتد)ی کەنیسە دەپارێزێ

sacrum ئێسکێکی سێگۆشەییە لە نێوان ئێسکەکانی (هەردوو سمت، بەشی هەرە سەرەوەی ران)

sad (کەس، گیانلەبەر)ێکی (غەمگین، ناشاد، دلتەنگ، هتد). (رووداو، هەواڵ، شت، هتد) ێکی (غەمناک، دلگوش(ێن)، ناخۆش، هتد)

sadden غەمگیندەکا، ناشاد دەکا. غەمگین دەبێ، ناشاد دەبێ

saddle زین

- bags *توورەگە، جۆرک(ە)*

- cloth *سەرزین*

- horse *(ئەسپ، ماین)ی سواری*

saddleback (پشت، رووبەر، گرد، بان)ێکی زینئاسا

saddler سەڕاج، وەستای (دروست کردنی) زین. کورتاندروو

sadism چێژ وەرگرتن لە

ئازاردانی کەس(ان)ی دی

safari گەشتی جەنگەڵ؛ بە تایبەتی لە ئەفریقا بۆ (دیدەنی یا راوی گیانداری کێوی)

- park *باغچەی فراوانی راگرتنی ئاژەڵی کێوی بۆ دیتن لەناو ئۆتومبیلەوە*

safe پارێزراو، ئاسوودە. قاسە، خەزنە، خەزێنە، غەزێنە

- and sound *ساغ و سەلامەتە*

- conduct *پارێزراوی (ی بەخشراو بە کەسێک) لە (گرتن، ئازاردان، هتد)*

- from *پارێزراوە؛ لە ترس بە دوورە*

meat - *ساردخانە*

safeguard دەپارێزێ. پاراستن

safely بە (پارێزراو، ئاسوودە) یی

safety پاراستن

- belt *(دەسرازە، پژدێن)ی پاراستن، قایشی پارێزگاری*

- catch *دوگمەی کلیلدانی (تفەنگ، دەرگا، هتد)*

- match(s) *شقاتە{خ}*

- net *تۆری پاراستنی (پاڵەوان، کرێکار، هتد) لە ئەگەری بەربوونەوە*

- valve *(بۆری، بەلووعە، زمانە)ی پارێزگاری*

saffron زەردە چەوە، هتد؛ کە بۆ رەنگ(ین) کردن و تاموبۆی چێشت بەکار دێ. رەنگی زەردی (تۆخ، تاریک)

sag دەتەپێ، نەوی دەبێ. دەقوپێ{ۆ}. نرخی دادەبەزێ. تەپین، نەویبوون. قوپان. نرخدابەزین

saga چیرۆکێکی قارەمانیی دوور و درێژ. زنجیرە رۆمانێکی بە یەکەوە بەستراو. چیرۆکی (رووداو، کێشە) یێکی دوور و درێژ

sagacious دانا، بلیمەت، بە تێڕوانین، دووربین

sagacity دانایی، بلیمەتی، تێڕوانین، دووربینی

sage (1) جۆرە گیا یێکی چێشت لێنانە؛ بە گەڵای سەوزی مەیلەو بۆری مردوو

sage (2) بلیمەتە، شارەزایە، دانایە

Sagittarius بورجی تیرهاوێژ؛ یەکێکە لە دوانزە بورجەکەی ساڵ

sago جۆرە ئاردێکی تایبەتە؛ لە دارخورما یەکی هیندی وەردەگیرێ

said (p&pp say) گۆت، گوت{ی}{ت}{م}{یان}{تان}{مان}. گوترا{ۆ}. گوتراو، گۆترای

sail دەڕوا (بەکەشتی). (باگیر، پەڕۆ، چادر)ی کەشتیی با

-ing boat *کەشتیی چادردار*

set - *دەست بە گەشتی دەریایی دەکا*

sailboat بەلەم (یێکی چادردار، با (هاژووت، بردوو))

sailing کەشتیوانی. هەڵقەنان، دەستکردن بە گەشتی دەریایی

sailor کەشتیوان، دەریاوان

sailplane باڵـەفڕ؛ فـڕۆکـەی بـێپـەروانـە؛ تـەنـها بـە (باڵ، هێزی با) دەفـڕێ

saint پیاوچاک (یا ئافرەت)، شێخ، وەلـی

saintliness پیاوچاکی (یا ئافرەت)، شێخاتی. پیرۆزی

sake پێناو، ئامانج. خاتر

for god's -! *بۆخاتری خوا؛ لـە تووڕەییا*

for my - *لـەبە(ر) خاتری من*

salacious (بێتام، زۆر، بێشوورەییانـە) رووت(ە). بێشەرمانـە (مێ، نێر)بازە. فـرە ئارەزوومەنـدە

salad زەلاتـە، سەلاتـە

salamander (ئـەژدیـها، گیانلـەبـەر)ێکی ئـەفسانـەیی وشکاویـی کلـک درێژ؛ گوایـە ئاگری لـە (لـووت، کـەپوو)یـەوە دەپـڕژانـد

salami جۆرە سەوسەجێکی ئیتالییـە

salaried مووچەخۆر(ە)

salary مووچە

sale فـرۆشتـن. هەرزان فـرۆشی، هەڕاج

- or return *کـڕینـی بـە مـەرجی گـەڕانـدنـەوە؛ ئـەگـەر نـەفـرۆشرا*

on, for - *لـە بازاردایـە، بـۆ فـرۆشتـن(ە)، دەفـرۆشرێ*

-room *(ژوور، هەیوان، خانـە)ی (مەزات، هەڕاج)*

saleable باوە، باش دەفـرۆشرێ، ویستراوە، بـە رەواجە

salesman فـرۆشیـار. دەلاڵـی فـرۆشتـن (ی نێرینـە)

salesmanship شارەزایـی لـە (فـرۆشتـن، بازرگانـی)

saleswoman فـرۆشیار. دەلاڵـی فـرۆشتـن (ی مێینـە)

salience زەقـی، گرنگـی. زەق دەرپـەڕیـن، درچەقـنیـە دەرەوە

salient دەرپـەڕیـو، دەرچەقیـو. ئاشکرا، دیار، گرنـگ

- angle *گۆشەیـەکی بـەرچاو، شوێنـێکـێ چاک و گرنـگ؛ کـەوا رووبـەرێکـی زۆری لـێ دیار بـێ*

saline شۆرە، سوێرە. تامی خوێ دەدا. شۆراو. کانـیـی شۆر

saliva لـیک؛ شلـەی ناو دەم. تـف

salivary تایبـەتـە بـە (لـیک، تف) . لـیکاوی (یـە)، لـیکـن(ە)

salivate (زۆر) لـیک (دەر) دەکا

sallow (1) (درەخت، تـەختـەدار)ی جۆرە دارێکـی نـەوی یـە

sallow (2) رەنگـی مـەیلـەو زەرد؛ ی (پـێستـی) مردوو

sally (1) (پـەلامار، هێرش. بـەسەرداداں)ێکـی کتوپڕ و کورت(خایـەن)ی (لـەشکری. هتـد). پـەلامار دەدا، هێرش دەکا. بـەسەردا دەدا

sally (2) گاڵـتـەچێتی، سوحبـەت، گاڵـتـەجاڕی، پـەنـدی خۆشی. (پیاسە، گەشت، خۆشی) دەکا

salmon ماسیـی سالـمن. رەنگێکـی پـەمبـەی مـەیلـەو پرتـەقاڵـی یـە

- pink *رەنگـی پـەمبـەیی مـەیلـەو نـارنـجی*

salmonella بـەکتـیریای (بـۆگـەن، ژەهراوی)کـەری خواردن.

ژەهراویبوون بەم بەکتیریایە

salon ئارایشگا، سەرتاشخانە

saloon (دیوەخان، هەیوان)ی چالاکییان

- car *ئۆتومبیلی چاردەرگا*

salsa جۆرە ئاوازێکی سەما یە؛ کوباییە بە رەچەڵەک

salt خێ، خوێ، خوا. خوێ (دەکا. دەدا،ی تێ دەکا، هتد)

- water *(هی، تایبەتە بە) شۆراو، ئاوی دەریا، هتد*

saltcellar خێدان، خوێدان

saltish مەیلەو (بەخێیە، شۆرە) ، (تۆز، کەم) ێک سوێرە

saltpeter [US] = saltpetre

saltpetre خوێ ێکی سپیی بەلوورییە؛ بۆ پاراستنی گۆشت و هەروەها باروت دروستکردن بەکەلکە

salty شۆرە، سوێرە، بەخێیە، خوێدارە، خوێکراوە

salubrious سازگارە؛ ئاو و هەوا، خواردەمەنی، هتد. تەندروستی بەخشە، بۆ تەندروستی باشە

salubrity سازگاریی (ئاو و هەوا، هتد)، (سوودبەخش، بەکەلک)یی بۆ تەندروستی

saluki تاژی، تانجی، سەگی لەم بابەتە

salutary بۆ تەندروستی باشە. (سوودبەخش، بەکەلک)ە بۆ تەندروستی

salutation (نیشانە، دەربرین) ی چاک و خۆشی، سڵاو کردن

salutatory پێشوازیکەرانە یە، مەرحەبا ییە، بەخێر هێنەرە، سڵاوە

salute سڵاو، مەرحەبا، بەخێر هێنان، پێشوازی. (تۆپ، تفەنگ) تەقاندن بۆ رێزگرتن لە (کەس، بۆنە، شت)ێک. سڵاو دەکا. رێزی لێ دەنێ

salvable لە (رزگار، دەرباز) کردن هاتوو؛ (رزگار، دەرباز) دەکرێ

salvage رزگاری دەکا لە (سوتان، کەلاوە، هتد). بەکار دەهێنێتەوە. گلدانەوە و بەکارهێنانەوەی شتی (سوتاو، شکاو، هتد)

salvageable لە (دەرباز، رزگار)کردن هاتوو؛ (دەرباز، رزگار) دەکرێ

salvation رزگارکردن. رزگاری، رزگاربوون. (پاکبوونەوە، رزگاربوون) لە (تاوان، نەفرەت، هتد). وەرچەرخانێکی ئایینی

- army *رێکخراوێکی جیهانیی (بەرواڵەت لەشکری) عیسایییە؛ بۆ یارمەتی هەژاران*

salve رزگاری دەکا لە (سوتان، کەلاوە، هتد)

salver سینی{ێ}، تەبەق؛ بە تایبەتی سینیی زیو ی خواردنەوە، نامە، هتد

salvo ریزێک (تەقە، گوللەباران. چەپڵە)

SAM کورتکراوەیە بە واتای؛ *مووشەکی زەوی بە ئاسمان؛ دژە فرۆکە*

Samaritan (کەسێکی) خێرخواز،
یارمەتیدەر
samba جۆرە سەمایەک؛ ی
بەرازیل یییە بە رەچەڵەک
same هەمان (کەس، شت). خۆ(ی)
- as *وەک، وەکی، وەکو*
- here *منیش هەمان شت. (خۆم،*
من)یش (وەهام، وام)
all the - *هێشتاش، بەوەشەوە،*
بەوێحاڵیشەوە. وەکوو یەکن،
جیاوازیان نییە. هیچ (شتێک)
نەگۆڕاوە
at the - time *لەهەمان کاتدا،*
پێکەوە
much the - *زۆروکەم یەکن؛*
زۆر لەیەک دەچن
the very - *هەمان (کەس، شت)ە،*
کتومت خۆیەتی، خۆیەتی
sameness (وەک)یەکبوون، زۆر
پێچوون. خۆبوون
samizdat (چاپ، بلاوکراوە)ی (
نهێنی، بەدزی)
samosa جۆرە خواردنێکی هیند(
ستان)ییە؛ پەپکەی تیژ و
سێگۆشەیین
samovar سەماوەر؛ لە رووسی
یەوە
sample نموونە. هەڵدەسەنگێنێ،
تاوتوێ دەکا. نموونەی لێ (
دەگرێ، دەبا)
sampling تەکنیکێکی ئاواز (وە)
بەرهەمهێنانی پێشکەوتووە
sanatorium خانەی (پییر،
نەخۆش)ان؛ خەستەخانە و
ژینگەی خەڵکی پییر و پەک
کەوتە وەیا خاوەن نەخۆشیی (
درێژخایەن، بێچارەسەری)
sanctification پەرستن. پاک
کردنەوە؛ لە گوناح
sanctify دەپەرستێ. پاک
دەکاتەوە؛ لە گوناح
sanctimonious (خواپەرست،
ئایینداری)ێکی بەرچاو و دیارە
sanction مۆڵەت دان. یاسا
سەپاندن. سزای ملکەچ نەبوون
بۆ (یاسا، نەریت، هتد).
پاداشتی ملکەچی. چاکیی
خۆبەخۆ؛ لەترسی (کۆمەڵ،
مرۆڤایەتی، خوا، نەریت، هتد)
sanctions سزای (بە زۆری
ئابووری و بازرگانی)
سەپێنراو بەسەر ولاتێک؛ لەبەر
گوێڕایەڵ نەبوونی بۆ یاسای
نێونەتەوەیی
sanctity پیرۆزی، پەرستگاری.
پاکی، بێگوناحی
sanctuary پەرستگا، شوێنی
تەرخان کراو بۆ ئایینداری،
شوێنێکی پیرۆز. پەناگە،
قەدەغە، پاوان
sanctum شوێنێکی پیرۆز
sand لم، قوم. زیخ. (زبر، خشت،
لووس) دەکا؛ بە سیمپارە،
هتد
sandal کەوشی سەرپێی ناوماڵ،
نەعل
sandbag کیسە (قوم، لم)؛ ی
بەکارهاتوو لە دەورەی سەنگەر
یا لێواری ئاو بۆ بەرگری
sandpaper سیمپارە؛ کاغەزی
زبری دیوار (لووس، خشت، زبر)
کردن
sandpiper جۆرە مەلێکی (
تەنکاو، رۆخئاو)انە
sandpit چاڵە (لم، قوم)؛ بۆ
یاریی منالان
بەردی لم. شاخیلم؛

sandstone بۆ نموونه شاخه پڕ نەوتەکانی دەوروبەری کەرکوک لەخواروی کوردستان

sandstorm تۆزەبا، تۆزوبا. گەردەلوول

sandwich پاروو، ساندویچ. دەگوشێ، دەخاتە (ناو، نێوان) یان، دەخاتە دووتوێی

- *course* *جۆرە شێوەیەکی خوێندنە؛ لە نێوان کار و خوێندن*

sandy لماوی، بەقوم. وەکوو (لم، قوم)ە

sane هۆشیارە؛ هۆشی لە خۆیە، ئاگای لە خۆیە، بەخەبەرە

saneness هۆشیاری، ئاگایی

sang (p sing) گۆرانی (گوت{و}، چڕی). (بولبول) خوێندی

sanguinary خوێناوی، تینووی خوێن. خوێنرێژ، خوێنمژ، بکوژ

sanguine گەشبین، دڵگەش. رەنگ و روو و پێست؛ ی (گەش، سوور و سپی، سوورباو، مەیلەو سۆر)

sanitarium [US] خانەی (پیر، نەخۆش)ان؛ خەستەخانە و ژینگەی خەڵکی پیر و پەک کەوتە وەیا خاوەن نەخۆشیی (درێژخایەن، بێچارەسەری)

sanitary بارودۆخی کار بکاتە سەر تەندروستی. پاکە، خاوێنە، تەندروستی یە

- *towel* *(خاولی، لۆکە، هتد)ی خوێن (هەڵمژ، هەڵگر)؛ ی بەکارهاتوو لە ماوەی خوێن دیتنی ئافرەت دا*

sanitation بارودۆخی پاک و خاوێنی و خزمەتگوزاری کە کار دەکاتە سەر تەندروستی؛ ن؛ زبڵ، ئاوەڕۆ، مێش و مەگەزی زیانبەخش، هتد. پاک راگرتن

sanity هۆشیاربوون، مێشک دروستی، ئاگا لەخۆ بوون. مامناوەندی بوون لە بیروڕا و بۆچوون

sank (p sink) نوقم بوو، نقوم بوو

sanserif پیتی (چاپەمەنیی) بێ چوکلە؛ لە هێڵی راست پێکهاتوو

Sanskrit زمانی کۆن و پیرۆزی هیندۆسەکانە

sans-serif = sanserif

Santa Claus سانتاکلۆس؛ ئەو کەسەی (گوایە) دیاری بۆ منالان دێنێ لە شەوی سەری ساڵدا

sap (1) (شلە، تەڕاتی)ی ناو درەختان. دارودرەخت وشک دەکا. تەڕاتیی ناهێلێ. لاوازی دەکا

sap (2) سەنگەرێکی درێژ؛ ی روەو دوژمن. (سەنگەر، چاڵ، قۆرت) لێ دەدا

sapience وریایی، وشیاری، بەهۆشی

sapient وریا، وشیار، بەهۆش

sapling نەمام، شتڵ{ر}

saponaceous سابووناوی

sapor چێژ، تام

sapper (سەنگەر، چاڵ، قۆرت) (لێدەر، هەڵکەن، هەڵکۆڵ)

Sapphic (ئافرەت، مێینە)ی مێباز(ە)؛ لە ناوی هونەرێکی یۆنان ییەوە وەرگیراوە

sapphire یاقووتی شین

sappiness (بەئاوی، تەڕی)ی (میوە، دار)
sappy بەئاوە، تەڕە
saraband جۆرە سەما و ئاوازێکی ئیسپانیا یی لەسەرەخۆیە
Saracen بە کەسێکی عەرەب یا موسولمان دەگوترا لە کاتی (جەنگ؛ شەڕ)(ەکان)ی خاچداران
Saracenic تایبەتە بە عەرەب یا موسولمان. عەرەبە. موسۆلمانە
sarcasm گاڵتەپێکردن، پیرابواردن
sarcastic گاڵتەچی، ڕابوێر، فشەکەر
sarcoma جۆرە (نەخۆشی، ئاوسان) ی (دەمار، ماسوولکە)یە
sarcophagus تابووتی بەردین
sardine سەردین؛ جۆرە ماسی یەکە
sardonic گاڵتەچیی بێتام. گاڵتەی بێ تامە. شتێکی (درۆزنە. دروستکراو)
- laugh *پێکەنینی (بە گاڵتە، درۆزنە. دروستکراو)*
sardonyx جۆرە (بەلوور؛ کوارتز)ێکی تارادەیەک بەنرخە؛ بە چینچینی سپی و زەرد (یا نارنجی)
sari چارۆگەی ئافرەتی هیند(ستان)ی
sarsaparilla جۆرە دارێکە؛ کەوا رەگە وشک کراوە بۆندارەکانی لە خواردنەوەو داودەرمان دا بەکار دێن
SAS کورتکراوەیە بە واتای؛ *= Special Air Service* *کاری تایبەتیی (ئاسمانی؛ بە فڕۆکە)*
sash (1) کەمەربەند. پژدێن. هتد
sash (2) چارچێوەی شووشەبەندی پەنجەرە
sat (p&pp sit) دانیشت. دانراو، دانیشێنراو
sat. کورتکراوەیە بەواتای؛ *= Saturday* *(رۆژی) شەممە*
Satan شەیتان. ئیبلیس
satanic شەیتانی یە، هی شەیتانە
Satanism شەیتان پەرستی. بەدفەڕی، شەیتانی، دوای کاری (بەد، شەر) کەوتن
satchel هەگبەی بچووکی شان؛ ی (قوتابی، پەڕتووک)ان
sate دەرخوارد دەدا، (تێر، پڕ) دەکا
satellite ساتەلایت. مانگی دەستکرد
- dish *سێنیی(ی) ساتەلایت*
satiable تێر دەکرێ، لە تێربوون هاتوو
satiate تێر. پڕ. تێر دەکا
satiety تێری. پڕی
satin ساتین؛ جۆرێکە لە (کوتاڵ(ر)، قوماش)ی حەریر
satinet جۆرێکە لە (کوتاڵ(ر)، قوماش)
satire پەندپێکردن، (دابەزین، هەڵکوتان)ە سەر (بە قسە، هۆنراوە {شیعر})، هەڕەشە

کردن

satirical پەندکەرانە(یە)، بە هەڵکوتانە، هەڕەشە کەرانە(یە)

satirize هێرشی دەکاتەسەر، پەندی پێدەکا

satisfaction دڵگرتن. دڵنەوایی

satisfactory دڵگیرە، رێکە، بەجێیە

satisfied بەدڵیەتی. دڵنەوایە

satisfy دڵنەوای دەکا، رازیی دەکا

saturate تێردەکا، پڕدەکا

saturation تێرکردن، پڕکردن

Saturday (رۆژی) شەمو، شەمە، شەممە

-s- لە رۆژانی شەممە، شەممان. هەموو شەمو یێک

Saturn ئەستێرەی ساتێرن

saturnine مات، خەمگین{غ}، دڵگوشراو

satyr کەسێکی ئەفسانەی یە؛ نیوە مرۆ(ڤ) و نیوە بزن

sauce ساس؛ شلەی (تەماتە، بەهارات، هتد)

- boat بەلەم ی (شلە، مەرەگە)؛ (قاپ، فەخفووری)ی درێژۆکانی و قوول

saucepan تاوە، مەقری{ڵ}

saucer (بن، ژێر)پیاڵە

saucy بەتام و چێژ(ە)، خۆشمەزە(یە). (کەم، بێ) ئابڕو

sauna گەرماو؛ ی هاوچەرخ

saunter پیاسە دەکا. لەسەرخۆ ڕێدەکا

sausages سۆسج

savage بەربەری، نامرۆڤانە، وەحشی

savageness (بەربەری، نامرۆڤانە، وەحشی) بوون

savagery بەربەرییەتی، نامرۆڤانەیی، وەحشییەت

save (پاشەکەوت، پاشەکەفت) دەکا. دەپارێزێ. رزگار دەکا. گل دەداتەوە

saver (پاشەکەوت، پاشەکەفت) کردوو{ی}

saving(s) پاشەکەوت، پاشەکەفت

saviour پارێزەر، رزگاریکەر؛ لە دەرد و بەلا، گوناە، هتد

savor [US] = savour

savory (1) جۆرە بەهارات یێکە

savory (2) [US] = savoury

savour چێژ، تام (ی تایبەت بە شتێک)

savoury بە چێژ(ە)، چێژدارە

savoy جۆرە قەرنابیت یێکە؛ کەوا جۆرێکە لە سەوزەی چێشت

savvy دەزانێ. زانین، تێگەیشتن

saw (1) مشار. دەبڕێ (بە مشار)

- mill (کارخانە، مەکینە)ی دارتاشی(ن)

saw (2) (p see) دیتی

sawdust ئاردەدار

sawfish جۆرە ماسییەکی دەریایی گەورەی لمووز پانو و بە ددانە

sawmill (کارخانە، مەکینە)ی دارتاشی(ن)

sawn (pp saw (1)) بڕاو

saw-tooth(ed) کەلکەل(ە)؛ وەکو دەمە مشار(ە)، بە ددانەیە

sawyer داربڕ

saxe-blue ڕەنگێکی شینی مەیلەو بۆر و کاڵ

Saxon سەکسۆنی. سەکسۆنی‌یەکانی چەرخەکانی ناوەڕاست. زمانی سەکسۆنی

saxophone دەزگایەکی ئاوازانە؛ تایبەتە بە ئاوازی جاز

say دەڵێ{ر}، دەبێژێ. بڵێ{ر}، ببێژە

That's to say *بە (واتا، مانا)یەکی تر. کەواتا*

saying وتە، گوتە. پەند، قسەی نەستەق

Sc.D. کورتکراوەیە بەواتای؛

= Doctor of Science *کەسێکی خاوەن(د) بەڵگەنامەی دوکتۆرای زانست(ەکان)*

scab (قەتماغە، پەڵە)ی برین. نەخۆشی پێست. گرووی، گەڕی. قەتماغە دەگرێ، سارێژ دەبێ

scabbard (کیفک، بەرگ) ی (خەنجەر، شمشێر، هتد)، خەنجەردان

scabby پێستی بە (قەتماغە، پەڵە{ر}). گروو(ە)، گەڕ(ە)

scabies نەخۆشیەکی بە خورشتی پیستە

scabrous زبر(ە)، دڕ(ە)

scaffold هەرزارە، سەکۆ، ئەسکەلە. سێدارە. هەرزارە دەکا

scaffolding (هەرزارە، سەکۆ، ئەسکەلە)ی (خانوو دروستکردن)

scalar یەک پێوەری هەیە، بێ ئاڕاستەیە (ماتماتیک، فیزیا)

scalawag = scallywag

scald جێ داخ (ی شلەی گەرم، هەڵم، هتد). داخ (دەکا، دەبێ)

scale (1) بەرغی ناو کتری. توێکڵی سەر پێستی ماسی. بەڵغی کەلێنی ددانان. ماسی توێکڵ دەکا

- drawing *نەخشەکردن بە پێوەر (ڕێژە)*

scale (2) پلە. پێوەر. تای (تەرازوو، قەپان). ڕادە. چین. دەچێتە سەر، بەرز دەبێ

scale-beam (قۆڵ، دار)ی نێوان دوو تای تەرازوو

scalene لاجۆر؛ سێگۆشەیەک کە سێ لا کانی نایەکسان بن

scales تەرازوو، قەپان. بورجی تەرازوو

(tip, turn) the - *تای تەرازوو (وەردەگێڕێ، دەسووڕێنێ)*

scallion تەرەپیاز. تەرەسیر. هتد

scallywag (کەسێکی) ناراستگۆ، (فێڵ، تەڵەکە)باز. لاسار، زیانبەخش. هەڵدێ، ڕادەکا

scalp پێستی (سەر، کەللە)

scalpel (تیغ، چەقۆ، کێرد)ی نەشتەرگەر

scaly بە بەرغە، پیسە، قەتماغەی گرتووە. توێکڵدارە

scam تەڵەکە، فرت و فێڵ

scamper (هەڵدێ، رادەکا) بە بازدانەوە، (قەڵەم)باز دەدا. (هەڵاتن، راکردن)ی بە بازەوە

scan تیشکزا، بەرتیشک. (وێنە، ئەنجام)ی بەرتیشکدان. چاوی پێدا دەخشێنێ. بەرتیشک دەدا

scandal ئاشکرابوون (ی هەڵە، نهێنی، هتد). ئابڕووچوون

scandalize (هەڵە، نهێنی، هتد) ی ئاشکرا دەکا. ئابڕووی دەبا

scandalous ئابڕووبەر(ە)

Scandinavia سکەندنەیڤیا؛ هەرێمی سەرووی رۆژئاوای ئەوروپا، کە ولاتەکانی دەینمارک، نەرویج، سوید، و ئایسلاند دەگرێتە خۆ

Scandinavian (خەڵک، دانیشتوو) ی سکەندنەیڤیا. (کەسێکی) بە رچەڵەک سکەندناڤی. (کۆمەڵ، خێزان)ی زمانە سکەندناڤیەکان

scanner ئامرازی (وێنەگرتن. پشکنین)ی (چاپەمەنی، لەشی مرۆڤ، هتد) بە تیشکێکی تایبەتی

scanning بەرتیشکدان. (وێنەگرتن. پشکنین)؛ بە تیشک تیشکزا

scant کەم. نەگونجاو. خەراپ

scanty کەمە. تەنگە. خەراپە

scapegoat قۆچی بەختیاری، قۆچی قوربانی

scapula شەپیلک

scar (1) نیشانە، جێ برین. (هەست؛ دڵ) برینداربوون. نیشانە بەجێ دێڵێ. (پێست؛ لەش. هەست؛ دڵ) بریندار دەکا

scar (2) قوتە یەکی دەرپەڕیو و رکی چیا

scarab مەگەزێکە لە شێوە و بابەتی (قالۆچە، قالۆنچە)

scarce دەگمەنە، زۆر کەمە. ئەستەمە دەسکەوێ

scarcely بەکەمی، بەدەگمەن

scarcity کەمی، نەهاتی، قات و قڕی، نەبوونی، بێخواردنی

scare دەترسێنێ. مەترسی، ترس

دووردەخاتەوە بە ترساندن، دەیترسێنێ

scarecrow شەمووڵە

scaremonger پڕوپاگەندەچی، ترس بڵاوکەرەوە

scarf ملپێچ

scarify (خەتدار، بریندار)ی دەکا، خەتی پێدا دێنێ. دەترسێنێ

scarlatina سۆریکە، سوورێژە

scarlet رەنگی سووری تۆخ و نارنجی باو

- fever *تایەکی بەکتیرایی بە قینچەیە*

- woman *ئافرەتێکی لەشی خۆ فرۆش*

scarp زۆر رک؛ شوێنێکی زۆر لێژ. (رک، زۆر لێژ)ی دەکا

scary ترسناکە، مەترسیدارە

scathe زیان، زەرەر. زیانی پی دەگەیەنێ

scatology ئارەزووی لەرادەبەدەر بە شتی (ناشرین، گەندەڵ، پیس. ریخن)

scatter بلاودەکاتەوە، دەپرژێنێ

scatterbrain کەسێکی بیر کول (پ؛ بیرتیژ)

scattered پرش و بلاو، دوور لە یەکتر

scatty بیرکولە (پ؛ بیرتیژە)

scaur قوتە یەکی دەرپەڕیو و رکی چیا

scavenge (شت، خواردن)ی (بەرماوە، پاشماوە) (هەڵدەگرێتەوە، دەخوا)

scavenger مشەخۆر. چڵکاوخۆر. (ئاژەڵی) پاشماوە خۆر

scenario دەقێکی (نووسراو، گوتراو)ی (شانۆ، درۆ، هتد). دیمەن رازاندنەوە

scene دیمەن. شوێن (ی ڕووداوێک، هتد). بەش (بڕ) ێک لە ڕۆمان(ێک)

behind the -s *لە پەنا را؛ لەپشت پەردەوە*

make a - *شەڕ دەکەن؛ دەبنە سینەما*

scenery دیمەن، روانگە

scenic شوێنێکی دیدەنییە، وێنەدارە، دڵگیرە

scent بۆن؛ بە تایبەت بۆنی خۆش. گۆلاو{ر}. (توانای) بۆنکرن. بۆن دەکا

sceptic گومانکەر، بە گومان. بڕوا نەهێن بە (هەبوونی خوا، ئایینەکان، هتد)

sceptical (هەمیشە) بە گومانە، گوماندارە. رەخنەگرە

scepticism گومانکردن، گومانداری. زۆر (لێپرسینەوە، لێکۆڵینەوە)

schedule نەخشە، بەرنامە، پلان. (خشتەی) کاتنامە

according to - *بە (پێ، گوێرە)ی (بەرنامە، پلان) گەشتێکی ئاسمانیی (ئاسایی، هەمیشەیی، بەردەوام)*

on - *لەکاتی خۆیەتی، بەپێی پلان(کە) دەڕوا*

scheme پرۆژە، بەرنامە. نەخشەیەکی ئەندازیاری

schism دووبەرەکی (بە تایبەتی هی ئایینی)، لێکدابڕان، دابەش بوون

schismatic دووبەرەکانی یە. دووبەرەکی کەرە

schizo (هی، تایبەتە بە) شیزۆفرینیا. (کەسێکی) نەخۆش بە شیزۆفرینیا

schizophrenia نەخۆشییەکی (هۆش، مێشک)ە

scholar لێکۆڵەرەوە، قوتابی

scholarship لێکۆڵەرەوەیی، خوێندکاری

scholastic (هی، تایبەتە بە) قوتابخانە، فێرکردن، خوێندن. لێکۆڵەرەوەیی یە، خوێندنکاری یە

school (1) خوێندنگا، قوتابخانە. ڕێباز

- book *پەرتووکی قوتابخانە*

- leaver *دەرچووی قوتابخانەی ئامادەیی و دەست بە کار کردوو*

school (2) (رەوە، پۆل)ێک ماسی، هتد

schoolchildren منالانی (تەمەنی) قوتابخانە

schooling پەروەردەی قوتابخانە

schoolmaster بەڕێوەبەری (نێرینەی) قوتابخانە

schoolmistress بەڕێوەبەری (مێینەی) قوتابخانە

schooner کەشتیی دوو (بورج، قولغە)

science زانست، زانین. شارەزایی

scientific زانستی، زانیاری

scientist زانا

scimitar شمشێری (خوار، چەماوەی) ڕۆژهەلاتی

scintillate تیشک دەپرژێنێ، دەدرەوشێتەوە. ژیرانە دەدوێ، لەبلەبانە

scion برک، نەمام، قەلەم

scirocco = sirocco

scissors جەو، مەقەس

sclerosis نەخۆشیی رەق بوونی (نائاسایی، زۆر)ی هەندێک شانەی لەش

multiple - *نەخۆشیی ترسناک و پەرەسەندووی دەزگای مێشک و دەمارەکانی هەست(کردن)*

scoff گالتەجاری. (پێی) رادەبوێرێ

scold لێی توورە دەبێ، بەسەری دا دەقیرێنێ

sconce (سنگ، سینگ)ی سەر دیوار؛ بۆ (چرا، مۆم) پێدا هەلپەساردن

scone (پەپکە، کێک)ی هەویر و چەوری و شیر

scoop (کەوچک، مراک)ێکی قوولی دەسک کورت. (دەمە) بێرۆچکە

scope (1) بوار.ماوە. مەودا

scope (2) (پاشگر، پاشکۆ)یە بەواتای ئامرازی ((تێ، پێ) روانین. پێ (پشکنین، نیشاندان))

scopy (پاشگر، پاشکۆ)یە بەواتای (تێڕوانین. پشکنین، نیشاندان)

scorch هەلدەکڕووزێنێ، دەسووتێنێ

scorched هەلکڕووزاو، سووتاو

- earth policy *(تەگبیر، پلان) ی لەشکریی خاکی سوتاو و تەختکراو*

score ژمار. ئەنجام. دەسکەوت (بەژمارە) وەدەست دێنێ. ئەنجام دەدا

scorn بێز، قێز. (بێز، قێز)ی لێ (دەکا، دەبێتەوە)

scornful بە (بێز، قێز)(ە)، بێزووکەرە

Scorpio بۆرجی دووپشک؛ نیشانە و بورجی هەشتەمی سالە

scorpion دووپشک

scot کەسێکی سکۆتلەندی

scotch هی سکۆتلەندە یە؛ لەوێوە (هاتووە، دروستکراوە)

- mist *تەم(ومژ)ێکی (تیر، ئەستوور)*

- whisky *وسکیی سکۆتلەندە*

Scotland سکۆتلاند؛ ولاتی سکۆتییەکان

scoundrel لاسار، هەلەپاس{ر}،

شەیتان؛ بزۆز. ناپاک، چەپەڵ، چلێس. (منداڵێکی) هەرەپاس(ڵ)، لاسار. ئاژەڵێکی دڕی (جیاکراوە، تاقانە). دەربەدەر، پەراگەندە (بوو)

scour رادەماڵێ. دەسڕێتەوە. دەپشکنێ، لێی دەگەڕێ

scourge (شت، کەسێک)ێکی هۆکاری (ئازار، ناخۆشی). سزا(ی) دەدا، سەرکوت(ی) دەکا

scout پێشەنگی دزێو؛ لێکۆڵەرەوەی پێش قافڵەی سەربازی. زانیاری (دەپشکنێ، دەخوازێ)

scowl رووگرژی. رووی گرژدەکا

scrabble هەڵێدەکۆڵێ، پێکوڵەی دەکا، لێی دەگەڕێ. هەڵکۆڵین، پێکوڵە(کردن). جۆرە گەمەیەکە

scrag لاواز و بە ئێسک، رووتەڵە. ملی مەڕ

scraggy (کەس. ئاژەڵ)ێکی لاواز، رووتەڵە

scramble پەلەقاژە دەکا؛ هەوڵدانی بەپەلە. تێکەڵ و پێکەڵ دەکا، تێکدەدا. هێلکە لە رۆندا سووردەکاتەوە

scranny لاواز، بێهێز

scrap سکراپ؛ ئامێر و ئاسنی کۆن یا شکاو. لەکاردەخا، لەکاری‌دەخا

- iron *ئاسنە (شکاو، لەکەلک کەوتوو)*

scrape رنین، کراندنەوە. دەڕنێ، دەکرێنێ

scraper دەزگای (ڕنین، کراندنەوە)

scrapie نەخۆشیی (ڤایرۆسیی) مەڕە (گێژە؛ ئیفلیج)

scratch دەخورێنێ، رنۆک لێدەدا. رنۆک، رندووک. خوران

- out دەکوژێنێتەوە. خەتی *لێدەدا؛ دەی سڕێتەوە، لایدەبا*

scratchy بە رنۆکە. بە خورشتە

scrawl نارێک و پێک دەنووسێتەوە، خەراپ دەنووسێتەو

scrawny (کەس. ئاژەڵ)ێکی لاواز؛ بێگۆشت، رووتەڵە

screak دەقیژێنێ، (زریکە، زیکە) دەکا. قیژە، زریکە

scream هاوار، گریان. هاوار دەکا، دەگریێ

screech قیژە. دەقیژێنێ

screen چاوە. پەردە، ناوان

screenplay (رۆمان، نوسین)ی فیلمی سینەما

screenwriter نووسەری فیلمی سینەمایی

screw بورغی. بورغی لێدەدا

- driver *دەرنافیز*

- jack *جەگی (بە جەر، جەردار)ی (قورسایی، بار) (هەڵگر، بەرز کەرەوە)*

- up *خەراپی دەکا، تێکی دەدا؛ تێکی دەدا، خەراپی دەکا*

have a - loose *بۆرغییەکی شلە؛ تۆزێک شێتە(لەیە، رۆکە(ڵ))*

put the -s on *تەنگاوی دەکا، پاڵیپێوەدەنێ؛ بۆ کاری*

screwdriver دەرنافیز

scribble (شەت و پەت، نارێک) (دەنووسێ، وێنە دەکێشێ)

scribbler نارێک نووس، دەسخەت ناخۆش. ئامێری هەلاجی

scribe دەنووسێتەوە، تۆمار دەکا

scrimp تەسک، تەنگ، کورژ، ناتواو. کورت دەهێنێ، ناتەواو دەبێ

script دەستنووس. فۆنتی چاپ لە شێوەی دەستنووس

scriptural کیتابی (یە)؛ بە پێی (نووسراو، دەق)ی دابەزیو لە (ئاسمان، خوا) وە

scriptures کیتابی پیرۆز؛ نووسراوی دابەزیو لە (ئاسمان، خوا) وە

scriptwriter نووسەری فیلمی سینەمایی

scrofula جۆرە نەخۆشی یەکە

scrofulous دەردەدارە؛ بەم نەخۆشی یە

scroll لوولەیەک کاغەزی نووسراو، (تۆمار، نووسراو) ێکی (لوولدراو، لوولخواردوو)

- down *نووسینی سەر چاوەی (کۆمپیوتەر، هتد) دەباتە خوارەوە*

- up *نووسینی سەر چاوەی (کۆمپیوتەر، هتد) دەباتە سەرەوە*

scrotal (هی، تایبەتە بە) پێستی گون

scrotum (پێست، کیسە)ی گون

scrub دەسڕێتەوە، خاوێن دەکاتەوە؛ بە لێخشاندن

scruff پشت مل

scruple سلّەمینەوە، گومانکردن، خۆپاراستن؛ لە کردەوەی خەراپە. دەسلّەمێتەوە، گومان دەکا؛ بۆ خۆپاراستن لە خەراپە

scruples داب و نەریت؛ ە جوانەکان

scrupulous وردەکارە، تەواوکارە، بەگومانە؛ لە (نارێکی، کاری خەراپ)

scrutinize لێی وردەبێتەوە، بەوردی تێی دەڕوانێ

scrutiny لێ وردبوونەوە، تێڕوانینی ورد

scuba ئامێری هەناسەخواردنی ژێر ئاو

- diving *مەلەوانیی ژێر ئاو؛ بە بەکارهێنانی ئامێری هەناسە خواردن*

scuffle قوونەشەڕ، (پێکدادان، دەمەقالّی)یەکی کەم. سووکە شەڕ دەکەن

sculk خۆی (وندەکا، دەشارێتەوە، حەشار دەدا). خۆی نەخۆش دەخا

scullery شوێنی قاپ و قاچاغ شتن

scullion قاپشۆر؛ یارمەتی دەری کابان

sculptor پەیکەرتاش (ی نێرینە)

sculptress پەیکەرتاش (ی مێینە)

sculpture هونەری پەیکەرتاشی. پەیکەر. پەیکەر دەتاشێ، کاری پەیکەرتاشی دەکا

scum (کەف، قەتماغە)ی پیسی سەر شلەیەک. (شت، کەس)ێکی

پیس و پۆخڵ

scurf تفر، قرێژ (ی پرچ (ی سەر))

scurrility بێڕێزیی زۆر، جوێندانی پیس

scurrilous زۆر بێڕێز، جوێندەرێکی پیس

scurvy جۆرە نەخۆشی یەکە؛ لە کەمی ڤیتامین 'سی' پەیدا دەبێ. زۆر بێڕێزە

scut کلک (قوت، کورت، کوڵ)

scuttle (سەتڵ، پەقرەج)ێکی پان. نوقم دەکا

scythe داسێکی دەم پانی دەسک درێژە بۆ گیا برین بەکار دێ

SDP کورتکراوەیە بۆ؛ *پارتی سۆشیال دیموکرات*

sea دەریا

- bathed *بە شەپۆڵ شووراو، شەپۆڵ گر، شەپۆڵ لێدراو*

- bound *(بەرەو، هی، تایبەتە بە، بەستراوەتەوە بە) دەریا (وە)*

- farer *کەشتیوان، دەریاوان. گەشتیار؛ ی بە (کەشتی، پاپۆڕ)*

- girt *(هی، لەناو، بەستراوەتەوە بە) دەریا*

- green *ڕەنگی سەوزی مەیلەو شین؛ سەوزی دەریایی*

- level *ئاستی دەریا*

- weed *قەوزەی دەریا*

at - *گێژ(ە)، سەرلێشێواو(ە). لە کەشتی دایە*

by - *بە (پاپۆڕ، کەشتی)، لە ڕێگەی دەریاوە*

seabed (ژێر، بن) دەریا، زەمینی بن (دەریا، ئۆقیانووس)

seaboard (ڕۆخ، کەنار)ی دەریا. (هەرێم، ناوچە)ی نزیک دەریا

seaborne بە (کەشتی، پاپۆڕ)، لەڕێگەی دەریاوە

seafarer کەشتیوان، دەریاوان. گوزەرکەر بە (کەشتی، پاپۆڕ)

seafood (ماسی، خواردەمەنی)ی دەریایی

seafront ئەو (گەڕەک، بەشە)ی شارێک کەوا دەڕوانێتە دەریا

seagull نەورەس؛ ی دەریا، باڵندەیەکی (ئاو، دەریا) یی سپی یە

seal مۆر. جۆرە ئاژەڵێکی دەریاییە. (کون و کەلەبەر) دەگرێ، توندەکا، مۆری دەکا

sealant (شەمێ، چەسپ، گیراوە) ی (پینە، کەلێنبڕ، کونبڕ) کردن

sealing wax ماستیک؛ (شەمێ، چەسپ، گیراوە)ی کون و کەلێن و کەلەبەری دیوار(ان)

seam هێڵی بەیەک گەیشتنی دوو ڕۆخ (ن؛ خەتی دورمان). کەلێن. راو، مەڵە. دەدوورێ

seaman دەریاوان، کەشتیوان

seamanship دەریاوانی، کەشتیوانی

seamless بێ دورمان، سادە؛ ی بێنەخش

seamstress بەرگدروو (ی مێینە)

seamy ناوبانگزڕاو، بەپێچوپەنا. (کوتاڵ، جلوبەرگ) ێکی (خەتخەت، لۆچ)ە

seance (کۆڕ، کۆبوونەوە)ی ئەندێشەیی زیندوو لەگەڵ مردوو(ان)

seaplane فڕۆکەی دەریایی؛ فڕیو و هەڵنیش لە ئاوەوە بۆ ئاو
seaport کەشتیخانە، بەندەر
sear دەبرژێنێ. سوور دەکاتەوە. داخ دەکا
search پشکنین، منە، گەڕان. دەپشکنێ، منە دەکا، دەگەڕێ
- warrant *(مۆڵەت، بەڵگەداری، ماف، پسوولە)ی یاسایی پشکنین*
searching پشکنین، منەکردن، گەڕان
searchlight تیشکی بەهێز (ی پشکنین)
seascape (دیمەن، روانگە)(یێک) ی دەریا(ی)
seashore زەویی (کەنار، لێوار، رۆخ)ی دەریا
seasickness نەخۆشیی سەرگێژیی سواریی کەشتی
seaside هاوینەهەواری (کەنار، رۆخ، قەراخ)ی دەریا
season وەرز. کات. بەهاراتی پێوە دەکا، تام و چێژی (دەداتێ، دەخاتێ)
seasonable هەلییەتی، کاتی خۆیەتی، کاتی هاتووە. هەلپەرستە؛ لەگەڵ رۆژە
seasonal (باران، خواردەمەنی، کار، هتد) وەرزی(یە)
seasoning بەهارات، تام و چێژی. بەهارات پێوەکردن، تام و چێژ پێدان
seat کورسی. دادەنیشێنێ
- belt *(دەسرازە، قایش)ی* خۆبەستنەوە؛ ی ناو *(فڕۆکە، هتد)*
be -ed *(فەرموو) دانیشە!*
take a - *دانیشە!*
seating کۆی ژمارەی کورسییەکان لە شوێنێکدا. شوێنی دانیشتن
seaward(s) (بەرەو. روەو) دەریا. رووی لە دەریایە
seaweed ئەو رووەکەی لە دەریا (یا شاخ و بەردی رۆخ دەریا) سەوز دەبێ
seaworthy بەکەلکی دەریا یا (دەریا، کەشتی)وانی هاتوو
sebaceous بە (چەوری، رۆن)ە؛ چەوریی (دەردەکا، لێدێ)
sec. کورتکراوەیە بە واتای؛
= second(s) چرکە
secant بڕیار (ماتماتیک)
secede دەکشێتەوە، وازدەهێنێ، جیادەبێتەوە
secession کشانەوە، وازهێنان، جیابوونەوە
seclude (کەس، شوێن) (دادەبڕێ، جیادەکاتەوە) لەیەکتر
seclusion دابڕین، جیاکردنەوە
second (1) دووەم. شاگرد. تریش. (پشتگیری، پاڵپشت) یەکی ی دەکا
- cousin *ئامۆزازا، بنئامۆزا، بنعام*
- hand *نیوداشت، دەستی دوو، بەکار هاتوو*
- name *ناوی دووەم (یا ناوەڕاست) کە مەرج نییە هەبێ*
- to none *یەکەم(ە)؛ لێی*

تریش. (پشتگیری، پاڵپشت) ی دەکا

باشتر نییە

every - day *رۆژنارۆژێک، دوو رۆژ(ان) جارێک*

second (2) چرکە؛ یەک لەسەر ٦٠ی دەقە(یێک). شاگرد [سەکن]. پشتگیری دەکا

secondary ناوەندیی (قوتابخانە). لاوەکی

seconder هاریکار. شاگرد. پشتگیریکەر

secrecy نهێنی بوون، تەقەتی

secret نهێنی. نهێنییە، تەقەتە

in - *بە دزی، بە نهێنی، لە پەناوە*

secretariat (دامودەزگا. شوێن) ی بەڕێوەبردن

secretary نهێنیپارێز، سکرتێر

- of state *وەزیری دەوڵەت. وەزیری ناوخۆ*

secrete شتێک (دەردەدا، دەردەکا، فرێدەدا، ی لێ دێ). دەشارێتەوە، حەشار دەدا

secretion دەردان، دەرکردن، فرێدان

secretive نهێنیپارێزە. نهێنیسازە. کەمدووە

secretly بەنهێنی، بەدزی

sect (تاقم، مەزەب، کۆمەڵ) یێک

sectarian تاقمگەرا، مەزەبچی. بیرتەسکی بۆ تاقمی

sectile لەبڕین هاتوو؛ دەبڕدرێ؛ (بەش، کەرت)دەکرێ

section بەش، لا

sectional بەشبەشە، بەشبەش کراوە، دابڕاوە

sector (بڕ، بەش)ێکی بازنەیەک (ماتماتیک)

secular دنیایی، زانیاری

secularise بە (دنیایی، زانیاری) دەکا

secure تەقەت دەکا، پاسدەکا، دەپارێزێ

securely بەتەقەتی، بەپاسکراوی، بەپارێزراوی

securities پاسکردن، پاراستن. پاسەوانی

security دڵنیایی، ئاسوودەیی. پاسەوانی. دابین کردن

- man *پاسەوان. دەرگەوان*

sedan کورسیی داری کەژاوە؛ کەوا بە دوو کەس هەڵدەگیرا (مێژوو). جۆرە ئۆتومبیلێکە

sedate ئارام، لەسەرەخۆ، مەند. جوامێر

sedateness ئارامی، مەندی. جوامێری

sedation هێورکردنەوە، ئارامکردنەوە

sedative (دەرمان. کاریگەری)ی (هێورکەرەوە، ئارامکەرەوە)

sedentary بە (قوونەوە، دانیشتنەوە) دەکرێ. دانیشتن. تەمبەڵی، تەوەزەلی

sedge جۆرە گیایەکی کەناری ئاوە

sediment نیشتووەوە، لم، خڵتەی بەجێماو

sedimentary نیشتۆتەوە،

لـماوییـه، لـه لـمـه

sedition یاخیبـوون، هەڵـچوون، بـشێـوی

seditious (یاخیبـوو، بـشێـویکـەر) (انـه(یـه))

seduce ئـارەزوومـەنـدی جووتبـوونـی دەكا. هەڵـی دەخەڵـەتێـنـێ. رێـی پـێ ون دەكا

seductive ئـارەزوومـەنـدكـەرە. هەڵـخەڵـەتێـنـه. رێ ونكـەرە

sedulous رەنـجدەرە، بـەكارە، هەوڵـدەرە، تـێكـۆشـەرە

see (1) دەبـیـنـێ، دەڕوانـێ. دەیـبـیـنـێ؛ لـەگـەڵـی دەبـێ

- after *چاوی لـێ دەبـێ، پاسی دەكا*

- into *لـێـی دەپـێـچێـتـەوە، لـێـی دەكـۆڵـێ(ت)*

- off *خواحافـیـزی لـێ دەكا*

- out *بـەڕێـی دەكا؛ (لـە، تـا) دەرگـا*

- over *بـەسەردا دەگـەڕێ، دەپـشكـنـێ*

- saw *جۆرە جۆلانـەیـەكـی منـالانـە*

- to *گـرنـگـی پـێـدەدا*

see (2) نـاوچەی ژێـر (چاودێـری، دەسەلات)ی (پاپا{ب–ب}، قـەشە، هتـد)

seed تـۆ، دان، تـۆم. تـوخم. نـاوک. تـۆ (دەدا، پـیـوەردەكا)

- wool *پـەمۆ، لـۆكـە؛ پـێش لـەپـەڕەدانـی*

run to - *پـیـیر دەبـێ، تـۆو دەكا. گـەورە دەبـێ، دەنـک دەكا*

seedless بـێـناوک، بـێ تـۆو

seedling (نـەمام، شتـڵ، چوزەرە) ی تـۆ

seeds دانـەوێـڵـە

seedtime وەرزی تـۆدان

seedy پـڕ تـۆ(یـە)، بـەنـاوكـە. نـەخۆشە

seek بـەدوایـدادەگـەڕێ. دەیـەوێ

hide and - *چاوشارکـێ*

seem (وا) پـێـدەچێ

seeming بـەڕوالـەت

seemingly لـەڕوالـەتـدا. وادەردەكـەوێ، وادیـارە

seemliness لـێـهاتـوویـی، رێـكـوپـێـكـی. رەونـەق

seemly لـێـهاتـوو، رێـكـوپـێـک. بـەرەونـەق

seen (pp see) بـیـنـراو(ە)

as - *وەكـو دەبـیـنـرێ؛ بـێ پـشكـنـیـن*

seep دەپالـێـوێ، دەپـارزنـێ

seer تـێڕوانـەر، بـیـنـەر. پـەیـامبـەر؛ بـەتـێڕوانـیـن

seethe دەكولـێ، بـڵـقـدەدا. تـووڕە دەبـێ

segment بـەشێـک، پـارچەیـەک، بـڕ(ێـک)

- of a circle *بـڕی بـازنـەیـەک*

segmentation (پـارچە، بـڕ(بـڕ)) كـردن

segregate وەلادەنـێ. (كـۆمـەڵ، كـەمایـەتـی)ێـک جیـادەكاتـەوە

segregation وەلانـان. جیـاكـردنـەوەی (كـۆمـەڵ، كـەمایـەتـی)ێـک

seigneur كـوێـخا، (ریـش، ردێـن) سپـی

seismic تـایـبـەتـە بـە لـەرزیـنـی زەوی (یـەوە)، بـوومـەلـەرزەیـیـە

seismogram تۆماری لەرزەپێو

seismograph لەرزەپێو؛ ئامێری پێوانی هێز و ئاڕاستە و قووڵایی و دووریی بوومەلەرزان

seismography (زانست، تەکنۆلۆجیا)ی پێوانی بوومەلەرزە

seismology بوومەلەرزەناسی

seize دەگرێ، وەدەستدەخا. دەستی بەسەردا دەگرێ

- the opportunity هەلەکە دەقۆزێتەوە

seized زەوتکراو. گیراو. دەست بەسەردا گیراو

seizure زەوتکردن. گرتن، وەدەستخستن. دەست بەسەردا گرتن

seldom بەدەگمەن، زۆر بە کەمی

select هەڵدەبژێرێ

selection هەڵبژاردن. هەڵبژاردە(یەک)

a - ژمارەیەک، کۆمەڵێک

selective هەڵبژێر، سەرپشک

self (1) خۆ، خود. بەخۆ. کەسایەتی. خۆبوون

- abasement خۆ بەخۆ (شەرمەزار، ریسوا)کردن. خۆخواردنەوە

- addressed (envelope) (بەرگەنامەی) خۆبۆخۆ ناونیشانکراو

- adhesive خۆبەخۆ (بەبێ چەسپ) دەچەسپێ، پێوەدەلکێ

- admiration لەخۆ رازیبوون، شانازیکردن بەخۆ، خۆهەڵکێشان

- advancement خۆپێشخستن؛ بەرەوپێشبردن

- aggrandizement (گەشە، برەو)دان بەخۆ

- analysis بیر لە (کەسایەتی) خۆ کردنەوە

- appointed خۆبەخۆ (سەپاندوو، دامەزراو، بەشتکردوو)

- assertive مافی خۆ ویست، سووڕ

- assured باوڕدار بەخۆ. شانازیکەر بەخۆ، لەخۆ رازی

- aware خۆناس؛ کەسایەتی خۆی دەناسی؛ ئاگای لەخۆیە

- catering خۆبەخۆ خزمەتکردوو؛ لە میوانخانان، هتد

- censorship (چاودێریکردن. رەخنەگرتن) لەخۆ. خۆ بێبەشکردن

- centred خۆویست، بیر لەخۆ کەرەوە

- conceit رالەخۆبوون. خۆهەڵکێشان

- confessed خۆبەخۆ (دانپێداهێناو، ئاشکراکەر)

- confidence دڵنیابوون لەخۆ، بڕوا بەخۆبوون

- confident لەخۆ دڵنیا، بڕوا بەخۆبوو

- congratulatory خۆدڵخۆشکەر، خۆشاباشکەر

- conscious شەرمن. (لەخۆڕا، زوو) تەنگاوبوو

کەسایەتی. خۆبوون

- contained (1) (کەسێکی) سەربەخۆ یا بەخۆی و بۆخۆی ژیاو

- contained (2) (خانوو، شوێن)ێکی سەربەخۆ؛ دەرگا و هتدی خۆی هەیە

- control دانبەخۆداگرتن، بە(پشوو، پشی)بوون، پشیداری

- critical (گومان، رەخنە) لەخۆکەر، بەگومان لەخۆ

- deception خۆهەڵخەڵەتاندن، فێڵ لەخۆکردن

- defeating خۆبەخۆ شکێن، (لەناوخۆرا) شکستدار

- defence بەرگری کردن لەخۆ، خۆپاراستن

- delusion خۆهەڵەتەکردن

- denial خۆنەویستن، خۆنەویستی

- determination (1) مافی (هەر نەتەوەیەک بۆ) چارەی خۆ(نووسین، دیاریکردن)

- determination (2) توانای (کار، بییر، هتد)کردنی ئازادانە

- discipline (1) خۆبەخۆ پەروەردەکردن دانبەخۆداگرتن، بە(پشوو، پشی)بوون، پشیداری

- discovery لەخۆروانین، خۆناسینەوە. هاتنەوەسەرخۆ

- educated خۆبەخۆ پەروەردەکردوو

- employed کاسبکار، خاوەنکاری سەربەخۆ

- esteem رالەخۆبوون، لەخۆرازیبوون

- evident زۆر روونە، بەڵگە نەویستە، لەخۆرا دیارە

- government خودموختاری، ئۆتۆنۆمی

- imposed خۆبەخۆ و لەسەرخۆ (سەپێن، سەپاندوو)

- inflicted (زیان، هتد)ی خۆبەخۆ گەیاندوو. بەسەرخۆ هێناو

- justification خۆبە راست دانان. بەهانە بۆخۆ هێنانەوە

- made خۆپێگەیاندوو، خۆ دروست کردوو، سەرکەوتوو، کۆشا

- pity زگ بەخۆسوتان، نووزانەوە

- portrait (وێنە، باس، هتد) ی خۆ (کێشان، کردن، هتد)

- possessed هێور، هێمن، ئارام

- preservation خۆپاراستن، ئاگا لەخۆبوون. خۆهێشتنەوە

- proclaimed لەخۆرا راگەیاندوو

- propelled خۆهاژووت(وو)، خۆهاوێژ؛ (مووشەک، هتد)ی ئۆتۆماتیکی

- raising (ئارد، هەویر)ی هەویرترش لەخۆ؛ هەویرترش نەویستوو

- regard رێزلەخۆگرتن، ئاگاداری لەخۆ. رێز بۆخۆدانان

- regulating (شت، کەس)ی خۆبەخۆ (رژێمکردوو،

(ڕێکخستوو)

- reliance *پشتبەخۆبەستن،* سەربەخۆیی

- respect *ڕێز بۆخۆدانان.* *ڕێزلەخۆگرتن*

- restraint *دانبەخۆداگرتن،* *بە(پشوو، پشی)بوون، پشیداری*

- righteous *بە لەخۆڕازییانە* *دڵنیا*

- rule *فەرمانڕەوایی خۆبەخۆ،* *خۆبەڕێوەبردن*

- sacrifice *خۆبەختکردن،* *لەخۆبووردوویی*

- satisfaction *سادەیی.* *ڕووخۆشی، دڵگەشی.* *لەخۆڕازیبوون*

- seeking *خۆویست،* *خۆپەرست*

- starter *(کەسێکی)* *دەسپێشخەر. (ئامێرێکی) خۆکار*

- taught *خۆی پێگەیاندوە،* *گەشە بەخۆداو*

- willed *سوور(بوو)، بڕوادار* *بەخۆ*

- worth *ڕالەخۆبوون،* *لەخۆڕازیبوون*

self- (2) (پێشگر، پێشکۆ)یە بە واتای؛ خۆ، بەخۆی، لەخۆوە. (بە) ئۆتۆماتیکی. بۆخۆی

selfish خۆپەرست، خۆویست

selfishness خۆپەرستی، خۆویستی

selfless لەخۆبووردوو، خۆبەختکەر

selflessness لەخۆبووردوویی، خۆبەختکردن

selfsame هەمان شت، هەرخۆی. وەکوو یەک(ن)، زۆر (پێک، لەیەک)دەچن

sell دەفرۆشێ(ی)

- by date *(دوا) بەرواری (* *مۆڵەتەبوونی) فرۆشتنی* *کالایەک*

seller فرۆشیار

Sellotape بەکرەی (نایلۆن، کاغەز)ی چەسپ؛ چرێش، تێپ

selvage دامێنی (دووراوەی) کوتاڵ

selvedge دامێنی (دووراوەی) کوتاڵ

selves (pl self) خۆیان{مان}{تان}

semantic واتا، مانا

-s *واتاداری (تاوتوێکردن) لە* *زمانەوانی*

semaphore (ستوون، بورج)ی وشیارکەرەوە

semblance وێکچوون. وێنە

semen تۆماو، ئاوی زاوزێی نێرینە

semester نیوساڵ (ی خوێندن)

semi (پێشگر، پێشکۆ)یە بە واتای نیوە(ی)، بەش(ێکی)

- annual *نیو ساڵانە*

- circle *نیوە بازنە*

- circular *نیوە بازنەیی*

- column *نیوە لوولەیی*

- diurnal *نیوڕۆژانە*

- final *پێشکۆتایی، نیوە* *کۆتایی*

- official *نیمچە* *فەرمانی*

semicolon پیتێکی چاپە (؛). نیشانەی هەڵوێستە

seminary کۆلیجی ئایینی (ی قەشان، هتد)

Semite سامی(یە)؛ لەمەڕ سامی کوڕی نووحەوە

Semitic سامی (لە مەڕ سامی کوڕی نووحەوە). زمانە سامی‌یەکان (ن؛ عەرەبی، عیبری (هیبرو))

sempstress = seamstress

Sen. کورتکراوەیە بۆ؛

= Senator *ئەندامی شوورای پییران*

= Senior *بەسالاچوو. پایەبەرز، پایەدار. گەورە. باوک*

senate شوورای (پییران، ریشسپی‌یان)

senator ئەندامی شوورای پییران

send دەنێرێ، رەوانەدەکا

- away *دەردەکا*

- back *دەنێرێتەوە، دەگەڕێنێتەوە*

- for *لە دووی دەنێرێ، داوای دەکا*

- off *بەڕێی دەکا. دەری دەکا؛ لە یاری ، هتد*

- out *دەردەهێنێ*

sender نێرەر، هەنێر

senescence قۆناغی پییری، پییربوون

senescent (پییر، گەورە)بوو، بەسالاچوو

senility پییری

senior بەسالاچوو. پایەبەرز، پایەدار. گەورە. باوک

seniority پییری. پایەبەرزی، پایەداری

senna جۆرە رووەکێکی بە قۆزاغەیە

sensation هەست(کردن). بەهەستی. ئارەزووییەکی زۆر و هاوبەشی کۆمەڵێک خەڵک. (کەس، شت)ێکی ئارەزوومەندی کەر

sensational هۆکاری ئارەزووییەکی زۆر و هاوبەشی کۆمەڵێک خەڵک. جوانە، نایابە، ئارەزوومەندی کەرە

sense هەست، هۆش. واتا. هەستدەکا

common - *هەست(کردن)ی (سروشتی، زۆر ئاسایی). پێویست نەکردوو بە (زانین، فێرکردن، بییرکردنەوە)*

make - *بەجێیە، کردەوەییە. دەشێ*

senseless بێهەست. بێواتا. هەست نەکردوو

sensibility هەستیاری، توانای هەستکردن. بەهەستی

sensible ژیرە. بەهەستە. جوامێرە

sensitive زوو کاردەرەوەیە. هەستیارە

sensual هەستی‌یە، ئارەزووکەرانەیە، دوای ئارەزوو (ی لەش، هتد) کەوتوو

sensuality ئارەزووکەرانەیی، دوای ئارەزوو (ی لەش، هتد) کەوتن

sensuous هەستیاری یە، پەیوەندە بە هەست ەوە

sent (p&pp send) (هە)نارد(ی)

sentence رستە. بڕیاری دادگا. بڕیاردەدا (دادگا)

sentient گیانی لەبەر(ە)،

زینـدوو(ە). بـەهەست(ە)، گـەش(ە)

sentiment(s) سۆز، هەست و نـەست. ئارەزوو

sentimental سۆزدارانـە (پ؛ هۆشیارانـە). تایبـەتـە بـە (هەست و نـەست، سۆز)ەوە

sentry دیـدەوان، دیـدەبـان، ئـێشکـچی. دیـدەوانـی

- *box* *قـولـّغـەی دیـدەوانـی*

sepal گـەلایـەکـی (خونـچە گـوڵ. قـۆزاغـە)

separable لـەجیاکردنـەوەهاتـوو؛ جیادەکرێـنـەوە

separation جیاکردنـەوە. جیابـوونـەوە

separatist کـەسێـکـی (جیـاوازی، سەربـەخـۆیـی) خـواز (رامـیـاری)

separator جیاکـەرەوە

sepsis (پـیس، گـەن) بـوون، ئـالـّووده بـوون بـە (بـەکـتـیـریـا، مـیـکـرۆب)، رزیـن

September رەزبـەر، مـانـگـی نـۆهەمـی سالـّی زایـیـنـی

septennial حەوتـسالـّە(یـە)؛ حەوت سالّ بـەردەوام دەبـێ. لـە حەوتـسالان جارێـکـە

septet حەوتـەوانـە، (تـیم، هتـد) ی حەوتـی

septic (پـیس، گـەن) (ە)، ئـالـّووده بـە (بـەکـتـیـریـا، مـیـکـرۆب) (بـووە)، رزیـو (ە). ئـالـّوودەکـەرە

septuagenarian کـەسێـکـی تـەمـەن لـە ٧٠ بـۆ ٧٩ سالـّـی (یـە)، تـەمـەنـی لـە حەفـتـاکـانـە

septuple حەوت (قـەد، بـەش، هتـد) . حەوتـجار بـە قـەد(ەر). حەوتـەوانـە

sepulchral تـایبـەتـە بـە گـۆڕ، گـۆڕستـانـیـە. تـاریـکـە

sepulchre گـۆڕ (ی بـەردیـن)، لـە گـۆڕ دەنـێ

sepulture گـۆڕ(ستـان)

sequel ئـاکام، لـەئـەنجامدا

sequence ریـیـز، یـەک بـەدوای یـەکدا هاتـن. زنـجـیـیـرە(یـەک)

sequent بـەدوایـدا هاتـوو. بـەزنـجـیـیـرەیـە

sequential دوابـەدوایـیـەکـەوە، لـەدوویـەکـتـر، زنـجـیـیـرەی(یـە)

sequester دایـدەبـڕێ. زەوتـی دەکا، دەستـی بـەسەردا دەگـرێ

sequestrate زەوتـی دەکا، دەستـی بـەسەردا دەگـرێ

seraglio سەرای؛ کـۆشکـێـکـی تـورکـی. تـەلاری ئـافـرەتـان

seraph فـریـشتـە. پـاک

seraphic فـریـشتـەیـی(ە). پـاکـە

seraphim فـریـشتـەکان. پـاکان

serenade ئـاوازی خـۆشەویـستـی

serene رەسەن و ئـارام. رۆن

serenity رەسەنـی و ئـارامـی. رۆنـی

serf کـۆیـلـە، نـۆکـەر، چەوساوە. لانـەواز، بـەلـەنـگاز

serfdom کـۆیـلـەیـی، نـۆکـەری، چەوساوەیـی. لانـەوازی، بـەلـەنـگازی

serge کـوتـالـّێـکـی خـوریـی زبـرە

sergeant سەرپـەل، چاوش،

عەریف

- major *سەرلق، باشچاوش، رەیس عورەفا*

serial زنجیرەیی

series زنجیرە(کان)

serif پیتی (چاپەمەنیی) بە چوکلّە؛ بە خواربوونەوە یا پرژدار

san- *پیتی (چاپەمەنیی) بێ چوکلّە؛ لە هێلّی راست پێکهاتوو*

serio-comic گالّتە و راستیی تێکەلّە

serious مەبەستدار(ە)، بەمەبەستە، مەبەستیەتی، بەراستییەتی

seriously مەبەستدارانە، بەمەبەستەوە. بەراستی. گرنگ

sermon وتار، ئامۆژگاری

serosity توانای (شلە، ئاو) دەردان. لیچی

serous بەئاوە، تەڕە. ئاویە. لیچ(ە)

serpent مار. کەسێکی (فێلّباز، لەژێرەوە)

serpentine هی مار، وەکو مار. لوول(خواردوو). لەژێرەوەیە

serrated کەلکەل(ە)؛ وەکو دەمە مشار(ە)، بە ددانەیە

serum لیچی. (لیچ، ئاو)ی (خوێن، ماست)

servant خزمەتکار، نۆکەر. خزمەتچی

serve خزمەتدەکا

service خزمەت

of - *بەکەلک (بوون، هاتن)*

serviceable بەکەلکە. لەچاکردنەوەهاتوو

servile (نیمچە، وەکوو) کۆیلە، خزمەتچی. (وەکو، هی) خزمەتکار(ە). چەوساوە

servility ژێردەستی، چەوسانەوە. خزمەتکاری

servitude کۆیلەتی، چەوساوەیی، ژێردەستبوون

sesame کونجی

- oil *رۆنی کونجی*

session ماوە(یەک)، دانیشتن(یێک)

set دەستە، تاقم، کۆمەلّێک. ئاوابوون. دادەنێ. ئاوا دەبێ. چادەبێتەوە (ئێسک شکان)، یەک دەگرێتەوە. ئامادە دەکا

- about *دەست پێدەکا*

- apart *جیایان دەکاتەوە*

- aside *وەلایدەنێ، لە لایەکی دادەنێ*

- at *شەڕی پێدەفرۆشێ*

- down *دەهێنێتە خوارێ*

- fire *ئاگری تێبەردەدا*

- forth *وەدەردەخا، دەهێنێتە پێش*

- free *ئازاد دەکا، بەریدەدا*

- in *دێتە ژووری*

- off *تێی دەتەقێنێ، دەڕوا*

- out *کۆچ دەکا، دەڕوا*

- right *راست دەکاتەوە، چادەکاتەوە*

- sail *گەشتی دەریایی دەست پێدەکا*

- square *سێگۆشەی نەخشەکێشان*

- up *دادەمەزرێنێ، قیت دەکاتەوە*

settee قـەنـەفـە، کـەرەوێـتـە، تاقـمـی دانـیـشـتـن
setting دانـان،دانـانـەوە، دانـانـەوەکـەی
settle دادەمـەزرێ، نـیـشـتـەجێ دەبـێ
settled (دامـەزراو. نـیـشـتـەجێ)(ە)
settlement دامـەزراو. پـێـکـهـاتـن
settler داگـیـرکـەر، نـیـشـتـەجێ
settlings خلّـتـە، نـیـشـتـوو، ژێـرئـاو کـەوتـوو
seven حەفـت، حەوت
sevenfold حەفـتـقـەد. حەفـتجاربـەقـەدەر، حەفـتـقـات
seventeen حەڤـدە
seventh حەفـتـەمـیـن، حەوتـەمـیـن. حەفـتـیـەک (۱\۷)، یـەک لـە(سەر) حەفـت
seventieth حەفـتـامـیـن، حەفـتـایـەمـیـن
seventy حەفـتـا
sever دەقـرتـێـنـی، دەپـچـرێـنـێ. دەبـڕێ. جیا(دەکا. دەبـێ)تـەوە
several چەنـدێـک، تـەواوێـک، هەنـدێـک. جیاجیا
severally بـەجیاجیا(یـی)
severance پـچـڕانـدن. بـڕیـن. جیابـوونـەوە، نـێـوان تـێـکـچـوون
severe دژوار. خەست. قـوول. تـونـد، بـەهـێـز
severely بـە (دژوار. خەست. قـوول. تـونـد، بـەهـێـز)ی
severity (دژوار. خەست. قـوول. تـونـد، بـەهـێـز)ی
sew دەدووری{ێ}
sewage ئـاوی زێـراب، چلّـکاو؛ ئـاوی‌پـیـس
sewer زێـراب
sewing دووریـن. دورمـان
- machine *مـەکـیـنـەی دورمـان*
sewn (pp sew) دووراو
sex (پـێـکـەوە)جووتـبـوون؛ ی نـێـرومـێـیـان. پـەڕیـن، کـەڵ(دان، خـواردن)
sexagenarian (تـەمـەنـی) لـە شەستـەکانـە؛ لـە ٦٠ بـۆ ٦٩ یـە
sextant دەزگـایـەکـی کـەوانـەیـی ٦٠ پـلـەیـیـە
sexton (چاودێـر، مجێـور) (ی کلّـێـسە، دێـر، کـەنـیـسە)
sextuple شەشقـەد. حەفـتجاربـەقـەدەر، حەفـتـقـات. لـە شەش (بـەش، پارچە) پـێـکـهـاتـووە
sexual نـێـرومـێـیـانـە(یـە)، هی نـێـرومـێـیـە
- intercourse *(لـێـک) پـەڕیـن، کـەڵ(دان، خـواردن)، کـردەوەی جـووتـبـوونـی نـێـر و مـێ*
sexually لـەڕووی (نـێـرومـێـی. پـەڕیـن، کـەڵ(دان، خـواردن)ەوە
sexy نـێـرومـێ(یـە، انـەیـە). بـەکـەڵـە
shabbiness (شڕ، پـەڕپـووت) ی
shabby شڕ، پـەڕپـووت. دڕاو، کـۆن
shack کـەلاوە ئـاسا
shackle (دەست) بـەنـد، کـەلـەپـچە. بـەنـد دەکا
shade سێـبـەر، کـەپـر. رەنـگ. سێـبـەردەکا. پـەنـای لـێ دەکا

lamp - *چەتری چرا، چەتری گڵۆپ*

shadow سێبەر. تاریکی. تاریکی دەکا

shadowy تاریک. نادیار، لێڵ

shady گومانلێکراو. بەسێبەرە

shaft ستوون، ئەستووندەگ. بۆری. کونی دەروازەی کان. تیشک. دەسکی ئامرازێک

shaggy زبر، دڕ. پرچ گڤ و زبر. نارێک

shake دەهەژێنێ، رادەشەقێنێ. دەهەژێ، رادەشەقێ

- hands *چاکو چۆنی دەکەن. پێکدێن*

- up *سەرلەنوێ (خۆ) رێکخستنەوە. سەراپا شیرازە دانانەوە*

hand- *بە یەک گەیشتن، پێکهاتن. تەبایی*

shaken (pp shake) هەژاو، راشەقیو. هەژێنراو، راشەقێنراو

shaker هەژێنەر، راشەقێنەر. مەشکە

shaky هەژاوەیە، راشەقیوە. لەرزۆکە. پشت پێ نەبەستراو

shall دەبێ

shallot سیر

shallow تەنک (پ؛ قوول). کەم، سادە

sham درۆزنانەیە، رواڵەتییە. لاسایی دەکاتەوە

shambles نارێکی، بێ سەروبەری. قەسابخانە؛ جێی کوشتنەوە. (مەیدان، گۆرەپان)ێکی بێ سەروبەر

shame شەرم، شوورەیی، ئابڕوو. ریسوابوون. ریسوایی. حەیف

- on you *شەرمە بۆ تۆ، شوورەییت بێ*

for - ! *شوورەییە !، ئابڕووچوونە !*

put to - *بە شەرمی داشکاند. ئابڕووی برد. ریسوا بوو*

shamefaced شەرمن، بەشەرم

shameful ئابڕووبەرە، شەرمئاوەرە

shameless بێئابڕوو، بێشەرم

shamelessness بێئابڕوویی

shampoo شامپۆ؛ سابوونی شلی سەر (شو)شتن. شێلان. دەشێلێ، لێدەخشێنێ

shank لاق؛ نێوان ران و پێ. ئێسکی لاق

shanty کولانە، خانێکی بچووک، کەپر

shape شێوە، روخسار. قەدوبالا. شێوەی دادەرێژێ، لە (خشت، قالب)ی دەدا. پێکیدەهێنێ

shapeless نارێک، بێشێوە

shapely رێکوپێک. قەدوبالا جوان، بە روخسار

share بەش، بڕ. بەشدەکا، بەشداری(ان) دەکا، هاوبەشی(ان) دەکا. بەشداری دەبێ، هاوبەشی دەبێ

go -s *بەشی دەکەن، دابەشی دەکەن لە نێو خۆیان*

shareholder بەشدار، خاوەن بەش

shark قرش؛ ماسی‌یەکی دڕندەی گۆشتخۆرە

sharp تیژ (پ؛ کول). لە کاتی (تەواوی دیاریکراوی) خۆی؛ بێ پاش و پێش

- angle *گۆشەی (تەنگ، تیژ).* *نووک تیژ*

- sighted *(وردبین، بیر تیژ)(ە)*

sharpen تیژدەکا، لە هەسان‌دەدا. تیژدەبێ

sharpener هەسان، قەلەمبڕ

sharper زارگر، کارت دز؛ لەگەمە؛ فێڵباز

sharpish (نیمچە، مەیلەو) تیژ

sharply بە کتوپڕی، بەتوندی، یەکسەر. چالاکانە

sharpshooter نیشانەشکێن، دەستڕاست

shatter تێکدەشکێنێ، پرژوبڵاو دەکا

shattered داهێزراو، زۆر (شەکەت، ماندوو). دڵشکێنراو

shave (موو، ریش{ردێن}، هتد) (دەتاشێ، دەتراشێ). تەنک دەکا. دار پەرچ دەکا

shaver گوێزان{گێزان}، ئامێری (ریش، موو) تاشین

shaving تاشین، تراشین. (وردە، پرژی) دار

shawl شاڵ، چارۆگ(ە)

she ئەو؛ کەسی سێیەمی تاکی مێی بکەر

- ass *ماکەر*

sheaf قامک؛ چەند دەسکێک. بەستە. قامکدەکا. دەکاتە بەستە

shear هەڵدەزرێنێ، دەبڕێ. دادەماڵێنێ، کەوڵ دەکا. بڕان، هەڵزڕان، پچڕان

shears جەو، مقەس

sheath (کیفک، بەرگ) ی (خەنجەر، شمشێر، هتد). کیف (بە گشتی)، بەرگ. قاوغ.

sheathe لە بەرگ دەگرێ، (کیفک، بەرگ) ی بۆ دەکا. (خەنجەر، هتد) دەخاتەوە ناو کیفکەکەی

shed کەپر(ۆکە). هەڵدەوەرێنێ، بەردەداتەوە. دادەکەنێ؛ لەبەردەکاتەوە. (فرمێسک) دەڕێژێ. تیشک دەداتەوە

sheep مەڕ، پەز

sheepcote تەوێڵە

sheepfold تەوێڵە

sheepish شەرمن(ە)؛ مەڕە، مەڕئاسایە. گێژ و وڕ(ە)

sheepskin فەرووی (پەز{مەڕ}، هتد). چەرمی (بەرخ، کاوڕ، مەڕ، هتد)

sheer هەڵدێر{ر}؛ کەندار{ڵ}ی زۆر رک. بەتەواوی، دەقاودەق

sheet بەرگ (ی ناوەوە)ی دۆشەک؛ بە زۆری سپی یە. (پارچە، رووبەر) ێکی (کاغەز، ئاسن)ی پان و تەنک. دەستە یەک شتی بە پانی دانراو

balance - *تۆمار (یا بەشە تۆمار)ێکی لەسەر کاغەز چاپکراو؛ کەوا ئاماری داهات و دەرهاتی تێدا دەرخرابێ*

sheeting کوتاڵی{ر} بەرگە دۆشەک

sheet-iron دەندە؛ تەختە ئاسن

shelf ئـەستێرک، هەرزارە. دەلاقـە
shell قـاوغ، قـەپێلـک (ی شەیـتـانـۆکـە، گـێـماسی، هـتـد). گـولـلـەتـۆپ، بـۆمـبـا. تـۆپـباران دەکـا. قـەپـێلـکی دادەمالـێ
shellfish جۆرە ماسـی‌یـەکـی قـاوغداره
shelter پـەنـا، دالـدە. پـەنـادەدا، دەحەوێـنـێـتـەوە، دالـدە دەدا
take - *پـەنـادەبـا(تـە (بـەر))، خۆی حەشار دەدا*
shelve هەلـدەگرێ، وەلادەنـێ. دەپـارێـزێ
shepherd شوان (ی نـێـریـنـە)
shepherdess شوان (ی مـێـیـنـە)
sherbet نـۆشاو؛ شەربـەت
sheriff کـوێـخا، ریـشسپـی (ی گـونـد یـا گـەرەک)
shield قـەلـغان. (کـەس، شت)ی پـارێـزەر. پـارێـزگاریـدەکا
shift (1) لادەبـا، دەجولـێـنـێ؛ دەگـوازێـتـەوە. لابـردن؛ گـواستـنـەوە. تـەلـەکـە، فـێـل
shift (2) کـلـیـلـی (پـیـت) گـۆڕیـن؛ لـەسەر تـەختـەی کـلـیـلان
shiftless بـێ فـرتـوفـێـل. بـێ تـەگـبـیـر
shifty بـە فـرتـوفـێـل(ە). بـە تـەگـبـیـر(ە)
shilling شلـنـگ؛ نـاوی پـارەیـەکـی بـەریـتـانـیـایـی کـۆنـە
shimmer درەوشانـەوە. دەدرەوشێـتـەوە
shin پـێشەوەی نـاوەڕاستـی لاق؛ لـە خواروی چۆک
shine (n) تـیـشک، روونـاکـی. سوبـوغ.
shine (v) دەگـەشێـتـەوە. تـیـشک (دەدا. دەداتـەوە). (خۆر، مانـگ، هـتـد) هەلـدێ. (چرا، هـتـد) (هەلـدەکا، پـێـدەبـێ). (سوبـوغ؛ لـووس) دەکـا
shingle بـەرد؛ ی خڕ و بـچووکـی (دەم، ژێـر{بـن}) ئـاوان
-s *جۆرە نـەخۆشی‌یـەکـی ڤـایـرۆسیـی (بـەژانـی) دەمارە*
shining گـەشانـەوە. گـەشاوە
shiny گـەش، گـەشە، گـەشاوەیـە
ship پـاپـۆڕ، کـەشتـی. بـاردەکا. دەنـێـرێ
shipmaster (رابـەر؛ کـاپـتـن)ی پـاپـۆڕ
shipment بـار، هەنـاردە. بـارکـردن
shipper (کـەس، کـۆمـپـانـیـا)ی (کـالا، شت) (بـارکـەر، گـوێـزەرەوە)
shipwreck (پـاپـۆڕ، کـەشت) نـوقـم بـوون. کـەلاوەی (پـاپـۆڕ، کـەشت) یـی نـوقـم بـوو. نـوقـم دەکـا
shipwright (پـاپـۆڕ، کـەشت)ی ساز
shire نـاوچە، ولایـەت
shirk فـێـلـبـاز، تـەلـەکـەبـاز، ساختـەچی. خۆدەدزێـتـەوە لـە (ئـەرک، کـار، هـتـد)
shirt کـراس (ی پـیـاوانـە). لـەبـەر دەکـا
shirting کـوتـالـی کـراس
shiver دەلـەرزێ (لـە (سەرمان، تـرسان، هـتـد)). راچلـەکـیـن؛ لـەرز، لـەرزە
the -s *لـەرزە گـرتـن*

shivering لـەرزیـن

shoal (پـۆل، رەوە، کـۆمـەڵ)یـک (ماسی، هتـد). (رەوە، پـۆل، کـۆمـەڵ) پـێـک دەهـێـنـن

shock هەژان، راچلـەکـیـن. پـێـکـکـەوتـن. کاریـگـەریـی کـتـوپـڕی

shocking هەژێـن، راچلـەکـێـن. تـرسێـنـەر، تـۆقـێـنـەر. کـتـوپـڕ

shod (p&pp shoe) نـالـی کـرد. نـالـکـراو

shoe تاکێـک (کـەوش، پـێـلاو{ر}). نـاڵ{ر}. (ولاغ{ر}) نـاڵ دەکـا

shoeblack سوبـوغـچی (ی پـێـلاوان)

shoehorn پـانـیـکـێـش؛ ی پاژنـە پـێـلاو{ر} هەڵـکـێـش

shoelace قـەیـتـان

shoemaker پـیـنـەدۆز. پـێـلاوساز

shone (p shine) گـەشاوە، گـەشایـەوە. تـیـشـکـی (دا. داوە). (خۆر، مـانـگ، هتـد) هەلات. (چـرا، هتـد) (ی هەڵـکـرد، پـێـبـوو)

shook (p shake) هەژانـد، راشەقـانـد. هەژا، راشەقـی

shoot (1) تـەقـە دەکا، (تـفـەنـگ، هتـد) دەتـەقـێـنـێ. دەپـێـکـێ. دەکـوژێ. (تـیـر، هتـد) (دەهاوێ، داوێ)

- down *دەکـوژێ. (فـڕۆکـە) دەکـەوێـنـێ*

shoot (2) نـەمام، قـەڵـەم. چـوزەرە

shooter (تـۆپ (ی پـێ)، تـفـەنـگ، هتـد) هاوێـژەر. تـەقـەکـەر

shooting هاوێـشـتـن. تـەقـە(کـردن). شەڕە تـەقـە. پـەلـهاوێـشـتـن، چـوزەرە دەرکـردن

shop دوکـان، مـوغازە. بـازاڕ دەکا، شتـومـەک دەکـڕێ

- assistant *شاگـرد دوکـانـدار، فـرۆشیـار*

shopkeeper دوکـانـدار، خاوەن دوکـان

shoplifter دز (ی دوکـان(ان))

shop-man شاگـرد دوکـانـدار، فـرۆشیـار

shopping شت (کـڕیـن، هێـنـانـەوە) لـە بـازاڕ، بـازاڕکـردن

shore (لـێـوار، کـەنـار، رۆخ، قـەراخ)ی دەریـا

shorn (pp shear) هەڵـزڕاو، بـڕاو. دامالـڕاو، کـەوڵ کـراو. پـچـراو

short کـورت، کـوڵ. کـەم. کـورتـی

- cut *کـورتـە رێ، لاڕێ*

- lived *کـەمژی(یـە)، کـەم تـەمـەنـە*

- of money *پارەکـەی کـەمـە؛ بـەشی مـەبـەست نـاکا*

- sighted *(نـزیـک، کـورت)بـیـن. بـیـیـر تـەسک*

- wave *شەپـۆلـی (رادیـۆیـی) کـورت (فـیـزیـا)؛ هەژانـی زۆر؛ ی سەرووی ٣٠٠ کـیـلـۆ هێـرتـز*

cut - *دەبـڕێ؛ تـەواوی نـاکا*

in - *بـە کـورتـی*

shortage کـەمـی. کـورتـی

shortcoming کـەموکـورتـی، نـاتـەواوی

shorten کـورت(دەکا. دەبـێ)

shortfall کـورتـهێـنـان، لـێـبـڕان

shorthand شیـرازەیـەکـی نـووسیـنـی خێـرایـە بـە بـەکارهێـنـانـی هێـما

shortly بـەمزووانـە، لـەمنزیکانـە. بـە کـورتـی

shorts پانـتـۆڕی کـورت؛ سەر چۆک. دەرپـێـی کـورت

short-sighted (نـزیـک، کـورت) بـیـن. بـیـیـر تـەسک

shot (p&pp shoot) تـەقـە. هاوێـشتـن؛ لـە یاریـیـەکانـی تـۆپانـێ. تـەقـەی(لـێ)کـرد، پـێکای. پـێکـراو، لـێـدراو، بـەرکـەوتـوو

a good - *(تـێگـرتـن، هاوێـشتـن، شـەق)ێکـی بـاش*

shotgun تـفـەنـگێکـی (سەدە؛ مـەودا) کـورت

should دەبـوایـە، دەبـوایـێ. دەبـێ

shoulder شان. شانـی دەداتـەبـەر(ی)، بـەشانـی هەڵـی دەگـرێ. دەگـرێـتـە ئـەستـۆ

- blade *ئـێسکـی شەپـیلـک؛ ئـێسک تـەختـی تـەنـکی سێـگـۆشە یـیـە ێـکـی*

shout هاوار. دەقـیـرێـنـێ، هاواردەکا

-ing *قـیـرانـدن، هاوارکـردن*

shove رادەمالـێ. دەخاتـەنـاو. تـێـدەخزێـنـێ

shovel خاکـەنـاس، بـێڵ

show پـیـشانـگا. پـیـشانـدەدا. دەردەکـەوێ. دەردەخا

showdown (خۆپـیـشانـدان، تـاقـیـکـردنـەوە)ی کـۆتـایـی. دوا بـەرەورووبـوونـەوە

shower رێـژنـە(ی بـاران). خـۆشتـن (ی بـەپـەلـە؛ بـە پـێـوە)

showily (خۆدەرخـەر، سیـنـگ دەرپـەڕێـن)ـەرانـە

showroom پـێـشانـگـە (ی دوکان، فـرۆشگا، هتـد)

showy بـەرچاوە، جوانـە

shrank (p shrink) کـورژبـۆوە، وێـکچۆوە، کـورتبـۆوە

shred پارچەی ورد. (کـەم، بـچووک)تـریـن. (پارچەپـارچە، ونـجڕونـجڕ)دەکا، هووردەکا، وردەکا

shrew نـێرەژن، ژنـێکـی (دڕ، هەڵـەپاس)

shrewd زیـرەک، بـەتـەگـبـیـر. مـەکـربـاز

shriek قـیـژە، شیـیـرە. دەقـیـژێـنـێ، دەشیـیـرێـنـێ

shrill دەنـگێکـی (تـیـیـژ، تـوونـد)

shrimp جۆرە زیـنـدوەرێکـی ئـاوییـە؛ روبـیـان

shrine گـۆڕێکـی پـیـرۆز، مـەزارگـە. نـەزرگـە. پـەرستـگا

shrink وێـکدێـتـەوە، تـێـدەچـێ(تـەوە)، کـورتـدەبـێ(تـەوە). کـورژ دەبـێ

- from *روو گـرژ دەکا لـە. بـێـزی لـێـدەبـێـتـەوە*

shrivel (رەقـووشک، کـورژ) دەبـێـتـەوە

shroud کـفـن. پـۆشش. کـفـن دەکا. دەپـێـچێـتـەوە، دادەپـۆشێ

shrub کـورتـە (درەخت، دار)

shrubbery زەویـی داپـۆشراو بـە کـورتـە درەخت

shrug شان (هەڵـتـەکانـدن، راوەشانـدن) بـە واتـای (گـوێـنـەدان، گـومـان)

shrunk (pp shrink) وێـکهاتـەوە، تـێـچۆوە، کـورتبـۆوە. کـورژ بـۆوە

shrunken وێـکهاتـەوە، تـێـچۆوە،

کورتبۆوە. کورژ بۆوە. وێکهاتوو. کورژبوو

shudder دەلەرزێ؛ بەتوندی (لە (سەرمان، ترسان، هتد))

shuffle تێکەڵدەکا، تێکدەدا

shun پارێزی لێدەکا، خۆی لێ لادەدا

shunt (لا، خەت، ئاراستە)ی دەگۆڕێ، دەیگوازێتەوە

shut پێوەدەدا، دادەخا، قەپاتدەکا. پێوەدراو(ە)، داخراو، قەپات(ە)

- down *داخران (ی یەکجاری، کۆتایی)*

- in *لە ژۆرێی دەهاوێ، زیندانی دەکا*

- out *لەرووی دادەخا، هاتنە ژووری قەدەغە دەکا*

- up *دادەخا، پێوەدەدا. دەمی دادەخا، بێدەنگ (دەبێ. (ب بە)*

shutter دەرابە، دەرگای (دوکان، هتد)

shuttle مەکۆ. (شەمەندەفەر، پاس، هتد)ی (خێرا، زووزوو) هاتوچۆکەر

shy شەرمن

shyness شەرمنی

sibilant دەنگێکی (وشە؛ پستە) کردوو. (چرپە، ورتە)کردوو

sibling هەرکام لە دوو منداڵ (یا زیاتر) کەوا (لانی کەم) دایک یا باوکیان یەک بێ

sick نەخۆش، نەساغ.

to be - of *بێزارە لە؛ بێزی لێ دەبێتەوە*

sicken (نەخۆش، نەساغ)(ی) دەکا. بێزار(ی) دەکا؛ بێزی لێ دەبێتەوە

sickening بێزاریکەر، قێزکەرەوە

sickle داس

sickly لاواز، بێوزە، نەخۆشئاسا

sickness نەخۆشی، نەساغی

side تەنیشت، پاڵ. لا (ئەندازە) . تەک. لایەن. روو

- saddle *لا زین؛ کورسیی سواریی ئافرەت؛ لە تەنیشتەوە*

- with *لایەنگیری دەکا، لایەنی دەگرێ، پاڵپشتی دەکا*

sideboard تەختەی قاپوقاچاغ (لەسەردانان، هەڵگرتن)

-s *مووی (دەموچاو، روومەت)ی پیاو؛ جگە لە ریش(ردێن)*

sidecar کورسیی سێیەم (ی تەنیشت ماتۆڕ)

sidelong لە تەنیشتەوە، خوار. (بە) تیچاو، خێچە

sidereal ئەستێرەیی. تایبەتە بە ئەستێرەناسی

sideways (بۆ. لە) تەنیشت(ی) ەوە

sidewise تەنیشتاو تەنیشت. بە تەنیشت(ی)ەوە

siege (گەمارۆ. ئابلوقە) (دان، کردن)

lay - to *(گەمارۆ. ئابلوقە) (دەدا، دەکا)*

raise the - of *(گەمارۆ. ئابلوقە) (هەڵدەگرێ، لادەبا)*

sierra زنجیرە چیا

siesta عەسرە خەو

sieve سەرەند. بێژنگ. هێڵەگ(ر)

sift لـه (سەرەنـد. بـێـژنـگ. هێلـەگ) دەدا. دەپاڵـێـوێ

sigh (هەنـاسە. ئـاخ) هەڵـکـێـشان. (سیـخە، دەنـگ)ی هەنـاسە. (هەنـاسە. ئـاخ) هەڵـدەکـێـشێ. سیـخەی دێ

sight بـیـنـیـن، چاو. دیـمـەن، شوێـنـەوار

- seeing *شوێـنـەوار دیـتـن*

at first - *لـە سەرەتـاوە، لـە یـەکـەم تـێـڕوانـیـنـەوە*

in - of *بـەبـەر* **چاوی** *... ، لـەبـەر* **چاوی**

long - *تـوانـای (بـە روونـی) بـیـنـیـنـی شتـی دوور(تـر)*

out of - *لـە بـەر* **چاو(ان)** *نـەما، ئـاودیـو بـوو، دوور کـەوتـەوە*

short - *تـوانـای (بـە روونـی) بـیـنـیـنـی شتـی نـزیـک(تـر)*

sighted بـیـنـا(یـە)؛ کـوێـر نـیـیـە

long - *دووربـیـن(ە). بـیـیـر (تـیـیـژ. فـراوان)، بـەدیـدە(یـە)*

short - *(نـزیـک، کـورت)بـیـن. بـیـیـر تـەسک*

sightless نـابـیـنـا، کـوێـر، کـۆرە

sightly (adj) بـەدیـمـەنـە، جوانـە، دیـدەنـیـیـە

sign نـیـشانـە. مـۆر دەکـا. خـۆی نـاونـووس‌دەکـا

signal هێـمـا. هێـمـادەدا

signalise گـرنـگـیـی پـێـدەدا، دەری دەخـا. نـیـشانـە دەکـا

signalman کـرێـکـاری ئـاڵاهەڵـگـری سەر کـالای شەمـەنـدەفـەران

signatory مـۆرکـەر، مـۆرکـردوو

signature مـۆر (ی کـەسێـک)

signboard تـەخـتـەی نـاو (ی سەر دوکـان، مـێـوانـخانـە، هتـد)

signet (دەزگـا، تـاقـم)ی مـۆر

significance گـرنـگـی. واتـا، بـایـەخ

significant گـرنـگ. (واتـا، بـایـەخ)دار

signification گـرنـگـی پـێـدان

signify دەردەخا، واتـادەدا

silence بـێـدەنـگـی، هێـمـنـێ. بـێـدەنـگ(بـن)! قـڕوقـەپ!. بـێـدەنـگ دەکـا، قـڕوقـەپ (ی، یـان) دەکـا

silent بـێـدەنـگ، هێـمـن، کـڕوکـپ

silently بـەبـێـدەنـگـی، بـەهێـمـنـێ، بـە کـڕوکـپـی

silk ئـاورێـشم، حـەریـر. ئـاورێـشمـی(یـە)

silken ئـاورێـشمـیـیـە؛ لـە ئـاورێـشم سازکـراوە. نـەرمـە. لـووسە

silkworm کـرمـی ئـاورێـشم

silky ئـاورێـشمـیـیـە. نـەرمـە. لـووسە

sill تـەخـتـە (بـەرد، دار، ئـاسن) ی (پـا، پـێـش)ی (دەرگـا، پـەنـجەرە)

silliness (بـێـمـێـشک، گـێـل، گـەمـژە)یـی

silly بـێـمـێـشک، گـێـل، گـەمـژە

silt قـوڕ (ی بـن جۆگـە، روبـار، هتـد). قـوڕی وشکـەوەبـوو

silvan = sylvan

silver زیو. ڕەنگی زیو(ین). (قاپوقاچاغ، هتد)ی زیو(ین). (زیو(ین)، سپی)ی دەکا

silver-plated (ئاوەزیو، سپی) کراوە

silversmith (سپیکار، وەستا، کرێکار)ی زیو

silvery زیوین، وەکو زیو(ە)، لە زیو دەچێ

similar وەکو یەک(ن)، لەیەکتر دەچن

similarity وێکچوون، لەیەکترچوون

similarly هەروەها، بەهەمانشێوەش

simile وێچواندن؛ تەشبیە لە هۆنراوە، هتد

similitude وێکچوون. بەراورد

simmer (لەسەرەخۆ، بە هێدی) دەکولێ(نێ). لەژێرەوە دەکوڵێ. تووڕەیی نادرکێنێ

simoom سمووم؛ بایەکی بیابانی و وشک و گەرمە

simper زەردەخەنە دەردەبڕێ. بەزۆر(داری) و ئەستەمێک پێدەکەنێ. زەردەخەنە. زۆرەخەنە

simple سادە. ئاسان. ساکار. پەتی

- hearted *مرۆڤێکی سادەیە*

simpleton کەسێکی کەمزان

simplicity سادەیی. ساکاری. ئاسانی

simplify (سادە. ئاسان)ی دەکا. ڕووندەکاتەوە

simply بە سووک و ئاسانی. بە کورتی

simulate پێدەچوێنێ. لاسایی دەکاتەوە

simulation پێچواندن. لاسایی کردنەوە

simultaneous هاودەم، پێکڕا، لەیەککاتدا

simultaneously بەهاودەمی، پێکڕا، لەیەککاتدا

sin تاوان، گوناح. (تاوان) دەکا

since لە؛ لە بەرواری (...) ەوە. لەوکاتییەوە، لەهەنگینێوە. بەهۆی، لەبەرئەوەی، چونکە

ever - *هەر لە هەنگینێوە، هەر لەو کاتییەوە*

sincere ڕاستەقینە، ئاشکرا. دڵسۆز

sincerely بەراستی. دڵسۆزانە

sincerity ڕاستەقینەیی، ئاشکرایی. دڵسۆزی

sine بەرڕێژە؛ ڕێژەی لای بەرامبەری گۆشەیەک بۆ درێژترین لا لە هەر سێگۆشەیەکی قیت

sinew دەماری ماسوولکەی گرێدەری ئێسک. هێز، چوستی، چالاکی

sinewy ماسوولکەدارە. بەهێزە، چوستە، چالاکە. ماسوولکەییە

sinful تاوانکار، گوناحکار

sing (کەس، بولبول) گۆرانی (دەڵێ، دەچڕێ. دەخوێنێ)

singe (پەڕ و باڵی)

هەڵدەکرووزێنی؛ (بە ئەستەم) دەبرژێنێ

singer گۆرانیبێژ، سترانبێژ، ئاهەنگبێژ

single تەنیا، تاک{ق}، دنک، دەنک(ێک). یەک، یەکێک. بەتەنیایە، هەر خۆیەتی

- handed *بەتەنیا، هەربەخۆی؛ بەبێ یارمەتی*

singleness (تەنیا، تاک) بوون

singleton تەنیا، تاقانە(یە)

singly بە (تاقی) تەنیا، هەربەخۆی

singular تاک(ە)، یەک(ێک)

singularity تاکبوون. تەنیایی، بێکەسی

sinister شەڕ(کار، خواز)، شووم، بەدووم. تاوانکار

sink نقوم (دەبێ. دەکا). روودەچێ

sinking نقوم (بوون. کردن)

sinless بێ(تاوان، گوناح)(ە)

sinner تاوانبار. تاوانکار

sinuate شەپۆڵ دەدا

sinuosity شەپۆڵداری. چەند (کەوانە، پێچ) داری

sinuous بە شەپۆڵ(ە). چەند (کەوانە، پێچ) دار

sip فڕ(ێک ئاو، هتد)، قوم(ێک ئاو، هتد). (فڕ، قوم)ی لێدەدا

siphon مژە، مژۆک؛ سۆندەی شلە راکێشان

sir بەڕێز. پیاو ناونیشان دەکات لە نامەنووسیندا، پایەیەکی کۆمەڵایەتییە بۆ پیاو لە کۆمەڵگای بەریتانیایی و پێش ناوی دێ

sire نێرینەی باوکانەی ئاژەڵێک

siren (ئاواز، هاوار)ی هوشیارکردنەوە؛ لە مەترسی، هتد. (ئەجندە، جنۆکە)ی دەریا. ئافرەتی پیاو خەڵەتێن

sirocco ئەلشەرووق؛ بایەکی بە تۆز و گەرمی خواروی رۆژهەڵاتی

sister خوشک. قەشە (ی مێینە)

- in law *خوشک (ی مێرد یا هاوسەر)*

sisterhood (پەیوەندیی) خوشکایەتی. کۆمەڵی قەشەی مێینە

sit دادەنیشێ. دانیشە!. جێی خۆی دەگرێ

- down *دادەنیشێ*

- up *شەونخوونی دەکا؛ نانوێ، بەخەبەر دەمینێ*

site شوێن (یکار، هتد)

sitting دانیشتن. کۆبوونەوە

situate لە (شوێن، بارودۆخ) ێکی تایبەتی دادەنێ. جێنیشانی دەکا؛ شوێنی دیاری دەکا

situated دەکەوێتە (شوێن، بارودۆخ)ێکی دیاریکراو. جێنیشانکراو

situation جێ و ڕێ. بارودۆخ

six شەش

- sense *هەست(ۆک)ی شەشەم(ین)*

sixfold شەشقەد، شەشجار بەقەدەر

sixteen شازدە، شانزە،

شانزده

sixteenth شازدەمین، شانزە(هە) مین، شانزدە(هە)مین

sixth شەشەم(ین). شەشیەک (١\٦)، یەک لە(سەر) شەش

sixtieth شەستەمین، شێتە(هە) مین

sixty شەست، شێست

size قەبارە، پێوان. پێوەر

skate غلۆربوونەوە. خلیسکانێ. خشخشۆکی

- board *تەختەی خلیسکانێ*

roller - *پێڵاوی غلۆربوونەوە*

skein بەن (یکی خاو بادراو). پۆلێک (قاز، قولێنگ، هتد)

skeleton ئێسکەکانی قەوارەی لەش. چارچیوە، چوارچیوە

- key *کلیلی گشتی؛ کلیلێکە زۆر دەرگا دەکاتەوە*

sketch وێنە، نەخشە، هتد. (نەخشە، وێنە، هتد) دەکێشێ

skewer (سیخ، شیش)ی (گۆشت، تکە، هتد) برژاندن. پێوە دەکا، لێکیان دەدا

skid دەخلیسکێ، دەخشێ، دەخزێ. خلیسکان، خزان

skiff بەلەم

skilful بەهرەمەند، شارەزا، لێزان

skilfully (بەهرەمەند، بەهرەدار، شارەزا)یانە

skill بەهرە، شارەزایی

skilled بەهرەدار. شارەزا

skim (رۆن، کەرە، قەیماغ)ی (شیر، شلە، هتد) دەگرێ

skimp (قرچۆچ؛ رەزیل)ی دەکا (لە بەکارهێنانی شتێک). بە قرچۆکی دەدا

skin پێست، پیست. کەوڵ{ر} دەکا. پیستە، چەرم

water - *کوندە (ی ئاو هەڵگرتن و پاراستن و ساردکردن)*

skinny لاواز، بێگۆشت، رووتەڵە{ر}

skip بازدەدا لەسەری، لێی تێدەپەڕێ. پشتگوێی دەخا. زبڵدانی گەورە. باز

- over *بازدەدا بەسەری دا، لێی تێدەپەڕێ. پشتگوێی دەخا*

skipper (رابەر؛ کاپتن)ی (پاپۆڕ، فڕۆکە، هتد)

skirmish سووکەپێکدادان، سووکەشەڕ. شەڕە چەپۆک

skirt تەنوورە (جل)

skittish قسەخۆش، بە گفتولفت. (هێستری) رانەهاتوو (نەوەکو چەمووش)

skulk دزەدەکا، دەخشێ، خۆدەشارێتەوە

skull کەللەسەر، کاسەسەر

- cap *کڵاو، کراو. کلێتە. بێرییە*

skunk جۆرە ئاژەڵێکی شیردەرە

sky {ع}ئاسمان، حەوا

- high *زۆر (بڵند، بەرز)ە*

- scraper *خانوی بە حەوادا چوو؛ گەڵێک بەرز*

skylark کڵاوکوڕە، سۆفەقیتە؛ جۆرە باڵندەیەکە

skylight پەنجەرەی بنمیچی

خانوو

slab بەردەپان. (تەختە، بەرد)ی مردوو (شو)شتن

slack پاڵکەوتوو، پشووداو. نەجولاو. شل. شلدەکا. خاو دەکاتەوە

slacken (خاو، شل) (دەبێ. دەکا)تەوە

slackness پشوودان، پاڵکەوتن. (خاو، شل)ی

slain کوژراو

slake دەکوژێنێتەوە. دەکوژێتەوە. ئاودەدا

-d lime *گەچی مردوو*

slam پێوەدەدا؛ بەتوندی و بەدەنگ

slander ناو(دان. هێنان)، ناوزڕان. ناوی (دەدا. دەهێنێ)، ناوی دەزڕێنێ

slanderer ناوزڕێن

slanderous ناوزڕێنانەیە. ناوزڕێن(ە)

slang (زاراوە، دیالیکت)ی بازاڕی

slant خوار. خواردەبێتەوە. خوار دەکاتەوە. رای دەگۆڕێ، بادەداتەوە

slanting خوارەوبوو. راڕا، بادەرەوە

slap (شەقا)زللە. (شەقا)زللەی لێدەدا

slash برین، درز. خەتی لێدەدا، درزی تێدەکا. هێڵی خوار؛ پیتی چاپە

backward - *هێڵی بەرەو پاش*
\

forward - *هێڵی بەرەو پێش*
/

slate بەردە رەش

- pencil *خامەی بەرد (ی رەش)*

slattern ئافرەتێکی جلشڕ

slaughter مرداریدەکا. دەکوژێتەوە. مرداركردن. کوشتنەوە

- house *قەسابخانە*

slave کۆیلە، دیل

- trade *بازرگانیی کۆیلە*

slaver (پاپۆر، بازرگان)ی کۆیلان. لیک(او). لیک(او)ی دێ

slavery کۆیلەتی، دیلی

slavish (کۆیلە، دیل) ئاسا. پەڕپووت، ناڕەسەن

slay دەکوژێ

sled دەخشێ؛ لەسەر بەفر؛ بە عارەبانە

sledge تەختە یا عارەبانەی خلیسکانێ (لە سەر بەفر). دەخشێ

sledgehammer کوتک

sleek (adj, v) لووس، نەرم. شل

sleep دەنوێ. خەو

sleepers تەختەکانی ژێر (کالا؛ سکە)ی شەمەندەفەر. خەوتوو. جێخەو

sleepiness خەواڵوویی

sleeping نووستوو. نووستن، خەوتن

- bag *کیسەخەو*

- partner *هاوکاری نادیار*

- pill *(دەرمان، قورس)ی خەوێنەر*

sleepless بێخەو. خەو لێنەکەوتوو. بەردەوام چالاکە

sleeplessness بێخەوی

sleepy خەوالـوویـی

sleet بـەفـری زۆر تـەڕ؛ بـەفـر و بـاران بـەیـەکـەوە

sleeve قـۆڵ (ی جلـوبـەرگ)

sleigh تـەختـە یا عارەبـانـەی خلـیسکانـی لـە سەر بـەفـر. دەخشێ؛ لـەسەر بـەفـر

sleight فـێڵ، تـەفـرە. مـەیـلـۆکـە

- of hand دەس سووکـی، خێـرایـی دەس(ت)، فـێـڵـبـازی

slender نـاسک. (زۆر) تـەنـک. نـاهەموار

slenderness نـاسکـی. تـەنـکـی. نـاهەمواری

slept (p sleep) نـووست

slew (p slay) کوشتـی

slice قـاش، کـووز، لـەت، تـویـژ، پـارچـە. (قـاش، کـووز)دەکـا، لـەت(لـەت)دەکـا، دەبـڕێ

slid (p slide) خلـیسکا، خشا، خزا

slide دەخلـیسکـێ، دەخزێ، دەخشێ. خشخشۆکـە(یـاری)

slight تـۆزێـک، کـەمـێـک. بـچووک

slightly تـۆزێـک، بـەئـاستـەم، بـچووک

slightness کـەمـی، بـچووکـی

slim بـاریـک(ەلـە)، لاواز. تـەنـک. کـەم(ە)

slime قـوڕ(او)، قـوڕەسیـان

slimy لـیـچە، قـوڕاوە، قـورەسیـانـە

sling قـایـش؛ی شت (هەڵـپـەساردن. بـەستـان. هاوێـشتـن). دارلاستـیـق، قـەڵـماسیـنـگ، بـەردەقـانـی. دەهاوێ، تـێـدەگـرێ.

هەڵـدەپـەسێـرێ

- back (سەنـدەڵـی، پـێـڵاو، کـەوش) ی پـاژنـە بـە قـایش بـەستـراو

- shot دارلاستـیـق

slink دزەدەکـا، (بـە مـلـشۆڕی) تـێـدەپـەڕێ

slip دەتـرازێ، دەخلـیسکـێ، دەخزێ. پـسوولـە، بـەڵـگـە

- away دەربـاز دەبـێ، لـە دەست دەتـرازێ

- off دەتـرازێـنـێ، دادەماڵـێـنـێ، دادەکـەنـێ

- on لـە خـۆی هەڵـدەکـێشێ، لـەبـەر دەکـا

slippers نـەعل، قـاپـقـاپـە

slippery خلـیسکـە، خلـیسکاوی(یـە)

slit کـەلـەبـەر، کـەلـێـن. کـەلـێـنـی تـێـدەکـا. (بـاریـک و درێـژ) پـارچەپـارچەی دەکـا

sliver (تـیلـمـە، پـارچە)ی بـاریـک و درێـژ

slobber لـیـکـی دێ. لـیـک(او). لـیکاوهاتـن

slop لـێـی دەڕژێ، لـەسەری دەڕژێ

slope لاری. نـشێـو، لـێـژی. هەوراز. لار دەکـاتـەوە. (لـێـژ، نـەوی)ی دەکـا

sloping (adj) خـوار، لار. لـێـژ. نـشێـو. هەوراز

sloppy تـەڕە. زۆر شلـە. کـەمتـەرخـەم، نـاڕێـک، گـوێـنـەدەر. گـەمژە(یـە)، گـێـل(ە)

slot کـەلـێـن، کـون (ی (پـارە، کـارت، هتـد) تـێـکـردن). ماوە (ی کـار، بـەرنـامـە)یـەک

sloth تـەمبـەڵـی، تـەوەزەلـی. جـۆرە گـیانـلـەبـەرێـکـی شیـردەرە

slothful تەمبەڵ، تەوەزەڵ. مام سەبرۆکە

slough زەلکاو. قوڕاو، سیان. (بەرگ، کیف)ی داماڵاوی (مار، هتد). (بەرگ، کیف)ی (خۆی) (دادەماڵێنێ، فرێدەدا)

sloven کەسێکی (کەمتەرخەم، نارێک، گوێنەدەر)

slovenliness کەمتەرخەمی، نارێکی، گوێنەدەری

slovenly بەکەمتەرخەمی، بەنارێکی، گوێنەدەرانە

slow لەسەرەخۆ، هێواش. هێواشدەبێ

a - watch *لە پاش دەدا (بۆ کاتژمێر)*

slowly بە ئاسپایی، بەهێواشی، (بە) لەسەرەخۆ (یی)

slowness لەسەرەخۆیی، هێواشی

sludge قوڕ (یێکی لیچ و توند). چلکاو

slug (1) گیانلەبەرێکی بچووکە لە جۆری (سەدەف، گوێماسی، شەیتانۆکە)؛ زیان بە شینایی دەگەیەنێ

slug (2) بەتوندی (لێیدەدا، دەیکوتێ). (کوتان، لێدان)ێکی بەزەبر

sluggard کەسێکی (تەمبەڵ، تەوەزەڵ، لەسەرەخۆ)

sluggish (زۆر) لەسەرەخۆیە. (بێ، کەم) وزەیە

sluice بەربەستی (ئاسنی ڕێکخستنی) ئاوی جۆگە

slumber خەواڵوویی. خەوی دێ، دەنوێ

slung (p&pp sling) هاوێشتی، تێیگرت. هەڵیپەسارد. هاوێژراو، تێگیراو. هەڵپەسارداو

slunk (p&pp slink) دزەیکرد، (بە ملشۆڕی) تێپەڕی

slur پەڵە{ر}. پیسدەکا. (ناو(بانگ))ی دەزڕێنێ

slush قوڕ

sly فێڵباز، تەفرەدەر. لەژێرەوە

on the - *بە دزی، بە نهێنی*

slyly بە فێڵبازی، تەفرەدەرانە. بە دزی

slyness فێڵبازی، تەفرە

smack (شەقا)زللە. (شەقا) زللەی لێدەدا. شریقە (دەنگ). تام، چێژ

small بچووک، گچکە، چکۆلە، گچکۆکە، گچکۆلە

- cash *پارەی (خ)وردە*

- change *پارەی (خ)وردە*

- talk *قسەی سەرپێیی*

smallish مەیلەو (گچکەیە)، بەلای بچووکی دایە

smallpox خوریکە، ئاولە

smart زیرەک، وریا، بلیمەت. پۆشتە، ڕێک و پێک

smash (تێک)دەشکێنێ

smattering کەمزانی لە (زمان، هتد)ێک

smear پیدادەسوێ. پەڵەی لێ(دەدا، دەکا). دەیشێوێنێ

- test *تاقیکردنەوەیەکی پزیشکیی (منداڵدان. ئەندامی زاوزێ)ی ئافرەتە*

smell بۆ(ن). بۆن دەکا

smelt (p&pp smell) بۆنی کرد.

بۆنکراو

smile خەندە، بزە. دەخەنێ، بزەی دێ (تێ)

smiley خەندەدار، بەبزە. رووخۆش

smirch پەڵە{ر}، خاڵ{ر}. پیسی دەکا. خڵتی دەکا

smite لێیدەدا. دەیبەزێنێ. جوێنی پێدەدا

smith (پاشگر، پاشکۆ)یە بەواتای (گر، گەر؛ زێڕینگر، ئاسنگەر، هتد)

smither ((هـ)وردە، نەرمە، پڕووشکە) باران

smithy دوکانی ئاسنگەری

smitten (pp smite) دەردەدار بە (هەر شتێک)، لێدراو. بەلاگرتوو

smoke دوکەڵ{ر}. دوکەڵدەکا. جگەرەدەکێشێ

smoked بۆنسۆ، بۆنسۆدارە. دوکەڵی کرد. جگەرەی کێشا

smoker جگەرەکێش

smoky دوکەلاوی(یە)، بەدوکەڵە. (بە) رەنگی دووکەڵ

smooth لووس(ە). لووسدەکا

smoothly بەرێکی، بێ تەنگوچەڵەمە. بەلووسی

smoothness لووسی

smote (p smite) لێیدا، ئازاریدا

smother دەخنکێنێ. دادەمرکێنێ. (ئاگر) دەکوژێنێتەوە (بە داپۆشین). هەناسەبڕکێ دەبێ

smoulder لە(ناوەوە، سەرەخۆ) دەسووتێ؛ بێ ئاگر و دووکەڵ. (کەسێک) هەستی ناوەوەی دەردەبڕێ

smug لەخۆڕازی

smuggle قاچاغ(چێتی) دەکا

smuggler قاچاغچی

smugly لەخۆڕازییانە

smut گەلای رزیو. قسەی (رزیو، ناشرین، بێکەڵک)

smutty رزیوە. (ناشرین، بێکەڵک)ە

snack قاوڵتی؛ خواردنێکی (سووک، کەم)

snag کۆسپ (ێکی چاوەڕوان نەکراو)

snail سەدەف، شەیتانۆکە، گێماسی، گوێماسی

snake مار

snap دەقرتێ. دەقرتێنێ. (شرقە، شریقە)ی دێ. (دەپەڕێ؛ لێدەبێتەوە) (بەدەنگەوە)

snappish تووڕەو توند، توندو تییژ. بە (شرقە، شریقە)یە. لەقرتان هاتوو

snapshot وێنەیەک (ی سەرپێی)

snare تەڵە، داو، تۆر. فێڵ. دەگرێ، بەداویەوە دەکا

snarl بە (تووڕەییەوە، چیرەی ددانەوە) دەدوێ. بادەدا، لۆچدەکا. گرێ، لۆچ

snatch دەرفێنێ؛ دەفڕێنێ؛ دەبا (بە خێرایی). رفاندن؛ (لێ)فراندن

sneak دەدزێ؛ بێ هەستپێکردن، بە ماتەمات دەبا. کەسێکی بێڕێز و نزم

sneaking دزین؛ ی بێ هەستپێکردن، بە ماتەمات بردن

sneer (خەندە، وتە)ی

پێرابواردن. پێی رادەبوێرێ. بەگاڵتەپێکردنەوە دەدوێ

sneeze پشمین. دەپشمێ

- at *سووکایەتی پێ دەکا*

sniff بۆندەکا؛ بەدەنگەوە. هەڵدەمژێ؛ بە (لووت، کەپوو)

snip دەبڕێ، دەپسێنێ، دەقرتێنێ. بڕین، قرتاندن

snipe باڵندەیەکی دەنووک درێژە. لە دوورەوە و لە پەناوە (نیشانەدەگرێ؛ سێرە دەگرێ، تەقەدەکا)

snivel چڵم. ئاوی (کەپوو، لووت)ی دێ، چڵمەشۆڕەی دەگرێ

snore پرخە(پرخ). پرخەی‌دێ

snort پرمە(ی هێستر، هتد). دەپرمێنێ. تووڕەیی دەردەبڕێ (بە دەنگەوە)

snout لمووز، لووتێکی درێژ

snow بەفر، بەرف. (بەفر) دەبارێ

snowdrift هەرەس(ی بەفر)، رنوو (ی بەفر)

snowflake پەلکە بەفرینە

snowy زۆر (بە بەفرە، دەبارێ، بەفراوی یە). بەفرینە، وەکوو بەفرە

snub سەرزەنشتی دەکات، دەیشواتەوە بە وشەی ساردوسڕ

snuff هەڵمژ(ین)ێک. نووکی (هەڵقرچاو، سووتاو)ی (داو، فتیل)ی مۆم. هەڵدەمژێ (بە (لووت، کەپوو))

- out *(مۆم، هیوا، هتد) (دەادەمرکێنێ، دەکوژێنێ)تەوە*

snuffers جەو (مقەس)ی قوتکردنی (داو، فتیل)ی مۆم

snuffle منگە(منگ). مشەمش. منگە دەکا. بە (منگەمنگ. مشەمش، لووتگیراوی) دەدوێ

snug حەواوە، حەساوە. ژوورێکی بچووک لە مەیخانە

so ئەوها. ئەوەندە. ئێ (دوایێ) ! ئەوجا (چی(یە))!

- as *تاوەکو، هەتا*

- far *تائێستا، هەتاکو ئێستا. تائێرە*

- so *دەگوزەرێ !، مام ناوەندە*

- that *هەتا، تاوەکو*

soak ((جل، شت)ێک لە ئاو) هەڵدێنێ. زۆر (تەڕ دەکا. تەڕ دەبێ)

soap سابوون

soar دەفڕێ، بەرزدەبێتەوە، سەردەکەوێ. دەگاتە ئاستێکی بڵند

sob دەگریێ. گریان، گریە

sober نا سەرخۆش، هۆشدارە. (دێت، دێنێت)ەوە سەرەخۆ، هێور (دەبێ، دەکا)تەوە

sobriety نا سەرخۆشی، هۆشداری. هاتنەوە سەرەخۆ، هێور بوونەوە

sociability خۆشدۆستی، گونجاوی؛ توانای (تێکەڵبوون، گونجان) لەگەڵ خەڵک(ان)ی تر

sociable خۆشدۆستە، گونجاوە

social کۆمەلایەتی(یە). (هی، لەبارەی) کۆمەڵ(ە)

socialism سۆشیەلیزم (بیر)، بیری هاوکاری و هاوبەشی کۆمەلایەتی

socialist بـیـیـرهەڵـگری سۆشیـەلـیـزم، خاوەنبـیـیـری هاوکاری و هاوبـەشی کۆمـەلایـەتـی

society کۆمـەڵ. کۆمـەڵـگا

sociology زانـسـتـی کـۆمـەڵ(گا)، کۆمـەڵـنـاسی

sock گۆریـە، گۆرەوی

socket خالـی کارەبـایـی لـە (دیـوار، هـتـد)؛ بـۆ پـلاک تـێـکردن

sod (کـەس، شت)ێـکـی (نـاهەمـوار، نـەخوازراو). (رووی، سەر) زەوی

soda سۆدا؛ پـێـکـهاتـەیـەکـی رەگـەزی سۆدیـۆم ە

- water *ئاوی سۆدا*

sodden (پـڕ، تـێـر) ئـاوە. (کـەربـووە، شێـواوە) بـە زۆرخواردنـەوە

sodium رەگـەزی سۆدیـۆم (کیـمیـا)

- chloride *خـوێـی چـێـشـتـلـێـنـان؛ کـلـۆرایـدی سۆدیـۆم*

sodomite نـێـربـاز. (ولاغ، ئـاژەڵ، هـتـد)بـاز

sodomy نـێـربـازی، جووتـبـوون (ی نـاسروشـتـی و نـائـاسایـی) لـە پـاشەلـەوە. (ولاغ، ئـاژەڵ، هـتـد) بـازی

sofa کـەرەوێـتـە، قـەنـەفـە، تـاقـمـی دانـیـشـتـن

soft نـەرم

soften نـەرم (دەکا. دەبـێ)

softly بـەنـەرمـی

softness نـەرمـی

software بـەرنـامـە(کان)ی کـۆمـپـیـوتـەر

soggy زۆر (تـەڕە، شێـدارە)

soil خاک، گـر(ڵ}، خـۆڵ(ر}، ئـاخ. پـیـس دەکا

sojourn (مـانـەوە، لادان، مـیـوانـی)ێـکـی (کـورت، کـەم)

sojourner مـیـوان (ێـکـی کـورت خایـەن)

solace (دلادانـەوە، هـێـدیـکـردنـەوە) لـە (نـاخـۆشـی، لـێـقـەومـان، {خ}غەم)

solar هیخۆرە، هیڕۆژە، پـەیـوەنـدە بـەڕۆژەوە

sold (p&pp sell) فـرۆشت. فـرۆشرا. فـرۆشراو

solder وایـەری لـەحیـم کـردن

-ing iron *دەزگای لـەحیـمکـردن*

soldier سەربـاز. (پـارچـە، تـیـلـمـە) نـان

sole (1) بـنـی (پـێ. پـێـلاو). تـاکـەکـەسی، تـەنـیـا، هەرخۆ(ی، ت، م)

sole (2) جۆرە مـاسی یـەکـە

solely بـەتـاکـەکـەسی، بـەتـەنـیـا، هەربـەخۆ(ی). تـەنـها (لـەبـەر هۆی)

solemn راستـەقـیـنـە، تـەواو

solemnity راستـەقـیـنـەیـی، تـەواوی

solicit دەیـەوێ. دەپـاڕێـتـەوە (بـۆ شتـێـکـی نـاشریـن)

solicitation ویـسـتـن. پـاڕانـەوە

solicitor پـاریـزەر

solicitous سەرقـاڵ(ە)، شلـۆق(ە) . خەمخۆرە، بـەخـەمـە

- of *ئـارەزووی هەیـە لـە، حەزی لـێـیـە*

solicitude سەرقـالـی، شلـۆقـی. خەمخۆری. ئـارەزووکـردن،

حەزلێبوون

solid ڕەق. توند. وشک. بتەو

solidarity (یەکێتی، یەکبوون، هاوکاریکردن) لە کیشەی رامیاری، هتد

solidify (ڕەق. توند. وشک. بتەو) (دەبێ. دەکا)

solidity (ڕەق. توند. وشک. بتەو)ی

soliloquise (بۆ خۆ، لەبەر خۆ) دەڵێتەوە؛ لە دوعا، شانۆ، هتد

soliloquy (بۆ خۆ، لەبەر خۆ) وتنەوە

solitary (1) دوورەپەرێز، تەنیا؛ لە تەنیایی ژیاو. تەنها، تاک

solitary (2) تەنیایی. دوورەپەرێزی

solitude چۆڵەوانی، شوێنێکی چۆڵ، چۆڵ و هۆڵی. دوورەپەرێزی، لە تەنیایی ژیان

Solomon سولەیمان (پەیامبەر؛ پێغەمبەر)

solstice (کات، خاڵ)ی وەرچەرخانی (خۆ، رۆژ)؛ بۆ درێژ یا کورت بوونەوە

solubility توانای توانەوە، لە توانەوە هاتن

soluble توەوە، تاوەوە؛ لە توانەوە هاتوو

solution (1) شلە. توانەوە، تاوانەوە. تواندنەوە، تاواندنەوە

solution (2) چارە، چارەسەر(ی)

solvability بەچارەیی، توانای چارەسەری بوون؛ لەچارەسەرکردن هاتن

solvable چارەکراو؛ لە چارەکردن هاتوو؛ چارەسەردەکرێ

solve چارەدەکا. چارەسەردەکا. وەڵامدەداتەوە

solvency دارایی؛ توانای (پارە، قەرز) دانەوە

solvent (1) دارا

solvent (2) تواوە؛ لە تاوانەوە هاتوو. شلە، تێکەڵە (یەکی شل)

sombre (تاریک، رەش) ە. {خ}غەمگین (ە)

some (1) هەندێ، هەندێک، بڕێک، هەندەک، بڕەک

some (2) (پێشگر، پێشکۆ)یە بەواتای (...ێک؛ یەک(ێک)، شت(ێک))

some (3) (پاشگر، پاشکۆ)یە بەواتای؛ بە

trouble- *بەکێشەیە*

somebody کەسێ، کەسێک، کەسەک

somehow بەجۆرێ، بەجۆرێک لە جۆرەکان

someone یەکێ(ک)، یەکەک، کەسێک

somersault تەقلە لێدان، سوورانەوە، گێژخواردن

something شتێ(ک)، (چ)شتەک، تشتەک

sometime کاتێک، وەختێک. پێشان. پێشوو

sometimes هەندەکجاران، هەندەکجار، هەندێجار

somewhat تاڕادەیەک

somewhere لـەشوێنـێ(ێـک) (ی دیاری نـەکراو)، لـەجێـیـەک
- else *لـەشوێـنـێکـی دی، لـەجێ یـەکـی کـە*
somnambulism دیاردەی بـە نـوسـتـوویـی ڕۆیـشـتـن
somnambulist کـەسێ کـە لـە خـەودا بـڕوا
somniloquist کـەسێ کـە بـە نـوسـتـوویـی بـدوێ
somnolence نـوسـتـن، خـەو(تـن)
somnolent خـەوالـوو، گـێـژی خـەو
son کـوڕ؛ زادەی نـێـریـنـەی دایـک و بـاوک
- in law *زاوا (ی مـاڵـێـک)؛ مـێـردی کـچـەکـەیـان*
sonant تـایـبـەتـە بـە دەنـگـەوە، هی دەنـگـە. پـیـتـێـکـی دەنـگ
song گـۆرانـی، سـتـران. خـوێـنـدنـی (هـەنـدێـک) بـاڵـنـده
songster سـترانـبـێـژ، گـۆرانـی چـڕ. بـاڵـنـدەی دەنـگ خـۆش
sonorous دەنـگـێـکـی (قـوول، قـەبـە، بـەرز)ە
sonship کـوڕێـتـی؛ ی کـەسـێـک بـۆ بـاوکـی
soon زوو. بـەزووانـە
- after *لـەپـاشـی، یـەکـسـەر لـە دوای*
as - as *کـە، کـاتـێـک، هـەر کـاتـێـک*
as - as possible *بـە زووتـریـن کـاتـی گـونـجـاو*
too - *زۆر زووە، پـێـش وەخـتـە*
sooner زووتـر
- or later *زوو یـا درەنـگ*
soot تـەنـی، سـوتـوو، رەشـیـی دووکـەڵ؛ ئـەو گـەردیـلـە رەشـانـەی لـە دووکـەڵ پـەیـدا دەبـن
sooth راسـتـی (پ؛ درۆ)
soothe دڵـی دەداتـەوە، (کـەسـێـک، هـتـد) (هـێـور، هـێـدی، ئـارام) دەکـاتـەوە
soothsayer پـەیـامـبـەر؛ بـەتـێـڕوانـیـن. دەسگرەوە، بـەخـت خـوێـن
sooty داپـۆشراو بـە (تـەنـی، دووکـەڵ(ر)). رەش(بـاو)
sop شـتـێـک بـدرێ وەک (خـاوە، بـەرتـیـل). نـانـی تـێـکـوشـیـن، تـریـد. تـێـدەکـوشێ، زۆر تـەڕ (دەکـا، دەبـێ)
sophism دەمـەتـەقـێـی (بـەهەڵـەبـەر، هەڵـخـەڵـەتـێـن، بـێ بـنـەمـا)
sophist بـەهەڵـەبـەر، هەڵـخـەڵـەتـێـن
sophistical درۆزنـانـە، بـەهەڵـەبـەرانـە(یـە)، بـێ بـنـەمـایـە
sophistry (بـەهەڵـەبـەردن، هەڵـخـەڵـەتـانـدن) بـە گـفـتـوگـۆی (درۆزنـانـە، نـاڕاسـت، بـێ بـنـەمـا)
soporific خـەولـێـکـەوێـنـە، بـەخـەوە. (کـاریـگـەری، دەرمـان، هـتـد)ی خـەولـێـکـەوێـن
sorcerer یـاریـبـاز، سـیـحـربـاز، گـاڵـتـەبـاز (ی نـێـریـنـە)
sorceress یـاریـبـاز، سـیـحـربـاز، گـاڵـتـەبـاز (ی مـێـیـنـە)
sorcery (یـاریـبـاز، سـیـحـربـاز، گـاڵـتـەبـاز)ی
sordid پـیـس، چـەپـەڵ. کـەم، نـزم. پـایـەنـزم، بـێـنـاوبـانـگ
sore بـە (ئـێـش، ژان). سـوتـاوە،

ئاوساو (شوێنێکی لەش)

sorely گەلێک زۆر. بەسوتانەوەوە

sorrel گیایەکی ترشە. رەنگی قاوەیی کاڵ و مەیلەو سوور. (هێستر، هتد)ی بەم رەنگە

sorrow داخ، پەژارە

sorrowful بەداخە، بەپەژارەیە

sorry بەداخەوەیە، بەپەژارەیە. پەشیمانە. بەداخەوە!. ببوورە!

sort جۆر. رێکدەخا، ریزدەکا. تاوتوێ دەکا

sortie (پەلامار، هێرش)ێکی کتوپڕ و کورت(خایەن)ی لەشکری. بەسەردادان یێکی کەم(خایەن)

sot کەسێکی هەمیشە سەرخۆش، کەسێکی خووداری خواردنەوە

sottish هەمیشە سەرخۆشە، زۆر خۆرەوەیە

sough (هاشە، گڤە، وژە)ی با. (هاشە، گڤە، وژە)ی دێ (وەکو با)

sought (p&pp seek) ویستی. ویستراو

soul گیان. ئەندێشە. هۆش. تاکە کەسێک

soulless بێ رەوشت. کەمنرخ، سادە

sound (1) دەنگ. هەست. دەنگ دەردەکا. واپێدەچێ

sound (2) ساغە (پ؛ نەخۆشە). بتەوە (پ؛ رزیوە). (بیر، را، هتد)یەکی بەجێیە

sounding پێوانی قوولایی ئاو (بە تایبەتی هی دەریا)

-s *ناوچەیەک لە دەریا؛ نزیک بە کەنارەوە*

soundless بێدەنگ، کپ

soundly بەچاکی، بە (رێو) جێی

soundness ساغی (پ؛ نەخۆشی). بتەوی (پ؛ رزیوی). بەرێوجێ بوونی (بیر، را، هتد)ێک

soup چێشت، مەرەگە، شلە

sour ترشە. نەگەیوو، تفت. بێتام، ناخۆش. ترشی دەکا. دەترشێ

source چاوگە، کانگە (ی روبار، هتد). سەرچاوە (ی زانیاری، پڕوپاگەندە، هتد)

sourness ترشی. نەگەیوویی، تفتی. (بێتام، ناخۆش)ی

souse لە (ترشەلۆک، خێاوک، هتد)ی دەهاوێ. تێهەڵدێنێ. (خەیار، هتد)یی شۆرکراو

south خوارەوە. خوار، خوارێ. خواروو، باشوور (ئاراستە)

southerly لەخوارەوە(ڕا)، هی خوارێ(یە). (بەرەو، روەو) خوارە

southern خواروو، خوارێ. هی خوارێ

southward بەرەو خوار(ێ)

souvenir (یادگاری، یاداشتنامە)ی (رووداو، بۆنە، شوێن، کەس، هتد)ێک

sovereign سەربەخۆ؛ خۆ بەڕێوەبەر. فەرمانڕەوای هەرە باڵا؛ شا، پاشا، سوڵتان. دراوێکی زێڕینی کۆنی بەریتانی بوو بە بەهای یەک پاوەند. کارێگەر، زۆر باش

- State *وڵاتێکی (سەربەخۆ، ئازاد)*

sovereignty سەربەخۆیی، خۆ بەڕێوە بردن. وڵاتێکی سەربەخۆ. شاهنشاهی؛ فەرمانڕەوایی هەرە باڵا

sow تۆ(و) دەدا، دەچێنێ؛ بە تۆدان

sower جووتیار (ی دەغڵودان)

sown (pp sow) تۆدراو، چێنراو. تۆیدا، چاندی

spa (کانیی) (گەڕاو، کاندار). شوێنێکی بە (گەڕاو، ئاوی کاندار)

space مەودا، جێ

- of time *ماوەیەک، کاتێک*

spacious فراوانە، فەڕاحە، گەورەیە

spade خاکەناس، بێڵ. کارتی دڵی رەش؛ لە (گەمە، قومار)ی (کۆنکان، هتد)

Spain وڵاتی ئەسپانیا

span (1) بست(ێک). بری ٩ ئینچ. بە بست دەپێوێ

span (2) بڕ؛ ماوە، مەودا؛ لەمسەرەوە بۆ ئەوسەر. بڕ(گ)ەکانی پردێک. پانی (ی باڵندە، فڕۆکە، هتد). پرد دەکا. رادەکشێ؛ دەگرێ(تەوە)

spangle (ئارایش، بریقوباق)ی (کەوا، کراس، هتد)ی ئافرەتان. دەنەخشێنێ؛ بە بریقوباق، بریقوباقی پێوە (دەکا، دەخا)

spaniel جۆرە سەگێکی گوێ(لاک) درێژە

Spanish ئەسپان(یا)ی(ە). هیئەسپانیایە. زمانی ئسپانی(ایی)

spank تێی هەڵدەدا؛ شەق لە لاقوونی دەدا. شەق(لێدان)، تێهەڵدان. لۆقە دەکا، گورج دەڕوا

spar (ئە)ستوون(دەگ)ی دار

spare (1) یەدەک، زیادە

spare (2) دەبەخشێ؛ دەدا. دەهێڵێتەوە؛ لێی (دەبەخشێ، خۆش دەبێ)

spare (3) تەنک، شلک

spareness تەنکی، شلکی

sparingly بەکەمی، بە دەست پێوەگرتن ەوە

spark (پڕووشک، پڕیشک)ە ئاگر. بڕووسک. چەرخ لێدەدا. پڕووشک داوێ. دەورووژێنێ، جۆش و خرۆشی دەداتێ

sparkle چەرخ لێدەدا. پڕووشک داوێ. گەشی، رەونەق

sparrow پاساری، چۆلەکە، کێشکە

sparse (adj) پڕش و بڵاو، لێک دوور

sparsity (n) پڕش و بڵاوی

spasm ماسوولکە (کورژ، رەق) بوون

spasmodic (هی، تایبەتە بە) ماسوولکە (کورژ، رەق) بوون ەوە

spat (p&pp spit) تفیهاوێشت، تفیکرد

spatter دەپڕژێنێ. پڕژاندن

spatula دەزگایەکی دەمپانی چەقۆ ئاسایە بۆ شت (تێکدان، تێکەڵ کردن)

spawn (هێلکە، وەرە)ی ماسی

spay مێ یەی گیاندار یێک نەزۆک دەکا؛ بە پەک خستن (یا دەرکێشان)ی هێلکەدانی

speak دەدوێ، قسەدەکا. وتاردەدا

- out *دەنگ هەڵدەبڕێ. بە دەنگی بەرز دەدۆی*

speaker قسەبێژ. قسەکەر. وتەبێژ. وتاربێژ

loud - *بڵندگۆ؛ دەزگای ئەلیکترۆنی دەنگ بەرز کردن*

spear رم

special تایبەت(ە)

specialist تایبەتکارە، تایبەتسازە. تایبەتمەندە

speciality تایبەتکاری، تایبەتسازی. تایبەتمەندی

specially بەتایبەتی

specie دراو، پارە؛ جگە لە هی کاغەز

species جۆر

specific بەتایبەت، تایبەتە بە. دیاریکراو

specification(s) تایبەتمەندی(یەکان)

specify دیاریدەکا

specimen نموونە

specious (تەنها) بە روالەت (جوانە، دلگیرە). دەرەکییە، روالەتییە

speciousness (جوانی، دلگیری) (دەرەکی، روالەتی)

speck (خاڵ، پەڵە) یێکی بچووک. گەردیلە یەک

specked دەنکە دەنکە

speckle (دەنک، خاڵ) یێک. خاڵخاڵ دەکا

spectacle دیمەن (یێکی دڵڕفێن). شوێن دیدەنییەکی گشتی

spectacular دڵڕفێنە

spectator تەماشاچی، تەماشاکەر

spectra (pl spectrum) چەند بەندێکی (رەنگ، تیشک)ی جیاجا. کۆمەڵی بابەتەکان. (تێکەلاو، هەمەجۆر)ەکان

spectral خەیاڵی یە؛ نەدیوە، سێبەرە. دێوەزمە یە

spectre خەیاڵ؛ سێبەر، نەدیو. دێوەزمە

spectroscope دەزگای لێک جیاکردنەوەی (رەنگ، تیشک) ەکان؛ بەم پێیەش بینینیان

spectrum بەندێک (رەنگ، تیشک) ی جیاجا. کۆمەڵێک بابەت. تێکەلاو، هەمەجۆر

speculate بیرۆکە دادەنێ، مەزەندە دەکا. بە ئومێدە شتێک رووبدا

speculation بیرۆکە دانان، مەزەندە کردن. ئومێدەواریی (روودانی شتێک)

speculator خاوەن بیرۆکە، مەزەندەکەرە، پێشبینیکەرە. بە ئومێدە

speculum دووربینی پزیشک(ان)؛ بۆ پشکنینی (گوێ، گەروو، چاو، هتد). ئاوێنە

sped (p&pp speed) خێرا (رۆیشت. ناردی)

speech وتار. وتە، گوتە

speechless واقوڕماو؛ بێدەنگییەکی کاتی بە هۆی سەرسوڕمانەوە

speed خێرایی، تیژی (ی رۆیشتن، جوولە). رادەی

خێرایی (فیزیا). خێرا دەڕوا. پەلە دەکا
- *up* (خێراتر، پەلەتر) (*کاردەکا، دەجوولێ، دەسووڕێتەوە)*
at - بە خێرایی
speedily بەخێرایی، بەگورجی. بەپەلە، یەکسەر
speedy خێرا، تیژ، گورج. بە پەلە لێکراوی
spell (1) (پیتەکانی وشە) حینجە دەکا. جادوو دەکا
- *bound* *زمانی بەستراوە؛ جادووی لێکراوە*
spell (2) ماوەیەکی کورت. (خول، نۆبەت)ێکی (کار، چالاکی)
spelling حینجەکردن (ی پیتەکانی وشەیەک). جادووکردن
spelt (p&pp spell) حینجەیکرد. جادوویکرد
spend (کات، هتد) بەسەردەبا. (پارە(وپوول)) خەرج دەکا
spendthrift دەسبڵاو، پارە بەفیڕۆدەر
spent (p&pp spend) بەسەربرد. خەرج کرد. لە کەلک کەوتوو، ماندوو. بەسەربردراو. خەرجکراو
sperm تۆوی زاووزێ (ی نێرینە)، توخم
spew (v) دەرشێتەوە
sphere گۆ، خڕ، تۆپ. بازنە، دەوروبەر
spherical گلۆڵەی یە، خڕە، وەکو (گۆ، تۆپ)ە
spherics گۆکاری؛ ئەندازە(کاری)ی جەستە (خڕ، گلۆڵەیی) ەکان
spheroid (نیمچە، مەیلەو) خڕ
sphinx گیانلەبەرێکی ئەفسانەیيە؛ سەری ئافرەت و لەشی شێری هەیە
spice بیبەر، تیژی. تیژی دەکا، تام و جێژی (دەداتێ، تێدەخا)
spicy بەبیبەرە، تیژە
spider جارجارۆکە{ڵ-ڵ}
- *web* *هێلانە (رایەرە) جارجارۆکە، شار (داو) ە جاڵجاڵۆکە*
spike (1) نووک (ی تیژ). بزمار (ی ناڵ). تێلی نووک تیژ. بزماری گەورە. بزمار دەکوتێ. نووکی بۆ دەکا
spike (2) گوڵە گەنم، هتد
spill (ئاو، خوێن. هتد) دەڕێژێ. دەڕژێ
spilt (p&pp spill) رژاو. رژاند
spin دەسووڕێ، دەخولێ. دەسووڕێنێ. دەخولێنێتەوە. دەڕێسێ. سووڕ(ان)، خول(ان)
- *a yarn* *درۆی بۆ هەڵدەبەستێ*
spinach سپێناغ
spinal بڕبڕەیی، هێبڕبڕە(یە)
spindle تەشی (ی خوری، هتد رێستن)
spine (1) بڕبڕەی پشت؛ لە کەللەسەرەوە تا قونەجۆرە
spine (2) دڕک
spinning رێستن. سووڕان، خولان. سووڕاوە، خولاو
spinster ئافرەتێکی

شوونـەکـردوو، (قـەیـرە، گـەورە) (کـچ، ژن)ی شوونـەکـردوو

spiny بـەبـڕبـڕەیـە

spiral لـوولـەیـی؛ ئـیسپـرینـگـی. (نـرخ، کـریّ) بـەرز و نـزم دەبـێـتـەوە

spire لـوولـە. مـیـنـارە، بـورج

spirit گـیـان. (ئـیــ)سپـرتـۆ

- lamp *لالـەی سپـرتـۆ، لالـەی نـەوت*

- level *پلـەی چەوتـو چێلـّی؛ کـەوا بـلـّقـی نـاو تـەرازوو نـیشانـی دەدا*

- of the law *مـەبـەستـی یـاسا*

party - *دەمارگـیـری*

white - *(ئـیــ)سپـرتـۆی سپـی؛ (نـەوت، بـەنـزین)ێکـی سووکـە بـۆ (پـاک، شل) کـردنـەوەی (سوبـوغ، هتـد)*

spirited بـەورە(یـە)، چالاکـە، گـورج و گـۆلـّە

spiritless بـێـورە(یـە)، سستـە، خاوە

spirits خواردنـەوەی کـحوولـی؛ مـەی، بـادە، هتـد

in high - *لـە خۆشحالـّیـدا(ن). ورە بـەرز(ن)*

spiritual گـیـانـی. ئـایـیـنـی

spiritualism گـفـتـوگـۆکـردن لـەگـەلّ (گـیـانـەکـان، مـردووان)

spiry لـوولـەیـی؛ (ئـی)سپـریـنـگ ئـاسا. نـووک تـیـژ. لـەشێـوەی بـورج

spit (1) تـف دەکـا. تـفـی (لـێـدەکـا، دەهاویّ)

spit (2) سیـخ؛ شیـشی گـۆشت

بـرژانـدن

spite {ک}قـیـن(ە)، رک، تـووڕەیـی. (قـیـن، رک)ی لـێـیـە

in - of *لـە رکـی ...، لـە قـیـنـی*

out of - *بـۆ ئـەتـک پـێ کـردن*

spiteful کـیـنـەدار، دلـّڕەش

spittle تـف. لـیـک

spittoon دەسشۆر؛ قـاپـی دەس(ت) لـەنـاو (شو)شتـن

splash (ئـاو، شلـە) دەپـڕژێـنـیّ، شلـپـەشلـپ دەکـا. دەپـڕژیّ. شلـّپـەشلـّپ، ئـاوپـڕژان

spleen سپـلّ. دلـّڕەشی، قـیـنـە{ک}

splendid بـەرزە، نـرخدارە. کـاریـگـەرە. زۆربـاشە

splendour بـەرزی، نـرخ. رەونـەق. ئـوپـەڕی بـاشی

splice سەری دوو (بـەن، پـەت) پـێـکـەوە دەبـەستـێـتـەوە؛ بـە بـادان

splint (قـەمـیـش، دار)ی قـاچ (ی شکـاو) هەلـّبـەستـان. (ئـێـسک) شکـان دەگـرێـتـەوە

splinter پـارچە (قـەمـیـش، دار)ی قـاچ (ی شکـاو) هەلـّبـەستـان. (قـەمـیـش، دار) (پـارچەپـارچە، قـاشقـاش) دەکـا

split دوولـەت دەکـا. جیـادەکـاتـەوە. (دا)بـەشدەکـا. جیـابـوونـەوە. نـاتـەبـایـی

splutter بـەخێـرایـی و نـاڕێـکـی دەدویّ؛ فـلـّتـەفـلـّت دەکـا. دەنـگـی تـفـدار؛ بـە تـفـەوە

spoil تـێـکـدەدا، دەشێـوێـنـیّ

spoke (p speak) دوا،

قسەیکرد

spoken (pp speak) بێژراو، وتراو

spokesman وتەبێژ (ی نێرینە)

spokesperson وتەبێژ

spokeswoman وتەبێژ (ی مێینە)

spoliate (تالان، فەرهوود) دەکا، دەدزێ، رووت دەکاتەوە. زەوی (زەفت، زەوت) دەکا

spoliation فەرهوود، تالان، زەوتکردن، دزین

sponge ئیسفەنج. هەڵدەمژێ. مشەخۆری دەکا

- upon *مشەخۆری دەکا لە سەر*

sponger مشەخۆر

spongy نەرم، وەکو ئیسفەنج(ە). مژێن، هەڵمژ

sponsor پاڵپشتیکەر. بەخۆوەگر. کەفیل. سەرپەرشتیکەر. دەگرێتەخۆ؛ بە (خۆ، ئەستۆ)وە دەگرێ

spontaneity لەخۆرایی، بە ئارەزوومەندی

spontaneous خۆرایی(ە)؛ بێ هۆکاری دەرەکی. سروشتی. (شیرازە، نەریت)ی (سروشتی، خۆیی)

spontaneously لەخۆڕا. بە سروشتی. سروشتییانە

spool خرپلە؛ بەکرە

spoon مراک{ڵ}، کەوچک، ئەسکوێ، ئەسکوو

spoonful کەوچکێک، مراکەک؛ پڕ بە کەوچکێک

sport وەرزش. وریا

sportive وەرزشدۆست، وەرزشکار

sportsman وەرزشکار، یاریکەر، وەرزشوان؛ ی نێرینە

sportsperson کەسێکی (وەرزشکار، یاریکەر، وەرزشوان)

sportswoman وەرزشکار، یاریکەر، وەرزشوان؛ ی مێینە

spot پەڵە. خاڵ. شوێن. خاڵخاڵ دەکا. شوێنی دیاری دەکا، دەیدۆزێتەوە

- out *جێنیشان دەکا؛ دەدۆزێتەوەو نیشان دەکا*

on the - *لەجێوە، یەکسەر، هەمان کات*

spotless لووسە، بێخاڵە، بێگەردە. بێ (عەیب، کەموکورتی)یە

spotted (پەڵەدار، بەڵەک) (ە). خاڵخاڵە. لەکەدارە؛ بە لەکە یە

spousal تایبەتە بە مێرد یا ژن، هی ژن و مێرد(ایەتی)یە

spouse ژن. مێرد. ژن یا مێرد

spout میرزاب{و}، لوولە، بۆڕی. ملی قۆری، کتلی{ر}، هتد. ستوونێک لە شلە. زۆربلێ، درێژدادڕ، چەنەباز، چەقاوەسو. دەردەپەڕێ لە لوولە، بۆڕی هتد

sprain (شوێنێکی لەش) لەجێ دەچێ، دەماری وەردەگەڕێ، هتد. (شوێنێکی لەش) لەجێچوون، دەمار وەرگەڕان، هتد

sprang (p spring) هەڵبەزی(یەوە)، هەڵقۆزی(یەوە). هەڵقولا. پەیدا بوو، سەریهەڵدا

sprawl بە نارێکی (دادەنیشێ، پاڵدەکەوێ). لاقی (لێ)

بـلاودەكاتـەوە. (پـشیلـە) دەمـیـزێـنـێ

spray پڕووشک (ی ئـاو، شلـە). (گۆڵ، پـەلـەدار)ی بـلاوبـۆوە. دەپـرژێـنـێ. پڕژاو

spread بـلاودەبـێـتـەوە، تـەشەنـەدەكا(ت). بـلاو دەكاتـەوە. بـلاوبـوونـەوە، تـەشەنـەكردن

spree (دەرچوون، سەیـران كـردن) لـەڕادە بـەدەر. بـازار كـردن (ی بـێـتام، زۆر)

sprig نـەمام، پـەلـە دار(ێـک)

sprightful گـورج(وگـۆڵ{ر})(ە)، چوست(وچالاک)(ە)، زیـنـدووە، پـڕ وزەیـە

sprightly (adj) گـورج(وگـۆڵ{ر}) (ە)، چوست(وچالاک)(ە)، زیـنـدووە

spring بـەهار،بـهار، بـوار، بـوهار، وەرزی بـەهار. كـانـی (ی ئـاو). ئـیسپـریـنـگ. هەڵـدەبـەزێ(تـەوە)، هەڵـدەقـۆزێ(تـەوە). هەڵـدەقـولـێ. پـەیـدا دەبـێ

- onion *تـەرەپـیاز؛ پـیـازی (سەوز، كـەسک)*

hot - *گـەرماو؛ كـانـی ئـاوی گـەرم*

springy بـەكـانـیـاوە. شلـكـە؛ هەڵـقـۆزەرەوەیـە

sprinkle ئـاورشێـن دەكـا، دەپـرژێـنـێ. ئـاورشێـن، (ئـاو، شلـە) پـرژانـدن

sprite جنـۆكـە، ئـەجنـدە. پـەری، فـریشتـە. سێـبـەر، نـەدیـو

sprout چوزەرە دەردەكـا. شیـنـدەبـێ، دەس بـە نـشونـەمـا دەكـا. چوزەرە، نـەمـام (ی دار)

Brussels - *جۆرە سەوزیـەكـی مـەرەگـەیـە*

spruce پـۆشتـەیـە؛ لـە جلـوبـەرگ. پـۆشتـە دەكـا، دەڕازێـنـێـتـەوە

spruceness پـۆشتـەیـی، ڕازاوەیـی

sprung (pp spring) هەڵـبـەزیـو، هەڵـقـۆزیـو. هەڵـقـولاو. سەرهەڵـداو

spry لـەشسووک، چالاک، گـورج (و گـۆڵ)

spryly بـە لـەشسووكـی، چالاكـانـە، بـە گـورج و گـۆڵـی

spue = spew

spume كـەف. سەرتـو(ێـژ)، فـرۆ

spun (p&pp spin) سووڕا(وە)، خولا(وە). ڕێـستـی

spunk ئـازایـەتـی، ورە. تـووڕەو تـونـدی

spunky ئـازایـە، بـەورەیـە. تـووڕەو تـونـدە

spur (1) نـەقـیـزە (یـەک كـەوا بـە پـشتـی كـەوشی سوار ئـەسپـەوە بـێ). هانـدەر. پـەنـجەی پـاشەوەی كـەڵـەشێـر. دونـد، لـووتـكـە

on the - of the moment *بـە تـەكـان، یـەكسەر*

spur (2) نـەقـیـزەی لـێـدەدا. هانـی دەدا

spurious نـاڕاستـەقـیـنـە، درۆیـنـە

spurn ڕەت دەكـاتـەوە (بـە بـێـزەوە، ڕوح زلـی، هتـد)

spurt دەردەپـەڕێـنـێ. هەولـێـكـی كـتـوپـڕ دەدا

sputter بـەخێـرایـی و نـاڕێـكـی دەدوێ؛ فـلـتـەفـلـت دەكـا. دەنـگـی تـفـدار؛ بـە تـفـەوە

spy دزێـو، جاسووس، دزكـار،

سیخوڕ؛ (چالاکی، کار)ی بە دزی دەکا. سیخوری دەکا

- glass *دووربین (ێکی بچووک)*

spyhole (دووربین، چاویلکە)ی ناو کونی دەرگا

squab بێچووە (کۆتر و باڵندەی تر). کەسێکی کورتیلەی قەڵەو. بالیف؛ کوشین

squabble دەمەتەقێی توند، کێشمەکێش. تێدەکۆشێ، هەوڵ دەدا

squad تاقم، تیپ

squadron تیپێکی (لەشکر، سەربازی)

- leader *سەرتیپ*

squalid پیس. ناشرین

squall زریان. گریە، قیژە؛ بەتایبەتی هی منالی نەوزاد. دەقیژێنێ

squander بەفیڕۆ دەدا، بەخۆڕایی لەدەست دەدا

square چارگۆشە(مەرجە هەموو گۆشەکان نەوەت پلەیی‌بن)، چوارگۆشە. (راست، خشت)ی دەکا

- brackets *کەوانی چاپی* چارگۆشە [ ]

- built person *چوار شانە*

- deal *سەودایەکی باشە؛ دادوەرانەیە*

- root *رەگی دووجا*

squarely بەڕەوایی، رەوایانە. بەڕێکی. بەیەکسانی

squash کودووی شیرن، کودووی زەرد. قەڵەباڵغی. گوشراو. دەشێلێ، دەگوشێ

squat لەسەر چینچکان دادەنیشێ. خانوویەک داگیر دەکا

squatter کەسێ کە بە نایاسایی خانوویەکی بەتاڵ داگیر دەکا

squeak زریکە. جیڕە(جیڕ).

دەزریکێنێ. جیڕە(جیڕ)ی دێ

squeaky زریکەدارە. بە جیڕە(جیڕ)ە

squeal دەقیژێنێ، دەشیرێنێ، هاوار دەکا

squeamish کەسێ کە (بە ئاسانی، زوو) (بێزی دەبێتەوە، دەڕشێتەوە)

squeeze دەگوشێ. دەپەستێ

squint خێل. خێلدەڕوانێ. بە تیلەی چاو تەماشادەکا

- eyed *خێلە*

squire ئاغا، کوێخا

squirearchy دەرەبەگایەتی؛ دەسەلاتداریی زەویی زۆر

squirm پێچاوپێچ (دەڕوا، دەجوولێتەوە). دەچەمێتەوە؛ لە زۆری ژان. دەگەوزێ. هەست بە شەرمەزاری دەکا. چەمانەوە. پێچاوپێچ (رۆیشتن، جوولانەوە) ؛ وەکوو کرم

squirrel سمۆرە، سیمۆرە

squirt دەرزی، شرینقە. شلە دەرپەڕاندن؛ وەک لە دەرزیی شرینقەوە

stab (خەنجەر، چەقۆ)ی لێدا. هەستی بریندار دەکا. (خەنجەر، چەقوو) لێدان. برین (ی خەنجەر، چەقۆ)

stability چەسپاوی، نەگۆڕاوی، بەرقەراری

stabilization چەسپاندن. چەسپین

stabilize دەچەسپێ، دەچەسپێنێ

stable چەسپیو. نەگۆڕاو، بەرقەرار، قەرارگرتوو

stack شتی (بەڕێکی، بەڕیز) لەسەر یەک دانراو، کەڵەکە. (چەند، ژمارە)ێکی زۆر. لەسەر یەک دادەنێ، کەڵەکە دەکا، هەڵدەبەستێ

staff کارمەندان (ی دەزگایەک). کارمەندی بۆ دادەنێ

stag نێرەکێوی. (مامز، ئاسک، بزنە کێوی)ی نێرینە

stage قۆناغ. سەکۆ. سەکۆی تیاترۆ. پێشکەش دەکا لە سەر (سەکۆی) شانۆ. (خۆپیشاندان، هتد) ڕێکدەخا؛ بە ڕێوەدەبا

- coach *ئامانەی هاتوچۆی نێوان شاران*

stagger بەلادا دێ. دەلەرێنێتەوە، دەهەژێنێ. بەلادا (هاتن، چوون)

-ed *خواروخێچ*

-s *جۆرە نەخۆشییەکە لە ڕەشەوڵاغ(ان)*

staggering (شتێکی) سەرسوڕهێنەرە

stagnant بێ جوولە، ڕاوەستاو

- water *گەناو، سیان. زەلکاو*

stagnate (ئاو، شلە) (دەگەنێ. ڕادەوەستێ). ڕاوەستاوە، بێجوولەیە

stagnation (ئاو، شلە) (گەنبوون. ڕاوەستان)

staid (1) (pp stay) مایەوە، ماوە. نیشتەجێ بوو

staid (2) ئارام، لەسەرەخۆ، مەند. جوامێر

stain (پەڵە، لەکە)دار دەکا. ناوبانگی (دەزڕێنێ، لەکەدار دەکا). پەڵە، لەکە

stainless بێ(پەڵە، لەکە)(یە)، بێگەردە. نەڕزیوە

stair یەک پلەی (نەردەوان، پێبلکە، قاڵدرمە)ی (چەسپاو، نەجوولاو)ی ناو ماڵ

-s *(نەردەوان، پێبلکە، قاڵدرمە)ی (چەسپاو، نەجوولاو)*

staircase (داروبەرد، ئاسن)ی (نەردەوان، پێبلکە، قاڵدرمە)ی (چەسپاو، نەجوولاو)

stake (1) بەرچیغ. ئەستووندەگ. توند دەکا، دەبەستێتەوە. دەخاتەمەترسییەوە

at - *لە مەترسی دایە؛ ترسی لە دەست چوونی (یا دۆڕاندنی) هەیە*

stake (2) قەبەر؛ ڕەهن. لەقەبەر (دەدا، دادەنێ)

stale کۆن. کەمبەها

- bread *نانەڕەق، نانی کۆن (وشک)*

stalemate بنبەست (بوون، کردن) ی (کێشە، دۆخ، هتد)ێک، گیرخواردن. (گەیشتن بە) دۆخی بەرابەری لە یاریی شەترەنج. بنبەست دەکا

stalk (1) (دارک، ناوقەد) گیایەک

stalk (2) دوای دەکەوێ (بەدزی) ، بەشوێنی دا دەڕوا

stall (عارەبانە، کەپر(ۆکە)) (ی شت لەسەر فرۆشتن). شوێنی تایبەت بە یەک (وڵاغ، کەس) لە (تەوێڵە. شوێن)ێکدا

stallion ئەسپ

stalwart بەهێز، بەبڕیار.

ئازا، بەجەرگ. جێبڕوا، بڕواپێکراو

stamen ئەندامی نێرینەی زاوزێ لە گوڵ{ر} دا

stamina بەرگری، خۆ (لەبەر) گرتن، بەرگە گرتن، بەرگری کردن

stammer تەتەڵە{ر} کردن لە قسە کردن، (سەر)زمان گرتن. تەتەڵە{ر} دەکا؛ لە قسە کردن، زمانی دەگرێ

stammerer (کەسێکی) (سەر) زمانگرتوو

stamp پوول. مۆر. پوولی پێوەدەنێ، مۆری لێدەدا. پێی لێدەنێ، بەسەری دەکەوێ

- out *دادەمرکێنێ، پاندەکاتەوە. هەڵیدەکێشێ، رەگی دەبڕێ، لەناوی دەبا*

stampede جووڵەی (کتوپڕ، لەناکاو)، دەرپەڕین. (کاردانەوە، راپەڕین)ی بە کۆمەڵ

stanch خوێن رادەگرێ (لەبرین)

stanchion چیغ، پەرژین (ی تەوێڵە)

stand هەڵوێست. وێستگە؛ شوێنی راوەستان. هەڵدەستێ، هەردەستێ، رادەوەستێ. رادەوەستێ، بەردەگرێ، خۆرادەگرێ، دەمێنێتەوە

- against *دژی رادەوەستێ، بەری لێ دەگرێ*

- away *دوور دەکەوێتەوە*

- by *پاڵپشتی دەکا، لایەنی دەگرێ*

- for *نوێنەری دەکا، جێی دەگرێتەوە*

باشبوو، چابوو

هەردەستێ، رادەوەستێ. رادەوەستێ، بەردەگرێ، خۆرادەگرێ، دەمێنێتەوە

- good

- on *پشتی پێدەبەستێ، باوەڕی پێدەکا*

- out *ملپێچی دەکا، رازی نابێ. دەردەکەوێ، هەردەکەوی*

- point *پایە، پلە*

- up *هەردەستتە پێوە، قیت دەبتەوە. (هەستە، هەڵسە) سەرپێ! هەرستە پێیان!*

- up for *بەرگری لێدەکا*

standard (1) بنەگە (یە)، بنچینە(یە)؛ (شت، تایبەتمەندی، پێوەر، نموونە، هتد)ی پەیرەوکراو(ە). کردەوەیەکی ئاسایی(ە)

standard (2) ئاڵا، پەرچەم. قیت، راوەستاو

stander by تەماشاچی، سەیرکەر

standing قیت؛ بە پێوە، راوەستاو. راوەستان. پایە، پلە

of long - *کۆنە، (زۆر، درێژ) خایەنە*

stanza کۆپلە هۆنراوە یەکی ٤ تا ١٢ دێڕ ی

staple (1) تێڵ (ی لە شێوەی پیتی 'ت'؛ هی کاغەز لێکدان). لێکیان دەدا (بە تێل)

staple (2) بنەما (یەکی بازرگانی، ئابووری). سەرەکی. گرنگ

star ئەستێرە. کەسێکی (بەناوبانگ، بلیمەت). کەسی

سەرەکی لە (شانۆ، فلیم، هتد). (قوتابی، هتد)ی لێهاتوو

starboard لاتەنیشتی پێشەوەی دەسەڕاست

starch ناخی (دانەوێڵە، پەتاتە. (سروشت، رەوشت) (رەق، توند)ی. (کوتاڵ) (رەق، توند) دەکا

stare چاوی تێدەبڕێ، تێی دەڕوانێت، تەمەشایدەکا

stark زۆر (روون، ئاشکرا). بەتەواوی، یەکجاری

starlight رۆشنایی (مانگ و ئەستێران)

starling ریشۆڵە، رەشوێرە (باڵندە)

starry (بە، پڕ) ئەستێرەیە. گەشاوەیە. (هی، تایبەتە بە) ئەستێران

start دەستپێدەکا. سەرەتا، دەستپێک

startle رایدەچڵەکێنێ، سەری سوڕدەهێنێ

starvation مردن لە برسان، مردن بە برسیبوون. زۆر برسیبوون

starve (دەمرێ. دەکوژێ) لە برسا. زۆر برسیی (دەبێ. دەکا)

state (1) ولاتی سەربەخۆ. ویلایەت. رادەگەیەنێ (بە نووسین، وتە، هتد)، باسدەکا

state (2) دۆخ، بار

statedly بەرێکوپێکی، لە چەند کاتێکی دیاریکراو، زانراو

stateless بێ ولات. بێ دۆخ، بێ بار

stateliness شکۆداری، پایەداری

stately شکۆدار، پایەدار

statement رستە. راگەیاندن (بە نووسین، وتە، هتد)

statesman سیاسەتمەدار؛ سیاسی (ی نێرینە)

static بێجوولە، نەجوولاو، نەبزوت. نەگۆڕ

statics زانستی پەیوەندیدار بە جەستە (نەجوولاو، نەبزووت، هاوکێش)ەکان

station وێستگە. ئێزگە. مۆڵگە، بنکە. دەچەقێنێ، دادەمەزرێنێ

fire - *خانەی ئاگرکوژێنان*

police - *مۆڵگەی پۆلیس*

polling - *ئێزگەی هەڵبژاردن. بنکەی دەنگدان*

train - *وێستگەی شەمەندەفەر*

underground - *وێستگەی (شەمەندەفەری) ژێرزەوی*

stationary نەجوولاو، راوەستاو. نەگۆڕاو

stationer فرۆشیاری (پەرتووک، خامە، هتد)

stationery پێداویستییەکانی نووسین؛ پەرتووک، خامە، راستە، هتد

statistics ئامار. زانستی ئامارداری

statuary پەیکەرتاش، پەیکەرکێش

statue پەیکەر

- of liberty *پەیکەری سەربەستی؛ لە نیویۆرک لە ولاتە یەکگرتووەکانی ئەمەریکا*

stature بالا، قەد

status بار. پله

statute یاسا (ی هەمیشەیی)، شیرازەی بنەڕەتی

stave دەسک (ە گۆزە، بەرمیل، هتد). برگە هۆنراوە یەک. دەیشکێنێ، کونی تێدەکا

- off *(مەترسی) (لادەبا، دووردەخاتەوە)*

stay دەمینێ، دەمینێتەوە. نیشتەجێ دەبێ. مانەوە

- away *دوادەکەوێ لە هاتنەوە، نایەتەوە ماڵ*

- of execution *(ڕاگرتن، ئەنجام نەدان، نەکردن، هەڵپەساردن)ی (لە سێدارە دان، کار، هتد) ێک*

- up *شەونخوونی دەکا، نانوێ*

stayed (pp stay) مایەوە، ماوە. نیشتەجێ بوو

stead لەباتی(ی)، لەبری(ی)، لەجێ(ی). سوودی پێدەگەیەنێ

steadfast چەسپاو، بتەو، نەبزووت، خۆڕاگر. دڵسۆز، وەفادار

steadily بەبتەوی، خۆڕاگرانە

steadiness بەردەوامی، نەگۆڕان. پێداگرتن، بتەوی، خۆڕاگری

steady پێداگر. بەردەوام، بێگۆڕان، نەگۆڕاو. (کەسێکی) باوەڕپێکراو. رایدەگرێ لە دۆخێک. پێ (ی پێ) دادەگرێ

steak پارچە گۆشتی ئەستوور (ی (مان)گا)؛ بۆ برژاندن

steal دەدزی{ێ}

stealth نهێنی؛ دزی؛ کاری بەدزی، شاراوەیی

by - *بە دزی، بە نهێنی، بە شاراوەیی*

stealthily بەنهێنی، بەدزی، بەشاراوەیی

steam هەڵم، هەڵاوە. هەڵم دەکا، دەبێتە هەڵم

- engine *مەکینەی هەڵم؛ بە هەڵمی زۆر گەرم دەگەڕێ*

steamboat بەلەمی بە (مەکینە، ماتۆڕ)

steamer پاپۆڕ، کەشتی

steamship کەشتی، پاپۆڕ

steed ئەسپ، بارگیر، هتد

steel پۆڵا. (رەق، بتەو) دەکا

steely (هی، وەکو) ئاسنە. توندە، خۆڕاگرە، بتەوە

steelyard تاک تەرازووی قوڵ ئاسن؛ تا کەی دیکەی (قورسایی، کێش)ی پێوە هەڵدەواسرێ

steep (1) رک(ە)، زۆر لێژ(ە). کتوپڕ(ە)

steep (2) (لە (ئاو، شلە)ی هەڵدەکێشێ؛ تێیدا نوقم دەکا

- in *خوداری (بابەت، شتێک) (- دەبێ. دەکا)*

steepen زۆر لێژ دەکا. دژوار دەکا

steeple قولغە. منارە

steepness رکی، لێژی

steer بادەدا، دەسووڕێنێ، ئاڕاستەدەکا. (بابەت، خەڵک) بە (لا، ئاڕاستە)یەکی دیدا وەردەگێڕێ

steerer سوکان (بەدەست، گێڕ). ئاڕاستەکەر

steersman کەسی بەرپرسیار لە

ئاراستە کردنی کەشتی

stellar (هی، تایبەتە بە) ئەستێر(ان)ە

stem (ناو)قەد ی (دار، ڕووەک) یێک. لاسک ی وشی هەڵگری میوە. لوولەی (قەنە، دار جغارە). (چاوگ، ڕەگ)ی وشە

- of banana *لاسک ی (وشی هەڵگری) مۆز. (وشی، تۆپەڵە) مۆز (یێک)*

stench بۆگەنی

stencil (تەنەکە، باغە)ی (نوسین، نەخشە) لەسەر دەرکردنەوە

stenographer کورت (و خێرا) نووس

stenography (هونەر، زانست)ی کورت (و خێرا) نووسین؛ بە هێمای تایبەت

stentorian بەرز و ئاشکرا و بەهێز

step (1) هەنگاو. قۆناغ. پلە (یەکی نەردەوان (پێپلکە)). هەنگاودەنێ

- down *دێتە خوارێ. وازدەهێنێ*

- forward *بەرەو پێش دەڕوا(ت)*

- in *دێتە ژوور؛ پێدەنێتە ناو*

- on *پێی لێدەنێ*

- over *بازدەدا لەسەری، لێی تێدەپەڕێ*

step (2) (پێشگر، پێشکۆ)یە بە واتای؛ زڕ

- brother *زڕبرا؛ لە داکە (یان لە بابە)*

- child *زڕمندال(ر)، زڕمنال؛ هی پیاوەکەیە (یان ژنەکە)*

واتای؛ زڕ

- father *زڕباب، زڕباوک؛ مێردی دایک*

- mother *زڕداک، زڕدایک*

- sister *زڕخوشک*

stepladder (پێپلکە، پێبلکە، قالدرمە)ی گوێزراوە

stereo (پێشگر، پێشکۆ)یە بە دوو واتای؛ بتەو. سێ (لا، ئاراست)یی

stereoscope دەزگای بەرجەستەکەر؛ لە دوو وێنەوە جەستەی سێ لایەنی پێکدەهێنێ

stereotype (کەس، شت) (نموونەیە، چەسپاوە)

stereotypy (چاپکردن، ڕۆژنامەگەری) بە پیتی قالب

sterile نەزۆکە. بێبەرهەمە. قاتیە. بێژیانە

sterilise دەخەسێنێ، نەزۆکی دەکا

sterility نەزۆکی، خەساوی

sterilization خەساندن، نەزۆککردن

sterling (1) (شتی) ساغ، بێگەرد. (کەسی) ڕاستەقینە، پاک

sterling (2) (دراو، پارە)ی بەریتانی. (بە، هی، تایبەتە بە) (دراو، پارە)ی بەریتانی

stern (1) لامل، ملهوڕ

stern (2) بەشی پشتەوەی کەشتی

sternly بە (لاملی، ملهوڕی)

stethoscope دەزگای پزیشکیی گوێگرتن لە (دڵ، سی، هتد)

stew (1) دەپیشێنێ؛ دەکوڵێنێ بە پیشاندن؛ لەسەرەخۆ و لەناو مەنجەڵێکی داخراو. (چای، قاوە) (تیر، بەرەنگ) دەبێ. گۆشتی پیشاو

- pan *مەقری{ل}. مەنجەڵی پاڵەپەستۆ*

stew (2) سەغڵەت دەبێ{ر}، پەنگ دەخوا. سەغڵەت بوون، پەنگ خواردن

- in one's own juice *بە ئاگری خۆی (دەسووتێ. تووش دەبێ)*

steward (چاودێر، سەرپەرشتکار) ی سەر (کەشتی، فرۆکە، یاریگە، هتد). (چاودێری، سەرپەرشتی) دەکا

stewed سەرخۆش، مەدهۆش

stick (چوکلە)دار. پێوە(دەنووسێ، دەچەسپێ). گیردەبێ

- by *پێی وەیە، خەریکیەتی. بەردەوام دەبێ*

walking - *گۆپار{ل}*

stickiness لیچی، لیقی

stickle (لەخۆڕازی، لەخۆبایی) دەبێ. پێدادەگرێ لەسەر (رای خۆی، شت)

stickler (لەخۆڕازی، لەخۆبایی) ە. پێداگر لەسەر (رای خۆی، شت)

sticky لیچە، لیقە. (ئاو و هەوای) شێدارە، (شتێکی) بەکێشەیە

stiff توند، رەق. (ئاستەنگ؛ زەحمەت)ە. ناخۆش، قورس، زۆر. (کەسێکی) رەق و وشک

stiffen (توند، رەق) (دەکا. دەبێ). (ئاستەنگ؛ زەحمەت)ی (دەکا. دەبێ)

stiffly بەتوندی. بە (ناخۆشی، قورسی، زۆرداری). بە رەق و وشکی

stiffness توندی، رەقی. ناخۆشی، قورسی، زۆرداری. رەق و وشکی (ی سروشت، رەوشت)

stifle کپی دەکا. هەناسەی تەنگ (دەبێ. دەکا). دەخنکێ(نێ)

stifling کپکەر. خنکێنەر

stigma (1) (بێ)شوورەیی، ئابڕووچوون. داخ، وەسمە

stigma (2) ئەندامی مێینەی زاوزێ لە گوڵ{ر} دا

stigmatic شێواو، داخکراو، وەسمەکراو

stigmatise داخی دەکا. ئابڕووی دەبا

stiletto خەنجەر (ێکی بچووکە)

still (1) بێجوڵە، نەبزوت، راوەستاو. کپی، ماتی

still (2) هێشتا، تائێستا. لەگەڵ ئەوەش، بەوەشەوە

still (3) دەزگای پالاوتنی (شلە، مەی، هتد). دەپاڵێوێ، دەپارزنێ، پاراو دەکا

stillbirth بەمردوویی لە دایکبوون

stillborn بەمردوویی لە دایک بووە

stillness بێجوڵەیی، نەبزوتن. کپی، ماتی

stilts دوو شەقرە داری درێژ، قاچی دارینە؛ بۆ لە بەرزییەوە رێکردن

stimulant (دەرمان، کاریگەری) ی بەهێزکەر، چالاک کەر. ورە بەرزکەرەوە. بزوێنەر، هاندەر

stimulate چالاک دەکا. وره بـەرز دەکاتـەوه. دەیـبـزویـنـێ، هانـی دەدا

stimulation چالاک کـردن. وره بـەرز کـردنـەوه. بـزوانـدن، هانـدان

stimuli (بـزویـنـەر، هانـدەر) ەکان

stimulus بـزویـنـەرانـەیـە، هانـدەرانـەیـە

sting (1) چوزەرەی ((هەنـدێ مـەگـز، دووپـشک. کـەڵـبـەی مار. دڕک. گـەسـتـن، گـەزیـن. پـێـوەدان. (دڕک) تـێـڕاچوون

sting (2) دەگـەزێ. پـێـوەدەدا

stinginess چوزەرەی ((هەنـدێ مـەگـز، دووپـشک. کـەڵـبـەی مار. دڕک. گـەسـتـن، گـەزیـن. پـێـوەدان. (دڕک) تـێـڕاچوون

stingy قـرچۆک، رەزیـل. نـاشریـن، پـیـس(کـە)

stink بـۆنـی (پـیـسی لـێ) دێ. بـۆگـەنـدەکا، دەگـەنـێ. بـۆگـەنـی، بـۆنـی پـیـس

stint بـە (قـرچۆکـی؛ رەزیـلـی) دەدا. (سنـووورداری، کـەمـی)ی (خواردن، هـتـد)

stipend مـووچە؛ بـەتـایـبـەتـی هی پـیـاوی ئـایـیـنـی؛ راتـبـە

stipendiary مـووچـەخۆر، بـە راتـبـە ژیـاو

stipulate داوادەکـا، دیـاری دەکـا؛ بـەمـەرج

stipulation داواکـردن، دیـاریـکـردن؛ بـەمـەرج. مـەرجدانـان، پـێـکـهاتـن

stipule گـویـچکـەی (گـەڵا، پـەلـک)ی دار؛ دوو شتـی گـویـچکـە ئـاسای بـە دوو تـەنـیـشت لاسکـی گـەڵاوه

stir تـێـکدەدا؛ بـە (کـەچک، مـراک، هـتـد). (کـەس، شت)ێـک بـەگـەڕدەخا. تـێـکدان؛ بـادان

stirrup شوێـنـپـا؛ ی ئـاسـنـی سواری ئـەسپـی بـە زیـن

stitch تـەقـەڵ{ر}، دورمان. تـەقـەڵـی لـێـدەدا، دەدوورێ

stock شتـومـەک یـا کـەلـوپـەلـی عەمـبـار کراو. مـەڕومالات. سەرمایـە. بـەش (ە پارە لـە کۆمپـانـیـایـەک). دەسک، دەسگـیـر. رەگـەز. عەمـبـار دەکا؛ دادەنـێ

- book *تـۆماری سەرمایـە. تـۆماری هەبـووه*

- exchange *جێـی سەوداکـردنـی بـەش و دراو، خانـەی بـەش کـڕیـن و فـرۆشتـن*

- still *بـێـجوولـە، کش، مات. کـز(ە)*

- taking *تـۆمارکـردنـی هەرچی هەیـە*

stockade چیـغ، پـەرژیـن؛ ی بـە ئـەستـووندەگـی نـووک تـیـژ

stockbroker دەڵاڵ، بـازرگـان؛ ی (بـەشە) پارە ئـاڵـوگـۆڕکـردن

stocking گـۆریـە، گـۆرەوی

stoic(al) گـوێـنـەدەر(ە) بـە کـارتـێـکـردنـی دەرەکـی، خۆپـاریـز(ە)، کـارتـێـنـەکـراو(ە)

stoicism فـەلـسەفـەی (گـوێـنـەدان، گـوێـنـەدەران)

stoker (کـەس، کـرێـکـار)ی (تـەنـوور، فـڕن)ی ئـاگـردانـی مـەکـیـنـە

stole (1) چارۆگـە؛ ی سەرشانـی ئـافـرەت. ملـپـێـچی (حەریـر ی)

قەشە

stole (2) (p steal) دزی، دزیکرد

stolen (pp steal) دزراو. دزیی کرد

stolid دلڕەق، (بێ، کەم) هەست و نەست

stolidity دلڕەقی، (بێ، کەم) هەست و نەستی

stomach گەدە، ئەندامی (خواردن) هەرس کردن. (چێژکردن، ئارەزوو)ی خواردن

stone (1) بەرد، سەنگ. یەکەی کێشانێکی ئینگلیزییە کە یەکسانە بە ١٤ پاوەند. تۆ(م)، ناوک. لە بەردە

- blind *کوێرە، کوێرەیە*

- cutter *بەردبڕ(ە)، نەقاڕ(ە) ، قایەچی(یە)*

- fruit *میوە و بەری ناوکدار؛ بە ناوک*

stone (2) بەردبارانی دەکا. ناوکی (خورما، هتد) دەردەکا

stone-less بێ ناوک(ە)، بێ (تۆمە، تۆیە)

stone-pit کان (ی بەرد)

stony بەردین، بەبەردە. ڕەقە. ڕەقبوو، بەردئاسا(یە). (کەسی) (ڕەقو وشک، بێ (هەست، بەزە))

stood (p&pp stand) ڕاوەستا. هەلستا(ر)

stool کورسی؛ ی بێ جێ دەست و پالپشت؛ وەک هی بەردەم ئاوێنەی ئارایش کردن. پیسایی، گوو

stoop دادێتەوە، دەچەمێتەوە، دەنوشتێتەوە. (هەمیشە) شانی لە پێشە؛ لە (ڕۆیشتن، ڕاوەستان). دەچێتە بەر بار(ی) . داهاتنەوە، چەمانەوە

stop (ڕا)دەوەستێ. ڕایدەگرێ. بەری دەگرێ. (ڕا)وەستان. (ڕا) بوەست(ە) !، ڕاوەست(ە) !

full - *تەواو. خال؛ (پیت، نیشانە)ی ڕاوەستان؛ .*

put a - to *سنووری بۆ دادەنێ؛ ڕایدەگرێ، دەی وەستێنێ*

stopcock کلیلی (بەلووعە، بۆڕی)

stoppage (ڕاوەستان. ڕاگرتن) بەهۆیەک

stopper کەلووکە؛ فاق، زمانە؛ ی بۆڕی، سەر؛ قەپاغ. ڕاگر، ڕاگیر(کەر)

storage عەمبار(گە). شت هەلگرتن، عەمبارکردن. شێوەی شت هەلگرتن. نرخی شت عەمبار کردن

store کۆگە، کۆگا، دوکان، موغازە. کۆدەکاتەوە، هەلدەگرێ

in - *ئامادەیە؛ هەمانە، هەیە، لە کۆگا دایە*

storehouse عەمبار(گە)

storekeeper دوکاندار، موغازەچی

storey نهۆم، قات، چین. ڕووبەرێکی دابەشکەری ئاسۆیی

storied (چەند، فرە) نهۆم(ە)، قاتقات(ە)

stork حاجیلەقلەق (بالندە)

storm ڕەشەبا، زریان. هەلدەکوتێتەسەر. ڕایدەمالێ

stormy ڕەشەبایە، بە ڕەشەبایە

story چیرۆک. ڕووداو گێڕانەوە

stout قەڵەو، پڕ. بە قەلافەت. ئازا، بەورە. جۆرێکە لە بییرە

- hearted *بەجەرگ(ە)*

stoutly بەهێز، بەتوندی. بەئازایی

stoutness (قەڵەو، پڕ)ی. ئازایی، بەورەیی

stove (1) سۆبە، تەباغ{خ}

- pipe *لوولە سۆبە*

stove (2) (p&pp stave)
شکاندی، کونی تێکرد. شکاو، کونتێکراو

stow لەباریەک دەنێ، ریز دەکا؛ بەرێکی هەڵیدەگرێ

- away *وەلایدەنێ؛ لەسەر رێی لادەبا، هەڵیدەگرێ*

stowage لەباریەک نان، (بەڕیز، بەرێکی) هەڵگرتن. عەمبار

strabismus (چاو) خێل

straddle لنگی بلاودەکاتەوە؛ بە جۆرێک بکەوێتە دوو لای شتێک. دەکەوێتە هەردوو لا ی

straggle پرشوبلاو دەبێ، نارێک دەبێ. دوا دەکەوێ؛ لە کێبەرکێ، هتد. کۆمەڵێکی برشوبلاو

straight راست (پ؛ خوار ، جەوت) . دوابەدوای یەک. رێک، ریز. کەسێکی (راست و دادوەر، بێ پێچ و پەنا)

- away *یەکسەر، هەرئێستا*

- off *بێ (سڵەمینەوە، دوودڵی)* -

go - *دێتەوە سەر رێی راست، خۆی چاکدەکاتەوە. راست دەڕوا*

straighten راستدەکاتەوە. رێکیان دەخا. (دێتەوە. دێنێتەوە) سەر رێی راست، (خۆی) چاک دەکاتەوە

straightforward کەسێکی (بەرەوڕوو، راست و رەوان، بێ پێچ و پەنا). ئەرکێکی (سادە و ساکار، سووک و ئاسان)

straightforwardness
بەرەوڕوویی، راست و رەوانی، بێ پێچ و پەنایی. سادە و ساکاری، سووک و ئاسانی

straightness راستی (پ؛ خواری، چەوتی). راستی و دادوەری، بێ پێچ و پەنایی

strain (1) توند دەکا، شەتەک دەدا. (شەکەت، ماندوو) دەکا. (مێشک، هتد)ی ماندوو دەکا. شوێنێکی لەجێ دەچێ،

strain (1) (~) دەماری وەردەگەڕێ، هتد. (شوێنێکی لەش) لەجێچوون، دەمار وەرگەڕان، هتد

strain (2) دەپارزنێ، دەپاڵێوێ

strain (3) (کۆمەڵ، وەچە)یەک لە ئاژەلان یا دارودرەختان

strainer هێڵەگ؛ ی شت پالاوتن. دەزگای شت پالاوتن

strait تەنگە، دەربەند. تەنگانە، ئاستەنگی

straitened لە تەنگانەیە، هەژارە، نەدارە

straitness تەنگانە، هەژاری، نەداری

strand (1) دەچەقێ، گیردەبێ. گیردەخوا؛ لە هاتوچۆ، هتد

strand (2) تاڵ، داو

stranded نەدارە، هەژارە. گیرخواردوو؛ لە هاتوچۆ، هتد

strange سەیر، نائاسایی. نامۆ

- to *بێگانەیە، رانەهاتووە بە ..*

strangely بەنائاسایی

strangeness نامۆیی. بێگانەیی

stranger نامۆ، نەناسراو. بێگانە

strangle دەخنکێنی؛ بە (مل، قورگ) گرتن. کپی دەکا، دادەمرکێنێ

strangulate دەماری دەگرێ

strangulation خنکاندن. خنکان. کپکردن، دامرکاندن. کپبوون، دامرکان. دەمارگرتن

strap دەسرازە، قایش. (دەسرازە، بەند) دەکا، دەبەستێتەوە. لێی دەدا بە قایش

strata چینەکان (ی ژێر زەوی، هتد)

stratagem پلان، نەخشە؛ ی سەربازی، هتد. فێڵ، تەڵەکە. پیلان، نەخشەگێڕان

strategic درێژخایەن(ە)

strategy ستراتیج؛ (پلان، نەخشە)ی درێژ خایەن. هونەری (جەنگ، شەڕ)

stratified چینچین، ریزکراو

stratify (خانەخانە، چینچین) دەکا، ریزدەکا

stratosphere چینێکە لە چینەکانی (هەوا، ئاسمان)ی دەورەی زەوی؛ لە دووری ٥٠کم تەواو دەبێ

stratum چین(ێک) (ی ژێر زەوی، هتد)

straw کا. پووش(کە)، قەسەر. پووشکەیەک. لوولەی (ساردەمەنی، شلە) پێ هەڵقوڕاندن

strawberry جۆرە میوەیەکە

stray (وێڵ، ون، پەڕاگەندە) دەبێ. (هۆش، بیر)ی تێکدەچێ، دەشێوێ. (کەس، ئاژەڵ، شت)ی وێڵ، ونبوو، پەڕاگەندە (بوو)

streak دەمار، هێڵ؛ یێکی رەنگ

streaky دەماردەماری رەنگاوڕەنگە

stream جۆگە، خڕ، بەست. دەڕوا، دەگوزەرێ. (خوێن، شلە)ی لێی (دەڕژێ، دێ)

streamlet جۆگەلە

street شەقام، جادە، کۆڵان

strength هێز. بتەوی

on the - of *بە هێزی ...، بە پشت بەستن بە*

strengthen (بەهێز. بتەو) (دەکا. دەبێ)

strenuous بەئەرکە؛ هەوڵی زۆری گەرەکە. بەوزەیە، چالاکە

stress گوشران، پەستان، پاڵەپەستۆ. (مێشک، لەش) ماندوویی، شەکەتی، گوشران. (ماندوو، شەکەت)ی دەکا. دەگوشێ، دەپەستێ

stress (2) گرنگی. گرنگیی پێدەدا، داکۆکی لێ دەکا

lay - on گرنگیی پێدەدا، داکۆکی لێ دەکا

stretch لێک رادەکشێ. (درێژ. پان) دەبێ(تەوە). لێک رادەکێشێ. (درێژ. پان)ی دەکا(تەوە). رادەکێشێ. رادەکشێ؛ بە پاڵکەوتنەوە. درێژایی. مەودا

at a - بێ پچڕانەوە، بە بەردەوامی

stretcher تەختەی گوازتنەوەی (نەخۆش، پێکراو، بریندار)

strew پێی وەردەکا، پرشوبڵاو دەکاتەوە لەسەر رووبەرێک

strewn (pp strew) پێوەرکراو، (بەرووبەرێکدا، پێدا) پرشوبڵاو کراو. پێی وەرکرد، پرشوبڵاو کردەوە لەسەر رووبەرێک

stricken لێدراو. بەلادار، بە بەلا. بۆنەهاتوو

- in years چۆتە ناو ساڵەوە، پییربووە

strict دیاریکراو؛ بە بەجێوڕێ و وردەکار و سنووردار. توند و تییژ؛ لە (لادان، گۆڕانکاری) نەهاتوو

strictly بەتوند (و تیژ)ی. بەبێ (لادان، گۆڕانکاری)

stride شەقاو دەهاوێ؛ بە هەنگاوی گەورە دەڕوا. بە یەک شەقاو دەپەڕێتەوە. شەقاو. درێژی شەقاوێک

-s پێشوەچوون، پێشکەوتن؛ لە (کار، هتد)ێک

strife خەبات، تێکۆشان. کێشە

strike لێدەدا. ماندەگرێ. بە بییردا دێت. لێدان. مانگرتن

- a match دەنکە شخاتەیەک پێ دەکا

- dead لێی دەداو و دەکوژێ

- home لە بنی کودیلە دەدا؛ مەبەستی دەپێکێ

- off دەسڕێتەوە

- out دەکوژێنێتەوە

- root رەگ دادەکوتێ

- work ماندەگرێ لە کار(کردن) ؛ کار ناکا

go on - ماندەگرن

hunger - مانگرتن لە خواردن؛ خۆ برسیکردن

striking سەیرە، سەمەرەیە، سەرسوڕهێنەرە

string دەزی، دەزوو، داو، بەن. ریز(ێک) یا زنجیرەیەکی (شت، رووداو، هتد). رێکدەخا، دەهۆنێ

- of beads تەزبێح

stringed دەزگایەکی ئاواز کە بە داو کاربکا، بە (داو، بەن)ەوە بەستراوە

stringency توند و تۆڵی و وردبینی (ی یاسا، هتد)

stringent (یاسا، هتد)ی توند و تۆڵ و وردبین

stringy وەکوو (دەزوو، داو). ریشەدارە

strip (1) بێبەریی دەکا (لە دارایی، پلە، هتد). (میوە، هتد) سپی دەکا. رووتکردنەوە. سپیکردن

- of رووتی دەکاتەوە

- off خۆی رووت دەکاتەوە

strip (2) (پارچە، شت)ێکی باریک و درێژ

stripe رەنگێکی درێژ و باریک؛ لە سەر عەردی کوتاڵێکی جیا. نیشانەی پلەی سەربازی (ی سەر قۆڵ)

striped خەتخەتە؛ رەنگاوڕەنگە (بە درێژی)

stripling مێردمنداڵ، لاو

strive تەقەلا دەدا، هەوڵدەدا؛ بێوچان. تێدەکۆشێ، خەبات دەکا

strode (p stride) شەقاوی هاوێشت؛ بە هەنگاوی گەورە رویشت. بە یەک شەقاو پەڕییەوە

stroke لێدان، کوتان. دڵە کوتەیەک. خولێکی مەکینە. شەقەی باڵێک. باسکەی(ەکی) مەلە. هتد

stroll پیاسە دەکا. پیاسە، گەڕان؛ بۆ خۆشی، بێکار

strong بەتین، بەتێن، بەرگەگر. بەهێز. ساغ.

stronghold (ناوەندی پاڵپشتیی کەسێک، کێشەیەک). (بنکە، ناوچە)یەکی بەهێز، قایم کراو. پەناگەیەکی ئەمین

strop (دەزگا، قایش) ی مووس تیژکردنەوە. ((مووس، هتد)ی کول) تیژدەکاتەوە (بەتایبەتی بە قایش)

strove (p strive) تەقەلایدا، هەوڵیدا؛ بێوچان. تێکۆشا، خەباتیکرد

struck (p&pp strike) لێیدا. مانی گرت. بەبیریدا هات. لێدراو

- off *سراوەتەوە، کوژاوەتەوە، دەرکراوە*

structural ((هی، تایبەتە بە) خانوو، دامەزراو)ێک، بنیادی(یە)

structure خانوو، بنیاد. چارچێوە، شیرازە (ی کارێک، هتد)

struggle تێکۆشان، خەبات. تێدەکۆشێ، خەباتدەکا

strung (p&pp string) رێکخست، هۆنی. رێکخراو، هۆنراو

strut (دار، ئاسن)ی (ناواخن، پاڵپشت)ی چوارچێوەیەک. سینگ دەردەپەڕێنێ؛ لە رۆیشتندا

stub قونکە جغارە. بەرماوە. کۆپییەی (ژێر نووسینێک، دووەمی چەکێک)

- out *(جگەرە، هتد) (دەکوژێنێتەوە، دادەمرکێنێ) بە پانکردنەوە*

stubble قەسەری پاشماوەی دروونە. پرچی کورت و رەق

stubborn لامل، ملهوڕ. نەگونجاو، رەق

stubbornly بە (لامل، ملهوڕ. رەق و وشک)ی

stucco (گەچ. چەمەنتۆ)ی (زۆر) سپیی ماڵنج (ی دیوار، هتد). (دیوار، هتد) ماڵنج دەکا

stuck (p&pp stick) پێوە(نووسا، چەسپا). گیربوو. گیریخوارد. پێوەنووساوە. گیربووە. گیریخواردووە

stud (1) (قۆپچە، قۆچپە) ی دوو سەری. بزماری سەر گەورە

-ed with *(قۆپچە، قۆچپە) رێژکراو؛ بۆ جوانی*

stud (2) (رەوە، ژمارە)یەک ئەسپ و ماین؛ کە بەتایبەتی بۆ زاوزێ راگیراین. تەوێڵەی تایبەت بەمانە. ئەسپ

at - *ئەسپێک کە بۆ پەڕین (خوازرابێ، بە کرێ گیرابێ)*

stud (3) (کەس، ئەسپ)ێکی (زۆرپەڕ، غورد)

- poker *جۆرە یارییەکی کارتە*

student خوێندکار؛ بەتایبەتی کەسێک لە یەکێک لە پلە بەرزەکانی خوێندن. مەشقکار

- nurse *مەشقەرکاری برینپێچی*

studio شوێنی کاری (وێنەگر، هونەرمەند، هتد). تۆمارگە. ژووری بڵاوکردنەوە لە ئێزگە

- flat *ژینگەیەکی یەک (هۆدە، ژوور)ی*

studious خولیای خوندنەوەیە؛ کرمی کتێبە، (کۆڵنەدەر، ماندوویی نەناس) لە خوێندن. لێکۆڵەرەوەیە. بەئەرکە، زۆری دەوێ

study خوێندن، فێربوون؛ خۆفێرکردن بە خوێندنەوە. لێکۆڵینەوە. دەخوێنێ. لێدەکۆڵێتەوە

brown - *بیر تاران، هۆش تۆران، خوێندنەوەی (ڕەشۆکی، هەرەمەکی)*

stuff (1) کوتاڵ (ی خوری، هتد) ، قوماش. شتومەک. ناواخن، ناوبەرگ. (ناواخن، ناوبەرگ. خواردن)ی تێدەپەستێ. پڕی دەکا (لە شتومەک)

-ed up *کونەکەپوو، لووت گیراو*

stuff (2) (شت، قسە)ی (بێکەلک، پڕوپووچ)

stuff (3) دەرمان

stuffing (لۆکە، خوری، کوتاڵ. برنج، قیمە. هتد) ی ناوبەرگ، ناواخن. (ناواخن، ناوبەرگ. خواردن) تێپەستان

stuffy (هۆدە، ژوور، هتد) (بۆن خمکە، بۆن شێ یە). ئارەزوونەکراو، نەویستراو

stultify لە کاریگەری دەخا، بێکەلکی دەکا. ریسوای دەکا

stumble ساتمەدەکا(ت). پچڕپچڕ دەدوێ. ساتمە

- on, upon, across *بەسەری دا دەکەوێ؛ بەشانس دەیدۆزێتەوە*

-ing block *کۆسپ، کۆسپە. تەگەرە*

stump کۆلکە داری سەربڕاوی لە زەویدا ماو. پاشماوەی (ئەندام، هتد)ی بڕاو

stun هۆشی دەهەژێنێ، دەیشڵەژێنێ. سەری بەسوڕدەهێنێ

stung (p&pp sting) گەستی. پێوەیدا. مارانگاز(بوو)، پێوەدراو (بە مار، مەگز، هتد)

stunk (p&pp stink) بۆنی (پیسی لێ) هات. بۆگەنیکرد، گەنی، گەن(ە)، گەنیو(ە)، بۆگەن(ە)

stunning زۆر سەرسوڕهێنەرە. زۆر (دڵگرە، دڵگیرە، جوانە)

stunt (1) (گەشە، نشونەما)ی دوادەخا، پەکی دەخا

stunt (2) کردەوەیکی نائاسایی لەپێناوی (بازاڕ پەیداکردن، خۆهەڵکێشان). کارێکی بالا و ئازایانە. جەربەزە

stupefaction شێتکردن؛ هۆش لەسەر نەهێلان، گێلکردن. سەرسوڕهێنان

stupefy شێتی دەکا؛ هۆشی لەسەر ناهێڵێ، گێلی دەکا. سەریسۆڕدەهێنێ

stupendous زۆر سەیر(ە). زەبەلاحە؛ زۆر گەورییە

stupid گێل، گەمژە

stupidity گێلی، گەمژەیی

stupidly بەگێلی، بەگەمژەیی

stupor دۆخێکی سەرسوڕمانی زۆر

sturdily بە بتەوی، بە چاکی دروستکراو(ە). (بەتوندی، بەهێز) (بەرهەڵستی، هتد) کردن

sturdiness بتەوی، بە چاکی دروستکران. (توندی، بەهێزی)ی (بەرهەڵستی، هتد) کردن

sturdy بتەو(ە)، چاک دروستکراو(ە). (بەرهەڵستی، هتد)ی (توند، بەهێز)

stutter زمانی (تەتەڵە دەکا، دەگرێ). زمان (تەتەڵەکردن، گرتن)

sty (1) (تەوێڵە. ئاخوڕ)ی بەراز(ان)

sty (2) سیسکەسراوە(ڵ)؛ قینچکەی سەر (پێڵو، پزدووک)ی چاو

style شتی باو؛ مۆدە؛ مۆدێل. شێوازە (ی نووسین، ئاخافتن، نواندن، هتد). دەیکا بە باو، بواری دەداتێ

stylish بەشێوازەیە. رێکە. باوییەتی

suable سەرپێچییە. سەرپێچیکەرە. تاوانە، لە دادگایی کردنهاتووە

suasion = persuasion

suasive = persuasive بڕواهێنەرە؛ بڕوا پێهێنەرە

suave روحسووک، ناسک. بەنەرێت

suavity روحسووکی، ناسکی. نەرێتداری

sub (پێشگر، پێشکۆ)یە بە واتای (ژێر، خوار. دوەم، دووبارە)

- class *بەشێک لە خانەیەکی گەورەتر*

- committee *کەرتێکی کۆمیتەیەک*

- contract *قۆنتەرات لە قۆنتەراتچی یەکی دی وەردەگرێ. وردە قۆنتەرات*

- contractor *وردە قۆنتەراتچی، قۆنتەراتچیی بچووک؛ کار لە هی لەخۆی گەورەتر دەگرێ(تەوە)*

subaltern پلەیەکی ئەفسەریی لەشکرە

subcutaneous لە ژێر پێستە(وەیە)، ژێرپێستی(یە)

subdivide (دووبارە، جارێکی دیش) دابەشدەکاتەوە

subdivision (دووبارە، جارێکی دیش) دابەشکردنەوە

subdue دەهێنێتە ژێر رکێفەوە، زاڵدەبێ بەسەریا. سەرکوت دەکا

subdued (دەنگی) (کز، کپ، نەرم، کەم) کراو. ماتکراو، ژێردەست(کراو)

subjacent لە (نەوی، ژێرەوە) یە

subject (1) بابەت (ی خوێندن،

لێکۆڵینەوە، هتد). ناوی بکەر (ڕێزمان). دەخاتە ژێر کاریگەری

- *to* *بە مەرجی ...، بە ئەگەری ...*

subject (2) هەر هاووڵاتی یەک؛ بێجگە لە شا و شازادەو و فەرمانڕەوای بەز. فەرمانڕەوایی‌کراو

subjection خستنە ژێر (کاریگەری، ڕکێف)ی، زاڵبوون

subjective بابەتی یە. تایبەتە بە کەسێک. هی ناوەوەیە، لە (بیر، هۆش) دایە

subjoin پێوەی (دەلکێنی، دەنووسێنی). پێکیان دەگەیەنی

subjugate دەخاتە ژێر (کاریگەری، ڕکێف)ی، زاڵدەبی بەسەری. دەیچەوسێنێتەوە

sublet بەکرێدانەوە (ی بەشێک (بڕێک)). (بەش، بڕ)ێکی بەکرێدەداتەوە

sublimate دەپاڵێوی؛ بە تواندنەوە و دووبارە ڕەقبوونەوە. وەردەگێڕی، وەردەچەرخێنی

sublime خانەدان، جوامێر، بەرز. لووتبەرز. دەپاڵێوی. (پاک، (پیاو)چاک) دەبێتەوە

sublimity خانەدانی، جوامێری. لووتبەرزی. (پاک، (پیاو)چاک) بوون(ەوە)

submarine (کەشتیی جەنگیی) ژێردەریایی

submerge ژێرئاو دەکەوی، نوقم دەبی؛ لە ئاو، کار، خەموخەفەت، هتد. نوقم دەکا

submerged ژێرئاو کەوتوو، نوقم بوو

submergence ژێرئاو کەوتن، نوقم بوون

submersed ژێرئاو خراو، نوقم کراو

submersion ژێرئاو کردن، نوقم کردن

submission خستنەڕوو، (پێ)دان، پێشکەشکردن. گوێڕایەڵی، ملکەچی

submissive گوێڕایەڵ، ملکەچ

submissiveness گوێڕایەڵی، ملکەچی

submit دەخاتەڕوو، دەیداتێ، پێشکەشی دەکا

suborder بەرەباب، تیرە

subordinate لاوەکی. نزم، نەوی. پلە (نزم، کەم). شاگرد، هاریکار. دەکا بە (لاوەکی. شاگرد)

subordination شاگردی، هاریکاریکردن

suborn هەواداری دەکا بۆ سوێندی بەدرۆ خواردن؛ بە دانی خاوە؛ بەرتیل، هتد

subscribe بەشداری دەکا، مۆر (ی ڕەزامەندی، ئەندامەتی) دەکا

subscription بەشداری (کردن. بوون)، ڕەزایبوون. بەئەندام بوون

subsequence (دوا) بەدوادا هاتن، بەدووداهاتن

subsequent (ئەوی) داهاتوو، ئەوی دێ، (دوا) بەدوایداهاتوو

subsequently لەپاشان. ئەوجا.

کەوابێ

subserve سوودی پێ (دەگەیەنێ، دەبەخشێ). خزمەتی دەکا

subservience کۆیلەتی، ژێردەستی. سوودبەخشی

subservient کۆیلە، ژێردەست. سوودبەخش(ە)

subside (هێور، ئارام) دەبێتەوە. (لم، خلتە) دەنیشێتەوە

subsidence (هێور، ئارام) بوونەوە. نیشتنەوە (ی لم، خلتە)

subsidiary لاوەکی. تەواوکەر. بەشە (کۆمپانیا، هتد)

subsidise کومەک دەکا، یارمەتی دەدا؛ بەتایبەتی کومەکی میری بە (خەڵک، پرۆژە، هتد)

subsidy کومەک، یارمەتی؛ بەتایبەتی یارمەتیی میری بۆ (خەڵک، پرۆژە، هتد)

subsist دەمێنێ(تەوە)؛ دەژێ. هەیە

subsistence مان(ەوە)؛ ژین. هەبوون. ژیار. بژێو، (لانی کەمی) پێویستییەکانی ژیان و مانەوە

subsistent ماوە. هەیە. ژیارییە

subsoil ژێرزەوی؛ ژێر زەویی کشتوکاڵی

- plough *هەوجاری بەبڕ (قوول، قۆل)*

subspecies ڕەچەڵەکێک لە جۆرێک (ی ئاژەڵ، درەخت، مەگەز، هتد)

substance جەستە، (هەر) شت (یکی بەرجەستە). گەوهەر، ناخ، ناوەڕۆک (پ؛ شێوە). بەرجەستەیی

substantial نرخدار، گرنگ. گەورە، زل. زۆر. گەوهەری، ناوەڕۆکی (پ؛ شێوەیی). بەرجەستەیی(ە). سەلماوە، جەسپاوە

substantials شتە بنەڕەتییەکان، پێویستییەکان

substantiate دەسەلمێنێ؛ بە بەڵگەی بەرجەستە

substantive ڕاستەقینە، دیار، ئاشکرا، روون. گەلێکە، زۆرە

substitute دەخاتەبەر، لەباتیی دادەنێ، دەگۆڕێ(تەوە) ؛ بە (شت، کەس، هتد)یکی دی. بریکار، جێگر

substitution خستنەبەر(ی)، گۆڕینەوە (بە)

substructure بناغە (ی خانوو، پرد، هتد)

subtend دەکەوێتە بەرامبەری، لەبەرامبەریەتی

subtense هێڵی بەرامبەر (گۆشە، کەوانە، هتد)یەک

subterfuge خۆ (لادان، دزینەوە) بە (بیانوو هێنانەوە، درۆ کردن). خۆ حەشاردان

subterranean (هی، لە) ژێرزەوییە، ژێرزەمینی

subterraneous لەژێر زەمینە، ژێرزەمینی یە

subtitle ناونیشانۆک، ناونیشانی لاوەکی

subtle سەیرە. ناسکە. فێڵباز. وریا

subtlety ناسکی. فێڵبازی.

وریای

subtract لێ (دەردەکا، دادەشکێنێ)، کەم دەکا (ماتماتیک)

subtraction لێ (دەرکردن، داشکاندن)، کەمکردن (ماتماتیک)

subtrahend (ژمارە، چەند)ی (دەرکراو، داشکێنەر) (ماتماتیک)

suburb (دەرەوە، دەوروبەر، رۆخ، قەراخ)ی شار(ێک)

suburban (هی، تایبەتە بە) (دەرەوە، دەوروبەر، رۆخ، قەراخ)ی شار

subvention (کومەک، یارمەتی)ی دارایی

subversion کودەتاکردن، روخاندن (ی رژێم(ێک))

subversive کودەتاچی، روخێنەر

subversiveness کودەتاچێتی، گیانی یاخیبوون

subvert کودەتا دەکا، رژێم(یک) (دەروخێنێ، وەردەگێڕێ. لاواز دەکا)

subway پیادەڕوی ژێر (جادە، شەقام). رێگای هاتوچۆی ژێرزەمینی

subzero بەستەلەک(ە){ر}، پلەی گەرمای ژێر سفر

succeed سەردەکەوێ، سەرکەوتن بەدەست دێنێ. لەدووی دێ، (دوا)بەدوایدا دێت. جێی دەگرێتەوە، لەپاشی دێ

succeeding (دوا)بەدوای یەکتردا هاتن؛ بەڕیز. بەدوایدا هاتوو

success سەرکەوتن، بەدەست هێنانی ئەنجامی خوازراو

successful سەرکەوتوو، گەشەکردوو

succession (دوا)بەدوای یەکدا (بوون. هاتن)؛ بەڕیز هاتن، ریزێک (خەڵک، شت). میراتگرتن، جێگرتنەوە

in - *لەدوای یەکتر، یەک بە دوای یەکدا*

in - to *بەدوای (ئەو)دا* دێت

successive دوابەدوای یەک. بەدوای‌یەکدا

successively دوابەدوای یەکەوە. یەکلەدوای‌یەکەوە

successor (کەس، شت)ێک کە جێی یەکی دی دەگرێتەوە. داهاتوو، ئەوی‌دێ

succinct کورت(ە)، بڕگەی کورت و پوخت

succour فریاکەوتن، یارمەتی(دان)؛ بەتایبەتی لە لێقەومان، کاتی پێویست

succulent بەئاوە، تەڕوخۆشە، مەزەدارە

succumb خۆدوەدا بەدەستەوە؛ بۆ ئارەزوویەک، هتد، ملکەچی دەبێ. دەمرێ

such وەها، ئەوها، وەک (و ئەمە)

- and - *وابوو واچوو*

- as *بۆ نموونە، وەکوو*

- being the case *کەوایە، کەواتە*

and - like *... و (لەو. لەم) بابەتانە، ... وە شتی وەکو (ئەوە. ئەمە)*

suck (ئاو، شیر، شلە، هتد) (هەڵ)دەمژێ. (شەکرۆکە، بەستەنی، هتد) دەلێسێتەوە. (هەڵ)مژین. مژێک. لێستنەوە
- dry *هەمووی (هەڵ)دەمژێ، تەڕاتیی تیا ناهێڵێ*
suckle شیری دەداتێ؛ لە گوان، مەمک. شیر دەخوا؛ لە مەمک، هتد
suckling (منداڵی) شیرەخۆرە
suction (شلە) (هەڵکێشان، هەڵمژین، مژین). هێزی (هەڵکێشان، هەڵمژین)
sudden کتوپڕ، لە ناکاو
all of a - *لەپڕ(ێک (دا))*
on a - *بە کتوپڕی، بەهاشتاو*
suddenly بە کتوپڕی، لە کتوپڕ(ێک (دا))
suddenness کتوپڕی، هاشتاو
suds کەفاو؛ ی سابوون، سابووناو
sue دەیدا بە دادگا، کێشەی لە دژ دەکاتەوە
suede جۆرە چەرمێکی خوشکراوە بۆ پۆشش
suet بەز؛ چەوریی سپێ و توندی سەر گۆشت
suffer ئازاردەچێژێ، دەناڵێنێ. هەڵدەگرێ؛ قەبووڵ دەکا
sufferance ئازارچێژان، (لەبەر) ناڵین. هەڵگرتن؛ قەبووڵ کردن
suffering ئێش و ئازار(چەشتن)
suffice قافی دێ، بەسیەتی، بەشدەکا
sufficiency بەسبوون، بەشکردن
sufficient بەسە، بەشدەکا، تەواو(ە)
sufficiently بەجێ، بەتەواوی
suffix (پاشگر، پاشکۆ)(یە). وەپاشەڵیدەخا، بەپاشەوەی دەلکێنێ
suffocate دەخنکێ. دەخنکێنێ
suffocating (دووکەڵ، گاز، هتد ی) خنکێنەر
suffocation خنکان. خنکاندن
suffrage مافی دەنگدان؛ لە هەڵبژاردناندا
suffragette ئافرەتی خوازیاری مافی دەنگدان
suffragist پیاوی خوازیاری مافی دەنگدان
suffuse (ڕەنگ، شێ) تەشەنە دەکا، بڵاودەبێتەوە. دەخووسێنێ، تەڕدەکا. دەخووسێ، تەڕدەبێ
sugar قەند، شەکر
- candy *نەبات*
- cane *چەوەندەری شەکر*
- loaf *سەلکە قەند*
sugary شیرن
suggest پێشنیاردەکا
suggestion پێشنیار
suggestive بەپێشنیارە. نیشانەیە (بۆ)، پێشنیارکەرە
suicidal خۆکوژییە
suicide خۆکوژی، خۆکوشتن
commit - *خۆی دەکوژێ*

suit قات (ن؛ چاکەت و پانتۆڕ). دەستە. دەست دەدا، دەگونجێ (بۆ)، دەلوێ

suitability هەمواری، گونجاوی

suitable هەموار(ە)، گونجاو(ە) ، لواو(ە)

suitcase جانتای دەستی

suite تاقم (ی دانیشتن، قەنەفە، هتد)

bedroom - *تاقمی (ژووری) نوستن*

suitor (داخوازی، خوازبێنی) کەر. داواکار؛ لە دادگا

sulfur [US] = sulphur

sulk مات و رووگرژ دەبێ. ماتیی

sulky مات و روو گرژ. کز، داماو

sullen زیز، تۆراو. کز، داماو

sullied ناو(بانگ) زڕاو(ە). لەکەدار(ە)

sully ناو(بانگ)ی (لەکەدار دەکا، دەزڕێنێ)

sulphate سولفات (ی گۆگرد)

sulphur گۆگرد؛ کبریت

- spring *(کانیی) گەراو، گراو*

sulphuric (هی، تایبەتە بە) گۆگرد. لە گۆگردە

sulphurous (هی، وەکو) گۆگردە

sultan سوڵتان، فەرمانڕەوا (ی بالا(دەست))

sultriness هوڕە، گەرما و بێ با یی. (هەستیاری، دڵگەرمی) کەسێک

sultry هوڕەی، گەرما و بێ با یە. کەسێکی (هەستیار، دڵگەرم) ە

sum کۆ، تێکڕا. ئاکام. کۆدەکا

- up *پوختەی دەکاتەوە، کورتی دەکاتەوە؛ کورتەی دەڵێ*

sumac دار و بەری سماق

sumach = sumac

summarily بەکورتی. بەپەلە

summarise (پۆختە، کورتە)ی باسدەکا(تەوە)، بەکورتی (دەیگێڕێتەوە، دەنووسێتەوە). کورتدەکاتەوە

summary کورتە

- court *دادگای (سەرپێیی، خێرا، گاڵتە جاڕی)*

summer هاوین، وەرزی هاوین، تاوستان

- resort *هاوینەهەوار، هەوارگە*

summery هاوینە(یە)، هاوینییە

summit ترۆپک، لوتکە، سەرووترین

summon فەرمانی ئامادەبوونی بۆ دەنێرێ، داوای ئامادەبونی لێ دەکا؛ بۆ دادگا، هتد

summoner داوکار؛ی ئامادەبوون بۆ دادگا

summons (نامە، فەرمان)ی ئامادەبوون، بانگکردن

sumptuous بەنرخ، نایاب، مەزن

sun خۆر، هەتاو، رۆژ

sun. کورتکراوەیە بەواتای؛

= *Sunday* *(رۆژی)* *یەکشەممە*

sunbeam تیشکیخۆر، تیشکیرۆژ

sunburn هەتاوگاز، خۆرانگاز؛ (سوتان، داخبوون) بە تینی تیشکی هەتاو

Sunday (رۆژی) یەکشەم (ە)، یەکشەممە

-*s* *لە رۆژانی یەکشەم، یەکشەممان. هەموو یەکشەم ێک*

sunder جیادەکاتەوە، لەت دەکا

sundial ئامێری کاتژمێر؛ ی کۆنی رۆژ؛ بە هۆی سێبەرەوە

sundries شتە (جۆراوجۆر، هەمەجۆر)ەکان

sundry جۆراو جۆر، بڵاوە، هەمەجۆر

- *expenses* *وردە دەرهات؛ دەرهاتی بڵاو، مەسرەفی هەمەجۆر*

sunflower (دار. گوڵ. بەر)ی گوڵەبەڕۆژە

sung (pp sing) گۆرانیی (بێژراو، چڕاو)

sunk (p&pp sink) نقوم (بوو. کراو). رووچوو

sunken (1) رووچووە، نوقمبووە. چەنەگە چاڵ

sunken (2) (pp sink) نقوم (بوو. کراو). رووچوو

sunlight هەتاو، تیشکی خۆر. روژی ڕوناک

sunlit هەتاو (ی هەیە، دەیگرێتەوە). روناکە؛ بە تیشکی رۆژ

sunny هەتاوە، خۆرتاوە. بەرۆژە؛ بەر رۆژە

sunrise رۆژهەڵاتن. کاتی رۆژهەڵات(ن)

sunset رۆژئاوا(بوون)

sunshade چەتری (هەتاو، رۆژ، خۆر)، سێبەر، کەپر

sunshine (تیشکی) هەتاو. رۆژێکی خۆش؛ بە هەتاو

sunstroke هەتاوگاز، خۆرانگاز؛ (سوتان، داخبوون) بە تینی تیشکی هەتاو

sup (1) فڕ دەکا؛ بە کەوچک یا (هەڵ)مژین. فڕ(ێک ئاو، هتد)، قوم (ێک ئاو، هتد)

sup (2) (پێشگر، پێشکۆ)یە بە واتای (ژێر، خوار. دوەم، دووبارە)

super (پێشگر، پێشکۆ)یە بە واتای (سەر، سەروو. لەرادەبەدەر). باڵا، باش، چاک

- *store* *(موغازە، دوکان)ی زۆر گەورە و فراوان (و فرەبەش) و فرە لق؛ لە زۆر (شوێن، گەڕەک)ان هەن*

superabound زۆر زۆرە. زیادەیە

superabundance زۆری، لەسەر ڕژان. زیادیی

superabundant زۆرە، لەسەری دەڕژێ. زیادەیە

superb زۆر (بەرچاوە، نایابە)، زۆر بەهادار. گەلێک (باش، چاک)ە

supercilious لووتبەرز. بە(قیز، بێز)

superficial (رواڵەتی، رووکەشی)(یە)، شێوەیی(ە)، ناڕاستەقینە

superficially بەرواڵەتی، بەرووکەشی. درۆزنانە

superfine زۆرباش؛ وردەکارکراو، نایاب

superfluous زیادەیە، پێویست نییە؛ لە پێویستی بەدەرە

superhuman مرۆڤیبالا، (شا، باش)مرۆ

superintend سەرپەرشتی دەکا، بەڕێوەدەبا

superintendence سەرپەرشتیکردن، چاودێری(کردن)

superintendent سەرپەرشتیکەر. چاودێر. پلەی سەرپەرشتیکار؛ ی (پۆلیس، هتد)

superior بالاترە، سەروترە، چاکترە. سەرۆک، لێپرسراو، چاودێر

- quality *چۆنیەتی بالا، جۆرێکی چاکترە*

superiority بالایی، بالادەستی. زاڵی

superlative نایاب، (چۆنییەتیی) زۆر چاک

superman سووپەرمان؛ مرۆڤیبالا، باشمرۆ

supernatural لەسروشت (بەدەر، بەودیو)، لەودیوی سروشت، سروشتبڕ

supernumerary زیاد لە ژمارەی دیاریکراو

superpose لەسەری دادەنێ، دەیخاتەسەری (لە ئەندازە)

superscript سەر یا نیشانەی سەر (نووسین). سەر یا نیشانە لەسەر نووسین دادەنێ

superscription سەر (پ: ژێر) بۆ (نووسین) دانان

supersede جێیدەگرێتەوە. (کەس، شت)ێک دەیگۆڕێتەوە بە یەکی دی

supersonic لەدەنگ خێراتر، تیژتر لە خێرایی (شەپۆلی) دەنگ

superstition جادو. نادیاری. بڕوا(هێنان، هەبوون) بە هێزی نادیار

superstitious جادوپەرست. نادیار. بڕواهێن بە هێزی نادیار

superstore (موغازە، دوکان)ی زۆر گەورە و فراوان (و فرەبەش) و فرە لق؛ لە زۆر (شوێن، گەڕەک)ان هەن

supervene روودەدا، دەقەومێ؛ لەشێوەی رووداو

supervening (adj) رووداوێکی لەپڕ قەوماو

supervise سەرپەرشتی دەکا. چاودێریدەکا

supervision سەرپەرشتیکردن. چاودێریکردن

supervisor سەرکار، سەرپەرشتکار. رێنما، چاودێر

supine لەسەرپشت (پاڵکەوتوو، لێیکەوتوو). بێجوولە، تەمبەڵ، خاو، سست

supper شێو، شیو؛ نانی ئێوارێ، ژەمی ئێوارێ

supplant جێی دەگرێتەوە؛ بەتایبەتی بە فێڵ و تەڵەکە

supple نەرمە، شلکە؛ ئاسان خوار(دەبێ، دەکرێ)

supplement پاشکۆ؛ ی رۆژنامە، گۆڤار، هتد. پێوەلکاو

supplementary پاشکۆیی یە،

زیادەیە. پێوەلکاوە

suppliant پاڕاوە، نووزاوە، سواڵکەر

supplicant پاڕاوە، دەست پانکەرەوە، سواڵکەر

supplicate دەپاڕێتەوە. دەست پان دەکاتەوە

supplication پارانەوە، دەست پان کردنەوە

supplies ئازووقە. تەدارەک

supply (ئازووقە، شتێک) (دەگەیەنێ، دەدات(ن)). (ئازووقە، شتێک) (گەیاندن، دان). ئازووقە، شتومەک

support پاڵپشتیدەگرێ، پشتگیریدەکات. پاڵپشت، پشتگیری(کردن)

supporter پاڵپشت، پشتگیریکەر. هەواداری

suppose گریمان! بگرە!، وادانێ!. دەگرێ، دادەنێ، وادادەنێ

supposition مەزەندە، گرین، دانان

suppositive مەزەندەیە، دانراوە

suppository بەمەزەندە، بەگرین، بەدانان

suppress سەرکوتدەکا، دادەمرکێنێ

suppression سەرکوتکردن، دامرکاندن

suppressive سەرکوتکەر، دامرکێنەر

suppurate (چڵک، کێم، زوخاو) دەکا. دەگەنێ، دەڕزێ

supremacy باڵادەستیی. زاڵی، زاڵبوون

supreme باڵا. باڵادەست(ە)

- authority *(دەسەلات، فەرمانڕەوای)ی باڵا*

surd ژمارەیەکی (بێئەنجام، دابەش نەبوو)؛ بەرێکی. رەگی ژمارەیەک کە ئەنجامەکی ژمارەیەکی تەواو نەدا (ماتماتیک)

sure بێگومان(ە). دڵنیا(یە)

be - *دڵنیابە !*

make - of *لێ بکۆڵەوە؛ گومانی تێدا مەهێڵە، گومانی لێ دەرکە*

surely بەدڵنیایی(ەوە)، بێگومان

surety دڵنیایی، بێگومانی. پارەی خەوێنراو؛ گەرەنتی

stands - for *دەبێ بە کەفیلی*

surf کەفاوی شەپۆلی دەریا؛ ی بە کەنار کەوتوو. لەسەر (ئاو، دەریا)دا دەڕوا (وەرزش)

surface سەر، سەرەوە. دەرەوە. سەرهەڵدەدا، دەردەکەوێ. (سەر رووی (جادە، زەوی) (خۆش، تەخت) دەکا

surfeit (زیاد، لەڕادەبەدەر) خواردن. (زیاد، لەڕادەبەدەر) دەخوا

surge لێشاو، شەپۆلێکی گەورە، تەوژم(ێک). بە (لێشاو، تەوژم) دێ

surgeon (پزیشکی) برینکار

surgery (زانست، پزیشکوانی)ی برینکاری. (خەستە)خانەی برینکاری

برینکاریە

surgical

surliness تووڕەوتوندی. (لاسار، هەڵەپاس{ر})ی. سەرەڕۆیی

surly تووڕەوتوند(ە). (لاسار، هەڵەپاس{ر})(ە). سەرەڕۆ(یە)

surmise مەزەندە، بۆچوون. گومان. مەزەنە دەکا، بۆی دەچێ، پێی وایە. گومان دەکا

surmount بەسەری دا زاڵ دەبێ. بەسەری دەکەوێ. (قەپاغ، کڵاو، تاج)ی لەسەردەنێ

surmountable لە بەسەر کەوتن هاتوو؛ دەکرێ بەسەری (کەوی، دا زاڵبی)

surname ناویخێزان. نازناو

surpass دەیبەزێنێ، لێی تێدەپەڕێ. لێی (چاکتر دەبێ، تێدەپەڕێنێ)

surplus سەرکردوو، زیادبوو، زیادە، ماوە

surprise شاگەشکەی دەکا، سەری دەسوڕمێنێ. شاگەشکەیی، سەرسوڕمان

surprising سەرسوڕهێنەر، شاگەشکەکەر

surrender خۆبەدەستەوەدان. وازهێنان، کۆڵدان. خۆدەدا بەدەستەوە. وازدەهێنێ، کۆڵدەدا

surreption ساختەکردن، کاری بەدزی، سازاندن؛ (لەخۆوە) دروستکردن

surreptitious ساختەچی، دزێو

surround (1) ئابلووقەیدەدا، دەوریدەگرێ، گەماڕۆیدەدا. دەورەی دەدا، دەیگرێتەخۆ

surround (2) لێوار، رۆخ، دەورە (ی شتێک)

surrounding (رووبەر، زەوی، شت)ی دەوروبەر

surroundings دەور و بەر، بارودۆخ، هەلومەرج

surtax باجی زیادە؛ لە سەر داهاتی زۆر

survey پیوان{ێ} (ی زەوی، خانووبەرە، هتد)، پشکنین. دەپێوێ{ی-ی}. دەپشکنێ، لێدەکۆڵێتەوە

surveyor پێوار (ی زەوی، خانووبەرە، هتد)، پشکنەر

survival مانەوە، ژیان

survive دەمینێ، دەژی

survivor ماو(ە)، ژیاو(ە)

susceptibility هەستیاری، ناسکی

susceptible هەستیار، ناسک

- for *(بەڵگە، هتد) وەردەگرێ، دەسەلمێنێ*

- to *ناسکە، ئامادەیە (بۆ)*

suspect گومانلێکراو. گوماندەکا

suspend رادەگرێ، هەڵدەواسێ

suspenders (دوو) قایشی (راگرتنی) بانتۆڕ؛ بەسەر شانەوە

suspense چاوەڕوانی. هەڵوێستە. دوودڵی، سەرسوڕمان

in - *هەڵواسراو، وەستێنراو، راگیراو*

suspension راگرتن. هەڵواسین. راگیران. هەڵواسران

suspicion گومان،

نابڕوایی

suspicious بەگومانە، دوودڵە

sustain (1) یارمەتیی دەدا، رایدەگرێ، پاڵپشتیدەکا. هاندەدا، پشتی دەگرێ

sustain (2) دەپێکرێ، (برین، زیان) ویّی دەکەوێ، تووشی (دۆران، بەزین) دەبێ

sustenance خواردن، خواردەمەنی. لەوەڕ. هۆکارەکانی (یارمەتی(دان)، پشتگیری(کردن))

suture تەقەڵ(ەکانی) دەورەی برین؛ ی دووراوە. داوی بەکار هاتوو بۆ ئەم مەبەستە. (برین) دەدوورێتەوە

suzerain دەرەبەگ، دەسەڵاتدار. (شا، وڵات)ێکی خۆسەپاندوو بەسەر (یەک، چەند)ێکی دی

suzerainty دەرەبەگی، دەسەڵاتداری. (خۆ)سەپاندن

svelte باریکەلە، ناسک. جوانکیلە

swab (1) (پەڕۆ، لۆکە)ی (برین، کێم) سڕینەوە. نموونەیەکی (کێم، زوخاو)ی؛ لە برین وەرگیراو بۆ تاقیکردنەوە. پەڕۆ؛ ی بە دەسکی زەوی سڕینەوە

swab (2) (برین، کێم) دەسڕێتەوە. (زەوی، کاشی) بە پەڕۆ؛ ی بە دەسک (پاکدەکاتەوە؛ دەماڵێ). هەڵدەمژێ؛ بە (پەڕۆ، لۆکە)

swaddle قۆنداغەدەکا، دەپێچێتەوە؛ بەتایبەتی منالی ساوا

swaddling قۆنداغەکردن، پێچانەوە؛ ی منالی ساوا (بەتایبەتی)

- *clothes* *دەسرازە یا پەڕۆی (قۆنداغەکردن، پێچانەوە)*

swagger سینگدەرپەڕین، خۆفشکەرەوە

- *stick* *(دار، حیزەران)ی دەستی ئەفسەری سەربازی*

swallow (1) پەرەسێلکە (باڵندە)

swallow (2) قووتدەدا

swam (p swim) مەلە(وان(ی))ی کرد

swamp زەلکاو. قوڕاو، سیان. نوقم دەکا بە ئاو (یا هەر شتێکی دی)

swampy زەلکاوە، قوڕەسیانە، پیسە

swan قاز، قورینگ(ڵ)

sward مێرگ(ۆکە)، سەوزایی. فریز، گیا

swarm (1) تۆپەڵێک مێشەنگین؛ ی تاراو لەگەڵ شامێشەکەیان. (کۆمەڵ، تۆپەڵ)ێکی زۆر لە (خەڵک، مەگەز، هتد)

-*s of* *ژمارەیەکی مەزن لە، گەلێک*

swarm (2) تۆپەڵ دەکەن، بەزۆری کۆدەبنەوە، بەسەریەکدا دەکەون

- *up* *پێداهەڵدەگژێ، بە (گوریس، دار، هتد)دا هەڵدەگرێ*

- *with* *چڕبووە بە، قەڵەباڵغ بووە (بە)، داگیرکراوە*

swarthy تاریک، بۆر. رەشتاڵە(یە)

swath(e) (پەڕۆی) برینپێچ(ان). (بڕ، هێڵ)ێکی پانی

دروێنـەکراو؛ لـە گیـا، هتـد

swathe دەپـێـچـێـتـەوە

sway (1) بـەلادادێ، دەهەژێ.

بـەلادادەهێـنـێ، دەیـهـەژێـنـێ.

بـادەدا. جوولـە و ئـاڕاستـەی

دیـاری دەکا

sway (2) کـاری تـێـدەکا،

کـاریـگـەری هەیـە لـەسەری.

کـارتـێـکـردن، فـەرمـانـڕەوایـی

swear سوێـنـد دەخوا، سونـد

دەخوا. جوێـن دەدا، جمـێـن دەدا،

جوون دەدا

- at *جوێـنـی پـێـدەدا، جوونـی*

دەداتـێ

- by *سوێـنـدی پـێـدەخوا*

- in *سوێـنـدی (یاسایـی، دڵـسۆزی،*

هتـد) دەخوا

- off *بـەڵـێـنـی وازهێـنـان لـە (*

جگـەرە، خواردنـەوە، هتـد) دەدا

- word *وشـەی نـاشیـرن،*

جوێـن

swearing سوێـنـد(خواردن)، سونـد(

خواردن). جوێـن(دان)، جمـێـن،

جوون(دان)

sweat ئـارەقـەدەکا(ت)،

ئـارەقدەکا. ئـارەقـە، ئـارەق

sweep گـێـسکلـێـدەدا،

گـەسکلـێـدەدا، دەماڵـێ{ر–ی}.

رادەماڵـێ

sweeper کـرێـکـاری (پـاکـکـردنـەوە،

گـەسکلـێـدان). نـزیـکـتـریـن

یـاریـکـەری تـۆپـی پـێ لـە

گـۆڵـپـارێـز(ەوە)

sweepings (زبـڵ، خۆڵ)ی

کـۆکـراوە بـە گسکـدان

sweet شیـرن. بـۆنـخـۆش. دەنـگـخـۆش.

جوان، خوازراو، سەرنـجڕاکـێـش

- on *خـۆشـەوی دەوێ*

جوان، خوازراو، سەرنـجڕاکـێـش

-(s) *شیـرنـی، شیـرنـاتـی،*

شەکـرۆکـە، چوکلـێـت

sweetcorn گـەنـمـەشام(ی)،

شامداری

sweeten شیـرن(تـر) (دەکا. دەبـێ)

. سەرنـجڕاکـێـشی دەکا،

خـۆشـەویـستـی دەکا

sweetheart خۆشـەویـست، روح (

شیـرن، سووک)

sweetish (مـەیـلـەو، تـۆزێـک)

شیـرن

sweetly بـە خـۆشی، بـە روح (

شیـرن، سووک)ی، بـەجوانـی

sweetmeat شیـرمـەنـی

sweetness شیـرنـی. (بـۆنـخـۆشی.

دەنـگـخـۆشی. هتـد). جوانـی،

خوازراوی

sweets شیـرنـاتـی، شەکـرۆکـە،

چوکلـێـت

swell ئـەستـووردەبـێ{ی}،

دەئـاوسێ. ئـەستـووری، ئـاوسان

swelling ئـەستـووربـوون،

ئـاوسان

swelter (پـشی، پـشوو)ی

هەڵـدەمـێـنـێ لـە گـەرمای زۆر،

لـەرادەبـەدەر گـەرم(ە)

swept (p&pp sweep) (گـێـسک،

گـەسک)ی لـێـدا، ماری{ڵ}.

رامـاڵـی{ر}. ماڵـراو، مارای.

رامـاڵـراو

swerve لـەنـاکـاو ئـاڕاستـەی

دەگـۆڕێ، بـەلادا دەچـێ، (سوکـان

لـە دەستـی) وەردەگـرێ. ئـاڕاستـە

(گـۆڕیـن. گـۆڕان)؛ ی لـە نـاکـاو،

بـەلاداچوون

swift (1) گـورج، خێـرا،

تیژ

swift (2) خەنجەربالە (بالندە)

swiftly بەگورجی، بەخێرای، بەتیژی

swiftness گورجی، خێرایی، تیژی

swim مەلە(وانی)دەکا، باسکە لێدەدا. (شتێک) سەرئاو دەکەوێ

in the - *تێدایە، ئاگادارە لە(رووداو، شت)ەکان*

swimmer مەلەوان

swimming مەلە((وان)ی)

- costume *جلی مەلە، مایۆ*

- pool *گۆلی مەلە*

swindle (ساختە، فێڵ)(ی لێ) دەکا؛ لە پارە، هتد. فێڵکردن، ساختەچێتی. (کەسێکی) ساختەچی، فێڵباز

swindler فێڵبازی پارە قاچین، ساختەچیی پارە

swine بەراز. کەسێکی (ملهوڕ، لامل). شتێکی ناهەموار

swing جۆلانە. جولانەدەکا. دێ و دەچێ، ئەمبەر و ئەوبەر دەکا

in full - *لەوپەڕی جموجۆلدا*

switch کلیل. دەگۆڕێ. قامچی لێدەدا

- off *دەکوژێنێتەوە. دادەخا. پێوەدەدا*

- on *پێدەکا، هەڵدەکا. دەکاتەوە*

- sides *لا(یەن) دەگۆڕێ، دڵ دەگۆڕێ*

swollen (pp swell) (ئەستوور بوو)، ئاوساو

swoon دەبوورێتەوە، لەخۆدەچێ، لەهۆش خۆی دەچێ

swoop پەلامار دەدا؛ بەکتوپڕی

- down *بۆی دێتە خوارێ، لەسەرەوە پەلاماری دەدا؛ وەکو باز، هتد*

sword شیر، شمشێر

swordfish جۆرە ماسییەکی دەریایی گەورەی لمووز تیژە

swordsman شمشێرباز

swore (p swear) (سوێند، سوند)ی خوارد. (جوێنی، جمێن، جوون)ی دا

sworn (pp swear) (سوێند، سوند)خوراو. سوێندخواردوو

- enemies *دوژمنی سوندەخۆر؛ ی یەکترن*

swum (pp swim) مەلە(وانی) (لێ) کراو. (شتێکی) سەرئاو کەوتوو

swung (p&pp swing) جولاوە. جولانەیکرد. هاتوچوو، ئەمبەر و ئەوبەری کرد. هەژێنراو. ئەمبەر و ئەوبەر پێکراو

sycamore جۆرە (دار، درەخت)ێکە

sycophant خۆتێ هەڵسوو، ماستاوکەر. دوو ڕوو

syl (پێشگر، پێشکۆ)یە بە واتای؛ لەگەڵ. پێکەوە. وەکویەک، وێکچوو، هاوتا

syllabic (هی) بڕگەیی، لە بڕگان پێکهاتوو، بڕگەدار

syllable بڕگە. زۆر بە کورتی. بە سادەیی

syllabus (داڕشتە، بەرنامە، مەنهەج، کورتە باسی)ی

بابەتەکانی (خوێندن، فێر کردن)

syllogism (زانیاری، ئەنجام) بەدەستهێنان بە بەکارهێنانی دوو پێوەری (ئامادەکراو، دانراو)

sylph (ئافرەت، کچ؛ کیژ)ی رووخۆش، روحسووک. پەری یا پەرئاسا

sylvan (هی، تایبەتە بە) دارستان، دارستانی(یە)؛ لە دارستان دەژێ. بە دار یا دارستانە. جەنگەڵە

symbol هێما، نیشانە

symbolic هێمایە

symbolise نیشانەی (شتێکە، ئەوەیە)، هێمای دەکا، هێمایە بۆی

symmetrical دوو (نیوە، لەت، شت)ی وەکو یەکن، هاولایە

symmetry وێکچوونی شێوە و بڕیار و قەوارەی دوو (شت، نیوە، لەت)، هاولایی (شت، لەت)ەکان

sympathetic هاودەرد (لەگەڵ). دڵدەرەوە. بەدەنگەوە هاتوو، زگ (پێ، بۆ) سوتاو

- *to* *هەواداریەتی، لەگەڵیەتی؛ هی (پرۆژە، را، هتد) ێک*

sympathise هاودەردیی دەکا. دڵی دەداتەوە. بەدەنگییەوە دێ، زگ (پێ، بۆ) دەسوتێ

sympathy هاودەردی(بوون، کردن) (لەگەڵ). دڵدانەوە. بەدەنگەوە هاتن، زگ (پێ، بۆ) سوتان

symphony سیمفۆنیا؛ ئاوازێکی فراوان و بەربڵاو و بە چەندبار گۆڕاو

symptom دیاردە، نیشانە؛ ی نەخۆشی. نیشانەی هەبوونی شتێک

syn (پێشگر، پێشکۆ)یە بە واتای؛ لەگەڵ. پێکەوە. وەکویەک، وێکچوو. هاوئاهەنگ، هاوتا

synagogue پەرستگای جوو(ان)

synchronisation هاوئاهەنگ کردن. تێکهەڵکێشانی پێوراو{ی-ی}

synchronise هاوئاهەنگ دەکا. بەپێوانە تێکهەڵکێشیان دەکا

synchronism (کردەوەی) هاوئاهەنگی

syncopate پیت (دەپەڕێنێ، قووت دەدا) لە وشەیەکدا. دوو وشە لێکدەدا؛ بە پەڕاندنی پیتە (هاوسێ، دراوسێ)کان

syncope (1) (لە بوورانەوە، هۆش) خۆچوون؛ بەهۆی دابەزینی پاڵەپەستۆی خوێن

syncope (2) پیت (پەڕاندن، نەگوتن) لە وشەیەکدا. دوو وشە لێکدان؛ بە پەڕاندنی پیتە (هاوسێ، دراوسێ)کان

syndic فەرمانبەری (میری، زانکۆ، هتد)

syndicate یەکێتی پیشەیی، خانەی پیشەداران. سەندیکا

synod کۆڕ و کۆبوونەوەی سەرانی (بۆچوون؛ مەزەب)ێکی ئایینی

synonym (دوو وشە یا دوو برگەی) هاوواتا

synonymous هاوواتان

synonymy هاوواتایی

synopsis پوختە، کورتە

syntax ڕێزمان. زانستی وشە دارشتن لە رستەدا

- error *هەڵەی ئاشکرای (چاپ، نووسین، ڕێزمان)*

synthesis دروستکردن، پێکهێنان، سازگردن. دروستبوون، پێکهاتن، سازبوون

synthetic درووستکراو، سازکراو. دەستکرد(ە) (پ؛ سروشتی(یە))

syphilis سیفلیس؛ نەخۆشییەکی پیسی ئەندامی زاووزێی یە

syphilitic سیفلیس دارە، نەخۆشی سیفلیس ە

syphon = siphon

Syria ولاتی سوریا

Syriac (زمانی) سریانی؛ ی کۆنی سوریا و سەرووی کوردستان

Syrian خەڵکی سوریایە، هی سوریایە

syringe شرینقە؛ دەزگای کوتان؛ (دەرزی، شرینقە) لێدان

syrup شلەدەرمان. شلەیەکی شیرن. شەکراوی کولاو

system رژێم. شیرازە. دەزگا(کان)

systematic بە رژێمە. شیرازەدار(ە)

systemise شیرازەی بۆ دادەنێ، ڕێکی دەخا. رژێم دادەنێ

***** T *****

t بیستەمین پیتی ئەلفبێ ی ئینگلیزی یە

t (capital) هێمایە بۆ شتی وەکوو پیتی 'تی' ی (لاتینی، ئینگلیزی)

- shirt *فانیلەی قۆڵکورت*

- square *دەزگایەکی هێڵکاریی ئەندازیاری یە؛ لە دوو ڕاستەی لێکدراوی ئەستوون بە یەکتر پێکهاتووە*

t(.) کورتکراوە یە بە واتای؛

= (ton(s), tonne(s)) *تەن، تۆن؛ کە یەکسانە بە ۱۰۰۰ کگم*

t.v. کورتکراوە یە بە واتای؛

= television *تەلەفیزیۆن*

ta کورتکراوەیە بەواتای؛

thank you *سوپاس؛ بە کورتی و بە پەلە؛ لە نێوان دۆستانیش بەکار دێ*

tab (1) (n) (نیشانە، مۆرک)ی کۆمپانیا یەک. پارچە (کاغەز، پەڕۆ)ی بە (شت، جل) یێک لکێنراو؛ بۆ نیشاندانی (نرخ، چۆنیەتی شوشتن، هتد)ی

tab (1) (v) (نیشانە، مۆرک)ی (لێدەدا، پێوە (دەنێ، دەلکێنێ))

tab (2) پیتێکی چاپە؛ هەرچەندە (نەدیتە و چاپ نەکردەنی یە؛ لەگەڵ پیتەکانی گەڕانەوە، هێڵی نوێ، ماوە پێیان دەگوترێ پیتە سپی یەکان)؛

tab (2) (~) ؛ بەلام گرنگە بۆ خشتە دروست کردن و ریز کردنی ستوونان

Tabasco بیبەری تیژ. ساسی تیژ، چلی سۆس

tabby پشیلەیەکی بۆر یا قاوەیی بە خەتخەتی رەش. جۆرە کوتاڵێکی{ر} حەریر ە

tabernacle چادر، رەشماڵ، خیوەت، چەتر، کەپر، سێبەر (مێژوو). شوێنی (کۆڕ، کۆبوونەوە)، کۆگە

table خوانە، مێز، تەختە. خشتە. دادەڕێژێ. خانە(خانە) دەکا

- cloth *(کوتاڵی{ر})* سەرخوانە، چەرچەف

- linen *(کوتاڵی{ر})* سەرخوانە، چەرچەف، *ملوانکەی نان خواردنی سەرمێز، هتد*

- spoon *کەوچکی گەورەی خوانە؛ کابان چێشتی پێ تێدەکا، پڕبە کەوچکێکی ئەوها(لە)*

- talk *دەمەتەقێی (دەورەی خوانە، سەر نانخواردن)*

- tennis *تێنس ی سەر مێز؛ گەمەی تۆڕی سەرمێز*

- wine *(مەی، شەراب)ی ئاسایی (سەرمێز، گەر خواردن)*

at - *نان دەخوا، لەسەر (مێز، خوانە) یە*

multiplication - *خشتەی لێکدان (ماتماتیک)*

on the - *خراوەتە بەر لێکۆڵینەوە، لەسەر مێزی گفتوگۆیە*

times - *خشتەی لێکدان*

turn the -s *(بارودۆخ) وەردەچەرخێ بە (دژ، (سوود،*

قـازانـج))ی کـەسێـک

tablecloth (کـوتـاڵـی{ر}) سەرخوانـە، چەرچەف

tableland بـانـیـی؛ (گۆڕەپان، رووبـەر) ێکـی بـەرز، گۆڕێکـی بـەرز

tablespoon کـەوچکـی گـەورەی خوانـە؛ کابـان چێشتـی پـێ تێدەکا، پـڕبـە کـەوچکێکـی ئـەوها(لـە)

tablet (دەنـک، قـورس)ە (دەرمان، حەب). سەلـک ە سابـوون ێک. تـەختـەیـەکـی بـچووکـی لـەسەر نـووسین

tabletop سەرمێـز، (رووبـەر، تـەختـە)ی سەر مێـز

tableware هیـربـار، (قـاپ (و قـاچاغ)، کـەوچک{مراک}، چەنـگاڵ، هتـد)ی نـانـخواردن

tabloid رۆژنـامـەی نـاوچەیـی بـچووک بـەلام بـەنـاوبـانـگ

taboo (لـە رووی کـۆمـەلایـەتـیـەوە) قـەدەغەیـە؛ بـقـە یـە. نـەفـرەت کـراو. دەگمـەن (ە). قـەدەغە دەکا. وەدەر دەنـێ

tabu = taboo

tabular خشتـەیـی (ە). ریـزکـراو (ە)، بـەریـز

tabulate دەکاتـە خشتـەیـی. ڕیـز دەکا، دەخاتـە خشتـەوە

tabulator (کـەس، شت)ی (ریـز، خشت)کـەر. (خشتـە، ریـز) دروستکـەر

tacho کـورتـکراوە یـە بـە واتـای؛

= tachometer *(دەزگـا، ئـامـراز)*

ی پـێـوانـی خێـرایـی سووڕانـەوەی لـوولـە یـەک؛ لـە ئـۆتـومبـیـل دا

tachograph (دەزگا، ئـامـراز)ی تـۆمار کـردنـی کـات و خێـرایـی ئـۆتـومبـیـل هاژوان

tacit لـەخۆوە زانـراوە، بـێ (وتـن، بـاسکـردن) زانـراوە، روونـکردنـەوەی پـێـناوێ. بـێدەنـگ

tacitly بـەبـێ دەنـگی، لـەخۆڕا، بـە بـێ (پـێ وتـن، بـاسکـردن)، بـێ روونـکردنـەوەیـی

taciturn کـەمدوو، بـێدەنـگ، مات، کـڕ

tack (1) بـزماری پـینـە (ی پـێـڵاو(ان))؛ بـچووک و تـیـژ و سەر پان. تـەقـەڵـی (شاش، درێـژ)؛ ی دورمانـی کـاتـی. (لـکان، لـیـچی)ی سوبـوغ. پـینـە دەکا. دەدووری، لـێک دەدا، دەلـکێـنـێ

tack (2) (زیـن، کـاژاوە)ی (ئـەسپ، مایـیـن). شتـی (هەرزان، کـەمبـایـەخ)، پـیـنـەوپـەڕۆ، شڕ و وڕ

tackle (1) ئـامراز و پـێداویـستـی یـەکـانـی وەرزشێـک. کـنـدر و خولـخولـە و قـورسایـی بـڵـنـد کـردن. هەوڵـی تـۆپ (بـردنـەوە، وەرگـرتـنـەوە، پاشەقـول) لـە گـەمـەی تـۆپـی پـێ

- block *خولـخولـۆک، خریـلـەی قـورسایـی بـڵـنـدکـردن؛ کـەوا (گـۆریـس، کـنـدر)ێکـی (بـەنـاودا؛ بـەسەردا) شۆڕ دەکـرێـتـەوە*

fishing - *(تـەدارەک، تـاقـم)ی (ماسی گـرتـن، راوەماسی)*

tackle (2) پاشەقـول لـێدەدا، تـۆپ (دەبـاتـەوە، وەردەگـرێـتـەوە) . خۆی لـێدەدا؛ بـەرەورووی (تـەنـگووچەڵـەمـە، کـەس، گـفـتـوگـۆ)

یّک دەبیّتەوە

tacky کەمیّک لیچە. جۆریّکی (خەراپ، هەرزان)ە. پینەوپەڕۆ، شڕ و وڕ

tact (شارەزایی، لیّزانی، لەسەرەخۆیی) لە مامەلە لەگەڵ خەڵکانی دی؛ بەتایبەتی لە بارودۆخی ناسک دا. سازشکاری. وریایی، هەستیاری

tactful (شارەزایی، لیّزانی، زیرەکی) (هەیە، دەنویّنیّ)؛ بەتایبەتی لە بارودۆخی ناسک دا. وریا، هەستیار

tactic جموجۆلیّکی (شارەزا، لیّزان، زیرەک)انە. پلانی زیرەکی کورت خایەن. فرت و فیّڵ

tactical (شارەزا، لیّزان، زیرەک)انەیە. شتیّکی کورت خایەنە، بە پلانە. بە فرت و فیّڵە

tactics تەکتیک؛ پلانی زیرەکی کورت خایەن. فرت و فیّڵ؛ بەتایبەتی لە (رامیاری، جەنگ) دا

tactile بەرجەستە، (بەدەست) گیراو، هەستپیّکراو

tactless نەشارەزا، کەمزان. کەم هونەر

tadpole سەرەمیّکوتە؛ (فەرخە، ساوا)ی بۆق و ئەوبابەتانە

taenia پشتیّنە کرم؛ کرمیّکی دریّژ و پان و تەنکە. کرمی (تاقانە، (بە)تەنیا)

tag پارچە (کاغەز، پەڕۆ)ی بە (شت، جل) یّک لکیّنراو؛ بۆ نیشاندانی (نرخ، چۆنیەتی شوشتن، جیّنیشان، هتد)ی. قولاب (ی شت پیّ (هەڵگرتن، هەڵواسین)

)

tail کلک. دواوەی (شتیّک). دوا(یین). کلکی بۆ دەکا. کلکی تیّدەخا. دواى دەکەویّ

- end *پشتەوە. بنەوە. دواترین؛ دوا (بەش، دانە)*

- gate *دەرگای دواوەی ئۆتومبیل*

- lamp *(چرا، گڵۆپ)ی سووری پشتەوەی ئۆتومبیل*

- light *(چرا، گڵۆپ)ی سووری پشتەوەی ئۆتومبیل*

- or head *بەر یا پشت؛ شیّر یا خەت !*

- wind *با یّک کەوا بە ئاراستەی (گوزەرکردن، رۆیشتن) هەڵدەکا؛ لە پشتەوە دیّ*

turn - *هەڵدیّ؛ کلکی تیّکدەنیّ*

tailback (ستوون، هیّڵ)یّکی دریّژی ئۆتومبیلان بەهۆی (ریّ تەسکبوونەوە، قەڵەباڵغی، هتد)

tailboard دەرگای دواوەی (لۆری، هتد)؛ کەوا (لیّ دەکریّتەوە، خوار دەکریّتەوە)

tailcoat قاپووتیّکی پیاوانەی کلکدارە؛ لە هەندیّ (بۆنە، ئاهەنگ)ان لەبەر دەکریّ

tailgate دەرگای (دواوە، پیّنجەم، سیّ یەم)ی ئۆتومبیل

tailor بەرگدروو؛ بە تایبەتی هی جلوبەرگی پیاوانە؛ ی دەریّ (ی ماڵ). دەدووریّ، بەرگدرووی دەکا. بۆ مەبەستیّکی تایبەتی (دەیگۆڕیّ، دروستی دەکا، دەیگونجیّنیّ)

- made *بە رادان دراوە. بە رادان کراوە. بۆ مەبەستیّکی*

تایبەتی (گۆڕاوە، دروست کراوە، گونجێنراوە)

tailored بۆ مەبەستێکی تایبەتی (گۆڕاوە، دروست کراوە، گونجێنراوە). بە رادان (دراوە. کراوە)

tailpiece بەشی لکێنراو بە دواوە. دوا پارچەی شتێک. نەخشی (جوانکاریی) پەراوێزی (بەشێکی) پەرتووکێک

tailpipe (پارچە، بەش)ی دواوەی (لوولە، بۆڕی)یێک (ی (دووکەڵ، هتد) دەردان)

tailplane (رووبەرێکی ئاسۆیی (بەرز و نزم کردەنی) لە ئاستی ژێرەوەی دوا بەشی کلکی فرۆکەیەک

tailspin کلک (سووڕانەوە، خولانەوە)ی فرۆکەیەک زیاد لە (خواست، پێویست). دۆخی (سەرلێ شێواوی، گێژی، شپرزەیی)

taint (n) (پەڵە، ئاسەوار، لێڵی)یێکی (کۆن بوون، ژەنگ گرتن، تێکچوون، نەخۆشی، هتد). گەندەڵی، بۆگەنی، رزین

taint (v) (گەندەڵ، بۆگەن) دەبێ، دەرزێ. (گەندەڵ، بۆگەن)ی دەکا، دەیرزێنێ

tainted (adj) پەڵەدار، لێڵ، کۆن، ژەنگ گرتوو. گەندەڵ، بۆگەن، رزیو

take دەگرێ ((ت)ە دەست)، دەبا(تن). وەدەست دەهێنێ. (بەکرێ) دەگرێ. بەکار دەهێنێ. دەخوا. دەستێنێ. وەردەگرێ. تێدەگا. دەخایەنێ (کات). بگرە!، ببە!، بخۆ!. جار

- advantage of *هەلەکە دەقۆزێتەوە، سوودی لێ وەردەگرێ*

- after *لاسایی دەکاتەوە، لە چاوی دەکاتەوە*

- aim *نیشانەی لێ دەگرێ، ئاراستە دەکا*

- apart *لێک دەکاتەوە، هەڵدەوەشێنێ، لەبار یەک دەردەهێنێ. دەبەزێنێ، لێک و پێکی دەکاتەوە*

- away *لێی دەردەکا (ماتماتیک). دەیبا. دوور دەخاتەوە. (خواردن کڕین و لەگەڵ خۆ بردن*

- back *دەگەڕێنێتەوە؛ شتێک دەباتەوە جێی خۆی. قسەی خۆی دەخواتەوە. وەردەگرێتەوە*

- breath *پشوویەک دەدا، دەحەسێتەوە*

- care *ئاگادار(ی) دەبێ، وشیار دەبێ*

- effect *دەکەوێتە کار(ەوە)، ساتی کاری دەسپێدەکا*

- fire *ئاگردەگرێ، گڕی تێبەر دەبێ*

- for *مەزەندەی وایە، پێی وایە*

- heart *هان دەدرێ، ورەی بەرز دەبێتەوە*

- heed *دەسلەمێتەوە، وریا دەبێ*

- hold of *دەیگرێ، دەستگیری دەکا*

- home pay *ئەو (پارە، مووچ)ی (کرێکار، فەرمانبەر، هتد)یێک دوای داشکانی (باج، هتد)*

- in *تێ دەگا، حاڵی دەبێ*

- leave *خواحافیزی دەکا، دەڕوا (بە رەزامەندی)*

تن). وەدەست دەهێنێ. (بەکرێ) دەگرێ. بەکار دەهێنێ. دەخوا. دەستێنێ. وەردەگرێ. تێدەگا. دەخایەنێ (کات). بگرە!، ببە!، بخۆ!. جار

- off (1) *لەبەر دەکاتەوە، دادەکەنێ. هەڵدەستێ، دەفڕێ (فڕۆکە)*

- off (2) *سەرەتای (هەستان، فڕین، بەرزبوونەوە)ی فڕۆکە*

- out *دەردێنێ، دەردەکێشێ (ددان). لادەبا. دەسڕێتەوە، دەکوژێنێتەوە. وەدەردەخا، دەهێنێتە دەرەوە*

- over *(دوکان، هتد) دەکڕێ، دەستی بەسەردا دەگرێ؛ بەکڕین*

- pains *ئازار دەکێشێ، ماندوو دەبێ*

- place *روو دەدا*

- root *رەگ دادەکوتێ، جێی خۆی دەکاتەوە*

- side with *لایەنی دەگرێ، پشتگیری دەکا*

- time *هەڵوێستە دەکا، دەخایەنێ. کاتی دەوێ، پێی دەچێ*

- to *دەستی پێدەکا*

- to heart *دەباتە ناوەوە، لە دڵی دەگرێ*

- turns with *ئێشکی لە گەڵ دەگرێ، نۆبەت دەگرن*

- up (1) *ئەرک(ەکە) بە ئەستۆوە دەگرێ، پێوە هەڵدەستێ، کارەکە دەگرێتە خۆ*

- up (2) *کات دەبا، دەخایەنێ. بەرز دەکا، بڵند دەکا. دەگرێ*

تن). وەدەست دەهێنێ. (بەکرێ) دەگرێ. بەکار دەهێنێ. دەخوا. دەستێنێ. وەردەگرێ. تێدەگا. دەخایەنێ (کات). بگرە!، ببە!، بخۆ!. جار

- up (3) *رازی بوون بە شتێکی (پێشنیار کراو، دراو)*

taken براو، بردراو. فرۆشراو

taker کەسێک کە (گرەو ێک بکا. شتێک وەرگرێ)

taking بردن. (وەر)گرتن. خواردن. سەرنجڕاکێش، دڵگیر

takings (داهات، دەسکەوت)ی کارێ یا دوکانێ؛ بەر لە باج و دەرهاتی تر

tale چیرۆک (ی بە زۆری (هەڵبەستراو، ئەفسانەیی)). تاوانبار کردن، پیدا هەڵبەستان. رووداوێک

talebearer کەسێکی (قسە (هەڵبەستوو، هەڵبەستێن))

talent بەهرە، زیرەکی یەکی تایبەتی. دراو و یەکەکانی کێشی یۆنانی کۆن

talented بەهرەدار (ە)، بلیمەت (ە)

talisman جەستەیەک (ن؛ بەردووکە، ئەڵقەیەک، پەڕۆی کەسک، هتد) کەوا بەخۆوە دەگرێ بۆ (شەنس هێنان، بەخت هەستاندن، هتد). نوشتە

talk دەدوێ، قسەدەکا، داخەفێ. دەدرکێنێ، ئاشکرادەکا. دوان، قسەکردن، ئاخافتن. وتار

- back *قسەی بە روو دا دەکاتەوە. بە روو ی دا هەڵ دەگەڕێتەوە*

دەدرکێنێ، ئاشکرادەکا. دوان، قسەکردن، ئاخافتن. وتار

now you are -ing *ئەمەم پێخۆشە، تۆ ئەمە بڵێ*

-s *(گفتوگۆ، سازش) کردن (رامیاری). دەمەتەقێ*

talkative زۆربڵێ، درێژدادڕ، چەنەباز، چەقاوەسو

talkback دەزگای پەیوەندیی ئەلیکترۆنیی (دوو ئاراستەیی، هاتن و چوون)؛ گۆتن{و} و گوێگرتن

talking ئاخاوتوو، دواو. قسەکەر

tall درێژ (ە)؛ بەرز (ە)، بە بالا یە. بالا بەرز. (خانوو، شت)ی بەرز. بە سەربەرزی؛ ن؛ سەربەرزانە دادەنیشێ

- order *داواکاریی (نابەجێ، ناڕەوا)*

- story *چیرۆکێکی (زێدە ڕۆیە، باوەڕ نەکردەنی) یە*

tallish مەیلەو بەرز (ە). نیمچە بالابەرز (ە)

tallness درێژی؛ بەرزی، بالا (بەرزی). سەربەرزی

tallow بەزی توندی ئاژەڵ؛ کەوا (مۆم، سابوون، هتد)ی لێ دروست دەکرێ

- faced *ڕەنگ زەرد*

tally ئامار، کۆی ژمارە. نیشانەیە بۆ گەیشتن بە ژمارەیەکی دیاریکراو. دەسەلمێنێ. دەگونجێنێ

talon (چنگاڵ، نینۆک، نوخان، جنجرۆک، ڕنۆک)؛ ی بەتایبەتی باڵندەی گۆشت خۆر

tamarind (درەخت، بەر)ی تەمەرهیندی؛ جۆرە خورمایەکی گەرمەسێر انە

tamarisk جۆرە ڕووەکێکی ڕۆخ دەریای یە

tambour تەپڵ{ر}، دەهۆڵ{ڵ}. چارچێوەیەکی بازنەییە بۆ ڕاگرتنی کوتاڵی{ر} (لەناو) چنین

tambourine دەف (ە)

tame کەوی، ماڵی، ئاشنا، ڕاهاتوو. ڕاهێنراو. گاڵتە و گەپی دووبارە و زۆر بیستراو. (کەوی، ماڵی)ی دەکا. ڕادەهێنێ. ملکەچی دەکا، تخووبی بۆ دادەنێ

tameable کەوی دەبێ، ماڵی دەکرێ

tamer ڕاهێنەر، مەشقدەر، (ئەزموون، مەشق) پێکەر

tamper دەستی تێوەر دەدا، یاریی پێدەکا. (خاوە، بەرتیل)ی دەداتێ

tan (1) (خۆر، ڕۆژ) خاراندن{غ}؛ لەبەر ڕۆژ (بۆر، سوور)بوونەوە. ڕەنگێکی قاوەیی مەیلەو زەرد. دەرمانی دەباغی؛ (کەوڵ{ر}، پێستە) خۆش کردن. خۆ دەداتە بەر خۆر.

tan (2) کورتکراوەیە بە واتای؛

= tangent *لێخش (یو)، پێکەوتوو؛ (هێڵ، کەوانە، هتد)ێک کەوا لە خاڵێک دا بە (کەوانە، بازنە، هتد) یەک*

tandem پاسکلێکی فرە زین ی یەک بە دوای یەک دا. (قەتار، قافڵە، ڕیز) کردن. یەک بە دوای یەک (بوون. هاتن)

in - *بەڕیز، یەک بە دوای*

یەکەوە. پێکەوە، بەتەنیشت یەکەوە

tandoor تەندوور، تەنوور، فڕنی (ی قوڕ)

tandoori خواردنی تیژی هیندی؛ لەسەر خەڵووز{ر} و لەناو تەندوور (پیشاو، برژاو، لێنراو)

tangency لێک کەوتن، لەیەکتر خشان، پێک کەوتن

tangent (1) لێکەوت(وو)، لێخش (یو)، پێکەوتوو؛ (هێڵ، کەوانە، هتد)ێک کەوا لە خاڵێک دا بە (کەوانە، بازنە، هتد) یەک دەگات بێئەوەی بیبڕێ

tangent (2) دوولاڕێژە؛ ڕێژەی دوو لای تەنیشتی گۆشەیەک بۆ یەکتر لە هەر سێگۆشەیەکی قیت

tangerine نارنج. ڕەنگی پرتەقاڵ یی (قوول، تۆخ)

tangible بەرجەستە، (بەدەست) گیراو، هەستپێکراو. (بەڵگەی) بەرجەستە، سەلماو، زانراو، روون

tangle تەگەرەی بۆ دروست دەکا، گرێی دەخاتێ. ئاڵۆز (دەکا. دەبێ). تەگەرە، گرێ کوێرە. (دۆخێکی) ئاڵۆزی

tangled ئاڵۆز. بە (تەگەرە، گرێ کوێرە)

tangly (adj) = tangled

tank (تانکی، عەمبار)ی (شلە، گاز{غ}). زرێپۆش، دەبابە. (تانکی) پڕ دەکا

tanker ئۆتومبیلی عەمباری گواستنەوەی (شلە، گاز{غ})

tanner دەباغچی؛ کەسێک کەوا (کەوڵ، پێستە) دەکا بە چەرم

tannery دەباغخانە؛ (کارگە، شوێن)ی (کەوڵ، پیستە) (خۆشکردن، خاراندن)

tantalise (گەمە، قەشمەری)ی پێدەکا، پێی رادەبوێرێ؛ بە (پیشاندان، بەڵێن)ی شتێکی نایاب. هیوای بەرز پاشان دادەگرێ تەوە

Taoiseach بە سەرەک وەزیرانی کۆماری ئایەرلەند دەگوترێ

tap سەرە (بەلووعە، بۆڕی). تەپە(تەپ)، رەپە(ڕەپ). کون دەکا. (تەپەتەپ، ڕەپەڕەپ) دەکا. (زانیاری، راگەیاندن)ی لێ (وەردەگرێ، وەدەست دەهێنێ)

- dance *سەمای تەپە (ی ئیسپانی)*

tape دەسرازە، بەن، چرێش، تێپ (ی شت (بەستنەوە، لکاندن، هتد)). تۆمار دەکا

- line *پێوەر*

- measure *پێوەر؛ فووتە*

- recorder *دەزگای تۆمرکردنی دەنگ؛ تۆمارکەر، تەسجیل*

magnetic - *تێپی بە موقناتیز کراو بۆ تۆمار کردنی (گورانی، زانیاری، هتد)*

taper داوێکی چەور کراو. مۆمی باریک. باریک دەکات(ەوە)، تیژدەکات(ەوە)، نووکی بۆ دروست دەکا. کەم (دەبێ. دەکا)

tapering نووک، (باریک، تیژ)

tapestry (نەخش، چنین)ی سەر کوتاڵ{ر}، مافووری دیوار. (رووداو، بارودۆخ)ی تێکهەڵکێش(راو)

tapeworm پشتێنە کرم؛ کرمێکی درێژ و پان و تەنکی مشەخۆرە. کرمی (تاقانە، (بە)تەنیا)

tar قیر، قەتران. قیر(تاو) دەکا

tardiness لەسەرەخۆیی، هێواشی. دواکەوتن. دواخستن

tardy لەسەرەخۆ، هێواش. دواکەوتوو. دواخەر

tare (زیوان، گیای زیانبەخش)ی (ی ناو دەغڵ و دان). کێشی مەنجەڵ بە بەتاڵی پێش شت کێشان، کێشی ئۆتومبیل بێ بارەکەی، تەرحە

target ئامانج. نیشانە. ئامانج دەگرێ دەستنیشان دەکا. دەپێکێ. تێی دەگرێ

tariff (خشتە، تۆمار)ی (فیات، کرێ، نرخ. باج)ی شت. باجی سەر هەندێ جۆرە شتان

tarn (گۆل، گۆم، دەریاچە)یێکی بچووکی سەرچیا

tarnish لەکەداردەکا. (تەڵخ، تاریک) دەکا. ناوبانگی دەزڕێنێ. (تەڵخ، تاریک)ی. پەڵەی پیسی. لەکە

tarpaulin مشەما؛ کوتاڵێکی ئەستووری چەورکراوی ئاو نەدزە؛ تایبەتە بۆ لەسەر زەوی راخستن

tarry (1) (هی، وەکو) قیر. بە قیرە، بە قیر بووە

tarry (2) (خۆی) دەخافڵێنێ، (خۆی) دەگرمخێنێ، چاوەڕێ دەکا

tart ترش (تام)، تیژ. (ئاماژە کردن، وتە)ی (تاڵ، توند، تیژ، بریندارکەر). (قۆدی{ت})ی شیرنی. جۆرە کێکێکە

tartar (1) تەتەر، تەتار، تاتار؛ خەڵکی مەنگۆل و تورکی ناوەڕاستی ئاسیا. زمانی تەتار؛ شێوەیەکی تورکی یە. دڕ، ترسناک، ترسێنەر. هێ تەتار (ە)

tartar (2) بەرغ، قەتماغە؛ توێژێکی زەردە کەوا بە ددانەوە دەنووسێ

tartness ترشی (ی تام)، تیژی

task (ئەرک، کار) ێک. ئەرکی زۆری دەخاتە سەر؛ داواکاریی زۆری لێ هەیە

take to - *گلەیی لێ دەکا، لوومەی دەکا*

taskwork کاری (قۆنتەرات، پارچە)

Tass ئاژانسی دەنگوباسی (دەوڵەتیی) روسیا

tassel (گورینگ، گوڵنگ، ریشە، داوە بەن)ی بە (جەمەدانی، پەردە، شت)ێک دا شۆڕەوەبوو بۆ جوانی

taste تام، تاموبۆ. تامکردن. تام دەکا

- bud(s) *خانە(کان)ی تام کردن لە سەر (زار، زمان)*

tasteful بەتام (وبۆ یە)، نایابە. بەجوانی (کراو، ئەنجامدراو)ە

tasteless بێتامە. بەخەراپی (کراو، ئەنجامدراو)ە

tasty بەتامە، نایابە. نەوس کەرەوە یە، ئارەزوو بزوێنە. دڵگیرە، سەرنج راکێشە

tat (شتی) کۆنە، (جلوبەرگی) شڕ

tatter(s) هەلاهەلا بوون، ونجڕبوون، هەنجنران، دڕان

in -s *زۆر (شڕ، دڕاو، کۆن). کاولکراو، تێکدراو،*

خەراپکراو

tattered هەلاهەلا، زۆر (شڕ، دڕاو، کۆن). کاولکراو، تێکدراو، خەراپکراو

tattle زۆربلێی دەکا. باسی خەلک دەکا. زۆربلێیی، زۆروتن

tattoo (خالی دەستکرد، کوتران) ی سەرپێستی لەش. وەشمە. (زەنگ، تەپڵ)ی (بانگ کردنەوە، گێڕانەوە). دەکوتێ؛ خالی بۆ دروست دەکا

tau تاو؛ پیتی نۆزدەمینی ئەلفبێ ی یۆنانی یە

taught (p&pp teach) فێرکرد، وانەی گوتەوە. فێرکراو. راهێنراو

taunt وروژاندن، تووڕەکردن، پەست کردن، گالتە پێکردن. دەی وروژێنێ، تووڕەی دەکا، پەست دەکا، گالتەی پێدەکا

tavern مەیخانە

tawdry جوان ی (بێکەلک، بێسوود)، دوورکۆژ ی نزیک خەسار

tawny ڕەنگی (پرتەقالی، زەرد) ی مەیلەو قاوەیی؛ ڕەنگی مسی

tax باج. باجی (دەخاتە سەر، لەسەر دادەنێ). باجی لێ (دەستێنێ، دەگێڕێتەوە)

- *avoidance* *کەم دانی باج؛ بە فرت و فێل کردن لە داهات*

- *disc* *قورسی باجی جادە (بەکارهێنان)ی سەر جامی ئۆتومبیل*

- *evasion* *(نەدانی نایاسایی، کەم دانی) باج*

- *free* *بازاڕی ئازاد (لە باج) ، بێ باجە؛ باجی لەسەر نییە داهات (راگەیاندن،*

دەستێنێ، دەگێڕێتەوە)

- *return*

ئاشکرا کردن) بۆ مەبەستی باج لێ دەرکردن

taxable باجی لەسەرە، باج دەیگرێتەوە

taxation باج لەسەر دانان، باجکردن، باج وەرگرتن

taxi تەکسی، ئۆتومبیلی کرێ

- *rank* *شوێنی راوەستانی ئۆتومبیلی تەکسی؛ لە (سەر، رۆخ) جادان*

taxicab تەکسی؛ ئۆتومبیلی کرێ

taximeter دەزگای خۆکاری کرێبار پێو

taxman فەرمانبەری (پشکنین، کۆکردنەوە)ی باج

taxonomy زانستی (خانەخانە، دابەش) کردنی گیانلەبەری زیندوو و (لەناوچوو، قڕ (کراو، تێکەوتوو))

taxpayer کەسێک کەوا باج بدا؛ زیاتر بە هاوولاتیی (کارمەند، فەرمانبەر، خاوەنکار) دەگوترێ

tea چای، چایە. (گەلا، تۆ) چای(ە)

- *bag* *کیسەی تۆچا؛ ی بچووکی یەک چایەیی*

- *break* *(ماوەی) چاخۆر ێک؛ پشووی کورت لە کارکردن*

- *cosy* *(پەرۆ، کوتاڵ، بەرگ)ی سەر (چایەپەست، قۆریە)*

- *lady* *چایەچی (مێ ینە) (گەلا، تۆ)*

ە)
- *leaf (-aves)*
چای(ە)
- *urn* چاپەست، چایەپەست، قۆری(ە)
teach فێردەکا، وانە دەڵێتەوە. رادەهێنێ
teacher مامۆستا، مامەستا. راهێنەر
teaching (پیشەی) مامۆستایی. وانە (گوتن، وتن)ەوە
-*s* (زانین، رێنمایی)(ەکان)ی (کەسێک، باوەڕێک)
teak دارێکی بتەو{پ}، داری ساج
team (1) دەستە، تیپ. (دوو، کۆمەڵێک) کەسانی هاوکار
- *effort* هەوڵی بە کۆمەڵ، تەقەلای هەمەلایەنە
- *leader* سەردەستە
- *mate* هاوکار، هاو (دەستە، تیپ)
- *spirit* گیانی هاوکاری، ئارەزوو (مەند) یی کاری بە کۆمەڵ
- *up* یەکدەگرن، هاوکاری دەکەن
- *work* کاری دەستەیی، کاری بە کۆمەڵ
team (2) (دوو، چار، کۆمەڵێک) (کەر، گا، ولاغ، هتد)ی پێکەوە بەستراو بۆ (عارەبانە راکێشان، گیرە کردن، هتد)
teapot چایەپەست، چاپەست، قۆری(ە)
tear دەدڕێنێ. دڕان. فرمێسک. دڵۆپە{ڵ}
- *apart* لێک و پێک دەکاتەوە. (شوێنێک) دەپشکنێ؛ دادەپڕژێنێ، هەڵگێڕ و وەرگێڕی دەکات
- *down* دادەکێشێ، دێنێتە خوار(ێ)، دەڕووخێنێ
- *drop* دڵۆپە{ڵ} فرمێسک یێک
- *gas* گازی{غ} فرمێسک هێن(ەر)
- *out* هەڵدەقەنێ هەڵدەکێشێ، رادەکێشێ
in -s دەگریێ. گریاو. گریان
-ing hurry پەلەی زۆر
tearaway (کەسێکی گەنجی) بەرەلا، گوێنەگر
tearful فرمێسکاوی. (رووداو یێکی) بەئازار، ناخۆش
tease پێی رادەبوێرێ، گەمەی پێدەکا، قەشمەری دەکا. گاڵتە. پێرابواردن. گاڵتەجاڕ
tea-set تاقمی چایە
teasing پێڕابواردن، گەمەپێکردن، قەشمەری. تووڕەکردن
teaspoon مراکی چایە، کەوچکی چا
teaspoonful پڕ بە کەوچکی چا
teat گۆی مەمک؛ بە تایبەتی گوانی مێ یەی ئاژەڵان. سەرە مەمە؛ لاستیقی شیردانی منداڵی (ساوا، شیرەخۆر)
teatime (کات، پشوو)ی چاخواردنەوەی دوای نیوەڕۆ
technic(s) تێکنۆلۆجی. (زانست، هونەر)ی کردەوەیی
technical (پسپۆڕ، شارەزا)ییە.

هی (زانستی، هونەری) یە کردەوەییەکان

- *term* *زاراوەی (زانستی، تەکنیکی)*

- *word* *وشەی (زانستی، تەکنیکی)*

technicality کردەوەیی (بوون)، کرداری

technician (پسپۆر، وەستا، شارەزا، هونەرمەند) لە بەکارهێنانی ئامێرێک. کرێکارێکی شارەزا؛ لە بواری (کاری) خۆی

technocracy (فەرمانڕەوایی، دەسەلاتی) خەلاکانی پسپۆر لە بوارە (پیشەییە) جیاجیاکان

technocrat (فەرمانڕەوا، دەسەلاتدار)ی پسپۆر لە بوارێکی پیشەیی. (هەوادار، لایەنگر)ی (فەرمانڕەوایی، دەسەلاتی) خەلاکانی پسپۆر

technology (زانیاری، زانست. توانا، لەباردا (هە)بوون)ی (بەکارهێنان، کارپێکردن)ی زانست. (زانایی، بەکارهێنان) ی هونەرە میکانیکی یەکان

tedious قورس، گران، بە ماندوو بوون. دوورو درێژ، لە (برانەوە، تەواو بوون) نەهاتوو

tediousness قورسی، گرانی، ماندوویێتی. دوور و درێژی

tedium ماندووی، قورسی، گرانی

teem زاوزێدەکا. زۆر دەبارێ، بە (زۆری، ڕێژنە) دێتەخواری

- *with* *پڕە لە*

teenage (هی، تایبەتە بە) هەرزەکار (ەوە)

teenager هەرزەکار؛ منالێ تەمەن سێزدە تا نۆزدە ساڵ

teens تەمەنی هەرزەکاری؛ مرۆ(ڤ) لە تەمەنی سێزدە تا نۆزدە سالی

teeny گچکە(لۆکە)، گچکۆکە، (بچکۆل، گچکۆل) (ە). ناسک(ۆکە) ، ناسکۆڵە

- *weeny* *زۆر (گچکۆکە، بچکۆل (ە). ناسکۆڵە)*

teeth (pl tooth) ددان(ەکان)، دگان(ەکان)

teethe کەل(کەل)ی دەکا؛ وەکو ددانی مشاری لێ دەکا. (منال) ددانی دێ

teetotaller (مەستی، مەی) نەخۆرەوە. (هەوادار، لایەنگر، بانگرادێر)ی مەی نەخواردنەوە

TEFL کورتکراوە یە بە واتای؛

= Teaching of English as a Foreign Language *(فێرکردن، وانە وتنەوە)ی زمانی ئینگلیزی بە خەڵکی نا ئینگلیز*

Teflon قاپ و قاچاغی بن نەگر؛ بە هۆی (قات، قەتماغە) یێک شتی تایبەتی

Tel. کورتکراوەیە بە واتای؛

= Telephone *تەلەفۆن*

tele (1) (پێشگر، پێشکۆ)یە بە واتای؛ لە دوور (ەوە). بۆ دوور. بە (هۆی)

tele (2) کورتکراوەیە بە واتای تەلەفیزیۆن

- *ad* *پڕوپاگەندەی بازرگانیی تەلەفیزیۆن*

telecast پەخش (کردن) ی تەلەفیزیۆنی. رادەگەیەنێ (بە تەلەفیزیۆن)، پەخش دەکا

telecommunication پەیوەندی بەستانی دوور و راگەیاندنی زانیاری بە شێوەی ئەلیکترۆنیی؛ ن؛ بەرێگەی (تێل، وایەر)، رادیۆ، مانگی دەسکرد، هتد

-s *تەکنۆلۆجیی ئەلیکترۆنیی پەیوەندیی دوور و راگەیاندنی زانیاری*

teleconference (کۆنگرە، کۆڕ بەستان، کۆنفرانس)ێک کەوا بەشداربوو(ەک)انی لە جێی دوور لەیەکەوە بە (تەلەفۆن، کامیرە و ڤیدیۆ، هتد) (پەیوەندن، پێکەوە لکێنراون)

telefax فاکس؛ نامە (ناردن) ی تەلەفۆنی

telegram برووسکە

telegraph (دەزگا، ئامێر، شیرازە)ی (کۆن بوو)ی (هەواڵ، زانیاری، هێما، نهێنی) گەیاندن بۆ رێی دوور بە هۆی وایەرەوە. برووسکە (دەکا، دەنێرێ)

telegraphic (هی، تایبەتە بە) ((را)گەیاندنی) برووسکە (یی(ەوە)). کورتە، بەکورتی

telegraphy پەیوەندی کردن بە برووسکەوە. پیشە(سازی)ی (لەناوچوو ی) برووسکەسازی

telemeter دەزگایەکی پێوەر ە کەوا پێوانەکانی تۆمار دەکا و بە هۆی رادیۆ وە (دەینێرێ، دەیگەیەنێ) بە شوێنی دی

telemetry تۆمار کردن و ناردنەوەی پێوانەی دەزگایەک لە دوورەوە

telepathy بیری یەکتر خوێندنەوە، پەیوەندیی (لەڕادە بەدەری، نائاسایی) نێوان دوو (بیر، مێشک)ان

telephone تەلەفۆن. تەلەفۆن دەکا

- book *پەڕاوی تۆماری ژمارەی تەلەفۆنان*

- exchange *بەداڵە، ناوەندی تەلەفۆن*

- number *ژمارە تەلەفۆن (ێک)*

on the - *خەریکی تەلەفۆن کردنە، لەسەر تەلەفۆنە*

over the - *(بە، لەسەر) تەلەفۆن*

telephonist وەڵامدەرەوەی تەلەفۆن. کارمەندی سەر تەلەفۆن

telesales (بازرگانی (کردن)، شت فرۆشتن) بە تەلەفۆن کردن بۆ خەڵکان

telescope دووربین

teletext (هەواڵ، راگەیاندن، زانیاری) بە شێوەی دەیان لاپەڕەی کۆمپیوتەریی نووسراو بە تەلەفیزیۆن وەرگرتن

televise (پەخش، بڵاو) دەکا (ت (ەوە)) بە تەلەفیزیۆن، رادەگەیەنێ

television تەلەفیزیۆن؛ بینین لە دوورەوە

- set *دەزگایەکی تەلەفیزیۆن، تەلەفیزیۆن ێک*

tell پێدەڵێ، پێیدەڵێ، دەگێڕێتەوە (بۆ). دەڵێ (ت (ەوە))

- apart *جیایان دەکاتەوە*

دەگێرێتەوە (بۆ). دەڵێ (ت (ەوە))
- *on* *کاری تێدەکا، پێوەی دیار دەبێ*
- *tale* *درۆزن*
- *tales* *درۆ دەکا. پاشەملە دەدوێ*
- *the time* *کاتی (رۆژ، شەو)ی پێ دەڵێ*

teller ژمێریار، تۆمارگرەوە، تۆمار راگر. چیرۆکبێژ، حەقایەت خوێن

telling بەرچاو، کاریگەر

temerity ملنان، ملپێوەنان. ملهوڕی، هەرەپاسی{ڵ}

temp (کرێکار، کارمەند)ی کاتی. بەکاتیی کار دەکا

temper خوو و رەوشت، سرووشت (ی مرۆ)
in a bad - *تووڕەیە. لە (تووڕەیی، بێئارامی)ەوە، بە هۆی تووڕەیی (ەوە)*
in a good - *(ئاسوودە، ئارام، لەسەرەخۆ)یە، (دڵشاد، خۆشحاڵ)(ە)*
lose - *ئارامی لێ هەڵدەستێ، تووڕە دەبێ، پشووی نامێنێ*
out of - *تووڕەیە. لە (تووڕەیی، بێئارامی)ەوە، بە هۆی تووڕەیی (ەوە)*

temperament (سرووشت، تایبەتمەندی)ی (مرۆ، ئاژەڵ)

temperance (مامناوەندی، ئاسایی) بوون لە خواردن و خواردنەوە. مەی نەخواردن، خۆپاراستن لە خواردنەوەی مەستیکەر

temperate مامناوەند لە خواردن و خواردنەوە. مەی نەخورەوە، خۆپارێز؛ لە خواردنەوەی مەستیکەر

temperature (پلە، رادە)ی گەرما. گەرمیی

tempered خۆش. خۆشکراو
bad - *بەد سرووشت، بەد رەوشت*
good - *خۆش رەوشت، رەوشت جوان*

tempest رەشەبا، بایەکی توند. گەردەلوول

tempestuous بای (هەیە، دێ)، بەبایە

temple پەرستگا. لاجانگ؛ نێوانی ناوچەوان و گوێ

temporal دنیایی، بەرجەستەیی (پ؛ گیانی، ئەندێشەیی، خوایی). هی کاتە، کاتی یە. (هی، تایبەتە بە) ناوچەوان (ەوە)

temporary کاتی. کارمەندێکی کاتی

temporise دوایدەخا؛ بۆ کات بردنەوە. بەکاتی (کاردەکا. بەکاردەخا)

tempt (هانی دەدا، هەواداری دەکا) بۆ کردنی (کار، شت)ی (هەڵە، قەدەغە). سەرنجی رادەکێشێ، ئارەزووی هەڵدەستێنێ

temptation (هان (دان. دران)، هەوادار (کردن. بوون)) بۆ کردنی (کار، شت)ی (هەڵە، قەدەغە). سەرنج راکێش

tempter هاندەر بۆ کردنی (کار، شت)ی (هەڵە، قەدەغە). سەرنج راکێش

ten دە، ١٠

tenable لـه (بـەرگری كردن، پاراستـن) هاتـوو؛ بـەرگریـكراو، پاریـزراو

tenacious یـەكگرتـوو، بـتـەو{پ}. چەسپاو، بـەردەوام. بـیـر تـیـژ

tenacity یـەكگرتـوویـی، بـتـەوی{پ}. چەسپان، بـەردەوامـی. بـیـر تـیـژی

tenancy كریـنـشینـی، كرێـچیـتـی. جیـنـشیـنـی

tenant كریـنـشین، كرێـچی. نـیشتـەجی

tend (ئارەزوو، مـەیـل) دەكا، (ئارەزوو، مـەیـل)ی هەیـە. ئاگای لـێ دەبـێ، دەپاریـزێ، ئاگاداری دەبـێ

tendency بـۆچوون، مـەیـل، مـەیلكردن

tender (1) نـەرم، شلـك؛ بـە ئاسانـی (دەبـڕێ، دەجووڕێ). نـاسكـە؛ بـە ئاسانـی زیانـی پـێ (دەگا، دەگـەیـەنـرێ). سۆزدار، دڵـسۆز، بـەسۆز. ساوا، كـەم تـەمـەن

- hearted *دڵـنـاسكـە، بـەسۆزە*

- spot *خاڵـی (نـاسك، لاواز)ی كـەسێـك*

tender (2) (خزمـەت، پـارە، هتـد) (دەدا، پـێشكـەش دەكا) لـە تـۆڵـەی شتـێك. كـەمتـریـن (نـرخدان، قـرسانـدن)ی كارێـك بـۆ قـۆنـتـەرات (وەرگرتـن، بـردنـەوە)

- for *كـەمـتـریـن (نـرخ دەدا، دەقـرسێـنـێ)*

put out to - *دەخاتـە بـازاڕی كـەم (نـرخكردن، قـرسانـدن) ەوە؛ بـۆ دۆزیـنـەوەی هەرزانـتـریـن قـۆنـتـەراتـچی*

tender (3) ئاگاداریـكـەر، پاریـزەر. شوان، چاوەدێـر. بـەلـەمـەكانـی هاوڕێـی یـەكـی زۆر گـەورە. ئـۆتـومبـیـلـی یـەدەك

tenderfoot تـازەهاتـوو، نـوێ، نـەزان

tenderness نـەرمـی، شلـكـی. نـاسكی. سۆزداری، دڵـسۆزی، بـەسۆزی. ساوایـی، كـەم تـەمـەنـی

tendon دەماری بـەستانـەوەی ماسوولـكـە بـە هێـسك{ئـێـسك} ەوە

tendril (لاسكی بـێـگـەلا، پـەنـجە، قـولاب)ی ڕووەكـێـك؛ كـەوا خـۆی پـێ بـە (دار، دیـوار)ەوە هەڵـدەواسێ

tenebrous تـاریـك، بـێ ڕوونـاكـی

tenement (ژوور، بـەش) یـك لـە خانـوو یـك. خانـوویـەكـی بـەشبـەش كراو

- house *خانـوویـەكـی گـەورەی بـەشبـەش كـراو*

tenet بـاوڕ. مـەزەب، ڕیـنـمایـی

tenfold دەقـات، دە جار بـەقـەدەر. دەقـەد، لـە دە بـەش پـێـكـهاتـووە

tennis گـەمـەی (٢، ٤) كـەسیـی تـۆڕی (نـەوی، عەردی، سەرزەوی)

table - *تـێـنـس ی سەر مێـز؛ گـەمـەی تـۆڕی سەرمێـز*

tenon (گرێ، بـەشی نـێـرە)ی تـەختـە دارێـك كـە وا بـڕا بـێ بـۆ ئـەوەی بـچێـتـە نـاو (قـوولایـی، بـەشی مێ یـە)ی یـەكـی دی

tenor واتـای بـە گشتـی، كورتـەی واتـا. لـەنـاو گـۆتـەدا یـە. دەنـگـی گـۆرانـیـی نـێـریـنـەی نـاو چـەنـد دەنـگـی جیـای دی

tense تـونـد، راكێشراو. كاتـی (روودنـی) كـردار (ێـک) (ڕێـزمـان)
future - *كـرداری داهاتـوو*
past - *كـرداری رابـوردوو*
present - *كـرداری ئـێستاكـێ*

tensile لـه راكشان هاتـوو؛ رادەكشێ بـه راكێـشان

tensility تـوانـای راكشان بـه راكێـشان

tension راكشان، تـونـدی

tent رەشمالّ، تـاولّ، چادر، خیـوەت

tentacle (هەستـۆک، قـۆچ)ی مێـش و مـەگـەز؛ كـەوا بـۆ هەستـكـردن بـه دەور و بـەر بـەكاری دەهێـنـێ. (دەروازە، ئـامـراز، هتـد)ێک بـۆ زانـیـاری پـەیـدا كـردن

tentative (ئـەزمـوونـی، مـەشقـكـاری) یـە، بـه (راهێـنـان، هەولّـدان) ە. دوودلّ، رارا، نـا بـڕیـاردەر

tenth دەیـەم، دەهەم. دەیـەک (١٠\١)، یـەک لـە(سەر) دە

tentmaker چادرچی، رەشمالّـساز

tenuity كـەمـی، عەستـەمـی. نـاسكـی، تـەنـكـی، بـچووكـی. دەگمـەنـی

tenuous كـەم، عەستـەم. نـاسک، تـەنـک، بـچووک. دەگمـەن

tenure مـەرج و شێـوەی ماف و نـاوی خاوەنـدارێـتـیـی مـولّـک ێـک
- of (1) *خاوەنـدارێـتـیـی مـولّـک. (دامـەزران، بـەردەوام بـوون) لـە كـارێـک*
- of (2) *ماوەی خایـانـدنـی (خاوەنـداری مـولّـک. (دامـەزران، بـەردەوام بـوون) لـە كـارێـک)*

tepid شلـەتـێـن؛ نـەگـەرم و نـەسارد. سارد و سڕ، گـوێـنـەدەر، كـەم ئـارەزوو

tepidity شلـەتـێـن بـوون. سارد و سڕی، گـوێـنـەدان، كـەم ئـارەزوویـی

tera (پـێـشگـر، پـێـشكـۆ)یـە بـە واتـای (دە تـوان دوازدە؛ ١٠^١٢؛ ١٠**١٢؛ ١٠٠٠و١٠٠٠و١٠٠٠و١٠٠٠و١)

terebinth جۆرە (دار، درەخت) ێـكـە

term وەرز. مـاوە. بـڕگـە، وتـە، دەق. نـاو. مـەرج. نـاودەنـێ
bad -s *مـەرجی خـەراپـن*
come to -s *پـێـكـدێـن، رازیـدەبـن لـەسـەر(ی)*
come to -s with *رادێـن لـە گـەلّ*
easy -s *مـەرجی ئـاسانـن*
on bad -s *دژبـەرن، دژ بـە یـەكـن*
on good -s *گـونـجاون، هاوئـاهەنـگـن*

termagant نـێـرەژن؛ وەكـو پـیـاو (هەنـدێ) كـارو هەلّـسوكـەوت دەكـات. ئـافـرەتـی زالّ

termes مـۆرانـە (ی تـەختـە دار (ی خانـوو و بـەرە))

terminable تـەواودەكـرێ، تـەواودەبـێ

terminal دوا، هی دوایـی، ئـی پـاشان

terminate كـۆتـایـی پـێ دێـنـێ. تـەواو دەبـێ

termination كـۆتـایـی پـێ هێـنـان. كـۆتـایـی هاتـن، تـەواوبـوون

terminus كـۆتـایـی (رێ، هێـلّ،

هتد). دوا خالّی لوولەیەکی شلە گواستنەوە

termite مۆرانە (ی تەختە دار (ی خانوو و بەرە))

ternary سێیانە، سێگانە، لە سێ (بەش، کەرت) پێکهاتووە

terrace (1) زەویی راستکراو و خۆشکراو بۆ چاندن لە (قەد پاڵ، لێژایی) یێک. شوێن دانیشتنی چینچینی تەماشاچیان لە یاریگایەک. خۆش دەکا، راست دەکا، رێک دەخا

terrace (2) ریزێک خانووی (هاوشیرازە، لەیەکچوو)

-(ed) house *خانوویەکی ناو رێزێکی (هاوشیرازە، لەیەکچوو)*

terrene (دنیایی، بەرجەستە، زەمینی) یە (پ؛ گیانی یە). بە (خۆڵ، خاک) ە. زەمینی، (هی، لەسەر) (زەمین، خاک، وشکانی)

terrestrial (هی، لەسەر) (زەمین، خاک، وشکانی)، زەمینی یە

terrible خەراپییەکی زۆر (مەزن، زل، گەورە). زۆر نەزان (لە شتێک). ترسێنەر، ترسناک (ە)

terribly زۆر بە خەراپی. زۆر بە نەزانی. بە ترسناکی، تۆقێنەرانە

terrier جۆرە سەگێکی گچکە یە؛ کاتی خۆی بۆ رێوی لە کون (دەرهێنان، دەرپەراندن) بەکار دەهات

terrific زۆر توند و تیژ. زۆر چاک. دەتۆقێنی، دەترسێنێ

terrify دەتۆقێنی، دەترسێنێ

territorial ناوچەیی، هەرێمی. چەکداری (هێز، لەشکر)ی پارێزگاریی ناوچەیی

- Army *(هێز، لەشکر)ی پارێزگاری؛ لەشکری ناوچەیی یەدەکیی بێ مووچە*

territory (هەرێم، ناوچە) یەکی ژێر (دەسەلات، ولات) یێک. (فەرمانداری، پارێزگا)یێک

terror ترسی زۆر، تۆقین. (کەس، شت)یێکی (ترسێنەر، تۆقێنەر). ترسناک. ترساندن، تۆقاندن

terrorise زۆر دەترسێنێ، دەتۆقێنێ، دەکوژێ، قڕدەکا، ئەنفال دەکا

terrorism زۆر ترساندن، تۆقاندن، کوشتن، قڕکردن، ئەنفال

terrorist ((رژێمی) ولات، کۆمەڵ، کەس) یێکی (زۆر ترسێنەر، تۆقێنەر، بکوژ، قڕکەر)

terse کورت، کورتە. کتوپڕ. (هیشک، وشک، ئیشک)

tersely بە کورتی. بە کتوپڕی. بە (هیشک، وشک، ئیشک)ی

tertiary سێ یەم؛ لە (ریز، پلە، هتد)

TESL کورتکراوە یە بە واتای؛

= Teaching of English as a Second Language *(فێرکردن، وانە وتنەوە)ی زمانی ئینگلیزی بە خەڵکی نا ئینگلیز)*

TESSA کورتکراوە یە بە واتای؛

جۆرێکی تایبەتە لە تۆماری

پاشەکەوتیی بانق(ک)؛ کەتێیدا دراوی (پاشەکەوت کراو، پێ سپێردراو، هەڵگیراو) باجی لێ نادرێ

tessellated (خانخانە، بەشبەش) کراو، لە پارچەی بچووکی (چار گۆشە، شەشپاڵوو)یی پێکهاتووە

test (1) ئازمایش، تاقیکردنەوە. ئازمایش دەکا، تاقی دەکاتەوە. لە (سەنگی) مەحەک دەدا

- tube *شووشەی ئازمایش؛ لە تاقیگا*

put to the - *دەخاتە ژێر تاقیکردنەوە*

test (2) (قەپێلک، قاوغ، کیفک، بەرگ)ی هەندێ گیانلەبەری بێ بڕبڕە

testament بەڵێن، وەسیەت. چەرخ

new - *چەرخی نوێ؛ ئینجیل*

old - *چەرخی کۆن؛ تەورات*

testamentary بە (بەڵێن، وەسیەت) (دانراوە، دامەزراوە)

testate مردووی (بە وەسیەت، وەسیەت کردوو)، خاوەن وەسیەت

testator خاوەن وەسیەت (ەکە؛ پیاوە مردووەکە)، مردووی (نێرینەی) وەسیەت بەجێ هێشتوو

testatrix خاوەن وەسیەت (ەکە؛ ژنە مردووەکە)، مردووی (مێ ینەی) وەسیەت بەجێ هێشتوو

tester (کەس، دەزگا، هتد)ێکی (تاقیکەرەوە، (کەس، شت) تاقیکردنەوە)

testes (pl testis) گون(ان)، (دوو، جووت) گون

testicle گون

testify روون دەکاتەوە. شایەدی دەدا. بەڵگە دەدا بە دەستەوە

testimonial (شایەدی، بەڵگە)ی (تایبەتمەندی، چۆنیەتی، هەڵسوکەوت، شارەزایی، هتد). خەڵاتێکی پێشکەش کراو بە کەسێک

testimony شایەدی (بە سوێند خواردن). روونکردنەوەی (راستی، رووداو). بەڵگە، پێشاندان

testing ئازمایشکردن، تاقی کردنەوە

testis گون

testy (کەسێکی) زووهەڵچوو، تووڕەو توند

tetchy لاسار، هەڵەپاس(ر)، بزێو. زووهەڵچوو، تووڕەو توند

tether (گوریس، کندر)ی وڵاغ بەستانەوە؛ لە لەوەڕ دا

tetra (پێشگر، پێشکۆ)یە بە واتای (چار، چوار)

tetrad چوارینە، چواری، کۆمەڵەیەکی پێکهاتوو لە چار، کۆپڵەیەکی چوارینە

tetragon رووبەرێکی چارگۆشەیی (و چوارلایی)؛ بێ مەرج یەکسانیی (گۆشە، لا) کانی

tetrahedron (بەر)جەستە یەکی چار رووبەریی یەکسان؛ هەر رووبەرەی لە سێگۆشەیەکی هاولا (و لەبەر ئەمەش هاوگۆشە) پێکهاتووە

tetralogy چوارینەیی. چار بەرهەمی پەیوەندی دار. کۆپڵەیەکی چوارینە

Teuton (کەس، ئەندام)ێکی کۆمەڵەی نەتەوە ئەڵمانی یەکان

Teutonic ئەڵمانی. هی (خەڵک، زمان)ی ئەڵمانیا یی

text دەق، برگەیەک یا زیاتر لە نووسین. نووسراو. پیت، وشە، نووسین (پ؛ وێنە، هێڵکاری، هتد) لە کۆمپیوتەر

- book *پەرتووکی قوتابخانە یا خوێندنگا*

textbook پەرتووکی دیاریکراوی خوێندن؛ لە خویندنگە و قوتابخانان

textile کوتار{ڵ}، چۆغەر، قوماش

textual نووسینە، بەنووسین، نوسراو

texture (رووکەش، روخسار)ی (رووبەر، جەستە، شت)ێک. شیرازەی رایەڵەی داوەکانی کوتاڵێک

th (پاشگر، پاشکۆ)یە بە واتای (ـەم، ـەمین)؛ ن؛ شەش(ەم)، هەشت(ەمین)، هتد

Thai (زمان، خەڵک)ی وڵاتی تەیلاند

Thailand وڵاتی تەیلاند؛ لە خوارو (ی رۆژهەڵات)ی کیشوەری ئاسیا

than لە؛ ئامرازی بەراورد کردن

thank سوپاسدەکا. سوپاس، سوپاسکردن، سوپاسگوزاری

- you *سوپاست دەکەم*

thankful سوپاسگوزارە

thankless ناسوپاسگوزارە. (پرۆژە، شت)ێکی بێ کەڵک و سوود نەبەخش

thanks سوپاسگوزاری. سوپاس !

- to you *سوپاس بۆ تۆ؛ لە تۆی دەزانم. سوپاست دەکەم*

thanksgiving سوپاسگوزاری؛ بە تایبەتی بۆ خوا

that ئەوە. ئەوەی

- is (to say) *واتە، مەبەستم ئەوەیە*

for all - *لە گەڵ (هەموو) ئەوەش دا*

in order - *تاوەکو، بۆ ئەوەی*

-'s - *تەواو (بوو)، کۆتایی پێ هات. برایەوە، ببرێتەوە*

so - *بۆ ئەوەی، (هە) تاوەکو*

thatch سەربانی لە (قەسەر، پووش) دروست کراو. سەربان بە (قەسەر، پووش) (دەگرێ، دادەپۆشێ)

thaw توانەوە. دەتاوێتەوە. دەتوێنێتەوە

the بۆ ئامارە پێکردنی شت یا کەسی ناسراو بەکار دێ

theatre شانۆ. جێی رابواردن

- of war *گۆرەپانی جەنگ، مەیدانی شەڕ*

theatrical شانۆیــیە

theft دزی

their (هی، تایبەتە بە) (خۆیان، ئەوان)؛ هەبوون؛ بۆ کەسی سێ یەمی کۆی نێر و مێ

theirs هی (خۆیان، ئەوان)ە، تایبەتە بە (خۆیان، ئەوان) ەوە

theism خواناسی(ن)، باوڕهەبوون بە هەبوونی خوا (یێک یا زیاتر)، خواپەرستن

theist خواناس، باوڕهەبوو بە هەبوونی خوا (یێک یا زیاتر)، خواپەرست

them ئەوان، وان. ئەوانە؛ لە دۆخی کارلێکراو

theme بابەت. بواری (لێکۆڵینەوە، باس(کردن)). وتار

themselves خۆیان، هەر (بە) خۆیان. (بۆ، بە، لە، هی، هتد) خۆیان؛ کەسانی سێ یەمی کۆی نێر و مێی کار (تێ، لێ) کراو

then ئەوجا. ئەوکاتی. دوایئەوە. هەنگینێ، هەنگێ

- and there *یەکسەر، دەسبەجێ، لەجێوە، لەوێ و لە هەمان کات*

now and - *ناوناو(ە)، جارجار(ە)، جاربەجار*

thence لەوێوە، لەو جێ یەوە. لەبەر ئەو هۆیە

from - *لەوێوە. لەبەر ئەوە*

thenceforth لە هەنگ(ین)ێ بە دواوە، لە دوای ئەوەوە، لەوێ بەدواوە

thenceforward لەو کاتی بە (دواوە، سەرەوە)، لەو(ێ) کاتی یەوە

theo- (پێشگر، پێشکۆ)یە بە واتای خوا(کان)

theocracy شێوەی (دەسەڵاتی، فەرمانڕەوایی) (خوایی، ئایینی) راستەوخۆ (یا لە ڕێگەی (نمایندە، خەڵک)ی خواوە)

theodolite دەزگایەکی رووبەرناسی یە بۆ پێوانی (بەرز و نزم، دوور)ی دوو شوێن لە یەکتر

theologian (مامۆستا، لێکۆڵەرەوە لە) زانستی (خوا، ئایین)

theology زانستی (لێکۆڵینەوە لە) (خوا، ئایین)

theorem بیرۆکە، بیردۆزێک، کێشەیەکی نەسەلمێنراو

theoretical لەسەر بنەمای بیر، هی (بیر، زانست)ە؛ پ؛ کردەوە، ئازمایش

theoretics زانستەکانی (بیر، لێکۆڵینەوە)؛ پ؛ کردەوەیی، ئازمایشی

theory بیردۆز؛ زانستێکی بیرۆکەیی. را (یێک)

theosophy سۆفیگەری، تەسەوف (فەلسەفە)

therapeutic (پزیشکی، چارەسەری) یە. (بۆ، دەبێتە هۆی) چابوونەوە لە نەخۆشی

-s *زانستی چارەسەریی نەخۆشی*

therapy چارە(سەر) کردنی (نەخۆشی، پەک کەوتەیی) بێ نەشتەرگەری

there ئەوێ، ئەوێندەرێ، ئەولا. (لەناو، لەلای، بۆ{لۆ}) ئەو (شوێن، جێگا) یە

- and then *یەکسەر، دەسبەجێ، لەجێوە، لەوێ و لە هەمان کات*

- is *هەیە*

thereabout لەوناوە، لەونزیکە، نزیکەی ئەو (ژمارە، چەندە)

thereabouts لەو دەور و بەر(

ان)ه، لـەو نـزیـک(ان)ه

thereafter لـەوێ بـەدواوە، دوای ئـەوە

thereat لـەوێ. لـەبـەر ئـەوە، لـۆیـە

thereby بـەو پـێـیـە

therefore لـەبـەر هەنـدێ، بـۆیـە، لـەبـەر ئـەوە

therein لـەنـاو(ی)، لـەوێ (دا). لـەو بـارەوە

thereof لـەوێـوە، لـە(ئـە) وەوە

thereon بـەوپـێـیـە، لـەبـەر ئـەوە

thereto بـۆ ئـەوێ. بـۆ ئـەوە. سەربـاری ئـەوە

theretofore پـێـش ئـەو کاتـە، پـێـش هەنـگ(یـن)ێ

thereupon بـەوپـێـیـە. دەسبـەجێ دوای ئـەوە، یـەکسەر پـاش هەنـگ(یـن)ێ

thermal (هی، بـۆ، بـەرهەمـهـێـنـەری) گـەرمـیـی

- unit یـەکـەی پـێـوانـەی گـەرمـی

thermo (پـێـشگـر، پـێـشکـۆ)یـە بـەواتـای گـەرمـی

thermodynamics زانـسـتـی پـەیـوەنـدیـیـەکـانـی گـەرمـی بـە شـێـوەکـانـی دیـکـەی وزەو (بـەرهەم هـێـنـانـەوە)ه

thermometer (دەزگـای) گـەرمـیپـێـو

Thermos تـرمـز، (بـوتـڵ، دۆلـکـە)ی گـەرمـی پـارێـز

thermostat دەزگـای گـەرمـی رێـکـخـەر

thermotics زانـسـتـی گـەرمـیـی. پـەیـوەنـده بـە گـەرمـیـیـەوە

thesaurus پـەرتـووکـێـکـە لـە شـێـوەی فـەرهەنـگ بـەڵام تـاک زمـان بـۆ ریـزکـردنـی وشە هاوواتـاکـانـی زمـانـێـک

these (pl this) ئـەمـانـە

theses (pl thesis) بـڕوانـە وشە تـاکـەکـە لـە خـوارەوە

thesis (بـاس، لـێـکـۆڵـیـنـەوە)یـکـی نـوێ و قـوول لـە بـابـەتـێـکـی بـە بـایـەخ؛ بـە تـایـبـەتـی پـرۆژەی خـویـنـدکـارانـی خـوێـنـدنـی بـاڵا

theta پـیـتـی هەشتـەمـی ئـەلـفـبـێ ی یـۆنـانـی

they ئـەوان

-'d (2) = they would هەیـانـبـوو (دەکـرێ، دەیـانـەوێ) (بـچـن، بـکـەن، هتـد) ، ئـارەزوویـانـە

-'ll = they will بـێـگـومـان (دەچـن، دەکـەن، هتـد)

-re = they are ئـەوان (وان، وەهان، ئـەوهان)

-'ve = they have هەیـانـە

thick ئـەسـتـوور، پـان. پـەیـت، تـیـر، خەست، چـڕ

- headed مـێـشکـەسـتـوور؛ مـلـهـوڕ، لامل، کـەمـفـام، نـاتـێـگـەیـشتـوو

- skinned بـێـهەست، نـاهەسـتـیـار، گـوێـنـەدەر، پـشـتـگـوێـخـەر

through - and thin لـە گـشت (هەلـومـەرج، بـارودۆخ)ەکـان دا، سەربـاری هەمـوو (نـاهەمـواری، کـێـشـە)کـان

thicken خەست دەبـێ. خەسـتـی دەکـا، پـەیـتـی دەکـا. ئـەسـتـوور دەبـێ. (کـێـشـەیـەک) ئـاڵـۆزتـر دەبـێ

thicket دەوەنێکی (چڕ، ئاڵۆز)، چەند بنجە (رووەک، درەخت) یکی (چڕ، ئاڵۆز)
thickhead بێمێشک، گێل، گەمژە
thickly بە چڕی، بە ئاڵۆزی
thickness پانی، پانایی، ئەستووری. خەستی، چڕی. قەد، قات
thickset بتەو{پ}، قورسوگران دروست کراو. پێکەوەن، لەنزیک یەکەوە ن
thief دز
thieve دەدزێ، دزی دەکا، دەبێ بە دز
thievery دزین
thieves (pl thief) دز(ان، ەکان)
thigh ران؛ ئەو بەشەی (لاق، قاچ) لە سەرووی چۆک ەوە
thimble ئەنگوستیلەی دورمان؛ پەنجەپارێز؛ پەنجەوانەیەکی ئاسنین بۆ (یەک) پەنجەی شادە؛ بۆ پاراستنی لە دەرزی (تێراچوون) لە کاتی دورمان کردن
thimbleful (قوم، چۆر، فر) یک
thin تەنک. باریک. لاواز
- down *(تەنک، باریک)* دەکا
- on the ground *ژمارەیەکی* کەم
- on the top پرچ *(ی سەر) (* *تەنک، رووتاوە)*
- out کەم دەکاتەوە، *(چڕ،* *خەست)یی کەم(تر) دەکاتەوە*
- skinned *(هەستیار، بەهەست)*
ە بۆ رەخنە (لێ گیران)
through thick and - *لە گشت (* *هەلومەرج، بارودۆخ)ەکان دا، سەرباری هەموو (ناهەمواری، کیشە)کان*
thing شت؛ (جەستە، بیر، را، کار، کردەوە، هتد) یک کەوا (هەیە، دەکرێ، دەگوترێ، بیری لێ دەکرێتەوە، هەستی پێ دەکرێ، هتد)
think بیردەکا(تەوە)
- again *(دووبارە) پێدا* *دەچێتەوە، (دووبارە) بیری* *لێ دەکاتەوە*
- aloud *بە (دەنگ، وتن) ەوە* *بیر دەکاتەوە*
- little of *زۆر بیری لێ* *مەکەوە، گوێی مەدەرێ،* *پشتگوێی خە*
- nothing of *هیچ بیری لێ* *مەکەوە، گوێی مەدەرێ،* *پشتگوێی خە*
- out *بە وریایی بیری لێ* *بکەوە*
- twice *مێشکی تیا بەکار* *بێنە، جوان بیری لێ بکەوە*
thinking بیر، را، بۆچوون. بیر کردنەوە
thinner (سپرتۆ، شلە، هتد)ی (ی سوبووغ، هتد) (شل، نەرم) کەرەوە
third سێیەم، سێهەم. سێ یەک (٣\١)، یەک لە(سەر) سێ
- person *کەسی سێ یەم؛ ئەو* *کەس(ان)ەی (٣) قسەکەر (١) و* *گوێگر (٢) لێوەی دەدوێن (* *رێزمان)*

(٣\١)، یـەک لـە(سەر) سێ

- rate *خانـەی سێ یـەم؛ خـەراپ، کـەم بـەکا*

- World *ولاتـانـی پـەرەسـەنـدوو لـە ئـاسیا و ئـەفـریکا{ق} و ئـەمـەریکـای (لاتـین، خواروو)*

thirst تێـنیـتـی، تـینـوێتـی، تـینـوویـی

thirsty تێـنـی، تـیـنـوو

thirteen سێـزده، سیـانـزه، سیـانـزده

thirteenth سێـزدەمیـن، سیـانـزه(هە)میـن

thirtieth سیـیـەمیـن

thirty سی

this ئـەمـە

thistle (رووەک، درەخت)یـێـکـی دڕکاوی یە بە تـۆپـەڵـە گـوڵـی مـۆر ەوە

thither لـەوێ، (بـۆ، بـەرەو) ئـەوێ

hither and - *لـێـرەو لـەوێ*

thong پارچـە قـایـشـێـکـی بـاریـک

thoracic (هی، تـایـبـەتـە بـە) سـیـنـگـەوە

thorax (نـاو) (سـیـنـگ، سـنـگ)؛ ئـەو بـەشـەی لـەش لـە نـێـوان مل و (زگ، سک) دا

thorn دڕک

thorny دڕکاوی (یـە)، بـە دڕکـە. بـە (کـێـشە، تـەنگوچەڵـەمە) یە

thorough (adj) تـەواو، گـشت، هەمـووە؛ بـەدوور و درێـژی، بـەقـوولـی، هەمـەلایـەنـی

thoroughbred (adj) (ئـاژەڵ، ولاغ)ی (رەسەن، جسن)؛ نـەوەک تـێـکەڵ و فـرەڕەگـەز. ورەبـەرز

thoroughfare (n) (جادە، رێـگـا) یـەکـی هاتـووچـۆ؛ (کـراوە، والا) یـە لـەهەردووسەرەوە بـۆ (پـێـدا، بـەنـاودا) تـێـپـەڕبـوون

thoroughgoing (adj) تـەواو؛ بـەدوور و درێـژی، بـەقـوولـی، هەمـەلایـەنـی

thoroughly سەرتـاپـای، بـەتـەواوی

those (pl that) ئـەوانـە. ئـەوانـەی

thou تـۆ، (ئـە)تـوو؛ ئـیـنـگـلـیـزی کـۆنـە

though لـەگـەڵ ئـەوەش، بـەو حالـەشەوە. هەرچـەنـدە

as - *وەکـو ئـەوەی، وەکـو بـڵـێـی*

thought (1) بـۆچوون، را. بـیـرکـردنـەوە

thought (2) (p&pp think) بـیـری کـردەوە. پـێـی وابـوو، بـۆچوونـی هەبـوو

thoughtful (بـەبـۆچوون، بـیـرکـەرەوە) (یـە). بـەڕێـزە

thoughtless بـێـهـۆش، نـاهەستـیـار، گـێـل، گـوێـنـەدەر

thoughtlessly بـێـهـۆشانـە، نـاهەستـیـارانـە، بـە گـێـلـی

thousand هەزار؛ ١٠٠٠. فـرە، زۆر

thraldom کـۆیـلـەتـی، بـنـدەسـتـی

thrall کـۆیـلـەی (کـەسـێـک، هێـزێـک، کـاریـگـەری یـەک). کـۆیـلـەتـی

thrash زۆری (لـێـدەدا، دەکـوتـێ). دەبـەزێـنـێ. پـەلـەقـاژە دەکـا

thrashing کوتینەوە، کوتانەوە

thread دەزوو، داو، بەن. ڕێڕەو (ی ژیان، گفتوگۆ، هتد). پێچەکانی بورغی یێک. (داو، دەزی) دەخاتە ناو دەرزی یەوە

threadbare جلە شڕ، دڕاو

threat هەڕەشە، مەترسی

threaten هەڕەشەدەکا، دەترسێنێ، هەڕەشەی لێ دەکا

threatening جێی مەترسی یە، ترسناکە، هەڕەشە (دار، کەر) (ە)

three سێ؛ ٣، سیان؛ ٣

- cornered *سێقولینچک(ی)، سێگۆشە(یی)*

- decker *سێ(قات، ریز). سێ بەش*

- dimensional *بەرجەستەیی، سێ (لا، ئاراستە)ی هەیە؛ درێژی، پانی، قوولایی*

- point turn *کردەوەی ئۆتومبیل (وەرچەرخاندن، بادانەوە)ی سێ قۆناغی یە؛*

- point turn (~) *(١)؛ بۆپێشەوە، (٢) پاشەوپاش کشانەوە، (٣) بەرەو پێشەوە؛ دەرچوون*

- quarters *سێ چارێک(چارەک(گ))، سێ لەسەر چار، ٣|٤*

- way *سێ (لایەنی، لایی)*

threefold سێقەد. سێجار بە قەدەر. لە سێ (بەش، کەرت) پێکهاتوو (ە)

threescore شەست، شێست

threesome سێ کەسی، سێ لایەنی، بە سێ کەس

thresh دەیکوتێ تەوە، گیرە دەکا، جەنجەڕ دەکا

threshing کوتینەوە، گیرە کردن، جەنجەڕکردن

- floor *جۆخین*

threshold بەشی بنەوەی چارچێوەی دەرگا، پێشدەرکە. خاڵی (سەرەتا، چوونە ژوور ەوە). (لانی، رادەی) کەم، تخووبی خوارەوە

threw (p throw) هەڵدا، هاوێشتی

thrice سێجار(ان)

thrift ماڵداریکردن، تەگبیر. کەم مەسرەفی، دەس بە پارەوە گرتن

thriftless دەسبڵاو

thrifty (ماڵداری، تەگبیر) کەر. کەم مەسرەف ە، ئابووری (یە، کەرە)

thrill (هەژان، موچوڕکە)ی هەست و بیر. شەپۆڵ دان. دەهەژێنێ، دەلەرزێنێ. دەبزوێنێ، دەجوولێنێ

thriller (شانۆ، فلیم)ی هەژێنەری هەست و بیر، موچوڕکە هێن. بزوێنەر، جوولێنەر

thrive دەگەشێتەوە. گەشەدەکا، پێش دەکەوێ، سەردەکەوێ

thriving گەشاوە. گەشەکردوو، پێشکەوتوو، سەرکەوتوو

throat گەروو، قوڕگ

throb (لە رادە بەدەر) لێ دەدا؛ وەکو دڵەکوتە. دەلەرێتەوە. دەهەژێ

throe ژانی زۆر و کتوپڕ؛ وەکو ژانی (منداڵ بوون، مردن). (

پەلەقاژە، لنگەفرکێ)ی ئازار
in the -s of لە (پەلەقاژە، یە لە گەڵ کێشەیەک لنگەفرکێ)

thrombosis خوێن پەیت بوون لە (بۆری، لوولە)ی خوێن دا. دڵ وەستان

throne تەختی (پاشایی، دەسەلات، فەرمانڕەوایی)

throng قەڵەبالغی، کۆڕ، خڕبوونەوە. کۆڕ دەبەستن، (کۆ، خڕ) دەبنەوە

throttle زمانە، تەسکبوونەوە. قورگ، گەروو. (بۆری، لوولە)ی نێوان دەم و گەدە. (لوولە، بۆری)ی (هەناسە، هەوا). دەخنکێنێ. کپ دەکا

- back, down مەکینەیەک (هێدی، هێواش، کپ) دەکاتەوە

- lever (قۆڵ، باسک)ی (بەنزین، هتد) پێ زیاد و کەم کردن

- pedal پەیدەری (بەنزین، گاز، هتد)ی مەکینە یەک

through بەڕێی، لەڕێی، لەرێگای. بەهۆی. لەسەرێکەوە بۆ ئەوی دی؛ چ بە پانی یا بە درێژی

- and - بەتەواوی

carry - تەواو دەکا، بەئەنجام دەگەیەنێ

pass - پێدا (دەڕوا، تێدەپەڕێ). بەناویدا دەڕوا

throughout بەدرێژایی (شتێک)، لەهەمووی، لە گشتی، لە (ئە) مسەر و ئەوسەری، سەراپای، سەرتاپای

throve (p thrive) گەشایەوە. گەشەی کرد، پێش کەوت، سەرکەوت

throw هەڵدەدا، دەهاوێ، داوێ. هەڵدان، هاوێشتن، تورهەڵدان

- back دەی هاوێتەوە. پاڵی دەنێتە پشتەوە

- down دەیخا، بەریدەداتەوە

thrown (pp throw) هەڵدراو، هاوێژراو، تورهەڵدراو

thrush (1) هەرکام لە چەند جۆرە مەلێکی دەنگ خۆش

thrush (2) نەخۆشیی ناو دەم و قورگ بریندار بوون؛ بە زۆری تووشی منالان دەبێ. هەمان بابەتە نەخۆشی یە تووشی ناو زارکی ئەندامی زاوزێی مێ ینە دەبێ

thrust بە (هێز، تەوژم) پاڵدەنێ، تەکان (دەدا، دەهاوێ). مل دەنێ، هەڵدەکوتێ، ڕێی خۆی دەکاتەوە

- at کون دەکا، لێی دەدا

- on بەزۆر (دەکات، دەخات)ە سەر، بەزۆر رازیی دەکا

- out دەردەکا. دەردەهێنێ

- through بەناویدا دەڕوا، کونی دەکا

Thu. کورتکراوەیە بەواتای؛

= Thursday (ڕۆژی) پێنجشەممە

thud تەپە. خرپە. تەپەی لێوە دێ، تەپ بەردەبێتەوە

thumb پەنجەی گەورە. (لاپەڕە، هتد) (هەڵ، وەر)دەگێڕێ بە پەنجە (ی گەورە)

thumbnail (نینۆک، نوخان)ی

پەنجە گەورە. کورتە

thumbprint پەنجەمۆر

thump (بە خەراپی) لێی دەدا؛ بە دەست. تەپەی لێوەدێنێ. (لە رادە بەدەر) (دەلەرێتەوە، دەهەژێ)

thunder (دەنگ، گرمە)ی هەورەتریشقە. هەر دەنگێکی دیکەی بەم شێوەیە. لرمە، گرمە، زرمە

thunderbolt تیشکی هەورەتریشقە. (رووداو، راگەیاندن)ێکی (چاوەڕوان نەکراو، کتوپڕ)

thunderclap شریقەی هەورەتریشقە

thunderous (بە، وەکوو) هەورەتریشقە یە. (دەنگ، گرمە، شریقە، زرمە)ێکی زۆر بەرز

thunderstorm (هەورێکی بە باو باران، تەزرە) و هەورەتریشقە

thunderstruck حەپەساو، واقوڕماو، راماو، بێجوولە

Thursday (رۆژی) پێنجشەم (ە)، پێنجشەممە

-s *لە رۆژانی پێنجشەم، پێنجشەممان. هەموو پێنجشەم ێک*

thus بەم رێگەیە، وەکوو روون کرایەوە، ئەوها(لە)، ئیوها. بەم پێیەش، لەبەر ئەمەش

- far *تا ئێرە، تا ئەم رادەیە*

- much *ئەوەندە، لەوەندە(ی)*

thwart پەکدەخا، پیلان بەتاڵ دەکا، لەکار دەخا. کەسێک (تووڕە دەکا، دەشێوێنێ)

thyme هەرکام لە چەند رووەکێکی بۆندار

thyroid gland (گرێ، کیسە، خرۆلکە) یەکە لە ملی گیانلەبەرە بڕبڕە دارەکان کەوا (هۆرمۆن، شلە)ی گەشەکردن و گەورەبوون دەردەکا

tick (1) چرکە(چرک). چرکە(چرک) دەکا. (پیت، هێما)یەکی چاپە؛ وەک نیشانەی (رازی بوون، راستی)

tick (2) گەنە؛ ی خوێنمژی سەر پێستی وڵاغ و سەگ و هتد. بەرگە (دۆشەک، سەرین{بالیف})

ticket تکیت، بیتاقە، پسوولە

ticking بەرگە (دۆشەک، سەرین{بالیف})

tickle ختووکەی دەدا، قدیلانەی دەکاتەوە. ختووکە، قدیلانە

ticklish ختووکەدار، قدیلانێیدەبتەوە

tidal تایبەتە بە دیاردەی هەڵکشان و داکشانی ئاو ەوە

tide لێشاو. دیاردەی هەڵکشان و داکشانی (ئاوی) دەریا (لە کاتی دیاریکراویان دا)

ebb - *داکشان، لێشاو کشانەوە*

flood - *هەڵکشان، لێشاو هاتن*

tidily بە (کارزان، ڕێک، پاک و خاوێن)ی

tidiness کارزانی، ڕێکی، پاک و خاوێنی

tidings هەواڵ، باس و خواس(ەکان)، مزگێنی

tidy پوختە یە، ڕێک(خراو)ە، (پاک و) خاوێنە

tie بۆینباغ، قردێلە. دەبەستێتەوە، گرێ دەدا، (توند، بەند) دەکا، شەتەک دەدا

tier چین، ریز، پلە، خانە

tiger پلنگ، پرینگ

tight تەنگ، تەسک. توند، شەتەک دراو، بەستراو. ئاستەنگ. کەسێکی قرچۆک؛ رەزیل

get - تەنگ دەبێ

tighten توونددەکا

tightly بەتوندی

tile کاشی. کاشی دەکا. خشت دەکا، رێک دەکا. وەکوو کاشی ریز دەکا

till (1) تا، هەتا، (هە) تاوەکوو. ئامێری (دراو، پارە) بەخش (ی کونی دیواری بانقان) . (دەزگا، باول)ی پارە وەرگرتن

till (2) کەشت دەکا؛ دەکێڵێ، دەچێنێ

tillage زەوی کێڵان. کشتوکاڵ کردن

tilt خواری دەکاتەوە. خوارکردنەوە. لێژی

(at) full - بە (هەمەوو، تەواوی، ئەوپەڕی) خێرایی. بە هەموو هێزی

tilth کشتوکاڵ کردن. زەویی کێلراو و کەشت کراو

timber تەختە، دار

- yard خانی دار فرۆشتن

timbrel دەف (ە)؛ ی (دەروێش، هونەرمەند) (ان)

time کات، دەم. وەرز. جار

- after - زۆر جاران، بەردەوام. لە زۆر بۆنە (ان، دا)

- and - لە زۆر بۆنە (دا، ان)

- and a half کرێ ێک کەوا جار و نیوێک بە قەد(ەر) رێژەی ئاسایی بێ

- and again بۆنە لە دوای بۆنە؛ بەردەوام، لە زۆر بۆنە (دا، ان)

- bomb (بۆمبا، قومبەلە، نارنجۆک، تەقینەوە)ی (دانراوە، کاتی)؛ قورمیش کراو

- lag جیاوازی کاتی نێوان کار و کاردانەوە

- server هەلپەرستە، لەگەڵ (رۆژ، کات) دەڕوا

- sheet (کاغەز، لاپەڕە)ی تۆماری کاتەکانی بەسەربردراو لە سەر (ئیش، کار)

- table خشتەی کات ((ەکانی رێکخستن)؛ ی رووداوێک (ن؛ وانە، کۆڕ، هتد)

- zone (بازنەی) کاتە جیاجیا کانی (ناوچە، ولات)ە جیاجیا کان

ahead of - پێشوەخت، پێش کاتی (چاوەڕوان، دیاری) کراو

at -s هەندێ جار(ان)، جارجار(ە)

at the same - لە هەمان کات دا، پێکڕا

by the - (کاتێ) کە، وەختێ کە، ئەو کاتەی کەوا

for the - being جارێ، ئێستا؛ بۆ ماوەی کاتی

جار

give - *لەسەری دەوەستێ، کاتی پێ دەبەخشێ؛ بۆ پارە دانەوە، گەیشتن، فریاکەوتن، هتد*

in - *لە کاتی دیاری کراو. لە کاتی خۆیدا(یە)*

in good - *لەکاتی گونجاودا، لە کاتێکی باش (بوو)*

in no - *یەکسەر، لە چاو تروکانێک دا. بەم (زۆر) زووانە، هەر ئێستا (دەبێ)*

in the mean - *لەو نێوانە دا، لەو کاتەیدا*

it is high - *کاتی هاتووە، وەختە، وەختیەتی*

on - *لە کاتی خۆیدا(یە)*

once upon a - *هەبوو نەبوو؛ رۆژێ لە رۆژان، جارێ لە جاران، رۆژێکیان، جارێکیان*

out of - *ناوەختە، کاتی ئەوە نییە، کاتی خۆی نییە. کاتی نامینێ*

-s table *خشتەی لێکدان*

up to this - *تا ئێستا، تاوەکو ئێستا، تا ئەم کاتە*

timekeeper سەرکار، چاودێر؛ ی کاتەکانی کاری کرێکاران

timeliness گونجان؛ لەکاتی خۆ(بوون، روودان)

timely لەکاتی خۆیدایە، گونجاوە

timepiece کاتژمێری (دیوار، دەست)

timer دەزگایەکی کات ژمێر؛ ە کەوا لە (سفر، هیچ)ەوە دەست پێدەکا

timetable خشتەی کاتەکانی رێکخستن؛ ی رووداوێک (ن؛ وانە، کۆڕ، هتد)

timid ترسنۆک. ترساو. لاواز، کەم توانا، داهێزراو

timidity ترسنۆکی. لاوازی، کەم توانایی، داهێزراوی

timing کاتی روودان. کات دانانەوە. (دانانەوە، رێکخستن)ێکی (کات) دیاری کراو

timorous ترسنۆک. ترساو. لاواز، کەم توانا، داهێزراو

timpani جۆرە (تەپڵ{ر}، دەهۆڵ{ر}، دەف)ێکە

tin (قۆدی، تەنەکە، قوتی، قودوو)ی (سەرمۆر، داخراو)ی خواردن پاراستن. رەگەزێکی کیمیاییە؛ بۆ سپیکاری (ئاسن، هتد) بە کەلک دێ. لە قۆدی (دەنێ، دەکا)

- can *(قۆدی، تەنەکە، قوتی، قودوو)ی بەتاڵ*

- hat *کڵاوی ئاسنی سەربازی*

- opener *کلیلی سەرە قوتی (هەڵپچڕین، کەرەوە)، (مەکینە، دەزگا)ی قۆدی (والا) کردنەوە*

tincture قەتماغە، قاتێکی تەنک. رەنگ، سوبوغ. بەعەستەم سوبوغ دەکا؛ قاتێکی تەنکی لێ دەدا

tinder شتێکی زۆر وشک کەوا زۆر بە ئاسانی ئاگر بگرێ

tinfoil تەنکە تەنەکە، کاغەزی تەنەکە؛ ی لە (خواردن، هتد) وەرپێچان

tinge بەعەستەم سوبوغ دەکا؛ قاتێکی تەنکی لێ دەدا. (مەیلی، مەیلەو، وەکوو) رەنگێ.

(هەست، دۆخ)ێکی تێکەڵاو

tingle هەست بە (دەرزی تێراچوون، سربوون، موچورکە، هتد) دەکا. موچورکە دروست دەکا. هەست کردن بە (دەرزی، سڕی، موچورکە، هتد). موچورکە

tinker تەنەکەچی، (هیربار، قاپ (و قاچاغ)) چاکەرەوە. (کەس، ئاژەڵ)ێکی (هەرەپاس{ڵ}، هاروهاج. زیانبەخش)

tinkle زەنگ، زرینگە، دنگەدنگ. زەنگ لێ دەدا، زرینگەی دێ، دنگەدنگ دەکا. (زەنگ(وڵ))ی تەلەفۆن (لێدەدا، دەنگی دێ)

tinman سفرچی، (مس) سپیکەرەوە. تەنەکەچی، (هیربار، قاپ (و قاچاغ)) چاکەرەوە

tinned خواردنی (ناو) قوتی، لە قوتی کراو، خواردنی پارێزراو

tinning (مس) سپی کردنەوە، سفرچێتی (ی مەنجەڵی{ر} سفر)

tinsel بریقوباقی رەنگاورەنگ؛ لە (وردە و تاڵە) تەنەکەی تەنک دروست دەکرێ. جوانی یەکی رووکەشی. بریقەدار

tint چەند جۆری جیاجیا لە رەنگێک. رەنگێکی (مەیلەو، مەیلداری، نزیک (بە، لە)) رەنگێکی تر. رەنگ دەکا، تەڵخ دەکا، رەنگی دەگۆڕێ

tiny گچکەلانە، زۆربچووک، بچکۆڵە، گچکۆکە. کەمێک، تۆزێک، هەندێکی کەم

tion (پاشگر، پاشکۆ)یە ناو لە کردار دروست دەکا بە واتای (ـکردن. ـهاتن. ـهێنان. ـبوون. هتد)

tip (1) نووک، سەر، ترۆپک

finger - سەرە پەنجە، نووکی پەنجە

tip (2) وەردەگێڕێ. خواردەکاتەوە، بەتاڵ دەکا

- cart *(ئۆتومبیل، لۆری)ی بار وەرگێڕ؛ گەلابە*

tip (3) بەخشیشی دەداتێ، (شاباش، خەڵات)ی دەکا. بەخشیش، شاباش، خەڵات

- off (1) *هێما. (هوشیار، ئاگادار) کردنەوە*

- off (2) *زانیاری دەداتێ. (هوشیار، ئاگادار)ی دەکاتەوە*

tipple (مەی، شەراب) دەخواتەوە. کەمکەم و بەردەوام دەخواتەوە. مەی، شەراب

tippler (مەی، شەراب) خۆرەوە. سەرخۆش، مەست. زۆرخۆرەوە

tipsy سەرگەرمە؛ (تۆزێک، کەمێک) (سەرخۆشە، مەستە)

tiptoe (سەر، نووک)ی پەنجەی پێ. لەسەر نووکی پەنجە دەڕوا، بەدزی دەڕوا، دزە دەکا

on - *لە (سەر، نووک)ی پەنجە (ی پێ یە)وە*

tiptop هەرەباش، ئەوپەڕی چاک. (خاڵ، پلە)یکی (بەرز. زۆرباش) . زۆر بە باشی

tirade (شەڕە قسە، دەمەتەقێ، جوێندان)ێکی دوورودرێژ و گەرم. تاوانبار کردن. هەڕەشە

tire (ماندوو. بێزار) (دەکا. دەبێ)

tire [US] تایە، چەرخ

tired (ماندوو، شەکەت) (بوو). بێزار (بوو)

tiredness ماندوویی، ماندیتی، ماندوویتی، شەکەتی. بێزار (ی، بوون)

tireless لەماندووبوون نەهاتوو؛ ماندوو نەبوو

tiresome ماندووکەرە. بێزارکەرە

tiro شاگرد، (بێ، کەم) ئەزموون، نەشارەزا، تازە(فێربوو)

tissue کر، شاش. ریس (ی باریک) ، بەن، مووی بادراو. (دەستر، دەستەسر)ی کاغەز

- paper *کاغەزی تەنک، کاغەزی شاش، (کاغەزی) دەستسرِ(ینەوە)*

tit (1) (مەمک، مەمکۆلە{ر})ی ئافرەت

tit (2) هەرکام لە چەند جۆرە مەلێکی بچووک

grat - *مەلێکی ئەوراسیا یی دەنگخۆشە*

tit for tat تۆلە بە تۆلە

titanic زۆر (گەورە، مەزن)، زۆر بەهێز

titbit پاروویەکی (نەرم، خۆش، بەچێژ، بەتام). هەواڵێکی (شادی هێنە، دڵخۆشکەرە)

tithe دەیەک؛ باجێکی کۆنە؛ کەنیسە دەیسەپاند لەسەر بەرهەمی کشتوکاڵی. دەیەک دەدا

titillate (ئارەزوو، حەز)ی هەڵدەستێنێ. ختووکەی دەدا، قدیلانەی دەکاتەوە

title ناونیشان. نازناو. سەردێر. (ناوی) قارەمانێتی (وەرزش)

قارەمانی وەرزشێک،

- holder *خاوەن میدالیا (وەرزش)*

tittle (خاڵ، پیت)ێکی نووسراو یا چاپکراوی بچووک. گەرد(یلە)

- tattle *دەمەتەقێ، گفتوگۆ. گۆتە (ی خەڵک). دەمەتەقێ دەکا*

titular (adj) پەیوەندە بە (ناونیشان، نازناو، قارەمانێتی) یەکەوە. تەنها بەناو(ە)، رووکەشی یە

titulary بەناوە؛ ناڕاستەقینە، کارتۆنی، رووکەشی

TNT کورتکراوە یە بە واتای؛

تی ئێن تی؛ باروت، دینامێت

to بۆ، بۆلای، بەرەو

- and fro *هاتو چۆ، بگرەو بەردە*

toad بۆقی (کێوی، وشکانی)؛ بەلام لە ناو ئاو زاوزێ دەکا. کەسێکی (دوورە پەرێز، رەت کەرەوە)

toadstool (جۆرە) قارچک{خ} (یێکی ژەهراوی یە)

toast (1) نانی (گەرم، سوور) ەوە کراو؛ بە دەزگای تایبەتیی نان سوور کردنەوە. نان سوور دەکاتەوە. (قاچ، لاق، دەست، خۆ) دەداتە بەر ئاگر

toast (2) نۆشین، نۆش (کردن)؛ (مەی، شەراب) نۆش کردن بە خۆشی (کەس، شت، هتد) یێک. بە (تەندروستی، خۆشی)ی (کەس، شت) یێک دەخۆنەوە

toaster دەزگایەکی کارەبایی تایبەتە بە نان سوور کردنەوە

tobacco رووەکی توتن، گەلای توتن (ی ئامادەکراو بۆ (

جگەرە) کێشان)

tobacconist تووتنچی، تووتن فرۆش. جگەرە فرۆش. دوکاندار

today (رۆژی) ئەمڕۆ. لەمڕۆ، ئەوڕۆ(کە). لەم رۆژگار(ان)ە دا، لەمسەردەمە دا

toddle وەکوو منالْ (رێدەکا، دەڕوا)

toddler مندالّی تازە پێگرتوو

toe پەنجەی پێ. (پێشەوە، نووک) ی پێلاو

toenail (نینۆک، نوخان)ی پەنجەی پێ

toffee چوکلێت

together بەیەکەوە. پێکەوە

togetherness (بەیەکەوە. پێکەوە) بوون. یەکێتی، یەکبوون

toil بە (بەردەوام، نەپچڕاوە) یی (رەنج، هەوڵ) دەدا. لەسەرەخۆ و (بەبێزاری، رەنجداری) بەرەوپێش دەچێ. رەنج، تەقەلا، هەوڵ

toilet ئاودەستخانە

toilsome رەنجکێشە، بێزارکەرە، تەقەلای دەوێ

token تۆکین؛ نیشانە یە بۆ شتێک، لەبری (دراو، پارە) یە، وەکوو (دراو، پارە)یە؛ (بەها، بایی)ی خۆی لەسەر نووسراوە

told پێگۆت، پێیگوت، (بۆی) گێڕایەوە. وت (ەوە)

tolerable لە قەبوولْ کردن دێ؛ قەبوولْ دەکرێ. گونجاوە، مامناوەندە

tolerably بە (سینگ فراوان، پشی{پشوو} درێژ)ی

tolerance سینگ فراوانی، پشی{پشوو} درێژی. لێخۆشبوون، ماوەپێدان

tolerant سینگ فراوان، پشی{پشوو} درێژ

tolerate لێدەگەڕێ، قەبوولْ دەکا

toleration لێگەڕان، قەبوولْ کردن

toll باجی بەکارهێنانی (پرد، رێ، هتد)، کەرانە. زەنگ لێدەدا. زەنگ لێدران

tomahawk (رم، پاچ)ی پێ جەنگین ی هیندی یەکانی ئەمەریکای سەروو

tomato تەماتە

tomb گۆڕ. گومبەتی سەر گۆڕ. (دامەزراو، بەرد)ی یادگاری

tombstone (کێل، بەرد)ی یادگاریی سەر گۆڕ؛ بە چەند دێڕێک نووسین ەوە

tomcat پشیلەنێر، پشیلەی نێرە

tome بەرگ؛ یێکی نووسراوێکی گەورە. بەشێکی پەڕتووکێک

tomfool کەسێکی (گەمژە، گێل، هێڕ)

tomfoolery گالتەجاڕی. گەمژەیی، هەلسوکەوتی گێلانە

tomorrow سبەی، سبەینێ، بەیانی

ton وەک یەکەی پێوانەی (قورسایی، کێش) بەم سێ واتایەی خوارەوە دێ. (چەند، ژمارە)یێکی زۆر

long - تەنی درێژ؛ ١٠١٦

کگم

metric - *تەنی مەتری؛ ١٠٠٠*
کگم

short - *تەنی کورت؛ دەکاتە*
٩٠٧ کگم

tone ئاواز، دەنگ. شێوەی (وتن، دەنگ (کردن، لێ دەرهاتن))؛ وەک نیشانەی باری دەروونی وتەبێژەکە. ئاوازی دەداتێ. دەربرینی دەگۆڕێ

tongs ماشە، گیرە

curling - *(ئوتوو، ماشە، گیرە)ی (پرچ، قژ) لوول کردن*

tongue زمان، زار؛ ئەندامی گۆشتینی ناو دەم. زمان؛ ی ئاخافتن (ن؛ زمانی دایک). زمانە؛ ی پێلاو؛ ئەو بەشە زمان ئاسایەی ژێر قەیتان

- *tie* *زمان گرتن، تەتەڵە(ر) کردن لە قسە کردن*

- *tied* *شەرمنە، بەستەزمانە، بێدەنگە. زمان (گرتوو، تەتەڵە(ر) کردوو)*

tonic (دەرمان، هەر شت)ێکی (بەهێزکەر، چوستکەرەوە، ژیێنەرەوە). کلیلی (نۆتە، ئاواز) (مۆسیقا)

tonight ئەمشەو

tonne تەنی مەتری؛ دەکاتە ١٠٠٠ (کگم = کیلۆگرام)

tonsil لەوزەتێن؛ هەرکام لە دوو (خڕۆلکە، گرێ، ئەندام)ی ئەمدیو و ئەودیوی ڕەگی زمان

tonsillitis (ئەستوور بوون، ئاوسان، برینداربوون)ی (لەوزەتێن، خڕۆلکە، گرێ، ئەندام)ی ئەمدیو و ئەودیوی ڕەگی زمان

tonsure پرچی (تەپڵی) سەر لە ڕەگەوە تاشین. سەری لە ڕەگەوە دەتاشێ

too زۆر. گەلێک. ـیش، هەروەها. هەروابێتەوە

took (p take) بردی، ستاندی، وەرگرت

tool ئامراز، دەزگا

tooth (د)دان (ەک)، دگان (ێک)

toothache (د)دانێشە

toothbrush فڵچەی ددان (شوشتن، خاوێن ڕاگرتن)

toothpaste (شلە، دەرمان)ی (د) دان شوشتن

toothpick (تیلمە) داروچکەی ددان پاککردنەوە لە پاشماوەی خواردن (ی گیرخواردوو لە کەلێنەکان)

toothsome بە تامە، بە چێژە، خۆشە، مەزەدارە (خواردن)

top (1) سەر. سەرەوە. ئەوی سەرەوە، بەرزترین. ڕوو. یەکەم. باشترین. لەسەری دەکا. لەسەری دەبێ

- *level* *گرنگترین. بەرزترین ئاست. هتد*

- *up* *پڕدەکاتەوە، تێدەکاتەوە. (ژمارە، چەند)ێک تەواو دەکا*

top (2) مزراح (و کەلخوت)

topaz بەردێکی ئاسنینی ڕۆنە؛ بەزۆری زەردە، بۆ (جوانی، بەهاداری) هەڵدەگیرێ

topic بابەت، بواری باس و لێکۆڵینەوە

topical بابەتی (یە). پەیوەندە بە (هەواڵ، بابەت، هتد)ەکانی ڕۆژەوە

topmost سەرووترین، هی سەرسەرەوە، بەرزترین.

باشترین، چاکترین

topographical نەخشەیەکی ڕووکەشی یە. تایبەتە بە دیاردەکانی سەر ڕووی زەمین. هی سەر ڕووی زەمینە

topography نەخشەی ڕووکەشی (زەوی، شار، هەرێم، هتد). دیاردەکانی سەر ڕووی زەمین؛ بەرز و نزمی، شاخوداخ، ڕوبار، دەریا، جادە، هتد

topple وەردەگێڕێ، سەرەوبن دەکا. (ڕژێمێک) دەڕوخێنێ (ڕامیاری)

topsy-turvy سەراوبن، سەرەونخوون. شێواوی، ئالۆزی، گەڕەلاوژە، شەڕەپشیلە، هتد

torch مەشخەڵ، مەشقەرە. چرا، ئەنەتریک{ع}

tore (p tear) دڕاند(ی)

torment (ئازار، ئەشکەنجە) یەکی زۆری (جەستە، لەش. هۆش، بییر)

torn (pp tear) دڕاو

tornado گەردەلوول

torpedo دژە کەشتی؛ ساروخی ژێر دەریایی. (مین، ئەلغام)ی دەریایی

torpid خاو، بێهەست، کڕ. سڕ. نوستوو

torpidity خاوی، بێهەستی، کڕی. سڕیی. نوستوویی

torpor خاوی، تەمبەڵی{ر}. سڕی

torrefy وشک دەکاتەوە؛ بە ئاگر، دەداتە بەر ئاگر

torrent جۆگەلە ئاوێکی تیژڕۆ. لێشاو

- of *لێشاوی (جوێن دان، تاوانبار کردن، هتد)*

-s *باران بە خەستی بارین*

torrential بە تییژی. بە لێشاو. بە زۆری

torrid (adj) (ئاووهەوای) زۆر گەرم و وشکە. داخە، داخبووە

- zone *ناوچەی گەرم، گەرمەسێر (جوگرافیا)*

torsion بادان، گوشین؛ بە بادان

torso لەشی مرۆ(ڤ)؛ بەبێ دەست و پەلەکان. پەیکەری ئەم بەشەی لەشی (مرۆڤ)

tortile پێچخواردوو، بادراو

tortoise کیسەڵ (ی وشکانی)

tortuous زۆر (پێچاوی، لوولخواردوو)، بە پێچ و پەنا. خوار

torture ئەشکەنجە، ئازار. (ئەشکەنجە، ئازار) دەدا

toss (1) شێروخەت دەکا. (تۆپ، هتد) هەڵدەدا. توور هەڵدەدا، فڕێ دەدا. شێروخەت کردن

- up (1) *جێی گومانە، نادیارە، شێروخەت ە*

- up (2) *شێروخەت دەکا*

toss (2) خول دەخواتەوە؛ لە لایەکەوە بۆ یەکی دی (دەڕوا، غل دەبێتەوە). بەربوونەوە؛ بەتایبەتی لەسەر ولاغ ەوە

tot (ژمارە، هتد) کۆ دەکا

- up to *دەبێتە، دێتەسەری، کۆدەبێ (تەوە)*

-ting up *کەڵەکە{ر} بوون، کۆبوونەوە*

total تەواوی، هەمووی. کۆی،

تێکڕای. یەکجار، زۆر. کۆی دەکا. (دەگاتە، دەبێتە) (چەند، ژمارە) یێک

totalitarian (رژێم، دەسەلات، فەرمانڕەوایی) تاکە پارتی، ملکەچیی تەواو بۆ میری

totality تەواوەتی، هەمووی، تێکرایی. کاتی (خۆر، مانگ) گیرانی (پڕ، تەواو)

totter بە لا دا دێت، دەلەرێتەوە. دەهەژێ. خەریکە (دەڕوخێ، دەکەوێ)

touch (1) هەست(کردن)، دەست لێدان (بە ئاسپایی). هەستی دەکا، دەستی لێدەدا (بە ئاسپایی)

- line *هێلّی (تخووب، لێوار)ی یاریگا (وەرزش)*

- type *(چاپ دەکا، دەنووسێ) بەبێ روانینە کلیلەکان (ی پێش دەمی)*

- typing *بە پەنجە چاپ کردن؛ بێ تێڕوانینی تەختەی کلیلەکان*

- up *پینە دەکا، چادەکاتەوە*

finishing - *بۆ دوا جار، دوا دەسکاری*

in - with *پەیوەندی هەیە لە گەلّی*

touch (2) کاری تێدەکا، دەیبزوێنێ، هەستی دەبزوێنێ

touchdown نیشتنەوەی فڕۆکە؛ کاتی گەیشتنە سەر زەوی

touching (بە، لە) یەکتر کەوتوو. هەست بزوێن (ە)

touchstone (بەرد، سەنگ)ی (تاقی کردنەوە، مەحەک). پێوەر، تەرازوو

touchwood دارێکی ناسکە کەوا زۆر بە ئاسانی گڕ دەگرێ

touchy لەرادە بەدەر هەستیارە، دلّی زۆر ناسکە، زوو توورە دەبێ

tough رەقە، بتەوە{پ}، توندە. ئاستەنگ، زەحمەت. کەسێکی (دڕ، شەڕانی، بە گێچەلّ)

toughen (رەق، بتەو{پ}، توند) دەکا. بە زەحمەتی (دێخی، دەخا). دڕ دەبێ

tour گەشت، گوزار، گەڕان (و سووڕان). دەگەڕێ، گەشت دەکا

tourism (پیشەسازی، کۆمپانیا، رێکخراوی)ی گەشتیاری

tourist گەشتیار، گەشتوان، گەڕیدە. سەیرانکەر

touristy شوێنێکی دیدەنی یە، سەیرانگا یە

tournament کێبەرکێ یەکی گەورەی چەند قۆناغی

tow رادەکێشێ، قەتاردەکا. راکێشان. راکێشران

- bar *(قۆلّ، باسک)ی ئاسن؛ ی ئوتومبیل راکێشان؛ لە (بری، باتی)ی (کندر، گوریس)*

on - *راکێشراوە؛ رادەکێشرێ، بەدوای ئۆتومبیلێکی دیکەوە یە*

toward = towards

towards بەرەو، روەو

towel دەسماڵ{دەستمار}، خاولی

tower قورغە{لّ}، بورج. (کەسێک) پێشدەکەوێ، خۆی پێشدەخا، پلەی بلّندی دەبێ

towering بەرز، بلّند

towline (کندر، گوریس)ی (شت

پێ) راکێشان

town شار. شارۆچکە. ناوشار، بازاڕ. ئاوەدانی

- hall *خانەی شارەوانی*

townsfolk شاری (یە)، خەڵکی شار(ە)، شارستانی (یە)

townsman شار(ستان)ی (یە)، خەڵکی شار(ە)

toxicant ژەهراوی (یە)، (دەرمان، شت)ی ژەهر

toxin ژەهری زیندەوەر

toy گەمە (ی دەستی منداران)، یاری (ی منالان)

trace لێی دەگەڕێ، دوای دەکەوێ، شوونی هەڵدەگرێ. شوون؛ جێپێ، هتد. ئاسەوار. تۆزقاڵێک، کەمێک. (هێڵ، وێنە) ی کێشراو؛ لەسەر یەکی دی

tracer شوون هەڵگر. وێنەکێش؛ بە بەسەردا رۆیشتنەوە. (گوللە، فیشەک، بۆمبا)ی گردار

trachoma نەخۆشیی تراخۆما

tracing شوون هەڵگرتن. کۆپی کردن، قۆپیە

- paper *کاغەزێکی تەنکە بۆ مەبەستی بە سەردا چوونەوەی ژێری*

track رێڕەو، رێڕۆ، رێچکە. شوون؛ شوێنپێ، جێتایە، هتد. هێڵی شەمەندەفەر

- down *دەیگرێ، دیدۆزێتەوە؛ بە شوون هەڵگرتن*

- record *تۆماری (کارامەیی، دەستکەوت)ەکانی کەسێک لە رابوردوو دا*

- suit *جلوبەرگی (مەشق، وەرزش) کردن*

شوون؛ شوێنپێ، جێتایە، هتد. هێڵی شەمەندەفەر

-er dog *سەگی شوون هەڵگر؛ بە بۆن*

keep - of *بە دوایەوە یە، لە دوایتی؛ لێی ون نەبووە*

off the - *دوور لە بابەت (ەکە یە)، لە مەبەستی باس لایداوە*

trackless بێسەروشوێن. بێشوون. شوون بەجێ نەهێشتوو، خۆ حەشار داو. کەس پیا نەرۆیشتوو؛ بێ رێچکە

tractable (کەسێکی) گوێڕایەڵ (ە)، شتێکی لەکار هاتوو(ە)

traction راکێشان

tractor تراکتەر؛ (ئۆتومبیل، دەزگا)ی شت (راکێشان، هەڵگێڕان ەوە)

trade ئاڵوگۆڕی کالا، بازرگانی. پیشە. بازرگانی دەکا

- mark *نیشانەی بازرگانی؛ ی بە یاسا پارێزراو*

-(s) union *یەکێتیی (بازرگان، کاسبکار)ان*

trader بازرگان، پیشەگەر، چەرچی. کەشتیی بازرگانی

tradesman (پیاوێکی) بازرگان، پیشەگەر، چەرچی

trading بازرگانی کردن

tradition داب، نەریت، لە پێشینیان ەوە بەجێماوە

traditional نەریتی یە، کۆنە، هی پێشینیانە. لاسایی کەرەوەیە

traduce بەخەراپە باسی دەکا، راستی (دەشێوێنێ، دەگۆڕێ)، (

خەراپ، بەهەڵە) (دەریدەخا، دەیخاتە روو)

traffic (هاتوچۆ، جموجۆڵ)ی (ئۆتومبیل، کەشتی، فڕۆکە، بازرگانی). بزووتنەوەی بازرگانی. (شت، کاڵا، هتد) دەهێنێ و دەبا، بازرگانی دەکا

- island *شوێنی پەڕینەوەی خەڵکی پیادە؛ لە ناوەندی جادان*

- jam *لە (هاتوچۆ، جموجۆڵ) کەوتن؛ بە هۆی قەرەباڵغی (جادان، هتد)*

- warden *(چاوەدێر، یارمەتیدەر)ی هاتوچۆو*

trafficker بازرگان. قاچاغچی

tragedian (ڕۆمان، تراژیدیا) نووس؛ نووسەری چیرۆکی (غەمباری، ئازاردار، بەکارەسات، ڕەشبینی)

tragedy کارەسات، ڕووداوێکی ناخۆش. (شێوە، بابەت)ێکە لە (نووسین، هونەر، شانۆگەری)

tragic دڵتەزێن(ە)، ناخۆش، خەماوی

trail شوون؛ شوێنپێ، جێتایە، بۆن، هتد. ئاسەوار، کلک. ڕێچکە، ڕێڕەو. دوادەکەوێ، بەجێ دەمێنێ؛ دەدۆڕێ

- blazer *(بەفر، ڕێ)شکێن؛ لەناو (بەفر، هتد)*

train فێردەکا، ڕادەهێنێ. فێردەبێ، ڕادێ. شەمەندەفەر

trainee مەشقکار، فێربوو

trainer مامۆستا، ڕاهێنەر، ئەزموونەدەر، فێرکەر، مەشقدەر

training مەشقدان، فێرکردن، ڕاهێنان. مەشق(کردن)، فێربوون، ڕاهاتن

- centre *بنکەی مەشق پێکردن*

- college *خانەی فێرکردن، خانەی مامۆستایان، هتد*

trait خیانەت دەکا، خۆدەفرۆشێ

traitor (جاش، خۆفرۆش، خاین)ی نێر ینە

traitress (خاین، خۆفرۆش)ی مێ ینە

tram شەمەندەفەری کارەبایی (بەزۆری لە ناوشاران). عارەبانەی بەکاربراو لە کانگایان

tramcar شەمەندەفەری کارەبایی

trammel تەگەرە. تۆڕی ماسی گرتن. تەگەرەی دەخاتێ. ڕێی لێ دەگرێ

tramp بە پێیان دەڕوا. پێی لێ دەنێ، پانی دەکاتەوە. (دەنگ، تەپە)ی پێ(یان). گەڕۆک، پیادەڕۆ. سواڵکەر. گەشتێکی دوورو درێژ؛ بە پێیان

trample (پان دەبێتەوە، ورد دەبێ) لەژێر پێ(یان). پێی لێ دەنێ، پانی دەکاتەوە، (هـ) وردی دەکا

- on *پێی لێ دەنێ، (پانی دەکاتەوە، (هـ)وردی دەکا) لەژێر پێ(یان)*

tramway هێڵەکانی شەمەندەفەری کارەبایی

trance سڕبوون. لە (هۆش) خۆچوون، بێهۆش بوون. (ماسوولە، لەش) ڕەقبوون. (واقوڕمان، سەرسووڕمان)ی (زۆر،

زیاد) لـە خۆشی دا

tranquil ئـاسوودە، دڵـئـارام

tranquillise (هێدی، ئـارام)ی دەکاتـەوە؛ بـەتایبـەتـی بـە داودەرمان

tranquillity ئـاسوودەیـی، دڵـئـارامـی

trans (پـێشگر، پـێشکۆ)یـە بـە واتـای (لـەدوای، (لـە)ئـەوبـەری. (لـە، بـۆ) ئـەو دیـو ی، دەگـوازێـتـەوە. بـەناو دا، (پـێ دا) تـێپـەڕیـن)

transact جێبـەجێ دەکا، ئـەنـجام دەدا، تـەواو دەکا. کارێـک دەکا

transaction (جێبـەجێ کـردن، ئـەنـجام دان، تـەواوکـردن)ی ئـاڵـوگـۆڕی یـەکـی (دراو، دارایـی، بـازرگـانـی)

transatlantic (لـەودیـوی، بـە پـەڕیـنـەوە لـە) ئـۆقـیـانـۆسی ئـەتـلـەنـتـی. ئـۆقـیـانـۆس بـڕ؛ لـێـی دەپـەڕێـتـەوە

transcend تـێدەپـەڕێ لـە ئـاستـی (شارەزایـی، بـیـیـر، بـڕوا) مرۆ(ڤ) ، (پـتـر، زیاتـر)ە، دەبـەزێـنـێ

transcendent بـاشتـر، سەروەر، بـەزێـنـەر. لـە ئـاستـی (شارەزایـی، بـیـیـر، بـڕوا)ی مرۆ(ڤ) تـێپـەڕیـو. بـاڵا، خوایـی

transcribe (وەکـوو خۆی، دەقـاودەق) دەی نـووسێـتـەوە؛ بـێ دەسکاری، لـەبـەری دەنـووسێـتـەوە. تـۆمـار دەکا؛ بـۆ دووبـارە بـەرهـەمـهـێـانـەوە

transcript (نـوسیـن، کـار، پـەڕتـووک، دەق)ێـکـی بـەدەست نـووسراو

transcription (وەکـوو خۆی) نـووسیـنـەوە؛ بـێ دەسکاری، لـەبـەر نـووسیـنـەوە. تـۆمارکـردن

transexual = **transsexual**

transfer دەگـوازێـتـەوە. (شتـێـک) بـە نـاوی دەکا. گـواستـنـەوە، گـوێـزانـەوە. گـوازرانـەوە. بـەنـاو کـردن. لابـردن، بـردن

transferable لـە (گـواستـنـەوە. گـوێـزانـەوە) هاتـوو؛ دەگـوازرێـتـەوە. لـە بـەنـاو کـردن هاتـوو؛ بـنـاو دەکـرێ، دەکـردرێ

transferee بـەنـاو کـراو؛ کـریـار

transference گـواستـنـەوە، گـوێـزانـەوە. گـوازرانـەوە. راگـواستـن

transfiguration (شێـوە، روخسار) گـۆڕیـن

transfigure (شێـوە، روخسار)ی دەگـۆڕێ

transfix دەحەپـەسێـنـێ، سەری بـەسوڕ دەهێـنـێ. کـون دەکا، (خەنـجەر، هتـد)ی لـێدەدا

transform (دەگـۆڕێ، دەگـوازێـتـەوە) (لـە دۆخـێـک بـۆ دۆخـێـکـی دی). ڤـۆڵـتـی کـارەبـا (زیـاد، کـەم) دەکـاتـەوە

transformation گـۆڕیـن. گـۆڕان. وەرچـەرخان

transformer دەزگـایـەکـی کـارەبـایـیـە بـۆ (کـەم، زیـاد) کـردنـەوەی ڤـۆڵـتـی کـارەبـا

transfuse خوێـن{خـیـن، خوون} لـە (کـەس، ئـاژەڵ)ێـکـەوە دەگـوازێـتـەوە بـۆ یـەکـی دی. (شلـە، دەرمان) بـە سۆنـدە لـە لـوولـەی خوێـن دەکا. تـێـر(او)

دەکا، ئاودەدا

transfusion خوێن گواستنەوە لە کەسێکەوە بۆ یەکی دی. تێراو کردن، ئاودان

transgress سەرپێچی دەکا، سنوور دەبەزێنێ، یاسا دەشکێنێ، گوناح دەکا

transgression سەرپێچی کردن، سنوور بەزاندن، یاسا شکاندن، گوناحکاری، گوناحباری

transgressor سەرپێچی کەر، سنوور بەزێن، یاسا شکێن، گوناحکار، گوناحبار

tranship لە (ئۆتومبیل، شەمەندەفەر)یکەوە دەگوازێتەوە بۆ یەکی دی

transient کاتی، گوزەرکەر، تێپەڕیو، لەناوچوو. بۆ ماوەیەکی کورت

transit گواستنەوە، گوێزانەوە، بردن، بار. گوازرانەوە. تێپەڕین، رێ

in - *لە (گواستنەوە. رێ. ناو بار)*

transition وەرچەرخان؛ ی بار یا دۆخ. تێپەڕین، گواستنەوە؛ لە شوێنێکەوە بۆ یەکی دی

transitive کردارێک کەوا جگە لە بکەر کار (لێ، تێ) کراوی راستەوخۆشی بوێ (رێزمان)

transitory کاتی، گوزەرکەر، تێپەڕیو، لەناوچوو. بۆ ماوەیەکی کورت

translatable لە وەرگێڕان هاتوو(ە)؛ وەردەگێڕدرێ

translate وەردەگێڕێ (دەقی نووسین)

translation وەرگێڕان (ی دەقی نووسین)

translator وەرگێڕ (ی دەقی نووسین)

translucent (جەستە، شت)ێکی نیمچە رۆن (ە)؛ تارادەیەک مۆڵەتی تێپەڕبوونی تیشک بدا

transmigrate (گیانێک) دەچێتە ناو لەشێکی دی یەوە. کۆچ دەکا

transmigration (گیان) چوونە ناو لەشێکی دی یەوە. کۆچەری، کۆچبەری

transmission (1) گەیاندن. گوێزرانەوە. گوێزانەوە

transmission (2) دەزگای گێڕ؛ (گوێزانەوە، گواستنەوە)ی خولانەوە لە مەکینەوە بۆ ئاکسل

transmission (3) رادێران، بڵاوکردنەوە، راگەیاندن؛ بە (رادیۆ، تەلەفیزیۆن، هتد)

transmit (1) دەگەیەنێ. دەگوازێتەوە. دەدا بە

transmit (2) دەگەیەنێ؛ مۆڵەتی تێپەڕبوونی (گەرمی، کارەبا، تیشک، دەنگ، هتد) بەناویدا دەدا

transmit (2) (~) بەرنامەی (رادیۆ، تەلەفیزیۆن، هتد) (رادەدێرێ، بڵاودەکاتەوە، رادەگەیەنێ)

transmitter دەزگای بڵاوکردنەوەی (شەپۆڵ، بەرنامە) کانی (رادیۆ، تەلەفیزیۆن، هتد)

transmute (سروشت، تایبەتمەندی)ی دەگۆڕێ. ئاسن (کردن، گۆڕین) بە زێڕ (ئەفسانە)

transparency رۆنی، بێگەردی. (

ئاسان، ئاشکرا، روون)یی چۆنییەتی یەک

transparent ڕۆنە، بێگەردە. چۆنییەتی یەکی (ئاسان، ئاشکرا، روون)

transpierce دەبیڕی، کونی دەکا

transpiration دەرکەوتن، هاتنە زانین. رووداو، قەومان. ئارەق(ە){ع} کردن

transpire روودەدا، دەقەومێ. ئارەق{ع}، ئارەقە{ع}. ئارەق(ە){ع} دەکا

transpired دەرکەوت، هاتە زانین، (وادیارە، وادیاربوو)

transplant (n) چاندن (ەوە)ی ئەندامی لەش

transplant (v) (رووەک، درەخت، هتد) دەگوازێتەوە؛ هەڵی دەقەنێ و لەشوێنێکی دیی دەچێنێتەوە. (ئەندام، (چەند شانە)یێکی لەش دەگوازێتەوە بۆ (کەس، شوێن)یێکی دی

transport دەگوازێتەوە. گواستنەوە. (شیرازە، ئامرازەکان)ی گواستنەوە؛ فڕۆکە، شەمەندەفەر، کەشتی، بەلەم، ئامانە، ئۆتومبیل، ولاغ، هتد

-ed with *هەست بزوێنراو، کارتێکراو*

transportation گواستنەوە، گوێزانەوە. گوێزرانەوە. راگواستن

transpose (ئاڵوگۆڕ، جێگۆڕکێ) یان پێ دەکا؛ جێی دوو شت (یا زیاتر) دەگۆڕێتەوە. دەیانگوازێتەوە

transposition (ئاڵوگۆڕ، جێگۆڕکێ) پێ کردن

transsexual بە (کە)لەش و ئەندام نێرە و بە بیر و هەڵسوکەوت مێ ینە (یە) (یا بە پێچەوانەوە)

transsexual (~) کەسێک کەوا ئەندامی زاوزێی خۆی گۆڕیبێتەوە بە هی پێچەوانە کەی

transude ئارەق(ە){ع} دەکا

transverse (بە (پانی، پانایی) ، پانەوپان) (هەڵکەوتووە، دانراوە، کار دەکا)

trap تەڵە{ر}، فاق(ە). دەگرێ (بە تەڵە). (داونانەوە، پیلان، کەمین) بۆ گرتنی کەسێک. فێڵ

mouse - *تەڵە (تەرە)ی* مشک

trapdoor هەر دەرگایەک کەوا ئاسۆیی هەڵکەوتبێ؛ ن؛ لەسەر زەوی، بنمیچ، ژێرزەمین، هتد

trapeze جۆلانەی خۆپێ هەڵواسین و گەمە پێکردنی مەشقچی یان

trapezium رووبەرێکی چارلا؛ بەمەرجی (لانی کەم) هاوتەریبی ی دوو لا ی

trapezoid رووبەرێکی چارلا

trash [US] زبڵ، بێکەلک، فڕێدراو. بۆ فڕێدان

- can [us] *تەنەکەی زبڵ*

trashy بێبەها یە، کەمە، بێکەلکە

trauma (ئازار، ئەشکەنجە)ی زۆری دەروونی. برینداربوونی لەش

travail ئەرکێکی قورس و بەئازار. ژانی منال بوون.

ژاندەکا، ژانی دیتێ، تین دەداتە خۆی؛ بە ژانەوە

travel (گەشت، گوزەر) دەکا. گەشت، گوزەر

traveller گەشتیار، گوزەرکەر، گەڕۆک، گەڕیدە. قەرەج، دۆم

traversal پێدا (گەڕان. ڕۆیشتن). هەموو (بینین، کردن) . (درێژکردن، هەڵواسین)ی شتێک

traverse بە پانی و بەرینی دا دەگەڕێ. پێدا دەڕوا. هەمووی دەبینێ. (کۆڵەگە{ر}، هتد) (درێژدەکرێ، دادەنرێ)؛ چ بە پانی یا درێژی

travesty گاڵتەجاڕی. گەمە کردن بە شتێکی گرنگ. گاڵتەی پێدەکا، لاسایی دەکاتەوە؛ ن؛ دادگایی (کردنی) ڕووکەشی

tray سێنی{ی}، تەبەق

treacherous خاینانە. خۆفرۆشانە. (ئاووهەوا، یاد، هتد)ی (دەمدەمی، باوڕ پێ نەکراو، نائومێد کەر)

treacherously بە (خاینی. خۆفرۆشی)

treachery خاینی. خۆفرۆشی

treacle (دۆشاو، شەکراو) ێکی ڕەشە لە پاش پاڵاوتنی شەکر بەجێ دەمێنێ. دۆشاو، شەکری خاو

tread هەنگاو دەنێ، دەڕوا. لەسەری دەڕوا، پانی دەکاتەوە. (شێوە، دەنگ)ی ڕۆیشتن، تەپەی پێ، ئەو بەشی تایە کەوا زەوی دەگرێ. بنی (کەوش، پێڵاو)

treadle (قۆڵ{ر}، باسک)ێک کەوا بە پێ پاش و پێش دەکرێ و کار دەکاتە سەر (گورج، خاو) گەڕانی (ئامێر، مەکینە)ێک

treason چاوساغی کردن بۆ (لەشکری) دوژمن، وڵاتفرۆشی، گەلفرۆشی، خیانەت، جاشاتی

high - *(وڵات، گەل) فرۆشی*

treasure گەنجینە، غەزنە، خەزنە، خەزێنە، کەنز. هەڵدەگرێ، پاشەکەوت دەکا

treasurer گەنجینەدار، خەزنەدار، سپاردە

treasury خەزێنە. خەزنەداری، دارایی

treat (تیمار، چارەسەر) دەکا. هەڵسوکەوت دەکا

treatise کارێکی نووسراو کەوا بە فەرمانی و بنچینەیی لە بابەتێک بدوێ

treatment تیمارکردن، چارەسەرکردن. هەڵسوکەوت (کردن)

treaty پەیمان؛ ی نێوان وڵاتان. بەڵێن. پێکهاتنی دوو (یا زیاتر) لایەن(ان)

treble سێجار بە قەدەر. لە سێ (بەش، کەرت) پێکهاتوو (ە)

tree دار، درەخت

family - *داری وەچەکانی (خێزان، تیرە) ێک*

genealogical - *داری ڕەچەڵەک*

treeless ڕووتەنە، بێ دارو درەختە

trefoil ڕووەکێکە لە شێوەی وێنجە؛ بە گەڵای سێفلیقە وە

trellis (دار، تێل، شیش)ی وەک هێڵەگ ڕایەڵە کراو بۆ پێدا

هەڵگەرانی ڕووەکان

tremble لە ((نا)خۆشی، لاوازی) یان دەلەرزێ. ڕادەچڵەکێ. دەلەرێتەوە. لەرە، لەرینەوە

tremendous شایانی باسە. زۆر باشە. ڕادەیەکی زۆر

tremor لەرزین. لەرە، لەرینەوە. موچوڕکەی ترس. ڕاهەژان

tremulous لەرزیو، لەرزۆک. لەریو. ڕاهەژاو

trench (1) قۆرت، چاڵ{ر}؛ ی باریک و درێژ. سەنگەر، خەندەق. (قۆرت، چاڵ{ر}) هەڵدەقەنێ. (سەنگەر، خەندەق) لێدەدا

- coat *قاپووتی باران؛ ی ئاو نەدز*

trench (2) (زەوی، باغچە) پێمەرە دەکا

trenchant توند و تیژ، بەهێز

trend (n) (ئاڕاستە، مەیل، گشتیی (جل پۆشینی خەڵک، داب)ی بیرورا، ڕووداو) ەکان

trend (v) بە ئاڕاستەیەکی دیاریکراو (دەچەمێتەوە، وەردەچەرخێ). (ئاڕاستە، مەیل) ی گشتیی هەیە

trepan مشارێکی (بازنە، لوولە) ییە. (کەللەسەر، کاسەی سەر) دەبڕێ بەم مشارە

trepanation نەشتەرگەریی (کەللەسەر، کاسەی سەر) هەڵگرتن

trepidation ترس و لەرز، تەنگاوبوون، شێوان، پەشۆکان

trespass (پاوان، سنوور) دەبەزێنێ

tress (بسک، کەزی)ی درێژ؛ بە تایبەتی هی (کیژ، ئافرەت)ان

trestle (سێ)گۆشەی تەختە دار؛ بۆ (توند ڕاگرتن، قەیم کردن) ی (مێز، هتد)ێک

trey ژمارە سێ؛ لە سەر (کاغەز، زار)ی یاری

tri (پێشگر، پێشکۆ)یە بە واتای؛ سێ

triad سێ؛ ٣. لەسێ (بەش، هتد) پێکهاتووە، سێی یە

trial پشکنین. تاقیکردنەوە. دادگاییکردن

- and error *(تاقی کردنەوە، هەوڵدان) و هەڵەکردن تا سەرکەوتن؛ بێ (بنچینە، ڕێوشوێن، شیرازە)یی*

- run *کار پێکردنی ئازمایشی*

on - *(لەژێر، بەمەرجی بڕینی) تاقیکردنەوە یە. دادگایی دەکرێ*

triangle (ڕووبەرێکی) سێگۆشە. سێکوچکە

triangular (سێگۆشە. سێکوچکە) یی

triangulation سێگۆشەکاریی ڕووبەری (ماتماتیک)

tribal خێڵەکی، تیرەیی

- spirit *تیرەگەری، خێڵچێتی؛ دەمارگیری خێڵەکی*

tribe خێڵ، تیرە

tribesman خێڵەکی؛ (کەسێکی) سەر بە خێڵ ێک

tribulation ئەشکەنجە، ئازار. غەمگینی، خەمباری. دەردەداری

tribunal کۆڕێکی دامەزراو بۆ

تـیـڕوانـیـن و بـڕیـارڈان لـە هەنـدێ کـێـشان. دادگا. سەکۆی دادوەری؛ کـورسـی و مـێـزی دادوەر

tribune سەرکـردە، پـێـشەوا. وتـەبـێـژ، نـوێـنـەر، پـارێـزەر

tributary رووبـارێـک کـەوا لـە یـەکـی گـەورەتـر بـکـاتـەوە. سزادان؛ بـەهۆی ژێـردەسـتـی (فـەرمـانـڕەوا، وڵات)ێـک بـۆ یـەکـی دی

tribute (کـار، وتـار)ێـکـی پـێـشکـەش کـراو وەک نـیـشانـەی (رێـزگـرتـن، دڵـسۆزی، خۆشەویـسـتـی، هـتـد). خـەلات، شاباش. سزادان؛ بـەهۆی ژێـردەسـتـیـی (فـەرمـانـڕەوا، وڵات)ێـک بـۆ یـەکـی دی

trice یـەکـسەر، لـە ماوەیـەکـی زۆر کـورتـدا

in a - *لـە ماوەیـەکـی زۆر کـورتـدا، یـەکـسەر*

trick فـێـڵ، تـەفـرە. فـێـڵـی لـێـدەکا، تـەفـرەی دەدا

- up *دەیـڕازێـنـێـتـەوە، بـریـقـو بـاقـی بـۆ دەکا (یا پـێـوە دەخا)*

trickery فـێـڵـکـردن. تـەفـرەدان

trickle دەڕژێ(نـێ)، لـێـی دێ(نـێ) تـەخـوارێ، لـێـی دێ(نـێ)

trickster فـێـڵـبـاز. تـەفـرەدەر. خـەڵـەتـێـنـەر

tricksy (adj) (پـەنـد، بـەزم)ی زۆرە؛ زۆر گـاڵـتـەچـی یـە

tricky (adj) کـارێـک کـە وریـایـی بـوێ؛ چـونـکـە بـە ئـاسانـی بـەهەڵـەدا دەچـێ

tricolour (adj) سێڕەنـگـە، سێـرەنـگـی یـە؛ بـەتـایـبـەتـی ئـالاکـانـی فـەرەنـسا و ئـایـەرلـەنـد

tricycle سێ(چـەرخـە، تـایـە)یـی، پـاسکـیـلـی سێ(چـەرخـە، تـایـە)یـی

tried (1) (p try (1)) دادگـایـی کـرد. دادگـایـیکـراو(ە)

tried (2) (p try (2)) هەوڵـی دا. تـاقـیکـراو(ە)

triennial هەر سێـساڵ جارێـک روو دەدا. سێـساڵ دەخـایـەنـێ

trifle کـەم(بـایـەخ، گـرنـگ)، کـەمێـک (پـارە، هـتـد). سووک. رادەبـوێـرێ (بـە). بـە سووکـی (داخـەفـێ، هەڵـسوکـەوت دەکا)

- with *پـێـی رادەبـوێـرێ، گـاڵـتـەی پـێـدەکا، سووکـایـەتـی پـێـدەکا*

trifling نـاگـرنـگ، کـەم، تـڕوهات، بـێ بـایـەخ

trigger پـەلـەپـیـتـکـە

trigonometry سێـگۆشەکاری

trihedral (جـەسـتـە، شت)ێـکـی سێڕووبـەری

trihedron جەسـتـە یـەکـی ئـەنـدازەیـی سێڕووبـەریـی یـە

trilateral (هی، لـە، بـە) سێ لا یـە. کـێـشەیـەکـی سێ لایـەن یـیـە

trilingual سێ زمان یـیـە؛ بـە سێ زمان (دەدوێ، نـووسراوە، هـتـد)

triliteral سێ پـیـت یـیـە

trill ڕمـبـە. تـریـوە(تـریـو). گـوتـنـی پـیـتـی 'ڕ' بـە بـەردەوامـی. ڕمـبـەی دێ، دەهەژێ. دەتـریـوێـنـێ

trilobate لـە سێ (کـەرت، بـەش) پـێـکـهاتـووە. سێ کـەلـە

trilobite(s) جۆرە زیـنـدەوەرێـکـی دەریـایـیـە

trim (1) دەبـڕێ، (قـوت، کـورت)

دەکا. ڕێک دەخا؛ بە بڕین.
ئارایش دەکا

trim (2) باری ئامادەیی. (ئامراز، شتومەک)ی (ڕازاندنەوە، ئارایش)ی. (پرچ، قژ) (بڕین، قوت کردن، ئارایش کردن). ڕێک. ئارایشکراو. ڕازاوە

trimming (ئارایش، ڕازاندنەوە)ی جلوبەرگ؛ دامەن، لێوار، وردەواڵە، هتد

-s *پێخۆر. مەزە*

trimness ڕێکی. پۆشتە (و پەرداخ)یی. ڕازاوەیی

Trinitarian کەسێکی خاوەن مەزەبی (سێیانە{سیانە}، سێکوچکە)ی پیرۆز؛ کەوا مەزەبێکی ئایینی عیسایییە

trinity (1) باری (سێبوون؛ سێی، سیان(ـەیـ)ـی). کۆمەڵ(ـەیـ)ـەکی سێی

trinity (2) (سێیانە{سیانە}، سێکوچکە)ی پیرۆز؛ یەکێتیی سیان لە ناو یەکێک دا؛ مەزەبێکی ئایینی عیسایییە؛ تێیدا خاوەن باوڕەکان سێ کەسیان (لە) لا پیرۆزە

trinket پارچە خشڵێکی بەخۆوە کردنی (بچووک، کەمبەها، سووکەڵە)

trinomial (چەند، هاوکێشە) سێ سنووری. بڕگەیەکی سێ یەکی وشەیی

trio سێیانە، (تاقم، دەستە)یێکی (سێکەسی، سێکوچکەیی). ئاوازی سێ دەنگی

trip پاشەقولی لێ دەدا، ساتمەی پێ دەکا. گورج (دەڕوا، ڕێ دەکا). سەردەدا لە شوێنێک. ساتمە(کردن). هەنگاوی (سووکەڵە، گورج). سەردان، گەشت

tripartite سێ (لەت، بەش، کەرت)کراو. دابەشی سێ کراوە، کراوەتە سێ

tripe ناوهەناوی ئاژەڵ؛ بەتایبەتی گەدەی گا؛ کە پاک بکرێ بۆ چێشت پێ لێنان (دەشێ لە شێوەی سەروپێ لێ بنرێ)

triple سێ(بەش، کەرت، لەت). سێ لایەن ی. سێجار، سێقات. سێقات (دەبێ. دەکا)

triplicate سێلقدار. سێ وێنەیی. سێدەقی هەمان نوسراو

tripod سێپێ، سێپایە. سێ (پ

trisyllable (وشە، هتد)ی سێ بڕگەیی

trite (وشە، زاراوە، هتد)ی (سواو، زۆر بەکار هاتوو. خوراو، دڕاو، هتد)

triumph سەرکەوتن، بردنەوە، زاڵبون. نموونەیەکی زۆر (باش، بەنرخ). سەر دەکەوێ، زاڵ دەبێ

triumphal سەرکەوتووانە. (هی، تایبەتە بە) سەرکەوتنەوە

triumphant سەرکەوتوو، زاڵ

trivial کەم (بەها، نرخ)، ناگرنگ. سووک، سادە

trod (p tread) هەنگاوی هاوێشت، ڕۆیشت. لەسەری ڕۆیشت، پانی کردەوە، پێی لێنا

trodden (لەسەر) ڕۆیشتوو. پان کراوە، پێ لێنراو

trolley (مێز، سەبەتە،

راگویزەر) ی بە (خولخولۆکی بچووک، تایە، هتد). عارەبانە (ی بچووک)

trombone ئامێرێکی (ئاواز، مۆسیقا) یە لە شێوەی زورنا؛ بەلام ئەمیان قۆڵێکی درێژی هەیە (بەردەوام) پێش و پاشی پێ دەکرێ

troop (گەلە، گاران، مێگەل، هتد). (کۆڕ، کۆمەڵ)ێک خەڵک. یەکەیەکی سەربازی. کۆدەبنەوە. کۆڕ دەبەستن. بە ژمارەی زۆر (رێدەکەن، دەڕۆن)

troops هێزە چەکدارەکان، لەشکر، سەربازان

trope بەکارهێنانی (هێمایی، وەرگێراو، مەجازی)ی وشەیەک

trophy (جام، کاسە) وەک (خەلات، دیاری، پاداشت)ی بردنەوەی کێبرکێ یەک. (میدالیا، پاداشت)ی سەرکەوتن لە (راو، جەنگ، هتد)

tropic هەرکام لە دوو هێڵی بازنەی پانایی ٢٣ پلەیی دەورەی زەمین؛ سەروو (بازنەی شیرپەنجە) و خواروو (بازنەی (بزن، تەگە))

the -s *ئەو ناوچانەی کەوتوونەتە نێوان ئەم دوو هێڵە بازنەییە (ی لە سەرەوە باسکران)*

tropical (هی، تایبەتە بە) دوو هێڵی بازنەی پانایی سەروو (بازنەی شیرپەنجە) و خواروو (بازنەی (بزن، تەگە)) ی دەورەی زەمین

- regions *ئەو ناوچانەی کەوتوونەتە نێوان ئەم دوو هێڵە بازنەییە (ی لە سەرەوە باسکران)*

trot مرۆ(ڤ) (رادەکا، غار دەدا)؛ بە شێوەیەکی ئاسایی. (ولاغ) یەرغەیی دەڕوا، لۆقە دەکا؛ خێراتر لە رۆیشتنی ئاسایی. غاردان، راکردن

troth بڕوا. دڵسۆزی، وەفاداری. راستی، دروستی

trotter مرۆ(ڤ)ی راکردوو. ۆلاغی یەرغە؛ خاوەن رۆیشتنێکی رێک و جوان و تۆزێکیش خێرا

-s *(پێچک، پا)ی ئاژەڵ؛ بۆ ناو (سەروپێ، چێشت، هتد)*

trouble تەنگوچەڵەمە، کێشە، تەنگانە، ئاستەنگی. گێچەڵ. خەمباری، غەمگینی. بەلا. کێشەی بۆ دروست دەکا. (خەمبار، غەمگین)ی دەکا. بەلای بۆ (دەنێتەوە، دەهێنێ)

troublemaker (کەسێکی) بەردەوام (تەنگوچەڵەمە، کێشە، گێچەڵ) (نەرەوە، دروستکەر). (خوودار، خولیا)ی (بەلا، گێچەڵ) نانەوە

trouble-shooter کەسێکی ناوبژیکەر. کەسێک کەوا هۆ و چارەسەرییە کانی (کێشە. ئاستەنگی. گێچەڵ. بەلا)ی ناو (کار، کۆمپانیا، مەکینە، هتد) دەدۆزێتەوە

troublesome (کەسێکی) بە (کێشە. گێچەڵ) ە، بەلا هێنە. (کار، شت، هتد)ێکی (ئاستەنگ، زەحمەت)

trough ئاخوڕ؛ (ئالیک، خواردن) ی ئاژەلان. کۆل؛ ی ئاوی ئاژەلان. (قۆرت. جۆگە(لە)) بۆ مەبەستی (ئالیک، ئاو)دان

trousers پانتۆڕ. شەرواڵ.

دەرپێ ی درێژ

trousseau (دەزگا؛ جلوبەرگ، هتد؛ جیهاز)ی بووک(ێنی)

trowel چەمچە، مارنج{ڵ}

plasterer's - *ماڵنجی سواق (دان)، مارنجی سپیکاری*

truant منالێک لە (قوتابخانە، وانە) هەلاتوو. تەمبەڵ، تەوەزەل. بەرەلا

truce ئاگربەست، پێکهاتنێکی کاتی لەسەر شەڕ راگرتن

truck ئۆتومبیلی باری، لۆری. مامەلە، هەلسوکەوت. ئالوگۆڕ

truculence (-cy) (شەڕانی، درندە)یی. بەرەنگاری کردن(ەوە)

truculent شەڕانی، دڕندە. بەرەنگاریکەر(ەوە)

trudge (بەئەسپایی، لەسەرەخۆ. بەماندوویی) (بەپێیان) دەڕوا

true راست، دروست. راستەقینە

- copy *(وێنە، کۆپی)ی دەقاودەقی نووسراوێک. وەکوو (خۆ یەتی، ئەوە)*

truffle دوومەلان، دوومەران؛ خۆرواو یکی ژێرزەوی ی زۆر بەتام و چێژە؛ خڕە و (بە زۆری) لە بەهاران پەیدا دەبێ

truism راستیی زۆر سادە و زۆر (باو، سواو، گوتراو)، (کێشە، مەسەلە) یەکی (سەلماو، زۆر باو)

truly بەڕاستی، بەدروستی. بە دلسۆزی. بەڕاست(ی)!

trump (1) کاغەزێکی ((نرخ، ژمارە) بەرزی) یاریی کاغەزە. (ژمارە، هتد)یەکی (باش، بەرز) . (باشتر، چاکتر) دەبێ لە (کاغەزێکی تر، هتد). لێی دەباتەوە

- up *(دەداتە، دەخاتە)پاڵی، بۆی درووستدەکا، پێوەی (دەنێ، دەلکێنێ)؛ ن؛ تاوان، هتد*

trump (2) (دەنگی) زوڕنا

trumpery شتێکی بێ(نرخ، بەها)، (بێکەلک، زبڵ)ە

trumpet زوڕنا. بانگ ڕادێران، جاڕدان. زوڕنالێدەدا. بانگ ڕادەدێرێ، جاڕدەدا. (فیل یکی تووڕە) دەزریکێنێ

truncate کورت دەکاتەوە، لێی (قوت دەکا، دەکاتەوە)؛ بە بڕینی (پێش، سەر) یا (پاش، بن)ی

truncated (کورت، قوت) کراو؛ بە بڕینی (پێش، سەر) یا (پاش، بن)ی

truncheon (تێلا، کوتەک) (ی دەستی پۆلیس، هتد)

trundle غل (دەبێ. دەکا)تەوە. (قورس، هێواش، لەسەرەخۆ) (دەخولێ، دەسوورێ)تەوە

trunk ناوقەدی دار. (کە)لەش (ی بێ سەر و چارپەل). باول. (لمووز؛ لوولە درێژەکە)ی فیل

truss (قایش، پژدێن)ی (قۆڕی، فتق). (کۆلەگە{ر}، ئەستووندەگ، دارەڕێ)ی (ناوخانوو، پرد، هتد). (دەسک، بەند)ێک (قەسەر، هتد)

trust بڕواکردن (بە کەسێک). بەرپرسیاری. قەردی بازرگانی. بڕوای پێ دەکا، پشتی پێ دەبەستێ. دلنیا دەبێ، هیوا دەخوازێ

trustee هەرکام لە چەند (ئەندام، بڕواپێکراو)ی بەڕێوەبردنی (دامەزراو، کۆمەڵە، ڕێکخراو، هتد)ێک

trustful (پڕ، بە)بڕوا (یە). دڵنیا (یە)

trusties زیندانی یەک کە پاداشتی تایبەتیی پێدرابێ لەبەر (ڕەفتار، هەڵسوکەوت)ی باشی

trustworthy جێبڕوایە

truth ڕاستی، درووستی

truthful ڕاستگۆ

try (1) دادگایی دەکا

try (2) تاقی دەکاتەوە، هەوڵ دەدا، تەقەلا (دەکا، دەدا)

- on *جلوبەرگ (تاقی دەکاتەوە، پێی دەگرێ)*

- out *تاقی کردنەوە، مەشق*

trying قورس، زەحمەت، خۆی لەبەر ناگیرێ، بەرگری ناکرێ. (بێزار، ماندوو)کەر

tsar (قەیسەر، ئیمپراتۆر)ی روسیا (مێژوو)

tsarina قەیسەری روسیا؛ هی مێ ینە (مێژوو)

tsetse مێشێکی ئەفریقاییە لە سەر خوێن دەلەوەڕێ و نەخۆشیی (خەولێکەوتن، نوستن) دەگوازێتەوە

tub نیوە بەرمیل (ی گەورە). پلاستیکی بەم شێوە. گەرماو، حەمام. (خۆ) دەشوا؛ لەناو شتێکی وەهادا

tube سۆندە، بۆڕی، لوولە، چووپ. شەمەندەفەری ژێرزەمینی (ی لەندەن)

tubercle (قینچکە، قنچکە، گرێ)ی (لەش، ناو نەندامێک)

tubercular سیلاوی، (قینچکە، گرێ) (کردوو، گرتوو)

tuberculosis نەخۆشیی سیلی سینگ، سینگ (قینچکە، گرێ) کردن

tuberose (رووەک، گوڵ)ی یاسەمین (ی کێوی)

tubular (لوولەیی، وەکوو بۆڕی) یە. بۆشە، ناوی بەتاڵە

tuck دەنوشتێنێ تەوە. تێی دەئاخنێ، (دەخاتە. دەخزێنێتە) ناو. نوشتانەوە (ی دورمان بەسەردا رۆیشتوو)

Tue. کورتکراوەیە بەواتای؛

= Tuesday *(رۆژی) دووشەممە*

Tuesday (رۆژی) سێشەم (ە)، سێشەممە

-s *لە رۆژانی سێشەم، سێ شەممان. هەموو سێشەم ێک*

tuft بنج(چ). کۆمەڵ(ێک). دەسک

tug گرێ، بەند. توند دەکا، شەتەک دەدا. رادەکێشێ، قەتار دەکا

- of war *پەتپەتێن؛ یاری پەت راکێشان. کێشمەکێش*

tugboat بەلەمی بچووک و بەهێزی کەشتی راکێشان

tuition فێرکردن، مامۆستایی. کرێی فێرکردن

tulip گوڵە شلێر

tumble بەردەبێتەوە، دەکەوێ. بەردەداتەوە، دەکەوێنێ. (نرخ، ژمارە، هتد) کتوپڕ

دێتەخوارێ

- *drier* *ئامێرێکی کارەبایییە بۆ (وشک، هیشک) کردنەوەی جلوبەرگی شووراو*

- *drier (~)* *لەناو بەرمیلێکی گەرمکراو و (خولاوە، سووڕاوە)*

tumble (~) دێ و دەچێ؛ بە خولانەوەوە، دەسووڕێتەوە؛ هەرجارەی بە ئاراستەیەک

tumbler (جام، گلاس)ێکی خواردنەوە؛ ی خشت و لووس؛ بێ دەسک و بێ بن

tumefaction (دوومەڵ، گرێ) کردن، ئاوسان، ئەستووربوون، پەنمان

tumefactive ئاوسێنەرە، بە (دوومەڵ، گرێ)یە

tumescence دۆخی ئاوسان، ئەستووری؛ ئەستوورایی

tumescent ئاوساو، ئەستوور(بوو)، پەنماو

tumid پەنماو، ئەستوور، ئاوساو. دەرپەڕیوو

tumultuous شلەژاوە، زۆر شێواوە، بە (دەنگی ناخۆش، هاژە) یە

tuna تیونە؛ جۆرە ماسی یەکی دەریایی گەورەیە

- *fish* *گۆشتی (ماسیی) تیونە؛ بۆ خواردن*

tune (1) (ئاواز، ئاهەنگ) (ێکی دیاریکراو). دەزگایەکی (ئاوز، مۆسیقا) (ئامادە، ساز) دەکا؛ ن؛ داوەکانی توند دەکاتەوە

- *in* *لە (شەپۆلی) ئێزگەی (رادیۆ، تەلەفیزیۆن) دەگەڕێ؛*

- *in (~)* *؛ دەیخاتە سەر*

دەکا؛ ن؛ داوەکانی توند دەکاتەوە

شەپۆلێکی خوازراو

in - *هاو ئاهەنگە. گونجاوە (لەگەڵ(ی)). رێکە*

out of - *نا هاو ئاهەنگە، نەشازە. نەگونجاوە (لەگەڵ(ی)). نارێکە*

tune (2) (رادیۆ، دەزگایەکی ئەلیکترۆنی، هتد) (ساز، ئامادە، چاک) دەکا(تەوە)

tuneful ئاهەنگێکی دڵنەوازە، ئاوازێکی بەسۆزە. مۆسیقاییە

tunic چاکەتی (پڕیەبەر، توندوتۆڵ)ی (پۆلیس، سەرباز). (جۆرە) پۆشاکێکی بەشی سەرەوەی لەشە

tunnel کونی ژێر (چیا، گرد، روبار، هتد)؛ کە بەزۆری بۆ جادە و شەمەندەفەر لێدەدرێ. کونە (رێوی، هتد). کونی دەکا، کونبەدەر ی دەکا

tunny = tuna

- *fish* *گۆشتی (ماسیی) تیونە؛ بۆ خواردن*

turban کەشیدە، کڵاو و جەمەدانی، تەربووش. کڵاوی ئافرەت

turbid (شلەی) شێلوو، لێخن، لێڵ، تیير. (رەنگی) لێڵ، تەڵخ{ر}، تیير. (دەستوور (ی جلوبەرگ)، شیرازە) یەکی (نارێک، نەگونجاو)

turbidity (شێلوو، لێخن، لێڵ، تیير)یی (شلە). (لێڵ، تەڵخ{ر}، تیير)یی رەنگ. (

نارێک، نەگونجاو)یی (دەستوور (ی جلوبەرگ)، شیرازە) یەک

turbot جۆرە ماسی یەکی گەورەیە؛ خواردنێکی بەنرخە

turbulence (شێواو، شلەژاو)ی. گێژەن، گێژەنگ، گێژەڵۆک. هاروهاجی

turbulent شێواو، شلەژاو. بەگێژەنە، گێژەڵۆکە. هاروهاجە

tureen مەنجەڵ(ی شلە)، قاپێکی بەسەر(قاپ)

turf مێرگ، سەوزایی؛ گۆڕەپانێکی بە گیا. فریز، گیا. فریز دەکا، دەپۆشی (بەگیا)

the - *کێبەرکێی ولاغان. (گۆڕەپان، مەیدان)ی (سوارچاکی، کێبەرکێی ولاغان)*

turfy مێرگە، سەوزە، بە گیا (یە). فریز(کراو)ە

turgescence پەنمان، ئەستووربوون، ئاوسان. (ئاخافتن، قسە)ی (قەڵەو، قەبە و بەتاڵ، فشە) کردن

turgid پەنماو، ئەستوور، ئاوساو. (ئاخافتن، قسە)ی (قەڵەو، قەبەوبەتاڵ، بەلاش، فشەکەرانە)

Turkey (1) ولاتی تورکیا

turkey (2) قەل(ەموون)، عەلەشیش

Turkish تورکی(ە). تورکیاییە. هی تورکیایە. تورکە. زمانی تورکی

- bath *(گەرماو، حەمام)ی تورکی*

turmoil شلەژان، شێوان. شلەژاوی، شێواوی. هەست (

بزووتن، بزوان). گێژەنگ. دەنگی (گەورە و گوێ کەڕ کەر، بە گاڵەگاڵ(ر-ر))

turn سووڕ، خول، پێچێک؛ یەک بازنە. هەل، نۆبەت. سووڕانەوە، بادانەوە. کردەوە. بادەدا. دەسووڕێنی(تەوە)

- about *وەردەچەرخێ، روو وەردەگێڕێ*

- and - about *یەک نا یەک؛ ن؛ یەکێکیان دەکا و یەکی دی بەجێ دێڵێ، هتد*

- around *دەسووڕێتەوە*

- away (from) *رووی (لێ) وەردەگێڕێ. نایەوێ. رەتی دەکاتەوە. دوور دەخاتەوە*

- back *دەگێڕێتەوە (پاش). دەگەڕێنێتەوە. دەگەڕێتەوە. وەردەگێڕێ، (قەد، دەق) دەکا*

- down (1) *(پێشنیار، هتد) رەت دەکاتەوە. نائومێدی دەکا، نایەوێ*

- down (2) *(دەنگ، گەرمی، هتد) کەم دەکاتەوە؛ ن؛ بە بادانی دوگمەیێک*

- from *وەردەسووڕێ لە، بادەداتەوە، وازی لێ دێنێ*

- in *دەگێڕێتەوە، دەگەڕێنێتەوە، دەداتەوە. دێتە ژوورێ، دێتە ناو، بەرەو ناو دەبێتەوە*

- into *دەبێتە ... ، دەکاتە ، ..*

- on *(رادیۆ، ئاگر، چرا(گڵۆپ)، هتد) (پێ دەکا، هەڵ دەکا)*

- out *دەکوژێنێتەوە. دەری دەکا (تە دەرەوە، هتد). بەتاڵ دەکا*

بازنە. هەل، نۆبەت. سووڕانەوە، بادانەوە. کردەوە. بادەدا. دەسووڕێنێ(تەوە)

- over (لاپەڕە، هتد) (وەردەگێڕێ، هەڵدەگێڕێ)

- over a new leaf لاپەڕەیەکی نوێ هەڵدەداتەوە؛ ن؛ لە هەڵسوکەوت؛ خۆی چادەکاتەوە

- point turn کردەوەی ئۆتومبیل (وەرچەرخاندن، بادانەوە)ی سێ قۆناغی یە؛

- point turn (~) ؛ (١) بۆپێشەوە، (٢) پاشەوپاش کشانەوە، (٣) بەرەو پێشەوە؛ دەرچوون

- round وەردەسووڕێ، بادەداتەوە. دەگەڕێنێتەوە، دەنێرێتەوە

- tail هەڵدێ، تێی دەقووچێنێ؛ کلکی تێکدەنێ

- the scale تای تەرازوو (دەگۆڕێ، دادەهێنێ)

- to بەلای کاری خۆیەوە دەڕوا، کاری خۆی دەکا، خەریکی کاری خۆیەتی

- up (بە)دەردەکەوێ. پەیدا دەبێ، دێت. (دەنگ، گەرمی، هتد) (بەرز، زیاد) دەکا؛ ن؛ بە بادانی دوگمەیێک

a bad - کردەوەیەکی خەراپ(ە)

by - بە نۆبە(ت)

by -s بە (هەل، خول، نۆبەت)

in - یەک بە دوای یەک. بە (هەل، خول، نۆبەت)

my - نۆبەتی من(ە)، منم

take - بە (هەل، خول، نۆبەت) (کار، شت)ێک دەکەن

turner تۆڕنەچی؛ کەسێ کە (ئاسن، دار) (خشت، ساز) دەکا بە دەزگای تۆڕنە

turnery تۆڕنەچێتی. (ئاسن، دار)ی (تۆڕنە، خشت، ساز) کراو

turning پێچ، بادان؛ یەک بازنە. لۆچ. سووڕان، خولانەوە. جادەیەکی (گۆشە، قوژبن)دار بە یەکی دی. قوژبن، سووچ. (تۆڕنە، خشت، ساز) کردنی (ئاسن، دار)

- point (هەر) خاڵێکی (وەرچەرخان، گۆڕانکاری، هتد) ی گرنگ

-s وردکە (ئاسن، هتد)ی لە ئەنجامی تۆڕنە کردن پەیدا دەبێ

turnip (رووەک، بەر؛ رەگ)ی شەلغەم

turnkey پاسەوانی زیندان

turnover داهاتی فرۆشیاری (ی کارێ یا دوکانێ بەر لە باج و دەرهاتی تر). بردنەوە ماڵ. وەرگێڕان، هەڵگێڕان(ەوە)

turnstile (دەروازە، دەرگا) یەکە چوار قۆڵی خولاوی پێوەیە؛ هەر (جارەی خولانەوەی) مۆڵەتی تەنها یەک کەس دەدا تێپەڕێ

turntable ئەو سێنی یە (خولاوە، بادراو)ەی کە قەوانی لە سەر لێدەدرێ. سەکۆیەکی خڕە بۆ (روو، ئاراستە) گۆڕینی (بەش، فارغۆن)ێکی شەمەندەفەر

turpentine شلە یەکە لە چەند جۆرە درەختێک وەدەست دەهێنرێ

- substitute (ئیـ)سپرتۆی سپی؛ (نەوت، بەنزین)ێکی

سووکە بۆ *(پاک، شل)* *کردنەوەی (سوبوغ، هتد)*

turpitude بەدڕەوشتی. خەراپی

turquoise بەردێکی شینی (مەیلەو سەوز، ئاسمانی) و بەنرخە. (رەنگی) شینی مەیلەو سەوز

turret (قولغە، بورج)ێکی گچکە. قولغە، سەنگەری دژە ئاسمانی، بەشی (خولاو، سوورارو)ی سەر دەبابە. گیرەی شت گرتنی تۆڕنە

turtle کیسەر{ڵ}

turtledove کۆترە کێوی، کۆترە باریکە

tusk شەڵفە{ر}ی فیل، هتد؛ ددانێکی درێژ و نووکدار

tuskers ئاژەڵە شەڵفەدارەکان{ر}؛ ن؛ فیل، هتد

tussle دەمەقاڵی، شەڕ(ەقسە). تووشی دەمەقاڵی دەبیَ، بە شەڕ دێ؛ شەڕ(ەقسە) دەکا

tut = tut-tut

tutelage (سەرپەرشتی، چاوەدێری، ئاگاداری) کردن، ئاگالێبوون. (سەرپەرشتی، چاوەدێری، ئاگاداری) کران. فێرکردن

tutelar(y) (سەرپەرشتی، چاوەدێری، ئاگاداری) کەر، ئاگالێبوو. پارێزگار

tutor مامۆستا، ئەزموونەدەر، ئەزموونبەخش

tut-tut (نارەزایی، بێدەنگ کردن، نائارامی) دەردەبڕیَ. (نارەزایی، بێدەنگ کردن، نائارامی) دەربڕین

TV کورتکراوە یە بە واتای؛ *تەلەفیزیۆن* *= Television*

twain دووان. دوو(کەرت، لەت)

twang رینگە، دینگە، دنگە؛ دەنگی (داو، بەن، هتد)ی راکێشراو

tweezers مووکێش. ماشە

twelfth دوازدەهەم، دوانزەهەم، دوانزدەهەم

twelve دوازدە، دوانزە، دوانزدە

twentieth بیستەمین. بیستیەک؛ (٢٠\١)، یەک لە(سەر) بیست

twenty بیست

twice دوو جاران، دووجار

twig (پەل(ەدار)، لاسک)ێکی گچکە؛ بە چەند گەلایەکی کەمەوە

twilight رووناکی ئاسمان لە پاش رۆژئاوا بوون. کاتی (پاش) رۆژئاوا بوون. رووناکییەکی کەم

twin جمک(ە)، دووانە. جووت (ێک). جووت دەکا. دوو شاری دوو وڵات دەکاتە جمکە؛ بۆ دۆستایەتی و گۆڕینەوەی (کەلەپوور، کەلتوور، نەریت، داب)

- town *شارێکی (دووانە، جووت) کراو لەگەڵ یەکی دی*

twine کندر، گوریس. بادان، لوول. چەپک (دروست) دەکا، دەچنیَ. بادەدا، لوول دەدا. (رووەکێک) لوول دەخوا

twinge ژانێکی کاتیی زۆر کورت و زۆر و کتوپڕ

twinkle (دەدرەوشێتەوە،

دەتروسکێتەوە) (وەک ئەستێرە). دەبریسقێنێ. بریسقەی چاو. تیشکێکی درەوشاوە

twins جمکن، دوانەن

twist (1) بایدەدا. بادەخوا، بادەدرێ. خواردەکا. لێکیان بادەدا. لوولی دەدا. بادان، بادران. لێک بادران. لوولدان. پێچ. لوولدران

twist (2) واتا (ی وشە) دەگۆڕێ. فێڵ دەکا. گۆڕینی واتا (ی وشە)

twisted بادراو. گاڵتە پێکراو

twit دەی وروژێنێ، گاڵتەی پێدەکا. گلەیی لێ دەکا

twitch هەڵدەتەکێنێ، رادەتەکێنێ. هەڵتەکاندن، راتەکاندن. پەرێشانی، بەپەرۆش بوون

twitchy پەرێشان، بەپەرۆش

twitter (مەل) (ویتەویت دەکا، بەنەرمی دەخوێنێ). لەرزین، لەرینەوە، هەژان

twixt لەنێوان دوو شت دا؛ بێ ئەوەی پێوەیان بنووسێ

two دوو، دووان

- dimensional *رووبەری یە؛ تەنها درێژی و پانی ی هەیە. رووکەشی یە؛ بێ ناوەڕۆک(ە)*

- edged *دوودەوە، دوودەمە. دوو لایەنی هەیە*

- seater *دوو نەفەری*

in - *(بۆ. لە) دوو (بەش، کەرت، لەت)*

twofold دووقەد. دووقەد دەکا. دووجار بەقەدەر

tympani = timpani

tympanites (دیاردە، نەخۆشی)ی زگ(ئاوسان، باکردن)

tympanum گوێچکەی ناوەڕاست؛ بەشی ناوەندیی گێ. (پەردە، تەبڵە)ی گوێ

tympany زگ(ئاوسان، باکردن). خۆهەڵکێشان، ملهوڕی. زیاد پێوەنان؛ لە (وتن، نووسین، هتد)

type جۆر، چەشن. پیتی چاپەمەنی، (گەورە و گچکەیی) پیتی (چاپکراو، چاپەمەنی)

typewriter دەزگای چاپ؛ ی دەستی (ی نامە، عەریزە، هتد)

typhoid نەخۆشی ی گرانە تا، تیفۆ، تیفۆئید

typhoon رەشەبا

typhus تایفۆس؛ جۆرە تا یێکە

typical نموونەیی(ە). ئاسایی(ە)

typify نموونە دەنوێنی. دەبێتە نموونە

typist پیتچن، کارمەندی سەر دەزگای (نامە، هتد) چاپکردن. عەریزەچی، عەریزەنووس

typography هونەری پیتچنین. شیرازە و روخساری (چاپەمەنی، شتی چاپکراو)

tyrannical زۆردارانە، بە زەبروزەنگ

tyrannize زۆرداری دەکا، زەبروزەنگ بەکار دێنێ، کەڵگایی دەکا

tyranny زۆرداری، زەبروزەنگ

tyrant (کەسێکی) (زۆردار، بە

زەبـروزەنـگ، کـەڵـەگا(ئاسا))

tyre خولـخولـۆک، چەرخە، تـایـە، پـێـچکە

tyro = tiro

tzar = tsar

***** U *****

u پیتی ئەلفبێ ی بیستویەکەمین ئینگلیزی یە. پێنجەم پیتی بزوێنە

- *turn* *بادانەوە، سووڕانەوە. پەشیمان بوونەوە لە (بەڵێن، هتد). (پلان، نەخشە) گۆڕین*

U.N. کورتکراوەیە بە واتای؛

= United Nations *نەتەوە یەکگرتووەکان*

U.S. کورتکراوەیە بەواتای؛

ولاتە یەکگرتووەکان(ی ئەمێریکا)

U.S.A. کورتکراوەیە بەواتای؛

ولاتە یەکگرتووەکانی ئەمێریکا

udder گوان ی ئاژەڵ؛ مەمکی ئاژەڵی شیردەر

ugliness ناشیرنی (ی روخسار یا رەوشت)

ugly ناشیرن (بە روخسار یا رەوشت)

UK کورتکراوەیە بە واتای؛

= United Kingdom = *شانشینی یەکگرتوو؛ بەریتانیا و سەرووی ئایەر(لەند(ە))*

ulcer برین (ی ناوەوە)

ulcerate بریندار دەبێ (لە ناوەوە)

ulceration برینداربوون(لە ناوەوە)

ulna باڵ (پێوەری درێژی)

ult. مانگی رابوردوو، مانگی پێشوو

ulterior هی دواوە، ئەوی دواوە. لە دواوە، لە پاشەوە. هی پشتەوەیە، هی دواوەیە

ultimate ئەوپەڕە. ئەوپەڕی. دواترین

ultimatum بۆ دوا جار. ئاگاداری کۆتایی، دوا راگەیاندن

ultimo مانگی رابوردوو، مانگی پێشوو

ultra (1) (زۆر، توند) باوەڕ؛ بەتایبەتی لە ئایین، رامیاری

ultra (2) (پێشگر، پێشکۆ)یە بە واتای (زۆر، زیاد. سەرو(ی) ، (لە)پاش. دوورتر)

ultramarine رەنگ یا بۆیەی شین

ultramodern هەرەپێشکەوتوو، پێش کاتی خۆی کەوتووە

ultramundane لە پاش گێتی، ئاسمانی، گەردوونی

ultraviolet تیشکی سەرو وەنەوشەیی (فیزیا)

umbilical ناوکی؛ پەیوەندە بە ناوک (ی سکی گیانداران) ەوە

umbilicus ناوک (ی سکی گیانداران)

umbles جەرگ و ناو (ی ئاژەڵی سەربڕاو)؛ واتە جەرگ، سی، دڵ، ریخەڕۆک، هتد

umbrage سێبەر. پەست بوون. گومان

umbrella (چەتر، سەیوان) ی (باران، خۆر)

umpire دادوەر. دادوەری دەکا

un (1) (پێشگر، پێشکۆ)یە بە واتای؛ نە، مە

un (2) (پێشگر، پێشکۆ)یە بۆ هەندێ کردار(ان) بە واتای؛ پێچەوانەی واتای کردار ەکە

unabashed بێ شەرمە، شەرم نەکردووە

unabated تەواو، ساغ، بێ کەم و کورتی. (کەم، بچووک، لاواز) نە(بوو. کراو). لە (سووک، ریسوا)کردن نەهاتوو، ناو نەزڕاو

unable ناتەوان، ناتەوانە. ناتوانێ

unabolished بەتاڵنەکراو، بەڕێوەچوو، (هەر)ماو

unabridged بە تێرو تەسەلی، کورتنەکراو

unacceptable رێپێنەدراو، رەتکراوە

unaccompanied تەنیا، هەرخۆی. بێ یاوەر

unaccomplished تەواونەکراو، ناتەواو

unaccountable هۆی بۆ نییە. نابەرپرسیار

unaccustomed رانەهاتووە(بە)، رانەهاتوە(لەگەڵ)

unacknowledged پێی نەزانراو(ە). پێی پێدانەنراو(ە)

unacquainted لێی نازانێ، ئاگادار نییە

unadvisable نابەسەند(ە)؛ پەسەند ناکرێ، پەسەندنەکراو(ە)

unaffected نەگۆڕاوە، کاری تێنەکراوە

unaided بەبێ یارمەتی، هاوکاری نەکراو

unalloyed رووپۆش نەکراو، بێخلێتە، بێگەردە

unanimity تێکڕایی، بە تێکڕای دەنگ

unanimous تێکڕاییە، بە تێکڕای دەنگە

unappalled سوورە، بەبێ دوودلی، بێ ڕاڕایی

unarmed بێچەک، خەڵکی سادە

unasked بەخۆشی خۆی، لەخۆڕا، بێپرس

unassisted بێ پاڵپشت، هاوکاری نەکراو، هەر خۆی

unassuming سادەیە، بێئەرکە

unattainable وەدەست نایێ، دەست ناکەوێ، نایگەیێ، دوورە دەستە

unauthorised رێ(ی) پێنەدراو(ە)، یاساغ(ە)

unavailing بێسوود، بێکەلک

unavenged تۆڵەی نەکراوەتەوە، بێ تۆڵە ماوە (تەوە)

unavoidable لێ قوتار بوونی نییە؛ خۆی لێ لانادرێ. پێویستە. دەبێ بکرێ (یا بدرێ)

unaware بێئاگا(یە) (لە)

unawares بێ نیاز، بێ مەبەست. کتوپڕ، لەپڕدا

unbar تەگەرە لەرێی، لادەبا، تەنگوچەڵەمە ناهێڵێ

unbearable لەتوانا بەدەرە، هەڵناگیرێ (بار، ئەرک)

unbeatable لە(بەزین، دۆڕان) نەهاتوو. زۆر هەرزانە

unbeaten نەدۆڕاو، نەبەزیو

unbecoming نـەگونـجاو، ناشایستـە
unbefitting ناخێـویـتـیٰ، نـەخێـواو، نـەگونـجاو
unbelief گـومان. بـیٰ بـاوڕی، نامـەزەبـی، لادینـی
unbelievable لـەباوڕ بـەدەر(ە)
unbeliever بـیٰ بـاوڕ، نـامـەزەب، لادیـن
unbending لـەشکان (دنـەوە) نـەهاتـوو، پـەشیـمان نـابـێتـەوە، سوورە
unbiased (adj) بـێـلایـەن، بـێـلایـەنـە. دادوەرە
unbidden بـانـگ نـەکراو، لـەخۆڕا، لـە خۆیـەوە
unbind دەکاتـەوە. بـەرەڵـلا دەکا، ئـازاد دەکا
unblemished پاک، بـێگـەرد
unbosom (v) نـهێـنـی دەدرکـێـنـیٰ، دڵـی (والا) دەکا (تـەوە)
unbounded بـیٰ رادە، بـێـکـۆتـا، بـیٰ سنـوور
unbreakable نـەشکـێـن(ە)، لـەشکان نـەهاتـوو(ە)
unbridle جلـەوی بـۆ شل دەکا. دەکاتـەوە. بـەرەلا دەکا
unbroken بـەردەوام، بـەدوای یـەکـەوە، نـەپساوە. نـەشکاو، دروست
unburden بـاری دادەگریٰ. لـە ئـەرکی دەخا. پـشووی دەداتـیٰ، دەحەسێـنـیٰ تـەوە
unbutton دەکاتـەوە. (دوگـمـە، قـۆپـچە، قـۆچـپـە) دەکاتـەوە
uncanonical نـایـاسایـی
uncastrated (adj) نـەخـەساو، نـەخەسێـنـراو
unceasing بـەردەوام، نـەپـچڕاوە، بـیٰ پـچڕانـەوە، نـەوەستاو، نـەکوژاوە
unceremonious سادەیـە، بـیٰ تـەکلـیـفـە
uncertain دڵـنـیا نـیـیـە. گـومانـی هەیـە. گـومانـی تـێدایـە
uncertainty دوودڵـی، ڕاڕایـی. نـامسۆگـەری
unchain ئـازادی دەکا. تـەوقـی لـە دەست دەکاتـەوە
unchangeable لـەگۆڕان نـەهاتـوو، نـاگـۆڕیٰ
unchanging نـەگـۆڕ، نـاگـۆڕیٰ
uncharitable خێـری پـیٰ نـاشیٰ. خێـر نـەکـەرە
unchaste نـاپـاک
uncheck بـیٰ نـیشانـە دەکا. نـیشانـەی لـیٰ لادەبا
unchecked بـەئـازادی، بـیٰ لـیٰپرسینـەوە. بـەرەڵـلا
uncivil دڕنـدە، ڕەوشت نـزم. نـاشارستان
uncivilised بـەربـەری، نـاشارستان
unclaimed نـەخوازراو، داوانـەکراو
uncle مام، مامـە. خاڵ، خار، خالـۆ

مام سام؛ هێـما (نـیشانـە) - Sam یـە بـۆ وڵاتـە یـەکگـرتـوەکانـی ئـەمریکا

unclean پـیسە، گـڵاوە، پـرتـۆخە
uncleanliness (n) پـیسی، گـڵاوی، پـرتـۆخی{ڵ}
unclothe ڕووتـدەکاتـەوە، جلـی

لـەبـەر دادەکـەنـێ

unclouded سامارە، ساماڵـە، بـێـهـەورە

uncomfortable نـەحەسێـنـەرە (وەیـە)، مـانـدووکـەرە. تـەنـگـە. دڵـتـەنـگـە. نـەحەساوەیـە

uncommitted خۆتـەرخان نـەکـردوو. روونـەداو، نـەکـراو، نـەقـەومای

uncommon نـائـاسایـی(ە)، سەیـر(ە)

uncommunicative کـەمدوو(ە)، بـێ دەنـگ(ە)، بـێ دەمـوپـل(ە)

uncompleted نـاتـەواو(ە)، تـەواو نـەکـراوە

unconcern گـوێـنـەدان

unconditional بـێ مرج، بـێ (هیـچ) هەل و مـەرج(ێـک)، مـەرجدار نـیـیـە

unconfined والایـە، بـەریـنـە. سەربـەسـتـە

unconfirmed بـێ بـەڵـگـە. نـەچەسپاو، نـەچەسپـیـو. نـەسەلـمـاو

unconnected پـەیـوەنـدیـیـان بـەیـەکـەوە نـیـیـە، جودایـە. کراوەیـە. لـەبـاریـەک هەڵـوەشاوە. کـوژاوەتـەوە

unconquerable لـە بـەزیـن نـەهاتـوو

unconquered نـەبـەزیـو، زاڵ، نـەگـیـراو، نـەگـرتـراو

unconscious بـێئـاگا(یـە). لـەهۆش خۆی چووە

unconstrained بـێ تـەوق، بـێ رێ لـێـگـرتـن، سەربـەست

uncontested سەلـمـاوە، سەلـمـێـنـراوە. بـێ نـاکـۆکـی، بـێ ملـمـلانـێ

uncontrollable جلـەوی نـاگـیـرێ، لـغاو نـاکـرێ

unconvinced نـابـڕوایـە، نـاڕازیـیـە

uncork تـەپـەدووری سەری شووشە دەکـاتـەوە. سەری دەکـاتـەوە

uncouth پـەروەردەنـەکـراو، دڕ، کـێـوی(ی)

uncover دەردەخا، ئـاشکـرادەکا، پـەردەی لـە روو هەڵـدەمالـێ

unction (1) چەورکـردن بـە (رۆن، مـەرهەم)؛ وەکـو نـەریـتـێـکـی ئـایـیـنـی یا چارەسەرێـکـی پـزیـشکـی. مـەرهەم

unction (2) (وشە،وتـە)ی (دڵـدانـەوە، (هێـدی، ئـارام) کـردنـەوە). خۆتـێـهـەڵـسویـن. ستـایـشکـردن

unctuous زۆر (چەورە. لـیـچە)

uncultivated بـەیـار. وەرد. نـەزان. نـاڕۆشنـبـیـر، پـەروەردەنـەکـراو

uncut نـەبـڕاو، بـە ساغی، (هەر) هەمـووی

undated بـێ بـەروار(ە)

undaunted ئـازا، بـەجەرگ

undeceive راسـتـی دەڵـێ، راسـتـی دەردەخا

undecided راڕا، دوودڵ، دوودڵـە. بـڕیـاری لـێ نـەدراوە، بـڕیـاری لـەسەر نـەدراوە

undefiled پـاک، بـێـگـەرد

undefined پـێـنـاسە نـەکـراو، نـەزانـراو، دیـاری نـەکـراو

undeniable نـکـۆڵـیـنـەکـراو، پـێـزانـراو

under لـەبـن، لـەژێـر، لـەخوار. بـن، ژێـر، خوار. کـەمـتـر لـە

underbid کـەمـی پـێـدەدا، نـرخـی

کەمی پێدەدا، هەرزانی دەوێ

undercharge (v) کەمی لێدەستێنێ؛ لە نرخی (کالا، شت) ەکەی کەمتر وەردەگرێ

underclothes پۆشِشی ژێرەوە، جلی سەر پێست؛ دەرپێ، فانیلە (سوخمەی ژێرەوە)، مەمکدان (سوتیان)

underdealing فێڵ، تەڵەکە، مامەڵەی (چەوتو چێڵ (نادروست) ، لە ژێرەوە، شاراوە، فێڵاوی)

underdo (v) تەواو ناکوڵێنێ، کەم دەکوڵێنێ

underdog کەسێکی سەرکوتکراو. دۆڕاو لە کێبەرکێ یێک دا

underdone (adj) پێ نەگەییو. کەم کولاو، نەکولاو

underestimate بە کەم دەقرسێنێ. بەکەمی هەڵدەگرێ (ن؛ دوژمنت بە کەم مەزانە)، گرنگی خۆی پێ نادا، شایانی نازانرێ (ن؛ دۆست)

undergo کەوتە ژێر باری (شت، دۆخ) یێک، تووشی (شتێک) بوو، شتێکی بە سەرهات

undergraduate خوێندکاری زانکۆ

underground ژێر زەوی. خوارەوە، بنەوە. شەمەندەفەر (یا وێستگەی)ی بن عەرد

undergrowth بنج و گیاوگۆڵی چڕی ناو دارستان؛ جرێی ژێر داران

underhand شاراوە، لە ژێرەوە. فێڵاوی

- dealing *مامەڵەی (لە ژێرەوە، شاراوە، فێڵاوی)*

underlie دەکەوێتە ژێری یەوە. (بنەچە، بنەڕەت)یەتی

underline گرنگیی دەردەخا، هیڵی بە ژێرا دێنێ، خەتی لە ژێر دەکێشێ

undermentioned (adj) لە (خوارەوە، دواتر) باسکراو؛ ئەوەی لە (دواتر، خوارەوە)ی نووسراوێک باسکراوە

undermine (1) (لەژێرەوە، بە نهێنی) ناوبانگی کەسێک دەڕزێنێ؛ گوێی ناداتێ. (شتێک) هەڵدەتەکێنێ

undermine (2) پیلانێک هەڵدەوەشێنێ (تەوە). مینێک بەتاڵ دەکاتەوە، لوغمێک دەردەهێنێ

underneath لەبن، لەژێر، لەخوار

underrate کەمی پێدەدا، بە کەم دەقرسێنێ. گرنگی خۆی پێ نادا

undersell هەرزانفرۆشی دەکا، هەڕاجی دەکا

undersign مۆر دەکا، مۆری لە ژێر دەدا

understand تێدەگا

understanding تێگەیشتن

understood تێگەیشت

undertake بەخۆوەدەگرێ، بەڵێن دەدا (کە)

undertaker کاروباری کفن و دفن دەکا. وەرگرەکان؛ بەرپرسیارن لە کارگەو کۆمپانیای (رووچوو، مردوو، زیانکردوو، ژێرکەوتوو)

undertaking پرۆژە، تەگبیر. پەیمان دان

undervalue کەم نرخی دەکا، بە کەم دەنرخێنێ. گرنگی خۆی پێ

نادا

underwear ژێرپۆش، جل و بەرگی ژێرەوە (هی سەر گۆشت)

underworld رێکخراوە تاوانکاریەکان؛ کەوا (نهێنی، ژێرزەمینی)ن

underwriter پەیمان دەر، کەفیل

undeserved ناشایەستە

undeservedly بەناشایەستەیی

undesigned بەهەڵکەوت، بێ مەبەست، بێ نیاز

undesigning نیازپاک، بێ پەنا و پێچ، سادە

undesirable نەویستراو، نەخوازراو

undetermined رارِا (یە)، خۆساغنەکردوو، بڕیارنەداو

undeviating نەگۆڕ (او)، لانەدەر

undid هەڵوەشاندەوە، پەشیمان بۆوە، پاشگەزبۆوە. (دوگمە، گرێ، هتد)ی کردەوە. تێکی دا، خەراپی کرد

undignified بێڕێز. ناشایستەی رێز

undiminished تەواو، ساغ، بێ کەم و کورتی. (کەم، بچووک، لاواز) نە(بوو. کراو). لە (سووک، ریسوا)کردن نەهاتوو، ناو نەزڕاو

undiscerned هەستپێنەکراو، نەبینراو

undiscerning کورتبین، هەستپێ نەکەر، گێل

undisciplined پەروەردە نەکراو. کەم رەوشت. غەشیم

undiscoverable نابینرێتەوە، لە دۆزین (ەوە) نەهاتوو

undiscovered نەبینراوە، نادیار. ون (بوو). نەدۆزراوەتەو (هێشتا)، (هێشتا) شاراوەیە

undiscriminating بێ جیاوازی یە، جیاوازی (جودایی) نەکەرە (ناکا)

undisguised بێ دەمامک، بێ خۆ شاردنەوە، بە ئاشکرا، خۆ حەشار نەداو

undismayed نەترساو، ئازا

undisputed بێ کێشە، سەلماو

undisturbed لەسەرەخۆ، نەشێواو

undivided بەش نەکراو، دابەش نەکراو. دانەبڕاو، یەکگرتوو، هاودەنگ

undo هەڵدەوەشێنێتەوە، پەشیماندەبێتەوە، پاشگەزدەبێتەوە. (دوگمە، گرێ، هتد) دەکاتەوە. تێکدەدا، خەراپ دەکا

undone کراوە (دوگمە، گرێ، هتد). لەکار کەوتوو، تێکچوو، خەراپ بوو. هەڵوەشاوە، بەتاڵ (کراو)

undoubted گومانی تێدانییە، گومانی لەسەر نییە، بڕیاردراوە

undoubtedly بەبێگومان(ی)، بێڕاڕایی

undress رووتدەبێتەوە، خۆیڕووتدەکاتەوە. رووتی دەکاتەوە، جلی لەبەر دادەکەنێ

undue کاتی نەهاتووە، کاتی نییە. پێویست نییە (ناکا)

undulate شەپۆڵ دەدا. دێ و دەسافێ، دێ و دەچێ. دەلەقێتەوە

undulation شەپۆڵ دان (کردن). هاتن و چوون. لەقینەوە

unduly بە نەگونجاوی. بە ناشایستە یی، بەبێ شایستەبوون

unearth گۆڕ هەڵدەکەنێتەوە، مردوو لە گۆڕ دەردێنێتەوە، هەڵدەکۆڵێ. دەدۆزێتەوە، دەبینێتەوە، دەردێنێ

uneasiness پەشۆکاوی. پەشێوی

uneasy پەشۆکاو. پەشێو

uneatable ناخورێ، بەکەلکی خواردن نایە

unedifying (adj) ناچێتە مێشکەوە، (هێژ؛ عەقڵ) نایبڕێ. ناخۆش، بێتام. خەراپ

uneducated بێ سەواد، نەخوێندەوار، نەزان

unembarrassed نەشێواو، نەپەشۆکاو، لەسەرەخۆ، هێدی، هێوڕ

unemployed بێکار، بێکارە. دەست بەتاڵە

unemployment بێکاری. دەست بەتاڵی

unencumbered بێ تەگەرەو تەنگوچەڵەمە. بێ سەر لێ شێوان

unending بێکۆتا(یی)، لە کۆتایی نەهاتوو

unenlightened ناروناکبیر، نارۆشنبیر، نەزان

unenthusiastic (کەم، بێ) ئارەزوو. بێتاو. (کەم، بێ) پەرۆش. کەم تامەزرۆیە

unequal ناهاوتا

unequalled بێهاوتا(یە)

unequivocal روونە، دیارە، بەدەرەوەیە

unerring لە هەڵە بەدەرە، راستە، درووستە

uneven ناڕێک، خوار، خوارو خێچ

unexceptionable بەبێ جودایی

unexpected چاوەڕوان نەکراو، کتوپڕ

unexpectedly بە چاوەڕوان نەکراوی، لەپڕدا، بە کتوپڕی

unexplored نەپشکنراوە، نەدۆزراوە (تەوە)، نەزانراوە

unfading لە کزبوون نەهاتوو، کز نابێ، خامۆش نابێ، لە سیسبوون نەهاتوو، سیس نابێ

unfailing راست(ە)، دروست(ە)، جێی موتمانە(یە)

unfair نادروست، ناڕەوا

unfaithful نادڵسۆز؛ بەتایبەتی لەگەڵ (ژن، مێرد)ی یا هاوڕێی

unfamiliar نائاسایی، نەناسراو

unfasten دەکاتەوە (پ؛ دەبەستێتەوە). لێی دەکاتەوە (پ؛ پێوەی دەنووسێنێ)

unfathomable نهێنییە، نەدرکاوە، قوولە

unfavourable پەسەند نەکراو

unfeeling هەستنەکەر، بێهەست

و نـەسـت

unfeigned بـە دڵـسۆزی، راسـتـەقـیـنـەیـە

unfelt هەسـتـپـێـنـەکـراو

unfinished نـاتـەواو(ە). ماویـەتـی

unfit نـاشیـاو. نـەگـونـجاو. نـەساغ

unfold دەردەکـەوێ، دەکـەوێـتـە ڕوو. دەکـاتـەوە، لـێـکـی دەکـاتـەوە

unforeseen پـێـشبـیـنـی نـەکـراو، چاوەڕوان نـەکـراو

unforgiving نـەبـوردوو، دڵ بـە قـیـن، کـیـنـە لـە دڵ

unfortified بـەهێـزنـەکـراو. (خۆ) قـایـمـنـەکـردوو. بـێسەنـگـەر

unfortunate بـێ بـەخت، بـێ شانـس

unfortunately بـێ بـەخـتـانـە، لـە بـێ شانـسی

unfounded بـێبـنـاغـە، بـێڕەگ و ڕیـشـە

unfrequented کـەسی بـۆنـایـە، کـەس رووی تـێ نـاکـا

unfriendly نـادۆسـتـانـە، نـاحـەزانـە

unfruitful بـێـبـەر، نـەزۆک، بـێـسـوود

unfurl بـڵاودەکـاتـەوە، رادەخـا

ungainly نـاڕێـک، نـاهەمـوار. ئـێـسک قـورس

unginned (لـۆکـە، خوری، هتـد)ی پـەرەنـەکـراو، لـەپـەرە نـەدراو

ungodly خوانـەپـەرست. بـێـبـڕوا؛ کـافـر

ungovernable رانـەهاتـوو، چـەمـووش، هاروهاج. لـە بـەڕیـوەبـردن نـەهاتـوو

ungraceful بـێسۆز. بـێـنـەرێـت

ungracious تـووڕەو تـونـد

ungrammatical پـێـچەوانـەی بـنـەماکانـی ڕێـزمانـە

ungrateful نـاسوپـاسگـوزار(ە)

ungrounded بـێ بـنـاغـەیـە، بـێ بـنـەمایـە، بـێڕەگ و ڕیـشـەیـە

unguent روون، چەوری، مـەرحەم

unhallowed قـەدەغـەیـە

unhappiness نـاشادی، غەم، خـەم، خـەفـەت

unhappy نـاشاد، (غەم، خـەم، خـەفـەت) بـار

unharmed ساغوسەلامـەت، ئـازارنـەدراو، بـێ ئـازار

unhealthy نـەساغ، نـاساغ. بـەلاداره. بـەلایـە

unheard (of) نـەبـیـسراو

unhesitatingly بـێ دوودڵـی، بـێ راڕایـی

unholy نـاپـیـرۆز، پـیـس، گـڵاو

unhook لـە قـولابـی دەکـاتـەوە. رزگـاری دەکـا

unhurt ساغوسەلامـەت، ئـازارنـەدراو

unicorn گا یـەکـی ئـەفـسانـەیـی یـە

unified یـەکـخراو

uniform هاوشیـرازە، ڕێـک. یـەکسان. هاوجلـی، جلـی هاو(کـوتـاڵ، شیـرازە، دورمان، رەنـگ) ی (قـوتـابـخانـە، کـارگـە، خەسـتـەخانـە، هتـد)

uniformity هاوشیرازەیی. یەکسانی
unify یەکدەخا
unimaginable ئەفسانە یە، لە (ئەندێشە، خەیاڵ) بەدەر (ە)، باوڕ ناکرێ
unimpaired بێ زیان، زیان پێ نەگەیشتوو
unimpeachable بێ تاوان، بێ گوناه{ح}. گومانی لە سەر نییە، گومانی لێ ناکرێ
unimportant ناگرنگ(ە)، کەم نرخ(ە)
uninfluenced کارتێنەکراو، رەق، وشک، لامل
uninformed بێ ئاگا. ئاگادار نەکراو
uninhabitable ژیانی لێ نابردرێتە سەر، حەوانەوەی تیا نابێ. لە نیشتەجێ بوون نایە
uninhabited چۆل، چۆلە، کەسی لێ ناژی
unintelligible روون نییە، تەماوی یە، تێی ناگەی
unintentional بە هەڵکەوت، بێمەبەست، بێ نیاز
unintermitting رانەوەستاو، بێپشوو(دان). بێ(بڕان، پچڕان)ەوە، بەردەوام
uninterrupted بێ (پچڕان، بڕان)ەوە، بەردەوام
uninvited بانگ نەکراو، لەخۆڕا، لە خۆیەوە
union یەکێتی. یەکگرتن. یەکبوون. پەیوەندی
unionise یەکدەخا، دەکاتە یەک
unionist یەکێتیخواز(ە)، یەکێتییە
unique تاک، تاکە. بێ هاوتایە
unisex (جلوبەرگ، سەرتاشی، هتد)ی تێکەڵ؛ بۆ نێرومێ
unison گونجان، پێکهاتن. هاوئاهەنگی، هاودەمی، پێکەوەبوون؛ ی (دەنگ، ئاواز) ەکان
unit یەکدانە. یەکە
- *of measure* *یەکەی پێوان. پێوەر*
Unitarian کەسێک کە بڕوای بە (تاقانە، یەکانە)یی خودا هەیە
unite یەکدەخا. یەکدەگرێ
united (adj) یەکگرتوو
United Kingdom شانشینی یەکگرتوو؛ بەریتانیا و سەرووی ئایەر(لەند(ە)). بڕوانە بەریتانیا
United Nations (U.N.) نەتەوە یەکگرتووەکان
unity یەکبوون. یەکگرتن
univalent ئەتۆمێک هاوسەنگیی کیمیایی یەک بێ؛ هاوتایی یەکسان بێ بە (یەک = ١)
universal گشتی، جیهانی
universally بەگشتی
universe گەردوون. بوون. هەبوون
university زانکۆ، زانستگا
unjust ناڕەوا(یە)
unjustifiable بیانووی بۆ نییە، ناڕەوایی یە
unjustified بێ رەوایی یە

unkempt نا ڕێکوپێک، پەرش و بڵاو، شانەنەکراو

unkind بێ بەزەیی

unkindly بێ بەزەییانە

unknowingly بەڕوداو، بە هەڵکەوت، لەپڕدا

unknown نەزانراو، نەناسراو

unlamented داخی لێ ناخورێ، سووی لێ نابتەوە، سوێی لێ نابێتەوە

unlawful یاساغ، نایاسایی

unlearned کوێرەوار، نەخوێندەوار، نەزان

unleavened نەترشاوە، نەخەملاوە، پێ نەگەییوە

unless مەگەر

unlettered کوێرەوار، نەخوێندەوار، نەزان

unlike نەوەک، نەوەکوو، نەکوەکوو. لەیەک ناچن، جیاوازن، جودان

unlikely پێناچێ، لەوەناچێ

unlimited بێسنوور، بێڕادە

unload دادەگرێ(بار)، دێنێتە خوارەوە

unlock دەکاتەوە (بە کلیل)

unlooked for نەویستراو، نەخوازراو. لە ناوەخت، کتوپڕ

unlovely ناشیرن

unluckily لەبێ بەختی، ناخۆشبەختانە، بەداخەوە

unlucky بەدبەخت، بێشەنس، ناخۆشبەخت

unmanageable (لە. بە)کارنایی، بێکەلکە

unmanly نامرۆوانە(یە)، نامرۆڤانەیە، ناپیاوانەیە

unmannerly بە ڕەوشت نزمی

unmarked بێ نیشانە، نیشانە نەکراو. بێ چاوەدێری، چاوەدێری نەکراو

unmarried ڕەبەن(ە)، بێژن(ە)، سەڵت(ە)

unmask دەمامک (رووپۆش)ی لادەبا، ئاشکرای دەکا، ریسوایدەکا

unmeasurable سنووری بۆ نییە، لە ڕادە بە دەرە. نەپێوراو، لە پیوان نەهاتوو

unmerciful بێ سۆزە، توندو تیژە

unmerited ناشایستەیە

unmindful بێ ئاگایە، ئاگای لێ نییە

unmixed بەڕووتی، بێگەرد، تێکەڵنەکراو

unmolested تووڕە نییە، بێ تووڕەیی

unmoved لەسەرەخۆ، نەشێواو

unnameable (adj) (بەهۆی زۆر خەراپیی) باس لێنەکراو، ناونەهێنراو؛ باسیناکرێ، ناوی ناهێنرێ

unnamed (adj) ناونەهاتوو، باسنەکراو. بێناو

unnatural ناسروشتی یە، نائاساییە

unnavigable بە کەلکی کەشتیوانی نایە

unnecessary ناپێویست. پێویست

ناکا

unneighbourly نادۆستانـه، ناحەزانـه، دژانـه، دوژمـنـانـه

unnerve لاواز دەکا

unnoticed بـێهەست

unnumbered ژماره نـەکراو. نـەژمـێـردراو. ژمارەی لـێ نـەدراوه

unobserved بـێـهـەست

unobtainable دەست نـاکـەوێ، وەدەس نـایـێ

unoccupied دەسبـەتـاڵـه، ئـازاده

unofficial نافـەرمانـی

unpack دەکاتـەوه، لـێـک دەکاتـەوه، دەردەهێـنـێ (لـه)

unpaid بـەهەرەوەز، بـەخۆڕایـی، بـەلاش

unpalatable بـێـتام، نـاخۆش

unparalleled بـێهاوتـا، بـێ شێـوه

unpardonable لـێـی نـابـووردرێ، لـێـبـووردنـی بـۆ نـیـیـه

unpaved قـیـر(تاو) نـەکراوه، خۆش نـەکـراوه

unperceived نـەبـیـنـراو، رەچاو نـەکراو

unperturbed لـەسەرەخۆ، پـشووخواردوو، سەر لـێ نـەشێـواو، حەساوه، سەرسووک

unpleasant نـاخۆش

unpolished زبـره، دڕه. لـووس نـەکراو، سواق نـەدراو

unpolluted دەستـێـوه نـەدراو، پاک و خاوێن. بـێ خلـێت، بـێـگەرد

unpopular خەڵـک نـایـەوێ، خۆشەویست نـیـیـه لای خەڵـک

unprecedented بـێـپـێشیـنـه، پـێشتـر رووی نـەداوه

unpremeditated بـه بـێ بـڕیاری پـێشوەخت، بـێ خۆ بـۆ ئـاماده کردن

unprepared نـائـامادەیـه، بـێ ئـامادەیـی

unprincipled بـێ رەوشت

unproductive بـێـبـەره، نـەزۆکـه، بـێ کـەڵـکـه

unprofitable بـێ قازانـجه، بـێ سووده، سوودی نـیـیـه، بـەکـەڵـک نـایـه

unprolific (زوو، زۆر) زیاد نـەکردوو، نـەزۆک

unpromising پـێـناچێ ئاکامـی باش بـێ، چاوەڕوانـی بـەرهەمی چاکی لـێـناکرێ

unprovable لـه سەلـمانـدن نـەهاتـوو؛ نـاسەلـمێـنـرێ

unproved نـەسەلـماو(ه)، بـێ بـەڵـگەیـه

unpublished بـڵاونـەکراوه(یـه)، دەستـخەت(ه)، تایـبـەتـه

unpunished سزانـەدراو، بـێـسزا

unqualified نـاشایـستـه(یـه). بـێ بـەڵـگەنـامه(یـه). هەڵـنـەسەنـگێـنـراو

unquenchable لـه کـوژانـەوه نـەهاتـوو، نـاکـوژێـتـەوه، دانـامرکـێـتـەوه

unquestionable بـێـگـومان، گـومانـی تـێـدا نـیـیـه

unravel دەکاتـەوه. لـێـک دەبـێـتـەوه، هەڵـدەوەشێ

unread نـەخوێـنـدەوار، کـوێـرەوار، نـەزان. نـەخوێـنـدراو،

نەبیستراو

unready ئامادەنییە، نائامادەیە

unreal راستەقینە نییە

unreasonable نابەجێ(یە)، ناچێتە مێشکەوە

unrecorded تۆمار نەکراو، نەنووسراو

unrelenting نەرم نابێ، دڵرەقە، بێسۆزە

unreliable باوەڕی پێناکرێ، باوەڕ پێنەکراوە

unremitting نەپچڕاو، دوابەدوای یەکتر، بەردەوام. ماندوویی نەناس، کۆڵنەدەر

unreserved (1) کەسێکی (کراوە، خزمدۆست)

unreserved (2) (کورسی، شت)ی (بەتاڵ، والا، گرنەدراو). بێهەلومەرج، بە (رەزامەندیی) تەواوی

unresisting بێ بەرهەڵست، (هەمیشە) رەزا(یە)

unrest بشێوی، نائاسایش. شۆڕش

unrestrained بەرەڵا، ئازاد

unrestricted سنووردار نییە، سنووردار نەکراوە

unrevenged تۆڵەی نەکراوەتەوە، بێ تۆڵە ماوەتەوە

unrewarded (سوپاس، خەلات، پاداشت) نەکراو، پێ نەزانراو

unrighteous (adj) (کەس، هەڵسوکەوت، هتد)ێکی (ناراست، نادروست، خەراپ، نایاسایی، نابەجێ)

unripe (میوە، هتد)ی (نەگەییو، کارک، کاڵ). پێ نەگەییو(ە)

unrivalled بێهاوتا(یە)

unroll رای‌دەخا، دەیکاتەوە

unruled خەتخەت نەکراوە، بێخەتە

unruly نارێک، بێسەروبەر. یاخی

unsafe نەپارێزراو، نائاسوودە

unsaid نەگوتراو، باس نەکراو

unsaleable (adj) کەلوپەل یا شتومەکی نەفرۆشراو یا مردوو؛ نافرۆشرێ

unsatisfactory (adj) خەراپ(ە) ، باش (دروست، سازنەکراو)(ە). نارێک(ە)، ناتەواوە

unsatisfied (adj) نارازییە؛ بەدڵی نییە. نادڵنەوایە

unsatisfying (adj) بەکەموکوورییە، بەس نییە، تەواونییە

unsavoury بێ تاموخوێ

unsay نکۆڵی دەکا، قسەی خۆی قووت دەداتەوە

unscathed ساغوسەلامەت، بێ برین

unscrew (بورغی) (شل) دەکاتەوە

unscrupulous نەسلەمیوو(ە)؛ لەکردەوەی خەراپە. گوێنەدەرە

unseal (نامە، قوتوو، هتد) دەکاتەوە، سەری هەڵدەگرێ

unseasonable ناوەختە، کاتی (خۆی) نییە، لە کاتی خۆی نییە

unseconded بێهاوتا. یارمەتی نەدراو، بەتەنیا، بێ هاوکار،

بێ شاگرد. بێ پاڵپشت

unseemly بێڕەونەق(ە). لەکەدارە

unseen نەبینراو، شاراوە. شاردراوە

unsettled پارەی نەدراوە. دانەمەزراو، رارا. بریار (ی لەسەر) نەدراو (ە)

unshakable لە (هەژان، لەرزین) نەهاتوو. نەترس، چاوقایم

unshaken نەهەژاو، لەجێی خۆی ناجوولاو. نەترساو

unsheathe (خەنجەر، هتد) لە (کیفک، بەرگ)ەکەی دەردەهێنێ

unshod بە پێخواسی، بێکەوش

unsightly ئێسک گران، ناشیرن

unsigned مۆر نەکراو، بێ مۆر

unslaked گەچی زیندوو، گەچی نەگیراوە

unsociable دوورە پەرێزە؛ نا کۆمەلایەتی یە، خزم دۆست نییە

unsold نەفرۆشراو، نەفرۆشرا

unsolicited بێپرس، لەخۆوە، داوانەکراو

unsophisticated سادە، ئاسان، سرووشتی

unsought نەویستراو، حەز پێنەکراو

unsound نادرووستە، پەرپووتە

unsparing بێبەزەیی. دەسبلاو

unstaid (adj) لەق، نەچەسپاو، شل

unstained (adj) نەگەچراو، بێ(پەڵە، پیسی)

unstated ئاماژە بۆ نەکراو، باسنەکراو، نەگوتراو. نەنوسراو

unsteady (adj) لەقە، نەچەسپاوە، شلە. گۆڕاو. دەمدەمی یە

unstinted زۆر، فرە، بێسنوور

unstitch (v) (تەقەڵ، دورمان) ی (هەڵدەوەشێێتەوە، دەکاتەوە)

unsubdued نەدۆڕاو

unsuccessful سەرنەکەوتوو

unsuitable ناهەموار، ناهەموارە، ناگونجێ، نەگونجاو

unsullied بە ناوبانگ(ە)، ناو(بانگ)نەزڕاو(ە)، پاک(ە). بێ (لەکە، پەڵە{ر}، گەردە)

unsupported پشتگیری نەکراو، بێ پاڵپشت

unsurmountable نەبەز، نابەزێ، لەبەزین نایە

unsurpassed لێی باشتر نییە، لێی نابردرێتەوە

untainted پاکە، بێ خڵتە، بێ گەردە، تارمایی نییە

untaught فێرنەکراو، نەخوێندەوار، نەزان

untenable بەرگری لێناکرێ

unthought (of) بەبیردا نەهاتوو، بیر لێ نەکراو؛ بیری لێ نەکراوەتەوە

untidy نا ڕێکوپێک

untie (گوریس، ریشمە، بۆینباغ،

هتد)ی دەکاتەوە. (بەرەلا. ئازاد)ی دەکا

until تا، هەتا، تاوەکو

untilled بەیار (زەوی، کشتوکاڵ)

untimely بە ناوەخت، کاتی (خۆی) نییە، لە کاتی خۆی نییە

untiring ماندوویی نەناس. سووک، ئاسان

unto بەرەو، روەو. بۆ سەر. لە لای

untold نەگوتراو، نەبیستراو. نەپێوراو؛ لەپێوان نەهاتوو

untoward بێبەخت(ە)، شووم(ە). یاخی، ملهوڕ، لامل

untrue نادروست(ە)؛ درۆ(یە)

unusual نائاسایی(ە). دەگمەنە

unutterable ناگوترێ

unvaried هەمان شتە، ناگۆڕێ

unveil پەردەی لەسەر هەڵدەماڵێ، وەدەردەخا، ئاشکرا دەکا. ریسوا دەکا

unwarily (adv) بە ملهوڕی. (بە) بێ گوێدان

unwariness ملهوڕی، گوێنەدان، نەسڵەمینەوە

unwarrantable پاکانەی بۆ ناکرێ. نابێ، ناکرێ

unwary ملهوڕ، گوێنەدەر، نەسڵەمیوو

unwavering (adj) بەلادا نەهاتوو، چەسپاو. بێ دوودڵی، بێ رارایی

unwearying (adj) ماندوویی نەناس، کۆڵنەدەر؛ بەردەوامە

unwelcome رەتکراوە، نەویستراو، بەخێر(نەهێنراو. نەهاتوو)

unwell نەساغ، نەخۆش

unwholesome زیانبەخشە بە (هێز، تەن)دروستی. زیان گەیاندن. روخسار (نەساغ، نەخۆش)

unwieldy لە (بەڕێوەبردن، گێڕان، گواستنەوە) نەهاتوو؛ بە هۆی (قەبەیی، نارێکی، هتد)

unwilling (adj) نەخوازیار(ە) ؛ (هەوەس، حەز)ی لێ یە، نائارەزوو(دارە، مەندە)

unwillingly بە ناخۆشی، بێ ئارەزوومەندی. بەزۆر

unwise ناجوامێر، بێ(هێز؛ عەقڵ)

unwished (for) نەخوازراو، نەویستراو

unwittingly بە هەڵە، لە بێ ئاگایی

unwomanly بۆ ئافرەت ناشێ، نائافرەتانەیە، ناگونجێ بۆ ئافرەت

unwonted نائاسای یە. بێنەرێتی یە

unworried ئاسوودە، ئازام، هێدی، هێور

unworthy ناگونجێ. ناشایەستەیە

unwrap (v) لە (بەرگ، قاوغ)ی دەردەهێنێ، دەکاتەوە، لێکی دەکاتەوە

unwritten نەنووسراوە، زارەکی یە، بەزارە

unwrought (ئاسن، هتد)ی خاوە

up سەرەوە، سەر. هەستاوە،

بەخەبەرە

- ! *هەستە !، راستبەوە !.*
هەستە سەر پێ !

- *and down* *لێرەو لەوێ. سەر و خوار*

- *the river* *لە سەرەوەتر، لەو سەرەوە*

- *to* *تا رادەی ...، هەتا. خەریکە، بەتەمایە*

- *to date* *هاوچەرخە، تازەیە، نوێیە. تا رۆژی ئەمرۆ، تا ئێستا*

-*s and downs* *هەورازو نشێو (ی ژیان، هەستو نەست، هتد)*

upbraid (سەرزەنشت، رەخنە، شەرمەزار)ی دەکا. گازاندەی لێ دەکا

upbringing بەخێوکردن، پەروەردە کردن

upcountry ناوەوەی ولات، ناوخۆی ولات

upgrowth گەشەکردن، هەستان، زیادکردن، زیاد بوون

upheaval بەرزبوونەوە، هەڵچوون

uphill سەخت. هەوراز، تەنگاتی

uphold پشتی دەگرێ

upholster (کورسی، قەنفە، هتد) (ان) لە (ئیسفەنج، ئیسپرینگ، بەرگ، هتد)ی دەگرێ

upholsterer (وەستا، سازکەر)ی بەرگی (کورسی، قەنفە، هتد)(ان)

upholstery (بەرگ، ئیسفەنج، ئیسپرینگ، هتد)ی کورسی و قەنفە(ان)

upland بەرزایی، گرد، تەپە

uplift بڵند دەکا، بەرزدەکا. هەڵدەستێنێ

upon لەسەر، لەبان. کاتێ، وەختێ، کە

upper سەروو، سەرەوە. سەرەوەتر

upper-hand (n) دەسەڵات. زاڵی، زاڵبوون

uppermost سەرووترین، بەرزترین

upraise بڵند دەکا، بەرزدەکا. هەڵدەستێ، رادەپەڕێ، شۆرش دەکا

upright قیت، هەستاو، راست. رەوا (بین)، رەوا(دید)

uproar غەڵبە

uproot لە ناوی دەبا، لە رەگەوە هەڵی دەقەنێ

upset وەردەگێڕێ. وەردەگەڕێ. (گەدە، هتد)ی سەغڵەت{ر} دەکا. کەسێک ناکام دەکا؛ بێدڵیی دەکا

upshot ئەنجام

upside down سەرەو ژێر(ە)، سەر بەرەو خوار(ە)، سەرنخوون(ە)، بەرەواژە

upstairs لە سەرێ، لەسەرەوە، لە سەربان(ی)، لە قاتی سەرەوە

upstart کەسێکی تازە (پێگەیوو، خواپێداو، سەرکەوتوو)

upstream بۆ سەرەوە، بە پێچەوانەی ئاوەڕۆ

upward بەرەوسەر، رووەو سەر(ەوە). بۆسەرێ

- *of* *لە سەرووی، زێدەتر لە، زیاتر لە*

upwards = upward

urban شارەوانـی. شاری، شارستانـی. (هی، تـایبـەتـە بـە) شارەوە

urbane نـایاب، لـووس، نـاسک. بـەنـەریّت

urbanity نـایابـی، نـاسکـی، روحسووکـی. بـەنـەریّتـی

urchin منالّـی پـچووک

Urdu زمانـی سەرەکـی لـە پـاکستان؛ زمانـێکـی هینـدوئـەوروپـی یـە

urea پـێکـهاتـەیـەکـی نـایـترۆجینـی یـە؛ بـە تـایبـەتـی لـە میـزدا هەیـە

urethra بـۆڕیـی میـز؛ لـە میـزلّـدانـەوە

urge هانـدەر. هانـدەدا، دەوروژێنـێ

urgency گرنـگـی. پـەلـە

urgent بـەپـەلـە(یـە)

urinal جێـی میـزکـردن

urinary هی میـزە، تـایبـەتـە بـە میـز

urinate میـز دەکا

urine میـز

urn گـۆزەی (هەلّـگـرتـن، پـاراستـن) ی خۆلّـەمێشی مردوو

ursine هی ورچە، تـایبـەتـە بـە (هرچ) ورچ(ەوە)

us (1) هیمـە، بـۆئـێمـە، لـەئـێمـە

US (2) کورتـکـراوەیـە بـەواتـای؛ *ولاتـە یـەکـگـرتـووەکان(ی ئـەمێریکا)*

USA کورتـکـراوەیـە بـەواتـای؛ *ولاتـە یـەکـگـرتـووەکانـی ئـەمێریکا*

usable بـەکاردێ. بـەکارهاتـووە

usage بـەکارهێـنـان. نـەریّت

use بـەکاردێـنـێ. بـەکارهێـنـان، نـەریّت. سوود، کـەلـک

- up *نـایمێـنـێ، تـەواودەبـێ*

in - *بـەکارهاتـوو، لـە کاردایـە*

make - of *بـەکاردەهێـنـێ*

of - *بـەکـەلـکـە، بـەسوودە*

out of - *بـەکار نـایـە، هیچیـدی ئـیش نـاکا (دەزگاو ئـامێر). کـۆنـبـووە*

used راهاتـوو، فـێربـوو، خوو پـێوە گرتـوو. بـەکارهاتـوو. بـەکاریهێـنـا

useful سوودبـەخش، بـەکـەلـک

useless بـێسوود، بـێکـەلـک

user بـەکارهێـنـەر. کارا؛ بـەکارهێـنـەری کـۆمـپـیوتـەر

usher بـرۆ. شاگرد مامۆستا. دەبـاتـە ژوور

usual ئـاسایـی، بـاو

usually بـەئـاسایـی

usurer زیـدەبـایـیکـەرە، بـازرگانـی زیـدەبـایـی یـە؛ قـەرز دەدا بـە قـازانـج

usurious زیـدەبـایـیـە، ریـبـا یـە، پـەیـوەنـدە بـە زیّدەبـایـی (یـەوە)

usurp دەسەلات یا پـلـە داگیـر دەکا

usurpation داگیـرکـردنـی دەسەلات یا پـلـە

usury زیـدەبـایـی

utensil ئـامراز. قـاپ، پـەرداغ

uterus منالّدان، سكی دایک

utilise سوود وەردەگرێ لە ... ، بەكار دەهێنێ

utility سوود، بەرژەوەند، قازانج

utmost هەرەزۆر، ئەوپەڕی. مەبەست

Utopia (شوێن، دۆخ، هەلومەرج) یّکی خەیالّیی ئایدیالی

utter (1) (adj) گشت، هەموو، تەواوی

- false money *دراو (پارە)ی ساختە جاڕەدا*

utter (2) (v) دەلّێ(یّتەوە)، دەمەتەقیّدەكا، دەئاخەفێ

utterable (adj) گوتراوە، دووبارەكراوە؛ لە گوتنەوە هاتوو

utterance دوان، گوتن، جاڕدان

uttering گوتن، دوان، جاڕدان

utterly بە تەواوی. بە یەكجاری

uttermost هەرە دوور، دوورترین. كۆتایی

uvula زمانەی (بنمیچ، سەروو)ی ناو (گەروو، قوڕگ)

uvular (هی، تایبەتە بە) زمانە

uxorial (هی، تایبەتە) بە (هاوسەر؛ ژن)

***** V *****

v ژماره ٥ لـه سیستـهمـی ژماردنـی رۆمانـی. بـیستـودوەمیـن پیتـی ئـهلـفبـێ ی ئـینـگلـیزی یه

V.D.U. کورتـکراوه یـه بـه واتـای؛ *دەزگای (چاوه، تـهلـهفـیزیـۆن، جام)ی کـۆمپـیوتـهر*

vacancy بـهتالـی، بـهتالایـی، بـۆشایـی (شویـنـکار)

vacant بـهتالـه، بـۆشه (شویـنـکار)

vacate بـهتال دەکا. (کاریـک) بـهتال دەکاتـهوه

vacation بـهتالـی، بـهتالایـی. بـهتالـکردن (ی شویـنـیـک). پشوو (یـهکـی دریـژووکـه)، حهسانـهوه

vaccinate دەرزی لـیـدەدا؛ بـه مـهبـهستـی بـهرگری پـهیـداکـردن دژی نـهخۆشی (یـهک)

vaccination دەرزی لـیـدان؛ بـه مـهبـهستـی بـهرگری پـهیـداکـردن دژی نـهخۆشی (یـهک)

vaccine بـهرگری نـهخۆشی، دەرمانـی دژی نـهخۆشی

vacillate دەهەژێ. دەجوولـیـتـهوه، دەلـهقـیـتـهوه

vacillation هەژان. جوولانـهوه، لـهقـیـنـهوه

vacuity بـهتالایـی، بـۆشایـی

vacuum بـهتالـی، بـهتارایـی{ڵ}، بـۆشی، بـۆشایـی

- cleaner گـهسکـی *کارەبـایـی*

vagabond (کـهسیـکـی) پـهڕیـده، دەربـهدەر. گـهڕیـده؛ ی بـهتایـبـهتـی سهرگـهردان. (دەربـهدەر. سهرگـهردان) دەبـێ

vagabondage دەربـهدەری. گـهڕیـدەیـی؛ سهرگـهردانـی

vagary ئـارەزوویـهکـی (کـتـوپـڕ، خهیـالـی). ئـهنـدیـشهکـردن. ئـهنـدیـشهیـی

vagina (بـۆڕی، لـوولـه، جۆگـه)ی نـیـوان منـالـدانـی مـێ و (ئـهنـدامـی دەرەکـی زاوزێ؛ نـاوگـهڵ)ه

vagrancy گـهڕیـدەیـی؛ بـه بـێ کاری. سهرگـهردانـی

vagrant گـهڕیـده؛ ی بـیـکار. سهرگـهردان

vague روون نـیـیـه (وتـه، نـووسیـن) ، تـهماویـیـه، تـارمـایـی لـهسهره

vagueness تـهماویـی بـوون (وتـه، نـووسیـن)، تـارمـایـی

vain بـیـهووده. لـهخۆبـایـی بـوو

in - *بـیـسووده، بـهفـیـڕۆدەچێ. بـهلاش چوو، بـیـهووده بـوو*

vainglory لـهخۆبـایـی بـوون

vainly بـه بـیـسوودی، بـهفـیـڕۆ، بـه بـیـهووده

valance لـیـواره پـهرده؛ (رۆخ، لـیـوار)ی پـهرده، پـهردەیـهکـی کورتـی لـیـوار (ه)

vale کـهنـد، دۆڵ. بـهڕیـکردن، خواحافـیـزی

valediction بـهڕیـکردن، خواحافـیـزی

valence (1) = valency

valence (2) = valance

valency هاوتـایـی (کـیـمـیا)؛ وزەی (پـیـکـهیـنـان، لـیـکدان)ی ئـهتـۆم یـک

valet خزمـهتکاری تـایـبـهت. یـاوەر

valiant ئـازا، قـارەمان،

پاڵەوان

valid یاسایيە، دەخوا، دروستە، تەواوە، بەكارە، شەرعی يە، بەسەر نەچوو، لەكار نەكەوتوو

validate بەڵگەی بۆ وەردەگرێ، مۆڵەتی دەداتێ، یاسایی دەكا

validity دروستيی، یاسایی بوون، بەڵگەداری، مۆڵەت هەبوون

valise هەگبە، جانتا

valley دۆڵ، خڕ، شیو. كەند

valorous بەجەرگ، ئازا، پێشەنگ

valour بەجەرگی، ئازایی

valuable (adj) بەنرخ، بەهادار، بەبەها، گران (بەها)

valuables (n) (شتومەک، كەلوپەل)ی (بەنرخ، بەهادار)

valuation نرخدانان، بەهاكردن. قرساندن

value بایی، بری، بەها

valuer قرسێنەر. هەڵسەنگێن

valve زمانە. بۆڕی، بەلووعە. ریزەی دەركە. گلۆپی ناو رادیۆ و شتی ئەلیكترۆنیی كۆن كەوا ئێستا ترانزیزتەر جێی گرتۆتەوە

valvular بە زمانە يە. بۆڕیی لەسەرە، بە بەلووعەيە. ریزەی هەيە، ریزەدارە، دەسووڕێتەوە

vampire شەمشەمە كوێرەی خوێنمژ، جنۆكە، ئەجندە، مۆتەكە

van پەستی كەل و پەل گواستنەوە، ئۆتۆمبیلی بارهەڵگر

vandalism تێكدەری، خەراپكاری؛ تێكدان (یا شێواندن)ی شوێن و شوێنەوار

vane دەزگای نیشاندەری ئاڕاستەی با؛ بە سەر بانانەوە دەبینرێ

vanguard پێشەنگ (ی لەشكر)، پێشڕەو

vanish وندەبێ؛ لەچاوان، (لەبەرچاوان) نامێنێ

vanity لەخۆبایی بوون. نارەوایی

vanquish زاڵ دەبێ بە سەر(ی)، دەیچەوسێنێتەوە. لێی دەباتەوە

vapid بەسەرچوو، كۆن، كۆنبوو(ە)

vapor [US] = vapour

vaporise دەكاتە هەڵم. دەبێتە هەڵم. وندەبێ، نامێنێ

vapour هەڵم، هەڵاوە

vapours هەڵم و هەڵاو. هاروهاجی، هەڵچوون

vapoury هەڵماوی(يە). ناڕاستەقینە. هاروهاج، ناڕەحەت

variability لەگۆڕان هاتوویی، توانای گۆڕان

variable بگۆڕ، لەگۆڕان هاتوو

variance گۆڕان. جیایی. جیاوازی

at - *لە ناكۆكیدان. جیاوازییان هەيە*

variant گۆڕاو. جیا. جیاواز

variation گۆڕانكاری. جۆرێكی جیايە(لە). جیاوازی، جودایی

varied هەمەجۆر، جۆراوجۆر. جیاواز. گۆڕا

variegate ڕەنگاوڕەنگ دەکا. جۆراوجۆریان دەکا

variegation ڕەنگاوڕەنگی. جۆراوجۆری

variety هەمەجۆر، جۆراوجۆر. جۆر، خانە، جۆری جیاواز

various هەمەڕەنگ، جۆراوجۆر

varlet (کەس)ێکی (سووک، کەم، نزم). خولام، خزمەتکاری ناومالّ

varnish وارنیش. وارنیش دەکا

vary دەگۆڕێ. (جودا، جیا) دەبێ

vascular لوولەیی (یە)، تایبەتە بە شتی لوولەیی

vase گولّدان، ئینجانە

Vaseline ڤازەلین؛ جۆرە (مەرهەم، کرێم)ێکە

vassal جووتیار (ی دەرەبەگ یێک)، بۆ ئاغا کاردەکا، کۆیلە

vast گەلێک، گەلەک، زۆر. فراوان

vat (1) جەرە یەکی گەورە، گۆزەی زل

vat (2) کورتکراوەیە بە واتای؛

= value added tax *باجی سەر کەل و پەل کڕین؛ لە بەریتانیا ڕێژەکەی ١٧٫٥٠ لە سەدایە*

vault گوومەت، گومبەت. ژێرزەمین. سەرداب. گۆڕ. باز دەدا (بەسەر دا) (بە دار، لە سەر دەست). گومبەت دروست دەکا

vaulted گوومەتدار، بەگومبەت

vaunt بەخۆی دەنازێ. لەخۆڕازی یە. بە خۆیدا هەلّدەدا

VDU کورتکراوە یە بە واتای؛

دەزگای (چاوە، تەلەفیزیۆن، جام)ی کۆمپیوتەر

veal گۆشتی گۆلک

veer دەگێڕێ، دەسووڕێنێ، بادەدا

vegetable سەوزە. ڕوەک. هی سەوزی یە. ڕوەکی یە

- mould *پەینی گیا، زبلّی ڕوەک*

- oil *ڕۆنی ڕوەکی*

vegetal ڕوەکی یە. تایبەتە بە ڕوەک (ان)

vegetarian گۆشت نەخۆر، سەوزەخۆر

vegetate دەلەوەڕێ، سەوزە دەخوا

vegetation لەوەڕ. سەوزایی، گیاوگۆلّ. سەوزبوون، شینبوون، نەشونما

vehemence گەرمی، توندی، دژواری

vehement گەرم، توند، دژوار

vehicle ئۆتۆمبیل. ئامراز (ی گوازتنەوە)

veil ڕوپۆش، چادر. ڕوودەپۆشێ، چادر دەکا

vein دەمار (ی خوێن)

veined فرەدەمارە، بە دەمارە

veiny بە دەمارە، دەماری

زۆره

vellum (کاغەز، چەرم)ێکی تەنک و لووس. نووسراوی سەر ئەم(ە، انە)

velocity خێرایی

velvet مەخمەڵ، قەدیفە. مەخمەڵی (یە)

velvety وەکو قەدیفە، مەخمەڵی (یە). نەرم

venal دەکڕدرێ، بە پارە دێ.

دەمار (ی خوێن هێنەرەوە بۆ دڵ)

venality تەماح کردن لە کارکردن، (خاوە، بەرتیل) خۆری

vend دەفرۆشێ

-ing machine *دەزگای خۆکاری ساردەمەنی و شیرنی فرۆش*

vendor فرۆشیار

veneer چیلکە دار. دادەپۆشێ، دەشارێتەوە (بە چیلکە دار)

venerable بەڕێز

venerate رێزی لێ دەگرێ

veneration رێزلێگرتن

venereal تایبەتە بە ئەندامەکانی زاووزێ، زاووزێی یە، هی زاووزێ (یە)

Venetian پەیوەندە بە شاری ڤینیس (ی ئیتالیا)، ڤینیسی یە

- blind *پەردەی پەنجەرەی حەسیر؛ باوە لە ڤینیس*

vengeance تۆڵەکردنەوە

vengeful تۆڵەکەرەوەیە. قینە لە دڵە

venial کارێکی سادەیە. لێی دەبووردرێ

Venice ڤینیس؛ شارێکە لە سەرووی رۆژهەلاتی ئیتالیا، لە سەر ئاو دروست کراوە

venison گۆشتی راو. گۆشتی مامز (ئاسک(ە))

venom ژەهر. قینە، رک

venomous ژەهراوی یە. دڵ بە قینە یە، رکاوی یە

venous هی دەمارە، تایبەتە بەدەماری خوێن هێنەرەوە بۆ دڵ

vent کونە دووکەڵ. دەرکردن، دەرخستن. هەناسەدەدا. دەردەخا

- his wrath *رقی خۆی دارِشت، رقی خۆی بەبادا*

ventilate هەوا دەگۆڕێ. باوەشێن دەکا. کونە هەوای بۆ دروست دەکات

ventilation هەوا گۆڕین. باوەشێن (کردن). با دەرکردن

ventilator (پەروانە، پانکە) ی کارەبایی، باوەشێن (ی دەستی)

ventral هی سک (زگ)ە، هی پێشە (پ؛ پشت) وەیە، تایبەتە بە سک (زگ) ەوە

ventriloquism هونەری قسە (شێواندن، تەواونەگوتن)، قسەکردن؛ بە مقەمق؛ بێ لێو لێککردنەوە

ventriloquist (هونەرمەند، ئەکتەر)ی مقەمقکەر؛ بەتایبەتی بۆ گاڵتەجاڕی و رابواردن

ventriloquy = ventriloquism

venture (کار، بازرگانی، ئەرک) ێکی (بوێرانە، گوێنەدەرانە، مەترسیدار). خۆی لە مەترسی

دەدا، مل(ی لێ) دەنێ، دەوێرێ (شتێکی) مەترسیدارە.
venturous (کەسێکی) بوێر، گوێنەدەر؛ بەتایبەتی لە رووی (کار، مامەلە)کردنەوە
venue شوێنی (بەسترانی کۆبوونەوە، روودانی کێبەرکێ، گێرانی ئاهەنگ، هتد)ێک
Venus ئەستێرەی ڤینۆس. ژنەخوداوەندی خۆشەویستی؛ لە دونیای لاتینی کۆن
veracious راستگۆ، دروستە
veracity راستگۆیی. راستی. راستەقینەیی
veranda هەیوان، بالکۆنی؛ ی (سەرگیراوی) تەنیشت خانوویەک
verb کردار (رێزمان)
active - *کرداری دیار*
intransitive - *کرداری سادە*
passive - *کرداری نادیار*
transitive - *کرداری زاڵ*
verbal زارەکی، بە گوتن، بە دەم. تایبەتە بە کردار (رێزمان)
verbally بە زارەکی، بە گوتن، بە دەم
verbosity قسەی بێ واتا، قسەی بەلاش
verdancy سەوزی، سەوزبوون
verdant سەوز، سەوزبوو، سەوز باو. (مرۆڤێکی) سادە (یە)
verdict بڕیاری دادگا، بڕیار، فەتوا
verdigris ژەنگی (رەنگ سەوزی) مس (مز)
verdure سەوزی، سەوزبوون
verge نزیک، رۆخ. خواردەبێتەوە، لار دەبێ، لادەدا. نزیک دەبێ
verification بەراوردکردن (بۆ راستیی و هەڵە)، لێکۆڵینەوە، پشکنینەوە. تەرازووکردن
verify بەراورد دەکا (بۆ راستیی یا هەڵە)، پێدا دەچێتەوە، دەپشکنێ. لێدەکۆڵێتەوە
verily بەڕاستی، لە راستیدا
veritable رەسەنە، راستەقینە (یە)، دروست (ە)
verity راستەقینەیی، دروستی
vermicelli (هە)ڕشتە؛ هەویری باریک و درێژ و وشکەوە کراو
vermicide کرم کوژ، دەرمانی کرم
vermicular وەکو کرمە، کرماسا (کرمئاسا)
vermifuge کرم رەوێن، دەرمانی کرم رەوێن؛ ئەگەر نەشیکوژێ دەری دەکا
vermilion جۆرە کرم پەپوولەیەکە
vermin کرم. مێشومەگەز
verminate کرم دروست دەکا. کرمی لێ پەیدا دەبێ
vermouth جۆرە (مەی، شەراب) ێکی بۆن (دارە، خۆشە)
vernacular نیشتیمان. زمانی نیشتیمان. باو
vernal بەهاری، بەهارە، تایبەتە بە بەهارەوە. لاوی (یە)

versatile دەسووڕێندرێ. سووڕاوە، خول خواردوو. وەردەگەڕێ
verse بڕگە، کۆپلە هەڵبەستێک (شیعر). ئایەت
versed بڕگەیی (یە). زمانلووس(ە)، وتەبێژ(ە)
versicolour هەمەڕەنگ، ڕەنگاوڕەنگ
versification هەڵبەست (شیعر) دانان. بڕبڕ کردن، دابەش کردن
versify هەڵبەست دەنووسێ، شیعر دادەنێ. دابەشدەکا، دادەبڕێ
version وەرگێڕان، نووسینەوە، گوتنەوە. گۆڕین. بەش، بڕ
verso لاپەڕەی دەسە چەپ. پشتی دراو (پارە) (ی کاغەز)
vertebra بڕبڕە، بڕبڕەی پشت
vertebrae بڕبڕەکان؛ کۆی بڕبڕەیەک
vertebral بە بڕبڕە(یە)، بڕبڕەدارە، زیندەوەری بڕبڕەدار
- column *بڕبڕەی پشت*
vertebrate (زیندەوەر، گیانلەبەر)ی بڕبڕەدار، بە بڕبڕە
vertex تەپڵی سەر. نووک
vertical ستوونی، شاقوولی
vertically بەستوونی، بەشاقوولی
vertiginous سووڕاوە، خولاوە، بە گێژەنگ، گێژکەر
vertigo سەر سووڕان، سەر گێژی (گێژ بوون، هێڕ بوون)
verve تەوژم، گەرمی
very گەلەک، زۆر. هەمان
vesical هی میزڵدانە، تایبەتە بە میزڵدان
vesper ئێوارانە، هی ئێوارە (یە)
-s *نوێژی ئێوارە (یە)، نوێژی خۆرئاوا*
vessel قاپ. پەرداغ. کەشتی
vest سوخمە، سوقمە
vestal پاک. قەشەژن (نەوەک ژنی قەشە)، قەشەی ژن
vested بڕیاردراو. خۆی گۆڕیووە
vestibule ڕێڕەو
vestige شوون. شوێن پا، جێ پێ. کەمێک، تۆزێک، گەردێک. کۆن، بەسەرچوو. کوێرەوەبوو، کۆربۆوە
vestment جل، پۆشش
vesture جلوبەرگ
veteran مەشقکردوو، ڕاهاتوو، لێهاتوو
veterinary تایبەتە بە ئاژەڵ(ان)، ئاژەڵی
- surgeon *پزیشکی ئاژەڵ(ان)*
veto ڤیتۆ، مافی ڤیتۆ؛ مافی بڕیار هەڵپەساردن
vex تووڕەدەکا
vexation تووڕەکردن
vexed تووڕە، تووڕەکراو. کێشەی لەسەرە، جێی ناکۆکی یە
via بەڕێگەی، لەڕێگەی، بەهۆی
viaduct پرد، جۆگەی هەڵواسراو (هەڵبەستراو، بڵندکراو)

vial شووشه، بوتڵ

viands گۆشت. خواردەمەنی

vibrant هەژاو، لەرزیو، لەقیو

vibrate دەهەژێ، دەلەرزێ

vibration هەژان. لەرزین

vicar قەشە. جێگر

vice (1) شوورەیی. لاوازی

vice (2) هاریکار، جێگر، بریکار، یارمەتیدەر

- admiral *هاریکاری ئەدمیرال*

- consul *جێگری نوێنەر (نماینده، قونسوڵ)*

- president *جێگری سەرۆک*

- versa *... وە بە پێچەوانەشەوە*

vice (3) جەرو مەنگەنە. داسوولکە

viceroy نمایندەی شا، نوێنەری شا، جێگری پاشا

vicinage نێزیکی، نزیکی. هاوسێتیی

vicinity نێزیکی، نزیکی، نزیکبوون

vicious دڕندە

vicissitude وەرچەرخان، وەرگەڕان. گۆڕان

-s of time *وەرچەرخانی ڕۆژگار، گۆڕانی چەرخ*

victim قوربانی. نێچیر. زیان لێکەوتوو. لێقەوماو

victimise قوربانیدەکا. دەکاتە قوربانیی

victor براوە، سەرکەوتوو

victorious براوە، سەرکەوتوو. بەبراوەیی، سەرکەوتوانە، بەسەرکەوتویی

victory سەرکەوتن، برەو، بردنەوە

victual ئازووقە. ئازووقەی پێ دەگەیەنێ (دەداتێ)

-s *خواردەمەنی*

vide بڕوانە ... ، بگەڕێوە بۆ

vie ململانێ دەکا، کێبەڕکێ دەکا

view دیمەن. بیرو را، مەبەست. روانگە. بینین. رامان. دەڕوانێ. دەبینێ. رادەمێنێ. دەپشکنێ

in - of *لەبەر ڕۆشنایی. بە هۆی ئەوەی کە*

with a - to *بە نیازی ...، بەو مەبەستەی کە*

vigil بەخەبەر بوون، شەونخوونی. شەوچەرە. شەوی جەژن

vigilance بە خەبەر بوون. هۆشیاری، وریایی، ئاگایی

vigilant نەنوستوو، بە خەبەر. هۆشیار، وریا، ئاگا

vigorous بەهێز، چالاک، بەگوڕ

vigorously (بە) بەهێزی. چالاکانە

vigour هێز. چالاکی

vile کەم، سووک، نزم

vileness کەمی، سووکی، نزمی

vilify ناوی دەدا، دووزمانی دەکا. جوێندەدا، جووندەدا، جمێندەدا

villa تەلار، خانوو (یەکی تەنهای ناو باخ (چەیەک))

village گوند، لادێ، دێ، ئاوایی

villager گوندیی، لادێیی، دێهاتی

villain کەسێکی (بەد، خەراپ، تاوانکار)

villainous سووک، کەم، نزم

villainy سووکی، نزمی. بێناموسی، (لەشی)خۆفرۆشی

vincible (adj) لەبەزین هاتووە؛ لێی دەبردرێتەوە، دەبەزێنرێ

vindicate بە باش هەڵی دەسەنگێنێ

vindication باش هەڵسەنگاندن، بەرگری لێکردن

vindictive قینە لە دڵە، تۆڵەخوازە. تۆڵە کەرەوەیە

vine (دارە) مێو؛ داری ترێ

vinegar سرکە. ترشی، تورشی

vineyard رەز؛ باخ (چە)ی ترێ، کێڵگەی ترێ

vintage داهاتی رەز. بەری ساڵ (ێک)

vintner بازرگانی ئاوی ترێ (شەراب، مەشرووب)

viny تایبەتە بە مێو (یا بەروبوومی مێو)

violable لە هەڵوەشان دێ، هەڵدەوشێنرێ. لە (زەوت، زەفت) کردن دێ، (زەوت، زەفت) دەکرێ

violate هەڵدەوشێنێ. (زەوت، زەفت) دەکا. مافی پێشێل دەکا

violation (زەوت، زەفت) کردن. پێشێل کردنی ماف

violence توندوتیژی. بشێوی

robbery with - *دزیی توندو تیژ؛ بە لێدان یا چەکداری*

violent توندوتیژ

violet گوڵە وەنەوشە، رەنگی وەنەوشەیی

ultra - *تیشکی سەرو وەنەوشەیی (فیزیا)*

violin وێلۆن، کەمانجە، کەمان

violinist کەمانجەژەن

viper مارێکی ژەهراوی (یە)

virago نێرەژن؛ وەکو پیاو (هەندێ) کارو هەڵسوکەوت دەکات

viral ڤایرۆسی یە، هی ڤایرۆسە، بە هۆی ڤایرۆسەوە یە

virgin کیژێک کە پەردەی کچێنی پاراستبێ؛ هێشتا(ن) جووت نەبووبێ، کچی شوونەکردوو

- Mary *مریەمی شوونەکردوو، دایکی عیسای پەیامبەری فەلان*

virginal هی کچێنی. شوونەکردوو

virginity دیاردەی مانەوە (پاراستن)ی پەردەی کچێنی (لە مێینە)؛ جووت نەبوون، شوونەکردن

virile پیاوانەیە، نێرانەیە؛ نیشانەکانی پیاویی و نێریی تێدا (بەتەواوی) دەرکەوتبێ

virility پیاویی، نێرینەیی؛ گەشەکردوویی یا دەرکەوتنی (بەتەواوی) نیشانەکانی پیاویی و نێریی

virtual کاریگەر. راستەقینە. بنەڕەتی

virtually لە راستیدا، بە کاریگەری، بەکردەوە. لە بنەڕەت دا

virtue ڕەوشتچاکی، ڕەوشتپاکی. تایبەتی، تایبەتمەندی. کاریگەری

by - of *بە گوێرەی ... ، بە کاریگەریی ...*

virtuous پیاوچاک(ە)، ڕەوشتچاک، ڕەوشتپاک. تایبەتمەند

virulence ژەهراوی بوون. ژەهراوی کردن. رق، رک، قینە، کینە

virulent ژەهراوی (یە). رقدار، بە کینە (یە). زیاندار (ە)، زیانگەیەنەر (ە)

visa ڤیزا؛ بەڵگەنامەی مافی مانەوەی کاتی (لە ناو وڵاتێکدا)، مافی تێپەڕ کردن (بە ناو وڵاتێکدا)، بەڵگەنامەی (مافی) تێپەڕبوون

visage روو، روخسار، شێوە

viscera ناوهەناوی ئاژەڵی سەربڕاو؛ (جەرگ، جگەر)، دڵ{ر}، سی، هتد. تکە

viscid لیچ، لیق(ن)

viscidity لیچی، لیقنی

viscosity لیچی، لیقنی

viscount پلەیەکی کۆمەڵایەتی یە لە 'بارۆن' بڵند ترە

viscous لیچ، لیقن

vise [US] = vice (2)

visibility دیتن، توانای دیتن. دەرکەوتن

visible دیارە، بەدەرەوەیە. دەبینرێ. ئاشکرا

visibly بە بەرچاوی. بە ئاشکرا

vision بینین. روانگە، تێڕوانین

visionary هی چاو، هی بینین. روانگەیی

visit سەردان، بەسەرکردنەوە. سەردەدا، سەردان دەکا، بەسەردەکاتەوە

pay a - *سەرێکی دەدا، سەری لێ دەدا*

visitant بەسەرکەرەوە، میوان، مەل و باڵندەی وەرزی

visitation بەسەرکردنەوە، سەردان. بەسەرکردنەوە یەکی خودایی، هاتنێکی خوایی

visitor میوان

visual دیدەنی، بینراو

- Display Unit *دەزگای (چاوە، تەلەفیزیۆن، جام)ی کۆمپیوتەر*

vital بنەڕەتی. پێویست، گرنگ. زیندوو

-s *ئەندامە (گرنگ، پێویست، سەرەکی) ەکان*

vitality پێویستی، گرنگی. زیندوویی

vitiate بێکەلک دەکا، تێکدەدا

vitiation تێکدان، بێکەلک کردن

vitreous شووشەیە، لە شووشە یە. وەکو شووشەیە

vitrify دەکاتە شووشە. دەبێتە شووشە

vitriol (ترشەلۆک، خوێ)ی گۆگرد (کیمیا)؛ زاغ.

vituperate بەتوندی رەخنەی

لێدەگرێ، شەرمەزاری دەکا، دادەبەزێتەسەری

vivacious چاڵاک، سووکەڵە

vivacity چالاکبوون، سووکەڵەیی

vivid رەنگی (تۆخ، ئەستوور). تیشکی (گەش (دار)، بەهێز). کەسێکی (بیر تیژ، چالاک، گەش)

vivify دەژیێنێ تەوە، ژیانی دەخاتە(ەوە) بەر. دەخاتە گەڕ، چالاکی دەکا

vivisection کەولێکردن (بەکارهێنان)ی ئاژەڵی زیندوو بۆ مەبەستی پزیشکوانی (زانیاری وەرگرتن)

vixen ئافرەتی ناو(بانگ) زڕاو. مێ یەی رێوی، ریویی مێ ینە

viz. واتە ... ، مەبەستم ... ، کەوایە ... . بە واتای (ەکی دی) ...

vocable وتراو، وشە

vocabulary فەرهەنگ، کۆمەڵێک وشە

vocal دەنگیی، هی دەنگە. دەنگدارە، دەنگی هەیە، بە دەنگە. وتراوە، دەگوترێ

vocalise دەڵێ، دەبێژێ، دەبێژێ بە دەنگەوە

vocation پیشە. بانگ (ی ئایین(دار)ی)

vocative بانگدەرە (بۆ ئایین(دار)ی). شێوەی بانگکراو (رێزمان)

vociferate بانگدەکا، هاوار دەکا. دەنگی هەڵدەبڕێ، دەنگی هەڵدێنێ

vociferation بانگکردن، هاوارکردن، دەنگ هەڵبڕین

vociferous بەهاوار، دەنگ هەڵبڕ، دەنگ هەڵێن

vogue جلوبەرگی باو. باوە

voice دەنگ (ی مرۆڤ). شێوەی کردار

active - *شێوەی کرداری دیار*

passive - *شێوەی کرداری نادیار*

voiceless بێدەنگ، کڕ (و بێدەنگ)

void بەتاڵ{ر}، بۆش. بەتاڵی. بەتالایی، بۆشایی. بەتاڵکراو(ە)، هەڵوەشاوە (تەوە). بەتاڵ دەکا

make - *بەتاڵدەکا، هەڵدەوەشێنێ تەوە*

volatile هەڵچوو. بەهەڵم بوو

volatilise هەڵدەچووێنێ، دەکاتە هەڵم

volatility (توانای) هەڵچوون، هەڵچوونیی

volcanic ئاورزایە، بورکانی (یە). ئاوری یە، ئاگرپڕژی یە

volcano ئاورزا(ن)، ئاگرپڕژ(ان) ، بورکان

volition (خۆ) بڕیاردان، خۆ ڕا یی. (کار، وزە، توانا)ی (بیر، بڕیار)ی سەربەخۆ

volley دەرچوون (تەقاندنی)ی ڕیزە فیشەک (تەقە) ێک، ڕیزە پرسیارێک

volleyball یاری تۆپی تۆڕ

volt ڤۆڵت؛ یەکەی پێوانی (

تیـیـژی؛ خێـرای)ی وزەی کـارەبـا

voltage خێـرایـی وزەی کـارەبـا

voltaism کـارەبـای کـیـمـیـایـی؛ بـە کـار و کـاردانـەوەی کـیـمـیـایـی دروست (پـەیـدا) دەبـێ

volubility زمان لـووسی

voluble بـزێـو، گـورج. زمانـلـووس

volume قـەبـارە، قـەوارە. بـەرگ (یـێک) لـە نـووسراوێـکـی گـەورە؛ ی فـرەبـەرگ

voluminous قـەبـە، قـەبـەیـە. گـەورەیـە

voluntarily لـەخۆڕا، بـەخۆی، خۆی. خۆبـەختـکـەرانـە. بـەخۆڕایـی

voluntary خۆڕایـی، بـەخۆڕایـی، بـەلاش. خۆبـەختـکـەری

volunteer خۆبـەختـکـەر. پـێشمـەرگـە. کارکـەری بـێ پـارە. خۆبـەخت دەکا، (خۆ، کار، کات) ی تـەرخان دەکا(ت)

voluptuary رابـواردن، رابـوێـری، رابـوێـران

voluptuous (کـەسێـکـی) رابـوێـرە، رادەبـوێـرێ

volute خولاو، پـێـچ خواردوو. لـوول دراو، بـە لـوول

vomit دەڕشێـتـەوە. ڕشانـەوە

voracious زۆرخۆر، نـەوسن

voracity زۆرخۆری، نـەوسنـی

vortex گـردەلـوول، گـەردەلـوولـە. رەشەبـا

votary بـەختـکـراو، قـوربـان، قـوربـانـی کـراو. تـەرخانـکـراو

vote دەنـگ، را. دەنـگـدەدا (لـە هەڵـبـژاردنـدا)، رای (خۆی) دەردەبـڕێ

voter بـەشداربـوو (لـە هەڵـبـژاردنـدا). دەنـگـدار، خاوەن دەنـگ، هەڵـبـژێـر

voting دەنـگـدان؛ بـەشداربـوون لـە هەڵـبـژاردنـدا

votive بـۆ بـەختـکـردنـە، هی قـوربـانـی یـە، قـوربـانـی کـراو. تـەرخانـکـراو

vouch بـڕیـاردەدا، رادەگـەیـەنـێ. پـشتـی دەگـرێ

voucher پـسوولـە، بـەڵـگـە، کـۆپـیـن، کاغەز. بـڕیـاردەر، راگـەیـەنـەر. پـشتـگـیـر

vouchsafe دەبـەخشێ، دەیـداتـێ. بـەزەیـی پـێـدا دێـتـەوە، زگـی پـێ دەسووتـێ

vow بـەختـکـردن، قـوربـانـی. بـەڵـێـن دەدا. بـەخت دەکا، قـوربـانـی دەکا

vowel پـیـتـی نـەبـزوێـن. سەر و بـەری نـووسراو یـا پـیـت (ی عارەبـی)، بـزوێـن، بـزوێـنـەر

voyage گـوزار، گـەشت (ی دەریـایـی). گـەشت دەکا، گـوزەر دەکا

voyager گـەشتـوان

vulgar گـشتـی، بـازاڕی. سادە، پـەتـی. کـەم بـەها

- fractions *بـەشی سادە (ماتـماتـیـک)*

vulgarism قـسەی بـازاڕی

vulgarity کـەمـی، سووکـی

vulnerable نـاسکـە، بـە ئـاسانـی زیـانـی لـێ دەدرێ

vulpine رێـوی ئـاسا، وەک(و) رێـوی. مـەکـربـاز

vulture داراش(ڵ}، داڵ(اش)

vulva ناوگەڵی مێ ینە؛ بەشی دەرەکیی ئەندامی زاوزێ لە مێ ینان

vying یاریکەر، ململانێ کەر. یاری، ململانێ، کێبەرکێ

***** **W** *****

w یەمین پیتی ئەلفبێ بیستوسێ ی ئینگلیزی یە

wad باروتی فیشەک

waddle بە لەنجە دەڕوا. دەلەنگێتەوە

wade بەقورسی هەنگاو دەنێ؛ پێی بە دوو خۆیدا رادەکێشێ؛ بە تایبەتی لەناو (ئاو، قوڕ) دا

- into *بەتوندی (دەکەوێتە سەرئەرکێک، پەلاماری کەسێک دەدا)*

- through *بە (زەحمەتی، وردی) بە (ئەرک، پەڕتووکێک)دا دەچێتەوە*

wader هەرکام لە چەندین جۆر مەلی لۆق درێژ کە لە تەنکاو(ان)دا (راو دەکەن، دەلەوەڕێن)

wafer (1) پسکێتی (تەنک، پەلکئاسا) و شیرین، پسکێتی قەپێلکی (بەستەنی، شیرمەنی)

- thin *زۆر تەنک، پەلک ئاسا*

wafer (2) قورسی کاغەزی سوور و تەنک؛ لەجیاتی (قورس؛ تەمغە)ە مۆر بەکاردێ

waft کزە بایەک. شەپۆلێک. بە سووک و ئاسانی (رێدەکا. شت دەگوازێتەوە. دێودەچێ)

wafter کەلەک؛ ی هاتوچۆی سەر ئاو

wag (1) دەلەقێ. دەلەرێتەوە. دەهەژێ. دێو دەچێ. لەقینێک. یەک لەرینەوە. هەژانێک. جوولەیەک

wag (2) بە پێکەنینە، رووخۆشە، خەندە هێنە

wage کرێ، دەسحەق، دەستحەق. دەکەوێتە شەڕەوە، شەڕ هەڵدەگیرسێنێ

wager بارمتە. پارە خەواندن. گرەو. گرەو دەکا

wages مووچە، کرێ، حەقدەست

waggish گاڵتەچی، سوحبەتچی

wagon ئۆتومبیلی کەلوپەل گواستنەوە، واگۆن

wagtail کلک هەڵتەقێنە؛ مەلێکە، باڵندەیەکە

waif هەڵگیراوە، بێکەس. ونبوو، دەربەدەر

wail لاوانەوە، گریان. دەلاوێتەوە، دەگریێ

waist ناوقەد

waistband پژدێن، پشتێن، قایش

waistcoat سوخمە، سوقمە

wait چاوەڕێکردن. چاوەڕێدەکا. چاوەڕێکە!

- for *چاوەڕێی دەکا*

lie in - *کەمینی لێ دادەنێ، چاوەڕێی دەکا*

waiter ساقی. سفرەچی

waiting room ژووری چاوەڕوانی

waive وازدەهێنێ لە ... ، نایەوێ (تەوە)، داوای ناکا

wake بەخەبەربوون، نەنوستن. هۆشیاری. بەخەبەر دەهێنێ، هەڵدەستێنێ (لە خەو). هەڵدەستێ، بەخەبەردێ. وریادەبێ

wakeful بەخەبەر، نەنوستوو.

هۆشیار، وریا

waken بەخەبەردەهێنێ. هەڵدەستێ، بەخەبەردێ

walk پیادەڕۆ. دەڕۆا، پیاسە دەکا. ڕۆیشتن. پیاسە

- dawn *دێتەخوارێ. دادەبەزێ*

- in *دەچێتە ژوور (ناو)، دەچتە ژۆرێ*

- out *دەردەچێ، دەچتە دەرێ*

- over *سەرکەوتنێکی ئاسان، زاڵبوونێکی بە ئاسانی*

- up *دەرکەوت، بەدیارکەوت، هات*

take a - *پیاسەدەکا*

walker پیادە

walking stick داردەست. گۆپار{ڵ}

wall دیوار

wallet جزدان

wallflower گوڵێکی بەهاریی بۆن خۆشی باخچان ە

wallow نوقم دەبێ

wallpaper کاغەز(ی)دیوار(ی)

walnut گوێز؛ دار و بەری گوێز

walrus گیاندارێکی گەورەی دەریایی

waltz جۆرە شاییەکە

wamble (گەدە، هەناو)ی (پێچدەکا، تێکدەچێ)، (دڵی!) تێکهەڵدێ. (ریخەڵۆک، گەدە، هتد) پێچکردن

wan بێڕەنگ، رەنگ زەرد، کاڵ رەنگ، روخسار (شەکەت، ماندوو)

wand دار(عەسا)ی جادووکەر

wander سەرگەردان دەبێ، رێ بزردەکا، وندەبێ. دەگەڕێ

- from *دوور دەکەوێتەوە لە .. ،. وازدێنێ لە*

wanderer سەرگەردان. ونبوو. گەڕۆک

wane (قەبارە، رووبەر) کەمکردن، کزبوون. کەمدەکا، کزدەبێ. بێهێز دەبێ. گرنگی لەدەس دەدا

on the - *لە (کەمکردن، کزبوون. بێهێزبوون) دایە*

wanly بەکەمی، بەکزی. بەکاڵی

want دەیەوێ، دەیهەوێ، دەوێ(تن)، گەرەکیەتی. پێویستی دەبێ

wanted ویستراو، دەویسترێ، خوازراو، دەخوازرێ

wanton رابوێر. کافر

wantonly رابوێرانە. بە کافری

wantonness رابواردن. کفر

war جەنگ، شەڕ. دەجەنگێ، شەڕدەکا

at - *لە جەنگدایە، شەڕە. لەشەڕدا*

warble جریوە(جریو)، تریوە(تریو)، خوێندن. دەجریوێنێ، دەتریوێنێ، دەخوێنێ

warbler بە جریوە (یە). بولبول

ward بەش، قاوش؛ لە نەخۆشخانە (خەستەخانە). ژوورێکی بەندیخانە (گرتووخانە). پاسەوانی، چاودێری. پاسەوان، چاودێر. دەپارێزێ. پاسدەکا.

چاودێری دەکا
to - off *دەپارێزێ لە. پاسدەکا لە*
warden چاودێر، پاسەوان، پارێزەر
warder پاسداری زیندان، ئێشکچی، دیدەوان، دیدەبان
wardrobe دۆلاب (ی جلکان)، سندووق
warehouse عەمبار. عەمبار دەکا
wares کەلوپەل. شتومەک
small - *وردەواڵە*
warfare جەنگ، شەڕ. ئامراز(ەکان)ی جەنگی
warily بەوریایی، بەئاگایی، لەسەرەخۆ
wariness وریایی، ئاگایی، لەسەرەخۆیی
warlike جەنگی، سەربازی. ئازا
warm گەرم. بەگوڕ. گەرمدەکا. گەرمدەکاتەوە. گەرمدەبێ
warmly بەگەرمی. بەگەرموگوڕی، بە گورجی، بە دەستو برد
warmth گەرمی، گەرمایی
warn وریادەکا، ئاگادار دەکا
warning وریاکردنەوە. ئاگاداری
warp خواردەکا، دەشێوێنێ؛ بە گەرمی، شێ، هتد. خواردەبێ، دەشێوێ
warrant بڕیار، فەرمان. مۆڵەت. فەرمانی دەداتێ. مۆڵەتی پێ دەدا
warrantable دەشێ. دەدرێ. دەکرێ. ڕێی پێدراوە
warrior جەنگاوەر. پاڵەوان، قارەمان
warship کەشتیی جەنگی
wart زێدەگۆشت، خاڵی گۆشت
wary وریایە، بەئاگایە
was (p be) بووم، بوو؛ کرداری یارمەتی دەرە، بۆ (کەس، شت)ی یەکەم و سێیەمی تاکی رابوردوو. ئامرازی پرسیارە لە رابوردوو؛ ئایا ؟
-n't = was not *نەبوو*
wash شوشتن. لم و قوڕی پاش باران(ان). دەشوا. (کوڵ، کۆڕێ) دەکا
- away *رادەماڵێ، دەبا*
- balls *سابوون، پارچە سابوون*
- house *جێ شوشتن*
washer جلشۆر
washing شوشتن
- basin *تەشتی (کوڵ، کۆڕێ، جل شتن (شوشتن))*
- machine *(دەزگا، مەکینە)ی (کۆڕێ، کوڵ کردن، جل شتن)*
wasp زەردەواڵە، زەنگەزۆرە، زەنگەسوورە
waspish هەرەپاس(ڵ)، لاسار، بزێو
waste بەفیڕۆ دەدا. وندەکا. زیان. زبڵ، ئاوی پیس، ئاوی بەکارهاتوو. بەیار، زەوی بەکارنەهاتوو، بێکەلک. بەفیڕۆ دەدا. لەدەستدەچێ
- paper basket *تەنەکە (سەبەتە)ی زبڵ*
wasteful بەفیڕۆدەر
watch کاتژمێر (ی دەستی)،

کاژێر. چاودێری دەکا

watchful ئاگادار، چاودێر، وریا

watchmaker وەستای کاتژمێر(ان) ، سەعاتچی

watchman پاسەوان، ئێشکچی، حەسحەس

watchword وشەی نەهێنی، جفرە

water ئاو، ئاف. ئاودەدا، دەروێنێ

- closet *ئاودەست، ئاودەستخانە*

- course *جۆگە، ئاوەڕۆ*

- cress *کووزەرە. تەرەتوورە. قوراڵە*

- cure *چارەسەریی بە ئاو*

- fall *سۆلاف، تاڤگە*

- gauge *پێوەری بەرزیی ئاو. پێوەری پاڵەپەستۆی ئاو*

- level *ئاستی ئاو لە (روبار، بیر، هتد)*

- line *هێڵی ئاو؛ کە دوای کشانەوەی بەجێ دەمێنێ*

- power *هێزی ئاو*

- proof *ئاو نادزێ، ئاونادا. دڕۆپە ناکا*

- table *ئاستی بەرزی ئاو لە ژێر زەویدا*

- tight *ئاونەدز(ە)، ئاوی ناچێ*

- wheel *چەرخەی ئاو، ئاودێر، نعوور، ناعور*

in deep - *سەرسام بووە، سەری لێ شێواوە*

make - *میزدەکا، دەست بە ئاو دەگەیەنێ*

make the mouth - *تامەزرۆی دەکا. بەتامە. جوانە*

of the first - *لە باشترین جۆرە، هەرەباش(ە)، یەکەمە*

watering ئاودێران، ئاودان. رشاندن، پرژاندن

watermelon شفتی، شووتی، شامی

waterskin کوندە؛ ی ئاو هەڵگرتن و پاراستن و ساردکردن

waterway رێگەی ئاوی، رێڕەوی کەشتی یان

watery شلە(یە)

wattle لق. غبغبە (ی هەندێ مەلان (باڵندان)). چیغ؛ پەرژینی لە دارک درووستکراو

wave شەپۆڵ. دەست رادەوەشێنێ (دەشلەقێنێ). شەپۆڵدەکا

waver دەلەرێتەوە، لاردەبێتەوە. دەهەژێ

wavy شەپۆڵدارە، بە شەپۆڵە. هەژاو(ە)

wax (1) شەم، شەمێ، رۆن، روون

- museum *مووزەخانەی پەیکەری شەم(ێ)*

wax (2) (قەبارە، رووبەر)ی مانگ (دەئاوسێ، زیاد دەکا، گەورە دەبێ). بەهێز دەبێ

- and wane *(زیاد و کەم، هەڵکێش و داکێش) دەکا، بەرز و نزم دەبێ*

waxen شەمێی یە، لە شەمە، لە شەم(ێ) درووست کراوە

waxy وەک شەم(ێ)ە، لە شەم(ێ) دەچێ

way ڕێ، ڕێگـە. ڕەفتـار، شێـوە. ئـامراز

- in چوونـەژوور، دەرکـەی چوونـە ژوورێ

- out هاتنـەدەر، دەرکـەی هاتنـەدەرێ

by - of بـە شێوەی

by the - ئـەرێ !، ئـەوە بـە بـیـیـرم هاتـەوە !

give - ڕێـدەدا. گـوێـدەگرێ. دەتـەپـێ(ت)

in a - بـە شێـوەیـەک، بـە شێـوەیـەک لـە شێـوەکان

in every - لـە هەمـوو ڕوویـەکـەوە

in no - بـە هیچ شێـوەیـەک، قـەت نـابـێ

one - street جادەی تـاک ئـاراستـە. گـەڕانـەوەی نـییـە

wayfarer ڕێـبـوار، گـوزەرکـەر

waylay ڕێـگـر. ڕێـدەگرێ

wayward لامل، ملـهوڕ. لـە بـیـر و ڕای پاشگـەز نـابـێـتـەوە

we ئـەمـە، ئـێـمـە، ئـەم[کس]

-'re = we are ئـێـمـە، ئـەمـە

weak لاوز، سست

weaken لاوازدەکا، سستـدەکا

weakly بـەلاوازی، بـەسستـی

weakness لاوازی، کـەمـهێـزی

weal هات(ی)، هەبـوون(ی)، شادمانـی، خێـر

wealth سامـان، پـوول، پـارە. دارایـی، هەبـوون

wealthy دەولـّەمـەنـد، بـەسامـان، پـوولـدار، پـارەدار. دارایـە، هەبـووە

wean شیـرەخۆرە یـەک لـە (شیـر، مـەمک) دەکاتـەوە؛ دایـدەبـڕێ لـە شیـر (ی مـەمک) خواردن

- away from دوورەدەکـەوێـتـەوە لـە

- from وازدەهێـنـێ لـە (خوو، ڕەوشت)ێک

weapon چەک. دڕک

weaponless بـێـچەک

wear دەپـۆشێ، لـەبـەردەکا. کۆن دەبـێ، دەخورێ

- and tear هەڵـزران و دازڕان، کـۆنـبـوون

- away دەخورێ

- out کـۆنـدەبـێ

wearily بـە مانـدوویـی، بـە شەکـەتـی

weariness مانـدوویـی، شەکـەتـی

wearisome مانـدووکـەرە

weary مانـدوو (کـراو)

weasel گیانـدارێـکی شیـردەری گۆشتـخۆرە؛ لـە شێـوەی سیـمـۆرە گـەورەتـرە

weather ئـاوو هەوای ڕۆژ(انـە). ڕۆژگار

weathercock دەزگای نـیشانـدەری ئـاڕاستـەی بـا؛ بـە سەر بـانـانـەوە دەبـیـنـرێ

weave چنـیـن، تـەون. دەچنـێ، تـەون دەکا

weaver تـەونـکـەر

weaving چنـیـن، تـەون کردن

web چنـراو، کـوتـار{ڵ}، قـوماش

wed ژن دەهێـنـێ. بـە مێـرد دەدا

wed. کورتکراوەیە بەواتای؛
= Wednesday *(رۆژی)* چارشەممە

wedding بووک (هێنان)ە، ژنهێنان، ئاهەنگی ژنهێنان

wedge سنگ؛ دارێکی نووک باریک (کراو)

wedlock ژنو مێردی، هاوسەری

Wednesday (رۆژی) چارشەم (ە)، چارشەممە
-s *لە رۆژانی چارشەم، چارشەممان. هەموو چارشەمێک*

wee زۆر گچکە، زۆر بچووک

weed گیای زیان بەخشی ناو کێلگە (یا باخچە). بژار دەکا؛ کێلگە پاک دەکاتەوە لە گیا

week هەفتە، حەفتە، حەوتوو
- day *رۆژانی هەفتە؛ دووشەم تا هەینی*
- end *کۆتایی هەفتە؛ شەممە و یەک شەممە*

weekly هەفتانە، هەر حەفتەی جارێک. هەموو حەفتەیەک

weep دەگریێ

weevil ئەسپێ؛ ی دانەوێڵە؛ مەگەزێکە لە جۆری قالۆنچە

weft رایەڵە. چنین. کوتاڵ

weigh دەکێشێ، دەسەنگێنێ. دەنرخێنێ

weighage تەرازووانە، کرێی تەرازوو، کرێی دوکان

weigher قەپانچی، خاوەن تەرازوو

weighing machine تەرازوو، قەپان

weight کێش، قورسایی. سەنگ، پارسەنگ. گرنگی

weighty قورسە. (بە لای دا) داشکاوە. گرنگە

weir بەربەست؛ ی ئاوی روبار

weird سەیر، سەمەرە

welcome فەرموو!. بەخێری دێنێ. بەخێر هێنان
! - *فەرموون !. بەخێربێن!، بەخێرهاتن !*

weld ئاسن لێکدان، ئاسن پیکەوە لکاندن

welfare خۆشگوزەرانی، شادمانی، خێر

well باش(ە). لەشساغ(ە). بییر (ی ئاو، نەوت، هتد)، چاڵ، چار. بەباشی، بەچاکی. کارێز
- being *تەندروستبوون. دروستبوون*
- born *لە خێزانێکی باشە، بە رەچەڵەکە*
- bred *جوان پەروەردە کراوە*
- done ! *دەسخۆش ! ئافەرین ! (هەر) بژی !*
- founded *سەرچاوەیەکی باوڕپێکراوە، بە جێیە، بە رێو جێ یە*
- known *ناسراو، بەناوبانگ، ناودار*
- off *هەبووە، دەوڵەمەندە، هەیەتی*
artesian *بیری ئیرتیوازی*
as - *...ش؛ ئەویش، هەروەهاش، دوایش، هەتا دوایش*

(ی ئـاو، نـەوت، هتـد)، چاڵ، چار. بـەبـاشی، بـەچاکـی. کاریز
as - as *هەروەها ئـەویش، ئـەویش بـە هەمان شێـوە، هەروەکو*
wellnigh خەریکـە، وەختـە، نـزیکـە؛ ن؛ وەختـە بـڵـێم ناکریَ
welter (1) دەگـەوزیَ. نـوقـم دەبـیَ. بـەلادا دیَ. غەڵـبـەغەڵـب{ر-ر}. (شتێکـی) تـێکـەڵوپـێکـەڵـی{ر-ر} نارێک
welter (2) (مـستـبـاز، سوار)ێکـی قـورس
welterweight یـەکـێکـە لـە (کـێش، پـلـە)کانـی وەرزشی (مـستـبـازی، هتـد)
wen (دوومـەڵ، ئـاوسانـێک)ێکـی سەر پـێست
wench کـیـژۆڵـە، کـیـژگـە. قـەحپـە؛ ئـافـرەتـی لـەشیخۆ فـرۆش
went رابـورد، رۆشت، رۆیـشت
wept (p weep) گـریـا
were (p be) (ئـێـمـە) بـویـن، (ئـەوان) بـوون؛ کرداری یارمـەتـی دەرە، بـۆ (کـەسان، شتـان)ی سێـیـەمـی کۆی رابـوردوو. ئـامرازی پـرسیـارە لـە رابـوردوو؛ ئـایـا ؟
-n't = were not *(ئـێـمـە) نـەبـویـن، (ئـەوان) نـەبـوون*
werewolf گیـانـلـەبـەرێکـی ئـەفسانـەیـیـە؛ کـە جاربـەجار لـە مـرۆڤـەوە (دەگـۆڕیَ، دەبـیَ) بـە گـورگ و بـە پـێچەوانـەوە
west رۆژئـاوا، خۆرئـاوا. ولاتـانـی رۆژئـاوا
westerly بـەرەو ڕۆژئـاوا، روەو خۆرئـاوا
western لـە خۆرئـاوا وە. رۆژئـاوایـی. سەر بـە ڕۆژئـاوا
westward بـەرەو خۆرئـاوا، روەو ڕۆژئـاوا. بـۆ ڕۆژئـاوا
wet تـەڕی. تـەڕ، خووساو. بـارانـە. تـەڕ دەکا، دەخووسێنـیَ
wether (بـەران؛ نـێـرەی مـەڕ)ی خەسێـنـراو
wetness تـەڕی، تـەڕاتـی. شیَ، شێـداری
whale حووت
wharf شۆستـە (ی رۆخ دەریـا)، بـەنـدەر
what چ؟، چی؟. ئـەو شتـە(ی)
whatever هەرچی، هەرچیـەک، هەچ
whatsoever هەرچی بـیَ، هەرچی یـەک بـیَ
wheat گـەنـم
wheel چەرخە، تـایـە، پـێچکـە
wheelbarrow (عارەبـانـە، راگـوێـزەر)ی یـەک چەرخە؛ی دەستـی (ی خۆڵ، خشت، قـوڕ) گـواستـنـەوە
wheeze پـرخە(پـرخ)ی (دیَ، دەکا) ؛ لـە هەنـاسە(دان. خواردن). پـرخە(پـرخ)
whelm نـوقـم دەکا، دادپـۆشیَ. چاردەوری دەگـریَ
whelp گوجیلـە سە، تـووتـکـە سەگ. بـێچوە شێـر
when کـەی؟، کـەیـنـیَ؟. چ کـاتـیَ؟. ئـەو کاتـەی. کاتـیَ (ک(ە))
whence لـە کام شوێـن. بـۆ ئـەو شوێـنـە
whenever (لـە) هەرکاتـێک، (لـە)

هەرکاتەک، هەرکەنگی

where لەکێ(ندەرێ)؟، لەکوێ؟، لە (چ، کام) جێ؟، کوێ؟، چ جێیەک؟. ئەو جێ یەی، لەو شوێنەی

whereabouts جێوریی، شوێنی. لە چ جێ یەک؟

whereas کەچی، بە سەرێکی دی (کە)

whereat لەوێ (دا). لەلای

whereby پێی، بەهۆیەوە، کەوا

wherefore لەبەر ئەوە، بۆیە

wherein لەو جێی تێدا، لە وێدا

wheresoever لە هەر کوێ یەک(بێ)، لە هەر کوێ. لە هەرجێ (یەک (بێ))

whereupon دوای ئەوە، ئەوجا، دوایێ

wherever لە هەر کوێ یەک(بێ)، لە هەر کوێ. لە هەرجێ (یەک (بێ))

wherewith بە چ؟، بە چی؟. بەوەی

whet دەورووژێنێ، هاردەکا

whether ئایا، داخوا، داخۆ

whetstone بەردە هەسان؛ بەردێکی تایبەتە (چەور، تەڕ) دەکرێ و بۆ تیژکردنەوەی دەمە (چەقو، داس، هتد) بەکار دێ

whey لۆر، شلەی بەجیماو لە پاش دروستکردنی (پەنیر، هتد)

which کام؟، کێها(ن)؟، کێها؟. ئەوەی، ئەوشتەی

whichever هەرکام، هەریەکێک یان

whichsoever هەرکام، هەریەکەکیان

whiff (مژ، قوم)؛ پێک لە هەوا، دووکەڵ، هتد. بۆن. جگەرەی (بەدەست) پێچراو

- of *(بۆن؛شوێنەوار)ی کارێکی (گەندەڵ، نارێک)*

while لەو دەمەیدا، لەو کاتەی دا، لە کاتێکدا. کاتێکی کەم، دەمۆکە(ک)

for a - *بۆ ماوەیەک (ی کورت)، کەمێک، هەندەک*

not worth - *ناهێنێ، ئەوە ناهێنێ، ئەوەندە ناهێنێ*

once in a - *ناوە ناوە، هەندەک جار(ان)*

whilst لە کاتێکدا. کەچی

whim ئارەزوویەکی (کتوپڕ، خەیالی). ئەندێشەکردن. ئەندێشەیی

whimper دەگریێ

whimsical خەیالییە. ئەندێشەییە. زۆر جوان، سەر سوڕهێنەر

whine لوورە. دەلوورێنێ

whinny حیلە یەکی لەسەرخۆ و ناسک و خۆش؛ ی ئەسپ و ماین (ان). دەحیلێنێ؛ بەم شێوەیە

whip قامچی. (هێلکە) دەشلەقێنێ (یا تێکەڵ دەکا)

whipping لێدان (بە قامچی). هێلکە تێکەڵ کردن (شلەقاندن)

whirl سووڕان. بە (تیژی، خێرایی) دەسووڕێ

whirligig فڕفڕۆک(ە)

whirling سووڕانەوە (بە

خێرایی)

whirlpool نافووره (ی ئاو)

whirlwind گەردەلوول

whisk تێکدەدا، تێکەڵ دەکا، بادەدا

whisky ویسکی (مەستی)؛ خواردنەوەی ئەلکوحولی

whisper چرپە. دەچرپێنێ (بە گوێی دا)

whistle فیکە، فیتە، تووڕتووڕە لێدان. فیکە لێ دەدا، فیکە دەکا

white رەنگی سپی. سپیێنەی هێلکە. سپیێنەی چاو

- haired *پیر(ە)، ئەختیار(ە)*

- lie *درۆی سپی؛ درۆی سوودبەخش. درۆی بێ زەڕ*

- meat *گۆشتی سپی*

- spirit *(ئیـ)سپرتۆی سپی؛ (نەوت، بەنزین)ێکی سووکە بۆ (پاک، شل) کردنەوەی (سوبوغ، هتد)*

whiten سپی دەکا(تەوە). سپی دەبێ(تەوە)

whiteness سپیێتی. سپیبوونی (شتێک)

whitewash سپیکاری. سپیکاری دەکا

whither تا، تا ئەو جێ یەی

whiting جۆرە (گەچ، گێچ)ێکی هاردراوە بۆ جلک شتن بەکار دێ. جۆرە ماسی یەکی بچووکی گۆشت سپی یە

whitish رەنگی (سپی پات، مەیلەو سپی)

whitlow (ئاوسان، ئەستووربوون) ی رەگی نینۆک (ی دەست، پێ)

who کێ؟. کێ!. ئەوەی، ئەوکەسەی

whoever هەرکەس (ێک)

whole تەواو. تەواوی، هەموو (ی)

wholesale فرە فرۆشی

wholesome بۆ تەندروستی باشە

wholism = holism

wholly بەتەواوی. هەمووی

whom (بە، لە) کێ؟. ئەوەی. ئەوکەسەی

whomever هەرکەس (ێک)

whomsoever (بە، بۆ، لە، هتد) هەرکەس (ێک)

whoop هەنیسک؛ هەناسە خواردنی بە گریانەوە. هەنیسکی دێتێ

whooping cough جۆرە نەخۆشی یەکی بەکتیرا یی یە؛ بە تایبەتی لە منالاندا

whore بێناموس، لەشیخۆ فرۆش

whoredom قەحپەیی، بێناموسی خۆفرۆشی

whose هی کێ (یە)؟. هی ئەوەی. ئی ئەو کەسەی

whosoever هەرکەسێک

why بۆ؟، لۆ؟. لەبەر چ(ی). بۆیە، لۆیە، (لە) بەر هەندێ

wick فتیل، فتیلە، (بەن، داو) ی ناو مۆم. شتی لەم جۆرە

wicked خەراپ. شەڕانی، تاوانکار

wickedness شەڕ، تاوانکاری. خەراپی

wicker حەسیری (هۆنراو، بادراو، بەکەزی کراو) بۆ مەبەستی (رایەخ، سەبەتە)

دروستکردن

wicket دەرچە

wide پان، بەرین. فراوان

- awake *چاوی زەقە، بەخەبەرە،* نەنوستووە

- of the mark *دوورە لە* *راستی و مەبەست. دوورە لە* *نیشانە (پێکان)*

- open *لەسەر پشتە؛ بە* *تەواوی کراوەتەوە*

widely بە زۆری، بە بلاوی، بە فراوانی. بەگشتی

widen پاندەکا، بەرین دەکا. لێک دەکاتەوە. لێک دەبێتەوە، بەرین دەبێ

wideness پانی، بەرینی

widespread باو، بلاو، بەربلاو

widow بێوەژن؛ ئافرەتی مێرد مردوو

grass - *بێوەژن؛ ئافرەتی لە* *مێرد جیابۆوە*

widower بێوەمێرد؛ پیاوی ژن مردوو

width پانی، بەرینی

wield بەرێوە دەبا، دەگێڕێ. جوان بەکاردێنێ

wife هاوسەر، ژن (ی بەمێرد)، ژن (ی مێرددار)

wig بارۆکە؛ پرچ (قژ)ی ناسرووشتی (واتە سازکراو)

wild کێوی. دڕ، هەڵەشە. دڕندە. گێل

- guess *پەلاری کور(انە)* *(کوێر)، مەزەندەیەکی گێل (* *انەیە)؛ زۆر فراوانە*

wilderness چۆلی، دەشت و دەر

wile فێڵ، تەڵەکە. فێڵ دەکا

wilful لامل. نیازدارە، بە نیازە

wilfully بە لاملی. بەنیاز (ەوە). بە ئارەزووی خۆی

will (1) (هەر، بەبڕیار) دەکا، بڕیارە بکا. دەکا (هەردەبێ بکا(ت)). (نیاز، بڕیار)ی کردنی (هەیە، داوە)

will (2) ویستن، نیازی کردن

- power *هێزی مەبەست، وزەی* *ویستن*

with a - *بە خۆشحاڵی یەوە،* *بە رەزامەندی، بەئارەزوو*

will (3) راسپاردە؛ وەسیەت

willing خوازیار(ە)؛ (هەوەس، حەز)ی لێ یە، ئارەزوو(دارە، مەندە)

willingly بەئارەزوو (ی خۆی)، بە (حەز، هەوەس) (ی خۆی). بەخواست. بەمەبەست

willingness ئارەزوو. خواست. مەبەست. هەوەس

willow (دار، درەخت) ێکە

wily بەدفەڕ، مەکرباز

wimble دەزگای (دار، ئاسن، هتد) کونکردن

wimple سەر(وەمل)پێچێکی تایبەتە بە قەشەژنان؛ سەر و مل و لاجانگ (دادەپۆشێ، دەگرێتەوە)

win بردنەوە، سەرکەوتن. دەباتەوە، سەردەکەوێ

wince رادەچلەکێ، دەترسێ

winch دەزگای (شت، قورسای)

بـەرزکـردنـەوە؛ بـە سووڕانـدن. بـەرزدەکاتـەوە؛ بـەم شێوەیـە

wind (1) بـا. فـوو، هەنـاسە. قـسەی بـەتـاڵ. بـا (ی نـاو زگ و ریـخـەڵۆکـەکان)

- break *(پـەرژیـن شت)ی بـاشکێـن*

- instrument *دەزگـایـەکـی مۆسیـقا کـەوا بـە (فـوو، هەنـاسە، بـا، هەوا) بـگـەڕێ؛ن؛ دووزەلـە، شمشاڵ، هـتـد*

in the - *خـەریـکـە روودەدا، وا دێ*

like the - *بـەگـورجی، بـەخێـرایـی*

wind (2) پـێـچ. بـادان، سووڕ. بـادەدا، دەپـێـچێ(تـەوە). پـێـچدەکا. قـورمـیش دەکا. گـلـۆرەدەکا (بـەن، پـەت، هـتـد)

- down *دادەگـرێ؛ بـە بـادانـی شتـێـک، (شل، خاو) دەکاتـەوە. وردە وردە (پـێـوەدەدا، دادەخا)*

- off *(شل، خاو) دەکاتـەوە*

- up *قـورمـیش دەکا. بـایـدەدا. تـوورەی دەکا. کـوتـایـی پـێ دەهێـنـێ، بـە ئـەنـجام دەگـەیـەنـێ*

-ing sheet *(کـوتـاڵ، قـوماش)ی کـفـن (کـردن)؛ مـردوو (تـێـدا، تـیا) لـوول دان*

winding لـوول. لـوولـدراو. پـێـچ، بـادران. (پـێـچان، پـێـچکـردن)، بـادان

- sheet *قـوماشی کـفـن؛ مـردی ی تـێـدا لـوول دەدەن*

windlass تـەوەرێـکـی ئـاسۆیـی سووڕاوە بـۆ شت (هەڵـگـرتـن، بـەرزکـردنـەوە)؛ وەکـو لـە ئـاو هەڵـێـنـجان لـە بـیـیـر

windmill ئـاشی بـاهێـز (بـاگـێـڕ)؛ بـەهێـزی بـا دەگـەڕێ

window پـەنـجەرە، تـاق، دەلاقـە

windpipe (لـوولـە، بـۆڕی)ی هەوای نـێـوان قـوڕگ و سی یـەکان

windward بـەرەو بـا

windy بـای دێ، بـای هەیـە

wine ئـاوی تـرێ (مـەستـکـەر)، شەراب

winebibber زۆر خۆرەوە، سەرخۆش، مـەست

wing بـاڵ(ر). بـاڵـدەگـرێ

- commander *سەرکـردەی بـاڵ (یـکـی سەربـازی)*

take - *دەفـڕێ. بـۆی دەردەپـەڕێ، هەڵـدێ*

wink چاوتـروکـان، چاوچوقـان(دن). چاوداگـرتـن، چاوقـوچان(دن)، غـەمـزە. چاو دەتـروکـێـنـێ. چاو دادەگـرێ(تـن)، چاودەقـوچێـنـێ

to - at *چاوی لـێ دەپـۆشێ. چاوی لـێ دادەگـرێ، چاوی لـێ دەقـوچێـنـێ*

winner بـراوە، سەرکـەوتـوو

winning بـردنـەوە. بـراوە

winnings قـازانـج، دەسکـەوتـەکان

winnow بـە بـا دەکا، شەنـەبـا دەکا. لـە (سەرەنـد، بـێـژێـنـگ، هێـرەگ) دەدا

winnowing fork شەنـە، شەن

winsome شادمان، خۆشحاڵ، دڵـگـەش

winter زسـتـان، جسـتـان، وەرزی زسـتـان

wintry زستانی، جستانه، تایبەتە بە وەرزی زستان (ەوە)

wipe دەسڕێ (تن). پێدادێنێ. دەماڵێ. وشک دەکا

wire تەل، تێل

wireless بێتەل، بێتێل

wiry بە تەلە، تاڵداره

wisdom جوامێری. هۆشیاری، ژیری

- tooth *ددانی هۆشیاری. ددانی ژیری*

wise جوامێر، هۆشیار، ژیر، هێژا

wisely جوامێرانە، بە هۆشیاری، ژیرانە

wish خۆزگە. راز. خواست. دەخوازێ

wisp شەنە، شەن. مەقاش(ە). باوەشێک پووش، هەمێزەک دووراو(ە)

wistful ئارەزوومەند. بیرکەرەوە

wit ژیری، بلیمەتی. پەندی خۆشی، قسەی نەستەق

witch جادووگەر. جادوو دەکا

witchcraft جادووگەریی. دێوجانە

with لەگەڵ. بە. هەیەتی

withdraw دەکشێتەوە، پاشەکشە دەکا(ت)، دەگەڕێتەوە. دەکێشێتەوە، دەباتەوە

withdrawal کشانەوە، پاشەکشە. کێشانەوە

wither سیس دەبێتەوە، هەڵدەوەرێ، وشک دەبێتەوە. هەڵدەوەرێنێ(ت)

withhold قەدەغە دەکا. ناکا، نایکا

within لە ماوەی، لەناوەوە(ی). لەناوخۆی(ەوە)

- a week *لە ماوەی هەفتەیەکدا، لە هەفتەیەکدا؛ هەفتەیەکی پێدەچی (ئەوپەڕی)*

without بەبێ، بێ، بێلە

withstand بەردەگرێ، بەرگری دەکا، دژایەتی دەکا. بەری دەگرێ، بەرگەی دەگرێ

witless نەزان. ناژیر، گەمژە

witness شایەد. دەبینێ. تەمەشادەکا

bear - *دەبینێ*

witticism گاڵتەچێتی، سوحبەت، گاڵتەجاڕی، پەندی خۆشی، قسەی نەستەق

wittingly بە مەبەست، بە تەگبیر، بە زانینی پێشوەختەوە

witty گاڵتەچی، سوحبەتچی، گاڵتەجاڕ، بە پەند(ە)، پەندکەرە

wives (pl wife)

wizard جادووکەر

woad خم؛ یێکی رەنگ شینە. روەکێکە ئەم خمە دەدا

wobble (بەلادادێ، دەلەقێ، دێ و دەچێ)(ت)

wobbler بەلاداهاتوو، لەقیو، بزێو

woe بەلا، خەم، خەفەت

- is me ! *قور بە سەر خۆم !، بەلادار خۆم !، خاک بە سەر خۆم !*

- to me ! *بەلام بە سەر !، قورم بە سەر !، خاکم بە سەر*

!

woeful بـەبـەلا. خەمبـار، خەفـەتبـار، غەمنـاک

wolf گـورگ

- whistle *فـیکـەیـەک کـە نـێرینـەیـەک بـۆ (کـیژ، ئـافـرەت) یـکـی قـەشەنـگـی لـێدەدا*

wolfsbane روەکـێکـی ژەهراویـیـە

wolves (pl wolf) گـورگان؛ کـۆی گـورگ(ێـک)

woman ئـافـرەت، ژن

womanhood مـێ ینـەیـی. بـار (و دۆخ)ی ئـافـرەت

womankind ژنـان، ئـافـرەتـان. رەگـەزی ژن؛ وەکـو ئـەوەی جیـا بـێ لـە هی پـیـاو

womanly ژنـانـە(یـە)، هی ژنـانـە. وەکـو ژن، بـە ژنـانـە، ژن ئـاسا

womb مـنـالـّدان، سکـی دایـک

women ئـافـرەتـان (کـۆی ئـافـرەت(یـک))، ژنـان

won بـراوە، بـرایـەوە، بـردراوە، وەدەستـکـەوت. بـردیـەوە، سەرکـەوت

wonder سەیـر، سەرسورهێنـەر، نـایـاب. سەرسورمان، واقـورمان. سەری سوردەمێنـێ

wonderful جوان، نـایـاب. سەیـر، سەرسورهێنـەر

wondrous جوانـە، نـایـابـە. سەیـرە، سەرسورهێنـەرە

wont راهاتـوو، خووگـرتـوو (بـە شتـێک). خوورەوشت، عادەت

woo داخوازیـی دەکـا، دەچێتـە خوازبـێنـیی، داوای دەکـا. خۆشی دەوێ

wood دار. تـەختـە دار. دارستـان، جەنـگـەڵ

- louse *مۆرانـە؛ (ئـەسپـێ، کـرم) ی (دار، تـەختـە)*

woodbine گـیایـەکـی بـە (دار، دیـوار) دا هەلـّگـژاوە؛ بـە گـولـّی سپـی یا پـەمبـەیـی بـۆنـخۆش

woodcock جۆرە (مـەل، بـالـّنـدە) یـەکـە

woodcutter دارکـەر، داربـڕ

wooden تـەختـەیـە، دارە؛ لـەدار دروستـکراوە

woodlouse مۆرانـە؛ (ئـەسپـێ، کـرم)ی (دار، تـەختـە)

woodman دارکـەر، داربـڕ. پاسەوانـی دارستـان (یـا پـاوان)

woodpecker دارکـونـکـەرە (بـالـّنـدە)

woods دارستـان، جەنـگـەڵ

woodworking دارتـاشی. شت سازکـردن لـە (بـە) دار

woody بـە دار و درەختـە، لـە دار دروست کـراوە

wooer داخوازیـکـەر (ی دەستـی کـچ(یـک))، داواکـەر

woof رایـەلـّەی چنـیـن

wool خوری

wool-gathering (n) بـیـیـری رۆیـشتـن. خەیـاڵ فـڕیـن

woollen خوری یـە، لـە خوری دروستـکراوە

woolly بـە خوری یـە، خوریـدارە. خوری ئـاسایـە، وەکـوو خوری یـە. (لـە، بـە) خوری دروستـکراوە

word ووشە. بـەلـّێـن. نـامـە. کـارێـک، بـڕیـارێـک

- for - *دەقـاودەق، وەکـو خۆی،*

وشه به وشه‌ی
a man of his - خاوه‌نی قسه‌ی خۆیه‌تی، راستگۆیه
by - of mouth به زار، له‌رێگه‌ی ناسینه‌وه، به راسپاردن
in a - به وشه‌یه‌ک؛ به کورتی
upon my - به‌راستی؛ به راستیمه (له جێی سوێنده)
wordy زۆر ده‌لێ، زۆر بلێ یه
wore پۆشی، له‌به‌رکرد
work کارده‌کا. ده‌گه‌ڕێ (ئامێر و ده‌زگا). کار، ئیش
at - له کاره، له ئیشه، کارده‌کا
out of - بێکار(ه)، بێ‌ئیش(ه)
worker پاڵه، کرێکار. کارکه‌ر، ئیشکه‌ر، ره‌نجده‌ر، زه‌حمه‌تکێش
workhouse کارگه، کارخانه
workman پاڵه، کرێکار. کارکه‌ر
workmanship ده‌ستکردی، ده‌ستکاری. کارسازی. کرێی رۆژانه، حه‌قده‌ست
workshop کارگۆکه، کارگه، کارخانه (ی بچووک)
workwoman (پاڵه، کرێکار. کارکه‌ر)ی مێ ینه
world جیهان، گێتی، دنیا
world wide جیهانی، پانجیهان(ی). به‌ربلاو. به‌ناوبانگ
worldly جیهانی یه. دنیایی یه
worm کرم. مۆرانه
- eaten کرمی{ێ}. مۆرانه لێدراو. کرم خواردوو
wormseed جۆره روه‌کێکه
wormwood روه‌کێکی (بۆن، تام) (تاڵ، ناخۆشه)ه. (بۆن، تام)ی (رزین، بۆگه‌ن)ی
wormy کرماوی یه. کرمی{ێ} یه. وه‌کو کرم (ه)، کرم ئاسا
worn (p wear) له‌به‌رکراو، له‌به‌رکراوه. له‌به‌رکرد
- out سواوه، خوراوه، کۆنبووه. ماندووه، شه‌که‌ته
worried شڵه‌ژاو، دڵته‌نگ، ته‌نگاو. به‌ته‌نگه‌وه هاتوو
worry شڵه‌ژان، دڵته‌نگی، ته‌نگاوی. به‌ته‌نگه‌وه هاتن
worse خه‌راپتر. که‌متر، نزمتر
- and - له خه‌راپه‌وه بۆ خه‌راپتر
for better for - له خۆشی و له ناخۆشی دا، بۆ باشتر و بۆ خه‌راپتر؛ له ئاهه‌نگی ماره‌کردنی فه‌لان (عیسایان)
worsen خه‌راپتر ده‌بێ. تێکده‌چێ. خه‌راپتر ده‌کا
worship په‌رستن. ده‌په‌رستێ، کڕنۆش ده‌با
worshipper په‌رستکار (خواپه‌رست)، په‌رستوو. نوێژکه‌ر
worst خه‌راپترین. نزمترین، که‌مترین
do your - چی خه‌راپه ئه‌وه بکه، چ ده‌که‌ی بکه
worsted خوری. ریس. گلۆره به‌ن
worth بایی، به‌ها. چاکه، پیاوه‌تی. ده‌هێنێ، ده‌کا
worth while جێی خۆیه‌تی، (

ئەوە) دەهێنێ، شایانی یەتی

worthily بە شایستەیی

worthiness شایستەیی، هێنان، شایان

worthless بێ بەهایە، بێ نرخە. هێچ ناکا، هیچ ناهێنێ. ناڕەوا (یە)

worthy شایستەیە، (ئەوە) دەهێنێ، شایانی یەتی

would (p will) ویستی، خوازستی، شیا. دەشێ، دەکرێ
ئەوەی دێ، ئەوەی دەبێ (- be تە). حەز لێ بوو؛ حەزی لێ یە

wound برین. بریندار دەکا. بادراو، سووڕاو. قورمیشکراو. (بەن، پەت، هتد)ی گلۆره کراو. بایدا، سووڕاند(ی). قورمیشکرد

wounded بریندار. بریندار کرد

wove چنی، تەونی کرد

woven چنراو. چنیی

wrangle شەڕەقسە، مشتومڕ، ناخۆشی، ناکۆکی

wrap لوول دەدا. دەپێچێ (تەوە)

wrapped لوولدراو، پێچراو (ە). لێکدراو

wrapper بەرگ، پۆشش

wrath تووڕەیی، رک. قینە

wrathful تووڕەیە، رک هەستاو. قینەدار

wreak قینە، رق، رک. (رکی خۆی) دادەڕێژێ

wreath سەبەتە گوڵ (ی یادگاری؛ بۆ مەبەستی یاد کردنەوەی ئازیزان)، (دەسک، چەپک)ە گوڵ. کەزی

wreathe کەزیی بۆ دەکا، دەیکاتە کەزی. تێک دەئاڵێنێ

wreck تێکدەشکێنێ، خەراپ دەکا. دەشکێنێ. تێک شکاو. پارچە

wreckage پارچە (و پووچە(کان)) ی ئامێرێکی شکاو (یا تێک شکاو)

wren فیسقەگولە؛ بچووکترین کێشکە (چۆلەگە)

wrench بورغی (بادەدا، دەکاتەوە). بورغی بادەر، بورغی کەرەوە

wrest بادەدا، خوار دەکا. زۆردەکا، هێزی دەداتێ

wrestle زۆران، هەوڵ، تەقەلا. زۆرانێ دەکا. هەوڵ دەدا، تەقەلا دەکا

wrestler زورانباز، زۆرانێ کەر

wrestling زۆران، زۆرانێ، زۆرانبازی

wretch (n) کەسێکی (کلۆڵ، مات. بێبەخت)

wretched (adj) ناشاده، داماوه. نەساغە. خەراپە

wretchedness (n) کلۆڵی، ماتی. بێبەختی

wrick (شوێنێکی لەش) لەجێچوون دەمار وەرگەڕان، هتد. (شوێنێکی لەش) لەجێ دەچێ، دەماری وەردەگەڕێ، هتد

wriggle دەچەمێتەوە. پێچاوپێچ (دەڕوا، دەجوولێتەوە). چەمانەوە. پێچاوپێچ (ڕۆیشتن، جوولانەوە)؛ وەکوو کرم

wring گوشین. دەگوشێ. خوار دەکا. زۆری بۆ دێنێ، زۆری لێ دەکا

wrinkle پێچ و لۆچی دەمو چاو،

ران، هتد؛ چ بە هۆی پیری (بێ) (وە) یا (بە) هۆی دی (کە) . لۆچ دەکا، لۆچی لێ پەیدا دەبێ. لۆچ دەبێ

wrist جومگەی نێوان دەست و بازوو

- *watch* *کاژێری دەستی، سەعاتی بازوو*

writ ئاگاداری یەکی دادوەری

write دەنووسێ. دادەنێ (کتێب)

- *down* *تۆماردەکا*

- *off* *دەسرێتەوە، لەناودەبا*

- *out* *دەنووسێتەوە، لە سەری قۆپیە دەکات (ەوە)*

writer نووسەر. رۆژنامە نووس. خۆشنووس، خەتنووس

writhe دەچەمێتەوە؛ لە زۆری ژان. دەگەوزێ. هەست بە شەرمەزاری دەکا

writing نووسین. (دەست و) خەت. دەستنووس

written نووسراو، نووسراوە. نووسی

wrong هەڵە. خەراپە. زیان، زەرەر. هەڵەدار. خەراپە دەکا

what is - with you ? *چیتە ؟ ئەوە چییە ؟*

wrongdoer خەراپەکەر. زیانبەخش. خەراپکار

wrongful خەراپەکار، خەراپکار، بەدکار

wrongfully بەخەراپە، بەبەدیی، بەمەبەستی خەراپیی

wrongly بەهەڵە، بە بێ مەبەست

wrote نووسی (ی، ت، یان)

wrought (adj) (ئاسن، هتد)ی چەکوشکاریکراو

- *iron* *ئاسن؛ ی (ئاسایی، سادە)*

wrung گوشراو. گوشیی

wry خوار، چەماوە. خوار دەکا، دەچەمێنێ (تەوە). (لچ، لێو)ی (لێ) خواردەکا؛ وەک نیشانەی (بێز، قێز) لێبوونەوە یا نارەزایی

wryneck مەلێکی گچکەی دارکونکەرە؛ کە دەتوانێ ملی (زۆر، زیاد) (خواربکاتەوە. بسوورێنێ)

wyvern ماری باڵدار، ئەژدیها (ی باڵدار)

***** X *****

x ژماره ١٠ لـه سیستـەمـی ژماردنـی رۆمانـی. بـیستو چوارەمیـن پـیتـی ئـەلـفبـێ ی ئـینـگلـیزی یـە. نـیشانـەی نـادیـار. نـیشانـەی لـێکدان (ماتـماتـیک). هێمایـە بـۆ ماچ نـاردن

x rays تـیشکـی ئـێکس (لـە زانـستـی تـیشک)

xenophobia قـیـن لـە بـێگانـە، رک لـێ بـوونـەوەی بـێگانـان

Xmas جەژنـی لـە دایک بـوونـی عیـسا. کۆتـایـی سالـّی زاییـنـی (عیـسا). کرسمـەس

xylo (پـێشگر، پـێشکۆ)یـە بـە واتـای (لـە تـەختـەیـە، لـە دارە، دارە)

xylography نـەخشیـنـی (سەر) دار، نـەخشانـدنـی دار، نـەقـش (کردن) ی سەر تـەختـە (دار)

xylophone زیـلـۆفـۆن؛ ئـامێـرێکـی (ئـاواز، مۆسیـقـا) یـە لـە تـەختـە (دار) درووست کـراوە

***** Y *****

y پێنجەمین پیتی ئەلفبێ بیستو ی ئینگلیزی یە. پیتی نیوە (یا نیمچە) بزوێنە

yacht پاپۆڕێکی بچووک (گەورەترە لە بەلەم)

Yankee نازناوە بۆ خەڵکی ولاتە یەکگرتووەکانی ئەمەریکا؛ بە کەسێکی خەڵکی ئەو ولاتە دەگوترێ

yap حەپە؛ حەپینی گوجیلە سەی، حەپینی تووتکە سەگ

yard یارد (ە)، گەز (یەکەیەکی یە بۆ پێوانی درێژی) ئینگلیزی . حەوشە. مەیدان

yarn ریس، ریسراو. گلۆرە بەن. چیرۆکی دروستکراو

yawl بەلەم. دەحەپێ

yawn باوێشک دان. باوێشک دەدا

ye ئەنگۆ، ئێوە

yea بەلێ، بەرێ، ئا، ئەدی. ئێ

yean دەزێ؛ بۆ مەڕ و بزن بەکار دێ

yeanling کاریلەی ساوا

year ساڵ(ڕ)

all - *بە درێژایی ساڵ*

all - round *ساڵ دوانزەی مانگ*

financial - *ساڵی ئابووری؛ رۆژی دیاریکراوی خۆی هەیە*

leap - *ساڵی پڕ، ساڵەباز؛ ٣٦٦ رۆژە، ئەوانی کە ٣٦٥ ن*

tax - *ساڵی تۆماری باج؛ لە رۆژی ٦ ی ٤ ەوە دەست پێدەکا (لە بریتانیا) و ٥ ی ٤ ساڵی ئایندە کۆتایی دێ*

yearling ساڵێکە، تەمەنی ساڵێکە، لە یەکەم ساڵی تەمەنی دایە. ساڵانەیە، ساڵی یە

yearly ساڵانە، سارانە. هەموو ساڵی (ک)

yearn سۆزی هەڵدەستێ بۆ

yearning سۆز

yeast هەوێن. هەویرترش

yell زریکە، قیژە. دەزریکێنێ، دەقیژێنێ

yellow زەرد. رەنگی زەرد. ترسنۆک، نامەرد

yellowish زەردباو (ە)، مەیلەو زەرد (ە)

yellowness زەردی

yellow-spot زەردیی چاو

yelp حەپین. دەحەپێ

yen ناوی دراو (پارە)ی یابانی

yeomanry خەڵکی تایبەت، خەڵکی ناسراو

yes بەلێ، بەرێ، ئا، ئەدی. ئێ

yesterday دونێ (کانێ)، دوێنێ، دوێ

yester-night دونێ شەوێ، دوێنێ شەو، دوێشەو

yesteryear پار؛ ساڵی پار. بەم دواییانە؛ رابوردوویەکی نزیک

yet هێشتا (کێ). تائێستا (کانە). لەگەڵ ئەوەشدا، کەچی

as - *تا ئێستا، هەتاوەکو ئێستا. هێشتا*

کانە). لەگەڵ ئەوەشدا، کەچی
not - *جارێ نا، جارێ !*

yew-tree دارێکی هەمیشە سەوزی گەڵا (تۆخ، تاریک)ە

yield دەغڵ، بەرهەم، بەروبووم. گوێگرتن، گوێرایەڵی. وەبەرهەم دێنی. گوێ دەگرێ، گوێ رایەڵ دەکا

- point *کۆتایی پلەی نەرمی، گەیشتن بە خاڵی پچڕان (یا شکان)*

yoga یۆگا (وەرزش)

yoke نیر

- fellow *هاورێ، دۆست*

yolk زەردێنەی هێلکە

yon لەوێ، لەوێندەرێ. ئەوە، ئەوێهێ

yonder لەوێندەرێ، لەوێ. ئەوێهێ، ئەوە

yore لە دێرزەمان

of - *لە دێرزەمانەوە، هی دێرزەمان*

young گەنج. لاو. ساوا. گوجیلە. فەرخە

younger بچووکتر (بە تەمەن). ساواتر

youngest بچووکترین (بە تەمەن) . ساواترین. هەرە بچووک. هەرە ساوا

youngster مێرد منداڵ، منالکار. تازە پێگەیشتوو

yours هیخۆت (ە). هیتۆ، هیتو (وە). سەربەتۆ (یە). دڵسۆزت 'فلانی کوڕی فیسار' (لە کۆتایی نامە (نووسین) دا)

yourself خۆت. بەخۆت. تۆ، ئەتو، تو. بەتۆ

youth (1) گەنجی، لاوی؛ (تەمەن، ماوە)ی نێوان منالی و پێگەیشتن. هەرزەکاری

youth (2) (خەڵک، کۆمەڵ)ی (لاو، گەنج)(ان)

youthful تازە پێگەیشتوو. (لاو، گەنج)(انە یە). هەرزەکار، سەرەرۆ

Yugoslav یوگسلاڤە؛ (خەڵکی، هی) یوگوسلاڤیا یە

Yugoslavia (وڵات، کۆمار)ی یوگسلاڤیا

Yule جەژنی لە دایکبوونی عیسا (ی پێغەمبەر)

***** Z *****

z بیستو شەشەمین (و دوا) پیتی ئەلفبێ ی ئینگلیزی یە

Zagros چیای زاگرۆس؛ بڕبڕەی پشتێ (رووبەری) ولاتی کوردستان پێک دەهێنێ

zeal پیاوەتی، غیرەت

zealot پیاوە، بەدەمارە

zealous بەدەمارە، پیاوە

zebra کەرەکێوی، زێبرا؛ ئاژەڵێکی کێوی یە لە شێوەی کەرە، پێستەکەی لە خەتی رەش و سپی پێک دێ

zebu جۆرێکە لە مانگا (چێر{ڵ})

zenith تەپڵی سەر

zephyr بای خۆراوا. کزەبا، شنە (یەک)

zero هیچ. سفر

- hour *کاتی سفر؛ ئەو کاتەیە کە هێرشێکی سەربازی دەسپێدەکا*

zest چێژ، تام. چێژی دەداتێ، خۆشی دەکا

zigzag خوارو خێچ. خوار (و خێچ) دەکا، دەچەمێنێتەوە

zinc تەنەکە

zincography هەڵکەندن لە سەر تەنەکە، تەنەکە چاڵکردن

Zion زایۆن. ئۆرشەلیم. ئاسمان

Zionism زایۆنیزم. بڕوای زایۆن (ی جو(وان))

zip زریزە دەکا، زنجیر. زریزە دادەخا

- fastener *زریزە (ی جلو بەرگ)، زنجیر*

zither ئامێرێکی تاڵداری (ئاواز، مۆسیقا)یە ئاوازە لە قانوون دەچێ

zodiac بازنە (چەرخە)ی بورجەکان (ئەستێرەوانی)

zoic بەردێ کە (مۆرک، پاشماوە) ی (رووەک، درەخت، ئاژەڵ)ی لە سەر بێ (یا تێیدا بێ)

zonal ناوچەی یە، بازنەی یە

zone ناوچە، بازنە. تەوق

zoo باغی ئاژەڵ (و باڵندە، تد)

zooecium جێی نیشتنەوە (جیۆلۆجی)، جێی کۆمەڵ بوون (جیۆلۆجی). کۆمەڵگە یا کۆگای گیانلەبەر (زیندەوەر) ەکان پاش مردنیان لە کۆندا (جیۆلۆجی)

zoolatry ئاژەڵ پەرستی، ئاژەڵ پەرستن

zoological تایبەتە بە زانستی گیانداران (جگە لە مرۆ(ڤ(ان)))

- garden *باغی ئاژەڵ (و باڵندە، هتد)*

zoology ئاژەڵناسی، زانستی ئاژەڵ(ان)

zoom گۆڕینی رێژەی دووری و نزیکی (یا گەورە و گچکەیی) (هەر) شت(ێ(ک)). دوور و نزیک (یا گەورەو بچووک) دەکا

zoophaga گۆشت خۆرەکان؛ ئاژەڵە گۆشت خۆر ەکان

zoophytes ئاژەڵی درەخت ئاسا؛ وەکو ئیسفەنجی دەریا

zoster نەخۆشی یەکی پێستە{ی}

zygo (پێشگر، پێشکۆ)یە بە

واتـای (هاوتـا(یـه)، جووتـه (یـه)
، دووانـه (یـه))

zygoma ئـێسکـی نـاوچەوان

zygomatic جووتـەیـه،
دووانـەیـه

zygosis جووتـبـوون، زاوزێ (
کـردن) (لـه زانـستـی گـیـان
لـەبـەران (زیـنـدەوەران))

zymo (پـێشگـر، پـێشکۆ)یـه بـه
واتـای (تـرشی، تـرشان)

zymology تـرشەلـۆک نـاسی،
زانـستـی هەوێـن و تـرشان

zymometer رادەی تـرشان، رادەی
هەوێـن، رادەی هەوێـن بـوون (یـا
کـردن)

zymotic هەوێـنـه، تـرشه (لـۆک(ە))
، هەویـرتـرشه

REFERENCES: سەرچاوەکان:

1- **The Pocket Oxford Dictionary**, Oxford University Press, 1996.

2- **Collins Pocket Thesaurus**, Harper Collins Publishers, 1992.

3- **Collins Cobuild Student Dictionary**, Harper Collins Publishers, 1990

4- **Kurdish – English & English – Kurdish Dictionary** (Ferheng), Baran Rizgar, Lithosphere Printing Cooperative, London, 1993. In Latin alphabet.

5- **The secret diary of a rose**, Sherko Bekas, 1997. An English translation of his poems, Australia.

6- **Self Reliance**, Kurdish Disability Organisation, London, 2002.

7- **The American Heritage Dictionary of the English Language**, Fourth Edition 2000 by Houghton Mifflin.

8- **Collins Gem Mathematics Basic Facts**, Harper Collins Publishers, 1991.

9- **Oxford Latin, Latin – English & English Latin**, Oxford University Press, 1997.

10- **Collins Gem Computers Basic Facts**, Harper Collins Publishers, 1995.

11- **http://www.thesaurus.com**

12- **http://www.dictionary.com**

١٣- المورد، قاموس انگلیزی - عربی، منیر البعلبکی، ١٩٩٦.

١٤- قامووس الیاس، انگلیزی - عربی، ١٩٨٨.

١٥- المورد، قاموس عربی - انگلیزی، منیر البعلبکی، ١٩٩٢.

١٦- تاریک و روون، هێمن موکریانی.

١٧- دەربەندی پەپوولە، شێرکو بێکەس.

١٨- دیوانی رەفیق سابیر، سوید، ١٩٩٣.

١٩- گۆرانییەکانی؛ سەی عەلی ئەزغەری کوردستای، حەسەن زیرەک، عەلی مەردان، محەمەد مامڵێ، قادر کابان، کەریم کابان، حەسەن حەیران، محەمەد جەزا، حەسەن گەرمیانی، هتد

٢٠- بڵاوکراوەکانی؛ مەڵبەندی رۆشنبیری کوردی ، لەندەن. بنکەی راگەیاندنی کوردی، لەندەن.

٢١- گۆڤاری پەیڤ، سەرنووسەر کەمال میراودەلی، ژمارە ١٠ و ١١، ١٩٨٩.